2009 年 我们首次发布了 2009 年旅游趋势报告，多次调整攻略，增加了自驾游路线以及新出现的重点旅游景观。

2010 年 全面更新了"城市感觉"描述，更不惜抖出旅行家最隐秘的法宝——"最新省钱方法大揭秘"，帮您把旅途中的每一分钱都花在刀刃上。

2011 年 《中国自助游》迎来了 10 周年庆典。这一年，全书页码突破 900 页，新增近 100 个优质景点，1300 多幅精美图片。

2012 年 对省钱绝招、出游准备、摄影指南、急救常识进行了全新修改，力图让旅途变得更便捷、更划算、更安心。

2013 年 扩展台湾各地区景点，作为"旅友"们台湾之行的参考。更新了近 100 幅景点交通地图，新增高铁、高速路以及国道的图标，让地图发挥 GPS 的功能。

2014 年 《中国自助游》顺应当前旅行青年化、边缘化特点，独家发布 2014 年旅游趋势报告，重新审定 200 个热门景点，更新 1400 幅精美图片。

2015 年 新增近 200 个热门景区，全面核实本书近 2300 条景点资讯，新增 300 多幅景点图片。

2016 年 独家发布 2016 年旅游趋势报告，新增 150 个最具旅游价值热门景点和 100 幅精美图片。

2017 年 独家发布 2017 年旅游趋势报告，全面核实书中 2400 个景点，新增 100 个最具旅游价值的热门景点和 200 张优质图片。

2018 年 我们对全书地图进行了大规模的更新，并根据 2018 年旅游趋势和旅游达人的出行体会，在评估了全国众多景点后，精心挑选出最热门的旅游目的地。

2019 年 随着亲子游的日益火热，科普类旅游景区成为许多家长的首选。我们特别新增了全国各地博物馆和艺术馆信息，走走看看的行程将变得更加丰富有趣。

2020 年 全面复核全书 2100 条经典景点资讯，新增 100 余个热门景点、近 100 个经过验证的小贴士，独家发布 2020 年旅游趋势报告，提供新潮热门的旅游目的地和路线，以及"N 日游"计划。

2021 年 对 2400 个景点信息进行全面调整、核实和修订，更全面、更深入、更贴心。新增云旅游的内容，让您足不出户，游遍全国。

2022 年 对 2390 个景点信息进行全面调整，对 App 兴起的网红景点进行筛选、核查，排除一些非必要景点，让旅行更安心。

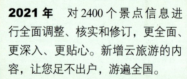

2023—2024 年 对约 2400 个景点信息进行了全面调整，增添了"推荐游览时长"，帮助旅行者更好地规划时间，结合热门的露营、滑雪等户外项目补充了相关景点信息。

　　历经 23 年风雨，《中国自助游》与百万读者结成了最亲密的游伴关系。我们时时追寻当下最经典、最热门、最流行的旅游资讯，立志为读者打造一次次精彩纷呈的奇迹之旅。

中国旅游分区示意图

西南地区
云南 四川 重庆 贵州 西藏（24～185页）

西北地区
陕西 青海 甘肃 宁夏 新疆（186～285页）

华东地区
上海 江苏 浙江 安徽 山东 江西 福建（286～527页）

华北地区
北京 天津 河北 山西 内蒙古（528～645页）

东北地区
黑龙江 吉林 辽宁（720～769页）

中南地区 华中部分
湖南 湖北 河南（646～719页）

中南地区
华南部分
广东 广西 海南
香港 澳门 台湾
（770～929页）

2023—2024年 最新 旅游趋势

小众旅游地崛起，"人人皆游探"的时代，越来越多的宝藏旅游去处被挖掘出来，带来了"反向旅游""平替旅游"等旅行方式，一些三四线城市被关注到。新玩法带来新体验，露营、徒步、滑雪等活动让人们的旅游去处不再局限于知名景区，或许一处森林或草地、一小段风景优美的徒步路线、一个滑雪场就能让人心满意足，玩得充实。文化内涵和场景体验越发被注重，旅游目的地的价值重点正在从"风景"转向"场景"，一些既有自然景色又有风土人情的古村古镇受到游客青睐。

一、"Po照"分享游

借助抖音、小红书、微博、微信等媒体平台，"Po照"成为很多旅行者分享游玩经历的方式。这种方式既可以记录旅行点滴，留住美好回忆，也可以在互联网与其他人交流和互动，还能挖掘出很多景色优美的宝藏旅游地。

二、家庭亲子游

亲子游现在已不单单是全家一起出游了，而是"跟着孩子去度假"，现在的家长更多关注的是孩子的兴趣及需求。因此亲子游首选的目的地便是主题游乐园、博物馆、动物园、高等学府等，如北京天文馆、广州长隆旅游度假区、清华大学……都吸引了大批的家长带孩子前往游览。这样的亲子游给孩子创造了探索世界的机会，也是父母对孩子爱的温柔表达！

▲上海迪士尼 奇妙的迪士尼乐园，就是孩子们的梦幻天堂。

▲ 泰山日出　看日出是许多人到泰山的一个心愿。

三、文化遗产游

　　2019 年良渚古城遗址被列入世界遗产名录，中国也因此成为世界遗产最多的国家，世界遗产也越来越受到人们的关注。不仅如此，书法、篆刻、剪纸、雕版印刷、传统木结构营造技艺、皮影戏等非物质文化遗产，以及极具文化历史底蕴的各个古城、古镇，也越来越受到人们的追捧，游客们更加愿意去到当地感受文化的魅力。

四、清肺山水游

　　近些年来城市空气质量下降，人们越来越向往在空气清新、环境宜人的地方放松身心，拥抱自然，享受健康。在我国，有不少堪称天然氧吧的山水胜地，不仅空气中负离子浓度极高，而且是炎炎盛夏理想的避暑、疗养场所，景色秀丽，绿意盎然，令人心旷神怡。

五、别样夜游

　　"夜猫子"一样的年轻人，旅游在外的夜晚怎甘寂寞，当然要找到别样的游乐方式。繁华绚烂的商业街区，人声鼎沸的闹市小吃街，灯光迷醉、音浪震耳的酒吧，晚风习习、灯光迷人的江河夜游都成了打卡胜地。另外一种夜游则是去追寻真正的日月星辰之光，泰山的日出、漠河的极光、大漠的夕阳、草原的星空……别样夜游表现出人们对自然的向往。

▲ 秦始皇陵及兵马俑坑　世界考古史上最伟大的发现之一，宝贵的世界遗产。

六、浪漫海岛游

　　海岸线景区是人们出游散心的首选目的地之一。浩渺无际的海上风光，碧蓝的天空，轻柔的海风，咸咸的海水，细腻软绵的沙滩……越来越多的游客将海岛作为拍摄婚纱艺术照、度蜜月的绝佳场所。

▲ 张家界　让你彻底放松身心的天然氧吧。

▲ **转经筒** 手摇转经筒的藏族同胞。

九、周末生活游

　　如今的旅游与生活联系得更为紧密，新兴的生活和旅游理念催生新的旅行方式。利用周末时间去城市周边徒步、露营，参与其他户外运动，也渐渐成为新的旅游风尚。还有部分青年人厌烦了死板的两点一线生活，利用有限的周末时间，自由游走在不设限的城市里，寻找新鲜的事物，在熟悉的城市里发掘出别样的美丽，在当下被称为"Citywalker"。

七、荡涤心灵游

　　浮躁不安的生活，让人们需要一次荡涤心灵的旅行。云南有带着"文艺情调"的丽江、充满"异域风情"的西双版纳、仿若"世外桃源"的香格里拉，用最纯净的美给人带来愉悦；"转山转水转佛塔"，西藏是人们朝圣的地方，那里有纯净的湖水、神圣的雪山；青海的青海湖，被称作"地球的最后一滴眼泪"，美到极致，让人震撼、感动。

▲ **高铁** 选择高速的出行方式将让您的旅行更加便捷。

八、便捷高铁游

　　随着高铁这一出行方式的出现，乘坐高铁出游成为越来越多人的选择。有着"最美高铁"美誉的合福高铁，串联起了黄山、婺源、武夷山等景点。目前，全国许多景区正在全力对接高铁，让游客能更多地享受到"高铁＋景区"的便利。

十、"特种兵式"旅游

　　忙碌的工作和生活节奏，让"特种兵式"旅游成为一种新风尚。年轻旅行者们挑战体力极限，和时间"赛跑"，例如周五刚下班就出发，行程安排得满满当当，周日连夜赶回，第二天继续面对工作。这是专属"社畜"的独特旅行方式。

▼ **雪山** 美到极致的雪山能让人们的心灵受到洗礼。

《中国自助游》游探大公开

怎样才能成为《中国自助游》的游探？

《中国自助游》现有 30 多名游探，他们的身份并不对外透露，更不会对景点经营者展示。一名合格的《中国自助游》游探必须具备以下几点：

旅行发烧友，只有狂热地迷恋旅行，才能完全献身于这种"劳碌奔走"的工作；

资深"旅友"，丰富的"旅"行经验，让他们非常擅长于找到最美的景点，开发最好的游线；

美食专家，也是享受专家，除了找到美食，品尝美食外，很多时候也是众多娱乐休闲项目的最初体验者，他们总能找到最经典的地方推荐给读者；

点评达人，要有一手好文笔，能一语点出一个城市和景区的核心特质、观赏点。

《中国自助游》游探是怎样工作的？

前期策划

开始探索一个地区之前，游探必须全方位掌握相关目的地的各种信息。除了游探本人丰富的游历经验外，还必须参考其他相关资料及网络资源，总结该地最有价值的景观和观赏点，以及关于目的地的最新动态和旅游注意事项，并依此策划全面、可靠的旅行方案，包括优质景点的选择、最佳游线的规划、食宿购物的特色推荐等。

上路游探

亲身游历的过程中，游探必须把自己定位成一个普通游客，亲自尝试各种出行方式，总结最新最便捷的交通路线，并根据目的地的特点，推荐徒步或其他游览方式，体味景区的服务质量，感受景区的独特看点。游探还要对食宿游乐地点进行试吃、试住、试玩，并核实相关信息，不接受商户请客，保证所收集的食宿游乐地点是真正好玩、真正划算的。在游历的过程中，游探还要做好详细的行程记录并收录景区的最佳影像，以备后用。

探询信息

在游历中除了采集第一手的资料外，游探肯定会遇到一些困惑，面对这些问题，绝不能轻易放过，必须向当地的旅游部门、居民、"旅友"及其他人群做大量的询问调查，解决问题，避免疏漏，以确保旅游信息的准确可靠。对于曾经推荐过的地方，则要进行多种形式的回访，敏感地察觉出推荐地的变化，指出其现状和发展趋势，如果相关质量、服务水准等下降，则将"推荐地"或"推荐服务"直接从书中删除。通过这种回访式更新，保持全书所推荐信息一贯的高质量高水准。

汇总结果

行程结束后，游探便要考虑如何将第一手的旅游信息准确详尽地展示给读者。对于与策划方案有出入的地方一定要找出原因，得出最准确的信息。游探需根据自己的游历经验点评当下的旅游趋势，对各景点进行星级评定并总结景点的最佳游览路线、最佳出游时间、最佳游览方式及旅游注意事项等，分享给读者。

《中国自助游》景点星级评定标准

《中国自助游》对景点的评价以五颗星（★★★★★）为最高标准，在工作时，游探们需要从以下几个方面确定景点的星级：

★ 自然风景确实优美动人，或者独具个性，具有震撼力。

★ 人文积淀深厚，或者民族风情浓郁，能体现独特魅力。

★ 交通方便，或者交通虽然不便，但行程中有附加乐趣。

★ 景点服务优质，服务人员态度良好，饮食卫生等有保障，且有特色风味。

★ 景点质量稳定，三年以上都被列为优质景点。

一个景点到底该给几颗星是由游历过同一景点的所有游探共同决定的，所有去过的游探都需要在编辑部规定的时间内提交评审意见。若意见不一致，还需要第二次评审，直到达成统一评价。在评审时，《中国自助游》一直遵循独立、公平的原则，完全不受外界的干扰，本书所有的景点星级评价均由此而来。

《中国自助游》投稿及游探申请邮箱：zitobook@qq.com

过桥米线已被列入非物质文化遗产，是到云南一定
要品尝的美食。

成都锦里夜景。

逢甲夜市是很多台湾小吃的发源地。

武汉户部巷美食一条街，繁华的摊群经久不衰，是品尝武汉小吃必去的地方。

晨曦中的珠穆朗玛峰，金色的峰顶掩映在云雾之中。

长白山气候瞬息万变，使得天池若隐若现，描绘出"水光潋滟晴方好，山色空蒙雨亦奇"的绝妙景象。

青海茫崖艾肯泉"恶魔之眼"壮观的自然奇景。

东极岛有着中国最明澈的星空，这里没有雾霾遮天，唯有如明眸的星光点点。

鼓浪屿与厦门岛隔海相望，海上碧波连碧空，白帆载白云。

广东亚婆湾栈桥，平静的海面有一种静谧的美感。

亚洲唯一一座建在桥上的摩天轮——"天津之眼"，夜晚海河上灯光璀璨，与倒影交相辉映。

两江夜游，感受最绚丽的重庆夜景。

中国最北的北极村，有着极寒的天气与美丽的极光。

都江堰是年代最久、唯一留存至今、以无坝引水为特征的一项宏大水利工程。

龙门石窟开凿于北魏，历经多朝而成，长达千余米的悬崖峭壁上凝结了古人的智慧。

武当山古建筑，山形水脉，聚气藏风，与自然和谐统一。

福建南靖土楼前的民俗表演：舞龙舞狮。

张家口蔚县暖泉镇传统民俗：打树花。

贵州黔东南苗族村寨古老而有特色的迎客方式。

泼水节是傣族最隆重的节日，也是傣历新年，极具西双版纳特色。

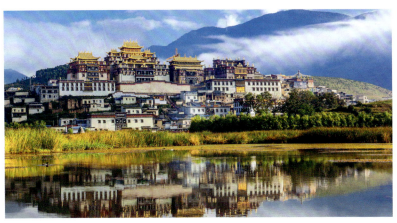

香格里拉噶丹·松赞林寺，集藏族造型艺术之大成，有"藏族艺术博物馆"之称。

五明佛学院，藏传佛教圣地。

梵净山8000多级台阶获得"通往佛国的天梯"的称号。

同里古镇退思园，建筑别具一格，充满诗情画意。

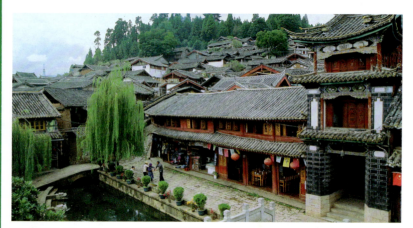

在丽江的某些地方，依然可以窥探古镇原本的清幽气质。

独具湘西风情的吊脚楼，是人们对凤凰古城的深刻印象。

哈尼族人世世代代的劳作，生生不息地"雕刻"，造就了元阳梯田。

隐藏在彩云之南的"东方女儿国"——泸沽湖，离尘世很近，离仙境不远。

以五孔桥、得月楼、雪山及黑龙潭中的雪山倒影构成的画面，早已成为丽江的经典风光明信片。

稻城亚丁，被誉为"中国香格里拉之魂""水蓝色星球上的最后一片净土"。

川藏线姊妹湖，就像冰山淌下的两滴泪水，滴在山脚，美得楚楚动人。

荔波小七孔拱桥——"地球腰带上的绿宝石"。

毫不夸张地说，布达拉宫是一座"用金子堆起来的宫殿"。

每年三四月，西藏林芝的桃花盛放成海。

羊卓雍措的湖水是蓝色的，虽没有纳木措的壮观，却透着优雅。

秦始皇兵马俑形象逼真生动，塑造手法精细，千人千面，互不雷同。

玉华宫是西部唯一的皇家避暑行宫。

走近塔尔寺，眼前色彩斑斓，让人惊诧。

"高原明珠"青海湖具有一种东方气质：看似简单，蕴含的东西却很深广。

骑骆驼深入大漠是最美的体验，满眼金沙，广阔无垠，就像在穿越丝绸之路。

扎尕那，被称为"世外桃源"般的小村落，异常美丽，鲜有人知。

有人说，月牙泉是沙漠中的"一滴泪"。

一进入四月，伊犁河谷漫山遍野的杏花绽放，香风漫漫，灿若云霞。置身其中，恍入仙境。

相传，乌孙王曾把水草丰茂的喀拉峻草原作为夏牧场，为这里赋予了神秘的色彩。

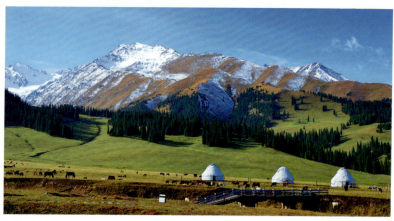

那拉提草原自古以来就是著名的牧场。

月亮湾，美丽静谧，像是嵌在喀纳斯河上的一颗明珠。

有一个地方被称为"神的自留地"，它的名字叫禾木。

在神秘莫测的哈密魔鬼城，随时会有迷失方向的危险。

上海外白渡桥承载着老上海的历史文化。

夜色迷离、华灯初上，梦幻般的外滩。

举世无双一座城！每到秋天，南京这座六朝古都就美成了诗。

身居闹市的百年古寺——南京毗卢寺。

无锡鼋头渚的樱花如云似霞，满树烂漫。樱花盛开的日子，不用再远赴日本，樱花天堂其实就在身旁。

"接天莲叶无穷碧，映日荷花别样红"用来形容清西湖十八景之玉带晴虹再合适不过。

宏村素有"中国画里乡村"之美誉，村中层楼叠院与湖光山色交相辉映，处处是景，步步入画。

一石猴独踞黄山峰顶，仿佛极目远望，又似静观云海起伏。

青岛的魅力，正如康有为所说的"红瓦绿树，碧海蓝天"。

霞浦，一个追光逐影的地方，一个云谲波诡、如梦似幻、让人难以捉摸的海湾。

秋日婺源，有迷人的红枫，典雅的白墙黑瓦，还有那山间缥缈的朦胧轻雾。

杨家溪古榕树下，如诗如梦的田园风光。

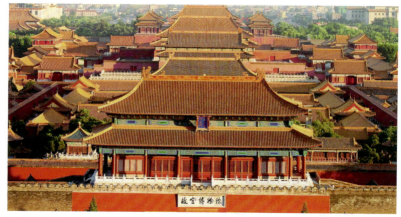

故宫的壮观自然不用赘言，在历史面前，我们不得不感叹自己的渺小。

有人说，如果爱一个人，就带她去秋天的额济纳旗，因为那里宛如天堂。

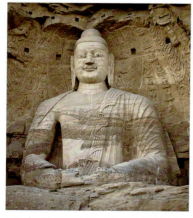

云冈石窟以其颇高的艺术造诣，成为中国石窟艺术的宝库。

夕阳下草原上奔腾的马儿。

在惠州巽寮湾海滨，领略蓝天、白云、海浪，度过难忘的蓝色之旅。

一个渔夫，一叶竹排，一盏灯火，几只鸬鹚，渔夫用船桨拍打着水面，吆喝着。这就是漓江渔火。

金坑壮寨，一块块梯田弯弯曲曲，行云流水般，如优美的乐谱。

广州的中山纪念堂为中西合璧的建造形式，是世界建筑宝库中的瑰宝。

三亚，一个让人流连忘返的地方，椰风海韵、阳光沙滩，交汇成浪漫的天涯。

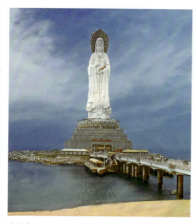

在海南，一定要亲眼看看南山的金玉观音像。

潮剧为广东四大剧种之一，被称为"南国奇葩"。

台湾高雄打狗英国领事馆，坐落在海天一色的西子湾畔。

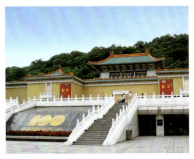

台北故宫博物院，透着历史的深邃和庄严。

夜色中的香港维多利亚港灯火通明，星光璀璨。

澳门威尼斯人度假村处处充满着浪漫的异域风情。

本书内容导航

本书中所有的门票价格、店铺信息均为核实时的信息，旨在给读者一个参考依据。在本书更新信息后可能还存在店铺地址搬迁、景点票价更改的情况，由此引起的信息差异请读者谅解。

多 — 100余万字，15000余幅彩色和黑白图片，深入介绍了160多个旅游城市及约2400个景点。

新 — 信息采集截止到2023年7月。同时提供大量新开发的旅游景点和新信息。

快 — 提供每一个旅游地的快速攻略方案，保证您以最快的时间游览最值得观赏的景点。

准 — 所有信息经过反复核实，竭尽全力确保准确无误。

省 — 推荐经济但不敷衍的日程安排和支出计划，让您的旅游价廉物美。

深 — 拒绝走马观花，从本书推荐的吃、住、玩中均可体会到各地文化的古老和现实的多彩。

好 — 无微不至的提醒，来自作者和过往游客日积月累的经验，帮您避免旅途麻烦和遗憾。

酷 — 除经典名胜外，另有约1/4的独特景点特别适合背包客或徒步探险爱好者前往；约1/3的景点专为独具个性的人推荐。

《中国自助游》图标示例

常用图标		地图图标	
地址	开放时间	山	景点
电话	公共交通	购物	医院
价格	提醒	餐厅	机场
自驾车	门票（指成人票价格）	汽车站	火车站
游览时长		省会	城市 县 乡镇村

政府 港口 住宿 指南针 海、湖、水系 铁路 高速路 在建高速路 国道 县乡级公路 长城 运河

景点图标	
民俗	适合徒步 历史人文
美食	适合摄影 古代建筑
珍稀植物	风景 当代景观
珍稀动物	民俗 宗教 适合探险

2023—2024
中国自助游

《中国自助游》编辑部　编著

南方传媒　广东人民出版社
·广州·

ZITO®

讀行天下
《中国自助游》编辑部

总策划／紫图图书 **ZITO®**

作　者　黄利　张晓光　吴玲　刘宏　曾楠楠　赵宇　张靖
　　　　孙石　杨波　侯小勤　张春春
文字和图片编辑　《中国自助游》编辑部
改版执行　路思维　杨森　张宇
营销支持　曹莉丽
排版　紫图图书 **ZITO®**
摄影　薛涛　庄健　李洪　苏岩　孙石　杨波　刘刚　曹经建　张靖
　　　曹林平　旷世敏　汪诚　何梅　王英哲　陈冬杰　周杨　钱玮
　　　张曦曦　黄晓婧　夏腾　李琼　徐叙　曾东篱　王运江　朱晨
　　　鲍林玲　周辉　李彦豪　邹静怀　徐畔　李蕙　周军　井友梅
　　　王玉珠　程明明　陈锦　田小童　雷发林　李玉祥　卢现艺
　　　赵宇　万夏　黄利　王铁男　王宏剑　白显林　张笑　林海
　　　友多　张涛　匡铟　金洁　税晓洁　刘启后　陈明　刘宁
　　　张良皋　唐国坊　谢伟文　邹新慧　赵明　董玲　王志坚
　　　王春晖　葛钟亮　张殿仁　林瑞红　郭泓　焦红辉　袁柏夷
　　　宋剑锋　孙岩松　赵亚利　张晓理　曾林开　梁军　李宁
　　　吴季谦　王永德　林海　聂浩智　邓东宁　吴晓牧　王成如
　　　陈争杰　何辉　黄启勋　龚晓锐　杨万云　苑明　齐新梅
　　　徐君　安哥　唐娟　陈碧宜　宋凌峰　陈锦阳　李菲　解双
　　　余江　陈洁　亢琰　姜洁　施平　万思宇　郑少蕾　李雅婧
　　　鞠倚天　李景军　张丽春　沈远鹏　韩涵　夏雷鸣　曹志荣
　　　王书怡　张志涛　张铸林　由丽娟　黄建波　曾静　FOTOE　等

纠错电话　010-64360026/28/31 转 180
邮寄地址　北京市朝阳区将台西路嘉林花园甲1号
网　址　www.zito.cn
中文域名　读行天下

欢迎您登录我们的"紫图官网"（www.zito.cn），
或通过我们的网站或专用邮箱 zitobook@qq.com 进行投稿（包括游记和图片）。

目 录

西南地区

云南省

最新省钱方法 大揭秘

一、节省交通费的绝招

▲绝招一：提前预订飞机票

最好能够提前一两个月确定旅行时间，因为低折扣的机票一般都要提前一两个月预订才能买到，特别是从一个热门地到另一个热门地，有时甚至能买到一折的机票。还要对比不同航空公司的机票价格，有时小航空公司会比大航空公司优惠一些。

▲绝招二：巧用转机，订联程票

如果没有订到折扣票，买联程票也比较省钱。就是将毗邻的城市作为中转地（例如从北京到丽江，就可以在昆明或重庆中转），费用可以节省20%或者更多。航空公司为了促销，会安排部分低价联程机票。如果需要在中转地停留一晚，航空公司也多会安排免费住宿。这方面可以多关注航空公司网站上的联程票信息。

▲绝招三：考虑多种交通方式结合

除了搭乘飞机，现在动车、高铁等都是比较方便快捷的出行方式，而且价格适中。如果时间允许，可以经过多方对比和衡量，选择一个花钱最少又最方便快捷的交通组合。

▲绝招四：包车、拼车、顺风车

到达旅游地后，可选择包辆车来节省旅行时间。包车时要事先和司机讲好价钱，如果中途会载别的乘客，价格就能便宜一些。如果与司机目的地相同就相当于搭顺风车，价格会便宜很多。如果人少，也可以选择与其他人一起拼车。也有一些包车的网站可供游客选择，不妨上网搜一下。

二、花最少的钱住最优的宾馆

▲方法一：网上预订

网上预订酒店一般都能拿到折扣价，再加上住宿业竞争激烈，游客可多看看网民的评价，经过多方对比后再确定要入住的酒店。

▲方法二：选择民居

有些自然风光或古镇古村的景点里有提供住宿的酒店，也有当地民居可以入住，一般入住当地民居会比较便宜，既方便游玩，又能真正领略当地民风，可谓一举两得。

▲方法三：选择当地网站

赴港澳台旅行的游客最好在当地的网站预订酒店，那样会比较便宜，或者到 www.hoteltravel.com 和 www.agoda.com 选择"最受欢迎"的酒店入住。

网上订机票、酒店推荐：
去哪儿网 www.qunar.com
马蜂窝 www.mafengwo.cn
携程网 www.ctrip.com
同程网 www.ly.com

三、怎样买到便宜的景点门票？

▲方法一：网上订票

现在很多旅游网站都推出了景点门票预订的服务，全国大部分景点的门票都可以在网上订到，而且价格比在景区购买便宜，平时可多关注网站的优惠信息。另外，还可以上团购网搜索、团购自己想去的景点门票。

▲方法二：办景区年卡

现在各大城市都争相推出了景区年卡。比如，西安的旅游优惠卡、成都的熊猫卡、北京的公园年卡，其优惠力度几乎都可以视作免费游览了。在淘宝或当地城市都可以买到这种卡。

▲方法三：巧用不检票的时间

这种方法对于古镇比较有效，有效时间通常在18:00以后，或者一大早没有检票的人员的时候，可以此时进入，在古镇的客栈住一晚，感受古镇人家的生活。

▲方法四：适当选择一日游

比如北京，参加当地的一日游，可以节省在路上的时间，而且旅行团拿到的是几个景点合起来的票价，

要比单买便宜得多。

四、美食

花最少的钱吃最地道的美食是很多游客的心愿。游客不妨在旅行前或旅途中查一下美食频道或App，里面有食客对当地餐厅和饭店的点评，一般排名靠前的都是既美味且花费又少的饭店。当然，在旅行途中也可向当地人打听一下哪里的东西既便宜又好吃、地道，其实夜市就是一个不错的选择。

五、购物

旅行途中购物必不可少，尤其是看到只有当地的特色纪念品之后，更是忍不住想要将其买下。游客一定要注意的是，很多景区内的所谓纪念品实际上并不是当地特有的东西，在全国各地都十分常见，根本没必要购买。当然，如果确实是当地特色，还是有必要买下来做纪念或是赠送给亲朋好友，但不建议游客在景区内购买，因为景区的价格一般比外面高出好几倍。游客可以选择景区以外的商店购买，这样会省下不少钱。

注：如果旅行时间确定的话，不妨也关注一下团购网站的信息（要选择安全可靠的团购网站），那样也能够订到便宜的酒店或者省下旅行中的其他花费。

智能时代 旅游技巧大公开

随着时代的发展，手机的功能越来越完善，在旅游中的作用也越来越明显，我们甚至可以"一部手机走天下"。

了解这些技巧，会让你的旅行更加顺利！

▲实名预约

很多景区都开始实行实名预约的入场制度，不预约则无法进入。一般免费的景点都需要预约，比如博物馆之类的；有些需要实名购买门票的景点出于控制人流的目的，还会要求游客预约入场时间段。一般预约都可以在景区官方的App、小程序、网站完成。

▲公众号、小程序的强大作用

现在绝大部分的景区都有自己的官方公众号或小程序，甚至App。在上面不仅可以定门票、预约入场，还可以查询公共设施，包括停车场、厕所、游客服务中心以及无障碍游览路线等内容，甚至还可以查询景区内部景点的人流量和排队等候时间等信息。

▲乘车 App

很多城市都开发了乘车App、小程序，可以直接刷手机或者扫码乘车。支付宝和微信也有乘车码功能，点进去之后选择城市就可以直接扫码乘车。并且扫码乘车一般会有折扣，比支付现金更加优惠。另外，百度地图等App还有实时公交功能，可以查询公交车的预估到站时间等。

▲共享单车、电动车

很多城市内部的景点之间离得非常近，可能相距只有两三千米，这个时候骑共享单车或者共享电动车是最快捷的方式，但是没有上牌照、没有配安全帽的共享电动车慎骑，违反交通法规可能会被交警拦住。

旅行计划 出游准备

> 真正热爱旅行的人一定会选择自助游，因为不必受旅行团的种种牵制，能随心所欲地走想走的路、看想看的东西，细细享受行游四方的个中滋味。当然，在享受惬意自由的同时，自助游还意味着体力、勇气、知识、技能、计划性、判断力、应变能力和沟通能力等。因此，自助游上路之前需要做更多地准备。

一、旅行计划

即使是自助游的行家里手，也需要提前做好旅行计划。如果是新手，更是越早越好，准备充分才可能完成一次快乐的背包游。

（一）体验别样的风景

1. 徒步探险

走在尚未完全开发的丛林、峡谷、沙漠、海岛中，刺激而有挑战性，路上充满未知，有惊心更有惊喜。但要留意当地的天气状况。

穿越丛林

徒步沙漠

2. 风光览胜

大自然的鬼斧神工，让人流连忘返。

柔美黄山

3. 娱乐休闲

在广阔的天地间彻底放松自己。

海滨风情

4. 追寻人文历史

从祖先遗留的古迹中，认识历史。

嘉峪关

5. 寻访记忆中的家园

古镇、古村中的青砖灰瓦、小桥流水，足以唤醒都市人血脉中的家园感。

安徽 唐模水街

6. 走近乡土民俗

不同地域、不同民族都有一些古老的生活方式鲜活地存在着。

贵州石头寨古老的蜡染

7. 感受城市风格

每个城市都有与众不同的气息，需要细心体味。

夜色中的上海

（二）要选择最佳的时机

1. 自然景观四季不同，春俏、夏艳、秋浓、冬幽，看你最爱哪种

秋天的稻城

2. 感受传统的民族风情，最好选一个举行民俗活动的时间

夏秋两季，是草原的黄金季节，不仅有迷人的风光，更有隆重的赛马会

3. 如果不想拥挤，不妨选择淡季，也许会有意外的收获

喧嚣或热闹，冷清或深沉，仁者见仁，智者见智

4. 时刻关注气候变化，注意避开可能发生危险的时期

夏季的海南多暴雨台风，旅行之前一定要先关注天气

（三）锁定目标，确定行程

选好自己想要体验的风景，确定想要出行的时间，就可以锁定你的目标了。锁定目标，精心准备一份行程表，会让你在旅途中更加游刃有余。

1. 收集有关景点，以及所在地的资料信息，参考相关图书，对食、住、行、游做到心中有数，以便估算费用，并在游览中有的放矢。

2. 确定路线，用最方便、最省时、最经济的交通工具将自己锁定的景点串联起来，并计划出你的行程，最终列出详细的行程表。

1. 报平安：行程表要留一份在家，让家人知道你的行程。别玩得忘乎所以，记得定时向家里报平安。

2. 旅行住宿：本书附页部分关于"青年旅舍"的介绍，可以作为旅游住宿的参考；同时还推荐了一些旅游网站，可进行资料查询。

二、出游准备

　　出门在外，装备是必不可少的。有人说装备不是万能的，但是有些装备会在关键时刻发挥重要的作用。根据出行方式的不同，所需的装备也不相同，所以在出行之前做好充足的准备还是很有必要的。

　**一双舒适、耐穿的鞋：**这是任何旅行都不可或缺的。

（一）选择合适的穿搭

　　穿搭不光是为了"扮靓"，更重要的是，合适的着装，会让你的旅途更加舒适。

1. 城市休闲型

休闲装：完全可以随心所欲，穿上你最爱的衣服，上街"炫"吧！

背包：舒适的背包就可以了。

腰包：放置随时要用的小物品，拿取方便，安全系数也更高一些。

轻便鞋：要合脚才行，在大都市逛来逛去，很费脚力。

2. 海滨度假型

鲜艳的夏装：沙滩上的靓丽，传达出的是活力和健康，心情也随之愉悦起来。

防晒：10:00 前、15:00 后出门。防晒液的 SPF 值要高于 40，还要防水防汗。出门前 15 分钟涂抹于暴露在外的皮肤上。在烈日下需随时补涂。古铜色的肤色虽然漂亮，但健康安全是第一位的。

墨镜：既能防晒又可扮酷。

遮阳帽：在海滩上悠然漫步时有必要戴上，如果是去游泳的话则可以省掉。

泳装：一定要自己带，绝不能租用。

凉（拖）鞋：别穿袜子，让暖暖的沙粒滑入趾间，也方便踩水。如果海滩品质高，鞋子就不必穿了。

3. 长途跋涉型

　　对着装要求最多的一种。需根据行程距离、旅行的季节、目的地的地形、气候条件以及在旅行途中将要参加的活动，选择相应的着装。

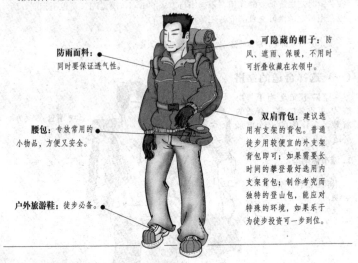

防雨面料：同时要保证透气性。

腰包：专放常用的小物品，方便又安全。

户外旅游鞋：徒步必备。

可隐藏的帽子：防风、遮雨、保暖，不用时可折叠收藏在衣领中。

双肩背包：建议选用有支架的背包。普通徒步用较便宜的外支架背包即可；如果需要长时间的攀登最好选用内支架背包；制作考究而独特的登山包，能应对特殊的环境，如果乐于为徒步投资可一步到位。

（二）必备物品一定要随身携带

　　不管选择什么样的出行方式，这些物品都是重中之重，没有它们你很可能会寸步难行。

1. 证件、银行卡、手机

　　证件：身份证、驾照（方便在当地租车游玩）、边防证（提醒：须办理边防证的地方及办理办法，在本书最后附页部分已列出），此外，一些可以在景点打折的证件也要带上，比如学生证、残疾证、军官证等，这样可以节省一大笔费用。有多种分类袋的旅行钱包，非常实用。

　　银行卡：虽说现今手机支付非常方便、快捷，而且普遍，但以防万一，还是要带上银行卡，可以支取现金和刷卡支付，最好带几张不同银行的卡。

　　手机：现在的智能手机功能越来越强大，拍照、查地图、订餐、叫车，甚至在一些地方还可以当地铁公交卡使用。出门在外，可将旅游地的应急电话保存进去，最好再带一个通信簿以防万一。别忘了带充电线和充电宝，如此重要的手机万一没电就麻烦大了。（若去偏远地区，手机信号不稳定，最好带上纸质地图。）

2. 贴身衣物、洗漱用品

季节衣物：注意目的地的气候、温度。

帽子：四季必备，夏天防晒，冬天防寒。

换洗内衣：一次性的纸内裤很方便，但不如棉内裤舒适。

润唇膏：保持嘴唇湿润，四季必备。

眼药水：眼睛容易干涩的话就带上备用。

袜子：最好穿纯棉袜。

护手霜：必备的。

润肤霜：使用保湿、锁水、防晒的护肤用品，最好是小包装的。

便携镜：不仅用于查看仪容，也是发信号时的反光镜。

洗漱包：应小巧实用，里面的洗漱品如毛巾、牙刷等最好也是小件装，美容品可酌情带几件，切勿带一堆华而不实的东西增加负担。

3. 常备药品及常见称谓（建议）

速效感冒胶囊：对部分人是极为有效的感冒药。

藿香正气水或软胶囊：感冒、中暑、肠胃不适时都可服用，且有效。

西瓜霜喷剂、含片：对感冒、上火引起的咽喉发炎，肿痛极为有效。

速效救心丸或硝酸甘油：用于心绞痛及突发性心肌梗死的急救。

胃舒平：抗酸、保护溃疡面，用于胃溃疡、胃酸过多、胃痛等。

胃复安：止吐、消除胃胀。

泻痢停："闹痢拉肚，一吃就灵"。

朴尔敏：对过敏性疾病、伤风流涕、药物过敏等有效。

阿莫西林：迅速消除炎症，但对胃有一定刺激性，最好别空腹服用。

乘晕宁：镇吐、防晕。

人丹：防暑。

创可贴：止血、防止创口发炎。

云南白药：用于跌打损伤、淤血肿痛、风湿疼痛。

金施而康：补充维生素。

清凉油（风油精）：可防蚊、祛风除湿、止痛消肿。

（有慢性疾病等病史的出行者请遵循医嘱）

（三）按需要准备特殊装备

特殊的行程一定要准备相应的装备，除了舒适，安全更重要。下面主要列出两种最常见的特殊行程（穿越探险和野外露营）所需的装备。

1. 穿越探险装备

专业登山、徒步鞋：一双舒适好用的鞋子是长途跋涉的必需品。

专业登山包：它会帮你省不少力。但一定要掌握背包的用法，不然可能起不到作用。

绳索、口哨：团队出行，带上它们有益无害。

指南针：户外必需，有了它就能找准方位了。

登山杖：长途跋涉，一定要保护好你的膝盖。

头灯和手电：谨防走夜路。

多用刀：在户外，一把小刀会让你受益无穷，何况它还有许多功能。

2. 野外露营装备

帐篷、睡袋、防潮垫：露营的基础装备。

塑胶袋：装未干的衣物，还要准备一些垃圾袋。

蜡烛：用来照明。

结实的粗绳：晒衣服，捆东西，或当鞋带。最好是可负重250千克的降落伞绳。

一小袋盐、糖果、复合维生素：补充能量。

胶布：补丁或紧急绷带。

薄而结实的塑料布：用于保持体温、防止热量过快散失，隔潮或作为篷布。

密封的小塑料袋：在野外很有用。

小礼品：钥匙扣、发夹等小玩意儿，到一些偏远山区就会发挥作用。

橡皮筋：扎装湿衣服及小东西的塑胶袋。

打火机：火种一定要保存好，可用胶卷盒来密封。

自助旅行 摄影指南

一、旅行中要带的摄影装备

（一）单反相机（微单）

旅行中拍照是为了记录旅程，留下快乐的旅途记忆。对于现在大多数的旅行者来说，单反或微单已经成为出门旅行必不可少的装备。所谓单反，就是用单镜头反光取景的相机。而微单则更加方便旅行者携带。如果你是一个新手，在选择相机时，可以从以下几个方面考虑：

1．ISO感光度与图片质量

ISO感光度是感光元件对光线的敏感程度。拍摄时并不是ISO越高越好，而应尽量选择合适的ISO数值。高感光度可以使快门速度更快，但拍出的图像经不起精细放大。所以在拍摄风景时用较低的感光度才可以拍出更加精细的画面。

2．光圈与快门

光圈就是镜头里调节进光孔大小的装置。光圈有控制进光量、控制景深、影响图片的清晰度的作用。F值越大，光圈越小，景深越深，背景越清晰。快门就是相机里控制曝光时间的装置，快门速度越快，越容易捕捉快速移动的物体，但可能会导致进光量不足，这时就要放大光圈来配合。

3．相机的焦距

相机的焦距，是指相机中，从镜头中心到底片或成像元件（CCD）等成像平面的距离。一般来说，焦距越短，镜头视角越大，越适合近距离拍摄大场景；焦距越长，镜头视角越小，具有放大、接近的效果。

4．色彩深度

又称宽容度，是相机CCD对色彩范围的控制。深度值越高，范围越广，也就越能更真实地还原明暗部的细节。

5．相机的分辨率

分辨率是单反相机的重要参数，它决定拍摄照片的大小，分辨率越高，所拍摄照片尺寸也就越大。

6．微距

微距就是把要拍摄的物体拉近、放大，重点在于拍摄微小的物体，各种单反相机微距模式有所差别，选择相机时要细加甄别。

7．变焦

单反相机通过镜头变焦，所以市场上出售的单反相机都不标注其光学变焦倍数，而是依据摄影者的不同需求配置不同光学变焦倍数的镜头。

8．超级实用的小功能

白平衡可以使你的相机默认以"白色"来平衡其他颜色；曝光补偿则让照片的曝光更加合适。另外，对于电池和存储卡的性能也要慎重选择。

遵循以上原则便可以挑选一款自己适用的单反相机。现在市面上的单反相机主要有佳能、尼康、索尼等品牌，可以根据自己的喜好挑选。

不同的相机使用不同的存储卡，市面上常用的有CF卡、MS卡、SD卡、MMC卡，以及SM卡，其中最常见的是SD卡。一定要根据自己的相机型号准备匹配的、内存较大的备用存储卡。

（二）其他摄影装备

1．数码相机

数码相机产品结构相对简单，操作简单明了，容易上手。随着时代的发展，数码相机的外观更为精致，产品便于携带。

2．手机

如今，随着手机的更新换代，手机的像素越来越高，功能越来越多，尤其是华为、苹果、三星等知名品牌。再加上一些可以增强拍照效果的软件，使得手机拍照质量越来越好，甚至不逊于相机拍摄的图片。

（三）其他拍摄器材

如果你不仅是旅行者，而且是一个摄影爱好者，或者专门为摄影而开始这次旅程，那么你就不得不考虑背上下面这些"武器"了。

1. 镜头：玩相机就玩镜头。不可缺少的是 28 毫米、35 毫米、50 毫米和 135 毫米的镜头，辅助镜头带上 20 毫米、24 毫米、85 毫米或 200 毫米的镜头就可以了。当然，如果有特定的要求，你的各类镜头不妨一起上阵。

2. 三脚架：最好是便携的，注意背带的舒适程度。

3. 摄影包：如果器材多，最好选择双肩的，比较舒适。当然防尘、防雨的效果一定要好。

4. 附件：遮光罩、快门线、UV镜、偏振镜都是必不可少的，各种滤镜也不妨带上。

5. 新科技：近年出现的拍摄黑科技同样值得关注，如大疆系列，让传统拍摄更便捷，也有诸如无人机、稳定器等新工具。

偏振镜：可加深天空颜色及消除非金属物体反光。

UV镜：可一直安装在镜头前，既保护镜头又可过滤紫外线。

摄影包：好的摄影包不但要实用耐用，还要美观时尚。

快门线：与三脚架配合使用，用于长时间曝光。

三脚架：以小巧为宜，在自拍及拍日出日落时可派上大用场。

二、旅行拍摄技巧

1. 最好用自己最熟悉的相机，熟练度可是拍摄优秀作品的关键之一。另外，出发前要查找相关资料，了解目的地最佳的拍摄时间和角度，也可借鉴名家拍摄的作品，为拍摄争取最有利条件。

2. 拍摄风景时可用三脚架和快门线，把光圈收缩至最小，以保证尽可能大的景深。

3. 拍摄大面积白色物体时增加 0.5 ~ 2 档的曝光补偿量，在拍摄黑色物体时则减少 0.5 ~ 2 档的曝光补偿量。

4. 时刻关注光线的微妙变化，特别是日出、日落时间，每一秒的光线都在变化。光线稍暗的时候，不要急于打开闪光灯，很多时候不开闪光灯的效果会更好。

5. 在光线条件复杂的情况下，用包围曝光会产生意想不到的效果。拍摄流水或者瀑布时，长时间曝光则会带来特大惊喜。

6. 拍摄特色建筑物时要注意光线和建筑物的色彩捕捉，顺光或者利用光影创造出建筑物的影调非常必要。

三、旅行摄影注意事项

1. 熟悉相机的结构和功能，熟练地使用相机，是拍摄优秀作品的关键。

2. 携带足够容量的储存卡，千万不要在你不断按下快门的时候才发现没有了弹药。备用电池、充电器也一定不要忘在家里，前往一些特殊气候的地区，可以带上备用相机。

3. 拍摄过程中，如果拍人，一定要事先征得主人同意；一些景点有禁止拍摄的标志时，一定要遵守，以免惹上不必要的麻烦。

户外运动 急救常识

> 　　喜欢野外徒步的背包族，了解和掌握一些救护及求救的常识是非常必要的。
>
> 　　下面介绍一些最基础的求救、自救、互救知识。（手绘图及其相应的急救常识，均由北京市红十字会卫生救护培训中心提供。）
>
> 　　如果能在出发之前参加当地红十字会之类组织举办的急救培训班会更好。

一、 学会使用信号求救

　　随着时代和科技的发展，各种现代化求救设备已逐渐普及，像信标机、无线电、卫星电话等，如果有条件都可以配备。如果没有这些设备，也不要着急，记住几种简单的求救方法将给你带来极大的帮助。

　　1. 燃火求救：户外最常见的求救方式，一般连续点燃三堆火，距离最好相当，白天可燃烟，只要在火上覆盖树叶之类潮湿的东西即可。但一定要注意防火，特别是在森林里。

　　2. 光信号求救：白天可利用反光镜反射信号，这是一种很有效的办法，只要能反光的物品都可以用，如金属、玻璃片、眼镜等，而且简单易行没有后患。具体方法是，将一只手指向应传达的地方，另一只手持反光设备调整反射阳光，逐渐将反射光射向瞄准方向即可。晚上可利用手电筒等发光工具发射信号。国际登山求救信号：发射闪光，每分钟闪动6次，停顿1分钟，然后重复发出信号。

　　3. 在地面上做标志：在比较开阔的地面，如草地、海滩、雪地上可以制作地面标志。如在一片青草地割出标志单词，雪地上踩出标志，也可用树枝、石块、海草等拼成不同的标志，用这些标志传递信息。牢记这几个单词：SOS（求救）、HELP（帮助）、LOST（迷失）。

安全第一

　　我们希望朋友们在探险时把安全放在第一位，一切量力而行。如果在山野中不幸迷路，而且长时间求救无效，无计可施时，可以在野外寻找溪流，然后克服困难沿着水流往下游走，只要坚持，就一定会走到有人的地方。

二、 中毒急救办法

食物中毒

　　预防：养成良好的卫生习惯，尽量不要食用看起来不卫生或者不干净的食物，不要在野外随便食用野菜、野果，更不要随便采野生菌类食用。

　　症状：腹泻、恶心、抽搐，甚至昏迷。

　　急救：首先要让患者处于空气新鲜、通风良好的环境中，注意保暖。若进食时间比较短可把胃里的食物尽量催吐出来（最简便的办法是抠嗓子眼），然后用清水或肥皂水洗胃，并尽快送往医院。

补充水分

　　如果是轻微中毒引起的腹泻和呕吐，只需喝糖盐水补充体内流失的水分即可。

蛇咬中毒

预防： 野外行进或露营时最好穿长裤，沿途多加小心。

症状： 伤口剧痛、发红变肿、恶心、呕吐、视力模糊、流涎、出汗甚至呼吸困难。

急救： 首先要让伤员平躺，放松心情，避免因恐惧而心跳加速，促使体内毒液扩散。并立即减缓受伤部位的血液循环速率，伤口一般都在腿部，用绳子或衣服将伤口以上处扎紧，然后用清水冲洗伤口，并将毒血吸出，最好由几人轮番完成（口腔溃疡者千万不要参与），最后将外用蛇药敷用，用纱布包扎伤口（不要将伤口抬高），内用蛇药后尽快送往医院。（如果肇事蛇已被打死，一定要记得将它的尸体尤其是头一起送到医院，以便医生根据其毒性处理伤势。）

虫咬中毒

蜂蜇伤

症状： 一般只表现为局部红肿疼痛，多无全身症状，但若被成群蜂蜇伤时，会出现全身症状，如头晕、恶心、呕吐等，严重者可能出现休克、昏迷或死亡。

急救： 蜜蜂蜇伤可用弱碱性溶液（如3%氨水、肥皂水）外敷，也可以用红花油、风油精、花露水等外搽局部；黄蜂蜇伤可用弱酸性溶液（如醋）中和，同时应立即用小针挑拨取出蜂刺。全身症状较重者宜速到医院就诊。

三、溺水紧急救助

首先将溺水者衣领打开，迅速清除口、鼻内异物，保持呼吸通畅，然后令溺水者头朝下并拍打其背部，使进入呼吸道和肺部的水流出，时间不要太长。如果溺水者已经没有呼吸，马上进行人工呼吸。

人工呼吸

①让溺水者仰面平躺于结实平坦的地面（提醒：为其翻身时应注意是否有脊椎受伤，小心造成骨折）并查看舌头是否阻塞气道。

③吹气的同时，目测溺水者胸部有无起伏，若没有，表示通气不畅，需调整姿势。

④吹气两次后检查患者颈部动脉是否跳动，如无脉搏马上做胸外按压。

⑤注意手势：两手掌根重叠，十指相扣，手心翘起。

②一只手轻压患者前额，另一只手轻抬其下颏，捏着患者的鼻子，口对口吹气，每次持续吹气1～1.5秒，和平时一次深呼吸的肺活量相同，不可太多太快。

胸外按压

⑥手臂：绷直向下按压4～5厘米，然后放松，但不要将手移开，重复15次。15次后继续两次人工呼吸，两者轮番进行。

适用症状

人工呼吸和胸外按压还适用于其他原因造成的昏迷和休克。

⑦胸外按压和吹气的间隙查看呼吸心跳，直至医护人员到达才可停止。同时最好将溺水者的湿衣服换下，保持其体温。

四、身体创伤救护

背包旅友徒步探险中"挂彩"是常有的事，虽然发生事故的可能性不大，但如果途中有人出事，能做好以下几件事是非常重要的。

止血

血流不止将危及生命，止血是创伤急救的第一步。

对于大量出血的伤口，必须通过按压相应的动脉血管止血。在急救培训中，可以学到如何用手指准确地按压动脉的具体位置。（各地急救中心编写的急救读物对此有较详细地介绍）限于篇幅，这里只给出以下几个重要位置，虽然简单，但很有效。

如果是较轻的外伤，用纱布或干净的手绢、衣服压在伤处即可止血。

💡**小窍门**：按压动脉的力度要适中，延续时间10～15分钟。

按颈动脉止血

颈动脉是人体血液的大闸门，在锁骨偏上一点，很容易摸到。头部及上肢的大出血按住这里即可。

💡绝对不能同时按住脖子两侧的动脉。

按肱动脉止血

上肢出血，另一只手虎口朝上，在上臂2/3的位置掐住即可。

按股动脉止血

腹股沟韧带中点偏内处，脉搏很明显。下肢大出血时，用双拇指向外上方压迫止血。

按指动脉止血

用拇指和食指按住出血手指根部两侧。

按桡尺动脉止血

用于手腕及手止血。

止血带止血

这也是非常有效的止血方式。如果没有专门的止血带，可以用绳子、皮筋或衣服等代替，在出血处（手臂或大腿）的上端扎紧，遏制血液外流，切勿太紧，且务必每半小时放松几分钟，防止肌肉细胞坏死。

包扎

包扎保护伤口不受感染，还有助于止血。包扎时同样要注意不可太紧，也不可太松。

💡**注意卫生**

包扎最好用医用纱布、绷带，如果用手绢或衣服代替，一定要注意卫生。

骨折固定

一般的四肢骨折视情况可用树枝、木板为伤者进行简单的固定和包扎。目的是让骨折处保持稳定，避免再受刺激而加重伤势。

五、高原反应

海拔3000米以上的高原地区，气压低，氧浓度也低，一般人都会出现头痛、头昏、心悸、气短等高原反应，严重的还可能出现食欲减退、恶心、呕吐、失眠、疲乏、腹胀和胸闷等症状，并有可能引发并发症，导致生命危险。

对策

* 提前一个月泡服红景天，有助于提高血液中的含氧量。
* 由低海拔到高海拔应循序渐进，所以最好不要选择乘飞机进入高原。
* 进入高原不要进行剧烈运动。
* 出现轻微的高原反应不要紧张，应多休息。如果反应剧烈，应及时就医，尽快离开高原地区。
* 最可怕的高原反应是肺水肿，它能很快把人撂倒。所以上高原后必须注意保暖，以免呼吸道感染。（警告：绝对不能喝酒。）

在高原地区，很容易流鼻血。坐下来，把头向前伸以免血流入喉咙，捏住鼻梁下端（提醒：不要捏鼻翼），每10分钟松开一下，反复数次。直到鼻血止住。

高原反应

生活在较低海拔的旅行者缺氧耐受性差，进入海拔1500米以上的地区，如昆明（海拔1880米），便会出现轻微的高原反应，要做好心理准备。

六、中暑

在高温下，头痛、头晕目眩、皮肤发热发红、脉搏加快，都可以看作中暑的症状，应尽快到阴凉的地方休息。对于失去知觉的中暑者，救护者可通过以下手段帮助其降温：移到阴凉处平躺；脱掉其外衣，把浸凉水的衣服盖在其身上；中暑者体温正常后把身上的湿衣服移开并擦干水，同时持续为其扇风；如其已脱水衰竭，应让其喝大量的淡盐水，然后平躺，并把脚垫高。

七、晒伤

皮肤被晒伤会发红、发痒、变软甚至起泡。要尽快到阴凉处，用软布蘸凉水轻擦被晒伤的皮肤，同时喝水以补充水分。

水面和积雪对阳光的反射也可以造成晒伤，在高原地区，即使是阴天，也有被晒伤的可能。

八、搬运

运送伤员一定要谨慎小心，自助旅友没有专业的搬运设备，但可以根据伤员的受伤部位以及当时的环境，采取以下徒手搬运方法。

1. 搀扶：适用于病情较轻、能够站立行走的伤员。
2. 背驮：适用于搬运清醒且体重轻、可站立，不能自主行走的伤员。但要注意对于呼吸困难的伤员，如患哮喘，以及胸部创伤的伤员不能用此法。
3. 抱持：适用于单名救助者实施搬运。
4. 双人搭椅：适用于意识清醒并能配合救助者的伤员，需由两个救助者配合完成。

脊椎受伤

脊椎受伤者，最好不要轻易搬运，如需移动一定要多人配合，将伤员平着托起，注意保持伤员身体平稳，特别是头颈部位。如需长途搬运，一定要使用担架或简易替代品。

十大最热门旅行目的地

一、最具历史底蕴的文遗游

第1名‖西安

兵马俑、古城墙、大雁塔……古人留下的一砖一瓦，无不揭示着西安的历史底蕴。西安的历史风韵不仅存在于古迹里，还存在于每个人的生活中，即使你是初来乍到的游客，也能感受得到。

第2名‖北京

北京是世界上拥有文化遗产项目数最多的城市，拥有故宫、天坛、八达岭长城、颐和园等众多名胜古迹。北京的迷人之处，在于它既有古典风韵，又具时尚气息。

第3名‖南京

南京历史悠久，千百年来沉淀的文化传承与历史印记，让游客在游览间感受古都的文明与洗礼。游客还可以在此感受南京云锦、雕版印刷术等非物质文化遗产的魅力。

第4名‖洛阳

洛阳是世界四大圣城（耶路撒冷、麦加、洛阳、雅典）之一。悠久的历史孕育了龙门石窟、白马寺等著名的历史文化古迹。

第5名‖杭州

古时杭州曾称临安，为中国七大古都之一。古有"人间天堂"之美誉，山、泉、湖、桥、塔、寺样样俱全。繁华闹市中，武林广场的现代气息和清河坊的古意盎然相互交织，给人最真实、最值得回味的杭州印象。

第6名‖成都

史书记载，成都是八朝古都，历史悠久，文化底蕴深厚，有"天府之国""蜀中江南""蜀中苏杭"的美称。

第7名‖大同

古老的气息和异域般的塞外风情在此交融，形成了大同独特的历史气韵。境内古迹众多，著名的文物古迹包括云冈石窟、华严寺、善化寺、恒山悬空寺、九龙壁等。

第8名‖开封

开封古称汴梁，是七朝古都。一幅《清明上河图》，勾画出北宋汴京的盛世繁荣；一部《东京梦华录》让人禁不住感叹昔日的皇城胜景。

第9名‖扬州

扬州文化璀璨，商业昌盛，人杰地灵，环境宜人，景色秀丽，被誉为"淮左名都，竹西佳处"。扬州园林是其代表，始于汉代，至唐代"园林多是宅"。

第10名‖苏州

苏州，古称吴、姑苏、平江、苏州府等。这座古城坐落在水网之中，街道依河而建，水陆并行；建筑临水而造，前巷后河，迄今仍保留"小桥、流水、人家"的独特风貌。

北京故宫

二、最静谧的古村游

第1名‖宏村 徽味十足的民间故宫

宏村的明清民居是徽派建筑的代表作，既有"青砖黛瓦马头墙"的建筑美感，又在布局和装饰等方面体现地方文化特色，被誉为"中国画里乡村"。

第2名‖西江千户苗寨 探访蚩尤的直系后裔

西江千户苗寨有许多在半山建造的木结构吊脚楼，随着地形的起伏变化，层次感十足。西江苗寨是一个展示苗族文化的宝库，保存着传统的苗族建筑、服饰、银饰、语言、饮食、传统习俗。

第3名‖篁岭 梯云人家

在婺源篁岭，围绕水口错落排布的古民居、层叠的翠绿梯田和金灿灿的油菜花构成一幅生机盎然的乡村田园画卷。

第4名‖三排瑶寨 世界瑶族第一寨

三排瑶寨位于风景秀丽的三排山脉半山腰，一排排房屋依山势而上，走廊国道将各家各户串联了起来。在这里能品尝到浓香的瑶族米酒，也能欣赏到热情瑶胞带来的歌舞表演。

第5名‖程阳八寨 热情的百节之乡

在广西、贵州、湖南的三省区交界处，有八个连成一片的侗族山寨，这里保留着传统的侗族建筑和生活风俗。山寨旁的林溪上，坐落着侗族人民的智慧结晶——程阳风雨桥，亭廊相连，别具韵味。

第6名‖禾木 神的自留地

禾木村是著名的图瓦人村庄，这里的原始木屋与雪峰、草原、森林等景观融为一体，古朴又有几分神秘。禾木的秋色最让人心醉，层林尽染，绚丽多彩，宛若人间仙境。

第7名‖甲居藏寨 雪山下的田园牧歌

甲居藏寨藏于横断山区，神秘、宁静，白墙红屋的寨楼颇具藏族风韵。与民居相依相连的，是有着千年历史的古碉楼，最高可达60多米，诉说着丹巴的神奇历史。

第8名‖北极村 没有夜晚的中国北极

位于漠河的北极村地处北纬53°33′30″、东经122°20′27.14″，神奇、美丽、像谜一样。夏至时分，这里全天几乎都是白昼，可以欣赏绚丽多彩的北极光。

第9名‖罗布人村寨 感受神秘朴实的罗布文化

库尔勒市南85千米处，是内陆河、沙漠和森林的交会处，这里的村寨中，生活着世世代代以捕鱼为生的罗布人。在这里可以借宿当地民居并同罗布人一起欢歌载舞。

第10名‖雨崩村 梅里雪山脚下的旷世桃源

雨崩村与世隔绝，被四周的群山簇拥着，木质平房、山石围栏、成群的牛羊骡马，宁静而安详。这里是"徒步者的天堂"，在此可通往卡瓦博格峰脚下和雨崩神瀑。

篁岭

三、最迷人的海岛游

第1名‖三亚　亚龙湾

三亚是所有人梦想中的度假天堂。这里有最和煦的阳光、最湛蓝的海水和最柔软的沙滩。在沙滩悠闲漫步，与椰林树影为伴，一切都是那么令人享受。

第2名‖新北　野柳岬

野柳岬种植了美人蕉、龙舌兰等海岸植物，穿行于林间，别有一番情调。每当退潮后，岸边会留下许多贝壳、海胆化石。漫步、赶海、欣赏奇石是野柳岬旅游的三大乐趣。

第3名‖荣成　成山头

成山头被称为"太阳升起的地方"，是中国最早看见海上日出的地方。日出时的成山头格外美丽动人，金色的海面泛起波纹，闪烁着点点金光，如诗如画。

第4名‖海口　东寨港红树林

海南东寨港海滩，有中国树种最多的红树林。沿着蜿蜒的木栈道悠然行走，周围一片鸟群和鸣，满目尽是红树林。

第5名‖秦皇岛　昌黎黄金海岸

每当黎明时分，绵长的昌黎海岸就被镀上了一道耀眼的金色花边。绚烂的日光，细腻的金黄沙地，使这座海滨城市的清晨更为光彩夺目。

第6名‖香港　维多利亚海湾

维多利亚海湾曾被美国《国家地理》列为"人生50个必到的景点"之一。它向我们展现了独有的"万丈红尘映碧海"的魅力。夜晚水波荡漾，船艇往来，水中倒映着璀璨繁华的香港城，十分迷人。

第7名‖泉州　崇武海岸

崇武海岸线，金沙海滩众多，岛屿礁石遍布。惠安女子头戴花色头巾、黄色斗笠，或在沙滩上织网，或在大海边跳舞，可谓海岸上一道亮丽的风景线。

第8名‖深圳　大鹏半岛

深圳最南端的大鹏半岛有着独特的山海风光，如同一位淡定自若的隐士。绵延的海岸线，散落的沙滩贝壳，翠绿的丛林，古老的大鹏城一片安宁静谧。

第9名‖北海　银滩

银滩号称"中国第一滩"，位于美丽富饶、四季如春的海滨城市——北海。洁白如雪的银滩，风光秀美的海景，你想拥有的海滨景色这里都有。

第10名‖万宁　香水湾

香水湾风景奇特，海岸分布着婀娜多姿的椰林，海浪碧绿，沙滩洁白，令人赞叹不已。夕阳西下时的景观最为壮美，适合喜爱摄影的朋友前来观赏。

北海

四、最神秘的峡谷游

第 1 名‖雅鲁藏布大峡谷　体验奇幻冒险

这里有从高山冰雪带到低河谷热带季风雨林等九个垂直自然带，被誉为"中国最美峡谷"，景色奇丽，险峻幽深。在这里，可以体会一场难得的奇幻冒险。

第 2 名‖长江三峡　最富传奇色彩

瞿塘峡雄伟，巫峡惊险，西陵峡秀美，三峡在历史上受到无数文人墨客的赞赏，也曾有无数英雄豪杰在此纵横驰骋。它的传奇色彩，为后世留下了无尽的想象。

第 3 名‖虎跳峡　无限风光在险峰

虎跳峡以奇、险、雄、壮著称于世，这里有令人叹为观止的绝佳美景，使游客在玉龙雪山和哈巴雪山的夹缝中，产生震撼心灵的澎湃之感。

第 4 名‖库车大峡谷　大自然的鬼斧神工

这里的红色山体历经千年洗礼，怪石嶙峋，红峰蜿蜒。峡谷内清泉潺潺，天然雕塑栩栩如生，充满了魔幻的色彩，堪称大自然的又一杰作。

第 5 名‖晋陕大峡谷　黄河百里画廊

黄河犹如巨龙般在这里蜿蜒，时而激流咆哮，时而徘徊守候。这里有沧桑的黄土高原，神奇的乾坤湾，彰显着极具特色的黄河峡谷风貌。

巫峡

第 6 名‖怒江大峡谷　最原始的东方峡谷

这是一条世界上最长、最神秘、最古朴的大峡谷。置身其中，怒江发出的低沉怒吼，两山的险峻之势，使人深深震撼。

第 7 名‖恩施大峡谷　媲美科罗拉多

恩施大峡谷与美国科罗拉多大峡谷难分伯仲，是世界上最美丽的大峡谷之一。峡谷中的百里绝壁、千丈瀑布、原始森林等景点均美不胜收。

第 8 名‖安集海大峡谷　多彩的奇丽画卷

这里以其丰富的色彩令人称道。谷内河流蜿蜒，百转千回，柔情尽显。两岸河流阶地气势磅礴，有着摄人心魂的壮美。

第 9 名‖南江大峡谷　贵州的香格里拉

南江大峡谷因景色雄奇瑰丽而被称为"贵州的香格里拉"。这里有着独特的喀斯特地貌和风格各异的瀑布群，既可借峭壁栈道游览，又可顺江漂流。

第 10 名‖龙川大峡谷　书写诗情画意

这里的盆景和瀑布极具特色，在青山秀水中书写着武夷山的诗情画意。山峰耸秀，烟迷玉黛，瀑布如银河下泻，璀璨夺目。

雅鲁藏布大峡谷

五、最温馨的亲子游

第 1 名‖香港迪士尼　儿童欢乐胜地

迪士尼是探险的乐园，梦幻的城堡，可爱的唐老鸭和米老鼠，美丽的白雪公主，众多卡通人物仿佛从动画片里走出来，有趣极了。

第 2 名‖海南岛　戏水天堂

蓝天碧海，沙滩阳光，海南岛是让孩子释放天性的地方。在海边不仅能和孩子一起戏水、游泳，玩水上排球，还能吃到美味的海鲜、热带水果。

第 3 名‖西双版纳　返璞归真的旅行

西双版纳是《爸爸去哪儿3》的拍摄地。在这里，无论是体验酣畅的泼水狂欢，还是走进热带雨林亲近大自然，对孩子来说都是一次难得的经历。

第 4 名‖宁夏沙坡头　沙漠带来的快乐

在沙坡头的滑沙场来一次父子亲密滑沙，乘坐羊皮筏子横渡黄河，骑骆驼行走在腾格里沙漠，都是不错的选择。

第 5 名‖广州长隆　和动物亲密接触

会说话的鹦鹉、长臂的猴子、魁梧的大象，在长隆野生动物园让孩子和动物亲密接触。这里还有水上乐园、欢乐大世界，都是孩子的游戏天堂。

第 6 名‖呼伦贝尔　编织绿色的梦境

呼伦贝尔被称为"世界上最好的草原"，水草丰美，辽阔无边，在此能感受到蒙古族人民的热情，俄罗斯民族乡的异域风情。

第 7 名‖北京　首都的神奇之旅

北京的海洋世界，各具特色的博物馆、名胜古迹及知名学府，都是亲子游不错的选择，更是增长孩子知识的好去处。

第 8 名‖上海　梦幻欢乐谷

梦幻的上海欢乐谷，神奇的上海科技馆，以及海洋水族馆、大自然野生昆虫馆，都能让孩子在游玩的同时学到更多的知识。

第 9 名‖西安　文化历史课堂

四大古都之首的西安，有着厚重的历史感。这里有古城墙、兵马俑、博物馆……带孩子去古都感受历史，接受文化熏陶。

第 10 名‖厦门　海边的乐趣

在厦门，可以带着孩子在环岛路上骑自行车，或是坐渡轮，在海滨浴场玩沙。

迪士尼乐园

六、最诱惑的美食游

第 1 名 ‖ 成都　美食王国

说成都是一个美食王国一点不为过，成都美食历史悠久，品种繁多。在成都，吃已经不仅仅是简单的需要，还是一种性情和文化。

第 2 名 ‖ 重庆　火锅的代名词

火锅、美女、夜景，是重庆的三大名片。撇去其他两个不谈，遍地开花的火锅真的是既美味又实惠。

第 3 名 ‖ 台北　夜市里的饕餮美味

去台湾的游客，多半是为了满足"口腹之欲"。夜市里的小吃林林总总，除了原住民的传统美味，还有一些是各个地方的人将自己家乡的饮食带到台湾，慢慢在生活中创新或改良，进而传承下来的。

第 4 名 ‖ 澳门　最诱人的葡国菜

澳门可谓荟萃了东西南北各地美食，传统中国菜、日本菜、泰国菜，在这里都能品尝到。当然最诱人的美食还是当地正宗的葡国菜。

第 5 名 ‖ 杭州　天堂美食之府

杭州历来被称为"天堂美食之府"。杭帮菜源远流长，为中国八大菜系之一。杭州地处江南水乡，杭州人喜食鱼虾，口感鲜嫩、清淡适口。

第 6 名 ‖ 广州　市井美食部落

俗话说："食在广州。"粤菜的精致美味，食之堪称天下一大享受。这里不乏鲍参翅肚的美味鲜香，但最得

火锅

北京烤鸭

人心的还是大街小巷的市井小店，随便一家便可能已传至数代。

第 7 名 ‖ 西安　琳琅满目的"陕菜"

汇聚了数百种面食，民族小吃、川菜、鲁菜、东北菜等，是这座古都数千年沉淀的饮食精华。

第 8 名 ‖ 北京　满汉饮食文化

北京是世界第八大"美食之城"，吸收了满汉饮食文化的精髓，皇家与市井味在此共存。京味小吃历史悠久，分为汉民风味、宫廷风味和伊斯兰风味。

第 9 名 ‖ 厦门　地道客家菜

在厦门的很多地方可以吃到地道的客家菜。客家菜追求原汁原味、清淡可口，味道以清鲜、甜香为主，富有营养。

第 10 名 ‖ 武汉　"过早"

"才饮长沙水，又食武昌鱼"，武汉的清蒸武昌鱼很有名。最让武汉人得意的是早点，吃早饭被称为"过早"，早点品种之多能让你一个星期都不带重样的。

七、最甜蜜的情侣游

第 1 名‖鼓浪屿　恋上一座岛

鼓浪屿是文艺小清新的聚集地。阳光很好的日子，漫步沙滩，吹着徐徐海风，或是寻找小巷深处的老别墅，都会让人感觉惬意。

第 2 名‖蜈支洲岛　逃离尘世的天堂

有人称它为"中国的马尔代夫"，有人把它当作和情人逃离尘世后的天堂。它还有一个很浪漫的名字叫"情人岛"。

第 3 名‖台北　浪漫情调

台北是一个充满浪漫情调的城市，特别适合情侣旅行。白天可以爬到山顶欣赏风景，晚上可以去西门町感受夜市的热闹。

第 4 名‖丽江　最柔软的时光

这里是爱情的天堂，空气里都散发着香甜气息。漫步古街，享受夏日午后慵懒的阳光，时光在不经意间柔软而逝。

第 5 名‖青岛　惬意时光

碧蓝的海，葱郁的树，转角的花和洒满阳光的路，穿梭于欧亚风情的老建筑中，享受两个人的惬意时光。

第 6 名‖拉萨　日光之城

一起去"日光之城"拉萨晒太阳吧！相信每个人都有一个去西藏的梦想。这片高原净土，以及那蓝得令人无法忘怀的天空，都让人没有理由不爱它。

第 7 名‖杭州　烟雨西湖

杭州享有"人间天堂"的美誉。曾因"梁祝"与"白蛇传"披上了凄美浪漫的面纱。泛舟于烟雨中的西湖，不免让人想起许仙与白娘子的那段偶遇。

第 8 名‖成都　悠闲慢生活

成都是一座悠闲的城市，这里遍地都是美食，还有满城的茶馆。坐在茶馆中静静地品茶，感受成都的"慢生活"。

第 9 名‖桂林　漓江之美

"桂林山水甲天下"，桂林的美在漓江，山清水秀，风光独好。泛舟于漓江之上，犹如置身于百里画廊。

第 10 名‖昆明　四季如春

昆明真的无愧于"春城"的雅称，无论什么季节都是阳光明媚。抬头看去，天空碧蓝而高远。

鼓浪屿

八、最有活力的碧山游

第 1 名‖黄山　归来不看岳

俗话说："五岳归来不看山，黄山归来不看岳"，可见黄山"天下第一山"的美誉名不虚传。登黄山不可错过日出奇观。

第 2 名‖泰山　五岳之首

泰山为五岳之首，自古便是帝王将相低首，文人墨客景仰之地。泰山的美在于巍峨大气，一定要到顶峰才能领略其风光。

第 3 名‖华山　奇险第一山

华山自古有"奇险天下第一山"的说法，以其俊俏吸引了无数游客。西峰绝壁，东峰日出，南峰奇松，北峰云雾，华山风景美不胜收。

第 4 名‖云台山　山水里的传奇

云台山，以山称奇，以水叫绝！观山峦之美景，望瀑布之秀美。置身云台，纵情山水间，心中顿生如临仙境之感。

第 5 名‖三清山　道骨仙风

三清山乃道教名山，一直以山岳风光称绝。日出后的奇峰怪石、云海佛光，让人有种道骨仙风的感觉。

第 6 名‖普陀山　海天佛国

普陀山有着"南海圣境"的美誉。这里四面环海，寺院香火缭绕，一派海天佛国景象。

第 7 名‖庐山　奇秀甲天下

庐山素有"匡庐奇秀甲天下"的美誉，是中国山水诗的摇篮。登庐山、观日出、赏瀑布，或是重温老电影《庐山恋》都是不错的选择。

第 8 名‖嵩山　少林寺

嵩山位居五岳，中原第一名山，因少林寺而闻名天下。山上有谷、洞、潭、瀑等景观，名胜古迹遍布。

第 9 名‖五台山　佛教名山

五台山因盛夏不知炎暑，又被称为清凉山。四大佛教名山之一，每逢盛夏，前来祈福的游客络绎不绝。

第 10 名‖崂山　海上名山

崂山被称为"海上第一名山"，是海边拔地而起的山地，一侧是清秀巍峨的山峰，一侧是碧波浩荡的大海。

黄山松

九、最具风情的古城游

第 1 名‖周庄　小桥流水人家

　　远离城市的喧嚣，粉墙乌瓦和小桥流水构成的周庄，给人一种安宁平和的感觉。在这里听一段昆曲，尝一回阿婆茶显得别有韵味。

第 2 名‖西塘　摇曳的乌篷船

　　烟雨长廊，石皮弄堂，扁舟唱晚，楼台亭榭小乌篷，千盏灯笼挂长廊，西塘美如诗画。

第 3 名‖南浔　静谧古朴的气息

　　南浔充满浓郁的历史文化底蕴和灵气。走进南浔，它的静谧古朴，会让你找到归隐于世的净土。

第 4 名‖乌镇　追忆似水年华

　　乌镇的美古色古韵，独具水乡风情的迷人魅力，素有"鱼米之乡，丝绸之府"的美称。来到此地，便恍如来到《追忆似水年华》的故事里。

第 5 名‖同里　流水古居的韵味

　　比起江南其他古镇，同里是朴素的。同里不大，但是很有韵味，这里水多，桥多，文人雅士多。偶尔能看见路边有人摆开纸墨画着流水古居。

第 6 名‖甪直　多收了三五斗

　　这里是叶圣陶小说名篇《多收了三五斗》的发生地。在不同的小桥间穿来穿去，与小镇上的人们一起享受清晨的安静，让人回味无穷。

第 7 名‖凤凰　边城的风华旧梦

　　凤凰这座美丽安逸的小城，因沈从文的小说《边城》而闻名于世。古城内的青石板路、吊脚楼，浓郁的苗族风情，构成了凤凰独有的古城味道。

第 8 名‖独克宗古城　茶马古道的枢纽

　　藏族人民给这个世世代代生活的家园起了一个有诗意的名字——独克宗，意为"建在石头上的月光城堡"，这座古城默默见证了历史上"茶马互市"的汉藏交流历史。

第 9 名‖丽江　蜡染的色彩

　　丽江的美，美在民族特色，美在神秘的东巴文化。这座充斥着爱与奇遇的风情古城，它的颜色如同蜡染一般，明丽而厚重。

第 10 名‖平遥　默默守望的古城

　　厚重的历史感，淳朴的晋中民风，平遥给人的印象是安静而内敛的。来来往往是游客，默默守望是古城。

周庄双桥

西南地区

云南—四川—重庆—

贵州—西藏

云南省

昆明

昆明快速攻略

Day1 云南大学→翠湖公园→金马碧鸡坊→世博园→
金殿风景区

Day2 海埂公园→滇池→云南民族村→西山

Day3 昆明→石林→九乡风景区

感受昆明

明媚 不论你从祖国的哪个角落进入昆明，第一感受便是阳光
灿烂、春光明媚，这是任何季节都不会改变的。抬头看去，
高原的天空碧蓝而高远。

人鸥共戏 对于这座并不靠海却常年有海鸥在这里过冬的城市，
不能不说是个奇迹，这个奇迹对于昆明人来说，已经成了冬
季的一种日常景观——到翠湖和海埂公园看红嘴鸥。在翠湖
边上，长期有学生和环保人士组成的志愿者队伍，为人们分
发免费的鸥食和保护红嘴鸥的资料，昆明市政府还给红嘴鸥
颁发了"荣誉市民"的称号。

准备与咨询

语言

昆明话属北方语系，外地人听起来会觉得与四川话和贵州
话十分相似。当然，普通话是通行语言，会讲普通话就能畅通
无阻。

气候与游季

"春城"是昆明的别称，自古以来昆明就以"四季如春"著
称于世，对于游客来说，昆明还是"无处不飞花"的地方。一天
里变化无常的天气也给很多外地人留下了很深的印象：前一刻
还是烈日当头，马上就疾风骤雨。在昆明有"下雨便是冬"的说
法，非常冷，一旦雨过天晴，又立刻恢复了和煦面目。昆明最舒
适的旅游时间在3—10月，是景色最美、少数民族节日最集中的
时候，也是水果、鲜花最多的季节。

昆明全年平均气温为15 ℃，最热月平均气温19～22 ℃，
最高气温不超过31.5 ℃，最冷月平均气温6～8 ℃。全年大部
分降水都集中在5—10月，其余月份略为干燥。

行在昆明

进出

昆明是一座典型的内陆城市，所以火车和飞机是进出昆明的
主要交通工具。

机场空港快线

空港2号线	运营线路：昆明长水国际机场→昆明火车站
高铁专线	运营线路：昆明长水国际机场→高铁南站

教几句昆明话

昆明话属于北方言，虽然
听上去土气、不悦耳，但象声词
多，特别幽默生动。学几句本地
话可以让旅游更添趣味。

1. 称赞——板扎
2. 惊叹——埋埋散
3. 是不是——咯是
4. 怎么——咋咯
5. 滑稽——大雀啦
6. 行为不端——槽奈

买东西

在昆明，"斤"的意思就是
"公斤"，1斤等于1000克。昆
明人说的"两"就是"公两"，1
两等于100克。除了昆明，开
远、蒙自和河口等地也是这样。

行在昆明

飞机

昆明长水国际机场位于昆明市官渡区，距市中心24.5千米。目前已开通市区连接机场的空港快线（机场大巴），可以到达市区的小西门、巫家坝、新螺蛳湾、呈贡新区、南部客运站、西部客运站、昆明火车站等多处。从市中心打车去长水机场，车费约120元，时间约1小时。

机场有到达东部汽车客运站的地铁，30分钟到达，票价5元，在东部客运站可以转公交车到市中心，1小时到达，票价2元。

铁路

云南十八怪之一"火车没有汽车快"，说的是由于地形复杂，铁路曲折，坐火车需要花更多的时间。但近年来，昆明的铁路交通飞速发展，"八出省、五出境"立体交通网加速成型，火车目前是进出昆明最方便、易行的方式。昆明站是昆明的中心站，有发往北京、上海、厦门、广州等方向的列车；南窑火车站每天都有到大理、玉溪等地的火车。

公路

昆明市内主要有东、南、西、北和西北部五个主要客运站，有发往省内外的不同班次客车。

长途汽车站点及发车方向

西部汽车客运站
- 0871-68182746
- 西山区益宁路18号
- 有发往大理、丽江、临沧、怒江、迪庆的班车

西北部汽车客运站
- 0871-68265359
- 五华区陈家营路与小屯路交叉口
- 有发往楚雄、攀枝花、华坪、易门、安宁的班车

北部汽车客运站
- 0871-5727185
- 盘龙区宝云路
- 有发往曲靖、昭通、寻甸、嵩明、东川的班车

南部汽车客运站
- 0871-67361722
- 官渡区彩云北路新螺蛳湾商贸城旁
- 有发往普洱、玉溪、西双版纳、建水、元阳、石屏、绿春、红河的班车

东部汽车客运站
- 0871-3833680
- 盘龙区东三环虹桥立交与两面寺立交之间
- 有发往文山、陆良、师宗、罗平、个旧、开远、屏边、河口、金平、蒙自、泸西、弥勒、石林、宜良的班车

市内交通
公交

昆明市内公交车线路四通八达，有快速公交、市区线路公交、郊区线路公交。市内基础线路票价为1～2元，远郊线路票价为10～20元。发车时间一般为6:00—22:00。

昆明机场客服
0871-96566

昆明机场总服务台订票
0871-7114277
0871-7114278

昆明公交集团
0871-5326597

记住出租车标志
昆明的出租车都有一个明显的动物图案和号码，不同的动物代表不同的车队。如果不小心将东西落在车上，记住动物图案的话，找起来会方便一些。

发往主要景点班车
1. 在省体育馆附近有多条线路的旅游专线车。
2. 大理：西站、南窑站以及火车站广场，每天有多趟班车，行程5—6小时，豪华大巴108元，小巴81元，卧铺车100元。
3. 丽江：西站每天有多趟班车，行程10小时，豪华大巴202元，卧铺车199元，轿车8人座229元。
4. 香格里拉：黄土坡站每天15:00—19:00有多班卧铺车，116元。

旅游专线
A1路：云南民族博物馆、滇池、弥勒寺、金马坊站、市博物馆、新迎窗口、白龙寺、世博园。
A2路：鼓楼站、圆通山、南太桥、得胜桥、塘子巷、昆明会展中心。

游在昆明

地铁

昆明地铁已开通1—6号线，最低票价为2元。

游在昆明

滇池国家旅游度假区

★★★★ 🏊 ⭐ 📷 🚻

滇池是云南省最大的淡水湖，素有"高原明珠"之称。站在龙门居高临下，滇池美景尽收眼底。游客可乘船在滇池游览，沿湖有西山、观音山、大观楼等景点。每年冬季，会有成千上万只红嘴鸥来此过冬，成为滇池的一大景观。

🈚 免费

🕐 全天开放

🚌 临近海埂公园站（公交站）；云南民族村有缆车往返于海埂公园与西山，单程40元，往返70元

👁 1～3小时

💡 **1. 最佳游季:** 滇池最佳旅游时间是每年11月至次年1月，这期间有红嘴鸥来此过冬，可观湖冬景。

2. 短线一日游: 滇池周围还有云南民族村、云南民族博物馆、海埂公园等景区，建议游客可将这些地方一起游览。

3. 每年冬天，大批的红嘴鸥会飞来云南过冬，届时海埂公园里的喂鸟、观鸟活动非常火爆。

💡 **茶话会:** 初春时节，有名目繁多的茶话会。

西山风景区

★★★★　🏊 🍴 📷 🚻

传说西山由失散的恋人化身而成。如果想一睹昆明的全貌，那就登上西山山顶吧，脚下就是滇池。如果说在滇池边散散步、吹吹风是一种雅致的情调，站在西山感受到的则是壮观豪迈的气势，西山也是昆明人春游秋游爬山的首选地。

💰 景区内景点单独收费：龙门石窟门票30元；华亭寺、太华寺、聂耳墓免费；龙门索道单程25元，往返50元

🕐 8:30—17:00

🚌 临近西园（公交站）、苏家村（公交站）；或在云南民族村附近乘高空缆车直达西山龙门，单程60元

👁 2～3小时

金马碧鸡坊　★★★★　🏛 🍴 🛍

金马碧鸡坊原为明代建筑，现在是重建的。它的玄妙在于"金碧交辉"的奇景。这里是昆明繁华的闹市，聚集了百盛、昆百大、国美等大型百货商场及各类酒吧、小吃店等，购物方便。

🧭 西山区金马巷10号

🕐 全天开放

🚌 临近金马坊（公交站）

👁 1～3小时

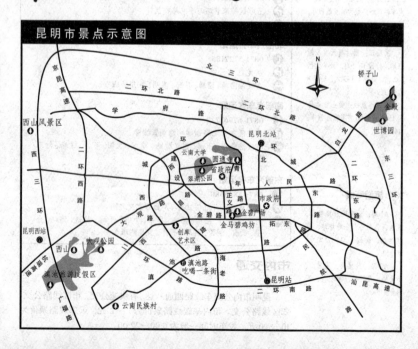

昆明市景点示意图

翠湖公园 ★★★★ 🚻📷🎧

如果在11月以后踏访昆明，最不能错过的就是去翠湖看红嘴鸥。1985年以来，成千上万只红嘴鸥从遥远的西伯利亚飞到翠湖、滇池过冬。红嘴鸥云集最高峰时可达3万只左右，它们在湖面轻快地翻飞，与游人共戏，成为昆明一年一度的景观。

💰 免费

🕐 6:30—22:00

📍 五华区翠湖南路67号

🚌 临近翠湖东门（公交站）、翠湖南路（公交站）、华山西路（地铁站）

💡 1.冬季看红嘴鸥最好的地点在翠湖宾馆附近，天亮到10:00前是观鸥、喂鸥的最佳时间。

2.翠湖边上卖面包的摊位减少。现在主要投食鸥粮，一小袋约10元。

3.白天这里是昆明市民热闹的"后花园"，晚上翠湖周边则是夜游者的乐园。这一带有很多文化酒吧，艺术氛围很浓郁，可闲坐、品茶、弹琴、叙旧、读书。

云南大学 ★★★ 🚻📷

位于翠湖公园附近的云南大学，校园十分优美，号称中国最美校园之一。校内建筑大多是中西合璧的风格，有很浓郁的历史韵味。

💰 免费

📍 五华区翠湖北路2号

🚌 临近园西路口（北门街公交站）

云南民族村 ★★★ 🍽📷🎧🎫

云南民族村是汇集了25个少数民族的村寨，将少数民族丰富多彩的生活和宗教习俗展现在游客面前，是云南民族文化的一个缩影。每年不同时节这里都会举行节庆活动，比如正月初一的藏历新年、四月的泼水节等。在这里还可观赏民俗表演，品尝民族风味小吃，购买民族工艺品。

💰 90元

🕐 9:00—21:30

📍 西山区滇池路1310号

🚌 临近民族村（公交站）；民族村和西山森林公园有缆车可以往返，乘坐地点在民族村西南门，单程40元，往返70元

👁 0.5～1天

💡 **民族风情表演：** 每天9:30—17:30，每个村寨都有歌舞或民俗表演，比较集中的表演在民族歌舞厅、团结广场，值得推荐的有9:00各村寨外的云南少数民族开寨仪式；14:40由云南15个特有少数民族倾情演绎的《高原的呼唤》；11:00、13:30和16:30的吉象表演。

翠湖

云南民族村

《云南映象》演出 ★★★

《云南映象》是既有传统之美，又有现代之力的舞台新作，由著名舞蹈艺术家杨丽萍任总编导。为了创作《云南映象》，她曾用一年时间在云南各地的田间地头采风寻觅，观看了无数民间舞蹈，将精彩的动作元素浓缩在歌舞创作中，舞蹈充满了原汁原味的云南少数民族风情。

- 🎫 丙票148元；乙票200元；甲票268元；VIP 348元
- 🕐 周一至周日（20:00—21:00）
- 📍 五华区东风西路132号云南艺术剧院
- 🚌 临近云南艺术剧院站（公交站）
- 💡 2022年4月，《云南映象》团队因疫情暂时解散。

官渡古镇 ★★★★ 🏔

距市中心约10千米，古滇文化发祥地之一。镇内人文景观丰富，有五山、六寺、七阁、八庙，各种店铺热闹齐全；号称"六寺之首"的妙湛寺，门前的金刚宝座塔最引人注目，这里商业街的眼镜粑粑以胡麻和花生馅两种最为畅销。

- 🎫 免费
- 🕐 全天
- 📍 官渡区广福路官渡古镇
- 🚌 临近官渡古镇（公交站）
- 👁 1～3小时

大观楼 ★★★ 🏔

始建于清康熙年间，因其面临滇池，远望西山，尽览湖光山色而得名。园中最具观赏价值的大观楼临水而建，楼高三层，其中题匾楹联佳作颇多。由清代名士孙髯翁所作的180字长联，垂挂于大观楼临水一面的门柱两侧，号称"古今第一长联"。

- 🎫 26元
- 🕐 7:00—19:00
- 📍 西山区大观路284号
- 🚌 临近大观楼公园站（公交站）
- 👁 3小时

陆军讲武堂旧址 ★★★ 📷

始建于1909年，初建时被称为全国三大讲武堂之一，朱德、叶剑英等一大批杰出的军事家和革命家曾求学于此。现存建筑是一栋民国风格的优雅黄色小楼，保存完好，适合拍照，建筑内部作为展览馆开放。

- 🎫 免费
- 🕐 9:00—17:00（周一闭馆）
- 📍 五华区翠湖西路22号
- 🚌 临近仓园巷（公交站）、省图书馆（公交站）
- 👁 1～3小时
- 💡 9:00、10:00、11:00、14:00、15:00、16:00有换岗仪式。

黑龙潭公园 ★★★ ◉ ❀

　　黑龙潭公园位于昆明北郊的龙泉山五老峰下，其名字源于吕洞宾收服作恶黑龙的传说。黑龙潭的景色古朴而幽深，可欣赏之处甚多，古木、清泉、竹林、梅花、深潭……其中潭水的景象最为奇异，黑龙潭被中间的石桥一分为二，两边一清一浊，互不相融。

- 🎫 15元
- 🕐 8:00—18:00
- 📍 盘龙区龙泉路612号
- 🚌 临近黑龙潭站（公交站）
- 👁 1~2小时

大叠水瀑布 ★★★★★ ❀◉

　　大叠水瀑布又名飞龙瀑。瀑布的水源系南盘江的支流巴江，落差88米，最大流量达150立方米/秒。6~8月洪水季节飞流直下，气势磅礴，声震山野，数里外可闻其声。

- 🎫 18元
- 🕐 8:00—18:00
- 📍 石林彝族自治县大叠水村
- 🚌 石林县城乘7路公交车直达景区，票价2元/人，一般一天只有1~2班车，逢周二集市班次会略多
- 👁 1~3小时

💡 大叠水瀑布暂不开放，游玩前需确认。

寻甸北大营草原 ★★★★

　　电影《无问西东》的拍摄地，现在还有电影场景的道具可供拍照。可骑马、射箭、放风筝，附近有高尔夫球场、万寿菊种植基地和峡谷瀑布。

- 🎫 免费
- 📍 寻甸回族彝族自治县河口乡北大营村
- 👁 0.5天

云南省博物馆 ★★★★ ◉❀

　　成立于1951年，是云南省最大的综合性博物馆，首批国家一级博物馆。它是云南的历史、文化、艺术的聚集之地，也是来滇游客的必访之地，更是青少年学生的第二课堂。

- 🎫 免费
- 🕐 9:00—17:00（周一闭馆）
- 📍 昆明市广福路6393号
- 🚌 临近官渡古镇（公交站）、云秀路口

（公交站）、新宝象河桥（公交站）
- 👁 1~3小时

💡 **鸡杂炒干巴菌**

云南盛产各种新鲜菌类，如鸡枞菌、牛肝菌、香菇、干巴菌等。一道鸡杂炒干巴菌，看上去有点其貌不扬，但那种美味异香，但凡吃过的人都终生难忘，鲜得恨不能连舌头一起吞下去。

东西寺塔 ★★★ ▲▲

　　南诏国时期古塔，东寺塔全高40.57米，西寺塔高36米，两塔均为十三级密檐方形砖塔。东寺塔也有"金鸡塔"之称，塔顶四角立有4只铜皮金鸡，口角处嘴有一根两头有孔的铜管，以前每当风吹过，簧片随之振动，便会发出悦耳的鸣叫声，后来由于灰尘积塞金鸡便缄口不鸣了。

- 🎫 25元
- 🕐 9:00—19:00
- 📍 昆明市南面的书林街和东寺街
- 🚌 临近市总工会（公交站）
- 👁 1~3小时

圆通寺 ★★★ ▲▲❀

　　昆明最古老的佛教寺院之一、昆明八景之一。它闹中求静，以小见大，并借背后螺峰山之景形成了别具一格的水院佛寺，造园艺术风格独特。圆通寺正门位于圆通街，进入寺院越向里走，地势越低，是我国寺庙建筑中较为罕见的"倒坡寺"。

- 🎫 6元
- 📍 五华区圆通街30号
- 🚌 临近圆通山（公交站）、圆通街（公交站）
- 👁 2小时

昆明四号线 ★★★ 🏢◉

　　昆明四号线被人们称为"网红四号线"，海屯路站释义以"低碳环保"为主，苏家塘站释义以"教育文化，书香文化"为主，祥丰街站释义以"滇池文化"为主……9个重要车站，站站皆"网红"。

- 🎫 免费
- 🚌 地铁4号线

呈贡大渔公园 ★★★ ❀◉

　　欧式建筑风格，整个空间都散发着粉色的小气泡，公园的美是一目了然的。天气好的时候，可以拍到海鸥。

- 🎫 免费
- 🕐 8:30—24:00

🏛 呈贡区渔浦路怡和小区北侧

🚌 临近大渔公园（公交站）

网红隧道 ★★★★ 🏛 📷

火爆抖音的网红打卡地。粉红楼梯、波波池、浪漫的拍照墙、抓娃娃机、电话墙……粉嫩至极的场景，瞬间点燃游客的少女心！

💰 免费

🚇 地铁1号线春融街地铁站A出口

傲城大厦

一座360度圆形的商住两用大厦，独特的外形，能够带来不一样的视角体验。随手一拍都是科幻大片即视感。

🚗 五华区人民中路39号

🚌 临近象眼街（公交站）

昆明动物园 ★★★★

🎠 📷

又名圆通山动物园，建于1953年，现有200多种云南特有动物及国内外珍稀动物，观赏内容丰富，游人众多，且国内"圆通花潮"是全国七大最负盛名的樱花观赏圣地之一。

💰 20元；马戏80元

🕐 8:00—18:00

🚗 五华区青年路92号

🚌 临近圆通山站（公交站）

吃喝昆明

滇菜没入八大菜系不是没有理由的。滇菜的烹饪和食材"兼容并蓄"，贴合市井味道，但历史上缺乏官家菜、宴席制式的梳理及研创。昆明的小吃倒是可圈可点的。

特色食品

米线 昆明人的至爱，来到昆明非吃不可的食物。首推过桥米线，小锅米线、炒米线、砂锅米线、凉米线、卤米线也是值得一提的。

食用菌 云南独具特色的山珍，雨季前后是吃菌的最佳季节。

云腿 一种腌制的食品，最上乘的火腿要数宣威地区的。

饵块 一种用米做成的食品，属小吃类。

石屏豆腐 用当地的酸水点成的豆腐，独特的味道自成其特色。

推荐食处

1910 火车南站 一进到店里就能感受到旧时光的情调，尘封的铁道、古老的唱机、黑白照片。菜是地道的滇味，推荐小米辣炒虾、金条稀豆粉、老奶土豆泥、麻辣小猪手。价位比其他名声在外的餐厅要低一些，只是位置比较难找。

🚗 西山区前卫西路公园1903香街5B101

📞 0871-63169486

关兴路野生菌一条街 来昆明，怎能不尝尝野山菌呢？可以每种菌点半份，多品尝几个品种。锅底的汤味道极鲜，别忘了多喝几碗。关兴路上的野山菌火锅一家连着一家，推荐野菌园、原林野山菌两家店。

野菌园（关兴路总店）

🚗 官渡区关兴路185号（银海花园门口）

📞 0871-67167476

一颗印（东风西路店） 地道的滇菜馆。招牌菜汽锅鸡浓郁鲜香，好吃得让人想流泪，杂菌饵块、竹排烤鱼也值得推荐。

🚗 五华区东风西路吉祥巷18—19号

📞 0871-63982355

傣家竹楼 位于昆都。昆都是过夜生活的最好去处，吃吃正宗的傣家菜，再体验一下昆都的夜生活。比较有名的菜品是菠萝饭、香茅烤鱼、柠檬撒和泼水粑粑。

🚗 五华区三合营路66号

📞 0871-63618908

特色食街

北大门美食娱乐街 近500米的长街上是清一色的饭馆，从高档到排档应有尽有，汇集了26个民族的风味佳肴。推荐堪称昆明一绝的"冰雪牛肉"。

M60 创意园 M60 创意园的前身是昆明蓄电池厂，现在摇身一变，成为文艺青年的打卡圣地。其中，吸人眼球的是满墙的涂鸦，深受年轻人的喜爱。

紫云青鸟 "紫云青鸟"，光听名字就让人觉得的高端文艺，又不会有单一的感觉。

创库 昆明创库原来是昆明机模厂的生产车间，现在是与浮华世界相隔的艺术空间。房屋看起来略显沧桑和萧索，在荒凉中透着一丝不羁和傲气！

💡 **越南小卷粉**

在昆明可以吃到越南小卷粉。得胜桥附近、金碧路一

带，曾是越侨主要聚居地，那里梧桐树连片成荫，沿街有好几家越南人开设的小食品店，专卖越南小卷粉。精细的手工包卷，富有特色的配料蘸食，也深得昆明当地人的喜爱。

夜游昆明

昆都是娱乐场所比较集中的区域之一，这里有各种慢摇吧、KTV 等，晚上十分热闹。而金马碧鸡坊一带则遍布昆明的年轻人休闲娱乐场所。翠湖周围有很多特色酒吧，在当地消费较高，不过也比较有特色。

小吃

李记河口老字号越南小卷粉（网红店）

- 董家湾路76号
- 15912494781

豆香园（龙翔店） 8 元的红豆饭，豆花圣养、豆花米线也很美味，都是极其受欢迎的云南创新小吃。

- 龙翔街15号

中餐馆

吗哪（文化巷店） 主营云川风味家常菜，还有豆花肉片、牛肉干巴、双花乳饼、老奶洋芋等美味佳肴。吃完饭记得在周边小逛一下，风景很不错。

- 五华区文化巷76号附15号
- 0871-65369399

丁记面馆（凤凰店） 在昆明开了 30 年的面馆，便宜且分量大，味道也是一绝，用"酒香不怕巷子深"来形容这家面馆真是再恰当不过了。

- 北京路凤凰村46号

外国风味餐馆

CANTINA 意老夫子 昆明很地道的意式比萨店，约会、吃饭的打卡地之一。饭点人很多，但不算吵，环境好，老板很热情，餐厅还有驻唱。

- 虹山东路9号版筑翠园11栋1层
- 18088271192

昆明小资聚集地

文化巷 又称作"昆明洋人街"，异域风情和独特的饮食文化是这里的招牌：西式咖啡、韩国烧烤、日本料理，当然还有地道的昆明小吃。来自世界各地的人们在这里聊天、漫步、就餐、晒太阳。

景星街 这条百年老街蛰伏在市中心，它像北京的琉璃厂、丽江的四方街、大理的洋人街，是一张口口相传的城市名片，见证着昆明这座城市的历史和沧桑。这里是昆明民居保存最多的地方，是小资的淘宝之地，是市民逛小零碎的地方，是孩子们的动物园、植物园，是热爱昆明小吃一族的天堂。

购物昆明

除了烟草，昆明还有很多东西值得关注，如斑铜工艺品、云子、云南白药、三七、天麻和玉石翡翠。

推荐购物处

花鸟市场 昆明最热闹的花鸟鱼虫集市，现在也是翡翠玉石和民俗物件批发市场。

- 正义路

斗南花市 云南省及亚洲最大的花卉交易市场，进入这里，仿佛进入了花的海洋。

- 临近斗南路口（公交站）

南屏街 昆明历史古老的商业街，旧时的金融、商业和娱乐中心，现在人气也很旺。

- 乘118路、108路公交车，南屏街东口站下车

昆明老街 昆明市中心最原汁原味的老街区。街区共有六街十巷，大量保存了清朝和民国时期的特色民居建筑、老商号等，是感受昆明城市历史与文化的最好去处。

- 临近文庙（公交站）、艺术剧院（公交站）、南屏街东口（公交站）

南强街巷 吃货一条街，半边是吃的，半边是创意集市。昆明特色美食、老字号全在这里。

- 临近护国路（公交站）

祥云街 整条街 400 余米主要以提供餐饮服务为主，北段的大滇园、飞虎楼主题餐厅、祥云会馆，南段的祥云美食城、云和祥餐厅，都可让一探云南当地美食的游客吃得满嘴流油。

- 临近金马坊（公交站）

篆新菜市场 网红菜市场，一本活的云南蔬菜和小吃图鉴。短时间内把云南美食一网打尽的好去处，各市州美食都在这里集结。

住在昆明

在昆明这样一座以旅游为特色的中型城市，你不用花太多的精力就能找到一家宾馆，从高档的五星级宾馆到普通招待所一应俱全，游客可根据不同的消费需求来选择。

推荐住宿

i 野·大脚氏国际青年旅舍　虽然不在市中心，但离昆明夜市、翠湖公园很近，是旅友们的聚集地，而且老板是三个标准的"驴子"，从他们那里可以获得很多实用的旅游信息。

- 五华区篆塘路23号
- 0871-64103777

凯俪国际精品酒店（万达广场店）　在万达广场旁边，位置非常好找，吃喝玩乐都不用愁。

- 前兴路668号万达广场国际精装公寓2栋一楼大堂
- 0871-68133600/68133500

昆明周边游

轿子山　★★★★

轿子雪山主峰海拔4247米，为滇中第一高峰，因数座山峰远看犹如轿子，故名"轿子雪山"。山中拥有碧塔海般的静谧湖水、玉龙雪山般的雪原、高黎贡山般的杜鹃花海和黄连河般的瀑布群等景观，是云南高原自然景观的缩影。

- 199元（含往返摆渡车和索道）
- 8:30—15:00
- 昆明市禄劝县乌蒙乡
- 周末有直通车。7:00从昆明火车站出发至轿子山游客中心，16:30返程，往返车费98元
- 1天

最佳游季：3—4月看杜鹃花海，9—10月看飞湍瀑布，最迷人的景致是冬春时节的冰瀑。

石林风景名胜区
★★★★★

石林拥有世界上最奇特的喀斯特地貌，吸引着海内外无数游客，被誉为"天下第一奇观"。"石林胜景"是石林具有代表性的景点，景区内有唐僧石、悟空石和阿诗玛等象生石，每块石头都有一个美丽的传说。

- 130元
- 1.市区西站、南站、东站、北站，一些宾馆门口有专线直达，单程票价10元左右

轿子雪山

昆明周边游

2.从昆明东部汽车客运站乘坐大巴到石林景区，车费34元，车程1.5小时左右

3.乘火车到石林火车站，再打车到景区

🚫 自驾游的旅客可走昆石高速公路到达石林

👁 3小时以上

💡 **1.请个导游：**很有必要请个导游来为你解说关于每块石头的美丽传说，比仅仅观看要有意思得多。

2.火把节：每年农历六月二十四的火把节，石林四周的彝族群众都汇聚在这里，民族歌舞、民俗表演以及篝火晚会，人山人海可能是最大的景观。

九乡旅游区　★★★★★
🚌📷🌲⛰

九乡风景区以溶洞而闻名，被称为"溶洞之乡"。溶洞群发源于6亿年前的古老白云岩，洞内有惊魂峡、荫翠峡、古河洞、神女宫和彝家寨等九大景区。其中，惊魂峡是全国最大的洞内峡谷，荫翠峡被称作"情人谷"，是过去九乡彝族年轻男女对唱情歌的地方。此地还成为多部电影的取景地，《神话》《大兵小将》都曾在此拍摄。

💰 60元；90元（门票+索道）

🚌 1.从昆明东部汽车客运站乘中巴车至宜良县城，票价25元，再乘中巴前往九乡

2.昆明火车站坐火车（7452/7453），车程2小时左右至宜良北站，然后在宜良县城坐车前往九乡

3.从昆明机场、火车站直接打车到九乡风景区

👁 2～3小时

💡 **石林、九乡两日游**

如果将石林和九乡安排在一起，建议先到九乡再到石林，因为这两个景点最少要安排两天时间，至于食宿等方面，石林的条件相对完善一些。

八街镇　★★★
🏔🏘🚌

安宁市的八街镇是云南地区鲜花饼的主要原材料产地，这里有900余亩的玫瑰花田，每年玫瑰花盛开之时，延绵不绝的火红花海非常美丽，整个小镇的空气中更是弥漫着浓郁的花香。每年八街镇都会举行玫瑰节，游客可品尝现场

制作的鲜花饼和玫瑰花酱，还可自己动手制作。镇中还有一座300多年历史的三和古寺。

💰 免费

🚌 昆明的西北部客运站和高铁南客运中心都有开往安宁市区的中巴车，票价10～40元。再从安宁市区乘公交车到达八街客运站，单程票价5元

👁 1～3小时

💡 安宁八街玫瑰节一般在每年的4月中旬开始，一直持续到5月。

澄江抚仙湖　★★★★
🚌🏞

全国著名的高原淡水湖泊，最吸引游客的是清澈如镜的湖水。距昆明只有60余千米，驱车一个多小时就能到达。这里至今保留着古朴独特的捕鱼方法，鲜美的抗浪鱼只有在这里才能品尝到。2006年以前，抚仙湖顶多是一个惬意的天然游泳池，古代滇国遗迹一经发现，这里就变得神秘和热门了。

💰 禄充景区15元；孤山景区15元；月亮湾湿地公园30元；帽天山地质公园20元；樱花谷景区免费

🚌 从昆明南部客运站乘开往江川区的中巴，票价40元。在江川区乘坐江川至海门专线换乘环湖西线可达景区

👁 3小时以上

💡 **1.美食：**泉水炖抗浪鱼是当地特有的美味，想吃已经不太容易了。另外，澄江莲藕、洋芋焖饭也是当地可圈可点的美味。

2.游泳：到澄江，千万别忘了带上泳衣。湖水纯净，也很冰凉。游泳技术一般的人，不要独自行动。

弥勒市东风韵　★★★★
🏘

网红打卡地，以文化艺术创意为特色的小镇，被称为滇中的"普罗旺斯"。小镇建筑多采用红砖，极具视觉冲击力和异域风情。主要景点有薰衣草主题公园、万花筒艺术馆、葡萄酒庄园等。

💰 门票60元；观光车单程15元，双程20元

🚌 从昆明有多列动车通往弥勒市，动车票价34～71元。弥勒站没有直达东风韵

的公交线路，建议打车前往

👁 3小时以上

罗平油菜花海 ★★★★ 🎐📷

　　百花中的草根阶级——油菜花在罗平完全创造了一个奇景。这儿的油菜花不是一星半点，而是近80万亩。花开烂漫时，漫山遍野，铺天盖地，秀峰、村舍、道路、河流，皆融入油菜花海，蔚为壮观。

🧭 位于滇、黔、桂三省区交界处

🚍 昆明火车站到罗平每天都有列车，硬座30元左右；昆明东部客运站有开往罗平县的班车，车费约70元，车程约4.5小时；每年油菜花节还会增开昆明到罗平的旅游专列

👁 1～3小时

普者黑 ★★★★ 🎐📷

　　普者黑湖，彝语即"鱼虾丰美的池塘"之意。湖中有鹭鸳岛、珍珠岛、荷叶岛等岛屿。泛舟湖上，只见山中有水，水中有山。每年的6—9月，湖上万亩红白荷花摇曳生姿，明月映照着粼粼水花，湖光山色别有风情。湖南卫视亲子节目《爸爸去哪儿》、电视剧《三生三世十里桃花》的取景地就在普者黑。

🎫 进入村子免费；往返游船+观音洞+仙人洞+月亮洞+火把洞联票200元。单独玩溶洞：观音洞15元，仙人洞20元，月亮洞、火把洞20元（洞内的船费包含在门票内）

🚍 昆明坐动车前往普者黑站车程1.5小时左右，到达后再转乘公交车前往景区；或者在昆明客运站坐大巴先到丘北，到达后有直达普者黑景区的公交车

👁 1～2天

☀ **1.最佳游季:**
油菜花旅游节一般每年2月21日左右开始，通常春节后油菜花就开了。要注意油菜花开放的时机，天暖就开得早，迟暖的话花期就晚些。

2.观花最佳位置:
去多伊河风景村的途中，地形起伏大，富于层次变化，是拍摄的好地方。还有城北的牛街乡，有梯田，又是另一种韵味。

☀ **1.最佳游季:** 普者黑每年最佳旅游时间是6—10月，尤其7月，8月间，万亩荷花竞相开放，摇一叶轻舟徜徉其中，清香迷人，不知归处。

2.花脸节: 云南丘北彝族群众最隆重的传统节日。每到此时，彝族男女互相追逐，将对方的脸抹黑，以寄寓吉祥和幸福。

普者黑

昆明周边游

坝美世外桃源景区
★★★★

群山环绕中，撑着独木舟穿过幽暗的天然大水洞，就会发现一个如仙境般的美丽村寨，这便是坝美。坝美人世代生活在与世隔绝的环境中，村中男耕女织、鸡犬相闻的田园牧歌式生活图景，正是陶渊明笔下的"世外桃源"。壮族人特有的祭祀、对歌、夜种神田等都保留着原始风貌。特色美食五花米饭和岜夯鸡，色鲜味美。

- 套票180元（含门票、观光车、游船）
- 文山壮族苗族自治州广南县
- 从昆明乘动车到达广南县，有直达坝美景区的直通车，7:00—17:00，票价5元
- 1～2天

☀ 1. 坝美全是崎岖土路，途中需要步行，一定要穿平底鞋。

2. 进坝美村要穿过一个伸手不见五指的水洞，请提前备好手电筒或应急灯之类的照明工具。

元阳哈尼梯田景区
★★★★★

被誉为"中国最美的山岭雕刻"，规模宏大，由坝达景区、老虎嘴景区、多依树景区、箐口景区等组成。来到这里一是看梯田壮美的日出日落，二是感受哈尼族村寨的独特风情。多依树梯田金色的云彩常被雾气笼罩，日出时形成霞光万丈奇景，是摄影师最爱的场景之一。

- 65元
- 1.从昆明南部客运站乘昆明至元阳的班车，110元/人，车程5～6小时。从新街镇到景区大门，以及大门到各个景区之间有面包车可以乘坐，票价5～10元 2.搭乘昆明汽车站至建水的客车，再从建水转乘去元阳的客车即可到达
- 3小时以上

☀ 最佳拍摄时间：每年12月至次年3月，其中尤以1、2月最好。

东川红土地
★★★★

这里被认为是媲美巴西红土地的人文自然景观，全世界最为壮美的红土地之一。千百年来，劳动人民在红土地上开

垦耕作，种植各色农作物，青稞、小麦、土豆和油菜等。慢慢地，这里就形成了一幅五彩缤纷的绝美画卷。一年四季，不同农作物播种、成熟的时候，都会展现出不一样的瑰丽色彩。

- 昆明北部客运站有从昆明到东川的客车，票价69元，行程约2小时
- 线路1：走嵩昆高速→银昆高速→武倘寻高速，倘甸出口下高速；线路2：走昆倘高速→武倘寻高速，倘甸出口下高速；线路3：走轿子山旅游专线→248国道
- 3小时以上

建水古城
★★★

建水古城是滇东南地区保存完好的一座重要古城，城内有精美古建筑50余座，堪称一座"古建筑博物馆"和"民居博物馆"。城内最著名的是文庙和朱家花园。值得一提的是，当地很多小吃非常美味，烧豆腐、卷粉、泡糕等不可错过。

- 古城免费；建水联票（朝阳楼+朱家花园+学政考棚+团山民居+建水文庙）100元
- 1.汽车：可在昆明火车站旁的长途汽车站乘坐去石屏的车，途经建水，车程约4小时；或在昆明南窑汽车站乘坐去建水的直达快车，票价80元 2.火车：每天往返昆明和蒙自之间的4班列车均经过建水，车程约3小时，出火车站有919路公交车可直达古城东门
- 1天

☀ 茶马古道：游客可找正规旅行社骑马游玩古道，一路上风光秀美，拍照很不错；还可以去参观茶马古迹，体验采茶的乐趣，了解悠久的普洱茶文化。

糯黑村
★★★★

糯黑村世世代代以山上的层石搭屋建房，被誉为"石头寨"，村民都是彝族人，火把节时还可与年轻的阿诗玛、阿黑哥篝火狂欢。

- 免费
- 线路1：走汕昆高速，石林出口下高速，再走九石阿公路；线路2：走福昆线→秀河线→九石阿公路
- 3～4小时

大理

大理快速攻略

Day1 大理古城→崇圣寺三塔→三塔倒影公园→人民路（晚饭）

Day2 洱海环海游（大理古城→才村→喜洲→蝴蝶泉→桃源码头→双廊→挖色镇→小普陀→金梭岛→天龙八部影视城→大理古城）

Day3 大理古城→苍山

Day4 大理→沙溪古镇→宝石山→剑川县

Day5 剑川县→诺邓古村

感受大理

民俗村 身着白族服装的当地人在慕名而来的四方游人间穿行，让人觉得像是走进了一个新开发的民俗旅游村。

洋人街 洋人街历经多次修缮和改建，现在从外观上看与其他街道没有什么不同，街上的酒吧和店铺还坚持着各自的特色。

五朵金花 是电影这种大众艺术，让白族姑娘的美名远扬。在大理古城，身着改良后的白族服装的少女随时都可能与你擦肩而过。

闲 在大理人的口语中，"闲"有来家里坐一坐、出游、逛街等多种意思。一个"闲"字与这座城市骨子里的那种"风花雪月"相呼应。

准备与咨询

语言

大理白族自治州，即大理州，当地人多用方言交流，普通话在这一地区通行无阻。

气候与游季

年均气温 12.2～18.9 ℃，四季不明显是大理气候的特点，雨季多集中在 5—10月。都说"大理三月好风光"，春季来这里游玩再适合不过了，因为白族的很多节日和盛会多集中在每年的农历三月前后。

行在大理

进出

长途汽车是进出大理最方便与最经济的选择，但越来越多旅游者选择动车出行。

飞机

大理机场位于洱海东南岸，距离大理市区 13 千米，有往返于昆明、西双版纳的飞机，也有飞往广州、北京、成都的航班。

大理风光

大理风光美好，气候宜人，苍山洱海，风花雪月。度假山庄的酒店设施配套齐全，不失为度假休闲、家庭旅游、商务会议、投资考察的最佳场所。

一雨成秋

7、8月气温下降很快，当地有"一雨成秋"的说法，即便是夏天去也要准备长袖长裤等，大理大多数地方没有空调。

大理市与大理古城

出于一些历史原因，大理州的大理市区与大理古城之间的关系是人们最容易混淆的。大理市是指大理州的首府，又称作下关，大理古城是指距市区 30 多千米处的南诏古都。我们通常意义上讲的去大理旅游指的就是到大理古城。

大理小辫子

初到大理，女孩子可以找一家小发廊，让当地人帮你编小辫。很细的小辫再配上七彩的毛线，绝对给你带来另类的"大理气质"。

白族的本主信仰

大理以白族居多，信仰方面除了佛教或道教之外，各自还信奉各村各寨的保护神——本主。本主可能是某种动物，切记不要伤害这种动物，也尽量不要携带跟本主有关的食品。

从机场打车到大理古城约 90 元。

民航售票处 📞 0872-2315335

铁路

大理火车站

🧭 大理白族自治区大理市巍山路滇源路

📞 0872-3146161

公路

下关是大理重要的交通枢纽，主要长途车站有客运北站、兴盛路（高快客运站）等。

长途汽车站点及发车方向

> **客运北站**
> 📞 0872-2292203　🧭 位于下关榆华路30号
> 🚌 有发往昆明、丽江和大理下属洱源、剑川、鹤庆等地的班车
>
> **兴盛路（高快客运站）**
> 📞 0872-2129832　🧭 位于下关兴盛路
> 🚌 有发往昆明、丽江和大理下属云龙县的班车

市内交通

公交

大理市内有十多条公交线路，从下关直达大理古城的有 4 路、8 路公交，车程 30 分钟左右，票价 2 元。早班车 6:30，末班车 21:30，发车间隔 5 分钟。

出租车

普通出租车起步价为白天 8 元，夜间 10 元。大理火车站到大理古城，打车费用为 40 ～ 50 元。

出租车公司 📞 0872-2311830/2127623

游在大理

大理古城　★★★★★　🖼🚶💧😊🌿

人们总会拿大理和丽江作比较，大理虽然缺乏丽江的柔媚韵致，却更为质朴、大气。

有人说，大理才是中国嬉皮士的发源地。地下音乐者和画家为这里带来了沉放气质，怪不得说在大理待久了会让人"颓废"。

整座古城背靠苍山，面对洱海。城内的街道呈棋盘式分布，石板路面、青瓦坡顶的民居为白族建筑风格。古城内至今还保留着传统的民俗，身处其中能感受到白族的悠久历史和文化。

🚌 临近大理古城（公交站）

👁 3小时以上

客车终点站

1. 昆明到大理的客车终点站在下关（下关是新城区），不是大理古城。出了下关车站可以乘 4 路、8 路公交车直达大理古城（距下关约 13 千米），票价 2 元，车程 30 分钟左右。

2. 大理火车站附近很多出租车揽客说 3 块钱到大理，其实是到新城，即下关，而不是大理古城。从下关打车到古城的费用为 40 元左右。

最佳游季："大理三月好风光"，春季前往大理最适宜。每年白族的节日大都集中在 3、4 月，此时来能感受到浓郁的民族风情。

大理古城五华楼

崇圣寺三塔文化旅游区

★★★

旧时的大理国崇尚佛教，许多皇帝都在这出家，可见它的地位之高。三塔曾经是南诏的象征，如今也是大理的标志性景点。它原是南诏时期规模庞大的佛教建筑的一部分，后来其他建筑被毁，只剩下三塔，成了后人凭吊历史的依据。主塔又名千寻塔，正东砌照壁，镌有"永镇山川"四字。

- 73元
- 7:30—18:30
- 大理机场可以乘坐机场大巴，票价15～30元；大理火车站、大理古城南门、大理三月街有三塔专线车，6:30—17:30每20分钟发一班车，票价2～3元
- 1～3小时
- 如果喜欢摄影，可到距三塔公园仅几十米远的三塔倒影公园内，那里有拍摄三塔倒影的最佳角度。

苍山洱海国家级自然保护区

★★★★★

"下关风、上关花、苍山雪、洱海月"并称为大理四景。

苍山横亘在洱海西岸，就像一对情侣相依相伴。从上关游览苍山，可以看见拍摄《天龙八部》的水溶洞，段誉就是在那里遇见神仙姐姐，学会绝世武功。站在苍山上，可以饱览洱海全貌，如果天气足够好，能看到山顶的"苍山雪"。从山上下来能欣赏到漫山遍野的"上关花"。

- 上苍山有两条索道，去洱海有游船：
1. 苍山洗马潭索道260元（往返巴士＋苍山门票＋索道＋地质公园＋影视城）

2. 感通索道单程100元（往返巴士＋苍山门票＋索道）。建议乘索道上去，然后徒步下山，因为下山的路上能看见天龙八部影视城、大理古城和洱海

3. 洱海游船120元

- 苍山：临近大理古城南门（公交站）、感通寺（公交站）

洱海：从古城去洱海步行即到；或乘马车；或乘公交车到龙山市场（公交站）下车

- 1天

- 1. 最好乘坐航运公司的游轮，价格和线路都有保障。旅行社苍洱一日游主要包括洱海公园、州博物馆、观音塘小普陀、蝴蝶泉、三塔和大理古城等，船上还会举行"三道茶"仪式。

2. 大理旅游集团经营的大游船在古城附近停靠龙龛码头，在喜洲镇停靠桃源码头，在下关海东也有大游港。游船有两条航线：

长线：（1）大理港（洱海公园大门外）→龙龛码头→小普陀→南诏风情岛→桃源码头；（2）桃源码头→南诏风情岛→大理古城龙龛码头。

短线：大理古城龙龛码头→金梭岛景区及罗荃半岛景区→大理古城龙龛码头。

3. 玻璃球：洱海的ins风，"文艺爆款"打卡圣地。环海东路上有很多玻璃球道具，人均10元，有的商家还提供白桌子、秋千等道具。

4. 到苍山洱海也可骑马，每次100元，别有一番风味。山前有马夫，一般是马夫骑一匹马一匹，由他领着上山。

5. 环洱海骑行可选择租单车或电动车，通常8:00左右出发，可分两个方向：环洱海东路、环洱海西路。

环海东路是完全沿洱海边上的公路，路好走、景色最美。从大理古城东门下关方向，往北是双廊方向，骑行路线一般都会首选沿北顺环洱海西路一直到双廊，沿途会有很多花海，可以随时停下来拍照。

环海西路方向村落较多，骑车要注意安全。到苍舌公园时一定要停下来给车充电，一般5块钱就可充很长时间。环海西路方向秋季两岸稻花飘香，冬季可远望苍山雪。

崇圣寺三塔

洱海

天龙八部影视城
★★★★ 📷

　　影视城背靠苍山，东临洱海，是《天龙八部》影视剧拍摄基地。整体建筑风格参照清明上河图，由大理国、辽国和西夏王宫及女真部落三大片区组成，是为《天龙八部》影视剧拍摄投资兴建的一个大型影视拍摄基地。除此之外，《茶马古道》《殷商传奇》《大理公主》《十全九美》《少年四大名捕》等影视剧也在此取景。

- 💰 38元
- 🕐 8:30—17:30
- 📍 大理古城苍山景区

大理地区景点示意图

剑川　鹤庆
石宝山景区
洱源　鸡足山景区
喜洲　双廊
　　　宾川
漾濞　凤仪镇
　　　大理古城
永平　大理机场
　　大理　祥云
　　巍山　弥渡
　　巍宝山风景区

大理市—鸡足山　68千米
大理市—剑川　126千米
大理市—巍宝山　8千米

崇圣寺三塔
观音塘
喜洲白族民居

- 🚕 从大理古城步行或乘出租车（10元）
- 👁 1~3小时

洗马潭索道　★★★　🚡📷

　　洗马潭大索道是由天龙八部影视城起，途经七龙女池而直达苍山之顶的观光旅游索道。游客乘坐索道约40分钟可以到达苍山山顶，中途会有一个换乘站。在此可以饱览苍山和大理古城的风光，然后到达山顶。

- 💰 索道往返全程335元
- 🕐 售票截止时间为14:30；下山清场时间为16:00
- 📍 大理市古城三月街（天龙八部影视城内）

双廊古镇　★★★★　🏞💧🌊📷

　　如果你想远离城市喧嚣，寻求一处静谧的地方，那就来双廊吧！在这座小小的渔村，你可以面朝洱海，西望苍山，享受惬意生活。

- 📍 大理州洱源县
- 🚌 洱海码头乘船；下关汽车客运站乘中巴；大理古城东侧大丽公路旁搭乘班车前往，车费约10元
- 👁 1~2天

玉几岛　★★★★　💧📷

　　玉几岛是洱海三岛之一，集苍洱风景之精华，有"苍洱第一村"的美誉。在岛上，可远眺苍山十九峰，俯瞰洱海风光。这里有保存完好的白族民居，极富渔家文化特色。著名的月亮宫、青庐等客栈一般不对外开放，其他客栈下午可以参观。岛上有人会拉游客去乘船，以便近距离观看月亮宫客栈。

- 💰 10元
- 🕐 8:00—20:00
- 📍 大理市双廊镇双廊村环海路
- 🚌 在大理汽车客运北站坐大理到双廊镇大建旁村的车，约40分钟一班，行程1小时左右，票价约15元
- 👁 1~3小时

南诏风情岛　★★★★　💧🌊📷

　　大理洱海三岛之一。风光旖旎，让人有置身天堂的感觉。早点去的话，人很少很安静，放眼望去就是波光激滟的洱海。很多游客会到岛中央与南诏历史雕塑合影，其实环海小路的风景更美，更适合拍照。

- 💰 48元

游在大理

🚲 大理市双廊镇境内

🚌 洱海游船一般都会在南诏风情岛停靠

👁 1～3小时

💡 **游船：**私人游船半日游需100元，但可以砍价；旅游团的大游船要140元，船上有民俗表演可观赏。

💡 农历六月二十五是白族火把节。

感通禅寺 ★★★★ 🏯🧭⚽

背靠四季积雪不化的苍山，面对烟波浩渺、白帆点点的洱海，集天地间灵气于一身。明末高僧担当曾题联云："寺古松森，西庵览胜无双地；马嘶花放，苍洱驰名第一山。"

💰 免费

🕐 8:30—17:00

🚌 乘公交车在感通寺路口下车，然后乘小马车即可到达；或在苍山门口乘坐缆车至感通寺

👁 3小时以上

💡 乘感通索道是到不了感通寺、寂照庵的，只能到达感通索道上站，上面有珍珑棋局、清碧溪、苍山大峡谷、玉带云游路等景点。

廊桥 ★★★ 🧭

这是一个水渠，从侧面拍摄人在上面行走的画面很有意境，很多人都会选择来这里拍婚纱照。

💰 免费

🕐 8:00—24:00

🚲 大理市环海西路50米

理想邦文旅小镇 ★★★★ 🏛🧭

这是一座如诗如梦的世外聚落，这是一个遗落人间的天国福境，这是一趟涤荡灵魂的朝圣之旅，这是一次天人合一的神性感召。迷失、混搭、奇幻、另类、雕塑感……用这些词来形容它都很合适。游客可以在这里拍出漂亮的照片。

🚲 环海东路北50米

🚌 可以乘坐海东专线到南七场村

👁 1天

喜洲古镇 ★★★★ 🌲🖼

古镇西倚苍山，东临洱海，是有着千年历史的白族历史文化名镇。白族民居是喜洲一大特色，历经明清等朝代，最具代表性的建筑是严、杨两家大院。喜洲破酥粑粑是当地著名的风味小吃。

💰 免费

🚌 大理古城或下关乘坐开往喜洲的中巴，沿滇藏公路招手即停，票价5～8元。从下关至喜洲需1小时，当天可来回，也可在喜洲过夜参加当地晚会，第二天游览附近蝴蝶泉等景点后返回

👁 4～5小时

周城 ★★★★ 🖼🐂🎏🧭

周城，至今仍保留着白族的各种传统习俗，被誉为"白族民俗的活化石"。"家家门外石板路，户户门前有流水""四合五天井"是周城白族村庄的特色。这里也被称作"白族扎染之乡"，可观看白族扎染的制作过程，扎染布由手工针缝线扎，反复冷染浸制而成，充满民族韵味。

🚌 在大理北客运站可坐旅游专车到周城

👁 1～3小时

蝴蝶泉 ★★★★ 🌳🧭

在白族人的心目中，蝴蝶泉是一个象征爱情忠贞的泉。每年农历四月十五"蝴蝶会"，来自各方的白族青年男女会在这里"丢个石头试水深"，用歌声找到自己的意中人。蝴蝶泉的特色有三绝：泉、蝶、树。蝴蝶泉旁的石牌坊"蝴蝶泉"题字，是郭沫若当年留下的墨迹。

💰 38元

🚲 苍山云弄峰下

🚌 在下关北站乘坐洱源班车或蝴蝶泉班车直达蝴蝶泉景区，行程约1.5小时，也可在下关或大理乘坐大理旅游景区直通车到达；在下关码头或大理码头乘坐游船直达桃源码头，再转车直达景区

👁 1～3小时

💡 **最佳旅季：**蝴蝶泉边不是任何时间都有蝴蝶，除了每年4月的几天外，其他时间都看不到这种奇景。

吃喝大理

提起大理，三道茶和洱源乳扇都是不能不说的。

风味食品

砂锅鱼　大理地方名菜之一，是将嫩鸡片、冬菇等十余种新鲜配料，再加上洱海出产的弓鱼或鲤鱼慢炖而成。游客可在游船上以及大理各大饭店品尝这道菜肴。

邓川乳扇　大理是乳扇发源地，云南十八怪之"牛奶做成扇子卖"，指的就是"乳扇"。乳扇是一种奶酪，乳白色，状如折扇，故得名乳扇，具有营养价值高、醇香可口等特点，是当地白族群众招待客人的上等菜。邓川乳扇既可生食，又可油煎入席，既可成型即食，又能保存良久，可长途携带，因此远销各地，在东南亚一些国家颇受欢迎。

白族饵块　云南特色小吃，用优质大米加工制成，一般分为块、丝、片三种。烧、煮、炒、卤、蒸、炸均可，风味各异，久食不厌。

大理喜洲粑粑　又名破酥粑粑，是一种色、香、味均佳的麦面烤饼，是大理城一种风味小吃，以喜洲白族传统粑粑最为有名。

三道茶　三道茶为大理白族茶文化之最，蕴涵着"一苦二甜三回味"的人生哲理，饮茶间常伴以民间歌舞，赏心悦目，人间乐事哉! 大理古城文献楼、大理南诏文化城、喜洲严家大院内的三道茶都是比较地道的，另有民族歌舞表演。

推荐食处

梅子井酒家　大理饮食老字号，生意兴隆。餐厅设在优雅的白族庭院内，三坊一照壁的二进院，院内有古梅、古井。酒家以梅子宴驰名，用梅子做的乌梅鱼、雕梅扣肉、黑梅萝卜等佳肴味道地道，自酿的梅子酒也别有风味，特别适合情侣约会，家人、朋友聚会。

🅟　大理市大理镇人民路130号
📞　0872-2671578

段公子·神雕侠侣房　这是一家《天龙八部》特色体验店，进到餐厅仙气飘飘，店员身穿武侠风的服饰，还播放着快意恩仇的歌曲，连菜单看着都像武功秘籍。如果不知道点什么菜，可以点套餐，其基本涵盖了主要的特色菜。

🅟　大理市人民路与叶榆路交叉口
📞　18213322996

购物大理

作为旅游纪念，大理石和扎染是最有代表性的商品，在大理随处可见。

赵记梅子　脆梅、雕梅、梅子酒是大理特产，赵记梅子酒是古城老字号，他家卖的梅子品种很多，吃过的人都赞不绝口。果脯也很好吃，只是品种少一些。

🅟　大理古城复兴路282号
📞　0872-2661896

周城村扎染　扎染是流行于云南少数民族地区的民间手工染印工艺品，历史悠久。周城每家都有专门制作蜡染或扎染的小作坊。当地的印章雕刻也很不错。

🚌　大理古城或下关等地都有去那里的中巴、小马车

夜游大理

入夜，古城被具有现代感的灯光装饰成一座发亮的城堡，包括远远耸立的三塔。但最令人怀念的还是古城夜晚曾经的安静，那时候除了洋人街的灯火，四处都是静默的。如今夜晚最热闹的去处除了洋人街，最惬意的是找一间风格独特的酒吧，点一杯大理啤酒。

洋人街　位于大理古城内，是一条东西向的青石板路。夜晚，街上的酒吧开始营业，此时的洋人街尤为热闹，最出名的要数唐朝酒吧。沿街有中西风味餐厅、珠宝店、古董店、扎染店、画廊等小店，出售白族特色小吃和纪念品，可一路吃吃逛逛，只是价格偏高。

唐朝　著名的酒吧，只要循着声音就能找到。

坏猴子　大理古城的一家酒吧。去坏猴子一定要在夜晚，这里聚集了许多夜间活动的"虫子们"。

住在大理

大理的住宿除了旅游高峰期，别的时间价格都比较便宜。民居不同于宾馆、饭店，价格便宜且有一种回家的感觉。

推荐住宿

大理榆安居精品客栈　白族家庭式大庭院。翠竹碧池，竹亭悬楼玲珑别致，房间墙上、窗帘挂满了蓝底白花的手工印垫布，温馨而富有情调。

大理周边游

📍 大理古城三月街3号

📞 17787207339

和泰花园客栈 一座三层小楼，房间构造简单，十分整洁，是个性价比比较高的住处。

📍 大理古城广武路120号

📞 0872-2671193

大理周边游

无量山樱花谷 ★★★

每年冬天，这里的樱花竞相开放，挂满枝头，如同寒冬里的粉色雪花，随风舞动，芳香四溢。四周是远山和院落，一片宁静祥和，美如画卷，宛若人间仙境，是摄影爱好者的天堂。

💰 50元

📍 南涧县无量镇

🚌 从昆明乘坐火车或班车到南涧下车，再换乘南涧至沙乐的中巴车，到无量山樱花谷华庆茶厂下车；或到南涧客运站乘坐景区直通车，票价15元

👁 1~3小时

石宝山风景区 ★★★★

石宝山风景区主要由宝相寺和石宝山两个景点组成，宝相寺因建于悬崖之上，又被称为"云南的悬空寺"。石宝山的表面龟裂的红色砂石是最为典型的丹霞地貌，最为奇特的是石宝山的石头会"开花"，这与其他地区的丹霞地貌不同。

💰 45元

🕐 9:00—17:00

🚌 在大理市区客运站乘坐开往剑川的中巴，车费30元；再转乘至石宝山的中巴，车费15元

👁 3小时以上

💡 **石窟雕刻**：石宝山最值得花时间欣赏的是南诏大理国时期的石窟雕刻，距今已有一千多年历史。

诺邓古村 ★★★★

诺邓村位于大理州云龙县城西北，村中保留着大量的明、清两代的建筑和著名的玉皇阁道教建筑群，还有很多建筑形式独特的白族民居。村子环境清幽，隐秘如世外桃源一般，被称为"千年白族村"。诺邓火腿非常有名，一定要尝尝。

💰 免费

📍 云龙县诺邓镇

🚌 在大理快速汽车客运站乘坐中巴车到云龙县城，票价35元，再打车前往

👁 1~3小时

沙溪古镇 ★★★★

沙溪曾是茶马古道上的重要驿站，仍保留着当年茶马小镇的风貌。古镇现在还有古戏台、玉津桥、兴教寺等景点。另外，游客还可以欣赏沙溪洞经古乐，看白族传统的霸王鞭，品尝沙溪的土特产地参子、松茸、羊乳饼等。

💰 45元

🚌 先从大理客运北站乘班车到剑川县城，车费39元；剑川县城车站门口或甸南镇有微型车到沙溪，车费15元

👁 1~3小时

💡 农历二月初八的太子会，是沙溪最盛大的节日。

巍山古城 ★★★★

南诏国发祥地，又称蒙化城。现存巍山古城建于明代，比较完好地保存了明清时期的棋盘式建筑格局。城中有大量有纪念意义和研究价值的历史遗迹和古建筑。

💰 免费

🕐 全天

📍 巍山彝族回族自治县

🚌 下关乘车前往巍山县，约2小时即可到达

👁 3~4小时

鸡足山风景名胜区 ★★★

著名佛教圣地，相传是释迦牟尼座下大弟子迦叶尊者道场。鸡足山八景有苍山积雪、洱海回岚、飞瀑穿云、华首晴雷、塔院秋月、天柱佛光、万壑松涛和重岩返照。每年正月初一到十五期间是鸡足山朝山节，往来香客络绎不绝，非常热闹。

💰 55元

🕐 8:00—18:00

🚌 宾川客运站乘车前往鸡足山。7:00始发，半小时一班，票价10元

👁 1天

丽江

丽江快速攻略

Day1　丽江古城→万古楼→木府大院→四方街

Day2　丽江古城→束河古镇→白沙壁画村→东巴万神园
　　　　→玉湖村→丽江古城

Day3　丽江古城→玉龙雪山

Day4　丽江→虎跳峡→香格里拉

感受丽江

行政划分

丽江撤县设市后，设一区四县，即古城区、玉龙县、永胜县、宁蒗县、华坪县。

纳西老人　一座城市，只要有老人的活动，它的历史感、岁月感和沧桑晚便是能感受到的。丽江就是这样一座城市，但那些佝偻着身躯，穿着纳西服饰，三五成群地坐在家门口晒着太阳闲聊的老人，在四方街越来越少，许多人已融入了现代生活。

不设防的古镇　不设防，不仅是说丽江没有城墙，还指的是人们的一种心态。人们置身于古老的市镇、巍峨的雪山、缓缓清净的流水之间，都会不自觉地放慢脚步，卸下防备。

店铺林立　依四方街的格局，民居都是临水而建的，如今已经成了一家家的店铺、饭馆、酒吧，店主人的口音也是南腔北调。这些店铺的数量还在增加，所出售的工艺品五花八门，有本地特色，也有世界各地的批销品，都能让人日后再想起丽江。

准备与咨询

语言

丽江的常用语分为普通话和纳西语两种，但丽江人和外地人一致使用普通话。

气候与游季

丽江年平均气温 12.6 ～ 19.8℃，冬暖夏凉，一年中气温的变化不是很大，但早晚的气温却好像是跨了春夏两季。7、8月是雨季，容易遇到塌方而影响出行计划。4、5月和9、10月，从气温和植物的生长规律来看都适合来旅游。

行在丽江

进出

昆明到丽江的铁路已经建成，铁路出行将成为进出丽江最便捷的方式，并且途经大理。丽江连接香格里拉的铁路正在加紧建设。

飞机

丽江三义机场距离市中心 28 千米，有民航专线车往返于机场和市区之间，终点站在新城丽江民航蓝天公司售票处门口，车程 40 ～ 45 分钟，票价 20 元。

铁路

丽江火车站

　古城区民主路玉水坊商业街L2-2

　0888-3061111

游在丽江

公路

丽江的主要长途汽车站有两个，分别是丽江客运站（新客站）和丽江高快客运站。

长途汽车站点及发车方向

丽江客运站（新客站）

📞 0888-5121106　　➡ 丽江市古城区康仲路

🚌 有发往香格里拉、西双版纳、保山、德钦、大理、昆明和攀枝花的班车，前往泸沽湖、虎跳峡、白水台等地也可以在这里乘车

丽江高快客运站

📞 0888-5140888　　➡ 丽江市香格里拉大道

🚌 有发往昆明、大理下关的高速快客

市内交通

公交

丽江市内的公交主要是到达各个景点的，费用通常为1元，一般运营时间为7:00—21:00。

出租车

丽江出租车主要的停靠点位于古城与新城交界的玉龙桥附近，以及东巴文化国际交流中心一带。其中一些出租车可以提供到云杉坪、玉峰寺等景点的包车服务。

游在丽江

丽江古城　★★★★★　🖼🌸🎧📷

茶马古道上最著名的城镇之一，已有八九百年的历史。古城内木楼青瓦，站在古城东大街上，举头即可遥望玉龙雪山。明代丽江古城称"大研厢"，因其形似一块碧玉大砚，故而得名。《一米阳光》《木府风云》等影视剧都在此取过景。

🎫 门票免费，但需缴交古城维护费50元

🚌 临近古城停车场（公交站），南门街（公交站）

👁 2～3天

四方街、万古楼　★★★　🌸📷

四方街是古城的中心广场，据说是世界上唯一具有自动冲洗功能的广场。万古楼则是丽江古城最高的建筑，从这里可以将整个古城尽收眼底。

🎫 四方街免费，万古楼35元

🚌 可从四方街沿翻越狮子山的石阶攀登至万古楼，30分钟即可到达

👁 四方街1～2小时；万古楼0.5～1小时

木府　★★★★★　🖼🌸🎧📷

"北有故宫，南有木府"。整个建筑群仿照北京故宫的格局，颇具气概，既体现了明代中原建筑的风采，又保留了唐宋中原建筑的余韵。府内玉沟纵横的布局，展示了白族和纳西族传统的民族特色。

🎫 40元（买地图可加盖纪念章）

🕐 8:30—17:30

☀ **丽江银器**

古城现在卖银器的店铺恐怕是最多的，但卖银器的十之八九都是大理鹤庆人。因为丽江的传统特色是铜器而不是银器。铜器可以在古城忠义市场买到。

☀ **茶马古道**

古时的西藏，当地居民以农牧为主，多食肉、奶，而鲜有蔬菜，维生素丰富的茶叶成为高原居民生活的必需品。滇西北险峻的山路上，马是唯一的运输工具，踩出了这条翻越横断山脉、冈底斯山脉、喜马拉雅山脉，涉过金沙江、怒江、澜沧江和雅鲁藏布江的茶马古道。茶马古道是世界上通行里程最长的古代商路，总行程在万里以上。茶马古道的路线大致有两条：一条由云南普洱茶的产地出发，经下关（大理）、迪庆、德钦，到西藏的芒康、昌都、波密、拉萨，而后再辐射至藏南的泽当、后藏的江孜、亚东，出境至缅甸、印度；另一条则是由四川的打箭炉（雅安）出发，经泸定、康定、巴塘、昌都至拉萨，再至后藏日喀则，出境到尼泊尔、印度。丽江就是滇藏茶马古道上最重要的集镇。

☀ **古城维护费**

1997年12月4日，丽江古城被联合国教科文组织世界遗产委员会列入《世界遗产名录》。古城向游人征收丽江古城维护费，玉龙雪山景区内设有收费站查验、补录，也可在古城景区、黑龙潭、玉龙雪山购票。

黑龙潭

从丽江古城沿四方街西侧小河步行前往，10分钟可达

黑龙潭 ★★★ 📷 🎐

黑龙潭是观赏玉龙雪山倒影的最佳点，经黑龙潭的后门可到达丽江东巴文化博物馆，这里是了解东巴文化的必到之地。

🎫 免费（需持古城维护费收据进入）

🚌 从丽江古城大水车处逆水而上，走到尽头即到，大约10分钟

👁 2～3小时

丽江千古情景区 ★★★ 🌟📷

一座活着的茶马古城，包括茶马古街、那措海、雪山沙滩、民族村落等主题区，既有各色美食，又展现了丽江千年文化和历史风情。景区内大型歌舞《丽江千古情》、大型实景演出《丽江恋歌》、实景体验剧《大地震》及《木府招婿》《锅庄狂欢》等演艺秀轮番上演，精彩纷呈。

🎫 《丽江千古情》演出票280元

🕐 12:00—21:00

📍 古城区玉兴路88号

🚌 乘公交车至丽江宋城旅游区站下车

👁 1～2小时

东巴万神园 ★★★ 📷🌟

展现和弘扬古老而神奇的东巴文化的主题园。园内有近千尊神态各异的纳西木雕神祇、图腾柱等，给人奇妙的视觉享受，并能引起精神反思。在东巴万神园，游客还可以领略"世界上唯一活着的象形文字"——东巴文，感受神秘的东巴祭祀和舞蹈等。

🎫 15元

🕐 8:30—17:30

🚌 临近玉湖岔口（公交站）

👁 1～2小时

丽江地区景区示意图

丽江—宁蒗 230千米
丽江—大具 78千米
丽江—石鼓 40千米

白沙村壁画　★★★

这里曾是丽江的政治、经济、文化中心。白沙壁画因吸收了汉族绘画中精细、洗练的笔法，融汇了藏传佛教绘画中流畅绚丽的风格，又不乏纳西族性格中的粗犷，成为壁画艺术中的珍品。现存有55幅白沙壁画，其中琉璃殿、大宝积宫、大觉宫为全国重点文物保护单位。

- 💰 30元
- ⏰ 8:30—18:00
- 🚌 临近白沙乡人民政府（公交站）
- 👁 1小时

束河古镇　★★★★★

一个缩小版的丽江古城，但比丽江更宁静、更温暖，尤其适合发呆和晒太阳。古镇依山傍水，民居房舍错落有致，清潭流水蜿蜒于村中道旁，可以引水冲洗街面。古镇曾以皮革加工、竹编等手工业闻名于世。那些被人马踩踏得光溜溜平滑的石板，依稀可见往日的繁华。同时，它也是木氏土司的发祥地，在这里，可以感受到更为古朴的纳西民俗。

- 💰 束河古镇有门票，但是分两种情况：针对团队和自驾游40元/人；散客免费
- ⏰ 全天开放
- 🚌 临近束河古镇南门（公交站）
- 👁 0.5～1天
- 💡 在当地问路，最好称束河古镇为"龙泉村"，人家才听得懂你问的是哪里。

拉市海湿地公园
★★★

云南省第一个以"湿地"命名的自然保护区，每年秋季有大批候鸟飞来过冬。12月至次年2月是最佳观鸟期。

- 💰 30元
- ⏰ 8:00—19:30
- 👁 2～3小时
- 🚌 在丽江包车前往或乘坐32路公交到拉市海度假村，然后步行前往。
- 💡 打车或包车前往拉市海，司机可能会把你带到私人马场消费，建议乘坐公交车到湿地公园门口直接买票。若对骑马重走茶马古道感兴趣，可提前在网上选择口碑较好的马场订购套餐。

文海村　★★★

旧时滇藏线茶马古道要道，马帮常在此逗留放养骡马。文海（湖）南有一石柱，相传为藏传佛教首领大宝法王噶玛巴的神杖所化。晚春时节这有漫山遍野的杜鹃花，十分壮观。

- 💰 免费
- 🚌 玉龙纳西族自治县白沙乡文海村
- 🚗 从束河古镇到文海村驾车单程约40分钟，路上风景不错，建议自驾。但一大半路程都是盘山公路，若对车技没有信心，还是包车更为稳妥
- 👁 2～4小时

狮子山　★★★★

因山体宛如一头睡卧的狮子而得名。古城建筑群依山环绕在狮子山脚，是拍摄丽江古城全景的最佳地点。在山顶的万古楼可北眺玉龙雪山、东观丽江古城、西瞰丽江新城、南望田园村落。

- 💰 万古楼35元
- ⏰ 8:30—18:30
- 🚌 古城区大研镇新华街
- 🚌 临近七星街（公交站）
- 👁 2小时

吃喝丽江

"丽江粑粑酥油茶"在云南境内流传甚广，琵琶肉、鸡豆凉粉也是丽江的代表，"三叠水"则是丽江纳西族的满汉全席。

特色食街

丽江古城新华街双石段的荣坡酒楼就是以做"三叠水"而著称的。木府大院附近有一家专营丽江粑粑的小店，远近闻名。百岁坊附近有家以凉粉招揽回头客的小店。新义街是一条不长的小街，有人称它为"小吃一条街"，这里集中了很多口味的小吃。"妈妈傅"和"九七"则是拥有许多中外回头客的大餐厅。

推荐食处

江湖酒吧　藏在"江湖"之外的火塘酒吧，用一道道很厚很隔音的墙，把酒吧里的民谣式生活隔绝，他们在里面大声地唱着民谣，歌唱远方。

- 🚌 古城区五一街王家庄巷41号
- 📞 15126096262

阿妈意纳西饮食院　丽江经营比较久的一家餐厅，在这里可以吃到许多丽江小吃，比如鸡豆凉粉和烤鱼。

古城区五一街兴仁下段18号（小石桥旁）

0888-5309588

88号小吃店　可谓丽江最火的大排档，以便宜的价格和稳定的口味成为食客首选。

古城区五一街兴仁上段88号

0888-8888676

滇厨餐厅　小锅巴纳西美食　在丽江排行榜中人气颇高，菜品美味，服务特别好。

丽江古城五一街振兴巷18号食破天内（振兴巷中段）

15608880033

夜游丽江

　　纳西古乐会和酒吧是丽江夜生活的主要组成部分。四方街上有很多家纳西古乐演奏团体（纳西古乐会：A票160元、B票140元、C票120元）；也可在国际民族文化交流中心欣赏大型民族歌舞晚会《丽水金沙》（成人票280元、儿童票200元）。

酒吧　木屋故事、樱花屋、骆驼酒吧较为出名，原声也是一家很有特色的酒吧。

购物丽江

　　到丽江的人都喜欢买当街坐店雕刻的木盘送人，其实，螺旋藻是丽江程海独有的一种植物，东巴扎染和手织布也是丽江"土生土长"的，不妨尝试购买。

披肩　丽江早晚温差大，所以披肩就成了女孩子的宠儿。一般店家声称自己的披肩是手织的，其实大多为机织，一般人也辨认不出两者的差别，所以不要抱着买手织披肩的心态而花费过多，一般能砍价到20～40元。也可以去束河的游客中心买，价格会便宜一些。

古城铃铛　在古城中有许多卖铃铛的，最有名的有两种：一种是在大石旁"布农铃"店里卖的布农铃，据说其灵感来自作者徒步于茶马古道的途中，因为传递了寂寞、漂泊、孤独等现代人梦想中的流浪情结，所以成为丽江著名的纪念品；另一种则是透过木铃这种载体，表现东巴文化，那种透着古气的木铃被主人取名为"木鱼铃"。

住在丽江

　　在这座不大的小城里，酒店宾馆、招待所、民居一应俱全，既有五星级的丽江官房大酒店，又有每天20元的客栈。住在四方街是很多人的选择，其目的就是想在古城的民居中体味一下纳西人家的日常起居。

推荐住宿

爱艾尚花园客栈　一家有温度的客栈，拥有十个风格各异的院子，一百多间客房，一家餐厅，一家小酒馆。

古城区义尚街文明巷172号

13388889197

丽江周边游

玉龙雪山　★★★★

　　纳西人心中的神山，常年云雾缠绕。雪山气势磅礴，玲珑秀丽，随着时令的变化，在不同高度依次开放的杜鹃花组成了雪山最美的风景。景区有玉水寨、冰川公园、蓝月谷等景点，蓝月谷广场上还会有《印象·丽江》的大型实景演出。

100元（不包含印象丽江、环保车、索道）

古城北门旁红太阳广场有7路面包车可到，票价20元；古城附近的玉河停车场和束河大门每天早上9:00有发往甘海子的雪山直达车，票价40元；若包车前往，车程40分钟，车费200～300元

0.5～1天

观雪：每年11月至次年3月是玉龙雪山最好的观雪景季节。

冰川公园：拥有四万年不化的冰川，是现代冰川的典型代表。它犹如一块巨大的冰翡翠，有着"绿雪奇峰"的神秘景观，被誉为"卢塞恩玻璃宫"。

虎跳峡　★★★★

　　虎跳峡是世界上著名的大峡谷，以奇、险、雄、壮著称于世。分为上虎跳、中虎跳、下虎跳3段，共18处险滩，江水在玉龙、哈巴两座雪山的夹峙下奔流向前，海拔相差3900多米，气势不凡。上虎跳距虎跳峡镇9000米，是河道最窄的一段。中虎跳途中有一段较险的路，下虎跳与丽江的大具相连接。

　　徒步虎跳峡是很多人的愿望，因为逆江而上风景更为壮观，也是对自己的一次考验。其实，徒步虎跳峡也没有想象中那么困难，好的身体加上毅力，无限风光总是在险峰。

🏛 45元

🚌 徒步虎跳峡的三种方案：

1.丽江城区每天有两班车直达虎跳峡镇，车费20～23元；也可乘坐到香格里拉市的班车在虎跳峡镇下车。

2.香格里拉市每天有多趟往返丽江的班车，在虎跳峡镇下车即可，车费约20元

3.从丽江也可拼车或包车至虎跳峡，拼车每人35～50元不等，包车视车型，车费150～300元

👁 0.5～1天

💡 **1. 出行准备：** 一定要量力而行，可预备一些高热量的食品，如巧克力、牛肉干等。

2. 最佳游季： 4—6月、9～10月为最佳季节。这两个时段，除了徒步探险，还能看到玉龙雪山草甸似锦的繁花和高原的迷人秋色。10月之后进入冬季，大雪会封山。虎跳峡昼夜温差很大，注意御寒。

宝山石头城　★★★★ 🏞🅰

宝山石头城，因当地百余户居民全部生活在一块蘑菇状的巨石上而得名。这里三面皆是悬崖峭壁，一面直插金沙江，仅有南北两个石门可以通过，是一座名副其实的天险之城。而尤为有趣的是，这里的炉灶、水缸，甚至床，都是由石头凿成的。

🚌 丽江汽车站每天都有发往石头城的中巴车，票价20～25元，到石头城还需沿山间小道步行3小时方可到达

🚗 从丽江古城出发经过甘海子→鸣音→宝山乡至石头城停车点，再步行500米到达

👁 2～3小时

老君山　★★★★
🍃🏛🅰

老君山是"滇省众山之祖"，因传说太上老君曾在此炼丹而得名。自然风光以高山草甸、湖泊、繁花和溪流为主，是三江并流风景名胜区的主体部分之一。景区内有国内面积最大、发育最完整的丹霞地貌，徒步探险爱好者一定不要错过。

🏛 70元

🚌 乘坐丽江至黎明的班车，车费30元/人；或包车前往，车费300～600元/天

👁 1～2天

玉湖村　★★★ 🏞🅰🌸🎐

玉湖村又名"雪嵩村"，美籍奥地利人约瑟夫·洛克从1922年至1949年在这里居住，并为美国《国家地理》写了大量关于丽江的文章。至今这里还保留着洛克故居。西南面的玉柱擎天海拔约2800米，主要景点有巨石壁字、太子洞、观音岩、雪松庵、千年古树和上下深潭瀑布。

🏛 玉柱擎天25元，洛克故居50元

🚌 临近玉湖村广场（公交站）

👁 3～5小时

石鼓镇（长江第一湾）
★★★★ 🎐🌸🎐

因镇上有一面汉白玉雕刻的鼓状石碑而得名。长江在石鼓镇被海罗山崖阻挡后，急转成一个V字形大弯，折向东北流去，形成"万里长江第一湾"。长江（金沙江）、澜沧江与怒江三江并流的壮丽景观，世所罕见。

💰 免费

🚌 丽江市区客运总站每日有固定班车会经过石鼓镇，票价15元左右。丽江金凯广场附近也有许多私人小巴前往长江第一湾，票价20元

👁 3～5小时

蓝月谷　★★★ 🌸🎐

雪山冰川消融形成的深谷。晴天时，水的颜色是蓝色的，而且山谷呈月牙形，远看就像一轮蓝色的月亮镶嵌在玉龙雪山脚下，所以叫蓝月谷。

💰 免费

🕐 8:00—16:00

📍 丽江市玉龙纳西族自治县雪山景区

🚌 临近雪山岔口（公交站）

👁 3～4小时

泸沽湖

泸沽湖快速攻略

Day1 里格岛→尼赛村→格姆女神山→小落水→泸源涯
→四川情人滩→里格岛

Day2 里格岛→云南情人滩→大落水→草海→走婚桥→
女神滩

感受泸沽湖

东方女儿国 泸沽湖畔居住着婚姻风俗独特的摩梭人,他们以女为贵,家家之主,皆为女性。而这里的家庭成员,都是母系血统,孩子也是由母亲、舅舅和姨母等抚养长大的,延续着母系氏族的婚姻制度。

神秘的走婚 神秘的摩梭人奉行"男不婚,女不嫁",男女终身都在自己母系的家庭里生活,通过男子的"走"而实现婚姻。摩梭的成年男女,在对唱情歌和平时接触中相互有好感后,互赠礼物即确定"阿夏"关系。

准备与咨询

语言

外地人来此根本不用担心沟通问题,当地大部分人都会讲普通话。

气候与游季

泸沽湖日照充足,一年中气温变化不是很大,湖水常年不结冰,四季可看到不同的美景。每年的3—10月是泸沽湖的最佳游玩时间,其中,7—9月是泸沽湖的雨季,这时前往有可能交通不便。

行在泸沽湖

进出

泸沽湖地处滇川交界,到达泸沽湖可以乘坐汽车,从四川和云南省内转车到泸沽湖都十分方便。从四川出发,要到西昌转汽车;从云南省内出发,可以从丽江转汽车。

飞机

宁蒗泸沽湖机场位于宁蒗彝族自治县红桥乡石佛山村豹子洞,已经开通了机场快线,可直达景区和县城。

公路

丽江到泸沽湖

从丽江到泸沽湖可以先到宁蒗县城,再转车到泸沽湖,也可以直接坐班车到泸沽湖。

1. 丽江→宁蒗→泸沽湖

丽江到宁蒗的班车有很多,每个客运站都有,有的还出售丽江到泸沽湖的联票(购买联票后,不用在宁蒗再买到泸沽湖的车票)。宁蒗到泸沽湖的车也有很多,车票约30元,终点站是落水村,如到里格岛要加收5～10元。

2. 丽江→泸沽湖

丽江已经开通直达泸沽湖的班车,往返约140元/人,但车次较少,每天9:30左右发车,终点是落水村。若直接坐车到泸沽湖,建议提前一天买票。

3. 西昌→泸沽湖

西昌汽车旅游客运中心有直接到泸沽湖镇的班车,票价约95元,车程约7小时,每天4班,最早8:00左右发车,终点站是泸沽湖的左所镇。

西昌汽车旅游客运中心

📍 四川省西昌市三岔口南路412号(近航天大道)

📞 0834-3223865

市内交通

泸沽湖景区内可以骑单车或电动车环湖游,也可以悠闲地徒步。当然如果时间紧迫,建议选择自驾或在当地包车。如果去湖

中小岛游玩，可以乘坐猪槽船前往。

自行车

在泸沽湖选择环湖骑行是最值得体验的，但是骑自行车比较辛苦，需要很好的体力。在游客接待中心、木垮管理处、五支洛管理处等都可租到自行车，有的客栈和商铺也提供租车服务。

包车

包车游玩是比较方便的方式之一，如果独自前往，可以向客栈老板咨询，帮你找到一起包车的人。包车的价格一般一天400～600元。

猪槽船

猪槽船是摩梭人一种独特的水上交通工具，是将一根粗壮的圆木镂空，两头削尖而成，因形如一个长长的猪槽而得名。猪槽船游湖是由当地统一经营的，价格视远近不同费用也不同，在30～200元不等。

猪槽船码头

草海附近	五支洛码头、洛洼码头、博树码头和扎俄洛码头
洛洼	洛洼码头
里格半岛	里格码头
女神湾	女神湾码头
达祖村	达祖码头、洼垮码头
大洛水	洛水码头、泸沽湖游湖码头、小渔坝码头和三家村码头

游在泸沽湖

泸沽三岛　★★★★★

泸沽三岛指尼喜岛、里务比岛和奈终普岛，这里绝妙的风景引人惊叹。尼喜岛是三岛中最小的岛，长满青苔和灌木。里务比岛是泸沽湖最大的岛，花丛尽头是黄教喇嘛寺院里务比寺，香火鼎盛。另外，岛上还有一座白塔，为永宁摩梭土司府总管阿云山的灵塔，阿云山曾是滇、川、藏地区赫赫有名的人物。奈终普岛上树木葱郁，百鸟云集。在岛上可以骑马或步行，欣赏泸沽湖的美景，还可前往民风淳朴的摩梭村寨。

🚌 从泸沽湖摩梭山庄乘小船，15分钟可到泸沽三岛

💡 3～10月是去泸沽湖的最佳季节。

里格半岛　★★★★

风景优美的里格半岛坐落在格姆女神山脚下，青山绿水，风景秀丽。这里是泸沽湖的最佳住宿地点，尤其是湖景房，观日出日落，赏湖光山色，夜听湖水拍岸，都别有一番滋味。

🎫 包含在泸沽湖景区门票内

👁 3～5小时

💡 湖景房房源非常紧张，需提前预订！

格姆女神山　★★★★★

又称"狮子山"，海拔3754.7米，是泸沽湖附近最高的山峰。山峰上女神洞中，有一尊天然形成的石钟乳女神像，在摩梭神话中此山是格姆女神化身。转山节期间，摩梭人都要上女神山祭祀。

狮子山雄伟壮丽，倚天高耸，被作家洛克称为"永宁风景中最显著的景致"。在女神山可欣赏到整个泸沽湖的美景。

🎫 包含在泸沽湖景区门票内，但上山必须乘索道，双程110元

👁 2小时

女神湾　★★★

女神湾位于泸沽湖西侧，是一个安静的小港湾，因对面是格姆女神山而得名。每当日落西山，晚霞火红，整个湖面都蒙上了一层暖色，正是拍摄湖水和神山相映的好时机。

🚌 可从里格半岛、大落水村等地骑自行车过来

👁 20～30分钟

草海　★★★★

草海因长年泥沙淤积，湖水较浅，生有茂密的芦苇而得名。草海在泸沽湖的东南面，草海内芦苇如墙，水路错综，仿佛镶嵌在泸沽湖中的翡翠。

🎫 包含在泸沽湖景区门票内

👁 1～2小时

💡 3～10月是最佳旅游时节，水草丰茂，观赏性强。

走婚桥　★★★★

草海中最著名的是有着"天下第一鹊桥"之称的走婚桥，它是草海芦苇丛中延伸出来的一座长达300米的木桥，是摩梭男女举行走婚风俗的地方。如今旧桥木头已腐烂，散落在草海中。新桥与旧桥紧邻，横跨

草海，为当地人提供了便利。

🚌 泸沽湖镇到走婚桥很近，走路半小时，坐车几分钟就到，价格10元左右

👁 20～30分钟

大落水村 ★★★ 🏞🌟📷

大落水村是大部分游客到泸沽湖必游的地方。摩梭民俗博物馆位于大落水村，内有摩梭女儿国风格的花楼、祖母屋、经堂、文物馆、图片资料等，还有深受千千万万游客喜爱的"走婚爬花楼"民俗表演，是泸沽湖必游景点。夜晚摩梭人还会穿上传统服饰表演歌舞。欣赏完民族歌舞，可以到湖边支起的帐篷里烧烤。

🎫 包含在泸沽湖景区门票内

🚌 1.丽江玉河广场每天有发往泸沽湖的旅游专线，车程6小时左右，可抵达大落水村和里格半岛，往返车费160元/人，单程100元/人
2.丽江高快客运站每天有两班车发往大落水村，车程6小时左右，车费约80元/人
3.丽江新客站每天有两班车发往大落水村，发车时间9:00和10:00，车程6小时左右，车费约77元/人

👁 0.5～1天

💡 **最佳游季:** 5月杜鹃花漫山遍野绽放，还可欣赏到翠绿的草海；7～9月是多雨季节，适合徒步原始森林。

尼赛村 ★★★★ 🏞

一个摩梭人自然村，只有14户人家，很幽静，景色也很美。著名的情人树和早恋树就在尼赛村，是前往格姆女神山的索道起点。

🎫 免费

📍 宁蒗彝族自治县尼赛村

🚫 自驾从里格码头→宁泸公路→尼赛村。从里格半岛或大落水村出发，可骑自行车或电动车前去

👁 1天

泸源涯 ★★★★ 🌊

此处石崖如削，景观独特。崖上观景台可俯瞰泸沽湖美景，坐在崖下石礁上，遐想天工造物的神奇与和谐，定会涌起许多关于天地人和的感怀。

🎫 包含在泸沽湖景区门票内

👁 1～2小时

扎美寺 ★★★★ ⛩🏯

当地现存最大的藏传佛教寺院，由明代西藏噶玛巴活佛始建。寺院平时只有1～

2位守寺喇嘛，举行法会时所有喇嘛会汇集到寺里。寺院每年都会有几次喇嘛大集会，主要有农历正月初三至初九的咪洛木的模会，初七的跳神；农历三月中旬举行的措庇会；农历六七月间举行的历时四十五天的亚能会；农历十月二十五举行的祭宗喀巴的甘丹安区会。

🎫 20元

🕐 8:00—18:00

📍 宁蒗彝族自治县永宁乡

🚌 宁蒗县城乘坐到永宁的班车，下车后沿永宁街北行2000米，公路左侧即是

👁 1～2小时

吃喝泸沽湖

特色食品

猪膘肉 摩梭人特有的一种美味，是将猪宰杀后除去内脏，剔除骨头（头骨除外），塞入大量的调料，整只腌制而成。猪膘肉油而不腻，营养丰富，爽口味美。

苏里玛酒 摩梭人传统酿造的一种美酒，酒色微黄，度数低，味道甘甜爽口，被称为"摩梭啤酒"。它是当地人家待客必备的饮料。

泡梨 摩梭人的泡菜。当地生产一种麻梨，将其浸泡在陶缸内，按比例加入盐、白酒、姜、蒜、花椒和清水，密封一个月后即可食用，入口酸甜爽口，是一种美味的佐餐。

腌酸鱼 摩梭人的传统美味。人们取出鱼的内脏，展平鱼肉，鱼腹朝下放进陶罐中，再层层撒上糌粑、食盐、花椒、五香粉等佐料，装满后封好坛口，放在荫凉处，半个月后便可食用。可以炒菜、煮汤、当佐料，鲜嫩爽口，让人食欲大增。

推荐食处

摩梭火焰烧烤 一家地道的摩梭烧烤店，烤肉是用火盆炭烤，招牌的摩梭烤肉一定要尝一尝。

📍 湖滨路摩梭传统篝火晚会200米东

📞 15984997769

生态蒸汽石锅鱼石锅鸡 超好吃的湖鱼，用的是最原始的烹饪方法，蒸汽高温5分钟就好了。配菜很新鲜，味道浓郁。

📍 环湖公路泸沽湖相约缘客栈1楼4楼

📞 13578389583

购物泸沽湖

泸沽湖有很多精美的民族饰品、摩梭服装。当地的特产猪膘肉、苏里玛酒和苹果干可以向农家购买，也可以到宁蒗县城商店购买。

住在泸沽湖

美丽的泸沽湖畔，有文艺悠闲的临湖客栈、便宜实惠的青年旅社，有大气精装的连锁宾馆、摩梭当地的风情民居。总之，总能找到一款住宿地。

推荐住宿

印象水云间精品度假客栈（泸沽湖情人滩店）

泸沽湖镇木垮村亚泸路与环湖公路交叉口西南角

18723647776

半山屿里湖景度假民宿

永宁乡泸小洛水村

13628887720

香格里拉

香格里拉快速攻略

Day1 噶丹·松赞林寺→独克宗古城→龟山公园→月光广场
Day2 香格里拉→纳帕海→石卡雪山→香格里拉
Day3 香格里拉→碧沽天池→虎跳峡→香格里拉
Day4 香格里拉→白水台→哈巴雪山→香格里拉
Day5 香格里拉→飞来寺→梅里雪山→雨崩村
Day6 香格里拉→普达措国家公园→香格里拉

感受香格里拉

香格里拉的由来 "香格里拉"一词出自国外的一本小说——《消失的地平线》，意指一个宁静、和谐、安详的世外桃源般的地方。2001年，滇西北一个叫中甸的地方更名为香格里拉，因为这里的确是人间仙境。

心灵之旅，梅里雪山朝圣 梅里雪山一直是藏族民众心中的圣山，每年都有无数人不远千里前来朝拜。当你看到雪山的刹那，一定会被其壮美所震撼。

香格里拉的徒步穿越 香格里拉的美无法用语言去形容，只能用心去感受，用眼睛去看看，用脚步去寻找。徒步穿越，或到雨崩，或到梅里，在那片花海中迷醉，在苍茫的草甸自由狂奔，在那些隐匿山谷中寻找心中的世外桃源。

普通话与香格里拉藏语对照	
普通话	**藏语**
吉祥如意	扎西德勒
谢谢	土吉切
再见	嘎列
对不起	广达
好的，没问题	那翁
我不明白	哈古吗桑
厕所	桑措维语
酒店	准康

准备与咨询

语言

大部分人会说普通话，只在一些藏族偏远山区，那里的人只会说藏语。

气候与游季

5、6月是到香格里拉旅游的最佳时间，这一期间，草甸一片绿色，鲜花在草甸上星星点点地开放，天空是水洗般的蓝色，

高山反应

车行至小香格里拉的时候，很多人开始明显感到胸闷气短，这是出现高山反应的表现。迪庆州境内平均海拔为 3380 米，海拔 6740 米的梅里雪山是云南省境内最高的地方。

谨防拍照收费

和当地人一起拍照的时候，一定要先弄清楚他们是否要收取景费。

乘车信息

从机场前往香格里拉市区没有机场巴士，需要打车，一般不打表，参考价位为 20～30 元。

偶尔有云朵飘过。端午的前后 3 天，赛马会是藏族同胞们春天里的一次盛大集会。冬天因为天气寒冷不宜出游，但藏历年和格东节都在冬天举行。

行在香格里拉

进出

香格里拉没有火车，乘飞机和汽车是进入香格里拉的主要方式。

飞机

迪庆香格里拉机场距离城区约 5 千米，如果从网上查询航班，一定要输入"迪庆机场"才能查到，输入"中甸机场"或"香格里拉机场"所查到的信息是不准确的。

迪庆香格里拉机场

📞 0887-8229916　　　　　　　➤ 香格里拉市神鹰路

公路

在昆明、大理、丽江沿线，每天都有不同班次的长途汽车开往香格里拉，所以，选择公路交通是最方便的方式。

香格里拉长途汽车站有发往云南省内主要城市及迪庆州其他地区的班车，德钦和四川的攀枝花、稻城都有直达的班车。

长途汽车站

📞 0887-8223501

县内交通

公交

香格里拉市区内共有 6 条公交线路，运行时间：8:00—23:30，票价 1 元。

包车

包车前往香格里拉附近景点也是比较便利的选择。包车按天收费，去周边景点一般 500～900 元 / 天。

游在香格里拉

独克宗古城　★★★★

🖼️⭐📷

独克宗古城是茶马古道的枢纽，距今已有 1300 多年历史。古城是按照佛经中的香巴拉理想国建成的，有"建在石头上的城堡"和"月光城"的寓意。

2014 年 1 月 11 日，一场突如其来的大火侵袭了古城，导致古城严重被毁。现已重新正式对外开放。

🎫 免费

➤ 迪庆州香格里拉市

🚌 从香格里拉市区步行、乘车均可到达

👁️ 2 小时

纳帕海依拉草原

★★★★　🏊❌📷

藏语里的"纳帕海"是"森林背后的湖"的意思。它是一个典型的季节湖，一年四季中，有着完全不同的景色。在夏秋之交的时候，这里是一片草原，是花海草甸和青稞交织的地毯，而冬季这里又变成一片宽大的水域，犹如一面巨大的镜子。

香格里拉景点示意图

纳帕海

🆓 免费

🕐 8:00—19:00

📍 云南省迪庆藏族自治州香格里拉市214国道西100米

🚌 古城有到纳帕海依拉草原专线的班车，每天8:00—18:00发车，票价10元；也可从古城包车前往，约30元；骑自行车环海，租车30元

👁 1～2小时

💡 **最佳游季：**6—11月是纳帕海的最佳旅游季节，水草丰满，牛羊遍地。冬季有黑颈鹤来此过冬。

噶丹·松赞林寺
★★★★ 🎎🏛⛰

噶丹·松赞林寺有"小布达拉宫"的美誉，寺内珍贵文物颇多，有"藏族艺术博物馆"之称，是云南藏传佛教的重要寺庙，是到香格里拉旅游必去的地方。每年农历十一月二十九，人们会在这里举行以"跳神"（面具舞）为主的格东节，气氛神秘而热烈。

🆓 115元（含景区环保车费）

🕐 8:00—18:00

📍 云南省迪庆藏族自治州香格里拉市尼旺路下段

🚌 乘巴士2元；从县城打车约10元

👁 1～2小时

💡 **1. 拍照：**在寺中拍照时可能会有当地人强行进入镜头，并索要留影费的情况，如果不愿意付费可以删除相关镜头的照片。

2. 珍贵佛宝：大殿内供奉着五世和七世达赖的铜像，还有8尊包金释迦佛像及贝叶经、五彩金汁精绘唐卡、黄金灯和传世法器等历代珍品。

普达措国家公园 ★★★★
🚣🏔🎣👁🌲

普达措国家公园主要由碧塔海、属都湖和霞给民俗生态文化村组成。公园内风景优美，原始生态环境保存完好，既有明

镜般的高山湖泊、水美草丰的牧场，又有百花盛开的湿地和茂密的原始森林。春秋两季是游览普达措的最佳时节。春天，杜鹃花铺满山坡；秋天，则是一片五彩斑斓的景象。

碧塔海在藏语里的意思是"栎树成毡的海子"，顾名思义，湖畔栎树茂密犹如绿色的毡子。栎树林间生长着很多杜鹃花，每年春暖花开时，杜鹃花瓣掉落水中，鱼儿吃了含微毒的花瓣，纷纷浮上水面，这就是碧塔海著名一景——杜鹃醉鱼。

🆓 138元（包含门票68元，游览车费70元）

🕐 8:00—16:00

📍 云南省迪庆藏族自治州香格里拉市建塘镇红坡村双桥普达措国家公园

🚌 香格里拉客运站每天有四班去普达措的班车，车费单程15元，车程半小时左右；也可包车前往，单程约100元

👁 4～6小时

💡 **1. 小心被骗：**有些司机说可以带你到碧塔海门口单独买票，30元/位，但里面只能看到一个小湖泊。

2. 不必租氧气瓶：森林公园本身就是一个天然氧吧，身体好的人一般没有必要租氧气瓶。

石卡雪山 ★★★★ 🚣👁🎿⛰

它是滇西北高原唯一具备缆车观光条件的雪山景区。地理位置非常不错，攀上石卡雪山之巅，可将滇川藏八大神山尽收眼底。雪山的景观四时不同，可归纳为一句话"春看绿草夏看花，秋观秋色冬观雪"。

🆓 120元（含索道）

🕐 8:00—16:00

📍 云南省迪庆藏族自治州香格里拉市建塘镇石卡路石卡雪山景区

🚌 可在香格里拉市新华酒店门口（原体育场对面）乘坐景区免费直通车

👁 3～4小时

白水台风景区
★★★★ 🚣👁🎣📷

白水台是纳西族东巴文化的发祥地之一。从远处看去，白水台就像梯田，在阳光照耀下，却是一片波光粼粼，这里的梯田当然不是给凡人耕作的，而是"仙人遗田"。这里是中国最大的泉水台地。这个童话般的地方，到了香格里拉不可不游。

🆓 45元

🕐 7:00—17:00

📍 云南省迪庆藏族自治州香格里拉市三坝纳西族乡白地村

镜湖

🚌 香格里拉客运站有发往白水台（三坝乡）的班车，每天两班，票价26元；也可包车前往，往返约400元

👁 2~3小时

💡 **1.不需租马：**下车后，会有当地人出租马匹，但徒步会给你带来更多乐趣。

2.出行提醒：夏季多雨，路况不好，容易有泥石流和落石，不建议前往。前往白水台多S形山路，容易晕车，请备好晕车药。

吃喝香格里拉

不知道美丽的风景是不是能弥补这里美食的不足，除了酥油茶、青稞酒、干巴牦牛肉，实在没有其他特别的美味值得推荐。

静静的嘛呢石藏餐 当地一家很有特色的藏餐火锅，客人很多，需要排队。牦牛肉火锅、康巴牛排、烤蘑菇、酥油茶等都很好吃。

🔗 独克宗古城池廊岗3号（临近四方街）

📞 13988776674

老字号特色藏餐 特色藏式牦牛火锅肉多分量足，还有自制酸奶、牦牛比萨、青稞饼、青稞糌粑、酥油茶，味道都很地道纯正。

🔗 独克宗古城仓房社区池古廊1号（临近芝麻开花客栈，88会所旁）

📞 13988733443/13988767297

购物香格里拉

木碗和木盒 藏族日常家居中最常见的用品，藏饰是另一种令人心动的纪念品。这两样东西在当地商店都有售。

名贵藏药 香格里拉市区有专门的商店出售虫草、雪莲花、藏红花、麝香和贝母等药材。香格里拉还有一个市场专门出售新鲜松茸，夏季到此的游客可购买，但松茸极易变质，应及时食用。

住在香格里拉

香格里拉的旅游业比云南其他景点开发较晚，设施却一应俱全，而且与大城市的住宿条件相似。

香格里拉国际青年旅舍 这家青年旅舍很有藏式风格，设计温馨典雅。在这里，可以读书、上网，体验到最温暖热情的服务。

🔗 建塘镇建塘路44号

📞 0887-8226948

格林东方酒店（香格里拉独克宗古城店） 属于格林酒店集团旗下的连锁酒店，地理位置优越，交通便利。距独克宗古城约2.3千米，距噶丹·松赞林寺约3.4千米。

🔗 建塘镇阳塘路55号

📞 0887-3089999

香格里拉周边游

梅里雪山、明永冰川 ★★★★

🍴🏠🚗👁

在当地藏族同胞的心目中，梅里雪山是一座神山。它常年被笼罩在一片迷雾之中，当地人认为，能看到梅里雪山云开雾散那一刻的人，是有福之人。明永冰川也很美，晚上住在山里可以近距离观看月亮和星星，那种宁静与悠远不是在每个地方都能感受得到的。

💰 150元套票（含金沙江大湾60元、雾浓顶观景台60元、飞来寺观景台60元）；

228元套票（含金沙江大湾60元、雾浓顶观景台60元、飞来寺观景台60元、明永冰川78元）；230元套票（含金沙江大湾60元、雾浓顶观景台60元、飞来寺观景台60元、雨崩80元）。进雨崩加收5元管理费

🔗 云南迪庆州德钦县境内

🚌 从香格里拉坐车到德钦县，然后包车前往

👁 1~2天

香
格
里
拉
周
边
游

包车小贴士:

1. 包车前要和司机谈好价格，注意事先把目的地和行程线路确认清楚，以减少不必要的麻烦。

2. 路况较差，建议多花一点钱租辆三菱吉普车，途中就可以少受点罪。

1. 雪里雪山最美的季节是1—5月，而夏秋季极难看到雪峰的全景。

2. 从德钦县城出发到明永村，可到达梅里雪山的明永冰川。这段路所处海拔较高，又是险路，对旅游者的身体情况要求较高，如果个人身体不允许，不要贸然进入。

3. 明永冰川已禁止游客攀登，只能在新修的栈道上欣赏。

4. 从香格里拉到梅里雪山最好是包车，途中经过尼西、奔子栏、东竹林寺、白马雪山、德钦县城、飞来寺，最后可到明永冰川，一路上景致非常好，如果在傍晚路过飞来寺，还有可能看到景色绝佳的梅里夕照。

雨崩村 ★★★★

"不去天堂，就去雨崩。"梅里雪山背后的雨崩村只有20多户人家，且都是淳朴的藏族同胞，信仰佛教，为了守卫梅里神山而世居于此。全村分为上村和下村，村子仅靠一条驿道与外界相通，相对地封闭保存了这里的纯净。风景美毋庸置疑，上村可以通往攀登卡瓦格博的中日联合登山大本营，下村通往雨崩神瀑，沿途可以看到古篆天书、五树同根、沿河堆砌的玛尼石的奇景。

80元（进雨崩加收5元管理费）

游完明永冰川后往南行到西当村，再从西当骑马到雨崩村

2～3天

1. **预订好马匹:** 西当村是前往雨崩的中转处，去西当之前最好先预订好马，以免浪费时间。回到当迷中，最好在飞来寺住一晚，因为一方面赶夜路比较危险，另一方面观赏第二天的梅里日出也很棒！

2. **景点取舍:** 雨崩神瀑、古篆天书等景点距雨崩

梅里雪山主峰卡瓦博格

村还有8千米。雨崩神瀑和大本营、冰湖的方向不同，雨崩神瀑是一条雪山景观＋宗教遗迹的路线，而大本营、冰湖是一条纯自然景观路线。最好是都去，如时间不够，建议就去大本营、冰湖一线。

飞来寺 ★★★★

飞来寺位于梅里雪山东面，与太子十三峰隔着澜沧江大峡谷相望，是观赏梅里雪山的绝佳地点。建议在飞来寺住一晚，运气好的话可以看见晚霞和《消失的地平线》一书中描写的香格里拉胜景"日照金山"。

飞来寺观景台60元

位于滇藏公路沿线，距离德钦县城约8千米

可在德钦县客运站乘坐到明永村的班车，中途会经过飞来寺；也可从德钦县城包车前往，30元左右，车程约15分钟

1～3小时

1. **最佳游季:** 观赏雪山的最佳季节是冬季，冬季气候干燥，晴天较多，而且雪山上的雪更多，更漂亮。而夏季由于澜沧江水汽较重，往往不容易看到神山。

2. **气温差:** 由于飞来寺晚上气温极低，一定要选择提供电热毯的旅店。

尼汝村 ★★★★

位于"三江并流"腹地，这个只有106户643人的藏族村落却拥有高山峡谷、冰川雪峰、高原湿地、森林草甸和冰蚀湖泊等丰富的地质地貌，人们不吝以"香格里拉最后的秘境"来赞誉这块除了沙漠和海洋，几乎汇聚了北半球各类自然景观的生态伊甸园。

迪庆藏族自治州香格里拉市境内东北方

1～2小时

1. 穿越南宝牧场和迪吉塘牧场需要3天左右的时间，条件比较艰苦，很多山势险峻的路段需要下马步行，且多数海拔都在3800米以上，要做好吃苦的准备。

2. 山上只有很少的几个投宿点，多为牧民放牧时临时歇脚的木小屋。建议自备帐篷、睡袋，并带好补给物资，特别是高热量的食物，以及红景天等缓解高原反应的药物。

香格里拉大峡谷
★★★★

这条峡谷原来的名字叫"碧让峡谷"，后因为峡谷的一边叫香格，一边叫里拉，

才有了"香格里拉大峡谷"这个大而无当的名字。

据说《消失的地平线》里描述的蓝月亮峡谷就在这里，当地也一直流传这里是神仙居住的地方，真正的香巴拉。游客可以参观幽深的峡谷、巍峨的雪山，在风光秀美的峡谷中漂流；还可以拜访原始的藏族古村——巴拉村，非常值得一游。

景区内还有"两绝"不容错过。一绝是千年菩提树，树长出了人手掌的形状，十分形象，为之惊叹；另一绝是加拉村深处的牧场里，有一座曲登神山，山顶的圆形尖顶被白雪覆盖，下面是黑色的圆形岩壁，被称为天然佛塔。

🎫 170元

🚌 香格里拉古城停车场旁有旅游专线车可以到达景区，往返票价约50元

🚗 从香格里拉市区出发，沿国道214线（德钦方向）行至尼西乡上桥头三岔路口，之后右转进入景区公路

👁 2小时

💡 1. 农历十二月十五，滇川地区的藏川人会在仙人洞前聚会歌舞。

2. 到峡谷群，要步行，准备合适的鞋子和必要装备。

3. 每年11月，逢大雪封山，开往峡谷的班车均会被取消。此时可选择骑马进出峡谷，价钱以桥为标准，一般从峡谷口到第三座桥为60元/人。

碧沽天池　★★★★　🌿

碧沽天池藏语称作"楚璋"，意为小湖。碧沽天池属于高山湖泊，湖水异常清澈，环境非常宁静。碧沽天池周围有大片的原始森林和绿茵茵的牧场，牛羊安静地在吃草，这里风光宁静、灵秀，仿佛可以让人抛却一切烦恼。这里也是电影《无

极》的拍摄地。

🎫 免费

📍 香格里拉市小中甸乡联合村

👁 2～3小时

💡 1. 前往碧沽天池的路非常崎岖，只有四轮越野车才能开上山，道路难走，不建议自驾，最好找当地有经验的司机包车前往。

2. 游玩过程中产生的垃圾一定要带走，避免污染环境。

3. 从丽江前往碧沽天池的214国道上，会路过小中甸海，5、6月时杜鹃花盛开，美不胜收；9、10月时，这里变成了狼毒花的海洋，连绵成片的狼毒花绚丽非常。

哈巴雪山　★★★　🏔🌿🚶🎿

"哈巴"为纳西语，意思是"金子的花朵"。哈巴雪山与玉龙雪山是紧挨着的。通常游客只会去闻名遐迩的玉龙雪山，其实哈巴雪山的风景也有其独特的韵味。哈巴雪山是登山爱好者的必登之地，最佳攀登季节为3—6月和9—12月。这里同样拥有绝美的自然风光，在不同的海拔地段可欣赏到不同种类的杜鹃花，被国内外生物学家称为"世界花园之母"。

🎫 免费

📍 迪庆藏族自治州香格里拉市城东南20千米处

🚌 1.在丽江客运站乘坐到哈巴村的班车，票价40元

2.在香格里拉客运站乘坐到哈巴村的班车，票价约30元

👁 1～3天

💡 **最佳游季：** 登顶最佳季节是11、12月，此时风力较小，易于攀登。通常可在哈巴村留宿一晚，次日租马前往大本营，在大本营休整一晚，第三日4:00从大本营出发，徒步完成冲顶。

飞来寺

怒江

怒江快速攻略

Day1 六库→知子罗→老姆登村（住宿）

Day2 老姆登→石月亮→丙中洛→雾里村→秋那桶

感受怒江

独龙人 怒江江边生活着傈僳、怒族等多个少数民族，但以独龙族最为特别。独龙江是他们唯一的栖息之地，有着与外界完全不同的生活方式，因为交通不便，使得这一切被完好地保留下来。独龙妇女脸上的纹饰独具魅力，充满民族特色。

雄壮美 与云南绝大多数的地区相比，怒江峡谷能称得上世界之最，具有雄壮美。但只要置身于大峡谷之中，怒江发出的低沉怒吼和两山的险峻之势，都会让你真切地感受到一种来自大自然的力量。

准备与咨询

语言

普通话不会有交流障碍。

气候与游季

怒江属于峡谷地区，与同纬度地区相比，这里的气温要高一些，所以冬季也无严寒。但每年 7 至 9 月间的雨季最好不要到怒江，因为当地路面情况不好，而且容易遇到塌方一类的意外，影响行程安排。

行在怒江

进出

怒江属于滇西地区，但它的交通只有公路，如果决定到怒江旅游，一定要有长时间乘坐长途汽车和路面情况较差的心理准备。可从昆明直接到怒江；或者由大理和保山前往，因为大理和保山是两座离怒江较近，并有机场的城市。

昆明方向： 昆明每天都有发往怒江的班车，一般都是夜班车，夜发朝至，行程 13 小时，路上会比较累。

大理方向： 大理距怒江 200 千米，大理客运站每两小时有 1 班开往怒江的班车，行程约需 5 小时。

保山方向： 保山与怒江相距 146 千米，行程约需 3 小时。

区内交通

怒江是一条狭长的地带，被碧罗雪山和高黎贡山相挟持，中间是奔流不息的怒江。其主要的风景就在两岸，以及住在沿岸的少数民族村寨和寨里的民族风情。

包车的价格都很高，6 座小面包车一般 350 ～ 500 元 / 天，还要包司机的食宿，所以要做好经济上的筹划。

班车

昆明西苑客运站每天都有到六库的车。需要提醒的是，每年春节的初一、初二班车停开，年初三才恢复。

傈僳聚会

每年的年初一至初四，傈僳族会有一次盛大的澡塘会，这是傈僳族的一次大聚会，同时也进行物资交流和一些相关的庆祝活动，比如："洗澡""荡秋千"，晚上还表演"上刀山、下火海"。

特色美食

1. 当地人有喝酒的习惯，如住在当地人家，最好事先说明自己的酒量。

2. 当地有一种水酒，叫作杵酒，18 度左右，口感不错，但容易醉。

3. 侠辣和巩辣是当地的两道特色菜，"辣"在怒语中是酒的意思，这两道菜就是"肉炒酒"和"鸡蛋炒酒"，是当地的特色菜。多吃易上火。

4. 石板粑粑也是怒族的一种特色食品，在丙中洛能吃到。

游历须知

1. 到六库已经不需要再办边防证，只是到边防站时检查一下身份证。

2. 边防战士还会派发一些宣传单，内容是有关当地旅行社、招待所、接待点、建议的旅游路线等，第一次到怒江，这些东西会有用。

3. 游览怒江峡谷一定要租车，否则行动会很受限制。

4. 傈僳族的"澡塘会"在登埂举行，距离六库12千米。

5. 现在的傈僳族已经不允许别人用镜头对着他们，还立有"严禁近距离摄影"的牌子以示警告。

6. 怒江旅游都是开放式的，没有门票的概念。

7. 峡谷晨雾是怒江峡谷中最美的一景，不可错过，所以一定要早起。

8. 对于溜索尽量保持好奇，不要效仿，因为那是需要技术的，掌握不好就会命丧怒江。

看怒江的最佳时间和位置

14:00 以前爬上贡当神山，在山的阴影遮住江水以前，是观看怒江第一湾最好的时间。秋那桶是一座雪山环绕的小村庄，如今已修通，那里有接待点，可一日来回在秋那桶留宿一夜。

三江并流

三江并流位于滇西北青藏高原南延的横断山脉纵谷地区，包括怒江州、迪庆州以及丽江地区、大理的部分地区，西与缅甸接壤，北与四川、西藏毗邻。

景区内有怒江、澜沧江、金沙江3个风景片区，8个中心景区，60多个风景点，总面积3500多平方千米。3条大江在滇西北横断山脉纵谷地区并流数百千米，三江间距最近处直线距离663千米，其中怒江、澜沧江最近处只有18.6千米宽的怒山相隔。

景观主要有：三江并流、高山雪峰、峡谷险滩、林海雪原、冰蚀湖泊、雪山花甸、珍稀动植物、壮丽的白水台以及独特的民族风情等。

游在怒江

雾里村　★★★★

雾里村是茶马古道上的一个小村落，这里风景如画，怒族人极具特色的小木屋在清晨缭绕的云雾中，和着袅袅炊烟，与翠绿的田野、湛蓝的怒江水相映成趣，恍如仙境。

- 💰 免费
- 📍 云南省怒江傈僳族自治州贡山独龙族怒族自治县
- 🚌 沿怒江徒步约两千米
- 👁 3～5小时

秋那桶村　★★★★

秋那桶村是怒江大峡谷北端的最后一个村子，是整个怒江大峡谷的精华部分，这里原始森林茂密，瀑布众多。秋那桶村被当地人称为"神的花园"，碧罗雪山、草甸、松林、古树、木屋、栅栏、梯田与溪水错落有致，形成宁静而安详的田园秘境，宛如人间仙境，被誉为"从天上落入凡间的如画小寨"。村中还有一座天主教堂。

- 💰 免费
- 📍 怒江傈僳族自治州贡山独龙族怒族自治县秋那桶村
- 🚌 丙中洛到秋那桶，车只能走到石门关，其余路程需步行
- 👁 1天

美丽公路绿道　★★★★

蜿蜒在怒江边的彩虹步道，峡谷风光一步一景，随手拍都是大片。在这里，让心静下来，感受怒江的新变化。

- 📍 小西坝中心服务区

知子罗　★★★

"知子罗"在傈僳族语中是"一个好地方"的意思，这里是曾经的怒江州首府所在地。后因交通、安全等因素，政府迁走，学校、政府、图书馆等建筑物被定格在 20 世纪 80 年代，让知子罗成为时间停止的地方，一个年代的活化石，一座记忆之城。原来搬走的部分居民因不习惯山下生活又搬了回来，才使这里又有了一线生机。

- 💰 免费
- 📍 云南省怒江傈僳族自治州福贡县
- 🚌 1.可从匹河或福贡县城包车前往
- 　　2.可从老姆登村步行至知子罗，大约1小时
- 👁 0.5～1天

💡 游览知子罗建议住宿在老姆登，那里住宿较多。

石月亮　★★★

高黎贡山山脉中段 3300 米的峰巅，有一巨大的大理岩溶蚀而成的穿洞，洞深百米，洞宽 40 余米，高约 60 米。沿着怒江北上，百里之外，就可看到这个透着蓝天白云的石洞，怒江人给它起了个好听的名字，叫作石月亮。

- 💰 免费
- 📍 云南省怒江傈僳族自治州福贡县

怒江景点示意图

N

石门关 ● ── 丙中洛
贡山 ●
普拉底　　　　● 碧罗雪山
月亮石
利沙底
鹿马登
　　　● 福贡
贡山 ●　 子里甲
　　　匹河　　　　● 兰坪
　　　古登
片马 　● 六库

六库—片马	99千米		
六库—匹河	91千米	福贡—贡山	111千米
匹河—福贡	45千米	贡山—丙中洛	44千米

🚌 若从福贡县城包车前往贡山，会经过石月亮观景台，可提前和司机说好停车观赏

👁 1小时

丙中洛 ★★★★★ 🏔📷⛪

桃花岛、嘎娃嘎普雪山、石门关、普化寺、重丁天主教堂，还有怒江第一湾，这一切让怒江人自豪地认为，真正的"香格里拉"是在丙中洛。其实，有透明的天空、山花烂漫和淳朴的民风的地方，就是人间天堂。

💰 免费

🕐 全天

👁 2～3天

💡 **最佳游季**：每年10月至次年4月是丙中洛最适合的旅行季节。

💡 桃花岛

丙中洛的扎拉桶村种满了桃树，每到春天，桃花初绽，彩霞一样的粉色映红了小岛，因此被称为桃花岛。当地的怒族人会在每年的农历二月初三举行桃花节，祭祀怒族的祖先白玛。

独龙江峡谷 ★★★★ 🏔⛰

独龙江峡谷被专家认定为"野生植物天然博物馆"，是我国原始生态保存最完整的区域之一。独龙江峡谷雪山连绵，峡谷陡峻。每年10月到来年5月，大雪封山、与

世隔绝。独龙族妇女"画脸""文面"的习俗，充满民族魅力，现在一些老年妇女还戴有文面。

🚗 怒江傈僳族自治州贡山独龙族怒族自治县独龙江乡境内

🚌 昆明有长途客运班车直达

👁 1～2天

碧罗雪山 ★★★★ 🏔🏞

电影《碧罗雪山》的拍摄地。碧罗雪山原始生态系统保存得十分完整。山中气候变化异常，飞瀑密布，高山湖泊云集，被人们称作"万瀑千湖之山"。春夏之交，山中云雾腾升，登临绝顶观旭日东升或夕阳西下，颇为壮观。

💰 免费

🚗 怒江傈僳族自治州兰坪白族普米族自治县

🚌 六库到贡山中巴车票价35元，从贡山县城坐到丙中洛的中巴，票价8元。然后徒步前往

👁 1天

高黎贡山国家级自然保护区
★★★★ 🏔🦋🌿🐾

高黎贡即"高黎家族的山"，是地球上迄今唯一保存的大片由湿润热带森林到温带森林过渡的地区，因其动植物的多样性被学术界誉为"世界物种基因库"。区内一株"世界杜鹃王"，每年开花4万多朵。另外，飞瀑流泉、雪山湖泊遍布，绝美的风景让这里成了摄影爱好者、徒步者的天堂。

💰 免费

🚗 云南省腾冲市（跨怒江州和保山市）

🚌 建议自驾或包车前往

👁 1～3小时

吃喝怒江

能习惯滇味的人，在怒江的饮食一般就没有问题。

三江源农家饭庄　有琵琶猪等怒族特色美食。

🚗 贡山县城内丙中洛街67号

📞 0886-3581025

夜游怒江

在福贡和丙中洛会有当地人举行的一些活动，与当地的少数民族一起联欢是十分有意思的。

购物怒江

弓弩是怒族和傈僳族用来打猎的，箭速极快。弓弩以颜色深、发红发黑的为最好。一般要在"澡塘会"上才能买到。

独龙毯是独龙人的日常服装，色彩绚烂，有不错的装饰性。如果是手工织的，价格通常很高，在六库和贡山都能买到。

住在怒江

怒江的旅游是沿怒江而行，主要的几个住宿点：六库、福贡、贡山、丙中洛，在前 3 个地方都有政府招待所一类的地方，价格不高，条件有高有低，但住宿都不会有问题。丙中洛都是住在当地人家。

推荐住宿

贡山蓝湾精品酒店

↗ 独龙江公路派出所南50米

📞 0886-3588888

腾冲

腾冲快速攻略

Day1 腾冲热海→和顺古镇

Day2 北海湿地→腾冲火山群→银杏村

感受腾冲

温泉胜地 世界上有温泉的地方很多，但像腾冲这样面积广、泉眼多、疗效又好的并不多见。早在古代，徐霞客已经踏足这里，详细考察了丰富的地热资源。这里有中国最密集的火山群和地热温泉，90 多座火山，80 余处温泉，更有数以万计的温泉泉眼。壮观的热海大滚锅、热力四射的万年蛤蟆嘴、令人浮想联翩的醉鸟神泉……这里似乎遍地都是温泉，永远升腾着袅袅的轻烟。

极边之城 历朝历代都对腾冲的战略位置极为关注，派重兵驻守，明代还建造了石头城，称之为"极边第一城"。这个南方丝绸之路上的历史文化名城，因其独特的地理位置，处处显露出中西文化交融的痕迹。

准备与咨询

气候与游季

腾冲地处西南边陲，日照充足，降雨较多，一出太阳就暖和，一下雨就冷。一定要带毛衣，一年四季都用得上。

行在腾冲

飞机

腾冲驼峰机场位于清水乡的驼峰村。驼峰机场有机场大巴直达市区，从机场到叠水河瀑布景区对面的空港大酒店，车票 10 元 / 人。乘坐出租车从县城往返腾冲机场约 30 元。

客服电话 📞 0875-5198866

公路

腾冲有两个汽车客运站。每天从昆明、大理、保山都有直达腾冲的长途汽车。

☼ **少数民族节日**

保山境内有几个节日不可错过。每年农历的二月初七，腾冲的傈僳族会举行隆重的"刀杆节"；每年清明节后第七天，傣族将举行为期三天的泼水节；每年端午节，保山会举办保山花市。

☼ **拿不走的火山石**

火山石按摩很舒服，但不能拿走，景区有小贩卖经过加工的火山石。

☼ **游玩湿地须知**

1.为了保护湿地的生态环境，景区已不让人们割下草皮当船在湖上划行。

2.随身贵重物品注意防潮防湿，景区内有租雨鞋和塑料袋的。

游
在
腾
冲

长途汽车站点及发车方向

城东老客运站

- 0875-5152363
- 腾冲市东方路
- 有发往德宏州方向的班车

游在腾冲

腾冲火山热海
★★★★★

来到这里泡泡温泉，会让你感到不虚此行。热海周围建有多家疗养院、浴室和娱乐设施，可以满足泡温泉的欲望。

这里到处可以看见各式各样的气泉、温泉，其中有 10 个温泉群的水温达 90 ℃以上，热泉呼呼喷涌，这种密集的地热奇观实在不多见。据说曾有一头牛误落"大滚锅"池中，待村民发现已被煮成一架白骨。以前附近村民经常就地取水宰鸡、杀猪，十分便利，俨然一个天然厨房。在这里，你还能看到云南十八怪中的"鸡蛋串着卖"。

- 10元；热海温泉成人套票288元
- 9:00—18:00
- 腾冲市区旅游客运站有专线车直达，车票6元；从腾冲市区乘坐出租车前往，车费30元左右
- 2～4小时

北海湿地 ★★★★

四面环山，水面漂浮着各种花、草，犹如五彩缤纷的巨型花毯，绚丽神奇。秋冬季节大群候鸟迁徙而过，可欣赏数十万只飞鸟群集的壮观景象。每年的 4 月中旬至 5 月，兰花绽放是北海最美的季节。

- 门票80元；门票+船票+草排票+游览车票125元
- 腾冲市北海镇238省道旁
- 腾冲市区内无公交直达，可以搭乘出租车前往景区；或到西门客运站乘坐面包车，车费5元，约20分钟可到达
- 0.5～1天

和顺古镇 ★★★★★

这里家家户户都摆着罗马的钟、英国的门、捷克的灯罩、德国的盆，和顺人甚至在做着农活的时候，也会跑到图书馆看书。1936 年这里已经办起了自己的杂志。这一切似乎都与一般的乡村古镇相差很大。

但这却是和顺的神秘魅力。

因为和顺处在西南边陲，并且早在 400多年前就对外开放了。镇上的人走得很远，除了缅甸、南亚还远渡重洋到欧洲、美洲和大洋洲。于是，他们带回许多新鲜玩意和西方的思想文化，最终中西文化在和顺恰到好处地融为一体。由于未被商业过多打扰，它还保留着朴质的气息，堪称古镇的范本。

- 门票55元；观光车票10元；水上印象船票60元
- 临近和顺古镇（公交站）
- 1～2天

火山国家地质公园
★★★★

我国火山最密集的地区，素有"天然地质博物馆"之誉。在火山口附近可以捡到灰、红、黑等颜色的火山石，这种火山石的比重很轻，可以轻易举起很大一块，并且火山石扔进水里也不会"石沉大海"。

- 35元，每天12:00以前有乘坐热气球升空看火山的项目，280元/10分钟
- 腾冲客运站有中巴前往，车费5元，下车后再步行大约300米可到火山群公园；包车前往可直接到公园门口，往返60元
- 1～2天

银杏村 ★★★

这里有宛如天堂的静谧秋景，也是银杏王国。这里的银杏树约 33000 棵，是迄今发现的云南最大、最古老的一片银杏林。这里还有 600 多年的皮影文化历史，曾是电影《武侠》的拍摄地之一。

- 30元
- 8:20—19:00
- 腾冲市固东镇江东古银杏村
- 在腾冲西门车站乘坐到固东镇的中巴，15分钟一趟，车程约40分钟
- 2～3小时
- 11月中旬至12月初为最佳观赏期。

绮罗古镇 ★★★

狭窄的石板路上，两旁是普通的农舍和没落的宅院，一个弯后，豁然开朗的一片天地便会展现出来。小桥、流水、古树和那些青砖、绿瓦、重檐式的辉煌建筑，构成了一幅宁静和谐的画面。

- 免费
- 云南省保山市腾冲市城郊

腾冲周边游

临过下绮罗（公交站）

3～4小时

叠水河瀑布 ★★★★ 🍂

叠水河瀑布高46米，瀑布两边崖壁上排列着奇妙的柱状节理群，大盈江水流经此处，从高岩上跌落，响声雷动，水花四溅，形成了"不用弓弹花自散"的壮丽景观。对面的山峰上有观瀑台，院内有多方刻石，为历代名人学者所留，最著名的是清光绪进士寸开泰撰写的206字长联。

20元

8:00—17:00

云南省保山市腾冲市区以西1千米

乘坐3路内环、3路外环、9路在李根源故居站下车，步行可达

2～3小时

吃喝腾冲

腾冲美食具有油而不腻、酸辣有度、香而爽口的特点。著名的特色菜有大救驾、饵丝、饵块等，在腾冲宾馆就可品尝到。除此之外，凉豆粉、酸辣汤、青辣子拌鸡枞等都是值得一尝的风味小吃。

腾冲最有名的吃食是"大救驾"，传说清初吴三桂率军打进昆明，南明永历皇帝逃往滇西，到腾冲时天色已晚，既累又饿。在落脚处，主人家图快没什么准备，便炒了一盘饵块送上，被永历帝赞许不已。从此，腾冲炒饵块便改名为"大救驾"。

住在腾冲

腾冲有不少招待所，景区的商务型宾馆主要集中在官厅巷一带。

腾冲官房大酒店 走进去有种五星级酒店的感觉，来到腾冲住进这里也是个不错的选择。

腾越路红星小区1号（腾越文化广场对面）

0875-51799999

腾冲周边游

芒市 ★★★★ 🍂 🌙 🔆

距离腾冲100余千米的芒市，这座有着两千多年历史的西南边陲小城在傣语中被称为"勐焕"，如今这里依靠特色傣族风情和难得一见的当地美食，吸引了众多游客

腾冲旅游客运站从8:30—18:30都有到达芒市的车，票价57～78元，行程约2小时

勐焕金塔、勐焕银塔

金塔传说为释迦牟尼生前转世为金鸡时的生活之处，塔最高点有重达2.3吨的金鼎，高耸挺拔，气势非凡；相比金塔的雍容华贵，由纯白色大理石覆盖的银塔显得典雅肃静。

勐巴娜西珍奇园

"勐巴娜西"有奇特、美丽、富饶的意思。自由散养的孔雀是这里的主人，它们优雅美丽，肆然开屏，乐意与游客亲密接触。此外，珍奇园还汇集了大量古树名木，甚至有罕见的硅化木玉石，称得上是一座宝库。

☀ 在芒市的傣族古镇，能品尝到纯正的傣味菜肴。在夜晚，这里堪称"小泰国夜市"，绝对能让你大饱眼福、口福。

西双版纳

西双版纳快速攻略

Day1 大佛寺→西双版纳总佛寺→曼听公园→民族风情园→告庄西双景（吃晚饭、住宿）

Day2 告庄西双景→西双版纳原始森林公园→野象谷（或基诺山寨）→景洪

Day3 景洪→勐仑热带植物园→望天树

Day4 景洪→南糯山→打洛

感受西双版纳

林木葱郁 到了西双版纳，除了林木葱郁，可能再也找不到更合适的词语来形容眼前的景象，就算景洪已然是现代都市，但能让它区别于其他城市的特征就是街道上永远绿荫密布的巡道树，而且这里没有季节之分。有趣的是，这里的巡道树不乏果树，如龙眼、椰子，但没有人会在成熟的季节顺手摘取，因为热带水果在这里司空见惯。

小卜哨 一方水土养一方人。"婀娜犹如舞蹈演员，优雅犹如画中的美女"，用来形容傣家少女（小卜哨）最恰当不过了。她们清纯娇美、亭亭玉立、仪态大方，有着与生俱来的灵性和美感，有民族特色服饰的加持，更让她们显得与众不同，让人不由得感慨中华民族的多样与文化的丰富。

弯道 如果是坐长途车进入西双版纳州，当前面道路的弯道不断增多，角度也越来越大的时候，说明目的地就要到了。在西双版纳境内旅游，景点与景点之间，也有数不清的弯道在等着你。

景洪

景洪市是西双版纳的首府。这里各方面都是很方便的，西双版纳的旅游基本上也是以景洪为轴心的。

变味的风情

西双版纳是个很美很有特色的地方，但是旅游开发过早，傣家风情已经被太过发达的旅游宣传给冲淡了。当然，如果你去到山里没有开发成旅游区的寨子也许不一样。

准备与咨询

语言

西双版纳州内汉语和傣语并存，普通话能够在绝大多数地方通行。除非去到十分边远或传统的山区，可能会受语言困扰。

气候与游季

如果用一个形象的比喻来说明西双版纳的气候，那就是进入了一个天然的桑拿房。西双版纳只有旱季和雨季之分，旱季的西双版纳就像一个干蒸的桑拿房，热浪滚滚无处可逃，一旦下雨，又凉如秋季。雨季的湿热可能是最难受的，汗水流出来，却黏在皮肤上。

从季节来说，11月至次年的4月是西双版纳旅游的旺季，这期间气温不高，而且一年一度的泼水节也在这期间举行，6—9月虽然热不堪言，但能尝遍热带水果。

行在西双版纳

进出

西双版纳是云南旅游开发得较早的地区，所以，其航线也是最发达的，连同这里的公路交通也比较方便。

飞机

嘎洒机场距景洪市中心5千米，目前国内多个城市都有直达景洪的航班，如昆明、上海、成都等，另外，嘎洒机场还是云南境内除昆明之外的国际机场，与泰国的曼谷有直达航班。

📞 0691-2159129

火车航空代售处

📍 民航路10号附近

📞 0691-2124111

公路

景洪共有4个长途客运站：西双版纳客运站、景洪南站、景洪汽车客运站和嘎洒汽车客运站，景洪南站有开往老挝的国际客运班车。

景洪汽车客运站 📍 勐泐大道16号

📞 0691-2123699

西双版纳客运站 📍 民航路3号

📞 0691-2124427

轮船

景洪港是一个重要港口，现已开辟了至老挝万象的国际水运航线，下设景洪港中心码头、橄榄坝码头和关累码头。

📞 0691-2210866

市内交通

景洪市有5条市内公交线路：1路：江北→嘎洒；2路：景洪港→嘎栋；3路：曼听公园→景洪北路嘎兰北路路口；4路：曼英村→水文站；5路：勐腊南路口→江北。

还有8路旅游公交专线车，每天8:00分别由花卉园和原始森林公园双向发车。

景洪市区出租车起步价为7元，每千米1.8元，燃油附加费2元。市中心距机场约5千米，包车一般花费20元，也可以乘

☀ 珍贵资源

西双版纳是世界北回归线上仅存的一片绿洲，是中国唯一保存的一块热带森林区。

☀ 西双版纳节日

如果赶上当地的傣族节日，旅游便会特别有趣。傣族主要有三个重大的节日：关门节、开门节、泼水节。关门节为傣历九月十五（农历七月中旬），开门节为傣历十二月十五（农历十二月中旬），都是佛教的节日，会举行大小多次佛事活动。泼水节共四天，有放高升、划龙船、泼水、丢包等活动。

☀ 交通须知

1. 晕车的人最好选择飞机或放弃西双版纳的旅游，因为多弯的公路容易晕车，当地的驾驶员，多是"艺高人胆大"，在多弯道的路上，仍然是车速不减。

2. 高快客车是到西双版纳旅游较好的交通工具，因为这类车的车型较好，速度也相对要快一些。

☀ 包车注意

在西双版纳游玩，可以包个出租车，跟司机谈妥，多给些车费，说明不去任何购物场所，并且随叫随到，全程为一整天，包括晚上，千万不要太压价格，否则容易贪小利而吃大亏。去景途中可以到一些真正的当地山寨去逛逛，最好结识些当地居民，由他们指引到未开发的地方。

泼水节

坐公交，票价 3 元。

如今，西双版纳的城轨也已开通，1 号线、2 号线、傣族园线、植物园线、野象谷线、勐海线、勐龙线共同构成了层次清晰的轨道交通体系。换乘站曼别站、西双版纳站、桥头广场站、告庄站附近均为主要的旅游客流聚集区，十分便利。

游在西双版纳

西双版纳原始森林公园

★★★★★

西双版纳原始森林公园有着独特的热带雨林风光和迷人的民族风情。这里的热带雨林被《中国国家地理》评选为中国最美的十大森林之一。森林里热带植物品种繁多，龙树板根、老茎生花等植物奇观随处可见。密林深处，还栖息着上千种动物。除了优美的自然风光，民族特色的爱伲寨抢亲活动、傣寨泼水节也颇有意思。

- 🎫 45元
- 🕗 8:00—18:00
- 🚌 市内乘坐花卉园至森林公园的公交车，至终点下车即到
- 👁 0.5天

野象谷 ★★★★ ✂⚠

这里是亚洲野象频繁光顾的地方，野象谷因此而得名。来到野象谷，可以观看大象表演，还可以游览热带雨林。景区内有一条 4000 多米长的步行道，如果够幸运，或许还能看到林间漫步的野象群。

- 🎫 60元
- 🚌 市内各汽车客运站都有直达野象谷的汽车，半小时一班，票价20元左右
- 👁 3～5小时

☀ **1. 看表演**：景区南门附近每天都有固定的大象表演，大象会跳舞、过独木桥，甚至会用鼻子踢球。与大象来个亲密接触，也是很不错的体验。大象表演的时间为 10:00、11:40、14:30、16:30，每场半小时，费用包含在景区门票内。

2. 看野象：据说，野象最容易出现的时候是在早晨，所以在观象旅馆住上一夜，在晨雾之中看野象嬉戏会是一件令人愉快的事。

勐泐文化旅游区 ★★★★ ⛪

在西双版纳，勐泐大佛寺是所有佛寺中最大的，也是地位最高的，是傣家人心目中的圣地。从万佛塔前广场俯视景洪市，旖旎的热带风光尽收眼底。

- 🎫 120元
- 🕗 8:00—18:00；"浴佛"活动每天两场，时间分别为11:30和15:30
- 🧭 景洪市菩提大道下段
- 🚌 临近勐泐大佛寺（公交站）
- 👁 2～3小时

傣族园 ★★★★ 📷✂⛩

傣族园位于橄榄坝，是西双版纳之魂，素有"孔雀羽翎"之美称。千年积淀的民俗

西双版纳景点示意图

N

普文

勐满　野象谷　勐养
勐海　景洪　西双版纳民族风情园
　　　橄榄坝　中国科学院
打洛　　　勐罕　西双版纳热带植物园
　　　　　傣族园　瑶区
曼飞龙白塔　　　空中走廊
　　　勐龙　勐腊　望天树

磨憨

景洪—勐腊　168千米
勐腊—磨憨　48千米
景洪—勐罕　32千米
景洪—打洛　138千米
勐罕—勐仑　49千米

风情、旖旎的亚热带风光、神奇的佛教文化以及极具特色的傣家竹楼，让你流连忘返。傣族园浓缩了傣族文化的精华，所以有人称"一日作客橄榄坝，夜夜梦回傣族园"。

🎫 45元

🚌 可在景洪民族北路乘坐小客车，票价6元；也可在版纳客运站搭乘从景洪到勐腊的长途车，中途在橄榄坝下车，票价10元；坐船可在景洪市江边码头乘游船顺江而下

⏱ 2～3小时

曼听御花园　★★★　🌳📷

原是西双版纳傣王的后花园，供领主、贵族们参观游玩的地方。公园里有大象表演、热闹的篝火晚会、民族风情的歌舞表演，既可参观热带的自然风光，又可领略当地的民族特色。

🎫 40元

🕐 8:00—18:00

📍 景洪市曼听路35号

🚏 临近江苑（公交站）

⏱ 2～3小时

💡 总佛寺与曼听御花园连通，游客可以从曼听御花园进入总佛寺。

西双版纳民族风情园

★★★　🌟📷📹

民族风情园是西双版纳的一个缩影，将珍贵的热带动植物和浓郁的民族风情融为一体。景区的热带水果园种植着椰子、杧果、菠萝蜜等热带水果。植物园内有棕榈、槟榔、砂仁等珍贵植物标本。每周会

举办傣族孔雀舞、哈尼族竹筒舞、彝族芦笙舞等表演。

🎫 门票免费，进动物园需40元

🕐 8:00—18:00

📍 景洪市民航路41号

⏱ 2～3小时

告庄西双景　★★★★

🌳📷📹

告庄西双景为傣语，意为"九塔十二寨"，九座辉煌佛塔矗立于十二座风格各异的傣寨之间。这里依山傍水，依的是郁郁葱葱的苍翠山峰，伴的是流经数国、有着"百万大象"之称的湄公河。

在告庄西双景可以欣赏到标志性建筑大金塔，体验热闹非凡的星光夜市，数百家特色客栈、餐饮、手工艺品店、酒吧，呈现出古朴的傣族村寨风貌和独特的异域风情，可谓繁花似锦、精彩万千。

夜晚的星光夜市，各种少数民族美食应有尽有，纯正傣族风味的傣宴文化，知名度极高的曼飞龙烤鸡等，一定不能错过。

📍 景洪市宣慰大道江北段环岛旁

🚏 临近告庄西双景（公交站）

⏱ 0.5～1天

中国科学院西双版纳热带植物园　★★★★　🦋📷

中国面积最大、收集物种最丰富、植物园区最多的植物园。集热带科学研究、物种保存、科普教育于一体，植物园开放的全部游览区包括西区、沟谷雨林、绿石林三个区。

🎫 80元

🕐 8:00—18:00

📍 勐腊县勐仑镇213国道

🚌 在景洪客运站乘坐到勐仑、勐腊的车，至勐仑下车

⏱ 2～3小时

曼飞龙白塔　★★★★　⛰🔱

西双版纳著名的佛塔群，因群塔如春笋一样拔地而起，被人称为"笋塔"，是西双版纳的象征。正南向龛下的原生岩石上，有一人踝印迹，据传为释迦牟尼足迹。每年都有很多信徒不远千里来朝拜，虔诚敬献礼物，表达对佛祖的崇拜和敬仰。

傣家竹楼

🆓 免费

🕐 8:00—17:00

📍 景洪市大勐龙坝曼飞龙山

🚌 景洪市内乘坐至大勐龙的中巴车，票价10元，然后步行前往

👁 0.5～2小时

吃喝西双版纳

受西双版纳的地理气候和自然资源等条件的影响，傣味形成了独有的风味，概括起来为：酸、苦、辣、怪，而烧烤则是傣味的常规制作方法。

风味小吃和食街

景洪的食街、夜市变化很大，多向当地人请教，他们会很乐意帮助你。近来比较热闹的有大曼么傣家烧烤街、三味楼傣家烧烤等。

香茅草烤鱼 一道傣族风味菜。先将洗净的鱼裹上味道芬芳的香茅草，然后置于火上烧烤，并抹上适量的猪油，烤时香气四溢，鱼肉酥脆、味道鲜美。

香竹饭 把糯米放在香竹筒里，用水浸泡，然后烘烤至熟。吃的时候，需要先捶打竹筒至外壳裂开，轻轻一掰，香竹饭就从竹筒中脱壳而出，香气扑鼻而来，米饭口感细腻。

番茄南泌 傣族的一道特色菜。用番茄做的酱，其味酸辣清香可口，用来蘸炸牛皮、薄荷、苦笋等菜，味道甚佳。

菠萝紫米饭 具有傣族特色的糯制食品。其味香甜可口，并有补血润肺之功效。

包烧鲜鱼 布朗族的传统名菜，鲜香共俱，味美可口。

卵石鲜鱼汤 布朗族的特色菜，鱼汤鲜美味甜，而且具有烧石的干香味。

罗嗦 罗嗦是傣语，其实就是年糕。用芭蕉叶包住吊浆面，在蒸笼里蒸熟。这是一种傣族的小甜食，街头有当地人出售。

曼景兰风味一条街 这里原是景洪城边的一个傣族寨子，现在是一条集中了景洪风味饭馆的街道。席间有歌舞表演，表演者都是业余演员，傣家少女婀娜妩媚的舞姿绝不输给专业演员，真是口福眼福一起饱。

曼听小寨烧烤夜市 位于旅游度假区南过境路边，交通方便，但不便停车，坐3路公交车到曼听小寨下即可。

夜游西双版纳

推荐夜游

金沙滩娱乐广场 全城热闹的烧烤夜市，因为景洪气温高，所以有在外乘凉吃烧烤的习惯。最好晚饭少吃，甚至不吃，每个品种尝一点都能撑死你。

星光夜市 能一次打卡西双版纳人间烟火的风景，能一次满足你摄影需要的宗教风情、建筑和当地人文元素。夜市上有很多摄影馆，还有各种小吃。

住在西双版纳

每年到景洪的游客很多，所以住宿价格在淡旺季之间的差价很大。

推荐住宿

西双版纳象家花园客栈

📍 景洪市告庄西双景景德寨8栋

📞 18088103208

西双版纳周边游

打洛 ★★★

　　打洛是西双版纳南部边陲勐海县的一个小镇，在那里可以体验制糖、酿酒、造纸、制陶等传统手工艺，还可以去打洛口岸体验异域风情。打洛口岸有打洛边贸旅游开发区，那里可以买到当地的特产，或可从口岸过关去对面的缅甸逛一下。

　　当地有个奇特景观——"独树成林"，值得一看。这是一个由近千年的古榕树形成的景点，一棵大榕树布满无数根树干，树的枝干上又垂下许多树根，形成一片"树林"，景色十分壮观。

- 免费
- 景洪有直达打洛镇的中巴客运车，票价28元

☀出境游：目前打洛的出境缅甸游已关闭，当地不再为普通游客办理出境游。不过，若持有有效护照和签证，则可以从打洛出关。

望天树 ★★★

　　在雨林中有高耸入云的参天大树，高的有80米。游客在此可以体验惊险刺激的空中走廊，走廊搭建在几十米高的树上，长约500米。走在上面，俯瞰整片热带雨林景区，壮观且刺激。如果不想体验空中走廊，也可以沿着树丛中的小路蜿蜒前行，探索神秘的热带雨林。

- 景区门票55元；联程票198元（包含门票、空中走廊、单程游船）
- 8:30—18:00
- 从市内乘至勐腊县的长途公共汽车，再乘景点专线车前往，车费3～5元
- 2～3小时

☀景洪至勐仑植物园的路上，新建的雨林谷（门票120元）也值得一去，且距离要近得多，交通也更方便。

基诺山寨 ★★★★

　　基诺族的山寨多建于山顶或半山腰，四周森林环绕，有着独特的热带雨林奇观。景区将基诺族浓郁的民族风情、神秘的原始文化，以及秀美的自然风光融为一体，让人流连忘返。

- 160元
- 西双版纳州景洪市基诺乡
- 在景洪版纳客运站坐到勐仑、勐腊的班车，在基诺山寨景区下车即可，车费约10元
- 2～3小时

南糯山 ★★★★

　　南糯山是哈尼族的聚居地，拥有大片的茶山，是六大茶山之一。这里的居民世世代代种茶、卖茶。南糯山的普洱茶品质非常棒，价格也比较合理。如果想体验做茶，热情的哈尼族村民还会带你去茶山参观采摘，并教你亲手制作茶饼。

- 免费
- 云南省西双版纳傣族自治州勐海县
- 1.搭乘从景洪到勐海的班车，中途在南糯山下车
- 2.从景洪包车前往，约150元
- 2小时

勐远仙境 ★★★★

　　英国BBC《发现中国美食之旅——云南西双版纳篇》拍摄地；百度、Discovery《U活生存先锋挑战赛》拍摄地；唐国强主演电影《孔雀公主》故事原型地；湖南卫视芒果TV《野生厨房》《小小的追球》拍摄取景地。

　　勐远仙境拥有溶洞奇观、热带雨林、喀斯特地貌等多样化的生态资源，以及南传上座部佛教与宝角牛文化、傣族和瑶族民族风情等多元文化，是陶冶心灵、修身养性的康养旅居"奇妙圣地"。

- 55元
- 9:00—18:00
- 勐腊县关累镇勐远城子村
- 西双版纳（景洪）到勐远仙境有客运班车直达。在勐远服务区或勐远出口下车即可，景区提供免费接驳班车至勐远仙境景区
- 1～2天

四川省

自助游：

历史人文之旅

　　成都沿线： 成都→三星堆博物馆→都江堰→青城山→西岭雪山→四姑娘山
　　　　→黄龙溪→云顶寨

　　乐山－峨眉山线： 乐山大佛→峨眉山→一线天→泸沽湖→螺髻山

民俗生态之旅

　　阿坝藏族羌族自治州线： 九寨沟→黄龙→红原、若尔盖草原→松潘古城

　　甘孜藏族自治州线： 海螺沟→稻城
　　　　　　　　　　　　　神木垒→康定→木格措→塔公→丹巴

自驾游：

行在消失的地平线上： 成都→雅安→泸定→康定→雅江→理塘→稻城→赤土→日瓦
　　乡→亚丁村→塔公→丹巴→巴郎山→卧龙→都江堰→成都

川景精华——九寨、黄龙之旅： 成都→九寨沟→黄龙→红原→米亚罗→成都

感受峨眉天下秀： 成都→乐山→峨眉→成都

成都

成都快速攻略

Day1　武侯祠→锦里（吃午饭）→人民公园→青羊宫→
杜甫草堂→宽窄巷子（吃晚饭）

Day2　熊猫基地→昭觉寺→文殊院→春熙路（吃晚饭）

Day3　成都→三星堆→成都

Day4　成都→都江堰→青城山

感受成都

感受成都

准备与咨询

第四城　在由《新周刊》等主办的"再说第四城"论坛上，成都
击败深圳，成为继北京、上海、广州后的第四城。这里有形
式多样的完整产业链，还有特立独行的川文化传统和著名的
美食、美酒、美女等。这几年热爱成都的外地人突然多了起
来。"上帝为什么造成都""来了就不想走的城市""东方伊甸
园"等，关于成都的描述花样翻新，内容不外乎"安逸悠闲、
小富即安、麻将火锅"。其实，当地房价让大多数人已经住到
三环外。成都已经不是单纯的田园牧歌之城，典型的成都式舒
适安逸似乎底气渐弱，难免沾染上中国式焦虑。其实，只要从
成都出发，随便往东南西北走不到 100 千米，仍然是传统偏僻
的山区农村，仍有数千万四川农民终年操劳，并成为著名的劳
务外出大军。经济总量占了四川近 1/3 的成都，占尽天时地利，
吸取着最精华的资源，这些是由整个省哺育而成的。

少不入川　常说四川人"出川一条龙，在家一条虫"，这里的安
逸足够让人岁月静好。"少不入川"的意思大致如此，也正应
了成都"来了就不想走的城市"那句城市宣传语。但这里太
多舒适，太少磨砺；太多诱惑，太少机会；太多消磨，太少
进取——这些都是成都的妙处，也是它的短处。

好（hǎo）吃　成都也许拥有比中国其他任何地方都更醉心于饮食
的人们。对成都人来说，吃已经不仅是需要，而是性情和文化，
甚至事关尊严：如果一个大家交口称颂的好（hǎo）吃去处自己
却没去过，那绝对是一件丢脸的事。因此在成都"吃"绝不是
一件个人的事或在家里就能解决的事，而是一种全民运动，对
于新发现的美食和去处，人人都会呼朋唤友参与一番，这种风
气直接促成了成都的美食拥有不断推陈出新的能力。

"仅我腐朽的一面，就够你享用一生"　成都诗人万夏的名句，
被拥为关于成都的格言。电影《二十四城》将诗句改编了一下
题赠给了这个城市，不过说实话，只有原诗才能让你更加理解
成都的意义。

性价比最高的目的地　如果在当地有朋友，吃饭、喝茶、K 歌、
泡酒吧，再加半夜两点的路边"鬼饮食"当夜宵，全套下来
一般都会有你不认识的朋友的朋友买单。成都人的好客能让
你有罪恶感，但对成都人来说，只要听外地朋友最后说一句
"简直太巴适了"，就足以体现他的人生意义。

1. 藏族人聚居地：原西
门车站附近是阿坝藏族人集中
的地方；武侯祠附近是甘孜藏
族人的聚居处；来自拉萨的藏
族人习惯于在北门进出。

2. 购物：上述几处均有出
售藏式商品的店铺；武侯祠大门
正对着的武侯祠横街最为集中，
这里有各式藏族手工艺品，还有
纯正的酥油茶，以及藏医藏药。
风格迥异的唐卡，散发着藏传
佛教的神奇和魅力。藏歌爱好
者还可以买到称心如意的歌碟
歌带。

安逸的耍家天堂

成都是一个为"耍家"而
生的城市，成都人一年四季都很
忙，忙着耍，或者忙着策划新
鲜耍法。

交通小贴士

1. 通常而言，各个长途汽
车站发车方向与其在成都市内的
位置是相对应的，如位于新南
门的成都汽车站所发车次则多
是开往川南的。

2. 多问路，成都公交车司乘
人员虽大都不讲普通话，造成很
多不便，不过这里虽问市民问路
都会非常热情周到地帮助你。

农家乐 蜀地古城风貌可以到或仿制或翻新的"锦里"，以及宽窄巷子里去找，当然成都人仍然继续享受着露天茶馆、小麻将、跑地鸡——真正的成都得开车到郊区的农家乐去找。

粉子 四川人将做汤圆的糯米面粉叫"粉子"，"粉"的视觉享受和细腻触感被天才般地用在女性身上，成了形容美女的专有名词。这也是一些人"来了就不想走"的原因。

准备与咨询

语言

四川话是北方语系的一个分支。外地人到成都或是四川其他地区，听懂成都市区当地话应该没有太大问题，有些郊县口音较难懂，可用普通话与当地人正常交流。

气候与游季

成都的最佳旅游季节为上半年的3—6月，下半年的9—11月，但7、8月最热的时候，成都附近的西岭雪山、青城山、四姑娘山等地是旅游兼避暑的胜地。

每年春节青羊宫灯会，正月黄龙古镇火龙节，二月十五各大公园的花会，3月龙泉驿桃花会、彭州牡丹会，4月清明都江堰放水节、新都木兰会，五月初五新津、金堂龙舟会，6月郫都区望丛赛歌会，8月新都桂花会，9月国际熊猫节，10月温江菊花展，还有蒲江石象湖郁金花节，11月金橘节，成都地区大小节日之多有让人眼花缭乱之感。

行在成都

进出

成都是中国西南地区最大的陆路和空中交通枢纽，交通十分便利。

飞机

成都双流国际机场位于成都市西南郊，距市中心16千米。机场有飞往国内几十个城市的直达航班，还有飞往中国香港、曼谷、东京等国际城市和地区的航班。乘坐地铁10号线一期（太平园→双流机场2号航站楼）可直达双流机场。机场有多班专线可达成都市区。

双流机场服务热线
028-85205555

川航24小时直销服务热线
95378

民航售票处
人民南路四段15号附3-4号
028-88888888

铁路

成都主要火车站有成都东站、成都北站、成都南站和成都西站。北站是西南地区最大的铁路枢纽之一，也是成都铁路局直属的特等站。

火车站问讯处 028-83322858

火车站点

成都北站
成都市北二环路
11、15、24路等公交和地铁1号线可达

成都东站
成都市东三环五段，成华区保和街道万科路4号
4、137路等公交和地铁2号线可达

高铁

成都至都江堰高速铁路已通车，至乐山的城际铁路也已通车。

公路

成都是西南地区最大的公路枢纽，有108国道、319国道等6条国道在此汇合。

长途汽车站点及发车方向

新南门车站
028-85433609
位于新南路，成都新南门大桥旁边
成都周边，以及川内知名旅游景区

城北客运中心
028-83175758
位于二环路五块石立交桥旁
川东、川北方向，到巴中、达州等地

五桂桥汽车站（成都汽车总站）
028-84716144
位于成都市东面，塔子山公园旁边
成渝、内宜高速沿线，其中包括重庆、宜宾、自贡、南宁、桂林、涪陵等地

茶店子客运站
028-87506610
位于城西三环路
四川西、北部的藏族地区以及一些著名的景区

石羊场客运站
028-85316127
位于南三环外
成雅、成乐、雅西高速沿线，以及攀西地区

市内交通

成都市区绝大多数景点都有公交车可达。公交公司服务热线：028-85076868。在市区的各大路口、人群较为集中的地段，还设有"成都通"信息亭，可自助查询公交线路。

成都出租车服务态度不错，一般不会宰客。成都出租车司机最了解好吃好玩的地方，可以多咨询他们，一般都会热情地为你介绍。

地铁

成都目前已开通 12 条地铁线：1 号线可达升仙湖、火车北站、天府广场、火车南站和海洋公园等地；2 号线可达茶店子车站、春熙路、金沙江遗址博物馆、火车东站等地；3 号线可达成都动物园、春熙路和新南门等地；4 号线可达宽窄巷子、骡马市等地；5 号线可达成都露天音乐公园、锦里、武侯祠博物馆等地。6 号线可达成都欢乐谷；7 号线可达火车北站、成都东客站、火车南站、文化宫等地；8 号线可达四川大学、东郊记忆等地；9 号线可达铁像寺水街、天府芙蓉园等地；10 号线可达双流机场，17 号线可达国色天香；18 号线可达兴隆湖、三岔湖等地。

游在成都

杜甫草堂 ★★★★ 😊 ⛰

唐代著名诗人杜甫流寓成都时的故居。杜甫在此居住近四年，创作了上百首诗歌，也因此这里被视为中国文学史上的圣地。

现今的杜甫草堂是经宋、元、明、清多次修复而成。园内亭台林立，古木参天。标志性景观——茅屋故居，是借鉴川西民居的特点复建的，成了杜甫草堂的标志性景观。

🎫 50元

🕐 9:00—18:00

📍 青羊区青华路37号

🚌 临近杜甫草堂博物馆站（公交站）、草堂北路（地铁站）

👁 2～3小时

💡 1.草堂是个喝茶的好地方，有几处露天茶园，特别是在雨天去草堂喝茶，别有一番情趣。

2.杜甫草堂附近有一个古玩字画市场——送仙桥艺术城，对此感兴趣的朋友不妨转转。

3.附近的浣花溪公园环境优美，可同时游览。

武侯祠 ★★★★ 😊 ⛰

诸葛亮的名头在中国太响了，来成都该到武侯祠看看。

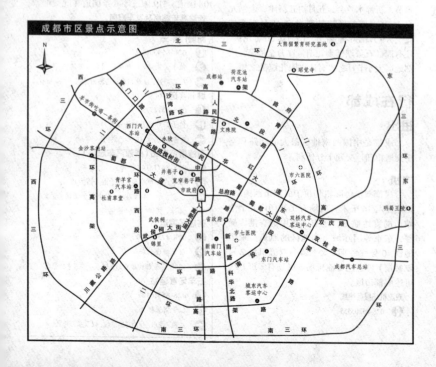

成都市区景点示意图

一进大门，浓荫丛中蠢立着六通石碑，其中最大的一通为唐代立的蜀汉丞相诸葛武侯祠堂碑，有很高的文物价值，因其由唐代宰相裴度撰碑文、书法家柳公权书写、名匠鲁建刻字，因此被称为"三绝碑"。

- 💰 50元
- 🕐 9:00—18:00
- 📍 武侯区武侯祠大街231号
- 👁 2～3小时

锦里 ★★★★ 🖼🏮

在成都问当地人，成都最值得去的地方是哪里？常常会听到：西蜀第一街——锦里呀! 紧邻武侯祠的锦里街，浓缩了成都生活的精华，小吃、茶馆、餐厅、四合院住宿、工艺品等都可以在这里一网打尽。比起面孔更"时尚"的宽窄巷子，锦里有更多的热闹，更市井亲民的态度，更便宜的价格，还可观看武侯祠的大水塘和参天古树。

锦里靠武侯祠的一段古街旁有小溪流过，走累了，可坐在溪边柳树下的方石上小憩；或斜靠在茶馆旁的藤椅上，喝杯清茶，有点像身处丽江的小桥流水人家。

- 📍 武侯祠大街231号
- 🚌 临近武侯祠站（公交站）、高升桥（地铁站）
- 👁 2～3小时

杜甫草堂

💡 1.锦里古戏台会定期上演川戏的经典剧目。

2.在街上的小摊上可以看到民间艺人的糖画、捏泥人、剪纸、皮影、西洋镜等民俗。

四川博物院 ★★★ 🏛🎴

西南地区最大的综合性博物馆，一层以四川汉代陶石艺术展为主，展品多为粗犷古朴的汉代石刻和陶塑。二层主要由巴蜀青铜馆、大风堂（张大千书画陈列馆）、中国书画精品馆和瓷器馆组成。三层以藏佛之光、万佛寺石刻馆、古风雅韵工艺美术馆等区域构成，大多反映出四川的民风民俗。

- 💰 免费
- 🕐 9:00—17:00
- 📍 青羊区青华路5号
- 🚌 临近送仙桥站（公交站）
- 👁 1～2小时

😊 从四川博物院出来，可以去附近的杜甫草堂、武侯祠、锦里、青羊宫逛逛，距离都很近，可以一并游玩。

金沙遗址博物馆 ★★★★ 🌀

商周时代遗址，出土了世界上同一时期遗址中最为密集的象牙、数量最为丰富的金器和玉器。最负盛名的是位于第四展厅的"太阳神鸟"金箔，被确定为中国文化遗产标志和成都城市形象标识主图案。

- 💰 70元
- 🕐 周一闭馆，9:00—18:00
- 📍 成都市城西金沙遗址路2号
- 🚌 临近金沙遗址站（公交站）、金沙博物馆（地铁站）
- 👁 2～3小时

宽窄巷子 ★★★ 🖼🏮

"宽窄巷子，最成都"，重出江湖的宽窄巷子已经成为休闲成都最好的"代言人"，俨然一副上海石库门新天地的派头。

老宽窄巷子是老成都古旧城市格局的最后遗存，现在两旁的房子里，基本都是现代典雅的餐馆、酒吧、茶馆，身价也一跃而上，消费水平不低。但是这里绝不能匆匆而过，坐在露天餐馆里闲适地喝杯清茶，叫上几味地道小吃，看着青瓦粉墙的川西民居，能让人沉静下来。

宽窄巷子无疑是属于夜的，各色男女在这里享受悠闲的生活，夜宿古巷子，不失为一种体验成都独有慢生活的情调。

- 📍 邻近人民公园、琴台路、百花潭公园

临近宽窄巷子站（公交站）、人民公园（地铁站）、宽窄巷子（地铁站）

2～3小时

青羊宫 ★★★★

成都市内建筑年代最久远、规模最大的一座道教宫观。青羊宫内的一切或许就是这个城市的缩影。如果你有时间，可以坐下来，叫上一份清茶，静静体会这份属于成都的闲适。

10元

8:00—18:00

临近青羊宫站（公交站）、中医大省医院（地铁站）

1～2小时

1.三清殿前有一对清雍正年间从北京运来的铜羊，其中一只将十二生肖的特征汇聚一身，是研究道教文化的重要文物。

2.青羊宫内喝茶、打麻将的成都人特别多，里面有大碗茶，还有掏耳朵的，价格为5元/人。

3.青羊宫的素斋在成都也很有名，价位也适中，不妨一试。

昭觉寺 ★★★★

昭觉寺素有川西"第一禅林"之称。来到这里一定要看看"千手观音"木雕像，观世音举起的手似伸向神秘的空间，头像层层叠叠地藏在其中，仿佛暗示着生命的轮回不息。

免费

8:00—17:00

青羊宫

成华区昭青路333号

临近昭觉寺客运站（公交站）、动物园（地铁站）

1～2小时

成都昭觉寺旁边就是动物园，可以一并游玩。

文殊院 ★★★★

文殊院为清代川西"四大丛林"之一，是全国汉族地区重点佛教寺庙。寺院内藏有一块唐玄奘顶骨，这种顶骨全国仅有三块，非常珍贵。文殊院没什么商业气氛，多是虔诚的信众和行法的僧人。寺院中有免费的佛学杂志、香、茶水等，还有寺院体验活动，在真实中体会佛学的真谛。

免费

8:00—17:00

临近文殊院（坊）（公交站）、文殊院（地铁站）

1～2小时

1.文殊院香火很旺，此处斋菜味美，有机会一定要尝。

2.寺庙旁边有著名的文殊坊小吃街，集中了成都各种小吃，不可错过。

大熊猫繁育研究基地
★★★★

大熊猫是人见人爱的珍稀动物，成都所属的崇州、都江堰、大邑、彭州、邛崃等地均有大熊猫。我国80%以上的大熊猫分布在四川境内。研究基地内的大熊猫都是野生状态下放养的，不同于动物园内看到的。

55元

7:30—18:00

在武侯祠和锦里有直达基地的景区直通车；或乘坐公交至熊猫基地站（公交站）下车

3～5小时

东郊记忆 ★★★

东郊记忆原为"东区音乐公园"，是工业遗存保护和文化创意产业相结合的新型旅游景区。园区内有苏联援建的建筑，视觉冲击力强，怀旧意味浓郁。追星族可在这里找到含有张靓颖、李宇春、姜文等人的手模墙。

免费

成华区建设南支路1号

临近东郊记忆北大门（公交站）

1～2小时

文殊院

望丛祠 ★★★ 🌿

纪念古蜀国望帝和丛帝合葬的墓地和祠宇。殿宇陵墓之间，水池环绕，碧波荡漾。临水就势建有"稻荪楼""听鹃楼"等楼台亭阁。墓地及周围两百多株古柏，郁郁苍苍。每年端午节这里举行的"赛歌会"规模宏大，场面热烈。

- 🎫 免费
- 🕐 9:00—17:00
- 📍 郫都区望丛中路3-4号
- 🚌 临近金花桥站（公交站）
- 👁 2小时

远洋太古里 ★★★ ⚽🏙🎎

新与旧的奇妙融合，快要与慢活的双重体验，成都最有活力的商圈之一。

- 📍 锦江区中纱帽街8号
- 🚌 临近太古里（公交站）
- 👁 2～3小时

龙泉山城市森林公园丹景台
★★★★ 🌿

从高空俯瞰天府大地，越来越多的"绿装"映入眼帘。丹景台观景平台位于成都东部新区龙泉山脉丹景山山脊的最高处，有着"城市之眼"的称号。

- 🎫 40元
- 📍 龙泉山城市森林公园南段
- 🚌 临近桃花故里（公交站）
- 👁 1～2小时

竹艺村 ★★★★ ⚽🌲

一边是茂林修竹的传统村落，一边是艺术氛围极浓的民宿、酒馆、竹艺馆……美术馆入村，文化落地生活，以颜值"出圈"，却凭实力"圈粉"。

- 📍 崇州市道明镇竹艺村

- 🚌 临近邑州监狱（公交站）
- 📞 028-82269180
- 👁 0.5～1天

不二山房 ★★★★ 🏙

这里是适合慢呼吸的隐世桃源，也是一个集亲子体验、文创产品研发、儿童教育、文化休闲娱乐于一体的乡村文创综合体验园。

- 📍 天府新区白沙街道茅乡村
- 🚌 临近双简路茅香村站（公交站）
- 👁 2～3小时

空港花田 ★★★★ 🌿👁

花一层、山一层、云一层，晨曦的微风缓缓卷起夜的朦胧纱帘，天际露出一抹皎洁的清辉，一架飞机飞越那层朦胧纱帘，带着鲜花与晨露的醇香而来，犹如一幅烟雨朦胧的山水画卷。

- 📍 双流区牧华路一段附近
- 🚌 临近空港花田站（公交站）
- 👁 2～3小时

白鹿音乐旅游景区

整个小镇的建筑风格都偏法式，犹如浪漫的童话小镇。

- 📍 彭州市兴鹿街
- 🚌 建议包车或自驾前往
- 👁 2～4小时

大悦城 ★★★ 🏙👁

国内首个体验游憩式潮玩购物的公园，以打开式盒子商业的模式，将整个商圈的形态定义为"公园＋盒子MALL"的特色空间体验。

- 📍 武侯区大悦路518号
- 🚌 临近大悦城站（公交站）、川藏立交（地铁站）
- 📞 028-65168886

天府绿道 ★★★★ 🌿👁

沿着成都绕城高速公路修建的生态绿道，全长约100千米，串联了桂溪生态公园、青龙湖公园等生态公园，途中建有78座桥，每一段都有绝妙景观，完美贯彻了成都"公园城市"的设计理念，是散步、骑行的绝佳去处。

- 📍 站华路9号
- 🚌 临近锦城广场东站（地铁站）

东门市井 ★★★

成都有名的特色街区之一，这里和李劼人故居“菱窠”一起构成了完整的劼人公园。生动再现了老成都的市井生活场景。无论是四川美食还是老式茶馆，都能让人切身感受到四川的市井风味。

📍 锦江区狮子山街道菱窠西路9号

🚇 临近狮子山（地铁站）

👁 2～3小时

吃喝成都

作为八大菜系之一的川菜，可以说是对味蕾的一种考验，但“好吃又便宜”仍是很多人对成都餐饮的第一印象。成都吃的花样就像流行歌曲排行榜，每年都是城头变幻大王旗，当然也有长盛不衰的，像家常川菜、牛油火锅。

推荐餐馆

成都的饭馆食坊遍布全城，几乎所有的大街小巷都有饭馆，最集中的在羊市街西沿线二、三环路之间和美国驻成都领事馆门前的领事馆路棕南棕北小区，以及与之垂直的科华路，还有双楠小区里的很多小川菜馆，都非常有特色。

易老妈蹄花　这家店主要的菜品就是蹄花，虽然菜品的种类不是很多，但是蹄花做得很有特色。特别是老妈蹄花，看着就胃口大开。

☎ 028-87767995

📍 东城根南街17号附4号（人民公园）

陈麻婆豆腐　川菜以麻婆豆腐为名菜，这家店就是麻婆豆腐的发源地。可以吃到正宗的成都传统特色菜，价格也便宜。

☎ 028-87317216

📍 成都市青华路10号附10-12号

红杏酒家　曾经是成都老百姓最喜欢的川菜馆，最早简陋得有点像广东的大排档，现在已经开了几家店。红杏鸡（类似口水鸡）、鳝段粉丝、凉拌荞面、贡菜腰花都是特色菜。

📍 高新区紫微东路137号清华坊二号综合楼

☎ 028-85199008/85175388

📍 锦江区锦华路一段68号万达广场1号门旁

☎ 028-82000860

📍 成华区建设北路三段9号12栋

☎ 028-83253388/83253636

石锅耙泥鳅　很火的一家馆子，泥鳅鲜香嫩滑，入口即化，味道很巴适，怪不得这么多回头客。

☎ 028-86615052

📍 春熙路商圈大慈寺路书院南街6号（太古里对面）

冒椒火辣　非常有成都特色的串串店，食材新鲜、用料扎实，小矮桌、小板凳能让人感受到浓浓的烟火气。

📍 东升街5号

☎ 13551179819

成都小吃

成都好吃的小吃实在太多了，洞子口凉粉、铜锅巷素面、

传统川菜vs新派川菜

传统川菜，极尽辣麻。随着川菜的风行，川菜在力保传统味、形特色的同时也将美妙风味加以融会贯通，新派川菜由此诞生。新派川菜在保留川菜色与味的同时，极力宣扬菜品本身的清香。以辣为例，不仅辣得够味，更重要的是做出各种辣椒的香，同时作为川菜主要辅料的辣椒又绝不喧宾夺主，极尽辅料之辅的功能，尽显各等原料之美。此外，新派川菜在用餐中更加讲究用餐环境，使川菜真正从苍蝇馆子的传统印象中解放出来，风行大江南北。

美食街

沙西线（沙湾路西延线）、羊西线美食一条街、府南新区火锅一条街、草堂餐饮娱乐圈（包括琴台路、锦里西路、芳邻路和青华路）、武侯祠大街、双楠美食区、科华路→领事馆路→玉林→中华园美食区、人民南路南延线休闲餐饮一条街及望平街美食区。

耙耙菜

时令蔬菜用白水宽汤旺火煮到烂熟，起锅时加点盐和味精。如芋儿煮白菜、豇豆煮南瓜等。在都江堰市，有一种特殊的耙耙菜，让人“过口不忘”。它是用米汤煮出的冬苋菜（也叫葵菜，“青青园中葵”即是说它）：先将冬苋菜在开水里焯一下，然后放到适量的米汤里煮，加盐、味精适量。这道菜细嫩爽滑，据说有美容养颜之功效。去都江堰或者青城山，可以品尝，一般餐馆都有。

串串香

营业时间超长

　　成都的饭馆食坊营业时间很长，一天中有20小时可以很容易找到吃东西的地方，这让很多外地游客叹为观止。如今更是实现动态24小时有可觅食的地方。

羊肉汤锅

　　1. 在成都，吃羊肉汤锅或者狗肉汤锅有几个著名的地方：双流黄甲镇，武侯区机投镇，肖家河，小关庙。

　　2. 如果贵体欠安，虚火上冲，最好暂时不要吃羊肉汤锅。

川菜正席

　　川菜正席特别讲究"三蒸"（酒米饭、甜烧白、咸烧白）和"九扣"（全鸡、全鸭、墩子骨旁、肘子、全鱼、酥肉、镶碗、杂烩、海味等），再加上四个凉菜（凉拌鸡、凉拌猪肚、凉拌猪头或卤肉、油发花生或凉拌黄瓜等），四个炒菜（海椒肉丝、蒜薹肉丝、韭黄肉丝、玉兰肉片或莴笋肉片、白油豌豆粉），一个带豇韭黄酸汤上桌，大受美食家们的欢迎。

琴台路

　　5、43、58、81、109路等公交车可到达，同样的青石板路和古建筑风格，但在这里只有各种金银首饰铺和较大型的餐馆。

乔一乔

　　特色美食餐厅。在成都很多。可以打成都114问或在住处问人附近哪里有。

谭豆花、师友面、鲜花饼、肥肠粉……数都数不过来，而且价格相当便宜。

王妈手撕烤兔（玉林店）　烤兔用锡箔纸包着，无论麻辣味还是五香味都很巴适。

> 武侯区玉林横街6号

> 028-85554035

钟水饺　红油水饺绝对比白味的有吃头，最诱人的是调料，微辣带甜，香浓可口。

> 少城路12号人民公园紫薇阁内

> 028-86130521

盘飧市　这里的卤味是一绝，卤肉锅盔也超好吃。但是人太多，服务有时候会跟不上。

> 华兴街62-63号

> 028-86750609

成都周边小吃

蜀地豆花　豆腐的品质与当地的水质相关，但成都的水质不太好，所以只要走出成都，蜀水碧蜀山青，川人特有的豆花就可以大吃特吃了。往西，可以吃青城山上的豆花；往南，深入成仁路的尽头汪洋镇和松峰镇，你会吃到今生最嫩的过江豆花。正西南，当然就是乐山的西坝豆腐了，宋代诗人陆游对此也曾赞不绝口。

双流名小吃　老妈兔头、董蹄花、少坤甲鱼、罗老十肥肠等。此外百衣小区旁的乔一乔怪味鹅唇与兔头也不错。

彭州九尺板鸭　最具代表性的是九尺镇的"九尺板鸭"，这里的鸭脖子都特别大，火遍川西。现在成都最流行、最受欢迎的火锅点菜之一也就是这里的"九尺鹅肠"。

泸州鱼头火　泸州产鱼，其鱼头火锅更是远近闻名。其中有一家"长江鲜鱼"，川味比较重，味道鲜美。

"蒋排骨"　郫都区红光镇的"蒋排骨"，每天都会吸引一堆人开车前往。

新津黄辣丁 新津的黄辣丁一直都很有名，特别推荐"胖大姐"黄辣丁。不过，土生土长的黄辣丁是不容易吃到的。

青城山"农家乐" 青城山附近还有一些"农家乐"，就是当地村民自家开办的供游人吃住的小饭馆，在那能吃到当地正宗的土特产，最出名的就是青城山的老腊肉，不仅味美，价格也便宜。

四川火锅

四川火锅的名头显然不用多说，成都火锅又可说是四川火锅的代表，花色品种繁多，依成都人的劲头，天上飞的、地上跑的，水里游的，似乎没有什么不可以下进火锅。火锅店也是遍布大街小巷，甚至有超过川菜馆之势。下面是几家当地很出名的火锅店，尽可以试试你的舌头能不能经受得住辛香麻辣诸般味道的考验。

蜀九香火锅酒楼 成都本地人最爱去的火锅店，环境不错，火锅走的是重庆牛油的路子，麻辣鲜香，现在也有清油锅底。锅子用"井"字形的铜片隔成了9格，跟店名贴近，也方便涮菜。
- 一环路西一段160号（百花潭公园对面）
- 028-87016811

老码头火锅 地道的重庆牛油火锅，24小时营业，生意很旺，腰花和方竹笋等是必点菜。
- 红星路四段51号二楼
- 028-86666920

皇城老妈 最早将火锅做大、做贵的典型，皇城老妈切实提高了成都火锅的地位，使其和重庆火锅平分秋色。其旗舰店充满了典型的川式艺术加美食的理想色彩，可以说是现在开始流行的设计师餐厅的先行者。
- 二环路南三段20号（近紫荆电影院）
- 028-85139999

三只耳冷锅鱼火锅 国内首创冷锅鱼，独特的花椒香味让人胃口大开，鱼鲜肉嫩，现吃现杀。来自宜宾的黄粑、船儿粑、烟熏卤拼等小吃别具一格。

成都火锅

☀ **成都锦里小吃一条街**

游客必到之地，价格自然会贵一些，味道也中规中矩。如果有时间，还是推荐来这里逛逛。这条街汇聚了成都三大炮、叶儿粑、卤肉锅盔、甜水面、川北凉粉、酸辣粉等大部分小吃，能省下不少时间和交通费。这里地理位置也不错，隔壁就是武侯祠，观光吃饭两不误。

☀ **宜宾黄辣丁鱼火锅**

长江边上的黄辣丁，是"巴适黄辣丁"。在宜宾做出的黄辣丁不是红烧或清蒸，而是川菜的吃法，黄辣丁鱼肉质鲜嫩无比。

☀ **华福豆花庄**

独创的芙蓉豆腐、竹筒豆花、红油玉带等不少新派川菜，既保持了川菜的精髓，又具有营养保健、味美可口的特点，颇受各地客人的喜爱。

☀ **三圣花乡**

当地人喜欢的大型农家乐。三圣乡是成都的一个乡，有许多大型的农家乐，环境幽雅，配套齐全。可以赏花、喝茶、打牌、唱歌，消费低廉。抽半天时间去那里坐坐，可体会到典型的成都人生活。

露天茶园

在省博物馆门口、滨江路锦江桥头、狮子山上，或者文殊院、百花潭、武侯祠等处，有一些露天茶园，可以在那里肆无忌惮地拖过一把椅子，找个最舒服的角度斜躺。喝茶、静坐、闲聊、打望，还可以花10块钱掏掏耳朵，时间就这样随同茶水里升起的热气一起晃晃悠悠地飘散。

成都的女子

成都可谓是"红粉之城"，成都女子非常的美丽，还带有"辣"味，很有个性，是成都的活招牌。

四川烧烤的特点

四川的烧烤种类繁多，蔬菜、鱼虾、肉骨均可烤，烤时刷油加辣椒、香料，香气逼人。

　宽巷子19号
　028-86696660

天府谭鱼头火锅　成都的鱼头火锅是被"谭鱼头"带起来的，有机会尝到正宗的"谭鱼头"还有什么可犹豫的。
　一环路西二段13号
　028-62326606

辣园　成都当地人都爱的火锅店，食材新鲜、口味正宗，实在"巴适得很"。
　电信路公行道4号（云川宾馆对面）
　028-85503706

成都的茶馆

成都是一个泡在茶水里的城市，成都的茶水不在于消暑解渴，而在于消磨时间。喝茶对成都人来说，那是与吃饭、打麻将并列的头等大事，万万马虎不得。最常喝的是本地产的茉莉花茶，冲在盖碗里，添水无数次。一些茶馆里也有竹叶青、峨眉雪蕊这样的好川茶。喝茶的人不一样，去的地方也不一样。太公太婆们去的是露天茶园和住宅区的小茶铺，一碗茶两三块钱可以坐一整天。年轻人、有钱人，去的多是现代茶楼和茶坊，要的是情调，价格贵点也认了。普通市民常去的是河边和公园的茶馆，花费不多环境却挺好。

杜甫草堂的茶馆　草堂里面好几处喝茶的地方，最好的一处是草堂影壁南面的一个小院，院墙外是一片大花圃，坐在院子里品茶能隐约闻到墙外的花香。

人民公园的茶馆　人民公园在市中心，老人们最爱早上到这里遛鸟兼喝茶。公园里靠近湖边的露天茶馆总是热闹非凡，无菊花展时免费开放。

成都人民公园内的传统茶馆

青羊宫的茶馆　青羊宫的门票只要10块钱，青羊宫的茶馆总是人满为患，且有不错的素食。

望江公园的茶馆　望江公园内翠竹郁郁葱葱，茶园就在丛丛竹林之中，这里是成都各个公园茶馆中最大的一处。

文殊院茶馆　文殊坊步行街，是一个市民化露天茶馆，里面聚的大多是本地人。泡杯茶，嗑着瓜子，看着报纸，再花上10块钱掏掏耳朵，不知不觉，就偷得浮生半日闲了。

大慈寺茶馆　位于蜀都大道东段现成都市博物院内，大慈寺原为成都四大寺庙之一，在森森古木和宏大寺庙的庭院中喝茶，别有情趣。

成都画院茶馆　位于同仁路上的宽巷子、窄巷子附近的成都画院内，有百年银杏和保存最完整的清代庭院式建筑，附近的宽巷子、窄巷子也是成都市重点保护的民居群，在这里走一走可以领略老成都的昔日风韵。

老顺兴茶馆　位于成都国际会展中心三楼，面积相当大，一半喝茶，一半小吃，晚间还有川剧表演，有点戏园子的味道。茶馆里还有一个地方是民俗展览，展示老照片、旧式农具、家具等古色古香的物品。

观音阁茶馆　观音阁百年老茶馆每天都在演绎着新的故事。滚滚红尘中的人们，总有一天会厌倦的、会老的，而回归这样的安静之地，应是个不错的选择。

☀ 万里号邮轮和河心茶庄

在晚上入住旅馆前，推荐两个看锦江的好地方——万里号邮轮和河心茶庄。万里号邮轮在万里桥边，紧邻锦江，下午四五点钟喝个下午茶，晚上在靠江边的位置吃完麻辣火锅，看着夜色里柔媚的锦江。河心茶庄在望江公园对岸，是一个半岛状露天茶馆，三面是水，站在茶庄最前端，迎风站立，滚滚锦江就奔眼前来了。

夜游成都

成都是大西南中枢，繁华景象自不必说，沿海城市盛行的休闲娱乐这里也比比皆是，且价格便宜，特别是许多小街上的"盲人按摩"铺，一般1小时才60元左右，绝对消除旅途疲劳。另外成都平时也有很多当地特色的节日活动。你如果有幸能赶上，一定会被浓浓的节日氛围所感染，情不自禁地融入其中。

成都最火爆的夜间去处大多聚集在玉林小区及人民南路一带。市中心一带也云集了很多时尚前卫的娱乐场所。

春熙路是成都最繁华的步行街，有王府井百货、太平洋百货和百盛百货等大型商场，夏日的夜晚在街上逛逛，或者在路边水吧坐坐，靓女帅哥擦肩而过，实在是惬意。逛累了还可以到王府井百货后面的华兴街吃串串香，品种丰富得令人眼花缭乱，好吃得无法言喻。

府南河是老成都的护城河，经过整修之后已经成了新的旅游景点，夜幕降临，灯火辉煌，沿河漫步，可以体会到成都的灵秀之美。建议到九眼桥附近的音乐广场、合江亭和游乐园旁的活水公园，夜晚活动比较多。

玉林生活广场　这里是成都的夜生活中心，从一层到四层，都是餐馆、酒吧、咖啡店、网吧、服装店，五、六层是桑拿和卡拉OK。一楼的森林烧烤来自乐山，味道着实一般。底层中间的位置是传统风格的冷啖杯，一边吃一边喝。整个玉林生活广场，真是太"成都"了。

📍 玉林南路15号

九眼桥　成都著名的酒吧一条街，在很多成都年轻人眼里，玉林早就过时了，去川大所在的九眼桥吃饭泡吧才是正事。用一句话形容这里最贴切："这是个很难形容的区域，在这里你能找到小资的情调，也会感触到社会底层人民的辛苦，还会沐浴到高素质美眉的芬芳，这里就是他们的一个交汇处。"

贰麻酒馆（339小森林店）　成都夜生活的代表性酒馆之一，露天院坝保留了川西地区露天茶馆的特色，开放、包容，良好的环境氛围配上"斗酒"活动，让每个年轻人都能在这里"喝得贰麻贰麻的"。

玉林小酒馆内堂

锦里夜景

炒饭

这两年的烧烤摊边上出现了卖炒饭的摊子，将各种肉、菜和着饭费劲地炒，一锅出来让人大咽口水。对于做晚上营生的人，十元一盒的炒饭是最好的夜宵了。

李伯清

川戏、李伯清的散打评书，酒吧里的搞笑方言剧。外地人可能听不懂，但一看到李老师的脑袋和表情，你就会觉得有趣，不禁发笑。在很多成都出租车广播中，就可以听李伯清评书，在宾馆里也可以点播，最好有成都方言基础，这样听起来才过瘾。

夜成都

成都的生活是属于夜晚的，一到晚上，灯火通明，各种酒吧、茶馆通宵开放。玉林路酒吧一条街上，酒吧内经常有无名歌手的演唱，非常精彩，是个放松心情的好地方。

📍 猛追湾滨河路118号
📞 15528410604

猛追湾江畔市集 依河而建的商业街。街边有工艺品店、咖啡厅、餐厅等富有情调的商铺，定时还会推出主题市集。白天的猛追湾略显无聊，但在夜晚，美丽的河边夜景和绚烂的灯光会为这里注入新的活力，是情侣拍拖、亲友小聚的良好去处。

📍 猛追湾街道滨河路2号望平国际社区客厅

小酒馆 成都地下乐队的集中营地，这儿的老板是一位颇有名气的画家，这里也成了成都时尚达人的据点。

📍 成都市玉林西路55号
🚇 临近玉林西路（公交站）
📞 18584877594

成都烧烤 成都曾经是街头烧烤爱好者的天堂。现在要吃烧烤，大多要去专门营业的烧烤店了。比较出名的有森林烧烤、厚道烧烤、何师烧烤，以及各种乐山烧烤。夏天，就着冰镇啤酒，不紧不慢地吃着烤串，消磨掉一个晚上，堪称赏心乐事。

购物成都

到成都购物绝不会让你失望，有许多特产能让你尽兴选购。

"中国四大名锦"之一蜀锦和"中国四大名绣"之一蜀绣都是你的上好选择，花色品种繁多，质量上乘，价格却是不便宜。瓷胎竹编会让你大开眼界，由它编成的花瓶、咖啡具、花具、饭碗等准让你爱不释手。银丝工艺品美轮美奂。青城丝毯精美绝伦，挂毯、地毯任你挑选。还有赫赫有名的全兴大曲、泸州老窖和水井坊，当然别忘了还有烹调正宗川菜必不可少的主要作料郫县豆瓣，以及川中水菜上品新繁小毛子水豆豉。

住在成都

　　游览成都景区一般可当日往返，晚宿成都。在成都的住宿十分方便，各类档次的宾馆、旅馆均有。

推荐住宿

成都费尔顿大酒店

　文化路111号

　028-82666666

三星堆博物馆 ★★★★

　　位于成都附近广汉市的三星堆遗址是1931年发现的，出土的大量金器、青铜器、玉器、陶器、象牙等文物，带有鲜明的巴蜀文化特征，或淳朴古拙，或诡谲神秘，具有强烈的艺术震撼力。

　72元

　8:30—18:00

　成都市区内可在昭觉寺公交站去广汉，在广汉乘公交到三星堆博物馆站（公交站）；在成都市新南门汽车站乘坐三星堆直达车，每日8:30和15:00发车；在成都城北客运中心（火车北站）乘坐至三星堆的直达车次，15分钟滚动发班

　2～3小时

都江堰 ★★★★★

　　一项伟大的古代水利工程，因为都江堰的存在，才有了成都平原的千里平川和"天府之国"的产生。这里被称为古代水利的璀璨明珠。

　80元

　成都北站乘火车至离堆公园站，票价15元/人，在离堆公园可步行至都江堰；成都西门车站乘旅游专线车至都江堰站下车；在武侯祠、杜甫草堂等地购买都江堰门票后可免费乘坐成都旅游大巴至都江堰；从成都出发经成灌高速至都江堰市，约30分钟

　3～5小时

龙池国家森林公园 ★★★

　　这里的动植物资源丰富，被称为"活化石"的珙桐、莲香树、银鹊和圆叶玉兰等稀有树种在此都能见到，野生动物有金丝猴、大熊猫和羚羊等，被誉为"野生植物基因库"和"动物天然乐园"。置身于此，就是回归到大自然最神奇、迷人的佳境。

　免费

　都江堰客运中心，成都城北客运中心、茶店子客运站、新南门车站均有直达龙池的班车

　3～5小时

虹口漂流 ★★★★

　　虹口位于都江堰西北边隅的虹口—龙溪自然保护区内。天然形成的漂流河道，集险、奇、俊于一体，有"西部第一漂"的美称。高山、峡谷、清泉、瀑布，在追求漂流带来的快感时，周围的环境也美不胜收，让人的心情极度放松。

　漂流198元

　4月28日—10月6日；9:00—17:30

　从成都市茶店子车站乘坐大巴直达都江堰，票价17元，再从都江堰客运站乘去往虹口的班车，即可到达

　2～3小时

　每年暴雨季节，漂流会因地质灾害关闭一段时间，去前最好关注天气预报，或打电话询问清楚。

青城山 ★★★★

　　"洞天福地""人间仙境""青城天下幽"都是用来赞美青城山的，很少有人不为之心动。青城山是我国道教发源地之一，属道教名山。青城山分前山和后山。前山景色优美，文物古迹众多；后山自然景观神秘绮丽、原始华美如世外桃源。到青城后山才会理解"天下幽"的道理，似乎整个成都平原的清幽都是从这里生发的。

　前山80元；后山20元

金骊索道：单程30元/人、双程55元/人

线路：飞泉坊→石笋堂（乘坐索道）

白云索道：单程35元/人、双程60元/人

线路：又一村→白云寺（乘坐索道）

船票：翠映湖渡船2元

　可在成都北站乘坐到青城山方向的成灌高铁，每天有20多趟车，每45分钟一趟，30分钟就可到达青城山，票价15元左右；成都的茶店子汽车站、西门汽车站以

及新南门汽车站都有汽车发往青城山；成都火车站和西门车站都有发往都江堰、青城山的专线车，票价17~24元

👁 3~5小时

💡 **1. 天师洞：**距"天然图画"西两千米处有青城山的主庙——天师洞。洞中有"天师"张道陵及其三十代孙虞靖天师像，殿内现存历代石木碑刻中最著名的有唐玄宗旨书碑，岳飞手书的诸葛亮前、后出师表等。

2. 后山美食：在后山可坐滑竿上山。后山的老腊肉、雪水泡菜值得品尝。

街子古镇 ★★★★ 🏛 ⚽

街子古镇位于青城后山，依山傍水，青山绵亘，层峦叠嶂，常年清水不断，因而有"川西水乡"之名。《天天向上》推荐的民宿远归客栈就在这里。游玩青城山，可从后山直接到街子古镇。

🎫 免费

🚌 成都茶店子客运站乘坐至崇州市区的班车，然后乘公交至街子镇政府站下车

👁 3~5小时

西岭雪山 ★★★ 😊🎿🎣⚽

西岭雪山的原始、神秘是招引无数游人的原因。

景区植物随高差而垂直分布，四季同时。大熊猫、金丝猴、牛羚等40余种珍稀动物分布其中。山高、林密、泉清、兽奇，夏可避暑、冬可滑雪。在距成都仅仅一个多小时车程的地方便有如此壮美的原始自然风光，实为罕见。

区内还有道教天师正一教的发源地鹤鸣山，以及地主刘文彩的庄园。

🎫 门票+交通（鸳鸯池）索道往返+观光车120元

🚌 可在成都茶店子汽车站乘直达西岭雪山的汽车，票价38元；也可搭乘从金沙车站至大邑县的客运大巴，再从大邑县换乘至西岭镇，转乘面包车前往西岭雪山

🚗 走成名高速→大双路，全程约130千米，车程约2.5小时

🏨 景区附近的花水湾温泉度假区有很多旅馆不仅住宿条件好，而且有成都地区少有的温泉浴，距景区又较近，是游客首选的食宿地

👁 3~5小时

黄龙溪古镇 ★★★ 😊🏛🎣⚽

保存完好的古镇，红砂石板铺路、四川传统的木结构吊脚楼，以古老的方式制作的沿街贩卖的食品，绕镇的河流和随意漂在水上的船，岸边的大榕树……黄龙溪向你呈现的不仅是一个活着的古镇，还有一种传统的生活方式。

🎫 免费

🚌 临近黄龙溪站（公交站）

🚗 出成都东门沿成仁公路（成都→仁寿）向东南方向前行约40千米，全程为双车道柏油公路，路况较好

🍜 双流的"老妈兔头"值得品尝

👁 0.5~1天

💡 1.黄龙溪古镇外围建有不少仿古建筑，游客不必为此影响情绪，只要深入古镇，你想找的感觉还是会有的。

2.包乘游船随水漂流可更深地感受古镇韵味，在船上可点沿岸饭馆的酒菜一路吃喝。

3.如果不品尝酥皮肘子、黄辣丁，以及当地的各种炸鱼炸虾，如果不去江上边游览边品尝黄龙香茶，那就等于没有去过黄龙溪。

宝光寺 ★★★ 😊🏛🏛

新都宝光寺是我国南方四大佛寺之一，罗汉堂内保存下来的500尊彩绘贴金罗汉塑像，栩栩如生，形态各异，绝无雷同，此外还有珍贵的舍利塔。

宝光寺东花园藏有很多名人字画，包括徐悲鸿最大的一幅单马图，张大千的观音像，于右任的字，竹禅的画等。

🎫 5元

🕐 8:00—17:30

🚌 临近宝光寺站（公交站）、新都四中②站（公交站）

👁 1~2小时

💡 **1.赏桂：**游客在新都同时可游桂湖，特别是在八月桂花飘香季节，中秋赏桂期间门票10元。

2.美食：游客游宝光寺可品尝素斋，游桂湖可品尝莲叶粥。

四姑娘山、卧龙 ★★★★
😊⚽🎣⛰

这里的日出日落美得可以震撼你的心灵。四姑娘山属邛崃山脉，主峰幺妹峰海拔6240米。四姑娘山由四座毗连的雪峰组成，终年银装素裹，如四个美丽的白衣仙

成都周边游

卧龙大熊猫

女在群山之中，因而得名。四姑娘山以雄峻挺拔著名，人称"中国的阿尔卑斯"。

四姑娘山由三条沟组成，分别为长坪沟、双桥沟、海子沟，其中主要景点集中在长坪沟。

卧龙自然保护区——熊猫的故乡，位于四姑娘山东麓的皮条沟两岸。皮条沟又名卧龙沟，水流湍急，一泻千里。

🎫 双桥沟180元；海子沟60元；长坪沟70元；卧龙熊猫基地门票60元；大熊猫博物馆20元；大熊猫苑90元

🚌 到四姑娘山游览可在成都金沙车站乘车，在日隆乡下车，宿日隆招待所或在双桥沟口下车，先游双桥沟；游海子沟、长坪沟无公路，可租马匹或步行游览；前往卧龙可在茶店子车站乘坐前往小金县的长途客车，8:10发车，中途在卧龙下车

👁 四姑娘山：2～3天
卧龙自然保护区：2～3小时

☀ **1. 登山：** 登山必须持有登山证，游客也可以从景区购买户外活动专用门票，每人每次150元，不需要额外购买门票。

2. 捐赠、认养大熊猫： 可个人分享认养（可由十人分享冠名权）、个人特定认养（个人独享冠名权）、团体认养（由团体冠名，不能用于商业行为）、终生认养（认养人终生享有冠名权），无论哪种认养都需捐赠。

3. 自驾游： 如果时间允许，建议自驾者将四姑娘山放入成都→丹巴环线游中。

牛背山　★★★　🚶🏞📷⛰👤

这是一个还没开发的旅游地，吃住条件有点艰苦，但壮美的风景绝对不虚此行。牛背山山顶视野开阔，被誉为"中国最大的观景平台"，是绝佳的摄影之地。牛背云海时而汹涌壮丽，时而缥缈温柔，时而绚烂多姿，时而浓厚骇人，民间有"牛背归来不看云"的美称。

🧭 雅安市荥经县境内

🚌 在石羊场坐车到荥经，票价62元/人，下车后购买短途客运或包车在三合乡下车

🚫 走京昆高速→雅叶高速，泸定收费站出口下高速，再走泸菱线即可到达。全程约250千米，车程约3.5小时

🏠 牛背山祥云客栈，位于山顶，方便安全；或是租住帐篷，50～100元不等

👁 1～2天

牛背山

邛崃天台山风景区 ★★★

相传因大禹在蜀治水，来此设台祭天而得名。作为一座宗教名山，道、佛、儒并存，山上的和尚衙门是我国少有的政府与专门法庭的综合性机构。山内景观以"山奇、石怪、水美、林幽"而著称。

- 58元
- 8:00—17:00
- 1.成都新南门车站每天8:00和9:30有旅游专列可直达天台山景区，行车时间约为1小时

2.游客可从成都金沙车站乘汽车经成温邛高速公路约30分钟到达邛崃，在邛崃旅游客运中心站乘车约50分钟可到达天台山

3.从成都城北客运中心（火车北站）或石羊场中心站经新津沿新邛路到邛崃，再从邛崃旅游客运中心站乘车约50分钟到达天台山

- 0.5～1天

平乐古镇 ★★★

中国历史文化名镇。建于汉景帝时期，秦汉驿道和南方丝绸之路都曾在这里展开。乐善街是镇上有名的水景风情街，尽头就是乐善桥，有"邛崃第一桥"之称，建于1862年，七孔石桥，桥洞为桃形，十分罕见，在川西堪称一绝。

- 免费
- 邛崃市兴新街139号
- 成都新南门旅游车站每天有直达平乐古镇的专线旅游班车，发车时间为8:10—18:20，往返4班，节假日有加班，车程约1小时40分钟
- 1天

洛带古镇 ★★★

洛带古镇是一个客家古镇，建于三国时期。这里最吸引人的地方是浓郁的客家风情，以及特色美食，素有"天下客家第一镇"的美誉。镇上保留有广东会馆、川北会馆、湖广会馆等建筑。

- 在成都市内乘地铁到西河（地铁站），然后转公交至洛带客运中心站（公交站）
- 3～5小时

💡 特色香茶不可不尝，金龙湖边的羊肉一条街食物颇为美味。

漫花庄园 ★★★

成都老百姓的"后花园"。占地500余亩的园区种植着各类花卉，不同时节都有不同种类的花可赏。其中，三月的樱花最让人惊艳，花瓣纷纷落下，仿佛置身童话世界。此外，丰富的游乐设施让这里成为了综合性的休闲场所，在此可以尽情赏花、聚会、散步。

- 平日60元，周末80元
- 9:00—19:00
- 成都市新都区蜀龙大道南段1528号
- 临近漫花庄园（地铁站）
- 2～4小时

峨眉、乐山

行在峨眉、乐山

从成都到乐山、峨眉山景区的高速公路已贯通，全长169千米，往西南方向可达峨眉山，往东南方向可达乐山。

从成都市区前往，车辆班次最多的车站是新南门的旅游汽车客运中心，差不多20分钟1班。峨眉山与乐山相距约30千米，常年均为旅行热线，平均每10分钟就有1班汽车发出，单边车程不足1小时，最晚一趟班车在18:00左右。

成都南站和成都东站每天都有多班城际列车发往乐山，最快只需46分钟，成都南到乐山二等座票价51元，成都东到乐山二等座票价54元。此后转乘旅游中巴进入景区，乘车约15分钟，打的过去20元左右。

成绵乐客运专线的开通，已经可以实现1.5小时到达峨眉山景区。

游在峨眉、乐山

峨眉山风景名胜区　★★★★　🎿🏛️🌊📷

"高出五岳，秀甲天下。"峨眉山为佛教四大名山之一，在我国的游览名山中，峨眉山可以说是最高的一座，主峰万佛金顶海拔3099米。报国寺是峨眉的进山门户，也是游客乘车上山或步行登山的必经之处。站在峰顶，天气晴朗时可清晰地眺望几百里外银光闪闪的贡嘎雪山。游人在金顶之巅的睹光台上，可以看到瑰丽无比的云海、日出、峨眉山独有的"佛光"和圣灯金顶四种奇观。位于半山腰有两处佳景——万年寺和清音阁。清音阁附近的一线天每日有猴群出没。

峨眉山传统十景为金顶祥光、象池月夜、九老仙府、大坪霁雪、洪椿晓雨、白水秋风、双桥清音、灵岩叠翠、萝峰晴云、圣积晚钟。这十景只是听名字都觉得好美，但由于受各种自然气候条件和环境的影响，目前仅存七景，且很难一次亲临全部。于是人们提出了新十景，分别为金顶金佛、万佛朝宗、小平情缘、一线天光、幽谷灵猴、清音平湖、第一山亭、武术小镇、珠湖拥翠、养生秀湖。

🎫 进山门票旺季160元；淡季110元；金顶索道旺季上行65元，下行55元；淡季上行30元，下行20元；万年索道旺季上行65元，下行45元；淡季上行30元，下行20元；此外还有寺庙门票，报国寺8元，伏虎寺8元，万年寺10元，滑雪120元/人/小时

👁️ 1～3天

🌞 **1. 峨眉山两个汽车站**：一是位于峨眉山市区的九珠（长途）客运中心，距离峨眉山风景区约6千米，乘车

🌞 **峨眉山的三种猴子**

贪吃猴、强盗猴、流氓猴。注意不要摸猴子；不要当着猴子的面拉开自己的包；女孩子头发要护好，不要穿太鲜艳尤其是红色的衣服，更不要穿裙子。

周恩来总理手书李白
《峨眉山月歌》
张铸林　供图

约10分钟；二是位于景区内的旅游客运中心。如果是在九珠客运站，可打的前往报国寺，或在站外乘公交抵达景区。

2. 乘旅游车：体力不济或时间紧迫的旅行者，建议乘旅游车直接上到雷洞坪。

3. 冬游必备：从雷洞坪步行到接引殿，在此处乘缆车或步行到金顶。冬季游客，建议购买当地的简易冰爪、草鞋，作用相当可观。此外，还有军大衣出租。上述物品在接引殿的游客接待中心比外面的小摊贩要便宜。

4. 八十四盘：从金顶下山，第一站就是接引殿，金顶至接引殿约7千米，步行约需1小时。由接引殿下行1.5千米，盘曲折迂回的石级山径"八十四盘"即到雷洞坪。这段山路是峨眉高山杜鹃的集中区，均为特有品种。初夏时节，万紫千红，最为奇丽。

5. 下山路线：雷洞坪左手方向为上山公路，右拐小路通往洗象池。自洗象池与九岭岗，在此游人可选择不同的下山路线：一条左行，经华严顶、初殿到万年寺下山，路途较近；另一条右行，经遇仙寺、仙峰寺（九老洞）、洪椿坪、猴山、一线天、清音阁，自清音阁下山，或再从清音阁经白龙洞、牛心寺参观后下山，景点较多，路程较长。

6. 九老洞：仙峰寺附有著名溶洞九老洞。九老洞是全山最大的洞穴，全长1500余米，洞口与洞底高差84米。内分三段：首段可直立行走，长约120米；中段长约

160米，不宜深入；下段为裂隙型洞穴，难以容身。仙峰寺与洪椿坪相距约15千米，其间要途经全山三大陡坡之一的"九十九道拐"。以上路线需要约两天时间。

7. 一线天：现在的峨眉山一线天虽没有以前木条铺设得那么惊险，但对于安逸惯了的都市人来说也够呛。栈道最窄的地方只有3米，只容两个瘦子并肩而过。没有恐高症的人可以凭栏俯视绝美景色。

8. 滑雪场：雷洞坪公路往下约500米处建有滑雪场，仅能供初学者玩乐，价格120元/时。

9. 背包存放：旅行客运中心有寄存处可存放背包，价格0.5元/时，只可短时存放；或寄到旁边的小吃店，价格可商量。

10. 最佳旅季：春秋两季为峨眉山、乐山的最佳旅游季节，这段时间两地气候适宜，景致迷人。

11. 美食雪魔芋：峨眉山间还有一种特别的风味食品雪魔芋，这是当年寺庙僧人的常备食品。景区各处均有包装好的干制品售卖。

12. 小吃街：在峨眉山中心有一条小吃街，聚集了各种地道的川味小吃。在峨眉山报国寺景区内也有一条名特小吃一条街，主要经营峨眉山风味小吃。

13. 住宿：峨眉山景点丰富而分散，若想好好游玩一番至少要在景区住一晚。市区有很多经济型酒店，报国寺附近有较多星级宾馆。中景区：在清音阁一带有农家旅社。高山区：金顶上有金顶大酒店；雷洞坪附近有农家旅社。另外，山上的很多寺庙如报国寺、清音阁、万年寺几乎都备有客房，价格从10元到160元不等。

乐山大佛 ★★★★

大自然以其鬼斧神工之力，雕刻出凝重的乐山睡佛。这里既有浓郁的佛教艺术氛围，又有文化气息，宋代大文豪苏洵、苏轼、苏辙父子以及当代著名的文学家郭沫若都是乐山人。看大佛的最佳位置是在渡船上，经过乐山大佛的正面，佛的体貌一收眼底。在乌尤寺山上临崖而建的观涛阁，是看大渡河与岷江交汇之势的最佳所在，混杂着泥沙的河水奔腾呼啸而过，气势壮观。

沿大佛左侧的凌云栈道可直接到达大佛的底部。在此抬头仰望大佛，会有仰之弥高的感觉。大佛右侧有一条九曲古栈道，栈道沿着佛像的右侧绝壁开凿而成，奇陡无比，曲折九转，可沿栈道登上凌云山顶，观赏大佛头部的雕刻艺术。

💰 80元，游江船票70元（游江观乐山大佛全景、睡佛、三江）

🕐 7:30—18:30（4—10月）
8:00—17:30（10月—次年3月）

📍 乐山市市中区凌云路2435号

🚌 1.门口有返回市内的多路公共汽车，附近有到达对岸乐山港码头的横渡船；也可直接打车到汽车中心站，价格约15元

2.在观佛楼附近有旅行公司组织乘船游乐山大佛，价格70元，差别在于所乘船只为游船，

可在乐山大佛附近水面停留时间更长一些，没必要花这钱

3.在成都新南门、石羊场车站都有班车；新南门出发的班车停在市中心的乐山港站，而石羊场出发的班车停在新城区的中心车站，在站外乘公交车可进城

👁 0.5～1天

☀ 1. 乐山便宜又好吃的特色店，一般都在箱箱街、清风街这些地方。其中最负盛名的是乐山烧烤。夜市在乐山港附近和张公桥附近找到。烧烤最有名的有三家：柏杨东路有徐烧烤、吕记烧烤和刘烧烤。

2. 乐山市内宾馆的住宿价格一般不高，通常在100～300元，旅馆价格在50元左右。此外，乐山大佛寺内也有客房提供。

☀ **大佛周边景点**

1. 乐山大佛文物馆值得一看。从南门向北行，过弥勒殿、龙湫到乐山大佛北门出景区。

2. 在观佛楼南边的渡船码头，乘坐渡船，价格2元，10分钟可抵达乌尤寺码头，中途经过乐山大佛时会稍做停留供人拍照。上岸可到达乌尤寺，游览罗汉堂等景点，此后需要返回到寺门。沿右侧路牌指示的乐山大佛方向，绕过乌尤寺，过壕上大桥，会有人推销东方佛都游（东方佛都为人工雕刻佛像群），不是必游之地。

3. 五通桥镇杪椤沟，多杪椤，多化石，景色美，当地人言值得去。五通桥小镇还是中国七大游泳之乡之一，可供泳游的水面达40余万平方米。端午时节龙舟竞渡锣鼓喧天，场面极为壮观。

嘉阳国家矿山公园 ★★★★

嘉阳矿山公园是中国煤炭工业发展的"活体里程碑"，景区包括被誉为工业革

乐山大佛

命"活化石"的嘉阳小火车和具有中西合璧建筑特点的原生态小镇芭蕉沟等矿业遗迹。矿山公园将已经报废20年之久的嘉阳煤矿一号矿井重新打开，进行维修改造，形成了国内唯一专门用于旅游观光体验的真实煤矿。在井下可以体验猴车、挖煤，且内有专人讲解。

景区内另一亮点当属蒸汽小火车，这是世界上现存的唯一的窄轨蒸汽小火车。每年3、4月，喷着白色蒸汽的小火车缓缓地穿越油菜花田，画面非常美好。

🎫 小火车短途往返（芭沟—跃进）80元；黄村井探秘80元

🕐 公园全天开放，小火车售票时间：9:00—16:30

🧭 乐山市犍为县芭沟镇

🚌 成都茶店子客运站每天有一趟旅游专车发往嘉阳，票价约70元/人；成都石羊客运站有发往犍为的班车，车程约2小时，票价约55元。犍为客运站有开往嘉阳小火车的专线公交中巴，车程约40分钟，票价5元左右

👁 2～3小时

💡 1.矿井专门为旅游观光布置，不用担心安全问题，入井前须检查是否佩戴好矿工帽和矿灯。井下没有卫生间。

2.小火车分为普通列车和观光客车，想体验真实的小火车，可以乘坐当地村民出行的普通客运班车；观光列车往返需要3小时，沿途主要景点会停靠，有专门的导游讲解，还有蒸汽鸣笛表演。

3.可在某坝子大拐弯的对面或亮水沱高处拍摄小火车穿行而过的画面。跃进站车站外200米处的段家湾是拍摄小火车穿过油菜花田的最佳地点。

罗城古镇　★★★ ⛰

罗城古镇建筑布局极为独特，全镇坐落

于山顶，街道房舍如一艘航船，古镇主街凉厅街俗称"船形街"。去犍为或者乐山的话可以顺路转转，感受明清时期老四川的人文风貌。

🎫 免费

🧭 乐山市犍为县东北部

🚌 在乐山联运汽车站乘坐到罗城的班车，车程1.5小时左右

👁 3～4小时

东方佛都　★★★

位于乐山大佛的后山，同为世界"双遗产"的保护范围。此地森林覆盖，自然古朴，有上万尊精品佛像，规模十分宏大，是自然景观与人文景观有机相融的典范。在四川美术学院雕塑系教授和当地石匠的共同努力下，东方佛都再现了鼎盛于唐宋，在明清几乎失传的摩崖造像技艺。

全长170米、表情安详、侧身而卧的大佛是东方佛都最让人震撼的景观。它以大足石刻为雏形，利用山势，南端刻头、北端刻足，中间保留山体植被。

万佛洞是东方佛都的核心景点，洞中包含了世界各地的菩萨、罗汉以及佛像，每一尊都栩栩如生。更值得一提的是，每一尊佛像都是在整山原石上雕塑而成，精妙绝伦，让人啧啧称奇。

🎫 80元

🕐 8:00—17:00

🧭 四川省乐山市市中区凌云路362号

🚌 在成都新南门车站可乘大巴至乐山，车票50～60元

👁 1～2小时

夹江千佛岩　★★★★

🚶🔵⛰

夹江千佛岩风景如画，依山傍水，被称作"青衣绝佳处"。大观山和依凤岗对峙，青衣江从中蜿蜒而过，形成"两山对峙，一江口流"的旖旎风光。青衣江左岸的石壁上，排列着200多窟石刻造像，共2400余尊，故称"千佛崖"。这些摩崖造像略早于乐山大佛，开凿于隋，兴盛于唐，延及明、清。但与乐山大佛不同的是，千佛岩的摩崖造像基本是由民间自发镌造的，因而内容更加丰富多样，艺术形

象也更加多姿多彩。造像排列错落有致，少则独占一窟，多则上百尊集于一窟；大可逾丈，小不及尺，造型优美，技艺精湛，姿态各异，绚丽多彩，尤以"净土度"为佳。除摩崖造像外，还有琳琅满目的历代题刻。

🎫 50元

🕐 9:00—17:30

🧭 乐山市夹江县城西3千米

🚌 成都新南门车站每天均有多个车次前往夹江县，票价约33元/人。到夹江县后，再乘1路公交车或打车前往景区

🚗 从成都沿成都—乐山高速公路到夹江下高速公路后可直达夹江县城，再沿着指示牌到景区。全程约120千米，路况非常好

👁 2～3小时

螺髻山景区

★★★★ 📷⛺👤

第四纪古冰川天然博物馆。一年四季都是旅游的好时节，晴好天气多，夏季尤其适合避暑。每年四五月，杜鹃花盛开，此时来可以看到杜鹃花海。这里有亚洲第一长索道，登上山顶后可以俯瞰世界最大的古冰刻槽以及高山湖泊，晚上可以欣赏当地独具特色的彝族花鼓舞。

🎫 门票+摆渡车65元，索道往返130元/人

🕐 8:30—17:30

🚌 在西昌汽车站有大巴可达螺髻山镇，在螺髻山镇乘坐出租车至螺髻山景区，车费约20元，拼车每人约5元

👁 2～4小时

兴文石海景区

★★★★ ✪👤

我国喀斯特地貌发育最完善的地区之一，地面石峰林立，地下溶洞纵横，尤以天下第一大漏斗为奇，堪称世界之最。其所在地兴文县是四川最大的苗族聚居地，也是古僰人的最后消亡地，所以当地文化遗迹众多，民族风情浓郁。

🎫 门票80元，套票120元

🚌 可从宜宾或泸州搭乘客车至兴文县城，再转乘公交至景区；或从宜宾或泸州搭乘旅游中巴直达景区

🚗 可从成渝高速公路，经隆纳高速到达；也可从内宜高速，经宜宾市区、蜀南竹海到达

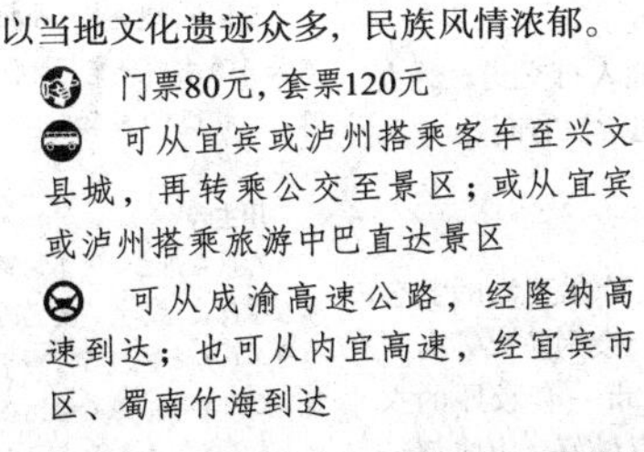

螺髻山冬景

👁 2～3小时

💡 1. 石海洞乡与蜀南竹海相邻，游客可将两地一起游览，两地间有公路相通，车程约1小时。

2. 夏季多降雨，偶有暴雨、冰雹等自然灾害。出游的最佳时间是春夏之交和夏秋之交。

蜀南竹海旅游度假区

★★★★ 👤📷

蜀南竹海——《中国国家地理》评选的中国最美十大森林之一。它是我国最大的集山水、溶洞、湖泊、瀑布于一体，兼有历史人文景观的“绿竹公园”。在面积达120平方千米的漫漫竹海中徜徉，不时有飞瀑、庙宇、长廊等景致点缀其间，绝对是一次令人心旷神怡的旅行。

🎫 100元（1—11月）；60元（12月）

🕐 9:00—18:00

🚌 成都新南门客运站每天9:10有班车直达竹海景区，车费约101元

👁 3～4小时

黑竹沟景区 ★★★★ 🏞👤

是国内最完整、最原始的生态群落之一。黑竹沟给人一种神秘莫测之感，也产生了众多令人费解之谜，曾出现过数次人畜进沟神秘失踪的现象。黑竹沟所处的纬度和百慕大三角、埃及金字塔相似，被称为“中国百慕大”。

🎫 50元

🕐 8:00—17:30

➡ 峨边彝族自治县黑竹沟镇

🚌 在成都新南门车站乘车到峨边县，再转车前往黑竹沟镇，上山没有班车，只能包车或搭乘便车

金口大峡谷 ★★★★ 👤⛺

金口大峡谷是大渡河峡谷景观的一部分，连续完整的峡谷长度和险峻壮丽程度世所罕见。其有罕见的立体通道可供进入，沿岸沟壑最著名的是一线天，两边悬崖紧贴，抬头只能看见天。

🎫 免费

➡ 乐山市金口河区

🚌 可在成都城北客运站或石羊场车站乘坐到金口河的班车，票价58～65元不等，到达后再包车前往

👁 2小时

九寨沟与阿坝州沿线

阿坝州快速攻略

Day1 黄龙→松潘古城（住宿古城）

Day2 松潘→松坪沟→卡龙沟→黑水县（住宿黑水县）

Day3 黑水县→达古冰川→红原大草原（住宿红原）

Day4 红原→米亚罗→毕棚沟→桃坪羌寨→成都（住宿成都）

Day5 成都→剑门关→昭化古城→千佛崖→阆中古城

感受九寨沟

天灾　九寨沟在接连遭遇了 2017 年的地震和 2018 年的暴雨之后，生态系统遭到严重的破坏，景区内的多个景点也损毁严重，景区关停。经过长时间的修复工作后，目前，九寨沟已有序重新开放。

童话世界　任何面对九寨沟的人都会显得词汇贫乏，然后不约而同地用同一个词来表达他们所目睹过的这个神奇地方，这个词就是童话世界。来到这里，你会发现这里的一切都不真实，色彩的丰富、天地的纯净和空气的透明，还有那些变化不定的景观，就让人觉得这不可能是在一个现实的世界存在的。不过，你不亲自来过，又如何知道。

准备与咨询

语言

　　当地居民以藏族同胞为主，但因长期与外地人打交道，绝大多数藏族同胞能说四川方言或者普通话，交流通常没有问题。

气候与游季

　　九寨沟的春末至秋初游客最多，10 月是旅游九寨沟的黄金时间。但一定要在 11 月中旬以前，否则很多景点会因防火等需要而关闭。因为早晚气温低，所以即使夏天也要带一套较厚的衣物。夏天降雨较多，记得带伞。夏季的风景不算最好，由成都经岷江的路常有塌方，可能影响行程。

行在九寨沟

进出

　　去九寨沟的游客，大多取道成都。从成都到九寨沟的车票最好提前一天购买。

旅游中心

　　阿坝州沿线，以九寨沟为中心集中了四川省境内的众多景点。

重要中转站

　　除九寨沟和黄龙外，其他景点之间都没有班车可以直接到达，需转车或包车前往。其中，松潘和川主寺是最重要的中转站。

松潘

　　至九寨沟：每天有四个班次，票价 42～50 元。

　　至黄龙：旺季每天 6:00 就有发往黄龙的班车，票价 28 元，一般 15:00 左右返回松潘。淡季无班车。

川主寺

　　可以在川主寺汽车站等候从松潘发往九寨沟、黄龙的过路班车（从松潘发车后一般半小时可到川主寺），票价会比在松潘上车便宜几元。

免费吸氧

　　不要买氧气瓶，黄龙一路上基本都有氧气供应站，只要花一块钱买一副管子就可以免费吸氧。在黄龙建议坐索道上山，然后步行下山，下山路上的风景实在太美丽。

飞机

　　九寨沟黄龙机场位于松潘县川主寺镇，距九寨沟约90千米，除成都、重庆外，还开通了至西安、昆明、张家界、深圳、广州、上海的直航航线。

　　先乘飞机到成都或重庆，再转机至黄龙机场。从黄龙机场到九寨沟、黄龙均有民航大巴，到九寨沟45元，到黄龙22元。

问讯电话 ☎ 0837-7243770
售票电话 ☎ 0837-7243700

铁路

　　可以先乘火车到成都或者广元、江油下车，再转乘汽车前往九寨沟。

公路

　　九寨沟有两个汽车站：一个是位于漳扎镇九寨沟沟口的九寨客运中心站；另一个是位于九寨沟县城的九寨沟汽车站。

长途汽车站点

> **九寨客运中心站（沟口附近）**
> ☎ 0837-7739900
> 📍 九寨沟县九寨沟风景区沟口以东
> **九寨沟汽车站（县城内）**
> ☎ 0837-7726030
> 📍 九寨沟县城旁

成都→九寨沟

　　成都市新南门车站每天早晨有大巴发往九寨沟沟口，全程8～10小时。成都市茶店子车站，每天也有大巴发往九寨沟沟口和九寨沟县城。

长途汽车站点

> **成都新南门车站**
> ☎ 028-85433609
> 📍 成都市武侯区新南门2号
> **茶店子客运站**
> ☎ 028-87506610
> 📍 成都市城西三环路

　　✈ 大九寨环线是四川一条重要的旅游干线，贯穿四川的部分精品旅游景区，起点是成都，终点是九寨沟，分西线和东线，即从成都往返九寨沟可以走两条道路：西线约430千米，沿岷江而行，沿途经过成都→都江堰→汶川→茂县→松潘→川主寺→九寨沟，可观赏藏、羌民族风情和原始生态风光；东线约520千米，一路沿涪江而上，山清水秀，经过成都→广汉→德阳→绵阳→江油→平武→九寨沟县城→九寨沟。建议往返路途走不同线路。另外很多地段都是傍山修建，行车时一定要注意是否有山体滑坡，以免遭遇危险

☀ 环保汽车

　　环保汽车在车站都能上下车，在车上可请求在非站点停靠下车。汽车7:00开始出发，回诺日朗的末班车时间，长海是16:30，原始森林是18:00，诺日朗中心站19:00（冬季人少为18:00）。别因为美景而忘记时间，误了末班车行动会受限制。

区内交通

　　景区内5—11月实行区间车制度，区内22个上下车站点，游人可自由游览。12月至次年4月间实行包车制度，人跟固定的车游览，但包车制度并不严格，尤其返程通常都

九寨沟风光

☀九寨沟旅游须知

1. 进出九寨沟的游客人数有所限制，旅游者最好跟团。

2. 观光车采取一次性购票的办法，在沟内有效，出沟再进就失效。运营时间为8:00—18:00，但淡季也可能17:00左右就收车了。

3. 九寨沟沟口可购返程车票。

4. 游览日则沟时，一般先乘观光车到原始森林，先总览全部风景并能听到讲解员对所有景点的介绍，然后由上往下行，最后到达诺日朗群海。

5. 游览查洼沟时，可在诺日朗坐车在长海下，徒步到五彩池，再下行到上季节海，最后坐车返回。

6. 如果时间体力允许，最好步行走山间栈道，这样才能充分感受九寨沟的质朴美丽。

阿坝州景点示意图

可搭乘其他团队的车辆。基本上每个景点都有车站，可参考车站站牌。

游在九寨沟

九寨沟 ★★★★★ 🏖🚣🎣

没有哪条河的水比九寨沟更五彩纯净，没有哪座山上的树叶比九寨沟更绚烂缤纷。在这里自然的颜色不再唯一，春之嫩芽点绿，夏之莺飞燕舞，秋之红叶满山，冬之冰凝如玉皆有。水更是九寨沟的灵魂，故有"九寨归来不看水"之说。

树正沟区段为主沟，全长约14千米，共有各种湖泊（海子）40余个，约占九寨沟景区全部湖泊的40%。这里是九寨沟的入口，进出都要经过树正沟，主要景点有盆景滩、芦苇海、火花海、树正瀑布、犀牛海和诺日朗瀑布；日则沟区段是九寨风景线中的精华部分，风光绝美，变化多端。景点有诺日朗群海、镜海、珍珠滩瀑布、孔雀河道、五花海、熊猫海瀑布、箭竹海、鹰爪洞、天鹅海、芳草海、剑岩悬泉、原始森林；则查洼沟是九寨沟现在开发出来最长的一条沟，全长18千米。途经季节海、五彩池，最后到达海拔3100米的长海。

🎫 旺季门票190元，观光车票90元；淡季门票80元，观光车票80元

⏱ 1天

甘堡藏寨 ★★★★ 🖼

寨子是典型的嘉绒藏族聚居的大寨子。房屋取材于河水中的花岗石，石屋冬暖夏凉，又防震、防火、防水。山顶可以俯瞰整个村落、远望开阔的雪山。

🎫 免费

📍 阿坝藏族羌族自治州理县东部边缘

🚌 从理县出发搭班车会路过甘堡藏寨，票价10元

⏱ 1～2小时

海子沟 ★★★★ 🏖🎣

攀登四姑娘山各个山峰的必经之地，登山者一般从海子沟进入，徒步或骑马到达一号营地及大本营。海子沟的风景原始而壮美，前半段（锅庄坪、朝山坪）以高山草甸为主，后半段主要以海子为主。游览起来只能靠步行或骑马，建议在沟内露宿一夜，可以好好享受海子沟美丽的景色。

🎫 60元（4—11月），40元（11月—次年3月）

⏱ 9:00—17:00

📍 阿坝藏族羌族自治州小金县长坪村

🚌 成都茶店子车站是唯一有去往四姑娘山班车的车站，6:20左右发车，行程6～8小时，沿途会经过都江堰、映秀、卧龙、巴郎山等景区，票价为123元，班车只到小金县城，然后可坐出租车或包车前往四姑娘山景区

⏱ 2～3小时

中国古羌城景区 ★★★★ 🎈📷

目前世界唯一的羌文化最大核心展示地，古羌城集文化传承保护、休闲体验、游乐观光于一体，淋漓尽致地展现了羌族古今的发展和珍贵的文化宝藏。由中国羌族博物馆、非物质文化遗产传习中心、羌文化广场等组成。

🧭 阿坝藏族羌族自治州茂县213国道

🚌 在成都茶子店客运站乘坐至茂县班车即可抵达景区

👁 2～4小时

吃喝九寨沟

九寨沟—黄龙景区的食物多数是从外面运来的，所以吃喝方面的消费要高一些，而且可以选择的口味也不多。

烤全羊、手扒牛排、杂面、洋芋糍粑、青稞酒，这些东西在各住宿站点都能找到，很多游客可能会不适应，不过川菜很常见，方便面品种也多，倒不必过分担心饮食不习惯。

夜游九寨沟

为了让旅游者游有所值，九寨沟夜间有不少活动，所以，这里的夜晚并不寂寞。

九寨沟民族艺术中心偶尔有藏羌风情篝火晚会，锅庄舞和藏羌食品如烤全羊、酥油茶、奶茶、手抓肉、羊排、牦牛肉等一应俱全。

购物九寨沟

在这一带旅游，民族手工艺品是最容易让人着迷的，另外就是其他地区少有的中草药材。羌族刺绣、藏戒、藏刀、佛珠是这里最值得购买的纪念品。

推荐特产

羌族刺绣 几何花纹，线条粗犷。羌族是我国人口稀少的少数民族，所以他们的绣品值得收藏。

藏刀 藏刀是极具特色的配饰，价格不是太贵，还价后 10～20 元。不过乘飞机的朋友就要割爱了，因为飞机不允许托运。

住在九寨沟

到九寨沟—黄龙旅游用不着为住宿担心，常规的宾馆饭店，以及藏胞开的旅店，价格和服务水平不尽相同。但这里的旅游季节性太强，10月后转入淡季，绝大多数食宿站点都会关闭。喜好冬季出动的人，一定要事先做好安排，以免露宿。九寨沟入口有众多宾馆，下车后就能找到。如遇旺季，需要有砍价的技能。

推荐住宿

四季童话酒店

🧭 九寨沟景区彭丰村内

📞 0837-7777123/13990435355

鑫涛阁藏家客栈

🧭 阿坝州九寨沟县漳扎镇龙康村1号楼

📞 18508374400

💡 住在沟内

按规定沟内不允许住宿，但可尝试与沟内藏族同胞商量住在其家中。比较出名的有树正寨的石大叔家、小刘家等。

阿坝州沿线游

黄龙国家级风景名胜区 ★★★★★ 🎈📷

黄龙与九寨沟 山之隔，奇妙之处是沟底的岩石，晶莹光滑，顺着山沟曲折蜿蜒，犹如一条黄龙盘旋而上。黄龙寺后约1平方千米范围为黄龙景区中的"黄金"景区。距后寺背面不到100米，有一座龙王庙。每年一度的黄龙庙会即在此举行。黄龙后寺之背是黄龙最高的池群"石塔镇海"，如果游黄龙不到石塔镇海池（五彩池）便是大大的遗憾。

💰 旺季170元；淡季60元；索道上行80元，下行40元

🚌 成都、绵阳、都江堰等地现在还未开通到黄龙的直达班车，可以乘车先到九寨沟、松潘或川主寺，然后乘班车或包车去黄龙；从九寨沟到黄龙有班车可达，票价47元。淡季每天一班，旺季每天五班，滚动发车，每日7:40从九寨沟漳扎镇客运站（九寨沟沟口下行100米）出发，中途川主寺停留10分钟，大约10:00到达黄龙景区3号停车场（距离景区沟口200多米），15:00左右出发返回九寨沟。从松潘到黄

黄龙五彩池

龙，有班车可达，票价15元，从松州古城游客中心始发至黄龙乡大湾村，途经黄龙景区，运营时间为夏季6:00—18:00，冬季8:30—17:30，全程约45千米，时长1小时。从黄龙到九寨沟包车约250元，往返350～400元

👁　1天

💡　1. 除黄龙沟外，涪江源流域和雪栏山峰丛区、红心岩峰丛区两处景点需要有当地人做导游，否则不要贸然前往。

2. 每年12月到次年3月为封山期，不接待游客。

3. 黄龙沟的海拔3100～3500米，徒步来回至少需3小时，体质虚弱的朋友千万警惕高山反应，景色虽美也要量力而行。当地有氧气袋出租，可帮助体弱之人登山。

4. 黄龙的卫生条件较好，全部采用一次性坐垫。

5. 景区实行实名制购票。

牟尼沟　★★★★　🚹🎦📷

牟尼沟林木遍野，山、林、洞、海交相辉映，大小海子和壮观的钙华池瀑布景致最美。牟尼沟是"九寨沟—黄龙"黄金旅游线上一颗耀眼的新星。扎嘎瀑布高104米，是中国高度最高的钙化瀑布。

与扎嘎瀑布一山之隔、位于牟尼沟景区末端的二道海，集九寨沟与黄龙风情于一身，也是牟尼沟的精华。对各种皮肤病有较好疗效的"珍珠湖"在二道海最深处的那棵古松下。

💰　扎嘎瀑布70元；二道海70元；套票100元

🚌　从成都茶子店汽车站乘车去松潘，再转车前往；也可在成都坐飞机到九黄机场，再乘车前往景区

若尔盖热尔大草原
★★★★　🚹🎦📷

位于阿坝藏族羌族自治州东北部的红原县和若尔盖县境内。由草甸和沼泽组成，红军长征时曾经过这里。这里是候鸟和当地野生动物的天堂。这里有散发着藏传佛教色彩的朗木寺，驰名川、甘、青三省区的降扎温泉，铁布梅花鹿自然保护区以及绵亘数百里的原始森林。黄河第一湾在唐克乡以北10余千米。

💰　免费

🚫　从九寨沟驾车至唐克，就能沿河观赏红原大草原；从红原至碌曲若尔盖大草原可以看到母亲河荡气回肠的第一湾

推荐路线： 成都→四姑娘山→小金→两河口→马尔康→刷经寺路口→红原→唐克→若尔盖→郎木寺（213国道在唐克的三岔路口有一个检查站，由此向西去16千米，就是黄河第一湾）

👁　0.5～1天

花湖　★★★★　🚹

花湖是位于热尔大坝草原上的天然

阿坝州沿线游

海子，宛如一块镶嵌在川西北边界上瑰丽夺目的蓝宝石。花湖湖面辽阔，水下是深不可测的沼泽地，沿着湖边的栈道行走，有看不完的风景。花湖岸边芦苇茂密，因湖中盛开的一种白色小花而得名，曾被评为中国最美湿地。最佳旅游时间是6—9月，7月中旬是花开得最盛的时候，这时的花湖才是真的名副其实。这里还是观看国家一级保护动物黑颈鹤的最佳去处。

- 🎫 旺季75元；淡季30元
- 🕐 淡季 9:00—17:30
  旺季 6:30—20:00
- 🚌 1.若尔盖县客运站每天发往兰州、合作、临夏的车路过花湖，可以乘坐
  2.从若尔盖县城包车前往，全程约40千米，车费约500元，可顺路游玩九曲黄河第一湾
- 👁 1~2小时

卡龙沟景区 ★★★★

属于喀斯特地貌，钟乳石绚丽多彩。拥有上百个大小各异的美丽彩池，落差非常大的飞瀑，以及秋日高山彩林的美景，都是堪比九寨沟、胜似九寨沟的风景。每年十月，这里还会举办"冰川彩林节"。

- 🎫 60元
- 🚌 在成都茶店子客运中心乘开往黑水县的汽车，再从县城包车到卡龙沟，来回价格150~200元，沟内有当地人租马代步，每匹马价格50元
- 🚫 由成都出发向黑水县走，距黑水县城15千米处有一个岔路口，拐上西北方通往热里的支路，到热里向北拐上通往卡龙沟的公路，行27千米即到
- 👁 1天

💡 卡龙沟是当地藏族同胞的圣地，请注意保护自然环境，尤其不要在苔藓上行走。

米亚罗、毕棚沟
★★★★★ 🚶🔆📷🏞

米亚罗金秋红叶风景区是我国目前发现并开放的面积最大、景色最为壮观的红叶风景区。主要风景段的毕棚沟，集原始森林、峡谷风光、海子瀑布和雪山草甸于

一体，白雪、红叶同赏。特别值得一提的是，前往米亚罗的途中要经过桃坪羌寨，能看到最典型的羌族建筑碉楼，一座座碉楼很是壮观。

- 🎫 毕棚沟门票+园内往返交通票130元；桃坪羌寨门票60元
- 🚌 从成都茶店子汽车站乘车，到达地点的顺序为桃坪→理县县城→毕棚沟→古尔沟→米亚罗，每天有多趟班车到米亚罗，票价26~45元，需5.5小时。从成都到毕棚沟有直通车，票价119元
- 👁 米亚罗2~3小时；毕棚沟0.5~1天

💡 **食宿**：在桃坪羌寨当地人家可以食宿。就餐是地道的羌族风味，如玉米饭、老腊肉、烧烤洋芋炒青椒、咂酒等。如果在古尔沟住宿还可以泡温泉。

达古冰川 ★★★★
🚶🔆📷🏞

黑水县芦花镇三达古村境内的达古雪山上，海拔3800~5100米之间，既有山地冰川，又有瀑布、湖泊、原始森林、成片的杜鹃林和星罗棋布的草甸，目前生态保护极好，很容易和生活在这里的小型野生动物碰面。

- 🎫 120元；观光车票价70元；索道票价180元
- 🕐 8:30—17:00
- 🚌 在成都茶店子汽车站乘坐开往黑水县的班车，在黑水县客运中心坐出租车前往
- 👁 0.5~1天

💡 1.当地政府已做了初步开发，有山路可走，但达古冰川海拔较高，没有高原旅游经验的人，最好在当地找导游问路。
2.游卡龙沟、达古冰川有任何问题，都可先向黑水县文化体育和旅游局咨询。

达古冰川

昭化古城 ★★★

川北战略要道，历代兵家必争之地，《三国演义》中张飞挑灯夜战马超等闻名的战事就在此地上演。幽深的青石板老街、沧桑的石砌古城墙，记录了古城两千多年的历史。

💰 进古城无需门票，若参观部分景点需购买通票，为58元

🚌 乘坐广元—昭化中巴车，约30分钟到达，车费10元/人；昭化古城游客中心有停车场，小车10元/车；大巴、中巴20元/车

👁 3～4小时

阆中古城 ★★★

与云南丽江、山西平遥等同为历史文化名城。至今已有2300年历史，早在1300多年前，就以"阆苑仙境"闻名于世。大片的古民居院落吸纳了北京四合院和南方园林建筑的特点。目前正以其丰富的人文景观和秀丽的自然风景，争取进入世界遗产之列。

💰 通票100元。张飞庙50元；贡院50元；文庙30元；中天楼15元；华光楼15元

🚌 成都每天都有多趟动车开往阆中，票价86元或87元，车程约2.5小时。阆中站距离中古城约5千米，可乘坐公交车或打车前往

👁 0.5～1天

千佛崖 ★★★

嘉陵江东岸的崖壁上，布满了起始于南北朝，鼎盛于唐代，直至清代的摩崖造像。总长200多米，高40米，龛窟多达13层，虽经历代的战乱，至今还保存有7000多件造像，断头断臂的较多，但整体颇为壮观。从风格上看，肥硕的人体造型和镂空的雕刻技术都与中原地区有所不同，有着极高的观赏价值。

💰 50元

⏰ 8:00—18:00（夏季）
8:00—17:30（冬季）

📍 位于广元城北4千米的嘉陵江边

🚌 可从成都乘火车前往广元，再乘公交可直接到达景区

👁 3～4小时

剑门关 ★★★

"蜀道难，难于上青天"把蜀道之艰险刻画得入木三分，而只有亲临剑门关，才能真正体会到一夫当关、万夫莫开的气势。

剑门关特指广元至剑阁一带的山峰，因被流水侵蚀切割，形成了如刀削剑劈的险要地势，素有"天下雄关"的美称。只有身临其中，才能真正感受到大自然的鬼斧神工。

💰 105元

⏰ 8:30—17:30（1—4月）
8:00—18:30（4—11月）
8:30—17:30（11月—次年1月）

🚌 广元汽车站（南河汽车站）有直接到剑门关景区的班车

👁 0.5～1天

💡 **1. 古代的3条蜀道**：金牛道、阴平道和米仓道，其中最为重要的就是金牛道，也称剑门蜀道，是古蜀道的咽喉。

2. 翠云廊：从剑门关到剑阁县城的数十千米路途，两旁高大挺拔的古柏树绵亘不断，是剑门蜀道中最有特色的一段，名为"翠云廊"，又称为"蜀道奇观"。

莲宝叶则 ★★★★

莲宝叶则是藏区著名的神山，居藏区十大神山的第八位，一说这里是格萨尔王征战的古战场。

莲宝叶则中的景点各有特色。龙尕措拉玛湖是风景区内面积最大的湖泊，五个小湖环绕在大湖四周，又说这里是格萨尔王拯救爱妃珠姆的地方。落云措是另一个高原淡水湖，一座巨大牛心石倒映在水中，壮观而有灵性，沿着湖泊北岸走一段，能看到高达数十米的飞瀑，十分壮观。而珠姆措有着另一种壮美，珠姆湖、珠姆河、珠姆沟共同构成了一个集湖泊和山石于一身的雄伟世界，两岸到处是奇崛的群山奇峰，姿态万千，引人遐想。

⏰ 旺季8:00—18:00
淡季8:30—17:30

📍 阿坝藏族羌族自治州阿坝县安斗乡龙尕朵村

🚌 可从成都茶店子汽车站乘班车前往阿坝县，每天6:30发车，票价111元，到达阿坝县后再包车前往景区

👁 2～4小时

稻城与甘孜州沿线

甘孜州快速攻略

Day1 成都→二郎山→磨西古镇→海螺沟

Day2 海螺沟→跑马山→木格措风景区→新都桥

Day3 新都桥→塔公草原→丹巴古村→丹巴县

Day4 丹巴县→美人谷→党岭→新都桥

Day5 新都桥→卡子拉山→毛垭大草原→稻城白塔→稻城县

Day6 稻城县→稻城亚丁→海子山→理塘县

Day7 理塘县→喇荣五明佛学院

感受稻城

香格里拉 自从美国作家希尔顿写了一本小说《消失的地平线》，便引发了人们对香格里拉的好奇：香格里拉究竟在哪里？只要到云南的西北地区和四川的南部走一走，你就会发现，自然纯净就是人类最向往的境界。对于这些地区来说，是一种自然地理的现实；而对于人的内心来说，是一种努力达到的目标。稻城和亚丁最能唤起的就是人们心中对"香格里拉"的梦想。

准备与咨询

语言

只要有大量游客进入的旅游景区，当地人的汉语水平都会令游客忘记自己身在何处。自然不用为语言交流担心了。

稻城的情况也差不多，康巴藏语是这里的主流话语。你只要记住一个句子"哇啦哇啦"，意为"你好"，走遍稻城都有用的。

气候与游季

到高原地区旅游要避开冬季和雨季，11月至次年3月为冬季，通常会遇到封山，公路不通；7、8月雨季来临，公路容易被大雨冲毁，无法进入景区。因而，5月中旬至10月底最适合旅游。

节庆

嘎登节 农历七月初的节日期间，人们聚在县城的草场上，载歌载舞，还有一些经贸活动。

新都桥居里寺木崖天葬台，于农历七月十七至二十一有跳神活动，也有藏族特色的各项活动同时开展。

穿

一定要注意保暖，因为高原地区受凉生病是大忌。但不必带过多的换洗衣物，这样只会增加自己的负重，别无益处。另外，穿戴方面注意防湿、轻便。去亚丁景区最好带上雨具、手套（最好带一件轻便雨衣，而不要带雨伞，因为骑马不方便）。雨衣在亚丁山庄有租的，价格20元/套。

装备

肠胃方面的药物、红景天、心源素、手电、润唇膏、防晒霜、墨镜、遮阳帽都统统装进行囊吧，会有用到的时候。如果有特别讲究卫生的，睡袋是最好的用具，记忆卡是多多益善的。

🔆高原反应

进入高原，每个人都会有不同程度的高原反应，如头痛、胸闷、呼吸急促、恶心、呕吐、失眠等，一般一两天后，以上症状都会逐步减轻或消失。但有严重心、肺、高血压病患者不宜到高原长时间旅游。建议不要带小孩和老人前往稻城亚丁景区旅游，他们的高原反应一般比较严重。

行在稻城

进出

飞机

亚丁机场位于稻城县北部海子山，距稻城县城 50 千米。相继开通了至成都、重庆、昆明、西安、丽江等地的航线。

距离稻城比较近的机场还有康定机场，可以先从成都乘坐飞机抵达康定，然后从康定乘坐汽车到达稻城亚丁。

咨询电话 ☎ 0836-5724015

公路

稻城汽车站有发往成都、雅安、康定及香格里拉的班车。每天 14:00—20:00 售票，且只售次日票。从稻城开往成都、康定、香格里拉的班车，每天 6:00 发车。而去理塘、乡城等短途又不必买票，早上直接上车买票即可。

成都→稻城

成都新南门汽车站每天 6:20 有发往稻城县城的班车，全程 13 ～ 17 小时。

🔾 成都市武侯区临江路57号新南门

康定→稻城

康定汽车站每天 6:00 有两班车发往稻城县城，全程约 8 小时。

🔾 甘孜州康定市，拉姆则林卡酒店右侧。

区内交通

稻城县城是个"巴掌大的地方"，县城有夏利和微型面包出租车，一般在城里收费都是 5 元，去温泉村泡温泉，往返收费 30 元。去红草地和傍河乡可以打车，县城内有三轮摩托车可供租用，可以按小时租用到近郊，收费 15 元左右。

稻城景区示意图

霍亚然
海子坪 ● 扎然
● 海子山 亚尼音
● 鲜普寺
● 直共寺 果银日则
宗松金 ● 雄登寺
稻城风光带 ● 稻城 ● 有母
扎朗寺 ● 色拉
月亮 ● 茹布查卡温泉
● 热乌寺
● 波瓦山 巨龙
● 曲岭寺
木拉 ●
赤土 ● 兰央桑卡 松日
贡嘎朗吉岭寺 蒙自
● 日瓦
亚丁自然保护区 ● 公果 ● 贡嘎冲古寺
卡斯忠根 ● 仙乃日 夏纳多吉
● 央迈勇
● 各卡 ● 洋拉雅火
吉呷 ● 挪母别顶
俄牙同 ● 峨眉

成都旅游客运中心
（新南门车站）
☎ 028-85433609
康定汽车站
☎ 0836-2822211
稻城汽车站
☎ 0836-5728565

☀ 不允许扎帐篷

亚丁景区内不允许扎帐篷，只能在亚丁村住宿，所以去稻城亚丁的旅友要注意调整行程。

☀ 手指神山

记得手掌手心朝上，以手掌指山，如果单用手指指向神山，就会被视为冒犯藏族的习俗，有些藏族同胞会为此不高兴。

☀ 公交提示

从稻城到亚丁的公路已经修好，坐车可直达冲古寺山下。稻城至亚丁的班车票价为 110 元（淡季没班车，只能包车，往返 400 ～ 450 元）。

稻城——云遮雾罩的神山夏纳多吉

骑马费用

从龙同坝到冲古寺单程40元，往返70元。从洛绒牛场到五色海往返300元，值得注意的是，15:00之后就不能去了。

亚丁景区游览线路

从神山脚下的贡岭寺经日瓦，有两条路通向亚丁自然保护区核心区域：

1.经蒙自峡谷，进入贡嘎银沟龙龙坝，上冲古寺，朝拜神山。这条路是大多数游客通常选择的线路，有公路直接通到龙龙坝。

2.另一条向西攀升，穿越"闪光之山"的俄初山，向下进入狭窄险峻的东义河谷。下行到卡斯村寨，穿越卡斯地狱谷，就到了。

3.从洛绒牛场出发往上行，到达曲九扎阿神泉，继续上行向右转，可以观赏牛奶海、五色海等圣湖。翻越却索玛垭口，下行一小时到仙乃日脚下的珍珠海，再下行半小时可回冲古寺。

亚丁转山

通常说的在亚丁转山有两种选择：小转山和大转山。小转山指转仙乃日转一圈，根据你的体力状况需要一两天时间；大转山指绕三座神山转一大圈，需要三四天时间。藏族同胞一般都会选择大转山，他们往往举家或全村一起长途跋涉来到这里，晚上在草地上席地而睡。建议旅行者选择小转山，一来这一圈会路过所有的景点，二来路上有食宿的地方。当然还是找向导为佳。如果你想要参加大转山，就得能吃苦才行，而且要运气比较好，能碰上藏族同胞的团队。转山对体力要求很高，而且都要经过海拔4500米以上的地方，所以要做好充分的准备。最好与人结伴，好有个照应。

急救中心

稻城和日瓦都有急救中心，亚丁没有。

游在稻城

稻城亚丁 ★★★★★

1928年，美国探险家约瑟夫·洛克到达稻城，并把所拍到的照片发表在美国《国家地理》上，引起了巨大轰动。自此，沉睡在岁月冰河中的稻城亚丁，露出了它最古老纯真的脸庞，人们惊艳于这"蓝色星球上的最后一片净土"的诱人魅力。

冲古寺、洛绒牛场、五色海、牛奶海都有种"香格里拉"的宁静美。其中，最神秘的当属三座神山。仙乃日、央迈勇、夏纳多吉三座雪山呈"品"字形鼎立，统称"念青贡嘎日松贡布"，藏语意为"终年积雪不化的三座护法神山圣地"，佛名"三怙主雪山"。这是藏传佛教中的圣山，一生当中至少来一次念青贡嘎日松贡布转山朝观，是每一个藏族人的夙愿。

- 💰 146元（4—11月），120元（12月—次年3月），观光车120元
- 🕐 7:00—19:00（4月1日—11月14日）
  8:20—18:00（11月15日—次年3月31日）
- 🚌 从稻城县到亚丁景区只能包车，一般每次400~500元
- 👁 1~2天

海子山 ★★★

海子山是青藏高原上最大的古冰体遗迹，有"稻城古冰帽"之称。海子山最独特的景观是大大小小的砾石构成的石河、石海以及形态各异的冰蚀湖。这里有1145个大小不同的海子，如天神失手撒下的珍珠闪烁在山间，其规模密度为中国之最，海子山由此得名。海子山有着不同于其他景区的独特的苍凉魅力，充满了岁月的厚重感，值得驻足细品。

- 💰 免费
- 🕐 全天开放
- 🚌 可以乘坐稻城到理塘的班车。也可包车前往，车程约90分钟，费用约300元
- 👁 2小时

稻城白塔 ★★★

在理塘至稻城的公路上，有一片巍峨、洁净的白塔群。白塔群分为五层，最高层中央为一座高大的白塔，周围排列四层小白塔，从上到下每层依次有15、23、31、39座塔，共108座小白塔，小白塔围绕着大白塔，颇为壮观。塔的基座安放着一排排的转经筒，以供藏族人虔诚膜拜。

- 💰 免费
- 📍 四川省甘孜藏族自治州稻城县稻城大桥桥头
- 👁 10~20分钟

毛垭大草原 ★★★★

曾被《中国国家地理》评为中国最美的六大草原之一。7月进入观光黄金季节，野生动物成群，是摄影爱好者的天堂。每年8月1日举办理塘八一赛马节，热闹非凡。

- 💰 免费
- 📍 甘孜藏族自治州巴塘县禾尼乡政府西北
- 🚌 自驾或包车出理塘县城往西，沿无量河谷上行30多千米
- 👁 1小时

甘孜沿线景点示意图

自驾车游线路推荐： 成都→雅安→康定→塔公→丹巴→小金→四姑娘山→卧龙→都江堰→成都，全程910千米左右。丹巴沿途高原风光秀丽无比，民族风情浓厚，是好"摄"之徒的首选。

昼夜温差大、紫外线强，需注意保暖防晒、自备高热量食品补充体力。

1. 自带水果和罐头： 到稻城旅游最好带点水果，上山之后会变得尤为珍贵。在冲古寺和落绒牛场的营地都有饭吃，但是很贵而且不好吃，可以自己带点肉罐头，买点米饭，一顿美食就出来了。

2. 雅安鱼： 在理塘到稻城的途中，接近理塘的一条河边有饭店，专卖雅安鱼。在经历了一段艰苦的旅程之后，肉质细腻的雅安鱼更让人觉得是人间美味。

贡嘎山国家级自然保护区
★★★★★

我国最独特的冰川奇观之一。以贡嘎雪山为中心，这里有海螺沟、燕子沟、木格措、贡嘎寺、五须海、贡嘎南坡等景区。这里是极受登山爱好者青睐的名山，徒步或是骑行，都会在这圣洁的神山中，找到内心的宁静。

免费

成都新南门车站每天早上有车到海螺沟，票价120元左右，直接到贡嘎山脚下的海螺沟（磨西镇）下车即可

八美镇 ★★★

拥有八美草原、墨石公园、惠远寺等景点。这里有千姿百态的土石林和迷人的藏族人住的房子，每年5—11月，还有美丽的格桑花、油菜花海。

免费

1天

吃喝稻城

去稻城旅游全程都离不开川菜，不过越偏僻的地方味道越一般。当地美食也应该品尝一下，味道非常不错，至于糌粑在当地则属于快餐性质的食品。

购物稻城

俄初街 稻城购物首选俄初街，这条街因"俄初山"而得名。街中可以买到具有浓厚藏族风情的银饰。如果运气好的话，可以碰到藏族同胞沿街向店铺兜售他们所采的红景天、雪莲花、冬虫夏草、贝母、雪茶、灵芝等药材，价格便宜得超乎想象，而且都是真品。街上有租赁自行车的小店，傍河、色拉方向景色相当不错，非常值得租辆自行车去转转。

住在稻城

稻城县城内住宿有招待所、青年旅社，还有民居，价格一般是30～60元。住民居是最佳的选择，主人热情好客，晚上坐在宽敞而神秘的客厅里和主人聊天、喝酥油茶，绝对是人生不可或缺的浪漫经历。民居价格是20～40元，酥油茶和糌粑免费提供。

推荐住宿
稻城

圣地亚丁酒店　可以免费提供自行车。

- 🚩 金珠镇德西社区80号
- 📞 0836-5727666

360度印象酒店　位置好找，还可以免费停车，住在观景房打开窗就可以看见蓝天白云，依山傍水。

- 🚩 康东大道72号
- 📞 0836-2816888

☀ **1. 吃:** 县城内的餐馆大多为汉族人所开，以川菜为主。想品尝较为纯正的藏式饮食，则需到当地的乡寨村民家。

2. 玩: 游玩时，会有村寨老乡邀请喝茶，最好前往示尊重，还可顺带参观藏族民居。另外，若给老乡拍照一定要记下其地址，给人家寄去，这样能帮你赢得更多的朋友。

3. 最佳游季: 丹巴最好的旅游季节是5—10月，空气能见度高，适于拍摄。虽然冬天的丹巴别有风味，但川藏公路以冬后路况不是很好。

4. 住宿: 选择住宿时，可先与旅游局联系，这样可以得到更实惠的价格。

甘孜州沿线游

楼以泥土和石块建造而成，端正笔直，棱角如刀锋，墙体用石块砌成，厚实而坚固。古碉楼大多与民居寨楼相依相连，也有单独筑立于平地、山谷之中的。这些古碉楼虽然历尽数百年的沧桑岁月，依然凌空屹立，展现着顶天立地的雄浑大气。

💰 免费，但登碉楼参观时，碉楼主人会收取一定的参观费

🚌 在丹巴县城搭车前往，车费约10元，在梭坡乡下车后，需步行上山，约半小时可达

☀ 1. 最佳观景点在村子对面、大渡河的另一侧，远望碉楼非常壮观。

2. 最佳摄影时间在黄昏时分，所有的碉楼都沐浴在晚霞之中而变得金光灿烂。

3. 登碉楼参观时，需使用独脚梯，有一定的危险性，必须注意安全。

丹巴县城周边古村集萃
★★★★　🏔 🏞

蒲角顶乡　距县城7千米，海拔2300

甲居藏寨

甲居藏寨　★★★★　🏞 🎫 🍴

中国最美的六大乡村古镇之一。距县城5千米，海拔2500米，号称"横断山脉中的世外桃源"。寨楼构架和屋檐均为红色，墙体白色或原色相间，有日月星辰及宗教图案，美丽壮观。最佳游玩方式是到当地人家中参观或住宿，体验酥油茶和糌粑，感受当地人热情。

💰 50元

🚌 成都茶店子车站每天6:30有直达丹巴的班车。在丹巴县城的嘉绒大桥附近乘坐乡村巴士（丹巴—聂呷）可达

👁 2～3小时

梭坡古碉楼　★★★★
🏔 📷 🎫

梭坡共有碉楼84座，是整个丹巴乃至全世界范围内古碉楼最集中的地方，其中包括世界上唯一的五角碉楼。古碉

米。29座古碉楼中有一座十三角造型，也是远观梭坡碉楼群的最佳位置。

中路乡　距县城10千米，海拔2000米。除了碉楼和藏寨外，还有比三星堆还久远的古人类文化遗址和新石器时代的石棺葬群。

莫斯卡村　莫斯卡村被三座神山环抱，这里的牧民过着与世隔绝、诗意般的生活。在这片净土中，人与野生动物和谐相处，因此也有人称这里是"被遗落的天堂"。

丹巴党岭自然风景区
★★★★　🏔🅿️📷

　　丹巴人引以为傲的地方，海拔5000米，原始植被保存完好，海子星罗棋布，据说自然风光比九寨沟有过之而无不及。党岭的天然温泉，是丹巴全县最好的。先泡半天温泉，再租马、雇导游上山看海子，人生美事莫过于此。

🚌　距丹巴县城60多千米，尚未有直达车，必须包车前往，500元左右；或乘16:00的班车先到边耳乡，再包车前往

🚗　从丹巴县城出发，沿248国道和瓦足隧道行驶，车程约2小时；路途难走，建议山路车技不佳者不要冒险

👁　2～4天

丹巴美人谷
★★★★　🏔📷📷

　　丹巴美人久负盛名，有"美人谷"之称的巴底乡邛山村则是丹巴美人集大成之处。传说，当年西夏国被蒙古骑兵所灭，大批美人从甘肃逃到这里定居，因此才有了闻名中外的美人谷。而美人代代不绝大约是受河流、山谷的滋养。

🚕　可从丹巴县城打出租车前往

🚗　出县城向北沿248国道行驶，沿途经过甲居藏寨。全程约32千米，车程约1小时

👁　1天

上里古镇　★★★★　🏔🍴📷📷

　　雅安城北面的上里古镇，曾是南方丝绸之路的重要驿站。现在是一个声名渐起的旅游景点。那里的明清古民居保存得很好，以"二仙桥"为代表的8座古石桥，风格各异。始建于唐代的白马泉，是恒温间歇泉，非常奇特。

🚌　从雅安市乘公交车到上里，需50分钟，票价10元

🏨　镇上有小旅店，房价60元左右

👁　3小时

二郎山　★★　🏔📷

　　在雅安市天全县，海拔3437米，站在山顶，眼前是贡嘎雪山大大小小40余座

丹巴民居

海拔超过6000米的高山。二郎山至泸定的途中，一路是高山峡谷，或大或小的村寨建在半山腰的坝子上，神奇又壮观。

成都新南门汽车站可搭乘前往康定的班车，途中经过二郎山。也可从成都乘动车前往雅安，车程约1.5小时，到达雅安后从雅安汽车客运中心乘大巴前往天全县，再换乘景区的班车

3～4小时

海螺沟　★★★★

海螺沟冰川是地球上同纬度的冰川中海拔最低的。冰川的雪粒盆是整个冰川的源泉，当盆内冰雪积累到一定程度，就会翻越盆沿形成巨大雪崩，故雪粒盆虽美丽神秘，却只可远观不可靠近。盆地的边缘是我国已知最大的冰瀑布，晶莹剔透，雄奇无比。

在海拔2850米的地段，长5700米的冰舌紧贴大地。冰面上分布着冰面湖、冰面河、冰裂缝、冰蘑菇、冰洞、冰桥……令人叫绝的冰川弧拱晶莹透明，蓝中透绿。而从冰川"城门洞"进出的游人，探访的是冰下河的出口，观赏的却是水晶宫。

门票90元；景区车票往返70元；索道双程135元；雅家情海门票35元

成都新南门车站每天有直达海螺沟的长途车，5小时左右到达，票价120元左右；或选择前往康定的班车在泸定下车，始发车7:00左右，票价100元左右

1.从成都出发，可以走康定→泸定→海螺沟这条路线，路程101千米，基本是柏油路或水泥路；还有一条路是康定市玉林乡直达磨西镇的玉磨公路，路程74千米，要翻越海拔4000米的高山，冬天需要有雪天行路及越野经验非常丰富的驾驶员才能走这条路，一般驾驶员建议不要走这条路

2.从乐山到海螺沟，可以走成乐高速到雅安，再经天全县、二郎山隧道，到大渡河，在甘谷地道路开始分岔，顺水而下，当看见公路边有一座像彩虹一样的桥，就快到海螺沟了

1～2天

1.海螺沟地区垂直高差大、气候类型特殊，注意防寒。

2.海螺沟地区地形复杂，游客应特别注意安全。一般游客及老弱者以在低山区参观游览为佳。当地旅游常需骑马，也应早有准备，不宜贸然前往。体力强健者登中、高山区时应注意防寒、防雪崩、泥石流和冰裂缝。注意高山缺氧的危险。

3.海螺沟内有多家宾馆和招待所，还有不同海拔的营地。

康巴高原之魂——海螺沟

4.二号营地的温泉最有名，寒冷的冬季泡在温暖的泉水里，远眺雪山，真乃人生一大享受。记得带上泳衣。

5.当地名菜有虫草鸡、贝母鸡、天麻肘子、酸菜腊肉和野菜等绿色食品。不过，只有7—9月才有野菜。

康定 ★★★ 🏕🎿🍜📷

海拔 2560 米，是甘孜藏族自治州的首府。康定是一个多民族地区，以藏族为主。

没到康定总会想到那首情歌里唱的"跑马溜溜的山上，一朵溜溜的云哟"，然而到了康定，也许会有很多东西让你忘记那首让它出名的情歌。

🚌 成都石羊车站和城北客运站都有去康定的班车，车费139元左右。康定机场已经通航

跑马山风景区 ★★

🎫🏕🎿🍜

海拔 2700 米，是当地藏族著名的神山，藏语为"拉姆则"，即"仙女山"。过去每年在此赛马而得名"跑马山"。但现在骑马上山，即使有马夫牵着也提心吊胆，不像能跑马的样子。山顶上人工修建的圆形赛歌场，是乡民聚会娱乐的地方，《康定情歌》里的"张家大哥"就在这儿看上了"李家大姐"。在此可以俯瞰康定全城。每年农历四月初八，为纪念佛祖释迦牟尼诞生后的浴佛日，跑马山有隆重的"转山会"。

🎫 门票50元；往返索道55元；博物馆30元

🕐 7:00—17:30

🚌 位于康定城东，可打车到山脚下，徒步上山需1.5小时，沿途的山洞、野花以及清新的空气足以减轻登山的辛劳，虽然骑马上山只用半小时，但是山路险峻，需注意安全；也可坐索道上山，票价55元

🍴 康定凉粉，少有的好吃；石巴子，出自大渡河，肉质嫩滑无比、入口即化

木格措风景区 ★★★★

📷🏕🎿

海拔约4000米，藏语"木格措"的意思是"野人海"。融原始森林、草原、雪山、湖泊于一体，像是九寨沟的浓缩版，木格措大海子囊括了风行世界的"3S"旅游（阳光 Sun、沙滩 Sand、海浪 Sea）。药池沸泉有近百眼药泉，疗效各异，最神奇的是，80℃的药池里居然有红色泥鳅戏游。木格措草原与塔公草原相通。

🎫 105元（4—11月）
　　75元（12月—次年3月）

🕐 8:00—18:00（4—11月）
　　8:30—18:00（12月—次年3月）

🚌 可以选择包车或自驾前往

👁 3～4小时

康定新区

理塘 ★★★★

说起理塘，就会想到仓央嘉措的情诗："洁白的仙鹤啊，请把双翅借给我。不飞遥远的地方，只到理塘就回。"理塘海拔4014米，素有"世界高城"美称。这里有辽阔的毛垭草原，神圣的黄教理塘寺，高耸的格聂神山。

🚌 从康定汽车站可乘汽车前往理塘县，票价约95元

👁 1～2天

措普沟风景区
★★★

措普沟景区有神山圣湖——秀美的"康巴第一圣湖"措普湖，壮美的扎金甲博峰。只要把手放入措普湖水中，便会有鱼群来"亲吻"你的手指，使人体会到人与自然的高度和谐。扎金甲博峰山形奇特，怪石林立，以"秀、险、奇、特"著称。每年藏历六月，措普湖畔的草原上会举行赛马会。

🚶 川西巴塘县城北部措拉区境内

🚌 此处暂无直达班车，建议到理塘县城或巴塘县城租车前往

👁 4～5小时

喇荣五明佛学院
★★★★★

色达喇荣五明佛学院是一座规模极大的佛学院，在碧蓝苍穹之下，高山草原之间，以佛学院的大经堂为中心，上千座的小木屋密密麻麻地布满了四面的山坡。绛红色的小木屋，延绵起伏，蔚为壮观。佛学院中有很多小路，可以散步其中。在转经塔西南方向的山坡上可以俯视整片佛学院，在此可以拍摄出佛学院的全貌。

佛学院内最高的山峰上，有一座巨大而金碧辉煌的坛城。红墙金顶入云，三层的结构一层比一层明亮，一层比一层高敞，让圣地显得愈加庄严、巍峨。

👁 0.5～1天

新都桥镇
★★★★

新都桥虽然没有突出的标志性景观，但沿线却有10余千米被称为"摄影家走

贡嘎山景区示意图

廊"，走川藏线的游客经过此地看看美景，过把摄影的瘾还是不错的选择。在这里还能远眺蜀山之王——贡嘎山。

🚶 康定市境西部，距县城81千米

🚌 班车：1.在成都新南门客运站坐到雅江的车，每天早上7:00、8:00各有一班车

2.康定站上有到新都桥的车，车费约20元/人，但是车票比较难买

包车：从康定包车到新都桥一般是300元左右，建议可以包车前往丹巴，途径新都桥、塔公草原、八美石林，车子送人进丹巴甲居藏寨650元左右

👁 2～3小时

💡 1.最佳游季：6—11月最佳。因为从11月底，新都桥开始下雪，山路会因积雪而中断，直到来年3月积雪融化，道路才能通畅。

2.包车前往：因为新都桥本身没什么景点，美丽的风景都在路上，尤其是折多山到新都桥这一段，所以自助游建议包车，以方便随时停车观赏。

塔公草原 ★★★★

"塔公"在藏语里的意思是"菩萨喜欢的地方"，是一个纯牧区草原，碧空如洗。夏秋之季，草原上有盛大的传统赛马会。

塔公寺是著名寺庙之一，有"小大昭寺"之称，供奉着三尊释迦牟尼12岁等身像，是康巴地区藏族同胞的朝圣地之一。每年藏历的六月初六至十七的护法盛会期间，都有"羌姆"（神舞）活动。寺庙左面有一片塔林，其中的红黄白绿四

甘孜州沿线游

塔公草原

塔最为有名。寺后有三座神山，山上布满了嘛呢经幡，壮观而神秘。

🈚 免费

🚌 塔公景区多数景点分布于公路两侧，从康定搭乘到塔公的小客车，票价10元左右，往返包车费用为150元

⊗ 从康定沿318国道向西行70千米左右到新都桥镇，中间要翻过海拔4200米的折多山，过新都桥后向北行33千米即到塔公草原

👁 3～4小时

神木垒 ★★★★ 🈯🈂🄰

近年来新兴的一处景区，隶属夹金山风景名胜区的一部分，以森林、雪山、溪流、高山草甸、高山钙化流池为主体景观。主要景点包括红杉坪、神木垒、五彩池、毕脚坡杜鹃林等。最让人向往的是其保存完好的原始森林风貌。

🌐 淡季40元，旺季52元

🕐 8:30—17:30

🈯 雅安市宝兴县硗碛藏族乡

🚌 在成都石羊场客运站乘坐到宝兴的车，车票60元，然后转乘宝兴到尧绩寨子的客车，下车后徒步至景区

⊗ 1.成都→成温邛高速→邛崃→天台山旅游西环线→邛芦路→芦山→宝兴→硗碛→神木垒

2.成都→成雅高速→雅安→芦山→宝兴→硗碛→神木垒

👁 2～4小时

💡 1.可骑马进景区，往返费用为35元左右。

2.晚上气温低，要注意保暖。

得荣太阳谷 ★★★★ 🈂🈯🄰

得荣太阳谷目前还是一个鲜为人知的神秘幽谷，但是前去探幽的人越来越多。和香格里拉的峡谷一样，风景美得让人沉醉。村寨与翁甲喇嘛寺自然灵动，与世隔绝，清新脱俗，尚未被更多人发现，这些理由足够让人不畏艰辛地前去朝圣。

🈯 香格里拉和德钦之间

🚌 从成都坐车到康定，再在康定汽车站乘车前往得荣县，每天一班，7:30发车

🄰 **1.宾馆：** 得荣宾馆标间80元，新修的太阳谷宾馆，按三星级标准装修，标准间200～400元；下拥村只能住藏族民居

2.大本营： 进入太阳谷风景区，可入住新安屯草甸大本营；童话般的森林木屋，圆木当墙的木房子简单、保暖，松木的脂香催人入眠，常让人夜半醒来不知身在何处；尽管没有淋浴设施，但跳到汩汩溪流中扑腾更爽；有烧开水和供热水的食堂，提供羽绒睡袋

💡 1.与西藏相同海拔的地方比，这里高原反应不明显，因太阳谷植被丰富，空气湿润，含氧量高。

2.风景区最好租马匹游览，马匹租金一天80～100元，村民比较讲信用。据说汽车可开到海拔3000米的位置，骑马2小时就能到大本营，目前由下拥村骑马上山要4个多小时，下山3小时。

重庆市

自助游：

渝北线：温泉与巴山云霞之旅

缙云山、钓鱼城→北温泉→南温泉→天坑地缝→金刀峡

渝西：宗教艺术之旅

大足石刻→永川茶树竹海

渝南线：喀斯特地貌与古镇之旅

四面山→万盛石林→金佛山→天坑三桥→芙蓉江风景区→龚滩

渝东北：长江三峡风光之旅

奉节→瞿塘峡→巫峡→西陵峡→宜昌

自驾游：

探寻神秘的桃花源

重庆南坪→武隆→彭水→龚滩→酉阳→黔江→小南海→彭水→重庆

重庆

重庆快速攻略

Day1 长江索道（南站—北站方向）→湖广会馆→山城步道→解放碑→洪崖洞→朝天门两江夜游

Day2 三峡博物馆→鹅岭公园→渣滓洞→白公馆→歌乐山→磁器口（晚饭）

Day3 缙云山→金刀峡

重庆周边游

Day1 重庆→大足石刻→永川茶山竹海→重庆

Day2 重庆→万盛石林→梦幻奥陶纪公园→黑山谷（住宿）

Day3 黑山谷→金佛山→龚滩古镇（住宿）

Day4 龚滩古镇→酉阳桃花源

感受重庆

山城 在重庆经常会走到坡度极大的，看上去就像是垂直站着的地段，但重庆人坚持将它们称作某某路。在重庆住酒店，从一楼上到五楼，服务员特别提醒，再上一层就可以直接从后门去到酒店背后的那条街了。显然，服务员看出对方是个外地人。

棒棒儿 一根黄竹棒、一条麻绳，满街溜达着的那种人，重庆人把他们称作"棒棒儿"。如果遇到有什么物品需要搬回家，站在大街上喊一声"棒棒儿"，立马就有很多根扁担涌到你面前。这些勤劳的靠体力谋生的人给城里人解决了许多难题，他们已成为山城生活的一部分，大家都亲切地称他们为"棒棒军"。

重庆妹儿 到了重庆，一定要抽半天—天的时间到解放碑站一站（重庆话叫"打望"），漂亮的重庆妹儿就跟时装模特似的，不停地在眼前变换，长期上坡下坎的步行生活造就了她们一流的身段，朝起暮涌的两江水滋润了她们白皙的皮肤。于是有人总结：来到重庆就后悔结婚早了。当然，这种话肯定是结了婚的男人说的。

💡 山城

重庆给人最直接的感受是山城的气势。与其他城市相比，重庆城市有三绝：一绝是在重庆城市里逛街如同爬山。城里道路上起伏，汽车上了坡又下坡，这里的司机上坡、停车、起步如履平地，不用手制动就轻松搞定，技术十分娴熟，堪称山城一绝。二绝是一个几乎没有自行车的城市。在街头很少能见到一辆自行车。三绝是一个"雾里看花"的城市。重庆一年四季中有阳光的日子很少，加上雨水多湿度大，因此又名"雾都"，加上重庆靓妹多，又有了"雾里看花"的美誉。

准备与咨询

语言

重庆人说重庆话，但因为是直辖市的缘故，全面推广普通话。服务行业的从业人员均说带重庆腔的普通话，用普通话与当地人交流没有问题。

气候与游季

记住这几句：春旱气温不稳定，夏长酷热多伏旱，秋凉绵绵阴雨天，冬暖少雪云雾多。你对重庆的天气就算是心中有数了。

行在重庆

进出

重庆早已形成了航空、铁路、公路及航运的交通网，进出重庆有很多的选择。但相对于重庆多山的地形，飞机在快捷和安全方面都更有优势。

飞机

重庆江北国际机场位于渝北区两路镇，距离市中心23千米。从机场到市中心可乘坐机场大巴，票价15元，全程约40分钟。

从机场打车至市中心解放碑附近，约50元。乘坐轨道3号线、10号线，可以从江北机场出发，途经重庆火车北站，到达市中心。

江北国际机场

- ☏ 023-966666
- ⊙ 重庆市渝北区两路镇

铁路

重庆城区现有4个火车站。

重庆站（菜园坝）：仅有普通列车停靠；沙坪坝站：主要发车方向为四川、重庆；重庆北站（龙头寺）：最常用的火车站，有动车、高铁及普通列车停靠；重庆西站（上桥）：渝贵铁路始发、终点站。

换乘

在菜园坝火车站前广场坐439路公交车，可到火车北站。两个火车站之间可互通购票。

公路

重庆是西南地区重要的交通枢纽之一，市内长途车站很多，由于长途车跑高速和普通公路的价格是不一样的，所以买票时一定记得问清楚。

长途汽车站点及发车方向

重庆汽车站（菜园坝汽车站）
- ☏ 023-89033875
- ⊙ 重庆市渝中区菜袁路6号
- ⊜ 发往成都、泸州、内江、广安、乐山、大足、万州等地

重庆陈家坪汽车站
- ⊙ 重庆陈家坪转盘处
- ⊜ 023-89088988/89088897

四千米交通枢纽汽车站
- ⊙ 重庆市四千米轻轨车站旁
- ⊜ 023-88361260

码头买票

1. 由于沿江港口城市都不止一个码头，因此买票时一定要问清楚是在几号码头上船。

2. 长江航线轮船公司众多，同样的航线上也许有多家公司的轮船，各种轮船的设施和价格会有很大的区别，买票前一定要问清轮船的具体情况。

3. 在售票窗口拿到的票一般只注明了时间、价格、船号和码头，座位或床号是没有注明的。上船后找到对应的票务处（或"换乘处"，不同的船名字可能不同），用船票换取床位牌或座位号，然后对号入座。如果对床位有特殊要求（比如年纪大或身体不适想睡下铺，或希望安静一点想要上铺），就应该提前到码头上船，那样的话要求被满足的可能性要大一些。

水路

除了每天一趟到湖北宜昌的普通客轮，重庆已经没有到长江中下游城市的普通客轮了。登船地址为朝天门四码头重庆港客运站，从市区有401、102、120、262、272路等很多公共汽车可到达，船票随到随买。长江沿线各地均有三峡游轮停靠。

轮船售票处

- ⊙ 美专校街10号附2号
- ☏ 023-63861888
- ⊙ 6:30—22:00

市内交通

重庆市区地势不平，几乎不见自行车的踪迹，于是市区公共交通十分发达，公共汽车、小公共汽车、空调车和环线观光车以及高峰车，使得出行很方便。当然，出租车也在城市街道上穿梭往返。另外，穿城而过（大渡口新山村→较场口）的轻轨列车2号线也成为一道独特的城市风景线。此外，轨道1、2、3、4、5、6、9、10号线及国博线、环线、江跳线已经通车。

游在重庆

朝天门广场　★★★　🚶🚇

"朝天门是重庆伸向两江的舌头尖"，这个比喻太恰当了。以前，朝天门是面朝天子迎接圣旨的地方，现在是俯瞰两江的去处，晚上的朝天门灯火通明很适合看夜景。重庆公路"零公里"标志也设在朝天门广场，是城市中心的标志。

朝天门码头有游轮可供游客夜游两江，从江面上可以看城市色彩斑斓的霓虹灯倒映在江水中，美轮美奂；沿江的高低建筑，在灯光的映照下错落有致；还可看到灯火辉煌的洪崖洞、会七彩变色的重庆大剧院等景点。

🚌　临近小什字小商品（公交站）、朝天门（地铁站）、小什字（地铁站）

👁　20～30分钟

☀ 游轮分不同等级和档次，票价从几十元至两百元不等；纯看风景推荐价格较低的船。国庆节、春节等节假日期间船票价格均有上涨，涨幅只有在节前才能知晓。特殊节假日使用专用票，平时的普通票不能使用，请购买时选择相应节假日专用票。

解放碑　★★★　🚶🏙

相当于天安门之于北京的地位。繁华现代的商业中心，好吃一条街都聚集在周围。一句话，你对重庆有兴趣吗？如果是的话，那就到解放碑来。

📍　渝中区民族路177号

🚌　临近小什字·重庆金店店（公交站）、临江门站（公交站）、临江门（地铁站）

👁　2～5小时

长江索道　★★★★　🚇

长江索道素有"日光山城，夜瞰灯海；不坐索道，白来重庆"的美赞。索道轿厢四周是玻璃，可360度赏景，白天可一望两岸自然风光，夜幕降临后一片灯火辉煌，尤为壮观。对于外地游客来说，乘坐长江索道飞渡长江，在空中欣赏著名的重庆景色，绝对是一种新鲜感十足的体验。长江索道还是热门的影视剧拍摄地，《从你的全世界路过》《周渔的火车》等多部影视剧在此取景。

🎫　单程20元，往返30元

🕗　8:00—21:00

在洪崖洞欣赏美丽的嘉陵江

临近小什字·重庆金店站（公交站）临江门（地铁站）、小什字（地铁站）

20～30分钟

山城步道　★★★

重庆是著名的山城，很多建筑沿山而建，看似相邻的地方落差可能高达几十米，因此过去重庆有很多非常繁华的步道。但随着交通条件的改善，这些步道慢慢地失去了作用，有的已经消失或者荒芜了。

现在重庆修复了第三步道，这条步道依次经过抗建堂、菩提金刚塔、第一水厂塔、仁爱堂、石库门、山城巷等独具老重庆风格的历史景点，全长1748米，是一条颇具重庆城市特色的山城步道。

免费

临近中兴路（公交站）、较场口（地铁站）

1～3小时

鹅岭公园　★★★

鹅岭原名鹅项岭，地处于长江、嘉陵江南北挟持而过的陡峻狭长山岭上，因其形似鹅之颈项，故而得名。它是重庆最早的私家园林，清末重庆商会首届会长李耀庭的别墅。鹅岭公园背倚山城，处于重庆半岛最高处，高挑出世。登上瞰胜楼远眺，两江风光尽收眼底，夜观灯海，更是别有一番风味。

免费

临近鹅岭站（公交站、地铁站）

2～3小时

歌乐山烈士陵园、白公馆、渣滓洞　★★★★

对于中国人来说，这里是重温60多年前历史的地方，也许遥远，也许血腥，也许惨烈，但历史总是不能忘记的。

免费

9:00—17:00

临近西政（公交站）、白公馆（公交站）、烈士墓（地铁站）

4小时

重庆中国三峡博物馆　★★★★

博物馆由壮丽三峡、远古巴渝、城市之路和抗战岁月4个基本陈列以及6个专题陈列构成，馆藏国家二级以上珍贵文物3000多件。博物馆建筑外观由弧形外墙和玻璃穹顶构成，分别代表三峡工程大坝

和三峡渊源的历史文化。此外，博物馆还建造了长1000多米的生态廊、"巴人之舟"青铜雕塑等。

免费

9:00—17:00（周一闭馆）；大三峡环幕电影放映时间：10:30、14:30、15:30；重庆大轰炸视频放映时间：10:00、15:00、16:00

重庆市渝中区人民路236号

临近曾家岩站（地铁站）

2～3小时

磁器口古镇　★★★★★

"一条石板路，千年磁器口。"对于爱好古镇民俗的旅游者来说，磁器口是嘉陵江畔的一座有着1700年历史的古镇；而对于美食家来说，到磁器口就意味着不得不品其"三绝"：千张、麻花鱼、毛血旺。

免费

3～4小时

1.**毛血旺**：清韵茶轩对面那家的毛血旺是最正宗的。另外，这里的豆花过口不忘。

2.**川剧座唱中心**：每月15日14:00—17:00有四川剧院的演员来表演。茶水2元，有节目时另加1元。"龙隐茶楼"，每月6、16、26日有川剧表演，时间同前。吃的鸡杂、毛血旺都比较实在，挺有特色，最著名的就是陈麻花，但整条街都是陈麻花，可根据口味而定，别盲目排队，周末节假日的人较多，注意别拥挤。

重庆湖广会馆　★★★

湖广会馆建于1759年，是中国明清时期南方建筑艺术的代表，也是中国现存规模最大的古会馆建筑群。内有广东会馆、江南会馆、两湖会馆以及江西会馆四个戏楼。整个古建筑群雕梁画栋，刻有西游记、西厢记等人物故事的图案，栩栩如生。

25元

9:00—18:00

渝中区长滨路芭蕉园1号

坐地铁1号线到小什字站下车，8号出口，直走右转；如果坐长江索道，下了索道径直往前沿着小路走就能到达

3小时

缙云山　★★★★

全国自然保护区，有1300多公顷森林，1700多种亚热带植物，是著名的植物宝库和森林公园。其中水杉是1.6亿年前即存在的古生物物种，世界罕见的活化石树。缙云山还是佛教圣地，佛寺众多，最著名的是缙云寺。

游在重庆

- 30元
- 9:00—16:00
- 北碚区缙云路27号
- 朝天门、解放碑、南坪、杨家坪均有汽车到北碚，然后在地下商场车站换乘至缙云山的旅游专线客车可达
- 1天

重庆巴渝民俗文化村 ★★★

这个地方叫作"村"，真的是一个恰如其分的说法。秀气古朴的房屋，郁郁葱葱的树林，生机勃勃的花圃，一派山村田园的景象。村内主要景点有一馆、四院、一庙、一牌坊，还有索桥、广场、湖泊、农舍、曲廊茶园与民俗风情街等景点。

- 免费
- 临近民俗文化村（公交站）、碧津（地铁站）
- 2小时

南山一棵树 ★★★

围绕一棵大树形成的一处视线开阔的观景台，日观重庆风貌，夜览山城美景，是重庆都市旅游的必到之地。

- 30元
- 9:00—22:30
- 重庆市南岸区南山风景区内
- 临近上新街（公交站）
- 2小时

钟书阁 ★★★

在书店徜徉的人安静挑选着书，角落里，星星点点地坐着些孩子，每个人在这里都能找到属于自己的世界。

- 免费
- 临近杨九路（公交站）、杨家坪（地铁站）
- 1~2小时

华生园金色蛋糕梦幻王国 ★★★★

城堡建有许多彩色的欧式古堡，承载了女孩子的少女心和童话梦，很适合拍摄婚纱照。里面的华生园工厂，不仅可以参观华生园的生产线，还能自己动手做个蛋糕带回家。

- 30元
- 大渡口区凤祥路123号
- 临近万有广场（公交站）、凤祥路（公交站）
- 2~3小时

四川美术学院 ★★★★

学校面积不是很大，但是真的很漂亮，有罗中立美术馆、隧道、梯田、荷塘各种打卡胜地。文艺范、冷淡风、古典美、工业风，总有一款满足你的心头好。美术馆曾经招来世界各地的游客过来拍照留念打卡。

- 免费

麻辣小面和泉水豆花

重庆麻辣小面和泉水豆花最有地方特色，两种简单的小吃，佐料却可以达十几二十来种，味道怎能不好！

坝

重庆难有平地，所以重庆人很珍惜地把平地统一称为"坝"；重庆人喜欢喝茶，泡坝坝茶馆就是一件老少咸宜的事。一副麻将、几杯清茶、懒洋洋的阳光外搭好吃又便宜的盒饭，就成了一种享受。

南滨路美食

近几年很火爆的"南滨路"，最初定位于打造"重庆外滩"，后来发展为来重庆的客人几乎必去的饮食娱乐一条街。北滨路也迅速发展，饮食、娱乐等行业逐渐繁荣。

巴渝文化村婚礼馆

游在重庆

重庆好吃街

🚌 临近大学城西路（公交站）

👁 1～2小时

广阳岛 ★★★

每年3月，广阳岛大片的油菜花是一道美丽的风景，3至4月是游览的最佳时节。"高峰梯田"和"好大一块田"是最主要的油菜花观赏点，其中"好大一块田"是重庆主城区单块面积最大的农田，也是传统打卡点，满眼金黄，实在惬意。

🕐 周一不开放，周二至周日开放时间为9:30—14:30

📍 重庆市南岸区峡口镇广阳岛

🚌 临近广阳岛观光线珍姆林站（公交站）

👁 1天

弹子石老街 ★★★★

长嘉汇弹子石老街坐落于"重庆外滩"南滨路。前后1000米的街道有约80米的高差，爬坡路上可看到川东风格的街巷院坝和吊脚楼商肆。

夜晚登上野"两江汇观景平台"可横看整个渝中半岛以及江北片区，将重庆夜景尽收眼底。此外，街上众多美食、酒吧也让人流连忘返，是本地人的休闲娱乐街区，游客到此更是能感受到浓浓的重庆风情。

📍 南岸区泰昌路68号

🚌 临近卫国路口（公交站）、弹子石（地铁站）

👁 1～2小时

李子坝观景平台 ★★★★

重庆依山而建、一步一景，总给人一种魔幻现实的感觉。当你走在路上，可能下方就是一栋高楼，当你在高楼上，可能走着走着就到了公路上。而李子坝就是这座城市最魔幻的景观，看着轻轨穿高楼而过，你一定会感叹这好像电影里的场景。记得带相机，这一瞬间值得永远收藏。

📍 渝中区李子坝正街62号

🚌 临近轨道李子坝站（公交站）、李子坝站（地铁站）

吃喝重庆

"麻辣鲜香""无辣不成席"，要说重庆的吃，一个辣字是少不了的。灯影牛肉、夫妻肺片、酸辣粉、毛血旺、麻辣小面都是辣字当头，而重庆火锅一端上来，更是只见红色的汤油。不仅如此，重庆还是"川菜革命"的"根据地"，许多新的菜品系列都发源于此。因此，为了争得川菜"正宗"，重庆和成都两地争得不可开交。重庆的吃就像时装一样，潮流不断，鸭火锅、鳝鱼火锅、泉水鸡、酸菜鱼、烧鸡公、麻辣鱼，走马灯似的换，这一点与成都倒也有几分相似。街头巷尾的小吃也不容错过：麻圆、凉糍粑、山城小汤圆、九圆包子、熨斗糕、鸡丝凉面、过桥抄手、油醪糟、鸡汁锅贴，数是数不过来的，吃也需要时间，慢慢来。

重庆火锅如今在全国各地开花结果，但火锅还是重庆的性价比高。实惠的重庆人，懂吃又会吃，他们很少到酒楼里摆排场，小摊、小店吃又便宜。

近两年重庆火锅突然裂变成了两大流派，一派是大家熟悉的老火锅，自号为"水路火锅"，在江边和城里大小火锅店吃到的大多属这一派。后起之秀自称"陆派火锅"，以著名的南山为据点，其

实更像山里人家的火锅农家乐。"陆派火锅"靠山吃山，用的原料多是猪、牛的内脏，取材于刚宰杀不久的动物，吃是图个新鲜劲，所以又叫"鲜火锅"。吃腻了"老火锅"，到南山上吹风尝"鲜"，也是不错的选择。

推荐食街

南滨路　目前重庆最火爆的餐饮一条街，就在长江边上，是吃美食、赏江景的好去处。

杨家坪直港大道　中西餐、各类小吃、火锅应有尽有，平民天堂，大众消费。

八一路　位于解放碑附近，几乎搜罗了重庆所有的美食品种，人称"好吃街"。

中华路　中心地带的大排档每晚 23:00 开始营业，各种价廉味美的小吃均有。

坡上坎下　此处可以找到最具重庆特色的"草根小吃"，如眼镜小面和梯坎豆花等。

磁器口　这座古镇的毛血旺非常有名。此外，鸡杂、陈麻花等也值得推荐。

重邮堕落街　不吃饱不准走！有多少青春的欢笑、年少的记忆，都随着时光的流逝一去不复，却被深藏在了学校门口好吃摊的美食里。

南山　分左、右翼，左翼有着名的一棵树观景台，还有火了十多年的"泉水鸡"一条街，昔日的竹楼农家乐很多都换成了深深庭院的精致餐厅，但在山上吃饭的感觉还是很美的。南山的右翼是重庆人新开发的"鲜火锅"一条街，其实餐厅并不扎堆，而是单门独院的，但都专营"鲜火锅"，顺山道而行绵延几千米。现在着名的有怡宁山庄、快活林、鲜农井、乡村田坎，等等。去右翼吃鲜火锅是重庆当地好吃客的时尚，外地游人是很难知道的。

推荐食处

小天鹅　老牌的重庆火锅店，味道很正，环境很好，走中高档路线，有银子的朋友不妨一试。

秦妈、德庄、刘一手、王少龙火锅店　几家老牌的重庆大众火锅店，味道正宗，价格亲民，分店众多，外地游客很容易找到，无论走进哪一家，都不会让你失望。

酸辣粉　三峡广场"歌莉娅"对面，"劲浪"旁边的手工酸辣粉，看见很多当地人火急火燎地站在店面外埋头苦吃就算找对了，据说是沙坪坝最好吃的酸辣粉。

夜游重庆

重庆城随山势由低而高，所以道路盘旋、建筑层叠起伏，入夜灯火与江水交相辉映，堪为重庆一景。有人总结说：到重庆除火锅、美女之外，"价值百万美元的夜景"也是必看的。

推荐夜游

洪崖洞　时下重庆最火爆、最时尚、最具风情的都市休闲区。以最具巴渝传统建筑特色的"吊脚楼"风貌为主体，依山就势，沿江而建，外来游客可在这里游吊脚群楼、观洪崖滴翠，逛山城老街、赏巴渝文化，品山城火锅、看两江汇流、玩不夜风情。

枇杷山公园　公园的红星亭，鹅岭公园的两江楼，南山一棵树观景台都是较佳重庆夜景的观景点。

购物重庆

怪味胡豆、米花糖、合川桃片、涪陵榨菜、永川豆豉、忠县腐乳这些是随到随有的干货。广柑、橘子、柚子、脐橙是可遇不可求的时令美味。最值得推荐的是几大品牌的火锅底料，可买回家再次品尝正宗重庆火锅味，结束重庆之旅时多数人是不会空手而归的。

推荐购物

重庆主城区最热门的购物中心主要集中在六个商圈：渝中区的解放碑、江北区的观音桥、沙坪坝区的三峡广场，以及杨家坪、南平和大坪。

重庆解放碑　号称全国十大商业中心之一，这里有一张逛街地图：从解放碑碑座向四个方向走上 50 米，50 米以内商厦林立，50 米外，小街纵横，店铺连片。

沙坪坝三峡广场　如果说解放碑是北京的王府井，那么三峡广场就是西单，对于重庆的年轻人来说，三峡广场是必不可少的。

新东方女人广场　地处解放碑商业区的门户，目前是国内最大的专营女性用品的商场。

夜游重庆

当然是与它同等的城市相比。

🔆 重庆特产

重庆山地辽阔,出产许多名贵药材,如石柱的黄连、天麻、南川的杜仲、巫山的庙参等。重庆还是中国茶叶主要产地之一,重庆沱茶、翠坪银针茶、西农毛尖等,都是茶中上品。此外,蜀绣自南宋始即与苏绣、湘绣、粤绣并称中国四大名绣,也是有名的特产。

住在重庆

像重庆的吃一样,重庆的住也很便宜,

推荐住宿

闲隅江景艺术民宿

- 🔗 公园路19号德艺大厦32楼
- 📞 15803013313

观·山·水夜景客栈(解放碑来福士广场店)

- 🔗 长滨路18号海客瀛洲解放碑
- 📞 15025433555

重庆周边游

大足石刻 ★★★★ 🌄⛰

就算看过龙门,走过云冈,大足石刻作为中国古代石刻艺术的代表作仍然是不能错过的,所以又有"北敦煌、南大足"之说。

1999年12月1日,联合国教科文组织将大足石刻中的北山、宝顶山、南山、石篆山、石门山5处摩崖造像正式列入世界文化遗产。

宝顶山是佛教圣地,有"上朝峨眉,下朝宝顶"之说。宝顶山石刻造像以大佛湾石刻造像的规模最大,艺术价值最高,保存也是最完好的。北山石刻以佛湾造像最为集中,分南北两区域,南区多为晚唐、

五代作品,北区则以两宋作品为主。

- 🎫 宝顶山115元,北山70元;联票140元
- 🕐 8:30—18:00
- 🚉 大足区宝顶镇
- 🚌 在菜园坝汽车站或龙头寺汽车站坐车到大足区,客运站边上乘坐公交车到宝顶(公交站)
- 🚗 走渝蓉高速公路,到山脚下停车再步行至景区
- 👁 4~5小时

🔆 **石碑**:北山佛湾石刻的心神车窟中的普贤菩萨被誉为东方维纳斯;转轮藏经洞被称为石雕宫阁;韦君靖碑、蔡京碑、古文孝经碑为世所独存,价值极高。

万盛石林 ★★★ 🌄

万盛石林的名气在中国仅次于昆明石林。与昆明的石林一样,万盛石林也属喀斯特地貌,是我国最古老的石林,只是面积和规模要比昆明石林小一些。石林造型以效仿飞禽走兽为多,所以有天然石造"动物乐园"之称。附近的黑山谷、铜鼓滩、九锅菁、樱花温泉等景区也值得一游。

- 🎫 淡季(11月—次年2月)50元;旺季(3~10月)65元
- 🚌 在南坪、陈家坪汽车站乘汽车到万盛;也可在菜园坝火车站乘旅游专列到万盛,然后在万盛旅游汽车站乘坐去石林的班车
- 👁 2~3小时

黑山谷风景区
★★★ 🌄⛰❌🌊

被专家誉为"渝黔生物基因库",是目前重庆地区最大的、原始生态保护最完好的自然生态风景区。集幽峡、森林、飞瀑、溶洞、珍稀动植物于一体,是峡谷穿

大足石刻中的六道轮回

重庆周边游

越、漂流观景、攀岩探险、野营露宿、垂钓狩猎的绝佳去处。

🎫 85元，观光车30元

🕐 8:30—16:00（3—10月）
9:00—15:00（11月—次年2月）

📍 綦江区万盛经开区黑山镇境内

🚌 陈家坪、菜园坝或者南坪长途汽车站乘坐到万盛城区的长途大巴，车费22~28元。万盛汽车站乘坐公交车至游客接待中心（公交站）

👁 4~6小时

奥陶纪国际旅游度假区

★★★★　🏊

奥陶纪主题公园地处黑山谷与龙鳞石海两大景区中间，依托独特的石林地质奇观打造了中国首屈一指的高空刺激体验项目集中地。在这座悬崖之上的主题公园里，可以真正体验到"玩的就是心跳"。回荡成180度的悬崖秋千让人心惊肉跳，悬于数百米高崖之上的天空悬廊让人真正漫步云端，穿越峡谷的高空速滑可以让人切身感受飞一般的爽快……这里绝对是寻求刺激体验的最佳选择。

🎫 周一至周五220元；周六至周日240元；节假日280元

🕐 9:30—19:00（5—10月）
10:00—18:30（11月—次年4月）

🚌 重庆有多班开往万盛的班车，价格22~28元，乘坐公交车到黑山谷，再选择打车前往

👁 1~2天

四面山 ★★★★　🏊🎣🛶

四面山属丹霞地貌，是自然资源丰富的原始森林。山间有众多溪流、湖泊和瀑布，各种动、植物也为景区增添了盎然生机，被称为我国"物种基因的宝库"。

🎫 110元（2—10月）
60元（11月—次年1月）

🕐 8:00—18:00

📍 江津区四面山镇

🚌 重庆陈家坪汽车站每天有多班车前往江津，票价24元

👁 1~2天

金佛山 ★★★★★　🏊🎣🛶

集山、水、林、石、洞于一体的自然景观，在整个西南地区随处可见，但金佛山又有自己的特色，还建有滑雪场等娱乐设施，是冬季玩雪的好地方。

金佛山景区由金佛、柏枝、菁坝三座山组成，复杂的地势中深藏着佳木奇花和众多国家一级保护动物，对日益懂得亲近自然的都市人来说，这里无疑是一处陶冶心灵、呼吸新鲜空气的野生动植物园。

龚滩古镇

重庆周边游

丰都鬼城

西门套票180元（门票+索道+巴士）；北门套票150元（门票+索道）

周一至周五9:00—17:00；周六至周日8:30—17:30；法定节假日8:00—17:30

在重庆汽车站乘坐到金佛山的大巴车，票价42元

1～2天

💡**1.金山五绝：**为银杉、银杏、大叶茶、方竹、杜鹃王树。

2.保护动物：白冠鹤、红腹角雉、金丝猴、黑叶猴等是金佛山的国家一级保护动物。

丰都鬼城 ★★★

以传说中阴曹地府的建筑和造型而著名。城内有哼哈祠、天子殿、奈何桥、黄泉路、望乡台、药王殿等多座表现阴间的建筑，非常逼真。景区内树木郁郁葱葱，还有苏轼、陆游、范成大等历代名人的碑刻，可以一一欣赏。

90元

7:30—17:30

朝天门码头有到丰都码头的轮船，下船即是景区。朝天门长途汽车站每小时都有发往丰都的班车，可再转乘公交到名山旅游广场（公交站）

2～3小时

💡如果有兴趣，可以请一位导游，听听故事，了解古代的风俗禁忌。

龚滩古镇 ★★★★

有"重庆第一历史文化名镇"之称。吊脚楼是龚滩招揽众多游人的原因，沿江的吊脚楼规模大、年代久、建筑精巧。而更值得驻足的还有龚滩镇的石板街，有历史、人文以及一种生活本身的美感。2005年为修建乌江彭水电站，龚滩古镇全镇搬迁。现在我们看到的是一个崭新的龚滩古镇，而那段1700年的历史，已被永远地淹没在乌江之下。

乌江画廊游船58元

重庆陈家坪汽车站都有开往酉阳的客车，票价约120元；酉阳到龚滩的汽车很多，票价25元左右；也可从重庆火车站乘坐火车到秀山再转到酉阳龚滩

3～5小时

酉阳桃花源 ★★★★

世界上有两个桃花源，一个在陶渊明的文章里，一个在重庆酉阳。酉阳桃花源位于武陵山腹地，浓缩了最美的原生态风光。在桃花盛开的时节，景区内落英缤纷，沿着清幽的石板路，经过层出不穷的亭台楼阁、陶公祠、桃源碑林、农田、房舍，一切似乎与《桃花源记》中描写的景别无二致。主要景点有桃花源、伏羲洞、酉州古城、太古洞、桃花源广场。其中景区伏羲洞全长约3千米，有曲折的廊道、幽深的地下河，还有五彩缤纷的钟乳

重庆周边游

重庆周边游

天坑地缝

石，景观秀丽。

- 🎫 100元
- 🚌 可乘长途汽车或火车从重庆前往酉阳，在酉阳县城打车前往桃花源景区
- 👁 3～5小时

涞滩古镇

★★★★ 🅿🅿🅿🅿

涞滩镇位于美丽的渠江边，是重庆小十景之一，距重庆城区85千米，交通方便。

涞滩古寨四座城门呈十字对称，寨墙全部由半米多长的条石砌成，十分坚固，寨内还保存着200米的青石板街道，400余间清代民居。涞滩景观有"古、奇、特、全、秀"等特色，镇上的二佛寺、摩崖造像、古寺庙、古瓮城、明代古牌坊、文昌宫戏楼、舍利塔群、钓鱼城及古寨民居等建筑构思巧妙，匠心独运。从缅甸引进的六尊玉佛更为景区锦上添花。

- 🚌 从合川客运中心乘坐到涞滩的客车，票价13元，再搭乘摩托或小面包车进古寨
- 👁 1～2小时

金刀峡景区 ★★★★ 🅿🅿 🅿🅿

与黑山谷相比，金刀峡更险，路更陡峭，栈道沿崖壁而建，游客相对较少，适合户外爱好者及对探险感兴趣的人。山顶气温较低，记得备保暖衣服。

- 🎫 80元（3—10月）
     60元（11月—次年2月）
- 🕐 8:00—16:30
- 🚌 从重庆走渝合高速公路，在北碚向北上通往柳荫乡的水泥公路，过偏岩古镇继续向北，一路都有金刀峡的指示牌
- 👁 3～5小时

💡 如果在柳荫包车的司机说上峡口那边封路到不了，只能去下峡口，多半是骗人的。

奉节天坑地缝 ★★★★ 🅿🅿🅿

天坑号称"天下第一坑"，是当今世界洞坑奇观之一。在通往坑底的小道上，会经过两间房屋，一处草木丛生、野花烂漫的坡地，悬泉飞泻坑底形成地下河。天坑终年云蒸霞蔚，令人如处云雾之中。

地缝南距天坑南8千米左右，分上、下两段，上段由兴隆场大象山天井峡进入，全长3.5千米。下段至今尚未探明，据说天坑坑底至迷宫峡那段长约6千米的暗河就是其中的一部分。

- 🎫 旺季45元；淡季30元
- 🕐 8:30—19:00（17:00停止入园）
- 🚌 从重庆汽车站乘坐前往奉节的大巴，再由奉节汽车站乘班车，约1小时可达景区，车费15元/人；沿途相伴的九盘河就源自天坑地下河，风景秀丽
- 🏨 在新龙镇住宿，这是离天坑地缝景区最近的小镇，交通也方便
- 👁 5～6小时

🚩 **龙桥河：** 距新龙镇20多千米的龙桥河，源自地下河，又流入地下，很有意思，从新龙镇驾车1个多小时可到，有时间不妨去看看。

红池坝国家森林公园

★★★★ 🅿🅿

中国南方第一大高山草场，是战国历

重庆周边游

乌江画廊

史名人春申君黄歇故居。夏季绿草如茵，繁花似锦；冬季银装素裹，一派北国风光。其中"绝世奇观"夏冰洞是中国十大奇洞之一，夏季冰天雪地，冬季水暖气腾，至今仍是未解之谜。

- 💰 100元
- 🚌 乘车至巫溪县城后转乘班车前往文峰镇，车程1.5小时，车票16元，最后搭乘到红池坝的汽车，车费20元
- 👁 2～3小时

乌江画廊 ★★★★

乌江画廊的神作之景是东风湖，雄奇可比三峡，又兼具漓江的秀美。沿东风湖逆流而上，有一个苗族风情浓厚的化屋基苗寨，处处可以领略苗族的民族特色。

- 🚌 在重庆市朝天门码头乘坐下水游船或汽车至涪陵，然后换乘快船，沿乌江上行即可游览乌江画廊
- 👁 2～3小时

茶山竹海国家森林公园 ★★★★

中国茶山竹海国家森林公园，景区森林覆盖率达97%，国家一级环境空气质量，是理想的天然氧吧。景区2000公顷茶园和3300余公顷天然竹林相互交融，茶连竹，竹连茶，人称"茶山竹海"，是中国国家国际象棋队集训基地和武侠

巨片《十面埋伏》的外景地。

- 💰 免费
- 🅿 永川区茶山竹海街道办事处箕山林场
- 🚌 陈家坪、菜园坝或龙头寺汽车站搭乘客车经成渝高速，车程1.5小时，可直达永川客运中心，然后转乘直达景区的班车即到；也可搭乘火车前往
- 👁 3～4小时

芙蓉江国家重点风景名胜区 ★★★★

芙蓉江是乌江最大支流，重庆段形成了两岸秀丽的高峡平湖风景区，景点繁多，以"天下第一洞"芙蓉洞最为出名。洞旁的地江速滑是目前最长的过江速滑，飞身过江，既可鸟瞰芙蓉江大峡谷之美，又可目睹烟波浩瀚的芙蓉江水电站库区全貌。此外，景区内国家一级珍稀动物黑叶猴可贴近观察，猕猴更是成群可见。

- 💰 门票+往返索道150元
- 🕐 8:30—17:00
- 🅿 重庆市武隆区江口镇
- 🚌 可在武隆汽车牛站转乘直达芙蓉洞景区的班车，票价9元，行程40分钟
- 👁 1～5小时

天生三桥 ★★★★

天生三桥是我国罕见的地质奇观生态景区，历经上千年的风风雨雨。景区以天龙桥、青龙桥、黑龙桥三座气势磅礴的石

西沱

米，缝口与谷底之间高350余米。谷底溪水潺潺，清澈见底。峡谷两岸如刀劈斧削一般，光线最强时，阳光也很难照亮谷底。行走其间，仿佛置身地球深处探险，在时空隧道中穿梭。主要景点有龙潭映月、圣象戏水、瀑布水帘等。

- 🎫 105元
- 🕐 8:30—16:30
- 📍 重庆市武隆区仙女山南麓龙水峡地缝
- 🚍 在仙女山镇游客接待中心乘坐景区提供的中转车，直达地缝景区
- 👁 2～3小时

拱桥称奇于世，具有雄、奇、险、秀等特点。这里是电影《满城尽带黄金甲》的外景拍摄地。

- 🎫 旺季125元；淡季95元
- 🚍 可在重庆龙头寺坐直达仙女山镇的车，车票89元
- 👁 2～3小时

仙女山国家森林公园
★★★★

仙女山海拔1650～2033米，年平均气温低于11.2℃，气候宜人，风景优美。以其独具魅力的高山草原、南国罕见的林海雪原、清幽秀美的丛林碧野景观著名，有"山城夏宫""东方瑞士""落在凡间的伊甸园"等美誉。林海、奇峰、草场、雪原为仙女山"四绝"。骑马、越野、滑草、滑雪，一年四季可以尽情畅游。

- 🎫 50元
- 🕐 全天开放，景区自费项目8:30—16:30
- 📍 重庆市武隆区仙女山镇
- 🚍 在重庆市区各长途汽车站都有至仙女山的汽车，车程约2小时即达
- 👁 0.5～1天

龙水峡地缝　★★★★

武隆地缝是世界第二大天坑群，属典型的喀斯特地貌景观。地缝，顾名思义，就像地球裂开了一道深邃的缝隙，谷底最窄处只有一米，最宽处也不足十

白马山天尺情缘景区
★★★★

景区设计打造了景致独特的飞天之吻、望仙崖、贡茶园、巴古石林，以及具有现代文旅特色的白马仙街、浪漫天街、8D影院、真爱礼堂等景点。千米悬崖之上，以武隆民间传说敖响风与茶仙女的爱情故事为原型，代表王子和仙女的一男一女两座巨型雕塑，从地面旋转上升到千米高空"相吻"。

- 🎫 60元
- 🚍 乘坐白马山天尺情缘观光车可达
- 👁 0.5～1天

武陵山国家森林公园
★★★★

武陵山是重庆市民休闲避暑、度假露营的天堂。因为海拔1980米左右，所以年均气温仅有9.9℃，哪怕是7、8月酷暑，平均气温也仅有19.7℃，实在是避暑胜地。因为森林覆盖率达95.2%，所以空气质量非常好，曾被评选为"重庆最美森林氧吧"。

- 🎫 45元
- 📍 涪陵区大木乡大木林场
- 🚍 可以从重庆北站乘火车至涪陵站，票价15.5～31元，然后包车或打车前往
- 👁 0.5～1天

三峡

感受三峡

最富传奇色彩的峡谷　没有哪个峡谷比长江三峡被文人墨客赋予更多的诗篇和称赞。雄伟的瞿塘峡、惊险的巫峡、秀美的西陵峡构成了世界上最神奇的峡谷。李白、白居易、苏轼等诗杰文豪赋予了这里艺术的流放气质，屈原、王昭君平添了最浪漫的传奇色彩。三国逐鹿，无数英雄豪杰在古战场上纵横驰骋；而今虽已物是人非，却留给后人无尽的想象和深深的喟叹。

行在三峡

进出

三峡主要是重庆万州区至湖北宜昌市之间的狭长峡谷的总称，由于景点的分布，最好选择从宜昌乘坐游船游览。而从各地到宜昌或重庆的方式很多，交通便利。

飞机

三峡机场位于宜昌市，距市中心26千米，已开通宜昌至北京、深圳、上海、广州、大连、海口、武汉等地的航班。机场大巴是每个航班起飞前2小时从清江酒店开出。

问询电话　☎ 0717-6532114

铁路

宜昌火车东站有始发北京、广州、上海、无锡、西安、太原、武汉等方向的直达列车，此站也是宜昌高铁站。

公路

通往宜昌的交通主要依靠宜黄高速公路，豪华快车通常是人们的重要选择。可以从武汉、荆州、恩施、神农架等地坐车前往，再乘坐游船游三峡。

长途汽车站点及发车方向

> **大公桥客运站**
> ☎ 0717-6222143
> 🚌 湖北省内各县市及其他省市的长途客车
> **长途汽车客运站**
> ☎ 0717-6445314
> 🚌 省内外长途班线为主
> **海通客运站**
> ☎ 0717-6242810
> 🚌 宜昌地区内的短途班线为主，也有开往武汉汉正街、十堰、沙市、公安的班车

水路

游三峡，可先到重庆、武汉、宜昌，然后乘船游览，在景区靠岸观光。这样做的好处是将交通、住宿、餐饮都交给游船负责，免去奔波之苦和找酒店的麻烦。

🔆 三峡游轮

长江沿线各地均有三峡游轮停靠，预定前首先要注意选择航线，因为长江步步景不同，每个航段各有特色。其次选择游轮，即使在同一区域航行，不同游轮所停靠的港口和所经过的航线景观也会有差异，建议行前最好仔细参考比较各游轮公司提供的航线图和行程表。第三是选择舱位。游轮的布局大体一致，多数的客舱是安排在船的中部，越靠近驾驶台的舱位越豪华，景观也越好，有些房间还拥有私人的观景台。作为公共区域的餐厅、商店、酒吧、夜总会、剧院等场所大多位于游轮的首尾部分。

🔆 游览路线

1. 顺流游览，即重庆至宜昌顺水行舟，一般3天，沿途各大景点白天停靠，大约650元。

2. 往返游览，即重庆游览至宜昌，再乘船从宜昌返回重庆，时间一般为4～6天，费用大约1530元（一般包含船上用餐）。

🔆 旅游班车

宜昌的旅游班车可以方便通往各个景点，如五峰柴埠溪景区、远安鸣凤山景区、秭归九畹溪、宜都古潮音洞、夷陵晓峰景区、枝江三峡奇石村等，旅游班车一般在大公桥乘坐。

🔆 游轮

1. 宜昌→万州区的游船是高航速旅游船，柴油机，噪声大，但是航速快。

2. 如想细细品味三峡最好乘游轮，宜昌各大旅行社或宾馆都有豪华游轮业务，但这样游览三峡一般要好几天，费用较贵。

感受三峡

乘三峡游船一般选择"重庆→宜昌（或宜昌→重庆）"段，沿途停靠涪陵、丰都、云阳、奉节、巫山、巴东、茅坪等站，票价为600～3450元。

三峡游客中心

☏ 0717-6910001

景区交通

三峡一般有两种走法。

从宜昌溯源到重庆

1. 行船时间比较长，有足够的时间欣赏两岸风景。

2. 费用相对低。

从重庆顺流到宜昌

1. 顺水行舟，船速快。

2. 白天安排停靠景点，两岸风光一览无余。

3. 晚上一般不行船，在船上的休息娱乐不会受到行程的影响。

游在三峡

一般乘船游览三峡，大三峡（瞿塘峡、巫峡、西陵峡）及其中的景点均在船上观看，不需要门票。所以一定要在船上找一个既安全又能欣赏美景的最佳观赏位置。下船游览时一定要牢牢记住游轮停靠的码头和游轮开航的时间，必须在开航前返回游轮。

三峡中风雨难测，所以雨具是必备的物品之一。船上江风较大，春秋季节应准备薄毛衣或外套；冬季长江上更是寒冷，应带好厚重衣物，如羽绒服等。

石宝寨　★★★★

石宝寨的美之所以夺人心魄，最重要的原因是它建在玉印山的峭壁上，融合了山体的峻拔之势。依山而建的12层塔形阁楼，高56米，全木质结构，是国内仅存的唯一一座穿斗式木结构建筑，整个建筑没有一颗铁钉，历经300多年保存完好，实为建筑奇迹。

🎫 45元

🕐 8:00—18:00（夏令时）
8:30—17:30（冬令时）

🚌 在重庆朝天门汽车站乘长途汽车；或在朝天门码头乘快艇到达忠县，然后在忠县汽车站乘班车前往石宝寨

👁 2～3小时

瞿塘峡　★★★★

三峡中的第一站，也是最短的峡谷，瞿塘峡西起奉节白帝城，东至巫山大宁河，长仅8千米。这段中的主要景点有白帝城、大溪古文化遗址和古巴人悬棺。

🎫 免费

🚌 在重庆朝天码头乘船抵达奉节新县城，行程约7小时，再转乘公共汽车前往白帝城

👁 2～3小时

☀ 白帝城坐落在瞿塘峡西口的白帝山上，因三国时期刘备讨伐东吴兵败，白帝城托孤而闻名于世。白帝城东依夔门，有廊桥与岸边连接，城内建有典雅古朴的白帝庙。明良殿东、西两侧，陈列着从隋代至清代的70多块完好的石碑，其中《凤凰碑》和《竹叶碑》最为独特精美，引人注目，堪称瑰宝。

以前的三峡打鱼人，自长江禁渔以来，这样的景象已经见不到了

巫峡 ★★★★

巫峡又名大峡，以"秀"著称，是三峡中最精彩的一段。峡谷幽深曲折，是长江横切巫山主脉背斜而形成的。整个峡区奇峰突兀、怪石嶙峋，群峰如屏，江河曲折，宛如一条迂回曲折的画廊，充满诗情画意。巫峡谷深狭长，日照时间短，峡中雾气蒸郁不散，云雾千姿百态，形成巫峡佛光，为此古人留下了"曾经沧海难为水，除却巫山不是云"的千古绝句。

- 🚌 乘三峡游轮或在巫山县乘船，会在巫峡停靠
- 👁 1～3小时

神女峰 ★★★

除了巫山云雨，巫峡的另一绝就是幽深奇秀的峰。峡江两岸，青山不断，群峰如屏，直刺云天；谷深峡长，江流曲折，船行其间，峰回路转。

巫峡两岸群峰，以各具特色的十二峰为奇，十二峰中又以神女峰最为纤丽奇俏。因峰谷秀丽形似神女，加之美丽的传说，使得没有生命的岩石也多了几分迷人的神采。日出之时，太阳从神女峰的深处升起，一直是三峡上的经典景观。三峡工程竣工后，神女峰下淹不到50米，但无伤大雅。

- 💰 免费
- 🕐 8:00—17:30
- 🚌 游船途经巫山时可以看到
- 👁 2～3小时

💡 **观看日出的最佳时间：** 春夏季6:30—8:30；秋冬季7:30—9:00。

灯影峡 ★★★

船过长江江面，如果角度合适，可以看到崖顶有四块颇似唐僧、孙悟空、猪八戒和沙僧四人的巨石真是惟妙惟肖。因在夕阳辉映时，酷似皮影戏，当地人称为"灯影子戏"，所以此处得名"灯影峡"。

- 💰 免费
- 🕐 9:00—17:00
- 🚌 可在宜昌城区乘公交车到达三峡茶城，有从夷陵客运站发往三峡景区的专线公交车经过；或在葛洲坝三号船闸码头乘三峡人家和两坝一峡的专线游船
- 👁 1小时

三游洞风景区 ★★★★

三游洞、楚塞楼、张飞擂鼓台、陆游泉、下牢溪，听着这些景点名，可以想象在人杰地灵的楚地，有过多少历史人物匆匆走过。

- 💰 65元
- 🕐 8:30—17:30（3—10月）
  9:00—17:00（11月—次年2月）
- 🚌 临近三游洞（公交站）
- 👁 2～3小时

橘源里の糖果小镇 ★★★★

小镇设计灵感布局来源于迪士尼《无敌破坏王》原型。橘源里の糖果小镇一期规划设计共匠心打造9套主题IP民宿，每套民宿都有自己不同的主题，风格各不相同。有主题展示区、亲子娱乐区、糖果售卖区等，专门为亲子娱乐定制开发。

- 📍 新立镇双柏村

吃喝三峡

三峡的美食也有旖旎的风光。三峡有很多用当地特产做出的美食，只此一家，别无分店。比如三峡盛产柑橘，用橘子做的菜就有很多，像陈皮牛肉、陈皮鱼块、柚香陈皮翅、柚香肉等。

鱼 在长江上不可能不提到鱼。三峡的可食用鱼种类繁多，而且大多肉质鲜嫩。宜昌及三峡一带最好的鱼是黄谷鱼，如今主要依靠长江的水体资源养殖，煮汤或者下火锅味道皆鲜美异常。长江烤鱼已经成为一个品牌。

三峡纤夫宴 虽名为"宴"，但其实是三峡以前拉船的纤夫吃的再简单不过的食品。烹制方法基本上为蒸和烤两种，把鲜活小鲫鱼用筷子串上，烤后加上泡菜在锅里一闷，味道绝对原汁原味。

特色小吃

三峡分大三峡和小三峡。在大三峡，游客基本上都是在游船上吃，这样不光可以赏美景，还可以尝美食。在小三峡，可以下船吃些特色小吃，不过，肠胃不好的人最好少吃。

蒸豆腐 用豆瓣、香料、料酒等腌制后再上笼蒸，味道很独特。

贵州省

自助游：

西线：喀斯特地貌之旅

贵阳→红枫湖→安顺→织金洞→龙宫→黄果树瀑布、天星桥→织金洞→马岭河峡谷

东线：历史人文及原始生态之旅

施秉→潕阳河三峡→镇远→梵净山

东南线：侗乡民俗风情之旅

贵阳→凯里→榕江→从江→黎平

南线：原始森林生态及民族风情之旅

贵阳→都匀→独山→荔波

北线：长征文化和酒文化之旅

贵阳→息烽→遵义→仁怀→茅台镇→赤水

自驾游：

亲密接触大西南

贵阳→都匀→新寨→南坪→河池→宜州→柳州

云游贵州东南

贵阳→三穗→凯里→郎德上寨→台江→三穗→镇远→遵义→黄果树瀑布

享受苗家风情

贵阳市→三穗→凯里→施秉→镇远→榕江→从江→黎平→三江

贵阳

贵阳快速攻略

Day1 黔灵山→甲秀楼→花溪公园→天河潭
Day2 情人谷→香纸沟
Day3 南江大峡谷→香火岩
Day4 红枫湖→青岩古镇

感受贵阳

开门见山 这恐怕是对这座城市最直观地描述了，在任何一个稍微无遮拦的角度都能看到山。即使在市区，除了南门方向平坦一点，其他三个方向都有坡度，离市区愈远，这种情形愈常见，再远就是盘山路了。

润湿 哪怕是在最热的季节到贵阳，也会深刻感受到湿润。贵阳夏季多夜雨，而且一下雨气温就会下降。至于冬季，持续的绵绵阴雨令整座城市怅怅如一首宋词。

辣椒 可能是气候潮湿的关系，贵阳人都很爱吃辣椒，各种各样的制法、吃法，可谓登峰造极，有的做法甚至可以当作一道菜式而不只是佐料。

街摊 当周边城市的小吃都已经成为酒席上的正式菜肴时，贵阳的小吃也同时在露天的小摊上繁衍开来，成行成市，并不断地推陈出新。

超前消费 很难把这个词跟山区省份联系在一起，可世事往往就是这么出人意料。"哪怕身上只有 10 块钱都会打的"，正是这种舍得的消费心理，造就了这座城市熙熙攘攘的购物人群和灯红酒绿的浮华景象。

准备与咨询

语言

贵阳话属北方语系，外地人听起来觉得与四川话和云南话十分相似。大多数贵阳人都会说"贵阳普通话"，一般问路和交流没有问题。

气候与游季

贵阳气候宜人，地处亚热带，年平均气温 15.4℃，冬无大冷，夏无大热，既可消暑，又可避寒，因而被誉为"第二春城"。全年降雨丰富，多为晚上下雨，所以白天出游不受影响。3、4月份去贵州可以赶上苗族的很多传统节日。贵阳号称"中国避暑之都"，炎炎夏季可以去贵阳避暑。

节庆

贵州是一个多民族聚居的省份。"三里不同风，五里不同俗，大节三六九，小节天天有"，这一首贵州民谣形象地反映了贵州少数民族多姿多彩的风情文化。主要节日活动以苗族最多，如农

☀ **注意"免费拍照"陷阱**

贵阳黔灵山及织金县织金洞有"免费拍照"服务，但只会送钱包照片，冲印 6 寸或更大的相片是收费的。

☀ **导航**

自驾游的人要注意，市区交通较差，拥堵严重，并且路标也不清楚，最好用导航。

感受贵阳

历正月十四、十五举行的龙灯会；正月初九的跳场，二月十五的跳花，主要内容是对歌、跳芦笙；还有五月二十四到二十七的龙船节。其他民族的活动有侗族在农历正月初三、初四举行的"抬官人"活动，届时有侗戏、踩歌堂等表演；水族人在农历九月底的端节活动，等等。这些活动带有浓郁的民族特色，相信参加过的人都会感受到少数民族的奇异风情。

行在贵阳

进出

贵阳是一座内陆城市，四面环山，所以进出贵阳的主要交通方式是飞机、火车和汽车。

飞机

贵阳龙洞堡机场位于贵阳市东郊，距离市中心仅10千米。有直达国内主要大中城市，以及香港、澳门特别行政区、台湾台北、高雄，其他国家如泰国曼谷、韩国首尔等地的航班。

龙洞堡国际机场

📞 0851-85497806/0851-96967

铁路

贵阳火车站位于遵义路119号，贵阳与北京、上海、杭州、湛江、遵义间有直通列车。省内还开通了贵阳→六盘水（黄果树）、贵阳→玉屏（梵净山）和贵阳→都匀（荔波小七孔）等旅游专列。贵阳与桐梓、凯里、都匀之间也有旅客列车往返。

火车站公交线路

🚌 1、2路公交车线路环行市区，运营时间为6:00—23:00

火车站问讯处

📞 0851-12306/8181222/8181914

公路

贵阳到铜仁高速公路全线已经贯通，进出都很方便。到省内各地，基本上都可以在贵阳坐到直达车。

长途汽车站点及发车方向

金阳客运站

📞 0851-82218000

🅿 云岩区金阳南路

🚌 发往遵义、织金、正安、安顺、黄果树、铜仁、昆明、重庆和长沙等地

贵阳客运东站

📞 0851-85859089

🅿 延安西路32号

🚌 发往遵义、安顺、都匀、凯里、镇远、荔波和南宁、武汉等地

市内交通

贵阳有市内公交车线路30多条，运行时间为6:00至深夜，票价1～3元。郊区线路20多条，行车时间为6:30—19:00，个别线路稍晚至21:00。还有多条至市郊的线路，交通颇为便利。

轨道交通

1号线、2号线已建成运营。

**行
在
贵
阳**

💡 慎乘出租车

对于贵阳周边的旅游景点，建议别乘坐出租车，有乱要价现象，到花溪、青岩都有小巴可达。

💡 到机场的路费

民航大巴市区发车点为遵义路与青云路交界的贵阳民航售票处附近，机场发车点为候机楼外，路线为"机场—河滨公园—体育馆—民航售票处"，票价10元。搭乘出租车从城区到机场，收费一般都是50元左右（含高速公路费），也可在火车站、油榨街、河滨公园坐公交大巴到机场路口，然后步行到机场。

💡 乘坐正规客车

外地游客最好选择乘坐正规客运公司的客车，以防私人小巴拉客、抢客、宰客。

💡 出租车不打表

虽然已经大力整治，但出于习惯，贵阳的出租车司机仍然不爱打表，通常不出市区都是10元，但过了22:00就是11元。如果去路远的其他地方，最好事先和司机砍好价格再上车。

💡 "租"司机

贵州的山路多是"山路十八弯"，且坡陡弯急。自驾游的人如果对自己的驾驶技术不是很自信，可以"租"个司机，价钱在80～150元。

甲秀楼

游在贵阳

甲秀楼 ★★★

"五百年稳占鳌矶，独撑天宇，让我一层更上，茫茫眼界拓开……"，清人刘玉山挥笔写下这堪称与天下第一联相媲美的长联，在众多文人墨客的赞咏中独占鳌头。于是，甲秀楼虽几经焚毁、重建，依然承载了历史的沧桑和沉淀，也是贵阳的标志性建筑。

欣赏甲秀楼的美，就是在此坐在干净的长凳上，与当地人喝一壶清茶，闲话家常，在历史的背景下体验市井人生。

🎫 免费

🕐 甲秀楼（9:00～17:00）
翠微园（9:00～17:00）

📍 贵州省贵阳市南明区翠微巷135号

🚌 临近甲秀楼（公交站）、大南门（公交站）

👁 2小时

黔灵山公园

★★★★

如果想看到贵阳市的全景，那就登上山顶的"瞰筑亭"吧，除了能将贵阳市景色尽收眼底以外，还能感知贵阳市区的紧凑。

黔灵公园集高原灵气于一身，以明山、秀水、幽林、古寺、圣泉、灵猴而闻名遐迩，清绝于世，有"贵在城中，美在自然"之称。弘福寺，为清代一高僧云游到此创建，黔灵山也因此成为贵州名山。山上用青石修建了九曲之径，沿途有许多由放养而渐成野生的猕猴，人与自然和谐相处。

🎫 门票5元（弘福寺另加2元）；缆车票：单程20元/人，往返30元/人

🕐 7:00～22:00

📍 贵州省贵阳市云岩区枣山路187号

🚌 临近北京西路口（公交站）、八鸽岩（地铁站）

👁 3～4小时

💡 **1. 人工湖**：公园中的猕猴湖虽说是人工湖，景色依然怡人，衬以灵山遂成秀水，可以游泳的好处使之成为盛夏的热门选择。

2. 索道：进公园大门往左，有索道直达大罗岭，年纪大的游客可选择。

3. 猕猴多：九曲径的猕猴很多，可以花1元钱买包猴食喂它们。当它们向你走来时，千万不要缩手，否则，同样"以食为天"的猴儿们会因此与你大战。

青岩古镇 ★★★★

青岩古镇依山傍岭，墙都用石头建造而成，大石屋连着小石屋，青苍苍一片，古镇的安静古意就来自这静默不语的苍然青石。

古镇里最有韵味的是一条叫"背街"的巷子，青苍干净的石板小路，白胡子老人躺在家门口的藤椅上轻轻摇着扇子。

这里还是一个中国儒、释、道传统文化与西方基督、天主教并存的地方。尖顶的教堂与巍然的牌坊遥遥相对，体现出古镇与生俱来的宽容与大度。

🎫 10元，通票60元

🌙 古镇晚上可停留，但要注意人身安全

🚌 在客运总站乘坐贵阳—惠水方向的客车直接到青岩下车；临近青岩（公交站）

🍜 青岩豆腐和玫瑰糖是当地独有的小吃，不可错过

👁 2～3小时

天河潭风景区
★★★★ 🚻🅿🚻

　　天河潭处处蕴涵着江南水乡的精巧，无论你从哪个角度看，都自成一景。此处主要是喀斯特地貌的地下溶洞群，大大小小的瀑布处处皆是，空气中弥漫着湿润柔和的水雾气息。其有"贵州山水浓缩盆景"的美称，景区里山、水、洞、潭、瀑布、天生桥、峡谷无所不有。

💰 门票10元；船票43元；通票50元（含门票、船票）；往返电瓶车15元

🕐 8:30—18:00

🚌 临近天河潭（公交站）

👁 4～5小时

💡 1. 天河潭景区内有水洞和旱洞之分，一般先坐船游览，10人/船、10元/人，穿过银河宫后游览旱洞。

　　2. 旱洞内人工痕迹过重，不看也罢。

　　3. 游溶洞群时极易迷路，跟着大批游客在飞溅的水瀑中要想保持于爽亦非易事，建议穿坝使湿透也不致狼狈的衣物，爱美的姑娘也要当心别成了花脸。

红枫湖国家湿地公园
★★★ 🚻🅿🚻🚻

　　红枫湖四周遍布红枫树，金秋时节枫叶似火，颇具诗情画意。景区内建有苗、侗、布依三个民族村寨，苗家吊脚楼、布依石板房和侗家的鼓楼、风雨桥错落有致，别具特色。在此，还可欣赏到当地的民族歌舞，接受侗族敬酒歌、苗家拦路酒等少数民族待客礼仪。但这个红枫湖民族村人工痕迹较重。另外注意，园内也有不少景点值得一看，但有些景点需要另收费。

红枫湖

🎫 40元（3—10月），30元（11月—次年2月），上侗寨鼓楼5元

🚌 贵黄高速公路穿湖而过，贵阳市内的河滨公园有旅游专线车，20多分钟即可到达景区

👁 3～5小时

💡 1. 游船价格：门票只是到达乘船码头，美景全在湖中的岛上，必须乘坐游船。游湖大船为30元/人，快艇50元/人，包个快艇300元。

　　2. 别穿短裙：登侗寨鼓楼需另缴费5元，木制的楼梯很高且陡，穿裙子特别是短裙的女士要当心。

　　3. 夜游：如果是夏秋两季，建议夜游，可避免日间酷热和暴晒，夕照极美，还能观赏少数民族歌舞表演，参加篝火晚会，可尽兴而归。

　　4. 美食：在饱览美景之余可别忘了红枫湖的鲜鱼活虾，整桌的鱼菜价格在150～200元，大门一带的小店均可吃到，味道也不错。

　　5. 小心罚酒：在侗寨苗寨喝侗族拦门酒、苗家拦路酒时别用手碰盛酒的牛角，否则会被要求一口闷下整角的酒。

南江大峡谷　★★★★　🚻⛰

　　这里被称为"贵州的香格里拉"，以发育典型、气势宏大的喀斯特峡谷风光和类型多样、姿态各异的瀑布群为特色。峡谷全长40多千米，最深处达398米，游客可借峭壁栈道游览，也可顺江漂流。

💰 旺季58元，淡季50元；休闲漂流168元；激情漂流188元；观光车20元

📍 开阳县南江乡龙广村

🚌 可在黔灵公园对面的旅游车站乘坐直达南江大峡谷的客车

👁 1天

香纸沟　★★★★　🚻🅿🖼

　　一座简朴自然的山寨，分布着锅底箐、南靖寺、龙井湾、马脚冲等7个景区，承袭了近2000年前的古法蔡伦造纸工艺，专造民间祭祀用纸。有清澄的溪水、清静的山野、往复滚动的碾车、悬空而架的水梁和浓荫丛中的农舍。

💰 10元

🕐 8:00—18:00

📍 乌当区新堡布依族乡

🚌 在黔灵公园对面的旅游客运中心车站乘坐中巴直达即到

👁 6小时

花溪公园　★★★★　🚻🅿🚻

　　被誉为"中国第一爱河"的花溪河在此蜿蜒而过，它见证了一个世纪的爱情宣言。

花溪石板寨

当年巴金和萧珊欣然选择这里举行婚礼，后来著名画家徐悲鸿和廖静文在这里订下百年之好，现在的情人们也常常选择这里上演他们的爱情故事。太多的人文气息使花溪不屑于人工的雕饰，一切都显得非常安静、祥和、自然。

- 💰 免费
- 🕙 9:00—17:30
- 📍 花溪区花溪大道南段3108号
- 🚌 可在河滨公园旁的车站乘204路车至景区
- 👁 1～2小时

情人谷 ★★★

情人谷原本叫作"显字岩"，因为一个美丽的传说而得名"情人谷"。谷内花果漫山遍野，可以攀岩、划船、漂流；也可以在谷里露营、通宵。峡谷里有很多溶洞，洞内的钟乳石千奇百怪，形态各异，让人玩味不已。

- 💰 免费
- 🚌 临近情人谷路口（公交站）
- 👁 2～4小时

贵州省博物馆 ★★★

贵州省博物馆藏品总数已积累至8万余件，而且独具特色，其中苗族服饰和苗族银饰的馆藏量居全国第一。另外，古生物化石、旧石器时代出土文物以及反映地方历史人文和文化多样性的各类文物，也是贵州省博物馆的亮点。

- 🕙 9:00—17:00（周一闭馆）
- 📍 观赏湖区林城东路107号
- 🚌 临近国际会议中心北站（公交站）
- 👁 2～3小时

夜郎谷 ★★★

艺术家宋培伦先生历时20余年时间复原的神秘夜郎国，是融自然、文化和艺术于一体的杰作。里面用石头雕刻、堆砌了怪异的人脸雕像，神秘又诙谐，极具艺术气息。园区内还定时有民俗舞蹈表演，也可以租借苗族服饰拍照。

- 💰 20元
- 🕙 8:30—19:00（冬令时）
  8:30—19:30（夏令时）
- 📍 花溪区思杨路
- 🚌 临近明德学院（公交站）
- 👁 2～3小时

吃喝贵阳

虽说没有自己独立的菜系，贵州菜却也能兼收并蓄。无论什么菜系到了贵阳都会融入"贵阳特色"，总体上说，口味跟川

吃喝贵阳

菜、湘菜颇为接近，只是具体的麻法辣法不尽相同。

推荐食街

吃喝玩乐似乎总是连在一起，所以不必担心美食问题。

合群路 著名的夜市小吃街，整条街上的小吃摊既省钱又无甚拘束。经营时间从傍晚至半夜，最多的是烧烤摊，鸡皮、鲜鱼、鸡杂、菜蔬，凡能烤着吃的东西都有；砂锅粉摊也是吃客最多的店。

贵州特色小吃——丝娃娃

黔灵西路 紧挨着合群路的黔灵西路是美食较为集中的路段，麻辣烫、火锅、家常菜馆都是贵阳吃客集中之地。因物美价廉及店堂的平易近人而吸引了工薪阶层。四合院的家常菜，大营坡猪脚火锅值得推荐。

新华路 这条街上的馆子可以算是贵阳餐饮业的"品牌名店"所在，沿街的酒楼多为装修颇上档次且有特色的，重要的是菜都很好吃，只是比一般的馆子稍贵些，三四个人吃一餐大概在200～300元。

青云路 贵阳著名的夜市美食街。马路两旁分布了著名的留一手烤鱼、阿杜炒蟹、辣子鸡、腊肉、酸汤鱼、豆米火锅、王记甜品等美食。

推荐食处

老凯俚酸汤鱼 来贵阳必须要吃酸汤鱼，老凯俚是不二之选。酸汤鱼做得很有特色，鱼肉鲜嫩，汤汁酸香，还有些辣。店内还有苗族风情的敬米酒。

兴业街多彩贵州风景眼文创园

0851-85841116

金必轩（青岩店） 一进青岩古镇的大门就能看到，店里生意很红火，有很多青岩小吃，比较推荐卤猪脚。

北明清街57号

13595101689

CC PARK 贵阳"威尼斯"之称的商业街，白色的回廊和立柱，深邃的蓝天白云吊顶，简直和威尼斯一样！

观山湖区林城东路155号

临近杨家湾（公交站）

金牌罗记肠旺面 贵阳的肠旺面不少，但数这家门口排队的人最多。肠旺面在贵阳可以说历史悠久，顾名思义是用猪大肠、猪血当佐料吃的一种面。讲究的是面的制法，传统的是手擀鸡蛋面，这种面的特点是怎么煮都不会烂，有嚼头。

云岩区蔡家街

13885018029

黔大叔大排档 虽然叫大排档，但环境却非常干净卫生。一定要尝尝贵阳辣子鸡，与川渝辣子鸡的干香不同，贵阳辣子鸡能给你带来不一样的嫩滑感受。此外，糯米肠和糟辣鱼也值得一品。

麻、辣风味

贵阳的餐饮以"麻、辣"为特色。麻和辣在贵阳有明显的区分，所用原料也有区别。麻是由几种香料配制而成，辣主要是以辣椒为原料提味。在贵州品尝麻、辣风味的同时，再喝上一口当地的茅台酒，真可谓是一种享受。

鼎罐城

最好吃的当属酸汤鱼，其中以江黄鱼为上乘。

阳朗鸡

1. 蔡家街的阳朗鸡都不错，唐记店略胜一筹。

2. 虽说是辣中极品，但若肠胃不好，也要三思。当然，到了贵州不辣上一把也是说不过去的。其实开始吃的时候并不感觉辣，只是越吃越辣，越辣越想吃。

3. 鸡血可生吃也可到火锅里，得事先告知店家。

风味小吃

贵阳的风味小吃种类繁多，仅地方传统的风味小吃就达100多种。如花溪王记牛肉粉、肠旺面、凉粉、碗耳糕、雷家豆腐圆子、丝娃娃、破酥包、荷叶糍粑、黄粑、洋芋粑粑、恋爱豆腐……

肠旺面

吃肠旺面时备一小碟泡菜，味道更好，店家免费供应。

　　🅰 富水南路186号泰祥国际负二楼

　　🅲 17308516662

夜游贵阳

　　贵阳的夜生活颇为丰富，到贵阳旅游，不必担心夜间生活的单调。

逛夜市

　　夜市对贵阳市民来说已经是夜间活动的主要内容，每天18:30以后，只要不下大雨，市内主街道的人行道上夜市摊棚陆续出动，其中以合群路的饮食夜市和延安中路的百货夜市最为突出。

合群路小吃一条街　沿街道两边人行道上小吃摊比比皆是，烧烤、砂锅系列、家常炒菜、甜品、特色小吃等应有尽有。

泡吧

　　有人说贵阳的夜生活从21:00开始。贵阳有影剧院10余家，众多的保龄球馆、康乐宫、夜总会、酒吧和咖啡厅，都是年轻人聚会的场所。各类的吧多集中在陕西路、合群路、北京路和南门一带。

陕西路的酒吧街　贵阳夜生活最集中的地带，有多家夜总会、咖啡吧、酒吧、茶吧。年轻人较多的酒吧有香格里拉，比较有名且情调不错的咖啡馆有昨日重现等。

　　🅰 陕西路

Muse　这里的装修很有格调，现场气氛不错，是年轻人放松的好去处。

　　🅰 大十字广场河东路老年大学1楼

喝茶

　　近来兴起的茶艺馆大都环境清幽，除了可以品尝到清香四溢的香茗，还可以观赏到民俗表演，最有名的，自然是扶风山麓的阳明祠。

近水楼　取"近水楼台先得月"之意，喝功夫茶和观赏台湾茶道的好去处，坐在临水的位子，恍惚如梦回旧日秦淮。

　　🅰 大南门甲秀楼旁

阳明祠　出月亮的晚上是喝茶的上选之地，传统建筑配上古筝和琵琶，品上一口清茶，夫复何求！如若是中秋，桂花厅桂子飘香，再问明月几时有，很是享受。价格自然也是不菲。

　　🅰 云岩区螺丝山路13号

购物贵阳

　　贵阳的商业中心集中在中华路，尤以中华中路和南路最为繁华，整条街大型百货商场以及经营服装、鞋、首饰类的专营店鳞次栉比，让人眼花缭乱。

推荐购物

市西商业街　省内最大的百货小商品批发市场和集散地。高、中、低档一网打尽。只要不怕挤，想买什么都能买到，且省钱

省事儿。

🚌 临近延安西路客车站(公交站)、大西门天桥(公交站)

花鸟市场 有花鸟奇石、真假难辨的古玩字画、号称能治疑难杂症的草药、旧书老建筑的木制门窗、有贵州特色的苗族刺绣、蜡染、傩戏面具以及猫狗宠物,等等。

📍 油榨街贵钢里

🚌 临近油榨街(公交站)

达德书院 坐落在市中心繁华地带,内设书店、茶楼,是购物疲惫之余小憩的理想场所。

🚌 临近大十字(公交站)

西西弗书店(恒峰店) 位于中山西路省教育厅旁,贵阳知名度颇高的书店。

🚌 临近大西门(公交站)

住在贵阳

贵阳的住宿条件相对于省内其他地区来说较好,拥有较多星级宾馆,但是并非所有的星级宾馆都名副其实。

火车站和客车站附近是招待所和私营性质的旅馆集中地,价格比较便宜,只是私营旅馆安全问题不能保证。而且由于大规模的旧城改造,这类小旅馆和招待所的数量正日益减少。

🔆 **景区住宿条件差**

一般来说,从贵阳市前往附近旅游景区不能当天赶回,而旅游景区的住宿条件相对较差,多以招待所为主,建议旅友前住条件可能相对好些的附近中小城镇居住。

🔆 **土特产**

贵阳有许多富有民族特色的工艺品、土特产品,其中较为出名的有牛肉干、辣椒、原木艺术品、药材、苗银、图腾面具等,这些土特产名店大都集中在北京路一带。

刺绣与挑花是贵阳的传统民族工艺,北京路的商店里,有不少手工制作的绣片,还有大量的蜡染制品,多从安顺等地收购而来,价格在几元到数百元不等。购物一定要注意讲价。

🔆 **逛花鸟市场**

双休日是花鸟市场约定俗成的赶集时间,虽然挤,但物品也较平时丰富,而且同样的物件比别处便宜得多;但像海百合化石和木制老建筑的门窗都很难把价压下来。运气好的话,蜡染和绣片可以买到好且不贵的。总的说来比市区专营贵州工艺品的商店划得来,想买贵州特产的游客不可不去。

画家用冷蜡染工艺在木架上的白色丝绸帆布上绘制花卉图案

西线

西线快速攻略

Day1　黄果树瀑布→天星桥（夜宿黄果树）
Day2　高荡村→龙宫→天龙屯堡→织金县（夜宿织金县）
Day3　织金洞→马岭河峡谷

感受西线

　　有珍珠旅游美誉的西线之旅，是贵州旅游的黄金线路。黄果树瀑布作为中国最大的瀑布更是吸引了大批游客，也成为贵州的象征性景点，天星桥的瀑布群恰到好处地弥补了黄果树的孤单。而集喀斯特地貌之大成的龙宫和织金洞虽说同为溶洞，却各有不俗的特征，不可厚此薄彼。

行在西线

进出

飞机

　　安顺黄果树机场已经开通直达北京、济南、青岛、杭州、南京、昆明、丽江、西双版纳、广州的航线。

　　安顺黄果树机场 📞 0851-33383098/33383000

铁路

　　昆明与北京、上海、重庆、广州间的列车均在安顺经停，可乘火车到安顺，然后转乘旅游专线汽车到黄果树，约 40 分钟车程。旅游专列"黄果树"号每日往返于贵阳和安顺之间，安顺火车站位于中华南路，离汽车南站很近。

　　安顺火车站
　　📍 安顺市西秀区中华南路
　　📞 0851-12306

公路

　　可在贵阳火车站对面的长途汽车站搭乘开往安顺的汽车，也可在黔灵公园旁的贵阳旅游客运中心车站乘坐黄果树→天星桥→苗寨一日游的专线车。安顺客车南站、西站和火车站广场上都有去黄果树和龙宫的专线车。

　　安顺汽车客运东站
　　📍 黄果树大街与工业大道交汇处
　　📞 0851-33223839
　　安顺汽车客运西站
　　📍 西秀区中华南路　📞 0851-33223839

游在西线

黄果树瀑布 ★★★★★ 🌐📷

　　徐霞客到此不禁赞叹道："所谓'珠帘钩不卷，匹练挂遥峰'，俱不足以拟其壮也，高峻数倍者有之，而从无此阔而大者。"黄

☀️**黄果树瀑布拍照**

　　到黄果树瀑布拍照，一定要下到犀牛潭边，那里的景色、视角和取光都是最理想的，千万不要大群游客挤在去水帘洞的路上抢镜头，角度、效果均不好。其他取景的佳处有：观瀑亭，既可取瀑布全景，又可远眺整个瀑布的全貌；"水帘洞"三字石牌旁，技术好的可照出双重彩虹（上午此处为折射区）；望水亭，可以鸟瞰黄果树瀑布飞流直下的雄姿。

☀️**1. 最佳游季：**虽说黄果树是四季皆宜的景点，但最好是选择夏秋丰水季节，否则有可能对中国最大的瀑布深感失望。

2. 石头寨：距黄果树瀑布 6 千米处有一布依族石头寨，这里不仅是石头的世界，也是著名的蜡染之乡。可在黄果树瀑布搭乘旅游专线车或当地"摩的"前往。

3. 陡坡塘：位于黄果树上游 1 千米的陡坡塘瀑布，左侧的洞穴在巨量洪水经过时，会产生奇特的共鸣，发出低沉的嘶吼，故陡坡塘瀑布又叫吼瀑。

4. 最大的手扶电梯：亚洲最大的手扶电梯就在这里，足足有 300 多米，上下一次 5～6 分钟，票价 50 元。

5. 安顺儒林路：安顺有名的老街，街上的店面也旧，多是些木头房子。街上聚集了一众安顺的地道美食，夺夺粉、冲冲糕、肠旺面、油炸粑稀饭等。在旧式招牌下，都是些开了多年的美食小店，环境一般，但味道地道。

黄果树瀑布

果树瀑布以其气势磅礴的雄浑姿态入选《中国国家地理》杂志中国最美的六大瀑布。只是，水源的缺乏使得河水倾泻而下犹如翻江倒海这种壮观奇景出现得越来越少了。

黄果树瀑布高74米，宽81米，是中国第一大瀑布，也是世界上最壮观的瀑布之一。藏匿于悬崖半山腰瀑布之后的水帘洞可谓大自然妙绝之作。进入洞中，瀑布近在咫尺，伸手可触，其惊心动魄可想而知。犀牛潭是大瀑布的落"脚"点，一年之中很少有平静的时候，水雾在阳光照耀下生出一圈圈的彩虹，令人目眩神迷。

🎫 160元（旺季），150元（淡季）；包括大瀑布、天星桥、陡坡塘，不含观光车费

🚌 镇宁布依族苗族自治县黄果树镇

🚐 可在黔灵公园旁的贵阳旅游客运中心车站乘坐黄果树—天星桥—苗寨一日游的专线车，60元往返；安顺有许多中巴、小巴专跑黄果树瀑布，到黄果树的小面包515元，坐满即走。客车南站、西站和火车站广场上都有去黄果树和龙宫的专线车，票价8～12元

👁 0.5～1天

☀️ 夏秋时节的瀑布水量丰富，气势磅礴，枯水期去体会不到那样的感觉。

💡 **天星桥**
黄果树瀑布附近的天星桥构景造物之法很巧妙，各种景色可以自成一景，也可以相互融合浑然一体。

龙宫景区 ★★★★★

龙宫一带是世界上水旱溶洞最多、最集中的地方。中心景区星罗棋布着大大小小的水、旱溶洞90多个，获吉尼斯世界纪录。至今，还有很多美丽的溶洞没有开发出来。

龙宫凭借洞最长、洞中瀑布最高、天然辐射最低被称为洞中的"中国三最"。

景区南沿的漩塘以漩水之奇、短河之多

和洞中佛堂之大而被称为水中的"国内三绝"。

🎫 149元（门票+观光车票+船票+上行电梯+保险）

🕐 8:30—17:00

🚌 龙宫距离黄果树瀑布很近，可一起游览。黄果树和龙宫之间的往返班车已取消，从安顺出发可以分别往返黄果树、龙宫

👁 3～4小时

🌞 **1. 可治病：** 龙宫又称五进龙宫，源于5个大小不一的水上宫殿。据说这里是天然辐射最低的地方，对高血压之类的病有特殊疗效。

2. 乘船为主： 龙宫由于是水溶洞，游览方式以乘船为主。但龙宫大约17:00以后就不再进船了，因此要抓紧时间。

天龙屯堡景区 ★★★ ⛰ 🎫

天龙屯堡是明代建立的军事屯堡。天龙的村民恪守着世代传承的汉文化习俗，依然保留着大明遗风，他们的语言、服饰、民居建筑及娱乐方式与周围少数民族村寨迥然不同。这里的建筑都是用石头建造的，颇具军事特色。在演武堂，会有非常独特的地戏表演，展现报国杀敌的英雄故事。

🎫 30元

🚌 乘坐安平城际公交到天龙村站下

👁 3～4小时

旧州古镇、花海 ★★★★
⛰ 🎫

前世痴绝处，一梦到旧州。旧州古镇历史悠久，是贵州的十大古镇之一。服饰、民俗、地戏、大量明清古建筑都让人流连忘返。除了在花开季节感受蝶恋花、油菜花海外，还可品尝本地特有土鸡、霉豆腐。

🎫 旧州古镇免费，山里江南景区门票100元（可游览蝶恋花海、幸福花田景区）

🕐 旧州古镇全天开放；山里江南景区开放时间为旺季9:00—18:30，淡季9:00—17:30

🚌 从安顺市区的西秀客运站、火车站旁的旅游集散中心每天有多趟发往旧州的中巴

👁 2～3小时

平坝万亩樱花园 ★★★★ 🎫

坐落于高原明珠红枫湖畔，占地24000余亩，有70多万株名贵樱花。樱花园跨贵阳、安顺两市，处于两市中间，被称为"蓝色星球最美樱花园之一"。

🎫 免费

🕐 2月20日—4月1日，9:00—20:00

🚌 安顺市平坝区樟缘路与贵安大道交叉

口东北200米

👁 2～4小时

高荡布依族村寨 ★★★★ 🖼

村子里尚保留着原汁原味的石木结构干栏式的石板房、房屋、寨门。村内主要以杨姓和伍姓两大家族为主，因为从古到今一直传承着以读书为重的理念，村里出了很多读书人。

💰 免费

📍 安顺市镇宁布依族苗族自治县兴电路与李家井路交叉口西北200米

🚌 从镇宁县道，由永红工业园经城关镇元总堡进入

👁 0.5～1天

云漫湖国际休闲旅游度假区 ★★★

一个有瑞士风情的多功能旅游度假区，有沙滩也有湖泊，有城堡也有阁楼，游乐设施也非常丰富，仿佛置身安静惬意的童话世界，是一个适合全家度假的好去处。

💰 60元

🕘 9:00—18:00

🚌 临近云漫湖站（公交站）

👁 1～2天

购物西线

安顺三刀、蜡染、傩戏面具、布依地毯、镇宁的波波糖，均是贵州著名的特产。

住在西线

如果不赶时间的话，建议住在性价比较高的安顺市区。如果对住宿条件要求不高，还可以住在靠近景区的农家旅馆，其中一些楼上设有观景露台。

西线周边游

织金洞 ★★★★★ 🏞📷

《中国国家地理》杂志曾对织金洞做出这样的评价：如果你一生只想去一个洞穴，那非织金洞莫属。织金洞被誉为"全国第一的地下艺术宝库""举世无双的岩溶博物馆"。以大、奇、全为特点，洞内岩溶堆积物达40多种，其中银雨树、霸王盔、百尺垂帘、卷曲石等为镇洞之宝。囊括世界溶洞的各种类型，是目前世界上已发现的保留了最原始面貌、最完备景观的一个巨型溶洞。

💰 85元（含观光车+景区险）；通票145元（含大峡谷+观光车+电梯票+景区险）

🚌 1.从贵阳第一汽车服务站搭乘班车，车票64元，约4小时，在离织金不远的三甲下车，然后乘三轮摩托或包车去景点

2.从安顺汽车北站搭乘长途车，末班车17:20出发，注意把握时间

3.在织金县客运南站乘公交牛前住，可从汽车南站坐到香榭丽景，再换乘前往下红岩路口（公交站），随后步行15分钟即可到达

👁 3小时

💡 1.因路况不太好，行程时间可安排多一些。

2.在洞里一般能遇到旅游团队，可混入其中，不然一人在巨大的溶洞中徘徊易生恐惧感。

百里杜鹃 ★★★★ 🏞🌸📷

百里杜鹃风景区是迄今为止中国面积最大的原生杜鹃林，素有"地球的彩带""世界的花园"的美称。风景区内马缨杜鹃、锈叶杜鹃、露珠杜鹃等各色杜鹃花争奇斗艳。

💰 50元

🚌 乘坐百里杜鹃—毕节高铁站直通车到百里杜鹃站下

🚗 从贵阳出发经由贵（阳）毕（节）高等级公路黔西站出口，再经由原清（镇）毕（节）公路至黔西野坝，最后经由野（坝）普（底）公路到达公园的普底景区

👁 0.5～1天

马岭河峡谷风景名胜区 ★★★★ 🏞⛰📷

峡谷内群瀑飞流，翠竹倒挂，溶洞相连，两岸古树名木点缀其间，千姿百态。两岸峭崖对峙，河谷幽深，以雄、奇、险、秀而独具特色，被称为"地球上最美丽的伤疤"。

💰 35元

🕘 8:30—17:30

🚌 贵阳长途汽车总站乘坐到兴义的长途汽车，每天发车，票价95元。然后从兴

西线周边游

西线周边游

义乘坐公交车到马岭河峡谷景区站

👁 2～3小时

乌蒙大草原 ★★★★ 🌿📷

乌蒙大草原平均气温11.1℃，气候凉爽，是避暑的好去处。乌蒙大草原是贵州地区罕见的高原草原，少了低地草原的温和，多了一些粗犷的原始美感。有万亩坡上草原牧场、万亩矮杜鹃林、沙河龙潭口溶洞、天生桥、格所河峡谷、大出水洞等景观。

💰 15元

🕐 9:00—17:30

🚌 国内多个城市均有直达盘州的高铁，到达盘州站后可乘坐高铁大巴到达红果车站，再乘坐前往乌蒙大草原的旅游专线车

👁 0.5～1天

格凸河景区 ★★★★ 🌿📷

集岩溶、山、水、洞、石、林组合之精髓，融雄、奇、险、峻、幽、古于一身，构成一幅完美的风景图画，是稀世之珍的喀斯特自然公园。格凸河风景名胜区是中国自然与文化双遗产地，这里有令人心驰神往的亚鲁王文化，是国家级非物质文化遗产——《亚鲁王苗族英雄史诗》的发现地。

💰 150元（门票+观光车+蜘蛛人表演）

🕐 9:00—18:00（旺季）
9:00—17:30（淡季）

🚌 安顺客运东站乘坐公交至紫云县，再打车前往

南线

南线快速攻略

Day1 荔波县→水春河峡谷→小七孔→大七孔→荔波县（住宿）

Day2 荔波县→茂兰喀斯特原生态森林

Day3 荔波县→平塘中国天眼

感受南线

这里有世界上同纬度地区绝无仅有的原生性生态系统——茂兰喀斯特森林，是粗犷多变的岩溶景观和秀丽清新的森林世界的完美结合。"上有森林，下有洞林，石头上长树，岩峰里盘根"正是荔波樟江景区的形象描述。三都的水族村寨可以感受到这一古老民族的源远流长。

行在南线

铁路

从贵阳到湛江、南宁和柳州方向的列车均经停都匀，再转汽车至小七孔。贵阳到黔南布依族苗族自治州首府都匀市每天都有多班高铁和动车，车程约40分钟。

公路

可乘贵阳→新寨的客车至麻尾下（约3.5小时），换乘汽车至小七孔，行程约1.5小时。

小七孔至大七孔行车约30分钟，从大七孔至荔波约2小时车程，再从荔波到樟江。

都匀汽车站

📍 都匀市剑江北路

🚌 主要发往贵阳、凯里、荔波、三都等州内各地县，是都匀最主要的汽车站

📞 0854-8330231

都匀南站

📍 都匀市剑江南路103号

📞 0854-8365001

游在南线

斗篷山 ★★★★ 🚗🎣

国内距离城市最近的原始林区，山上有峰峦、峡谷、溶洞、溪流及瀑布等景观。有原始古林近百公顷，林木根部全部长在岩石缝隙之中，随处可见树抱石、石抱树、树搭桥的奇异景观。

🎫 40元

🕐 9:00—18:00

👁 2～4小时

小七孔桥

水春河峡谷漂流 ★★★★★ 🚣🛶

水春河风景全长 6 千米，是樟江风光最为秀丽的一段，以布依族古寨水春寨而得名。水春河以险峰、峭壁、滩急、密林而独具一格。景区内的水春河峡谷漂流，将近 3 小时，历经 29 道浪，到龙王洞才结束。

🎫 230元

🕐 8:00—17:00

🚌 荔波县城坐小三轮车到漂流游客中心即可

👁 3～4小时

小七孔景区 ★★★★ 🚣📷

景区得名于响水河上一座建于清道光年间的小七孔桥。景观与九寨沟颇有几分相似，特别是水的颜色一点都不逊色。最具九寨神韵的则是卧龙潭和龟背山森林公园的野鸭池。

🎫 120元（旺季）；100元（淡季）

🕐 8:00—16:00

🚌 可在荔波县城汽车站坐车，10分钟一班，行程约40分钟

👁 4～6小时

大七孔景区 ★★★★ 🚣

与张家界的金鞭溪有些相似，但比较起来更加原始粗犷一些。有"东方凯旋门"之称的天生桥，一座大山中间天然形成的一个窄长形的巨大拱门，门洞下有急流奔腾而过，极具气势。另外，恐怖峡和风神洞也非常有特色。

🎫 55元（旺季）；45元（淡季）

🕐 8:00—16:00

🚌 可从小七孔坐中巴或马车到达，费用10元；有班车可乘，票价3元

👁 2～3小时

茂兰国家级自然保护区 ★★★★ 🌲

茂兰喀斯特森林的发现，使得喀斯特在世人眼中的颜色由单调的灰色变成了绿色，于是世人称其为"地球腰带上的绿宝石"。这里是中国最大的亚热带原始森林，有许多珍稀树种和野生动物。

徒步穿越整个森林需 3 天时间，当地没有提供食宿的地方，游客得自带食物和睡袋、帐篷。

🎫 50元

🚌 荔波汽车站有直达茂兰的大巴，票价9元

💡 **1. 美食**：来到这里最值得体验一下农家饭，在必左、板寨、梅原一带有农家餐馆。土鸡、河鱼、野菜、酸肉、酸梅酒都是必尝的，特别是其他地方少有的野菜。

2. 住宿：提供住宿的农家也集中在必左、板寨、梅原一带，住宿条件因农家而异。旅游旺季，需要提前预订。另外，与大自然亲密接触的露营方式也不错。

中国天眼科普基地 ★★★ 🏛

中国天眼是世界上口径最大的射电望远镜。借助天然圆形熔岩坑建造，形成天然与人工交错的天眼奇观。有 1 号和 2 号两个观景台，可从观景台上近距离俯瞰中国天眼全貌。

🎫 140元（门票+摆渡车+天文体验馆+天象影院+保险）

👁 4～5小时

💡 1. 观景台不收取门票，但需要乘坐摆渡车前往。对于只需前往瞭望台的游客，购买摆渡车票即可。需要观赏天文体验部分的游客，建议购买套票。

2. 参观时不能携带手机、数码相机等电子设备，以免对天眼的运行造成影响，也可在观景台请工作人员帮你和天眼合照，照片25元一张。

游在南线

吃喝南线

荔波县城是全国的卫生县之一，规划齐整，街道宽敞，晚上主街道上灯火辉煌。该处的烧烤是一绝，一条小吃街几乎都是烧烤摊，一桌一个炭盆、一个烧烤架，自烤自食，不可不尝，价钱极为便宜。

住宿南线

当地条件最好的是荔波县城的"阳光大酒店"，其余的都只相当于招待所级别。小七孔景区内也有住宿，条件一般。

东线

东线快速攻略

Day1　镇远古镇→青龙洞→铁溪→镇远古镇（住宿）
Day2　杉木河漂流→潕阳河三峡→镇远（住宿）
Day3　镇远→梵净山

感受东线

贵州东线的主要风景是潕阳河及梵净山自然保护区。独特而悠远的古镇风韵，建于悬崖峭壁的古建筑群，兼备娱乐和探险刺激的杉木河漂流，使这条旅游线路与日俱热。原始生态保存完好的梵净山自然保护区，令你充分领略大自然的雄奇，并有机会观赏到金丝猴和稀有植物珙桐。

准备与咨询

语言

在景点和县城里能说普通话的人较多，问题是在一些少数民族寨子，当地人说的话会比较难懂。

气候与游季

年均温度17℃，年均降水量1200毫米，属中亚热带湿润气候。最佳旅游时间是5—10月。

行在东线

进出

四面环山的地区，交通主要依靠铁路和公路。

铁路

湘黔铁路线横跨景区，贵阳开往长沙方向、贵阳至北京、贵阳至怀化等多次列车均经停镇远、玉屏。

公路

湘黔公路从贵阳过黄平、施秉、镇远到玉屏，玉屏有通往铜仁的班车和中巴，交通方便。贵阳有到印江的长途客车。

市内交通

景区之间多有中巴车开通，交通方便。
镇远县城内以三轮摩托车为主要交通工具，城内每人2～3

潕阳河风光

潕阳河的风光虽然一般，但是环境保护得很好，在河上能看见水鸟，河水清澈，河两岸的深山里有不为人知的苗寨。

山路难行

贵州多山路，交通崎岖难走，一般100千米的山路要走3小时左右，而且途中经常有车辆抛锚、爆胎的情况发生，建议乘坐车况好一些的车。路上几乎没有什么收费站，所以交通费用相对便宜，县与县之间即使有的话，大多数也不会超过10元。

列车K942次

贵阳—温州K942次列车，每天10:53从贵阳始发，途中镇远可停靠。

元，到城外的青龙洞是 3 ~ 5 元。

游在东线

潕阳河三峡 ★★★★ 🏄📷

有"天然水墨画卷"之称，河水以色彩多变取胜，两岸奇峰异石上的纹路和色彩也丰富多样。潕阳河的景观有五绝：最神奇的是"破镜重圆"，最秀逸的是"三叠水"，最壮丽的是"孔雀峰"，最险要的是"一线天"，最博大的是"卧佛岭"。下潕阳河谷，是潕阳河风景名胜区的精华所在，以峡奇、峰险、水绿为主要特点。

🎫 门票130元（含船票）

🚌 在贵阳坐火车或从贵阳长途汽车站搭乘客车至镇远，然后转乘至施秉的车；从玉屏到镇远可乘中巴，凯里到镇远有班车

👁 3~4小时

镇远古城、祝圣桥 ★★★★ 🏄📷

有人说镇远是一幅"朴素中见珍奇，淡雅中显神韵"的水墨画，经过两千多年依然保存完好。走在偏僻的古巷子里，才能体味古镇的自然和纯朴。镇远的巷子是幽静的，依山就势，爬坡上坎，拐弯抹角，这是独一无二的。古镇西侧有新大桥，东侧的祝圣桥是镇远古城的标志性建筑。

千百年来，镇远古城保存着水陆并行、前街后河的格局。错落有致的民居，古码头边拴着站着鱼鹰的小船，蹲在河边石阶上的洗衣女子……

🎫 古镇免费；水上游船大船80元

🚌 从贵阳乘火车至镇远，车程约4小时，从镇远火车站出来后坐公交至镇远中学站下车

👁 0.5~1天

💡 **1. 龙舟节：**每年农历五月初五，是镇远的传统节日——龙舟节，届时会有规模盛大的划龙舟比赛。

2. 古镇新颜：如今古镇已被无序新建筑破坏得没有气氛了。

青龙洞景区 ★★★★ 🏄⛩📷🏛

被誉为"西南悬空寺"。集儒、释、道、会馆、桥梁及驿道建筑文化于一身，是国家级重点文物保护单位，也是省内最为壮观的古建筑群。建筑群均依山就势而建，在潕阳河边的中河山悬崖峭壁间展开飘凌之势。景区内有祝圣桥、中元寺、紫阳洞、青龙洞、万寿宫、香炉岩六大景观。

🎫 60元

🚌 位于镇远城边，在镇远县城步行可到

👁 2~3小时

铁溪 ★★★★ 🏄🍴⛰📷

铁溪位于镇远城北部，是一处临近城镇又风光秀丽的地方。这里有原始的森林植被、珍稀动物、奇特的钟乳岩洞。山中龙池带着海一般的湛蓝，如同一面宝蓝色的镜子，被誉为"云贵高原小九寨"。若隐若现的翘角亭台、楼阁，倒映于溪水中，构成一幅浓墨重彩的大自然画卷。铁溪不仅风光秀丽，还是户外徒步探险的绝佳去处。

🎫 50元

🕐 全天开放

🚌 临近镇远中学站（公交站）

👁 2~3小时

杉木河漂流 ★★★★ 🏄⛰

杉木河享有"矿泉河"的美誉，河水晶莹碧绿、清澈见底，两岸山峰秀丽挺拔，河道曲折有致，有惊无险，成为生态环境游的上上之选。景区游览以漂流为主。

🎫 205元

🕐 9:30—16:00

🚌 从镇远乘车到施秉，可先游览云台山、杉木峰

💡 1.夏秋两季逢有月色的夜晚，可在杉木河边的竹楼住宿，借月色漫步河边。不过准备灭蚊器具，不然就得让蚊虫们饱餐一顿了。

2.最佳漂流季节为每年6—9月，10月视天气情形而定。

3.从大门到杉木河，需步行40分钟左右，全是下山路，沿途风景颇佳。建议穿平底凉鞋。

4.不论是否会水都要穿上救生衣，漂流时如果是晴天最好在泳衣外罩上长衣长裤，以免在全程约6小时的漂流中晒伤或被翻落水时被石头划伤；如果没有划船经验，最好找一艄公，特别是山上发水的季节。

5.如有想拍照的游客，在水流较缓的地带拍几张留念即可，记得用防水物将相机包裹好，以免进水，或交给护航员保管。最好别带贵重相机。

高过河漂流 ★★★

据说是贵州第一漂流，全程 3 个多小时的刺激漂流，中间需要经历无数个湍急河流，有急有缓。在炎热的夏天，拿起水枪和朋友们来一场刺激的漂流，实在是消暑的绝佳活动。如果你愿意，也可以"慢起来"，沿途有许多休息点，还有卖小吃的摊位。

🎫 240元（漂流+观光车+保险）

🏯 镇原县羊场镇三寨村

🚌 可从镇远汽车站乘车前往羊场，票价10元

👁 3~4小时

🌞 1. 不要穿拖鞋，景区内有凉鞋卖，15元一双。

2. 一定要买个手机防水套，手机务必保护好。

吃喝东线

当地居民喜食酸汤，以酸汤鱼最为出名。另有一些风味特色菜，如：腌鱼、蕨粑、特制腊肉、坛子肉等。

🌞 酸味美食

黔东南是"吃酸"的故乡，酸食无处不有，男女老少都有"嗜酸"的爱好。每家每户都少不了酸水坛、醋水坛、腌菜坛、腌鱼坛、腌肉坛等，还流传着"三月腌菜，八月腌鱼、正月腌肉"和"坛不下，菜不烂"等关于酸食的俗语。黔东南的风味食品有侗乡腌鱼、镇远道菜、凯里酸汤鱼、下司狗肉、下司酸汤鱼、香茅草烧鱼、重安江酸汤鱼、侗家油茶、社饭、从江香猪、三穗麻鸭、榕江香羊、侗果、侗家腌肉、侗家羊瘪、牛瘪等。

购物东线

主要土特产：生漆、三七、木耳、香菇天麻、油桐籽、陈年道菜。另外还有民族服饰及精美的盛装银饰，精致古朴的民族工艺品如蜡染、泥哨、草编、竹编等。

住在东线

镇远县城没有高档的酒店，现正努力改善住宿条件。私人经营的宾馆中条件最好的是腾龙宾馆，员工的服务近乎五星级。各景点都有住宿，一般为招待所级别。

东线周边游

梵净山 ★★★★

🚶‍♂️🏔🔘❌🏕

8000多级台阶使梵净山有"通往佛国的天梯"的称号。

国家级自然保护区，也是贵州省内最壮丽巍峨的山峰，最高峰——红云金顶海拔高度达2494米。

山顶著名的景观有万卷经书、蘑菇石等，最奇妙的是山际风云变幻莫测，突然云开雾散之时，如画美景横空出世。

景区内原始动植物生态保存完好，有珍贵的珙桐、冷杉、长苞铁杉等古老植物，以及黔金丝猴、红面猴、娃娃鱼等众多稀有动物，还有种类繁多的蛇。

关于佛教的传说和景观更显出梵净山的卓尔不凡。在金顶至蘑菇石一带，如果运气好的话，能看到梵净山佛光幻影的奇异景观。

💰 100元（旺季）；90元（淡季）；观光车往返20元；索道往返140元

🚂 乘火车直接抵达贵州省最东端的玉屏，然后坐中巴到铜仁；玉屏火车站附近有很多出租车，25元/人到铜仁，到铜仁后可在梵净山宾馆附近乘坐到江口或梵净山的中巴，票价约35元/人，也可包车前往

👁 0.5~1天

🌞 爬山须知：1. 从大门方向走，只能沿黑湾河步行上山，需30分钟左右。

2. 夏季当心蛇，沿山路走一般不易碰到蛇，可别另辟蹊径。

3. 山地风云变幻莫测，需选择好天气上山，否则遇上大雾，会留下有景观看不见的遗憾。

🌞 住宿：可住山顶招待所，价格100元/人，也可到金顶脚下的寺庙中求宿，以便第二天清早观云海和日出。

梵净山

东南线

东南线快速攻略

Day1 凯里→西江千户苗寨→凯里

Day2 凯里→郎德上寨（季刀苗寨）→南花苗寨→凯里

Day3 凯里→加榜梯田→岜沙苗寨→车江侗寨→凯里

Day4 凯里→肇兴桐寨→堂安侗寨

行在东南线

进出

在黔东南地区旅游主要的交通方式为公路，进出以铁路为主。

飞机

贵州黎平机场位于黔东南州的黎平县高屯镇，是贵州的支线机场。现已开通黎平到贵阳、桂林、广州、上海、长沙的航线。

铁路

从上海、北京至昆明、贵阳方向的列车或从广州至成都、重庆的列车都经停凯里。

凯里火车站问讯 📞 0855-3812222

公路

从凯里出发，榕江、从江、黎平等都有公路连接。

游在东南线

下司古镇 ★★★ 🔋🔍

下司古镇是茶马古道的重要驿站，有深厚的民族文化底蕴，得天独厚的古码头更为这一水上古镇增添了一抹风光。古镇环境清幽，建筑集江南院落、徽派建筑、闽南建筑、苗侗建筑等多种建筑形式集于一体。

🈺 免费

🚌 从凯里市乘坐公交可到达下司镇政府（公交站）

⊗ 凯里→鸭塘→开发区→下司古镇

👁 2～3小时

西江千户苗寨 ★★★★★ 🔍🔋🈺

西江有举世无双的千户苗寨。据说西江苗族是蚩尤第三个儿子的后裔，长久以来苗族的原始生态依然较完整地保存下来。到了西江苗寨有时间的话最好住上一天，夜晚的苗寨更有别样的风情。

🈺 90元

🚌 从凯里有直达西江的班车，在州客车站乘车，车费16～35元

👁 1～2天

凯里汽车站

📍 凯里市东北文化北路

📞 0855-8238035

0855-8257089

凯里博南客车站

📍 市政府对面

📞 0855-2209158

0855-2209168

💡凯里是黔东南苗族侗族自治州的首府，素有"百节之乡"的美称，民族传统节日多达135个。凯里除有格调古朴的民居和风貌独特的文物古迹外，自然风光也很秀美。早晨从凯里出发，中午在雷山停留，傍晚可到榕江，进入侗乡的第一站。

💡**1. 吃住条件较好：**凯里相对于黔东南其他地区要繁华得多，吃住条件也比较好。

2. 购物点：大十字一带晚上有夜市，颇热闹。营盘路民族宾馆附近每逢周末有集市，主要集中交易苗族绣片、银饰以及少数民族特色的小物件。

💡1.西江苗寨已经出现了商业化的趋势，想体验淳朴民风的游客还是尽早去。

2.这里的特产是各种各样的苗家银饰，别忘了挑选几样喜欢的买回去。

3.建议在苗族人家里吃地地道道的农家饭，每餐每人15元左右。

行在东南线

黔东南梯田

岜沙苗寨 ★★★★ 🎋🏞️⚽

岜沙苗寨依山而建，寨内皆为古老的吊脚楼，屋顶以杉树皮覆盖，四周密林环绕，环境幽雅。因地处偏远，这里至今仍保留了古老而原始的生活方式。

岜沙最具特色的是苗族男子的发式。岜沙男子非常注重自己的发髻，这是男性装束中最重要的标志：剃掉头部四周大部分头发，仅留中间部分盘发为髻，并终生保持这种发式。据说，这是从蚩尤时代就流传下来的，也是迄今为止在中国所能见到的最古老的男性发式。他们身着自织自染的青布衣、青布裤，不禁让人联想起远古时代的武士。

岜沙人崇拜太阳神，每次集会踩芦笙，男女列队面向太阳升起的地方，后退七步后才吹响芦笙起舞。集会地点在芦笙堂，此处是岜沙的神圣之地，寨里的重大祭祀活动都在这里举行。

🎫 60元（门票+观光车）

🧭 从江县面向都柳江一侧的山坡上

🚌 从江到岜沙只能坐到加榜和平正的车，中途在岜沙下。但是这两趟班车每天都只有一班，所以最好是打车，车费约30元；也可以拼车，面包车8元/人，车程约25分钟

👁️ 3小时

车江侗寨 ★★★★ 🏞️⚽

车江侗寨有"天下第一侗寨"之称，寨内现有古榕38株，距今已有300多年历史。彼此之间根系相连，枝叶相接，像一个绿色天盖。

🎫 免费

🚌 从榕江县城坐三轮车只需1元；另外任何去从江方向的小巴都经过此地

👁️ 2～4小时

郎德上寨 ★★★★ ⚽🖼️🎋

郎德上寨是东线民族风情游的重点苗族村寨之一。寨内苗族人民的服饰以长裙为主，故又称为"长裙苗"。寨内有着享誉海内外的"中国民间歌舞艺术之乡""全国百座露天博物馆"和"芦笙之乡"之称。游客到此可亲身体验为迎接贵宾而设的12道拦路酒。

🎫 50元

🚌 在凯里汽车站搭乘中巴直达郎德上寨的风雨桥，票价9元

👁️ 0.5～1天

💡 季刀苗寨离郎德上寨不远，步行需要30分钟左右。季刀苗寨沿山而居，依山傍水，古树参天，风景宜人，民风淳朴。季刀苗寨游人不多，但也非常值得游览。

肇兴侗寨 ★★★★ ⚽🖼️🎋

距今已有840多年的历史，黎平县最大的侗寨，也是最古老的侗寨之一。其是世界上最大侗族聚居群落，民族风情浓郁，被誉为"侗乡第一寨"，有5座鼓楼群、5座戏台、5座风雨桥，其中鼓楼群被列为世界之最。

🎫 免费

🚌 黎平汽车南站有直达的客车

👁️ 1～2天

💡 肇兴侗寨和堂安侗寨之间有往来的班车。前往堂安侗寨一路上峰峦叠嶂，梯田层叠，山腰间的民居依山就势，井然有序。堂安侗寨以梯田闻名，若喜爱梯田风光，绝对不能错过。

游在东南线

加榜梯田　★★★★ ⚓📷

加榜梯田是苗族寨子世代耕耘的杰作，气势磅礴，集天下梯田之精华。每天清晨，一层层云雾从河边缓缓升起，美丽的加榜梯田连同梯田边上的苗乡吊脚楼被笼罩在云雾中，梯田间的山村、小寨与其交相辉映，和大自然融为一体，让你陶醉其中有一种身在幻境的错觉。

💰　免费

🚌　从江汽车站每天9:00、13:00有发往加榜乡的班车，到加车村下车

👁　2～3小时

🔆加榜梯田在每年4、5月间开始灌水，10月初最适合摄影。

云溪汤泉 ★★★

有东南亚风情的汤泉，周围草木葱郁，花卉茂盛。园区内有40多个露天温泉泡池，分成了十个主题，各具特色，包括鱼疗、药浴、玫瑰浴等，可供游客自由选择。

💰　138元

↪　舟溪镇新光村云谷田园

🚌　临近嘎醉河风情小镇（公交站）

吃喝东南线

当地饮食以酸汤系列为特色，最出名的就是酸汤鱼了。另外，春节前熏制的腊肉是冬天的主要食物。最有特色的要数烤香猪，香猪是一种长不大的小黑猪，肉极好吃。

购物东南线

特产：榕江蜜橘、柚子、椪柑、贵阳糟辣椒。

🔆苗族刺绣

对苗族刺绣有兴趣的游客，可在凯里或沿线的少数民族村寨留意，包括村民头上戴的银饰和身上穿的衣服上的袖片都可以问价，不过比较集中的还是在凯里。

住在东南线

黔东南州首府凯里的住宿条件相对较好，沿线其他县城的住宿条件多为招待所级别。

北线

北线快速攻略

Day1　娄山关→遵义会议遗址→赤水
Day2　赤水→燕子岩→十丈洞瀑布→佛光岩→赤水
Day3　赤水→红石野谷→四洞沟瀑布群→丙安古镇→赤水

感受北线

遵义会议和四渡赤水，再加上息烽集中营，无疑使这条线路成为革命传统教育的红色之旅。而知名度极高的茅台酒，给遵义带来了"酒乡"的称号。有着千瀑飞流，壮美的丹霞地貌，以及早在侏罗纪就生长的古老植物桫椤的赤水，则远远超越了一条赤水河的意义。

准备与咨询

语言

可能是地理位置接近的缘故，遵义话和赤水话跟四川话、重庆话颇为相似。比较容易听懂，很少有难懂的字、词。

气候与游季

遵义地区气候温和湿润，冬无严寒，夏无酷暑。到遵义市区旅游一年四季皆可，衣食住行都比较方便，景点对季节也无特殊

🔆赤水河

赤水河古称安乐水，源出云南省镇雄县，经贵州省赤水市至四川省合江县入长江，长500千米。赤水河最狭窄险要的峡谷要数吴公岩十里长滩，在那里可以攀岩、漂流、探险。赤水河孕育了茅台酒、郎酒等众多美酒，有"美酒河"之誉。1935年中国工农红军征途中曾"四渡赤水"，在赤水河畔的茅台镇上建有红军四渡赤水纪念塔。

要求。到赤水风景区最好选择5—10月，春冬两季太冷。

行在北线

进出

黔北游线可从两个方向进出，一个是贵阳→遵义→赤水；另一个是泸州→赤水→遵义。

飞机

遵义新舟机场已经通航，或可抵达贵阳机场乘民航班车到贵阳市区再转乘贵阳→遵义的专线车，约2小时车程。在贵阳已经有遵义的异地候机楼，位于红花岗区狮子桥头，可提供异地购票、航班信息查询、登机手续办理、候机等服务。还有直达机场的专线巴士。

离赤水最近的飞机场是川南泸州机场，约78千米，从泸州下飞机后，乘车2小时可到赤水。

遵义民航售票处
- 红花岗区北京路36号
- 0851-28224005

铁路

贵阳、昆明、广州、杭州、北海与成都、重庆间的往返列车均经停遵义。还有贵阳→遵义→桐梓、遵义→赶水的短途列车，也可乘火车到重庆再转乘汽车到赤水。

火车站问讯处
- 红花岗区北京路1号
- 0851-95105105

公路

有开往上海、重庆、贵阳、赤水、毕节、仁怀、东莞等方向的客车。贵阳—遵义有高等级公路连接。赤水北距四川泸定约50千米，距遵义约200千米，距泸州70余千米，距重庆250千米，距贵阳460千米。每天均有客车数班开往贵阳等地。

长途汽车站点

遵义汽车客运站	
北京路	0851-28624412
茅草铺客运站	
深圳路	0851-28431188
忠庄客运站	
海尔大道	0851-28431188

水路

赤水交通水陆兼备，可在重庆菜园坝乘客轮直达赤水。

市内交通

遵义市区交通发达，公交车和中巴车较多，还有出租车，因此不用担心交通问题。

赤水市内交通比较方便，到景区都有专线车。

💡 **遵义辣椒**

遵义是全国主要辣椒产区之一，绥阳朝天椒为全国七大名椒之一，早在20世纪50年代就远销东南亚各国，近来又出口日本、美国等国。辣椒食品也极为丰富，极具地方风味的是用新鲜小米椒、朝天椒加鲜姜、鲜小茴香叶用石磨磨制的辣椒酱，加少许精盐装坛，加满坛盐水并勤换水，可长期保存且越陈越香。

💡 **市内交通价格**

遵义市内中巴1元，出租车白天7元/5千米，22:00以后为9元/5千米。在赤水景区内游览多以步行为主。

💡 **1. 周边景点：**西河电站侧面的会水寺石窟，有8尊造型各异的佛教摩崖造像，值得一看。

2. 特色农家菜：这里的特色农家菜有筒筒饭、筒筒笋、老腊肉、豆花儿等。

游在北线

赤水大瀑布景区
★★★★ 🚻 📷

十丈洞瀑布高76米、宽80米，是仅次于黄果树瀑布的又一大瀑布。不过，它比黄果树瀑布多了丹霞地貌的奇观。瀑布与丹霞地貌相伴，独一无二。四面临空、高10米、直径7米的"万年石伞"仿若专为游人遮挡飞瀑而生。登上离石伞不远的"擎天石柱"，一碧万顷的原始森林风光尽收眼底。

💰 80元，景区观光车往返20元

📍 赤水市南部

🚌 赤水市区有旅游专线车前往，车票10元；也可从赤水包车去，120~150元/天

👁 2~3小时

💡 1. 景区内没什么吃饭的地方，建议自备干粮。

2. 近距离观赏赤水大瀑布，可能会被飞溅的水珠、飘出的水雾打湿。如果不想湿身，可带件轻便的雨衣。

桫椤国家级自然保护区

★★★★

这是我国第一个国家级桫椤自然保护区，面积133平方千米，总数达4万株，其茂密程度令人很难相信这些状如巨伞的美丽蕨类植物是和恐龙同时代，是地球上几乎绝迹的"活化石"。桫椤树够年头，水也显得很深沉。这里环境清幽，颇有些原始森林的感觉，很值得一看。

🎫 35元

🚌 从赤水客运站乘到二郎坝村的客车，车票18元

⏱ 2～3小时

四洞沟

佛光岩 ★★★

佛光岩景区素有"丹霞第一园""赤景一绝"等美誉。景区内包含丹霞地貌、奇峰异石、绝壁岩穴、五柱峰、白龙瀑、茶花林等30个景观。这里植物类群达2000多种，珍稀植物20多种；野生动物有400多种，珍稀动物10多种。

佛光岩景区出露地层全是侏罗纪、白垩纪河湖相红色沉积岩，被誉为赤水乃至中国侏罗纪、白垩纪丹霞地貌发育最好，出露最齐，特色最典型的景区之一。

🎫 80元

🚌 交通不是很方便，建议包车或是自驾

🚗 遵义市区出发，走兰海高速→遵义绕城高速→仁遵高速→蓉遵高速→赤水河谷旅游公路→佛光岩

四洞沟瀑布群 ★★★★

小家碧玉似的瀑布群，四洞沟瀑布群分布在四洞沟的山壑竹海里，瀑布各有千秋，常常在不经意间出现在眼前。

🎫 75元

🚌 从赤水乘专线车前往，车费5元

⏱ 2～3小时

💡 1.景区面积较大，游客可以选择坐滑竿，10元一程（两洞之间为一程）。

　2.这里吃的东西大多是地道的豆花饭、老腊肉、竹筒饭和竹笋之类。

遵义会议纪念馆 ★★★

就是在这幢两层木结构的中西合璧建筑中，召开了被视为中国革命史上转折点的"遵义会议"。而会议室内的陈设基本保留了当年开会时的原貌。

🎫 免费

🕐 8:30—17:00

🚌 临近纪念广场（公交站）、遵义会议址（公交站）

⏱ 2～3小时

丙安古镇 ★★★

这里古色古香，红色文化彰显，是红军四渡赤水所经之地。古镇内设有红一军团陈列馆。这里三面被赤水河环绕，河边建有许多由数百根圆木支撑的吊脚楼，十分壮观。

🎫 10元

🕐 8:00—17:30

⏱ 1～2小时

竹海国家森林公园

★★★★

园内有楠竹17万亩，遍布群山。登上"观海楼"，凭栏眺望，是一望无际的莽莽绿原。景区内还有"天锣""地瀑""八仙树""夫妻树"等奇特的自然景观。

🎫 45元

🕐 8:00—17:00（3月1日—11月3日）
　8:30—16:30（11月4日—次年2月28日）

🚌 在赤水客运站搭乘赤水—竹海线直到竹海

⏱ 3～4小时

乌江寨国际旅游度假区

★★★★

据说由乌镇同款的设计团队打造，四面环山，来到这里你会感叹古老的寨子和现代建筑居然结合得如此完美。景区整体比较安静、空旷，商业化并不严重，适合惬意

游在北线

漫游。这里的夜晚尤其丰富，音乐喷泉、灯光秀、民族舞表演、无人机表演等都足够让人印象深刻。

- 💰 80元
- 🕐 9:00—22:00（冬令时）
  9:00—22:30（夏令时）
- 👁 1～2天

吃喝北线

遵义的饮食口味与贵阳接近，详见本章吃喝贵阳一节。

赤水以"全竹宴"最为出名，还有风味独特的竹笋火锅、赤水豆花、泡椒系列等。

推荐食处

位于遵义红花岗的小吃街规模大、品种齐全，特别值得一提的是烤鱼，非常好吃，到了遵义不妨一试。

遵义的小吃 有羊肉粉、豆花面、黄糕粑、三香包子、大肉面、桐梓牛肉干、方竹笋、播州凉粉、臭豆腐、空心面、绿豆粉、百合粉等。

购物北线

推荐购物

遵义 茅台酒、董酒、珍酒、鸭溪窖酒、习水大曲、鸡蛋糕、竹器、柑橘、龙眼、荔枝、竹笋、干辣椒、五倍子、百合粉等。

赤水 赤水盛产楠竹，竹工艺品赤水香扇、竹荪、竹笋均为特产，晒醋为全国四大名醋之一。赤水荔枝皮薄、肉厚、核小，清香甜润，乃佳品。另有传统特产玉兰片。

住在北线

遵义 市内有多家星级宾馆，住宿不成问题。

北 线 周 边 游

息烽温泉 ★★★ 🏊

位于息烽县城以北41千米处，距贵阳110余千米，距遵义70多千米，气候宜人，温泉终年不涸，水温在55℃左右，适合洗浴。四周自然风光秀丽，是度假疗养胜地。

- 💰 130元
- 🕐 8:00—22:00
- 🚌 乘遵义至息烽温泉的旅游专线车可达
- 👁 3～5小时

茅台镇 ★★★★ 🍶🚗

茅台镇历来是黔北名镇，古有"川盐走贵州，秦商聚茅台"的华丽写照。1915年茅台酒在巴拿马万国博览会上荣获金奖，从此茅台镇便享誉全世界。1935年红军长征，四渡赤水，谱写了中国革命史上的壮丽诗篇。茅台镇以厚重的古盐文化和神秘的酒文化被誉为"中国第一酒镇"。

- 🚌 临近茅台政府（公交站）
- 👁 2～4小时

💡 美食与土特产

赤水人民北路是饮食一条街，那里餐馆林立，各种汤锅味美价廉。赤水的夜市以东门码头、转盘、市中区等最为热闹。赤水延安中路的竹工艺制品一条街，竹扇、竹黄茶叶盒、竹雕工艺品等一应俱全。尚家湾市场、荷花池、康佳集贸市场，都是当地土特产品的集散地。

苗族刺绣

☀ 步行街

遵义市区的步行街在遵义会议会址附近，一头靠近公园路，另一头出去就是红旗路。这一带有许多卖小商品和特产的小店，价格还算公道。

北
线
周
边
游

西藏自治区

自助游：

传统黄金线：
拉萨→日喀则→拉孜→樟木

魅力西藏线：
拉萨→日喀则→拉孜→措勤→改则→革吉→狮泉河→普兰

旅游环线：
拉萨→江孜→日喀则→拉萨

藏族历史文化游：
拉萨→山南（泽当）

草原雪域风光游：
拉萨→那曲→格尔木

探险、科学考察游：
拉萨→林芝→山南（泽当）→拉萨

自驾游：

奔向珠穆朗玛峰
拉萨→纳木错→日喀则→珠穆朗玛峰

行在西藏的边缘
拉萨→江孜→日喀则→拉孜→定日→聂拉木→吉隆→萨嘎→仲巴→霍尔巴→巴嘎→门士→札达→那木加→朗玛→噶尔→日土→班公错

穿越可可西里
西宁→湟源→茶卡→都兰→香日德→诺木洪→大格勒→格尔木→昆仑山口→五道梁→二道沟→雁石坪→唐古拉山口→安多→那曲→羊八井→拉萨

拉萨

拉萨快速攻略

Day1 布达拉宫→药王山→罗布林卡→哲蚌寺

Day2 八廓街（吃早饭）→大昭寺→冲赛康→小昭寺→色拉寺

Day3 拉萨→念青唐古拉山→那根拉→纳木错（住宿）

Day4 纳木错→羊八井→楚布寺→拉萨

Day5 拉萨→甘丹寺→直贡梯寺

感受拉萨

虔诚的朝圣者 在西藏你可以看到这样的画面：一条悠长奇绝的山路，一队无比虔诚的朝拜者，一步一拜，每一步都很虔诚。他们已经走了很多年，只为在一次生命中，用全部身体触摸拉萨这个圣洁之地。

开张生意 如果你逛八廓街的时间早点儿，和那里的藏族小贩讨价还价，你就会听到"开张生意"这个词，藏族商贩会对每天第一个和最后一个客人给予价格的优惠，这是一种惯例。他们无奈地说"开张生意"的时候，好像告诉你：你买到了物超所值的宝贝。然后他们就拿着收到的钱在摊位上拍打一气，据说是为了带来好运气。

准备与咨询

气候与游季

　　每年 11 月至次年 5 月西藏的气温很低，很多地方都会被大雪封路，而且冬季因为空气干燥，高原反应也会比夏季明显，所以这段时间不适合一般的旅游者。不过对于想要游阿里的人是最佳季节，这个季节没有雨水冲击道路。

　　每年的 6—8 月是西藏的雨季。拉萨的雨很有趣，夜晚一般都会下雨，可是整个白天都是艳阳高照，那种日光可以被称为烈日。除了中午有点晒以外，这段时间气温非常舒适。所以在拉萨的人感觉懒懒的，适应了高原反应就再也不想离开。

健康

　　高原反应是一个适应的过程，无论坐车或是乘飞机上高原都会有不同程度的不适。通常刚下飞机和经过唐古拉山口的时候反应不是最强烈的，因为当时人体内血细胞中储藏的氧分子还够用。在高原的第一个晚上最难挨，正常反应是憋气、胸闷、头痛、呕吐，对策就是忍耐。一般 3～5 天以后就可以基本适应，当然缺氧造成的疲劳短短十几天是无法改变的。

安全

　　因为存在语言交流障碍，所以容易造成误会。尊重藏族同胞，避免不经意中招惹是非。藏族同胞对于旅行者一般觉得新鲜有趣并没有敌意，所以这方面敬请放心。

💡 高山病

　　感冒转成肺水肿而导致死亡的案例也曾有过，但是现在旅客游览线路一般交通便利，大城市都有治疗高山病的医院，所以因高山病死亡的可能性已经微乎其微。需要注意的是心脏、肺功能有问题、身体虚弱的旅客不适于高原旅游。

　　一般刚到西藏后，不宜立即做剧烈的活动，先躺两天再说。如果头疼可以吃阿司匹林等止痛药，实在来得厉害就需要去医院治疗。当地还有氧气瓶卖。

💡 不要随便逗狗

　　在西藏尤其是较偏远的地方，不要随便逗狗，因为随时可能遇见藏獒。

💡 西藏需要边境通行证的地区

日喀则市

　　仲巴、萨嘎、聂拉木（樟木）、定日、康马、亚东、岗巴、定结、吉隆

林芝市

　　墨脱、鲁朗、米林、察隅

山南市

　　浪卡子、错那、洛扎、隆子

阿里地区

　　普兰、札达、日土、噶尔

行在拉萨

进出

在交通工具中，乘飞机进出拉萨可能是最合适的，因为省时；但也是最不合适的，因为这样会缩短适应高原的过程。

飞机

贡嘎机场位于西藏山南市贡嘎县甲竹林镇，距离拉萨市区约60千米。机场有大巴发往拉萨市区，车费约25元，车程约1小时。大巴的终点站在布达拉宫旁边的娘热路民航宾馆。乘坐出租车的话，从市区去往机场大约200元。

机场问询 ☎ 0891-96222

铁路

乘火车去西藏的优势十分突出，首先青藏铁路海拔随着列车的行进逐步攀升，有利于旅客身体逐步适应高原环境；其次能体会到飞机旅游不能欣赏到的青藏线独有的自然景观，车厢的供氧从格尔木段开始启用，从格尔木到拉萨，只需运行12小时左右，火车白天运行，旅客能够欣赏到长江的源头——沱沱河、海拔5231米的唐古拉山口、经常有藏羚羊通过的清水河大桥、神秘的无人区等青藏线独有的风光。

从市区可乘坐1、13、14、30路公交车前往拉萨火车站。目前北京、兰州、西宁、成都、重庆、上海、广州、日喀则等城市都有发往拉萨的火车。

公路

进藏公路有青藏、滇藏、川藏、新藏、中尼公路，其中滇藏、川藏公路每年雨季都可能因为滑坡而中断，而新藏公路更是连班车都没有，中尼公路是外国游客进入西藏的重要途径。

青藏公路从青海格尔木至拉萨全程1164千米，路况是5条进藏公路中最好的，每年负担80%的进藏物资运输，也是自助旅客首选的陆路进藏方式。途中需要翻过唐古拉山口，长途卧铺车需要24～36小时。因为路途遥远，途中可能遇到爆胎、恶劣天气，所以不能保证准时到达。拉萨比较大的客运站，分别是北郊客运站和柳梧客运站。

长途汽车站点及发车方向

北郊客运站
- ➡ 位于拉萨市扎基路11号
- 🚌 以长途客运为主，班车发往那曲、日喀则、山南、阿里、格尔木、香格里拉等地

柳梧客运站
- ➡ 位于拉萨火车站旁边，是新建成的长途车站
- 🚌 有发往楚布寺、直贡梯寺和甘丹寺的班车

市内交通

拉萨的出租车已经实行打表计费，起步价10元/5千米，超过按2元/千米。由于拉萨市区范围较小，一般在起步价内都能到达。但去市郊的哲蚌寺、色拉寺等都会超过起步价。至于那种人力三轮车按距离远近收费，起步价一般3元。中巴和公交车也是拉萨的主要交通工具。市区公交1元，中巴车2元。

适当调整计划

1. 初上高原制订计划不要太死板，因为身体状况不能保证，而且在拉萨，人自然就慵懒了，即便只是坐在旅馆的走廊上晒太阳都是一种享受。

2. 7、8月是西藏旅游旺季，这段时间的房价、车价都会涨，机票也比较难买。

不要戴隐形眼镜

西藏天气特别干燥，近视的游客尽量不要戴隐形眼镜，西藏各地药店都会有红景天，进藏前两周开始服用，可以预防，但不能治疗。

青藏铁路

1. 为了最大限度地降低对藏羚羊等野生动物的原有生活环境的影响，青藏铁路全线共设置野生动物通道33处，沿线方向累计宽度近60千米。沿线还设有大量的桥梁、低路堤及家畜通道可供野生动物通行。

2. 由于青藏线的列车入藏后全程封闭供氧，旅客不可能打开车窗，所以旅客乱扔垃圾的问题不会出现。青藏铁路沿线各个站台都有垃圾站，所有垃圾一概运到格尔木处理。

3. 青藏铁路能给西藏农牧民带来更多就业机会。

乘车建议

上高原的旅行者建议考虑在格尔木坐卧铺车。也可包车，价格没有统一标准，一般单程200元可以拿下。有时也可以搭上送到拉萨的新车，每人100多元，但安全系数不高。

布达拉宫

游在拉萨

布达拉宫　★★★★★

一座宝库，你一生见到的珍宝可能都没有在这里见到的多，而且近距离地观看，到了令人目眩的地步。

布达拉宫位于拉萨市中心玛布日山上，是西藏最大最完整的宫殿式建筑群。"布达拉"的梵语意为观世音圣地。7世纪时，吐蕃赞普松赞干布迎娶唐文成公主在此修建宫殿，后毁于战乱。17世纪中叶重建，总面积13万平方米，是原西藏地区的统治中心。全部为木石结构，顶部为鎏金瓦盖顶。

布达拉宫为举行大型宗教、政治活动的场所。位于宫殿顶部的第7层是达赖喇嘛的冬季寝宫，因为日光充足被称为东西日光殿。

红宫内主要是历代达赖喇嘛的陵塔和佛殿，一共有8座陵塔分别供奉在各层殿中。其中最大的是五世达赖喇嘛的陵塔，高14.85米，上面镶满钻石玛瑙，最顶上的那颗天珠是世界上最贵重的天珠，还有生长在大象脑中的宝石，光黄金就用了11万两。这座大殿是布达拉宫中面积最大的，共725平方米。

🌐 200元（旺季，5—10月）；100元（淡季，11月一次年4月）；可免费参观山下的雪城和珍宝馆，金顶不开放

🕙 1月3日—3月15日 9:30—14:00（停止售票14:00，最晚入园14:00）；3月16日—4月30日 9:00—17:30（最晚入园15:00）；5月1日—10月31日 8:30-18:00（最晚入园15:40）

🚌 乘坐景区穿梭车、民航班车，也可乘公交车在拉百站（公交站）、民航局站（公交站）下车

⏱ 3~4小时

💡 **1. 一票难求：** 布达拉宫被公认的世界遗产，里面值得看的珍宝实在是太多了，参观要赶早。每天门票限量，旺季的时候一票难求。

2. 达赖喇嘛的居室： 达赖喇嘛的居室不大，大门外两侧长长的一排铺着毡子的

💡**布达拉宫**

1. 布达拉宫每天出售的票都是第二天的，还有时段限制，因为游客多，很多人夜里就去排队了，每天售票时间是14:00，用不了一小时就卖光了，而且每天只售几百张散客票。自助游的游客可以在当地参团或者提前一到布达拉宫西门排队领取购证证，上面写着什么时间可以进入，要提前20分钟左右走到宫门口，换一张正式的票，如果迟到太久，购证证可能作废。

2. 布达拉宫分白宫和红宫，禁止拍照，也禁止戴帽子和墨镜。

3. 布达拉宫已全面采用实名制网络预约，实行分时间段等措施，同时也停止了"布达拉宫官方网站"购票系统，开通了微信小程序订票系统。需要在小程序或各种系统中提前一天早上7点准时预约次日参观的电子预约券，然后才可预约门票。必须按照门票上指定的时间段参观游览，如过时，票将作废。不善使用智能设备的老年人及特殊游客可提前一天在现场人工免费预约门票。

💡 在宗角禄康公园（龙王潭），有一巨型潭水，可以拍到布达拉宫的倒影。

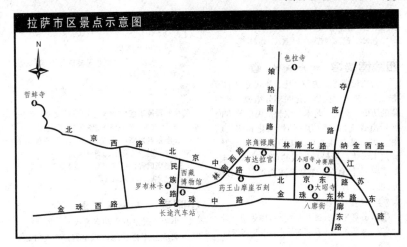

拉萨市区景点示意图

台子，那是等候接见的人的座椅。

3. 六字箴言： 布达拉宫墙外以及各大寺院中有众多转经筒，沿顺时针方向转筒一圈就相当于念了一遍经文。虔诚的藏族同胞转经的同时嘴中还会念"嗡嘛呢叭咪吽"，这是最简短的经文——六字箴言，而你在山顶玛尼堆看到刻有经文的石块上面的藏文也是这个意思。

4. 关门时间： 周末的关门时间会提前，参观时有讲解员带路，所经过线路都有箭头指示。藏传佛教节庆日上午免票。

药王山摩崖石刻　★★★★　🚹🏛

药王山位于布达拉宫右侧，是拍摄布达拉宫全景的理想位置之一。山背面的悬崖绝壁刻满了大小佛像五千多尊，为西藏之最。在拉萨的一种流俗，如果家境贫寒的人家有亲人过世，请不起度亡的唐卡，就可以买点儿颜料，到药王山把摩崖石刻佛像刷新一遍，便可得到与度亡唐卡佛像同样的功德。

💰 免费

🕐 7:00—19:00

🚌 乘公交车在药王山菜市场站下车；或从布达拉宫步行前往

👁 1～2小时

☀ 1.山门隐藏在住家建筑中，沿布达拉宫前的大路向西第一个明显向西的路口进入搜索即可。

2.在药王山上看日出日落挺不错。从药王山上拍摄布达拉宫，是最好的角度。

罗布林卡　★★★　🚹🏛

西藏著名园林，也是藏族同胞平时休闲的去处。罗布林卡藏语中为"宝贝园林"的意思，始建于18世纪40年代七世达赖时期，是后来历代达赖的夏宫。整个园区的占地面积为36万平方米，由3组宫殿和花园组成。

💰 旺季80元；淡季60元

🕐 9:30—18:00（16:30停止售票）

🚌 乘公交在罗布林卡南站下车

👁 2～3小时

☀ 1.这里也是藏族同胞"过林卡"的重要地方，每逢节假日藏族同胞着节日盛装，

在这里搭帐篷，载歌载舞，好不热闹。游客如有幸被邀请，尽管放开性情大吃大喝。

2.11:00 这里会表演精彩的传统藏戏，值得观摩。

西藏博物馆 ★★★★ 🚩

博物馆展厅由史前文化、不可分割的历史、文化艺术、民俗文化四部分组成，从西藏的历史、文化、艺术、宗教、民俗等方面展示出藏族独具魅力的灿烂文化和悠久历史。唐卡是藏族文化历史中独具特色的绘画艺术形式，是最具代表的藏族艺术瑰宝。要了解一个地方，先参观博物馆是最好的方式。

🎫 免费

📍 拉萨市城关区罗布林卡路19号

🚌 乘等公交车在罗布林卡南站下车即达

👁 1～2小时

扎基寺 ★★★ 🛕

西藏唯一的财神庙，每天香火不断。扎基寺主供的神嗜酒，所以前来扎基寺朝拜，除了哈达、桑枝外，一定要带一瓶白酒或青稞酒。如来不及准备，寺庙门口常年有小贩卖这三样东西，价格也并不贵。

🎫 免费

📍 拉萨市城关区扎基东路

👁 1～2小时

大昭寺 ★★★★★ 🛕

大昭寺在藏传佛教中拥有至高无上的地位，是黄教等级最高的寺院。公元643年，18岁的文成公主到达拉萨，随身携带了12岁释迦牟尼等身像。相传这是按照释迦牟尼本人塑造的，并且由他亲自开光，最为宝贵。为了安置佛像，松赞干布为文成公主修建小昭寺，而为先嫁过来的尼泊尔赤尊公主修建大昭寺。金城公主时期将佛像移至大昭寺，而后大昭寺不断扩建，

大昭寺

才有了现在的规模。

🎫 85元

⏰ 12:00—18:00

🚌 可乘公交在市妇幼保健院站下车；或从八廓街步行前往

👁 1～2小时

💡 **1. 拜佛听经:** 12岁释迦牟尼等身像在藏族同胞心中是最神圣的佛像。晚间这里有喇嘛诵经，可以去听。

2. 唐蕃会盟碑: 在大昭寺的正门口，不要忘了看这块碑和唐柳，它们是古代汉藏友好的标志。

3. 楼顶风光: 据说楼顶有一个露天厕所，四周金顶围绕，风光无限，可去见识见识。

小昭寺 ★★★ 🛕

小昭寺远没有大昭寺香火旺。7世纪中叶由文成公主督建用以供奉释迦牟尼12岁等身像的寺庙，为了表达她思念家乡的意愿，这座寺庙的大门因此朝东。

🎫 30元

⏰ 本地信教群众开放时间8:30—15:00，游客15:00—16:00

🚌 可乘1、2、3、4、14路等公交在热木其站下车；或从大昭寺步行约10分钟可达

👁 1～2小时

💡 **1. 建筑风格:** 原建筑为汉族风格，后经屡次重新修建成为现在的藏式风格，占地4000平方米，现供奉尼泊尔公主带来的释迦牟尼8岁等身像。

2. 可不去: 这里通常游客不多。若时间有限，即便不去此地也不会有太大的遗憾。

色拉寺 ★★★★ 🛕

作为拉萨三大寺庙之一，色拉寺可能没有大昭寺的地位高，可能不比哲蚌寺的规模宏大，但拉萨市内唯一的天葬台就位于色拉寺背后的山上。

1418年由藏传佛教格鲁派创始人宗喀巴的八大弟子之一释迦耶歇修建。全寺分为结巴、麦巴、阿巴3个扎仓（经学院），29个康村（僧侣居住地）。

🎫 50元，17:00以后10元

⏰ 7:00开放，辩经15:00开始，17:00后主要大殿经堂关闭

🚌 乘公交在色拉寺站下车

👁 3～4小时

💡 **1. 攀登须知:** 这座山高且陡峭，加上缺氧容易疲劳，建议体力不好的游客放弃攀登。

2. 天葬: 这是藏族同胞心目中最神圣的民族传统，民间有很多禁忌，包括禁忌家属、生人观看。游客不要擅自到天葬场猎奇，兴趣大的话，要请当地人帮忙才行。

八廓街

3. 朝拜金刚橛: 藏历十二月二十七是色拉寺朝拜金刚橛的日子。

4. 辩经: 色拉寺的辩经很有名。除周末外,平日15:00均可以观看辩经活动,感受浓郁的经院气息。

哲蚌寺 ★★★★ ⛪

　　哲蚌寺是西藏最大的寺庙,面积20万平方米,共有4个扎仓。1416年由宗喀巴弟子修建。大经堂是最主要的建筑,由183根立柱支撑,可以容纳9000个喇嘛诵经。措钦大殿内保存有一至四世达赖喇嘛的陵塔。

　　甘丹颇章,旧称兜率宫,意为"天神宫殿"。位于哲蚌寺内,这里是一至五世达赖居住的地方,后移居布达拉宫。

🎫　60元

🕙　9:00—16:00,辩经14:30开始,下午大部分佛殿都不开门

🚌　可乘公交在哲蚌寺站下,然后沿当巴路徒步上山,需半小时

👁　2～3小时

💡 **1.晒大佛:** 每年8月上旬拉萨雪顿节第一天最重要的项目就是哲蚌寺晒大佛,天没亮拉萨街头就会行人不断,所有的小巴都拉满了到哲蚌寺的人,车子只能停在山下,走很长的路才能到达哲蚌寺。

💡 **2.赐福:** 日出的时候半个山坡百米长的巨幅唐卡徐徐展开,藏族同胞会拥挤在唐卡下面用唐卡的边缘埋住头祈祷许愿。然后排很长的队绕行唐卡,再由活佛摸顶赐福。

3. 拍大佛: 拍摄大佛最好的位置是对面山上的平台。

冲赛康 ★★★ 🏪🍴

　　拉萨最大的小商品批发市场,相当于武汉的汉正街。这里有浓浓的酥油味,有堆积如山的牦牛肉,尼泊尔的红茶……那些头扎红色英雄结的康巴人,至今保持着在这里的传统地盘优势,采取古老的袖谈方式,就是一方把手伸在对方的袖子里,互相通过摸手势来商议价格,笑谈之间已经互相心中有数,而旁人是看不出端倪的。

🚏　北京东路与八廓北街之间

👁　1～2小时

八廓街 ★★★ 🏪🌸

　　八廓街,也称"八角街",是围绕大昭寺修建的一条最具藏式生活气息的街道,也是藏传佛教徒最重要的转经道路。过去这里曾是贵族和商贾集聚的场所,很多逾时百年的建筑至今保存完好,是拉萨民居艺术的鲜活范本。

🚌　乘公交在措美林站下车

👁　1～2小时

💡 离八廓街不远处,有一座仓姑寺,是西藏唯一的尼姑寺。边上有家甜茶馆非常有名,很多游客都会慕名前来,可以去尝一尝。

游在拉萨

八廓街上琳琅满目的小饰品

文成公主实景剧场 ★★★★

　　一场绝不能错过的演出，讲述了文成公主和亲松赞干布的经典史诗，场面宏大，音乐震撼，体现出汉藏文化的融合。不同于传统的剧院演出，《文成公主》大型实景剧最大的特点是以高原的星光为幕，山川为景，让人身临其境。

🎫 根据位置，票价在380～1280元不等

📍 城关区慈觉林中国文化旅游创意园

🚌 临近次角林大道站(公交站)、次角林民间艺术团站(公交站)

👁 2小时

💡 1. 演出时间可能经常变动，最好提前咨询。

　　2. 演出当天退票需要收取15%的手续费，贵宾票不可退，退票时间截止到演出当天19:00，需要合理安排好观赏时间，避免因为行程冲突造成损失。

吃喝拉萨

　　奶茶、青稞酒要算是在整个西藏的旅游过程中常遇到的食物，但与其他地区相比，拉萨算是最繁华的地方，不仅能吃到很不错的藏式风味，而且还有各式菜肴，只要你有钱，在这里就能享受美味。

推荐餐厅

　　在拉萨可以吃到各种风味的饮食，藏式餐饮、广东菜、北方菜、湖南菜等都有。最多的算是四川菜，颇受游客和当地百姓的欢迎。拉萨德吉路和北京路汇集了全国各地的美食，有川菜、火锅、各种小吃等，甚至还有西餐、酒吧，去拉萨的游客很多都会去品尝。

藏餐 　藏族美食没有真正的烹调，滋味就在原本的汁液中，不善食肉的人恐怕难以受用，关键在于吃的气魄，要有生吞活剥的架势，餐具没有筷子，只有刀。至于青稞酒和酥油茶，还是先尝后饮，万一在西藏胃肠不适就麻烦了。在拉萨的民族饭店里面，有很好的风味，也可遍尝无余。下面是几个吃藏餐

💡 **1. 逛八廓街：** 如想悠然自得地饱览那极具藏式风格的小巷，那就得赶早。逛八廓街基本都是沿顺时针方向，跟藏族同胞转经方向一致。

　　2. 购物： 八廓街里的商品繁杂，有很多是仿制品，购物时一定要注意，鉴别好了之后再买。把握两个原则：自称是银器的不买，自称是古董的不买。18:00以后，八廓街就会变成一般的集贸市场，以日用品为主。

　　3. 买藏刀： 如果要买藏刀，正宗的产地是在后藏的拉孜县，那产的刀很好，但藏刀乘飞机是不能带的(托运也不行)，只能通过邮局邮寄。步行街北邻的北京中路邮局是拉萨的邮政总局，在那里邮寄比在一些小邮局寄要快得多。

💡 **雪域唐卡手工艺店**

　　位于八廓南街16号，店主人次旦朗杰，是西藏民俗协会会员，唐卡艺术师。来他这里学画唐卡画的人不分民族、年龄、国籍，一概免收学费。

💡 **1. 银行信用卡：** 拉萨有中行、农行、建行、邮政储蓄银行，信用卡可提现，在部分星级饭店也可直接使用信用卡支付饭店费用。邮政储蓄银行在西藏很发达，网点比较多。建设银行拉萨分行位于罗布林卡路，农业银行拉萨分行位于林廓东路51号，中国银行拉萨分行位于纳金路1号。

　　2. 带现金： 现在移动支付在西藏已经很普遍了，但还是有很多景区和店铺只用现金。

　　3. 换纸币： 此外，硬币在西藏很少用，可以准备一些纸币的零钞。

购
物
拉
萨

拉萨医院

自治区人民医院

🅰 位于林廓北路

🅲 0891-6371462

急诊部 0891-6322200

自治区第二人民医院

🅰 位于金珠东路 119 号

🅲 0891-6272700

急诊部 0891-6822115

拉萨市人民医院

🅰 位于北京东路

🅲 0891-6323302

西藏军区总医院

🅰 位于娘热北路

🅲 0891-6858120

拉萨市妇幼保健院

🅰 位于江苏路 12 号

🅲 0891-6323035

拉萨市卫生防疫站

🅰 位于夺底南路

🅲 0891-6344255

如何挑选藏饰品

　　在这里最多的是各种藏饰品，耳环、项链、镯子、戒指以及各种稀奇古怪的东西。街面小摊上卖的很少有真正的金子、银子，至于上面的宝石也就更不用说了，做工较粗糙，不过颜色、款式是绝对的西藏风格，在内地很难买到。所以是大量采购送给朋友、同事的理想物品，价格在几元至十几元不等。在大昭寺背面的街道中有小铺经营真正的银首饰，是用电子秤称重量的，一克约 25 元。

的好地方。

雪神宫藏餐馆　　环境优雅，是拉萨最高档的藏式餐馆之一，清一色藏族姑娘侍餐。藏式菜肴地道，有生肉酱、灌血肠、炸羊排、藏包子等。

🅰 位于布达拉宫墙西端

🅲 0891-6531556

玛吉阿米西餐吧　　非常有名的一家餐馆，来这里可以感受别样风情。

🅰 八廓街东南角电信局对面

🅲 0891-6328608

如意卡林藏餐吧　　来西藏怎能不尝尝牦牛肉呢，这里的牦牛肉火锅是一绝，牛肉鲜嫩、汤底鲜醇。

🅰 宇拓路都市 118 连锁酒店二楼 26 号

🅲 13628982113

夜游拉萨

　　拉萨市内有众多娱乐休闲场所，不仅有电影院、卡拉 OK 厅、舞厅、酒吧、夜总会、茶楼、保龄球馆，街头还有不少藏族同胞自己的简单酒吧——甜茶馆、藏餐馆和温泉等。当地很多饭店都能欣赏到五光十色的民族歌舞。

推荐酒吧

Viva Villa　　喝着鸡尾酒，看着夜晚的布达拉宫，听着醉人的民谣音乐，是最好不过的享受，绝对值得体验一番。

🅰 江苏路 28 号（广东会馆喆啡酒店六楼）

萃坊　　在海拔在 3666 米的酒吧喝酒是什么体验？这是一家隐藏在深处的酒吧，各种类型的威士忌广受好评，酒吧建筑保留着浓郁的藏式风格。

🅰 夏萨苏路二巷 16 号

矮房子音乐老店　　拉萨很有名的一家小酒吧。白天来很安静。抱着自己的笔记本上网，十分惬意。老板放的音乐很不错，有中国、印度、尼泊尔和其他地区的，都是精心淘过来的唱片。

玛吉阿米酒吧　　在八廓街的转经道上，米黄色的三层小楼已经有几百年的历史。西藏的不少艺术家和文化名人常聚此处。三楼的露台风景很好，可以尽情地拍街景。如今重新整修过，新加了遮阳棚。

购物拉萨

　　没有人能抵挡住八廓街的诱惑，这是一条围绕大昭寺的街道，上千的摊贩用各种语言招呼你。

藏刀　　这是另一种必需品，做工粗糙极了，只能摆在书柜中看看外壳，价格在 20 ～ 50 元。通常大小在一尺左右，偶尔也有一米长的大刀。在各个邮局可以寄包裹，哪怕你买了一把青龙偃月刀，他们都能给你包好寄回来。

唐卡　　有印刷和手绘之分。印刷是在绸子上印制有佛像，价格在 5 ～ 10 元。手绘是由专门的工匠、喇嘛用天然的颜料精心绘制

在画布上，因为颜料中含有毒素，所以放多久也不会被虫子咬。在八角街有几家门脸专门制作唐卡，布达拉宫的大门外也有一些店铺。唐卡是一种艺术品，所以价格较高，一般200～1000元不等。小幅的也要几百元，至于哲蚌寺的那副半座山唐卡，你就别想了。

住在拉萨

拉萨是西藏最大的城市，也是整个藏族地区的旅游业中心，所以住宿不用操心。有昂贵舒适的酒店，有供氧设备像大医院的拉萨饭店，也有普普通通的除了床铺电视什么也没有的集体旅社。旅游者最好到几个著名的旅行者集散地投宿，这样也可以方便寻找同路人租车和交流信息。

很多背包客喜欢住类似青年旅馆的小旅店，它们一般位于八廓街附近。

大多数的青年旅社都有公共消息留言板，贴满了各种关于旅行的信息，最多的就是包车信息。这样比在旅行社包车要便宜10%～50%，而且还可以找到去墨脱、阿里等较偏远路线的旅友。

推荐住宿

八朗学酒店　始建于1984年，在旅友中人气很旺，是拉萨市资历最老、名声最大的旅馆之一。

🅿 北京东路8号

☎ 0891-6563777

林仓精品酒店　古宅新颜，原是达赖经师的宅邸，家具也是淘来的老藏柜。在屋顶上能看到大昭寺的金顶和拉萨四周的山峰。

🅿 拉萨市城关区鲁固一巷38号，近江苏路

☎ 0891-6899991

拉萨周边游

甘丹寺　★★★★　⚑

格鲁派第一座寺院，甘丹寺与色拉寺、哲蚌寺合称拉萨三大寺，1409年由宗喀巴兴建，他的遗体就安放在寺内陵塔中。寺院有2个扎仓、50多座建筑，僧人定额3300人。

💰 50元

🕐 7:00—17:00

🅿 距离拉萨东40千米的达孜区境内

🚌 大昭寺附近的路布停车场有直达甘丹寺的中巴车，一般6:30出发，单程票价10元/人，行程2小时。当天15:00—16:00原车返回，中途会在桑阿寺停留参观，无须门票

👁 2～3小时

💡 **拍照：** 这是一处由奇峰、怪石、溪洞、草地、洞窟和寺庙组成的藏传佛教圣地，所以也是个拍摄基地。千万要记得带相机来，如果拍摄寺庙内，需要经过允许。

直贡梯寺　★★★★　⚑

1179年仁钦贝所建，立于悬崖峻岭之间，非常壮观，寺院主要景点包括经堂、灵塔殿、藏经楼、坛城、护法神殿和修禅密宗室、扎西果芒殿等。

💰 45元

🕐 6:00—16:00

🚌 从拉萨有到直贡梯寺的班车，在大昭寺前面的广场坐，7点发车，单程2小时，原车下午返回，来回车费40元；如果租车前往，租车费单程300元左右

👁 2～3小时

甘丹寺

拉萨周边游

纳木错紧邻念青唐古拉山

扎叶巴寺 ★★★ ⛰🚶

相传它始建于7世纪，距今已有1500年的历史，后来几经扩建，形成了现在紧紧嵌于崖缝壁间的扎叶巴寺。

- 💰 40元
- 🕐 9:00—17:30
- 📍 拉萨市达孜区扎叶巴沟
- 👁 1小时

纳木错 ★★★★★ 🍂

对于很多到过纳木错的人来说，这里都是他们所见过的最雄壮的地方之一。如果西藏只能去3个地方，那去过西藏的人就会建议：纳木错、喜马拉雅、冈仁波齐。

纳木错是我国仅次于青海湖的第二大咸水湖，世界海拔最高的咸水湖。湖中有5个小岛，巨大的扎西半岛从很远的地方就能看到。扎西岛上有两座小山，如果你登上较高的那座山的顶峰可以看到巨大的玛尼堆和经幡，以及一条绵延百米由一座座小玛尼堆组成的轨迹。这里是整个纳木错的最高点，四周是如同大海一样辽阔的湖水。湖水边就是皑皑雪山，天气好的时候可以看到念青唐古拉山的主峰。

- 💰 145元（淡季，门票+观光车）
210元（旺季，门票+观光车）
- 🚌 1.纳木错距离当雄县城60千米左右

（完全为土路，途中翻过海拔5190米的纳根山口），当雄距离拉萨164千米（中尼线）。没有交通车去纳木错。许多旅行者选择结伴租车去，包中巴两天来回1500元，可以到YAK或八廊学旅馆的告示栏找伴。或者可在Kirey旅馆前搭小型巴士，后者较便宜且方便，7:00出发，但在前一晚应先去Kirey旅馆问清楚，有时情况不明

2.如果从青藏线上高原，途经当雄可以包车上纳木错，不同时期价格也会有所变动。但是因为刚上高原适应能力差，在这里住宿会有明显的高原反应，美丽和艰辛绝对成正比。多数人选择先到拉萨适应，再上纳木错

- ⚠ 纳木错湖边并没有宾馆可住宿，但当地村民在此有帐篷，可为游客提供民族特色的帐篷宾馆住宿，一般价格在30～100元不等；许多旅行者都会结伴在此过夜，看看清晨和黄昏的纳木错
- 👁 1～2天

楚布寺 ★★★★ ⛰

楚布寺位于拉萨以西60千米处楚布河上游，亦称磋卜寺。海拔4300米，1187年为噶玛噶举派高僧塔布拉杰的学生杜松钦巴所建，"文革"后重建，是藏传佛教噶玛噶举派在西藏的主寺，属白教。每年5月30日，楚布寺会举行一年

拉萨周边游

一度的刺绣巨幅唐卡释迦牟尼佛像展佛仪式。

🎫　40元

🕐　9:00—14:00

🚌　大昭寺西侧花圃往南200米巷内有中巴车，7:00—8:00发车，客满即开，车费15元，原车15:00返回；或可在拉萨租车前往，车费200～300元

米拉山 ★★★

　　海拔5103米的米拉山在藏语中叫甲格江宗，意为"神人山"，处于川藏线进藏的必经之地，值得停下脚步欣赏一番。三座标志性的铜牛以及在大地与苍穹之间摇曳的五彩经幡为这里添了几分神圣。

🚌　林芝到拉萨的路上，沿318国道即可到达

👁　1～3小时

羊八井 ★★★★ 🌀

　　羊八井地热总面积超过7000平方米，温度保持在47℃左右。这里的温泉大多含有硫化氢，对多种慢性疾病都有治疗作用。沐浴的地点是一个露天的游泳池，在它的周围远远地可以看见雪山。羊八井最美的时候是每天清晨，地热田产生的巨大蒸汽团从湖面冒起，白雾弥漫，如人间仙境。

🎫　旺季198元（5月1日—10月14日）；淡季128元（10月15日—次年4月30日）；建议自带泳衣

🕐　9:00—21:00

📍　拉萨市西北90千米的当雄县境内

🚌　建议包车，最好是去纳木错时顺道前往

👁　4～5小时

寺庙里的转经筒

日 喀 则

日喀则快速攻略

Day1 拉萨→羊湖（属于山南，详见山南一节）→江孜宗山城堡→白居寺→帕拉庄园（夜宿江孜县）

Day2 江孜→班禅新宫→扎什伦布寺→夏鲁寺（夜宿日喀则）

Day3 日喀则→萨迦寺→绒布寺→珠峰

☀两条线路

因为日喀则至拉萨分新旧两条线路，新路好走快捷，旧路经过羊湖等景点，所以一般司机往返会选择不同路线。

感受日喀则

在路上　人在那里很小，寄居在"丰田陆地巡洋舰"的肚子里，每天做的事情就是坐在车里向外张望。快到日喀则的路上是西藏的农业区，有青稞田还有像长廊的浓密树木。寂静的经幡招展在藏式农庄的屋顶，夕阳下金色的光芒充斥眼眶。翻过一座座大山，泥泞的路不停地浸没车轮，四轮驱动的轰鸣频繁作响，高悬的底盘不停地被大石顶起来。安静的时候你能看到野兔和羚羊站在石崖上凝望你。雪山和纯洁的湖水，让人迷失的蓝色天空，稀薄的空气……路总有尽头，在天边最高的山峰下，驻足片刻，其实只是在路上就已经很美。

路上的老外　日喀则的雨季，路途极为恶劣，如果你行走在这条路上，会遇到路旁有一片小山谷，里面总会有扎着帐篷的营地，在寒冷的气温下，高海拔的稀薄空气中，你能看到营地里老外穿着短裤闲逛。他们构成了路上的一道风景。

寻人启事　过了海拔5000米通常你能遇到的只有藏族同胞、牦牛和老外。男男女女或背着行囊徒步走着，或是踩着怪异自行车的老夫妻，或是骑着一匹慢马悠闲地走向雪山的帅哥。路过的偏僻小村的饭馆墙壁上可以看到用各种语言写的寻人启事。

浓郁的宗教文化　日喀则是历代班禅额尔德尼的驻锡地，拥有极负盛名的扎什伦布寺、萨迦寺、白居寺、夏鲁寺等众多寺庙，构成了众多教派融合的浓郁的宗教文化。

准备与咨询
语言

在通往雪山的道路上，经常半天的时间才能经过一个破旧的小村庄，语言沟通是一个重要问题。

行在日喀则

去珠峰是西藏游中很经典的一条路线，一般的旅行社都有这条线路。从拉萨到珠峰有650千米左右，因为所走线路不同所以全程往返约1500千米，旅行社的线路一般安排在5天以上，

☀上路须知

1. 办理边防证： 去往珠峰和樟木口岸均需要办理边防证，因为去往上述两个地方只能通过旅行社包车，所以直接通过旅行社办证非常方便。

2. 租越野车： 在西藏，丰田陆地巡洋舰是最标准的车型，老款的丰田60放实耐用（每千米3～3.5元），通常千米表都是坏的，要不上面的数字可以绕地球好几圈。其他几款新丰田价格稍贵，车况好，通常租给外国人或公家使用。顺便说一句，丰田v8是一种身份的象征，拉萨的拥有量居全国首位，宽大舒适奢华，可以叫作陆地航空母舰。

3. 投奔旅行社： 位于大昭寺北侧的丹杰林路和多森路上有众多小旅行社，建议多咨询问几家，签合同时注意详细审核条款。

☀日喀则经济和民风

日喀则地区经济较传统，民风淳朴，和任何藏族同胞拍照都不会被他们盯着钱，给藏族小孩文具和食品大多比较礼貌。

☀路况

从拉萨到羊湖要经过一段很长的上坡路，有些地方刚好能够错开两辆车，完全由碎石土路铺成，这段上坡路大概从海拔3000多米一直到海拔5030米的甘巴拉山口都是在山崖和山谷中向上盘绕。胆小的人最好不要坐在车右侧，否则数百米的深谷只要你打开车门就能到了。

虔诚的朝拜者

旺季报价 5000 ～ 8000 元（每辆车约每天1000 元），含除沿线旅游景点门票和游客食宿外的全部费用。其实除了门票和食宿，你想花钱都难。

大昭寺外藏医院门前常年有提供出租的包车，但是对于一般旅客他们给的价格并不比旅行社优惠，而且前往珠峰的道路非常艰辛，途中车辆难免出毛病，而由此产生的费用和麻烦就很难分摊。所以建议通过旅行社，他们会给你购买保险、安排司机，以及配备同车人员（一般包车人数为 5 人，后排 4 个，前排副驾驶位置 1 个，所以同伴越瘦越好）。也可以留意八朗学、吉日等处的留言板，那里经常会有人寻找旅伴同行。

游在日喀则

宗山抗英遗址 ★★★ 🏛️⛰️

电影《红河谷》中宁静站在城堡顶上唱的那首歌已经忘记了内容，却有语言没法描述的美丽。连绵的宗山城堡依旧耸立在山巅，仿佛雄鹰的翅膀那样刚劲嶙峋。

1904 年，英国人入侵西藏，江孜驻守的藏族军民在险峻的宗山修建堡垒用弓箭、藏刀抵抗侵略者达 8 个月之久，最终弹尽粮绝，勇者冲入敌阵，伤者跳崖殉国。

- 🎫 古堡不对外开放，古堡下的广场免费开放
- 📍 江孜城中
- 🚌 可由日喀则乘长途汽车抵达县城后，步行前往
- 👁 1小时

白居寺 ★★★★ 🏛️

白居寺内造型别致的贝考曲登是一座八角形的 9 层高塔，是白居寺的标志建筑，因为塔内绘有大量佛像，又被称作十万佛塔，

塔高 32 米，共有 108 个门，77 间佛殿，造型别致到了说不清楚的程度。

白居寺始建于 1427 年。最早属藏传佛教萨迦派（花教），后其他教派渗入，于是形成了萨迦派、格鲁派、噶当派（白教）多个教派共存的局面。共有 16 个扎仓，每个教派按势力大小拥有其中几个扎仓。主殿内供奉着一尊 8 米高的鎏金强巴佛铜像。

- 🕐 9:00—19:00
- 📍 江孜县城西郊
- 👁 1～2小时

🔅 进塔须知

1. 佛塔的门都很低，进出注意低头。

2. 带相机进入十万佛塔须缴费，但是对于能拍摄十万佛像来说，绝对物超所值，既然来了，就不要错过这个拍照良机。

3. 来到白居寺，十万佛塔和壁画不能不看。"吉祥多门塔"的塔式，在中国只有这里才能看到。

帕拉庄园 ★★★ 🏛️⛰️

帕拉庄园是如今唯一保存完好的旧西藏贵族庄园，位居十二大庄园之列。帕拉庄园主体楼高三层，颇为壮观，现存房屋57 间，建筑配套完整，装修考究。设有经堂、日光室、会客厅、卧室，还有玩麻将的专用大厅。房内雕梁画栋，富丽堂皇。经堂陈设考究，经书、佛龛保存完好。此外，帕拉庄园内还有酿酒坊、磨坊、农奴大灶等。与高大壮观的主楼形成鲜明对比的是斜对面的朗生院，这里房屋拥挤、低矮、狭小、潮湿，每一间屋子都是一家几代人共同生活的空间。

- 💴 25元
- 🕐 9:00—18:00
- 🚌 可由江孜县城乘坐出租车前往，车费10元左右。或者徒步前往，路程3千米左右，大约需要40分钟，沿途风景很好
- 👁 1～2小时

萨迦寺 ★★★★ 🏛️

萨迦寺是藏传佛教萨迦派的第一座寺院，被誉为"第二敦煌"。萨迦寺的建筑风格十分奇特，呈正方形，四周筑有围墙。寺墙高 10 米，四角建有碉楼，墙外还有一道人工挖的护城河。外墙粉刷成了红、黑、白三色，这是西藏喇嘛教中萨迦派寺庙的特有标志。

寺内所藏文物极其丰富，其中包括据说是萨迦法王八思巴当年集合全藏书写家抄写的几千块上千年的梵文贝叶经，还有手工细致的壁画等。与敦煌不同的是，敦煌已成为历史的遗迹，而萨迦寺则代代相传，生

白居寺

生不息。

　　萨迦寺每年都会举行或大或小多次法事活动，其中规模较大、独具特色的为每年藏历七月进行的萨迦寺夏季金刚神舞法会和藏历十一月十九开始的冬季金刚神舞法会。

- 50元
- 9:00—18:30
- 萨迦县奔波山上
- 日喀则市客运站每天有两趟去萨迦的班车，50元/人
- 1～3小时

夏鲁寺　★★★★　🛕

　　夏鲁寺是西藏夏鲁教派的著名寺庙，于1087年由僧人吉尊西饶琼乃创建。元朝时，夏鲁寺在一次地震中遭到毁灭性破坏，元帝遂派人重新修复，并派去了汉族工匠。汉族、藏族工匠共同建造了这座具有特殊风格的寺庙。藏式殿楼配以汉式宫殿楼阁式的琉璃砖瓦房顶，加上木架斗拱支撑，两种不同建筑风貌融合得体，充分显示了藏汉兄弟民族的能工巧匠们亲密的协作关系。

　　夏鲁寺传世寺宝共有4件，分别是用108块小檀香木板拼成的经板；12年方能换一次的铜坛封装的圣水；西绕炯乃用来洗脸的石盆；前白后黑，刻有六字真言的奠基石。

- 40元
- 9:30—17:00

- 日喀则市东南20千米的丛堆山谷中
- 可在日喀则包租小面包，往返的价格为100元左右；也可以搭乘去江孜的中巴，路边下车，然后步行3千米即到，约需要40分钟
- 3小时

班禅新宫　★★★　🛕🚻

　　西藏佛教领袖班禅宫殿之一，位于扎什伦布以南，又名德庆格桑颇章。1954年由中央政府拨款兴建，是班禅大师安寝的夏宫。新宫建筑富丽堂皇，十分幽雅，是避暑的好地方。宫内存放有很多西藏历史文物及艺术精品，尤以一幅八思巴会见忽必烈的壁画最为精美。

- 30元
- 9:00—18:00
- 可由扎什伦布寺南行20分钟或租三轮车前往

扎什伦布寺　★★★★★　🛕

　　佛像周围有一条漆黑的甬道可以绕像一周，台基上镶嵌的天珠、坞墙伸手就可以够到，华美得像是做梦。

　　1447年由宗喀巴的门徒达赖一世根敦朱巴修建。从班禅四世以后成为班禅举行宗教和政治活动的中心，是格鲁派的第四大寺，内有世界最大的镀金铜佛，高22.4米，铜像周身镶有1400余块宝石，佛像眉心有一颗特大钻石，周围与30余颗蚕豆大小的

钻石相互映衬。

扎什伦布寺有 4 个依山势而建的扎仓，全寺 64 个康村许多已经搬离，尝试行走于黑暗的小屋中，木楼梯扶手已经被触摸得油亮，从狭小的窗洞可以看到熙攘的寺区，仿若隔世相望。

🎫 旺季100元，淡季55元（跳佛节门票可免）

🕐 9:00—18:00

🚌 从市中心到扎什伦布寺可步行，三轮车3元/人，出租车10元。

参观路线：强巴佛殿→十世班禅灵塔殿→大经堂→展佛台→弥勒佛→灵塔祀殿

👁 2小时

💡 **1. 扎什伦布寺的放生犬：**扎什伦布寺的放生犬很多。

2. 拍照：在寺庙的殿宇内拍照有严格的限制，价格不定，做好几十元一张的心理准备。最好先和喇嘛商量好了再拍。寺内房间众多且布局复杂。

3. 节日免票：在寺庙内，每年的 8 月，这里会举行三天的宗教跳神活动。如遇上藏族节日，如跳佛节，门票可免。

4. 食物：和拉萨差不多，均将便宜。有一家小店的砂锅面特别好吃。

绒布寺 ★★★ ♨

绒布寺，全称"拉堆查绒布冬阿曲林寺"，属藏传佛教宁玛派寺庙，少见的僧尼混居。寺庙分新旧两处，旧寺靠近珠峰，寺内存有莲花生大士当年静修的修行洞，以及印有莲花生大士手足印的石头和佛塔。从寺向南，是观赏珠峰的好位置，尤其是寺门口的玛尼堆和白塔，常被游客作为拍摄珠峰的前景。

🎫 35元

📍 日喀则定日县珠峰东路6号

🚌 要去绒布寺最好包车，从新定日出发，这条线上很少有便车

🏠 绒布寺除了一家招待所，寺内也可以接待住宿，寺内外都是35元/人；招待所有藏族同胞开的餐馆，一般的主食每份10元左右

🕐 1～3小时

💡 因为所有物资都是从山外运进来的，价格和味道可想而知。

樟木口岸 ★★★★ ♟

和尼泊尔交界处。道路不好，沿途景色很美，樟木口岸海拔只有 2800 米。

这里商贾云集，除藏族和汉族外，还有很多印度人和尼泊尔人，满街都是花花绿绿的尼泊尔大货车。商品琳琅满目，南来北往的客人多会于此，素有西藏"小香港"的美誉。

🚌 日喀则到樟木的班车每天都有。在虹桥宾馆处，有很多到拉萨的丰田，票价350元左右

🏠 有樟木宾馆、财源宾馆、交通宾馆、虹桥宾馆、白玛饭店等。标准房100元/间，价格会随旅游季节波动

💡 这里可以买到真的尼泊尔物品。

希夏邦马峰 ★★★

希夏邦马峰是唯一一座完全在中国境内的 8000 米级高峰，这里宛若"冰晶园林"，奇异的景色使得藏族人民有许多神话和歌谣称颂其为吉祥的神山。壮美的同时却也十分凶险，纵横交错的冰雪裂缝和时而发生的雪崩让无数挑战者望而兴叹，正

💡 **日喀则交通**

2014 年 8 月 16 日，首趟拉萨至日喀则客运列车 K9821 首发，全程约 3 小时。

💡 **日喀则食宿**

1. 街上有很多实惠的招待所、旅馆，如果你是包车前往，司机会带你到他熟悉的地方住宿，和他们住得在同一家旅馆。

2. 记住司机的房间号码，因为他们不一定有早起的好习惯。

3. 日喀则可以补给装备。

4. 他们的饭是大米和玉米渣做的米饭，还有瓜果、烤肉、辣椒……按珞巴人的风俗，饭菜由女主人按人头平均分成相等的几份，放在半边竹筒内，用手抓吃。另外，珞巴族最有特色的食物为烤山鼠，一般是用来招待贵客的。

🏠 **最美好的庄园**

日喀则市海拔 3800 米，是目前西藏的第二大城市。美丽绮旎的自然风光，独具特色的后藏生活，使得日喀则被誉为"最如意美好的庄园"。

💡 **1. 藏族旅社：**日喀则有几家私人开的藏族旅社，最好自带睡袋，每人 20 元。

2. 进山的门票：司机会安排服务员买进山的门票。门票是一张印制简陋的进入珠穆朗玛峰国家级自然保护区珠峰核心区、脱隆沟核心区的通行证，需缴纳 65 元的环境保护费。

3. 前往珠峰时间：尽量避免在 6—8 月的雨季前往珠峰，据藏族说法，在雨季很少人能够看到珠峰，另外道路泥泞不好通行。

4. 需带物品：定日至扎达一路颠簸，且前后荒无人烟，建议带足氧气、零食和睡袋，以备万一。

扎什伦布寺

如其名在藏语中的含义：气候严寒，气候恶劣多变。

- 🕐 日喀则市聂拉木县喜马拉雅山脉中段
- 🚍 行驶在219国道上可远观欣赏
- 👁 1~2小时
- 💡 不远处是佩枯错，可以拍到湖水中倒映的希夏邦马峰。

佩枯错 ★★★ 🌊

佩枯错也作泊古错、拉错新错，是日喀则市最大的湖泊。佩枯错三面环山，地形开阔，湖边经常有野马、藏野驴、藏羚羊、仙鹤、黄鸭、灰鸭等活动。据说，能在佩枯错拍到希夏邦马峰的人都会交到好运，虽然也许只是传说，但雪山湖泊的祝福也让人更有驻足佩枯错的冲动和理由。

- 🎫 包含在希夏邦马景区套票内
- 🕐 9:00—18:00
- 🕐 吉隆县丁戛拉木县交界处
- 👁 1小时

桑珠孜宗堡 ★★★★ 🏛 ⚽

六百多年的岁月更迭，曾经的后藏政教中心，历代班禅的驻锡之地，依旧保持着那份质朴。桑珠孜宗堡素有"小布达拉宫"之称。比起每天限流还是人山人海的布达拉宫，这里可以说太"奢侈"了，没有门票，无需预约，享有的是蓝天白云下的圣洁。

- 🎫 免费
- 🕐 日喀则市桑珠孜区雪强路
- 🚍 乘坐公交到藏市场站下
- 👁 1小时

珠穆朗玛峰 ★★★★★ 🌊 ⛰

最后的100千米路程需要经过边防站检查，然后沿着山谷不停地开进去。你能看到一片古堡遗迹，一座村庄，兔子、羚羊和越来越少的植被，直到什么也没有。只有碎石、雪水和山峰，没有青草、苔藓，能够看到的生命很少。绕过一座山，司机说："看吧，珠峰。"

- 🎫 进山费160元；小汽车环保费400元，大车环保费600元
- 🚍 1.飞机：日喀则和平机场距离市区43千米，约1小时，费用90元左右，之后换乘汽车
  2.汽车：从日喀则转车到定日，票价85元左右，约6小时；然后从定日拼车到绒布寺500元/人，约4小时
  3.包车：在日喀则包车前往珠峰，三天约3500元，但要事先签好合同以免纠纷
- 🏠 位于新定日的珠峰宾馆，标准间506元；珠峰大本营附近唯一能住宿的地方就是绒布寺，约300元一间房，在此住宿，便于观看珠峰早晚景色
- 💡 **最佳游季：** 观赏珠峰的最佳时间是每年的4~6月，很多攀登爱好者也会选择这个时间前往日喀则。

珠峰大本营 ★★★★★ 🌊 🏠

从绒布寺往前8千米就是名震世界登山界的中国珠峰大本营。大本营的固定建筑只有登协的一座小石头房子，但每逢登山季节，山脚下上百顶帐篷云集肤色各异的挑战者和最优秀的夏尔巴向导。扎营地附近的一个小山头，插着新的珠峰高程测量地标。旁边的坡地上立有很多墓碑，许多登山勇士都长眠于此。

从协格尔去珠峰沿途要翻越5170米的格乌拉山口，在那里可以远眺世界屋脊的壮观景象，卓奥友、珠峰、马卡鲁和希夏邦马一字排开，气势恢宏！

💡 登临峰

1. 包车： 通常需要从拉萨包车前往，最好包丰田车，以免半路抛锚打乱行程计划。想在协格尔和老定日搭便车去只能凭运气，费时间等待是肯定的。

2. 收费： 门票160元，观光车120元。

珠穆朗玛峰

3.食宿: 大本营界限外有很多牧民帐篷，提供简单食宿，吃得很贵。建议从沿途城镇带一些生食上去加工，加工费面谈，多的材料可送给当地藏族同胞。

4.手机有信号: 现在大本营甚至登山沿途都已经有了手机信号，让人有点惊讶。

🔆 **珠峰管理处**

只是一间小屋子，再往前就被几条雪水汇成的石滩阻挡，很难找到不把鞋打湿的方法。过了河你会看到一座碎石丘挡在面前，只有几米高，翻过它又是一道，再翻过，这里的氧气含量只有北京的2/3，也就是每喘2口气就要憋一口。如果你能坚持在海拔5300米左右行走3个小时，就能看到绒布冰川的冰碎林，那才算真的站在珠峰脚下了。

绒布冰川 ★★★★★ 🏔️⚠️

绒布冰川地处珠穆朗玛峰脚下5300米到6300米的广阔地带，由西绒布冰川和中绒布冰川两大冰川共同组成，全长22.4千米，是世界上发育最充分、保存最完好的特山山谷冰川状态。绒布冰川广泛分布着冰斗、冰川和悬冰川，并拥有无数的冰蚀湖、冰陡崖、冰洞、冰河，景色奇绝，被誉为"中国最美的冰川"，世界上最大的"高山公园"。

🔄 珠穆朗玛峰脚下

🚗 去绒布冰川最好是包车从新定日出发，可同绒布寺一起游玩

🕐 1小时

🔆 游人来得多了，空气变暖了，冰会融化。现在绒布冰川的融化区域在扩大，游人有必要保护环境。

华侨城南山国际汽车营地
★★★★ 🅿️

网红公路旁边的绿林中藏着一个个神秘的"小白屋"，这是林芝华侨城南山国际汽车营地的白色帐篷！采取依山就势、随形造景、自然的造园手法，形成了一个原生态的汽车营地公园。靠近湖边的湖畔景舍，既可远眺雪山森林美景，也可近赏多布湖水变幻。

🔄 林芝市巴宜区林拉公路

吃喝日喀则

朋必 在当地，说起朋必，只有日喀则人才懂。朋必是一种用豌豆面制作而成的小吃。朋必的吃法更是独一无二，以手掌作碗，以手指作筷子，大街上可边走边吃，很是好玩。日喀则人笑称：没吃过朋必，就不算来过日喀则。

藏族血肠 藏族地区的农牧民，每宰一只羊，会将羊血灌入小肠内煮熟吃。藏式风味的血肠不同于我们日常食用的各种广味、川味的香肠，到了西藏可以品尝一下。

推荐餐厅

丰盛藏式餐厅 很受当地人欢迎的一家藏餐厅，环境很有藏式的氛围，服务也很不错。

🔄 珠峰西路扎什伦布寺广场东侧

📞 15726720000

吾尔朵大宅院　日喀则市内很不错的一家餐馆，门脸很大，环境很小资，带有浓郁的藏族风情。菜品经过改良，味道挺不错，外地游客很多。

📍 扎德西路10号德庆普章对面
📞 0892-8823994
　0892-8909992

住在日喀则

　　日喀则是西藏第二大城市，很多人从这里出发去往珠峰、樟木口岸、阿里地区甚至尼泊尔，所以人流量较大。日喀则市住宿主要集中在市区，住宿众多，各种价位的酒店、招待所和小客栈都有，价格从几十元到几百元不等。很多中低端招待所和客栈由于条件限制，仅在固定的时间段内提供热水，需要提前问清。

林芝

林芝快速攻略

Day1　八一镇（林芝市区）→鲁朗镇（色季拉山、鲁朗林海）
Day2　鲁朗镇→米堆冰川→然乌湖→鲁朗镇
Day3　鲁朗镇→苯日神山→雅鲁藏布大峡谷（夜宿峡谷内的索松村，观赏桃花胜地）
Day4　索松村→南迦巴瓦峰→八一镇
Day5　八一镇→帕嘎寺→巴松错

感受林芝

高原瑞士　错高湖是林芝有名的景点之一，也叫巴松错。被称为西藏的瑞士风光，这种自然、原始的美丽地方不会保留太多。

准备与咨询

气候与游季

　　林芝市的海拔在 1000～3000 米，位于藏东南雅鲁藏布江下游，是西藏海拔最低的地区，也是世界上落差最大的垂直地貌分布地区。这里是川藏公路前往拉萨的必经之路，沿途风光秀丽，不过雨季的时候经常会因为泥石流和塌方导致路断。从拉萨去林芝是西藏旅游线路中最轻松和舒适的。

行在林芝

飞机

　　林芝米林机场位于林芝市米林市境内的雅鲁藏布江河谷地带，距离林芝市区（八一镇）约 40 千米，目前开通有成都、重

☀️ **边防证注意事项**

　　1.西藏需要办边防证的地区：林芝市（包括墨脱）、日喀则市、山南市、阿里地区。西藏办理效率低、手续比较麻烦，所以最好在户口所在地就办好。

　　2.在拉萨办边防证：先去拉萨市公安局，凭身份证开一个办边防证的介绍信，然后再去武警边防总队，办证费8元，押金30元。如果有出国护照的话，就不用办边防证了。

庆、广州、西安和拉萨的航班。机场有大巴往返于市区，无固定时间，只要有航班到港就有大巴等候，车费25元。

☎ 0894-5482731

🚏 林芝市米林市

公路

目前到林芝旅游，汽车是主要的交通工具。

班车：每天6:00开始有拉萨到林芝的班车，价格根据车辆类型有所不同。大客车票价160元，班次少，一般中午以后不再发车，坐满人即走。其他车型还有依维柯、金杯车等，票价在120～200元之间，班次较多，坐满人即走。

租车：如果时间充裕，可安排先走珠峰线路，然后直接和司机联系，不通过旅行社跑林芝至鲁朗、错高湖，全程约1000千米。路况好3天以往返，价格在3000元左右。

自驾游

拉萨→林芝　沿318国道川藏公路由拉萨→达孜→墨竹工卡→工布江达（翻越米拉山口）→百巴镇→八一镇，全程407千米。

昌都→林芝　沿318国道川藏公路由昌都→波密→鲁朗镇→八一镇，全程719千米。

山南→林芝　沿西藏306省道由山南→朗县→米林市区→林芝机场→岗嘎大桥→八一镇，全程370千米。

云南贡山县→林芝　沿贡察公路由云南贡山→林芝察隅县→昌都然乌镇（沿然察公路）→波密县（沿318国道）→八一镇，全程2600千米。

铁路：每天8:00、13:45、17:15各有一辆列车从拉萨站直达林芝站，二等座129元。

游在林芝

色季拉山　★★★★　🏔

怎么也不会想到，娇嫩的杜鹃花会在海拔2900～5300米的山上恣意开放。4月中旬到6月底，尤其是进入6月，整座山上的杜鹃花全部绽放，黄色、白色、紫色、大红、浅红、粉红等，形形色色，千姿百态，气势极为浩瀚壮观。

在这里，你能欣赏到从海拔2000余米农田果园开始一直向上到山腰地带巨大的原始森林，接着的是高山草甸以及成群的牦牛马队，运气好的话可以看到脖子上戴着红绒套、被铁链牵着的黑色凶猛的藏獒。继续向上就是荒凉的生命禁区，那里除了玛尼堆和招展的经幡什么也没有。绕过5000余米的山口是一段迷雾弯道。

🚌 一般包车、自驾川藏线时会经过，八一镇与波密之间的往返班车也都会经过色季拉山口

🕐 1小时

鲁朗　★★★★　🌲☀

这里是林芝游线路的尽头。翻过色季拉山的一个小村镇，所有的房屋都是木头的，一条弯弯曲曲的小河在屋子后面流淌。很大的一片木材厂堆满了千年老树的枝干，几匹马在巨大的树干堆中游走。看着胸径在一米以上的树的年轮，每个圆圈都像一个世界。

鲁朗的风光像是一张油画，雾气总是缠绕在山腰，山坡上长了

💡 **1. 路况：** 拉萨到林芝的路基本为柏油路，对于经历了西藏其他路线的人来说，简直到了天堂，一般的桑塔纳都可以跑。去鲁朗镇和巴松错的道路也已经修成了柏油路。

2. 搭车技巧： 川藏线、滇藏线半路搭车要掌握几点技巧：比较固定的车有从波密、察隅等地往成都运木材的货车，不定期载客往成都的吉普车、桑塔纳。每个县有一个招待所是司机的聚散地，如波密的粮食局招待所、然乌的平安旅社。如果一大早在三岔路口等候，可以兼顾从察隅上来的车。川藏线上有很多兵站，乐意接待旅游者。

💡 **租赁汽车**

从林芝前往巴松错等主要景点，可在八一镇邮电局租借吉普车：可乘坐6人，两天700元。

💡 **少数民族**

林芝是门巴族、珞巴族少数民族的聚居地，他们的生活习惯及宗教信仰皆保留着浓厚的传统色彩，具有独特的民族风情。

💡 **鲁朗镇食宿**

1. 现代化的藏式小镇，镇上住宿、吃饭条件有了质的飞跃。

2. 自带睡袋很重要，门廊里的蛾子可能算是卫生的一景，大的小的密密麻麻挂在墙上。

3. 鲁朗的蘑菇绝对好吃，在旅店的餐馆里没有多少青菜，却可以吃各种各样的蘑菇。

4. 红烧肉炖松茸是最好吃的，放置年限和防腐剂含量无从知晓，不过配上全西藏最有名的蘑菇算什么都忘了，价格通常一盘20～30元，个别种类的蘑菇稍贵，但物有所值。

5. 鲁朗的特色美食是石锅鸡，《舌尖上的中国》曾经介绍过，镇上的小店几乎家家都有石锅鸡。

蘑菇的马圈，绿色阴湿的草场，花朵的颜色是油彩中没有调和的那种鲜艳和亮丽。宁静的鲁朗镇上，行走的喇嘛手中托着他们治头痛的药，从一个村庄到另一个村庄，来来去去。

🚌 可乘八一镇往来波密的班车，都会经过鲁朗镇

👁 0.5～1天

藏布巴东瀑布群　★★★★★　🏔🏞

藏布巴东瀑布实际上为两个瀑布群，在相距 600 米的河床上，相继出现两处瀑布，分别高 35 米和 33 米。瀑布群气势汹涌、蔚为壮观，是中国最原始、最神秘的瀑布群，被誉为"大峡谷中的隐士""中国最美的瀑布"。

💰 免费

🚗 走林拉公路→林芝机场高速→X401→岗派公路→Y403，全程约 115 千米，车程约 3 小时，途中还会经过雅鲁藏布江大峡谷和南迦巴瓦峰观景台

👁 1～3小时

墨脱　★★★★　🏔🏞🏕⛰

墨脱在西藏语中意为"隐秘的莲花"，这里曾是中国最后一个不通公路的地方，当地人几乎保留着原始的生活习性，但这里却深藏着雅鲁藏布大峡谷的主体段。

藤桥、溜索仍然是行走在墨脱的主要方式，也是最具特色的景观。墨脱较有名的德兴藤网桥，已经横跨雅鲁藏布江 300 多年了。人们行走其上，桥随人的重力与风力，左右大幅度摇摆，对胆量极具挑战性。过溜索时则是以背对江面的姿势高速滑向对岸，也需要较大的胆量和平衡技巧才能顺利过江。

👁 6天

💡 1. 深秋时节，山林里植物果实丰富，动物基本上"衣食无忧"，蛇类与蚂蟥相较雨季时要少许多。

2. 在墨脱的徒步路线，需要穿越大片蚂蟥区，盐是对付蚂蟥的好工具。

3. 去墨脱需要边防证，可提前办好。

4. 如今墨脱的公路通车，虽然更便于到达，但墨脱也将不再隐秘。

波密　★★★★　🏔🏞🏕⛰

站在波密噶朗王宫的遗址上，你不难感受到当年波密王与西藏王对峙时那不可一世的雄才和霸气。从多东寺沿扎墨公路向上，可到达莲花圣地——噶瓦弄巴和噶瓦弄天池。一路上你随时会遇到躲闪不及的梅花鹿和漂亮的红毛野鸡，人与自然在这里和谐相处。沿途的悬崖上面，还有多到看不过来的雪山和冰川。这里的食物也能让你人饱口福，在县城扎木镇可以吃到波密鱼、易贡香椿、蕨菜、折耳根、松茸、羊肚菌、土鸡、藏猪肉等特色食品。

🚌 从八宿和林芝有班车到波密，客运站在扎木镇扎木西路上

💡 波密、墨脱食宿

1. 波密有四川人开的大棚客栈，每晚 15 元，客栈有简单食品出售。

2. 波密鸿馨招待所 3 人间 15 元/人。波密饭店 4 人间散铺 15 元/人，当地有简单的餐厅提供饮食。

💡 墨脱徒步行

从派镇翻多雄拉雪山，经汗密、拉格、背崩，3～4 天就可以抵达墨脱。目前，这条路是去墨脱的主要通道。回程可以从雅鲁藏布上行到 108 千米处，再翻越嘎隆拉雪山到波密，需时 3～4 天。

路上如果遇上蚂蟥，用打火机或烟头一烫即掉，最好不要在草地上停留，也不要把包放在草地上，尽量走在路的中间。前往墨脱的路上很难找到合适住宿的地方，睡袋、帐篷非常有用。

💡 进出墨脱线路

每年有八九个月的时间，墨脱县都与世隔绝。出入墨脱的路主要有两条：一条是从米林县派镇翻越喜马拉雅山脉的多雄拉山口，沿多雄拉到墨脱的背崩乡后，逆雅鲁藏布江北上至墨脱县城，全程约 115 千米，步行需 4 天以同。这条路在每年的 6—10 月可以通行。

另一条是从波密县沿扎墨公路行走，全程 141 千米。这条路只能在每年的 8—10 月山上的冰雪融化后才能通行，然后步行两天到墨脱县城。

其他时间只能翻越海拔 4640 米的嘎隆拉山口，正常情况下步行约需 5 天时间。

3. 墨脱县政府招待所每人 20 元，县城内有两家餐厅，价格很贵。

4. 左贡：县招待所 15 元/人，粮食招待所 15 元/人。

5. 芒康：县政府招待所 15 元/人。

雅鲁藏布大峡谷
★★★★ 🐟⚠️📷

位于青藏高原之上，平均海拔 3000 米以上，长达 496 千米，险峻幽深，侵蚀下切达 5380 多米，具有从高山冰雪带到低河谷热带季风雨林等九个垂直自然带，是世界山地垂直自然带最齐全、最完整的地方，这里同时聚集了许多生物资源，被誉为"中国最美的峡谷"。

🎫 门票 150 元，观光车票 90 元（旺季）
门票+观光车票 128 元（淡季）

👁 1～2 天

雅鲁藏布大峡谷探险路线

前往西藏大峡谷徒步探险具有一定的风险性，以下 5 条路线仅供您参考：

第 1 条路线 米林县派镇→多雄拉（4200 米左右）→拿格（开始下坡路）→汗密（山路险峻）→马尼翁→背崩（3 天）；这是一条传统的大道，也是一条从喜马拉雅山北坡高原上到大峡谷下游河谷的道路。

第 2 条路线 米林县派镇→大渡卡、格嘎→加拉（进入无人区）→白马狗熊（多悬崖绝处）→西兴拉山口（海拔 4400 米）→鲁古村→甘代（东岸）→加热萨→墨脱（15 天）

第 3 条路线 帕隆（沿帕隆藏布江下游河谷下行）→扎曲村→达波→八玉村→鲁古村→甘代→加热萨→墨脱（7 天）

第 4 条路线 波密古乡（渡过帕隆藏布江的古乡湖）→随拉山口（4400 米左右）→加热萨→墨脱（3 天）

第 5 条路线 波密（往东）→达兴→帕隆藏布江→金珠拉山口（海拔 5030 米）→金珠区（格当）→蚂蟥山→达木→大峡谷（4～5 天）

雅鲁藏布江大峡谷内的索松村，是观赏桃花美景的最佳地，雪山下桃花盛放，这里是西藏最有名的世外桃源。

南迦巴瓦峰 ★★★★★
🐟⚠️🏔️📷

南迦巴瓦峰处于喜马拉雅山和念青唐古拉山的会合处，是喜马拉雅山东端最高峰，海拔 7756 米。南迦巴瓦峰主峰高耸入云，山脚处温泉众多，植物异常茂密，是理想的探险登山及疗养胜地。

🎫 90 元（门票+观光车）

🚌 每天 8:00 在八一镇的桥头有中巴车前往，票价 60 元，行程约 4 小时

👁 2～4 小时

看南迦巴瓦峰

如不进入墨脱，普通游客观看南迦巴瓦峰有如下几个地点：

1. 色季拉山口：318 国道林芝→波密的路上经过。

2. 派镇：离林芝市区八一镇 80 千米，每天 8:00 在桥头有中巴车前往，票价 60 元。

3. 直白观景台及直白村：从派乡继续前行约 18 千米抵达直白观景台，再前行数千米抵达直白村。这里有班车，一般需包车前往。直白村离南迦巴瓦峰主峰的直线距离仅约 5 千米。从直白村可打听到前往南迦巴瓦峰大本营的路线。

4. 水路交通：在八一镇的两江交汇处有游船从雅鲁藏布江上行至派乡，上岸后可换乘车前行至直白观景台。游船往返价 580 元/人。

米堆冰川 ★★★★ 🐟⚠️📷

米堆冰川主峰海拔 6800 米，雪线海拔 4600 米，末端只有 2400 米，是世界上雪线最低的冰川。米堆冰川由两条世界级的冰瀑布汇流而成，每条瀑布高 800 多米，宽 1000 多米，两条瀑布之间还分布着一片原始森林。冰川周边山花烂漫映雪山，林海葱茏舞银蛇。米堆冰川被《中国国家地理》杂志评为中国六大最美的冰川之一。

🎫 50 元（景区观光车 35 元）

🚌 可包车前往米堆村，然后步行约 3 小时即到

👁 3～4 小时

苯日神山 ★★★★ 🐟🏔️⚠️📷

苯日神山风景优美，还有各种鸟类和树木，这里是雅鲁藏布江、尼洋河等许多河流的源头。当地的百姓信奉苯教，阿穷杰博被视为保护神山的英雄。每年的萨嘎达瓦节，苯教的信众都要逆时针围绕神山转经。

南迦巴瓦峰

巴松错

米堆

米堆冰川脚下有一个叫米堆的藏族村子，位于八宿县然乌镇与波密县城之间，从然乌镇前往比从波密县城前往要近很多。从成都、昌都、林芝都有客车经过然乌镇，从村里到冰川只需2小时左右车程，并可以当晚回然乌镇住宿，镇上有青年旅馆。在村里可以找人带路前往冰川，如果要他们帮忙背东西的话，大约需要20元。

从川藏公路进入米堆的岔路口没有标志，但这个岔路口处于川藏公路上的"米堆一号"明洞和"米堆二号"明洞之间，比较容易找得到。

天梯

苯日神山山腰处一棵巨树常被雾气缭绕，仿佛高耸入云，被当地人称为天梯，就是传说中的通天之树、宇宙树，上面挂着各种经幡和祭品。

巴松错住宿

巴松错湖边有几家招待所，其中最方便的是巴松错度假村，有不同档次的房间和别墅，价格从20元到数百元不等。

钢缆

从渡口到扎西岛有一条钢缆，可以免费乘坐原木排登岛，船夫的职责就是拉钢缆让木排过去。

 70元

巴宜区政府驻地普拢的东南方，雅鲁藏布江的北侧

可在巴宜区租马匹或牦牛前往，只能从苯日神山东坡上山；从八一镇至派乡、米林或朗县的班车都会经过山脚下；如果只是探访苯日神泉及山脚下的几座苯教寺庙，可自八一镇出发于当日往返，无需住宿

1天

巴松错 ★★★★★

巴松错又名错高湖，藏语意为"三岩三湖"，是宁玛派的一处著名神湖和圣地。湖水清澈见底。四周环绕的雪山倒映其中，黄鸭、沙鸥、白鹤等飞禽悄然漂游在水面。距岸边大约100米处有一座小岛名为扎西岛，传说该岛是一处"空心岛"，即岛与湖底不是相连的，而是漂浮在水面上的。扎西岛上经幡飞扬，玲珑的措宗贡巴寺（意为湖中城堡）属藏传佛教中宁玛派（红教）寺庙，供奉莲花生大士已有1500年历史了。

据说，在每年的藏历四月十五（也就是6月1日前后）那天，会在碧蓝湖水下面的湖底中心线长出一条长长的白色带子，当地人盛传那是献给格萨尔王的一条巨大的白色哈达。那一天当地人还有转湖的风俗。

120元（5—10月），60元（11月—次年4月）

8:30—20:30（5—10月）；9:00—18:30（11月—次年4月）

林芝市工布江达县雪卡区境内

在拉萨和八一镇都有长途班车前往，在八一桥头下车就是巴松错的售票处；也可在八一镇邮电局包吉普车前往，往返约需500元/车

2～5小时

南伊沟 ★★★★

南伊沟是神秘藏医药文化的重要发源地，被称为"藏地药王谷"，传说藏药始祖曾在此地行医授徒。这里不仅风景秀美，更有着鲜为人知的珞巴文化。南伊沟因风景和习俗独特，被誉为神秘的"世外桃源"。

80元

🕐 8:30—18:30

🚌 可由八一镇包车前往

👁 2～3小时

💡**中印边境：**距南伊沟20千米处就是中国与印度边境。以前主要办理边防证，现在已不用办理，但在进入南伊沟前，要经过部队检查站，必须把身份证、驾驶证等证件押在那儿才能过去。

鲁朗林海 ★★★★ 🏞

鲁朗林海是一片典型的高原山地草甸狭长地带，林海由两侧青山中的灌木丛和茂密的云杉、松树组成，树木以青冈为主，林海中间则是整齐划一的草甸，溪流蜿蜒其中，此外还有大量鸟类栖息于此。

鲁朗林海中的鲁朗花海牧场景色非常优美。每年的5、6月，各色花朵盛开，令人流连忘返。除了观赏草甸、森林风光外，在牧场上骑马也是不错的选择。

💰 170元；观景台30元

🕐 6:00—18:00

📍 位于鲁朗镇和八一镇之间，318国道旁

🚌 一般多从八一镇、鲁朗镇包车或自驾前往

👁 1～2小时

嘎拉桃花村 ★★★ 🏞🎫

靠近嘎拉桃花村附近，沿着尼洋河畔两侧的田园和山丘上，有大片的桃花林。一簇簇的桃花装点在碧绿草甸上，风光迷人。雪山、草甸、桃花，是摄影大片的产出胜地。

💰 免费

📍 位于林芝市区八一镇东南侧

🚌 可选择自驾或是从八一镇打车、包车前往

👁 0.5～1天

💡**最佳游季：**每年的3月下旬是桃花盛开最旺的时候，林芝的桃花节也在此时举行，会有一些民俗表演等特色活动。

尼洋河风光带 ★★★★★
🏞🎫

尼洋河是雅鲁藏布江北侧最大的一条支流，被喻为"神女的眼泪"，当地人亲切地称为母亲河。尼洋河的水色绝美非常，翡翠般的江水，动时奔腾汹涌，溅起朵朵白色的浪花。静时澄净明亮，宛如一块碧玉装点天地。河中有一块巨石，矗立在激流中心，飞溅起浪花一片，激荡而去。

🚌 从拉萨出发，经川藏公路，直行沿318国道行驶，大约行驶410千米到林芝市区

八一镇，路过林芝老县城，而后沿着米瑞公路行驶约20千米到达景区

卡定沟 ★★★ 🏞🎫

卡定沟，也叫卡定天佛瀑布，景区不算大，两端陡峭的黑色悬崖，沟内树木参天，百草丰茂。景区深处一道天然形成的瀑布奔流而下，场面令人震撼。

💰 27元

📍 林芝市巴宜区八一镇卡定沟

🚌 包车去林芝的路上可以让司机停一会，大约1小时可以逛完

👁 1小时

佛掌沙丘 ★★★★ 🏞

佛掌沙丘位于米林市丹娘乡雅鲁藏布江北岸，因沙丘之形与其在江面中的倒影酷似一合掌祈祷的佛掌而得名。因位于雅鲁藏布江中下游强风口地段，经受了秋末至春末期间如飓劲风，该沙丘前后河床上因枯水期而露头的河沙被年复一年地吹送搬运并堆积，形成了这一特殊的地貌景观。在雅鲁藏布江米林境内，它的规模仅次于卧龙大沙丘。

💰 免费

📍 林芝市米林县丹娘乡

🚌 可乘坐旅游大巴或游船前往附近

👁 1小时

吃喝林芝

林芝市的饮食除了沿袭西藏的传统风味外，还有其他少数民族的特色食品。在林芝出产的松茸等野山菌类，被誉为山珍佳肴。

藏香猪 肥而不腻，八一镇上有一些餐馆会有藏香猪做的菜，不过得多问几家，不是在哪都能吃到。

购物林芝

丰富的森林资源，自然出产了大量的经济植物与药用植物。常见的有治疗心脏病的五眼果，抗癌的海南粗榧，预防疟疾的三台花，延年益寿的延龄草，清嗓润喉的黑节草以及重要藏药南酸枣、钩藤、石斛，名贵药材七叶一枝花、贝母、雪莲、草乌，等等。另外，林芝还有少数民族所特有的手工艺：门巴木碗、竹编、珞巴石锅和陶器。

住在林芝

林芝市的旅馆、招待所一般集中在交通相对比较发达的八一镇，可供选择的各种档次的宾馆较多，如林芝市招待所、农牧学院招待所、林芝宾馆等。到了偏远的地方，可以自己扎营。若在大峡谷地区旅游，可选择住在当地居民家中，但要谨记入乡随俗。

阿里

包车

旅行社包车需两辆陆地巡洋舰和一辆货车运补给，而想在拉萨凑够 10 个人很难，更多的时候还要靠运气。

马年转山

"羊年转湖、马年转山、猴年转森林"，据说是佛祖的旨意（吉祥法轮将转身之圣地冈底斯定为马年，转语之圣地纳木错列为羊年，转意之圣地杂日山定为猴年）。

转山朝圣者们世代相传：围绕冈仁波齐转山一圈，可以洗净一生罪孽；转上十圈者，以在五百年轮回中免受地狱之苦；而转山百圈者，便可以成佛升天。佛祖释迦牟尼的生肖属马，他得道解脱也是在马年，因此每隔十二年的藏历马年（也是农历马年），神山脚下的转山神道上云集着来自各个教派、各个国度和各个地区的虔诚信徒，虽然他们在转山神道上方向不同（佛教徒和印度教徒是以冈仁波齐为中心顺时针转山，而苯教徒则相反），但却一致地认为在马年转山一圈，则可增加一轮十二倍的功德，其功德相当于其他年份转山十圈所积的功德。

转山路线

塔钦是位于冈仁波齐的山脚下的小山村，是阿里转山的起点也是终点，每年都会有很多信徒从这里出发，朝着心中的信仰而去。

阿里快速攻略

虽然阿里昆莎机场已经通航，但阿里线路依然是西藏旅游中最困难的一条，因为那里几乎没有道路可言。现在从拉萨到阿里市政府驻地狮泉河分为南线和北线，没有班车往来，只能靠搭车和包车前往，货车通常走路况稍好的北线，但不能经过阿里最重要的景点：神山冈仁波齐和圣湖玛旁雍错。建议一般旅客还是包车前往，不过因为道路漫长，全线所需时间最短 14 天，沿线补给点不多。

游在阿里
冈仁波齐 ★★★★★ 🚠⚽🏛⛰

到阿里的重点是去看神山中最神的山——冈仁波齐，以及和它相伴的圣湖——玛旁雍错。

神山冈仁波齐海拔 6638 米，是冈底斯山脉主峰，雪峰外形四面对称，酷似金字塔形状，更增加了未知的神秘感。冈仁波齐是藏传佛教、印度教、苯教共同认可的世界中心，所以每年来朝拜的信徒络绎不绝，至今没有人攀登这座大山，因为它在人们心中神圣地位是不能容忍凡人践踏的。

🎫 145元

🏠 冈仁波齐附近可住宿的地方并不多，塔钦有很多青旅，床位大概150元左右；也可以睡在芝热寺附近，100元一位；冈仁波齐大本营有许多房车和床车，30～50元不等；如果预算充足，也可以住在冈仁波齐观景酒店，酒店内就能看到冈仁波齐，但一晚要900多元

👁 1～2天

进山路线

路线一：南下 从喀什前下沿新藏公路，从叶城需 3 天左右到达狮泉河，再转车前往冈仁波齐神山。新藏公路上并无公共交通工具，可在登山宾馆内和零公里处搭乘便车，或在路边等候开往西藏的军车，车费 400 元左右。狮泉河距离神山 480 千米，顺利的话一天可到，车费 50 ～ 100 元。

路线二：西行 从拉萨西行到拉孜，可经过羊卓雍错，在拉孜或日喀则住一晚，拉孜往前很少有食宿，行至 53 千米处到达卡嘎镇，过后 65 千米到达桑桑，那里也可住宿，桑桑过后 122 千米处的 22 道班，有路标指向阿里，分南北两道。

北道 22 道班后走北道需 6 天，道路非常颠簸，但风景不错。行至 242 千米处即可到达措勤县，那里可住高原旅馆。措勤往北 117 千米处到达洞错，是一个双岔路口，有卡车来这里运盐至拉萨或日喀则。岔口往西 90 千米便是改则，那里有几个四川饭店，可住宿。改则过后走革吉，可在县招待所住宿。革吉到阿里狮泉河镇 112 千米。从狮泉河镇到冈仁波齐神山一天可到。

南道 较北道近些，约需 4 天，没有便车可搭，只能包车，且南道非常危险，建议尽量绕道。

玛旁雍错和拉昂错
★★★★

圣湖玛旁雍错海拔4588米，位于冈仁波齐东南20余千米，隔着一条巴嘎至普兰道路的就是鬼湖拉昂错。玛旁雍错是淡水湖，拉昂错是咸水湖，一个是充满生命向往的清澈，另一个是宁静的死寂。

若论其大、其深、其高，玛旁雍错都难跻身于西藏众湖之最。但它仍被藏族同胞们尊为高贵的王后，被苯教、藏传佛教、印度教等多个宗教同奉为圣湖。他们认为，玛旁雍错的圣水能清除人们身体上的污秽，洗净心毒。凡来转湖的人都会在此沐浴。

🎫 玛旁雍错150元；拉昂错35元

🚐 从神山可搭往普兰方向的过路车到即乌，可在大金或到巴嘎检查站等便车，价格在30～70元不等；即乌到玛旁雍错需过一道小山梁，而到鬼湖有将近10千米，可找当地摩托车或搭车前往

👁 1天

札达土林 ★★★★

在冈底斯山和喜马拉雅山之间的札达，沿象泉河谷有一条气势恢宏的土质莽林——札达土林，整个土林面积达210平方千米，平均海拔在4000米以上。土林里的"树木"高低错落达数十米，千姿百态，别有情趣。札达的霞光是最美丽的，霞光中的土林是最迷人的。古格王国遗址就在札达土林中。

🎫 无须门票，但需要带上边防证

🚐 需自驾或包车前往，一般坐火车去拉萨时会路过

🏠 札达县城有各种档次住宿，武装部招待所，散铺30元/人；札达宾馆散铺25元/人

👁 1～2小时

古格王国遗址 ★★★★★

古格王国遗址占地约18万平方米，从山麓到山顶高300余米，房屋建筑、佛塔和洞窟密布全山，达600余座，形成了一座庞大的古建筑群。近年，在古格遗址周围不断发掘出的造像、雕刻及壁画是这个神秘王朝留给人们的宝贵财富。古格雕塑多为金银佛教造像，代表其最高成就的就是被称为古格银眼的雕像。遗留最为完整、数量最多的是它的壁画，古格壁画风格独特，能全面地反映当时社会生活的各个层面。

遗址的外围建有城墙，四角设有碉楼，整个遗址在一座小土山上，建筑分上、中、下三层，依次为王宫、寺庙和民居。

🎫 50元

🕐 8:00—20:30

🚐 如不是包车前来，可尝试在县城南面的路口等便车，但车辆不多，偶尔会有军车经过

冈仁波齐转山示意图

门士

去普兰，一般在门士落脚，可以在温泉泡免费温泉浴。门士以东50千米处便是神山，转山者进山后可在寺庙住宿。去圣湖转湖者，也可在四周寺庙借宿。

土林的由来

土林是远古受造山运动影响，湖底沉积的地层长期受流水切割，并逐渐风化剥蚀，从而形成的特殊地貌。

1.参观须知：从札达进入古格王国，需要先到公安局登记开证明，再到文化局购买门票。如果需要在殿内照相，需另外付费50元/人，最重要的一点：记得带上手电筒。

2.悲壮美：每当朝霞初起或夜幕降临之时，古格遗址便会在土林的映衬下透射出一种残缺美、悲壮美。

3.住宿：可住在札达县城的邮电招待所、武警招待所、古格宾馆内，价格在25元左右。县城有三家小饭馆，菜都不便宜。

古格王国遗址

 219国道门士乡→曲龙银城→东坡寺→达巴遗址→古格王国遗址

 2～3小时

狮泉河镇　★★★★

走在狮泉河镇的大街上，很有异域的感觉。该镇因地处印度河上游的狮泉河湾而得名，现在是阿里的行政中心驻地。在来自大都市的人眼里，它或许只能算是一座四面环山的小城。但也正是在小城仰头可见的纯粹的蓝天之下，云朵和山峦仿佛都是触手可及的。整个城市给人的感觉很"懒"。

 1～2小时

班公错　★★★★

藏语称此湖为"错木昂拉仁波湖"，意为"长脖子天鹅"。面积604平方千米，长150千米，平均宽度只有2～5千米，最窄处只有5米。湖中生长着大量的鱼类和水鸟，每当夏季就有数以万计的地中海中头鸥来此繁殖。可以租船在湖中游览，也可以上鸟岛看成片的鸟窝、鸟蛋，观赏海鸥和斑头雁。

班公错，一半在中国的阿里境内，另一半则流向印度，是狭长的湖。有趣的是，虽然同属一湖，在我国境内的是淡水，而印度境内的属咸水，苦涩、不能饮用，也没有鱼类生长。

 位于狮泉河镇西北方向，新藏公路的沿线，路况十分不好，包车需800～1000元

 1～2小时

 1.岛上的鸟蛋是受保护的，绝对不可以带走。

2.租船的费用是每人80元，但可以还价。

3.湖中盛产一种名为裂腹鱼的无鳞淡水鱼，受高原环境影响，生长缓慢，但味道十分鲜美。

托林寺　★★★★　🏛

托林寺位于札达县北，象泉河旁边，是11世纪初由古格王益西沃修建而成的。由于古格王朝的大力兴佛，托林寺便逐渐成为当时的佛教中心，其规模和形制都是仿照前藏的桑耶寺所建。几百年来，托林寺虽然历经各种自然和人为的破坏，但至今仍是殿宇林立，佛塔高耸。

 50元

 8:00—19:00

 位于札达县北，徒步即可到达

 1小时

 1.著名的益西沃、阿底峡、仁钦桑布等人物的故事都是以托林寺为背景展开的。

2.因位于土林的峡谷中，红墙与土林相映生辉，常常有藏族同胞摇动经筒，沿土林间的小道绕托林寺转经。

购物阿里

阿里的对外经贸活动主要集中在普兰县的唐嘎国际市场。这里是季节性口岸，每年只有7月15日—10月15日开放。

唐嘎国际市场　市场主要是印度、尼泊尔商人和极少数当地藏族同胞的经商场所。市场距普兰海关、边检、卫检、商检、动物检疫的联检大楼2千米远，之间隔有孔雀河。印度、尼泊尔商户主要经营布匹、呢子、床单、红糖、法国香水、印度香水、头油、化妆品、首饰等商品。有的印商、尼商还用红糖、百货换取当地群众的羊毛等物品。

桥头市场　通向唐嘎市场有两座吊桥，在靠近旧城的桥头区，也自然形成了一个市场，称为"桥头市场"，主要是内地小商小贩和少部分尼泊尔边民在这里经商。

普兰的闻名

神山冈仁波齐和圣湖玛旁雍错坐落于阿里普兰县境内，普兰因此名闻遐迩。

山南

山南快速攻略

山南是指冈底斯山和念青唐古拉山以南，山南市北跨雅鲁藏布江曲水大桥连接拉萨，往西可至日喀则，东则抵达林芝。古代猕猴变人的传说便发生在山南市政府驻地泽当镇。在山南，古代建筑和遗址众多，从最早的宫殿到最大的古墓群，再到最古老的寺庙。在山南，许多看似名不见经传的山和寺庙都可能有着悠久的历史，在西藏文化中有着举足轻重的地位。可以说，山南是西藏最富庶、历史文化最深厚的地区，是藏文明的发祥地。

乘车

1. 每日有长途班车从拉萨往返山南泽当镇，两地公路距离约200千米，票价为20～50元。

2. 从贡嘎机场沿雅鲁藏布江到雅砻河谷泽当，再经曲松、桑日、加查往下至林芝米林，过米林雅江大桥后溯支流尼洋河抵林芝八一镇，再往上抵尼洋河与拉萨河的分水岭米拉山，顺拉萨河直下拉萨。这一条近似环形的旅游线路即所谓“一江二河”旅程。具有探险精神的旅行者不妨考虑以自驾车方式前往。

行在山南

公路

拉萨贡嘎机场位于拉萨以南98千米外的山南市贡嘎县，出机场有一个三岔路口，在路边等候班车，会有拉萨到山南泽当镇的班车经过。或从机场包车直达泽当镇。山南市未通铁路，大昭寺广场有直达桑耶寺的班车，拉萨北郊客运站每天也有长途班车往返山南市，包括曲水、贡嘎、扎囊、桑日和泽当。

游在山南

羊卓雍错 ★★★★★

羊湖的湖水被称为最美的湖水，如果你运气好能够赶上一个晴朗的天气经过羊湖，一辈子也就没白来过。

羊卓雍错位于山南市的浪卡子县，是拉萨至日喀则老路上的一个重要景点，简称羊湖。羊湖是西藏三大圣湖之一，海拔4441米，东西长130千米，南北宽70千米，总面积638平方千米。羊湖的形状狭长，更像一条辽阔的大河停滞在山谷中。

因为山太高了，所以天气变化很大。如果赶上雨天或是雾天，就像在一个铁皮盒子里垂直攀升1000米似的。看到甘巴拉山口的经幡，苦难才算结束，这段路是全程中路况比较好，但是感觉很恐怖的一段。山的另一面就是美丽的羊湖——蓝天下静静的港湾，那种纯洁的颜色阴柔得让人想要据为己有。

羊卓雍错

在山口稍做停留，车子就会向湖边前进，而后的很长一段路都会沿着湖水走，直到你看累了睡着了还会在你的梦中延伸。

$ 免费

📍 位于西藏山南市浪卡子县和贡嘎县之间

🚌 如乘班车，可先坐到雅鲁藏布江大桥边，再乘出租车游览羊卓雍错；包吉普车去较贵，一般包六人吉普车的费用为1500～2000元/天，而一般出租车遇路况不好的时候过不去

🧭 从拉萨出发，过曲水大桥，往左转是去贡嘎机场，往右走就是去羊卓雍错的道路，路的右边可以看到羊湖电站；这条路是盘山路，还要翻越5030米的甘巴拉山口，但一过山口就可以见到羊卓雍错和远处峻峭的宁金抗沙峰

🏨 在浪卡子可住当地县粮食招待所

🍴 风干的羊肉、牛肉在当地是很有名的，据说是进贡的，味道确实不错

泽当镇上飘舞的祈祷旗

👁 1～3小时

☀️ **1. 最佳游季：**以每年夏季，即7～9月最为适宜，空气湿润，气温适宜。羊卓雍错属低浓度咸水湖，每年11月中旬开始封冻，冰半米厚。因紫外线强，外出最好涂抹防晒霜。如遇严寒季节，要携带足够衣物保暖。去羊卓雍湖最好要避开雨天，否则什么也看不到。

2. 泥石流：八月的雨季，那泥石流规模大到好像整座山都在移动，要将整个山谷铺平一样。新的公路就从这泥石流上重新开辟。

3. 传说：据史载，羊卓雍错形似蝎子，相传曾分为九个小湖，空行母益西措嘉担心湖中许多生灵干死，就把七两黄金抛向空中并祈愿、诵咒，又把所有小湖连为一体，其形似莲花生的手持铁蝎，因此流域内一些地名与蝎子有关。居蝎子心脏位置的雍布多岛岛上有一座16世纪中叶仁增多俄迥归兴建的宁玛派小寺遗址，寺附近还有莲花生大士的手印。

4. 桑丁寺：羊湖西南方一座险要陡峭的山顶上有一座桑丁寺，寺内供有历辈女活佛的肉身。桑丁寺整个造型像拉萨布达拉宫，分红宫和白宫。

泽当镇 ★★★★★
🌊🏛

泽当镇位于拉萨东南雅鲁藏布江南岸，是山南市政府驻地和经济、文化、宗教中心。这里有西藏第一座宫殿雍布拉康，松藏干布和文成公主曾经居住的昌珠寺。

泽当是藏族的发祥地之一。

雅砻河风景名胜区 ★★★★
🌊❄️📷🏛

山南市是藏族发祥地之一，西藏唯一的国家风景区。风景名胜区包括山南正南的乃东、扎囊、加查、洛扎、贡嘎等县。这里雪山冰川、田园牧场、河滩谷场、古文化遗产和民风民俗等构成了一幅神秘、古朴而又壮观的画面。区内有昌珠寺和藏王墓群、雍布拉康、桑耶寺等。保留着中世纪建筑风俗的民居以及民风民俗、宗教活动都具有鲜明的民族特色。

💰 没有联票，小景点单独售票

⏰ 9:00—18:00

📍 山南市正南的乃东、扎囊、加查、洛扎、贡嘎等六个县境内

🚌 从拉萨换乘汽车直达景区。最方便的是包机动三轮车前往雅砻河风景区，往返车费约50元，事先要与司机商量好，回程时以免临时加价

👁 3小时

雍布拉康 ★★★ 🏔🌀

雍布拉康是西藏历史上第一座王宫，距今已有2100多年的历史。雍布拉康宫殿内的壁画生动地描绘了西藏的第一位国王、第一座建筑、第一块耕地的历史故事。

💰 60元

⏰ 9:00—18:00

🚌 位于山南市泽当镇东南，泽当镇开往雍布拉康的专线巴士，每隔15分钟或半小时一趟，票价5元；泽当镇上包出租车来回100元左右到扎西次日山山脚，步行上山，包机动三轮车为来回40～50元

👁 1～3小时

☀️ **治病泉水：**扎西次日山东北方向400余米的地方有一名为"噶尔泉"的泉水，四季长流不息。据说此泉水能治百病，到雍布拉康朝拜的老百姓多来此喝水净身。

昌珠寺 ★★★ 🏛

昌珠寺是西藏最古老的寺庙之一，属格鲁派寺院，为全国重点文物保护单位。由松赞干布主持修建，距今已有1300多年的历史。吐蕃时期西藏的第一座佛堂就建在昌珠寺。

寺院的镇寺之宝为珍珠唐卡，所画的是坚期木尼额松像（观世音菩萨憩息图），价值不菲。

💰 70元

⏰ 9:00—16:00

雍布拉康

游在山南

昌珠寺内景

山南雅砻河东岸的贡布日山南麓，距乃东区约2千米

包车一路游览藏王墓、昌珠寺、雍布拉康，普通中巴往返约100元，可坐4人

2～3小时

据说昌珠寺求平安非常灵验，昌珠寺美朵曲巴节（藏历五月十四至十五）是西藏三大宗教节日之一。

桑耶寺 ★★★★ ⛰⛰

桑耶寺素有"西藏第一座寺庙"的美称，是藏传佛教史上第一座佛、法、僧三宝俱全的寺庙。寺内壁画内容丰富，最著名的当属长达92米的"史记"，讲述了宗教对藏地历史的描述和久远的传说。

入寺免费，乌策大殿45元

9:00—17:00

1.从拉萨搭乘开往泽当的便车，在桑耶渡口下车，需要3小时；也可从泽当镇坐车到桑耶渡口，票价都是27元/人；渡口距离泽当约30千米，下车后乘机动船横渡雅鲁藏布江，渡船费360元/船，当然也可感受一下乘坐羊皮筏的乐趣

2.从拉萨及泽当每天早上都有班车开到桑耶寺大院内，拉萨到桑耶寺，每天8:00前在大昭寺广场坐车，最早的六七点就有了，票价50元，中午能到。泽当到桑耶寺，每天8:00在有雕像的路口坐车。桑耶寺回拉萨的班车，最晚大约14:00发车，经停昌珠寺和雍布拉康

2～3小时

1.住宿：由于路途较远，可考虑在当地投宿。

2.珍宝：庙内珍藏的寺庙创建人莲花生大士使用过的各种法器，都是珍贵的历史文物。

贡布日神山 ★★★ ⛰⛱

位于雅鲁藏布江南侧，临近泽当，是西藏著名的神山之一。贡布日山有三峰，第一峰是央嘎乌孜，第二峰是森木乌孜，第三峰是竹康孜，三座山峰上有洞穴相连。贡布日山前有一大片坝子，被称为泽当。

30元

9:00—18:00

可在泽当长途汽车站乘坐私人中巴，车费20元，车程40分钟；或是包车前往

2～3小时

青朴修行地 ★★★★ ⛰⛱⛳

青朴与桑耶寺共负盛名，藏族同胞认为到了桑耶寺而不去青朴，就等于没到桑耶。寂护、莲花生等高僧大德先后在这里修行，留有众多圣迹。

青朴位于桑耶寺东北15千米的纳瑞山腰，海拔4300米。现在的青朴仍有不少远道而来的苦修者在此潜心修行，很多藏族同胞乃至游客都将这里视为圣地。

如果是节假日，每天早上五六点钟，桑耶寺就有东风大卡车搭载朝山的老乡去青朴，往返20元/人，不过车上装的人用"水泼不进"来形容绝不过分。平时则或有车去青朴，主要看人多不多。包一辆东风货车，价格200～300元。虽然路程不足10千米，但一般要开一个多小时，只因为路况实在是够烂

1～2小时

拉姆拉错 ★★★★★ ⛰⛱

拉姆拉错的意思是"天女之魂湖"，湖的面积虽然不大，但在藏族同胞的心目中有着特殊的地位。每年藏历四到六月，就有许多人来这里朝圣、观景。去拉姆拉错需要经过一座两三百米的山，都是山顶风很大，挂满了经幡。从山顶看下去，拉姆拉错像一个葫芦，两头圆，中间稍细。

50元

俯瞰桑耶寺

哲古湖

🚌　先从拉萨长途车站坐班车去泽当，最早一班是上午9:30发车，需4小时；从泽当到加查的班车80元/人，需7小时；拉姆拉错神湖，距加查县城四五十千米，要到琼果杰雇马或徒步去神湖

👁　1～2小时

💡　**琼果杰寺**

琼果杰寺是二世达赖喇嘛根敦加措于1509年修建，五世达赖曾加以扩大，气势不凡，圣迹众多，为朝拜拉姆拉错圣湖的必经之处，可供借宿。由此徒步或骑马往圣湖需4～5小时。

拉加里王宫　★★★ 🈺

建于13世纪，最晚期建筑建于18世纪，是吐蕃王室外后裔家庭势力在历经萨迦和帕竹政权后保留下来的王权象征。该宫位于曲松县南侧高台地北缘，海拔3800米。遗址群宏大，风格独具。其不远处有著名的色吾温泉。

💰　20元

📍　位于曲松县城南侧

🚌　泽当长途汽车站每天都有开往曲松的班车，车费约25元

👁　1～2小时

敏珠林寺　★★★ 🛕

敏珠林寺为藏传佛教宁玛派的六大寺之一。首创于10世纪末，1676年重建敏珠林寺。1717年毁于战火，1720年再度重建。

敏珠林寺以注重研习天文历算、主持藏历编纂、藏文书法和藏香制作而著称。依以往惯例，由敏珠林寺选派高僧，一部分担任设在布达拉宫内的僧官学院的教师，另一部分人则到门孜康负责研究历算和编写修订《藏历年表》。

💰　35元

☯　西藏山南扎囊县扎囊河以东的扎期区

🚌　从泽当包一辆中巴车前往，往返价80～100元，可坐4人

👁　2～3小时

💡　山南旅游途中重要的落脚点有曲水、泽当、琼结以及贡嘎、浪卡子等城镇。

普莫雍错　★★★

喜马拉雅山脉间的一个淡水湖，也是藏漂眼中"中国的贝加尔湖"。在藏语中，普莫雍错的含义是"少女的眼泪之湖"，事实也确实如此，湖水湛蓝到让人分不清究竟是湖边还是天边。普莫雍错最美丽的时候莫过于深冬季节，晶莹的蓝色冰湖在让人仿佛身处梦幻世界。

📍　浪卡子县打隆镇

🚌　从拉萨乘坐大巴去往普莫雍错需要在北郊汽车站乘坐，每天一班，早9:00发车，票价110元。需要在"推瓦村"提前下车，请提前与司机师傅说明

👁　1～2小时

💡　去普莫雍错需要边防通行证。

住在山南

山南市住宿多集中在泽当镇乃东路上，有小旅馆、宾馆也可选择在寺内借宿，费用不贵，散铺价格20～50元。

住在山南

昌都

昌都快速攻略

昌都是川藏公路的中心点，它东与四川省的德格、白玉隔江相望，东南与云南德钦接壤，西南则与林芝市毗邻，而西北与那曲市相连，北面与青海玉树相交，自古以来便是西藏的交通要冲。

康区 25 座神山大多都在昌都境内。这里有藏传佛教格鲁派在康区的第一寺强巴林寺，噶玛噶举派的祖寺噶玛寺，除藏传佛教的寺院之外，还有天主教和伊斯兰教教堂，更有三江并流的奇绝风景和神秘壮美的茶马古道。神奇而壮丽的自然景观和积淀着浓厚历史文化的人文景观一起构成了昌都丰富的旅游资源。

行在昌都

昌都有世界上海拔最高的民航机场——邦达机场，目前只开通至拉萨和成都的航线。机场距卡若区 130 千米，可乘坐出租车到达，费用 450 ～ 550 元。但是由于飞行条件差，航班经常延误或者取消。

公路是主要进出昌都的方式。昌都各县之间距离较远，车程较为漫长。昌都客运站有开往成都、拉萨、芒康、察隅、那曲、林芝、波密等地的长途客运班车。

昌都→成都：全程 1200 多千米，车程大约 3 天 2 夜，票价约 490 元。可在成都新南门车站、成都昌都宾馆乘坐。

昌都→拉萨：全程 1000 千米，路况较差，车程约 4 天 3 夜，班次不定期，一般周六发车。

路况

昌都市道路状况比较差，季节性强，尤其在雨季，经常会发生塌方、泥石流等，以致经常断路，所以旅友要做好心理和生理准备。

搭便车

如果没有合适的班车，可以搭过路货车，这些货车大多停靠在客运站，建议直接找在招待所住宿的司机面谈。

拍摄佳地

想拍摄两江环抱寺庙、鳞次栉比的僧房及藏式民房，需要到昌都对面的达玛拉大山的山腰，可在乘车路过时停下拍摄，那里很容易就能选到好角度。

游在昌都

强巴林寺 ★★★★ 🛕

强巴林寺由宗喀巴弟子喜绕松布于 1444 年创建，是康区最大的寺庙。寺内至今保存有 1719 年清朝廷颁发给帕巴拉活佛的铜印。

强巴林寺有五大活佛世系，12 个扎仓，僧人最多时达 5000 余人，并辖周围小寺 70 座。

该寺主要建筑保存完好，经堂内塑有数以百计的各类佛像和高僧塑像，上千平方米的壁画以及众多的唐卡。强巴林寺的“古庆”跳神素以狰狞逼真的面具，整齐典雅的动作造型，宏大的场面而闻名雪域高原。以该寺独有的宗教舞蹈为形式的昌都藏戏在整个西藏自成一派。

$ 免费

🚕 乘出租车前往，车费约5元

👁 2小时

强巴林寺

盐井 ★★★★

一个很神奇的地方，在历史上是吐蕃通往南诏的要道，也是茶马古道上现在唯一遗存的原始人工晒盐的地方。盐井也是目

强巴林寺大佛

前西藏唯一有天主教堂和信众的地方。多种文化和宗教和谐并存于这个世外古镇里。

🧭 位于芒康县纳西乡

🚌 可以从盐井镇包车前往盐田。前往盐田的路况很差，虽然路途不远，往返时间也要3～4小时

👁 2小时

波罗吉荣大峡谷 ★★★ ⛰⚑

峡谷两岸雄峰夹峙，悬崖千丈，峡谷长约5千米。在峡谷的多曲河中有传说为格萨尔下棋用的四方形巨石骰子、珠姆的"天桥"、石刻佛像等景观。在峡谷半山腰处有一个很难攀上去的山洞，当地群众称此洞为格萨尔降妖洞。

💰 70元

🧭 江达县同普乡与波罗乡交界处，离县城约25千米

👁 2小时

查杰玛大殿 ★★★ ⚑

位于类乌齐镇，距县城30千米。查杰玛大殿是昌都市历史最悠久、规模最宏大的一座古寺。该殿以雄伟壮观的气势、珍藏众多的佛像经典而闻名。里面至今珍藏着质量上乘的文物精品，如传说为格萨尔用过的马鞍和战刀、八瓣莲花的金刚像、明清时的唐卡以及不同历史时期的金属造像，雕刻精美，非常珍贵。

💰 50元

🧭 位于昌都市类乌齐县，距县城30千米

🚌 游客可乘坐发往类乌齐镇的汽车前往

👁 1小时

💡 **仲确节：** 每年藏历六月十五，类乌齐镇会举行"仲确节"。那时，来自青海、四川、云南迪庆的信众都会前来朝拜寺庙，转神山，场面十分热闹。

孜珠寺 ★★★★ ⚑

孜珠寺是苯教最古老的寺庙之一。苯教经文记载，苯教祖师敦巴辛绕以神变方法来到孜珠山，使孜珠山得到加持和发愿。由于这种加持和发愿，使山上不断出现修

盐井

游在昌都

行极高的上师。在 3500 里孜珠山曾出现过 82 位孜珠上师（活佛）。每年 6 月底，孜珠寺有一年一度的法会和跳神舞蹈。

- 🎫 30元
- 🕐 8:00—19:00
- 🚌 昌都市丁青县觉恩乡境内的孜珠山上，离县城约37千米，可从丁青县城包车前往
- 👁 2～3小时

多拉神山 ★★★ 🏔

多拉神山的神秘之处在于满山遍野的石灰岩上刻满了佛像和六字箴言。神山规模不算很大，传统上分为外圈、中圈、内圈。登上主峰，则可鸟瞰整个多拉山的美景。而从内圈转一圈不超过两小时，这是多拉神山的核心部分，也是主要的参观点，途中可朝拜并欣赏以莲花生大士为主的各类佛像、佛塔、六字箴言及藏文祈祷经。

- 🚩 位于八宿县白马镇以东63千米的川藏公路旁
- 👁 1小时

卡玛多塔林 ★★★ 🏔

塔林依山傍水，景色秀丽，在苍松翠柏之中有一座别致的小经堂，供奉着莲花生大士像。传说过去这儿有 108 座塔，现已恢复和修建几十座，其中有八佛塔、方形怪塔等，有几米高的大塔，也有不到 3 米的小塔，在经堂后是巨大的玛尼堆，玛尼堆中有六字箴言和佛像图案。

- 🚩 类乌齐县317国道右侧，距县城25千米
- 👁 1小时

然乌湖景区 ★★★★★ 🏔

然乌湖长约 25 千米，宽 12 千米，整个湖呈狭长河谷状，由 3 个上下相连的湖泊组成，面积 18.4 平方千米。湖面海拔 3800 多米。

然乌湖北面有著名的来古冰川，冰川延伸到湖边。每当冰雪融化时，雪水便注入湖中，使然乌湖经常保有丰富的水源。然乌湖边是绿草茵茵的草场和绿油油的庄稼；湖边山腰上则是莽莽的森林，再往上是五颜六色的杜鹃花和灌木丛林带；山顶积雪终年不化、重叠起伏。

然乌湖本身也是经过不同时期冰川作用而形成的一个巨大古冰川谷地。200 多年前发生大崩塌，巨石堵塞了帕隆藏布江，形成了今天的然乌湖，至今可见巨大的岩块堵塞在湖口谷地。

- 🚌 318国道从湖边通过，由八宿县城坐车89千米即可到达
- 👁 1～2小时

💡 土特产

昌都市著名的土特产主要有雪莲、冬虫夏草、贝母、昌都醉梨等。由于昌都地理位置的特殊，受到藏、汉、蒙古、纳西以及尼泊尔、印度等民族工艺的影响，本地的手工艺品逐渐形成了昌都独特的民族风格。位于扎曲河上游，离市区 120 千米的嘎玛生产的手工艺品更是闻名康藏。

💡 格萨尔王传

昌都是康巴文化的腹地，有享有很高声誉的丁青热巴艺术、昌都卓舞艺术和芒康弦子艺术，还是藏族史诗《格萨尔王》产生和流传的主要地区，到了昌都有机会一定要见识一下《格萨尔王》说唱艺人的精彩表演。

💡 川藏南线上昌都邦达至八宿县区间，有一段特殊的公路，被称作怒江72拐。怒江72拐并不是景点，但是几乎所有第一次路过此地的人到达路途制高点时，都会稍做停留。俯瞰这条公路好像是一个个大大小小的字母Z首尾相连。作为有名的川藏天险，这段旅程可以说是让人心有余悸、终生难忘。行车至这段路时一定要注意安全。

说唱艺人在讲《格萨尔王》

然乌湖

来古冰川　★★★

来古冰川位于然乌湖旁，由美西、亚隆、若骄、东嘎、雄加、牛马冰川组成，其中亚隆冰川最为壮观。在来古村可以看到这六条海洋性冰川，是我国一个观看冰川的绝佳地点。

- 免费
- 从成都、拉萨、昌都、林芝搭乘走川藏公路的班车在然乌镇下车，然后租车到来古村，也可在昌都或林芝搭乘至察隅的班车，在宗巴村下车，步行前往
- 1小时

布加雪山　★★★★

这里是一个风景绝美的地方，在索县、巴青、丁青的交界处，是目前世界上最密集的悬挂型冰川，能够自驾开车到达冰川脚下，是可以近距离接触冰川的一个地方。

- 那曲市荣布镇玉雄自然村
- 1～2小时

住在昌都

昌都有比较好的宾馆、酒店，也有普通的旅馆，去昌都周边还有当地的藏居提供住宿。

天星假日酒店
- 白玛镇白玛村白玛下街
- 0895-4565922

昌都泰洪主题酒店
- 八宿县白马上街6号
- 18589153777

神牛羊

如果在当地看见身挂红、黄、绿布标的牛羊徜徉于郊野，千万不要随意驱赶、伤害，那是藏族同胞的敬神祭品。在当地行路遇到寺院、玛尼堆、佛塔等宗教设施，必须从左往右绕行。

节日

昌都节日众多，几乎每个月都有节日，其中有很多深具浓郁的民族和宗教色彩的传统节日。仲确节是类乌齐一带最悠久的传统节日，在每年藏历六月十五举行，相传是为纪念噶举派高僧乌金贡布主持修建了达垅噶举派主寺"查杰玛"大殿。赛马节，每逢藏历五六月，昌都市的江达、类乌齐、贡觉、察隅、八宿一带会举行多种形式的民间赛马节，是为了纪念格萨尔王骑光背马战胜群雄，夺冠而当国王。酥油花灯节，每年藏历正月初一至十五举行。

住在昌都

那曲

那曲快速攻略

游线1　念青唐古拉山→羌塘草原→当惹雍错
游线2　措那湖→卓玛峡谷

感受那曲

虫草　一年一度的冬虫夏草交易节上会有"虫草王"的评选活动，药用价值高、个大的那曲冬虫夏草连续数年蝉联冠军。

自然之味　那曲辽阔又绵延的草场是野生动植物的天堂，深吸一口气，空气中弥漫的味道都是天然纯净的，有青草的清新，还有动物身上的野性味道。

准备与咨询

语言

这里绝大多数人不会讲汉语（除做生意的）。

气候与游季

5—9月相对温暖，是草原的黄金季节，这期间气候温和，风和日丽，降雨量占全年的80%。此时草原一片青绿，万物茂盛，适合来此旅游。

行在那曲

进出

铁路

那曲火车站位于那曲西面约两千米的门地乡俄玛迪格村，紧邻青藏公路。目前有往来北京的Z21，往来成都的Z322，往来重庆的Z223，往来兰州的Z323、Z917、Z165，都在那曲经停。

公路

那曲至拉萨有各种班车如桑塔纳、金杯面包、中巴车，车费60～100元，每天早晨至下午随时发车。

市内交通

市区有的士、公交车，还有来回穿梭于城区之间的小巴士（2元），招手即停，十分方便，去拉萨、格尔木的车随时都有。也有开通去附近县城班戈、索县和昌都的班车，不是每天都有，有的要几天，甚至一星期。

🔆 路况

1. 不要在藏族同胞家里和寺庙内大声喧哗。

2. 拍照之前最好先确定所在的场所是否允许拍照，当地的一些老人不喜欢拍照。

3. 那曲的用水很不方便，有限量供应，因此用水要抓紧时间。

🔆 小提示

1. 民族：色尼区境内以藏族为主，聚居着藏、汉、回、蒙、门巴、珞巴等民族。

2. 节日：那曲赛马节，每年公历8月1日举行，为期5～10天。

🔆 特产

这些特产大多价格比较昂贵，不是行家很难分清楚优劣，在购买的时候一定要慎之又慎。

游在那曲

念青唐古拉山　★★★★★

"念青"藏语意为"次于"，即此山脉次于唐古拉山脉。念青唐古拉山神又叫作唐拉雅秀，传说其统领着藏北数以百计的唐古拉山脉。从不同的方向遥望此山，所见的形态各有不同。最佳观赏地点是纳木错湖边的恰妥寺、多加寺、扎西半岛和山脉南边的青藏公路沿线。

🆓　免费

📍　拉萨以北100千米处

🚌　唐古拉山口距离格尔木604千米，一般坐火车或者汽车去拉萨路过时参观。不建议单独从格尔木包车到此

👁　0.5～1天

羌塘草原　★★★★

中国五大牧场之一。野生动物是这里最好的守护者。羌塘草原也是一个积淀了丰厚文化的地方。游牧民在这里创造了迷离而斑

澜的游牧文化，处处可见牧民栖息的帐篷。远古岩画、经幡、古塔、玛尼堆……给这里带来了神秘色彩。一年一度的恰青赛马会十分值得参加。

- 念青唐古拉山北面
- 出拉萨沿青藏公路向北行，抵达安多，也就到了羌塘草原腹地
- 4小时

卓玛峡谷　★★★

虽然这里海拔达 4700 米，却很神奇地呈现出一派花香袭人、林木葱郁、生机勃勃的景象。因为它美若天仙，所以大家都叫它卓玛峡谷风景区。

- 那曲市色尼区古格乡境内
- 可以包一辆车或乘中巴车前往，费用 60～100元不等
- 1小时

当惹雍错　★★★★★

当惹雍错是西藏原始苯教崇拜的最大圣湖，也是西藏的第三大湖。它状如一金刚杵，上圆中细下部长，群山围绕。当惹雍错既有羊湖的纯净梦幻，又兼纳木错雄壮磅礴，还有玛旁雍错的圣洁清澈，它的美丰富多样，不似人间。

- 那曲市尼玛县
- 没有班车直达当惹雍错，需先乘车沿阿里大北线到达尼玛县，再从尼玛县转向西南，到达文布，便可以进入当惹雍错湖盆地
- 1小时

措那湖　★★★

措那湖海拔 4594 米，为世界海拔最高的淡水湖。它是当地藏族群众心目中的"圣湖"，每到藏历龙年，成千上万的信徒会前来朝拜。在湖的东面，青藏铁路与神湖贴身而过，这里是安多及青藏铁路沿线最著名的景点之一。

- 安多县沈阳北路与安狮路口处
- 1小时

色林错　★★★

亦作色林措，在藏语中意为"威光映复的魔鬼湖"，它是一个湖泊的王国，湖水面积 1640 平方千米，在它周围有 23 个卫星湖，如同翡翠项链般缭绕，是西藏最大的内陆湖水系。每到夏季，湖边风光独特，湖中小岛上栖息着各种各样的候鸟。行车至湖边，无边无尽的水天一色呈现在眼前，天空非常低，好像伸手就能碰到云朵。景色优美，宛若仙境。

- 免费
- 包车或自驾前往
- 1小时

💡 色林错距离公路有很长的距离，无法直接到达湖边，湖边沼泽地甚多，前往一定要注意安全。

吃喝那曲

受高原环境的影响，那曲的饮食是典型的藏族风格。主要以牛、羊、猪肉为荤食，蔬菜、酥油、奶酪等为素食。平常喝的主要有酸奶、鲜奶、奶茶、酥油茶等。

金哈达藏餐 具有藏族特色的餐馆。
- 高原西路康源宾馆西侧
- 13648966679

购物那曲

那曲可以购物的地方有浙江中路的那曲市场、羌塘市场、人民商场和高原路上的那曲农畜产品市场等。这两条街的店铺相对比较集中，东西也比较有地方特色。

虫草、麝香、雪莲花和贝母都是那曲的特产。

住在那曲

住宿有酒店、招待所和藏式毡房三种。前二者相对来说比较舒适，藏式毡房虽然比较简陋，但是胜在价格便宜。

那曲斯卡拉大酒店
- 色尼区通站路1号
- 0896-3333331

当惹雍错

西北地区

陕西—青海—甘肃—

宁夏—新疆

陕西省

自助游：

中线：约会秦俑之旅

　　咸阳→宝鸡→西安→渭南→韩城

北线：黄土高坡民俗之旅

　　铜川→延安→榆林

南线：历史名城之旅

　　汉中→安康→商洛

自驾游：

探寻唐风古韵

游线1　西安→秦始皇兵马俑博物馆→华清池→骊山森林公园→西安

游线2　西安→昭陵→乾陵→法门寺→岐山→西安

游线3　西安→楼观台→武功→茂陵→西安

游线4　西安→铜川→黄陵→富县→延安→富县→宜川

重走红色路线　西安→咸阳→长武→泾川→平凉→隆德→会宁→定西→兰州→白银→中宁→银川→灵武→盐池→靖边→安塞→延安→黄陵→铜川→西安

西安

西安快速攻略

Day1 陕西历史博物馆→大雁塔→大唐芙蓉园（下午入园，欣赏夜景）

Day2 钟鼓楼→回民街（吃午饭）→小雁塔→碑林博物馆→古城墙（傍晚欣赏日落美景）→永兴坊（吃晚饭）

感受西安

阳刚 如果每座城市都有性别的话，西安算得上最具男性气质的城市。厚重的城墙、灰黄的色调、沉积深厚的古都帝王之气，使得这座城市难容丝毫的阴柔。这里的人吃饭习惯用的超大海碗，不时传来的秦腔，都分明传达着一种专属于男性的粗犷和沧桑。

寻回盛唐气象 "九天阊阖开宫殿，万国衣冠拜冕旒"，王维只用寥寥数语，就向我们展示了唐朝都城长安的繁华喧嚣。千年过去了，西安这座古老的城市，还留有几分盛唐气象？遗憾的是，在失去都城地位的几百年里，西安许多珍贵的文化遗迹都已湮灭或损毁，仍完整留存于地面的寥寥可数。近年来西安市规划建设了多个遗址公园和遗址博物馆，大力发展唐文化旅游。如今，你可以穿着汉服漫步钟鼓楼；在大明宫遗址一瞥"千宫之宫"的风采；在曲江池遗址公园泛舟湖上，感受古人"偷得浮生半日闲"的惬意……

准备与咨询

语言

西北方言常见于偏远的小村落，大城市普通话很标准，所以语言不是问题。

气候与游季

年均气温 13℃，冬季平均气温 -5℃，夏季平均气温 26℃。春秋季为西安旅游的黄金季节。夏季来一定要戴太阳镜、涂防晒霜。另外，南方游客到西安后一定要多喝水，很多南方人来西安后会出现嘴唇干裂等情况。

行在西安

进出

作为陕西省省会城市，西安的交通相当发达，也为它的旅游发展提供了相应的硬件条件，是陕西旅游的首选交通目的地。

飞机

西安咸阳国际机场位于西安市西北部，距西安市中心 47 千米，有机场高速公路连通，机场大巴票价 26 元，起点在西稍门。从西安市区乘出租车去机场车费约 100 元。

☀ 古城西安

"四十年改革看深圳，百年变迁看上海，千年沧桑看北京，五千年文明看西安"。"江南才子北方将，陕西黄土埋皇上"，作为中国人，西安实在是不得不去的地方。陕西人说，陕西的版图就是一个跪姿的兵马俑，看着地图，确实有几分神似。

☀ 高峰期

因为西部旅游正在日益升温，而西安又是著名的旅游城市，每年的 5、10 月黄金周这里的游客人数众多，最好避开高峰期，以免造成不便。

☀ 多查地图

为了节省时间，最好先查清楚各个景点的地理位置。有时候两个景点离得很近，不知道的话打车去了，就会花一笔冤枉钱。

☀ 布局

西安的布局是棋盘式的分布，大街和马路把西安城区划分成整齐的小块，所有的大街小巷全是正北、正南、正西、正东的网格分布，在西安想迷路也难。

西安咸阳机场电话

机场问询 📞 029-88798787

铁路

西安主要的火车客运站有三个：西安站、西安北站和西安南站。

火车站点及发车方向

西安火车站

🚍 陇海线上的枢纽大站，凡是经过西安的火车全部在此停靠。位于新城区环城北路，乘坐9、266路公交车，或是乘坐地铁4号线西安站下，步行约15分钟可到

📞 029-87426076

西安北站

🚍 主要有发往北京、广州、郑州、深圳、长沙、武汉、上海等地的高铁和动车。位于西安市未央区李家街村，乘坐地铁2号线、4号线西安北站下

西安南站

🚍 主要接发西安往西康线方向的过路车。位于西安市长安区引镇，乘坐918、920等路公交车可到

公路

长途汽车站点及发车方向

西安客运站

📞 029-87427420　　🧭 西安市解放路354号

🚍 有发往阎良、鄠邑区、余下、周至、哑柏、九峰、商洛等地的班车

三府湾客运站

📞 029-83136088　　🧭 西安市新城区长缨西路353号

🚍 有发往陕南各市县，以及邻近外省义乌、西宁、石家庄、太原、上海等地的班车

城西客运站

📞 029-84630000　　🧭 西安市枣园东路92号

🚍 有发往本省西部宝鸡等市县，以及西北各省的班车

城南客运站

📞 029-8866778　　🧭 西安市朱雀大街78号

🚍 主要发往安康、商洛、汉中、鄠邑、秦镇、周至、佛坪、洋县等南边县市的班车。同时还有发往四川境内的班车

城北客运站

📞 029-86523019

🧭 西安市北二环西段9号

🚍 主要发往北面的铜川、延安各县和榆林各县的班车

💡 出租车交通客服热线：029-96716

纺织城客运站

📞 029-86528733　　🧭 灞桥区席王街道办新寺村

🚍 承担西安到商洛、渭南等市县的客车运营

市内交通

公交

旅游专线车

西安设有多路旅游专线车，方便游客前往各个景点。部分

💡 **去景点的交通工具**

去兵马俑、华清池一线，可在西安北站乘地铁2号线到市图书馆站，然后转乘到兵马俑的直通车；若从西安站出发，可乘717路到东二环信和路口站，再转乘兵马俑景区直通车，速度快，车次多。最好别上那些一日游的车，会拉你到一些人造景点和购物点，不仅时间太受限制，而且宰客厉害。去华山可在汽车东站乘中巴，单程40元，车程2小时。

💡 **高速公路**

新建成的绕城高速公路环绕古城一周，外接9条国道主干线，内连市内多条城市主干道，极为方便。

💡 现在可以在支付宝和微信上申领西安市电子公交卡和地铁卡，与实体卡享受相同优惠，市内大部分公交和全部地铁都可以使用，非常方便。

游
在
西
安

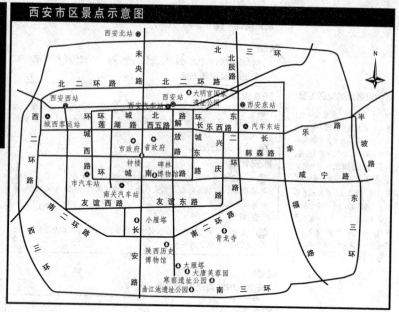

西安市区景点示意图

线路如下。

游4路 大唐芙蓉园南门→大唐芙蓉园西门→大雁塔北广场→文昌门（碑林博物馆）→新城广场→北门→龙首村（大明宫遗址）→汉阳陵。

游5路（306路） 火车站东广场→骊山索道→华清池→临潼博物馆→八大奇迹馆→秦陵地宫→秦始皇陵→兵马俑。

西安巴士 ☎ 029-965315

地铁

　　目前西安有8条地铁运营线路，分别是地铁1、2、3、4、5、6、9、14号线，其中2号线和4号线可以到达西安北站，部分站点还靠近钟楼、南门、陕西历史博物馆等著名景点。3号线可以到达大雁塔。

游在西安

陕西历史博物馆
★★★★★ 🚇

　　陕西地方史陈列大厅展出了从蓝田猿人至鸦片战争的史前、周、秦、汉、魏晋南北朝、隋唐、宋元明清七大部分历史，集中珍藏了陕西地区出土的珍贵文物37万余件，是了解真正的陕西文化的最好去处。

🎫 免费不免票，需通过微信公众号预约

🕐 8:30—18:00（3月15日—11月14日）；9:00—17:30（11月15日—次年3月14日）；周一闭馆

🚌 临近陕西历史博物馆站（公交站）、小寨站（公交站）、小寨站（地铁站）

👁 2～4小时

💡 **壁画：** 馆内现今收藏唐墓壁画400余幅，其中《马球图》《狩猎出行图》被定为国宝。

大雁塔和小雁塔 ★★★★
♨ ⛲

　　大雁塔具有印度佛教建筑色彩，给人以质朴敦厚的感觉。慈恩寺是西安城内最有名的建筑，玄奘法师是该寺的第一任住持方丈，至今已有1300多年历史。

　　而位于荐福寺内的小雁塔，无论从家世背景还是建筑艺术来讲，都不比大雁塔逊色，两塔遥望是唐代长安保留至今的重要标志。

🎫 大慈恩寺40元；登大雁塔20元

🚌 大雁塔：临近大雁塔北广场站（公交站）、大雁塔南广场站（公交站）、大雁塔（地铁站）；小雁塔：临近小雁塔站（公交站）

👁 2～4小时

💡 虽然不像大雁塔那么出名，但是小雁塔景色清幽，能让人全身心放松，非常值得一去。

大雁塔

旺季100元，淡季60元，《梦回大唐》另外收费

9:00—21:00

临近大唐芙蓉园西门（公交站）、大唐芙蓉园（地铁站）

2～4小时

1. 游园： 游玩芙蓉园，建议从西门（御苑门）入园，沿着湖边小路顺时针环绕芙蓉湖游览各个景点。傍晚回到靠近南门的凤鸣九天剧院欣赏《梦回大唐》，晚上在剧院北面的紫云楼广场，观看水幕电影。

2. 顺道游： 大唐芙蓉园离大雁塔很近，不妨上午游览大雁塔，下午游览芙蓉园。下午入园是游览芙蓉园的最佳时间，这样园内白天的景色和夜景都能欣赏到。

大唐芙蓉园 ★★★ ✪ 🏭

大唐芙蓉园建于原唐代皇家芙蓉园遗址上，是国内最大的仿唐建筑群。园内以芙蓉湖为中心，紫云楼、陆羽茶社、凤鸣九天剧院等景点，环绕分布在湖的四周。来到这里，除了观赏恢宏的仿唐建筑，还可以观看具有盛唐风情的歌舞《梦回大唐》。

芙蓉园的夜景极具璀璨色彩，每当夜幕降临，华灯初上，可游历灯火辉煌中的唐文化长廊、紫云楼、芳林苑等地，在灯光的映衬下，大唐芙蓉园更显高雅之美。

西安城墙 ★★★★ 🏭🕐

西安城墙位于西安市中心，建于明洪武年间，距今已有600多年历史，是中国历史上著名的城垣建筑之一。如果不到城墙走一走，就等于没到过西安。昔日的城关如今成了市井生活的一部分。

54元

8:00—22:00

临近南门里（公交站），在此可以南门登城墙，也可乘地铁到永宁门（地铁站）

1～3小时

钟楼、鼓楼 ★★★★ 🏭🕐

钟楼与鼓楼遥遥相望，并称"姊妹楼"。两楼均建于明代，至今已有600多年历史。古时报时有"晨钟暮鼓"的说法，所以钟楼上有一巨钟，也保存着许多古代

大唐芙蓉园

游在西安

钟楼

用的编钟；而鼓楼上有一整张牛皮蒙制的大鼓，游客登楼可以试试敲钟或鼓。

🎫 鼓楼30元，钟楼30元，钟鼓楼套票50元

🕐 8:30～20:30（旺季）
　　8:30～18:00（淡季）

🚌 临近钟楼（公交站）、钟楼西站（公交站）、钟楼（地铁站）

👁 1小时

☀ 鼓楼编钟鼓乐演出时间：9:30、10:15、11:00、11:45、14:00、15:00、16:00、17:00。

碑林博物馆 ★★★★ ♿

西安碑林始建于北宋，已有900多年历史。最初是为保藏因唐末五代战乱而委弃市井的颜真卿、柳公权等所书的石碑而兴建的。现收藏有自汉代至今的碑石、墓志近3000件，收藏数量为全国之最。它不仅是中国古代文化典籍石刻的收藏地，也是历代名家书法艺术荟萃之地。

🎫 全票65元（旺季），全票50元（淡季）

🚌 临近文昌门（公交站）

👁 1～2小时

翠华山 ★★★★ 🏞🏔🎿

翠华山始自秦代，有两千多年的历史渊源，是历代王朝的"上林苑"和"御花园"。翠华山景区由碧山湖景区、天池景区和山崩石海景区三部分组成。最受欢迎的是峰顶的湫池。池北冰洞常年坚冰垂凌，池西风洞为山崩遗迹。周围庙宇遍布，有老君庵、圣母行宫等，每年农历六月初一至初三都会举行翠华庙会，热闹非凡。

🎫 65元（3—11月）
　　40元（12月—次年2月）

🕐 9:00～21:00（3—11月）
　　9:00～17:00（12月—次年2月）

📍 西安市城南30千米的太乙峪

🚌 可在市区内乘地铁到韦曲南（地铁站），然后转乘公交到西安翻译学院（公交站），之后打车前往

👁 0.5～1天

草堂寺 ★★★ ⛩

鄠邑城区东南30千米圭峰山下，寺院规模不大，建筑多为近代重建。但"姚秦三藏鸠摩罗什舍利塔"极为特殊，是为了纪念龟兹法师鸠摩罗什而建，推断为唐代作品。塔身高2.33米，8面12层，用玉白、砖青、墨黑、乳黄、淡红、浅蓝、赭紫八种颜色玉石镶刻而成，被称为八宝玉石塔。日本日莲宗视草堂寺为祖庭，每年前来参拜。

🎫 免费

🕐 7:30～18:00

🚌 在西安市朱雀门外南关客运站搭乘开往鄠邑区的中巴，在草堂寺下车；周末时，也可

从大雁塔北广场乘坐环山1号线在草堂寺下

👁 1～3小时

大唐不夜城　★★★★

一条著名的步行街，是体验西安唐文化的必游之处。古色古香的建筑、绚丽夺目的灯光、惹人垂涎的小吃、精心设计的各种展览，无不让人印象深刻。只有漫步在大唐不夜城的夜色下，才能明白什么叫"火树银花不夜天"。最南端的"开元广场"是整个步行街最高潮的部分，高大的玄宗雕塑在灯光的映衬下越发宏伟，广场上特色表演和音乐也精彩绝伦，让人流连忘返。

📍 雁塔区慈恩路46号

🚌 临近大雁塔南广场（公交站）、大雁塔（地铁站）、大唐芙蓉园（地铁站）

👁 1～3小时

禾光农场　★★★

一个悠闲地方，十分适合逃避芜杂琐事，慢度时光。每个人都能在这里放松，如果喜欢运动，这里有专门的篮球场和足球场；如果和亲友小聚，这里也有露营区和烧烤区；如果是亲子游，这里还可以喂养小动物、在沙滩上玩沙子。需要注意的是，景区里大多活动都需要单独收费，玩得尽兴时也得摸摸钱包。

🎫 门票88元，景点内一些活动需要单独收费

🕐 11:00～21:00

📍 天水路2028号

🚌 临近陕西职业技术学院（公交站）

👁 0.5～1天

一句话推荐景点

大明宫国家遗址公园　唐大明宫是东方园林建筑艺术的杰出代表，被誉为丝绸之路的东方圣殿。这里能欣赏到复原的大明宫微缩景观，观赏IMAX3D影片《大明宫》，还能体验文物的考古发掘和修复。

🎫 60元

🕐 8:30—18:00

鸟瞰大明宫

半坡遗址 即半坡遗址博物馆，原始社会的古村落遗址，可以让你了解六千多年前的祖先们是怎样生活的。

- 💰 55元
- ⏰ 8:00—17:30（3—11月）
  8:00—17:00（12月—次年2月）
- 🚇 临近半坡博物馆（公交站）、半坡（地铁站）

吃喝西安

西安"美食之都"的称誉可不是盖的，牛羊肉泡馍、腊汁肉、葫芦头、凉皮、饺子、肉丸胡辣汤、粉汤羊血等，绝对是对你味蕾的极大挑战。不过，话说回来，并不是所有游客都能享受得了这些美食，有些南方人会大摇其头，对着美食空感叹。

推荐食街

西安的美食文化虽然了得，但是能集中这些美食于一体的街道并不多，仅有的几条美食街也并不是很完美，所以，要想吃到地道正宗美味的西安小吃，还需要探路。不过，如果时间有限且对美食不挑剔的话，去美食街尝一尝也可以。

钟楼美食街 钟楼美食街位于西安最繁华的地段，是众多传统老店的聚集地。

回民街 鼓楼旁边就是大名鼎鼎的回民街，老米家泡馍、白家粉蒸肉、贾三灌汤包、定家小酥肉、红红терраса菜炒米、里木烤肉、老冯家酸梅汤、黄桂柿子饼、镜糕、涮牛肚、粉蒸肉、羊肉饼、烤羊肉、酱卤制品等，再来一瓶掺杂着西安人儿时回忆的冰峰汽水，特色的清真小吃混搭地道的西安美食，是西安人和游客在这里摩肩接踵、大快朵颐的原因。回民街不只是那一条长长的主街道，许多本地人常去的店就藏在街巷深处，不只是街，而更像是一个回民美食主题的街区。夜色下的回民街灯火通明，热闹非凡，是夜游西安的热门目的地。

推荐食处

柳巷面 历经数次搬迁后人气越发火爆，不管它隐蔽到哪里，都会被忠实的"粉丝"从城市的角落里挖出来。

- 🚇 吉庆巷吉庆大厦B座

秦豫肉夹馍 秦豫的馍个头很大，烙出来火色匀称漂亮，馍皮焦香酥脆，馍瓤绵软可口，加上陈年老汤煮制的腊汁肉，

"肥而不腻，瘦而不柴"。一个热热的肉夹馍，再配上一碗同样热气腾腾的粉丝汤，那叫一个满足！每天的肉夹馍也只是限量供应。一般13:00以后就没有了，即便你叫天也没有了。

- 🚇 碑林区东木头市19号

马洪小炒泡馍馆 在西安如果尝惯了羊肉泡馍，不妨来尝尝这里的招牌小炒泡馍，既有泡馍的厚重口感，又平添了几分酸辣爽口的滋味。

- 🚇 红埠街46号
- 📞 15353593679

夜游西安

走走老城墙，或者是到钟鼓楼广场转转，再到夜市吃点小吃。有个小建议，品尝西安小吃最好就是几个朋友一起沿着夜市溜达，每样都尝一点，否则美味太多只能捧着肚子遗憾。

购物西安

买纪念品

可以去书院门仿古一条街（南门里仿古一条街），北院门购物一条街（北院门仿古街西边南头第一个小巷内，长约1千米），记得讲价还价。秦兵马俑复制品、唐三彩、碑林碑石拓片、凤翔彩绘泥塑、剪纸和皮影都是带回家留作纪念的不错选择。

买特产

西羊市和广济街路口附近是个好去处，那里的店生意都不错，绿豆糕、龙须糖、酸梅粉、枣、猕猴桃干等特产在那都能买到。西安的商业街主要集中在解放路、东大街、南大街。这里有西安最大的购物商场，各种品牌的专卖店应有尽有。

住在西安

西安市内所有景点都可以在火车站乘公交车，建议在火车站附近住宿。有很多物美价廉的旅馆。

推荐住宿

西安玺韵假日大酒店 卧龙禅寺对面，西安古城墙里，24小时随时游览古城风貌。

- 🚇 西安碑林区柏树林19号（文昌门古玩城北门，卧龙禅寺对面）
- 📞 029-87385883

西安周边游

秦始皇兵马俑博物馆
★ ★ ★ ★ ★

面对秦兵马俑，那种无法控制的惊讶、沉迷、陶醉、感动是每位细心游客能够领略到的，这也是陕西之行最重的一笔，世界上再也不会有这么一个地方站着这么多士兵等待你这么久。

现在的兵马俑博物馆占地面积20多公顷，其中一号坑16000平方米和二号坑6000多平方米，并建有17000多平方米的二号坑综合陈列大楼，是展览的主要场所。尤其一号厅，展出了约6000个真人大小的兵马俑，过道上还可以看到当年项羽大军火烧咸阳的黑色痕迹。陶俑形象逼真生动，比例匀称准确，千人千面，互不雷同。塑造手法精细，就连陶俑脚上所穿布鞋底的针脚也是疏密有致，头发、胡须、衣带，还有嘴角的那一丝或怒或笑的细微表情，仿佛面对的是被施了魔法而僵硬的远古士兵队伍。

360度电影环幕放映厅，几十分钟的电影粗略地介绍了秦从统一中国到灭亡的过程，场面拍得很宏伟，特别是千军万马从你身边360度地厮杀，仿如置身其中，可惜音响的质量太差，严重破坏了现场感。不过电影不间断地重复播出，不用担心错过场次。

💰 120元

🕐 每日售检票时间8:30—17:00，闭馆时间18:30（3月16日—11月15日）；每日售检票时间8:30—16:30，闭馆时间18:00（11月16日—次年3月15日）

🚇 在西安北站可乘地铁到市图书馆（地铁站），然后转兵马俑景区直通车；在西安站可乘公交到东二环信和路口站（公交站），转乘兵马俑景区直通车。游客往返于秦始皇兵马俑博物馆和秦始皇陵两景区参观，可免费乘坐旅游专车；在西安火车站东广场306或307路公交也可到

🚗 沿西潼高速公路前行，行程24千米，到达临潼区，前行3千米，即为秦始皇陵，继续行驶4千米，即

到秦兵马俑馆

👁 2~3小时

😎 游览兵马俑

1. 可网上预约直接拿身份证扫码入馆。

2. 铜车马值得一看，最好别遗漏。

3. 馆内导游很多，可合请或者直接蹭听，导游的讲解还是很不错的。

4. 兵马俑外有好多便宜的水果，可以买些柿子和石榴。

5. 兵马俑大门外小贩卖的盒装兵马俑为30元/盒，附近步行街10元/盒。

💡 交通

西安火车站有大量小巴、出租车拉客到临潼。另外，西安火车站有306路发往临潼，全程5元，1个多小时可以到达；307路也发往临潼，路上经过大唐芙蓉园、大雁塔、半坡遗址等景点，全程票价6元，约2小时可达到临潼。

😎 兵马俑坑

秦陵兵马俑坑位于秦始皇陵以东约1.5千米处，史书未见记载。1974年当地农民打井时偶然发现几个陶俑残片，使这个震惊世界的第八奇迹得以重见天日。1974年一号坑遗址大厅及展馆开放，而在发掘一号坑的同时，又在1979年找到了二号、三号坑。其中二号坑采用了发掘和展出同步进行的新方法，从而让游客可以亲眼看到陶俑被专注的考古工作者一点点清理出来的场面。

😎 因地震受损

"5·12"汶川大地震导致博物馆内7件兵马俑轻微受损：一号坑两件陶俑俑头偏斜；二号坑展柜中的中级军吏俑向右倾斜约5度；三号坑一件陶俑脚踏板、一件陶俑右膀膊、一匹马头部及下颚部有轻度裂缝，一匹马右前腿从原修复处开裂。

秦始皇陵兵马俑

西安周边游

杨贵妃的海棠汤

秦始皇陵 ★★★

位于西安临潼区骊山北麓，是我国现存最早的帝王陵之一，也是中国古代帝王陵墓中规模最大、保存最好的陵园之一。陵墓土丘背靠骊山，面对渭水，规模宏伟，蔚为壮观。据《史记·秦始皇本纪》载，其从即位时开始建陵，先后用工70余万人（相当于修建胡夫金字塔人数的8倍），历时37年。陵内设机关无数，以防盗贼，墓中奢华壮丽，有各种珍宝器皿，灌注水银如江河大海。在陵西500米发现大量劳役墓坑，陵东1500米就是著名的兵马俑。对于墓穴内部，根据最新考古发现，确认其地宫就在陵园封土堆下，内部设计极其高明。

🏯 与秦始皇兵马俑博物馆实行一票制管理

🕐 每日售检票时间8:30—17:00，闭馆时间18:30（3月16日—11月15日）；每日售检票时间8:30—16:30，闭馆时间18:00（11月16日—次年3月15日）

🚌 在火车站东侧乘坐游5路旅游专线大巴士可达

🚗 从西安自驾车前往秦始皇陵，可沿西临高速公路前行，行程35千米

👁 2～3小时

骊山 ★★★

为纪念西安事变的兵谏亭、烽火戏诸侯的烽火台、石瓮寺等景点位于骊山之中。可以乘车至后山，山脚处即为华清池。

🏯 骊山与华清池已合并为华清宫景区，门票120元

🚌 可在火车站东广场乘坐游5（306路）公交，在骊山国家森林公园站下车，行程约45分钟

🚗 从西安自驾车前往骊山，可沿西临高速公路前行，全程约24千米，只需30分钟即可到达骊山

👁 0.5～1天

华清池 ★★★★

华清池是陕西有名的温泉。唐玄宗每年和杨贵妃在此过冬，其中"莲花汤"是唐玄宗李隆基沐浴之地；"海棠汤"是杨贵妃沐浴汤池。近年在原遗址基础上按照华清宫原貌修建了仿唐博物馆和园林。园内东南部是环园故址及西安事变时蒋介石居住的五间厅。东北部是对游人开放的温泉浴室，华清池水常年43℃，内含丰富的化学成分，适宜沐浴疗养。现在又增加了实景演出《长恨歌》，据说很是打动人心。

🏯 与骊山已合并为华清宫景区，统一售票

🚌 可在火车站东广场乘坐游5路公交在华清池站下车即到

秦岭野生动物园 ★★★★

在这里可以和动物们亲密接触，最引人注目的当属秦岭"四大名旦"——大熊猫、羚牛、金丝猴、朱鹮。整个动物园分为三个区域，步行区里主要是珍稀动物的场馆，如熊猫馆、小熊猫馆；草原区是羚牛和梅花鹿的天地；猛兽区是最刺激的，狮、虎、熊、狼都在这里，野性十足。

🏯 100元（旺季），80元（淡季）

🕐 8:30—18:00

📍 长安区滦镇

🚌 可在市区乘坐公交到野生动物园（公交站），也可乘旅游专线9路在秦岭野生动物园站下车

👁 3～5小时

💡 如果想近距离投喂动物，最好购买投食车票，门票附带的观光车一般会草率通过，不会留太多的喂食时间。

咸阳

咸阳快速攻略

咸阳附近以汉唐时期墓葬为主要游览项目，比较有名的包括汉高祖刘邦长陵、杨贵妃墓、汉景帝阳陵、唐顺陵等。咸阳的交通很发达，铁路、航空、公路均可以进出，是著名的旅游城市，可从西安火车站广场乘车前往，选择重点陵墓做1～2日游。

游在咸阳

汉阳陵 ★★★★★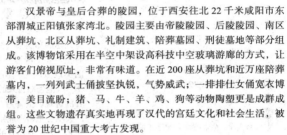

朱雀瓦当

汉景帝与皇后合葬的陵园，位于西安往北22千米咸阳市东部渭城正阳镇张家湾北。陵园主要由帝陵陵园、后陵陵园、南区从葬坑、北区从葬坑、礼制建筑、陪葬墓园、刑徒墓地等部分组成。该博物馆采用在半空中架设高科技中空玻璃游廊的方式，让游客们俯视原址，非常有味道。在近200座从葬坑和近万座陪葬墓内，一列列武士俑披坚执锐，气势威武；一排排仕女俑宽衣博带，美目流盼；猪、马、牛、羊、鸡、狗等动物陶塑更是成群成组。这些文物遗存真实地再现了汉代的宫廷文化和社会生活，被誉为20世纪中国重大考古发现。

- 🎫 70元（3—11月），55元（12月—次年2月）
- 🕐 8:30—17:00（3—11月），8:30—18:00（12月—次年2月）
- 🚌 临近汉阳陵博物馆（公交站）；若从西安出发，可乘旅游专线直达景区
- 🚗 可从张家堡上西铜高速公路，向北直至渭河大桥处，然后上西安咸阳国际机场专线即到
- 👁 2～3小时

☀ 咸阳火车站电话

📞 029-33214582

☀ 太子墓

乾陵附近的懿德太子墓是已发掘墓葬中等级最高的墓葬；唐章怀太子墓的墓内壁画极为精致，可以考虑顺便前往，距离乾陵5千米内。

乾陵 ★★★★★ 🈳

乾陵位于西安西85千米的乾县梁山上，是唐高宗李治与女皇帝武则天的合葬墓，是世界上唯一一座两个皇帝的合葬陵，也是唐代18座帝王陵中唯一一座没有被盗的。乾陵以山为陵，海拔1049米，呈圆锥形，规模宏大，气势雄伟。陵园面积240万平方米，当年建有宫殿楼阁378间，历经战乱被毁，仅存石刻碑碣，气势犹存。

- 🎫 122元（3—11月），82元（12月—次年2月）
- 🕐 8:00—18:00（3—11月），8:30—17:30（12月—次年2月）
- 🚌 可在西安火车站东广场乘坐游3路公交车直达
- 👁 2～3小时

汉武帝茂陵 ★★★★ 🈳

茂陵位于西安北40千米处的兴平市东北，汉武帝刘彻的陵墓，这一带共有汉帝陵5座，故此地称为"五陵原"。汉武帝的一大功绩是开辟了"丝绸之路"，茂陵的规模也是5座陵墓中最大的，曾营建53年，墓为封土丘，平顶锥形，高46.5米，四面有城墙围护，底部每边长240米。据《汉书》记载，随葬金银器物珍宝无数，西汉末年被盗。陵周围有功臣、后妃等陪葬墓20多座，其中最著名的就是霍去病、卫青的墓，以霍去病墓前石刻最为珍贵，建有茂陵博物馆。

霍去病墓位于茂陵东北。墓上有大批石刻，其中跃马、卧象、野猪等16件大型石刻作品，是我国发现最早、保存最完整的大型成组石刻作品。尤以主像"马踏匈奴"最为珍贵。

- 💰 75元（3—11月），55元（12月—次年2月）
- 🕐 8:00—18:00（3—11月）
  8:00—17:30（12月—次年2月）
- 🚌 可在西安火车站乘坐西线旅游车直达景区；或在西安城西客运站乘坐西安至兴平的公共汽车，途经绛家桥站转乘公交车前往茂陵博物馆（公交站）
- 👁 2~3小时

昭陵博物馆 ★★★ 🏛

　　昭陵位于西安西北60千米处礼泉县东北部的嵕山上，是唐太宗李世民的陵墓，占地面积200平方千米，是世界上规模最大的帝王陵墓。在他墓前有著名的六骏石刻浮雕，陵周围有功臣贵戚陪葬墓，现已确定的有167座，包括魏徵、李靖、尉迟敬德、房玄龄等功臣墓以及公主、嫔妃墓等。文物甚多，反映了唐初的艺术成就，1979年建成昭陵博物馆。

- 💰 40元（旺季），25元（淡季）
- 🕐 9:00—17:00
- 🚌 从咸阳汽车站乘坐咸阳至烟霞、赵镇方向的汽车，在昭陵博物馆下车即可
- 👁 1~2小时

袁家村、
马嵬驿民俗文化体验园 ★★★ 🏞🎋

　　这两处都是民俗村，集中展现了陕西关中比较有特色的生活场景及美食，带有浓浓的关中味道。有各种特色十足的手工作坊，可以观摩各种传统工艺，比如现磨香油、手工艺豆腐、加工酸奶等，体验最地道的关中民俗。

- 💰 免费
- 🚌 袁家村：西安南站和北站有开往袁家村的大巴，票价22元；马嵬驿：临近马嵬菜市场（公交站）
- 👁 袁家村：2~3小时；马嵬驿：2~3小时

💡 1.袁家村和马嵬驿游玩项目比较类似，可以选择其中一个体验，没有必要两个都去。
　 2.马嵬驿附近有杨贵妃墓，若有兴趣，去马嵬驿时可顺便游览。

郑国渠旅游风景区 ★★★ 🏞🎋

　　公元前246年由韩国水利专家郑国主持兴建的郑国渠，首开引泾灌溉之先河，对后世产生了深远影响。在此基础上建的郑国渠风景区达到历史人文与自然景观的平衡，既能领略古人的智慧，又能欣赏高峡幽谷的奇观。被誉为"关中第一大峡谷"的泾河大峡谷绝对不能错过，峡谷最窄处不过十余米，两侧是高耸的悬崖峭壁，不得不让人感慨大自然的鬼斧神工。

- 💰 130元（景区门票+往返巴士）
- 🕐 8:30—18:00
- 📍 泾阳县王桥镇岳家坡
- 🚌 在咸阳城南客运站乘坐直达郑国渠的旅游专线，每周二、四、六、日8:00、8:30、9:00发车
- 👁 6~8小时

宝鸡

宝鸡快速攻略

Day1 西安/咸阳→法门寺→太白山（夜宿太白山）
Day2 太白山→青铜器博物院

游在宝鸡

法门寺 ★★★★ 🏛🏯

　　法门寺距西安约120千米。原名阿育王寺，唐初改名为法门寺，是一座历史悠久的佛教名刹，塔内奉藏佛祖释迦牟尼佛指骨舍利，素有"关中塔庙之祖"的美称。1981年塔身半面倾毁，1986年重修时发现唐代地宫，总长约21米，面积31.84平方米，是迄今发现规模最大的供奉佛祖舍利的地下建筑。出土4枚舍利和供奉舍利的大批唐代珍贵文物。

💡 **法门寺**

佛祖指骨舍利只在农历每月的初一和十五、周末和重大节假日的10:00—16:00才对外开放。

法门寺

地宫里的碑文记载，佛指舍利一直藏在法门寺塔基内，唐高宗曾将佛舍利迎至洛阳，武则天也曾迎供奉在她所建的明堂。在法门寺西侧的法门寺博物馆内有展品300多件，其中有佛经、碑石、瓷器、琉璃器、茶具、法器、金银器、八重宝函、壶门座玉棺等稀世珍宝。

💰 100元（旺季），90元（淡季）

🚌 西安大唐芙蓉园西门和城西客运站每天有班车发往景区；宝鸡汽车西站每天有多趟班车开往景区

👁 2～4小时

💡 法门寺距离宝鸡和咸阳的距离要比西安近多了，建议不要走回头路，游玩西安、咸阳后向西至法门寺，然后到宝鸡，从宝鸡返程。陕西有东府西安、西府宝鸡之称，说明宝鸡在陕西的重要地位，这里的手工艺品，民风民俗堪称陕西经典。

太白山国家森林公园
★★★★★ 👤🏔🏛

太白山是秦岭山脉主峰，因山顶终年积雪，银光四射，故称太白。古代著名诗人李白、杜甫、柳宗元、韩愈、苏轼等都游过这里，写下了许多著名诗篇。太白山有许多古建筑，庙宇14处，石碑5通，铁碑10通，铁佛110余尊，木雕像64尊，还有铁钟、铁炉等。"太白积雪"是著名的关中八景之一。太白山主峰顶上的大爷海、二爷海、三爷海3个大湖泊，池水清澈见底。

太白山国家森林公园位于太白山北麓汤峪河流域，距西安110千米，建有疗养医院，每天可供2000人洗澡，数百人住宿。潜山已开辟成为旅游区，道路畅通，风景秀丽。

💰 90元（3—11月），54元（12月—次年2月）

🕐 8:00—18:00

🚌 可在西安西客运站乘坐至眉县、宝鸡

的长途汽车，在大桥口下车，转乘去汤峪（太白山）的班车

👁 2天

💡 **1. 行程：** 因为路途遥远，建议最少两天行程，否则太匆忙。

2. 登山须知： 登山游玩时，一定要按照已经开发好的登山路线行进，特别是徒步的游客，不要随便离开主路。这样可以防止迷路，同时也避免遭遇山中的大型野兽，发生不测。

红河谷森林公园
★★★★ 👤🏔🏛

红河谷森林公园地处秦岭主峰太白山北麓红河流域，山势险峻，石峡深邃，幽谷含秀，飞瀑深潭，珠飞玉溅，景观多变。红河谷森林公园除了优美的自然景观，还有显洞寺、静林寺、玉皇阁、观音崖等宗教文化古迹。景区内有太白山独有的奇特景观第四纪冰川遗迹，不用登高山就可看到奇景冰川石海，还可观赏"太白八景"的红河丹崖、斗母奇峰、平安云海和"关中八景"之一的"太白积雪"胜景。

💰 淡季27元，旺季54元。景区观光车单程15元

🚌 可从西安或宝鸡乘坐长途车到达眉县，在眉县汽车站转乘202路公交车直达景区

👁 4～5小时

💡 红河谷和太白山都是登太白山的古道，从红河谷景区可以直达太白山景区，但须补交太白山景区的门票才可以进入太白山景区。

青铜器博物院 ★★★ 📶

主体建筑为风格独特的"平台五鼎"造型，气势雄伟，新颖别致，浓缩了西周列鼎制度的深刻内涵。馆藏有何尊、折觥、厉王胡簋、速盘、秦公镈、卫鼎等一千多件珍贵青铜器。

💰 免费

🕐 9:00—17:00（周一闭馆）

🚌 临近中华石鼓园站（公交站）

☎ 0917-2769016

👁 1～2小时

关山草原 ★★★★ 👤📷

享有"小天山"之美誉，景区内幽涧水泽兼具，草原森林相间，地势广阔，牧马成群，是尽情体味山野之趣的好地方。

💰 60元

🚌 在宝鸡火车站乘坐至陇县的汽车，再从陇县转车到关山

⊗ 从西安出发，走西兴高速→连霍高速→银昆高速→关山大道→514省道，即可到达景区，全程将近300千米，车程约4小时

如果选择在陇县转车，会有人跟你说把你带到关山，可以减免门票，不要相信，关山草原的管理还是很严格的。

陈仓老街　★★★　

吃着小吃，看着潺潺流水两岸的民国风格建筑，既能感受到西北的粗犷，也能感受到一些南方的精致。夜晚的这里尤其热闹，别有一番风味。老街的后面是石鼓山和青铜器博物馆，可以一并游览。

🧭 渭滨区马营镇太阳滨河大道88号
🚌 临近中华石鼓园站（公交站）
👁 2～3小时

华山

华山快速攻略

可从西安前往华山，下午至华阴，游览西岳庙，夜晚登山，清晨在东峰看日出。山顶晚间寒冷，当地有人出租棉衣。山顶食品和水的价格较贵，最好自备。

华山位于渭南市华阴市，距西安120千米。

游在华山

华山景区　★★★★★　🌊🏔📷🥾

位于华阴市南的华山，南依秦岭，北临黄河，东距西安120千米，在五岳中以险峻称魁。华山共有东、西、中、南、北五峰。东、南、西三座奇峰，海拔均在2100米以上，中、北二峰稍低，南峰最高为2160米。

玉泉院是攀登华山的起点。由玉泉院入山南行，过五里关、石门，经莎罗坪、毛女洞、十八盘即到一处面积开阔的青柯坪。稍作休息，看看道观、岩洞，再向"回心石"进发。从"回心石"向上是华山第一险千尺幢的370多级台阶，而后是百尺峡、仙人桥，此刻即便是回心转意也晚了。

长空栈道位于华山南峰东侧，是华山派第一代宗师——元代贺志真道长为远离尘世静修成仙，在悬崖绝壁上镶嵌石桩，铺上木板而成。整条栈道分为三段，全程约50米。上段出南天门石坊至朝元洞以西，道路依山崖凿出，此段有护栏；再折向下行，崖石的间隙中横贯有铁条，类似凌空悬梯，这是中段；再西折是下段，也是最为惊险的地段，通过这里必须身贴崖壁，侧身缓慢向前移。走到栈道尽头，能够看到贺掌门修身的"贺祖洞"。

登临北峰——云台峰，只有一岭南通，南下到擦耳崖，挽索而上天梯，经日月崖到苍龙岭。苍龙岭长110米，宽不足1米，是通往东、西、南、中的唯一通道。登至中峰——玉女峰沿小道东行可到东峰。东峰是华山观日出的最佳山峰，又名朝阳峰。著名的"鹞子翻身"就在东峰。

在东峰的东崖上，有一块形如手掌的巨石壁，名曰"华岳仙掌"，为著名的"关中八景"之一。转向南峰，南峰顶有仰天池、

最好买副手套，雨披是一定要的。山上食宿的确比较贵，不过也就等一晚；山上的面食还是挺不错的，住宿的话东峰最贵，其他几处如西峰、五云峰价格都还可以。华山以"奇险"著称，一定要注意安全。夜间登山一定要自备手电筒或者头灯。由于登华山耗时较长，体力消耗大，最好带些高热量食物补充体力。

💡装备和住宿

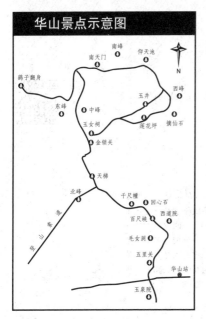

华山景点示意图

天下第一险真是名不虚传！爬过之后真不敢相信自己的能力，奇险峻秀都尽收眼底。

🎫 旺季160元，淡季100元

🕐 东西县索道检票入园时间7:00—16:00；华山门（步行登山）24小时开放；索道运营时间为7:00—20:00

🚌 从西安坐高铁、火车均可到华山北站，在华山北站前有旅游专线可以到达华山游客中心或华山玉泉院（徒步登山口），旅游专线车10元/人

👁 1～2天

🔆 登华山的3条路线

1. 从缆车处爬到山顶，2～3小时到北峰。
2. 在华山东门坐缆车15分钟到北峰。
3. 从华山正门上去，华山景点大多都在这条线上。从正门到北峰20千米，不停留也需要5～6小时。

西岳庙　★★★　🏯

位于华阴东1.5千米，距华山8千米，是历代帝王祭祀华山之神的祠庙，始建于汉武帝时，现存建筑为清代重建。包括山门、五楼门、金城门、碑亭等建筑，庙内珍贵碑刻繁多，是陕西省较大的古建筑群。

🎫 15元

🚌 可从华山乘坐区间车前往，免费

👁 1小时

黑龙潭和老君洞，壁上历代游人题词较多。由南峰向西北方向经小路可通西峰——莲花峰，峰顶有翠云宫、舍身崖、杨公塔和镇岳宫等名胜古迹。然后原路返回到玉泉院，这就是著名的"自古华山一条路"。

华山之巅

感
受
陕
北

陕北

陕北快速攻略

Day1　西安→药王山→玉华宫遗址（住宿铜川或黄陵县）
Day2　黄帝陵→壶口瀑布→延安
Day3　延安革命圣地游
Day4　延安→波浪谷→红石峡

感受陕北

米脂的婆姨、绥德的汉　陕北可谓是人杰地灵的宝地，当地流传着一句俗语："米脂的婆姨、绥德的汉"。两地自古以来走出了众多杰出男女。米脂的女子聪明、贤惠、能干，四大美女之一的貂蝉便是米脂人；绥德的男子高大、彪悍、英俊，宋末抗金名将韩世忠便是绥德人。到了近现代，两地也是人才辈出，从米脂走出了为社会主义建设做出杰出贡献的女中豪杰高佩兰等人，从绥德也走出了为中共陕西组织创建人之一的李子洲。

准备与咨询

气候与游季

陕北沿线年平均气温在10℃左右，属于干旱半干旱地区，旅游途中黄土、风沙大，注意相机保养。

行在陕北

进出

飞机

延安机场有直达北京、西安、榆林的航班。榆林榆阳机场有直飞北京、西安、广州、太原、深圳、上海、成都和银川的航班。

铁路

榆林火车站位于榆林市兴榆路210国道西侧。铁路沿线的主要站点有：榆林、神木、临潼、西安、咸阳及安康等，可搭乘公交6、7、10路前往火车站。

延安火车站位于市区的七里铺，乘1、9、11、12、13、18路等公交车到火车站（汽车南站）下车。延安的铁路客运可直达北京、石家庄、郑州、上海、南京等城市。

公路

榆林长途汽车客运站位于市区人民西路，每天都有开往西安、太原、洛阳、东胜、府谷、神木、延安大柳塔等地的长途客运班车。

延安市长途汽车站（汽车东站）位于市内东关大街，乘坐公交4、5、8、9、11、16路可到达。汽车南站位于七里铺火车站对面。

铜川川口汽车站位于铜川市王益区川口路，客车主要发往西安、黄陵、延安、咸阳、渭南等地，以及铜川市下辖的各县区。从西安城北客运站或西安火车站广场的汽车站可搭乘西安

陕北之行主要涉及铜川、延安、榆林三处地区。铜川旅游景点以人文古迹为主，如果你已经游历了西安，那么铜川的景点就不是非看不可的，可以根据自己的时间和喜好来安排是否停留。

陕北行的重点就在延安，时间充裕再去黄帝陵古柏林中拜祭轩辕黄帝。时间安排在2～3天，西安到延安的车程约需7小时。

榆林地区的旅游景点有红石峡、镇北台、七星庙等，但是真正吸引人的是尚未开发的陕北民俗，适合摄影爱好者自行探索。

观赏壶口瀑布千万不要靠栏杆太近，一些栏杆松动，有安全隐患。瀑布每天16:00就开始清场，想去尽量赶早。壶口瀑布河床上要么是层层的岩石，要么就是含水的河沙地，所以观赏时要注意脚下，"拍照不走路，走路不拍照"。前往壶口路途较远，最好带些食品，路上食用。壶口当地可住宿的地方既少又贵，不如赶回宜川县城住宿。

陕北乡风民俗

陕北的独特乡风民俗被归纳为“陕北十大怪”。“做饭大烩菜，面片揪得快，毛巾头上盖，皮袄板在外，窑洞暖又耐，光脊不怕晒，盘腿很实在，圪蹴老小爱，骂人有些怪，不会谈恋爱”。大烩菜：指把各种菜烩在一锅，既可以吃炒菜，又可以吃汤菜。揪面片：擀好的面切成宽条子，用手一截一截揪断搁进开水锅里，动作之快叫人眼花缭乱。头上盖：是指把白毛巾往头上一围，前面交叉相挽，两头平立。板在外：指皮袄不上布面，板面刮平柔软。暖又耐：家家户户用石头、砖箍成窑洞，或在老山下打洞，坚实牢固、暖和。不怕晒：是在大热天光脊梁，晒黑、掉皮，也不叫苦。很实在：盘腿坐炕，如善佛一样平稳、温和、憨厚、老实。老小爱：无论大人小孩，工作、休息总喜欢蹲着。有些怪：是指骂人的言语脏。不会谈恋爱：土生土长，没有城市的好条件，言语较诚实。

至铜川的客车。

当地交通

陕北的城市都不大，景点也没有西安附近那样密集，所以租车是节约时间快速游览的好方法。

游在陕北

铜川

玉华宫景区 ★★★

位于铜川北45千米处玉华山中，原本是李世民的行宫，后来为了给玄奘法师一个清静道场，唐高宗把玉华宫改为玉华寺，赐给了玄奘。这里有大量珍贵文物、文化典故以及优美诗歌；同时，还有西北地区目前最大的滑雪场。来这里发思古之幽情或体验滑雪的刺激都不错。

- 60元（6月—次年2月），40元（3—5月）
- 9:00—17:00（冬令时），9:00—17:30（夏令时）
- 临近玉华宫（公交站）
- 1天

药王山 ★★★★

位于耀县城东两千米处，由5座小山峰构成，为隋唐时期名医孙思邈晚年隐居的地方。明代把他所撰写的药书刻碑5块立于山间。山中还有历代石碑100余块，隋唐时期的佛窟7龛以及唐代造像和元代壁画等珍贵文物。

- 70元（3—12月），50元（12月—次年3月）
- 8:30—17:30（3—12月），9:00—17:00（12月—次年3月）
- 从铜川市内公交旅游专线直达
- 从西安出发，沿西铜一级路行至耀州区南出口，沿210国道至耀州城交警队十字再向前大约200米，向东按路标行驶即到
- 2～3小时

陈炉古镇 ★★★

一个因瓷器而生的古镇，用陶瓷装饰，用陶瓷砌墙铺路，古朴而有文化气息。古镇藏在大山里，盘山路进出，略有不便，这也正好保持了古镇的纯真。

- 免费
- 自驾较方便，直接停在古镇停车场即可
- 0919-7482007
- 1小时

延安

黄河壶口瀑布旅游区 ★★★★

壶口瀑布位于陕西省宜川县境内秦晋大峡谷河段，素有“金瀑”之美誉。滔滔黄河奔涌到这里时，河岸陡然变窄，原本300余米宽的洪流突然被紧紧约束在50余米内，河水更加汹涌奔腾，最终从20余米高的断层石崖飞腾跌落，好像无数条金龙在腾跃，声势惊人，形成了“雷首雨穴”“万丈龙槽”“彩桥通天”等种种奇观。

壶口瀑布有两个最佳观赏期：一个是在春季的4、5月，山桃花开，冰崖消融，叫作“三月桃花汛”；另一个是在秋季9—11月，雨季刚过，秋风乍起，常有彩虹出现，称作“壶口秋风”。这两个时期水量充足稳定，瀑布声势最为雄壮。而冬日时，瀑布凝结为冰，堆银砌玉，别有一派风光。

- 100元，观光车40元（往返）
- 西安市城东客运站有西安直达壶口的专线大巴；延安市宝塔区汽车南站有中巴车可达壶口
- 2～3小时

雷霆万钧的壶口瀑布

☀ 装备

　　壶口瀑布风沙很大，相机请一定做好防沙措施；如果近距离拍摄瀑布，如在龙洞内拍摄，相机防水措施也不可少。

黄帝陵景区 ★★★★ 🎎🎋

　　轩辕黄帝是传说中中原各民族的共同祖先，黄帝陵高 3.6 米，周长 48 米，有清代碑文。根据《史记·五帝本纪》"黄帝崩，葬桥山"而确定此地为真正的黄帝陵所在地。桥山满山古柏、其中千年以上的超过 3 万株，是我国面积最大的古柏林地。

🎫 旺季75元；淡季50元
🚌 西安火车站广场南侧的汽车站有车直达黄帝陵，车程4小时，车票53元
👁 2～3小时

甘泉大峡谷 ★★★★ 🎎🎋

　　甘泉大峡谷被称为"中国羚羊谷"。亿万年前的强烈地震将山体割裂开来，形成一条巨大的裂缝，经过数百万年的风、水和时间雕琢，慢慢形成了这样一个奇幻的峡谷景观。甘泉大峡谷由桦树沟、花豹沟、龙巴沟、牡丹沟、一线天等景点组成，几条沟各有特色，其中桦树沟景色较为出彩。峡谷中，曲直交错的线条流畅地划过，光影变幻莫测，惊艳无比，一切都显得那么淳朴、和谐、自然，让人由衷感叹大自然的鬼斧神工。

🎫 98元
🕐 8:30—17:00
📍 陕西省延安市甘泉雨岔村
👁 2～3小时

☀ 1.下过雨之后，沟内道路泥泞难行，可以提前备好雨鞋或在景区租用雨鞋。

2.光线对峡谷景观有很大的影响，大家一定要选择好天气出行，这样才能看到更美的风景。

革命圣地游
★★★ 🎋

延安革命纪念馆　　位于延安市王家坪。宣传展览1935 年至 1948 年中共中央在延安和陕甘宁边区领导中国革命的历史资料。

🎫 免费
🚌 临近王家坪（公交站）
👁 1～2小时

王家坪革命旧址　　曾是中国人民革命军事委员会和国民革命军第八路军总部（即后来的中国人民解放军总司令部）。现保留有朱德、彭德怀旧居。

🎫 免费
🚌 临近王家坪旧址（公交站）
👁 1～2小时

杨家岭革命旧址　　在这里发起过整风运动，召开过党的"七大"和延安文艺座谈会，毛泽东同志发表了《在延安文艺座谈会上的讲话》。

🎫 免费
🚌 临近杨家岭（公交站）
👁 1小时

枣园革命旧址　　位于延安市中心西北 8 千米处。内有当年修建的"幸福渠"、毛泽东等人的旧居。

🎫 免费
🚌 临近枣园旧址（公交站）
👁 1～2小时

南泥湾革命旧址　　1941 年春为了粉碎国民党对陕甘宁边区的经济封锁，八路军在南泥湾开荒，从 1941 年至 1945 年，历经 5 年时间将原来的荒山野岭开垦成陕北的好江南。

🎫 免费
🚌 乘坐南泥湾旅游公交可达
👁 3小时

宝塔山景区　　宝塔山是革命圣地延安的重要标志和象征。山下还有历代遗留下来的摩崖石刻群和碑林，范仲淹隶书的"嘉岭山"和"胸中自有数万甲兵"等题刻最著名。

💰 60元

🕐 8:00—18:00

👁 2～3小时

榆林

龙州丹霞 ★★★★ 🚶 ⊙ ⛰

　　这是一片尚未开发的处女地，却受到众多旅友、摄友的关注。它是中国的"波浪谷"，也是网络热传的"红砂峁"。各种形态的丹霞奇峰、孤立陡峭的奇岩怪石，远处金黄的高原沙漠，近处色彩瑰丽的丹霞地貌，还有龙州水库里清澈河水倒映碧蓝的天空，形成一幅五彩缤纷的画卷。

📍 榆林市靖边县龙洲乡

🚌 从靖江县城出发，沿国道307向南行驶6千米左右，再向东约13千米即到

👁 2～3小时

红石峡景区 ★★★ 🚶 ⊙

　　红石峡红岩对峙，杨柳成荫，长城穿峡而过，榆溪河奔腾不息，被称为"万里长城第一胜景"。还有陕西省最大的摩崖石刻群，吸引了众多的书法爱好者参观游览。

💰 30元

🕐 7:30—20:00（旺季）
　　8:00—17:00（淡季）

🚌 可在市区搭乘出租车或乘坐公交车到红石峡水库站下车；或乘坐旅游专线也可到达

👁 2～3小时

镇北台长城景区 ★★★ 🚶 ⊙

　　镇北台是长城现存最大的烽火台，有"万里长城第一台"之称，与山海关、嘉峪关并称为"长城三大奇观"。可俯瞰榆林城和红石峡水库，景色壮观。

💰 30元

🕐 7:30—20:00（旺季）
　　8.30　17:30（淡季）

🚌 临近镇北台（公交站）

👁 2小时

红碱淖风景区 ★★★★ 🚶 🎣

　　红碱淖是全国最大的沙漠淡水湖，也是遗鸥的栖息地，因为湖边出碱土，可熬制微红色烧碱而得名。传说，王昭君远嫁匈奴，在这里向乡乡回望，万分惆怅，哭了七

天七夜，因此红碱淖又称"昭君泪"。红碱淖的周围有七条季节性河流常年注入，湖面烟波浩渺，仿佛有灵气一般。看着波光粼粼的湖面，水鸟自由栖息，你会发觉时间都静止了。

💰 30元

📍 神木市尔林兔镇

🚌 榆林汽车北站乘车去神木，在神木有专门去红碱淖的小巴。从榆林开往内蒙古东胜市的省际班车途经红碱淖，行程约2小时30分，车费12元

👁 4～5小时

黄河乾坤湾景区 ★★★★ 🚶

　　著名的"天下黄河第一湾"，完美的320度大转弯，是秦晋大峡谷最精华的一段，是一幅天然太极图。站在乾坤亭上远望，眼前山峦起伏，沟壑纵横，黄河就像一条奔腾不息的巨龙，没有人不被这种雄伟壮阔所折服。

💰 全票80元

📍 延川县土岗乡

🚌 延安东关汽车站每隔30分钟发一趟车至延川，发车时间6:30—19:00，车程约1.5小时。延川汽车南站乘坐乾坤湾中巴抵达乾坤湾景区南门服务区，车程约40分钟

👁 1～2小时

购物陕北

推荐购物

安塞剪纸　陕北剪纸包含秦汉之风，风格既纤细秀美，又粗犷大方，粗中见巧工，土中观美感，堪称生活中的艺术。

红枣　产于陕北山区一带。由于温差大，故含糖量高。肉厚个大，香甜可口。

住在陕北

　　延安的住宿条件比较好，有大型的宾馆和饭店可供选择，设施都不错。

　　但是最有特色的住宿地应该是窑洞。杨家岭有一个准三星的石窑宾馆，非常具有特色，每到点灯时分，宾馆的灯都会亮起来，一排排犹如满天的繁星点缀，非常壮观，不过价格不便宜。延安的私家旅馆的住宿相对便宜些，但卫生条件以及设施需要考查。

陕南

陕南快速攻略

Day1 汉中博物馆→古汉台→石门栈道

感受陕南

像是四川的陕南 在汉中你能听到陕西方言中融着浓浓的四川味道，这里有郁郁葱葱的山岭、干净的汉江水，还有地道的四川小吃。除了陕西深邃的历史文化和陕西人的豪爽，这里更像是一座南方城市（按照中国地理划分，这里确实已经进入南方了）。

佛坪熊猫谷景区、青木川古镇、黎坪景区等景点距离汉中市较远，往返游玩通常需要花一天的时间，可根据自己的喜好安排行程。

准备与咨询

气候与游季

年平均气温在 13℃左右，气温和降水量均大于西安，属于亚热带季风气候。夏天来陕南，将是一次美妙的清凉之旅。

行在陕南

进出

飞机

汉中机场距市中心两千米，打车不超过 5 元。有飞往西安的航班。

机场客服 ☎ 0916-2692045

铁路

汉中火车站位于汉中市人民路北段，可搭乘 1、9、21、24 路公交前往。从汉中有到西安、安康、广州、北京西的始发列车，也有到武汉汉口、成都、上海、福州等地的过路列车。

安康火车站位于城区江北，可搭乘 31 路公交前往。列车可达北京、上海、郑州、西安、成都、重庆、武汉、福州、青岛等城市。

☎ 汉中火车站　0916-96688688

公路

公路多山路，路况一般。

汉中汽车总站位于汉中市中心广场，每天都有往来于西安、咸阳、宝鸡等地的班车。

安康高速客运汽车站位于建民镇改线路口，有直达西安的班车。

当地交通

出租车起价白天 6 元，夜间 7 元，但是火车站的出租车对外地人则有可能要 10 元，这是多数地方都会遇到的事情。当地旅游班车秩序很好，汉中市区分为新、老两个城区，市区南部即汉江。

游在陕南

汉中百万亩油菜花海

★★★ 🌼 🐾

每到清明节前后，汉中的百万亩油菜花就像一片金黄色的阳光之海一样，开始起伏荡漾。这时候，不论走在哪里，看见的全是金黄的花朵，闻到的全是甜蜜的花香。这里已经成为最新最美的油菜花观赏地之一，深受游客及摄影爱好者的喜爱。

🚌 西安汽车站、长途汽车站、城西客运站每天有多趟汽车开往汉中，票价约70元

👁 1天

💡 1. 油菜是当地农民的经济来源，赏花时请多多爱惜，不要折损、踩踏。

2. 油菜花期也是采蜜期，要谨防被蜜蜂蜇到，穿长衫长裤是必要的。

3. 汉中的地方风味名菜有：金钱发菜、干烧早鲤、白雪团鱼、天麻乌凤、伞把排骨等；当地知名土特产有黑贡米、黑木耳、柑橘等。

汉中市博物馆（古汉台馆区）

★★★★ 🏛 🐾

位于汉中市东南部，建于公元前206年，是刘邦被封为汉王时所建宫廷的基址。原建筑已毁，现存清代所建望江楼。近年在此修建汉中博物馆，将石门摩崖石刻《石门十三品》的十七方移至其中，并有复制的古栈道和石门模型，以及革命文物、历史文物等展览。

🆓 免费

- 周二至周日（周一闭馆）
- 临近古汉台（公交站）
- 2～3小时

石门栈道风景区

★★★★

石门栈道褒姒故里，有中国"栈道之乡"的美称，"明修栈道、暗度陈仓"的故事就发生在这里。

石门是一个隧洞，开凿于1世纪，1970年修建石门水库时，淹在水库中。石门洞内东西两壁和洞外南北数里的险坡、断崖以及褒河水中、沙滩大石上，有由汉及宋的摩崖石刻，其中的"汉魏十三品"，唐宋时期就已经誉满全国了。

参观完石门水库、古栈道可以就地用餐，品尝褒河鲜鱼，味美价廉！

- 80元（旺季），60元（淡季）
- 8:00—17:50（旺季）
  8:10—17:20（淡季）
- 汉中市城北
- 2～3小时

佛坪熊猫谷景区 ★★★★★

佛坪有"熊猫之乡""天然动植物基因库"的美誉，保护区内以保护大熊猫和野生动、植物为主，区内现有大熊猫、扭角羚、金丝猴等百余种野生动物和上千种珍贵植物。

- 80元（3—11月）
  60元（11月—次年2月）
- 8:00—18:00（3—11月）
  8:30—17:30（11月—次年2月）
- 汉中东北面的佛坪县
- 从汉中乘坐发往佛坪的长途汽车
- 2～3小时

张良庙 ★★★

张良庙，相传为西汉张良晚年隐居的地方。现存建筑均为明清时期所建，庙宇中有众多历代题刻，其中石刻100余块，木匾50余块，对联30多副。张良庙位于紫柏山之中，紫柏山是秦岭南坡，因多松柏而得名。

- 60元（3—11月），40元（11月—次年2月）
- 汉中汽车站每天早上会有一班发往张良庙的直达车，票价26.5元
- 1～2小时

青木川景区 ★★★★★

一脚踏三省的青木川古镇，因川道中有一棵古青木树而得名。这里山清水秀、民风淳朴，又有雕梁画栋、典雅大方、中西结合的古建筑群，一条"回龙场"古街将小镇拉得悠长，两边错落地点缀着各式明清民居，还有老式豪宅的魏家宅院，西式高大的辅仁中学。走街串巷听听街边的老人们讲述"一代枭雄"的故事，别有一番荡气回肠。

- 通体票60元；内部景点单体票30元
- 汉中市宁强县青木川古镇
- 汉中市内乘坐班车前往宁强县，再转车到青木川；也可乘坐火车先至阳平关，然后在东关口坐车前往青木川
- 2～3小时

黎坪景区

★★★★

黎坪景区由黄洋河、石马山、冷坝、黎坪等四大景区组成，以原始林海、巴册民情风俗、安汉故居为主要景观。景区内中华龙山为汶川地震山体断裂后产生的一种奇特地质现象，观赏价值极高。石马山景区为典型的高山峰丛石林群景观，在同纬度、同高程堪称"绝版"，全国唯一。二郎山水库为高峡平湖，青山辉映，山水交融；溶洞钟乳滴露，石笋如林。冷坝景区以高山草甸为主，这里牛羊欢叫，牧歌悠扬，山花遍野，一派优美的田园风光。每年3、4月油菜花开的季节，黎坪便成了油菜花的海洋，金色染遍整个景区，景色绝美壮观。

- 淡季45元，旺季85元；观光车40元
- 可在汉中乘坐班车前往南郑区，再转车前往黎坪镇。中心城区汉台区汉中汽车站也有直接发往黎坪的班车
- 4～6小时

当天15:00以后的门票第二天还可以进入景区，可以选择下午到达，在周边选择黎坪酒店或者农家乐入住，第二天再次进山游玩。

青木川古镇

青海省

自助游：

互助土族风情之旅
　　西宁→互助

高原湖光山色之旅
　　西宁→青海湖→鸟岛→门源

循化撒拉族风情之旅
　　西宁→循化→孟达天池

坎布拉国家森林公园之旅
　　西宁→坎布拉→参观丹霞地貌

自驾游：

探险神秘古都
　　西宁→花石峡→龙羊峡水库→切吉岩画→切吉古城→夏唐古城→冬给措纳湖→玛多→黄河第一桥→巴颜喀拉山口→通天第一渡→结古镇→西宁

寻找长江之源
　　西宁→都兰→格尔木→长江源头第一桥→格拉丹东（唐古拉山脉最高峰）

西宁

西宁快速攻略

Day1　藏医药文化博物馆→北禅寺→东关清真大寺→小新街（吃晚饭）

Day2　青海高原野生动物园→塔尔寺→湟源县（住宿）

Day3　赞普林卡→丹噶尔古城→日月山→倒淌河（住宿）

Day4　倒淌河→青海湖（住宿黑马河乡，看青海湖日出）

Day5　青海湖→茶卡盐湖→翡翠湖→大柴旦（位于青海与甘肃交界处，可直接离开青海，进入甘肃继续游览）

感受西宁

毒日　西宁的阳光是刺破云层直接照射在人的皮肤上的，如果事先不抹点防晒霜，那种火辣辣的感觉会让人无处可逃，眼睛酸胀。不过有那种蓝得让人想融入其间的天空，算是对一路毒日当空的补偿。这里已经很接近西藏了，到西宁，就是进藏的一次预演。

烤羊肉和馍　往西宁街头一站，烤羊肉的香味就飘了过来，还有西北特有的馍。尤其在夜市，坐在灯光下，围着一张不高的小桌子，所有的美味就是手中的烤羊肉和馍。如果是一个旅人，在他离开西宁之后，那种美味就会种进他的味蕾，不论走到哪里，对于烤羊肉的记忆只会是西宁的。

羊杂汤　在西宁街头的小吃摊上，最容易遇到的就是羊杂汤。那是真正的羊杂碎。

准备与咨询

气候与游季

西宁旅游，6—9月是黄金季节，这一时期，日平均气温只有17℃。

西宁境内最高处4877米，市中心海拔2261米。气压低、日照长、太阳辐射强是这里的气候特点，所以防晒是旅行中

西宁

西宁是一个治安相对良好的城市，只要在夜间不去特别偏僻的地方，一般可平安无事。在西宁城东闲荡，来来往往的人中百分之九十是穆斯林，这一点从他们的小白帽和各色盖头就可看出。作为女性旅友，应尝试去理解穆斯林家庭不同的分工。在东关清真大寺里不要触碰宗教器物，如到大殿要穿长袖长裤。

寺庙的金饰

一定要注意的。另外，昼夜温差大，夏季夜晚平均气温不超过10℃，所以还要注意保暖。

1. 必备： 墨镜、SPF值不低于15的防晒霜、润肤露和润唇膏，尤其是女性行囊中的必备物品。

2. 气候： 西宁气候干燥，应多吃蔬菜水果，对羊肉要注意节制。

3. 补充维生素： 西宁的蔬菜水果还是比较丰富的，价格也在正常范围内，也可以带上金施尔康、善存片等合成维生素。

4. 红景天： 有助于防止发生的高原反应。以下大药店令人放心：青海省医药公司〔西宁大厦斜对面，从火车站坐公交到西宁大厦（公交站）〕。

节庆

节日	时间	地点
花儿会、青稞酒节	农历六月初六、六月十三	互助土族自治县
同仁"六月会"	农历六月十七—六月二十五	黄南藏族自治州同仁附近
玉树赛马会	农历七月二十五—七月三十	玉树州

行在西宁

进出

西宁素有"青藏门户"之称，现在已基本形成了空运、铁路、公路相配套的交通网络。西宁是省内外交通的必经要道和枢纽。

飞机

曹家堡机场位于西宁市区以东约29千米，也是距离青海湖最近的机场。机场现已开通北京、西安、上海、成都、广州、昆明、深圳、乌鲁木齐等众多城市的直达航班。

从机场到西宁市区有民航班车，终点站是市区的八一路客运站，票价21元。

曹家堡国际机场 📞 0971-96345

八一路机场办公楼

📍 北大街26号

📞 0971-8133333

铁路

目前西宁有前往兰州、门源、张掖、嘉峪关直至乌鲁木齐等多个城市的动车车次。另外，普通列车向东可以通向上海、北京等主要城市，向西则可以直达拉萨。西宁往来外地火车的发车、停靠站均为西宁火车站。

公路

长途汽车站点及发车方向

西宁客运中心站
📞 0971-6333006
🚌 有发往青海、甘肃等多个方向的班车

西宁南川西路客运站
📞 0971-6242241
🚌 有发往黄南、海南、海北、玉树等方向的班车

西宁八一路汽车站
📞 0971-8271672
🚌 有发往兰州、临夏、甘南、互助等地的班车。另外，这里也是班车游玩青海湖的主要乘车地点，旺季时每日前往青海湖二

1. 穆斯林家中投宿： 到穆斯林家中投宿，不经允许不要擅自进入厨房，穆斯林的厨房一般不欢迎非穆斯林参观，也不要进入主人特别是女主人的房间。

2. 器物： 宗教器物不要触碰。在穆斯林家庭饮食要随同清真标准。

3. 礼拜： 清真寺在礼拜时间一般不欢迎非穆斯林参观，但穆斯林的礼拜确实是值得一看的，应当征得同意后才可参观拍照，最好的办法是找一个穆斯林带你进入，然后由他安排你在一旁观看。

盖头

西宁街头头顶各色盖头的女人匆匆经过，白色的、黑色的、绿色的，还有一些花色的。不同的颜色代表穆斯林不同的年龄，其中，黑色的最为年长，白色的最为年幼。但是戴白色盖头的并不多，年轻的女孩已经把白色换成了粉色、蓝色等各种更为亮丽的色彩。

长途车

1. 车票一般提前一天预售。

2. 西宁的汽车站晚上关门很早，打听车次或买车票要早点去。

3. 西宁开往各地的长途车，班次较多，不固定。

打车

一定要记住，打车上车前先说好要去的地方，西宁市区不大，一般6元起步价都能到，要是能侃，5元也能走很多地方。

郎剑景区的九班旅游专线便是由这里发车

西宁新宁路汽车站

📞 0971-6155795

🚌 有发往洛阳、银川、四川、长沙等较远地区的长途班车，还有前往敦煌、德令哈等地的班车。另外，这里也有前往乌兰等海西城镇的班车，可以乘坐前去青海湖

市内交通

西宁市有数十条公共汽车线路，连接市内及市郊。此外还有开往湟中、湟源、大通等县区的长线公交，给游客提供了便利。

游在西宁

东关清真大寺 ★★★★ 😊🧭⛰

西北地区最大的清真寺院之一。该寺坐西面东，兼具古典建筑和伊斯兰风格。殿内雄伟气魄，可同时容纳3000多穆斯林进行礼拜。每当伊斯兰重大节日时，成千上万的穆斯林教徒会聚集在此，举行隆重肃穆的宗教活动。这里也是伊斯兰经学研究的最高学府。

🎫 不需要门票，有免费讲解

🕐 周一至周四、周六至周日8:00—18:00，星期五（主麻日）15:00前谢绝参观

🚌 临近北小街口（公交站）、东稍门（公交站）

📞 0971-8177126

👁 1小时

☀️ **1.注重礼仪：** 参观清真寺应尊重伊斯兰教的宗教礼仪，在礼拜时请注意安静，不可站在礼拜的人群里或人群前面。

　　2.注意着装： 参观清真寺穿着不可暴露，女生最好不要穿着短裤短裙等，如果穿了需要在门前换上寺内准备的免费长袍。

　　3.节庆摄影： 在伊斯兰教的古尔邦节、开斋节时，清真寺周围的街道上全部都是礼拜的人群，规模非常盛大，可以在周围楼上摄影。

北禅寺 ★★★ 😊🧭⛰

登上北禅寺可鸟瞰整个西宁市。北禅寺俗称"北山寺"，"北山烟雨"为"西宁八景"之一。陡峭的山坡上布满了人工开凿的洞

☀️**摄影最佳时间**

1.破晓时分： 是东关清真大寺最适合摄影的时候，除了寺庙宏伟的建筑，这时，极有可能遇上寺内穆斯林清扫大寺的情景。

2.礼拜： 平时可容3000名教徒礼拜，最多达万人，场面十分壮观。

3.大殿： 一般不对外开放，只有征得阿訇同意方可进入，大殿内不允许摄影。

4.重要性： 它还是西北地区伊斯兰教的教育中心和伊斯兰经学研究的最高学府所在地。

☀️ **1.宋元时代的遗迹：** 寺内残存有壁画和藻井，从艺术风格上看，当属晚唐和宋元时代的遗迹。

2.宁寿塔： 位于北山顶峰的宁寿塔是清代所建的5层密檐砖塔。

东关清真大寺

北禅寺

游在西宁

窟,所以又有"九窟十八洞"之称,经过修葺的北山寺,为道教寺观。

- 🆓 免费
- 🕐 8:00—18:00
- 🚌 临近北山市场站(公交站)
- 👁 1小时

青海省博物馆 ★★★ 🌀 🚫

青海省博物馆占地 20800 平方米,是西宁古城的地标性建筑,建筑中轴对称,既有民族文化特色,又有现代气息。一万五千多件文物涉及历史、民俗、政治、经济等多种领域,有陶器、金银器、铜器等多种类型,每一件都凝结着青海先民的智慧。

- 🆓 免费,需预约参观
- 🚌 市内乘坐506路公交,可直达博物馆
- 👁 1~2小时

西宁野生动物园 ★★★ 🚫

动物园位于西宁西山,是一处风光优美的动物园。动物园最大的特色便是雪豹、普氏原羚、荒漠猫、野牦牛等一些青藏高原的特有动物,这是在其他城市的动物园难得一见的。

野生动物园主要有草食动物区、猛兽散养区、珍禽馆、海洋馆等。海洋馆单独收费,但规模较小,不是特别值得游玩。园区内最重要的是猛兽散养区,园内有条栈道,游客可以在栈道上近距离观看下面的猛兽。

- 💰 30元,熊猫馆25元
- 🚌 临近野生动物园(公交站)
- 👁 2~3小时

吃喝西宁

西宁地区大江南北各种大菜小吃均很丰富。西宁的小吃远近闻名,记住这些小吃名:殷凉粉、余酿皮、康猪肉、李羊头、辛酸槽、宋精兑,前面的那个字当然是姓氏,也是某一类小吃的招牌。

特色食街

水井巷 有"小吃天堂"之称的水井巷里的手抓肉、烤羊排、羊肠,肉串味道都十分地道。

大新街 这里的营业时间一般是 17:00—24:00,从火车站坐 1 路车到大十字站下,然后从饮马街向北走 100 米即到。一条街的大排档绵延数百米,人气很旺。在这里除了能尝到西宁本地的风味,还有全国其他地方的小吃。

马忠食府 位于另一个小吃天堂——莫家街的马忠食府是任何一个西宁人都会向你推荐的店面,坐 1 路在大十字站下车即到。8 元一份的酿皮让你吃过不忘,这里的砂锅也十分不错,另外还有炒凉粉,各种风味油炸食品一应俱全。

清真·益鑫羊肉手抓馆(花园北街店) 当地最好的清真馆之一,

名气大得很。他家的黄焖羊肉其实就是手抓肉，炖在一口大锅里，蘸小料吃，一点都不膻，而且非常嫩，对羊肉不"感冒"的人也会爱上它。

🔄 城中区湟光花园北街白玉巷5号

📞 0971-8179336

风味小吃

清真酸奶　来过西宁的人，尤其是女孩们，没有不对这里的酸奶念念不忘的。一勺下去，感觉像挖开了一碗鸡蛋羹，吃到嘴里又酸又甜，非常幼滑浓稠。这时候再想起超市卖的酸奶，简直就是糨糊。尤其是西门小公园门口的小摊，2元一碗，会是你所喝过的最好喝的酸奶。再有就是义乌商城门口附近有一家不起眼的小摊，口味也很不错。

肋巴　西宁一种独有的风味肉串。做法为：先把羊排煮到半熟，然后再刷上酱，在炭上烤。这种其实就是土耳其烤肉做法，"肋巴（kebab）"这个词也是源自土耳其语。

手抓羊肉　吃时一手持刀切割，一手抓肉入口。做法十分简单，先将新鲜羊肉用水煮熟，再加盐或蘸盐即可食用。经过烹制的羊肉熟而不烂，肉味鲜美。原为牧民在游牧过程中的一种简便进餐方法，现已成为富有地方和民族特色的风味食品之一。

砂锅　以牛肉、羊肉、蔬菜、豆腐和粉丝为主的小火锅，附送一碗饭，量足够多。不仅口味不错，还是晚饭省钱的好去处。通常是入夜后，在西宁大厦周围的小吃棚出售。

夜游西宁

大新街营业时间是17:00—24:00，就算是在人气不十分旺的街上走一走，也能感受到西宁夜晚的热闹。

购物西宁

有人说，到了西宁有三样东西是不能不买的，一为"雪山牌"五香牛肉干，以青海高原新鲜牦牛肉加工而成的，口味独特。另外就是牛绒衫、青稞酒，当然，以到正规商场里购买的正品为最好。其实，西宁还有虫草酒和工艺品值得购买，比如藏刀、银器等。

擦擦——一种模制的泥佛或泥塔

夜游西宁

住在西宁

西宁豪华的宾馆也不会很贵，对于很多大城市的游客来说，完全可以小小的奢侈一把。

推荐住宿

穆斯林大厦　西宁很有特色的一家三星级

宾馆，服务员全部着穆斯林传统服饰，安全卫生、环境优雅。每个房间的桌子上都有三本小册子，是宣传伊斯兰教义的，很有意思。

🧭　西宁市城东区七一路9号
📞　0971-8164107

西宁周边游

塔尔寺 ★★★★★

塔尔寺藏语中叫"衮本贤巴林"，就是十万狮子吼佛像的意思，至今已有600多年的历史。

远远的，蓝天下有一排白色的塔，安静地立在寺庙前，但一走近塔尔寺，眼前的色彩斑斓却让人惊讶，在青石墙壁映衬下，有着夺目的光泽。这里是我国著名的寺院，喇嘛教黄教创始人宗喀巴的诞生地，藏传佛教黄教六大寺院之一，西北地区的佛教活动中心。

塔尔寺依山势而起，占地40余万平方米，拥有殿堂、经院、佛塔、活佛府邸、僧舍等各类建筑1万余间，是藏汉艺术风格相结合的古建筑群。

塔尔寺的酥油花、壁画和堆绣被誉为"艺术三绝"。酥油花是用酥油调制各色颜料而制成的油塑艺术品。相传酥油花源于西藏，文成公主与松赞干布结亲时，曾从长安带去一尊佛像供奉在拉萨大昭寺内。严寒冬季，无鲜花献佛，信徒们为了表示敬意，就用酥油制成花供奉于佛像前。每年农历正月十五灯节时，艺僧将精心制作的酥油花在塔尔寺内展出，已成为一年一度的寺内盛会。壁画是各殿宇墙壁上的绘画，大多绘于布幔上，也有的直接绘于墙壁和栋梁上。颜料采用石质矿物，色彩鲜艳，经久不变。壁画画风属喇嘛教宗教画系，具有浓郁的印藏风味。堆绣是塔尔寺独创的藏族艺术品之一。用各色的绸缎剪成各种形状，如佛像、花卉、鸟兽等，以羊毛或棉花之类充实其中，再绣在布幔上。堆绣的题材大多来源于佛教故事和宗教生活，是该寺独创的传统艺术。

💰　70元（4—10月），40元（11月—

塔尔寺

次年3月）；酥油花馆、印经院、壁
画、唐卡等馆需凭票进入，其他小
馆可免费进入

🕐 7:30—18:30（4—10月）
8:00—17:30（11月—次年3月）

🚌 临近塔尔湾村（公交站）

🏨 如果不想当天返回西宁，可在朝圣者
旅馆住宿，比较便宜；也可以在此用餐，
价格同样便宜；宗喀宾馆和塔尔寺旅馆
要相对舒适得多

👁 3～5小时

💡 **1. 着装要求：** 塔尔寺规定游客必须身着长
衫、长裙进行游览参观，如果着装太暴露将无法进行
参观游览。

2. 禁止拍照： 只要是在经院内、大殿内，都不许
拍照。最好也不要偷拍，这是对当地风俗的不尊重。

3. 晒大佛： 在每年农历四、六月两次法会时举行。
塔尔寺有释迦牟尼、宗喀巴、金刚萨埵、狮子吼四大堆
绣佛像，每次在寺院山坡上展晒一种。通过晒佛让信
徒们瞻仰佛像，沐浴佛恩。晒佛仪式非常隆重，场面蔚
为壮观。

瞿昙寺 ★★★★　🕐🏛🏔

一座有600多年历史的名寺，有"乐
都小故宫"之称。

瞿昙寺依山傍水，为殿堂、碑亭、
钟楼、鼓楼组成的明代建筑群体。寺内的
隆国殿、宝光殿雕梁栋栋，古朴典雅。
两面是九曲回廊，各种壁画细腻优美。
瞿昙，梵文"乔达摩"，是佛教创始人释
迦牟尼的姓氏。

💰 50元

🕐 9:00—17:00

🚌 西宁汽车站有直达瞿昙寺所在地乐都
的长途客车，车程为80千米，票价21元

瞿昙寺

👁 1～2小时

赞普林卡 ★★★★　🕐🏛🏔

青藏高原上唯一一所集藏传佛教八
大教派于一体的藏王寺院。大殿内供奉着
"松赞干布"与"文成公主"两尊玉佛像，
玉佛体内还装有和田玉制作的两尊小佛
像，雕工精致，栩栩如生，精美绝伦。

💰 40元

🕐 9:00—17:00

🚌 西宁站有开往湟源的火车（C991、
7851、7853次），到湟源后可打车前往景区

👁 2小时

青海湖景区 ★★★★★　🕐🐟

青海湖之于青海，犹如长城之于中
国，所以这里是到青海旅游的必游之处。

青海湖长105千米，宽63千米，湖
面海拔3196米，是中国最大的内陆湖泊，
也是最大的咸水湖。湖四周被四座海拔在
3600～5000米间的巍巍高山所环抱，举
目环顾，犹如四座高高的天然屏障，将青
海湖紧紧地环抱其中。

在不同的季节里，青海湖景色也不
同。夏秋季节，千里草原就像铺了一层绿
色绒毯，数不尽的牛羊如珍珠般洒满草
原；冬季，青海湖湖面冰封玉砌，就像一
面巨大的宝镜，在阳光下熠熠发光。到青
海湖旅游，不仅能领略大自然的杰作，还
能观赏高原牧区的风光，骑马、骑牦牛，
漫游草原，攀登沙丘，有兴致的朋友还可
以到牧民家里访问，感受藏族牧民风情。
青海湖的主要景点有日月山、倒淌河、鸟
岛、金银滩草原、二郎剑景区、门源油
菜花等。

💰 二郎剑景区：100元（旺季），50元
（淡季）；仙女湾景区：60元（旺季），30
元（淡季）

🚌 西宁和格尔木每天都有数趟开往拉
萨的卧铺班车，途经茶卡盐和青海湖，
这是可以搭乘的班车之一，行程为4小时；
如果包车从西宁到青海湖，环湖的费用需
要800～1000元

🏨 当日如不返回西宁，可住青海湖附近
的青海湖宾馆，距日月山、倒淌河景区80
千米，条件一般，定时供应热水

西宁周边游

青海湖景区示意图

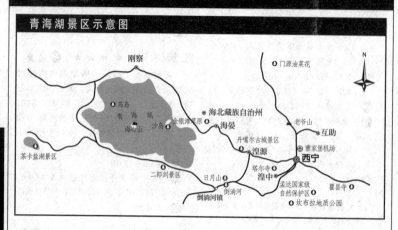

👁 1~3天

🔅 **1. 油菜花**：8、9月，青海湖北岸有大片的油菜花开放，让青海湖更加美丽。

2. 看日出：黑马河乡是观赏青海湖日出的最佳地点之一。

3. 青海湖也会"不开放"：约从10月起，因为太寒冷，青海湖就不对外开放了。

4. 关停：为保护青海湖的生态环境和自然资源，青海湖鸟岛和沙岛景区进行封闭的整改、整治，暂时无法进入游览。具体开放时间请关注青海湖管理局官网发布的通知。

🔅 **自行车环青海湖**

路线：西宁→倒淌河→江西沟乡→鸟岛→刚察→青海湖乡→西海镇→湖东羊场→西宁

每年的7月中旬是青海湖边油菜花开的季节，骑自行车环湖，不仅可以欣赏沿途美丽的景色，还可以锻炼自己，每年8月都会有国际环湖自行车赛。

日月山　★★★　🚶🚵📷

文成公主的故事成就了日月山的名气。这里是进入青藏高原的必经之地，所以又有"西海屏风""草原门户"的说法。站在山顶，东望是一派田园风情；向西能看到明丽动人的青海湖，两处风景各不相同。相传文成公主入藏途经此山，登峰东望，已不见长安故乡，悲从心起，怀中的空镜坠地一分为二，化为了金日和银月。日月山脚下的倒淌河蜿

青海湖

艇曲折，流向独特，可顺道游览。

- 💰 50元（4月15日—10月15日）
  30元（10月16日—次年4月14日）
- 🕐 9:00—17:00
- 🚌 可从西宁搭乘班车至湟源县城，然后包车前往
- 👁 1～3小时

茶卡盐湖景区
★★★★★ 🚻📷

茶卡盐湖位于柴达木盆地东部的乌兰县茶卡镇，它是古丝绸之路的重要站点，是入疆进藏的必经之地。这里湖光山色、风景绚烂，尤其日出日落时分，水天相接，霞光满天。夜晚时，这里有最美的星海，干净纯粹，可以感受宇宙的浩瀚。

- 💰 60元（5—10月），30元（11月—次年4月）；单程小火车50元，单程游船90元，观光塔20元
- 🕐 7:30—21:00
- 🚌 从西宁前往乌兰县的班车，途径茶卡镇，票价约65元
- 👁 2～4小时

💡 **最佳游季**：茶卡盐湖是一个非常依赖天气的景点，如果想看天空之境，最好是在夏天去。冬天雾气大，什么都看不到。

大柴旦翡翠湖
★★★★ 🚻📷

翡翠湖因湖水在阳光下清澈湛蓝，色如翡翠，故得名"翡翠湖"。湖水颜色和湖中所含的矿物质浓度与天气情况相关，不同的时间段翡翠湖的颜色会有所不同。风平浪静的翡翠湖，湖水宛若一面镜子，水里倒映着蓝天白云和柴达木山的皑皑雪峰。翡翠湖目前仍是一处尚未开发的原始风景处女地，虽然名气远远不及茶卡盐湖，但景色丝毫不输茶卡盐湖，美得令人窒息，只有身在其间才能深刻感受到。

- 💰 50元，小火车60元（往返）
- 🚌 没有可直达的公共交通工具，只能包车或自驾前往
- 👁 1～2小时

日月山

坎布拉地质公园
★★★★ 🚻📷🏔

坎布拉是典型的丹霞地貌，岩体表面丹红如霞。以奇峰、方山、洞穴、峭壁为其主要地貌特征。大型山体如柱、塔、城堡，陡峭直立，雄伟壮观，气宇非凡。小尺度的造型地貌似巨人、兽类，各种造型栩栩如生，形态千奇百怪，鬼斧神工。

目前有水路和陆路两种方式可以游览坎布拉。乘坐游艇游览，穿行在山谷间欣赏自然美景，火红的丹霞地貌与清澈的黄河水相互映衬，绚烂而宁静。若恰逢花开时节，还可以欣赏大片金灿灿的油菜花。而陆路风景和水路大不相同，山顶有风马旗迎风飘扬，盘旋而下，两边不时出现一些藏族村落，简直就是一片宁静的世外桃源。

- 💰 门票45元，观光车票100元，观光船票100元/人次
- 🚌 可从西宁汽车站乘班车至坎布拉镇，车票约22元，然后包车至坎布拉景区，费用150元左右。直接从西宁包车前往坎布拉，包车费用500元左右
- 👁 3～4小时

丹噶尔古城景区
★★★ 🚻🏛🏔📷

"丹噶尔"就是白海螺的意思。这里是青藏高原和黄土高原的结合地，草原文化和农耕文化在此交织，丝绸之路和唐蕃古道从这里穿越而过。多民族是丹噶尔的最大特点，丹噶尔也是游客体验各民族文化的佳地。

西宁周边游

门源油菜花海

🚻 50元

🚌 临近三角花园（公交站）、坟园巷路口（公交站）

🍴 小吃比较有特色，可以尝到青稞饼和酸奶，都是当地人自己做的，非常纯正

👁 1～2小时

门源油菜花 ★★★ 🌐📷

位于青海省海北藏族自治州，是西北地区的主要油料产地之一。每年7月，油菜花绵延几十千米，在蓝天白云的衬托下，格外壮丽多姿。

🚻 免费，观花台收费30元/人

🚌 乘坐告门镇汆大滩村的班车到游客集散中心下车

🚗 可从大通、祁连、张掖等方向进入门源，每条路都称得上是景观公路

👁 2～3小时

卓尔山 ★★★★ 🌐📷

卓尔山景区是青海省著名的"音乐家采风基地"和"摄影家创作基地"。这里漂亮的丹霞地貌、蜿蜒起伏的祁连山脉、明黄璀璨的油菜花田、高山峻林、峡谷草原，多元化的卓尔山，构成了连绵多彩的巨幅画卷。

🚻 旺季80元，淡季40元，景交车20元

⏰ 7:00—19:00

🚌 在西宁市新宁汽车站乘坐西宁至祁连的班车，车程5～6小时，车费66元，每天5班次

🚗 从西宁出发，走宁大→张汶高速→S302，即可到达景区，全程将约280千米，车程约3.5小时

👁 3～5小时

☀️ **观光台**：从山顶的观光台可以看到牛心山的雪山顶，恰逢日落时还能看到日照金山的美景。

德令哈市 ★★★ 🌐

位于柴达木盆地东北边缘的城市，诗人海子写于1988年的诗作《日记》中，有"姐姐，今夜我在德令哈"一句，赋予了这座城市诗意。这里虽然小众，但仍然能挖掘不少可游览参观的好去处。怀头他拉岩画，创作时间是北朝后期和隋唐时期，技法精致、风格独特、内容广泛。托素湖，一个内陆咸水湖，湖的周围全是茫茫的戈壁滩，湖面辽阔，无遮无拦。当然，最不可错过的，是海子诗歌陈列馆和海子诗歌碑林，在那里一定能感受到诗人浪漫的一生。

🚌 西宁有到德令哈的火车，最快的动车车程3小时22分，二等座票价134元

甘肃省

自助游：

西线：河西走廊之旅

  A 线 敦煌→嘉峪关

  B 线 酒泉→张掖→武威→兰州

南线：民俗风情之旅

  兰州→临夏→甘南

东北线：寻访中原文明之旅

  兰州→天水→平凉

自驾游：

净化心灵之行

  兰州→临夏→夏河→拉卜楞寺→甘加草原→夏河→阿木去乎→尕海→玛曲→舟曲→武都

行在河西走廊

  兰州→武威→张掖→酒泉

兰州

兰州快速攻略

Day1 甘肃省博物馆→关西清真寺→黄河铁桥→白塔山公园→水车博览园

感受兰州

金城 黄河穿兰州而过，仿佛幸福的黄手帕向你召唤。两千多年前这里是黄河四大渡口之一，取经的唐僧、征西的汉将、东去的番商，都曾在这里坐着羊皮"浑脱"渡河。于是就有了依山傍水的金城，今日的兰州。

丝绸之路 德国人李希霍芬在 1868—1872 年间 7 次到中国进行地质考察，在他的著作《中国——亲身旅行的成果和以之为根据的研究》里第一次把汉代以来连接亚洲、欧洲、非洲，以丝绸贸易为主的交通通道称为"丝绸之路"。丝绸之路的起点为长安，终点分别为新德里、开罗、君士坦丁堡。如今古丝绸之路的喧嚣繁华早已不在，到兰州来与其说是为了凭吊古迹，倒不如说是希望捕捉一丝半缕历史的幻影。

准备与咨询

语言

西北地区方言中普通话的成分居多，所以在一般的旅游城市不用为语言发愁，至于较偏远地区可能会有个别词语听不太懂，但也可以沟通。

气候与游季

兰州属于典型的内陆气候，干旱少雨雪，日照充足，昼夜温差较大。市区修建于依山傍水的黄河河谷中，夏无酷热，冬无严寒，年平均气温为10℃。一年四季的气候条件对于旅游者来说相对理想。当然，必要的防晒措施还是要有的。

行在兰州

进出

兰州作为西部的重要交通枢纽，是旅行者进出甘肃省的首选地点。

飞机

兰州中川机场是西北最大的航空枢纽之一，有飞往北京、上海、广州、成都、香港等城市的航班，还有前往日本、新加坡等国家的国际航线。

机场距离市区约 70 千米，在兰州市中心的东岗西路设有民航机场售票处，门前就是机场班车的乘车点，票价 30 元。也可以乘坐城际高铁，在机场、兰州新区、兰州西站、兰州站都有停靠点，票价 10 ～ 20 元。

☀ 兰州周边游景点距离兰州市区较远，往返游玩通常需要花一天的时间，可根据自己的喜好安排行程。

☀ **气候**

有的旅游书上介绍说，甘肃旅游冬季注意御寒，夏秋要携带毛衣。其实，这里的冬季日间温度明显高于北方其他地区（例如北京），夏季最多带件长袖衣服就够了，没有他们说的那么邪乎。

机场问讯

📞 0931-96556

民航售票处

🅿 东岗西路582号

📞 0931-8879888

☀ **公交**

汽车西站门外经常有人拉客，他们持有正规公交公司的车票。但还是建议在站内售票处买票，否则很有可能你得陪着他们满街乱转拉客，一直拉到把车塞满为止。

☀ **1. 交通枢纽：** 兰州市区内的旅游景点值得一去的不多，它的交通枢纽作用对于旅行者更为重要。

2. 出租车： 兰州出租车较多，起步价 10 元 /3 千米，超 3 千米后 1.4 元 / 千米。乘坐出租车也是一个不错的选择，可以让当地司机向你推荐一两家有特色的饭馆，或许不经意间会有意外收获。

羊皮筏子是一种古老的水上运输工具，俗称"排子"，划"排子"的人就是"排子匠"。它是由十多个羊皮"浑脱"并排绑在木架杆上制作而成的气囊"船"。浑脱是将羊皮整张扒下，扎好开口，经过浸泡、灌入盐水和香油等一系列工艺鞣制，再注入油液，扎口充气而成。羊皮筏子就地取材，制作简便。皮筏很轻，浮力极好，有的大筏可在黄河里漂流半天、一天，甚至两天。

黄河风情线

黄河风情线东起兰州城关区雁滩，西至西固区西柳沟，是全长百余里的观光长廊，途经中山桥、黄河母亲像、水车园等著名景点。在中山桥附近可以乘坐羊皮筏子和游船，游览黄河风情线。在黄河中乘坐古老的羊皮筏子最有感觉，虽然看起来有些危险，其实非常稳当。

铁路

火车站点及发车方向

兰州西站

兰州新修成的高铁动车站，这里直通新的兰新铁路，途经西宁、嘉峪关、乌鲁木齐、酒泉等地。

- 兰州市七里河区西津西路197号
- 乘坐公交1、31、35、53路等多路公交均可到达
- 0931-2336342

兰州火车站

可以直达北京、上海、成都、西安、乌鲁木齐等地。

- 兰州市城关区火车站东路393号
- 乘坐1、6、9、10、12、16路公交车到兰州车站下车
- 0931-4922222

公路

长途汽车是去往甘肃省内各地较为方便的交通方式，如果你的路线是从兰州南部甘南草原至四川九寨沟，那么长途汽车更是唯一的选择。

长途汽车站点及发车方向

车站	地址	发车方向	电话
客运中心	火车站东路338号	西安、银川、天水、西宁等地	0931-8807114
汽车西站	西津西路456号	永登、西宁、武威、刘家峡等地	0931-7836235
汽车南站	兰州市兰工坪	临夏、甘南夏河、郎木寺等地	0931-2392525

市内交通

兰州市沿黄河而建，蜿蜒10余千米，东部城区为商业、旅游区，西部城区则为工业生活区。如果有兴趣在市内观光，乘坐公共汽车是最好的选择。其中1路汽车从东部兰州火车站至西部的火车西站，重要景点如省博物馆、白塔山、滨河路、市中心均可到达。

水上交通

兰州港，位于兰州市滨河中路北侧的黄河南岸，目前已开通4条航线：兰州市内水上公交、水上旅游、兰州至什川水上专线、兰州黄河大峡峡谷水上游。

游在兰州

甘肃省博物馆

★★★★★

甘肃省被丝绸之路贯穿，多数游人不会有足够时间遍览全省古迹，所以推荐参观该博物馆，在这里可以全面地了解甘肃历史和鉴赏各种文物，其中包括著名的国宝"马踏飞燕"。

- 免费开放
- 9:00—17:00（周一闭馆）
- 临近省博物馆（公交站）
- 1～3小时

白塔山公园 ★★★

位于兰州市内中心位置，黄河北岸，因山头建有白塔寺而得名。该塔是为了纪念去往蒙古谒见成吉思汗、途中病逝于金城的西藏萨迦派著名喇嘛而建。白塔山上有"镇山三宝"——象皮鼓、青铜钟、紫

白塔山公园

俯瞰黄河铁桥

荆树（后因干涸而枯死）。登上白塔山顶可俯瞰兰州市容、黄河铁桥。

🎫 免费；黄河索道：往返55元，上行45元，下行30元

🕐 6:30～20:00（旺季）
7:00～19:00（淡季）

🚌 临近金城古建一条街（公交站）、白塔山公园（公交站）

👁 1～3小时

黄河铁桥 ★★★ 🅱

即中山桥，黄河历史上第一座真正意义上的桥梁。其前身为明代浮桥，24艘大船连接成桥，两岸以四根将军柱系缆固定。1909年清政府耗资白银数十万两建成，192年为纪念孙中山先生定为今名。

如今，黄河铁桥已改作步行桥。置身桥上，远眺可观白塔山上白塔入云，收目可看母亲河穿桥而逝，是兰州胜景之一。

🎫 免费

🚌 临近中山桥（公交站）

👁 1小时

西关清真寺 ★★★ 🕌

西关清真寺俗称"客寺"，始建于明洪武或永乐年间。清真寺气势雄浑，庄严肃穆，具有鲜明的伊斯兰风格。寺内包含礼拜大殿、讲经堂等房屋，其中大殿可容纳3000多人。每年有百余名国外穆斯林来到这里参观礼拜。

离西关清真寺北侧不远处的中山路西侧，有桥门清真寺，是当地穆斯林群众的集中礼拜活动场所。

🎫 免费

🕐 8:00—19:00

📍 兰州市城关区萃英门1号

🚌 临近西关十字站（公交站）

👁 1小时

水车博览园 ★★★ 🎡

水车博览园里有著名的兰州黄河水车，还有几十轮国内外各地不同风格的水车，来此可以参观了解各地水车的特点。景区内还有池塘、花卉、雕塑等景观，环境优美。园区东侧的文化广场有兰州奇石馆、甘肃民俗馆、水车展览馆等展室，也可以参观一下。

🎫 免费

🕐 7:00—22:00

📍 兰州市城关区南滨河东路524号

🚍 临近绿色公园（公交站）

👁 1～2小时

五泉山公园 ★★★ 🎫

　　因有甘露泉、掬月泉、摸子泉、惠泉、蒙泉5股清澈甘美的泉水而得名，园内丘壑起伏，林木葱郁，环境清幽。园内佛教古建筑也闻名中外，庄严寺内有明代壁画。庙宇建筑依山就势，廊阁相连，错落有致。

💰 免费

🕐 8:00—18:00

📍 甘肃省兰州市城关区五泉南路103号

🚍 临近五泉山公园（公交站）

👁 2～3小时

吃喝兰州

　　甘肃的简称是陇，陇菜以山珍、肉类为主，其中蜜汁百合（兰州附近所产百合，品质堪称世界第一）、虫草雪鸡（甘南草原盛产冬虫夏草）、荷花羊肚（西北地区羊多，吃羊的人也多）等非常有名。对于旅游者而言，经常面对的还是各种面食。

特色小吃

牛肉面　全国人民都吃过牛肉面。辣椒油红彤彤，香菜、蒜苗绿油油，薄片萝卜白嫩嫩，手工抻制拉面黄灿灿，牛肉汤水清澄澄，由回族人马保子创制。

　　正宗的牛肉面只有早上吃，中午以后就没人吃了，因为只有这段时间的牛肉汤味道最纯正。

臊子面　猪肉、木耳、黄花、鸡蛋、豆腐等诸多原料熬制成汤，浇在手工擀制的面条上，味道浓郁，是西北面食中的经典。

手抓羊肉　相传已有近千年历史，以手抓食用而得名。吃法有3种：第一种是切片后上笼蒸热蘸三合油，称为"热吃"；第二种是切片后直接蘸精盐，称为"冷吃"；第三种是用平底锅煎热，边煎边吃，称为"煎吃"。特点是肉味鲜美，不腻不膻、色香俱全。

炒面片　是西北很有名的面食，一般都是用胡萝卜、土豆片、青椒、洋葱与面片一同翻炒，是每个餐馆必有的主食之一。

羊肉串　烤羊肉串是兰州人生活中一道不可或缺的小吃，以其独特的口味和鲜嫩的

口感赢得了广大兰州人民的青睐。

酿皮　兰州酿皮以制作精细、质地最佳、五味俱全而独具风格。酿皮分高担酿皮和水洗酿皮两种。高担酿皮有芝麻酱、辣椒、油、盐、醋4种调料，还辅以鲜豆芽或黄瓜丝，食之清淡爽口。水洗酿皮色黄光滑，薄厚均匀，柔软筋道。

灰豆子　在黑豌豆中加入山柰、桂皮、草果等调料，先在铁锅中熬至半熟，再加水，放入红枣等调料，小火慢煮成糊状，吃时再加入白糖，别具风味。兰州灰豆子以"杜维成灰豆王"最为有名，有"金城灰豆王"之称。

热冬果　是把兰州特产冬果梨煮熟，连果带汤一起出售。若去核掏空，装入蜂蜜、冰糖煮熟后服用，有清心润肺、息痰止咳之功效。每逢冬季来临，兰州街头巷尾的小摊都有出售。

夜游兰州

　　傍晚的滨河公园是最值得一走的地方。兰州滨河路东西长数十千米，东起雁滩公园，西至拥有黄河母亲雕像的滨河公园，仿佛上海的外滩。在夜晚凉爽的风中随意走走，听着黄河水浪打浪，看看灯光下的孩童和雕像，黑暗中的情侣和花草，挺舒服的。

购物兰州

　　兰州特殊的地理位置使这里成为云集四方商贾的西北贸易中心，西关十字则是兰州城最繁华的地段。

特产

刻葫芦　起源于魏晋，属于微雕范畴。具体是在葫芦表皮上刻出各种线条，描绘景物，或是直接将葫芦壳镂空，形成半立体的图案。

黄河石　在古籍中多称为"兰州石"，指的是黄河兰州段的奇石。黄河石自然天成，坚硬细腻，纹理清晰、色彩斑斓，被誉为"华夏一绝"。

白兰瓜　在兰州众多的瓜类品种中，白兰瓜出类拔萃，最负盛名。

住在兰州

　　平凉路、天水路有众多的中档旅馆和招待所，很方便。

兰州周边游

兴隆山景区
★★★ 🚶 🏔

　　兴隆山历史上有"陇右第一名山"的美称，是距离兰州最近的国家级自然森林公园，风光秀丽。

🎫 40元

🕐 8:00—17:00（遇大雪等恶劣天气会封山）

🚌 可在天水路汽车站乘坐兰州至榆中县的大巴车，车程约40分钟。再在榆中县城转车至兴隆山

👁 0.5～1天

💡 **成吉思汗的灵柩**

　　1227年成吉思汗攻打西夏病故于兴隆山，1939年为防日军袭扰，将成吉思汗的灵柩从内蒙古西迁至兴隆山，1949年才迁往青海塔尔寺。

吐鲁沟国家森林公园 ★★★
🚶

　　纯自然风景区，沟长15千米，状如一条由绿色植物和陡峭岩壁构成的长廊，被称为"神话般的绿色山谷"，沟内终年流水淙淙，给人一种清爽的感觉。

🎫 50元，观光车30元

🚌 1.从兰州汽车西站乘坐去连城镇的客车，再换乘小面包车到景区

　　2.兰州有直达吐鲁沟的旅游专线，票价36元

👁 1天

炳灵寺石窟壁画

青城古镇 ★★★★ 🚶 🏔

　　历史上的青城是水烟等货物的集散地，四通八达，京津晋的商人往来云集，所以，青城古镇的建筑既有山西大宅的奢华大气，又有北京四合院的雅致对称。来这里，游客既可欣赏古色古香的明清民居，又能看到随风摇曳的万亩荷田，还可以聆听动人的西厢小调。

🎫 30元

🚌 可从兰州汽车站坐车到白银，从白银水川十字转车前往榆中青城

🕐 1～3小时

万象洞景区 ★★★ 🚶

　　万象洞已有2.5亿至3亿年的历史，属于典型的岩洞地貌，规模宏大，石块奇形怪状，光辉耀眼，有极高的艺术价值，被称为"地下文化长廊"。从洞内题字看，早在1000多年以前，就有无数游客慕名前来。洞内留有北周、唐、宋、元、明、清各代石碑100多通，诗词题刻960多首。

🎫 100元（成人票+区间车）

🕐 8:30—17:30

🚌 从陇南市区盘旋路起点站乘坐公交可直达；也可以乘坐出租车或者包车前往

👁 2小时

炳灵寺石窟 ★★★★ 🏔 🚶

　　炳灵寺石窟始建于十六国西秦时期，现存洞窟183个，大小石刻佛像694尊，泥塑82尊，壁画900平方米，其中最大的唐述窟石壁上保存有"建弘元年"（420年）的墨迹题记，是我国石窟中标有的最早明确纪年。炳灵寺分为上寺、洞沟、下寺，以下寺景观最为壮观，其浮雕佛塔和密宗壁画可与莫高窟和麦积山石窟齐名。

🎫 50元

🚌 从兰州乘车到刘家峡水库，车费25元左右，再乘快艇可到达炳灵寺，快艇140～160元

👁 1小时

武威

武威快速攻略

Day1　文庙→罗什寺塔→雷台汉墓

感受武威

河西四郡　从公元前 111 年起，十年间汉武帝出兵将匈奴逐出了河西走廊，并在四个较大的绿洲上兴建了武威、张掖、酒泉、敦煌四座郡城，在敦煌西修建了阳关、玉门关，以保证丝绸之路通畅。这四座郡城统称河西四郡，是甘肃西线的历史名城。

马踏飞燕　1969 年民工在武威雷台下修建防空洞时，意外挖掘出一座汉代砖砌墓穴，包含 19.2 米长甬道、前室、中室和四间耳室。共出土文物 231 件，其中最为精美的是一匹铜铸骏马雕像，骏马三足腾空，右后足踏在一只作惊恐状的飞燕背上，夸张而准确地表现出飞马的神速。

行在武威

进出

进入甘肃后，最方便的交通工具就是长途汽车了。

铁路

从兰州至乌鲁木齐的火车经停武威站，可以考虑火车出入。但武威对于旅行者只需走马观花一游，建议在甘肃西线旅游采取乘坐长途汽车的方式沿 312 国道行进。

| 武威站 | ☎ 0935-5929222 |
| 武威南站 | ☎ 0935-5929442 |

公路

无论从武威向东或向西的公路路况都非常好，而且每隔半小时至 1 小时就有去往兰州或张掖的班车发出。

武威客运中心站
☎ 0935-6338283
武威汽车北站
☎ 0935-2315069

市内交通

市区有多条公交路线，其中 5 路中巴车去往市内景点之一的海藏寺。

武威出租车是本地最快速的交通方式，极大便利了市民和游客的出行。

游在武威

武威西夏博物馆　★★★

西夏博物馆主要展示凉州出土的西夏珍贵文物，展品中最为珍贵的当属西夏碑。西夏碑，本名《凉州重修护国寺感通塔碑铭》，是全国现存唯一的、保存最为完整的、西夏文与汉文对照文字最多的一块石碑。1961 年西夏博物馆被国务院公布为第一批全国重点文物保护单位。

- 🆓 免费，参观需预约
- 🕐 8:00—18:00，周一闭馆
- 📍 武威市凉州区崇文街172号
- 🚌 临近文庙广场（公交站）
- ⏱ 1小时

💡 文庙就在西夏博物馆附近，可以一起游览。

罗什寺塔　★★★ 🎫 ⛩

罗什寺塔最早建于后凉，是为了纪念西域高僧鸠摩罗什而建造的。鸠摩罗什身世传奇，毕生译经、讲经不辍。死后全身火化，只剩下舌头，被称为"舌舍利"，罗什寺塔就是供奉舌舍利的地方。罗什寺塔八角、十二层，高 32 米。

- 🆓 免费
- 🕐 9:00—17:00
- 📍 武威市北大街
- 🚌 临近小北街北口（公交站）
- ⏱ 2~3小时

白塔寺　★★★ 🎫 ⛩

白塔寺是藏传佛教凉州四寺之一。曾是西藏宗教领袖萨班与蒙元代表、西路军统帅阔端举行"凉州会盟"的地方，这一历史性会谈标志着西藏从此纳入中国版图，具有深远而特殊的意义。

- 💰 20元

感受武威

凉州区城东南20千米的武南镇白塔村

1～2小时

雷台汉墓 ★★★

近年扩建成雷台公园，面积不大，风光一般。但是因为在这里出土了马踏飞燕和另外99件青铜车马雕塑，所以很出名。可以参观20米深的墓道，内有墓室数间，除了摆放有仿制的车马仪仗四壁青砖。

雷台公园免费，雷台汉墓门票45元

9:00—17:00（周一闭馆）

临近雷台什字（公交站）

1～2小时

天梯山石窟 ★★★★

天梯山石窟也称大佛寺，位于武威城南的中路乡灯山村大坡山南崖绝壁间，规模宏伟壮观，精美绝伦。开凿于397—439年，被称为"中国石窟鼻祖"。

30元

8:30—18:00（夏季）
9:00—17:30（冬季）

在南关的车站乘坐去哈溪的班车，车程约1小时，在天梯山路口下，再步行25分钟即到

1小时

张掖

张掖快速攻略

Day1 马蹄寺→大佛寺→木塔寺
Day2 冰沟丹霞→康乐草原→张掖
Day3 张掖丹霞国家地质公园
Day4 平山湖大峡谷

感受张掖

金张掖 位于河西走廊中部的张掖，被诗人赞誉道："不望祁连山上雪，错将张掖认江南。"这里有辽阔的草原牧场，也是甘肃著名的粮食产区，一直是保卫丝绸之路和河西走廊的军马基地、粮食基地、战略要地，故和武威并称为"金张掖、银武威"。张掖城东的312国道上，立有江泽民亲笔题写的"金张掖"牌坊。

行在张掖

进出

与甘肃的其他地方一样，张掖最方便的交通工具就是汽车。

飞机

张掖甘州机场已经通航。距离市中心约24千米。

0936-8859066

铁路

火车站每天有列车通往北京、乌鲁木齐、兰州、上海、西安、济南等地。

0936-5972222

张掖市东北部5千米处

公路

张掖共有东、西、南3个长途汽车站。

游记记载

马可·波罗曾在张掖逗留了一年之久，他在游记中记载了威严的大佛寺和张掖木塔。大佛寺西面西背东，寺院内部壁画雕塑保存完好，佛寺东侧有一座喇嘛教风格的土塔。

小吃一条街

在位于张掖市民主东街的甘州小吃一条街里，你可以品尝到当地的各种美味小吃。小吃街一般从6:00开张到翌日凌晨三四点收摊。整个街道两边是一字排开的小吃摊，花样繁多，价格低廉。在小吃街两端还有拔地而起的仿古牌楼，古朴别致，再现了昔日张掖风貌。富有地方特色的有搓鱼面、栊耳子、羊肉粉、皮面筋、煎血肠、羊头汤、鱼儿粉、灰豆汤、鸡肉垫卷子、山丹油果子以及糊饽、豆腐脑儿等。肉食中除手抓羊肉和清汤羊肉外，腊羊肉也值得一尝。

长途汽车站点

车站	地址	电话
东站	东环南路1号	0936-8270096
南站	南环路中35号	0936-8240019
汽车站（西站）	环城西路128号	0936-8215022

市内交通

市区范围很小，一般景点均可徒步到达，或可乘坐三轮摩托车。市内有多条公交路线，票价均为1元。到汽车南站的有1、3、9路等公交。出租车起步价根据车型不同有所区别。从火车站到市区大概10元，从各客车站到市区约5元。

游在张掖

张掖世界地质公园
★★★★ 🐾 🎥

张掖丹霞从红到黄，由灰及白，紫蓝黄碧，起伏延绵，大自然的鬼斧神工让人惊艳。景区内2号观景台能看到全景，3号观景台能欣赏最美日落。4号观景台、5号观景台日出的时候能看到刀山火海，所以最好用一整天来游玩。

- 💰 75元
- 🕐 7:30—17:00（11月1日—次年2月28日）；6:30—18:00（3月1日—4月27日）；5:30—18:30（4月28日—5月31日）；6:30—18:00（8月30日—10月31日）
- 🚌 张掖汽车西站有班车直达丹霞公园，到景区门口下车即可，票价10元/人
- 👁 3～5小时

💡 1. 看丹霞最好是9、10月。

2. 如果住在当地农家，有兴趣的话早上还可以再次进入景区拍摄朝阳下的七彩丹霞，但要重新购票。

冰沟丹霞旅游景区
★★★★ 🐾 🎥

冰沟丹霞以雄险神奇而著称，素有"赤壁千仞"之称。主要景观有神驼迎客、大地之根、古堡魅影等，形象逼真，栩栩如生。

- 💰 40元
- 🕐 9:00—17:00（淡季）、8:30—18:30（旺季）
- 🚌 可在张掖市汽车西站乘坐张掖至孟家庄的大巴，票价12元
- 👁 3～4小时

大佛寺景区 ★★★★ 🐾 🏛 ⛰

寺内存有国内最大的室内泥塑卧佛，长34.5米，宽7.5米。寺院修建于1098年，是国内仅存的大型西夏佛寺。大佛寺现在是张掖博物馆所在地。

- 💰 40元
- 🕐 8:30—18:00
- 🚌 临近南城巷口（公交站）
- 👁 1～2小时

木塔寺 ★★★ 🐾

现存木塔为重建砖木结构，登高可俯瞰张掖市容。但远没有马可·波罗的游记中所记载的可旋转纯木建造的木塔神气。现为张掖市高台民俗博物馆。

- 💰 26元
- 🕐 8:00—17:00
- 🚌 临近大佛寺文化广场（公交站）
- 👁 1小时

马蹄寺旅游景区
★★★★★ 🐾

在这里你可以看到壮观的石窟群，骑马探索深山中的巨大瀑布，或是跟着向导随马队穿过深山密林到金塔寺石窟寻访。金塔寺石窟的道路艰险，只有10余平方米的洞窟2间，但内有全国唯一的高浮雕飞天造像。雕像一般，但是这段穿越对很多人都非常有吸引力。

- 💰 74元
- 🕐 8:00—18:00（4月1日—10月31日）；8:30—17:30（11月1日—次年3月31日）
- 🚌 汽车南站有直达景区的一日游班车，往返22元，人少会停开。也可以乘坐往肃南方向的车，在马蹄河下车，往返19元，然后打车上山，一般到景区停车场要20～30元。如果从市区包车前往往返大概要300～400元
- 👁 2～3小时

💡 这一带属甘肃特有的少数民族裕固族的定居地，裕固族历史上以游牧为生，信奉藏传佛教。

祁连山国家公园 ★★★

祁连山界青海与甘肃两省，是青藏高原东北部一个巨大的边缘山系，具有原始、纯真、古朴的山岳自然景观，原始森林景观风光迷人。立夏之后，山林虽然一片绿色，但山顶却白雪皑皑、冰川长年不化，在阳光的照射下，更是有无法描摹的瑰丽。

- 免费
- 祁连山脉较长，建议包车或自驾车前往
- 1~2天

☀ 祁连山的油菜花在每年7月中旬开放，色泽非常艳丽。

康乐草原 ★★★★

境内有丹霞地质风光区、康隆寺、马场滩草原、雪山探险旅游等景区。春夏季节，草原碧绿如毯；金秋时节，野果累累；严冬里白雪皑皑，景色壮美。每年7月，身着节日盛装的牧民由四面八方汇聚于此，举行草原盛会，赛马、摔跤、射箭等表演，精彩无比。

- 60元
- 从张掖市出发沿213省道至康乐乡榆木庄村，在榆康公路与213省道交叉处，按照路边的指示牌进入景区
- 3~5小时

平山湖大峡谷 ★★★★

景区距离张掖市56千米，亿万年风雨沧桑，才形成了这样峡谷幽深、峰林奇特的神奇地貌。红色山体显得无比的苍劲、壮丽。步入迷宫一样的峡谷，置身于纵横交错的沟壑，成林的群峰，让人目不暇接。峡谷的面积之大，观赏性之强，世界罕见。

景区内有四个观景台，彼此之间有栈道连接，游客可以在观景台上平视或俯瞰整个峡谷地貌，还可以通过栈道下到峡谷底部，整段旅程都让人不禁感叹大自然的鬼斧神工。

- 100元，景交车30元
- 8:30—17:30（11月—次年3月）
  8:00—18:30（4—10月）
- 每天有一班大巴往返于张掖和平山湖，单程票价14元
- 2~3小时

文殊山石窟 ★★★★

建于十六国北凉时期，是一处规模较大的佛教石窟群。主要有千佛洞、万佛洞、后山古佛洞等，均为穹隆顶、平面近方形的中心柱窟。万佛洞有西夏时绘制的大型《弥勒经变》画及"镇窟四天王"像。

- 12元
- 8:00—18:00
- 1小时

山丹军马场 ★★★

是世界上历史最悠久、亚洲规模最大、世界第二大的马场。这里地势平坦，水草丰茂，是马匹生长、繁衍的理想场所。这里的山丹马体形匀称，粗壮结实，实在是良驹。在这里可以骑马旅游、野营，也可以参观赛马或马术表演。如果你有策马奔腾在草原的情怀，不妨来到这里试试。

- 60元
- 在张掖市西环路汽车站坐开往军马场的班车，每天13:30发车。也可在山丹县汽车站坐开往军马场的班车，每天9:00、15:40发车
- 1~2天

吃喝张掖

整个甘肃地区的食品大都相类似，臊子面、烤羊肉，只有吃了这些东西才算得上真正去过西北了。

☀ 鼓楼西路北侧的仿古食品街白天晚上都很热闹，早上可以吃许记臊子面（最好吃的是仿古街上的"贵妃鸡"店清早卖的），中午吃鼓楼西路西端的孙记炒炮的卤肉面，晚上再在鼓楼周围的小推好好吃一顿西北风味的烤羊肉，这样你也算是半个张掖人了。

住在张掖

张掖不大，找个旅馆很方便，而且价格也便宜。

推荐住宿

张掖丹霞匆匆那年酒店

- ¥ 大床房148元
- 七彩镇丹霞景区旁
- 13919856712

嘉峪关

嘉峪关快速攻略

Day1 长城第一墩→嘉峪关关城→长城博物馆→悬臂长城
Day2 新城魏晋墓群

感受嘉峪关

戈壁雄关 嘉峪关关城上有"天下第一雄关"的匾额，这种匾额也在山海关、居庸关等地悬挂，但是面对茫茫戈壁的嘉峪关绝对有着与众不同的风范。站在嘉峪关城楼远眺，绵延的祁连山顺着戈壁消失在地平线上。凭吊古，异族的铁骑卷着如云的尘沙呼啸而来，思乡的战士望着远方滚滚狼烟吹响号角。很难想象，这片戈壁究竟埋葬了多少英灵，连拂面的风似乎都带着金戈铁马的气息。

准备与咨询

气候与游季

嘉峪关市属温带干旱气候，全年温差较大，年平均气温6℃左右，年降水量80多毫米。1月最冷，绝对最低气温为−28.6℃；7月最热，绝对最高气温为38℃。每年5—10月是嘉峪关市的最佳旅游时节。

行在嘉峪关

进出

交通还可以，没有想象中的难。

飞机

嘉峪关机场每周都有航班飞往北京、兰州、西安等地。国内其他城市的游客可以经兰州中转。由于航班较少，所以没有固

☀ 酒泉

酒泉市下辖敦煌市、玉门市以及瓜州县等，酒泉市距离嘉峪关市21千米，而敦煌则位于酒泉西406千米，一般游客都会将这几处作为一条线路游览，所以将嘉峪关和酒泉市一起介绍，并以嘉峪关市为主。

嘉峪关火车站

↻ 迎宾路西端
📞 0937-5972222

酒泉火车站

↻ 市区南12千米
📞 0937-5925422

嘉峪关长途汽车站

↻ 胜利路和兰新路交会处
🚌 从火车站乘坐2路车，在六岔路下车
📞 0937-6225242

酒泉市长途汽车站

↻ 西关路
📞 0937-2603103

☀嘉峪关景色

1.嘉峪关整个城市非常干净，尤其是夜晚的街灯很漂亮。城区最热闹的地方在雄关和商城，从火车站乘1路直达，路程十多分钟。

2.千万不要错过嘉峪关城楼的夕阳。

3.第一墩旁的讨赖河谷非常壮观，还有滑索可以滑到对岸，很刺激。

嘉峪关

定时间的机场大巴往返市区，但是有机场中巴，票价15元。

☎ 0937-6287788

铁路

嘉峪关火车站位于市中心西南5千米的迎宾西路，有乌鲁木齐到兰州、北京、上海、成都、西安等城市的往来列车经过。

公路

嘉峪关汽车站每天都有班车发往兰州、张掖、武威、玉门镇、乌鲁木齐、临夏等地。嘉峪关市与酒泉市距离很近，有公交互通。车站每天有四班车开往敦煌，全程6～8小时，票价85元。

市内交通

嘉峪关市市区面积很小，而且市区内没有什么景点，全市公交线路不是很多，4路从火车站开往嘉峪关关城；12路从火车站开往火车南站；1路从火车站开往汽车北站，票价统一为1元。

游在嘉峪关

嘉峪关关城 ★★★

🌸😊⚱

目前保存最完好的长城关城。始建于1372年，是明代长城最西端的关城，有长城终点之称。修建的目的是防止西窜的元朝残部袭扰内地百姓。关城南北城墙长160米，东西城墙长154米，墙高10米，是由内城、瓮城、外城和17米高的箭楼组成的大型防御工事。遗憾的是，随着景点的逐步开发，人造的迹象越来越浓，已经没有了原有的野趣。

💰 旺季全票110元；淡季全票90元；观光车车票10元

🕐 8:30—18:00（旺季）
9:00—17:30（淡季）

🚌 临近关城景区（公交站）

👁 2～3小时

🌞 建议包车游览嘉峪关关城、长城第一墩、悬壁长城、新城魏晋墓群等景点，车费一般80～100元。

长城博物馆 ★★★ 🅱

这里可以系统全面地了解长城文化，陈列内容分为"春秋、战国长城""秦、汉长城""北魏、隋、唐、辽、金长城""明长城"4部分，3000年的长城构筑史以图表模型、文字版面、彩色图片的形式呈现给游客，使人们在短时间内，对中国长城文化有一个整体、直观的了解。

💰 免费

🕐 9:00—17:00

🚌 临近关城景区（公交站）

👁 0.5～1小时

长城第一墩 ★★★ 🅱

残高8.3米，矗立于讨赖河边近80米高的悬崖之上，可谓天下第一险墩。

🕐 8:30—18:00（旺季）；9:00—17:30（淡季）

嘉峪关长城

可在市区包车前往，往返50元，单程30分钟

👁 1～2小时

悬壁长城 ★★★ 🚠

因坡度较陡而被称为悬壁长城，与嘉峪关城楼门票是连在一起的。看上去气势恢宏，不过是后人仿建的，真的长城早就不存在了。

🕐 8:30—18:00（旺季）
9:00—17:30（淡季）

🚌 嘉峪关关城、悬臂长城和长城第一墩一日包车价格为150～180元。市区打车40元左右

👁 1～2小时

游击将军府 ★★★ 🏛

明清两代镇守嘉峪关的游击将军处理军机政务的场所。游击将军府前院以议事厅为中心，着重展示了古代游击将军及文武官员指挥御敌、签发文书等情景。后院生动形象地展现了游击将军及其家眷的生活场面。

🕐 8:30—20:00（5—10月）
8:30—18:00（11月—次年4月）

🚌 嘉峪关景区内，可步行前往

👁 1小时

吃喝嘉峪关

又见烤全羊，不过分量多得让人觉得不是钱不够用，而是胃不够大。

推荐食处

嘉峪关的镜铁市场位于新华中路东侧，是一处带有大棚的露天小吃市场，这里最红火的要算烤羊肉了。最好几个朋友一起去，因为这里烤羊肉串一次最少10串。

购物嘉峪关

葡萄酒 特殊的戈壁砂质土壤和祁连山的雪水浇灌，提供了嘉峪关葡萄酒酿造的绝好原料。喝起来醇厚、甘香。

嘉峪石砚 嘉峪石砚2011年被列入甘肃省第三批"非遗"名录。

夜光杯 夜光杯在敦煌、酒泉、张掖等地都有售卖，是祁连山海拔4000米以上的墨玉制成，薄如纸，满不溢，声悦耳。

感
受
敦
煌

敦　煌

敦煌快速攻略

Day1 莫高窟→月牙泉、鸣沙山
Day2 鸣沙山→敦煌影视古城→西千佛洞→阳关→雅丹地质公园→玉门关

感受敦煌

反弹琵琶 敦煌市中心有一座反弹琵琶雕像，源自世界上最美最大的画廊——莫高窟。但据专家推断这只是舞蹈中的一个动作，如果采用这个动作根本无法演奏乐曲。这里还有汉代最西边的关口——阳关、玉门关，最神奇的泉水——鸣沙山中的月牙泉。戈壁、沙漠、绿洲、美丽的雕像和古老的传说，一个人一生不能不到的地方——敦煌。

准备与咨询

气候与游季

敦煌最美的季节是秋天，金黄色的杨树叶子、碧蓝的天空、黄色的沙山、灰色的戈壁，还有甜甜的葡萄，绝对好心情。

行在敦煌

进出

早就是旅游胜地的敦煌，既有飞机，又有铁路、公路。

飞机

敦煌机场距离敦煌市区 13 千米，现开通了敦煌至北京、兰州、西安、嘉峪关、乌鲁木齐等城市的固定航线。机场大巴进入市区需 20 分钟左右，票价 30 元 / 人；也有中巴车停在机场大门外往西 500 米处，票价 3 元 / 人。

机场问讯 ☎ 0937-8866133

铁路

敦煌站每天来往于西安、嘉峪关和兰州之间的车次较多。

敦煌火车站

📍 敦煌市217省道

☎ 0937-5959562

公路

有去往甘肃东部、新疆、青海方向的快车、慢车、卧铺车。

市内交通

敦煌市很小，市区内基本可以步行，也可租自行车游览。游玉门关和阳关时可包车，车费 300 元左右。到鸣沙山、莫高窟都有直达车，从市区坐 3 路公交直达鸣沙口月牙泉。敦煌至莫高窟的公交车 8 元 / 人，在汽车站以北、西域路口的敦煌饭店发车，经丝路宾馆、敦煌火车站到莫高窟。从 6:30 起，每 30 分钟一班，从莫高窟返回市区的末班车是 18:00。

出租车

敦煌出租车大多没有计价器，主要按照路程远近收费，市区内 5 元，出市区 10 元，市区到机场 30 ~ 40 元。

工艺品

在敦煌旅游购物很有意思，可以听到摊主讲的很多美丽传说。敦煌有很多工艺品专卖商店，如敦煌市夜光杯厂、敦煌地毯厂、敦煌眼镜厂、敦煌书画院等。

夜市

敦煌很小，走路 20 分钟就能逛一圈，没什么商业繁华场所。白天可以到城里随便走走，晚上逛沙洲夜市，在那里吃小吃。如果在沙洲夜市购物，一定要多问问，价格差距很大。

敦煌汽车站

📍 飞天宾馆对面

☎ 0937-8822174

租自行车

可在鸣山路租到自行车。

当地演出

敦煌有几台大型演出非常有看点，比如《又见敦煌》《敦煌盛典》《丝路花雨》，重现古丝绸之路昔日的繁华，对于理解敦煌的历史、丝绸之路都很有帮助，有机会一定要去看看。

游在敦煌

莫高窟 ★★★★★

位于敦煌市东南 25 千米的鸣沙山南侧，是中国第一大洞窟，其中最为精美的要数它的壁画彩绘，从前秦至隋唐各个时期均有雕塑彩绘制作，堪称中华艺术瑰宝。1900 年道士王元禄发现了藏经洞中封存的近 6 万件历史文物，包括各种文字编写的佛经、史籍、书信、文学作品、社会资料，是研究 4—11 世纪中国历史的宝库。可惜清末民初社会动乱，大量的文物资料已被外国人掠去，我国现存藏经洞文物不足发现时的 1/3。现存 492 个洞窟，内有彩塑 2415 尊，壁画 45 000 平方米。九层楼是莫高窟的标志性建筑，内有唐代 34 米高的石胎泥塑大佛一尊，与另一座 26 米高的大佛并称为南北大佛。

$ 旺季：全价票238元（8个实体洞窟180元+数字电影48元+往返莫高窟交通费10元）；观影票50元（包含数字电影《千年莫高》、球幕电影《梦幻佛宫》）

淡季：全价票140元（莫高窟12个实体洞窟90元+数字电影40元+往返莫高窟交通费10元）；飞天专线票140元（莫高窟飞天专题线路参观+数字虚拟体验内容）；观影票40元（包含数字电影《千年莫高》、球幕电影《梦幻佛宫》）

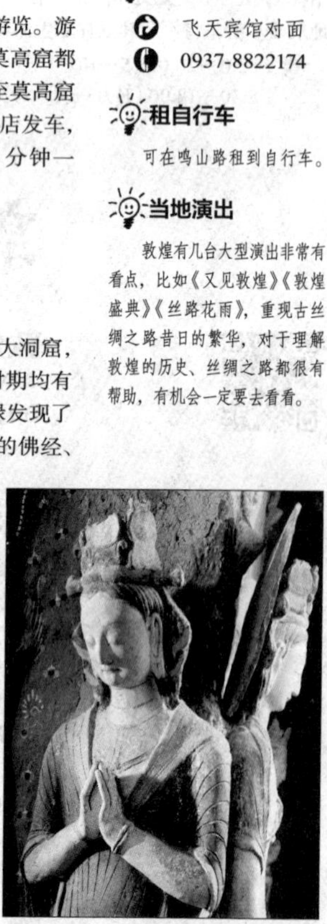

敦煌菩萨

⏱ 8:00—18:00（4—11月）
9:00—17:30（12月—次年3月）

🚌 在市区打车前往，或者乘坐12路公交直达景区

👁 3小时以上

💡 **1. 博物馆：** 莫高窟文物博物馆坐落在洞窟对面，内有大量的实物模型，并且按原窟大小比例仿制了几间具有代表性的洞窟，因为实际洞窟内禁止使用照明灯光，观赏效果并不如博物馆内的洞窟，所以参观博物馆也是游览莫高窟的一个重要项目。

2. 参观须知： 进入洞窟参观只能使用手电照明，不能摄像、不允许带包，禁止触摸壁画、雕塑。正门外有寄包处，也提供出租手电服务。

3. 进洞准备： 非专业人士在进洞之前，最好读一本关于莫高窟的介绍，否则很难看明白壁画的玄妙。

4. 最佳参观时间： 最好选在清晨，因为参观人数的限制，而且早上光线较好。游览全程大约4小时。

西千佛洞 ★★★ 🏞🍴♨

和莫高窟同一时期的洞窟，与莫高窟仅隔一道鸣沙山。石窟的结构、彩塑、壁画艺术风格等与莫高窟体系相近，内有雕像和壁画。但因自然和人为破坏，现存洞窟仅有16间，其中可以参观的有9间。

💴 30元

⏱ 8:30—17:30（旺季）
9:00—17:00（淡季）

🚌 属敦煌西线游，包车西线游一天450～550元

👁 1小时

鸣沙山月牙泉景区
★★★★★ 🏞📷

绵延40千米的鸣沙山黄沙灿灿，一队队的骆驼载着兴高采烈的游客行走于沙山之巅。被沙山三面环抱的月牙泉，因"沙不填水，水不干"而被称为神泉。

鸣沙山、月牙泉与莫高窟艺术景观融为一体，是敦煌城南一脉相连的"二绝"。有人说月牙泉是沙中的一滴泪。

观赏鸣沙山、月牙泉的最佳时间：夏季早上看日出，晚上看日落；冬季时中午为最佳。鸣沙山的日落景观非常漂亮，不可不看，所以游览时间最好选在夏季黄昏；在景区乘骆驼时，要先讲好价钱，以免麻烦；沙山上风沙很大，最好做一点防范措施。

💴 110元

🚌 市区乘3路车直达景区

👁 3～4小时

敦煌景区示意图

💡 花10元钱可以感受滑沙的快感，骑骆驼登鸣沙山下月牙泉100元，全程约60分钟。

阳关景区 ★★★★ 🏞🍴

山岭下有一芦苇小湖，在戈壁、沙漠中异常美丽。驱车往返途经雅丹地貌、高耸的杨树、河谷的红柳芦苇，还有对面山顶晾葡萄干的小屋，是一段绝不寂寞的旅程。"劝君更尽一杯酒，西出阳关无故人。"这座被历代文人墨客吟诵的古城，千百年来坚守着最后一座烽燧。

💴 50元（含阳关博物馆）

⏱ 8:00—20:30（4月1日—10月7日）
8:30—19:30（10月8日—次年3月31日）

🚌 在敦煌市汽车客运站乘坐到南湖乡的公共汽车，在阳关岔路口下车后步行30分钟即到

第45窟菩萨

游在敦煌

莫高窟

◉ 2～3小时

🌤 **阳关耳目：** 位于敦煌市西南75千米，现存高4.7米、长8米、宽7米的残缺烽火台遗址，被称为"阳关耳目"。

玉门关遗址景区
★★★★ 🎭🍂

"春风不度玉门关"的悲壮诗句中所指的便是此处，诗中苍凉的情绪感染着一代又一代人，也使人对这座古老而又神奇的关塞充满向往。岁月的沧桑、历史的积淀，足以让这座"小方盘城"永放光芒。

💰 40元

🕐 7:30—18:00

🚌 在敦煌前往魔鬼城景区的路上，一般在包车前往魔鬼城的行程中路过此处游玩，包小车一日往返500～600元

◉ 1小时

雅丹国家地质公园
★★★★★ 🎭🍂

位于玉门关西85千米处，是典型的雅丹地貌群落，整体看去，像一座中世纪的古城。许多世界名建筑都可以在这里找到缩影，北京的天坛、西藏的布达拉宫、埃及的金字塔、阿拉伯的清真寺等应有尽有。大自然鬼斧神工的杰作，让置身其中的人们惊叹不已，仿佛是进入了世界建筑艺术博物馆。

💰 120元（含观光车）

🕐 8:00—18:30

🚌 建议包车前往，约500元

◉ 2～3小时

敦煌古城
★★★ 🎭⛰

敦煌古城是游客游玩敦煌西线上的一处重要景点，一般和阳关遗址、玉门关、雅丹地质公园一起游玩。敦煌古城是1987年中日合拍历史故事片《敦煌》时，仿照宋代沙州古城而建，后来又成为《封神演义》《新龙门客栈》《奔跑吧兄弟》等众多影视剧和综艺节目的取景地。游客可以来此欣赏西北风情的古式建筑、街道，拍摄古风的照片，也可以细心寻找众多影视剧中熟悉的场景。

敦煌古城主要有敦煌街、高昌街、甘州街、兴庆街、汴梁街五条街道，每条街道的建筑风格都代表一个地区，漫步其间会有一种地域穿梭的神奇感觉，非常有特色。

💰 40元

🚌 敦煌市西南18千米处的大漠戈壁滩

🚌 古城无公共交通，一般游客是在游玩敦煌西线时包车路过这里。可以在住宿的酒店或旅舍拼车，一般一日往返，每人100～150元

◉ 1～2小时

🌤 **防沙防晒：** 古城位于戈壁上，日照强烈，风沙较大，游览前需要备足饮用水和防沙防晒装备。

榆林窟 ★★★ 🎭⛩

榆林窟有保存完整的千年壁画洞窟43个，彩塑272身，壁画5650余平方米，场面宏大，画像极为精美。有高25米的金箔弥勒佛，金碧辉煌、雄伟灿烂，以及奇异逼真的十八罗汉，活灵活现的哑罗汉，都是榆林窟彩塑的经典代表之作，世间极为罕见。

💰 普通门票：40元；代表性洞窟参观门票：第2窟100元，第3窟150元，第4窟100元，第25窟200元

🕐 9:00—17:30（旺季）
10:00—17:00（淡季）

🚌 酒泉市瓜州县锁阳城镇

🚌 从瓜州包车前往，还可一起游览榆林窟、锁阳城和东千佛洞。前往景区的途中还会经过一些古城遗址，可以免费参观

◉ 2～3小时

吃喝敦煌

来到敦煌，饮食终于与甘肃别的地方有点不一样了，比如多了炸油糕和驴肉黄面，让北方人有了回家的感觉，不过对南方人来说就未必了。

吃喝敦煌

推荐小吃

有敦煌特色的食品是炸油糕和驴肉黄面。炸油糕很像北京的炸糕,驴肉黄面面条的制作方法和牛肉面一样,只是煮熟的面不是倒上清汤,而是浇上味道浓郁的驴肉丁、蒜苗、青豆等做成的卤,这种面只有在敦煌能够吃到。

沙洲市场

敦煌东大街南侧的沙洲市场是一座大型的露天小吃城,类似于嘉峪关的镜铁市场、张掖的仿古街,有各种西北面食和烤羊肉。

住在敦煌

这是一座标准的旅游城市,你在街上能看到最多的就是旅馆、招待所,甚至超过了饭馆的数量,所以无论你想要什么档次的房间都可以找到。不过五一、十一等假日可就说不准了。

推荐住宿

敦煌山泉山庄青年旅社　在鸣沙山景点附近,环境较好。

　　敦煌市月牙泉镇月牙泉村2组9号
　　18298597776

甘 南

甘南快速攻略

夏河的拉卜楞寺是甘南一线的重点,寺区内游览需大半天,然后在寺外购物,这样一天就过了。是否继续前往桑科草原或甘南其他地区就看个人兴趣了,合作市只有米拉日巴佛阁楼,不建议停留住宿。

感受甘南

金盆养鱼　坐落在青藏高原最东端、海拔3200米的拉卜楞寺是世界最大的藏传佛教学府,也是黄教(格鲁派)六大宗主寺之一,下辖甘肃、青海、四川交界处的108座喇嘛寺院。大夏河从寺院前流过,龙山和凤山环抱着寺院和大夏河,从山顶俯瞰寺区,仿佛一条鱼,这就是藏族同胞称之为“金盆养鱼”的吉祥之地,蓝天白云下最神圣的地方:夏河拉卜楞寺。

准备与咨询

气候与游季

因为地处高原,所以气温较甘肃其他地区低,夏季平均气温8～15℃。因为海拔较高,所以紫外线照射强烈,应当注意防晒,拍摄照片时也应当注意调整曝光时间。另外,因为日照充足,所以昼夜温差很大,要注意防暑保暖。

最佳游季

每年农历五月底至六月初是旅游甘南草原最好的季节,高原草甸的春天来得晚,漫山遍野的野花和白色的羊、黑色的牦牛、悠闲的牧马组成了一幅绝美的画卷。冬天气温偏低,但是正月初四至十七的正月大法会是此地藏族同胞一年中最为重要的宗教活动,当地的人们都会汇聚在这里,祈祷一年的平安,盛况空前。

宗教活动

在甘南,宗教活动及民俗节日接连不断。宗教活动的盛典有农历正月大法会、七月大法会、九月大法会;民俗节日有“插箭”“娘乃节”“香浪节”“莲花山花儿会”等,民间艺术有《格萨尔王传》说唱、拉卜楞特有的“南木特”藏戏等。

地理位置

甘南是兰州→四川九寨沟旅游线的必经之路,从兰州→临夏→拉卜楞寺→则岔石林→尕海湖→郎木寺→黄龙寺→九寨沟→牟尼沟的旅游线,被公认是到九寨沟旅游最为安全经济的黄金线路,旅游季节以5~10月最佳。

拉卜楞寺

行在甘南

进出

只有长途汽车可以通行,而首府合作市有自治州内最大的汽车站,从合作至夏河路况不错,但从合作经甘肃南端郎木寺去往四川九寨沟的路况要相对差一些。

长途汽车站点

合作北汽车站	
⏩ 盘旋路	📞 0941-8212422
合作客运中心	
⏩	📞 0941-8213039
夏河汽车站	
⏩ 人民东街尽头	📞 0941-7121462
迭部县客运站	
⏩	📞 0941-5622191

当地交通

公交车分布在各个市县,票价统一为1元。有面包车往返于车站和寺区之间(1~2千米),1~2元/人。

游在甘南

拉卜楞寺 ★★★★★ 🈺🍜⛩

创建于1709年,拥有6座经堂、84座佛殿、31座楼宇、30院佛宫,僧舍万余间,还有环绕寺区的世界最长的转经筒长廊。拉卜楞寺设有显宗闻思学院、密宗续部下院、续部上院、喜金刚学院、时轮金刚学院,医学院等六大学院,是世界上最大的喇嘛教学府。

拉卜楞寺终年香火旺盛,特别是每年的农历正月初四至十七,六月二十九至七月十五大法会,以及正月十三和七月初八的晒佛、辩经活动期间,更是人声鼎沸,信教群众和僧侣们从四面八方汇聚在此,参与和观看各种法会法舞、藏戏、"南木特"剧以及酥油花。

💰 40元

🕗 8:00—18:00(5月1日—10月7日)
　　9:15—16:30(10月8日—次年4月30日)

🚌 从兰州、临夏、合作等地乘长途汽车至夏河,到达夏河后出

🚍 汽车

甘南的长途汽车都不是很准时,最好提前一天买好票。沿途路程都比较长,路况、车况都很难说,要做好心理准备,最好尽早出发(早上7点之前)。

💡 法会活动

每年正月初三至十七的毛兰姆(藏语:祈愿)法会每天在大经堂诵经5次,初四所有17岁女孩梳辫子举行成人仪式。正月十三的"晒佛"活动将巨幅唐卡展于山间佛台,是最盛大的仪式。正月十四为法舞。正月十五晚开始"酥油花灯会"。正月十六转强巴佛(即弥勒佛)。

农历六月二十九至七月十五也举行大法会,其中七月初八的辩经活动最为壮观。

🍚 藏餐: 在拉卜楞寺食堂能品尝到独特的藏餐。吃藏餐有个讲究,客人没有喝完酒,僧侣是不给上饭的。这里的特色饭食是蕨麻米饭,一种上面加有人参果、白糖、酥油汁的米饭。若是夏日,最后上的一道是酸奶,口感冰凉如冰激凌,酸甜如杨梅。

☀ 餐饮

甘南也有许多川菜餐馆,一般为汉族人开办,价格还算公道。另外,在郎木寺等地能吃到比较好的西餐。

🌸 花儿与少年

"花儿"是一种流传在甘肃、青海、宁夏地区的回族、藏族、撒拉族、裕固族、东乡族、保安族等农牧地区的对歌形式,又叫作"少年"。临夏作为少数民族聚居地,"花儿会"自然是它的特色之一。每年农历四月二十七至二十九在和政县松鸣岩,农历五月初四至初五在永靖炳灵寺,农历六月初三至初九在康乐县莲花山举行的花儿会参加人数逾万,都是当地自发举行的规模较大的民俗活动。

车站右转，顺着上坡直走即到

☎ 0941-7121095

👁 3～4小时

米拉日巴佛阁
★★★★ 🏔🛕

　　米拉日巴佛阁楼位于合作市北面山坡上，是白教（噶举派）在安多地区的主要寺院。原建于清乾隆年间，毁于"文革"时期，现存建筑为1998年重建，楼高9层，每层均供有大量佛像、唐卡。造型独特的米拉日巴佛阁楼，乍一看，还以为是一座藏式高级宾馆，这种建筑风格在全国只有两座。

💰 20元

🕐 8:00—18:00

🚌 兰州、夏河、迭部等地都有到合作的班车。可在合作市乘1路、2路公交车或打车前往

👁 1～2小时

桑科草原 ★★★★ 🏔⚽

　　拉卜楞寺区以南10千米的桑科草原在国外旅游介绍中被称为"可与电影《与狼共舞》中印第安人草原媲美的地方"。不得不说的是，桑科草原还是一个吉祥地。

💰 免费

🚌 从夏河到桑科草原，包车往返约30元，也可在王府广场和藏族同胞一起乘坐面包车，每人3元

👁 3～4小时

郎木寺 ★★★★★ 🛕☀

　　郎木寺位于甘、青、川三省接壤地带，被称为是莲花生大士降伏妖魔之地。郎木寺为藏传佛教寺院，寺院有第一世活佛的肉身灵塔。这里的天葬仪式可以参观、拍照，但是必须经当地人同意。出于对死者的尊重，建议不要参加这种以猎奇为目的的活动。

💰 30元

🕐 8:00—19:30

🚌 合作车站有直达郎木寺的车，票价约50元；如从碌曲出发，9:00左右在碌曲唯一的主干道上等候，可以搭乘碌曲、兰州、夏河等地开往郎木寺的班车；郎木寺门前每天会有一班开往迭部的班车，如果未能赶上，可以搭当地拖拉机到岔口桥等候，11:00右开始有大量开往迭部的过路车

👁 1～3小时

尕海湖 ★★★★ 🏔🍴

　　尕海，藏语为"措宁"，意为"牦牛走来走去的地方"。它是甘南地区的第一大淡水湖，每年夏季，这里是花的海洋，鸟的王国。湖畔五彩缤纷的绚烂野花，成群结队的黑颈鹤、白天鹅、斑头雁、棕头鸥等近百种珍稀鸟类，鸟飞鱼跃，牛羊悠闲地散步，是理想的消暑胜地。

💰 50元

🕐 8:00—21:00

🚌 从郎木寺出发，乘坐碌曲或合作的大巴，在尕海路口下，再搭车前往景区

👁 1～2小时

扎尕那大景区
★★★★ 🏔🍴

　　扎尕那意为"石匣子"，是一座完整的天然"石城"，这里被约瑟夫·洛克比作美丽的伊甸园，"我平生未见如此绮丽的景色，这绝对是一块处女地，是热爱大自然的人们和所有观光者的圣地"。这里山势奇峻、景色秀美，被评为十大"非著名山峰"之一。规模宏大的石头城堡下，散布着袅袅炊烟的村寨，民风淳朴，是人们心中的桃花源。

💰 85元

📍 甘南州迭部县益哇乡

🚌 从迭部县城包车前往扎尕那，30千米路程，约半小时到

👁 1天

冶力关国家森林公园
★★★★ 🏔🍴

　　冶力关因山水秀美、风景如画，被誉为"山水冶力关，生态大观园"。这里气候宜人，是理想的避暑旅游胜地。风光旖旎的天池冶海，景色秀美的冶木峡，鬼斧神工的赤壁幽谷，都是值得游览的景点。

💰 冶力湖60元/人次，赤壁幽谷60元/人次，亲昵沟60元/人次，莲花山30元/人次，森林公园78元/人次

🚌 在甘南乘坐出租车或者包车前往

🕐 8:00—18:00（4—10月），其他时间不开放

👁 5～6小时

🌞 自2022年10月10日起，冶力关景区内赤壁幽谷和田地冶海两个景点暂时停止接待游客，如打算去需提前关注官方消息。

尕海湖

玛曲草原 ★★★★ 🌊🎐

玛曲草原自西南入境，从西北出境，形成"天下黄河第一湾"的首曲景观。西梅朵合塘绵延数十千米，七月中旬满山金莲花，八月天龙胆共，整个花滩一片蔚蓝，十月毛茛花周边皑皑白雪，这便是西梅朵合塘的花之三奇。每年八月格萨尔赛马大会热闹非凡。

🎫 免费

🚌 建议自驾或包车前往

👁 1天

甘加秘境景区 ★★★★ 🌊🐾

甘加是一个集古城、寺院、村落、草甸、峡谷、溶洞、河流、牧场等多元景致于一体的秘境，如果你不满足于欣赏风景，那么就继续深入腹地探寻吧，你一定会惊讶当地的原住居民还掌握着手工缝制帐篷的手艺、天葬台上神圣又另类的葬礼……在原始风光和淳朴人文方面，甘加堪称典范，是隐秘又有价值的秘境。

🎫 80元

🚌 没有直达甘加秘境的公共交通工具，可于兰州坐大巴到夏河镇后徒步或搭顺风车到达景区

👁 1天

吃喝甘南

这里虽然是藏族自治州，但饮食却多为面食，除了专门的藏族餐厅或藏族人家，很难吃到正宗的藏餐。而且不同于西藏地区的是，这里的藏族同胞不喝酥油茶或是奶茶，而是喝一种甜茶——三炮台或八宝茶。

购物甘南

在夏河拉卜楞寺外的人民东街上有一排小商店卖各种藏饰、藏刀，是旅游者不能不光顾的地方。这里的商品和拉萨八廓街相似，但是价格要贵些，可以买一些小首饰带回去，城里的女孩们非常喜欢这种古朴的装饰品。不过如果你不是非常相信自己眼力的话，请不要在这里买古董等贵重物品，以免受骗。

住在甘南

在夏河有不少的小招待所，尤其是靠近寺区边缘。但是这里的房间和床铺都有浓重的酥油的味道，房间倒是很干净。

推荐住宿

拉卜楞民航大酒店

📍 夏河县人民东街12号

📞 0941-7128888

东北线

东北线快速攻略

Day1 伏羲庙→玉泉观→南郭寺

Day2 麦积山石窟→街亭古镇（泡温泉、住宿）

Day3 街亭古镇→天水→平凉

Day4 崆峒山

感受东北线

羲皇故里 三皇五帝之首的伏羲籍贯天水，其母在雷泽踩巨大的脚印而有孕，生伏羲。而真实点的伏羲是一个原始部落的酋长，一生的功绩有：创造文字、教民渔猎、推广一夫一妻制以及发明八卦图。

麦积烟雨 天水位于黄土高原边沿，地貌以黄土山坡居多，但麦积山方圆百余千米却是绿树成荫，风光秀丽。麦积山石窟也与甘肃其他的石窟不同，无数的匠人在整座山上雕琢出佛像洞窟，慈祥的佛像面对的是一片烟雨茫茫的人间仙境。

行在东北线

进出

　　天水分为秦州区和麦积区两部分，两个城区相隔 20 千米。火车站位于麦积区，但商业中心和伏羲庙等景点以及天水长途汽车站都位于秦州区。

　　平凉作为甘肃、陕西、宁夏交汇点，从这里到达周边的省市较为方便，所以结束崆峒山一日游后，就可以继续上路了。

飞机

　　天水机场位于市郊 12 千米处，现有飞往西安、兰州、南京、杭州等地的航班。从机场到市区有大巴，打车需 30 元左右。

机场问询

📞 0938-2652000

铁路

　　所有去往兰州的火车都会在天水停靠。把天水作为甘肃游的终点和起点都是很明智的选择。

天水站

📍 麦积区一马路东2号

📞 0938-4922222

　　平凉是西安通往银川的必经之路，因此几乎所有南方各地去往银川的火车都会在平凉经停。1路公共汽车可从城西到达城北的火车站。

平凉站

📍 崆峒区城区

📞 0938-5972222

🔅 **东北线**

　　最重要的就是参观麦积山石窟，参观往返至少大半天，所以在天水的停留时间最好有 2 天。

🔅 **伏羲庙**

　　"到天水不到伏羲庙，等于没有到天水。"当地一些村民说，真正的伏羲庙在距市区 25 千米的渭南镇的卦台山，古时不管走路还是骑马到卦台山都要几小时，为了便于城里的达官贵人祭拜伏羲，明朝时便在城里建了伏羲庙。

🔅 麦积山街亭古镇的温泉非常出名，富含对人体有益的硅、锂、硼、锶、钼、钴等19种微量元素，据说浴后皮肤光滑细嫩，身心舒畅，还有一定的保健作用。

伏羲庙

游在东北线

公路

天水有直达省内兰州、武威、白银、定西、临夏、平凉、西峰、庆阳等地及省外西宁、银川、西安、汉中、洛阳等地的汽车，另外还有通往平凉崆峒山、四川九寨沟等地的旅游包车。

天水汽车总站

- 秦州区泰山东路46号
- 0938-8214028

公路是进出平凉最为方便的交通方式。平凉市区内有两个长途汽车站，分别承担着东西方向的交通。

长途汽车站点

车站	地址	电话
平凉汽车站	平凉市辖区	0933-8712534
平凉东站	解放北路68号	0933-8631271

市内交通

天水车站前广场的6路公交车可到市区所在地秦州区，票价2元，行程约40分钟，每15分钟一趟。市内有公共汽车到麦积山、仙人崖、石门山等风景区，票价1元左右。

平凉市内公交车有20条运行线路，还有5条旅游专线通行各个旅游景点。

游在东北线

天水伏羲庙景区 ★★★★ 🐾 🍃

始建于元代，现为3层院落的大型庙宇，位于官府西路，内有古柏、老宅，殿内伏羲像为近年重塑。每年农历五月十六为伏羲庆典。

- 💰 20元
- 🕐 8:00—17:40

💡 面皮

面皮是天水最著名的风味小吃，虽然现在很多地方也可以吃到面皮，但是正宗的天水面皮一定要品尝。天水每条街巷都有卖面皮的小馆、小摊。黄亮透明的面皮，加上油泼辣椒、精盐、酱油、蒜泥、芥末、香醋、芝麻酱等调料，再加一小撮青菜，真是让人垂涎欲滴。

💡 蒸大馍

当地人蒸大馍时喜欢放8颗枣，据说是为了模仿八卦。

💡 呱呱

当地有一种叫作呱呱的美食，是天水一带很有意思的特殊食品。紫红色的呱呱，由不同的原材料做成。最受人欢迎的是荞麦呱呱，有兴趣的不妨买来尝尝。

 乘坐公交至市三中站下，步行即可到达

⊙ 2～3小时

麦积山石窟
★★★★★

　　麦积山石窟最早开凿于十六国后秦，后经历代不断修缮扩建，共有洞窟194个，泥塑、石刻造像7000余座，壁画1300余平方米。

　　洞窟集中于20～80米的半山绝壁上，由栈道连接。因为地处多雨地带，壁画保存较少，但各种造像可以和莫高窟媲美。仙人崖、石门、曲溪风景区也有部分洞窟，但以自然风光为主。

🎫 80元，特级保护洞窟门票100～180元不等

🚌 可在天水市内乘坐公交前往，到麦积山（公交站）下车

⊙ 2～3小时

💡 景区内石窟一般都不允许拍照，为保护文物，在可以拍照处也请注意不要使用闪光灯。

玉泉观景区 ★★★

　　建于1299年，为天水市的道教圣地。坐落在天水城北天靖山麓，因山上有一碧水盈盈的玉泉而得名。每年农历正月初九是玉泉观庙会，当地人称为"朝观"。

🎫 20元

🕐 8:00—18:00

🚌 临近玉泉观（公交站）、森美购物广场（公交站）

⊙ 1～3小时

甘谷大像山景区
★★★

　　风景优美，山势陡峭。山上长着很多松桧。丁香味道满溢。依山而建的亭台楼阁，在绿树掩映之下的雕梁画栋，让人目不暇接。最值得一提的是山上的大洞窟，洞内坐有一尊石胎泥塑大佛，神态逼真，气势恢宏。

🎫 30元

🕐 8:30—18:00（5—10月）
　　8:30—17:30（11月—次年4月）

🚌 在天水火车站有直达甘谷的汽车；也可乘火车直接在甘谷车站下车。

天水武山水帘洞
★★★★

　　武山水帘洞常年细流不断，雨天洞檐飞流直下如水帘，因而得名。现包括拉稍寺、千佛洞、显圣池、水帘洞，是仅次于天水麦积山石窟的石窟群。景区内有享有亚洲之最的露天摩崖浮雕大佛拉稍寺大佛，现共保留有历代造像百余身，壁画2000多平方米，非常值得游览。

🎫 门票30元，观光车往返10元

🚌 天水市钟楼山峡谷中

🚌 在秦州区南湖汽车站乘坐开往武山的班车，每半小时一班，告诉司机到洛阳汽车站下车，然后坐当地的小巴5元到景区门口

⊙ 1～3小时

胡氏民居 ★★★

　　胡氏古居建筑是明代秦州举人、山西按察司副使、雁门兵备道胡来缙的私宅，是天水市目前保存最为完整的明代民居。

🎫 免费

🕐 8:30—17:00

🚌 天水市秦州区民主西路

🚌 临近百货大楼（公交站）、秦州公交站龙城广场（公交站）

⊙ 1～2小时

麦积山石窟大佛

游在东北线

麦积山

崆峒山 ★★★★

道教十二仙山之一的崆峒山在平凉市西南15千米的六盘山东麓。

山顶现存各种亭台庙宇30余处，分东、西、南、北、中五台。崆峒山下有崆峒水库，站在山顶远眺，黄土高原尽收眼底，山中松柏掩映着寺院楼阁，香烟袅袅，雾气萦绕。秦皇汉武均登临过崆峒山，学仿黄帝，问道于仙人。

- 旺季110元；淡季55元
- 在平凉市汽车西站乘专线车直达崆峒山
- 0.5～1天
- 1. 背包不要手提，要背在双肩，可以用结实的长棍做手杖，帮助攀登。
  2. 尽量不要在危险的崖边照相，以防发生意外。

云崖寺景区 ★★★★

云崖寺山势险峻，奇峰争秀，号称"四台十六峰"；下临竹林寺水库，平湖如镜。天光、水色、云影、秀峰交相辉映。主峰峭壁上的云崖寺石窟，被誉为"中国晚期石窟的集大成者"，对研究中国晚期石窟与佛教艺术有着重要的史学和艺术价值。

- 55元
- 8:00—18:00（4～10月）
  9:00—17:00（11月—次年3月）
- 平凉市庄浪县
- 0.5天

仙人崖 ★★★★

距麦积山石窟15千米的仙人崖，是释、道、儒三家共存的风景胜地。由三崖、五峰、六寺组成。三崖为东崖、西崖、南崖。五峰为玉皇峰、宝盖峰、献珠峰、东崖峰和西崖峰。六寺为木莲寺、石莲寺、铁莲寺、花莲寺、水莲寺和灵应寺。雄奇的山、秀丽的水、苍翠的树、星星点点的野花彼此映衬，让人身临仙境。

- 40元
- 甘肃省天水市麦积区泉湖路2号麦积山风景区内
- 乘公交到仙人崖（公交站），也可乘公交在麦积山站下车，到达麦积山风景区后乘景区观光车到仙人崖
- 1～3小时

夜游东北线

天水秦州区中心广场附近为商业区，现代而繁华。在这里可以购物、吃饭，广场东北侧有很大的夜市，各种甘肃特色面食、小吃都有。

住在东北线

天水的住宿十分方便，不论是在市中心，还是各县城，找到落脚的地方都很容易。一般来说，100元就可以住上很不错的标准间。建议住在秦州区，因为天水的主要景点大多分布在此区，出行更便捷。

宁夏回族自治区

伊斯兰风情之旅

　　银川市区

宗教及自然风光之旅

　　承天寺→海宝塔→南关清真寺→钟鼓楼→南薰门→贺兰山沿线→平罗沙湖

南线：宁夏亮点之旅

　　青铜峡一百零八塔→中卫高庙→沙坡头→同心清真大寺→固原须弥山石窟→六盘山旅游区

银川

银川快速攻略

Day1　黄沙古渡→南关清真大寺→承天寺→鼓楼、玉皇阁（走马观花，没有必要仔细游览）

Day2　银川→平罗沙湖→银川

Day3　银川→贺兰山→镇北堡西部影城→西夏王陵→银川

感受银川

天下黄河富宁夏　宁夏作为中国版图上较小的一个省区，仿佛祖国母亲怀中珍爱的宝贝儿。黄河从甘肃的山岭中冲到这里歇歇脚，于是肥沃的黄土层层叠落，大鲤鱼、漫无边际的稻田引出了"天下黄河富宁夏"的美谈。难怪近千年前，强横一时的西夏帝国以此为根基，开拓了纵横万里的辽阔疆土。

☀地理

宁夏的地势南高北低，平均海拔在 1000 米以上，北部南北走向的贺兰山脉以西是广袤的蒙古草原，南部的六盘山脉是黄土高原上的一座绿岛，中部黄河冲积平原被称为"塞北江南"。

准备与咨询

气候与游季

宁夏的气候少雨雪，较为干燥。昼夜温差较大，适于农作物生长，也易晒黑皮肤。春季多风沙，夏季和秋季适于旅游。冬季气温较北方暖和，游人相对较少，适于独自上路以图个清静。

☀凑凑热闹

每年 5、6 月间，可以见到一年一度的宁夏"花儿会"；9月中旬，则可赶上宁夏银川国际黄河文化节。

行在银川

进出

银川东部城区为老城区，繁华的商业街道，众多的名胜古迹分散在这里；而西部城区则是火车站、学校等生活区。建议旅游者住在东城繁华地段，这样便于安排市内游览。

飞机

河东机场位于银川市东南约 19 千米处，机场有专线大巴往返银川市区，按航班发车，车费 20 元。大巴路线：机场至民航大厦。机场出来打车到银川老城区要 30 元左右，到西夏区约需 90 元。

中心售票处　☎ 0951-6913456

机场问讯处　☎ 0951-6912218/96111

☀五功

回族是宁夏的主体民族，他们信仰伊斯兰教。伊斯兰教徒必须奉行"五功"：念（念诵"清真言"）、礼（每天面向麦加的克尔白神庙做五次礼拜、每礼拜五到清真寺参加聚礼）、斋（一年封一个月斋）、课（按照财产比例缴纳天课——宗教税），朝（有条件的穆斯林，一生中至少去麦加朝觐一次）。除这"五功"外，每年还有庆祝活动和节日要参加。著名的开斋节、圣纪节、宰牲节，是伊斯兰教三大传统节日。

☀1.气候：
宁夏干燥的气候，可能会使有的旅友出现鼻腔干痛、口焦舌燥、皮肤干裂等症状，需带一些常用药，如油质滴鼻药水或者药膏、上清丸、桔梗丸、凡士林或者润肤膏等，同时注意多喝开水，多吃新鲜蔬菜、水果等。

2.高原反应：
宁夏地势很高，对于患有高血压、心脏病、气管炎、哮喘病的人，初到宁夏可能会出现头晕、心跳快、气短、气喘等症状。因此，来宁夏的时候最好带一些防护药品。

3.防沙：
这里是摄影的天堂，不过风沙太大，要小心保护相机。要准备一些防沙的物品，如太阳镜、帽子等，最好不要戴隐形眼镜。

铁路

银川火车站位于新城区东部，银川市内乘坐 15、30、39、45 路等公交车可到火车站。乘出租车从老城区到火车站车费 15 元左右。

☎ 0951-3922222

公路

银川汽车站南站有发往北京、太原、兰州、西安、郑州等省外城市的车。

长途汽车站点

银川汽车站南站

🚶 位于银川兴庆区清和南街龙盘家私城公交站点附近

🚌 临近胜利街（公交站）、迎宾广场（公交站）、清河街（公交站）

☎ 0951-8308738

银川旅游汽车站（北门汽车站）

🚶 位于银川市清和北街570号

🚌 临近北门公交车场（公交站）

☎ 0951-6724488

银川汽车站

🚶 银川市兴庆区清和南街1382号

☎ 0951-5613927/5613928

市内交通

银川市内的公交线路往来于银川老城区、新城区和新市区之间，并且有往返永宁、贺兰两县的公交车。需要注意的是，银川公交车晚间收车较早，大部分车 19:00 之后就没有了。

💡 **1. 出租车：**银川出租车的白天起步价是 7 元（6:00—22:00），前 3 千米车是 7 元，3 千米以后每千米 1.2 和 1.4 元的都有。夜间起步价一般是 8.4 元。每天 18:00—19:00 是司机交接班的时间，很难打到车。

2. 包车：因为银川比较著名的景点西夏王陵、贺兰山岩画、苏峪口森林公园、镇北堡影视城，均位于银川西侧贺兰山沿线以及银川北平罗沙湖景区。只能包车前往，而价格则视旅游淡旺季有着很大差别，"搞价"的基础是西北地区包车最低价格：每千米 1 元加等待时间。

游在银川

承天寺 ★★★★ 🏛🏺

看过动画片里托塔天王手中的塔吗？敦实、巨大、简洁。从承天寺塔顶俯瞰银川旧城区，脚下不远就是最热闹的商业街，行人如蚂蚁般匆匆而过，自有天王闲视人间的味道。

承天寺始建于 1050 年，寺内 13 层楼

阁式砖塔高 64.5 米，是我国唯一有修建年代记载的西夏古塔。在 1739 年宁夏大地震中倒塌，现存塔身为 1820 年重建，基本保留西夏原塔风格。

承天寺现为宁夏回族自治区博物馆，寺中长期开放四间大殿并展出宁夏历史文物陈列、西夏文物陈列、贺兰山岩画陈列、回族民俗展览。

💰 10元，登塔20元

🕐 9:00—17:30（夏季）
9:00—17:00（冬季），周一闭馆

🚌 临近西塔北站（公交站）、利民街站（公交站）

👁 1～2小时

黄沙古渡国家湿地公园 ★★★★ 🏛🏺🌿

宁夏新兴的王牌景区。在这儿，可以看到康熙渡黄河的古渡口、昭君出塞和亲在大漠里留下的月牙湖。沙漠欢乐谷十分惊险，古渡人家让人感觉舒适。中国原生藏獒展示基地、宁夏沙漠野生动物救助中心、宁夏民俗文化博物馆都在这里落户，这儿可以说是宁夏最好玩儿的地方。

💰 通票218元（包含体验沙漠冲浪车、湿地龙舟、羊皮筏子、骑骆驼、滑沙、黄河冲浪等20多种娱乐项目）

🕐 8:30—18:30（5—9月）
9:00—18:00（10月—次年4月）

🚌 临近黄沙古渡（公交站）

👁 5小时

南关清真大寺 ★★★★ 🏛⛪

始建于明末，现在的南关清真大寺是 1981 年重建的，具有阿拉伯建筑风格，为宁夏回族自治区规模较大的清真寺。大殿可容纳 1300 人同时礼拜，该清真寺为了弘扬伊斯兰教文化，对公众开放。

💰 10元

🕐 8:00—17:00

🚌 临近长城路永安巷口（公交站）、玉皇阁街长城路口（公交站）

海宝塔 ★★★ ⛪🏛

海宝寺位于银川市北郊，是一座有着 1500 多年历史的古刹，也是银川唯一的全国重点开放寺院，寺院中的海宝塔是宁夏始建年代最古老的佛教建筑。海宝塔与市内承天寺塔遥相呼应，是宁夏八景之一，素有

南关清真寺

"古塔凌霄"之誉。海宝塔塔身坐落在宽敞的方形塔基上，连同台基总共十一级，通高54米，塔身呈正方形，四面中间又各突出一脊梁，呈"亚"字形，为我国十六名塔之一。每年农历七月十五的盂兰盆会热闹非凡。

- 🎫 10元
- 🕐 9:00—17:00
- 🚌 临近海宝公园（公交站）
- 👁 1小时

鸣翠湖国家湿地公园
★★★★★ 🌐

鸣翠湖是宁夏保存最为完好的原生态自然湿地保护区，享有"中国最美的六大湿地公园"的美誉。是一个集科普教育、休闲度假、水陆拓展、康体养生、野生垂钓、冬天滑雪、婚纱摄影于一体的旅游景区。

- 🎫 旺季40元，淡季20元
- 🕐 8:00—18:00（夏季）
  9:00—17:00（冬季）
- 🚌 市内乘601、703路在檀溪谷景区站下车，向东步行1千米到达。换车可以走银川大团结广场—银古路—石油城—掌政镇—鸣翠湖
- 👁 2～3小时

张裕龙谕酒庄 ★★★ ⚽

欧洲古堡式的建筑周边，是一大片绿色的葡萄园，让人仿佛置身身国外。酒庄一层是灌装生产线和影视厅，地下一层是酒窖。最让人有参与感的是二层的博物馆和体验厅，可以了解张裕的爱国事迹和张裕红酒的发展历史，在这里还能亲手制作白

海宝塔

🔅老张清炖羊肉馆

要想在宁夏吃出特色来，还得到盐池老张清炖羊肉馆去，店小，肉精。小吃是特色，价格很便宜，只要吃过小吃就能记住宁夏的美味了！

🔾 银川市清和南街兰花花大酒店南100米处

🔅1. 红色的枸杞子：是

枸杞的果实，具有生精益气，补肾润肺，明目祛风等功效，既是原地上乘的中草药，又是强身健体的滋补良品。宁夏中卫地区黄河灌区所生产的枸杞质量最佳，在宁夏各城市均可以买到。如果你到宁夏来，千万别忘了带点回去孝敬父母，赠送亲朋。

2. 贺兰石： 出产于贺兰山脉笔架山一带，以绿色、紫色的单色为主，如果绿中有紫、紫中带绿被称为"三彩"，而极少数中掺有褐色斑纹的则属贺兰石中的佳品，不过随着现在科学技术的进步，仿制的可能也就大多了。

3. 滩羊皮： 滩羊的产地很广，甘肃、陕西、内蒙古等部分地区均有畜养，但是宁夏所产滩羊皮品质最好。出生1个月左右的滩羊皮叫作二毛皮，取自"儿毛皮"的谐音。其毛色纯正，轻盈保暖，是裘皮中的上品。

兰地，亲手灌装、封瓶。在酒庄里还能买到市面上买不到的酒，爱酒人士一定会喜欢这里。

💰 80元

🕐 8:30—16:00

🔾 银川市西夏区经济开发区六盘山路359号

🚌 临近张裕酒庄（公交站）

🕐 2小时

吃喝银川

银川回族人口虽然只占18%，但是银川街头的清真餐馆却占了近2/3，过去以解放西街上的迎宾楼清真饭店口碑最好。现在嘛，看着有些档次的都差不到哪去。

推荐逛逛银川新华街的夜景，吃吃沿街小摊的烤串，也可以领略一下银川的夜色。建议试试银川肉夹馍，与西北地区流行的肉夹馍有很大区别。用炒锅将青菜羊肉丁炒熟夹入烧饼中，味道很好。还有烤全羊、手抓羊肉、羊杂碎、羊肉泡馍、各种面食和特色火锅等。

🔅娱乐

在宁夏可欣赏到具有浓郁西北风情的回族花儿和口弦。"回族花儿"是流传于我国西北地区的一种独具风采的高腔山歌，曲调高亢悠扬，歌词淳朴清新。"口弦"，又叫"口儿"，是宁夏回族妇女喜爱的一种小型弹拨乐器，演奏的曲调悦耳动听，曲调比较固定，有"廊檐滴水""骆驼铃""珍珠倒卷帘"等口弦令。

推荐餐馆

国强手抓（锦泰店） 吃手抓的好地方，鲜美、嫩滑，蘸着醋蒜汁儿吃，不油不腻，唇齿留香。

🔾 康平路317号

📞 0951-5036220

孟美玉砂锅店 在这里必点高担酿皮，口感劲道，味道超棒；灰豆子也是强烈推荐，刚入口有点酸，但回味起来却很甜。

🔾 惠民巷（文化街老二中旁）

📞 0951-6034981

购物银川

推荐购物

银川卖特产的小店多的是，但还是去南门地下的北京华联超市去吧，便宜，还有保证！商场购物在老区步行街上就可以了，新华百货基本上已经垄断银川的百货业了。

宁夏五宝 即红枸杞、黄甘草、贺兰石、白滩羊皮、黑发菜。其中甘草、发菜为草原野生特产，近年由于过度采挖导致植被破坏，政府已经明令禁止挖掘。为了少一点沙化的土地，少一些无知的破

坏，希望你能理解并拒绝购买私人盗采的黑黄两宝。

住在银川

银川消费水平的平易近人，会让来自大城市的旅游者非常羡慕，所以，用不着担心在这里找不到价格便宜而又舒适的住处。

推荐住宿

新华饭店

🔾 新华东街203号

📞 0951-6031353

银川周边游

宁夏沙湖 ★★★★

沙湖位于银川市北56千米，面积7.32平方千米，是宁夏的第一大淡水湖，相当于一个半西湖大小。

沙湖是全国35个王牌景点之一，滑沙、水上滑梯、各种式样的游船快艇、浴场设施完善。可以先乘船登沙洲玩耍，然后随便搭一班返回大门的船回来即可。如果兴致好，还可以在这里露营烧烤，月明之夜，沙洲碧波别是一番滋味。

沙湖还盛产各种鱼，在湖南岸的水族馆里，可以看到几十种珍稀鱼类。湖西四周有滑沙、骑骆驼、骑马、游泳、垂钓、滑翔、沙滩排球、足球等游乐设施，还有旅游飞机空中观光节目。

🎫 门票50元；内部娱乐项目单独收费
🚌 银川旅游汽车站有到沙湖的专线车，票价15元，车程1小时左右
👁 1天

☀**寻宝：**沙湖的水产品极为丰富，其中沙湖大鱼头最为出名，不妨在当地品尝。

水洞沟遗址旅游区 ★★★★

目前中国发现的最丰富的旧石器时代晚期遗址之一。它的发掘表明早在3万多年前的旧石器时代就有人类在此生息。水洞沟景区内有两个湖：红山湖和鸳鸯湖，都可以坐船游长城。据宁夏文物考古专家称，该遗址为明长城屯兵的城堡，是宁夏发现的保存较完整的古长城立体军事防御遗址。

🎫 60元
🕐 9:00—17:00
🚌 在银川南门汽车站乘银川到鄂前旗、中心区、磁窑堡、大水坑等方向的车辆
🚗 由银川从银青高速出发，经过黄河大桥至临河收费站，上银青高速辅道直达
👁 3～4天

☀**寻宝：**"张小三店"和"藏兵洞"两大新景正式向游客开放，特别是冬暖夏凉，如同地下迷宫的明代藏兵洞，让游客过了一把探秘寻宝的"瘾"。

贺兰山国家森林公园 ★★★★★

银川西50千米左右为贺兰山脉，东北西南走向，以贺兰山为界，西为内蒙古，东为宁夏，绵延200余千米，宽15～60千米，主峰敖包圪瘩，海拔3556米，与银川平原落差2000余米。其中常规线路包括西夏王陵、贺兰口岩画、苏峪口风景区和镇北堡西部影城。因为几个景点同在银川西侧贺兰山沿线，所以一般作为

水洞沟遗址

银川周边游

镇北堡西部影城

包车一日游基本线路，是银川旅游亮点。

贺兰口是攀登贺兰山主峰的进山路径之一，当地人称从该口进入深山中有大量散落岩画。方圆0.38平方千米内有数百幅原始岩画，有的面目狰狞，有的怪异有趣，至今尚不能断定所刻年代，其中北侧半山腰处的太阳神像为代表作。

💰 80元

🚍 银川汽车站有发往贺兰山方向的班车。或乘坐游2路到贺兰山岩西站下车

👁 2～3小时

西夏陵国家考古遗址公园 ★★★★

被称为"东方的金字塔"，坐落在银川市西郊贺兰山东麓，是西夏历代帝王陵墓所在地。陵区南北长10千米，东西宽4千米，里边分布着九座帝王陵和140多座王公大臣的殉葬墓。

现残存的陵台高20余米，为土黄色窝头状的巨大建筑，长40余米的墓穴涌谊仿佛龙脊深入地下。蒙古军队焚烧了陵台上的木檐结构，岁月填埋了墓道。只剩下苍茫大地上一座座孤零零的荒冢，在贺兰山脚下暗自凄凉。

💰 68元；往返观光车20元

🕐 8:00—18:00（4—10月）
9:00—17:00（11月—次年3月）

🚍 先从市区乘公交车到火车站，然后包车前去，约40元；银川旅游汽车站（北门汽车站）每天有车发往西夏王陵，票价9元，行程约70分钟；从银川新月广场搭乘公交旅游专线至西夏王陵

👁 2～4小时

💡**西夏文化：**王陵东北侧修建了巨大的博物馆和蜡像馆，可以在这里深入地了解西夏的文化和历史，以及西夏的崛起和覆灭。

镇北堡西部影城 ★★★★

镇北堡西部影城距华夏珍奇艺术城仅两千米。原为西部荒漠废弃的明代古堡，周围名胜古迹众多。该影视城现已拍摄了包括《红高粱》《东邪西毒》《大话西游》《新龙门客栈》在内的近百部影视剧。享有"中国电影从这里走向世界"的美誉。

💰 80元

🕐 8:00—18:00（4月16日—10月8日）
9:00—17:00（10月9日—次年4月15日）

🚍 在银川市区乘17路或游3路，直达影城；每年的4月底至10月底，在银川火车站和新月广场有直达影城的旅游专线车，每天一班，节假日可能会增加班次

👁 3～4小时

银川周边游

南线

南线快速攻略

Day1 银川→青铜峡→中卫（参观中卫高庙，住宿）
Day2 中卫→沙坡头→中卫（住宿）
Day3 中卫→固原→须弥山石窟→固原（住宿）
Day4 固原→火石寨→固原→六盘山

游在南线

沙坡头旅游景区　★★★★★　😊⚠

　　宁夏最有名的景区之一，黄河和腾格里沙漠造就了这一美景。

　　沙坡头风景区以沙漠旅行和黄河漂流为主要游览特色，滑沙和骑骆驼以及乘"浑脱"（羊皮筏）渡河均是不可不玩的项目。沙坡头景区分为两部分：一边是沙坡头，以滑沙、滑索过黄河、坐羊皮筏子等娱乐项目著称。爬上沙坡头，可远眺黄河沙漠绿地并存的奇观；另一边是腾格里沙漠植物园，在那里骑骆驼或徒步走沙漠才最刺激。2013 年沙坡头成为《爸爸去哪儿》第二站拍摄地。

　🎫 旺季80元；淡季50元

　🔆 **1. 项目**：里面有很多收费项目，比如，骑骆驼游沙漠100元，滑沙40元，黄河冲浪60元起。

　　2. 漂流：羊皮筏单程漂流，每人90元，每年5—10月为最佳漂流季节。

　　3. 吃鱼：到沙坡头一定要吃黄河大鲤鱼，最好是清汤炖的，才不失本味！

黄河漂流

　　乘坐独特古老的羊皮筏子畅游黄河，是绝不可错过的活动。

🔆 **1. 门户城市**：固原为宁夏南部主要城市，故可以考虑住宿和作为进出宁夏的门户。

　　2. 周边：由固原向东90千米即为甘肃省著名景点道教圣地——平凉崆峒山，可参看甘肃部分地区。

沙坡头风光

中卫高庙

滚滚黄河之中，一计偌小的羊皮筏子，顺流而下，惊险刺激。沿途两岸山峰峭立，峡谷幽深，一路向下，古老码头、制陶遗址、黄河水车、军阀别墅以及风景如画的“塞上江南”田园风光，移步换景，令人目不暇接。

金沙鸣钟

神奇的沙坡头，由于它特殊的地理环境和地质结构，当游人从百米高的沙坡头坡顶往下滑时，沙坡内便会发出一种“嗡嗡”的奇特响声，犹如金钟长鸣，故称“金沙鸣钟”。它是中国四大响沙之一。

黄河飞索

黄河飞索总长约800米，濒临黄河而背临沙漠的河口。它是黄河上的第一条索道，只需要五六分钟就能飞到对岸。这是一个勇敢者的游戏，飞渡黄河的过程中远眺金色沙漠，脚踏虚空黄河，既惊险又潇洒。

🎫 100元（往返线路，含缆车上行）
🕐 8:00—18:00
🚌 从中卫汽车站乘坐发往沙坡头的专线车，票价4元，沿途停靠，约需40分钟；从中卫汽车站打车约30元可到

中卫高庙 ★★★★

中卫高庙与“大漠奇观”齐名。这里曾是儒、释、道三教合一的宗教场所。多年来，中卫高庙以独特的古建筑和包罗万象的宗教信仰，吸引着八方来客，使庙内香火不断。

🎫 免费
🚌 就在火车站附近，步行可达；或从市中心的鼓楼向北步行5分钟即到
👁 1～2小时

须弥山石窟 ★★★★

在须弥山南麓总计有100多处石窟，这便是须弥山石窟，“须弥”意为“宝山”。它们开凿于北魏时期，距今已有1400多年的历史。这里怪石嶙峋、重峦叠嶂，风景十分秀美。石窟规模宏伟、造像大气，是我国十大石窟之一，同时也是古代丝绸之路沿线著名的佛教石窟之一，被誉为“宁夏敦煌”。

🎫 48元
🕐 9:00—17:00（1—6月），8:00—18:00（7—10月），9:00—17:00（11—12月）
➡ 固原市城北55千米
🚌 从固原坐班车前往三营镇，在镇北的路口坐车或包车到达
👁 3～4小时

火石寨国家地质（森林）公园
★ ★ ★ ★

　　火石寨犹如镶嵌在中国西部黄土高原上的一颗璀璨的红色宝石，是我国北方面积最大的丹霞地貌分布区，也是我国海拔最高的丹霞地貌群，雄浑壮观、神奇俊秀。火石寨的山峦色如渥丹，灿若明霞，看这里的山石颜色，红彤彤的一片，像是烧得通红的石头，因此得名火石寨。公园内奇山、异石、茂树、岩洞林立，主要景点包括云台山、玻璃吊桥、情人谷和穆柯寨等。

　　60元

　　可从固原乘坐旅游班车直达火石寨

　　2～3小时

六盘山国家森林公园 ★ ★ ★

　　六盘山是黄土高原上的一片绿洲，南北长1000余千米，东西宽十数千米。泾河发源地老龙潭、荷花苑、凉殿峡、红军长征纪念亭等景点分布在六盘山脉。毛泽东的《清平乐·六盘山》就是万里长征中翻越六盘山时所作，豪气千秋。

　　85元，野荷谷收门票40元

　　从泾阳县城包车前往，200元左右

　　3～4小时

黄河大峡谷旅游区 ★ ★ ★

　　位于宁夏中部黄河上游段的最后一个峡口，景区内的一百零八塔是中国古塔建筑中仅见的大型塔群，是佛教纪念塔。每当风和日丽之时，水波中108座塔的倒影幽雅明丽，令人慨叹。

　　门票40元，游船峡谷套票185元，探秘古塔套票115元

　　从青铜峡市搭乘公交到天杰水泥站，然后换乘渡船即到；也可从大坝乘车前往

　　0.5～1天

游·在·南·线

108塔

新疆维吾尔自治区

自助游：

东线：瓜果飘香、人文荟萃

乌鲁木齐→吐鲁番→鄯善→哈密→吐鲁番

北线：最美的湖

乌鲁木齐→克拉玛依→阿勒泰

西线：无限风景和神秘的地方

乌鲁木齐→昌吉→石河子→博乐→伊犁

南线：世界上最美的地方

乌鲁木齐→库尔勒→库车→阿克苏→阿图什→喀什→塔什库尔干→和田

自驾游：

探访神秘新疆

若羌县米兰镇→若羌县城→尉犁县→库尔勒市→库车天山大峡谷→拜城县→阿克苏市→喀什市→塔什库尔干→叶城→民丰→塔中→乌鲁木齐

感受神秘宗教文化

乌鲁木齐→天池→巴里坤→哈密→鄯善→乌鲁木齐

穿越荒漠戈壁

乌鲁木齐→火烧山→五彩湾→三道海子→塔克什肯口岸→奇台魔鬼城→鸣沙山→木垒

亲近自然的异域之旅

乌鲁木齐→达坂城→库尔勒→民丰→和田→喀什→库车→吐鲁番→哈密→乌鲁木齐

乌鲁木齐

乌鲁木齐快速攻略

Day1 博物馆→红山公园→水磨沟景区→新疆国际大巴扎

Day2 乌鲁木齐→天池（若行程仅限于乌鲁木齐附近，可就近浏览南山牧场等地）

感受乌鲁木齐

阿凡提一样的城市 一首《冰山上的来客》使得新疆成了忠贞爱情的象征。花儿为什么这样红，是因为洁净的天空，灿烂微笑的维吾尔族姑娘。天山山脉是新疆的"肋骨"，分成了准噶尔盆地的北疆和塔里木盆地的南疆。在这段肋骨中生长出来的乌鲁木齐，却像阿凡提大叔一样繁杂、博大。

巴扎 巴依老爷把树荫卖了，因为树荫很珍贵。辽阔的新疆的每个城市里都有巴扎——各种规模的集市，这里什么都有的卖，不过还没看到卖树荫的巴扎。精美的小刀、华丽的毛毯、如山的水果，还有丰润的洋葱，你想要什么呢？来看一看吧。不过，这里的日照仅次于青藏高原，没准你真想买个树荫。

准备与咨询

语言

作为新疆维吾尔自治区的首府，汉族人口占多数，普通话是这里的通用语言，不过到了附近山区可能就没那么方便了，但是基本的沟通还是可以的。

气候与游季

乌鲁木齐降水较南北疆的沙漠地带算是多的了，气温也算正常，不过对于从南方来的游客可能不容易适应。夏季最热的温度在40℃左右，昼夜温差在10℃以上，所以绝对没有一般城市闷热难耐的感觉。夏、秋季出行，防晒和避暑品得必备。

行在乌鲁木齐

进出

乌鲁木齐对于旅游者的重要性首先是进出方便，除非你从甘肃、西藏乘坐长途车一路奔来，否则这里就可以成为你旅行的终点和起点。

飞机

地窝堡国际机场距离市区16千米，有民航快线连接机场与市区，票价15元。除此之外，还有27、51、306路公交及地铁1号线可从机场至市区。从机场到市区打车约35元。

民航机场问讯处 ☏ 0991-3801453

铁路

乌鲁木齐有两大火车站，分别是火车南站（乌鲁木齐站）和火车西站（乌西站）。火车南站位于青峰路，是发往北疆各班次列车的始发站。火车西站是发往南疆及内地各班次列车的始发站。2014年11月16日，兰新高铁（兰州—乌鲁木齐）乌鲁木齐南至哈密段开通运营，标志着新疆正式进入高铁时代。

乌西站问讯处 ☏ 0991-7943150

乌鲁木齐站问讯处 ☏ 0991-7945222

公路

新疆的公路交通网较为完整，以乌鲁木齐为中心辐射全自治区各地州市。车型主要有普客、快客和卧铺。

旅游季节

极端最低温在 -40℃左右，天山在冬天可以滑雪，所以一年四季都可以到乌鲁木齐旅游。不过常规的旅游季节是每年的 5～10 月，其中最好的季节是 9 月，温度舒适。

新疆之最

乔戈里峰

世界第二高峰（8611 米）

吐鲁番盆地

海拔低于海平面 154 米

塔克拉玛干沙漠

中国面积最大的沙漠

塔里木河

中国最长的内陆河

乌鲁木齐办事处

阿勒泰驻乌鲁木齐办事处也有发往本地的车辆，可以咨询情况。

📞 0991-5855626

新疆旅游须知

1. 衣：新疆早晚温差较大，达到 10～15℃，另外如天池过夜、游南山牧场、登一号冰川、游喀纳斯湖、去巴音布鲁克草原等须带外衣和毛衣等衣物。

2. 食：新疆是水果之乡，到新疆吃水果是一大乐事，但千万不要在吃完水果后再喝热茶，以免造成腹泻。

3. 住：新疆属典型的大陆干旱性气候，早晚温差大，晚上睡觉时应将空调开到适度，不要过凉，或睡觉时不盖棉被，游成身体不适。

4. 行：因新疆地域辽阔，坐车时间较长，很多情况需旅游者下车行走或亲自体验骑马、骑骆驼的乐趣。所以，一双合适的鞋显得尤为重要。

5. 其他：在新疆旅游，一定要咨询在新疆旅行社工作的专业人士，千万不可自行前往或自己租车旅游，因为新疆旅游不可预测因素太多。

红色的沙岗

长途汽车站点及发车方向

军供客运站

📞 0991-5596315 　 ➤ 乌鲁木齐南站路35号附近

🚌 有开往呼图壁、玛纳斯、芳草湖、石河子等地的班车

南郊客运站

📞 0991-2866635 　 ➤ 乌鲁木齐天山区燕尔窝路21号

🚌 有开往和田、喀什、阿克苏、吐鲁番、鄯善、库尔勒等地的班车

明园客运站

📞 0991-4291561 　 ➤ 乌鲁木齐友好北路西巷138号

🚌 有开往克拉玛依、石油基地的班车

北郊客运站

📞 0991-4875555 　 ➤ 乌鲁木齐水磨沟区南湖北路437号

🚌 有开往阜康、奇台、吉木萨尔的班车

碾子沟长途汽车站

📞 0991-5878614

➤ 乌鲁木齐市沙依巴克区黑龙江路49号

🚌 有开往伊宁、霍城、清水河、巩留、新源、昭苏、特克斯、霍尔果斯等地的班车

市内交通

乌鲁木齐的公交线路还比较完善，除了有开往市区各个位置的公交线路，还有七条 BRT 快速公交线路和 1 条地铁线路。出租车起步价为 10 元，司机多为汉族，所以交流没有问题。需要注意的是：如夜里出城，司机会拿你的身份证到路边检查站去登记，这是正常的。另外，晚上男士不能坐出租车前面的副座，这也是出租车的规矩。

游在乌鲁木齐

红山公园 ★★★★ 🚌🚶

乌鲁木齐的心脏，一座海拔 910 米、长 1500 米、宽 1000 米的紫红色砂石小山，上有一座 10.5 米高的砖塔。围绕着它的是 50 万平方米的红山公园，风景倒是一般，但作为乌市的标志性建筑，是游人不能去的地方之一。"塔映斜阳"是乌市八景之一，值得一看。

- 🎫 免费，远眺楼10元
- 🚌 临近红山公园（公交站）
- 👁 3小时

新疆维吾尔自治区博物馆
★★★★ 📷

　　这里是新疆的一个掠影，浓缩的历史停顿在一瞬间，有点像速溶咖啡，虽然没有精品的醇厚，但可解燃眉之急。常年开放的展厅为新疆历史文物展览、民族与民俗展览、维吾尔干尸展览等。

- 🕐 10:30—19:00（周一闭馆）
- 📍 乌鲁木齐市沙依巴克区西北路581号
- 🚌 临近博物馆（公交站）
- 👁 3~4小时

南山风景区 ★★★★ 🎿⚽

　　南山风景区是自治区级风景名胜区，以冰雪景观、葱郁林草、奇特山石、高山林牧区风光和浓郁少数民族风情为主要特色，主要景点有西白杨沟、东白杨沟、照壁山、菊花台、平西梁子、庙尔沟等，山区内的数十条大小沟谷，既是优秀的天然牧场，又是避暑游览的胜地。

- 🎫 45元；骑马40元/小时，到哈萨克族毡房里做客20元
- 🚌 可在市郊客运站（中桥客运站）乘坐去小渠子、西白杨沟、水西沟、板房沟、南台子等地的班车前往
- 🚗 从乌鲁木齐市上216国道，行程约一小时，即可到达景区
- 👁 3~5小时

新疆国际大巴扎 ★★★ 🏙

　　新疆国际大巴扎是目前国内规模最大、设施最先进的巴扎，比世界最著名的土耳其大巴扎还要大9000多平方米，堪称"世界第一大巴扎"。具有浓郁的伊斯兰建筑风格，集伊斯兰文化、建筑、民族商贸、特色美食和新疆歌舞于一体，是新疆旅游业产品的汇集地和展示中心。

- 🎫 免费，丝绸之路观光塔50元
- 🕐 大巴扎区域全天开放，丝绸之路观光塔10:00—20:00开放
- 🚌 临近二道桥（公交站）、新疆国际大巴扎（公交站）、二道桥（地铁站）
- 👁 2~3小时

新疆国际大巴扎

天山大峡谷景区
★★★★ 🎿📷🏔

　　以雪山、森林、湖泊、草原为主的自然风景区，峡谷两侧红褐色岩石经风雕雨刻而成，各种形态的山峦直插云天。峡谷内有很多哈萨克牧民毡房，提供羊肉等特色美食，可在山水之间享用美味，非常惬意。

- 🎫 110元（门票+往返区间车）
- 🕐 9:30—19:00（5月1日—10月31日）
  10:00—18:00（11月1日—次年4月30日）
- 🚌 南郊客运站有发往板房沟的班车直达景区
- 👁 0.5~1天

花田电影小镇
★★★★ 🏙📷🎬

　　属于Keep Like星品汇购物中心，是近年来乌鲁木齐最受青少年欢迎的网红打卡地之一。可以去花田电影小镇看个电影拍拍照，到卡乐士逛逛街，累了再去契哈娜吃个网红餐。

- 📍 新市区长春南路广汇美居物流园东北侧约140米
- 🚌 临近美居板材区（公交站）

水磨沟公园 ★★★ 🎿

　　这是乌鲁木齐市最大的公园，园内有小桥流水、亭台楼阁，环境优美，十分适合

贴心提示

新疆美食以牛羊肉为主，对于旅行者的肠胃要求也高些，切忌受不了美味的诱惑伤了肠胃，另外多喝茶水是解油腻的好办法。

牛羊肉

1. 新疆水草肥美，环境、气候适于羊的生长，所以这里出产的羊，肉质绝佳。

2. 新疆少数民族多信奉伊斯兰教，牛羊肉是他们的主要肉食，能够把羊肉制成精美佳肴的工艺和佐料。当披着红绸肉质油亮棕黄的烤全羊被抬上餐桌的时候，怎么能不赞叹呢？

烤肉

去了夜市不要闹笑话，当地人主要是去喝啤酒、吃烤肉的，新疆人把羊肉串叫作烤肉，一说羊肉串就是外行。

吃拌面

到了新疆还是要去尝试新疆的拌面，拌面主要是羊肉的，也有素的，还有就是鸡蛋的。

漫步观赏，另外，这附近的温泉很有名，值得一试。如果对这里的历史感兴趣，不妨看看纪晓岚、香妃、林则徐等人的雕像。总之，这是一个能让人身心放松的清幽之地。

- 🚍 临近水磨沟公园（公交站）
- 👁 1～3小时

新疆古生态园 ★★★ ⊗

新疆向来是产宝马良驹的地方。新疆乌鲁木齐的新疆古生态园，是中国最大的汗血马基地，集繁育、展示、训练、表演比赛及马术、休闲度假等于一体。在这里，你一定会对它们豪气挺拔的姿态赞叹不已，这就是文学名著中大名鼎鼎的汗血宝马！

- 💰 190元
- 🕐 8:00—22:00
- 🚩 昆明路158号
- 🚍 临近昆明路南（公交站）
- 👁 2～3小时

吃喝乌鲁木齐

你吃羊肉吗？如果不吃就请跳过这一节，自己去找满大街的水果吃，谁让这里是新疆呢！

特色食品

烤全羊　维吾尔语"吐努尔喀瓦甫"，正宗的烤全羊是新疆的一道大菜。选用肥嫩的羯羊或是周岁左右的羊羔，用白面、鸡蛋、盐、胡椒、孜然等佐料调制成糊涂抹在去掉蹄子和内脏的羊身上。然后用带钉子的木棍穿过羊身架在特制的馕坑中烘烤，不断转动木棍使羊肉均匀受热，烤制1个多小时。旅游者可以在各个巴扎上看到一些卖烤全羊的小摊，不妨试试，味道虽然没有大饭店的鲜美，不过倒是多了点乡土气息。

羊肉包子　精选肥嫩羊肉和切碎的洋葱加入调料做成的新疆羊肉包子。皮薄的包子用蒸锅蒸熟，长形皮厚的包子放在馕坑里烤熟，香极了。

拉条子　是特制的面粉，按照新疆朋友的话，内地人吃的面把面粉里的精华都丢掉了，所以内地的面软而无味，和新疆面的口感有天壤之别。揉抻完毕的面被拉成长条煮熟，和洋葱、土豆等蔬菜加上羊肉一起烹炒，油亮亮金黄色的拉条子在所有内地大城市都有人在卖，但是没有几家店可以和新疆随便一家小铺的相比。

手抓饭　手抓饭是维吾尔族逢年过节、婚嫁喜庆日子里，招待亲朋贵客的主要食品之一。甜抓饭多为素抓饭，主要原料为米、鸡蛋、胡萝卜、葡萄干、杏脯、花生仁和清油等。咸抓饭多为肉抓饭，主要原料为煮熟的米饭拌上牛羊肉丁、胡萝卜和洋葱等，加上调料熬制的肉汤，裹上羊油的米饭金黄澄亮。不过提醒一下，现在餐厅里都有了筷子和勺，所以就不必用手抓了。

推荐食处

血站大盘鸡（西北路店）　生意火爆，一进门就可以闻到火辣辣的辣油的味道，大盘鸡很辣，里面都是干煸辣椒，建议吃的

时候再叫一份拉皮（或者皮带面）拌在里面吃。

📍 沙依巴克区西北路2号

📞 0991—4830146

夜市　到乌鲁木齐一定要逛逛经二路的"五一夜市"，临近德汇万达广场东（公交站），各色小吃摊从头至尾排成三四行，几百米长的街道塞得水泄不通。此外位于友好路的友好夜市也值得逛，临近三中（公交站）。铁路局夜市位于市区北部的铁路局路口，临近铁路局（公交站）、铁路局（地铁站）。

购物乌鲁木齐

巴扎（集市）是旅游者购买旅游纪念品的首选地，二道桥巴扎是乌鲁木齐民族用品商店最集中的地方。新疆各地的特产在这里都可以买到，价格也不见得比产地贵。这里的商品加工质量一般，例如正宗的英吉沙小刀只有在英吉沙县城才能买到。二道桥巴扎附近有一家叫作热比娅的市场类似于北京的批发市场，价格比街面上的摊点公道一些，还有五一路的夜市也比较出名。

推荐购物

新疆民街　在龙泉街中段，是目前新疆规模最大的民贸中心，它的最大特点就是设有15个地、州、市的微缩景观和13个民俗博物馆。整个建筑融合了伊斯兰风格和欧洲风格，中原文化和现代文化，是乌市标志性建筑之一。

推荐特产

英吉沙小刀、维吾尔族花帽、新疆地毯、羊脂玉、各种瓜果、雪莲等。

住在乌鲁木齐

在首府住宿根本就不是问题，到处都是招待所、旅社，中低档的旅馆是自助旅行者的首选。卫生状况好，交通便利。

乌鲁木齐周边游

天山天池风景区
★★★★ 🏞️ 🚠

天池是博格达雪峰腰间的玉佩，距离乌市110千米。海拔1928米，长3400米，宽1500米，准新月形，两岸为草场、森林。夏季气温在20℃左右，冬季是国内海拔最高的天然冰场。游览季节在5—10月。作为乌市最著名的风景区，这里的开发可以和它的名气相媲美，几乎所有到新疆的人都要游览天池，想拍张没有游人的风景照都难。不过正规旅游区外的风景更美，但最好有当地人陪同，以免发生意外。

天池风光

乌鲁木齐周边游

新疆达坂城风车

顶天三石　天池西 4 千米处的峡谷中，有 3 块巨石，海拔 2718 米，也叫灯杆山，因为古时候道人在巨石上竖木杆，挂长明灯，百里外的乌鲁木齐都依稀看得到灯光。山顶可一览天池和博格达主峰全貌。

定海神针　天池北岸上湖畔唯一的大榆树，传为西王母的发簪，专为吓唬天池恶龙的。

南山望雪　从天池岸边往南仰视博格达山峰积雪。

西山观松　于天池西南山坡欣赏大片的松树林。

海峰晨曦　天池日出和落日都很美，欲赏此景和龙潭碧月需住宿天池湖畔。

悬泉飞瀑　天池下游泄水形成的瀑布，聚水潭称为"东小天池"。

🎫　95元（4—10月），45元（11月—次年3月），区间车（往返）60元

🕐　9:00—19:00（4—10月）
　　9:30—19:00（11月—次年3月）

🚌　在乌鲁木齐北郊客运站，乘坐至阜康的班车，票价约18.5元，行程约1.5小时。到达阜康后，客运站内有小巴直达天池景区，票价约5元，行程约20分钟

🚫　从乌鲁木齐上河滩公路，一直朝北走，途经米泉、阜康。过了阜康休息站便会有路牌指引下高速，再继续向山里开就能到达景区

👁　4～6小时

江布拉克景区
★★★★　🈺 🖼

　　江布拉克在哈萨克语中意为"圣水之源"，海拔低处有新疆难得一见的高山麦田风光，海拔高处则是高山草原与原始森林，有很多哈萨克牧民毡房。江布拉克拥有万亩麦田、林海雪峰、山涧溪流、郁金香圃等丰富景色，一年四季都有不同的景色。最独树一帜的风景便是天山麦海，连绵起伏的山坡上成片的麦田舒展着，风吹麦浪起，深秋收割后的金色麦垛堆满了山坡。

🎫　43元，景区内区间车票35元，自驾进入景区100元/车

🚌　从乌鲁木齐乘坐前往奇台县的班车，奇台县城有直达景区的班车

👁　0.5～1天

达坂城　★★★★　⛰ 🈺

　　达坂城从古至今就是联系南北疆的咽喉之地，丝路文化、民俗文化和现代音乐文化在这里交汇并得以升华。还有被誉为"中国死海"的新疆盐湖汇聚着自然、人文最迷人的部分。数百台风力发电机擎天而立、迎风飞旋，还有蔚为壮观的风力发电站。

🎫　40元

🚌　乌鲁木齐市的黄河路市郊客运站有到达坂城的汽车，可在达坂城搭乘当地的出租车或三轮摩托车前往白水镇

👁　2～3小时

吐鲁番

吐鲁番快速攻略

Day1 交河故城→坎儿井民俗园→苏公塔→葡萄沟

Day2 吐鲁番→火焰山→千佛洞→吐峪沟→库木塔格沙漠

🔆 **1. 一日游：**市区有旅行社和交通部门组织的一日游，基本可涵盖应去景点，车费每人30元，包出租车游遍各景点一般需160元左右。

2. 沿途：沿途即可看到坎儿井和火焰山风光。

感受吐鲁番

葡萄 突厥语中吐鲁番的意思是"富饶的地方"，这块近1/10土地低于海平面的盆地里装满了葡萄和美景。这个盆地里装着世界上最甜的葡萄——无核白葡萄，这种葡萄主要用来晾制葡萄干。在乡村中随处可见的葡萄架下乘凉的人，信手揪两串葡萄，真是一种享受。即便是市区内的青年路等路段，整条街道也用葡萄架搭起凉棚，沉甸甸地清凉。

行在吐鲁番

进出

进出吐鲁番，可乘飞机、火车或汽车，但最方便的还是自己包车，这样可能费用高一些，但可以节约旅途中的时间。

飞机

有往返于乌鲁木齐、银川、敦煌、西安、长沙等地的航班。

吐鲁番交河机场 ☎ 0995-8621960

乌鲁木齐地窝堡国际机场 ☎ 0991-3801453

铁路

吐鲁番是兰新铁路和南疆铁路交会的城市，所以从这里向西就是乌鲁木齐和天山以北地区，向南就会进入南疆地区。火车站位于市区北46千米处，有中巴往返市区，票价7.5元。另一火车站七泉湖站离市区较近，有很多快车停靠。

火车站问询处 ☎ 0995-7656222

公路

游客可在吐鲁番地区客运中心和大河沿客运站乘坐发往乌鲁木齐、喀什、和田、奇台、鄯善、托克逊、库尔勒、轮台、库车、阿克苏、沙井子、三叉井、巴楚、阿图什、阿拉尔、莎车、叶城、泽普等地的班车。

吐鲁番地区客运中心

🚩 吐鲁番市椿树路   ☎ 0995-8522325

吐鲁番大河沿汽车客运站

🚩 吐鲁番市大河沿镇   ☎ 0995-8645849

鄯善客运站

🚩 吐鲁番鄯善县新城路中段   ☎ 0995-8381360

普通话与维吾尔族语	
普通话	**维吾尔族语**
您好	亚合西木 斯孜
对不起	艾普 克力嘎
没关系	克热艾克 哟克
谢谢	热河买提
再见	海尔 活西
玉石	卡西提西
西瓜	塔吾孜
葡萄	玉祖母
葡萄干	库如克 玉祖母
多少钱	砍切 甫录
厕所在哪里	哈拉 卡也尔带

🔆 **商业意识**

现在当地人商业意识已经培养得很强了，所以在葡萄沟买葡萄干价格并不便宜。

市内交通

　　吐鲁番市内公交线路比较少，票价统一为1元。如果只是在市内逛巴扎或是到近郊去，可以叫上一辆当地人称"毛驴的士"的驴车，要事先讲好价钱，坐在驴车上游吐鲁番，别有趣味。

游在吐鲁番

火焰山　★★★★　🌞

　　这里因为夏季气温最高可达47℃，地表温度达到80℃，被照映成红色的山峦和蒸腾的热气仿佛一道火焰，所以被称为火焰山，由此才有了《西游记》里的火焰山和芭蕉扇。火焰山地处吐鲁番南，是去往高昌故城、阿斯塔那－哈拉和卓古墓群、柏孜克里克千佛洞、鄯善等地的必经之路。在火焰山烈火深处还有葡萄沟和吐峪沟两颗避火神珠。

- 💰　40元
- 🕐　8:30—20:00（夏季）
- 　　10:00—19:00（冬季）
- 🚌　从吐鲁番汽车站乘坐班车到火焰山，车程约半小时
- 👁　3～4小时

葡萄沟　★★★★　🏛🌞

　　葡萄沟位于火焰山西端，全长8千米，宽两千米，整条沟被葡萄所覆盖，葡萄叶子下面就是纯正的新疆村庄，安逸而悠闲。马奶子、红黑葡萄、蔗早晶、无核葡萄、玫瑰香，还有各种其他果实挂满枝头。在这里可以领略民族舞蹈，品尝新鲜的葡萄，每年8月前后是葡萄成熟的季节，也就是葡萄沟最热闹的季节。现在吐鲁番还有一个新葡萄沟，与老葡萄沟共同组成了葡萄沟游乐园。跟着导游走，多数会被领到新葡萄沟，因为新开发的商业项目多集中在那里。想体味纯正的吐鲁番葡萄风情，还

火焰山

是要到老葡萄沟。

- 💰　60元
- 🕐　9:30—19:30
- 🚌　临近葡萄沟接待站（公交站）
- 👁　3小时

苏公塔　★★★　🌞🏛📷

　　又称额敏塔，是1748年吐鲁番郡王为父祈福而建造的。用黄土制成的砖块垒建而成，像是半个纺锤，内有72级旋转至塔顶的台阶，塔身砌成不同花纹，造型在全国堪称独一无二。因为当地少雨，所以这座黄土塔依然保存完好，非常值得拍照留念。

- 💰　45元
- 🕐　10:00—19:00
- 🚌　临近苏公塔（公交站）
- 👁　2小时

库木塔格沙漠风景名胜区
★★★★　🌞⛰

　　这里是世界上离城市最近的沙漠，离吐鲁番只有90千米。雄浑壮阔的金色沙漠，有复合型、新月形、线性沙垄，有格状、金字塔形、线状等各种类型的沙丘。另外，还有世界上独有的羽毛状沙丘，可谓是浓缩了世界各大沙漠典型景观的博物馆。

- 💰　30元，景区内娱乐项目另收费
- 🕐　9:00—21:00
- 🚌　从鄯善县城中心步行到沙漠公园，大约20分钟
- 👁　3～4小时

吐峪沟　★★★　🌞🌞🏛

　　被火焰山包围着的吐峪沟属鄯善县，东距吐鲁番50余千米。和葡萄沟一样，这里是真正的维吾尔族村落，但是更加自然纯正一些。

　　吐峪沟山坡上有一座圣人的麻扎（墓地），安葬着伊斯兰教的7位圣人。所以这里也是伊斯兰教的一个重要朝拜圣地。吐峪沟还有一处十佛洞，是吐鲁番盆地内开凿最早的石窟群，始建于1600多年前，现存94个洞窟和部分壁画。麻扎和千佛洞相距不远，代表两种信仰的建筑一直和平相处至今。

- 💰　30元
- 🕐　10:00—20:30
- 🚌　从鄯善、吐鲁番到吐峪沟有班车往返。从吐鲁番市包车前往约150元
- 👁　0.5天

交河故城

交河故城 ★★★★ 🌊🏛

这座没有城墙的城池是目前世界上最大、最古老、保存最好的生土建筑城市。古城遗址位于吐鲁番市区西13千米的雅尔乃孜沟中，在状若柳树叶、高20余米的孤岛上。因干枯的河道分流城下，故称为"交河"。为汉代"车师前国王庭"所在地，唐代安西督护府最初设在此地，约13世纪毁于一场近半个世纪的战争。现在城内的官府、民宅、佛塔、寺院仍清晰可见，整座城池只有东、南两门，从河道向上经土路才能登上故城。

- 💰 70元
- 🕐 9:30—19:00
- 🚌 4—10月有旅游专线车20元，淡季时坐公交到亚尔乡，乘出租车15元、马车20元到交河故城
- 👁 3小时

高昌故城 ★★★ 🌊🏛

高昌故城现存周长5.4千米，面积200万平方米的建筑遗址，是西域留存下来最大的古城遗址。内城墙、外城墙、宫城墙、可汗堡、烽火台、佛塔寺院等建筑遗址依然保存完好。当年唐僧也在这座城池中宣扬过佛法。

- 💰 70元
- 🕐 9:30—21:00
- 🚌 最好包车前往
- 📞 0995-8687666
- 👁 3小时

柏孜克里克千佛洞
★★★ 🏛🌊

柏孜克里克千佛洞位于吐鲁番东南40余千米的火焰山中段木沟河谷西岸的悬崖峭壁上，共有83个洞窟，其中40余座残存1200余平方米的壁画。最早的洞窟是在6世纪开凿，鼎盛时期在9世纪中叶回鹘高昌王国时期。佛像和壁画都不同程度地遭到自然和人为的破坏，部分是宗教原因，部分是被20世纪初的探险家们掠去。

- 💰 40元
- 🕐 9:30—19:00（夏季）
  10:00—18:00（冬季）
- 🚌 建议包车，一天300元，可与其他游客拼车
- 👁 1天

伏羲女娲塑像

游览提醒： 由于千佛洞地处悬崖山腰，在参观中请不要到未开放地区参观，以免发生危险。在千佛洞洞窟内是不允许拍照和摄像的，请在游览时注意，否则会面临曝光和罚款的处罚。不要触摸壁画、在洞窟内吸烟等。

坎儿井乐园 ★★★★

坎儿井和万里长城、京杭大运河并成为中国古代三大工程。吐鲁番盆地内有千余条坎儿井，全长约5000千米，是人工挖掘、开凿的地下引水工程，减少了水分蒸发，保证了农田灌溉。坎儿井历史可以追溯到2000多年前。

- 40元
- 8:00—20:00（4月21日—10月20日）；10:00—18:30（10月21日—次年4月20日）
- 临近亚尔镇政府（公交站）
- 2～3小时

坎儿井乐园里的路是顺着走的，不能走回头路，因此要拍照就马上拍，错过就追悔莫及了。

吃喝吐鲁番

吐鲁番的风味小吃有米肠子、面肺子、烤肉等。

购物吐鲁番

特产有鲜葡萄、葡萄干、哈密瓜、鲜马奶、酸马奶、长绒棉和巴旦木等。

葡萄主要有无核白、红葡萄、黑葡萄、玫瑰香、白布瑞克等500多个优良品种，堪称"世界葡萄植物园"，一般7—10月鲜葡萄上市。

葡萄干品种繁多，"马奶子"（又名男人香）、女人香、红玫瑰、黄玫瑰等是其中比较知名的。依风干性质可分为热性和凉性。

住在吐鲁番

吐鲁番因为交通方便，旅游景点集中，已经成了新疆旅游的一个热门城市，所以在每年7—9月会有大量游客前往，届时住宿较紧张且房价较贵。

哈密

哈密快速攻略

Day1 哈密魔鬼城→哈密城区→回王陵
Day2 哈密城区→白石头风景区→巴里坤草原→怪石山

感受哈密

旅者的绿洲 从吐鲁番向东直到甘肃武威，是绵延不绝的沙漠戈壁，河西四郡是甘肃的四块绿洲，而哈密则是进入新疆的第一块绿洲。古代旅行者们穿过死寂、干涸的沙漠，走到这里的时候，迎接他们的是哈密的瓜和吐鲁番的葡萄。行路的人留下的足迹早就被风沙掩埋，唯有这片绿洲依旧是旅者的港湾。

行在哈密

进出

哈密是新疆的一个重要门户。

飞机

哈密机场位于哈密市城东偏北方向，距老市区中心12.5千米。目前有上海、成都、塔城、乌鲁木齐、郑州和西安多条航线，以及乌鲁木齐对开、库尔勒对开、敦煌对开的航班。

0902-6553000

鸡崇拜

哈密的维吾尔族人历史上曾被称为高昌回鹘，至今哈密维吾尔族人仍保留着高昌回鹘人的习俗，他们视鸡为具有神力的吉祥之物。在哈密维吾尔族人的春祭青苗仪式上，全村人视为圣物的那盘青苗中，就插着一只纸剪的公鸡。

铁路

兰新铁路进入新疆第一站就是哈密，如果你有足够的时间，不妨就让新疆东线之旅从这里开始。

火车站问讯处 ☎ 0902-7122222

公路

长途汽车站位于广场北路和建国路交会处，从这里每天都有大量东去敦煌、西去吐鲁番以及更远地方的班车。可搭乘公交3、5、8、11、12、17路前往。

哈密客运站 ☎ 0902-2232403

市内交通

市区面积很小，出租车起步价7元/3千米，3千米后白天1.4元/千米，夜间1.96元/千米，长途车站和火车站有去往各旅游点的出租车拉客。

🔆 民居

走进维吾尔族村民的小院，可以见到挺拔的白杨树、成堆的葡萄藤和漂亮的维吾尔族小姑娘，还有在明媚阳光下夺目的枕花、农家剪纸画和民族乐器等手工艺品，一切都是新鲜的感觉。

游在哈密

回王陵 ★★★ 🎎🏔

又称为哈密王墓，第一部分大拱拜（即回王坟）埋葬着七世回王伯锡尔及其大小福晋、八世回王默哈莫及其王妃、王族等40人。建筑以阿拉伯风格为主，同时带有新疆本地和清代建筑风格。陵墓外的艾提尕尔清真寺是哈密市最大的清真寺。

🎫 旺季35元，淡季18元
🚌 临近哈密王陵（公交站）
👁 1～2小时

哈密魔鬼城 ★★★★ 🎎

哈密市属雅丹地貌，经过漫长的风蚀自然形成了"魔鬼城"这样的地方。由于它神

回王陵

魔鬼城

秘莫测，不熟悉地形的人若遇风暴，有迷失方向的危险。在魔鬼城里，可以看到那些酷似城堡、殿堂、佛塔、碑、人物、禽兽等形态各异的景观，令人眼花缭乱的陡壁悬崖，以及混迹岩砾中五光十色的玛瑙、随处可见的硅化木、枝叶清新的植物化石，偶尔可发现像恐龙蛋化石的小圆石头、海生的鱼类化石、鸟类化石。当夜幕降临时，还会听到鬼哭狼嚎令人毛骨悚然的嘶叫。

其实这里还真正存在着古城堡建筑——艾斯克霞尔古城堡，这是古丝路的驿站或是哈密王朝的西南前哨。

🎫 旺季40元，淡季20元
🕐 8:30—22:30
🚌 在哈密市区搭乘至五堡乡的班车，再包车前往
👁 3～4小时

巴里坤草原 ★★★★ 🎎🌟

巴里坤草原是新疆的第二大草原，这里有"天山淞雪""瀚海鳌城""镜泉宿月""岳台留胜"等八景。巴里坤位于中蒙边界，是哈萨克族的聚居地。哈萨克族毡房、雪景、草原、湖泊、湿地，在这里交映成趣。6、7月的巴里坤草原，蝶儿纷飞、鸟儿鸣叫、绿浪翻滚，是一年中拍摄的最佳季节。草原最热闹的是8月，这个时候会举行哈萨克族传统的赛马、叼羊、姑娘追、阿青弹唱等活动。

🎫 免费
🚌 哈密汽车站有开往巴里坤的汽车，坐满了发车
👁 2～3小时

🔆 巴里坤湖古称"蒲类海"，民间称之为"西海子"。自驾一定要开到两只天鹅的大门入口，再进入景区，门票免费。巴里坤湖入口有卫生间，里面没有，浮桥上也没有。

鸣沙山　★★★

塔水河和柳条河绕哈密"鸣沙山"两侧蜿蜒流过。立于天山庙上，可鸟瞰其全貌。当游人静卧沙上时，风动沙移，沙鸣声如泣如诉，如箫如笛，凄婉低回。当游人做滑沙运动时，沙粒向下翻卷滚动，相互摩擦，声波振荡，沙鸣声如同飞机从空中掠过，隆隆作响。

🕐 5:00—20:30（1月1日—8月19日）
　　 6:00—19:30（8月20日—12月31日）

📍 哈密市巴里坤哈萨克自治县境内

👁 1～2小时

伊吾胡杨林景区　★★★★

胡杨树被誉为"活化石"，伊吾胡杨林是中国境内分布较为集中的胡杨林，也是世界仅存的三大胡杨林之一。有专家称赞伊吾胡杨林是世界上树干造型最为独特、树龄最高、距离城市最近、保护最完整的原始胡杨林。

💰 80元

🚌 从伊吾县城出发，走335国道，全程约90千米，车程约1.5小时

👁 4～5小时

雅丹大海道景区　★★★★

一条穿越无人区的路，也是丝绸之路的古道，因大沙海而得名。在这里，你能看到古城堡、烽燧、驿站、史前人类居住遗址、化石山、海市蜃楼、沙漠野骆驼群……这里能满足你对西域的全部想象。当夜晚的星空震撼到你时，你就能理解为什么这里是令摄影爱好者、探险者们魂牵梦绕的秘境了。

💰 20元，区间车30元，自驾项目50～100元/车

📍 哈密市伊州区七角井镇

🚌 建议包车前往

👁 35小时

💡 1. 提前准备好实体地图，或下载好离线地图，因为随时就可能没信号。

2. 备足水和干粮。

3. 注意防晒。

吃喝哈密

哈密瓜的名字是因为清朝的皇帝很喜欢吃这种甜瓜，问随从这种瓜的名字，随从只因知道是哈密王进贡的，索性就叫哈密瓜了。其实新疆很多地方都种植密瓜，真正极品的哈密瓜产地是吐鲁番鄯善地区东乡区。不过，除了真正的美食家，外行很难分辨出各处哈密瓜的差别。因为哈密瓜不易变质，所以每年夏季哈密瓜成熟的时候，当地人会将一些瓜储存在地窖中，这样一年四季都可以品尝到香甜的哈密瓜。

哈密瓜也分很多种，最好的是金皇后。早熟的哈密瓜以红心脆最好，晚熟的以黑眉毛最好，南湖当地种的哈密瓜非常正宗。

除了哈密瓜，尤以哈密大枣、哈密大麦、棉花、葡萄、皮牙子（洋葱）、白皮大蒜等最为著名。

💡风味小吃

哈密的风味小吃花样繁多：凉拌牛肉、热羊蹄、腊羊骨头、麻辣鸡、油香、粉汤、羊羔肉、凉皮子等。在古尔邦节和肉孜节期间，哈密回族几乎每家都做粉汤和油香，人们和亲友拜年时，喝粉汤，吃油香。粉汤是回族妇女最显手艺的风味小吃，谁家粉汤做得好，谁就倍感自豪。哈密回族粉汤略酸微辣，适合北方人口味。油香是回族人节日和庆典中必吃的食品，油香表面油黄发亮，吃起来油味清香。

购物哈密

哈密的民间刺绣非常有名，当地维吾尔族、哈萨克族姑娘出嫁时，必须亲手绣一套嫁妆，由此使刺绣变成了普遍的手艺。当地妇女的花帽、衣边、挂单、花毡、搭兜上都可看到各种精美的刺绣，在集市上也可买到各种极富民族特色的绣品。

住在哈密

哈密城区内值得流连的场所不多，所以尽量少安排住宿，例如从巴里坤可直接搭乘去往吐鲁番的班车。哈密市内停留时间最多一晚，所以住宿安排可以随意一些。

到新疆一定要尝尝哈密瓜

吃喝哈密

阿勒泰

阿勒泰快速攻略

Day1 乌鲁木齐→阿克库勒湖→五彩滩→布尔津（布尔津夜市吃晚饭，夜宿布尔津）

Day2 布尔津→喀纳斯（住宿）

Day3 喀纳斯→白哈巴→禾木村（住宿）

感受阿勒泰

童话里的地方 这是地球上最美丽的地方，仿佛童话里讲的那样。金色的桦树林里落叶像是厚厚的地毯，原木小屋的主人不知去了何方，弥漫的雾气滋养了蘑菇，五彩的湖水静静的没有风、也没有一丝波澜，几匹自由的马在湖边的草地上悠闲地吃草，突然间无数的蝴蝶从草叶上飞起，传说中被湖怪打碎的镜子一样的湖面，很安静。

阿勒泰之行最主要的目标就是喀纳斯湖，如果时间少其他景点都可以略过。途中可以走马观花地安排几处景点。从乌鲁木齐前往阿勒泰的车程虽然很长，但路上的风景一定不会让你失望。

行在阿勒泰

飞机

在乌鲁木齐和阿勒泰之间有航班，航程1小时，机场距市中心11千米。

问询电话 ☎ 0906-2826116

喀纳斯机场（季节性机场）☎ 0906-2826116

民航售票处

🚲 解放路

☎ 0906-2128686

机场问讯

☎ 0906-2826116

公路

从乌鲁木齐向北到石油城市克拉玛依290千米，从克拉玛依北是塔城和阿勒泰地区的交界处。左侧去布尔津，右侧至阿勒泰市。阿勒泰地区最为著名的旅游景点喀纳斯湖分别可以从这两个城市包车前往。阿勒泰至喀纳斯湖260余千米，布尔津县至喀纳斯湖140千米。

阿勒泰长途汽车站

🚲 银水路 ☎ 0906-2311064

布尔津客运站

🚲 布尔津喀纳斯北路32号布尔津客运站

☎ 0906-6525091

车程长

从乌鲁木齐至阿勒泰地区近700千米的道路大部分穿行在荒漠、戈壁、草原中，乘坐班车车程超过15小时。经常会有几百里无人区，如果赶上恶劣气候道路很可能受到影响，所以请做好心理准备。另外出发前带一定的干粮、水以及保暖衣物，以备不时之需。

气候： 阿勒泰夏季气候凉爽，但昼夜温差较大，气候变化快，山区温差可达10℃，需要准备一些较厚的外衣和常用药品。这里气候干燥，紫外线照射较强，需准备润肤和防晒用品。

应对措施

1. 当地手机信号不是很好，请提前做好应对措施。

2. 如果打算包车，建议在布尔津就找好车，不然会比较麻烦。

3. 景区内的食品价格非常昂贵，尽量在乌鲁木齐或者布尔津采购充足。

4. 新疆地区紫外线强烈，气候干燥，一定要准备足量的防晒用品，注意保湿。

5. 禾木有旅游马队，经常可以遇到策马飞奔，扬起的灰尘比较大，建议戴上口罩。

市内交通

阿勒泰市区呈南北走向，狭长状，沿克兰河而建，市区中心偏北，从这里去往城区各个地方打车、小摩托都很便宜，步行也相当轻松。

感受阿勒泰

额尔齐斯大峡谷90元（旺季），45元（淡季）

9:30—18:30

从乌鲁木齐乘坐可可托海镇专线长途汽车，可抵达可可托海镇

乌鲁木齐→富蕴县→可可托海风景区

1天

最佳游季： 进山的最好季节在8月下旬到10月上旬。11月后就不建议前往了，冷极可不是浪得虚名的。

禾木阿勒泰民居

游在阿勒泰

禾木景区 ★★★★

禾木是喀纳斯民族乡的乡政府所在地，距喀纳斯湖大约70千米，周围雪山环抱，生长着茂盛的白桦林。尽管如今禾木已经布满了山庄和旅馆，但还是一个相对原始的木屋村落，没有电，没有手机信号，有的旅馆有发电机。林边生活着蒙古族图瓦人，其房屋多建在水边苍松翠柏下的草地上，房子的地基、地板、墙壁和屋顶全是用木头制成的。

50元（旺季），25元（淡季），区间车52元，维护费20元

8:30—20:00

1～2天

禾木白桦林 ★★★★

位于阿勒泰市区北端，由几个总面积约800亩的河心小岛组成，长约两千米，因为阿勒泰市是中国著名的凉城，夏季平均温度在20℃左右，所以这里几乎没有酷暑。桦林公园最美的金黄色衬着没有污染的蓝天，克兰河悠悠流过，仿佛一幅精美的油画。

包含在禾木景区门票内

布尔津县禾木哈纳斯蒙古民族乡禾木村（禾木景区）内

乌鲁木齐→布尔津→贾登峪→禾木村

1小时

可可托海世界地质公园 ★★★★★

这里是新疆的"冷极"，也是全国知名的"宝石之乡"，还是世界罕见的"天然矿物陈列馆"。可可托海采矿业已经有数十年的历史了，大规模的采掘让出山体深陷地下，就如同古罗马的"斗兽场"一样。库依尔特斯河畔堆放着如山的矿渣，也算是另一种愚公移山了吧。

喀纳斯景区 ★★★★★

蒙古语"喀纳斯"意思是"美丽而神秘"。喀纳斯有天山以北最美的风光，来过这里的外国旅行家说过，这里是地球上最后一个尚能找到原始自然美的地方。可惜这种风光也在随着不断增加的游客而减少，所有的新疆指南都在介绍这里，真的不想告诉更多的人，这里是天堂。游客的不断涌入，导致淳朴的民风受到破坏，还有那些新建的红顶小木屋，可怜了这片风景。

这里是中国唯一的西伯利亚植被景区，几乎没有夏季。桦树林、松柏林，总是那么静，让人只能屏息凝视，生怕一次大一点的呼吸会把自己从梦中惊醒。

喀纳斯湖水包容了各种蓝色，抑或是金黄色、淡绿色、银白色。因为水太清了，所以像是一面镜子，它看到了什么就化成了什么。

所有到过喀纳斯的人都在遗憾自己没有拍到美丽的喀纳斯，可是随便一部相机拍下的风景就已经让看过的人赞美。

两日门票：160元（5月—10月15日），80元（10月16日—次年4月）；区间车一进70元，二进110元；全域通票195元（含喀纳斯、禾木、白哈巴三个景区门票）

8:00—20:00，因季节变化具体以景区为准

布尔津县城北部

喀纳斯

游在阿勒泰

喀纳斯机场有大巴直接到景区入口贾登峪，车程1小时左右

乌鲁木齐→布尔津→贾登峪→喀纳斯景区

1～2天

月亮湾

喀纳斯河流经这里形成了一条极具韵律的河湾，犹如一弯蓝色的月亮落入这林木葱郁的峡谷。这里是喀纳斯最富魅力、最具代表性的景观之一。它是摄影爱好者的最爱，令无数游人陶醉，流连忘返。

神仙湾

月亮湾往北约3千米有一片河滩，它是喀纳斯河在山涧低缓处形成的沼泽浅滩。这里常云雾缭绕，使人如临仙境一般，"神仙湾"由此得名。河水在阳光照耀下流光溢彩，仿若珍珠撒落，因此也被称作"珍珠滩"。

卧龙湾

因河湾中有一酷似龙形的河心洲而得名。本地人也叫它卡赞湖，意为"锅底湖"。河心洲的形状像只邪恶的恐龙，传说这就是喀纳斯湖怪的原型。传说中，有只湖怪耐不住湖底的寂寞，擅自从河口游出，当它游到这里时，却被锅底湖牢牢地困住。从此，锅底湖就成了拦截湖怪、保护百姓的正义象征。

观鱼台

观鱼台，原名观鱼亭，为什么改"亭"为"台"呢？一是因为"亭"是顶大于底，而这次重建却是底大于顶，即为"台"；二是"台"有抬升的意思，喻为攀高登台、步步高升的吉祥之意。这里是俯瞰喀纳斯湖的最佳角度。

坐飞机到喀纳斯，从机场到贾登峪（景区入口）需要1小时车程

1. 红叶节： 每年的9月15—22日，红叶期间前去游览，将会有不一样的收获。

2. 交通工具： 布尔津到喀纳斯的距离有160多千米，5—10月下雪前有班车，2.5小时可到，票价35元。此外，还可以在县客运站前租车前往，票价200元。

3. 边防证： 到喀纳斯已经不需要办理边防证了，很方便。

4. 度假： 湖边有度假村，最好的标间（木屋）价格在300元内，最便宜的住宿是住在村落毡房中，每人20元左右。

5. 雪景： 虽说7、8月是旺季，其实冬等11月才是喀纳斯最美的季节，银装素裹的莽莽草原加上图瓦人的马拉雪橇，真的是一幅绝美的景致。

6. 图瓦人家访： 湖边有几家"图瓦人家访"，其中有一位图瓦人是唯一能够演奏"苏尔"的神奇老人，用苇草编的"苏尔"竟能吹奏三重奏的和弦。

7. 票价不定： 喀纳斯是我国唯一属北冰洋水系欧洲地理体系的地方，风景美不胜收，四季游人不断，所以每年的票价不定，一般第二年的票价要当年年底才定。

白哈巴景区　★★★★

位于中国与哈萨克斯坦接壤的边境线上，因为地处边陲，被称为"西北第一村"。白哈巴村以图瓦人为主，风光秀丽，民风淳朴，伴着袅袅炊烟，仿佛童话王国一般。

30元（旺季），15元（淡季），区间车45元

9:30—18:30

可从喀纳斯搭乘至白哈巴的景区区间车前往

1～2天

军事管理区

游玩前一定向当地人问清楚哪里是军事管理区。前往白哈巴需要办理边防证，可在户口所在地或者布尔津办理，也可以凭身份证在喀纳斯景区即可办理，办理过程只需10分钟。

做客哈萨克

生活在阿勒泰地区的主要民族是哈萨克族，在哈萨克族人家中做客要注意：主人做饭时，不要动餐具，更不要用手拨弄食物或掀锅盖；主人割给你吃的肉或是送给你晚上住宿用的被褥一定不能拒绝，要愉快地接受，否则主人会认为你瞧不起他；也不能当面赞美主人家的牲畜和猎犬等；不能用手或棍棒指点人数，否则会认为你把人当作牲畜清点；在哈萨克族人家做客，一般不要超过两天。

绝佳取景地

在禾木村周围的小山坡上，可观赏日出、雪峰，近览图瓦人家；也是拍摄日出、晨雾、禾木河的绝佳取景地。

阿勒泰鱼宴

阿勒泰众多水系中盛产鲤鱼、鲫鱼、赤鲈、白斑狗鱼、东方真鳊、雅罗鱼等十几种名贵的冷水鱼类，因此去阿勒泰旅游品尝鱼宴是一个重要的饮食内容，尤其是用阿魏蘑菇炖鱼，其美味只有在阿勒泰才能享受到。

💡**最佳游季：**8—10月，秋季山间层林尽染，映衬阿勒泰山的白雪，如油画一般。

阿拉善温泉 ★★★

阿拉善，蒙古语“温泉沟”的意思，位于福海北140千米、阿勒泰南60千米的喀拉玛盖乡。包车到喀拉玛盖乡，然后租马上山泡温泉。沟内共有冷热泉眼24个，其中著名的温泉是心泉、血泉、冷泉、奶泉、胃泉、蛇泉。

$ 20元

🚌 只有一条简易的山路能够到达，通常是先到喀拉玛盖乡，再租马上山

💡**1. 温泉：**心泉，间歇性温泉，仿佛大地的心脏在向外泵血而得名。血泉，因周围山壁为红色所以泉水也发红。冷泉，温度较其他泉眼低，标志物是泉眼中生长着一棵巨大的云杉。奶泉，乳白色的泉水间歇性射出，像挤奶一样。胃泉，传说中能够治疗胃病。蛇泉，因为泉水中经常有两条不怕人的蛇泡澡而得名。泉眼周围修建了温泉浴室，沟内风光秀美，植被丰富，是放松旅途疲惫的好去处。

2. 蝴蝶沟：距温泉20千米的蝴蝶沟，每年6、7月的时候会有成千上万的蝴蝶在6千米长的沟内集会，主持会议的是巨大而艳丽的凤蝶。如果能够在这个时候到北疆，最好不要错过这个世上最轻盈的时装秀。

五彩滩、五彩城 ★★★★

五彩滩位于布尔津县内，是途经喀纳斯湖的必经之地。这里山势跌宕起伏、色彩缤纷，尤其是在阳光的照射下，五彩滩斑斓梦幻，各种光怪陆离的颜色从四面八方扑面而来，明快热烈，让人目不暇接。

五彩城是五彩滩的核心，方圆3千米内，深红、青灰、黑灰、灰白、红、黄、绿等多种色彩鲜艳的泥页岩层构成了一座天然五彩城堡，十分神奇。

$ 五彩滩45元（4—10月），淡季22元（11月—次年3月），五彩城70元

🕘 五彩滩 9:00—20:30
五彩城 8:00—18:00

🚌 可在布尔津县拼车前往，往返每人约50元

👁 1天

白沙湖景区 ★★★★

人称“塞北小江南”，是个独立于浩瀚沙漠中的原生态沙漠湖，景致构成十分独特，湖中四周生长着芦苇、菖蒲等植物，湖中还有野荷花孤寂地生存着。6月湖中莲花盛开，野鸭游其间，金秋10月红黄树叶在风中招展，远眺近览，气象万千。

$ 70元

➜ 哈巴河县城西北60千米处

🚌 从哈巴河县或布尔津县包车前来，可以一日往返

👁 5～8小时

💡游览白沙湖景区需要办理边境通行证。

乌伦古湖黄金海岸 ★★★★

在离海很远的新疆，乌伦古湖仿佛一颗蓝色的明珠，四周的金色海岸将人仿佛带到海边，游泳、冲浪、滑板、划船等水上项目也能一一体验。除了欣赏美景，别忘了尝尝这里的“海鲜”——湖水中种类丰富的鱼，东方欧鳊、贝加尔雅罗鱼、白斑狗鱼、银鲫、黑鲫、丁鱥、梭鲈、河鲈……绝对能让你吃个够。

➜ 阿勒泰地区福海县岔海段南50米

🚌 建议包车前往

👁 2～3小时

吃喝阿勒泰

阿魏蘑菇 阿魏是一种名贵药材，对关节炎、风湿等疾病有缓解作用。每年春天在阿魏根部生长的白色蘑菇就叫阿魏蘑菇。主要产地在乌伦古河与额尔齐斯河间的戈壁中，每年只有不到1个月的生长期，所以数量很少。阿魏蘑菇炖咸水湖鱼，这是阿勒泰最鲜的野味佳肴了。

购物阿勒泰

阿勒泰地区盛产大尾羊、宝石、黄金、皮货，不过这些东西极其昂贵，不是普通旅游者能够负担得起的，而且不懂行的人往往难辨真伪。

在阿勒泰地区的富蕴县城有很多卖宝石的珠宝店，可以过过看宝石的瘾。喜欢收藏石头的人可以去产地可可托海瞧一瞧，此地出产名叫碧玺和海兰的两种宝石。

住在阿勒泰

其实从布尔津或阿勒泰都可以找到车去喀纳斯，阿勒泰作为地区首府，条件比布尔津好些。不过随着喀纳斯的开发，两个地方的招待所、宾馆、旅行车已越来越多。

伊犁

伊犁快速攻略

Day1 乌鲁木齐→赛里木湖（住宿）

Day2 赛里木湖→果子沟→霍尔果斯（住宿）

Day3 霍尔果斯口岸→惠远古城→伊犁河畔→大麻扎（住宿伊宁）

Day4 伊宁市→喀拉峻草原/那提拉草原/唐布拉草原

感受伊犁

公主的眼泪 一个悲剧故事：西汉江都王刘建欲篡汉武帝的皇位，事发后自尽，满门抄斩，只剩下女儿刘细君被汉武帝册封为公主，远嫁年过半百的乌孙王和亲。乌孙国即现在的伊犁河谷，是汉武帝借以抗击匈奴的同盟国。可怜的公主临行前对汉武帝说"天下过得太平，儿虽死无怨"。伊犁河谷是一片富饶的地方，天山用坚实的臂膀拥抱着这片土地。不过过惯了中原城市生活的公主就惨了，国事、家事、天下事，事事烦心，而老国王没多久就死了，她也死在异乡。她写了一首《悲愁歌》，记载在《汉书·西域传》中："吾家嫁我兮天一方，远托异国兮乌孙王，穹庐为室兮旃为墙，以肉为食兮酪为浆。居常土思兮心内伤，愿为黄鹄兮归故乡！"

俺们都是东北人 现在的伊犁州察布查尔锡伯自治县，有这片土地上最年轻的外来人。1764年农历四月十八，乾隆皇帝从盛京（今沈阳）等地调派千锡伯族军人连同他们的家属4000余人，徒步一年时间从东北到伊犁河谷南岸驻防，原本就以

> 💡 新疆西部游的重点就是赛里木湖、果子沟及伊犁地区。想要游遍新疆西部地区，很多时间都会花在路上，所以时间是保障，注意安排行程，避免重复、类似的景观。

> 🔆 **三大文物奇观**
>
> 伊犁草原广泛分布的草原土墩墓、神秘多彩的伊犁岩画与粗犷风趣的草原石人，堪称伊犁草原上的"三大文物奇观"。

银色雪山，绿色草原

冰山脚下

民俗文化

千万不要错过曼妙的维吾尔族舞蹈——赛乃姆，更不能错过美妙的少数民族音乐——套曲。

新疆茅台

特制伊犁大曲是伊犁的著名特产，也叫伊犁特曲，属浓香型白酒，香气浓郁，口感绵实，被誉为"新疆茅台"。

天马

新疆民歌中唱道："骑马要骑伊犁马"。素有"腾昆仑，历西极"之美誉的伊犁是天马的故乡。据史书记载，汉武帝时外邦曾进献乌孙马，武帝见此马神俊挺拔，便赐名"天马"；后来又有人进贡了西域大宛的汗血马（据说这种马出的汗是血红色的），于是他又将乌孙马更名为"西极马"，而称汗血马为"天马"。这里所说的"天马""西极马"都是伊犁哈萨克马的先祖。伊犁马外貌俊秀，体格魁伟，抗病力强，是我国培育的优良马种之一。

伊犁的伊宁马鞍也随着"天马"闻名遐迩，它是由鞍架、皮具制作和雕刻、镶嵌等几个工艺组成，是一件精美绝伦的工艺品。

1. 温差大：新疆早晚温差较大，7、8月也要带上一件毛衣和厚外套。

2. 以公斤论：新疆卖东西都是以公斤论的，千万别搞错了。

3. 做客：去维吾尔族家中做客，坐的时候不能将腿伸直，吃馕时要掰成小块吃，主人敬你熟羊肉时，你要割下一块羊腿肉放在自己碗中表示领情，再割一只羊耳朵给主人家的孩子（表示小孩子听话），最后再恭敬地将羊头奉还。

游牧狩猎为生的族人把这里当成了自己的家乡。想想200多年前，那些人驮负着家园从中国的最东面走向最西面，是怎样的艰辛。

准备与咨询

语言

在市区和县城里居住的汉族人很多，所以当地人多少都会说一些汉语，不过在真正的牧人家里和村落就只说他们自己的语言。

气候与游季

伊犁首府伊宁市是新疆最湿润的城市，年均降水量为200～300毫米，年均气温在8℃左右，气候宜人，满街的杨树和苹果树，春天苹果花开，秋天苹果挂树，被称为"苹果城"。

行在伊犁

进出

飞机

伊犁的机场位于首府伊宁，距市中心5千米，每天都有从伊宁到乌鲁木齐的航班。北京出发，有直飞伊宁的航班。在市内乘坐3路公交或机场专线可到达机场。

📞 0999-8222262

铁路

现在乌鲁木齐到伊宁有直达列车Z6519次，车程约4.5小时。可搭乘公交1路到伊宁火车站。

伊宁站电话 📞 0991-7726222

公路

伊犁州内公路交通便利，市内有多个大型客运站，如伊犁州客运站、农四师客运站等，每天都有发往州内外的班车，以乌鲁

巩乃斯河

木齐方向居多。原来的大世界客运站已经停止使用，新投入使用的是伊犁客运站。

长途汽车站点

伊犁州客运站
📍 新疆伊犁州伊宁市解放西路460号
📞 0999-8139263

农四师客运站
📍 伊宁市公园街四巷7号
📞 0999-8121213

市内交通

　　伊宁市区内有公交车，其中1路到长途车站，3路到飞机场。出租车5元起价。伊宁长途车站也有发往伊犁地区内的长途汽车，去往霍尔果斯口岸（100千米）、那拉提镇（250千米）、特克斯县（115千米）、察布查尔（20千米）。

游在伊犁

伊犁河畔 ★★★ 🚣

　　伊犁河从伊宁市西南16千米处流过，发源于天山，融汇了特克斯河、巩乃斯河、喀什河，形成了美丽富饶的伊犁河谷，最终注入哈萨克斯坦的巴尔喀什湖，是新疆水流量最大的河流。

🚌 2路公共汽车经过伊犁河大桥
👁 1～2小时

☀ **时差：** 在这里看日落长河的感觉很美，不过记住，新疆和北京有两小时的时差，所以每天"晚上"8、9点钟才能看到这一风光。

惠远古城 ★★★ 🚣🚶

　　乾隆为了加强在伊犁地区的治理，在此设伊犁将军，建惠远城，并陆续在其周围修建了八座卫星城，统称为"伊犁九城"。惠远城还保留着将军府旧址。房檐朴素淡雅，无画梁雕刻。门口是两尊石狮俯卧雄视。林则徐曾在这里领导百姓开通水利，受到了伊犁将军和各族人民的尊敬。

💰 套票125元
🕙 10:00—19:30
🚌 可包车去，霍城有直达的公交
👁 4～5小时

巩乃斯草原 ★★★★ 🚣

　　巩乃斯蒙语意为"绿色的谷地"，是新疆细毛羊的故乡，也是"伊犁马"的产地。草原四季景色俱佳，而以春色为最，6月哈萨克牧民从"冬窝子"转场而来，盛装的少女，剽悍的骑手，为大草原增添了盎然生机。

📍 伊犁哈萨克自治州新源县境内
🚌 从伊宁客运站有班车直达，30分钟一趟，票价30元，全程3.5～4小时
👁 1～2小时

喀拉峻草原 ★★★★ 🚣🚶

　　喀拉峻草原位于中国古丝绸之路北道，保留了草原的原始生态。它是"新疆天山"最重要的组成部分，于2013年申遗成功，是世界自然遗产。苍茫的草原上，行行苍翠高拔的雪岭云杉，远处连绵起伏的天山山脉，层次分明，意境高远。策马奔腾于辽阔

天际间，让人心胸无比开阔！

- 147元（门票+往返观光车）
- 8:00—20:00
- 伊犁哈萨克自治州特克斯县276乡道南
- 从乌鲁木齐开始包车走伊犁环线。常规线路最短是7天左右，可将伊犁河谷内的赛里木湖、巴音布鲁克草原、昭苏草原、特克斯、那拉提草原等景点一并游玩
- 1～2天

果子沟 ★★★★

又称塔勒奇沟，全长28千米的峡谷，自古就是连同中原和中亚、欧洲的重要门户。现在从赛里木湖、博乐到伊宁之间的乌伊公路仍要经过果子沟。果子沟的名称是因为山中生长着众多野生苹果而来的。成吉思汗征西的时候从这里走过，修建栈道48座，清朝在其遗址上建桥42座，峰回路转，风景这边独秀，两壁奇峰凌厉，山涧泉水淙淙，松林草场，即便只是坐车匆匆经过，也有在天堂路口左转的感觉。

- 从乌鲁木齐到伊宁的班车必经过果子沟
- 2～3小时

唐布拉草原 ★★★★

喀什河上游峡谷草原景观的统称，是一个融森林、草原、急流、山石美景于一体的自然景观区。这里景点众多，据说有113条沟，每条沟都有各自的特色。著名影片《天山的红花》曾在此拍摄外景。

- 从伊宁汽车站乘车到那拉提，再包车前往景区
- 3～4小时

那拉提旅游景区 ★★★★

那拉提草原地处南北疆交通要道，是世界四大高山河谷草原之一，自古以来就是著名的牧场。在这里既可欣赏独特的西域草原风光，又可领略浓郁古朴的哈萨克民族风情，草原人的各种集会也多在此举行。

- 徒步门票95元，区间车牛票24～40元，定制自驾游300元/人
- 10:00—19:00（1—4月）8:00—20:00（5—12月）
- 搭乘从伊宁汽车站到那拉提的班车，票很难买，可以先买到新源的票，然后转车去那拉提
- 1～2天

伊犁四大麻扎 ★★★

察布查尔麻扎、洪纳海麻扎、伊宁县速檀歪思汗麻扎、霍城县秃黑鲁克帖木儿汗麻扎并称为"伊犁四大麻扎"。

- 从县城包车前往

1. 秃黑鲁克帖木儿汗麻扎：霍城县东北15千米的秃黑鲁克帖木儿汗麻扎，建于元代，是新疆最古老的伊斯兰教建筑，为成吉思汗七世孙洞依合台汗国第一任可汗——秃黑鲁克帖木儿和妻子的陵墓。他的功绩之一是让属下16万蒙古人皈依了伊斯兰教。建筑面积150平方米，高14米，墙壁用紫、白、蓝色琉璃砖拼成几何图案装饰，门楣上有"伊斯兰教之光"的阿拉伯文评语。

2. 洪纳海麻扎：是一座具有蒙文化特点的古建筑，1912年重建，葬有色拉吉了·玉素甫·艾比伯克里·赛卡瓦，代表作《知识之匙》。他随成吉思汗西征，立下了卓越战功。麻扎位于中国哈萨克斯坦边境旁，附近新建有昂格尔提景区，尚未被大规模开发，所以风景独好。

特克斯八卦城 ★★★★★

世界唯一保存完整的八卦城，没有红绿灯。八卦城呈放射状圆形，街道布局如神奇迷宫般，路路相通，街街相连。同时，八卦城具有浓郁的民俗风情、厚重的历史文化和秀美的自然风光，有保存完整的乌孙古墓群、乌孙国"夏都"故址、草原石人、古代岩画、岩石风洞。

- 免费
- 伊宁大世界汽车站到特克斯，6:30—8:30每半小时一班，10:00—14:00每小时一班；从伊宁客运站到特克斯，8:30—18:05每半小时一班
- 0.5～1天

伊犁赏花 ★★★★

昭苏油菜花 地势开阔的昭苏草原上，有着全国最大的油菜花田。每年7月，金灿灿的油菜花和向日葵尽情盛开，为昭苏草原填上唯美浪漫的一笔。

- 从伊宁有直达昭苏的班车，再从昭苏县城搭车前往
- 2～3小时

伊犁薰衣草基地 被称为"中国的普罗旺斯"，蔚蓝的天空映衬着宛如紫色海洋的薰衣草田，仿佛大地上延伸的梦境。6月中旬到7月中旬是最佳的赏花时间。

- 在公路上观看薰衣草无须门票，进入农田参观拍照需要付给农家5～10元；解忧公主薰衣草园单独售票，旺季35元，淡季17元
- 建议包车前往

👁 1～2小时

☀ 6月中旬至7月中旬是开花期。游览时最好穿长衣长裤，注意防晒和蚊虫叮咬。

杏花沟 绿油油的山坡上满是盛开的粉色杏树花，牛羊静静地吃草，就如同世外桃源一般美丽。4月中旬至5月初是观赏杏树花的最佳时间，花开到花谢只有大概7天时间，花期极短。

💰 免费

🚌 建议包车或自驾前往

独库公路 ★★★★ 🎐🔲

独库公路，宛如一条巨龙盘卧天山。这条全长561千米、连接南北疆的公路，横亘崇山峻岭、穿越深山峡谷，连接了众多少数民族聚居区。公路在崇山峻岭、雪山上逶迤，沿途风景壮丽、优美，路即是景，同时还可以享受开车的险中之乐。沿途停车位众多，可以停车欣赏、拍摄。

☀ 独库公路每年只开放4个月左右，5月底6月初至10月中旬。独山子至那拉提路段非常险，行车一定要注意安全，尽量避免夜间行车。

吃喝伊犁

啤沃 又称卡瓦斯，是新疆伊宁市特有的一种俄罗斯风味的饮料。口味有点像蜂蜜味的啤酒，开胃，喝多了会醉。如果能配合羊肉串吃，那简直就是大快朵颐。在伊犁，一般6元就可以买到一大杯啤沃。

油塔子 油塔子形状似塔，是回族人发明的面油食品，一般当作早点。塔子色白油亮，面薄似纸，层次甚多，油多而不腻，香软而不沾，老少皆宜。而新疆伊犁的油塔子，还改良了内馅，做成了一种叫"赛维孜"的油塔子(即黄萝卜油塔子)，非常受欢迎。

冰激凌 新疆伊犁的冰激凌非常有名，新疆的天然牧场孕育出来好的原材料，才使得新疆的冰激凌口感绵软，味道甜美。在伊宁市汉人街里有家老字号的冰激凌店，到附近一打听就知道了，可以去尝试一下。

购物伊犁

伊宁市塔西来普市场有来自附近各国的时髦商品，也有当地工匠做工精细的首饰、工艺品。

霍尔果斯口岸也是值得一去的购物场所，霍尔果斯口岸、喀什的红其拉甫与博乐的阿拉山口为新疆开放的3个口岸，去往霍尔果斯需办理边防证。该口岸连通中国和哈萨克斯坦，边贸发达。如果有时间，而且想要买些真正的洋货，不妨到这里看看。

霍尔果斯边检站
📞 0999-8791139

推荐特产

木雕(木碗、木勺、木花瓶等)、羊角鞭、锡伯族香袋(烟袋)，均为手工制作。马鞍和首饰，因伊宁是"天马"的故乡，伊宁马鞍的工艺自不一般。

住在伊犁

伊宁伊犁大酒店
🅟 斯大林街23号
📞 0999-7720070

伊犁周边游

古尔班通古特沙漠 ★★★ 🎐

也称准噶尔盆地沙漠。从东线的哈密开始到西线的石河子，古尔班通古特沙漠就在公路沿线绵延。因为有天山相隔，新疆分为两个部分，北疆是古尔班通古特沙漠，南疆是塔克拉玛干沙漠。如果你有兴趣体验沙漠风光，可以从沿线城市包车向北进军，其中石河子市北80～100千米的148、149、150兵团均地处沙漠边缘。如果时间充裕，可以乘坐班车前往，在那里体验真正的大漠豪情。

🚌 从乌鲁木齐乘坐开往石河子市的班车，再从石河子市转乘开往150团的班车，车程约3小时，到达150团后离驼铃梦坡景点还有100千米，游客可选择包车或乘中巴到景点

👁 0.5～1天

伊犁周边游

赛里木湖畔的牧民之家

怪石峪景区 ★★★ 🏔

博乐市东北50千米左右的怪石峪以各种风化得面目狰狞的怪石而著名。这里的自然植被良好，溪流瀑布众多，建议打算仔细游览新疆的人前往。

💰 48元，往返区间车15元

🚌 景区内没有班车到达，一般游玩者都是包车前来

⏱ 3～4小时

赛里木湖景区 ★★★★★ 🏔

赛里木湖海拔2000多米，意为"山脊上的湖"，位于博乐市西南约90千米处，距伊宁市约150千米。沿途是著名的薰衣草基地，可看到漂亮的花田风光，也可在路边的商店买些薰衣草精油。路上还会经过著名的果子沟。

因为赛里木湖位于丝绸之路北线西端，自古以来就是旅行者们的必经之路，所以赛里木湖的名声也随着他们的足迹传扬开来。哈萨克语中"赛里木"是"祝愿"的意思。因清代在湖东设立了鄂勒著依图博木军台，又称三台，所以赛里木湖俗称"三台海子"。

赛里木湖是新疆海拔最高、面积最大的高山湖。东北角有耳海两个，东南角有小岛三座，沿岸均为夏季牧场。赛里木湖为冷水湖，夏季湖面温度只有10℃，天鹅等候鸟正好来此避暑。

每年7月13～15日，蒙古族、哈萨克族牧民会在湖畔召开那达慕盛会，叼羊、赛马、摔跤、唱歌跳舞、聚餐、喝酒，是领略民族风情的好时机。

💰 70元，区间车75元，自驾游145元/人

🚌 从乌鲁木齐到伊宁市的班车会经过赛里木湖，坐在车里就能望见蓝色的湖泊，司机会在此停车让游客到湖边去游览一下；此外，博乐市和伊宁市都有专线旅游车可达

🏠 赛里木湖畔修建了草原小屋，价格在每间150～200元，设施简陋。作为旅游开发区，食宿价格稍贵，服务和价格不成正比

⏱ 1～2天

世界魔鬼城景区 ★★★★ 🏔

又称"乌尔禾风城"，典型的雅丹地貌，是在干旱、大风环境下形成的一种形状怪异的风蚀地貌。夏秋季节常会刮起七八级大风，风沿着谷地吹过，卷着沙石发出凄厉的声响，有如鬼哭狼嚎，"魔鬼城"的名字由此得来。

💰 42元，区间车20元

🚌 克拉玛依每天有两班车前往乌尔禾客运站，车约1小时；也可以从克拉玛依直接包车过来，拼车每人约50元

⏱ 2～3小时

琼库什台 ★★★ 🏔 ✖

这是天山脚下的哈萨克族小村庄，位于乌孙古道的北入口，四面环山，依水而建，仿佛就是文学作品中"桃花源"的样子。新疆的草原数不胜数，但琼库什台草原一定是最柔美的，优雅的曲线仿佛大海缓缓涌动的波涛。

📍 特克斯县喀拉达拉乡

🚌 建议包车或自驾前往

⏱ 0.5～1天

伊犁周边游

巴音郭楞

巴音郭楞快速攻略

Day1 那提拉草原/和静县→巴音布鲁克草原（游完伊犁可直接从那提拉草原前往巴音布鲁克，车程比从和静前往要短得多）

Day2 巴音布鲁克草原→博斯腾湖→库尔勒

Day3 库尔勒→若羌县→罗布泊→楼兰古城

区政府

　　巴音布鲁克区政府位于库尔勒西400千米，库车北300千米，伊宁东350千米，有班车前往。从巴音布鲁克区政府包吉普车去草原，每天500元左右，价格会随着旅客的人数变化。

感受巴音郭楞

中国之最　库尔勒所在的巴音郭楞蒙古自治州是中国面积最大的地级州。从轮台至民丰的沙漠公路长522千米，是中国第一条、也是世界上最长的高等级沙漠公路。阿尔金山自然保护区是世界最大的内陆野生动物保护区。塔里木盆地的胡杨林占全国胡杨林面积的89%，是目前全世界最大的天然胡杨林分布区。罗布人是新疆最古老的族群之一，他们"不种五谷、不牧牲畜、唯独以小舟捕鱼为食"。博斯腾湖是中国最大的内陆淡水湖。塔里木河全长2750千米，是中国最长的内陆河。巴音布鲁克草原是中国第二大草原，草原上有中国唯一的天鹅保护区——天鹅湖。

行在巴音郭楞

进出

飞机

　　库尔勒每天都有往返乌鲁木齐的班机，另外也可以乘坐发往北京、成都、济南等地的航班。

库尔勒机场电话　☎ 0996-2364033

铁路

　　从这里可以乘坐火车去往乌鲁木齐、吐鲁番、哈密以及向东进入甘肃从而抵达中原。从库尔勒到乌鲁木齐睡一夜卧铺就到了。

库尔勒火车站　☎ 0996-8642222

公路

　　库尔勒北到乌鲁木齐471千米，东至吐鲁番361千米，南到若羌440千米，西至库车280千米，至伊宁640千米，至喀什1003千米。从若羌往东可以进入青海境内。从轮台可以乘坐石油公司的长途汽车走522千米的沙漠公路，穿过塔克拉玛干大沙漠至民丰，该线路班车不能保证发车班次，仅供有兴趣者参考。

长途汽车客运站

🚏 新华路　☎ 0996-2111969

沿途

　　从库尔勒到库车比较方便，而且有时间可沿国道、石油公路和沙漠公路一直深入到沙漠腹地，沿途的戈壁滩、盐碱地、胡杨林和沙漠比较有特色。路边维吾尔族老乡的甜瓜味道很不错。

旅游必备

　　巴音郭楞沙漠较多，旅行中要注意补充水等物资，备好各种药品，如眼药水、止泻药、感冒药等。同时还要注意防寒以及各种摄影器材的防高温、防尘的问题。不要单身一人贸然进入大漠深处。

特色食品

　　库尔勒最具特色的食品就是博斯腾湖烤鱼，它的原料是博斯腾湖出产的一种叫五道黑的小鱼，烤出来后鲜香无比，撒上点辣椒，味道好极了。

感受巴音郭楞

游在巴音郭楞

博斯腾湖　★★★★ 🏊

博斯腾湖景区水域辽阔，烟波浩渺，河道蜿蜒，芦苇丛生，荷花怒放，禽鸣鱼跃，一派江南水乡景色，故有"西塞明珠"的美称。

- 🌐 60元（含大河口、莲海世界等全域景点）
- 🚌 在库尔勒州邮电局门口有班车发往博斯腾湖，每日六班来回
- 👁 3～4小时

巴音布鲁克草原
★★★★★ 🏊 🐎 📷

是我国仅次于内蒙古鄂尔多斯草原的第二大草原，面积22000平方千米，位于巴音郭楞、阿克苏、伊犁交界地带，巴音布鲁克的蒙古语意思是"富饶的泉水"。每年农历六月初四就在这片富饶的草地上开始为期两天的蒙古族"那达慕"盛会。如果你有足够的时间和钱就包一辆越野车向草原深处前进，在这片辽阔草地的心脏里，有着鲜为人知的美丽。除了青草、蓝天、远山，只有你的呼吸。

- 🌐 65元，区间车75元
- 🕐 8:30—18:30（6—9月），9:30—18:00（10月），11月—次年5月不开放
- 🚌 从乌鲁木齐包车前往
- 👁 0.5～1天

博斯腾湖

天鹅湖　★★★★ 🏊

天鹅湖是所有人向往的地方。在巴音布鲁克草原的巴音乡，有一片总面积1000多平方千米的宛若草原碎珠的沼泽湖泊。每年4月，无数的候鸟飞到这片祥和的土地上筑巢、恋爱、孵育，等到10月天气变冷的时候，再带着它们的子女飞走。美丽的天鹅被称为这片湖泊的主人，不过请不要惊扰了它们，否则视天鹅为神鸟的牧民都

巴音布鲁克的"九曲十八弯"

不会放过你。观看天鹅的地点以保护区东部的"巴西勒肯德勒"观鸟台为最佳场所，观鸟台建在一座小山上，有道路连通。每年的6月前后为天鹅产卵孵化的时间，也是最好的观测时间。

🔲 区政府在一座桥上设有收费处，每人48元，这笔过桥费就是草原门票；外国人游览必须随团。观鸟台收费50元

🅰 景区内有住宿的地方，有热水，移动、联通信号已覆盖

👁 1～2小时

🔆 **1.温度低：**草原的温度很低，7月的平均温度只有10℃左右，夜间将会冷得更低，注意保暖和携带必备的雨具。现在有部分天鹅爱上了这里，即便冬天也不飞走了，所以看天鹅的季节也就延长了，不过冬天的大雪可能把道路堵住，去之前最好打电话咨询。

2.开都河：如果你看过新疆地图，有一条曲曲折折的河叫作开都河，这条河的曲线可能是世界上最美的了，区政府向西30余千米的瞭望塔山坡上，是观赏这条河的最佳位置。

阿尔金山国家级自然保护区
★★★★ ❌🌙◎▣

是我国最大的一个高山自然保护区，里面生活着许多濒临灭绝的高山珍贵动物，有野牦牛、藏羚羊、藏野驴等大型有蹄类动物，还有大量鸟类群集在各个高山湖泊中，数量不亚于青海湖。

🧭 位于若羌县境内，在新藏交界的阿尔金山脉中段

👁 2～3天

🔆 提前安排：由于地理位置偏远，道路条件欠佳，且常有野兽出没，前往该区旅游或考察，一定要经过当地政府的同意并取得必要协助，经过周密安排后再出发。

罗布人村寨景区
★★★★ 〰🌙🌊❌

罗布人村寨南邻中国最大的塔克拉玛干沙漠；最长的内陆河塔里木河从景区流过；还有最大的原始胡杨林保护区，是典型的自然景观和人文景观兼具的特色景区。罗布人是新疆最古老的族群之一，其民俗、民歌、故事都具有独特的艺术价值。游客在此可涉河水、穿森林、骑骆驼、观沙海，可狩猎、滑沙、乘舟捕鱼，听罗布人演唱民歌，围着篝火观看罗布舞蹈，睡茅屋，领略古老的罗布民族风情，享受回归大自然的乐趣。

🎫 35元，观光车15元

🕐 9:00～21:30（夏季）
10:00～18:30（冬季）

🚌 从库尔勒市区包车前往罗布人村寨，每天的费用大约为500元

👁 2～3小时

楼兰古城 ★★★★ 🌙

在4～5世纪突然消失的楼兰古国的遗址中，有距今一万年前的人类活动遗迹。现在这个神秘的古国在塔里木河和塔克拉玛干沙漠中留下了不少废弃的古城，也留下了至今仍无法解开的一大堆谜的。该地区闻名世界的遗址有：轮台古城、古墓葬群、且末遗址、古烽燧和古代岩壁画等。

🚌 从库尔勒乘坐车前往若羌或36团，再从36团包车进入保护区。进入保护区前需在若羌县文体局办理相关文物管理手续，通常要参加旅游团。如果包车进入，费用为几千元，其中包括车费、导游、文物保护费3500元

👁 1天

🔆 **1.楼兰遗址：**是国家级文物保护区，前往必须和当地旅行社以及文物保护单位联系。

2.自驾车：从新疆库尔勒出发前往楼兰古城的路大约有800千米，需要15小时。

雅丹龙城 ★★★ 🌙◎▣

"龙城"位于罗布泊古湖盆东北部，是一处由强烈风蚀作用形成的雅丹地貌景观。它既是楼兰东面的一道天然屏障，又是去楼兰的必经之地。由于罗布泊地区常年刮风，经年累月，这里的土台变幻出各种姿态，分布在风蚀凹地犹如大街小巷，显得别有意趣。

🧭 若羌县境北部的罗布泊地区

👁 1～2小时

罗布泊 ★★★★ 🌊▣

曾经波光潋滟的内陆湖，现在是无边无际的荒漠。曾经载满了蓬勃的生命，现在是毫无气息的沉默。不少中外探险家来此考察。作为亚洲的神秘"魔鬼三角洲"，它曾经吞噬过不少人的生命，却有更多的勇士对它跃跃欲试。

🚌 在库尔勒乘坐班车前往若羌，再包车前往罗布泊

👁 1～2小时

🔆 **1.探险：**罗布泊探险极易迷失方向，所以这里

有很长的失踪者名单。深入该地必须做周密的准备。

2. 路线： 进罗布泊有两条路线：一是由东边以敦煌为出发点，二是由西边以库尔勒或若羌为出发点。若从各地前往库尔勒或若羌，最好选择乌鲁木齐为首站。罗布泊位于荒漠之中，交通极不便利，探险者多选择驾车或是徒步穿越。

塔里木胡杨林公园
★★★ 🏞🎫

目前世界上面积最大的天然原始胡杨林，一棵棵或葱郁，或凋零，或直立，或倾倒，显示出一种古老的神秘，并且对防风防沙、改善生态环境发挥着重要作用，被人称赞"活着一千年，死后不倒一千年，倒后不腐又是一千年"。

🌐 40元

🚌 在巴州汽车客运总站乘轮台县班车，票价38元，车程约2.5小时。然后在轮台客运站转去塔河桥镇的班车，票价18元，在公园门口下车即可

👁 3～4小时

金沙滩 ★★★★ 🏞🎫

一望无际的博斯腾湖，烟波浩渺，具有大海的神韵。平湖万顷，水天相连。银沙细匀柔软，湖水清澈见底，被誉为"新疆夏威夷"。乘艇游至湖中，北望高山巍峨、冰盔雪甲，南眺沙山起伏，沙水共处，神秘莫测。

🌐 40元

🚌 可从库尔勒自驾到金沙滩景区，也可到库尔勒客运站买到乌什塔拉的汽车票，下车后打车前往金沙滩景区

👁 3～4小时

住在巴音郭楞

推荐住宿

艾尚酒店（库尔勒店）

📍 库尔勒交通西路北山路交叉口，东方红饭店北山路3号

📞 0996-8877999

库　车

库车快速攻略

因为库车景点没有班车或旅游车前往，所以只能包车。其中克孜尔千佛洞、克孜尔朵哈千佛洞和烽燧景观，建议一天包车游览。

感受库车

🔆上班时间

库车县行政职能部门的上班时间：北京时间 10:00—14:00，16:00—20:00。

🔆交通

因为库车不是地区首府，所以多数车辆是从阿克苏或库尔勒发出经过库车，可以在长途车站等过路车，一般过路车途中有客人下车的话就会进站拉客。至阿克苏或库尔勒的班车较多。

龟兹古国 古龟兹（qiū cí）在公元前2世纪初就已经建立，一度是西域最重要的国家之一。几兴几衰，直到860年才被吞并。库车就是龟兹的都城，龟兹乐舞可能是龟兹古国留下的最精彩的遗产了。现在的库车最有名的是白杏和库车腰刀。

鸠摩罗什 鸠摩罗什是十六国时期后秦高僧。与南北朝的真谛、唐朝的玄奘、不空，并称为中国佛教四大翻译家。他的父亲是龟兹国师，母亲是龟兹国王的妹妹。7岁出家，后拜名师，遍游南疆，并随后凉吕光至长安，后秦灭后凉，后秦王信奉佛教，为鸠摩罗什配备了最好的条件和800名助手、弟子，开始了中国历史上第一次大规模译经，翻译了《摩诃般若波罗蜜经》《金刚般若波罗蜜经》《妙法莲华经》等74部经卷，为中原佛教的发展起了奠基作用。死后葬于长安草堂寺。

行在库车

进出

库车属阿克苏地区，阿克苏为地区首府，交通便利，但是旅游景点多集中在库车附近，所以这里只介绍库车交通。

飞机

目前有开通飞往乌鲁木齐、库尔勒、西安、成都的航班，但时间不固定。

库车机场 📞 0997-7772999

铁路

南疆铁路有库车站，但库车作为沿途站没有始发列车。

公路

库车北至乌鲁木齐 751 千米，东至库尔勒 280 千米，西至阿克苏 258 千米，至伊宁 921 千米。

库车长途车站
🚌 天山路 📞 0997-7122379

市内交通

市内有公交车，其中 10、8、6、5 路经过火车站和长途车站。库车分为老城和新城区，老城区较有地方特色，是维吾尔族聚居地，区内载客的马车每人 1 元钱。市区内出租车 5 元起价，如果想要包车去景点则价格需要商量。

游在库车

库车清真大寺 ★★★★ 🅒

库车清真大寺据传为 16 世纪新疆伊斯兰教首领从喀什到库车传道期间所倡建。

该寺由礼拜殿、宣礼塔、望月楼等构成，具有浓郁的维吾尔族建筑风格，可容数千人礼拜。站在宣礼塔上，可俯瞰全城。殿内雕刻、壁画、书法华美精湛。

💰 14元
🚌 临近老城广场（公交站）
👁 1～2小时

库车王府 ★★★★ 🅒 🅐

库车古称龟兹，是"丝绸之路"上的重镇，是古代西域政治、经济、文化的中心，就是这段辉煌的历史，给库车遗存下许多宝贵的古遗址和精美文物。库车王府始建于 1759 年，先后有由清政府册封的十二位库车王居住于此，建筑风格上混合了维吾尔族、汉族等民族的文化特色。王府里居住着我国最后一个王爷和王妃，令人惋惜的是老王爷已经去世，目前王妃仍然居住在王府里。可以说库车王府是龟兹文化的缩影，在这里，可以感受到龟兹文化的博大精深，而且还可以了解库车王家族的荣辱兴衰，以及库车社会经济发展历史。

💰 55元
🕐 9:30—20:00
🚌 可从库车汽车站打车前往，约15分钟可到
👁 2小时

💡 库车王府离库车清真大寺不远，步行约 1 千米，可一同游览。

大小龙池 ★★★★ 🅒 🅐

大、小龙池，位于库车车站北部偏东约 120 千米。大龙池是一座高山湖泊，由天山雪水融汇而成，水域宽阔，清澈见底，犹如

库车河上的古城遗址

💡 **龟兹乐舞**

古代龟兹地区不仅是西域政治、经济、佛教中心，在音乐、舞蹈方面也是西域乐舞的杰出代表。在唐玄奘《大唐西域记》中写到屈支国"管弦伎乐，特善诸国"。龟兹乐舞的发展和传播，不仅对我国古代中原地区，特别是对隋唐时期的音乐、舞蹈、杂技、戏剧的发展和繁荣产生过重大影响，而且也名震日本、印度、阿拉伯等国家。我国南北朝时期著名的音乐家苏祗婆就是龟兹人，他所创作的著名乐曲《琵琶曲》被定为唐朝的宫廷燕乐。

明镜一般，四面环山，山顶白雪皑皑，山腰云杉苍翠，山上绿草如茵，牛羊成群。神话传说西王母曾在此沐浴。离大龙池4千米处有一座小龙池，犹如一颗晶莹剔透的宝石，与大龙池遥相呼应。大、小龙池以湖光山色、秀丽山水享有盛名。夏季来临，细雨绵绵，山坡上青翠的云杉绿草，在雪峰的辉映下层层叠叠，使人心旷神怡，流连忘返。

🚌 免费

🚏 大小龙池位于独库公路沿线，建议包车前往

👁 0.5～2小时

龟兹古城遗址　★★★ 🚶

龟兹古国是古代西域的政治中心，它是古代丝绸之路的必经之地，连接东西方的枢纽。如今千年历史淘尽了古城的繁华，只留下了凄凉的、依稀可以辨认的遗址。古城只有三面墙尚可辨认，西墙已荡然无存。

🚏 从库车打车前往

👁 0.5～1小时

💡 古城现仅存夯土城墙，如果你是考古爱好者不妨到此一游；如果你只是普通游客，那就在路过时停下来看看即可。

克孜尔石窟　★★★★ 🚶🏛

中国四大佛教石窟之一，距库车西北70余千米，是库车行最重要的一站。

洞窟最早开凿于3世纪，即东汉末年。5—7世纪香火鼎盛，当时龟兹国的人口有10余万人，而在千佛洞修行的僧侣就有上万人。至8世纪，因为战乱和其他宗教的进入，佛窟开凿的敲打声渐渐停止了。

石窟建在木扎尔特河谷北岸崖壁之上，共有大小洞窟236个，其中保存较完整的有135个，内有壁画的80个，是中国开凿最早、规模最大的石窟群。壁画现存1万余平方米，是克孜尔千佛洞最珍贵的宝藏。因为龟兹信奉小乘佛教，所以壁画风格也不同于其他地区，是一种经常见到的神秘菱形图案，据说是龟兹佛窟特色。

🚌 70元

🕙 10:00—18:00（冬季），9:30—19:00（夏季），周一闭馆

🚏 从库车包车前往，车费在150元以上

👁 1～3小时

天山神秘大峡谷　★★★ 🚶🅰

天山神秘大峡谷，被称为中国最美的十大峡谷之一，它位于天山南麓新疆库车县阿艾乡，由红褐色的巨大山体群组成，被当地人称之为"克孜尔亚"，维吾尔语的意思是"红色的山崖"。大峡谷虽地处内陆干旱地区，遍布细沙，但却有汩汩清泉。泉水潺潺流淌，时隐时现，堪称一绝。在距谷口1.4千米处的山崖上发现了一处深洞窟，窟内墙壁上有残存的壁画和汉文字，为峡谷增添了深秘色彩。

🚌 45元

🕙 10:00—19:00

🚏 库车塔里木客运站开往东风煤矿班车经过库车大峡谷，中途在大峡谷景区门口下车即可

👁 2～3小时

购物库车

哈密的瓜、吐鲁番的葡萄、库车的杏是新疆人的仙果，库车最有名的就是白杏。白杏个头小于别的杏，果肉黄白，有"库车白杏赛蜜糖"的美称。杏熟的季节是每年6、7月，不过即便你没有口福吃到甜如蜜的白杏，还可以品尝美味的杏干，还有香甜的杏仁。其实杏干和杏仁才算最有新疆特色，你可以在南疆每个巴扎看到产自不同地方的杏干、杏仁，挨个品尝吧，不过库车的杏是最不能错过的。

💡 杏园子

不管是杏熟季节，还是青杏时节，哪怕是坐在火红的石榴树下，库车人都叫它"杏园子"。库车的"杏园子"是唱歌、跳舞、吃手抓肉的好去处。在库车，杏熟季节也称为"爱情的季节"，据说这个季节结婚的新人要比平常多得多。

住在库车

如果想要省约的话，街上有很多招待所，每个床铺50～100元。

推荐住宿

库车饭店

📍 库车县天山中路266号

📞 0997-7999999

喀什

喀什快速攻略

Day1 艾提尕尔清真寺→喀什老城区→高台民居→香妃墓→喀什大巴扎

Day2 喀什→达瓦昆沙漠

Day3 喀什→喀拉库勒湖→帕米尔高原→塔什库尔干（住宿）

Day4 塔什库尔干→红其拉甫口岸

感受喀什

没有喧哗的地方 没有到喀什就等于没有到新疆，这是新疆人的说法。喀什的老城是纯粹的维吾尔族古城，那种用黄土垒成的老房子，站在屋顶的露台上，就能听到宣礼塔传来的"真主万能"的祷告声，仿佛不变的乐章。维吾尔族商人并不迂腐，但他们不会站在路边吆喝，所有的东西都太熟悉了，所以生意也像日子一样祥和地做着。有绚丽的颜色跳动，那是维吾尔族小女孩的裙子和头巾，这是宁静中的一点亮色和喧闹，反倒将喀什衬得更静了。站在一个十字路口，迷茫中仿佛来过，却不知道方向。

行在喀什

进出

飞机

　　喀什机场是南疆最大的机场，每天都有航班往返乌鲁木齐。此外，还开通了飞往北京、上海、重庆、广州、西安、阿里、济南和成都等地的航班。

机场问讯处 ☎ 0998-2926600/2922600

火车

　　南疆铁路以喀什为终点，喀什是经由铁路所能到达的中国最西部城市了。

　　喀什火车站 ☎ 0998-5637222

喀什巴扎

老人小孩

　　喀什老街里的维吾尔族老人和小孩非常可爱，脸上挂着微笑。小孩看见你就会友好地打招呼，当你拿出相机时，会立即摆出不同的POSE，让你尽情地拍照，照完相都爱看相机中自己的影相，然后跑开。

装备

　　1.喀什的风沙较大，建议游客注意多喝水，准备好润唇膏。

　　2.许多景点都是由徒步或是骑马前行的，建议穿一双比较舒服的登山鞋。

　　3.在出行前准备一些常备的药物，以备不时之需。

　　4.建议早上早早出发，选择天气凉爽的时候出行。

　　1.公路： 从喀什市向东南有公路通往疏勒、英吉沙、莎车、泽普、叶城、和田，再向东可通往甘肃的敦煌和青海的格尔木，由叶城向南可通往西藏的阿里地区。

　　2.边防证： 如果去塔什库尔干和红其拉甫口岸，请事先办好单位介绍信（如果未办理，可花十元钱请当地旅行社代开），并到喀什市内的色满路上的地区公安处办理边防证（到了塔什库尔干还需办理另一张边境通行证进红其拉甫口岸）。

感·受·喀·什

公路

喀什去往乌鲁木齐在国际客运站坐车，车次很多。去塔什库尔干可以在天南路的喀什客运站买车票，票价 41 元。也可以在位于西域大道的塔什库尔干驻喀什办事处乘车，不过这里有较多运货的小四轮去塔什库尔干，你可以搭车前往，票价 50 元，有些出租车也去，参考价为 60 ～ 80 元。

喀什国际客运站

➜ 喀什市机场路5 号

☎ 0998-2963630

喀什客运站

➜ 喀什市天南路29 号

☎ 0998-2829673

塔什库尔干县客运站

➜ 塔什库尔干路 385 号

☎ 0998-3421576

市内交通

出租车 5 元起价，老城区有三轮摩托和 17、20、28、29、55 路公交均到火车站。另外一种交通方式是租自行车，一般的宾馆饭店都有这项业务，适合时间不太紧张的人轻松游玩。

游在喀什

艾提尕尔清真寺

★★★★

艾提尕尔清真寺礼拜堂是由殿外 158 根雕花立柱托撑的巨大伊斯兰风格建筑。

作为新疆最重要的清真寺，每天都会有两三千人到这里礼拜。一周内最大的礼拜星期五的主麻日人数更会超过 5000 人。每年的“古尔邦”节，数以万计的穆斯林在这里礼拜，然后在广场跳“萨满”舞狂欢至天亮。

$ 45元，穆斯林免费

🕐 10:30—19:30

🚌 临近艾提尕尔（公交站）

👁 2小时

💡 **1. 禁止拍照：**寺内不允许拍照，不能喧哗、嬉笑。

2. 礼拜时间：14:00—16:30 为礼拜时间，不对外开放。

高台民居 ★★★

只有到这里，你才能从奇特的民居中真正感受到古老喀什的脉搏。这里的维吾尔族人世代聚居，房屋依崖而建。在这些随意建造的楼上楼、楼外楼、过街楼之间，形成了四通八达、纵横交错的小巷，就像巨大的迷宫，一不小心就会迷路。

高台民居既是维吾尔族传统手工艺品制作的绝佳场所，也是维吾尔族美化环境、雕刻与绘画艺术的殿堂，被中外游客誉为“维吾尔族活的民俗博物馆”。

$ 30元

🕐 9:30—20:30

🚌 临近东巴扎（公交站）

👁 2～3小时

喀什老城区 ★★★

著名电影《追风筝的人》部分取景地。喀什老城是喀什悠久历史的代表。这里街巷纵横交错，曲折迂回，是中国唯一的以伊斯兰文化为特色的迷宫式城市街区。道路两旁的民居多以砖土、土木为基础，古朴雅致。其中，有些民居已有上百年的历史。所以，走街串巷是最能了解喀什当地人民风俗文化的一种方式。

$ 免费

🕐 9:00—17:00

🚌 临近艾提尕尔（公交站）

👁 4小时

💡 **迷路：**如果在老城里迷了路，不用害怕，看看脚下的角砖，只要沿着 6 角砖走，便可走出老城；而另外一种 4 角的砖会带你走向死胡同，是不是很佩服老城人民的智慧。

香妃园 ★★★

香妃墓又名阿帕克霍加麻扎，位于喀什东郊 5 千米的浩罕村香妃园中。陵墓始建于 1640 年，是以蓝色和白色琉璃砖为主色调的伊斯兰风格宫殿式陵墓，为维吾尔族建筑艺术的典范。这里埋葬的是阿帕霍加家族 5 代共 72 人。这个家族中最为有名的是阿帕霍加，他曾夺得了叶尔羌王朝的世袭政权，是 17 世纪伊斯兰“依禅派”的领袖。香妃是阿帕霍加的孙女伊帕尔汗。

$ 30元，民俗演出90元

🕐 9:30—20:30

🚌 临近香妃墓（公交站）

👁 2～3小时

💡 **1. 进殿须知：**准许女性进入礼拜寺内参观。

2. 香妃：据传是乾隆的宠妃——容妃，伊帕尔汗身上总有一股浓郁的沙枣花香，所以被称为香妃。传说她死后，遗体被运回家族陵园安葬。不过史料记载容妃 53 岁病逝，葬于河北清东陵裕妃园寝内。

街头食摊

喀什大巴扎 ★★★ 🐾 🌀

喀什大巴扎在喀什市的东门，是西北地区最大的国际贸易市场。当年从西安出发的商旅，不管是走天山北路还是南路，都会在这里汇合。大巴扎已经有两千多年的历史，能淘到不少特色东西。

🚌 临近两亚市场（公交站）

🕐 11:00—20:00

👁 3～4小时

💡 这里是南疆特产的集散地，核桃、葡萄干、无花果是吃货们的最爱。雪莲、雪菊、玛卡是养生新宠。玫瑰精油和薰衣草精油是女孩的最爱。

购物喀什

喀什最值得一去的购物地就是前文提到的喀什大巴扎。这里有5000多个摊点，包括了布匹、棉花、地毯、金银制品、陶土器、烟草、衣帽鞋袜、刀具、皮毛、牲畜、果品、蔬菜、粮食、家具、旧货、波斯手工艺品，以及各种食品、饮料摊点。

推荐购物

工艺品　喀什一贯被称为"小民间艺术中心"，拥有国际知名的各类独具民族风格的小工艺品。推荐到职人街瞧瞧。

地毯　喀什的地毯也十分有名。

小刀　产于喀什英吉沙县的小刀已有400多年盛名，一般20元左右一把。如果想要用特殊钢材造的优质刀，可向摊主说明，因为好刀是不公开出售的。

瓜果　喀什的瓜果都值得品尝。

💡 **购物注意**

在这里购物注意货比三家，你能想到的纪念品都可以找到，不过不要急着讨价还价，另外如果达成交易就应当遵守。

💡 **1.英吉沙小刀：** 推荐到英吉沙县花园路48号的英吉沙小刀厂购买，这里生产的小刀手工非常细致，有银柄的、鹿角柄的、羚羊柄的。另外民间的牌子"阿娜尔古丽"也很有名。在巴扎买的小刀带不上飞机，甚至托运都不行，最好是买了之后邮寄回去。

2.还价： 买东西的时候可以还价，但如果价格谈不拢的话，可以把右手放在心口行个礼说声"不要了，谢谢"，千万不要对少数民族同胞失礼。

💡 **清真餐馆**

到喀什千万不要错过清真餐馆，侍者点菜时写下的文字和餐厅的气氛都令人感觉身处中东。

💡 **小吃**

喀什的小吃做工精细，营养丰富而且物美价廉。最具特色的有烤全羊、烤羊肉串、馕坑烤肉、烤包子、抓饭、拉面、油塔子、馕、馓子、曲曲、烤鱼、灌面肺和灌米肠等。除此之外，还有如羊肚、羊心、羊肝、羊头、羊蹄等。

💡 **特产**

巴旦杏是喀什的名贵特产，是维吾尔族人最珍视的干果，常用它待客赠友，还把它的图案绣在衣帽上，雕刻在建筑物上。巴旦杏果肉不能食，可吃的是香甜可口的果仁，营养十分丰富，含有大量脂肪、蛋白质和多种维生素，在喀什的维吾尔医药中，60%的药都配有它。

💡 **携带帐篷**

喀什市区以外的地方住宿不是很方便，有些地方没有宾馆或招待所，甚至没有居民，所以一定要带好野外露营帐篷。

推荐食处

艾力西尔烤全羊店

- 尉犁县光明社区海西综合市场
- 13779632034

住在喀什

推荐住宿

全季酒店（喀什古城店）

- 天南路29号
- 19190016222

喀什周边游

帕米尔高原　★★★

帕米尔高原风光被誉为世界上最美的风光之一。在这里有塔什库尔干的塔吉克村落，有新疆三大名湖之一的喀拉库勒湖，有雪峰奇景（慕士塔格海拔7546米、公格尔峰海拔7719米、公格尔九别峰海拔7595米、乔戈里峰海拔8611米）。

- 免费
- 从喀什乘车到塔什库尔干塔吉克自治县，县城附近是石头城和金草滩，可步行游览。游览完之后再包车前往红其拉甫口岸，沿途会经过慕士塔格峰等景区
- 2～3天

1. 边防证： 上帕米尔高原必须办理边防证，如果参加旅行团可以由旅行团统一办理，个人也可以在喀什市公安局办理，周末不受理。个人办理需要单位开介绍信，或在居住地公安局办理。证件10元工本费，10元押金，返回喀什时退还。境外旅游者可凭有效旅行证件，从红其拉甫山口进入巴基斯坦旅行。

2. 氧气袋： 高原寒冷，天气变化快，海拔5000多米，最好带上氧气袋（可租用，50元一个），旅游季节在每年的5～9月。

喀拉库勒湖　★★★

"喀拉库勒湖"意为"黑海"，位于喀什南198千米，坐落在海拔3600米的苏巴什草原上，临近通往红其拉甫的314国道，它的背景就是被称作"雪山之父"的慕士塔格峰。慕士塔格峰海拔7509米，是著名的登山地点，它巍峨庄严，纯洁高雅，又因为有美好的传说，被塔吉克族视为纯洁爱情的象征。湖面面积10平方千米，由两个湖泊相连而成，湖水墨绿。

- 50元
- 10:00—20:00
- 2～3小时

1. 住蒙古包： 喀拉库勒湖边有蒙古包，可以提供食宿。

2. 交通、住宿： 在喀什下火车可乘坐去中巴边境红旗拉甫的大巴，6小时即可到达喀拉库勒湖。在那里既能欣赏慕士塔格峰的美景，还能感受到影片《冰山上的来客》所展现的那种人文地貌。当地住宿条件较差，建议再乘两小时汽车到塔什库尔干县城住宿，方便且价格便宜。

红其拉甫口岸　★★★

其实这里的风光或许没有想象中的那样壮美，但是作为帕米尔高原旅程的终点，几乎所有的旅客都要到此和界碑留张影。

- 3～4小时

1. 开放时间： 受气候条件影响，这里是季节性开放的，一般每年5～10月开放；游客须事先向喀什公安局申请出境通行证，否则无法进入。

2. 许可时间： 到界碑逗留的许可时间不超过半小时，并且要检查边防证。可搭乘喀什至塔什库尔干县的班车，然后再包车前往。

达瓦昆沙漠旅游风景区　★★★

达瓦昆旅游风景区位于岳普湖县铁力木乡，距310省道6千米，距喀什市110千米，交通便捷，被称为"中国沙漠风景旅游之乡"。达瓦昆沙漠风景区有面积2万多亩的天然流动湖泊，有200万亩沙漠环绕湖泊，可谓沙水相依，碧波荡漾。新建的欧式风情别墅、极具维吾尔族风情的毡房和民族风情园点缀湖畔。

- 40元，区间车20元
- 10:00—20:00
- 0.5～1天

观光线路图： 千年胡杨林→千年万墓群→圣地→塔吉克民族风情园→千年柳树王→维吾尔风情园→达瓦昆沙漠旅游风景区

喀什周边游

华东地区

上海—江苏—浙江—安徽—

山东—江西—福建

上海市

自助游：

新与旧之旅
中共"一大"会址→新天地→东台路→大境阁关帝庙→上海老街→老城隍庙、豫园→外滩→东方明珠塔→南京路→苏州河

人文与时尚之旅
多伦路→山阴路→鲁迅公园→静安寺→人民广场（上海博物馆、上海大剧院）→衡山路→徐家汇

美食之旅
云南南路→乍浦路→黄河路→沪青平公路→浙江中路→老城隍庙→崇明岛→青浦

购物之旅
南京路→淮海路→四川北路→豫园→迪美购物

周边之旅
嵊泗→朱家角→练塘→金泽→罗店→嘉定古城→枫泾→南翔

自驾游：

走进水乡古镇
上海→甪直→周庄→同里→南浔→乌镇→西塘→上海

踏上唐诗之路
上海→嘉兴→杭州→新昌→天台→仙居→临海

穿越夜上海
上海→桃浦→南翔→马陆→外冈→虞山→鹿苑→张家港→靖江→泰兴→扬州→南京→镇江→常州→无锡→苏州→昆山→真如→上海

领略水乡柔情
上海→杭州→转塘→桐庐→乾潭→寿昌→上方→金华→上溪→诸暨→浦阳→杭州→上海

上海

上海快速攻略

Day1 中共"一大"会址→新天地→东台路→大境阁关帝庙→上海老街→老城隍庙、豫园→外滩→东方明珠塔→南京路

1. 可乘地铁1号线到黄陂南路站，沿路步行5分钟到中共"一大"会址参观，也可在旁边的"新天地"参观翻新但十分典型的石库门，感受此处上海的时尚娱乐中心。

2. 步行约10分钟到古玩街东台路（从黄陂南路往北到太仓路右转到普安路再右转到崇德路，然后左转），与东台路相邻的浏河口路也卖旧工艺品，可顺路转转。

3. 从浏河口路穿到西藏南路，马路对面就是大境阁关帝庙，这里可以看到上海仅存的一段老城墙。

4. 由北往南走完东台路，在老西门车站乘930路到豫园，下车后马路对面就是上海老街，或乘地铁10号线到豫园站，逛老城隍庙、豫园。

5. 从豫园出来，穿过百米长的福民街小商品市场，到人民路右转步行5分钟可到黄浦江边，逛外滩。

6. 从外滩的观光隧道过浦江，对岸即是东方明珠塔。

7. 逛陆家嘴。

8. 从陆家嘴乘坐地铁1站路，就回到浦西的南京路了。

Day2 多伦路→鲁迅公园→静安寺→人民广场（上海博物馆、上海大剧院）→衡山路→徐家汇

Day3 中华艺术宫→田子坊→马立师花园→东平路（附近有很多名人故居，可根据自己兴趣安排）→徐家汇天主堂

Day4 迪士尼乐园

感受上海

新旧交融　都说上海最吸引人的地方就是"新旧交融"。说新，浦东机场、东方明珠塔、磁悬浮列车……都代表着国内最新、最快的水平；而"旧"呢？并不是说上海历史悠久——满打满算，从有这个名字的小渔村发展成国际性大都市，它也只有六七百年，"旧"指的是旧上海十里洋场的风情，从石库门到各国旧租界，旧日奢靡艳的音乐似乎还幽幽响在耳畔。

开放　上海是中国最早"对外开放"的城市之一。昔日上海的主要构成，如金融、工业、冒险家、海派生活方式等，都与一个"洋"字沾边。如今上海已成为"远东地区最大的金融、贸易、航运中心"，则是新一轮开放的结果。

怀旧　上海的历史太短，却一直被上海人当成一声悠长的叹息。上海人总在叹息声中怀旧——上海滩的光怪陆离、张爱玲的艳异荒凉、美人月份牌、青洪帮风云……怀旧，成为上海贴在自己胸前的独特标签。当然，如今"怀旧"不止是一种情绪，还会带来很多经济效益。于是，石库门、林荫道、红木家具和金枝玉叶的上海小姐，全都成了华丽织锦的背景。

摩天大厦　《纽约时报》曾惊呼上海的摩天大厦已经是纽约的两

🔆时尚之都——上海

在整个20世纪的中国，上海始终是一个代表着时尚的城市，从20世纪三四十年代纸醉金迷的不夜城，到20世纪50年代飘着香风的南京路，再到改革开放后的中国流行文化之都，上海不仅是潮流的引导者，更是时尚的缔造者。

🔆上海昼夜不同的美丽

上海是一个很有魅力的城市，有人说，白天上海是一张黑白色照片，晚上上海则是一张彩色照片，白天它沉郁都经典，晚上却有沉睡后的生气，迷离的霓虹灯，让人沉醉。

感受上海

上海的地名

上海好多地方的名字都带个"家"字，这些地方原来就是这个姓氏的人家居住的，像徐家汇原来就是徐光启的家，而且有多条河流汇聚，所以叫徐家汇，董家渡、陆家嘴也是一个道理，是家族加上地形起的名字。

浦东风情

浦东名胜古迹颇具海滨特色，纵贯南北的古海岸、古海塘以及城堡墩台让人联想起海岸自然的演变和人们为生存、为抵御外来侵略而进行的不屈不挠斗争；名人故居、革命烈士纪念碑让人追寻岁月的印痕，一发思故之幽情；民俗风情，则让人沉醉于浓浓的乡情，感受民风之淳朴。

倍，当然他们其实是在混淆视听，上海 5000 栋左右的高层建筑并不都是美国意义的摩天大楼（150 米以上），真正意义上的摩天大厦目前的世界排行榜还是香港、纽约居首，但上海仅仅用了 10 年时间已经跻身前 10 位，不能不说是一个奇迹。也许是太多太快，上海普通高楼的设计与国际化不相配，就算是号称大师设计的摩天大厦，也大多只能让人惊诧，很少让人惊艳的。据说太多的高楼让上海的地基每年正以 1.5 厘米的速度下沉，但迅速变化的天际线确实是上海近 10 年汹涌发展的有力证明。

时尚 引领时尚似乎是上海不得不承担的历史使命，差不多一个世纪以来，"中国时尚之都（至少在内地）"的马甲一直牢牢地穿在上海身上。关于时尚也是各执一词，看看上海出品的《外滩画报》《家居廊》之类的杂志能领悟点毛皮。其实你要找到看似缥缈的"时尚"并不困难：在上海，有老外的地方，通常都是时尚的地方。重新杀回外滩和徐家汇老洋楼的大小洋铺子是时尚的，武康路上曲径通幽的咖啡屋、小画廊也是时尚的，外滩某某号的顶层西餐厅都是时尚的，老外几乎彻底地建构了上海的品位、欲望和想象力。身为游客，犯不着把几小时的际遇，想象成生活方式。

上海人 同直辖市的地位相衬，上海人在中国的人群分类中也可以归入"计划单列"。在流行的小品相声中，在外地人的传说中，上海人的形象差不多已经固定了：精明。其实，公正一点说是上海人用血汗构筑了中国近现代大半的工商业基础，创建了新文化体系；在新中国成立后的几十年里，更是上海人为全国人民提供着衣服、日用品，自己却穷到不得不靠发明衬衣假领来维持体面。上海人的精明和精细，让上海从城市布局、交通管理到吃穿用住，都有着更体贴合理、更专业周到的安排。在这个人多地窄、拥挤不堪的城市中，绝大多数上海人都有着踏实勤奋的天性，他们是中国人中懂得识时务、干实事的人。

浦东新区

上海的高度

情调 上海的古怪特产之一，说它古怪是因为很难将它纳入中国传统文化的情调范围之内。上海的情调基本上是一些英语说得比英国农民还好的上海人制造的，要在几种文化的舞台上表演，看上去挺累的。

教养 和情调相关的是教养。上海是一个市民文化程度普遍较高的地方，上海人的体格和语言也普遍缺乏攻击力，但上海作为一个城市却或多或少显得有些霸道和骄横。"高雅"的淮海路上有时候可以听到"巴子""乡勿拧"（乡巴佬）之类的话，也可以撞到穿睡衣逛大街的男女。对游人而言，上海最值得一看的也许是它的新旧建筑，新的清一色高大挺拔，奢华得让人不敢亲近；旧的则大多摆着洋面孔，教养十足也傲慢无比。

炫 上海是令人炫目的城市，白天有阳光下波光粼粼的浦江、刺眼的玻璃幕墙；到了晚上，商业街上的霓虹招牌足以让人领会什么是光和色彩的暴力。

准备与咨询
语言

绝大多数上海人会流利的"上海普通话"，基本交流是没有问题的。只有少数老年人听不懂你的话或者说出来的话你不懂。如果你想听懂上海人之间的谈话，也比较费劲。

气候与游季

上海气温最高的是7、8月，冬季1月下旬至2月初最冷，酷冷的天气虽然不多（一般持续3天），但刮着偏北风的刺骨湿冷尤其令北方人吃不消，不穿一些厚实保暖的衣物不行。降雪的日子不多，有时终年无雪。需要特别提醒的是6月中旬至7月上旬是梅雨季节，忽晴忽雨，8月底至9月上中旬是台风多发季节，气候炎热，常有飘泼大雨。这两个时段游上海一定要带好雨具，遮阳防雨都用得上。

节庆

F1上海站赛事 F1在当今赛车领域的地位犹如"奥运会"或"世界杯"在体育界的地位。每站比赛都能吸引超过10亿人热切关注。

🕐 每年4月中旬前后

📍 上海国际赛车场

💡 关于F1

F1就是Formula 1 world championship的缩写，中文

叫作一级方程式赛车，即以共同的方程式（规则限制）所造出来的车，而其中等级最高者就属F1。由于疫情、合约到期等因素影响，F1上海站赛事上一次举行还是在2019年。目前，中国大奖赛与F1方面签订了新合约，延续至2025年，有望在2024年重新举办。

上海艺术博览会　有来自30多个国家与地区的1000多家画廊或艺术经纪机构参展，毕加索、马蒂斯、伦勃朗、莫奈、雷诺阿、齐白石、徐悲鸿、张大千等众多世界著名大师的原作都曾在此亮相。

🕐　为期5天

📍　兴义路99号上海世贸商城

上海国际电影节　是世界著名的9大A级电影节之一，每年6月国际电影界名流和时尚人士都会齐聚上海，共襄盛会。这是一次期待已久的电影朝圣，也是现代上海文化生活的一个重要景观。

行在上海
进出
飞机

上海有浦东、虹桥两大国际机场。浦东机场位于浦东新区的江镇、施湾、祝桥滨海地带，距市中心人民广场40千米。浦东机场有专线车发往市区各地，最近的只需40分钟，最远的1.5小时亦能抵达。在龙阳路乘坐磁悬浮列车，只需要7分钟就可以到达浦东机场。还可乘轨道交通2号线到广兰路站换乘2号线东延伸段至浦东机场。各大酒店也都有发往机场的专线车。乘出租车需45分钟左右，车费约150元。浦东机场有发往杭州、南京、无锡、苏州等地的长途客运班车。

虹桥机场位于上海市西郊，距市中心仅15千米。机场分T1、T2两个航站楼，乘客一定要提前搞清楚自己的航班是在哪个航站楼起飞，以免耽误航班。地铁2、10号线均可到虹桥机场航站楼。从虹桥机场可乘坐公交往返于浦东机场、上海火车站、上海动物园等市区各个地点。

浦东机场客服　📞　021-96990

虹桥机场投诉　📞　021-32531090

浦东机场投诉　📞　021-68347575

部分机票代售点

名　称	电　话
中国东方航空公司售票处	95530
厦门航空公司上海营业部	021-62725858/64628990
春秋航空公司上海营业部	021-62692626/62474497
海南航空公司上海营业部	021-52987401/32512100

💡浦东与虹桥机场航线

绝大部分国际航班在浦东机场，而虹桥机场除少数飞往日本和韩国的航线外，其余都为国内航班。国内航班在浦东和虹桥机场都有，机票上有明显的标注，请特别留意，以免耽误行程。如需在上海转机，最好确保同一机场起降，两个机场之间的转机时间一般需要2～3小时。

铁路

上海站和上海南站都是规模非常大的铁路客运站，京沪和沪昆线是联系上海与全国各地的两大动脉。长三角城际铁路的通车使沪宁杭地区成为一个整体，随着沪汉蓉铁路和京沪高速铁路的兴建，上海与外界的联系将会越来越方便。上海虹桥站目前有11趟动车组在这里发车，主要发往合肥、六安、武汉、汉口、武昌等地。

火车站点

上海火车站

📍　秣陵路303号

🚌　南区：95、104、109、301、927、930路，地铁1号线等；北区：106、115、117、929路，地铁3、4号线等

火车站问讯处　📞　021-95105105

上海南站（原新龙华车站）

上海南站是全国最大的火车站之一，有发往全国各地的列车。

📍　徐汇区沪闵路9001号

🚌　南广场144、164、315、867、973、机场七线；北广场301、303、341、729、747、803路；地铁1、3号线

📞　021-54353535

上海虹桥火车站

📍　上海闵行区申虹路

🚌　虹桥枢纽4、6、10路；地铁2、10号线

📞　021-51245555

高铁

京沪高铁全线纵贯北京、天津、上海三大直辖市和河北、山东、安徽、江苏四省。"复兴号"列车投入运营后，时速350千米的动车组从北京到上海最快仅需4小时18分钟，二等座662元，一等座1060元，商务座2318元。

沪昆高速铁路由沪杭客运专线、杭长客运专线以及长昆客运专线组成，途经上海、杭州、南昌、长沙、贵阳、昆明6座省会城市及直辖市，线路全长2266千米，

行在上海

浦东机场专线巴士

线路	始发站	主要停靠站	终点站	票价（元）
机场一线	浦东机场：7:00—23:00	虹桥T2候机楼、虹桥火车站	虹桥枢纽东交通中心：6:00—23:00	36
机场二线	浦东机场：6:30—23:00		普安路延安东路：5:00—21:30	28
机场四线	浦东机场：7:00—23:00	张杨路云山路站、德平路浦东大道站、邯郸路五角场站、云光新村（大柏树）站	虹口足球场：5:00—21:30	18～28
机场五线	浦东机场：6:30—23:00	龙阳路地铁站、中山东二路新开河路站、延安东路浙江中路	上海火车站（北广场）：5:00—21:30	18～28
机场七线	浦东机场：7:30—23:00	川沙路华夏东路、上南路华夏西路	上海南站：6:30—21:30	8～20
机场八线	浦东机场：7:00—20:40	启航路海天五路、海天三路启航路、海天三路护航路、护航路机场大道、航全路机场大道、航全路基地二路、川汇三路施新路、萧山路闻居路、金闻路闻居路、祝潘公路川南奉公路、祝潘公路千汇路、南祝路祝潘公路、南祝路周祝公路、南祝路祝城路、南祝路卫亭路、南祝路盐朝公路、南祝路拱极路、人民东路南祝路	南汇汽车站：5:50—19:30	2～20
机场九线	浦东机场：7:00—23:00		莘庄地铁站南广场：6:00—21:30	28
机场环一线	浦东机场：首末班8:00—19:15	当局楼、公安分局、指挥部、海关仓库、航空公司、东航指挥部、施湾、航城园	航城园：7:10—18:45	2
机场守航夜宵线	浦东机场：23:00后—当日末班航班后45分钟	浦东机场T1、T2站、龙阳路芳甸路站、世纪大道地铁站站、延安东路浙江中路站、延安中路华山路站、延安西路虹许路站、虹桥枢纽交通中心	延安西路虹许路（虹桥枢纽东交通中心）	18～36

虹桥机场专线巴士

线路	始发站/终点站	票价（元）	咨询电话
807	虹桥机场1号航站楼/清润新村	2	021-52757553
176	虹桥机场1号航站楼/天山西路福泉路（周六、周日及法定假日停驶）	2	021-962284
虹桥商务区1路	虹桥东交通中心/申虹路舟虹路	2	021-34023227
机场1路	虹桥东交通中心/浦东国际机场	36	021-34661553
941路	虹桥东交通中心/上海火车站	2～6	021-54222357
虹桥枢纽4路	虹桥东交通中心/闵行紫竹园区	1～8	021-64925849
虹桥枢纽9路	虹桥东交通中心/嘉定西站地铁站	10	021-59168011
闵行18路	虹泉路/金丰小区（金辉路保乐路）	2	021-34023227
316路	虹桥东交通中心/延安东路外滩	2	021-62906338
夜宵巴士	虹桥机场2号航站楼到达层1号门外北侧/陆家嘴	10	021-22351888
71路T2线	申昆路枢纽站/申达二路润虹路	2	021-54437923

设计开行时速 350 千米 / 时，是中国东西向线路里程最长、经过省份最多的高速铁路。

公路

作为华东地区一个重要的城市，上海的公路四通八达。

上海部分长途汽车客运站

名　称	地址	电话
长途汽车客运总站	静安区中兴路 1666 号	021-66050000
长途客运南站	石龙路 666 号（近柳州路口）	021-54353535
长途客运北站	江场西路 1717 号	021-66518466
旅游集散中心（总站）	中山南二路 2409 号地下一层	021-24095555
旅游集散中心（杨浦站）	隆昌路 640 杨浦体育活动中心	021-65803210
黄浦旅游集散中心	外马路 1588 号，南浦大桥	4008872626

水路

如果不计较时间消耗，坐船进出上海倒是重温"海上旧梦"的捷径。

上海地处我国南北海岸线的中点，是世界第三大港和中国最大的港口城市。航运客轮溯长江而上可达九江、武汉和重庆，沿近海而行，则可至青岛、宁波。另外，上海还与韩国仁川、釜山，日本大阪、神户开通了海上客运航线。

🔅船期信息

上海人民广播电台交通信息台（中波 648 千赫）有船期变更信息。

上海新城区示意图

轮船客运问讯

☎ 021-56679550

市内交通

上海也许是世界上交通最繁忙的城市。

以前上海给人的主要感觉是道路狭窄和拥挤，经过城市规划，上海的城市交通变得十分通畅合理。如果你自驾游上海，会对道路的通畅、路牌标志的方便明了有很好的印象。如果搭乘公共交通，则会有换乘方便、价格合理的感受。

地铁

在1号线人民广场站与2号线人民公园站的共用计费区实现一票换乘。上海地铁全部使用电子车票，票价采用分段计程制：地铁票价3元起（5号线2元），超过6千米4元，以后每10千米加1元。

上海已开通了20条轨道交通线路：

1号线：莘庄→富锦路（5:30—22:32），莘庄→上海火车站（5:30—22:32）；富锦路→莘庄（5:30—22:30），上海火车站→莘庄（5:30—23:00）

2号线：浦东国际机场→徐泾东（6:00—22:30）；徐泾东→广兰路（5:28—22:45），徐泾东→浦东国际机场（5:28—21:30）

3号线：江杨北路→上海南站（5:30—22:40），上海南站→江杨北路（5:20—22:35）

4号线：内圈（5:25—21:30）；外圈（5:25—21:30）

5号线：莘庄→闵行开发区（6:00—22:35），莘庄→奉贤新城（5:50—22:40）；闵行开发区→莘庄（5:50—22:00），奉贤新城→莘庄（5:28—22:00）

6号线：东方体育中心→港城路（5:30—22:30），港城路→东方体育中心（5:30—22:30）

7号线：花木路→美兰湖（5:30—22:30），美兰湖→花木路（5:30—22:15）

8号线：沈杜公路→市光路（5:30—22:30），市光路→沈杜公路（5:30—22:30）

9号线：曹路→松江南站（5:30—22:30），松江南站→曹路（5:40—22:30）

10号线：基隆路→虹桥火车站（5:25—22:30），基隆路→航中路（5:30—22:25）；航中路→基隆路（5:30—22:25）；虹桥火车站→基隆路（5:25—22:30）

11号线：花桥→迪士尼（5:37—21:51）；嘉定北→迪士尼（5:36—22:30）；罗山路→花桥（5:25—22:10），迪士尼→嘉定北（5:58—22:30）

12号线：金海路→七莘路（5:30—22:30），七莘路→金海路（5:30—22:30）

13号线：金运路→张江路（5:30—22:30），张江路→金运路（5:30—22:30）

14号线：封浜→桂桥路（5:30—22:30），桂桥路→封浜（5:30—22:30）

15号线：紫竹高新区→顾村公园（5:30—22:30），顾村公园→紫竹高新区（5:30—22:30）

16号线：滴水湖→龙阳路（6:00—22:30），龙阳路→滴水湖

坐公交车前先问清

上海有的公交站牌报的地名与实际情况相差甚远，你以为到了目的地，下了车也许还得走上很久，所以选择路线时一定要查清楚。

准备零钱坐地铁

各地铁站均有自动售票机，但有些只能使用硬币。很多时候自动售票机比人工售票窗口排队的人要少，多准备些零钱可以节省排队购票的时间。

上海公交

1.上海的公交车偏挤，尤其不要赶在上班高峰期搭乘。

2.上海火车站、人民广场、徐家汇、中山公园、五角场为市内主要的公交换乘枢纽。

仔细区分3、4号地铁线

3号线和4号线地铁在宝山路一虹桥路间并行行驶，3号线车身有黄色线条，4号线车身有紫色线条，要留意区分。

注意公交车上下行路线

由于存在大量的单行道，上海公交车往往上下行路线不同，如果准备搭乘同一路车返回，最好在下车前打听清楚返程的车站在哪里。

买张交通图吧

上海有3000余条道路纵横交错，市中心城区有数百条机动车单行道路，外地司机在市区开车时，最好买一张《上海道路交通管理信息图》，特别要注意交通禁令标志，以免被罚款或耽误时间。

（5:50—22:30）

17 号线：虹桥火车站→东方绿舟（6:00—23:00），东方绿舟→虹桥火车站（5:40—22:30）

18 号线：航头→长江南路（5:30—22:30）；长江南路→航头（5:55—22:30）

磁悬浮：龙阳路站→浦东国际机场（6:45—21:40），浦东国际机场→龙阳路站（7:02—21:42）

浦江线：沈杜公路→汇臻路（5:30—22:30），汇臻路→沈杜公路（5:10—22:10）

公交车

乘坐上海的公交车，能再一次体会上海人性格中的精明与条理。

1. 按运营时间，有日间公交车、"2"字头的早晚高峰车和"3"字头的夜宵车；

2. 按地域范围，有浦西公交线、浦东公交线、浦东浦西联运线（含大桥线、隧道线）和市郊公交线；

3. 按票务方式，有单一票价2元的无人售票车（市内公交号码为两位数的或三位数中"1"字头、"2"字头、"7"字头的线路绝大多数是无人售票车，自备零钱，不找零。公交终点站、各主要交通枢纽均有公交预售票出售，每张50元，每张预售票面值1元，售出不退）；还有单一票价2元的空调车和多级票价的专线车（有"5"字头的大巴专线、"6"字头的浦东新区专线车、"8"字头的中巴专线和"9"字头的双层车或空调大巴，还有10条空调旅游专线）。

磁悬浮

上海磁悬浮列车是世界上第一条投入商业化运营的磁悬浮列车线，具有交通、展示、旅游观光等多重功能。西起上海地铁2号线龙阳路站，东到浦东国际机场，线路全长约30千米，双线上下折返运行，设计最高运行速度为每小时430千米，单线运行时间约7分钟。

🚆 普通票单程50元，往返80元；贵宾票单程100元，往返160元。搭乘飞机的旅客凭本人当日机票可享受单程8折的优惠。刷上海公交卡乘坐，单程40元

🕐 龙阳路站到浦东机场 6:45—21:40，浦东机场到龙阳路站7:02—21:42，7:00—21:00发车间隔30分钟

📞 021-28907777

磁悬浮列车

行在上海

轮渡

浦东、浦西之间除"五桥三隧"外，还有 20 余条轮渡线可供人、车便捷过江。

¥ 世博会后均为空调轮渡。空调轮渡航线：行人 2～3 元，自行车和助动车贵 1 元。如使用公交卡可享受"连乘优惠"，在此基础上当天第 2 次乘坐，各票种均优惠 1 元

☎ 021-33767766 转 380/381

吴淞码头 吴淞码头是前往崇明三岛重要的渡口之一，其位于宝山区的淞浦路 100 号，坐轨道交通 3 号线淞滨路下来走 5～10 分钟可到。

☎ 021-56575500/56671205

还可搭乘快艇从芦潮港至普陀山，购票地点在南浦大桥下的黄浦旅游集散中心。

☎ 芦潮港码头：021-58281919

出租车

上海出租车司机服务水准较高，车内一般都很洁净。司机大多不会有吸烟、放肆地收听广播之类的举动。司机总的来说不喜饶舌，但如果你主动与之攀谈，他（她）会十分乐意向你介绍上海的"发达"之处和这几年的飞速发展。上海的出租车司机真的是打心眼里热爱自己的城市，适当地对上海赞叹几句会让他更加有礼。上海的出租车司机拉着你绕路，据说是为了让你看到更多该看的景观。

上海有数万辆出租车，以桑塔纳为主，大众（浅绿色车身）、强生（黄色车身）、锦江（白色车身）、巴士（绿色车身）、农工商（蓝色车身）是最大的几家出租车公司。在 5:00～23:00 期间，纯电动的出租车起步价 16 元 /3 千米，普通车 14 元 /3 千米，超过 3 千米后 2.7 元 / 千米，总里程超过 15 千米后，超过部分按超起租里程单价加价 50% 计算。在 23:00～次日 5:00 期间，起租价、超起租里程运价上浮 30%。春节长假每单加 10 元节日附加费，劳动节、国庆节长假每单加 5 元。

出租车投诉热线 ☎ 021-63232150

旅游专线

上海原来有 10 条旅游专线车，但随着时代的进步，它们已经无法适应上海旅游发展的现状。旅游集散中心将逐渐对这十条线路进行优化，采取"交通 + 景点门票"的办法出售打包旅游产品，使其成为郊区一日游及都市观光线路的主力。

💡 磁悬浮列车优惠条件

磁悬浮列车对于荣誉军人、离休干部、残疾人凭证购票八折，身高 1.2 米以下的儿童在成人陪同下免票。凭当日车票可免费参观位于磁浮龙阳路车站底楼的磁浮科技展示厅。

💡 去外滩练英语

想提高英语口语的朋友，如果你有足够的自信，可以抽时间去外滩转转，那里老外很多，他们也很想多了解中国。

💡 游览上海有很多方式，乘坐双层观光巴士就是一种不错的选择。当巴士悠悠地行驶于上海的街头，穿行于地标之间，都市繁华、万千风情尽收眼底。春秋季市观光巴士已开拓 4 条观光线路、2 条旅游路线，一日票 50 元，两日票 80 元，可不限次数乘坐；BUS TOUR 开通了红线、绿线和蓝线三条线路，票价 100 元，可以无限次乘坐三条线路；申城观光双层巴士共 2 条游览路线，基本上覆盖了上海最重要的景点，而且彼此之间可以轻松换乘，一日票 40 元，二日票 50 元。

出租车预约及监督电话一览

名称	叫车电话	监督电话
强生出租车公司	021-62580000	021-62581234
锦江出租车公司	021-96961（小型车）	021-64169292
大众出租车公司	021-96822	021-62580780
巴士出租车公司	021-96840	021-64312788
蓝色联盟出租车公司	021-65295588	021-65295588
海博出租车公司	021-96933	021-61132828

游在上海

外滩 ★★★★ 🚌⛰️🌊📷

外滩流光溢彩的夜景是上海的骄傲。浦江两岸的高楼大厦被彩色的灯管勾勒出清晰的轮廓，宛如童话世界里的巨大城堡。外滩众多的建筑中，除了惹眼的东方明珠塔和金茂大厦，中国银行大厦与和平饭店也是不容错过的，这两幢沉浸在淡紫色灯光里的石砌大楼已成为外滩百年沧桑风云变幻的历史见证。

有人说："外滩的故事就是上海的故事。"体味外滩，也就是感受上海的灵魂。

150多年前纤夫们用双脚踩出的沿江小路，如今已是上海的标志。外滩西侧矗立着各种风格迥异的中西建筑物，仅北起外白渡桥，南抵金陵东路，1.5千米长的这一段，便鳞次栉比矗立着52幢西式和中西合璧式的大厦。尤以仿古希腊式的圆顶建筑汇丰银行最著名，曾号称"苏伊士运河以东到远东白令海峡最为华贵的建筑"，其门外的一对铜狮子已有70多年的历史。

如果你身处外滩，就已经处在了上海的历史和变化中。浦江的一边陈列着上海的过去，号称万国建筑博览的西式建筑群曾经是国际冒险家的乐园，如今中字头的银行和保险公司成了它们的主人；江的对面是陆家嘴金融区卓尔不群的崭新大厦，冒险家的子孙选择了用现代化的摩天大楼来重归上海，昔日的梦想已经驻扎在了新的世纪和新的高度上。

怀旧和观赏浦江夜景，是这条酒吧街的主题，和平饭店的老年爵士乐，华夏银行七楼顶层的M吧，总工会附近的塞纳河吧，以及1861吧，为这两个主题定好了基调。

如今，顶级餐厅、国际名牌纷纷进驻此地，使外滩成为了上海最时尚的地区之一。当年名噪一时的"外滩3号"上海俱乐部，如今是一个汇集了顶级时装店、高档餐厅的都市新地标。

外滩不少大楼内都有餐厅，顶层一般是高级西餐厅、酒吧，多有看黄浦江和浦东高楼群的大露台，楼层低点的餐厅价格实惠些，靠窗也有些风景。外滩3号的POP露台餐厅与酒吧、外滩18号的Bar rouge，都可以捕捉陆家嘴的绝美景色。推荐风和日丽的中午、下午茶时间去露台上用餐，可以览尽上海声色，晚上去看夜景也另有一番风味。

🚌 临近中山东一路汉口路（公交站）、南京东路（地铁站）

外滩风情

外滩著名建筑一览

名称	简介	地址	备注
外白渡桥	上海第一座钢铁大桥	黄浦江与苏州河的交汇处	☎ 021-63255990
黄浦公园	这里是眺望浦东陆家嘴金融贸易区和欣赏黄浦江及苏州河风景的绝佳地点	外滩西端黄浦江与苏州河的交汇处	☎ 021-53082636
观光堤	建造在伸向黄浦江的空厢式结构的防汛墙黄浦江畔上，用 14 万块彩色地砖和花岗岩铺成	黄浦公园至新开河之间的黄浦江畔	20、71 路，地铁 2 号线可达
信号台	柱形建筑，一楼有外滩的历史陈列室	延安东路外滩	20、71 路可达
亚细亚大楼	建于 1916 年，号称"外滩第一楼"，外形为英国巴洛克风格	中山东一路 1 号	现为上海浦东发展银行
汇丰银行大楼	当时的英国商人将其称为"从苏伊士运河到远东白令海峡最为华贵的建筑"	中山东一路 12 号	现为中国太平洋保险公司总部
海关大楼	希腊式新古典主义风格，其钟楼仿英国国会大厦的大钟样式制造，是亚洲第一大钟	中山东一路 13 号	现为上海海关
华俄道胜银行	建于 1924 年，为新古典派文艺复兴时期风格	中山东一路 15 号	现为上海市航天局
中国银行大楼	早期现代建筑风格，原名德国总会。大楼地下室的金库是当时设施最先进的保险库	中山东一路 23 号	现为中国银行
英国领事馆	建于 1873 年，殖民地外廊式	中山东一路 33 号	现为上海市政府机关管理局

💡 外滩可分 3 个时间去

1. 白天去，可以细观两岸建筑。

2. 晚上去，特别要在节假日或周末的晚上去，这时候外滩所有建筑物（包括对岸浦东的建筑）的灯光会全部点亮，流光溢彩，分外繁华，当然也会十分拥挤。若想从外滩安静地看浦东夜景，最佳观景点是外白渡桥边的海鸥宾馆（节假日才有，时间由政府定）。

3. 深夜去，黄浦江上轮船的汽笛声使外滩显得更宁静，你可以细听这个城市最深处的声音。

💡 在外滩与浦东间穿行

1. 渡轮：一般在外滩的金陵东路渡口搭渡轮，前往浦东的东昌路渡口。从外滩到浦东累价 2 元，从浦东到外滩也是 2 元。时间为每日 7:30—22:00。

2. 外滩观光隧道：在中山东一路与南京东路交叉口有一条观光隧道直通对岸，观光隧道里的小车厢类似于登山缆车。隧道设计得很有时空感，身处其中的游客仿佛踏上了一条星际之旅。

中华艺术宫 ★★★★ 🏛️📷

中华艺术宫是由 2010 年上海世博会的中国馆改建而成的大型艺术宫殿，主要展示近现代艺术，填补了上海艺术博物馆体系的空白。上海世博会中国馆的"镇馆之宝"多媒体版《清明上河图》也将"永驻"中华艺术宫，错过世博会的你绝对有必要来看一看。

🎫 免费；个别展览会有费用，一般 10～20 元

🕐 周一闭馆，周二至周日 10:00—18:00，17:00 停止入场

📍 上海市浦东新区上南路 205 号

中华艺术宫

🚌 临近中华艺术宫（公交站）、中华艺术宫（地铁站）、耀华路（地铁站）

👁 2～3小时

老洋房　★★★★　🌆🏔

　　老洋房是上海最经典的住宅，这些充满异国情调的花园别墅大多有着显赫一时的背景，或是诗情画意的浪漫故事，童话般的别墅不仅是当年人人钦羡的地方，现在的年轻人也对这些豪华建筑有着无限的憧憬。

　　衡山路上多的是旧时期达官显贵们的花园洋房。衡山路前接原法租界的淮海中路，后接徐家汇，旁边是领事馆区。道路两旁是茂密的法国梧桐树，隐藏着那些充满神秘故事的老建筑。如今衡山路上有着老式街灯的老房子，已旧物翻新，改作他用，如国民党中央银行行长席德懿的府邸改成了海派餐厅"席家花园"，孔祥熙的宅邸则成了上海电影制片厂。更多的老洋房成了一处处各具特色的餐厅、酒吧，是现在年轻人最为青睐的约会地点。

丁香花园　传说是李鸿章金屋藏娇之所，为美式风格的大花园别墅。三号楼是藏书楼，收藏了许多十分珍贵的书籍和古物。花园的南面有一大片翠绿的草坪，草坪上有造型古典的公园椅。

🚩 华山路849号

马勒别墅　北欧挪威式建筑，是依照英国商人马勒的女儿的一个梦境所设计的童话世界。这座城堡有高低不一的攒尖顶和回坡顶，墙面凹凸多变。园内散布着层高不等的6幢砖木结构建筑，共有大小房间106间，现为衡山马勒别墅饭店。

🚩 陕西南路30号

🚌 临近陕西南路延安中路（公交站）、陕西南路（地铁站）

嘉道理住宅　不仅外表极为壮观，而且内部装修更为奢华，主客厅全部用意大利进口的大理石装修，进入大厅犹如置身于一幢大理石宫殿，被誉为"大理石大厦"。而今这里已成为很多电视剧的拍摄场地。

🚩 延安西路64号

马立师花园　旧上海风景最优美的私宅之一。由4座风格不同的别墅组成：日本现代风格建筑、维也纳花园建筑、英国乡村式建筑和法国宫廷新古典式别墅。这里早已被改为瑞金宾馆，一度成为众多国家元首在上海的下榻之选。2000多一夜的正对大花园的行政房，值得尝试。

　　花园内有很多餐厅，比如经营上海传统菜的"小南国"，做口味纯正泰国菜的兰纳泰国餐厅，还有一些简单的西式餐厅，都值得静静地坐在那里回味老房子的传奇故事。宾馆外就是著名的瑞金路外贸小店一条街，可以慢慢去逛。

🚩 瑞金二路118号瑞金宾馆

🚌 临近复兴中路瑞金二路（公交站）

陈立夫故居　位于东平路16号，是拥有百

马勒别墅

年历史的西班牙建筑风格的花园洋房。整个老房子原本的结构被完全保留，花园里栽有十株近百年历史的香樟、广玉兰、蜡梅和橘子树，文化底蕴深厚。如今已变成餐厅"和平官邸"。

💡同一条路上的东平路9号则是蒋介石和宋美龄的住所——爱庐，目前属于上海音乐学院，暂时不对公众开放。

武康路 ★★★ 🏛 ⬇

武康路是一条有37处历史建筑的"中国历史文化名街"。其中有14处优美历史建筑，是名副其实的"名人路"，黄兴、唐绍仪、宋庆龄、邓小平、陈毅、巴金等都曾居住于此。外观像熨斗一样的武康大楼也是拍照打卡的好去处。

漫步在这条有着百年历史的老路上，两旁的古树郁郁葱葱，不时可以看到散落路边的欧式建筑。武康路也有不少咖啡店和餐厅可以休息，非常适合散步、拍照。

💰 免费

🚇 临近交通大学（地铁站）

👁 5～6小时

东方明珠广播电视塔
★★★★ 🏙 📷

无论如何，它总能吸引你的眼光。"大珠小珠落玉盘"的东方明珠电视塔在白天看上去很难给人珠圆玉润的感觉，这座上海的标志性建筑比较适合拍在夜景照片

中，白天则很像那些随处可见的放大了几千倍的铝合金城市雕塑！该塔高468米，为亚洲最高、世界第三高的电视塔。塔体可供游览之处有：下球体、中间球体及环廊、上球体及太空舱等。下球顶高118米，设有观光环廊和梦幻太空城等；上球顶高295米，有旋转茶室、餐厅和可容纳1600人的观光平台。上下球之间有5个小

东方明珠塔

球，是 5 套高空豪华房间。

🎫 三球联票：220 元；两球联票（不包括太空舱）：199 元；城市历史展示馆：35 元

🕘 9:00～21:00

🚌 临近陆家嘴环路丰和路（公交站）、陆家嘴（地铁站）

👁 1～3 小时

💡 **体验旋转餐厅：** 如果正逢饭点，有心情的话不如上球体的旋转餐厅里就餐，这座亚洲最高的旋转餐厅的自助餐味道一般，但可以随着球体的转动 360 度尽览上海。傍晚灯光次第亮起，流光溢彩令人沉醉。某式是自助餐，西式为主，人均消费 300 元左右。用餐可以免费参观东方明珠的三球一馆。

金茂大厦 88 层观光厅
★★★★ 🏢

如果非要用一座建筑来代表现代上海的话，那首选应该是金茂大厦。这座钢筋玻璃之塔高 420.5 米，共 88 层，高度属中国第二，世界第四。和古代的塔不一样，这座"塔"最大的特色就是可以"震人"！可以让人深刻体会钞票的威慑力。

🎫 120 元

🕘 8:30—21:30

🚌 临近花园石桥路东泰路（公交站）、陆家嘴（地铁站）

👁 1～3 小时

💡 **1. 高空中的纪念：** 88 层观光厅内还设有中国最高的"空中邮局"，在这里寄一张明信片给朋友或自己，是一份不错的纪念。

2. 去感受金茂大厦的电梯： 如果你是高速电梯爱好者，有必要去赶一趟金茂大厦的电梯（每秒运行 9.1 米，从 1 层到 88 层只需 45 秒）。

3. 时空隧道： 去金茂大厦 56 楼的中庭酒吧坐坐不错，金茂凯悦的中庭建筑被建筑师称为"时空隧道"。可以点一杯咖啡，感受一下大上海的情调。

4. 云中漫步： 金茂大厦拥有目前世界摩天大楼中最高的开放式空中步道，如果你胆子够大，可以花 288 元挑战 340 米高度的高空户外行走极限体验。挑战成功后还有官方纪念证书。

上海环球金融中心 ★★★ 🏢 📷

这里拥有世界上最高的观景平台，游客可以凌空饱览全市的美景，是实现高度之旅的最佳地点，而透过平台中间的玻璃地板俯视脚下川流不息的车流和各种建筑，则是考验胆量的好机会。

🎫 180 元 / 人次（94 层、97 层、100 层）；135 元 / 人次（97 层、100 层）

🕘 11:00～21:00

🚌 临近东泰路世纪大道（公交站）、陆家嘴（地铁站）

👁 1～3 小时

💡 上海环球金融中心观光厅 2023 年 1 月 1 日起开始进行（预计）为期一年的内部改造，94 层、97 层、100 层暂停营业。若想去观光，最好先咨询下是否已经重新营业。

世纪大道与世纪公园 ★★★

世纪大道西起东方明珠电视塔，东至浦东世纪公园，全长 5.5 千米，宽 100 米，是中国第一条景观道路，被誉为"东方的香榭丽舍大街"。世纪大道是非对称性布置，中心线向南偏移了 10 米。

东侧的世纪公园占地 140.3 公顷，是上海最大的富有自然特征的生态城市公园。公园内有大面积的草坪、森林和湖泊，还有鸟类保护区、露天音乐广场、水上大喷泉、大型浮雕、世纪花钟、林间溪流等特色景点。

🕘 世纪大道全天开放
世纪公园 8:00～21:00 开放

🚌 临近世纪大道（地铁站）、世纪公园（地铁站）

👁 0.5～1 天

💡 **顺道游：** 世纪公园南北分设地铁 2 号线杨高南路站和世纪公园站，北临世纪广场和上海科技馆，可一起游览。

浦江两岸 ★★★★ 🚢
船游浦江

水上漫游黄浦江，两岸景色尽入眼底。一边是外滩巍峨伫立的建筑群、著名的外白渡桥和上海最早的公园——黄浦公园，另一边是东方明珠电视塔、开发中的浦东新区高楼群。放眼望去，来自世界各地的大小轮船千姿百态，点缀着江面。沿江经过壮观的杨浦大桥和南浦大桥，还可以看到繁忙的上海港国际客运站、鳞次栉比的码头。晚上站在甲板上吹吹江风，听乐师唱着"夜上海"，旧上海的奢靡情调让人沉迷。

💡 **主要登轮地点**

1. 十六铺码头 十六铺码头的游船主打精华游，航线途经万国建筑博览群、外白渡桥、人民英雄纪念碑、东方明珠、金茂大厦等地标性建筑。

🎫 日航 120 元；夜航 150 元

📍 中山东二路 551 号

2. 金陵东路游船码头 金陵东路的游船主打快线游，沿途可观赏外滩金融中心、老码头商业区、东方

船游浦江

珠、环球金融中心等景点。

🚢 日航 100 元；夜航 120 元

📍 中山东二路 141 号

3. 明珠游船码头

东方明珠下明珠码头→外白渡桥→外滩→浦东滨江沿线→明珠码头

🚢 130 元

步行滨江大道 ★★★ 🏛 ◎

　　滨江大道坐落于浦江东岸，全长约2500 米。沿途有音乐喷泉、江边露天咖啡座、亲水平台，是上海有名的旅游景点之一。相对于外滩的人头攒动，滨江大道相对保有一份宁静，在滨江大道可眺望对岸外滩的万国博览建筑群及浦西景色，别有一番滋味。

⏰ 全天开放

🚌 临近陆家嘴西路滨江大道站（公交站）

👁 1～3 小时

💡 在每年夏季的台风期间，滨江大道近东昌路的路段特别容易被水淹没，将无法沿江靠江的一侧行走。

上海科技馆 ★★★ 🏛 ◎

　　上海科技馆由天地馆、智慧馆、生命馆、创造馆、未来馆等 5 个展馆组成。馆内设有生物万象、地壳探秘、儿童科技园等七个展区和立体巨幕、球幕、4D 三个影院。展区内容包罗万象，涉猎的自然常识和科技知识非常丰富，很适合带孩子去。目前上海科技馆正升级改造，暂不开放。

🎫 45 元；影院 40/30/20 元不等

⏰ 9:00—17:00，逢周一闭馆（节假日除外）

📍 上海市浦东新区世纪大道 2000 号

🚌 临近世纪大道丁香路（公交站）、上海科技馆（地铁站）

👁 3 小时以上

上海野生动物园 ★★★ 🚫 ◎

　　上海野生动物园是我国最大的国家级野生动物园，园内拥有世界各地最具有代表性的珍稀动物 200 余种。在园中有海狮、大象和狮虎等驯兽表演，还可以乘坐车辆游览野兽区。

🎫 165 元

⏰ 9:00—17:00（3～6 月，9～11 月）
　　9:00—20:00（7～8 月）
　　9:00—16:30（12 月—次年 2 月）

📍 上海市浦东新区南六公路 178 号

🚌 临近上海野生动物园（公交站）、野生动物园（地铁站）

👁 5 小时以上

上海迪士尼百草园

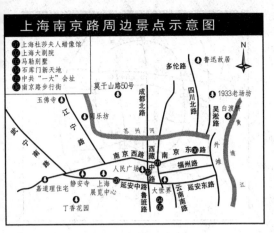

上海南京路周边景点示意图

① 上海杜莎夫人蜡像馆
② 上海大剧院
③ 马勒别墅
④ 石库门新天地
⑤ 中共"一大"会址
⑥ 南京路步行街

多伦路　鲁迅故居
莫干山路50号　成都北路　四川北路　1933老场坊
玉佛寺　景乐坊　吴淞路　白渡桥　黄
江宁路　苏州河　西藏路
南京西路　南京东路　外滩
人民广场　福州路　浦江
嘉道理住宅　静安寺　上海展览中心　延安中路鲁班路　大世界　云南南路　延安东路
丁香花园

松江区车墩镇

2～4小时

南京路

★★★★

　　与其购物，不如闲逛。旧有"十里洋场"之称的南京路是上海最早的一条商业街，现在也叫"中华商业第一街"。东起外滩，西至静安寺与延安西路交汇处，全长5.5千米，两侧云集了600多家商店。新开通的西起西藏中路东至河南中路的"南京路步行街"，特别适合想感受都市商业风情的人闲逛。每到夜晚，南京路上霓虹闪烁，灯火辉煌，繁华直逼纽约东京。若论购物，特别是买衣服，实惠不如临近的七浦路、四川北路，档次又稍逊淮海路、徐家汇。

　　临近南京路步行街东侧（公交站）

逛南京路须知

1. 步行街有迷你观光车，票价5元。

2. 夏天超过30℃，没事别去逛南京路，步行街上无遮阳处，加上"热岛效应"，一般人受不了。

3. 南京路的商店里商品虽都有定价，但不少可以杀价。

4. 路边的商厦、饭店、餐厅里都有厕所。

苏州河　★★★★

　　对于老上海人来说，苏州河不仅仅是一个地名，更承载了上海变迁的记忆。现在苏州河两岸的老工厂都已经搬走了，留下的空旷厂房被艺术家们当成了工作室、画廊等，M50创意园是其中的代表，具有粗犷独特的仓库风格。顺着苏州河走走，可以听听缓慢悠长的汽笛声，感受一下老上海曾经的繁忙和辉煌。

上海迪士尼度假区

★★★★

　　上海迪士尼乐园，是中国内地首座迪士尼主题乐园，于2016年6月16日正式开园。

　　乐园拥有六大主题园区：米奇大街、梦幻世界、明日世界、奇想花园、探险岛、宝藏湾；两座主题酒店：上海迪士尼乐园酒店、玩具总动员酒店；一个地铁站：迪士尼站。并有许多全球首发的游乐项目、精彩的现场演出和奇妙体验，无论男女老少，都能在这里收获快乐。

　　常规日一日票：475元；特别常规日一日票：599元；高峰日一日票：719元；特别高峰日一日票：799元（常规日和特别常规日指平日和周末，高峰日和特别高峰日则是指夏季、法定节假日、国际性节日庆祝期间、乐园特别活动日等）

　　8:30—21:30

　　临近迪士尼（地铁站）

　　1～2天

上海车墩影视乐园　★★★★

　　上海影视乐园是中国十大影视基地之一。它用特有的艺术方式呈现了上海的历史风貌，在这里坐一坐有轨电车或黄包车，走一走20世纪30年代的南京路，尝一尝旧上海的风味小吃，再看一看旧上海的传统杂耍，一下就能把人带回到那个纸醉金迷的年代。《还珠格格》《情深深雨濛濛》《功夫》等30多部影视剧都在此拍摄。

　　80元

　　8:30—16:30

苏州河

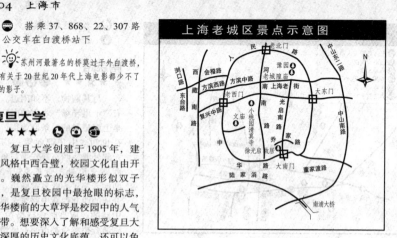

上海老城区景点示意图

搭乘 37、868、22、307 路公交车在白渡桥站下

苏州河最著名的桥莫过于外白渡桥，所有关于 20 世纪 20 年代上海电影都少不了它的影子。

复旦大学

★★★

复旦大学创建于 1905 年，建筑风格中西合璧，校园文化自由开放。巍然矗立的光华楼形似双子塔，是复旦校园中最抢眼的标志，光华楼前的大草坪是校园中的人气地带。想要深入了解和感受复旦大学深厚的历史文化底蕴，还可以免费参观复旦大学博物馆。

每周二、四、五的 14:00—16:00，节假日除外

临近五角场（公交站）、五角场（地铁站）

人民广场 ★★★

由租界时代用来赛马的"远东最大的跑马厅"改造而成的草地广场，位于上海市中心，相当于上海的大客厅。其北面中轴线位置上的是市政大厦，西北角是上海大剧院，东北侧是地铁站。人民大道南侧，依次是 3 个大型地下建筑，东南一带是带式地下商城，往南是亚洲最大的城市型地下变电站。人民广场中轴线南面的是上海博物馆。因为是交通换乘枢纽，离南京东路也近，游人大都会经过这里。这几年人民广场进行了大规模绿化，与人民公园连为一体，成为了上海市中心的两叶"绿肺"，为市民们带来了新鲜的绿意和空气。

名建筑游览： 人民广场集中了市政大厦、上海博物馆、绿化工程、上海大剧院、国际饭店等著名建筑，都各有特点，可集中游览。

上海大剧院 ★★★★

音乐或建筑爱好者首选。投资 6000 万美元，由法国建筑大师设计，为几何形造型，皇冠般的白色弧形屋顶弯翘向天际。上面有古典的户外剧场和空中花园，算得上东西合璧。看台设计相当有水平，每一个角落都没有视觉障碍。大厅顶部有多层回响设计，音响效果不凡。多功能的舞台比观众席的面积还大。剧院内共有 3 个剧场，经常有国际性的演出活动。

参观大剧院 50 元（3 口之家 100 元）；若要观看演出，门票需要提前 1 周预订

9:00—11:00

人民大道 300 号

临近人民广场（公交站）、人民广场（地铁站）

上海博物馆 ★★★★★

藏品和建筑堪称一流，其收藏、展览和研究以中国古代的艺术品为重点，着力体现各艺术门类的完整发展历史，体系之完整、藏品之丰富、质量之精湛，在海内外享有盛誉。1995 年搬迁到此的博物馆，造型别致，秉承了中国传统"天圆地方"的建筑理念，整个外形如一尊庄重古朴的古代青铜器。上海博物馆收藏了中国古代艺术品的半壁江山，展馆没有任何虚张声势之处，却能让游客为中国的历史而震撼和眩晕。

免费，但有些特殊展览实行售票参观制度，价格不等

9:00—17:00

人民大道 201 号

临近人民广场（武胜路）（公交站）、大世界（地铁站）

3 小时以上

1. 关注特色展览： 上海博物馆经常有特色展览，多在秋天或新年的时候举行，法国、埃及等国来此举办展览的时候，门票就物超所值了。

2. 租"自助解说"： 进门可租到有解说词的随身听，有中文的也有英文的，很详细也很精彩，20 元 / 部，可租 6 小时。

上海老街 ★★★★

上海老街在地图上叫方浜中路，曾是旧上海三百六十行集聚之处，重建的上海老街仍是最能展示老上海市井风情的地方。这条街全长不到1千米，店铺林立，半数以上经营工艺品、书画、珠宝之类。茶楼更是这条街的特色，沿街闲逛，一路吴侬软语，只可惜夹杂着太多的商业味。

　临近小东门（公交站）

　1～3小时

值得一坐的老茶楼

1. 校场路口附近的"春风得意楼"是有名的老茶楼，招牌茶是40元一杯的元宝茶，茶中有青橄榄（在上海话中发音与"请过来"相似）两颗，讨个口彩。招牌茶只有过年的时候才喝得到哦。茶楼一楼的小吃跟一般小吃街的区别不大，若想体验老上海茶楼，还是推荐上楼喝茶。

2. 老上海茶楼也值得一坐，该茶楼展示着50多件上海20世纪30年代的旗袍，是茶楼老板的收藏品。这家茶楼已经搬到了江宁路。

老城隍庙 ★★★★★

老上海民间文化的速成之地。

老城隍庙一直像一个长开不散的大庙会，你在别的庙会里想找的东西这里应有尽有，当然最有名的还是它的小吃和特色手工艺品。

老城隍庙建于明永乐年间，历史上的城隍庙屡毁屡建，现在的城隍庙于1926年修建，并于20世纪90年代大规模重建，变成了大型仿古建筑群和商业城。老庙换新装，虽说少了原来老城区的味道，可去的人还是络绎不绝，说明了老庙的魅力，那句"老庙黄金，给您带来好运气"更是远近皆知。

　免费

　8:30～16:30

　临近城隍庙豫园（公交站）、豫园（地铁站）

城隍庙一角

　南翔的小笼包子、松云楼的八宝饭、松月楼的素菜包子、绿波廊的上海菜等，都要尝一尝

　1～3小时

豫园 ★★★★

豫园是上海市区唯一留存完好的江南古典园林，始建于明嘉靖年间。全园擅江南园林之胜，其中仰山堂有著名的"移步换景"，点春堂为1853年上海小刀会起义的指挥部，玉华堂前的"玉玲珑"假山石是与苏州留园的"瑞云峰"、杭州花圃的"绉云峰"齐名的江南园林三大奇石之一。

　旺季40元；淡季30元

　9:00～16:30（周一闭园）

　上海市黄浦区安仁街137号

　临近新北门（公交站）、豫园（地铁站）

　1～3小时

石库门新天地 ★★★★

新天地从里到外都透着上海独有的"小资文化"，毋庸置疑是海派时尚的经典象征。新天地在石库门建筑的基础上翻新改造，融入了欧式风情，汇集了各式酒吧、餐厅、时装店、画廊，似乎是上海曾经摩登时代的缩影。只不过身着旗袍的女子、西装笔挺的绅士，换成了如今高档写字楼里的"小资"们。大上海留声机里的咏叹调，变成了咖啡馆里木吉他缓缓弹奏出的低沉之音。

最好晚上去新天地，商店都会打出微弱而浪漫的亮光，选个酒吧里靠窗户的位置，要一杯饮品，感受这份上海独有的情调。不过要注意的是，这里消费价格飞涨，兜里得多备点钱。

　临近新天地（公交站）、老西门（地铁站）

　2～4小时

在哪里参观石库门

1. 石库门是一种代表上海传统市民生活方式的里弄，随着老城区的大规模改造，所剩无几，快抓紧时间，瞻仰一下正在消失的老上海市民生活。南门一带还可寻见老石库门，集中在乔家路、光启南路的一片地区。

2. 可在光启南路的石库门中寻找目前还有住户的"徐光启故居"。

上海杜莎夫人蜡像馆 ★★★★

该馆为全球第6座杜莎夫人蜡像馆，游客在这里可以和80多尊活灵活现的中外

明星蜡像亲密合影，并进行各种互动活动及制作手模，这儿绝对是上海不可错过的旅游景点之一。

- 💰 200 元
- 🚌 临近杜莎夫人蜡像馆（公交站）、人民广场（地铁站）
- 👁 1～3 小时
- 💡 还可以为自己做一个手模，作为纪念带回家。

多伦路 ★★★★ 🏞️⭕

在多伦路的一处老墙上，有一行字"一条多伦路，百年上海滩"。这里没有浓重的都市气息，多的是典雅的文化氛围。也许是因为这里曾经住过鲁迅、丁玲、叶圣陶、郭沫若这些文学巨匠，也许是因为中国左翼作家联盟和上海艺术剧社在此创建，所以在动荡的年代，这里也是一个隐秘而幽静的地方。

- 🚌 临近四川北路多伦路（公交站）、四川北路山阴路（公交站）、海伦路（地铁站）
- 👁 1～3 小时
- 💡 1. 除了名人故居外，还有许多小型的收藏馆，收藏的东西多种多样，有筷子、钟表、奇石、陶瓷、报纸、藏书票等。

  2. 这里的咖啡馆和茶馆相比较其他地方来说，是比较实惠的。

  3. 有一家"老电影咖啡馆"，店里滚动放映着旧上海经典电影，还陈列有老牌影星赵丹的墨宝和一架 19 世纪 20 年代的国产的电影放映机。

💡 **多伦路的艺术气息**

喜爱艺术可以去多伦路走走，幽雅的画廊、前卫的艺术馆鳞次栉比，这里还时常有知名艺术家举行讲座和讨论会。

田子坊 ★★★★★ 🏞️⭕📷

这里是上海的老弄堂，自从画家黄永玉给它起了"田子坊"这个雅号之后，过去的街道小厂就慢慢被抹上了艺术的色彩，成为不少艺术家的创意工作基地。田子坊展现给人们更多的是上海温暖、富有人情味的一面。只要在这条上海最有味道的弄堂内走走，就不难体会田子坊与众不同的个性了。

- 📍 黄浦区泰康路 210 弄
- 🚌 临近瑞金二路建国中路（公交站）

静安寺 ★★★★ ⛩️⛩️

静安寺是上海著名的真言宗古刹，是闹市中难得的清修之地。寺中现有大雄宝殿、天王殿、三圣殿三座主要建筑，雄伟

壮观，大雄宝殿中供奉的银佛重达 15 吨。远观整座寺庙，一片金色的屋顶，尤为显眼。寺内还藏有八大山人名画、文徵明真迹《琵琶行》行草长卷。每逢各菩萨生日、纪念日，寺庙都会举行法会。

- 💰 50 元
- 🚌 临近静安寺（公交站）、静安寺站（地铁站）
- 👁 1～3 小时
- 💡 1. 静安佛塔旁有素斋餐厅，素面味道都不错。

  2. 静安寺进大门后的右手边有拿香的地方，自己拿，香费 5 元，随缘给也行。

  3. 静安寺后的静安公园，风景非常漂亮，也很有生活氛围，可以去感受一下当地人的生活。

时尚名街 ★★★★ 🏛️⭕

到了上海，不赶一场专属上海只此一处的时尚秀，真是有点可惜。时尚、情调这种东西，最适合在上海寻找，还必须得细心体会才能得其中韵味。

1933 老场坊 曾经亚洲最大的远东屠宰场，如今的时尚创意园区，其布局宛如迷宫却又次序分明，周星驰的《功夫》曾在这里取景，喜欢时尚和建筑的朋友不能错过。

- 🚌 临近溧阳路周家嘴路（公交站）、海伦路（地铁站）

莫干山路 50 号 又称 M50 创意园，是上海最大的艺术仓库群，这里拥有 20 世纪 30—90 年代各个历史时期的工业建筑，并聚集了国内外上百名艺术家及诸多创意设计机构。

- 📍 莫干山路 50 号
- 🚌 临近恒丰路秣陵路（上海火车站）（公交站）、江宁路（地铁站）

8 号桥 曾经辉煌一时的老牌工厂，突然华丽转身，以时尚最前沿的姿态，跳进人

静安寺

上海古猗园

们的视野。连接各栋房子的桥是 8 号桥是在建筑上最动人的设计。整个 8 号桥由 7 栋房子构成，在房子的二层，以桥连通了每一栋房子。总共只有四座桥，极富工业感的铁桥是在厂房原有设施上扩展的，有着绿色"门"字造型的桥是一个放大版的 8 号桥的 logo。这里已经成为了举办国际性文化活动的场所。

📍 建国中路 10 号

🚌 临近重庆南路建国中路（公交站）、打浦桥（地铁站）

同乐坊 在 20 世纪 30 年代，同乐坊弄堂工厂里的各种品牌就享誉上海大街小巷了。如今，老工厂在沧桑的变迁之后，改造成了标新立异的概念零售店、前卫的画廊、文艺实验的剧场等商业形态的聚集地，是上海文化地图上的一个显著坐标。

📍 靠近南京西路

🚌 临近海防路西康路（公交站）、昌平路（地铁站）

上海海洋水族馆 ★★★★ 🏛

号称亚洲最大的水族馆，馆内 4 条堪称世界之最的海底隧道，让人身临其境，很值得感受一下。

💰 160 元

🕐 平日 9:00—18:00，停止售票时间 17:30

📍 浦东新区陆家嘴环路 1388 号

🚇 乘地铁到南翔站，再换乘公交或步行前往

古猗园 ★★★★ 📷

古猗园位于上海市嘉定区南翔镇，建于明嘉靖年间，国家 AAAA 级旅游景点，上海五大古典园林之一。

💰 12 元

🕐 7:00—18:00

📍 上海市南翔镇沪宜公路 218 号

🚌 轻轨 11 号线，公交 62 路、821 路

共青森林公园 ★★★ 🚤📷

公园以植物造景为主，植树近 20 万株。南北两园风格各异，北园共青森林公园着重森林、丘陵、湖泊草地，南园万竹园则小桥流水一派南国风光。园内还设有烧烤、手划船、森林火车、卡丁车、激流勇进、攀岩等野趣性的娱乐项目 30 多项。

公园结合四季变化、传统节日等特点，定期推出四季花展、主题文化活动等，比如国庆期间的都市森林狂欢节、啤酒节、十月下旬的森林音乐节等。

🕐 5:00—18:00

🚌 临近森林公园（公交站）

👁 3 小时以上

一句话推荐景点

甜爱路 由 28 首中外著名爱情诗篇组成的"爱情墙"和神秘的"爱情邮筒"成就了

这条"沪上最甜蜜的马路"。

 临近甜爱路阴山路 (公交站)、虹口足球场 (地铁站)

👁 1 小时以上

徐家汇天主教堂　典型的中世纪哥特式建筑，始建于 1904 年，是"远东第一大教堂"。值得一提的是大堂内立于祭台之巅的圣母抱小耶稣像是 1919 年由巴黎制成后运抵上海的。

🚌 临近徐家汇 (公交站)、徐家汇 (地铁站)

☀ 目前教堂不接待游客参观，只能做弥撒或祷告。但教堂前面非常适合拍照。

泰晤士小镇　仿照英国泰晤士小镇建造的别墅区，哥特式的建筑散发着欧洲风情，街边有很多拍婚纱照的新人。

📍 松江区三新北路 900 弄

🚌 临近玉华路 (公交站)

思南路　思南路是一条文艺小资的道路，周围汇集了众多民国时期上海传统风格的老建筑，堪称上海历史建筑博物馆。孙中山旧居、周公馆、梅兰芳旧居、柳亚子旧居、思南公馆等均坐落于此。

🚌 临近重庆南路复兴中路 (公交站)

复兴 SOHO　综合了购物、美食、办公一体的 SOHO。"时光隧道"的白色电梯厅，给人穿越时空的感觉。

🚌 临近新天地 (地铁站)

上海之巅观光厅　位于全国第一高楼上海中心大厦，有 360 度的全视角观光厅，可将上海标志性地标尽收眼底，一览苏州河与黄浦江蜿蜒同奔长江共入东海。但要记得找一个晴天去。

🕐 8:30—22:00

📍 银城中路 501 号上海中心大厦 118 层

哥伦比亚公园　泳池是 Tiffany 蓝的池水加上异域拼花马赛克，周围是巴洛克风格的白色欧式立柱环廊，每个角落都能拍出一整套写真！

📍 延安西路 1262 号

上海邮政博物馆　欧洲折中主义建筑学的代表作，门口的大楼梯尤其能体现奔放的巴洛克建筑风格。

🚌 临近天潼路河南北路 (公交站)、天潼路 (地铁站)

上海工艺美术博物馆　上海"最优秀"的十大历史保护建筑之一，被大家亲切地称为"小白宫"。

上海茶楼

☀本帮饭馆"德兴馆"

外滩十六铺有着全上海最好的本帮饭馆"德兴馆"，这家百年老店在上海的众多分店中只有三四家是真的，其余只属于"德兴面店"。后者也有像焖蹄这样极具水准的美食，但吃最好最正宗的本帮菜，还是要到真正的"德兴馆"，特别是外滩的总店更值得一去。

☀上海菜口味偏甜

上海菜属南方菜，味道偏甜，连包子馅也是甜的，北方人不太容易适应。

☀上海菜的派别

上海菜分为"本帮菜"和"海派菜"。清末民初，16种地方风味并存上海，号称16帮，上海是本地菜，故称本帮。本帮菜多标榜正宗原味，其实亦糅合了不少苏锡菜。"海派菜"即新派上海菜，较多地吸收了粤、川、宁、扬、苏锡等地方风味及西餐的烹饪手法，讲究推陈出新。与中国其他地方菜相比，上海菜显得细腻而家常。

☀南京路走走就行

南京路就像是上海的脸面，到上海来，南京路肯定是要去走走的，可上海本地人到南京路来消费的并不多，请客吃饭总是觉得东边不上档次，西边又太贵。

🚌 临近天潼路河南北路（公交站）、天潼路（地铁站）

世博会博物馆　目前是全世界独一无二的世博专题博物馆，全面综合地展示世博会历史及各届世博会尤其是2010年世博会盛况。

🚌 临近卢浦大桥（公交站）、世博会博物馆（地铁站）。

上海余德耀美术馆　曾经刷爆朋友圈的雨屋展就是在余德耀美术馆！和工业风的外表形成鲜明对比的里部，都是设计感超强的艺术展。

🚌 临近云锦路（地铁站）

喜马拉雅美术馆　建筑大师藤本壮介打造的创意建筑空间，是座主体为纯白色透明钢架结构的三维山形建筑，从远处望去就像一座白色山丘。

🚌 临近花木路（地铁站）

teamLab 无界美术馆　由艺术团队 teamLab 打造的大型美术馆，号称"沉浸式逛展天花板"。无界美术馆展示了一个如梦如幻的光影新世界，场景绚丽、科技感满满。

🚌 苗江路半淞园路（公交站）、南浦大桥（地铁站）

吃喝上海

来上海可以不逛，但绝不能不吃。

上海之旅很容易变成美食之旅，因为上海正在变成一个口福齐天的城市。从菜系来看，上海打造的"本帮菜"从名声上赶不过川、鲁、粤，形式上也有抄袭周边菜系之嫌，但确实比传统深厚的其他菜系少了些脂粉味，多了些河湖的鲜美。上海菜以擅于烹制水产、鸡鸭和时令蔬菜见长，手法以红烧、生煸、清蒸、糟制为主。

上海几条著名的美食街都集中在繁华的闹市区，足以让你在玩的同时很方便地大吃大喝。

城隍庙一条街

如果时间比较紧，又想一下子吃到上海所有的小吃，那只有来这里。但凡有时间，最好还是去别的地方吃小吃。

据当地人讲，这里的小吃又贵又不正宗，在上海随便哪里吃小笼包4个也才要3～4元，到了城隍庙却要翻几倍。不过，城隍庙小商品市场前面的豆腐脑和臭豆腐还不错。

云南南路

花最少的钱，吃最地道的小吃。

最平民化的美食街，小店铺的各种上海风味小吃让人倍感亲切。傍晚至凌晨营业，可以吃到小笼包、生煎馒头、油豆腐线粉汤、虾肉馄饨、鸡鸭血汤、酒酿圆子、南瓜饼等江南及上海小吃，还有很多其他风味小吃。必须一尝的应该是鲜得来排骨年糕、鲜肉生煎包、南翔小笼包。

乍浦路、黄河路

生鲜美味的集中地，乍浦路、黄河路（南京西路和北京西路之间）的河湖海鲜酒楼兴起于20世纪90年代，当时因为人气太旺，一度将这两条街炒成了寸土寸金之地。如今的乍浦路美食，虽然远不能与过去相比，但是剩下的老字号依旧是食客们心底最怀念的味道。黄河路则比乍浦路平易一些。在这些酒

楼可以吃到本地人爱吃的黄泥螺、毛蚶、醉虾、温蟹之类，都是温热黄酒的最佳伴侣。刚开始，这些上海的生猛美食可能需要你咬牙跺脚咽下去，但很快就能品出它们与众不同的鲜美。

仙霞路

这条只有1000多米长的短街上，汇集了200余家餐饮娱乐场所，众多风格不同的餐厅，还有很多年轻人喜欢的咖啡吧、茶吧、玩具吧等，值得一去。

🚌　临近仙霞路青溪路（公交站）

其他美食街

沪青平公路海鲜美食街　海鲜较便宜，偏重粤菜风格。

📍　位于沪青平公路与虹桥机场之间

浙江中路新疆美食街　新疆烤羊肉串、新疆大饼、各类清真小吃、清真食店。

七宝老街　七宝古镇的老街位于新街青年路旁，这里的美食让人眼花缭乱，有各种卤味、各色方糕、臭豆腐、汤圆、白切羊肉、七宝槽肉、拆蹄等。

🚌　临近新天地(公交站)、老西门(地铁站)

上海的街头小吃摊子

上海的街头小吃摊子提供本地市民的零碎饮食，一般出现在早上和晚上。小吃摊分褂讪和流动两种，褂讪摊子一般支着个布篷、几张条凳，供应生煎馒头、大饼油条、荤素大包、排骨年糕等，流动摊子一般有馄饨、莲子粥、牛筋百叶汤、臭豆腐干、饭糕、糯米烧卖。小吃摊子一般集中在老城区、云南南路、浙江中路往南一带。

生煎　生煎馒头可以说是土生土长的上海点心，据说已经有上百年的历史。甚至有上海的朋友这样说："阿拉等情人超过5分钟，就要发几句牢骚了，但等生煎馒头就没问题。"可见这小小的生煎对于上海人是怎样的重要。

佳家汤包（丽园路总店）　很不起眼的小店，做的汤包却很鲜美。汤包是点好后当场包再蒸的，很新鲜。不过地方不好找。再加上现在他们家"名气大""地方小"，去之前就要做好"排队等"的心理准备。

📍　丽园路62号

📞　021-63087139

真正的美食家必去之处

崇明岛上吃河豚　内脏剧毒、肉味肥美无比的河豚总是值得人拼死一尝的。崇明岛可能是国内唯一的河豚集中尝鲜地，是否专门跑到崇明岛上吃河豚，也算是判别真假美食家的标准之一。崇明岛上的红烧羊肉也算是一绝，据说此羊是当地饲养的，每圈最多只能养四五只，否则会病死。这么娇贵的羊可以想象其品质。

💡 如何吃河豚

1. 河豚推荐食处：崇明区招待所"锦绣宾馆"的餐厅，这里的制作比较有保证。

2. 河豚为时价，清明前后是最宜吃河豚的时令，要价近千元1斤。

警告： 虽说吃河豚的最高境界为口感微麻，但如果真的口感发麻，最好别吃。河豚是神经毒素，发作起来很快，即使你是美食先锋，也犯不着以身殉豚。

青浦吃蛤蟆　全中国唯一可吃到癞蛤蟆的地方可能就是上海的青浦，青浦的练塘特色名吃熏癞四，熏的就是真正的癞蛤蟆，外形不太美观，但口感称得上一绝。如果你到青浦，值得一吃的还有商榻扎肉，五花肉用箬叶包成一扎一扎的红烧，打开箬壳，看上去肥腻的肉但吃起来香美出奇。

💡 吃在青浦

1. 青浦地盘不小，可以在朱家角有名的放生桥菜馆就餐，一次可吃尽青浦的特产。

2. 在青浦也别忘了吃鱼蟹虾蟹之类，这里是就近捕捞，比上海市里的新鲜地道。鲜藕、荸荠、菱角、芦笋、蔬菜等水生果菜，也是这里好吃。

"蟹大王"王宝和　如果你实在到不了阳澄湖，又辨不清大闸蟹的真伪，可去有"酒祖宗、蟹大王"之称的王宝和酒家过瘾。福州路上的王宝和是一家有260多年历史的老店，自酿黄酒和蟹粉菜（有100多个品种）称绝一时。就花雕剥大闸蟹，可谓经典吃法。

💡 王宝和美食

1. 王宝和晚餐时间总是客满，须在17:30前到达。

2. 蟹粉菜价都较贵，较便宜且风味十足的有蟹粉糕、蟹粉蹄筋。

风情上海食处

风水佳地绿波廊　绿波廊是上海人过生日、办喜宴的风光去处，也是克林顿之类的外国元首喜欢扎堆的地方。借老城隍庙的人气和豫园的风水，确实是一个富贵

风雅的去处。当然价格也很是不菲。这几年绿波廊的大闸蟹名气不小，这里的蟹据说是真的来自阳澄湖，且卖大不卖小，每只至少 4 两以上。

🏃 豫园路 115 号

📞 4007339993/021-63280602

时尚前沿新天地 新天地据说是上海娱乐、餐饮时尚的最前沿。该地靠近一大会址，主体建筑全部由旧石库门改建而成，旧砖旧瓦，每一块都注射了防潮药水。里面的设备都是最新潮最高档的。这里有谭咏麟、成龙、曾志伟做股东的东方魅力餐饮娱乐中心，经营国际化西餐的醍醐餐厅、新吉士餐厅、锦江拉丁餐厅、星巴克、杨慧珊的琉璃工房主题餐厅、有歌舞表演和地下酒窖餐室的法国餐厅等，是感受上海顶尖时尚的首选之地。

🏃 黄浦区淮海中路南侧

🚌 公交 146、781、911 路，隧道 8 线，地铁 13 号线可到

💡 上海丰裕食品有限公司的食品小店，在上海的万人体育馆旁边，食物非常可口，生煎包和大碗馄饨十分有名。

个性餐厅品味时尚

翡翠 36 来这里最重要的不是吃，而是看，因为这里是由国际知名的餐馆设计师 Addam Tihany 精心打造的，不规则的构造和线条使餐厅有一种不张扬的贵气。

📞 021-28286888

🏃 浦东富城路 33 号香格里拉酒店紫金楼 36 层

锦庐 这里是上海为数不多顶级又时髦的一家中餐馆，是吃顶级中国菜的地方，需要提前一个月订座。

🏃 黄浦区茂名南路 59 号锦江饭店锦北楼

📞 021-64451717

锦上田舍 位于上海中心 104 层的 J 酒店，可以在 484 米高度俯瞰魔都天际线美景。主打经典怀石料理，顺应季节变换，采用新鲜松茸、海鲜和优质牛肉等高端食材。店铺处处透露着日式古典美学，陈列的艺术品也相当令人惊艳。

🏃 东泰路 126 号 J 酒店上海中心 104 层

📞 021-38868989

推荐餐厅

瑞福园 这是一家开了 30 多年的上海本帮菜老店，菜品浓油赤酱很上海，是本地

"阿姨爷叔"的最爱。招牌菜"大黄鱼棒打小馄饨""田螺塞肉"都很美味。因为性价比高，所以几乎每天都需要排队，也有食客认为服务不是那么周到。

🏃 茂名南路 132 号

📞 021-64458999

永兴餐厅 开在老弄堂的上海本帮菜，整个店铺都是红砖装饰，非常有上海石库门老房子的风情。铺面比较小，人气又火爆，座位常常是订满的，所以去之前最好提前打电话预约。

🏃 复兴中路 626 弄 1 号

📞 021-64733780

上海老站 走近餐厅，让人仿佛置身于 20 世纪三四十年代的火车站，外面的花园里停放着一节老式蒸汽火车头和两节客车车厢。一节是当年慈禧太后的车驾，另一节是宋庆龄的专列。这里的熏鱼和烤肉的味道很是不错，值得一试。

🏃 漕溪北路 201 号

📞 021-64272233

黄记阳澄湖大闸蟹 创始于 1992 年，在市中心开了 26 年的老大闸蟹店，很多上海老一辈人都知道。26 年专注大闸蟹行业。只需一个电话，全上海免费送到。

🏃 杨宅路 79 号

📞 15618905169/13817973659

古猗园餐厅 各大旅游杂志的常客，上海名吃南翔小笼包的起源地，号称全上海最正宗的小笼包，皮薄肉紧汤汁鲜美，荣获了众多海内外大小饕餮的赞誉。

🏃 近郊嘉定南翔镇沪宜公路 218 号

📞 021-59121335

美新点心店 1949 年前就已经开张的老店，招牌是芝麻和鲜肉汤圆，价格很实在，服务则是十足的国营范儿。

🏃 静安区陕西北路 105 号

📞 021-62470030

上海老饭店

老半斋 有清蒸刀鱼、风鸡、蟹粉狮子头、面点、扬式早茶早点（千层糕、三丁包、汤包、硝肉）。

📍 福州路 600 号

📞 021-63222809

和记小菜（新东亚店） 徐家汇地区人气较旺的餐馆之一，晚上去的话记得提前订位。吃的都是些大众菜，本帮口味。特色是水晶鸡。价格便宜量又足，适合工薪阶层消费。

📍 徐汇区新丹东路 238 号新东亚大酒店 4 楼

📞 021-64691799

一日三餐可以这样吃

建议你早餐在下榻的宾馆里吃，很多宾馆都提供免费的自助早餐。午餐通常在旅游景点附近吃，点菜时尽量不要点标有"时价"的菜肴，点之前问一下计量单位，有些饭店在"两"和"只"上玩手脚来宰客。晚饭可以考虑一下上海市中心主要商区的那些美食广场，价廉物美，一般每人消费在 30 元左右。

土特食品

浦东鸡 肉质特别肥嫩鲜美，香味甚浓，宴席上常做白斩鸡或整个炖煮。

凤尾鱼 又称烤仔鱼，是名贵经济鱼类，肉质鲜美。通常人们喜欢将它油炸，加上辅料佐餐，味道香酥可口。

进京乳腐 乳腐也就是腐乳。上海奉贤区鼎丰酱园生产的"进京乳腐"久负盛誉，是全国著名的优质乳腐之一。

购物上海

提起上海，很多人联想到的就是购物。在近现代史上，上海早就是一处"购物天堂"。直到现在，上海周边城市的居民，仍然把上海当作家门口的一个大超市，这其中不仅有价格方面的因素，还因为上海代表着一种时尚潮流。"购物"与"美食"是上海旅游中两项不可缺少的内容。

上海商场营业时间

上海商场营业时间一般在 9:00～21:00 或 10:00～22:00，周末和节假日适当延长，个别也有例外的。

最便捷的购物交通方式

在上海购物搭乘地铁是方便快捷又一网打尽的最佳方式：

1 号线沿线的陕西南路位于淮海路的精华地段，徐家汇站的地铁商场人气十足；

2 号线的南京东路站、南京西路站、静安寺站贯穿了南京路的过去与现在。

外滩：中华商业第一街

南京路已经成了上海的一个标志，就像北京的王府井，外地游客不论购物与否，都一定会到那里逛一逛，不逛南京路就等于没有到上海。本地人是不会到南京路购物的，外地人可以把南京路当作演示店铺进化的博物馆。南京路上有百年老店如永安、先施、新新、大新，这四大百货商店，早在 20 世纪初就已经并称"四大环球百货商店"了，如今亦是上海最大的百货、服装、食品商店；同时还林立着上海第一百货商店、新世界商城、上海华联商厦、上海时装公司、上海第一食品商店等现代的大型商场。

南京路上的名店

1. 南京路上著名的老字号："老介福"大型绸布商店，开设于 1860 年；金店"老凤祥"；钟表店"亨得利"；眼镜商店"吴良材"；瓷器商店有"国华"和"景德镇"；中艺绣品则以经营苏、湘、粤、蜀、瓯五大名绣为主。"协大祥""宝大祥""富丽"也是南京路上的名店。

2. 南京路上著名的服装店就更是不胜枚举，有堪称"半个多世纪的骄傲"的著名服装店，倒如专营男式西装的"培罗蒙""享生"和"人立"。

3. 专营女式时装的有"鸿翔""朋街""摩士达""凯瑟琳""马钢龙""第一八佰伴"则是以专营或兼营进口服装为主的专卖店，从价格不菲的名牌到品牌成衣无所不有。

4. "开开公司"是绝对的民族产业，堪称"羊毛衫总汇"。"中华""华东""蓝棠"这些都是在全国声名远扬的上海皮鞋行业中的佼佼者。盛锡福帽店则有"帽子总汇"之称。

徐家汇：上海商业中心

华山路、虹桥路、漕溪北路、肇嘉路、衡山路 5 条道路交会，造就了这个现在上海最有人气的购物街。看看这里都有些什么，世界名品汇集的港汇广场、东方商厦，流行时尚为主的太平洋百货和汇金百货，中老年顾客喜爱的六百实业公司百货，这里还是上海市民购买电子数码产品的首选地。可见，所有人都能在这里尽享购物的乐趣。

福州路：读书人的乐园

这条路对新文化运动意义非同一般，是读书人、人文寻踪者的朝拜地。

上海的福州路是书店、文具店、书画用品店集中的地方。上海最大的书店"上海书城"就在这条路上。这里还可淘到不少稀奇古怪的小语种外文书籍。

其实，福州路也是人文寻踪的好去处，

南京路步行街

知名商业街

南京路，号称"中国第一商业街"，也是亚洲最繁华的商业街之一，南京路的徒步区是全上海人压马路的好去处。

福州路被誉为"中华文化第一街"，徜徉于福州路，进出各家书店，浏览各种新出版的图书期刊，淘淘各种旧书杂志，已成为上海市民的一种时尚，福州路浓郁的文化氛围与毗邻的人民广场、上海博物馆、上海大剧院、市工人文化官交相辉映，形成了上海一道文化风景线。

南京路精华段

如果时间较少，想提高购物效率，建议你去南京路精华段，这一路段著名的商店比较集中，从地铁1、2号线人民广场站的地下通道可直接进入新世界城，过了西藏中路的人行天桥就是市百一店和南京路步行街。

据说民国时期，在福州路和它附近的几条小马路上，集中了几十家报纸、几百种杂志和300多家新旧书店。

福州路——出版街

1. 1897年创立的商务印书馆就建在福州路，中华书局也是在福州路附近的黄河路创建的。

2. 以福州路为中心还可寻到当年大名鼎鼎的出版公司如生活书店、开明书店、现代书店等。

3. 与福州路相邻的望平街，是过去的"报馆街"，现尚存《申报》《晨报》《民报》。

4. 在上海书城购书，可以帮你邮寄回家。

东台路：专门营造"腐朽"生活

上海的东台路有几分类似北京的琉璃厂。在这条200多米长的小路上，有百余家小店铺。在这里，有20世纪30年代的月份牌、老式电风扇、绣花鞋、字画、陶瓷、雕花窗格、老家具等。和全国其他古玩市场一样，卖的东西真真假假，变着法儿比试做旧工艺。这两年流行"复古装修"，无论是住宅还是娱乐场所，搞上点旧门旧窗明式家具，既时尚又显得有品位。东台路之类的古玩市场终于摆脱了个人收藏的小圈子，生意做得红红火火。

🚇 临近自忠路东台路（公交站）、老西门（地铁站）

淮海路：名店与专卖店一条街

淮海路就是早年的霞飞路，高雅是淮海路的招牌和广告词。在淮海路上走一走，等于看了一本活色生香的"世界时装之苑"，流行时尚另类一应俱全。

在长约6千米的淮海路上挤着400多家商店。如果你以为，在淮海路上看的只是时装，那就错了，因为那条街上的店面建筑和装潢也值得游览，可以说是融合了东西方建筑的精华。特别是入夜后，淮海路华灯齐放，成了一条流光溢彩的灯光河流。

购
物
上
海

古玩市场一览

名称	地址
淮海旧货市场	黄浦区中山南一路 1008 号
古玩市场	老城隍庙
上海文物商店	广东路 240 号

只要国内有的国外品牌专卖店，几乎都能在淮海路上找到，包括一些名表等。

四川北路：平民商业街

物美价廉是精于算计又特别讲究面子的普通上海人偏爱四川北路的主要理由。

新凯福、多伦、凯伦、上海春天四大商厦是四川北路上的标志性建筑，新凯福商厦以专卖为特征，凯伦商厦以妇女儿童用品为主，多伦商厦集装饰装潢用品于大成。中等价位是四川北路上吸引工薪阶层的主要手段。

豫园商城：仿古商业街

在"四街一场"中，豫园商城打了一张民族牌，仿古建筑与江南园林相结合，主要经营黄金首饰和特色小吃，是旅游者的必到之地。

七浦路

一定要记得淘别人没看到的好东西，然后是杀价，按照自己的心理价位狠杀。周末黄昏时分，商家打烊后往往会拿出一部分商品沿街叫卖，价格更是低到令人咋舌。

陕西南路

连接淮海路与南京路，是一条充满个性的小街。虽然每一家的店面都不大，但是胜在家家都有"舍我其谁"的气势，拿得出"只此一家"的东西，而价格也不过是大百货公司的几分之一。

上海正大广场

正大广场奇大无比，共有十层，除了经营着各种世界知名品牌的专卖店外，还有儿童乐园、汽车展览中心、音乐厅以及电影放映厅等众多的商业设施。广场的设计风格独特，一到四层分别渲染出四季的风格；广场内每一层都是落地的玻璃长窗，对岸的外滩建筑和两侧的东方明珠、金茂大厦尽收眼底；从滨江大道直接引到广场五楼的引桥，设计别出心裁，走在桥上可以吹吹江风，远眺陆家嘴绿地。

▶ 东方明珠塔下

其他特色街

江阴路花鸟市场 上海最为著名的花鸟市场，在这里你能看到上海家庭常养的两大类观赏鱼：热带鱼和金鱼，还有名目众多的花花草草。

▶ 大吉路、安澜路和黄家阙路口

绍兴路出版街 汇集了上海三联书店、上海文化出版社、上海文汇出版社、上海人民出版社等众多知名出版社，还有角度画

如果你想买点物美价廉的小商品，就去城隍庙福佑路，那里可能会让你有意想不到的收获；如果你想买点漂亮时髦的衣服，却又有点"囊中羞涩"，那就去襄阳路服饰市场考验一下自己的眼光吧。

1. 酒吧价格：人均消费50～60元，宾馆酒吧价格较高。

2. 酒吧特点：均有中西式食品，兼有餐馆功能；均有各类读物，有些酒吧可以看到前一天的台湾地区的《联合报》《中国时报》。

3. 营业时间：一般中午开始营业，打烊时间是凌晨2:00，你再泡1小时一般也可以。个别酒吧16:00—17:00休息。

4. 上海市区治安良好，女孩子夜间出行非常安全，这也是夜生活丰富的原因之一。

和其他城市不尽相同，上海人说到酒吧时，指的还有咖啡馆的意思，更接近原意的"Bar"，有的酒吧索性就是夜总会，比如茂名南路的"Juries 2"。

廊、汉源书店、读书俱乐部、海臣茶艺馆等充满了文化气息的场所。

临近瑞金医院（公交站）

推荐特色店

100里海派伴手礼 店铺完全是老上海海派里弄的装修风格，军绿色的老式窗框，红色的邮筒，黄铜留声机……店铺几乎集结了所有上海老字号，还有充满浓郁上海风情的明信片、杯子、冰箱贴等产品。

南京东路830号第一百货商业中心

casa casa 这可能是沪上最知名的老牌家居买手店之一了，坐落在安福路街边的小洋房里。店里满满当当各种知名设计师家具和家居装饰品，值得慕名前来。

安福路201-1号

夜游上海

泡酒吧

上海的酒吧遍地开花，已成为上海夜生活不可或缺的一部分。酒吧多集中在衡山路、茂名路、华山路、淮海路、长乐路一带，风格多为欧式，门面大同小异。不少标榜英语酒吧的去处，外国人和穿着前卫的中国男女既是常客，也不经意中变成了这里的风景和招牌。

复兴公园 上海有三处尖端风尚地标，一是外滩，二是新天地，第三个就是充满了奢靡之气的复兴公园。不是这个公园的风景有多好，而是这里聚集了一批各具特色的酒吧、咖啡馆。

茂名南路 这里有花园饭店、锦江饭店、兰心大戏院等高级场所，各色各样的咖啡吧、酒吧鳞次栉比地排列在道路两侧。茂名南路所有的酒吧从里到外都是一应的精致，而且英文的

上海夜景

招牌远多于中文的招牌。

彼楼（Speak Low） 酒吧很有神秘感，有一扇隐藏的暗门，门后才是真正的酒吧。不同楼层各有空间主题和酒单，二楼主打美式风，三楼则是日式风。

📍 复兴中路 579 号

📞 021-64160133

珍珠剧场（The Pearl） 集娱乐剧场、酒吧于一体，主打复古风。活动超级丰富，有主题演出、派对活动等，几乎每晚都不一样。

📍 乍浦路 471 号

📞 13621688556

芭芭露莎（Babarosa） 其实不是 Pub，应该算一个 lounge，感觉比较舒服，适合小坐、聊天，就是价钱有点贵。

📍 黄浦区南京西路 231 号人民公园内人工湖

📞 021-63180220

宝莱纳（Paulaner Brauhaus） 这里有店家自酿的德国啤酒，黑啤很正宗。去了一定要尝尝这家的德国猪手，越啃越有味道，一份够两三个人吃。

📍 浦东新区滨江大道 2967 号

📞 021-68883935

校园酒吧 五角场复旦大学、同济大学附近有不少有校园气氛且价廉的酒吧。

观看演出

作为文化都市，上海有一流的演出场所和演出团体，也经常有国外著名的文艺团体到沪演出。你可以在上海的夜里欣赏到各种戏剧、舞蹈、交响乐等。地铁站一般有当下各类演出的海报，当地报纸、上海体育馆预售票服务处、各区的上海旅游服务中心等都可查到演出剧目和时间表。

游览上海夜景

上海华灯霓虹夜景特别适合家庭出游者观赏，主要观景处有陆家嘴金融中心、外滩、南京东路步行街、老城隍庙、淮海路，三条美食街的霓虹灯也十分壮观。（具体观景处详见游在上海一节）

🔆 上海十大名街

上海的街是一种风景，一种风情，更是一种文化。2003 年，沪上有关经济、商贸、旅游、文博、历史、方志、档案、建筑等方面的专家共同评选出的"上海十大名街"有：

中华商业第一街——南京东路
名牌竞奢华——南京西路
独领风骚——淮海路
万国建筑博物馆——中山东一路（外滩）
上海的心脏——人民大道
平民商业街——四川北路
海派文化街——福州路
横贯东西的大动脉——延安路
"第二条南京路"——金陵东路
沪西人气中心——长寿路

住在上海

上海住宿的价格总的来说较贵，但舒适程度和价格不完全是成正比的。不妨按照我们的推荐，将千篇一律的标准间变成赏心悦目的风景。

上海的高档宾馆酒店多如繁星，且大多集中在上海最繁华的区域，形成了静安、虹桥、浦东三大宾馆群。在上海，三星级、二星级、一星级的标准间门市价大致为500/380/260 元。

上海面积很大，景点分散，从一个地方到另一个地方花上 1 个多小时是常有的事，一定要选择主要交通枢纽下榻。火车站、人民广场、徐家汇地区位于两条地铁的交汇处，当然是最佳选择。如果嫌房价太贵，可入住鲁迅公园、大柏树、五角场、曹杨、漕河泾、梅陇等地区的"锦江之星"假日旅馆或高校宾馆，这些地方的标间价位在 240～270 元，借助快捷的地铁，能

上海主要演出剧场

剧场	电话	演出类型	地址
上海大剧院	021-63868686	交响乐、芭蕾舞等	黄浦区人民大道 300 号
上海音乐厅	021-63869153	各类音乐演出	延安东路 523 号
上海体育馆	021-64399700/64385200	大型演唱会	漕溪北路 1111 号
上海马戏城	021-56656622	马戏表演	共和新路 2266 号
上海话剧艺术中心	021-64734567	话剧、音乐剧等	安福路 288 号
天蟾京剧中心逸夫舞台	021-63225294	京剧、沪剧、越剧等	福州路 701 号
兰心大戏院	021-62178530	话剧、音乐会	茂名南路 57 号

迅速抵达市中心。

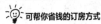 **可帮你省钱的订房方式**

1. 机场或火车站询问处

可将你的要求告之询问处，一般会介绍给你合适的住处，一定请他们打折，打到最便宜为止。

2. 通过旅行网站享受会员折扣

www.ctrip.com 携程网上有很多上海的打折酒店。

www.hotelonline.com.cn 中国酒店预订热线可迅速查询上海的各类酒店并有打折预订。

旅游旺季中小酒店更便宜

在上海"五一"或"十一"期间如果你选择中小酒店，房价反而比平时的便宜。

上海的宾馆房价

有的宾馆如果在 24:00—次日 2:00 后入住，可打对折，但过 12:00（或 14:00）退房要加收半天房费。除"半日房"外，还有一些宾馆推出了"钟点房"。或可以要求加床，一般一个床位 30 元左右。

住在老洋楼

海上大亨的旧居：东湖宾馆　昔日"海上大亨"杜月笙四位夫人的法式小洋楼，如今已变成气势不凡的东湖宾馆，其中的 7 号俱乐部，为 20 世纪 20 年代美国的建筑师所设计。宾馆毗邻淮海路，周围餐厅酒吧无数，却闹中取静。

东湖路 70 号

021-64158158

十分便宜的小洋楼：玲珑宾馆　算得上闹市区里最价廉物美的小洋楼，里面的设施据说不比五星级差。不过，这家只有 14 间房，要住得赶早。

延安西路 939 号

021-62250360

住在星级饭店

锦江饭店　上海知名的历史悠久的老饭店之一。锦江集团的旗舰酒店，也是一家花园式饭店。坐落于茂名南路、长乐路口，邻近淮海路商业街。附近有地铁 1 号线通过。

虽然贵了点，但高贵典雅的环境，饭店内设的商务中心、购物一条街和丰富的夜生活设施，以及罗马式建筑风格的餐厅、东方田园式的餐厅和宴会厅，也让很多人不能不咬牙"放血"一次。

黄浦区茂名南路 59 号

021-32189888

上海国际饭店　坐落在城市的零坐标点之上，面对人民广场，毗邻南京路步行街，四周环绕上海城市规划馆、上海博物馆、

上海美术馆、上海大剧院，绝好的地理位置让很多商务及旅游人士心动不已。

南京西路 170 号

021-63275225

住在商务宾馆

莫泰酒店（思南路打浦桥地铁站店）

思南路 113 号

021-31012300

汉庭酒店（上海虹桥机场新店）

新虹街道沪青平公路 395 号

021-54499898

锦江之星品尚（原上海东亚饭店）　酒店位于市中心的人民广场，旁靠外滩、豫园，距火车站 15 分钟，不管是出去玩还是乘火车返程，都很方便。

南京东路 680 号

021-63223223

住在设计师酒店

近年，在北京、上海和一些有特色的旅游景区，兴起了设计师酒店，这是应了讲求个性设计和品质的消费观念而产生的。在中国，设计师酒店还属于实验的阶段。

上海镛舍酒店　由意大利建筑师 Piero Lissoni 打造，他混合使用陶瓷、竹节和漆质等中式元素，令这家酒店充满了风尚气质，与上海的现代摩登和历史沧桑相互呼应。

静安区石门一路 366 号

021-32168199

住在经济旅馆

空集青年旅舍（上海外滩店）　地理位置优越，位于外滩中心区。设计风格前卫，是一个集艺术、青旅、餐吧于一体的潮流空间。

淮海中路

上海老建筑

上海多园青年旅舍 位于南京东路、外滩、城隍庙的正中心，店内可看到东方明珠。

🅐 黄浦区广东路 339 号 3 楼

🅒 15026617067

一间森林青年旅舍（上海旗舰店） 旅舍交通便利，双轨交通直达，旅舍投入全客房中央净化新风系统，客房 PM2.5 接近于零；标间大床房均配置巨幕投影仪。

🅐 共和新路 700 号

🅒 15801711314

住在浴场

上海很多浴场和洗浴中心都是可以过夜的，它们的设施相当于三星以上宾馆，有吃有玩有洗，有比大通铺舒服得多的床睡觉。如果只洗澡睡觉待一天，价格一般就几十元。如果你携带行李不多，真的可考虑住在浴场，舒舒服服地泡澡休息，既可以洗去一身疲惫，又可以找到本地人的感觉。

上海周边游

朱家角古镇
★★★★★ 🏛🎫🚗📷

上海附近保存最完整的江南水乡古镇。水乡泽国、千年古镇、名胜古迹和文化韵味构成了朱家角的特色，特别是少了些商业气息，更多了清新的感觉。

💰 免费；民俗风情游 30 元；新水乡访古游 60 元

🕐 8:30—16:30

🅧 市区→延安高架路→沪青平高速公路入城段（A9 公路）→中春路→沪青平公路（318 国道）

💡 最好给自己充裕的时间。入夜，在放生桥边的茶馆里要一壶茶。小饭店里的河鲜不比大饭店里做得差，主打一个鲜字。另外，去过朱家角的人，都会推荐那里的粽子，满街的粽子香让人难以忘记，还有扎肉、糖藕和熏黄鱼，沿街一走，应有尽有。

召稼楼古镇
★★★★ 🏛🎫🚗📷

召稼楼承载着厚重的海派文化，代表着上海之根。建于元朝初期，明代官吏曾在此建楼鸣钟，激励乡村父老不误农时，以示重农礼耕，因此人们将这里呼作"召稼楼"。这里不仅有青砖黛瓦充满明清韵味的建筑，还有江南水乡小桥流水的美景。"召楼三宝"分别是召楼羊肉、召楼拆蹄和已失传的召楼大曲。

💰 免费

🅐 闵行区浦江镇革新村

崇明岛 ★★★★ 🎫📷🚗🚌🚫

美丽的崇明岛地处长江三角洲，是世界上最大的沙岛。这里绿树成荫，水秀云清，是上海周边游的绝佳选择。岛上不仅自然风光舒适宜人，而且有众多

朱家角镇全景

的历史人文景观，满园飘香的瀛洲公园，古色古香的城桥镇澹园，儒学学宫的孔庙等。很有趣的是崇明岛又称"蟹岛"，因为沙滩上的蟹穴遍地都是，已经"千疮百孔"了。

东滩候鸟保护区

这里鱼肥蟹壮、群鸟飞翔，3 万亩的滩涂是难得的野生鸟类乐园。被列为保护的珍稀候鸟就有 130 余种，过境鸟类数量达 100 万左右，仅仅是国家一级保护动物小天鹅，数量曾达 3000 至 3500 只。因为地处东海最前沿，所以早晨在东滩看鸟观日出，乐趣无穷。

西沙湿地

西沙湿地保存着十多种珍贵典型的地质遗迹，展示着世界第一大河口冲积岛沧海桑田的地质景观。茂盛的芦苇如一片绿色的海洋，在这里，钓螃蟹、观日落和散步长达两千米的木栈桥，都是很不错的活动。

🚌　可乘公交至陈家镇枢纽站；或从石洞口码头、宝杨路码头或吴淞码头坐船至崇明岛南门港

淀山湖 ★★★★ 🏊🐟📷

淀山湖西接太湖，东连黄浦江，湖水碧澄如镜，一派江南水乡风光。景区内东半部的"柳堤春晓"，堤上柳绿花红，堤外碧波万顷，美景尽收眼底。西半部的"石城古风"，内有座仿古宝塔，还有仿《红楼梦》建的上海大观园。除了美景，这里还保留着大批文物古迹。

💰　免费

📍　青浦区区西，邻接江苏省

嵊泗 ★★★ 🏊

在海岛的沙滩上漫步，享受海风的轻拂，听涛声起落，对于在浮躁的都市里搏杀的人们来说，不能说不是一种美好的生活。

上海市内→朱家角交通表

时间	地点	车次	线路
7:00—15:50	上海体育场 4 号门	旅游 4 号线	上海体育场—朱家角
5:00—17:30	人民广场	京申车	人民广场—朱家角
5:00—18:00	西区车站	长途车	大沽路—朱家角
6:00—17:30	威海路南首	旅游车	人民广场—青浦，再转乘朱家角
6:00—17:30	宁海路口	宇岭车	人民广场—青浦，再转乘朱家角
7:00—16:00	金陵路口	强生出租	上海—朱家角

🚢 从上海芦潮港码头到嵊泗李柱山码头每天一般只有 11:00 一班船，不同季节有可能会增加一班船，去程约为 1.5 小时

🏨 **宝钢海湾大酒店** 宝钢海湾大酒店是上海宝钢集团宝山宾馆经营的酒店，服务和价格都不错。位于嵊泗菜园镇海滨路 87 号

嘉定古城 ★★★★★ 🖼🚻♨🅿

这座已有 780 多年历史的古镇，仍保留着各类古塔、古庙、古寺、古树等遗迹，而游人最多的则是州桥老街。与法华塔共处同一中轴线上，距法华塔约 500 米处的孔庙、汇龙潭、应奎山，则是州桥老街旁又一独特别致的景区。尤其是孔庙，堪称"吴中第一"。

🚌 可搭乘旅游专线前往

枫泾古镇 ★★★★ 🖼🚻♨🅿

枫泾古镇周围水网遍布，镇区内河道纵横，桥梁众多，有"三步两座桥，一望十条港"之称。到枫泾镇的中洪村走走，还能亲眼看见金山农民画发源地的风采，看到农民在家里作画、裱画的情景。

💰 50 元

🚌 旅游集散中心有前往枫泾古镇的班车

新场古镇 ★★★★ 🖼🚻♨🅿

新场古镇作为电影《色戒》和《叶问》的取景地而扬名，是上海市范围内最后一个原汁原味的古镇。牌坊和拱桥是其两大看点，民居多为中西合璧风格的清末民初建筑。民间技艺一条街聚集了近百种民间手工艺，高手云集，技艺独特超群。

🚇 可乘地铁在新场站下车，再转乘公交前往

💡 比起朱家角等古镇，这里纯朴乡村的气息更浓郁些。

七宝古镇 ★★★ 🏛🅿

在上海市西南，素有"十年上海看浦东，百年上海看外滩，千年上海看七宝"的美誉。这里风景如画，是离上海市区最近的古镇。七宝老街位于上海市闵行区七宝古镇，整条街有丰富的特色小吃，以及古色古香的建筑等。

💰 免费

🚌 临近七宝（公交站）、七宝（地铁站）

佘山国家森林公园 ★★★★ 🚻🅿

位于上海西南市郊，是上海少有的"山"旅游资源。佘山是历史名山，徐霞客曾五度来游。只可惜饱经历史沧桑的古迹和胜景，在清初开始逐渐湮没。1993 年开始修复了部分旧景点。

佘山分为东西山，西佘山顶北部有充满宗教色彩的佘山天主教堂，其融合了多国建筑风格；山顶南部则是佘山天文台，旧天文台修建于 1900 年。东佘山山体钟秀、林木葱郁，动植物资源丰富，尤以山间所产竹笋有兰花幽香而著名。

💰 东、西佘山门票免费；天马山园门票 10 元；小昆山园门票 6 元

🕐 8:30—17:00（最晚入园 16:00）

🚌 临近佘山（公交站）、佘北公路（公交站）

👁 1 天

新场古镇一角

江苏省

自助游：

六朝古都之旅

　　夫子庙、江南贡院→中华门→玄武湖→鸡鸣寺→总统府→明故宫→中山陵→明孝陵→灵谷寺

南方园林艺术之旅

　　拙政园→留园→网师园→沧浪亭→狮子林

江南水乡之旅

　　周庄→同里→角直

湖光山色之旅

　　瘦西湖→太湖

自驾游：

领略江南无限好

　　南京→九江→庐山→景德镇→婺源→杭州→嘉兴→苏州→无锡

走进梦里水乡

　　扬州→南京→镇江→常州→无锡→苏州→唯亭

游览江浙古镇

　　上海→角直→周庄→同里→南浔→乌镇→西塘

南京

南京快速攻略

Day1 南京博物院→总统府旧址→鸡鸣寺→玄武湖→狮子桥美食街步行（晚饭）

Day2 钟山风景区（中山陵、明孝陵、灵谷寺）→秦淮河畔

Day3 侵华日军南京大屠杀遇害同胞纪念馆→雨花台

感受南京

六朝古都 南京被称为六朝古都，其实历史上曾有10个朝代在南京建都，所以南京又有"十朝都会"之称。没有哪一个城市遭受过如此一次次王朝覆灭的深重劫难，当曾经的显赫和繁华褪去，古老的城市就像一个沧桑而平静的长者，向人们诉说着那些历史岁月。

十里秦淮 是古时多少文人墨客竞相追逐的金粉之地。一个个王朝那边厢上演着改朝换代的大戏，郁郁不得志的文人墨客这边粉饰着虚妄的太平梦想。纸醉金迷的脂粉之下，深藏着金戈铁马的亡国之痛，让区区弱女子李香君血溅桃花扇。如果现在来秦淮河边，你自然无法看到那些香艳的故事，浓郁的商业气息和喧闹的游客也许会让你暂时忘却历史。

悲痛 1937年12月13日。这是一个让中国人悲痛的日子，也是南京人心中永远的痛。流连于南京，十里秦淮依然有桨声和弦，但其中隐约的悲痛仍可见一斑。如果出租车司机听说你是一个外地人，一定会向你推荐：侵华日军南京大屠杀遇难同胞纪念馆。除了内心的那份悲痛，还有作为中国人的自尊，只有不忘国耻，才能强盛。

法国梧桐 法国梧桐是南京市内巡道树的主要品种，夏天梧桐高大绵延的树干在高空交织，为这个城市的居民撑起一片荫凉，秋天落叶的时候，更有一番感觉。但这些年，因为城市改造的需要，法国梧桐被砍掉不少，特别是中山路两旁。对于一座城市来说，只要花钱，路能越修越宽，房子也可以越建越高，树却不是想有多高就有多高的，所谓百年树木，一棵树要长得郁郁葱葱是需要时间的。可以想象，一座没有树的城市就等于没有了历史的积淀。

怀旧 一脚从上海踏进南京，感觉像是从南到北跨越了两个不同的地区，从人的服饰、语言、行为方式甚至城市建筑来看，两者之间似乎没有多少关联。如果说上海像一个末代贵族，那么南京则是一个守旧的江南文人，带着平和温情的书卷气，偶尔有点泛酸。总之南京是一个更容易让人怀旧的地方。

学院 除了名胜古迹众多之外，高等学府林立又是南京的又一特点。南京大学、东南大学、南京师范大学、南京理工大学、南京航空航天大学，随口就能说出十几所，也许这就是南京虽有十里秦淮、桨声灯影，却又书香四溢的原因吧。

历朝纪年		
东吴	229—280 年	建业
东晋	317—420 年	建康
南朝宋	420—479 年	建康
南朝齐	479—502 年	建康
南朝梁	502—557 年	建康
南朝陈	557—589 年	建康
南唐	937—975 年	金陵
明	1368—1421 年	应天
太平天国	1853—1864 年	天京
中华民国	临时政府 1912 年	南京
中华民国	1927—1949 年	南京

☀金陵灯会

每年正月，在秦淮河夫子庙一带举行为期 1 个月。该区城因靠近水流，雨季较为潮湿，在此住宿的游客需要多准备几件干爽的衣服。

南京的梧桐

在南京人们习惯上说的"法国梧桐"只是悬铃木中的一种。悬铃木一属有8种，原产北美、墨西哥、地中海和印度一带，这种树木叶子似梧桐，故被误认为是梧桐。

南京交通服务热线

025-96196，受理航空、铁路、公路交通方面信息咨询或投诉。

机场与周边城市交通

南京禄口机场还有发往周边城市的专线巴士，如无锡、宜兴、镇江、常州、丹阳、金坛、溧阳、扬州、淮安、芜湖、马鞍山、滁州等。

从火车站去景点

坐火车若在南京站下，去新街口、湖南路、鼓楼、夫子庙都可以坐地铁，从火车站出站口就可以直接进入地铁站。

火车票售点

鼓楼售票处（中山路366号鼓楼邮政大厦一楼营业厅内），建达大厦（虹桥与山西路之间），西康路33号（省委招待所礼堂内），蓝色快车（进香河路9号102室），洪武路283号（省中旅航空公司内），大厂区新华路527号（扬子石化票务中心内）。

准备与咨询

语言

在南北朝前，南京地方方言属吴语，因在不同的朝代中不断有北方人向南京迁徙，所以，南京土话逐渐演变成了北方语系江淮次方言的南京方言。目前，只有城南的一些老南京还坚持使用这种方言，据专家推测，用不了多久，这种正宗的南京方言将会消失。

气候与游季

虽然，南京与重庆、武汉、南昌并称"四大火炉"，但南京人却并没有觉得这种四季分明的气候有什么不好。南京年平均温度为15.6℃。所以便有了春游"牛首烟岚"，夏赏"钟阜晴云"，秋登"栖霞胜境"，冬观"石城霁雪"的说法。而每年的6、7月，南京都在阴雨不断的梅雨季节中度过，梅雨过后，常遇伏旱天。秋天来南京是最好的季节，夏天不要来，除非你不怕热。

行在南京

进出

用"海陆空"来形容南京的交通状况一点都不过分，方便的交通让南京成为华东地区的一个交通枢纽城市。

飞机

南京禄口国际机场是国内为数不多的几个大型机场之一，与市区相距35千米，大巴20元/人，打车要100元左右。

航空售票处

单 位	电 话
江苏民航票务中心	025-84499378
中国国际航空公司南京营业部	025-84815540
禄口机场客服	025-96066

铁路

南京有南京、南京南、中平门3个客运站。南京始发的列车大部分由南京站开出，途经南京的列车大多停靠南京站。

南京火车站问讯处

☎ 025-95105105

➡ 南京市玄武区龙蟠路111号

高铁

2010年7月1日，沪宁城际高铁正式开通运营。南京站至上海虹桥站的G字头高速动车双向运营，每天都有沪宁城际铁路列车往返于两地，基本上可以做到随到随买随走。南京南站主要运营京沪高铁、沪汉蓉高铁、沿江高铁、宁杭高铁、宁安高铁、宁通高铁、宁合高铁、宁启城际高铁。

公路

南京是大江南北 83 条公路网的中心，分别贯通了沪、浙、皖、鲁、赣等 7 个省市，其中，宁沪、宁合、宁连高速公路使得南京与外地的交通更为快捷。

长途汽车站点及发车方向

单位	地址	到达方向	电话
汽车客运站	南京火车站站北广场东	高速各线	025-85531299
汽车东站	花园路17号	东南各省，如扬州、泰州、江阴、常熟、张家港等地	025-85477435
汽车南站	雨花台区玉兰路	苏南、苏北、皖南、皖北以及河南、山东、浙江等地区	025-86778366
汽车北站	大桥北路22号	苏北、皖北	025-58850742

市内交通

南京的市内交通以公交车和出租汽车为主要交通工具。

地铁

现有 1 号线、2 号线、3 号线、4 号线、7 号线、10 号线、S1 号线、S3 号线、S6 号线、S7 号线、S8 号线、S9 号线 12 条线路。其中，地铁 1 号线途经红山森林动物园、玄武湖、夫子庙、南京南站；2 号线途经中山陵、莫愁湖、侵华日军南京大屠杀遇难同胞纪念馆；3 号线途经总统府、郑和公园等；4 号线途径鼓楼、九华山等。

公交车

南京市区公交车普通车车票价格为 2 元，D 字头公交车票价 3 元，K 字头公交车票价 4 元。

旅游专线

市内有 5 条专门的旅游公共汽车，经过南京市内的主要景点，有专人讲解各景点的情况。如果在车上购买景点门票还能打折。

景点关闭时间

南京所有景点的关闭时间都很早，总统府旧址和鸡鸣寺 17:00 停止售票，所以要在此之前去景点。

出租车

南京的出租车分为三档：普通车、中档车（及纯电动车）、高档车，起步价分别为 11 元 / 3 千米、11 元 / 2.5 千米、11 元 / 2 千米；超出起步价之后普通车为 2.4 元 / 千米，中档车（及纯电动车）和高档车为 2.9 元 / 千米，夜间服务费按照实际行驶公里数的 20% 收取。

游在南京

秦淮河　★★★★★

秦淮河→夫子庙→大成殿→明德堂→尊经阁→江南贡院→乌衣巷→王谢古居→吴敬梓故居→桃叶渡→朝天宫→中华门

以夫子庙为中心长 5 千米的秦淮河风光带既是南京最大的娱乐场所，也是一个游人如织的景点。

"十里秦淮"指的是昔日秦淮河一带的繁华，这里曾经商贾

南京的地铁

南京地铁无人售票，纸币硬币都可以，地铁卡类似游戏币，地铁滚梯向下运行，南京的地铁很方便，管理得很好。

旅游专线车

南京旅游专线公交车发车晚，收车早。早班车一般是 7:30，末班车一般都是 17:30。

云集、人文荟萃，历代都用"风华烟月之区，金粉荟萃之所"来形容。经过修整的秦淮河，虽仍有画舫、水榭、绿窗、朱户，但因为加入了太多的现代灯光技术，而稍显喧嚣，少有古时的闲情。

☀ **1. 坐船夜游秦淮河：** 秦淮河有内秦淮河、外秦淮河之分，内秦淮河指夫子庙一带，外秦淮河指石头城公园一带。

魁星阁下的洋池码头有两条游览内河的线路，东线票价100元，是仿古画舫，全是古色古香的陈设；西线则是游船，票价140元，可以欣赏秦淮河上灯光秀。推荐游览东线，游人坐在画舫里，边吃小吃，边听桨声，看秦淮河两岸的灯火楼台，更能领略秦淮风情。

乘坐游船游玩秦淮河外河，可以看河畔的风土人情。外河游船需前往报恩寺游船码头登船。夜场游船票100元，日场游船票45元。

2. 金陵灯会： 每年农历正月初一至十八，在夫子庙一带举行。

夫子庙、中国科举博物馆

夫子庙过去是纪念孔夫子的地方，附近的江南贡院（现中国科举博物馆），曾经是江南最大的科举考场，已有300多年的历史。

💰 大成殿门票30元；中国科举博物馆门票25元

🚌 临近夫子庙（公交站）、夫子庙（地铁站）

👁 1～3小时

☀ **雅乐表演**

开始表演时间为11:00、14:30、15:30、16:30。

☀ **怎样游夫子庙**

游览夫子庙，一是观赏夫子庙的古建筑；二是游览夫子庙地区其他景点，如媚香楼、乌衣巷和王谢古居等著名古迹；三是品尝著名金陵地方小吃。

⏰ 夫子庙大成殿9:00—22:00

⏰ 江南贡院9:00—22:00

老门东

老门东是南京传统民居聚集地，自古就是江南商贾云集、人文荟萃、世家大族居住之地。如今按照传统样式复建了传统中式木质建筑、马头墙，再现老城南原貌，成为集历史文化、休闲娱乐、旅游景观于一体的文化街区。

💰 免费

👁 1～3小时

瞻园

堪称"金陵第一园"的瞻园，整园布局宏伟精致，古老壮观的明清楼阁、幽雅精巧的亭台小榭，大气威武的"虎"字石碑等，是南京历史最久的一座园林。同时，太平天国历史博物馆也设在园区，赏古访今，自然

秦淮河畔

南京景点示意图

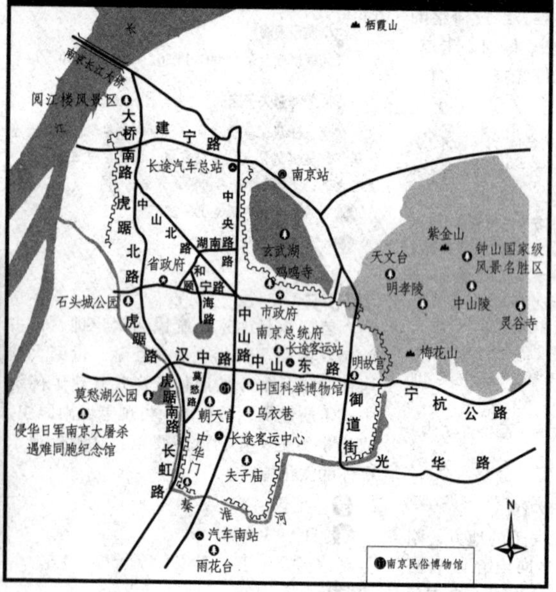

风光与人文古迹并存，是秦淮风光带上一处佳景。

30 元（白）；70 元（晚）

9:00—17:30（周一闭馆）

3～5 小时

乌衣巷

“旧时王谢堂前燕，飞入寻常百姓家”一句中的“王谢”指的就是这里，而乌衣巷也成了一条总是游人摩肩接踵的商业街。但也算是有些民居可看。

免费

1 小时

朝天宫、南京市博物馆

是文武百官学习礼仪的地方。现在每天都有仿古时朝贺天子的礼仪表演，另外还有一些地方戏曲的表演。朝天宫现为南京市博物馆所在地。

25 元

9:00—18:00（17:00 停止售票）

临近朝天宫（公交站）

1～3 小时

中华门

中华门为明代建筑，是南京现存最大的一座城堡式城门，也是中国最大的一座瓮城。是南京市内众多城墙中最值得一去的。

50 元

8:30—17:00

临近中华门（公交站）

1～3 小时

筑城墙的砖石上均有造砖者的府县官衔和造砖时间（年月日）信息，筑城时用石灰桐油、糯米浆混合夹浆，屹立数百年，安然无恙。

钟山国家级风景名胜区

★★★★★

中山陵陵寝（博爱广场、墓道、陵门、碑亭、祭堂、墓室）免费；明孝陵 70 元；音乐台 10 元；灵谷景区（含灵谷寺庙）35 元；美龄宫 30 元；全景区联票 100 元

中山陵

由 392 级石阶把中山陵的主体建筑连在一个中轴线上，呈钟形。一踏上中山陵的台阶，就能感受到建筑本身的那种恢宏气势，而肃穆之情只有在亲临的时候才能真实体验。到南京如果不去中山陵会是一种缺憾。

1. 中山陵和明孝陵之间有旅游小火车来往，3 元/人，持有中山陵景区门票或两景区套票可免费乘坐。

2. 可租用 8—10 座的电瓶车，有导游讲解，20 元/人，可到中山陵、明孝陵景区任何景点。

明孝陵

明孝陵与中山陵紧密相邻，但风格迥异，至今已有 600 多年的历史，被联合国教科文组织评为世界文化遗产之一。作为中国古代最大的帝王陵墓之一，这里的石人、石兽、神道雕刻之生动，文臣武将的造型之古朴，以及陵园本身营造出来的那种庄严，是不会因时间而改变的。明孝陵影响了明清两代帝王陵园的布局。

8:30—17:00

临近中山植物园（公交站）、苜蓿园（地铁站）

3 小时以上

中山陵

明孝陵陵道对面就是梅花山，可以顺便游览，梅花山有"天下第一梅山"之誉，种植了400个品种大约4万株梅树，是全国著名的赏梅胜地之一。每年2月到3月都会举行南京国际梅花节。梅花山也是南京地区最早的六朝陵墓，三国时孙权与步夫人葬于此。

灵谷寺

建于明洪武年间，明末寺庙曾毁于战火，唯无梁殿幸存下来。

每年灵谷寺都会举办桂花节，南京的桂花一般在9月中旬开放，一直到10月的中旬。9月桂花刚开的时候，闻起来是新鲜的味道，到10月的时候，桂花的香味就有一种美人迟暮的感觉了。

🕐 8:30—17:00

👁 3小时以上

💡 无梁殿建于明代，灵谷寺因此而著名，寺内还刻有孙中山的《国父遗嘱》。

美龄宫

美龄宫位于南京明孝陵东面的小红山上，蒋介石、宋美龄常在此居住，遂称作美龄宫，是南京最壮观、最典雅的建筑之一。

🕐 7:30—17:30

👁 1～3小时

💡 如果俯瞰美龄宫全景，会发现陵园路像项链，红山上的环山路像项链上的吊坠，而美龄宫像镶嵌在吊坠上的绿宝石。

雨花台 ★★★★

雨花台由3个松柏环抱的秀丽山岗组成，已有3000多年的历史，有"六朝雨花凝天地神韵，一部青史铸千秋圣台"的说法。由名胜古迹区、烈士陵园区、雨花石文化区、雨花茶文化区、游乐活动区和生态密林区六大功能区组成。这里有全国规模最大的烈士纪念建筑群，历史悠久的名胜古迹，郁郁葱葱的山林，四季应时的花草，以及驰名中外的雨花石和闻名遐迩的雨花茶等。近年来，新复建了雨花阁、二忠祠、木末亭、乾隆御碑亭、甘露井、曦园、怡苑、梅岗等20余处名胜古迹和楼台亭阁馆。

🕐 8:30—16:00（周一闭馆）

🚌 临近雨花台北大门（公交站）、雨花台南大门（公交站）、中华门（地铁站）

👁 3小时以上

💡 不要在景区附近购买雨花石，一般都是假货。

大报恩寺遗址公园 ★★★

大报恩寺是中国南方建立的第一座佛寺。2008年，从大报恩寺地宫出土了震惊世界和佛教界的佛顶真骨、七宝阿育王塔等一大批文物。之后便在遗址上建立了博物馆，用来展示佛教文化和大报恩寺的前世今生。2015年还复建大报恩寺琉璃塔，虽然采用了现代的钢架结构，外覆玻璃，但通过

灯光也可以呈现出梦幻般的琉璃光彩。

- 💰 120 元
- 🕐 9:00—17:00
- 🚌 临近大报恩寺遗址公园（公交站）、中华门（地铁站）
- 👁 1～3 小时

栖霞山 ★★★★ 🏞🍁

"金陵第一明秀山"，国家 AAAA 级旅游景区、中国四大赏枫胜地之一。每到深秋，山中漫山红遍，犹如晚霞栖落，蔚为壮观。

- 💰 普通票：平日 25 元，红枫节 40 元
- 🕐 7:00—17:00
- 📍 南京市栖霞区栖霞街 88 号
- 🚌 临近栖霞寺（公交站）
- 👁 2～4 小时

🔅栖霞山的景致

1. 深秋的红枫是栖霞山最迷人的景致，至于名胜和怪石倒在其次。

2. 舍利塔的塔基上刻着释迦牟尼出家修道的故事。

3. 千佛岩的佛像为唐、宋、元、明各代不同风格，十分精彩。

阅江楼风景区
★★★★ 🏞⛩

中国十大文化名楼、江南四大名楼之一，国家 AAAA 级旅游景区、新金陵四十八景之一，有"江南第一楼"之称。

- 💰 40 元
- 🕐 8:00—17:30
- 📍 南京市鼓楼区建宁路 202 号
- 🚌 临近兴中门（公交站）
- 👁 1～3 小时

牛首山文化旅游区
★★★★ 🏞🧗

牛首山又名天阙山，因山顶东西双峰形似牛头双角而得名。牛首山是金陵四大名胜之一，素有"春牛首"之美誉，古有牛首烟岚、祖堂振锡等金陵美景，还遗存了很多历史古迹，如岳飞抗金故垒、郑和文化园等。

- 💰 88 元
- 🕐 8:30—17:30（3—10 月）
  9:00—17:00（11 月—次年 2 月）
- 🚌 乘地铁到佛城西路，再转乘公交前往
- 👁 4～6 小时

红山森林动物园 ★★★ 🐾

红山森林动物园是国内最具特色的动物园之一，有独特的森林景观、丰富的动物资源、多彩的主题。红山森林动物园还是国内第一批取消动物表演的动物园，园中的标示和介绍牌，用手绘的形式介绍了动物们的名字、性格、爱好、生活习性和故事，处处体现着对生命的尊重。

- 💰 40 元

玄武湖迷人秋色

🕘 8:30—16:00

🚌 临近红山动物园东门（公交站）、红山动物园（地铁站）

👁 3～5小时

💡红山森林动物园依山而建，园内有三座山，要做好爬山的准备。

南京博物院 ★★★

南京博物院是中国三大博物馆之一，由艺术馆、历史馆、民国馆、特展馆、数字馆和非遗馆组成。博物院内拥有各类藏品42万余件，馆藏数量居中国前三，上至旧石器时代，下迄当代，均为历朝历代的珍品和备受国内外瞩目的佳作。

🎫 免费

🕘 9:00—17:00（周一闭馆）

🚌 临近中山门（公交站）、明故宫（地铁站）

👁 2～4小时

玄武湖 ★★★

玄武湖古名桑泊，是中国最大的皇家园林湖泊，江南三大名湖之一，被誉为“金陵明珠”。至今已有1500多年的历史。分布有环洲、樱洲、菱洲、梁洲和翠洲五块绿洲。巍峨的明城墙，秀美的九华山，古朴的鸡鸣寺环抱其右。夏秋季节，满湖的荷花，清香扑鼻，景色迷人。

🚌 临近玄武湖公园（公交站）、玄武门（地铁站）

☎ 025-83614286

💡**1. 最佳游季：**夏秋两季最宜游玄武湖，这时荷花已开放，满湖清香，景色迷人。

2. 租船：可租船游玩，脚踏船40元/小时，电动船60元/小时，豪华画舫船50元/人（大概坐20个人）。

孙中山的办公环境

南京总统府

侵华日军南京大屠杀遇难同胞纪念馆 ★★★★

这里有一段忘不掉的历史，用史实与艺术记录了一个民族的伤痛。电影放映厅向观众放映着《侵华日军南京大屠杀》历史文献纪录片。

🎫 免费

🕘 8:30—17:30（周一闭馆）

🚌 临近南京大屠杀遇难同胞纪念馆（公交站）、云锦路（地铁站）

💡馆内严禁拍照。

中国近代史遗址博物馆 ★★★

在这里可以看到孙中山任临时大总统时是在什么样的环境里办公的，再往里走到熙园，还能感受到太平天国这支农民起义军定都天京后奢靡享乐的生活。

🎫 35元

🕘 8:30—18:00（3月1日—10月14日）
8:30—17:00（10月15日—次年2月底）

🚌 临近总统府（公交站）、南京图书馆（公交站）、大行宫站（地铁站）

👁 1～3小时

一句话推荐景点

高淳老街 南京景点都是现代翻新重建的，真正古色古香的地方已经屈指可数。高淳老街算是老而有味的景点之一。老街的青石板散发出浓浓的古韵，走起来很有穿越感，夜晚的老街又是另外一番灯光迷离的迷人景致。

🚌 可以自驾或者搭乘长途汽车前往

南京一九一二街区 1912街就像北京三里屯的酒吧街一样有名，要想感受南京的夜生活，1912街是必去的。这里曾是国

民政府所在地，还保留了数十幢民国风格建筑，给这里增添了不一样的风情。这条街不只是建筑、酒吧出名，美食也很出名，有各种私房菜、火锅、韩国料理、日本料理，可以让你品尝到国际口味。

🚌 临近大行宫北（公交站）、总统府（公交站）、大行宫（地铁站）

燕子矶　被世人称为万里长江第一矶。矶下惊涛拍石，汹涌澎湃，是观赏江景的最佳去处。

💰 10 元

🕐 7:30—17:30

🚌 临近燕子矶（公交站）、笆斗山（地铁站）

⏱ 2 小时

颐和路历史文化区　这里有 200 多栋保存完好的民国宅邸，其中最著名的当属马歇尔公馆、蒋纬国公馆。正所谓"一条颐和路，半部民国史"。

1865 创意园　1865 园区所在地即是李鸿章创建的金陵机器制造局遗址中心区域。园区建筑有着浓厚的人文历史韵味，墙面随意倚靠都可以拍出很有民国感的照片。

📍 秦淮区应天大街 388 号

圣保罗教堂　教堂于 1923 年建成，是南京中华圣公会的圣保罗堂，也是南京第一座正式的基督教礼拜堂。现为南京市文物保护单位，是南京基督教现存最早的民国建筑。圣保罗堂按照当时西方流行的复古主义形式设计，规模不大，是典型的西欧乡村式小教堂。

🚌 临近常府街（地铁站）

四方当代美术馆　南京四方当代美术馆位于南京市浦口区佛手湖畔，由美国著名建筑大师斯蒂文·霍尔（Steven Holl）设计，比邻 24 位建筑大师的杰作，为公众呈现了亚洲乃至全球独一无二的艺术人文景观。

🚌 临近珍珠泉总站（公交站）

吃喝南京

　　南京菜一向被称作京苏大菜，以原汁原味，选料严谨，玲珑精巧而著称。说到南京的吃，就一定要说南京的鸭，除盐水鸭外，还有金陵烤鸭、板鸭、烧鸭、金陵酱鸭、香酥鸭、八宝珍珠鸭和咸鸭肫。

小吃街

　　南京的小吃街很多，除了夫子庙外，后来的新街口、朝天宫、山西路、马台街等地，也都逐渐形成了比较集中的小吃群。

南京夫子庙小吃　夫子庙小吃闻名天下，它是金陵小吃的发源地，历史悠久，品种繁多，有 200 多种。

湖南路狮子桥美食街　要真正吃好吃的东西还是要去湖南路，夫子庙属于旅游景点，东西无论从味道还是性价比来说都不如湖南路。在湖南路狮子桥步行街上，有一个酷似英超标志的狮子争绣球的图标，你老远就能看见"狮王府"屋顶标志，楼下就有"大排档"，里面有专做小吃的作坊。

特别推荐　现在南京小吃最多的地方是新街口小吃一条街。这里以正洪街广场为核心，延伸到石鼓路、明瓦廊、丰富路等地段，到处都是有特色的美食小吃店。网上还有人总结过

🔆 小吃套餐

　　南京的小吃按套餐出售，最低标准 60 元／套，每套包括十几种小吃，有 80/100/300 元一套等不同标准。每上一道小吃，服务员除报小吃名外，还会讲解其中的典故。

☀ 南京的特产

　　如果想带一些小食品给家人朋友，南京的香肠、香肚、真空桂花盐水鸭是必不可少的，但一定要认准是桂花牌的才正宗。另外还有雨花茶，春天的新茶品质最好。建议在大型超市内购买特产，品种较全，价格也较合理。

☀ 秦淮八绝

　　南京风味名点小吃"秦淮八绝"有：魁光阁的五香茶叶蛋、五香豆、雨花茶；永和园的开洋干丝、蟹壳黄烧饼；奇芳阁的麻油干丝、鸭油酥烧饼；六凤居的豆腐脑、葱油饼；奇芳阁的什锦菜包、鸡丝面；蒋有记的牛肉汤、牛肉锅贴；瞻园面馆的薄皮包饺、红汤爆鱼面；莲湖甜食店的桂花夹心小元宵、五色糕团。
　　夫子庙很多餐厅都有小吃套餐，可以一次尝遍秦淮八绝，一般分 20 元和 40 元两种。也可以到南京人家、贵宾楼、状元楼等较大的餐馆去品尝，能保证正宗的口味，但价格要在百元以上。

☀ 南京的水产

　　水产中的"水八鲜"为：鱼、菱、藕、茭白、慈姑、水芹、鸡头果、莲蓬。这些都是中秋前后出产的佳品。

《新街口小吃攻略》，把这里的小吃一一
罗列了出来。

推荐菜馆

马祥兴菜馆 建于1845年的百年老店，松
鼠鱼、蛋烧卖、凤尾虾、美人肝为这家
菜馆的自创四大名菜。这家老店的麻油
什锦素菜包也十分有特色，几乎是天天
供不应求。

🚩 云南北路 32 号

📞 025-83286388

绿柳居(太平南路店) 建于20世纪初，这家
老店以素食为特色，其中以素鸡、素烧
鹅、素鱼片、素宫保鸡丁和素鸡酥海参
最有特色。

🚩 太平南路 248 号

📞 025-86643644

老字号

六华春 京苏大菜是这里的特色。创于清
末民初，六华春取六朝古都之意。特色
菜：松子熏肉、芙蓉虾仁、炖菜核、金
陵圆子。

🚩 中山南路 400 号熙南里商业街区 3 号

味真香 菜馆以浙绍帮风味为特色，创建
于1940年。特色菜：杭州卤鸭、油炸黄
雀、龙井鱼片、油爆大虾、东坡肉。

🚩 凤凰西街 273 号

永和园 夫子庙的老字号，蟹壳黄烧饼和
开洋干丝是南京小吃"秦淮八绝"之
一，是保护得比较好的老店之一。

🚩 夫子庙建康路 68 号

📞 025-86623863

当地名吃

鸭血粉丝 在南京，卖鸭血汤的餐厅星罗
棋布。南京的鸭血粉丝汤就如同重庆的
火锅，是外地人到此一定要品尝的。

回味鸭血粉丝

🚩 湖南路马台街路口，很多地方有连锁店

叶新小吃 隐藏在居民小区里的人气小店，
但口味对得起长长的排队人群。

🚩 金粟庵路 44 号来凤小区 44 号 101 室

盐水鸭 盐水鸭是南京有名的特产，久负
盛名，至今已有 1000 多年的历史。逢年
过节或平日家中来客，上街去买一份盐
水鸭，似乎已成为了南京人的礼节。在
湖南路商场边的桂花鸭专卖店里可以买
到正宗的真空包装盐水鸭。

特色店

百年尹氏汤包 很有名的小吃店，主打是
汤包，绝对是小身材大味道，鸭血粉丝
汤也不错。

🚩 鼓楼区湖南路狮子桥 2 号

📞 025-83241696

莲湖糕团店 夫子庙边上最平民化的老式
点心店，赤豆元宵、牛肉锅贴、牛肉馄
饨都不错。

🚩 秦淮区夫子庙贡院西街 26 号

📞 025-52251232

南京全景

夜游南京

夫子庙一带，白天看秦淮人家，晚上尝遍淮扬小吃。中华门则是南京当地人纳凉休闲的好去处。

酒吧一条街 一提酒吧，马上就会想到总统府边的 1912 街，1912 街就像北京的三里屯酒吧一样著名。想要热闹，可以选择 SEVEN、RED 和乱世佳人；想要感觉，可以选择 BABYFACE、TOUCH 吧；如果要品位，苏荷也许比较适合你。

购物南京

南京的繁华商业街区主要分布在市中心的新街口、城北的湖南路、城南的太平南路和夫子庙地区，年轻女孩可以去这些地方淘小东西。珠江路电子一条街也小有名气。此外，长茂手绘店、先锋书店、流行通信、炭化生活、朴坊等也都是南京当地有名的购物点。

太平南路名品一条街 北起大行宫，南连建康路，想淘金银饰品、玉器珠宝或逛专柜商店的游客可以去走走。

湖南路精品专卖一条街 精品专卖店鳞次栉比，很容易看花眼。狮子桥美食街在这，逛累了可以去大吃一顿。

金陵花鸟市场 夫子庙附近的金陵路上有一个花鸟市场，是南京最大的花鸟市场，这里出售花卉、鸟类、字画、雨花石等。

中华织锦村 在中国的三大名锦中，南京的云锦与四川蜀锦、苏州宋锦齐名。在中华织锦村不仅能参观与织锦相关的技艺，以及不同的收藏外，还能购买到织锦工艺品。

💡**别在夫子庙买特产**

别在夫子庙商业街区里买特产，很贵，而且没有明码标价，晚上 10 点多快关门时，一些特产店都可以讲价。

住在南京

南京市内各档次的宾馆、饭店很多，从上星级的大饭店到普通旅社，一应俱全。豪华酒店有丁山香格里拉大酒店、希尔顿国际大酒店、南京中心大酒店、金陵饭店等；中档宾馆有国瑞、天京等大酒店。

如果是中低档消费，可以选择一些单位的招待所或经济实惠的大众旅社，其价格一般为 30～150 元。背包旅游者可入住青年旅舍，房间设备虽然简单，但服务同样是细致周到的。

推荐住宿

夫子庙秦淮河区域

在城区偏南，是南京民俗文化集中地之一，贴近秦淮河畔，旅店价位适中。

背包青年旅舍 地理位置优越，楼下就是夫子庙。

🅿 升州路 3 号

📞 18051000087

新街口地区

交通便利，处于各风景区的中心地带，旅店价位也偏高。

如家酒店·neo（新街口中心店）

🅿 淮海路 36 号金淮海商务中心 3 楼

📞 025-84340101

鼓楼、玄武地区

同样处于闹市区，临近火车站，也靠近著名的湖南路美食街。

国瑞大酒店

🅿 中山北路 55 号

📞 025-83303888

汤山、汤泉镇地区

热衷于泡温泉的游客的最佳住宿地，并且周边有数个景区可供游览，不过价格也较贵。

颐尚温泉度假村

在最豪华的颐尚温泉中，有各种各样的泡温泉法，最吸引人的是土耳其鱼浴，就是有小鱼在池子里咬你身体的那种。

¥ 浴费 219 元 / 人；标准间 728 元；大床房 848 元

🅿 南京汤山镇温泉路 8 号

📞 025-51190666

江苏省工人汤山疗养院

住在这里，再去颐尚泡汤是实惠的选择。

🅿 南京汤山镇汤泉东路 229 号

💡**1. 大众化的温泉：** 南京汤山泡汤的地方有十几家，档次也各不相同，其中泉景温泉浴馆、美龄温泉山庄、或莱洗浴中心这些温泉浴室比较大众化，几十元到一百元就可以搞定，但不能住宿。

2. 便宜的浴室： 较便宜的大众化浴室则比较隐蔽些，浴费 5～10 元，需要从大街两旁巷子往里寻找，也可以问路人。虽然简陋，但别有情趣。

苏州

苏州快速攻略

Day1　金鸡湖→平江路（午饭）→狮子林→苏州博物馆
　　　　→拙政园

Day2　虎丘→寒山寺→留园→七里山塘

Day3　网师园→沧浪亭→盘门→夜游古运河

感受苏州

清逸　提起苏州总免不了说几句诸如水乡泽国、人家尽枕河、东方威尼斯之类的词句，但所有的词句都不敌一个清逸。在苏州城里行走是要把脚步放慢的，窄的巷、绿的树、白的墙，还有悄然从墙的另一边伸展而出的枝蔓，在这样一种意境的街市走过，带过的一阵风都能惊动周遭万物。苏州城里的老巷，磨得有些光溜的青石，微微的木质味，还有门口斑斑青苔的石狮子，这些才是苏州城最深的梦。山塘街、桃花坞、平江路……连街名中透出的那份悠然与平和也是怎样都效仿不来的。虽然，时代生活的代表——广告牌也进驻了这座老城的建筑，但终究没有破坏这份感觉，这是最让人羡慕的。

苏州评弹　找一家茶馆，喝一壶上好的碧螺春，然后听一段妙趣横生的苏州评弹，是很多人对苏州的想象。其实，并不是每位苏州人都会唱评弹，这多少是外地人对苏州的误读。苏州评弹是十分专业的，相当于美声唱法或者歌剧中的咏叹调。也许，诸如《茉莉花》《太湖美》一类的吴语小调，很多苏州女子都能信手拈来，却不能与评弹平分秋色。

苏州的井　苏州的园林已经让人眼花缭乱了，很多人便忽略了最日常的水井。苏州的井千姿百态，仔细看看这些在都市生活中业已消失的旧物，再看看苏州人悠闲打水的样子，不由得心生妒意。

苏州评弹

苏州评弹是苏州评话和弹词的总称。它产生并流行于江、浙、沪一带，用苏州方言演唱。评弹的历史悠久，清乾隆时期已颇流行，历经200余年至今不衰。

苏州评弹有说有唱，大体可分3种演出方式，即1人的单档，2人的双档，3人的3个档。演员均自弹自唱，伴奏乐器为小三弦和琵琶。

水上苏州

准备与咨询

语言

苏州人的语言听起来伊伊侬侬，好听但不好懂，普通话还是有用武之地的。

气候与游季

阳春三月是苏州一年中最美的时候。不过一年中，苏州有很多传统节日，其间的民俗表演很值得一看。而一些特别的园林活动，如虎丘的庙会、菊花展、拙政园的荷花展、盆景展、寒山寺的除夕听钟都别有风味。

节庆

四月十四：轧神仙；六月初六：曝书翻经；六月二十四：雷斋素；七月初七：乞七节；八月十八：石湖串月。

行在苏州

进出

进出苏州的交通可以说是四通八达，而且方便快捷。

飞机

苏州没有民航机场，距离最近的是上海虹桥机场与浦东机场，还有无锡硕放机场。

上海两机场都有汽车发往苏州，具体班次、票价可致电上海客运航班问询服务热线咨询：021-96990。另外，上海虹桥机场与火车站连为一体，每天有多趟火车发往苏州。在苏州北广场汽车客运站、金鸡湖广场有汽车发往上海两机场。

无锡硕放机场有汽车发往苏州。在苏州北广场汽车客运站、苏州汽车西站都有汽车发往无锡机场。

铁路

苏州现在有苏州站、苏州北站、苏州园区站、苏州新区站、唯亭站5个火车站。其中苏州站是苏州的主要火车站，距离拙政园3千米，如果要游苏州老城，建议坐到苏州站下。苏州站是京沪铁路和沪宁城铁的合用车站，从苏州站去上海、杭州、南京等地十分便利。

苏州到上海的火车

最佳选择为苏州站、苏州新区站或苏州园区站，乘坐沪宁城际高铁到上海虹桥站，时间约为半小时，车费40元左右，到达上海虹桥站后可换乘地铁到达上海市区任何地方。

上海到苏州无须提前买票

苏州和上海之间有三条铁路线和众多长途巴士线路，无须提前买票，随到随走。

苏州旅游集散中心的服务

作为集散中心的服务功能之一，旅游专线车也同时开通，其服务对象主要是散客。专线车分为东西两条，连接了苏州市区所有知名景点以及商业区。每条单线票价为10元，并可于当日在该线上无限制乘坐。此外，游客可在专线车上买到各景点的门票，还能享受门票打折优惠。

虎丘庙会

苏州北站距市区较远，主要停靠高铁、动车，可通达北京南、上海虹桥等地。如果要去金鸡湖畔看苏州现代化的一面，可坐到苏州园区站下。苏州新区站主要停靠高铁、动车，开通有南京、上海、无锡等方向的列车。

高铁

沪宁城际高铁在苏州总共有 3 个站，分别是苏州新区站、苏州站和苏州园区站。京沪高铁在苏州只有苏州北站，在相城区富临路。

公路

苏州是江苏公路的"东南门户"。

长途汽车站点及发车方向

苏州北广场汽车站　　📞 0512-65776577
🅿️ 苏站路 1455 号
🚌 有发往南通、常熟、昆山、太仓、湖州等地的班车

苏州汽车南站　　📞 0512-87181605
🅿️ 南环东路迎春路口（公交 29、30、31 和 101 路可达）
🚌 有发往上海，浙江杭州、宁波、温州、湖州、嘉兴，江苏南京、扬州、淮安、宿迁、连云港等地的班车

水路

苏州南门码头在人民路 8 号，现在已经没有发往杭州的客运了，只有普通游船。

水运售票处：

苏州轮船码头　　📞 0512-65208484
火车站青旅票务中心　📞 0512-67518660
轮船客运询问处　　📞 0512-65209076
外事旅游车船公司　📞 0512-65640890/69166666

💡 目前已开通水上游苏州的线路，行程 80 分钟，票价 30 元。

市内交通

苏州市区（不含吴江区）的公交车通达各个景点，一般都是无人售票，线路全长不超过 18 千米的公交车票价为 2 元，超过 18 千米的公交车实行分段翻牌制，即全程不是一个票价，上车门有块提示牌，标明此站上车的票价，且途中由司机翻动。

地铁

苏州地铁现在已经有 1 号线、2 号线、3 号线、4 号线（及支线）、5 号线、11 号线投入运营。其中地铁 1 号线起止点为木渎和钟南街，途中经过金鸡湖、平江路、苏州乐园等景点。地铁 2 号线起止点为骑河和桑田岛，途中经过桐泾公园、尹山湖等。地铁 4 号线的起止点为龙道浜和同里。地铁 11 号线西起苏州工业园区唯亭站，东至昆山花桥站，可与上海地铁 11 号线换乘。

出租车

起步价 10 元 /3 千米，3 千米后 2 元 / 千米，5 千米后加收50% 的空驶费。等候时间超过 5 分钟，每 5 分钟折合 1 千米。23:00 后，车费（含起步价）增加 30%。

💡 独特的公交票价

苏州某些市郊线路实行"翻牌票价"，即全程票价不一样。上车门有块提示牌，标明此站上车的票价，且途中由司机翻动，故得名"翻牌票价"。

💡 乘水上巴士

去苏州乘坐水上巴士可领略江南水乡的特色，游览胥门、盘门、觅渡桥、娄门等地，船行 80 分钟。

💡 坐三轮车要提前讲价

苏州的三轮车尚无完善的行业规范，因此在上车前要和车夫谈妥水价，以免上当。

💡 去古镇旅游怎么走

1. 古镇旅游专线：
南门汽车站—同里
汽车北站—周庄
2. 火车站有到周庄、同里等古镇的专线旅游车辆，比较方便。

💡 苏州景区的淡旺季时间

苏州市政府对七个园林景区的淡旺季做了新规定，具体时间为：旺季 4 月 16 日—10月 31 日，淡季 11 月 1 日—次年 4 月 15 日，黄金周期间全部实行旺季价格。

行在苏州

人力三轮车

现在的车夫大多数都不是土生土长的苏州人了，在你打算搭乘人力三轮车畅游之前，一定要和车夫讲好价钱，同时也得防备无良车夫以极低的车费带客人去消费场所宰客。

自行车租赁

苏州的景点比较集中，骑着自行车走街串巷也是相当不错的选择。苏州街头有公共自行车可租用，火车站东侧的平门桥一带也有许多租车店。

☀ 提示：苏州旅游线路另有假日专线、好行等多条旅游专线，具体公交信息请关注"今日苏州公交"微信公众号。

游在苏州

城门 ★★★★★ 🎏📷🎐

顾颉刚先生曾说，"苏州城之古为全国第一，尚是春秋旧。"所以一定要为苏州城门安排专门的时间。苏州城门虽不如皇城北京的华贵，亦不如六朝古都南京的雄伟，但2500余年的漫长岁月，它们经历过沧桑变迁、承载过毁誉荣辱。"风吹不动一座城"，战争、灾害都没能让古老的苏州城没落毁灭，但剩下的城门已经不多了。

传奇的胥门 据说，此门因"伍子胥宅在其旁"而得名，更因城门上悬挂过伍子胥的头颅而天下尽晓。但实际上，胥门是因对面的姑胥山而得名。

繁华的阊门 一句在苏州广为流传的老话，"金阊门，银胥门"，足以证明这座城门下的繁华景象。

幸运的盘门 2500余年来，8座城门经历过太多的开开闭闭，只有盘门总是开着的。我国现存唯一的水陆并联城门，是苏州古城的标志之一，有"北看长城之雄，南看盘门之秀"之说。集水乡风情、山池亭榭、湖光山影于一体，让你时刻能感受到苏州古朴沧桑的历史感和吴文化的深厚底蕴。

拙政园 ★★★★★ 🌲📷🎐🎏

苏州四大古名园之一，也是苏州最大的一座园林，被列入《世界文化遗产名录》，堪称中国私家园林经典。拙政园的建园艺术以水见长，自然典雅，庭院错落，花木为胜，充满诗情画意，具有浓郁的江南水乡特色。中国古典园林艺术的博大精深在此得到了完美呈现。

🎫 淡季70元；旺季80元

🕐 7:30—17:30

🚌 临近北园路（公交站）、苏州博物馆（地铁站）

👁 3小时左右

☀ **1.蹭听：**拙政园内一处一景，一景一故事，可以在入口处租个电子导游机，或者在园内跟随旅行团行动。

2.购物：门口东北街有很多卖苏绣等特产的工艺品商店，至于价格就看你会不会砍了。

3.花展：4—10月举行杜鹃花展和荷花展。

平江历史街区 ★★★★ 🏞📷🎐🎏

平江路是苏州一条历史悠久的经典水巷，北接拙政园，南眺双塔。保留着"水陆并行，河街相邻"的历史格局，算是苏州保存得最好的古街。沿街是一些老式民宅，白墙青瓦，处处流露着清静古朴的生活气息。坐在临河的茶馆中，茶香四溢，古琴悠扬，惬意而悠闲。这里的桂花糕、酒酿丸子、海棠糕等小吃都带着江南特有的味道。

🚌 临近平江路（公交站）、相门（地铁站）

👁 1～3小时

苏州博物馆 ★★★★ 🏛📷

苏州博物馆是世界著名建筑设计大师贝聿铭的作品，充满浓浓的中国水墨画韵味。整个建筑与精巧的拙政园、大气的忠王府巧妙地融会贯通，使博物馆既有现代创意，又有古香之气。精美的建筑整体、巧妙的设计构思、乐趣的山水园林，其本身就是一大亮点，更何况馆中有丰富的典藏，怎能不吸引人一饱眼福呢？

🎫 免费（实行完全预约制，需线上预约）

📞 0512-67575666

🕐 9:00—17:00（周一闭馆）

🚌 临近北寺塔（地铁站）

👁 2～3小时

留园 ★★★★★ 🌲📷🎐🎏

有"吴中第一名园"之称，这当然不是徒有虚名，与其他园林不同的是，这里既有山水庭园，又见田园风光，还不乏山林野趣。能将不同的风光情趣融于一体、相辅相成的唯有留园。园内还有被称为"留园三绝"的冠云峰、楠木殿、鱼化石。

🎫 旺季55元；淡季45元；旺季免费提供"吴歈兰薰"表演

🕐 7:30—17:00

苏州博物馆

🚌 临近留园（公交站）、山塘街（地铁站）
👁 1～2小时

沧浪亭 ★★★ 🚣🏛📷🌐

依三面临水的地势而建，既有山之幽旷，又取清水回环。可以说，沧浪亭是苏州园林中一座开放的园林，也是苏州现存最古老的园林。据说全园有108种花窗样式，是苏州园林花窗的典型，细细品味，妙在其中。

💰 旺季20元；淡季15元
🕐 7:30—17:30
🚌 临近工人文化宫（公交站）、三元坊（地铁站）
👁 1～2小时

💡 **最佳游季**：4—10月间，既能欣赏到桃红柳绿的自然风光，还可品尝鲜桃、碧螺春、糖藕等时令特产。

网师园 ★★★★ 🏛🚣📷🌐

网师园为苏州四大名园之一，是苏州园林中极具艺术特色和文化价值的典范。始建于南宋淳熙初年，曾经的园主多为文人雅士，且各有诗文碑刻遗于园内，如今皆成了这座古典园林中的精品杰作。

💰 旺季40元，淡季30元；夜花园门票100元（夜花园开放时间：3月中旬—11月中旬，19:30—22:00）

🚌 临近网师园（公交站）、北寺塔（地铁站）
👁 1～3小时

💡 **1. 上午入园**：一定要在上午入园，出园时，太阳恰好在东南方，园景在光影之中变幻着，妙得很。

　2. 苏州评弹：网师园是苏州园林中不多的晚上开门的园林，还有免费的苏州评弹观赏。

　3. 特色小店：网师园坐落在苏州的十全街上，这条街留学生颇多，街边有很多非常有特色的小店，游览园林之余不妨在这里悠闲小逛，肯定会收获不少。

狮子林 ★★★ 🏛📷🌐

狮子林最引人入胜的要算园中的奇石，在迷宫探幽中显现出无穷的变化。最好玩的事是在假山群里捉迷藏，不知道诀窍的话，很容易绕晕。狮子林为苏州四大名园之一。至今已有650多年的历史，被列入《世界文化遗产名录》。

💰 旺季40元；淡季30元
🕐 7:30—17:30（3—10月）
　7:30—17:00（11月—次年2月）
🚌 临近狮子林（公交站）、三元坊（地铁站）
👁 1～3小时

💡 **1. 顺道游**：可与苏州民俗博物馆和钱币博物馆同游。沿园林路向北百米即是拙政园。

　2. 进洞须知：狮子林里面洞整曲折，容易绕晕。

其实，进入假山群只要顺同一个方向，即第一个弯向右拐，就一直右拐，向左就一直向左，这样就容易出来了。

虎丘山风景名胜区

★★★★★

相传虎丘为吴王阖闾死后的葬身之地。诗人苏东坡曾感叹："到苏州不游虎丘者，乃憾事也。"可见虎丘在苏州的地位，而众多的传说也给这一名胜增添了很多人文色彩。虎丘旁的剑池，相传是三千把宝剑的殉葬处。引来越王勾践、秦始皇、孙策、孙权前后挖凿，所以就挖成了剑池。在虎丘十八景中，尤以虎丘塔为最，其名可与意大利的比萨斜塔比肩。

🎫 旺季70元；淡季60元

🕐 7:30—17:30（17:00 停止检票）

🚌 临近虎丘北门（公交站），预计2024年开通的地铁6号线可以直达虎丘

👁 1～3 小时

💡 **1. 虎丘十八景：** 沿虎丘山路而上，一路可见虎丘十八景，有许多引人入胜的历史传说和神话故事。在入口处的免费导游讲解中心里有详细的解说，做足了功课才能玩得有意思，否则就会觉得只是一个塔而已。

　　2. 庙会： 每年秋季有民俗风情浓郁的金秋庙会，展演南北交融的民间艺术节目。

苏州古运河

★★★★ 🏛 🚶 📷 🎫

古城苏州，因京杭运河而成为万商云集的天堂。古运河沿途有苏州古城墙遗址、盘门、古胥门、觅渡桥等美丽景点相伴。运河两岸一边建有高楼大厦，一边是典型

仿古建筑，古今相映，景致和谐。当夜色弥漫，华灯初上，古运河畔的景色便更加迷人。游人们如置身灯影中的水天堂，感受东方水城的独特魅力。

🎫 夜游古运河 138 元 / 人

🕐 9:00—16:30
　　18:00—21:00

🚌 苏州市盘胥路 798 号

🚢 乘船游览古运河需要到新市桥码头上船，码头临近新市桥游船码头（公交站）、新市桥西（公交站）、新市桥（地铁站）

枫桥、寒山寺 ★★★★

🏛 🚶 📷 🏛

寒山寺位于苏州城古运河畔的枫桥古镇。相传唐代诗人张继去长安赴考，落第返乡，途经寒山寺时夜泊于枫桥，夜里难眠，听到寒山寺传来的钟声，有感而发作出了《枫桥夜泊》。因这首诗，寒山寺钟声远播中外。每年除夕，会有很多人赶往寒山寺听钟声，以迎接新一年的开始。

🎫 枫桥景区门票免费，寒山寺门票20元，枫桥夜泊水上体验游30元

🕐 旺季 7:00—17:15
　　淡季 7:30—17:00

🚌 临近寒山寺（公交站）、滨河路（地铁站）

👁 3～5 小时

💡 除夕撞钟

在除夕子夜，寒山寺法师敲完一百零八下钟声后，

寒山寺

有民歌唱道:“上有天堂,下有苏杭。杭州有西湖,苏州有山塘。两处好地方,无限好风光。”这便是对山塘街的生动写照。

平江路的历史与美食

位于拙政园与博物馆附近的平江街,不仅是一条江南韵味的历史老街,而且是著名的美食街,其中,狐狸家酸奶酪、鸡脚旮旯的鸡脚,六扇门的手工酸奶等都是不可错过的美味。

美味的船菜

1. 因客观条件的限制,船菜以“精、洁、雅、俏”见长,而烹调方法则以“炖、焖、煨、焐”为主。后来船菜融入了苏式菜肴的烹饪中,使苏式菜肴在细致精美方面更加发扬光大,菜品多为太湖水产,最出名的是太湖“三白”银鱼,白虾、白鱼,其肉质鲜嫩,风味独特,吸引了不少食客。

2. 现在,江浙一带又兴起了“船菜”之风,从环保的角度,这对湖泊的环境和水质特别有害。

观前街的名小吃

观前街著名的小吃摊:文魁斋的梨膏糖、观振兴的面、王源兴的豆浆、小有天的藕粉,还有大芳斋、五芳斋、六芳斋、七芳斋。

三万思、品芳是两家有百年历史的茶馆。

苏州的美食街

十全街、太监弄、嘉誉坊、宫巷、凤凰街和丁嶒路(靠近人民路)是苏州的几条著名的美食街。

珍珠交易地

渭塘镇何家湾的“中国珍珠城”是个很大的珍珠交易集散地,物美价廉,可在苏州火车站乘83路公交车直达,也可乘12、84路公交车到达。

可由游客自己动手敲响新年幸运钟声。而按佛教教义,人生有一百零八个烦恼,听一百零八响钟声,便可得到层层解脱,预祝人们来年幸福安康。

山塘街 ★★★★

苏州的街巷很多,而被誉为“姑苏第一名街”的就是山塘街。《三笑》中唐伯虎遇秋香,雇小船追踪至无锡卖身为奴,那“追舟”一回书的地点,就在山塘河里。

山塘街是一条典型的水巷。河上的船只来来往往,房屋沿河有石阶,妇女们就在河边洗衣洗菜。街区店肆林立,既有苏州老字号采芝斋、黄天源、绿杨馄饨店,也有刺绣、紫檀木雕、蓝印花布等传统工艺品,前店后坊式的店铺,堪称“老苏州的缩影”。

街区不收费;玉涵堂、泉州会馆、绍兴会馆、古戏台、山塘阁、安泰救火会、江南成衣馆、评弹游船等景点门票联票100元。电瓶船50元/船,游程30分钟,手摇船80元/船

临近山塘街(公交站)、山塘街(地铁站)

3小时

金鸡湖 ★★★

每天来湖畔散步、购物、品尝美食的游客络绎不绝。夜幕下的金鸡湖大桥不容错过,利用灯光等制作出来的五彩数码瀑布从桥上飞流而下,风景绮丽。

免费

全天

临近四季路(公交站)、金湖(公交站)

2～4小时

天平山风景区 ★★★★

有“吴中第一山”“江南胜境”之美誉,山势峭峻奇险,古称白云山,又名赐山。景区以“红枫、奇石、清泉”三绝著称,有万笏朝天、高义叠翠、万丈红霞、玉泉轻吟等十八胜景。

30元

8:00—17:00

景区离地铁站较远,临近天平山(公交站)

3～5小时

一句话推荐景点

西京湾 西京湾被称为是苏州的北海道,是北太湖最美的地方。占据地理优势的西京湾可以欣赏太湖美景,看渔民打鱼,看飞鸟在天空快活地飞翔,在太湖边,伴着日落散步格外惬意悠然。

临近绿野村(公交站)

耦园 耦园名气不大,可是景色一点不逊色,三面临河,一面临街,拥有私家码头是耦园的一大特色,尽显“人家尽枕河”的姑苏风情。这里没有拙政园、狮子林的嘈杂,很适合想要静静品味苏州园林的游客。

苏州市姑苏区仓街小新桥巷6号

观前街 地处苏州古城中心,是成街于清朝的商业老街,如今改造成了步行街。观前街百年老店云集。松鹤楼菜馆、得月楼是老牌苏帮菜;当然也有陆稿荐、绿杨馄饨等价格亲民的

老字号。

🚇 临近市一中（公交站）、临顿路（地铁站）

吃喝苏州

　　苏州菜在江南是有很好声誉的。苏州菜擅长炖、焖、煨、焐，特别是对汤的调制更是重视，强调保持汤的原汁原味，较为清淡。苏州菜除了清淡外，口味偏甜。

　　苏州小吃的面点以做工精致为特点，枣泥麻饼和猪油咸糕最受欢迎，小吃还有蜜汁豆腐干、松子糖、玫瑰瓜子等。

特色菜系

　　代表菜：松鼠鳜鱼、鲃肺汤、炒蟹粉、荷叶焗鸡。另外，阳澄湖大蟹是河鲜中的代表，尤其以炒蟹肥、秃黄油、蟹粉鱼翅最为著名。

　　时下苏州人常去的餐馆有新嘉馀楼、天竺、祥云、润记、清华、南开，比起那些名声在外的老饭店，它们在服务、环境上都更胜一筹。

船菜　"船菜"属于苏州的原创，据记载苏式菜肴中的"船菜"起源于唐宋时期。由此也可见，当时苏州城市生活的富足与奢华。白居易任苏州刺史时，修筑"白公堤"，开浚疏通了河塘，愈加促进了乘船宴游之风，达官贵人、骚人墨客乃至富贾市民，都以在船上伙酒赋诗为风雅之举。

藏书镇羊肉　苏州藏书镇的羊肉是东山羊和澳洲进口肉羊的杂交品种，无比鲜嫩，不管怎么料理，都没有一点膻味。

老庆泰　据说这个羊肉馆有100多年的历史了，现在的老板是第五代传人。

📞 0512-66248158
📍 吴中区藏书老庆泰大酒店内

推荐食处

观前街　苏州的观前步行街相当于北京的天桥和上海的城隍庙，既有各种杂耍表演又汇聚了各类小吃。只要到观前街一走，吃喝玩乐一应俱有。

凤凰街　坐落在网师园、双塔、定慧寺、万寿宫等名胜古迹之间，凝集了各地菜系的数十家食府，争奇斗艳，但最吸引游客的还是身为东家的苏帮菜。

松鹤楼（观前街店）　始创于1737年，是苏州最具代表性的正宗苏帮菜馆，为中国四大名店之一。松鼠鳜鱼、响油鳝糊

是其招牌菜。

📞 0512-67272285
📍 平江区太监弄72号

得月楼（观前店）　始创于明嘉靖年间，是百年老店，能叫上名的苏帮菜都能在这里品尝到。

📞 0512-65222230
📍 平江区观前街太监弄43号

协和菜馆（凤凰街店）　这个店门面普通，一不留神就能错过，味道却出奇的地道。不能错过的是清炒虾仁、蜜汁酱方、响油鳝糊。这是个只有老苏州才能知道的好地方。

📞 0512-65117830
📍 沧浪区凤凰街15号

黄天源（观前街店）　黄天源乃苏州百年老店，生产各式苏式点心，其中糯米糕点最为出名。

📍 观前街86、88号

朱鸿兴面馆　"老字号"面馆，卖的是招牌苏式面。面又细又筋道，浇头花样多。根据浇头不同，最终的价格也不一样。

📍 碧凤坊90号

采芝斋　采芝斋在清代初期为一家药堂，后因其糖果更为吸引众人，于是苏州最出名的苏式糖果店应运而生，其中松子糖、枣泥饼、豆腐干最为有名。

📍 山塘街150号

五芳斋（留园店）　苏州的老字号。店铺保留着老式南方小吃的模样，古色古香，给人一种穿越感。

💰 人均25元
📍 留园路41号

夜游苏州

苏州评弹　到苏州当然要听一听苏州评弹，在以下场所有比较正宗的评弹。另外，苏州乐园的晚上有表演，也是一个消磨时光的去处。

梅竹书苑	📍	石路太平坊30号
园心书场	📍	民治路258号苏州公园内
黄埭评弹公园	📍	相城区黄埭评弹公园内
望亭书场	📍	望亭镇御亭法制公园西侧
震泽书场	📍	吴江区震泽镇综合执法局旁

泡吧

　　如今的吴地已不是外人心中的柔弱之乡，时尚早已驻扎此地。苏州的老牌酒吧街是位于城东南带城河旁的十全街，街灯古典，白墙雅致，这里的酒吧散发着慵懒

的情调，以静吧为主，门脸不大，但主题突出。Mr.Bartender、LA NUIT、水母都是氛围感满满。苏州的年轻一代，更喜欢到盘胥路古运河旁的新兴酒吧街，这里撩人的夜色会让人忘却那个庭院深深的老苏州。SOS 酒吧、Sumeet 都是很受欢迎的夜店。

购物苏州

苏绣，为中国四大名绣之一，其中苏州的双面绣堪称一绝。而东、西山的碧螺春则是中国十大名茶之一（以观前街"三万昌"品质最优）。桃花坞木刻年画也算是苏州最具代表的地方名产了。这些在观前街都有卖。大多数名园附近的街道上都有卖苏绣的小店，不少店中有绣娘坐店刺绣，每幅价格一般百元左右，做工较细的绣品一般可卖至500元左右。

💡虎丘婚纱一条街

这里有近 300 家专业婚纱店，价格仅是其他地区的一半，有结婚意向的朋友可以去淘一套。

📍 虎丘景区南侧

💡诚品书店

它是一个集阅读、休闲、购物于一体的生活综合体，卖的东西都很有设计感，包装也非常精美，是深受文艺青年喜爱的一家书店。

住在苏州

作为一座旅游城市，苏州的住宿很方便，而且苏州城不算大，对于景点和住宿之间的距离要求并不是十分高。苏州的老城区没有大都市的那份喧哗，住在那里会非常舒服，但房价相对偏高。

推荐住宿

宜必思尚酒店——苏州三香店

📞 0512-81886777

📍 三香路 1158 号

胡相思青年旅舍

📞 18251111723

📍 汤家巷 52 号

苏州周边游

昆山 ★★★ 🏖🚤🍜📷

上海与苏州之间的一个"中心花园"。

因为周庄日益名声大噪，引得人们的目光都集中到了那里，其实，与周庄同属昆山的锦溪和千灯，更具水乡风情的原汁原味，只是"养在深闺人未识"。被誉为"中国的土筑金字塔"的赵陵良渚文化遗址就在昆山境内。

🚌 京沪铁路、沪宁高速公路、312国道、苏虹机场路都通过昆山。可在昆山宾馆搭乘全通巴士前往上海虹桥、浦东国际机场；昆山长途汽车站有发往上海、浙江、苏南等地的班车；昆山火车站位于昆山市中心，上海、成都、南京、杭州、宁波等地都有众多车火到达。

💡昆山的美食更迷人

从某种意义上来说，昆山的美食比它的美景更有吸引力。

阳澄湖蟹　每年霜降的蟹是最佳的，俗语说"西风响，蟹脚痒"。而"九雌十雄"，说的是农历九月吃雌蟹为最好，而在十月吃雄蟹则最好。这是因为九月雌蟹蟹壳里有丰满结实的蟹黄，其味特别鲜美；十月雄蟹蟹壳里的油膏厚实肥美，入口即化，是高蛋白的美味食品。

青团子　枣子去核切成细粒，加白糖、玫瑰花、松仁、豆沙配合为团子心。通常，馅心内都要放一小块猪油，吃起来甜而不腻，肥而不腴。正仪青团子的色、香、味在苏沪一带十分有名。

东山 ★★★★ 🏖🚤🍜📷

东山是一座文化氛围浓郁的江南古镇，临太湖，又称"洞庭东山"。这里保留着许多明清古建筑，古朴的石板街，深幽的小巷，古趣盎然。更有闻名于世的雕花大楼、启园、古紫金庵古文化遗址及陆巷古村等。东山盛产东山杨梅、洞庭红橘、白沙枇杷、乌紫杨梅。

💰 1.联票150 元，包含启园、雕花楼、紫金庵、陆巷古村、三山岛 5 个景点
2.各景点的门票价格为：启园 45 元，雕花楼 60 元，紫金庵 30 元，陆巷古村 65 元，三山岛 78 元，雨花胜境 30 元，轩辕宫 10 元，东山西街和余山岛免费

📍 吴中区东山镇启园路 33 号

👁 1 天

西山 ★★★★ 🏖🍜📷

西山是太湖中的第一大岛，这里有1200～1500 年的柏树，1000 年以上的香樟，400～500 年的银杏等珍贵树种。

苏州周边游

在岛上可欣赏烟波缥缈的太湖湖景，品尝极具特色的太湖三白。西山岛东边的林屋洞，号称"天下第九洞天"，每年2、3月，洞外梅花盛开，气势如雪。

　　🎫 西山无须门票，景区内各景点需买票。罗汉寺10元；林屋洞（梅园）50元；石公山50元；明月湾村50元；古樟园25元；缥缈峰80元（含观光车）；大如意圣境80元

　　🕐 8:00—16:30

　　🚌 临近金庭游客中心（公交站），这里有多路公交车，线路几乎覆盖了岛上的各个景点

　　👁 1天

木渎　★★★★　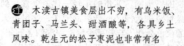

　　有"吴中第一镇"之称。镇上老街纵横，园林遍布，明清时镇上私家园林达20多处，现仍存有严家花园、榜眼府第、虹饮山房、古松园等古典园林多处，其历史可追溯到吴越春秋时期。香溪和胥江在镇中交汇，呈"Y"字形分布，沿河布局的民居呈带状排布，极具特色。

　　🎫 严家花园40元；虹饮山房40元；古松园20元；榜眼府第10元。景点联票：78元，包含严家花园、虹饮山房、古松园、榜眼府第4个景点

　　🚌 可乘地铁到木渎站，然后再换公交前往古镇，临近公交站有翠坊桥、严家花园等

　　👁 1天

　　🍴 木渎古镇美食层出不穷，有乌米饭、青团子、马兰头、甜酒酿等，各具乡土风味。乾生元的松子枣泥也非常有名

锦溪　★★★★　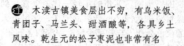

　　被称为"中国民间博物馆之乡"。首创国内唯一的"中国古砖瓦博物馆"，先后推出华东第一古董博物馆、中国陶都紫砂博物馆、中华历代钱币珍藏馆等。锦溪为千年古镇，极富江南水乡风韵，拥有众多名胜古迹，主要有若隐若现的陈妃水冢，风铃悦耳的文昌古阁，蛟龙卧波的十眼长桥，宋孝宗御赐金匾的通神御院及古莲寺内的罗汉古松，相传都是南宋时的遗物。

　　🎫 成人票65元；游船票130元

　　🕐 8:00—16:30（12月—次年3月）
　　　　8:00—17:00（4—11月）

　　🚌 可搭乘火车前往昆山，然后乘公交车前往古镇，临近公交站有文昌路长寿路、锦溪客运站等。双休日及节假日，上海虹口足球场、上海体育场有直达古镇的车

　　👁 1天

　　🍴 可坐河边尝嫩巴鱼二吃，还可品尝到林底酥、长隆月饼、海棠糕、芡实糕、扎肉扎蹄等江南特色小吃

千灯古镇
★★★★　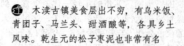

　　距今已有2500多年的历史，是著名学者顾炎武的故乡，又是昆曲和江南丝竹的发源地。镇上保留着堪称"中国第一当"的余氏典当行，江苏省内保存最长、最完整的明清石板街以及被列入吉尼斯世界纪录的世界第一大玉卧佛。在顾坚纪念馆里，不时会有江南丝竹表演。

　　🎫 进镇免费；内部景点收取门票（套票60，包含顾炎武故居、千灯灯馆、古戏台、顾坚纪念馆、徐福纪念馆、余氏典当行、大唐生态园门票）

锦溪古镇

苏州周边游

千灯古镇

🚌 可搭乘火车前往昆山，然后乘公交车前往古镇，临近千灯（公交站）

👁 1天

🍴 千灯古镇的美食有千灯羊肉、九里香雪菜、油煎虾花饼、千灯肉粽、糍饭糕、海棠糕等

沙家浜 ★★★ 🐎

沙家浜镇气候宜人，地肥水美，物产丰富，民风淳朴，素有江南鱼米之乡的美称。京剧《沙家浜》，家喻户晓，盛极中华，使沙家浜闻名遐迩。

🎫 旺季（6—11月）：100元
淡季（12月—次年5月）：70元

🕐 8:00—16:30（4—10月）
8:00—16:00（11月—次年3月）

🚌 临近沙家浜风景区（公交站）

同里 ★★★★★

🏞 📷 🍴 🐎

同里出过很多名人、大官，所以，同里有不少街巷是以官职为名，如状元街、同知衙门等。另外，进入同里第一眼看到的就是大大小小的桥，共有桥梁24座。建于南宋的“思本桥”是最古老的，元代的“富观桥”十分壮观。历代的碑刻就更多了。在这个以“枕河人家”为主的水乡泽国古镇，明清建筑约占十分之四。

三桥 在同里人的心中，象征着吉祥和幸福。每逢婚嫁喜庆，都要喜气洋洋地绕行三桥，口中会长长念一声“太平吉利长庆”！老人66岁生日，午餐后也要去“走三桥”，以图吉利。

退思园 园林中的小家碧玉，自有一种含蓄的美。《家》《春》《秋》《红楼梦》《戏说乾隆》等影视作品都曾在这里取景。

珍珠塔 珍珠塔并不单指一座塔，是精致富丽的御史府第，也是一段美好圆满的爱情故事。故事中翠娥相赠的传世之宝珍珠塔模型就藏于二楼中，感兴趣的可以看一看。

星罗洲 星罗洲是一处建在水上的寺院，乘小船前往只需数分钟便能抵达。沿途景色优美，湖上烟波浩渺，渔船点点。罗星洲是集佛、道、儒教三教合一的圣地，有城隍殿、文昌阁、斗姆阁、曲桥、鱼乐池等，建筑布局紧凑，既是寺庙，又是园林。

🎫 联票100元（包括古镇区、退思园、陈列馆、罗星洲、松石悟园、珍珠塔景园、陈去病故居、古风园等十个景点）

🚌 苏州火车站、苏州汽车南站均有直达同里的班车

💡 17:00至次日7:00免费进镇，但是内部景点没有门票无法进入。

苏州周边游

🔆 同里票价的优惠政策

70岁以上老人凭证免票，60岁以上老人8折优惠，1.3米以下儿童半票，团体16人以上9折。

🔆 当地名吃

芡实粥、状元蹄、太湖三白（太湖银鱼、白鱼、白虾）都是同里的名吃。另外，虾饼、青团子、退思饼、水面筋炖草鸡、阿婆菜等特色小吃也值得一尝。

甪直 ★★★★　🖼🏵💮🎏

甪直镇是一座以罗汉塑像和商业古街为主要特色的江南水乡。72座半的桥也是世界有名的。现代文学家叶圣陶先生早年在这里任教，常称甪直为"第二个故乡"，喜爱之情由此可见，他的墓就安在这里。"水巷小桥多，人家尽枕河"是甪直浓厚水乡气息的真实写照。

保圣寺　甪直保圣寺是一座千年古刹，号称江南四大寺院之一。寺内现存建筑有二山门、天王殿、古物馆等。寺内古物馆里的塑壁罗汉相传是唐代塑圣杨惠之的作品，极为珍贵，虽历经千年沧桑，却仍然保存完好。

叶圣陶纪念馆　这里是文学家、教育家、出版家和社会活动家叶圣陶工作过的地方。甪直人民为了表示对叶老的崇敬和怀念，将当年叶老执教的几处旧址重新修建，辟为叶圣陶纪念馆。叶圣陶在这里创作了不少以甪直为背景的小说，如《寒晓得琴歌》《多收了三五斗》《高高银杏树》等。

🎟　联票78元；大船100元（5人可坐）；单人乘船约10元；张林园20元

🕐　8:00—17:00

🔆 自驾车路线

上海→延安高架路→沪青平高速公路（A9公路）→郊环公路（A30公路）（沪宁高速方向）→重固大盈出口→北青公路→苏虹机场路→甪直

🔆 一定要走走小桥

在甪直一定要在小桥上走一走，漫步在各式各样的小桥上，看着脚下的流水和两旁的古建筑，别有一番情趣。

🔆 甪直的交通

1. 周庄到苏州的中巴车途经甪直，车程为30分钟左右。

2. 甪直紧接着苏州工业园，从机场公路驱车前去，车程在30分钟左右。

3. 苏州、杭州、南京都有到甪直的直达车，水路亦是。

4. 每逢双休日、节假日，上海杨浦体育中心、虹口足球场、上海体育场有旅游专线车前往甪直，下午返回。

甪直的桥

镇江

镇江快速攻略

Day1 金山→焦山

Day2 西津渡→镇江博物馆→北固山→大市口美食夜市（吃晚饭）

Day3 茅山

感受镇江

亲切 在镇江漫无目的地随便坐上一路公交车，看着沿街景象，听着当地人的方言，会让人恍惚间以为置身于一部老电影，昏黄古旧的建筑下透出这座城市平静的呼吸和心跳，它没有其他江南城市绚丽的外表和激情，但其安宁温和的气息让人虽在他乡却以为回到了家。

破旧下的舒适 古老的街道，灰暗破落的建筑，可忽略不计的咖啡厅和酒吧，凄淡的城市夜生活，这可能是你对这座城市的第一印象。其实，城市也如家一样，豪华整洁、一尘不染的豪宅虽舒服却让人局促不安；凌乱、随意的蜗居虽狭小却让人自由自在、随心所欲。镇江恰恰属于后者。正是它的破旧，以及镇江人的热情随和，让人无比放松。

感受镇江

准备与咨询

语言

镇江方言受到北方方言、吴方言、扬州方言的影响，成分很复杂，但用普通话沟通没有问题。

气候与游季

镇江旅游的黄金时节是春秋两季。一来气温不高不低，适合出游；二来鲜花、瓜果及各种水产品繁盛，爱玩爱吃的游人想错过都不行。

行在镇江

进出

飞机

镇江没有飞机场，乘飞机需去到南京禄口国际机场或常州奔牛机场。镇江到南京禄口机场有班车直达，每天 5:30—18:30，每半小时一趟。

铁路

沪宁线上几乎所有的列车都停靠镇江，镇江也有始发北京、温州的列车。

火车站问讯处 ☎ 0511-95105105

高铁

沪宁高铁和京沪高铁在镇江均有站点。京沪高铁镇江南站开通后，镇江至北京最快 4 小时 45 分，至上海最快 54 分钟。

公路

镇江市大部分长途班车及快客均由镇江汽车客运站发出，有发往上海、苏州、无锡、南京、宁波等地的汽车。此外，镇江和扬州还开通了镇扬城际公交线，在重要景区和商业中心停靠。

镇江火车站广场前，每天有发往扬州汽车总站的班车，约 10 分钟一班，流水发车。

市内交通

公交车

镇江市内有多条公交线路，乘公交到各个景区非常方便。15 千米以内线路的城市公交，车票 1 元；15～20 千米线路车票 2 元；20 千米以上线路实行分段式票价。

长途汽车站点及发车方向

车站	地址	电话	发车方向
镇江市汽车总站（新站）	黄山西路 18 号	0511-85232762	江苏省内、省外
南徐汽车客运站	312 国道枣林路 1 号	0511-85722983	沪宁高速、苏北
南门快客汽车站（南站）	官塘桥路 8 号	0511-85013270	镇江市内、苏北

出租车

普通车起步价 10 元 /3 千米，新能源车 11 元 /3 千米。3 ～ 16 千米内为每千米 2.7 元，超出 16 千米部分为每千米 3 元。22:00—次日 5:00，超起步价部分加收运价 20% 的夜间服务费。

游在镇江

镇江博物馆 ★★★★ 🔆🔭

镇江博物馆创建于 1958 年。其建筑风格为东印度式，原是英国在中国沿海沿江建造的最早的领事馆之一。这幢古建筑西依云台山麓，东毗西津渡古街，虽经百年风雨，但风姿依旧。在这座艺术藏馆中，珍藏着三万余件（套）藏品和近十万册古籍书，以西周及春秋时期吴国青铜器、六朝青瓷器、唐代金银器、明清书画为馆藏特色。

- 🎫 免费
- 🕐 9:00—17:00（周一闭馆）
- 📍 镇江市润州区伯先路 85 号
- 🚌 临近西津渡（公交站）
- 👁 2 ～ 4 小时

焦山风景区 ★★★★ 🔆🔭🎋

形似浮玉，满山葱茏，寺庙楼阁掩于绿荫环绕之中，碑林石刻记录着丰富的古文化遗存，是我国有名的"书法之山"。

- 🎫 旺季 65 元；淡季 50 元（门票包含渡船费；登万佛塔 15 元，单程缆车 20 元）
- 🕐 8:00—17:30
- 🚌 临近焦山风景区（公交站）
- 👁 3 ～ 5 小时

焦山游览路线

不波亭→定慧寺→东泠泉→御碑亭→观澜阁→宝墨轩→焦山古炮台→华严洞→摩崖石刻→三诏洞→壮观亭→板桥读书处→百寿亭→吸江楼

金山风景区 ★★★★ 🔆🔭🎋

金山自古便有"神话山"之称，中国古典神话故事《白蛇传》中"水漫金山"就源出于此。金山名胜古迹甚多，俯拾皆是。其中金山寺为一代古寺，骚人迁客多会于此。而中泠泉在唐代时就已闻名天下，被誉为"天下第一泉"。

镇江市景点示意图

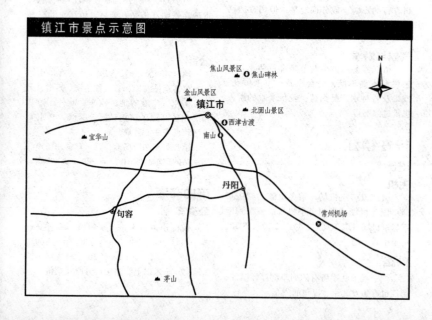

🎫 旺季 65 元；淡季 50 元

🕐 8:30—16:30

🚌 临近金山公园（公交站）

👁 2～4 小时

☀️ **金山游览路线：**

江天禅寺大殿→夕照阁→观音阁→楞伽台→佛印山房→慈寿塔→古法海洞→流云亭→妙高台→七峰亭→白龙洞→朝阳洞→古仙人洞→玉带桥→御码头→郭璞墓→天下第一泉。北固山、焦山、金山都可凭学生证半价。三处景点还可购联票，累价 120 元。

茅山 ★★★★ 🚣🏛🗻

"茅山道士"的名号遍及海内外，在日本、新加坡、马来西亚等国都有传承，这在中国道教史上实属罕见。暂且不论有多少中国道教史上的著名道士在这里修炼过，也不论历代文人墨客在这里留下的墨宝，只是为了有幸一睹茅山之巅的神光——"天灯"，都值得来这里。

🎫 旺季 100 元，观光车费 35 元；淡季 80 元，观光车费 25 元

🚌 镇江黄山客运公用站有旅游班车前往，一天 5 班。常州汽车站 12 号检票口也有直达茅山的长途班车。镇江、常州都可以坐班车到句容，再坐公交到茅山，班车会比较多

👁 1 天

☀️ **1. 拜神手势：** 茅山是道教名山，拜神像的手势和拜佛不一样。一般左手在上，右手握住左手的大拇指，双手抱拳，蹬下齐眉往下拜。

2. 摸福字： 元符万宁宫有八个字，一边四个，其中有个"福"字，下山时记得一定要摸，据说这样可以带福回家。

3. 最佳游览时间： 每年农历十二月二十四到次年三月十八，茅山都会举行道教庙会，每天都有道场活动。农历二月二十五、三月十八、十月初三为纪念日，每逢此时，香客多。

4. 抽签： 道观里可以抽签，一签 20 元，一般解签不收费，不过，抽到上上签要给解签者喜钱。

宝华山 ★★★★ 🚣🗻👁🎫

宝华山以"林麓之美、峰峦之秀、洞壑之深、烟霞之胜"四大奇景而闻名。山中森林覆盖率高达 92%，其中有千年古树近百株。每到春天，漫山黄花，美丽绝伦。另外，山中的隆昌寺已历经 1500 余年沧桑，是我国目前最大的传戒道场，宝华山也因此被称为"律宗第一名山"。

🎫 50 元（包含千华古村、隆昌寺）

🕐 9:00—22:30

🚌 朱方路三茅官客运公用站有前往宝华山的旅游班车，30 分钟一班，最早 6:10 就有班车前去

☀️ **最佳游季：** 每年 4 月宝华山举办玉兰赏花节。

南山 ★★★★ 🚣🗻👁

南山风景区拥有东晋时期的三大古寺：招隐寺、竹林寺、鹤林寺，以及三口名泉：虎跑泉、鹿跑泉、珍珠泉。此景区面积辽阔，涵盖周围 16 座山头。目前南山区已经扩建多处新景点，成为周边地区自驾游的好去处。

🎫 40 元（目前南山景区实行预约入园制度，可以在官方微信公众号上预约）

🕐 7:30—17:00

🚌 临近莲花洞村（公交站）、南山西入口（公交站）

👁 1 天

西津渡 ★★★★ 🖼👁🚣

西津渡是镇江历史文化名城的"文脉"所在，是镇江文物古迹保存最多、最完好的地区。古代诗人李白、苏轼、陆游等都曾在此候船或登岸，并留下了著名诗篇。镇江的古街，给人最深刻的印象就是静谧。这里少了周庄古镇的喧闹，也没有苏州观前的浮华，更不似扬州东关街的破败，给人带来的是最纯粹的古街印记。

🧭 镇江博物馆北侧

🚌 临近西津渡（公交站）

👁 2～4 小时

唐陵村

在大力发展苗木产业的同时，以全域旅游发展为契机，打造了梅花园、樱花园、海棠园等特色观光园。人勤春来早，人们徜徉在花海间，感受着早春的气息。

🚫 340 省道贯穿而过，沿江高速仅 5 分钟车程，宁杭高铁 10 分钟车程，南京国际机场仅 25 分钟车程

北固山景区 ★★★★ 🚣🚌

北固山与金山、焦山并称为长江边的"京口三山"。山上的景点多与《三国演义》中的故事有关，甘露寺、铁塔、鲁肃墓、太史慈墓、东吴古道……每一处景点都有一段历史故事，其中甘露寺最为出名，是故事里刘备招亲结识孙尚香的地方。辛弃疾游北固山曾留下"天下英雄谁敌手？曹

西津古渡昭关石塔

刘。生子当如孙仲谋"的名句。甘露寺后有座北固楼，登楼后，长江及镇江大部分景貌尽收眼底。

- 🅟 40 元
- 🕐 8:00—16:30
- 🚌 临近甘露寺（公交站）
- 👁 3～5 小时

吃喝镇江

镇江菜属淮扬菜系，在火候上偏重烂，烹调上擅长炖、焖、烧、烤，风格上重在原汁原味及汤的鲜味。

风味小吃

拆烩鲢鱼头 镇江的传统名菜，汤浓肉嫩，值得一尝。

清蒸鲥鱼 这种烧法蒸时不去鳞，吃时再去，如果蘸点姜末香醋，味道更好。

水晶肴蹄 这道镇江名菜已有 300 多年的历史，一定要尝一尝。

蟹黄汤包 是镇江的传统名吃，据说也有200 多年的历史，味道清淡独特。

推荐餐厅

宴春酒楼（大市口店） 在这里可以吃到几乎所有的镇江特色菜，也有最好最正宗的肴肉，还有许多汤包之类的小吃，是镇江人吃早点的去处。隔壁的春江酒楼也不错，菜品种类繁多，服务热情周到。

- 🅟 解放路 87 号
- 📞 0511-85010477

毕士荣金山早茶（东润店） 这家店位置很偏僻，环境一般，服务员很热情，上菜虽慢，不过，菜价很实惠，味道很鲜美。如果时令合适，在这里也可以吃到河豚。

- 🅟 大西路 55 号
- 📞 13605297777

推荐美食街

大市口美食夜市 这里聚集了各种民间小吃、高档酒楼和繁华的美食街，是镇江美食、购物、娱乐的中心地。

江鲜一条街 镇江的"江鲜"也不可错过，这里能够品尝到镇江独特的江鲜。

💡镇江酱油面

在镇江，酱油面是不可不尝的，以前路边摊上随处可见，而如今大小饭店里已无此菜，不过别担心，几乎每家饭店里都有的肉丝面，其实就是在酱油面上放了点肉丝，4 块钱一碗，可以一试。

💡镇江三怪

镇江当地流传着"镇江有三怪，香醋摆不坏，肴肉不当菜，面锅里煮锅盖"的顺口溜，这"三怪"指的是镇江香醋、镇江肴肉、镇江面点这三种美味。之所以称为怪，可能是形容它们味道好得不可思议吧。

购物镇江

一提起镇江，估计很多人会马上想到镇江陈醋。驰名中外的"金山"牌镇江香醋，已有 130 多年的历史，具有"色、香、酸、醇、浓"的特点。

镇江的手工制品也小有名气，汉白玉插屏、金山灯彩等都久负盛名，是来镇江首选的旅游纪念品。另外，百花贡酒、丹阳封缸酒、镇江鲥鱼、长江刀鱼等也都是当地有名的特产。

💡特色购物街

镇江的特色街市有中山东路商业街、南门大街夜市、京口闸农贸市场、五十三坡古董市场、西津渡文化街、林隐路花鸟市场。

住在镇江
推荐住宿
镇江西津驿站

- 🅟 西津渡利群巷 14 号
- 📞 0511-88881366

周庄

行在周庄

进出

公路交通是进出周庄最快捷的方式，因为周庄主要是依靠公路网来与外界连接，而水路只是一种补充。

公路

周庄陆路发达，可以选择从上海、南京、苏州、昆山、浙江等地乘坐旅游专线或普通班车前往。上海、南京等紧邻苏州的城市还有车直达周庄。

上海→周庄

上海集散中心　上海集散中心总站和上海虹口站均有周庄旅游专线车，总站 7:00 发车，虹口 8:00 发车，其余发车时间随客流量而定，车程 1.5 ～ 2 小时。费用 140 ～ 150 元。

☏ 021-24095555（总站）; 021-56963248（虹口站）

上海长途客运总站　8:00、9:30、12:00、14:20、15:40、16:50 发车，车程约 1.5 小时，费用 30 元。

☏ 021-66050000

上海南站　8:15、13:20 发车，车程 1.5 小时，费用 29 元。

嘉兴→周庄

嘉兴汽车北站　9:55、14:40 发车，费用 27 元。

☏ 0573-82217777

昆山→周庄

昆山南站汽车站（昆山新客站）　5:18—16:14，每 15 ～ 20 分钟 1 班，行程约 1 小时，费用 6 元。

☏ 0512-57386789

南京→周庄

南京旅游集散中心　每周六、日早 6:30 发车，费用 115 元。

☏ 025-52856666

苏州→周庄

汽车北站　7:00—18:00，20 分钟一班，车程 1.5 小时，票价 17 元。

☏ 0512-67517583

苏州北广场站　每日 6:45—17:10，20 ～ 45 分钟 1 班，车程约 1.5 小时，费用 17 元。

水路

流经镇北的急水江为国家四级航道，是苏、浙、皖、沪三省一市的重要航道，东接上海港，西与京杭大运河相连。

☀ 从周庄到同里，走水路，快艇单程只需要 20 分钟左右，单程为 180 元，双程为 250 元，因价格太贵，只有少数人坐。

镇内交通

周庄汽车站到古镇可乘出租车及三轮车前往，如果要坐周庄的三轮车，一定要提前讲好价。

周庄古镇里除了河道里的小木船，是不准行车的，自行车也不行。

☀ **周庄的桥**

周庄古镇桥桥相望，桥桥相连，至今仍保存着建于元、明、清三代的石桥 14 座。

☀ **凭证免费**

若有三轮车夫说可以免费带你进镇，千万别相信，因为即使进去了，镇内的小景点一个也进不去，如果你有导游证、军官证或者驾驶证（A 照）即可凭证件免费游览。

☀ **周庄的交通**

1. 如果从杭州到周庄，可先乘火车至苏州，在苏州汽车北站（在火车站东边）有直达周庄的中巴，行程约 1 小时，票价 16 元。但到的是周庄汽车新站，从这里到周庄古城还有两千米，下车后有很多的人力三轮车，5 元左右的车费就可到达古城。

2. 周庄有直达同里的车，或搭乘从苏州出发过同里的车。车程均 20 分钟。

☀ **美味的"万三家宴"**

"万三家宴"讲究时鲜，选料精致，色、香、味、形俱佳，特色菜有：万三蹄、三味汤圆、清蒸鳜鱼、蒸焖鳝筒、莼菜鲈鱼羹、姜汁田螺、塞肉油包、百叶包肉、炖豆腐干、焐熟荷藕等。

万三蹄一般 60 元 / 个。

周庄景区的游船有古镇和新区两部分。古镇上所租木舟游船每条100元（限乘8人）/20分钟，新区180元（限乘8人）/小时。

游在周庄

周庄 ★★★★★

1984年，陈逸飞的《故乡的回忆》让所有人都知道了这个隐没在美丽江南的温柔水乡。周庄自古有"水乡泽国"之称，宛如漂在水面上的一片荷叶，"荷叶"之上最精巧的是桥，桥边则有枕河人家，这一切构成了江南水乡的"小桥、流水、人家"。在这儿听一首昆曲，尝一回阿婆茶，更是别有韵味。

周庄的票价及景观

1. 古镇水巷游：100元／船（人工木船），限坐8人。

2. 日游100元（8:00—20:00），包括沈厅、双桥、文化街等十五个景点。夜游80元（15:00—21:00），包括水上巡演（冬季除外）、双桥情思、张厅怀古、富安桥夜泛、感受老街。

3. 如果21:00以后进入周庄，不用买100元的门票，而且在夜幕中的周庄才真正有水乡的那份恬静。

4. 沈厅、张厅都是历经百年的大家老宅，布局相差不大，选其中一户参观即可。

沈厅 由沈万三后裔沈本仁于1742年建成。沈厅第五进中，安放着江南富豪沈万三的坐像，他的面前就是一个金光闪闪的聚宝盆。

沈万三故居 参照沈万三一生的传奇历史和沈家生活起居的场景，在原址基础上精心设计、修建、布置的仿明式建筑。

张厅 在这里可以看到"桥自前门进，船从家中过"的奇景。

双桥 俗称钥匙桥，最能体现古镇的神韵。桥边一年四季都有来自各地的画者全神贯注地写生，摄影爱好者也在这里寻求拍摄的最美画面。

周庄全福寺

位于周庄最南端的南湖湖畔，号称"水上佛国"，有说法称先有全福寺，后有古周庄。这里景色非常美，绿树环绕、禅意古刹是周庄难得的静谧之处。偶尔也会有骗人的所谓大师出现，记得管好自己的腰包，不要轻易相信向你要钱的人。

景区内的住宿

在景区内有个江南民居特色的"古韵风客房"，就在古镇区的青龙桥边，游览景点方便，住在里面没有进出景区大门的麻烦。

《四季周庄》是中国第一部呈现江南原生态文化的水乡实景演出。演出在"小桥、流水、人家"的经典环境里展开，以特有的水乡表现手法，再现中国第一个水乡周庄的文化特质和迷人情韵。

周庄双桥

吃喝周庄

沈厅酒家是周庄最有名气的饭店，万三蹄是一定要吃的，最好是在这家吃，但要舍得牺牲口袋里的钞票，价格已经直逼上海滩了。而且，周庄的螺蛳、小鱼一类的味道也不错。

周庄的水产

水乡周庄，珍馐水产四时不绝，其中最有名的是"蚬江三珍"，即鲈鱼、白蚬子、银鱼，周庄还出产鳗鲡，"稻熟鳗鲡赛人参"，这句乡谚尽人皆知。此外还有甲鱼、河虾等。

夜游周庄

夜色中的周庄比白天要宁静得多，不妨到名气与周庄不相上下的三毛茶楼一坐，选个临窗的位子，喝着茶，听着吴侬软语，其中的怀旧与伤感像梦一样，都有点不真实了。

住在周庄

如果不是节假日，最好找家古镇里的小旅馆，设备和卫生都不差，价格却只需120元左右，还可以还价，周末普遍会上涨20元左右。

推荐住宿

近水楼台客栈 位于著名的景点双桥旁，是个家庭旅馆，只有七八间客房，很适合学生住宿。

- 🔗 周庄镇内北市街80号
- 📞 18068081825

小桥人家 临河而建，名副其实，条件还可以，值得去住宿。

- ¥ 标准间178元
- 🔗 周庄古镇外浜43号
- 📞 0512-57211851

周庄沐澜精致客栈 在隆兴桥旁，近富贵园路，毗邻全福寺、南湖秋月园、沈厅、张厅等景区主要景点，紧邻古镇水巷游码头、环镇水上游码头等，地理位置优越。

酒店位于景区内，21:00前进入酒店需购买景区门票。

- 🔗 周庄镇南湖街5号（周庄古镇内）
- 📞 0512-57941668

无锡

无锡快速攻略

Day1 灵山胜境→拈花湾（住宿）

Day2 拈花湾→梅园→蠡园→太湖鼋头渚风景区→中央电视台无锡影视基地

Day3 南禅寺→东林书院→惠山古镇景区（锡惠公园、寄畅园、惠山寺）

Day4 无锡→宜兴竹海→善卷洞

感受无锡

新兴 这个词与无锡的历史十分地不相称，但越来越多的商场，诸如八佰伴等正在代替那些老宅，其中不乏名人故居。

中间 再没有一个词能更准确地表述无锡的地理和人文特征。从地理上来说，无锡正好处在上海与南京的中间，所以无锡的女孩总是追着上海的时髦走，而舍弃了南京的传统，这已经成了无锡人心里的一份痛。

梦幻无锡 中山路的教堂让迷失在都市时尚里的人们措手不及地接触到宁静，南禅寺的美食使奔波疲惫的旅者应接不暇、心花怒放，南长街穿着几元T恤的小市民和路边的大排档又

"无锡"的由来

据《汉书》记载，周、秦时，无锡境内锡山多锡矿，居民竟相开挖，汉初时锡矿被开尽，故名"无锡"。

让人体会到真切的生活。无锡就是这样扑朔迷离、变化未定，从平民到新贵，从梦幻到现实，如同一场时空转换。

准备与咨询

语言

在无锡问路，虽然他们的态度总是让你倍感亲切，但好听而难懂的口音，却会让你很沮丧。年轻人的普通话基本上都挺标准，可以找他们问路。

气候与游季

无锡永远都给你一种湿漉漉的感觉，这样的地方，一年四季都是适宜旅行的，4~10月是黄金季节。

行在无锡

进出

无锡是江苏省仅次于南京的第二大城市，也正好处在上海与南京两地之间。京沪铁路线、江南大运河和沪宁高速公路形成了无锡与外界方便而快捷的交通网。

飞机

无锡苏南硕放机场距离市中心20千米，目前与全国20多个城市有定期航班，机场有发往无锡火车站、苏州、张家港、江阴等地的机场大巴，乘车地点在候机楼一楼门口1-9号机场巴士站台。

☀️无锡→上海机场专线

无锡→上海虹桥机场高速专线（票价75元）

无锡 6:05、6:50、7:30、8:35、9:05、9:50、10:50、11:55、12:45、13:45、15:25发车

虹桥 10:30—20:15，每小时一班

无锡乘车地点：无锡汽车站

上海乘车地点：虹桥国际机场国内出口

📞 机场服务热线：0510-96889788

铁路

无锡处在京沪线上，这是一条十分繁忙的铁路线，每天有通达全国各地的快车80余列停靠在这里。

🧭 无锡市梁溪区车站路1号

📞 火车站问询处　0510-83831234
　　火车站售票处　0510-82301217

高铁

无锡有4个高铁站，两条高铁线路（京沪、沪宁）。

无锡中央车站（火车站北广场）　沪宁城铁各G字头高铁、D字头动车

无锡新区火车站（新区硕放）　沪宁城铁各G字头高铁、D字头动车

无锡惠山火车站（惠山区洛社）　沪宁城铁各G字头高铁、D字头动车

无锡火车东站（锡山区安镇）　京沪高铁各G字头高铁、D字头动车

公路

沪宁和锡澄两条高速公路和四通八达的普通公路，使得无锡的公路交通十分方便。

汽车北站的长途汽车主要发往无锡周边地区和苏北方向，另外还有105个到达上海的班次。

汽车西站主要是发往上海、苏州、杭州、镇江、南京等地的长途汽车和旅游汽车。这个方向的车型多为依维柯、大宇、尼桑一类，舒适而又快捷。

无锡客运总站也叫周山浜汽车客运站，主要有开往苏南、苏北、安徽、浙江、山东等长途班车。

长途汽车站点

汽车西站
🧭 梁清路7号
无锡汽车站
🧭 火车站西侧的通惠东路114号
无锡客运总站
🧭 锡沪西路227号
📞 0510-82588188

水路

从浙江湖州可乘旅游船经太湖到无锡；从苏州可乘游船经古运河到无锡；从镇江、丹阳可乘游船经古运河到无锡。

市内交通
地铁

无锡地铁已开通1、2、3、4号线。地铁1号线串起了无锡火车站、南禅寺、江南大学。地铁2号线连通了无锡火车东站、东林书院、梅园开原寺。3号线到硕放机场；4号线到博览中心。

公交车

无锡公交除一般的公交线路外，还设有快速公交、夜班公交以及旅游专线。坐82路公交可前往三国城、水浒城，坐88、89路公交到灵山胜境。环蠡湖观光

专线只在双休日和法定节假日运行，途经鼋头渚、蠡湖公园等景区。

出租车

无燃油附加费，白天起步价 10 元 /3 千米，3 ～ 8 千米 2.28 元 / 千米，超过（含）8 千米以外的里程数，2.85 元 / 千米；单程回空费为：3 ～ 8 千米加收 20%；8 千米以外加收 50%。

自行车

无锡市区、鼋头渚一带都设有公共自行车租赁点，游客可以办一张无锡公共自行车卡。

游在无锡
惠山古镇 ★★★★

现在的惠山古镇景区由原锡惠公园和惠山历史文化街区合并而成，其内古迹众多、山水林泉俱佳，有风景名胜 200 多处。

锡惠公园内的一眼泉自古有"天下第二泉"的美称，这可是古代杰出的品茶专家陆羽评定的。近代民间音乐家瞎子阿炳，所谱写并演奏的"二泉映月"也与它有关。如今到"天下第二泉"，只不过是一种慕名的心情，留个影也就罢了。惠山古镇由一大片的古祠堂组成，为典型的江南建筑，白墙黑瓦，木制门窗，有的自带园林。镇上有很不错的无锡泥人手信，还有油酥饼、惠山豆腐花、忆秦园小笼包、蟹粉小笼等招牌美食，可以边逛边吃。

- 惠山古镇联票 70 元（文物古迹区 + 锡惠名胜区）
- 8:00—16:00
- 临近锡惠公园（公交站）、惠山（公交站）、大王基（地铁站）
- 3 ～ 6 小时

蠡园 ★★★★

蠡园是以"堆造假山、巧借真水"而闻名的江南水乡园林。相传春秋时越国大夫范蠡偕美人西施泛舟于此，因此而得名。1995 年我国发行的《太湖·蠡湖烟绿》邮票和 1996 年朝鲜发行的《太湖》邮票，都将蠡园作为太湖的主景。这两枚邮票的发行，更使蠡园闻名遐迩。

- 门票 30 元，门票 + 仿古游船 60 元（淡季）；门票 40 元，门票 + 仿古游船 70 元（旺季）
- 临近蠡湖（公交站）、蠡湖大桥（地铁站）
- 2 ～ 3 小时

东林书院 ★★★★

无锡所剩不多的老宅和古建筑之一。"风声雨声读书声，声声入耳；家事国事天下事，事事关心。"这副著名的对联就是出自东林书院。不论是因为老建筑，还是对"东林八君子"的崇敬，这里都是值得一游的。

- 免费；暑期开放夜书院（8:30—21:00）
- 9:00—17:00
- 临近东林书院（公交站）、东林广场（地铁站）
- 1 ～ 3 小时

到上海、南京还是坐火车吧

1. 从无锡到上海或南京，选择乘坐火车是最方便的，因为每天有数十列火车从无锡出发或经无锡到达两地。

2. 火车站窗口购票即可，如果有急事可到应急窗口，沪宁段上的各站，在 1 小时内可以离锡。

无锡的公交车

上海交通一卡通可在无锡公交车上刷卡，享受无锡市民待遇。

寄畅园

锡惠公园旁边的寄畅园，是乾隆皇帝六次江南巡游到无锡的下榻之处，北京颐和园内的谐趣园就是它的克隆之作。

旅游专线车票价及停靠点

1. 大部分车为无人售票车，实行一票制，票价 1 元，先上后下不设找补。普通公共汽车为有人售票车，5 站以内 0.5 元，5 站以上为 1 元。

2. 专线旅游车点主要分布在火车站、汽车站、锡山大桥、梁溪大桥等地，往太湖景区的专线车，按站计费，但最高不超过 3 元。太湖一日游专线车往返车费为每人 18 元；灵山一日游的专线车往返票价为每人 22 元。

鼋头渚风景区
★★★★

鼋头渚为太湖西北岸无锡境内的一个半岛，因有巨石突入湖中，状如浮鼋翘首而得名，是太湖风景名胜区的主景点之一。郭沫若诗赞，"太湖佳绝处，毕竟在鼋头"，更使鼋头渚风韵名扬内外。

鼋头渚风景区的景致之美，很早以前就被人们所赞叹，文人雅士咏唱之作颇多。南朝萧梁时，此地就建有"广福庵"，为"南朝四百八十寺，多少楼台烟雨中"的一处；明初，"太湖春涨"被列为"无锡八景"之一。

- 🎫 90元；门票＋观光车票（往返）130元
- 🕗 8:00—17:00
- 🚌 临近鼋头渚（公交站）
- 👁 3～6小时

无锡影视基地
★★★★★

影视基地拥有大规模的古典建筑群体，三国城为拍摄《三国演义》而建，建筑雄浑刚劲，主要景点有吴王宫、汉鼎、曹营水寨、周瑜点将台等，丰富多彩的演出是这里的亮点。每天都有十多场歌舞、马战、影视特技节目上演。水浒城为拍摄《水浒传》而建，建筑精巧华丽，主要景点有皇宫、樊楼、清明上河街、御街、紫石街、水泊梁山等。另外影视基地还有"老北京四合

灵山大佛

院""老上海一条街"等风格建筑景观。

- 🎫 三国城90元，水浒城85元，三国、水浒双城联票175元
- 🕗 8:00—17:30
- 👁 1天

灵山大佛　★★★★

世界上最高的露天青铜佛陀像。

信仰不分先后，佛像的灵验当然也不分早晚了，这是一处无锡人引以为豪的景点。大佛的塑造依据佛经如来三十二相的记载完成，慈颜微笑，广视众生，右手施"与愿印"代表给予快乐，胸前记号代表万德庄严。每年的阳历和农历新年前夜灵山都会举行盛大的撞钟晚会。

- 🎫 灵山胜境成人票195元起
- 🚌 临近灵山东门（公交站）、柴泉（公交站）
- 🕗 8:00—17:30（夏）；8:00—17:00（冬）
- 👁 1～3小时

> 🔆 **1. 九龙灌浴**：值得一看，不要忘记带个瓶子去接圣水，味道非常的清甜。
>
> **2. 观风光**：在佛教文化博览馆乘电梯而上，可参与"平安抛佛脚"活动，登高望远，还可观太湖湖光山色。

灵山梵宫景区　★★★★

被誉为"东方大教堂"。2008年建成，与以往的佛门圣地不同，梵宫奢华而壮丽。整个建筑依山而建，集成了世界佛教三大语系的建筑精华，汇集东阳木雕、敦煌壁画、扬州漆器、景泰蓝、寿山石雕、景德镇青花粉彩缸等众多文化遗产和艺术瑰宝。与灵山大佛、九龙灌浴构成了灵山胜景的三大奇观。

- 🎫 联票210元（与灵山大佛景区通票）
- 🕗 9:00—17:30
- 🕘 9:30—16:30（梵宫珍宝馆）

五印坛城

五印坛城伫立在碧波荡漾的香水海中，与灵山梵宫、曼飞龙塔相映生辉，是一座原汁原味的藏传佛教文化景观，有"小布达拉宫"的美称。

- 🚌 临近碧波山庄（公交站）
- 📞 0510-85689010

拈花湾　★★★

灵山小镇拈花湾与灵山胜境毗邻，小镇风格仿古，以禅意为主题。禅乐馆、百花

堂、妙音台、拈花堂等建筑各具特色。拈花湾寂静的夜景浪漫唯美，看看拈花湖上奇特的3D水幕电影也是非常新奇的体验。镇中点缀着小桥流水和园林小景，特别适合来此放松、修身养性。

- 150 元，住宿在拈花湾内免门票
- 9:00—21:00（周日—周四）；9:00—21:30（周五—周六）
- 临近灵山胜境（公交站）
- 3～5小时

无锡梅园 ★★★ 🌸🍃📷

梅园种梅的历史悠久，数量众多，其中的珍贵品种令人大开眼界。但节令是赏梅的关键，每年的早春时节，这里是江南的赏梅胜地。

- 60 元
- 7:00—17:00
- 临近梅园（公交站）、梅园开原寺（地铁站）
- 2～4小时

南禅寺景区 ★★★ 🏯🏛

南禅寺，始建于梁武帝时期，为距今1450年的南朝四百八十寺之一。寺庙规模宏大，被誉为"江南最胜丛林"。寺庙东侧的妙光塔，建于北宋，距今已有千年。古塔的檐角悬挂着铜质铎铃，"十里传闻金铎响，半天飞下玉龙来"就是形容南禅寺的，乃无锡八景之一。

- 免费
- 7:00—17:00（初一、十五香期4:30开山门）
- 临近南禅寺（公交站）、南禅寺（地铁站）
- 1～3小时

清名桥古运河 ★★★ 🏛

清名桥，原叫清宁桥，整座桥造型匀称，稳固雄伟，是无锡古运河上最著名的景点，也是最吸引中外游客的地方。

- 免费
- 临近金塘桥（公交站）
- 1 小时

一句话推荐景点

融创乐园 以传统江南文化为主题，设计了运河人家、泡泡泉小镇、霞客神旅、蒸汽时代、田园欢歌、冒险港湾六大主题园区。这里有世界顶级的"飞翼过山车"。

- 临近万乐路（缘溪道）（公交站）、葛埭桥（地铁站）

南长街 无锡古街之一，现在街上还能看到被保留下来的老门槛，这条街伴随着悠悠的古运河走过了千年岁月。有很多特色小店云集于此，和无锡的老式建筑融为一体，颇有一番味道，无论是白天或者夜晚去，都会有不一样的感受。

- 临近南长街（永乐路）（公交站）、清名桥（地铁站）

吃喝无锡

无锡口味传承了苏锡帮的清淡、偏甜。无锡的小笼蒸包连江南人都要夸奖，咬一口，香甜细腻，满口汤水。以老字号"王兴记"最为著名，总店位于中山路八佰伴商场对面；三凤桥酱排骨、清水油面筋，更是南来北往的人都要买一点回家的。

推荐餐厅

王兴记（中山路店） 无锡的老字号之一，来无锡玩，就要去王兴记吃小笼蒸包——"大大"的一个。这家的蟹粉小笼确实是好，虽然是贵，但是值得。

- 13812056573
- 梁溪区中山路 223 号

毛华美食（清扬路店） 别名"玉兰饼"，就是煎炸的大肉汤圆，看似普通却让无锡人着迷。

- 0510-85011961
- 梁溪区清扬路 80-2 号

熙盛源（万达店） "太无锡"的小笼包，个头大，皮薄，里面是满满的鲜甜汤汁，肉馅口感棒。他家的开洋馄饨、红汤辣馄饨、小笼包公认已经超过了王兴记。

- 0510-85116707
- 滨湖区梁溪路 35 号万达广场 A 区万千巷 88 号

夜游无锡

无锡晚上吃饭的地方很多，档次不一，当地年轻人多会选择青石路欧风街，那里食店较多，以火锅烧烤居多，还有很多酒吧。

购物无锡

无锡惠山"大阿福"，太湖淡水珍珠，无锡宜兴的紫砂壶都是值得带回家的特产。

年轻女孩的逛街处

离中山路很近的建康路、被称为欧风街的青石路、南禅寺步行街、学前街卖有各种漂亮衣服和小饰物，年轻女孩们可以去淘些时尚又便宜的服饰。

别具风味的南长街

走在无锡的南长街上，发光的青石板路曲折延伸，长长的小巷，依稀还能听到货郎的声音，别有风味，而且这里的油面筋、小笼包、酱排骨的味道也很诱人。

制陶名地——丁蜀镇

在国外，这里生产的青瓷被称为"东方的蓝宝石"。彩陶被称为穿"华丽衣服的陶器"，誉精陶餐具为"摔不破的瓷器"，均陶绚丽多彩，更是冠绝一世，千秋独冠。

住在无锡

无锡的各类宾馆、饭店很多，住宿的消费在全国属中档水平，特别是价钱在100～200元的地方很多，而且条件也不错。

推荐住宿

汉庭酒店（火车站南广场店）

- 汉昌北街60号
- 0510-82320999-0

无锡周边游

宜兴竹海风景区

★★★★

这是一片竹的海洋，万亩翠竹依山势而生，波澜起伏，好似大海上波涛汹涌的层层波浪。景区内山清水秀，翠竹盎然，曲径通幽，漫步在竹海中，听风在歌唱，看绿竹伴舞，让人心情愉悦，不禁陶醉在美妙的大自然中。主要景点有太湖第一源、苏南第一峰、竹报平安、镜湖秀色、索桥凌波、寂照禅寺，等等，或气势宏大，或清幽深邃，或曲折迷离，景色多样各具特色。

- 78元
- 8:00—16:30
- 从无锡乘坐直达宜兴的大巴，到达宜兴汽车站后换乘公交车可达
- 1～3小时
- 夏天游玩竹海需带好驱蚊剂和足够的水。

荡口古镇   ★★★★

典型的江南水乡，主要景点都在古镇河两岸，大多是当地名人的生平与文物展示。华蘅芳生平事迹陈列馆东边的戏台经常有演出、创意市集。古镇有很多小吃，走油肉最负盛名，水金豆花、金家烧饼、药膳酥也推荐品尝。

- 进镇免费，单程游船票30元
- 临近新桥（公交站）、荡口古镇（公交站）

- 3～5小时

善卷洞风景区

★★★★

善卷洞是著名石灰岩溶奇洞，分为上、中、下、水四个洞穴，洞穴美景各不相同，相互连通。步入洞内，宛如走进一座地下宫殿。上洞中，云雾弥漫，各色各状的钟乳石姿态万千，五彩斑斓，甚为美观。中洞中有一狮像巨石，惟妙惟肖。水洞中波光粼粼，奇石各异，彩灯灼灼，像是梦幻中的奇特世界。

- 套票110元（包含野人谷表演、溶洞、地下河游船、缆车滑道、圆通阁、梁祝园戏曲表演、陶吧）
- 7:30—17:00（4—10月）
  8:00—16:30（11月—次年3月）
- 临近上东村（公交站）、善卷洞（公交站）
- 3～5小时

- 陶古都：宜兴素有"陶的古都，洞的世界，茶的绿洲，竹的海洋"的美称，这里是紫陶壶的家乡，一定要亲身体验一下做壶的乐趣。

- 宜兴三奇：三奇指的是宜兴境内的三个石灰岩溶奇洞，分别是善卷洞、灵谷洞和张公洞。善卷洞是三奇之首；张公洞传说是张果老的修炼之地，有丰富的历史景观资源；灵谷洞则以洞中有山、绚丽多姿的溶洞奇观见称。

扬州

扬州快速攻略

Day1 大明寺→瘦西湖→扬州八怪纪念馆→文昌阁（可在附近的四望亭路美食街或淮海路美食街吃晚饭）

Day2 个园→何园→街巷游（个园、何园附近的街区有很多古民居和名人故居，可根据兴趣安排路线）→关东街（吃晚饭）

感受扬州

寻常巷陌 "天下三分明月夜，二分无赖是扬州"，仅凭这行诗句，古时就招来过天子、大臣、文人墨客，时下也仍然是一句最具感性的广告词。当年的烟花柳巷歌舞升平早已淡去，"烟花三月下扬州"，最引人入胜的还是扬州街头的寻常巷陌。花上几元钱，坐一辆三轮车，穿行在那些像血脉一样交织的小巷里，扬州的过去和现在都一齐涌来。

闲适 "早上皮包水，晚上水包皮"是扬州人生活的生动写照，早上的茶、晚上的澡堂是他们一天中最重要的两件大事。同样是闲适的生活，但扬州与成都有着极大的差别，扬州人安静、含蓄、精致地享受生活的安逸，成都却要喧嚣得多。

扬州美女 "自古扬州出美女"，于是总有人把扬州与美女联系在一起。其实，江南本身不仅出文人同时还出美女，倒不一定就在扬州城，因为江南的水和烟雾一样的空气，不论哪里的女人，在这里用不了一个星期，皮肤都会变得细腻滋润，不美也难。

准备与咨询

语言

扬州话属淮语，但普通话在这里同样可以畅通无阻。

气候与游季

四季分明是扬州的气候特点，年平均气温在14.8℃，冬季相对要长一些。每年的4、5月是扬州最好的季节，有"烟花三月下扬州"的古诗为证，那时正是扬州琼花盛开的时候。扬州的琼花与常见的草本科琼花不同，花开形如绣球，晶莹洁白，香气扑鼻。

行在扬州

进出

发达的水路交通，让扬州北可达北京，上可达上海，下可通武汉、重庆。当然，公路交通也是扬州与外界沟通的主要方式。

上海自驾旅游者可走沪宁高速，途径昆山、苏州，过无锡后转入京沪高速，到扬州出口下，过砖桥收费站后，从扬州东指示路口下高速后进入市区，上海至扬州290千米。

美丽的望月湖

望月湖位于扬州城区西北的丘陵山区，景色优美，是中国雨花石的原产地。冬季是在望月湖边观鸟的好季节，有大雁、天鹅、鸳鸯等候鸟越冬，最好带高倍望远镜，鸟儿千百成群，颇为壮观。

从镇江转车行程短

上海—扬州间的火车需绕行南京，时间较长，所以从上海、苏州等方向的游客可选择先乘火车到镇江，再转乘汽车到扬州，这样可缩短行程。

坐三轮车不错

三轮车价钱不贵，坐在车里可以慢慢欣赏沿途的街景，在扬州这样的城市，三轮车是一种非常不错的交通工具。

飞机

扬州泰州机场乘机可以到达北京、沈阳、大连、哈尔滨、厦门、深圳、广州、三亚、长沙、成都、昆明、西安等城市。

机场往来市区有巴士和公交车，从扬州市区直达机场，只需 45 分钟。

☎ 0514-89999999

铁路和高铁

旅客可乘坐高铁到镇江站下车，出火车站向右走 50 米有汽车站，可乘坐开往扬州的班车，平均每 10 分钟一班，方便快捷。

另外，扬州火车站也有扬州至北京的直达特快，及扬州直达西安、广州、汉口、上海的特快列车。还有多趟从陕西、河南、湖北、湖南、广东、安徽、江西、江苏、上海发车的火车路过扬州。

火车站 ☎ 0514-85546222

公路

南京汽车站每天有数趟往返于两地的中巴车，无锡、镇江也有班车进出。从镇江到扬州每 10～15 分钟一班流水车两地往来，行程 45～50 分钟。

上海客运总站、浦东客运站、沪太路客运站都有车发往扬州，票价 70～102 元。

市内交通

公交车

对于游客来说，旅游专线、旅游观光巴士可以停靠瘦西湖、大明寺、何园、个园、东关古渡等主要景点，是个不错的出行公交选择。市中心的文昌阁是公交线路最密集的地带，基本上可通达全市各处。如果找不到直达目的地的公交车，可到文昌阁换乘。扬州和镇江仅一江之隔，距离很近，两地已开通城际公交。

出租车

起步价 10 元 /3 千米，3～16 千米 1.80元 / 千米，16 千米以上 2 元 / 千米，法定节假日期间，在起步价基础上加收 5 元 / 车次。

游船 / 轮渡

扬州瓜洲渡口与镇江之间有汽渡往返，也可搭载行人。在扬州市汽车西站乘坐公交可至渡口，摆渡费每人 3 元，约 10 分钟可到镇江。

游在扬州

文昌阁 ★★★★

文昌阁建于明万历年间，是扬州府学的魁星楼，故名"文昌阁"。登上阁楼四眺，远近街景尽收眼底。每逢节庆之夜，阁楼上彩灯辉耀街市，为扬州闹市的一处佳景。

💰 免费

📍 扬州市文昌中路与汶河北路交会处汶河路广场

🚌 临近文昌阁（公交站）

👁 1 小时

💡 **最佳游季：** 3—5 月。正所谓"烟花三月下扬州"，每年的春季是游览扬州的最佳时间。

个园 ★★★★★

个园是扬州最负盛名的园景之一，它是清嘉庆、道光年间两淮盐总黄至筠在明代寿芝园旧址上兴建起来的。与其他以叠石为胜的园林相比，个园是以竹石取胜的，园中遍植翠竹。连园名中的"个"字，也是取自"竹"的半边，应和了庭院里的各色竹子，主人的情趣和心智都在里面了。

💰 旺季 45 元；淡季 30 元

🕐 7:30—17:00

🚌 临近个园（公交站）

👁 1～2 小时

💡 **游览线路：**

一条是从坐落在盐阜东路的北大门进入，先园后宅，为常规路线，另一条是从东关街上的南大门进入，先宅后园，为新路线。

何园 ★★★★★

进入园里，你可能会觉得里面的景色很眼熟。《红楼梦》《还珠格格》《苍天有泪》等近百部影视剧都曾在此取景。何园可算是清代后期扬州园林的代表作，何园以复道长廊为特色，曲径通幽，石桥凭栏。园林建筑心思与技巧都需要仔细品味。园内藏有韩琦、苏轼、唐寅、郑燮、刘墉等人的真迹，值得细细品赏。

💰 旺季 45 元；淡季 30 元

🕐 7:00—17:00

🚌 临近何园（公交站）

👁 1～2 小时

个园

瘦西湖 ★★★★

一处自然的河道，因河面纤细如临风的少女，而被文人骚客冠以"瘦西湖"之名。一个瘦字，让从古至今的游人趋之若鹜。江南的景致一般都少不了人工的雕琢，所以对于这种景致少不了见仁见智的评价。但无论如何，到了扬州就是不能错过瘦西湖。

- 100 元
- 6:00—18:00
- 临近东方百合园（公交站）
- 3～5 小时

1. 夜游瘦西湖： 瘦西湖 7—8 月每周末开放夜游，大虹桥至二十四桥往返约 90 分钟，电瓶船 120 元/人。

2. 踏着乾隆的足迹游瘦西湖： 如果你想踏着乾隆皇帝当年的足迹去领略湖上风光，可乘坐乾隆水上游览线进行游览。这条水上游览线路，几乎包括了扬州早时著

名的 24 景。

3. 瘦西湖套票： 瘦西湖有与大明寺、个园、何园多种套票，价格在 145～190 元。

扬州汉陵苑

又名汉广陵王墓博物馆，素有"小中山陵"之称。汉陵苑是西汉第一代广陵王刘胥（汉武帝之子）及王后的墓葬，是迄今为止全国同类墓葬中规模最大、结构最复杂、保存最完整的"黄肠题凑"式木椁墓葬，"黄肠题凑"是西汉帝王诸侯享用的特殊墓葬制式。

- 30 元
- 8:30—17:30
- 临近汉广陵王墓（公交站）、瘦西湖悦园（公交站）
- 1～3 小时

扬州八怪纪念馆 ★★★★

现在人人都知道的"丑八怪"这个词与清代的扬州八位人物有着不可分的关系，最值得后人记住的是，他们对中国文化所产生的影响，扬州八怪纪念馆是最好的课堂。

- 22.5 元
- 8:30—17:20
- 临近瘦西湖（公交站）
- 1～3 小时

何园

扬州东关街
★★★★

东关街是扬州城里最具代表性的一条历史老街，街上的老店铺，南城的石牌楼、花局巷、中国剪纸博物馆都很有特色。来到东关街，自然首先要尝一尝扬州特色美食，街上哪家店人气旺，过去买了吃便是，其中建湖藕粉圆子是来这必吃的美食。若要购物，街上琳琅满目的小商铺中不乏百年老字号，比如谢馥春鸭蛋粉被许多攻略称为"扬州必买手信"，很受姑娘们欢迎。

🚌 临近东关古渡（公交站）
👁 1～3小时

扬州古宅 ★★★★

卢氏古宅 卢氏古宅是扬州晚清盐商最大的豪华住宅，被誉为"盐商第一楼"。卢宅有五"最"：占地最广、门庭最广、屋宇最多、厅堂最敞、建房时间最长。

汪氏小苑 汪氏小苑是扬州保存最为完整的清末民初大型盐商住宅之一。它的房屋布局比例均衡，纵横互联相通，内外分合自如，是扬州大宅门传统格局形式之一；庭园玲珑精巧，各处都有精美的雕刻装饰。

吴道台府第 江南三大豪宅之一，集江南与西洋风格于一体。整个宅第里面最值

得留意的是仿宁波天一阁建造的藏书楼——测海楼，鼎盛时楼内曾收藏了24万卷书籍，可惜如今都已散佚。

大明寺 ★★★★

大明寺依山面水，历史悠久，环境优美，是集佛教庙宇、文物古迹、园林风光于一体的宗教旅游胜地。

古往今来，大明寺高僧辈出，君王圣贤、骚人墨客、风雅名士，曾云集于此，观光游览者流连忘返，虔诚祈求者吉祥如意、福寿无量。

🎫 淡季30元；旺季45元；登塔＋撞钟25元
🕐 8:00—16:30
🚌 临近大明寺（公交站）
👁 1～2小时

朱自清故居 ★★★

朱自清故居始建于清代。悬挂在故居门洞上方的"朱自清故居"牌匾，为江泽民所题写。右边两间客房，是当年朱自清的书房和卧室。屋内陈列着朱自清生前遗物，有书橱、烟斗和文房四宝。朱自清在全国居住过很多地方，扬州这间是保存最为完好的朱氏旧居。

🎫 免费

瘦西湖春流画舫及远处的栖灵塔

五亭桥

大明寺的撞钟活动

每年的 12 月 31 日晚，大明寺会举行撞钟活动，如果你想祈祝来年国泰民安、风调雨顺，不妨到大明寺走一趟。

扬州的商业街

扬州最繁华的商业街在文昌路，金鹰国际、百盛商业大厦都坐落在这条街上，此外汶河路、国庆路也是主要商业街。

吃早茶得赶早

在扬州，10 点以后早茶基本就结束了，所以，要吃扬州著名的早茶一定得赶早。虽然中饭、晚饭还有很多美味的菜，但一些当地的名点心可能就没了。尽管吃饭的人少些，座位空点，但早茶的气氛也随之减少了。

扬州的吃处

1. 美食一条街集中了各式风味和各种档次的餐厅，能使你大饱口福。

2. 共和春的饺面、小觉林的素餐都是值得一尝的。

3. 别忘了著名的扬州炒饭。

- 安乐巷 27 号
- 9:00—17:00
- 临近琼花观（公交站）
- 1 ~ 2 小时

扬州大运河　★★★

扬州古运河水质清澈，沿岸有很多名胜古迹，风土人情独特有趣。夜幕降临，沿着河堤漫步，灯火密布，夜景宜人，从东关古街走到尽头就可到达运河。

- 免费（游船票 80 元）
- 14:00—21:00（有游船）
- 扬州市广陵区
- 1 小时

吃喝扬州

隶属淮扬菜系的扬州菜远近闻名，所以到扬州一定要尝一尝正宗的扬州口味。

扬州酱菜

扬州酱菜已有多年的历史，在江浙一带小有名气，它有鲜、甜、脆等特点，是扬州小吃的代表菜之一，值得带一些回家。

推荐食处

富春茶社　这里是喝早茶的好地方。招牌菜为烫干丝、虾仁、富春包子。

- 德胜桥街路 35 号
- 0514-87233326

💡 富春茶社开了家分店，如果选择打车去吃饭，一定要先跟师傅说好是去老店，不然的话，因为分店的路更好走，司机往往会默认"去分店"。

小觉林素菜馆 这家店是有名的老字号，这里的素菜滋味好、分量足，价格也实惠，最好吃的是豆皮汤、炒猪肝、素肥肠、锅巴、糖醋面筋，还有又香又脆的麻花。

🧭 广陵区广陵路 298 号
📞 0514-87221179

夜游扬州
推荐夜游

冶春茶社 这里是看夜景的最好去处，冶春茶社坐落在冶春花园内靠外城河处，紧邻乾隆水上游线起点"御码头"，在这里乘船可以到瘦西湖。入夜临窗而坐看掩映在湖光翠柳之中的风景，清静幽雅。扬州素有"中国的月亮城"之称，"夜市千灯照碧云"等名句都生动地描绘了夜晚扬州的美丽，每逢假日或举办节庆活动，瘦西湖、何园等景区均举办夜游活动。

健康海洗浴广场 扬州除了琼花出名之外，扬州三把刀（剪发刀、扦脚刀、厨刀）同样是名扬天下。到扬州泡个澡，然后扦个脚可谓一大享受。

🧭 国庆路 450-8 号
📞 0514-87359568

购物扬州

玉器和漆器并称扬州二绝，是旅游纪念品的上好选择。

扬州最繁华的商业街在文昌路，那里有很多大商场，如万家福、金鹰国际、百盛商业大厦等。除此之外，汶河路、国庆路也是主要商业街。

住在扬州
推荐住宿

扬州长乐客栈 是明清时代的老房子改建的酒店，地理位置很好，出门不远处就是个园，顺路可参观谢馥春和汪氏小宅，离富春茶社也非常近。

¥ 标准间 626 元
🧭 广陵区东关街 357 号
📞 0514-87993333/87807986

如家快捷酒店（瘦西湖店） 瘦西湖边，服务周到，环境好。

¥ 标准间 170 元
🧭 扬州念泗桥路 15 号
📞 0514-87317222

扬州周边游

千岛油菜花景区 ★★★★

这里的油菜花田被河水切割成了块块蛋糕似的形状，如碧绿的桌面上摆放的美味甜点，十分醉人。撑一只摇橹船，徜徉于金黄的油菜花田中，水的灵动、花的生机，享受着微风拂面、随波荡漾的惬意，任何烦恼都会消失吧。

💰 50 元（船票 + 门票 100 元）
🧭 泰州兴化市缸顾乡东旺村东侧
🕐 8:00—17:00
🚌 扬州有直接开往兴化市的大巴，然后再转乘坐开往缸顾的班车即可到达景区
👁 2～4 小时

天宁禅寺 ★★★

天宁禅寺始建于唐贞观年间，距今已有 1300 多年的历史。天宁寺也是徐志摩诗下的江南古寺，香火很旺，吸引了各地的人来烧香祈福。寺中有座天宁宝塔，登高可以俯瞰常州全城，珍宝馆东西值得一看。

💰 20 元，联票（含宝塔）80 元
🕐 7:00—17:00（天宁宝塔：8:30—17:00）
🚌 扬州有多班开往常州的高铁，不到 1 小时便可到达常州，再转乘公交前往禅寺，禅寺临近天宁寺（公交站）、文化官（公交站）
👁 1～2 小时

浙江省

自助游：

湖光山色之旅

西湖十景→千岛湖→普陀山→雁荡山→天台山→楠溪江

江南古镇之旅

绍兴→溪口→南浔→乌镇→西塘→俞源→诸葛村→龙门→郭洞→安昌

名人故居之旅

黄宾虹故居→潘天寿故居→王国维故居→丰子恺故居→茅盾故居→吴昌硕故居→陈元龙故居

博物馆之旅

中国茶叶博物馆→中国丝绸博物馆→杭州南宋官窑博物馆→胡庆徐堂中药博物馆

自驾游：

悠然走进天堂水乡

杭州→转塘→桐庐→乾潭→建德→寿昌→上方→龙游→金华→上溪→牌头→诸暨→浦阳→杭州

领略江南的黄金海岸

杭州→沈家门→桃花岛→象山石浦→温岭长屿硐天→丽水→杭州

去往丝绸之乡

杭州→余杭区→桐乡→嘉兴→吴江→苏州→无锡

杭州

杭州快速攻略

Day1 西湖游北线、部分西线：断桥残雪→白堤→孤山（可在楼外楼品尝地道的东坡肉）→曲院风荷→苏堤春晓→花港观鱼→茅家埠

Day2 西湖南线：柳浪闻莺→雷峰塔→三潭印月→吴山广场→西湖音乐喷泉

Day3 灵隐飞来峰→灵隐寺→龙井村（有很多农家乐，有很地道的江浙菜，而且价格实惠，可在此吃午饭）→九溪烟树→钱塘江大桥

Day4 西溪国家湿地公园→南宋御街→胡雪岩故居→清河坊

感受杭州

处处有历史 任何时候提到杭州，西湖都是一个绕不开的词。"处处有历史，步步是文化"，山水与文化在杭州完成了最佳的叠合，而这种叠合又几乎都是在西湖边上完成的。到杭州之前是一定要做足案头工作的，如果不多翻几本中国历史书，走在西湖边上，看到的不过是柏油马路和一个大水池，根本感受不到丰富的历史文化。

才子佳人 西湖边上演过的才子佳人故事数不胜数。来到杭州，哪怕不知道古代钱谦益与柳如是的爱情，不了解近现代郁达夫和王映霞的故事，也一定能人云亦云地讲讲白娘子和许仙的传说。杭州，可真的是五分的西湖风景加上五分的浪漫文章。

丝绸 丝绸是古老中国的象征，当陆路和水路两条"丝绸之路"被打通之后，中国的丝绸和瓷器源源不断地运往欧亚各国，差点没让那些小国的国王们倾家荡产。杭州丝绸更是历史悠久、源远流长，远销100多个国家和地区。来杭州的游客一般都要带上几件丝绸礼品回去，赠送亲朋好友。

热心的杭州人

杭州很好，杭州人很热情，特别是"依姆"（中老年妇女），会很热情地提示游客游览的路线，出租车司机也很热心。

"杭州"的由来

相传大禹到会稽（今绍兴）赴诸侯大会，在舍杭（今杭州）登陆，因此命名为"禹杭"，后来演变成"余杭"，隋代开始正式出现"杭州"这个地名。杭州又名钱塘，相传古代海潮汹涌，有当地豪门募钱筑堤，名"钱唐"，唐代为了避国讳改为"钱塘"。

杭州的闲情

杭州"天堂"中不仅有美景，更有无尽的闲情逸致，独自一人，不妨在西湖天地选个看得到风景的角落，要一杯咖啡、读几页书，或是三两知己，到梅家坞、龙井或随便哪个湖边茶座喝闲地品品新茶聊聊天，甚是惬意。

杭州市景

为了满足广大游客携爱车异地自驾旅行的需求，北京开通了北京至杭州往返的"自驾游汽车运输班列"。汽车运输的往返费用最低约3000元。

居家之地 与中国任何一座城市相比，杭州都算得上是最合适的居家之地。北京太大，不适合居家过日子；上海太繁华，那种海派的喧哗容易让人烦躁；苏州的历史太长，容易让人在那份沉重中感到压抑；成都虽然是富贵温柔乡，但那种在麻将声中的安逸生活容易让人沉迷不振。历史上有无数名人为杭州驻足，金庸也曾在西湖边置地安家，便是一个证明。

准备与咨询

语言

普通话是通行的语言。

别忘记带伞

到杭州旅游不要忘记带伞。

气候与游季

年平均气温为16.3℃，四季分明。很多旅游手册里都会说，到杭州旅游四季都有不同的风景可看，比如：冬看"断桥残雪"，春游"苏堤春晓"，夏观"曲院风荷"，秋赏"平湖秋月"。但春季仍然是江南的好时候，尤其是一阵春雨过后，西湖四周空气清新，风景秀丽。但是近几年来杭州的最高温度已经超过了"四大火炉"。

实惠的公园IC卡

现在上海市民在杭州旅游可以办理杭州公园IC卡，方便实惠。

行在杭州

进出

进出杭州的方式多种多样，交通十分发达。

杭州的停车费

杭州的道路停车费按区域和时长收取，将停车区域划分为核心区域、一级区域、二级区域，白天首小时内停车费分别为5、3、2元，之后每小时6、4、3元，夜晚统一5元/时。西湖风景名胜区白天10元/时，夜晚5元/时，节假日会更贵一些。

飞机

杭州萧山国际机场坐落于杭州市的东边，距市区27千米，在市区武林门民航售票处和火车东站有机场大巴接送，每15～30分钟就有一班，首班车时间为7:30，车费为20元。如果乘出租车，则需要100元左右。

机场售票处	📞 0571-86668666/86668655
机场巴士问讯	📞 0571-86662519
机场问讯处	📞 0571-96299

发车地点	沿途停靠城站
机场	火车站、维景国际大酒店、武林门民航售票处（21:00以后停在武林广场）
武林门机场售票处	中山大酒店、城站火车站、机场候机厅

杭州的火车站

杭州新客站建成后，火车东站以停靠通过列车为主，始发列车均从新客站发车。杭州火车新客站分为地下、地面、高架三层，地下是专供出租车，自各车接客的停车场，出租车和自备车各有150个泊位。地面由大厅和广场组成，是大客车和行人的接客场所。

从上海到杭州的火车很方便，选到杭州城站的火车，出来就是西湖大道，而杭州东站则比较远。周末往返杭州的上海游客较多，最好事先买好返程票，否则就只能站到底了。

铁路

杭州是浙江的铁路运输枢纽，向南可达广州等地，向北可达西安、北京等地。杭州主要有两个火车站：杭州站（城站）和杭州东站。

城站火车站靠近市中心，从城站去到西湖边，只需10分钟左右的车程。火车东站是高铁客运站，车站有发往上海、昆明、宁波等全国各地的列车。虽然离市中心比较远，但有地铁直达，交通很便利。

| 杭州火车站（城站） | 📞 0571-87829983/56720222 |
| 杭州火车站东站 | 📞 0571-56727342/56730952 |

高铁

沪杭城际高速铁路，连接上海与杭州，是国内"四纵四横"客运专线网络中"沪昆客运专线"的一个组成部分。乘坐沪杭高铁列车可到杭州城站。

公路

沪杭高速和沪宁高速，让杭州的公路十分快捷，而且，只要认准了到达地的方向，发车和停靠站的方向就不会弄混了，因为两者的方向一致。

在杭州火车站有免费班车接送旅客至相应的长途客站。

长途汽车站点

单位	地址	电话
杭州市汽车中心站	江干区九堡镇德胜东路3339号	0571-87650679
汽车西站	天目山路357号	0571-85222237
汽车南站	秋涛路407号	0571-86075352
汽车北站	莫干山路766号	0571-88097761

水路

杭州的水路交通，主要是京杭大运河上从苏州至杭州的游船，一般是夜行，暮发朝至，到达为苏州和无锡两地。另外一条为钱塘江的航线。这两条线一般都是在夏季和旅游旺季才有。

运河航运：杭州运河旅游公司的"天堂"号、"龙井"号游船，每天有17:30开往苏州、18:00开往无锡的游船，均于次日7:00到达。票价70～150元不等。可临时买票，除节假日和周末外，还可订往返票。

钱塘江航运：杭州钱塘江旅游公司下设3条游览线路：钱塘江夜游，富春江24小时游和钱塘江、富春江、鹳山、农家乐一日游。

西湖隧道已开通，西侧通道可从环城西路入口直抵南山路；东侧通道南往北的车辆可从解放路入口穿越湖底到环城西路。隧道限高3米。

武林门客运码头售票处

📍 环城北路208号　　📞 0571-85190851

市内交通

公交车

杭州公交价格2～5元，均有空调；B开头的是快速公交，票价3～4元；Y开头的为旅游专线车，会经过杭州的一些主要景点。

西湖新南线，长3.5千米，分一公园、涌金门、柳浪闻莺、学士桥和长桥5个区块，共有18处历史文化景观。每天运营时间为8:00—17:30，游客可在环湖南线内乘坐电瓶车环游西湖。线路分3种：

1. 环湖一周游：单向顺时针绕湖进行，票价40元，游客凭票可在任一站点下车，并上下车4次。

2. 区间往返游：票价10元，在少年宫水闸—西泠桥、跨虹桥—雷峰塔前、公园—唐云艺术馆3个区间设区间车，游客可在区间内自由上下两次。

3. 包车游：费用每半小时10元。

环湖电瓶车现有4、8、11、14座4种，行车速度约每小时10千米，游客可从容地欣赏湖光山色。

💡 **杭州的吃和玩**

杭州西湖天地的星巴克环境一流，杨公堤的知味馆环境很美，吃了杭州名菜，建议懒惰的人坐电瓶车环湖一周，40元/人/小时，省时省力，是不错的选择。

💡 **杭州旅游集散中心**

去富阳、桐庐、临安等周边县游玩也可选择杭州旅游集散中心的产品，这里提供周边一日游、旅游信息咨询、旅游集散换乘等服务。

旅游集散（黄龙）中心
📞 0571-87961729
旅游集散（吴山）中心
📞 0571-87809951

💡 **杭州夜游9线**

站点：武林广场（东跑道）、延安新村、凤起路、少年宫、断桥、葛岭、新新饭店、岳庙、杭州花圃、丁家山景区、空军疗养院、浴鹄湾、苏堤、净寺、长桥（南山路）、万松岭路口（南山路）、清波门（南山路）、钱塘大道、湖滨（延安路）、胜利剧院、延安新村、武林广场（东跑道）。

此游线不是每月都有，一般7—10月旅游旺季时才开通。

💡 **旅游专线车的时间**

旅游专线车、郊区车营运时间6:00—18:00，市区车6:00—22:00。假日游览专线车仅在双休日和国家法定节假日开行。

💡 **杭州的公交车**

1. 营运时间超过22:00的线路只有8路（鼓楼—德胜新村）、228路（火车东站—武林门）、251路（火车站—拱震桥）和208路，它们均为通宵车，每隔30分钟发一班车。

2. 杭州市区几乎全是无人售票车（包括空调车），前门上、后门下。乘公交车前要备足零钱，车上不找零。

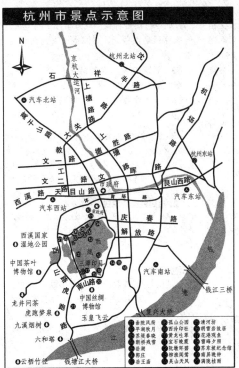

杭州市景点示意图

曲院风荷　孤山公园　清河坊
甲庙秋月　西泠印社　拱宸古遗
苏堤春晓　黄龙吐水　花港观鱼
断桥残雪　宝石流霞　雷峰夕照
西湖　　　阮墩环碧　苏东坡纪念馆
郭庄　　　柳浪闻莺　南屏晚钟
岳王庙　　吴山天风　满陇桂雨

地铁

杭州地铁目前已开通 1、2、3、4、5、6、7、8、9、10、16、19 号线。城站火车站、火车东站、余杭高铁站均有地铁直达。1 号线的龙翔桥、凤起路、定安路站靠近繁华的湖滨商圈，是去西湖周边游览最便捷的换乘站。

出租车

普通出租汽车起步里程为 3 千米，起步价为 13 元，行驶里程 3～10 千米，每千米为 2.5 元。夜间上浮 30%。

自行车

杭州有很多公共自行车租借点，可办理一张公共自行车租用卡（Z 卡），租车还车实行 A 点借 B 点还方式，很方便。办卡地点在西湖景区大部分有人服务的租车点；或在龙翔桥、吴山广场、少年宫等公交中心站。

游西湖租辆自行车是很明智的选择，既方便又环保。西湖边也有很多私人的自行车租赁小店，一般 10 元／小时，可议价。

💡杭州出租车

1. 杭州的出租车大多在傍晚 4、5 点时换班，此时司机可以拒载，所以这段时间内很难叫到车。

2. 杭州市区 GPS 卫星调度叫车电话：0571-28811111（全市通用）出租车投诉电话：96520。

3. 大假期间，实行单双号管制，7:00 前，22:00 后不易叫到出租车。

💡租电动自行车游西湖

绕西湖一圈可以租电动自行车，骑起来感觉较轻松，现在的规矩是必须还回到原处。推荐线路：白堤—苏堤—杨公堤—北山路，全程 3～3.5 小时，囊括了西湖几种不同类型的美景。

💡租车游杭州

对于爱驾车旅游的外地人士，杭州有汽车租赁公司可以提供租车服务，租赁价格因车型和租期的不同而不同，选择面较大。

汽车故障报修
📞0571-85451919

水上巴士

杭州市内运河水道还开通了水上巴士，沿途设艮山码头、武林门、信义坊、拱宸桥等站，另有钱塘江夜游、塘栖古镇等水上休闲路线供游人体验。

游在杭州

西湖十景 ★★★★★ 🚶🚌📷🚲

苏堤春晓

现在苏堤已改为柏油路面，但苏堤的风光依然旖旎，春天清晨尤佳，"苏堤春晓"绝非浪得虚名。

🚌 岳庙站（公交站）在苏堤北端，可从此站下车再前往苏堤

🕐 1～2 小时

💡**骑车游：**如果是骑自行车逛苏堤会有另外的感觉，两人同行骑双人自行车，会更加有趣。湖滨有不少自行车出租点，不过最好在人少的时候骑车上苏堤，否则总是得停下来，会很难受。

断桥残雪

断桥之名因何而来并不重要，白娘子与许仙断桥相遇的传说，就足够它得意的了。

🚌 临近少年宫（公交站）、葛岭（公交站）

🕐 10～20 分钟

💡**夜西湖：**桥的东北有碑亭，内立"断桥残雪"碑。伫立桥头，放眼四望，远山近水，尽收眼底，是欣赏西湖雪景之佳地。

平湖秋月

湖面平静如镜，秋月当空与湖水交相辉映，"一色湖光万顷秋"并不是每天都能看到的。湖畔有块题有"平湖秋月"的碑。

🚌 临近西泠桥（公交站）、白堤（公交站）；或乘西湖游船到中山公园上岸

👁 0.5 小时

💡 白天的平湖秋月或许已经不能算是一个景点，两层阁楼一楼是小卖店，二楼是餐厅，且到处都是白色的塑料桌椅和遮阳伞，跟露天酒吧或茶馆相差无几。可夜晚的它却有种惊世的美，当属夜西湖的精髓！著名的哈同花园与其紧邻。

柳浪闻莺

"醉柳""狮柳""浣纱柳"等，柳州之名并非空穴来风。

🚌 临近清波门（公交站）

👁 0.5 ～ 1 小时

双峰插云

当群山云雾弥漫时，两峰偶露双尖，宛如峰插云霄，是一幅泼墨淋漓、浓淡有致的水墨画卷。

🎫 北峰山顶财神庙求签＋解签 50 元，进庙门票 8 元

🚌 临近洪春桥（公交站）

👁 0.5 ～ 1 小时

💡 "双峰插云"御碑为清康熙皇帝手书，碑亭景点在洪春桥畔。

三潭印月

如今已很难看到"三潭印月"的美景，但就算只是在白天，三潭也不失为西湖美景之一。

🎫 联票 45 元（包括游船）

🕐 8:00—17:00

🚌 位于西湖中央，坐游船可达

👁 1 ～ 2 小时

💡 **1. 租游船的价钱和地点：** 游三潭印月最好是在早上和 16:00 左右。想要尽兴最好是租一条小船，一般开价在 150 元左右，但可以砍价，这当然要看你的本事。西湖分布在湖滨、中山公园、花港、岳王庙等处的码头也有西湖游船可以乘坐。

2. 拍照的最佳位置： 站在小瀛洲、九曲桥、开网亭、我心相印亭、九曲桥中段的低矮粉墙花鸟漏窗前、东西长堤之中段、小瀛洲东南岸可以三塔和湖面为背景，都能拍出十分到位的片子。

花港观鱼

江南与西洋园林艺术结合得最为巧妙的一处景致，众多的外国元首、国际友人游西湖必到此处。

🚌 乘公交在浴鹄湾站下车，沿杨公堤由花港公园西门进入即可

👁 1 ～ 2 小时

💡 准备鱼食 去观鱼之前最好准备点鱼食，尽量不要买面包，超市里的高庄馒头比较好，面质韧性好，不会入水就化掉。

三潭印月

西湖雷峰塔

南屏晚钟

能让康熙帝也发出"致足发人深省"的感慨。原钟早已不在，现在的铜钟为新铸。

- 🎫 10 元；敲钟 10 元 / 次
- ⏰ 6:30～17:00
- 🚌 临近净寺（公交站）
- 👁 0.5～1 小时

雷峰夕照

白娘子被法海压在雷峰塔下的故事，给雷峰塔增添了不少神秘色彩。对于普通游客来说，还沉浸于倒掉的雷峰塔的故事中。

- 🎫 40 元
- ⏰ 8:00～17:30（11 月 1 日～3 月 15 日）
  8:00～19:00（3 月 16 日～4 月 30 日）
  8:00～20:00（5 月 1 日～10 月 31 日）
- 🚌 临近净寺（公交站）
- 👁 1～2 小时

☀ **新雷峰塔：**是在古塔遗址上兴建的，很多游客觉得商业味太浓，在远处观观塔景还是不错的。

曲苑风荷

每当夏日风起，荷香沁人心脾的"曲苑风荷"最为迷人。

- 🚌 临近岳坟（公交站）
- 👁 1～2 小时

☀ **园内设施及租船价格**

1. 度假村：园内有"西湖密林度假村"，其中的桦木小屋、木板平房，以及吊床、睡帐和炊具都可租用。

2. 机动船：乘西湖游船公司的机动船游览西湖，线路主要是小瀛洲岛，然后返回湖岸。开行时间：春夏季 7:30～16:30，秋冬季 8:00～16:00。价格在 50~90 元 / 人（部分含小瀛洲上岛门票），随船型和游览路线会略有不同（具体费用详见各码头）。

3. 名称由来：据记载，宋代洪春桥畔有一处官家酿酒作坊，每逢夏日熏风吹拂，荷香与酒香四溢，令人陶醉，人们称之为"曲院荷风"。清代，酒坊关闭，康熙游湖时将"曲"字改成为"曲"，易"荷风"为"风荷"；临湖建碑亭、迎薰阁、望春楼及曲径走廊，曾极一时之胜。

新西湖十景 ★★★★

云栖竹径

"竹"是这里的主角，绿色、清新、凉爽、恬静，使它在众多的美景中也能胜出。

- 🎫 8 元
- ⏰ 7:00～17:00
- 🚌 临近云栖竹径（公交站）
- 👁 1～2 小时

☀ **1. 骑车游：**骑自行车游云栖才能完全感受这里的静谧与安详。从南边出发，经虎跑、六和塔、九溪、宋城，返程经过梅岭隧道，经天竺、灵隐、玉泉从北边返回。

2. 环山游：梅坞茶村、五云山和大清谷都值得花点时间。环山一日，你一定会有收获，但这是为那些数次到杭州，或有充裕时间的人准备的线路。

阮墩环碧

西湖中一座绿色小岛，也是西湖三岛中面积最小的一个岛，是清代浙江巡抚阮元组织疏浚西湖时，用湖中的淤泥堆积而成的。岛外碧波粼粼，岛上草木葱葱，十分清丽。

- 🚌 由中山公园乘游船前往
- 👁 0.5 小时

☀ 如今小岛已经不能登临，只能在岸边或乘船远望欣赏。

黄龙吐翠

黄龙的传说和茂密翠竹得了西湖新十景的美名，不过，在这里时常看到的是新婚庆典。

- 🎫 15 元
- ⏰ 7:15～17:30

游在杭州

小瀛洲

🚌 临近黄龙洞（公交站）
👁 1～2 小时

宝石流霞

保俶山的紫褐色山岩是一种少见的地质景观。重建的 7 层保俶塔，如亭亭玉立的美女一样，成为杭州的标志。

🚌 乘公交到葛岭下车，步行登山
👁 1～2 小时

💡 朝霞初照或落日余晖时是这里一天中最美的时刻。

九溪烟树（九溪十八涧）

"溪水"是这里的主体，有了山和树的相伴，水也显得愈加幽雅。

清末学者俞樾游九溪诗云："九溪十八涧，山中最胜处。昔人闻其名，今始穷其趣。重重叠叠山，曲曲环环路。咚咚叮叮泉，高高下下树。"字里行间，将美景的妙处刻画得淋漓尽致。被定为新十景后，更名为"九溪烟树"。

🎫 免费
👁 1～2 小时

💡 **最佳游季**
每年的 4—10 月是九溪的丰水期，也是游九溪最好的季节，其他时间不仅看不到瀑布，而且九溪十八涧的溪流也很小。

💡 **九溪的旅游线路及吃住**
1. 九溪全长 6 千米，而且全境山路曲折，密布着森林，到这里只能步行，所以也要花不少时间。如果有一个游览计划会让旅行十分有效。
2. 从南到北的游览线路：乘 K4、27、308、504、游 5 路、假日 5 线到钱塘江边的"九溪"车站，经九溪烟树公园前往龙井或满陇桂雨。
3. 从北往南的游览线路：从 27 路龙井车站经九溪烟树公园前往"九溪"车站或满陇桂雨。
4. 从东北往西南的游览线路：由满陇桂雨经杨梅岭或从动物园经虎跑后山到九溪烟树公园。
5. 到九溪烟树可以在溪中酒家就餐，这里以西湖传统名菜和杭州风味菜肴为特色。

满陇桂雨

赏桂和品茶都是这里最受欢迎的事，尤其是 10 月中旬桂花开放时节。

🎫 20 元（满觉陇无需门票，少年儿童公园 15 元）
🚌 临近动物园（公交站）
👁 1～2 小时

💡 **满陇的茶和点心**
1. 每年 3 月 30 日—4 月 15 日为"春茶会"满陇茶事旅游节，期间有：家庭采茶炒茶"一条龙"比赛，茶具名品展示会，杭州著名茶楼联谊会和"天下绝配、茶水绝选"活动。
2. 用桂花制作的桂花栗子羹和糖桂花是这里最有特色的点心。

吴山天风

江南一带的山水美，自然天成只占了一成，人文才是真正让它出彩的原因。苏东坡、米芾等都在此留下过手迹，风流才子徐文长的楹联最为画龙点睛。登阁远眺，左湖（西湖）右江（钱塘江），杭州城尽收眼底。

🎫 30 元（登城隍阁）
🕐 8:00—21:00（夏）；8:00—20:00（冬）
🚌 临近吴山广场（公交站）
👁 2～4 小时

💡 1. 这里的著香楼、城隍阁值得细观。
2. 徐文长的应景对联悬挂于"江湖汇观亭"内。

玉皇飞云

玉皇山山腰有个紫来洞，站在洞前俯瞰，山下有一片八卦田，是南宋皇帝祭先农时亲耕之地。玉皇山下慈云岭南坡有两龛五代时的造像，为我国五代十国时期石刻造像的代表作之一。

🎫 10 元
🚌 临近丝绸博物馆（公交站）
👁 2～3 小时

虎跑梦泉

"龙井茶叶虎跑水"并称西湖双绝。这

里还是当年济公和尚圆寂的地方。到虎跑泉，除了看人文古迹，别忘了品一品龙井茶。

- 🎫 15 元
- 🕐 6:00—18:30
- 🚌 临近虎跑（公交站）
- 👁 1～2 小时

💡**免门票**：如果想减少开支，可以从六和塔塔脚的路上山，再从虎跑下来，这样可以免去虎跑的门票，但是这个路程需要两个多小时。

龙井问茶

想要了解龙井文化，这里是最佳的选择。据说，若用小棍轻轻搅拨龙井水，水面会出现一条分水线，十分奇特。龙井之西的龙井村所产的西湖龙井，因为色翠、香郁、味醇、形美而著称于世。

- 🕐 8:00—17:30
- 🚌 临近龙井寺（公交站）
- 👁 3～4 小时

💡**1. 别在龙井村买龙井茶**：真正龙井茶产量很少，大多运销境外，所以不要轻易在龙井村里买龙井茶，倒不如市内大一点的商场叫人放心。

💡**2. 龙井的旅游路线**：从龙井出发，有两条线路是为时间充裕又喜欢爬山的朋友准备的。a.越过凤篁岭经龙井村，可去九溪烟树，从27路龙井终点站到九溪南端之江路上的公共汽车站，全长6千米，步行游览需两小时。b.从龙井北面的山道翻过棋盘岭，去天竺、灵隐，5千米山路，步行游览需两小时。

三评西湖十景 ★★★★★
🌸🍂🌙❄

灵隐禅踪

灵隐寺是济公出家的地方，常年香火缭绕，香客们络绎不绝。灵隐寺隐藏在北山峰与飞来峰之间的山麓上，禅意隐现，佛的庄严与人世融为一体。

- 🎫 飞来峰45 元；灵隐寺30 元
- 🕐 7:00—18:15
- 🚌 临近灵隐（公交站）
- 👁 1～2 小时

💡**灵隐寺的美景和素斋**
1. 灵隐寺往深处可以到达"双峰插云"中的北高峰。
2. 灵隐寺旁有家灵隐寺斋堂，素斋味道十分地道，价格也公道。这里中午时分人满为患，所以，最好换个时间来，人均消费约70 元。
3. 灵隐寺内为了保护寺院不允许点香火，买了灵隐寺30 元的门票会送你三炷环保清香。
4. 离灵隐寺不远处的天竺三寺，也是杭州著名的古刹。比起灵隐寺，当地人更喜欢去天竺三寺，寺里推出的福袋和御守非常可爱，深受人们欢迎。

杨堤景行

杨堤与苏堤、白堤齐名，作家余华曾经说过"逛了杨公堤，我决定住在杭州"。现在的杨堤更是爱情的象征，很多新人都会选择在此取景拍婚纱照。

- 👁 1～2 小时

六和听涛

寂静的明月夜，站在六和塔上，可以听到千军万马之势的滚滚涛声，别有一番慷慨激昂，也足以让人抒怀壮志。在六和塔顶也可远眺钱塘江和钱塘大桥。

- 🎫 30 元（含登塔）
- 🕐 7:00—17:30
- 🚌 临近之江六和塔（公交站）
- 👁 2 小时

岳墓栖霞

"三十功名尘与土，八千里路云和月。"铁血丹心的岳王忠骨都葬在栖霞岭上。每年入秋，栖霞岭上红枫似火，望之如霞。每当夕阳西下，岳墓上便有了一道道霞光，非常绚美。

- 🎫 25 元
- 🕐 7:30—17:30
- 📍 杭州市西湖西北角的岳湖畔
- 🚌 临近岳坟（公交站）
- 👁 1 小时

梅坞春早

梅家坞好比一露天茶室，3 月底的采茶季节，整个街道都是茶香。但正宗的头茶龙井，一般是不会摆上桌的，即便是熟客，也只能品到小小的一杯而已。

- 🚌 临近梅家坞（公交站）
- 👁 4～5 小时

湖滨晴雨

西湖美景四季皆宜，苏轼的名句"水光潋滟晴方好，山色空蒙雨亦奇"，更是对西湖雨景最真切、最美丽的描写。

- 👁 2～3 小时

万松书院

明清时期浙江的最高学府。同时，它还是梁山伯和祝英台读书结缘的地方，因此，又称"梁祝书院"。

- 🎫 10 元
- 🕐 7:30—16:30
- 🚌 临近万松岭（公交站）
- 👁 1～2 小时

钱祠表忠

钱王祠是纪念吴越国王钱镠而建的，在五代乱世中，钱王为了安定百姓，止兵销戈、纳土归宋，这一壮举为杭州的繁荣打下了基础。杭州百姓永远怀念钱王的大义。

- 🚩 15 元
- 🚌 临近钱祠（公交站）
- 👁 1 ～ 2 小时

三台云水

三台云水又称"三台梦迹"，含乌龟潭和浴鹄湾两个景点。这里风景清幽、格外宜人。到这儿，可要记得找家特色茶楼，点杯清茶，品着赏景最是清闲不过了。

- 🚌 乘坐 51、52、194、197、318 路和游 2 路车在浴鹄湾站下，或是乘游 6 路在于谦祠站下车即到
- 👁 2 ～ 3 小时

北街梦寻

杭州半数以上的中西式著名建筑都在这条北山街上，这里串联了众多的梦想，慕才亭刻骨铭心的爱情、武松道除暴安良的壮志，首届西博会工业馆的强国富国梦……一个个美好的梦，牵挂了无数西湖人。

- 🚌 临近新新饭店（公交站）
- 👁 2 ～ 3 小时

清河坊历史街区 ★★★★ 🅱🎫📷🅿

清河坊是杭州目前唯一一保存较为完整的旧城区，可以说走过清河坊，就走过了杭州城的历史。这里自古就是杭州的繁华地段，宋朝时是都城杭州名副其实的"皇城根"，看看小巷里古井光滑的井沿，就可琢磨出它的悠长历史岁月。这里如今也是杭州市井民俗文化的缩影，吃的、玩的、看的，眼花缭乱，从阔绰气派的商号到民间艺人的小摊应有尽有。

- 🚌 临近清河坊（公交站）、定安路（公交站）
- 👁 2 ～ 3 小时

西泠印社 ★★★★ 🅱

西泠印社创立于 1904 年，是海内外研究金石篆刻历史最悠久、成就最高的名社，有"天下第一名社"之盛誉。主要建筑有柏堂、竹阁、仰贤亭等，名人墨迹触目可见。此外还建有中国印学博物馆，收藏历代字画、印章多达六千余件。

- 🚩 免费
- 📍 杭州市上城区河坊街东太平巷 3 号
- 🚌 临近西泠桥（公交站）
- 👁 0.5 ～ 1 小时

孤山 ★★★ 🅱🎫

孤山位于西湖西北角，是观赏西湖景色绝佳之地。南麓有西湖天下景、文澜阁、浙江省博物馆等；山之西面有西泠印社；北麓有放鹤亭，千古流传的"梅妻鹤子"林逋的故事就发生于此。亭外广植梅花，为湖上赏梅胜地。

- 📍 西湖区孤山路 1 号
- 🚌 临近西泠桥（公交站）；或乘西湖游船到中山公园上岸
- 👁 3 小时

白堤 ★★★ 🅱🎫

和苏堤同为杭州西湖两条名路。东起"断桥残雪"，止于"平湖秋月"。

- 🚌 乘公交游 10 到浙江省博物馆下，即到白堤
- 👁 0.5 ～ 1 小时

> 💡 **游白堤的时间和路线**
>
> 1. 春天是白堤最美的时候，真可谓"一株柳树一株桃，桃红柳绿相映照"，人行其中如在画中行。
>
> 2. 游白堤最好从断桥往孤山方向走，这样会满目青山如黛、绿岛浮水，否则满眼都是水泥森林，大煞风景。

西溪国家湿地公园 ★★★

在西溪，你既可乘坐摇橹船在芦苇里穿行，也可徒步游走河边栈道。可贵的是，西溪依旧保留了村舍民居，即使你离古人风采太远，也可采摄最原始的生态民居。摇橹船悠然前行时，如果你能体会出一丝似曾相识的感觉那就最为妙哉，想象一下《非诚勿扰》里，葛优也正跟你一样在船中品着龙井，体味"西溪，且留下"的故事。

- 🚩 80 元；摇橹船 100 元 / 船 / 小时；电瓶船 60 元；电瓶车 10 元 / 人 / 趟
- 👁 7:30—18:30（4 月 1 日—10 月 7 日）
  8:00—17:30（10 月 8 日—次年 3 月 31 日）
- 🚌 临近西溪湿地高庄（公交站）
- 🚫 在杭州绕城高速公路留下出口往天目山路方向
- 👁 5 ～ 6 小时

湘湖 ★★★ 🅱🎫

比起西湖的热闹，湘湖如同小家碧玉，适合喜欢安静的游客。山巅的一览亭是观赏湘湖和钱塘江的最佳位置。登亭西望，

千顷湘湖尽收眼底。湘湖八景为：城山怀古、先照晨曦、杨岐钟声、览亭眺远、跨湖夜月、湖心云影、横塘棹歌、山脚窑烟。

$ 免费开放，游船等另收费。乘船环湖观光游60元，湘湖游船＋金沙戏水75元，仿古车观光游40元，湘湖游船＋金沙戏水的亲子套票113元

📍 杭州市萧山区湘湖路112号

🚌 临近越风楼（公交站）

👁 0.5～1天

博物馆及纪念馆之旅

★★★★★

中国茶叶博物馆

陆羽当年就是在杭州写出的《茶经》，在这里的茶室品茗会是另一种滋味。

🕐 9:00—16:30（周一闭馆）

🚌 临近双峰（公交站）

👁 2小时

中国丝绸博物馆

丝绸与瓷器曾是古老中国的象征，如今，仍然在日常生活中占有重要的位置。

🕐 9:00—17:00（周一上午闭馆）

🚌 临近丝绸博物馆（公交站）

👁 1～2小时

南宋官窑博物馆

可以自己动手仿制官窑瓷品，这种“寓教于乐”的方式应该被更多的博物馆借鉴。

🕐 8:30—16:30（周一闭馆）

🚌 临近陶瓷品市场（公交站）

浙江省博物馆（孤山馆区）

用实物来说明一个省的历史，对于浙江这样的地方内容会很丰富。

📍 孤山路23号

🕐 9:00—17:00

🚌 临近白堤（公交站）

👁 2小时

南宋官窑博物馆

京杭大运河博物馆

2014年6月，京杭大运河申遗成功，成为我国第30个世界文化遗产。杭州的大运河博物馆是以千年运河为主题的博物馆，这里充分展示了大运河的历史演变和重要作用。想了解大运河发展历程的游客，千万不要错过。

$ 免费

🕐 周二至周日 9:00—16:30

🚌 临近运河广场（公交站）

👁 30～40分钟

胡庆馀堂中药博物馆

我国唯一的中药专业博物馆。其实就是胡雪岩当年的中药铺，看看他是如何用前店后厂的方式发迹的。

$ 10元

🕐 9:00—17:00

🚌 临近鼓楼（公交站）

👁 1～2小时

胡雪岩故居

号称“清末中国巨商第一豪宅”，是一座富有明清院落建筑特色，又颇具西方建筑风格的宅第，室内家具的陈设及用料也相当考究。整座古宅文物荟萃，犹如一座民间工艺珍宝馆。

$ 20元

📍 元宝街18号

🚌 临近胡雪岩故居（公交站）

👁 1～2小时

苏东坡纪念馆

如果你是一个苏东坡的“粉丝”，这里当然是必到之处。

📍 南山路苏堤路口2-1号

🕐 8:30—16:30

🚌 临近苏堤（公交站）

👁 1～2小时

章太炎纪念馆	📍 南山路2-1号
龚自珍纪念馆	📍 马坡巷16号
吴昌硕纪念馆	📍 西泠印社内
李叔同纪念馆	📍 虎跑景区内
黄宾虹故居	📍 栖霞岭31号

茅家埠 ★★★

一个完全江南风格的村落，算是城市之外的世外桃源。比较少有汽车噪音和尾气的干扰，空气也很清新。当地的卧龙桥非常有名，可通舟楫。桥旁边有酒楼，细雨绵绵的午后小酌一杯是不错的选择。

游在杭州

杭州市西湖区茅家埠村

临近茅家埠（公交站）

1～2 小时

茅家埠分上、下，上茅家埠农家乐比较多，下茅家埠景色比较好。

双溪竹海 ★★★★ 🏊🎣⛰

双溪竹海的魅力在于竹和水，这里自然风光秀美，满山茶园，竹海幽深。在陆羽泉内，听琴品茗，体味竹林七贤的怡然自得。热爱漂流的游客可在此体验"江南第一漂"，惊险又刺激。

💰 69.9 元

🚌 临近狮子山（公交站）、双溪漂流（公交站）

👁 0.5～1 天

小河直街历史文化街区 ★★★ 🏮🎐

原汁原味的老房子，少有翻修，现如今仍住着不少"老杭州"，生活气息浓厚。一路上有不少咖啡馆、茶吧、麻将馆、面馆，找个当地居民开的小茶铺，顺道可参观古朴的屋内小院。

💰 免费

🚌 临近长征桥（公交站）

👁 1～2 小时

良渚古城遗址公园 ★★★★ 🏛

良渚古城遗址公园是中国最重要的大型考古遗址之一，它不同于普通的公园，它是一个保护、利用、开发和展示文化遗迹的综合工程。游客可通过水、陆两条不同线路，或步行或泛舟游览良渚遗址。

💰 门票 70 元 / 人（含观光车票）

📍 浙江省杭州市余杭区

⏰ 9:00—17:00（16:00 停止入园）

🚌 临近良渚古城遗址公园（公交站）

👁 3～4 小时

浙西大峡谷 ★★★★ 🏊🎣

峡谷境内山高水急，环带状的峡谷花木遍地，地貌奇特，有"白马岩中出，黄牛壁上耕"之誉，与长江三峡相比，自有不同的诗情画意。

💰 120 元

⏰ 旺季：7:00—17:30
淡季：8:00—16:00
（最佳旅游季节 6—9 月）

📍 浙江杭州临安

🚌 古城或汽车西站乘坐公共汽车至临安，票价 25 元，然后转乘 12 点左右开往仁里、岛石、新桥方向的汽车，可直接前往大峡谷太平桥镇

👁 1 天

东方文化园 ★★★ 🌿🏛

东方文化园融园林文化、宗教文化、养生文化于一体，是杭州、萧山的重点旅游项目，左邻湘湖，右邻鱼浦，田园村落，莺飞草长，浅山碧水，风光秀丽。

💰 128 元

⏰ 7:30—17:00

📍 杭州市萧山镇建新村

🚌 临近东方文化园（公交站）

👁 5 小时

宋城 ★★★★ 🏯🎭

宋城位于杭州之江旅游度假区内，是杭州第一个大型人造主题公园，还是AAAA 级旅游景区。大型歌舞《宋城千古情》是宋城的灵魂，又被誉为"世界三大名秀"之一。除了演艺秀，网红"彩虹阶梯"也值得一去，阶梯被刷上了彩虹颜色，每走一步都有不同的颜色，像是走在彩虹上一样，特别与众不同。

💰 观众席 320 元，贵宾席 350 元（含《宋城千古情》）

⏰ 9:30 至最后一场演出结束后半小时

📍 浙江省杭州市西湖区之江路 148 号

🚌 乘坐飞机前来宋城旅游，可从杭州萧山国际机场转乘汽车到达市区，距离 30 千米

👁 3 小时

OMG 心跳乐园 ★★★ 🏊

建在喀斯特地貌山谷中，以"上天入地"为主题的乐园，既可以"上天"在晴空下走玻璃天桥，也可以"入地"探访奇幻的地下河。追求刺激的人不妨试高空秋千，喜欢拍照打卡的人也一定会期待在"天使之翼"前化身天使。总之，每个人都能在这里收获惊喜。

💰 全园一票通 469 元

⏰ 8:00—16:30（3 月 13 日—10 月 31 日）
8:30—16:00（11 月 1 日—次年 3 月 12 日）
8:00—17:00（劳动节、国庆节）

📍 东琳村垂云通天河景区内

🚌 临近阳普车站（公交站）、天洞山路口（公交站）

👁 3～4 小时

杭州植物园★★★★

一个巨大的露天植物博物馆，杭州温暖舒适的气候让这里一年四季都有可欣赏的地方。每年早春时的"灵峰探梅"展是最值得关注的，所有来的人都会感叹这争奇斗艳、竞相开放的盛景。

🚩 西湖区桃源岭1号

👁 2～3小时

吃喝杭州

浙江菜系以选料新鲜、制作精细、色香味俱佳而著称，为中国八大菜系之一。以爆、炒、炸、熘、烩、炖、烤、蒸、烧、煎见长，选料以肉、鱼、禽、笋类为主。

可以说，到杭州除了看风景，吃也是一个主要的旅游项目。

推荐菜品

东坡肉 有口诀：慢着火，少着水，火候足时它自美。出锅后的肉油润鲜红，酥烂如豆腐而不碎，味道香滑而不腻口，是杭州的传统名菜。

叫花童鸡 杭州传统名菜。叫花童鸡采用嫩鸡、绍酒、西湖荷叶等原料精细加工，文火煨烤，原汁不走，沁人荷香酒香。

西湖醋鱼 选用鲜活草鱼，鱼肉嫩美，带有蟹肉滋味，别具特色。还有一种用鳜鱼制作的，味道也不错。

龙井虾仁 选用河虾，配以清明节前后的龙井新茶烹制，滋味独特，是一道杭州传统风味突出的名菜。

蜜汁火方、排南 是杭州名菜中的两道菜名，也是两道既得美味又利滋补的佳肴。

南肉春笋 1956年就被评定为36种杭州名菜中的一款。春笋爽嫩，南肉香糯，两样煮在一起，汤味更加鲜美爽口。

清蒸鲥鱼 是杭州36种名菜之一。此菜选用富春江鲥鱼，以端午节前后捕获的最好，配以火腿、笋肉、香菇等清蒸而成。由于此鱼的鳞下脂肪肥厚，清蒸时不去鳞。成菜后鱼肉鲜嫩，鱼鳞吮之油润。

西湖莼菜汤 又称鸡火莼菜汤，有汤中至宝之称，是杭州的传统名菜，此菜滑嫩可口，营养丰富。

推荐食处

天香楼 是杭州百年老店，与楼外楼、知味观一起驰名海内外，这里的东坡肉尤为出名。

🚩 下城区延安路447号浙江饭店2～3楼

☎ 0571-87076789

外婆家 平民消费的首席代表，一流的家常杭帮菜，二流的就餐环境，三流的价格。去外婆家吃饭肯定是要订位的，不用担心吃不饱，只管大胆地点。推荐菜品是茶香鸡、青豆泥和麻婆豆腐。

🚩 西湖银泰5层

☎ 0571-87002008

楼外楼 楼外楼是吃杭州大菜的地方，其实仅凭它的历史和建筑风格也是值得一去的。楼外楼是杭州城内历史最为悠久的一家饭店，在这里停留过的大人物一时是说不完的，因为饭店坐落于孤山之上，在品尝杭帮菜的同时，还可以饱览西湖秀色。在这里吃到最正宗的杭帮菜，有名的当推叫花鸡、西湖醋鱼、东坡肉、龙井虾仁。特别是东坡肉，楼外楼是得了真传的。小红泥瓦罐里面糯糯的一块方肉，色、香、味、形俱佳，入口即化的口感不是每家餐馆都能做出来的。

🚩 孤山路30号

☎ 0571-87969682

💡楼外楼及其他美食店

1. 楼外楼的名声很大，很多人都是慕名而来。但这里价格也是挺吓人的，一只叫花鸡380元，一份龙井虾仁198元，一条西湖醋鱼180元（草鱼），但这里的食客永远络绎不绝。

2. 现在口味可以与之抗衡的有红泥、张生记，与"楼外楼"相比，价格要便宜很多，不过最好提前24小时预约。

龙井菜馆 推荐野生鳜鱼汤、龙井虾仁、大鱼头。

🚩 西湖区龙井村1号

☎ 0571-87964286

奎元馆 杭州的面食也不输北方，不信就到奎元馆试一试。爆鳝面、冬菇烧面、大三鲜面是最拿手的。

🚩 解放路154号

☎ 0571-87964286

知味观 想要一次尝遍杭州的小吃，知味观是不错的去处，只是价格有点贵。这里的杭州特色菜很正宗。

🚩 上城区仁和路83号

☎ 0571-87017778

推荐小吃

杭州的小吃也很有名，到了杭州，一定要品尝以下美味：猫耳朵、臭豆腐、冰盏醉白虾、蜜汁藕、西湖牛肉羹、西湖雪媚娘、片儿川、荷花酥、宋嫂鱼羹、乾隆鱼头、虾爆鳝面、蟹黄面、猪肝面、芦荟、

黄鱼面、牛肉粉丝、虾肉馄饨、鸭血汤、甜甜圈、红豆汤、小笼包子、喉口馒头、菜卤豆腐。

推荐茶馆

杭州的茶馆像古迹一样，到处都是，杭州的龙井更是一流的，所以才有了"龙井问茶"这一景，到杭州是一定要喝茶的，倒不一定非去龙井，各有各的特色。

心源茶楼（天城店） 很老牌的一个茶楼，茶水滋味众说纷纭，但是对这里自助食物是统一赞赏的。店里古色古香，环境古朴幽雅。

📞 0571-85106983

📍 览桥街道秋涛北路 407-411 号西子电梯集团

和茶馆 和茶馆算得上杭州前三位的茶馆。据说老板娘是古董爱好者，茶馆的格调和品位当然不会差到哪里去。装修得古色古香，中国古典气息十足。店里到处是佛像，非常恬静的感觉。包厢数量不少，茶点质量还行，就是品种稍微少了点，不过服务员不定时会送来特色点心或饮品。

📞 0571-87979556

📍 西湖区西湖街道法云弄 22 号安缦酒店内

夜游杭州

夜游杭州最抒情的项目是在西湖泛夜舟，坐船到湖中的岛上，那里有全古装的表演和接待等，宋城、黄龙洞有仿古夜游、越剧演出等；而最惬意的去处是茶馆、酒吧和夜市，那里风情不一，适合不同的游人。有兴趣的话还可以去看看张艺谋导演的《印象西湖》（门票 220 元），也许不如你心中的唯美，但也算领会了一点张艺谋的印象系列。另外，西湖湖滨每晚都有免费的音乐喷泉，很多人会坐在长椅上等着开场。

推荐夜游

吴山夜市 杭州最老、最热闹的一条夜市街，也是杭州最市井、最草根的地方，从古玩字画到衣帽饰品应有尽有，绝对能满足你淘宝的欲望。

曙光路茶馆一条街 西湖之西，距西湖不过百米之遥的曙光路，是著名的茶馆一条街，其间也有酒吧。

南山路酒吧画廊一条街 酒吧、画廊还有茶馆，精美而便宜的夜宵，还有什么地比这里更合适时尚人群光顾？南山路上的酒吧都极具个性，因为地处西湖边，所以对本地人和外地人都是有吸引力的。

购物杭州

延安路和解放路是杭州最繁华的商业街，武林广场是杭州的市中心。如果想买杭州的工艺品和土特产，可以到延安路的景德镇综合商店、教工路的文物商店、光复路的工艺旅游产品商场去逛一逛。

特色购物

杭州丝绸 在杭州的大小景点和街头巷尾都能看到杭州丝绸，但新华路的杭州丝绸城里会有既便宜又精致的丝绸品，而且可以讲价。

龙井茶 如果是春天到杭州的话，正好是西湖龙井新茶上市的时节，在各大商场的门口都有现炒现卖的，虽然价格不菲，但生意仍然兴隆。如果不识货，买现炒的是最妥当的。

杭白菊 也是一种特产，主要用来清热去火。杭白菊以桐乡一带的品质为最好。

西湖天地 位于西湖南岸的涌金池畔，云集了世界知名的咖啡馆、会所、餐厅、娱乐场所和商铺，是杭州小资和时尚人士的聚合之地。

住在杭州

杭州的大小宾馆遍布西湖的四周，平时客房比较宽松，但周末比较紧张，最好提前两天预订。到杭州当然要住在离西湖最近的地方，越靠近西湖的地方，房价自然也越高，这也是可以理解的。杭州普通

百年老店			
店名	地址	历史	经营范围
张小泉剪刀店	延安路255号	始建于1663年	各种剪刀
王星记扇庄	仁和路62号	始建于1875年	黑纸扇、檀香扇等几百个品种的扇子
胡庆徐堂国药号	大井巷95号	始建于1874年	中草药和该厂生产的各类中成药
邵芝岩笔庄	中山路298号	始建于1875年	生产毛笔，经营文房四宝
九芝斋	上佑圣观路216号	始建于1925年	苏式蜜饯、糕点
孔凤春	西湖大道132号	始建于1862年	各类香粉

宾馆，标准间一般 200～400 元。杭州国际青年旅舍也是人气很旺的地方，许多外国游客会选择住在那里。

西湖边住宿

悠客青年旅舍、庆余客栈、西湖泊客居、江南驿新宇国际青年旅舍、南山路国际青年旅馆、背包客旅舍等，都是不错的选择。价位一般 50～150 元。

杭州高校住宿

工商大学招待所、省团校招待所、浙江科技学院招待所、浙大玉泉招待所、浙大西溪宾馆、浙电招待所等，也值得推荐。价位一般 100～150 元。

推荐住宿

香格里拉饭店　不论是从设施、环境还是服务来说，香格里拉都是最好的，而且出门就是西湖，所以才有了同样一流的情调。

🚏　北山路 78 号

📞　0571-87977951

杭州国际青年旅舍　位于西湖边酒吧街上，老外很多，据说是杭州最好的青年旅舍。

🚏　南山路 101-3 号

📞　0571-87918948

杭州周边游

钱塘观潮　★★★ 🌐📷

农历八月十八前后，远眺钱塘江能看到潮汐形成的汹涌浪涛，犹如万马奔腾，有"滔天浊浪排空来，翻江倒海山可摧之势"。除中秋时节外，每月的农历十五也可到此一观。

💰　旺季 90 元；淡季 30 元

🚌　可在海宁火车站乘坐 T109 路公交直达盐官，大约 1 小时车程

👁　1～2 小时

💡　因为气象等自然原因，最好提前 40 分钟到达观潮点。

天目山　★★★★ 🌐📷

天目山东、西峰顶各有一池，宛若双眸仰望苍穹，由此得名。天目山素有"大树华盖闻九州"之誉。动植物种类繁多，珍稀物种荟萃；峰峦叠翠，古木葱茏，有奇岩怪石之险，有流泉飞瀑之胜；天目山也是宗教名山。

💰　100 元，观光车往返 40 元

🕐　8:00　16:00

🚌　乘坐杭州开往临安的中巴，再打车前往

莫干山　★★★★ 🌐📷

相传，春秋时期吴国的铸剑高手干将、莫邪夫妇，就是在这里投身剑炉中，铸出了那举世闻名的雌雄剑。莫干山风光妩媚，有景色秀丽的芦花荡公园，古朴静谧的武陵村，荡气回肠的剑池飞瀑等百余处景点。

💰　130 元（含往返接驳车）

🕐　8:30—16:30

🚌　杭州汽车北站乘车，车费 40 元

👁　1～2 天

🏡　风景秀美的莫干山现在有很多特色民宿，各家民宿都有自己的吸引人之处。"既好住，又有人情味"，大概就是莫干山民宿的魅力所在

龙门古镇　★★★★ 🏞🛶🌐🎋

龙门古镇，据传是三国时东吴大帝孙权的故里，至今已逾千年。古镇内的明清古建筑，在历经沧桑和战乱之后，至今仍保存完好，衬着小桥流水与古街，构成了古镇独特的风景。到龙门古镇，不仅可以感受江南特有的民俗风情，还能领略浓厚的孙氏文化，品尝到文台粉条、国太豆腐和江东元宝等名小吃。

电影《理发师》《天机·富春山居图》曾在此取景。

💰　70 元

🕐　8:30—16:30

🚌　杭州至富阳的班车一般停在富阳新客站，可以从新客站乘 3 路至西站，再转乘公交到古镇

👁　2～4 小时

💡　1. 龙门庙会：农历九月初一，从北宋期间流传至今近千年历史。

💡　2. 闹元宵：从正月十三开始，古镇内挂满传统特色花灯和红纱灯，到正月十八落灯。

杭州周边游

龙门古镇

瑶琳仙境 ★★★★

瑶琳仙境，是奇诡无比的洞天世界，以其"幽、深、奇、秀"的瑰丽景观吸引着中外游客。这里神奇的地貌和瑰丽多姿的钟乳石景，堪称天下奇观。主要奇观有仙女聚会、蓬莱宫阙和银河飞瀑等。洞内还发掘出东汉印纹陶片、隋唐木炭题字、五代北宋古钱以及元代的青瓷碎片等，为考古研究提供了重要资料。

💰 116 元

🕐 8:00—16:30（4—10月）
8:30—15:30（11月—次年3月）

🚌 1. 杭州汽车南站往分水方向的车，车票40元，两小时到林场下车，步行10多分钟可到达景区

2. 桐庐县城到瑶琳有中巴车直达，车票12元，半小时到达景区

👁 1 小时

💡 别光顾着抬头看景，其实低头看清泉里倒映出来的景色更加迷人。

梅峰揽胜 ★★★★

位于千岛湖中心湖区西端的状元半岛上，距千岛湖镇12千米。它以群岛星罗棋布、港湾纵横交错、生态环境绝佳而被确定为千岛湖的一级景点。登上梅峰观景台，可以纵览300余座大小岛屿，是目前千岛湖登高揽胜的最佳处。"不上梅峰观群岛，不识千岛真面目"，这是到过梅峰的中外游客对其群岛风光的一致赞誉。

⏰ 上岛游船每天9:15、10:45两班，包游艇售票时间：8:00—15:00（天黑前返程，具体时间依船班航程而定）

🚤 乘千岛湖游船中心湖区上午线路上岛，包括梅峰岛、渔乐岛、龙山岛，65元/人；豪华游艇150元/人

👁 1～2 小时

💡 缆车、滑草：上梅峰岛可以选择坐缆车，双程60元/人。

九咆界风景区
★★★

一处"养在深闺人未识"的景点，自2006年开发后，现已成为仅次于千岛湖的又一必游景点。九咆界看的是大峡谷、瀑布群，还有村寨民俗，或许这些并不能在同类景点中取胜，但抱着体验村寨风情的心态来此一定不会失望。

💰 85 元

🕐 8:00—17:00

🚌 九咆界景区在千岛湖镇设有散客接待中心，两人以上可包车前往，综合费用（门票＋往返车费）178元/人

👁 3～5 小时

黄山尖 ★★★

黄山尖是珍珠列岛中最高的岛屿。登临山巅，向西北俯瞰，90多个岛屿尽收眼底，像一串串珍珠洒落在湖面；向西南远眺，姥山岛隐在云雾之中；向东南眺望，一道幽深的峡谷从黄山尖与美山岛之间穿过……千姿百态的岛屿和迷离曲折的港湾，构成了一幅美丽的山水画。

🚤 包含在通票中，黄山尖上下山都有缆

杭州周边游

车，双程 50 元/人，单程 30 元/人

⏰ 8:00—18:00

📍 千岛湖东南湖区珍珠列岛内

🚌 在东南湖区码头乘坐游船 C 线到达景点；或是乘观光索道

👁 1～2 小时

千岛湖森林氧吧

★★★★ 🎫 ⛰

　　这里拥有千岛湖最好的森林植被、最美的自然风光和最佳的生态环境，是森林吸氧洗肺的好地方。景区周边群山叠翠，有秀美曲折的溪涧、跌宕多姿的瀑布、色彩斑斓的水潭，景致变化万千，被誉为千岛湖的世外桃源。并有山泉足浴健身、勇敢者探险、山涧千叠飞瀑、溯溪而上、急流回旋等休闲运动项目。

💰 40 元；森林滑草 30/人；七彩通道 50 元

⏰ 8:00—17:00（3 月 1 日—10 月 14 日）8:30—16:30（10 月 15 日—次年 2 月 28 日）

📍 千岛湖镇淡竹王子山

🚗 出租车从镇上到景区一般 50 元左右，车程约 30 分钟，如果想省钱的话，可以到淳安客运站乘坐出租

🚌 1. 杭州、上海和南京方向经杭新景高速千岛湖支线，在淡竹出口下，向前 4 千米处右拐至景点

　　2. 杭州经 320 国道至建德洋溪右转到 S303 省道至景点

　　3. 千岛湖镇出发走 303 省道，经三个隧道后左拐上浪黄线至景点

👁 2 小时

💡 **千岛湖的票价及交通**

　　1. 千岛湖风景区旅游门票实行淡旺季节票价：每年 3—11 月为旺季，票价为 130 元/人；12 月一次年 2 月为淡季，票价为 110 元/人，游船费 65 元。

　　2. 暑假和寒假期间，全日制在校学生可享受门票 5 折优惠。

　　3. 夏季的千岛湖还有夜游项目。

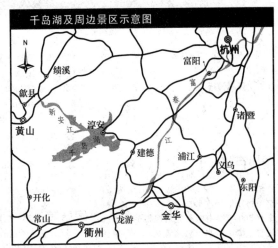

千岛湖及周边景区示意图

千岛湖游船线路

线路	景点	出发时间	地点	票价
A 线	梅峰岛、渔乐岛、龙山岛、月光岛	9:00	中心湖区	成人 65 元/人，儿童 35/人
B 线	梅峰岛、渔乐岛、龙山岛	10:00	中心湖区	成人 65 元/人，儿童 35/人
C 线	梅峰岛、渔乐岛、月光岛	11:00、12:00	中心湖区	成人 65 元/人，儿童 35/人
D 线	梅峰岛、月光岛	13:00	中心湖区	成人 65 元/人，儿童 35/人
E 线	龙山岛、月光岛	13:45、14:30	中心湖区	成人 65 元/人，儿童 35/人

注：乘坐豪华游艇游览，票价 150 元/人。在中心湖区还可以包船（1950 元/艘），黄金周和旺季双休日除外。
咨询电话：0571-64816244（中心湖区）/64881959（东南湖区）。

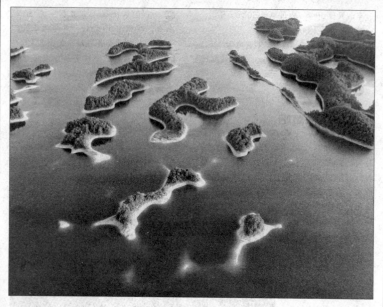

千岛湖森林氧吧

4.在景区游玩，可乘游船、游艇及豪华游轮来往各岛。

☀️环湖骑行

千岛湖环湖沿途都是湖滨独立景观绿道，环湖骑行，白天可以欣赏千岛湖骑旎的风光，夜晚可以欣赏千岛湖美丽的夜景，感受运动的乐趣。

芹川古村 ★★★ 🏞️⛩️

一条小溪穿村而过，溪上有38座小桥横跨，村中屋舍俨然，从山顶鸟瞰，整个村庄沿小河形成一个"王"字。村中有300幢皖南徽派建筑风格的明清古建筑，依山傍水、白墙青瓦。在芹川村至今还保存着关玉堂、锦公祠、仁义厅、敬义堂和昭灵庙等八座祠堂、三座庙宇。

🎫 免费

🚌 千岛湖阳光汽车站每30分钟左右就有一班发往石颜新桥的班车，票价约8.5元

⏱️ 2小时

龙游石窟 ★★★★ 🎯🧗

巨大的地下人工石窟令人震撼，气势壮观，鬼斧神工。每个石窟呈倒斗矩形状，四壁笔直，棱角分明，有粗大的擎柱支撑着顶部。目前尚不清楚开采石窟的历史背景和用途、古代开采的技术手段等一系列问题，因此它被称为"千古之谜"和"世界第九大奇迹"。

🎫 85元

🕐 8:00—16:30

🚌 可在龙游公交总站乘专线直达景区，每30分钟一班，车程约20分钟

⏱️ 2小时

民居苑 ★★★★ 🏞️🎯😊

无论是否看过皖南或婺源的古村落，都建议去对比观赏一番。民居苑是全国仅有的两处易地搬迁保护文物工程的示范点之一，搬迁复建明清时期古建筑30多栋，精品不少。景区内开展"畲族定亲"表演、滚花龙、貔貅舞、土法制作"龙游宣纸"等民俗表演。

🎫 45元

🕐 8:00—17:30（6—9月）
8:00—16:30（10月—次年5月）

🚌 龙游城区公交直达，5分钟车程

⏱️ 2～3小时

绍兴

绍兴快速攻略

Day1　沈园→鲁迅故里→青藤书屋→东湖→蔡元培故居
Day2　兰亭景区→会稽山
Day3　绍兴→柯岩风景区
Day4　绍兴→诸暨

感受绍兴

清朗　绍兴的清朗不只在于这里多水，而是这里的人至今还有着对世事的独立态度。你到绍兴的餐厅吃饭，就算是过了时间，那里的服务员也会给你最热情的招待；绍兴的三轮车夫可能是每个去绍兴的人都会接触到的，他们戴着鲁迅笔下闰土式的毡帽，嗑着散装的瓜子与客人们讨论着价格，那种闲散的神情更像是遇到了街坊聊两句家常。特别是绍兴旧城的建筑，一律白色的楼身配上黑色的屋顶。这座像是浸在水里的城，早已游离于我们所熟知的日常生活规则，清朗地与历史对话，与现实对峙。

万桥市　这是绍兴的一个别称，在这里能看到石梁桥、七边形桥、石拱桥等，真可谓无桥不成市，无桥不成路，无桥不成村，而其中古桥占据了很大的比重。绍兴是国内保存古桥品种和数量最多的地区之一。

绍兴酒　提起绍兴，喝酒的人都能随口说出几个黄酒名：女儿红、状元红、加饭酒等。黄酒因为贮存愈久品质愈佳，所以绍兴人在孩子出生时就要埋下一坛酒，所以黄酒又称为老酒。绍兴人是闻着酒气长大的，不仅酒好喝，而且酒名也透着江南特有的阴柔之气。到绍兴坐乌篷船，喝绍兴酒，那是必不可少的节目。

准备与咨询

语言

　　绍兴话听起来会显得有些生硬，一般情况下，遇到当地的年轻人可以用普通话交流。

气候与游季

　　绍兴四季分明。到周边的景区，特别是五泄等地，最好是在5~10月的丰水期。三四月间，吼山一带有桃花节，赏花品酒，当属绍兴的最佳游季。

行在绍兴

进出

飞机

　　绍兴没有机场，但距离杭州萧山国际机场仅30千米，所以乘飞机到杭州，再乘机场大巴进入绍兴比较方便。大巴沿途停靠站点：柯桥（镜湖宾馆旁）、绍兴（玛格丽特大酒店门口），

绍兴的文化气息

　　绍兴虽然在浙江，气质上却不同于浙江其他的城市，当地人也很客气，饮食不但好吃而且还能让人感受到它的历史，市区里随便走走就能感受到浓浓的文化气息。

雨天乘三轮车逛绍兴

　　绍兴是典型的江南水乡，赶上阴雨天，可以叫辆三轮车逛逛绍兴市，全程大约5小时，总共80~90元即可。绍兴是出名人的地方，到处都是名人故居，很值得一看。

感受绍兴

问询电话：0571-96299

订票地点

售票点	地址	电话
绍兴市通联民航票务中心	解放南路 35 号	0575-85111382
民航绍兴售票处	绍兴市环山路 8 号	0575-85155888

铁路

绍兴有 4 个火车站，分别为绍兴站、绍兴北站、上虞北站、诸暨站。在绍兴站停靠参观市内景点最方便，而如果要游玩五泄、西施故里等景区则到诸暨站更为方便。

绍兴市内有多个火车票代售点：人民中路 237 号，绍兴市中兴北路 64 号，环城西路 108 号，解放南路 1007 号。售票时间统一为 8:00—17:00。

绍兴火车站问讯处 ☏ 0575-88022584

公路

因为江浙一带的公路交通十分发达，所以，与周边其他城市一样，绍兴也有包括客运中心和东、西、南、北 5 个汽车站。

长途汽车站点及发车方向

客运中心
- 🚗 104 国道北复线与绍三线交叉口
- ☏ 0575-88022222
- 🚌 跨省或跨市的地区或城市方向

汽车东站
- 🚗 东池路 235 号
- ☏ 0575-88650990
- 🚌 上虞区、嵊州、新昌方向流水发车

汽车西站
- 🚗 城南大道 1600 号
- ☏ 0575-85151026
- 🚌 诸暨方向流水发车

汽车南站
- 🚌 柯桥区南部各乡镇方向流水发车

汽车北站
- ☏ 0575-85133133
- 🚌 柯桥区北部各乡镇方向流水发车

市内交通

绍兴的市内交通以公交车（公共汽车、中巴车）和出租车为主，也有人力车。

公交车 发车时间间隔 3～10 分钟，末班车收车较早，起步价 1 元。

出租车 起步价 10 元/3 千米，超过2.5 千米后每千米按 2.4 元计，另收 2元燃油费。绍兴的城区不大，所以，比较适合在城里打车，而出城就太贵。

乌篷船

乌篷船 按半小时 40 元计，最低可砍到1 分钟 1 元，主要在鲁迅故居、仓桥直街、东湖景区、安昌古镇柯岩风景区和柯桥镇柯桥头下有出业业务。

🌞 1. 想坐乌篷船的人去东湖比较好，50 元一条船，还可以沿途观风景。

2. 鲁迅故居到沈园买联票，可免费坐乌篷船，不过排队时间很长，如果想坐，可以先参观沈园，再坐船到鲁迅故居，就可免去排队之苦。

游在绍兴

鲁迅故居 ★★★★ 🖼🔊🌸⭐

在没有亲自到过鲁迅故居前，对先生曾经生活过的地方一定抱有想象，面对故居，你会发现，这里的一切丰富并且完整得令人难以置信。

鲁迅故居的后园是百草园，这里是鲁迅童年时代的乐园，常来玩耍嬉戏。离故居不远便是鲁迅少年时代上学的私塾——三味书屋，书屋的正上方仍悬挂着"三味书屋"的匾额，连那张先生用小刀刻了个"早"字的书桌也还在原处。《从百草园到三味书屋》中的景象如今虽难寻旧踪，但文中浓厚的生活情趣依然带给人深刻而又美好的印象。

- 🎫 包含在鲁迅故居景区内
- 🕘 9:00—16:00
- 📍 鲁迅中路 241 号

🚌 临近鲁迅故里（公交站）

👁 1～3小时

鲁迅纪念馆 ★★★★

绍兴鲁迅纪念馆始建于1973年。馆内留有鲁迅先生孩提时的玩具，还有闰土送给他的贝壳……陈列厅庭院植物以樟、松、梅、兰为主，同时遵照鲁迅《朝花夕拾》中的记载，选栽枣树、皂荚树、桑葚等植物，再现鲁迅当年的居住环境氛围。

🎫 免费

🕒 8:30—17:00

➡ 绍兴市越城区鲁迅中路235号

🚌 临近鲁迅故里（公交站）

👁 2～3小时

人文故居游 ★★★

蔡元培故居 蔡元培从出生至出任翰林院编修前，一直生活于此。东次间楼上原为蔡元培住处。

青藤书屋 原名榴花书屋，是明代三大才子之一徐渭的住所。书屋不大，只是一处带花园的一进四合院。但厚重的历史、萧条的葡萄藤、赫然在目的自在岩都让人印象深刻。

秋瑾故居 这里是秋瑾秘密起义事宜商讨之地。保留了不少的秋瑾手迹，秋瑾临刑前的绝命诗也收藏在这里。

沈园 ★★★★

陆游和唐婉各自婚后偶遇的地方，也是使得唐婉从此一病不起、抑郁而终的地方。陆游和唐婉的千古绝唱被并排拓印在一面墙上，一左一右。

🎫 白天40元；沈园之夜A座138元；B座118元；C座80元

🕒 8:00—17:00；18:30—21:00

➡ 鲁迅中路318号

🚌 临近沈园（公交站）、鲁迅故里（公交站）

👁 2小时

仓桥直街 ★★★★

这条历史街区是绍兴古城的重要文化遗产之一。自北而南依次架有仓桥、龙门桥、西观桥、凰仪桥等传统古老石板桥，平添水城氛围。街上有很多值得一看的纪念馆，如越艺馆、黄酒馆、戏剧馆与书画馆等。

➡ 绍兴市区卧龙山东南麓

🚌 临近绍兴大剧院（公交站）

👁 1～2小时

会稽山 ★★★★

会稽山与我国古代开国圣君、治水英雄大禹有着不解的渊源。整个景区由大禹陵、香炉峰、宛委山、石帆山、若耶溪五个景区组成。站在会稽山顶，古城绍兴尽收眼底，远处山脉连绵不断，迷雾若隐若现，如淡墨画一般。

🎫 60元；通票140元（含大禹陵、百鸟苑和香炉峰）

🕒 8:00—17:00

➡ 绍兴市越城区二环东路

🚌 临近大禹陵（公交站）；越秀外国语学院（公交站）

👁 2～4小时

八字桥 ★★★

"中国最古老立交桥"，状如八字，巧妙地连起了三条汇聚此处的小河。站在桥上——小桥、流水、人家；恬淡、宁静、活

鲁迅故居三味书屋

绍兴八字桥

☀ 人力三轮车

绍兴市内遍布各式各样的人力三轮车，一般起步价为3元，比出租车稍便宜一些。大多数车夫比较诚实，对外地人和本地人一个价。

☀ 禹陵也要游

1. 与其他的帝陵相比，禹王庙、禹穴、岣嵝碑、窆石亭都有特别之处。

2. 现在禹陵附近的禹村住家多姓姒，为禹的后人。

泼、生动。偶尔瞥见枕河人家的起居生活，似乎又回到了那古朴纯净的年代，和谐的环境让人觉得水乡的文化，本就该如此。

🎫 免费

📍 浙江省绍兴市越城区八字桥直街

🚌 临近妇保院（公交站）

⏱ 15～20分钟

☀ 许多到兰亭的人是慕了王羲之的名和他的书法，但现在的兰亭有了过多的人造景观，多少破坏了这里原有的氛围。

东湖景区 ★★★★ 🎐📷

这里曾是采石场，湖的两岸是当年采石留下的陡峭山崖，如今被山泉冲刷出一道道斑斓的色彩，煞是好看。还有一些窄窄的石洞，有的仅能容一艘船经过，很奇妙。东湖的水比绍兴市区的乌篷船河道清澈许多，因此乘乌篷船游东湖也是许多人来此的理由。此外，这里也是1982年版《西游记》中女儿国的取景地。

🎫 50元

🚌 临近东湖风景区（公交站）

⏱ 2～3小时

☀ 去之前恶补绍兴民俗

1. 去绍兴之前，提前温一温那些旧课文，比如《从百草园到三味书屋》《孔乙己》《药》《阿Q正传》，否则游程中会少了许多的乐趣和滋味。

2. 绍兴民俗博物馆与鲁迅故居相隔不远，那里展出的实物是了解绍兴民俗最好的地方。与鲁迅有关的景点，除绍兴一中外，都集中在市中心，建议游客直接打的，一般都在起步价之内，经济快捷。

☀ **1. 坐乌篷船游东湖：**这里有乌篷船出租，而且可以一试身手，但一定要听从船老大的指挥。乌篷船票价85元，可乘坐3人。分别在两个售票处出租，游客乘坐前要分辨清楚。其实不坐船，沿途步行也能看到其中两个洞。

2. 小心蚊虫叮咬：带上清凉油以防夜间的蚊虫叮咬。

3. 游览顺序：游完东湖后顺道到大禹陵，再坐10路车去鲁迅故里，比从东湖直接去鲁迅故里方便多了。

4. 社戏表演：景区里的稷寿楼每天有社戏表演，可免费观看。

绍兴黄酒小镇 ★★★ ⛰🏯

"越酒行天下，东浦酒最佳"，说的就是绍兴黄酒的发祥地、全国历史文化名镇东浦，这个距今已有1600余年的历史小镇，黄酒小镇有名于它的"水乡、酒乡、桥乡、名士之乡"。夏至时节，十万株向日葵竞相开放，宛如一片金色的海洋，场面十分壮观，与相距不远的南江沿生态河相映成辉，让许多游客流连忘返。

🚌 东浦小镇位于绍兴市区东边，从高速下来，经过绍兴北站，即可到达位于黄酒小镇的游客服务中心

☀ 联票和免费巴士

绍兴古城通票，包括鲁迅故里、东湖、兰亭、沈园、大禹陵等13个景点，128元两日内有效。

凭联票可以多次乘坐巴士去各景点，但是巴士只在黄金周才有。

别忘了买好酒

在东风酒厂或古越龙山酒厂的专卖店可以买到散装酒，酒的品种很多，价格便宜，质量又好，建议在买前先尝一下（店家都是允许的），这样就可以选到自己喜欢的好酒。

绍兴的特产

绍兴著名的土特产有绍兴腐乳、绍兴平水珠茶、绍兴麻鸡、斋大茂香榧、平大兴年糕等。绍兴花边、墓本缎、乌毡帽等是这里著名的工艺品。

绍兴的"咸亨"

绍兴有两个"咸亨"，一个为鲁迅笔下的孔乙己常光顾的"咸亨酒店"，在鲁迅中路上，称为"小咸亨"。另一个为解放南路咸亨大酒店，称为"大咸亨"。

绍兴的酱菜

绍兴的酱菜也很有名气，如酱鸭、酱鹅、酱菜等，当然，还有孔乙己忘不掉的茴香豆。

绍兴的批发市场

绍兴市郊遍布着很多大型专业批发市场，其中影响较大的有绍兴柯桥镇的中国轻纺城，嵊州市的浙东服装领带市场，以及诸暨市全国最大的珍珠市场。

推荐购物场所

绍兴古玩市场: 绍兴市区府河街
绍兴花市: 绍兴市满渚镇
绍兴花鸟市场: 解放路塔山旁
绍兴名茶市场: 绍兴市稽江镇车头

绍兴的好住处

老城区中由百年祖居宋家台门改建的老台门客栈、可望见百草园的绍烟机招待所、鲁迅纪念馆旁的浙氏宾馆都是不错的选择，价格 60 ~ 220 元。

吃喝绍兴

绍兴菜以河鲜、家禽和豆笋类为主要原料，因为烹制过程多加入了绍兴酒，所以味道香烈、鲜咸，不油腻。

特别推荐

绍兴老酒　绍兴老酒用鉴湖水，选上等精白糯米、优良黄皮小麦为原料，所以，琥珀色的酒液才能醇厚甘鲜，绍兴老酒为中国黄酒之冠。绍兴老酒品种主要有状元红酒、加饭酒、善酿酒、香雪酒、花雕酒等，其中的古越龙山牌加饭酒和绍兴花雕坛酒为国宴专用酒，屡获国际金奖。

霉干菜焖肉　这是到绍兴必吃的一道菜。用绍兴特有的霉干菜与猪肉在一起先焖后蒸，味道香浓，特别下饭。

糟熘虾仁　这是一道以绍兴酒糟调味烹制的食物。"糟熘虾仁"以新鲜河虾仁浸入糟汁，虾仁洁白、鲜嫩。

推荐食处

咸亨酒店　如今的咸亨酒店和鲁迅笔下的已大不相同，但霉干菜、茴香豆、绍兴酒、乌毡帽仍满目皆是。人均 30 ~ 40 元的消费算是十分公道的，更何况这里的臭豆腐、茴香豆、霉干菜焖肉和黄酒绝对正宗。

📍　鲁迅中路 179 号
📞　0575-85116666

寻宝记绍兴菜（状元楼店）　地道的绍兴风味，装修古香古色，游客中口碑很好的饭馆，菜还可以只点半份，这样可以多尝些口味。推荐醉鸡、绍三鲜、臭豆腐。

📍　仓桥直街 114 号
📞　0575-85223317

夜游绍兴

晚上可去市中心广场逛逛，广场上有一张刻在地上的绍兴老城图，很有趣味。

绍兴也是曲艺之乡、越剧的发源地，到剧院茶楼听一场绍剧或者莲花落，应当是最有纪念意义的了。

绍兴大剧院　📍　绍兴市解放北路 405 号
绍兴剧院　📍　绍兴市人民中路 61 号
绍剧艺术中心（剧场）　📍　绍兴市延安东路 491 号

购物绍兴

推荐购物

1. 玛格丽特商业中心，火车站对面。
2. 金时代广场，对面是咸亨酒店。
3. 国际摩尔城，特色餐厅很多。

古玩市场　像很多城市都有的同类市场一样，这里有古玩、字画、邮票、钱币，也是一座城市市井生活的浓缩。有所不同的是，这里的建筑风格仍然保留住了很多古风古韵。

📍　解放路、鲁迅路的交叉口

住在绍兴

绍兴的住宿以中低档较多，四星级酒店有咸亨大酒店。三

星级酒店有绍兴酒店、亚都大酒店。

背包族可去百草堂招待所和佳家宾馆，环境干净，价格便宜。

锦江之星（绍兴胜利店） 出酒店马路斜对面就是公交"元培中学"站，在此有车直达兰亭、东湖、柯岩，还能换乘到吼山、大禹陵。而且酒店东临护城河，夜景也很美。

🚗 胜利西路 748 号

📞 0575-85175888

绍兴周边游

柯岩风景区
★★★★　🏊🎨🏛️⛵

　　柯岩始于汉代，距今已有 1800 多年的历史。这里以古越文化为内涵，融合了绍兴的水乡风情。柯岩的云骨最为奇绝，号称天下第一石，是隋唐以来采石而成的一大奇观。到此一游别忘了拿酒券在葫芦岛上尝一小盅绍兴花雕和老米酒。

🎫 柯岩+鉴湖+鲁镇=130 元（含船票）

🕐 8:00—17:00（5 月 1 日—10 月 7 日）
　　8:30—16:30（10 月 8 日—次年 4 月 30 日）

🚩 柯桥区柯岩大道 518 号

🚌 临近柯岩风景区（公交站）。

👁 4 ～ 5 小时

> **游在柯岩**
> 1. 石佛、云骨，一为古代艺术的结晶，一为自然造物的绝妙之作，两者是不能不看的。
> 2. 累了可到莲花洞内歇脚。
> 3. 景区内的茶座颇有古风，可以在那里稍做歇息，吃着土方的豆腐干，别有一番风味。另外，景区内草坪多而大，但树少，应注意防晒。
> 4. 柯岩景区内，有船免费在柯岩、鉴湖、鲁镇三处景点往返载客。

鉴湖
★★★★　🏊🎨🏛️🌙

　　也称作镜湖。在鉴湖长长的历史中，我们最为熟悉的还要算鲁迅笔下的万年戏台那一段，以及鉴湖女侠秋瑾的豪气。目前柯岩景区内的古鉴湖景区是鉴湖的核心景区。须在柯岩景区的码头内乘船前往。

🎫 三区联票 130 元（含船票）

🕐 8:00—17:00（5 月 1 日—10 月 7 日）
　　8:30—16:30（10 月 8 日—次年 4 月 30 日）

🚌 临近柯岩风景区（公交站）

👁 1 ～ 2 小时

> **鉴湖的"水酒"和社戏**
> 1. 驰名中外的绍兴酒，就是用鉴湖水酿造的。
> 2. "万年戏台"坐西朝东，两面环水，面临鉴湖。如遇得巧，仍然能看到鲁迅笔下的社戏表演。

鲁镇
★★★★　🏊🎨🏛️⛵

　　鲁镇最早是鲁迅在《孔乙己》《祝福》《社戏》等小说中提到的虚构之地，现在的鲁镇其实就是根据鲁迅笔下的"鲁镇"还原出来的一个江南小镇主题公园，可以说是绍兴水乡的缩影。走过气派豪华的鲁府，停驻在戏台前听听社戏，在咸亨酒店用大洋来换一杯酒，听喋喋不休的祥林嫂叨着自己家的阿毛……戏里戏外仿佛都是真实的存在。

🎫 三区联票 130 元（含船票）

🚩 绍兴市越城区绍兴柯岩风景区内

🚌 临近柯岩风景区（公交站）

👁 2 ～ 3 小时

诸暨
★★★　🏛️🏊📷

　　诸暨为越国古都、西施的故里，也是越王勾践图谋复国之所。这里历史悠久、人文荟萃，是浙江最古老的县之一，也是中国吴越文化的发祥地。

> **1. 诸暨的必游之处：** 五泄、西施殿、斗岩大佛、枫桥、东白山都是这里的亮点。
> **2. 诸暨特产：** 枫桥香榧和珍珠是当地著名的特产。
> **3. 市区交通提示：** 诸暨 57 路旅游专线车经诸暨火车站往返于西施故里与五泄，距离 28 千米，19 分钟一班，5 元 / 人。58 路旅游专线往返于诸暨火车站与牌头镇，途径斗岩，15 分钟一班，5 元 / 人。诸暨 21、113、17 路公交车经诸暨火车站通达西施故里。诸暨市区的士起步价：8 元 /2.5 千米。

五泄

　　瀑布和峰岩总是连在一起的。泄即瀑布，瀑布从五泄山巅的岩崖间飞流而下，折为五级，总称"五泄溪"。两岸真

绍兴周边游

西施故里的古装演员

可谓青山挺秀、飞泉成泄。

🎫 80 元

🕐 7:30—16:30（5—9月）
8:00—16:00（10月—次年4月）

👁 0.5 ～ 1 天

西施故里

除了西施的大名外，还有众多的人文遗迹，但别有偶遇"西施"的幻想。

🎫 门票80元；西施殿45元；范蠡祠30元；中国历代名媛馆45元；郑氏宗祠5元；民俗馆5元；五景点联票50元

🕐 8:00—17:00（5—9月）
8:00—16:30（10月—次年4月）

👁 0.5 天

💡 门前的浣纱之江、浣纱石、书圣王羲之的"浣纱"真迹、栈桥都值得一游。

吼山 ★★★★★ 🐟🐠📷

除了独特的石景观，这里积淀下来的古越文化也十分了得。乘乌篷船，游于江南水乡田园画中，忘却都市喧嚣，妙在其中。2400年前，越王勾践就是在这里卧薪尝胆，实现了复国大业；春秋战国时，这里就已是古越青瓷的烧窑处；宋代诗人陆游先祖三代世居于此。除了真山真水，还有皇家园林与私家宅院的人工斧凿，无愧"古越石文化典型"的美誉。

🎫 40 元

🕐 8:00—16:30

🚌 临近吼山后门（公交站）、吼山（公交站）

👁 2 小时

💡 最著名的石景有云石、棋盘石、象鼻吸水、一洞天等。

安昌古镇 ★★★ 📷🐠🐟📷

跨过牌坊，眼下便是安昌千年古镇。依河的三里长街，是小镇以前的商业街所在，如今仍然是青石板路、木结构骑楼、传统店铺作坊，每隔几十米便有下河的石阶，可以沿石阶走下去乘船。头戴乌毡帽的船公会迎你，然后轻轻地摇着桨，乌篷船便载着你沿着河道悠然而行，河道之上零星点缀着古老的石桥。

🎫 古镇不需门票，但镇里展馆需要门票。绍兴师爷纪念馆、安昌民俗风情馆、中国银行旧址等联票50元

🚌 临近安昌（公交站）、安昌大酒店（公交站）

👁 0.5 天

💡 安昌的腊肠和酱油远近闻名，在《舌尖上的中国》中播出后更是火遍全国。

新昌 ★★★ 🍃

很多人不知道新昌这个小县城，但大家一定听过李白的千古名篇《梦游天姥吟留别》，天姥山就在此。新昌风景众多，拥有"江南第一大佛"的新昌大佛寺，环境清幽、文化浓厚；怪石嶙峋的穿岩十九峰，是金庸武侠剧的外景拍摄地，郭靖、杨过、令狐冲等都曾在此留下身影；沃洲湖景区山清水秀，黑白分明的民居建筑散落其中，俨然一幅水墨画卷。路过绍兴，别忘了到新昌走一走。

🎫 大佛寺100元；沃洲湖景区60元；大佛寺、千丈幽谷、穿岩十九峰、天烛仙境联票220元

🚌 绍兴汽车东站有发往新昌的班车，大概2小时的车程，票价30元左右

绍兴周边游

穿岩十九峰 ★★★★ 🚌⛰️🔺

　　我国壮丽的丹霞地貌景区之一，景区以自然风光取胜，峰、岩、洞、谷、溪、涧、瀑、潭一应俱全，山光水色融为一体，充分体现了雅、幽、奇、险四大特色，适宜游览、度假、登山、探险、水上活动等多种特色旅游。

🎫 30 元；小火车 55 元
📍 浙江省绍兴市新昌县穿岩十九峰
🚌 新昌汽车西站乘坐往镜岭（回山）的中巴前往
🕐 7:00—17:00（夏季）
　 7:30—16:30（冬季）
👁 0.5 ～ 1 天

台州

台州大陈岛休闲 2 日路线

Day1 台州：大陈岛
Day2 台州：甲午岩

台州古镇休闲自驾 2 日路线

Day1 临海：台州府城文化旅游区→龙兴寺→紫阳街
Day2 仙居：东湖→神仙居→皤滩古镇

石塘小箬村网红 1 日路线

Day1 温岭：千年曙光园→七彩小箬村

行在台州

公路

　　台州对外公路交通至杭州、宁波、温州、金华 4 大城市均已实现高速公路贯通。

港口

　　"三湾三港"，即台州湾的海门港区、乐清湾的大麦屿港区和三门湾的健跳港区。台州市内河有灵江、永宁江、金清新港三条干线航道和栅温线、七条河航线、黄路金线、温松线、前四线 5 条重要支线航道，等等，定级航道 96 条，定级通航里程 993 千米，可江海通达。

民航

　　台州民航站（黄岩民航站），先后与东方、深圳、武汉、云南等 10 多家航空公司合作，开通了 14 条航线，通往北京、上海、广州、深圳、汕头、厦门、福州、武汉、郑州、南京、重庆、西安、长沙、成都、昆明、南昌等城市。

游在台州

紫阳街 ★★★★★ 🏯🖼️

　　紫阳街是浙江第一古街，千年古城的缩影，是历史文化名

💡**旅游注意事项**

　　台州市区由椒江、黄岩、路桥三个相对独立的城区组成，三区相距 14 ～ 17 千米。公交车"1"开头的为椒江区线路，"2"开头的为黄岩区线路，"3"开头的为路桥区线路，901 路为台州市区环线，绕三城区一圈，全长 48 千米。

💡**本地方言**

　　台州话属于吴语系，保留完整的全浊声母，而普通话里并没有浊音。

城的象征。岁月的沧桑隐藏不了它的无穷魅力。漫步紫阳街，让我们一起感悟它的历史，它的民俗风情，它的文化内涵，以及它在岁月长河中，慢慢积淀而成的独特魅力。

- 免费
- 全天
- 浙江省台州市临海市古城家园（临海中学东南）
- 2～4小时

台州府城墙 ★★★

江南长城是明代戚继光抗倭的古战场，景区内瓮城、敌台、城楼、天坛等古迹众多。据史载，北方长城的空心敌台源自临海长城（皆为戚继光修建），故临海长城与北方长城结下了不解之缘，又称"江南八达岭"。

- 60元
- 7:00—17:00
- 浙江省台州市临海市临海北山桃源路18号
- 1～2小时

皤滩古镇 ★★★★

镇上都是明清时期保留下来的房子，还能看到古戏台、钱庄等。最值得一看的是陈氏祠堂，祠堂内供奉着祖先的牌位。一定要走走由鹅卵石铺就的"龙"形古街，在国内十分罕见。古镇还保留着一种千年绝活，即堪称"中华一绝"的国家级非物质文化遗产——针刺无骨花灯，仙居也因此被授予"中国民间艺术之乡"。

- 36元
- 8:00—16:10
- 浙江省台州市仙居县皤滩乡
- 从仙居汽车站出发乘坐开往横溪的班车至皤滩下车，步行至景区
- 从台金高速白塔出口下（约5千米到达景区）→35省道→皤滩乡→皤滩古镇景区
- 2～3小时

大陈岛 ★★★★

是国家一级渔港、省级森林公园和浙江省海钓基地，岛周海域是浙江省第二大渔场。鱼汛期，岛四周千帆云集，桅樯如林，入夜渔火万千，蔚为大观。素有"东海明珠"之美称。大陈岛山海一体，水天一色，兼有山青、林茂、海蓝、岩雄、滩平、洞幽之美。

- 浙江省台州市椒江区
- 3～4小时

长屿硐天 ★★★★

规模最大的人工开凿石硐。1998年4月荣获世界吉尼斯之最，2002年4月被评为国家AAAA级旅游区。

- 112元
- 7:30—17:00（夏季）
  8:00—16:30（冬季）
- 浙江省台州市温岭市新河镇亚园路
- 从温岭市老车站乘坐往新河、箬横的中巴在长屿镇下车即可
- 0.5～1天

蛇蟠岛 ★★★★

又称"千洞岛"，自明清以来，即是旅游避暑胜地。"千洞连环洞"堪称一绝，有大洞小洞、横洞竖洞、水洞旱洞、直洞弯洞，且支洞旁出，洞中套洞。洞内有水，水中藏洞，杂以奇岩怪石，千姿百态，妙趣无穷。当地人还能说出有些岩洞的民间传说。

- 滑泥公园：50元；联票（含海盗村、野人洞）100元
- 1月1日—4月29日：
  周一至周五9:00—16:00
  周六至周日8:00—17:00
  4月30日—5月4日：7:30—17:00
  5月5日—12月31日：
  周一至周五8:00—17:00
  周六至周日8:00—17:00
- 浙江省台州市三门县蛇蟠乡
- 0.5～1天

神仙居 ★★★★

神仙居山中竹林、瀑布密布，基本保持了原始野趣。张纪中版《天龙八部》连续剧、电影《功夫之王》和新版《白发魔女传》等均在神仙居取景。

- 110元
- 8:00—17:00
- 浙江省台州市仙居县白塔镇神仙居景区
- 3～4小时

布袋山 ★★★★

山峦翠叠，溪水欢流，阳光熙黑，炊烟萦绕，蜻蜓浮飞，闲来做散人，漫步林

游在台州

间观山色。布袋山里有山水画廊、中国传统村落、梦幻溪、忘忧谷、叠翠屏观光区和布袋山漂流。

- 推荐自驾，可导航至黄岩布袋山
- 1 天

吃在台州
美食
新荣记（灵湖店）
- 临海大道 239 号（近灵湖公园）
- 0576-85116777

齐市烤肉（黄岩东店）
- 浙江省台州市黄岩区引泉路 270 号

- 13867609802

住在台州
台州开元大酒店 交通便捷，客房精美，并附设餐位以及娱乐和会议设施。
- 椒江区东环大道 458 号
- 0576-88586888

青年阳光精品酒店（台州万达店）
- 椒江区万达广场 SOHO 2 栋 12 楼 1218 室
- 18072528666

普陀山

普陀山快速攻略
Day1 码头→南天门→普济寺（吃斋饭）→法雨寺→佛山顶（慧济寺）→南海观音像→码头

感受普陀山
佛教名山 呈狭长形的普陀山是我国四大佛教名山之一，是观音菩萨的道场，从地理上来说，又是舟山群岛中的一个小岛。普陀山上既有寺庙林立，东部又有海和海滩，以及奇花异石和参天古木，但最引人入胜的还要算"观世音菩萨应化善才说法胜地"的佛教传说。也正因为如此，所以普陀山被誉为"南海圣境"。

和尚 众多的禅院，使得游人在普陀山不经意间迎面就能碰到一个修行的和尚，他们可能挂有手机，到海边脱了袈裟和云鞋就下水，如果能在普陀山的禅院里顿悟到佛教的"直指人心，见性成佛"，便能明白佛法积极的本质，对于见到的也就见怪不怪了。

准备与咨询
气候与游季
普陀山冬暖夏凉，空气总是让人感到湿润。景致总是随着时节的不同而不同：春季多雾，如登山能看到岛上的景色变幻莫测，在一片云雾之中，恍如仙境；盛夏的平均气温在29℃以内，入夜却是凉风习习；秋季是东海观日出的绝佳季节；隆冬的普陀山少见冰雪。

行在普陀山
进出
进出坐落于舟山群岛上的普陀山，乘船是唯一的交通方式，然后到对岸的码头通过其他方式离开。

旅游旺季提前订票
春节、五一、国庆、香会这类节假日，普陀山一定是游客如云，而农历二月十九（观音圣诞日）、六月十九（观音成道日）、九月十九（观音出家日），则是香客们进香的日子，这些时候到普陀山最好先订车票和房间。

一日游线路
这是一条专门为包车旅游者设计的一日游线路，如果乘岛内公交车或步行，则需要更长的时间，但这些景点都是普陀山的精华部分，是必到的地方。

☀ 普陀山 12 景

莲洋午渡、短姑圣迹、梅湾春晓、磐陀夕照、莲池夜月、法华灵洞、古洞潮声、朝阳涌日、千步金沙、光熙雪霁、茶山凤雾、天门清梵。

☀ 旺季车辆拥挤

旺季时从宁波前往舟山的白峰渡口会挤满车辆，建议准备好水和食物，做好排长队的准备。

☀ 交通注意事项

如果到沈家门后已经过了 17:30，建议打的到朱家尖蜈蚣峙码头，这里到普陀山的船 21:00 以后才停航，而且船次比较多。

☀ 出口签证以免重复买票

如果住在普陀山，要去朱家尖游玩。在买了去朱家尖的船票后，一定要到码头的出口处去签个证，这样可以在当天回普陀山时不用再买进山门票。

☀ 自驾游停车难

自驾车不能上普陀山，而去普陀山的半升洞码头停车很难，只有大榭码头、朱家尖蜈蚣峙码头、白峰码头停车方便一点。

飞机

普陀山机场位于朱家尖岛，距离著名渔港沈家门仅 1.2 千米；北邻"海天佛国"普陀山 2.5 千米，由机场出发到普陀山只需 10 分钟。机场现已开通飞往北京、上海、广州、深圳、福州、厦门等城市航线。机场有班车开往朱家尖蜈蚣峙码头，后可乘坐轮渡前往普陀山。

机场问讯 ☏ 0580-6260716
机场售票 ☏ 0580-6260555
官方网址 http://www.zsairport.com.cn

轮船

上海（芦潮港、吴淞）、宁波等地均有客轮直达普陀山。

上海→普陀山

1. 从上海到普陀山可从上海人民广场坐船，7:00、8:30、9:10 出发，全程约 4.5 小时，票价 135 元。

2. 上海中庚漫游城每天 7:30 发船到普陀山，全程约 4.5 小时，票价 135 元。

3. 上海长途汽车客运站每天 8:00、8:35 有轮渡前往普陀山，全程约 5.5 小时，票价 176 元。

宁波→普陀山

宁波直达普陀山轮渡每天从早到晚平均每小时就有一班，从宁波站前往普陀山全程 2.5 小时，票价 105 元。

普陀山客运码头 ☏ 0580-6091121
沈家门半升洞客运码头 ☏ 0580-3661999

铁路

乘火车先到宁波或上海，然后转乘轮船或快艇前往。

公路

普陀山没有直达的长途汽车，游客可以先乘汽车到舟山本岛的沈家门普陀汽车站，然后再前往半升洞码头（沈家门普陀汽车站到半升洞码头：乘公交 2 元，乘出租车 10 元左右）转乘轮渡前往普陀山。

沈家门普陀汽车站

🚩 东海中路蒲南路
☏ 0580-3012011

上海→普陀山

上海南站每天 7:20—19:10，50 分钟一班，直达普陀汽车站，行程约 4.5 小时，票价 150 元，下车后转渡轮或快艇前往普陀山。

杭州→普陀山

杭州汽车东站，杭州黄龙旅游集散中心每天 7:20—18:40，每 20 分钟一班，直达普陀汽车站，票价 110 元左右，下车后转渡轮或快艇前往普陀山。

宁波→普陀山

宁波汽车南站（或北站）每天 6:00—21:00，每 15 分钟一班，直达沈家门和普陀中心站，行程约 3 小时，票价 59 元左右，下车后转渡轮或快艇前往普陀山。

行在普陀山

自驾车

从上海出发

线路：上海→沪杭甬高速→杭州绕城高速东线→宁波→杭甬高速→北仑→大樨码头或白峰渡口→普陀山

从杭州出发

线路：杭州→杭甬高速→宁波→北仑→大樨码头或白峰渡口→普陀山

岛内交通

普陀山岛内有旅游专线车将大多数景点连接了起来。每隔10～15分钟一班，17:00以后各类车辆陆续收工，游客应在此前返回住地，价格2～10元。其中轮船码头、紫竹林、普济寺东（百步沙）、法雨寺（千步沙）是普陀山岛上比较大的换乘车站，车子较多。

1路旅游专线 西天渡口→电影院（宝陀饭店）→金融街→海防新村→码头→紫竹林→普济寺→大乘庵

2路旅游专线 码头→紫竹林→普济寺→大乘庵→法雨寺→飞沙岙→宝月庵→古佛洞→索道

3路旅游专线 普济寺→大乘庵→法雨寺→飞沙岙→祥慧庵→梵音洞

返回：梵音洞→祥慧庵→飞沙岙→法雨寺→大乘庵→普济寺→紫竹林→码头

索道

是去慧济寺的唯一交通工具，上行40元，下行35元，上下联票70元。

包车

普陀山景点较分散，团体包车更划算，普通中巴车480元／天，丰田空调中巴车850元／天，桑塔纳轿车600元／天。普陀山旅游淡旺季明显，淡季可议价。

渡轮

普陀山到舟山其他岛屿的交通主要依靠渡轮和快艇。

普陀山→沈家门

7:00—16:10 每小时一班渡轮，航程半小时，票价16元。

6:00—16:20 每20分钟一班小快艇，航程12分钟，票价22元。

普陀山→朱家尖

6:30—22:10 约30分钟一班快艇，5分钟航程，票价30元。

普陀山短姑道头→洛迦山

7:00、8:00、13:00 三班，随船返回。

普陀山→桃花岛

快艇1小时可达。

普陀山→岱山

16:00 开，17:30 到。

岱山→普陀山

6:00 开，8:30 到。

游在普陀山

普陀山 ★★★★★ 🏯🏊🏕🎣🛕

有名胜古迹、朝阳涌日、鹅耳枥（我国少见的珍贵树种），谁说普陀不是一座名山。南天门旁有摩崖石刻，清康熙年间武将蓝理所书"海天大观"四字苍劲有力，也是普陀一大胜地。但普陀之胜还是在于这里的佛教传统。

🌐 160 元

🕐 7:00～21:00

👁 2～3 天

💡 **旅游注意事项**

1. 普陀山是佛教圣地，需要尊重佛教信仰，所有的寺院殿内均是不准拍照的。

2. 景点门口一般都有请香的地方，30元一桶，足够全岛拜佛使用。

3. 若期望去朱家尖游玩一天，可在离岛时请工作人员登记，这样回程时便不用再买门票。

4. 岛上寺宇众多，烧香求佛有这样的说法：求事业找普贤菩萨，求智慧找文殊菩萨，求姻缘别去南海观音，"不肯去"观音院，求子可以去洛迦山、普济寺、慧济寺找送子观音，求平安找观音菩萨。香最好别在岛上买，价格稍贵，可以在入岛前买好。

佛顶山 ★★★★ 🏊📷

有人说，"不上佛顶山，等于没到过普陀山"。佛顶山上主要有慧济寺、海天佛国崖、菩萨顶等几处景点。佛顶山主峰为白华顶，为普陀山最高峰。白华顶时有云雾缭绕，被誉为"华顶云涛"，为普陀山十二景之一。登临山顶望台，极目远眺，可观赏普陀洋和莲花洋辽阔的山海景色。

朝拜佛顶山是普陀山佛教的传统，每逢农历二月十九、六月十九、九月十九，来自各地的佛弟子们三步一拜朝礼佛顶山，礼敬观世音菩萨。

🚌 普陀山岛上乘2路公交到客运索道站下车，再乘缆车上佛顶山；也可由法雨寺出发，沿香云路步行

👁 3～4 小时

普济寺 ★★★★ 🛕🏯🏊🎣

普济寺与法雨寺、慧济寺并称三大寺，也是普陀山上香火最旺的寺庙之一。普济禅寺的美非有海印池的衬托不可，池塘中

有许多红色的鲤鱼，夏天池塘中的荷花盛放，特别美。

🎫 5元

🚌 乘坐普陀山上的旅游专线1路至普济寺；或乘2路到普济寺下车便可

👁 1～2小时

☀ **1. 看一眼普济寺的御碑：** 普济寺正门有南衔御碑亭，御碑上镌刻着清雍正帝所书记载普济寺兴建和普陀山历史的御书。

2. 建议包车路线： 如果包车一天，你可以选择以下路线游玩：①乘索道上慧济寺；②从慧济寺乘索道回，去法雨寺；③去普济寺；④去紫竹林看南海观音；⑤回码头或宾馆。

法雨寺 ★★★ 🎫🏯🔺

为山中第二大寺，不可不游。与其他寺庙并无二致，虔诚烧香拜佛，梵音绕梁间可瞥见建筑之古雅。法雨寺的一大特色便是九龙殿上的琉璃瓦了，据说是从南京明代故宫殿拆迁而来。弘一法师、蒋介石也曾沿着青石板路来此参拜。

🎫 5元

🕐 6:00—18:00

🚌 乘2路公交车在法雨寺下

👁 1～2小时

慧济寺 ★★★ 🎫🏯🔺🛎

与普济寺、法雨寺并称普陀山三大寺。

🎫 5元；索道单程40元，双程70元

🕐 6:00—18:00

🚌 乘2路公交车到索道站下车，转乘索道上山；也可以从后寺步行上山，约半小时也能爬到山顶

👁 1～2小时

南海观音立像

★★★★ 🔺🛎

穿过紫竹林的时候，海潮声从远处传来，行走其间尘念全消，远远可以看到作为海天佛国象征的"南海观音立像"。这里是佛家弟子必到之地。

🎫 6元

🕐 6:00—18:00

🚌 乘1路公交车到紫竹林下车，步行前往

👁 1小时

千步沙 ★★★★ 🛎📷

宽阔平缓的沙面，柔软细净的沙子，可与广西北海的银滩一比。北端有一巨石

"不肯去"观音院

置于沙间，水落则石出，上书"听潮"，向上有石阶通往望海亭。如果正好遇上涨潮，迎着潮水游泳是很过瘾的事，蓝天白云海浪沙滩，青山翠柏佛众香烟。

🚌 乘2路公交车在法雨寺下车，步行200米即到千步沙

👁 2～3小时

百步沙 ★★★★ 🛎📷

在多宝塔东，亦名塔前沙，长660米，中有岬角延伸入海，又称"狮子尾巴"。海浪轻拂金沙，霞光返照，如铺琉璃，滩浅海阔，景色旖旎。两端岩坡各建一亭，为观日出佳处。百步沙是中国著名的海水浴场，也是普陀山唯一一个设施齐全的海滨浴场。

🎫 夏季收20元游泳票（含沐浴费用）

🚌 乘专线1、2路到百步沙下车即到

👁 2～3小时

洛迦山 ★★★★ 🔺🛎📷⚠

传说，当年观音大士就是从这里跨越莲花洋到普陀山开辟道场，自古以来，有"不到洛迦山就不算朝完普陀"的说法。因遭毁，目前均为后世重建。

🎫 70元（包括往返洛迦山的渡船）

🚌 每天7:00在短姑道头乘船，游览1.5

小时后，乘原船返回，也可游
玩至下午，乘 15:00 的船返回

⏱ 2～4 小时

磐陀石

一句话推荐景点

磐陀石 到"天下第一石"上拍
张照片，以纪念"到此一游"
的事实。

梵音洞与潮音洞 并称为"两洞
潮音"，是普陀山上最适宜听
潮观海的两个地方。

观音跳 观音跳海石巨大而扁
平，相传为观音菩萨修正圆通
时所踏之石，也有说法说这是
观音菩萨从洛迦山一跃到这里时的落脚石。

吃喝普陀山

推荐吃喝

海鲜 普陀山的海鲜相当丰富，诸如黄鱼、墨斗鱼、海蟹、花
蛤、淡菜、贝壳类、条纹虾等应有尽有。

素斋 素斋应该是游览普陀山的一个项目。普陀山的三大寺，普
济寺、法雨寺、慧济寺的斋堂都有方便香客赶斋的时间。一般
早餐 5:20～6:20，中饭 10:30～11:40，晚饭 16:20～17:20。花十
几块钱吃一顿斋饭，别有一种滋味，真是既欣赏了寺庙的建
筑，又尝了斋饭，一举两得。

购物普陀山

推荐购物

海鱼 普陀山盛产我国著名的"四大海鱼"，以黄鱼、墨斗鱼
最为有名。每年盛夏为捕鱼旺季，也正是采购新鲜海产品
的大好时机。

佛手 形似佛的五指展开，普陀山特有的贝类，每年 8 月才能
尝到。佛手煮熟之后香味四溢，鲜而不腻，是海产中独特的
珍品。

佛瓜 普陀山盛产的一种西瓜，以皮薄、肉红、甘甜为特点。

普陀佛茶 又称佛顶山云雾茶，是一种野生茶树，生长在海
拔 291 米的佛顶山上，谷雨前采制的佛茶用普陀山的泉水
冲饮，有药用效果。

住在普陀山

在普陀山住宿，每人需收 20 元海塘建设费，旺季最好提前
一周订房。此外，由于岛上的环保政策，宾馆一律不附带一次
性毛巾和洗漱用品等，需要自备。

竹香居宾馆 建设银行的招待宾馆，服务素质和可信度还不错，
而且有海景房。

📍 金沙路 20 号

📞 0580-6698095

金沙阁农家院 从码头步行 10 分钟就到了，口碑很好的农家

💡 **普陀山的物价偏贵**

普陀山地处海岛，所以很
多东西都靠从大陆运进去，价
格自然也就贵一些，比如矿泉
水 5～10 元/瓶。

💡 **普陀山的特产**

云雾佛茶、观音饼、普陀
佛饼、南海紫菜、还魂草、催
生子、石莼花、观音水仙、紫
竹都是普陀山特有的。其中水
仙、佛茶、紫菜尤具特色。

💡 **投宿寺庙**

普济寺、法雨寺、慧济寺
这三大寺皆可投宿，由于寺庙
并不以住宿营利，所以不能预
订。寺院住宿从标准间到床位
都有，设施比较简单，价格也
十分便宜，早晚可观看和尚做
功课，适合香客入住。

💡 **投宿家庭旅馆**

住宿也可选择普陀山路边
的家庭旅馆，很干净，都有独
立卫生间，24 小时可洗澡。房
费随节假日浮动。有些家庭旅
馆，每日还供午晚两餐。

投宿"农家乐"

龙湾村和西山新村是居民"农家乐"聚集区，价格80～200元，视淡旺季差价较大。龙湾村靠海，喜欢沙滩和海边日出的可以选择在此；西山新村则离主要景点、旅游服务机构、银行等较近，可根据个人喜好进行选择。

乐，环境不错，老板娘做菜口味也很好，离南海观音很近。

🧭 龙湾村 25 幢 57 号
📞 13868215290

普陀山友谊旅社　靠近金沙（岛的南端），出门就有免费的沙滩，老板夫妇热情诚实待客，赢得了很多游客好评，在网上小有名气。

☯ 龙湾村 4 幢 6 号
📞 13575623423/13735012079

普陀山周边游

东极岛 ★★★★ 🖼🚤📷

位于舟山群岛最东侧的东极岛，恍如仙境的美景，一切都美好自在。碧绿澄澈的大海，细腻柔软的沙滩，零星点缀的渔船，在这里聆听大海拍打礁石的乐声，呼吸着最清新宜人的空气，散步、奔跑、钓鱼、发呆，做任何事都可以。怪不得，秦时的徐福下海为秦始皇寻找长生不老丹药时便驻扎在此，流连忘返。

东福山

东福山是一个远离尘嚣的小渔村，是东极岛中风光最美的岛屿，非常适合环岛徒步。岛上有一块奇石，刻有天下第一"福"字，据考证"福如东海，寿比南山"中的"福如东海"指的就是东福山岛。传说来到这里的人，都能增福添寿。

庙子湖

这里是东极岛镇政府所在地，码头上来往穿梭的船只，吆喝买卖的商贩，来往穿梭的游人，热闹非凡。主要景点有：财伯公塑像、东极历史文化博物馆、战士第二故乡等。

海上布达拉宫

海上布达拉宫位于青滨岙，岛上民居沿山势而建，层层叠叠，从远处望去，就像布达拉宫的海市蜃楼般壮观、神秘。

🚌 从舟山沈家门半升洞码头乘坐轮渡船前往东极岛庙子湖，约 2 小时航程，票价 100～150 元；从庙子湖岛到东福山岛约 30 分钟，票价 30 元

👁 2～3 天

💡 东极各岛上除庙子湖岛上有环岛观光车外，其他岛上都没有交通工具，只能靠步行。

推荐住宿

塔塔海景民宿　东福山岛上唯一的一家青年旅社，非常适合年轻人。老板非常热情。

📞 13666593936

海上云居　房间面积大，干净舒适，在房间里听听海浪声，看看夕阳，实在惬意。

📞 17317766223

舟山跨海大桥 ★★★ ⛰🚤

舟山跨海大桥共有岑港、响礁门、桃夭门、西堠门、金塘大桥五部分组成，其中，西堠门大桥是世界上第二长的悬索桥。大桥规模壮观、气势雄伟，是观看日落的好地方，不过遗憾的是，这里不允许停车。

朱家尖 ★★★★ 🚤📷

朱家尖是世界上沙质最好的沙滩之一，这里以形象逼真、栩栩如生的沙雕而闻名于世，是中国国际沙雕故乡。岛上风光秀丽、空气清新、气候宜人，拥有延绵近 5 千米的金色沙滩，辽阔壮观。到这儿来，别忘了和著名的沙雕作品合影留念哦。

🎫 朱家尖南沙淡季 20 元，旺季 25 元；国际沙雕艺术广场 30 元；大青山景区淡季 60 元，旺季 100 元

🚤 从普陀山乘快艇到朱家尖，约 15 分钟一趟，普通客船 30 元，商务快艇 100 元

👁 1～2 天

楠溪江

楠溪江快速攻略

Day1 石桅岩景区→岭上人家（吃午饭，烤全羊很有名）→丽水古街→芙蓉村→苍坡村

Day2 龙湾潭国家森林公园→狮子岩

Day3 大若岩景区→永嘉书院

感受楠溪江

绿色 如果要用色彩来形容楠溪江的话，绿色可能是最容易被人想到的词。这里满目苍翠，绿树、绿草，连楠溪江的水也是绿的，是那种清澈的碧绿，是完全能看到底的透明。再加上清新的空气，和蜿蜒百里（楠溪江俗称"三百里"）的楠溪江水，真有"人在画中走"的错觉。

牛角上书 牛角上书原本是小时候听来的一个关于牧童好学的故事，如果用这个词来说明楠溪江的耕读传统，实在是再确切不过了。所以，这里目所能及的都是以"七星八斗""文房四宝"以及风水意念构思而建筑的古村落，大批完整的百家姓宗谱、族谱。

石头 在楠溪江，除了绿色的植被之外，石头可能是最容易见到的另一种来自自然的东西。这里的人，就是用石头这种随处可以见到的材料，给自己建了一个家园，却也给建筑学的学者带来了一个意外：因为那些石头和木材，看似不经意的组合，却建成了一个个具有审美价值的村落。难怪有学者要为它们著书立说。

准备与咨询

语言

这里人说的话与温州话属于一个系统，其中有些细微的差别。用不着费心去学，因为讲普通话就能畅通无阻了。

气候与游季

除了昆明之外，这里可能是国内第二个能称作"四季如春"的地方，年平均气温在18℃左右。到楠溪江自然用不着煞费苦心地选日子，任何时候，只要有一份闲心，有一个能放下手中工作的机会，就来吧。话虽这么说，楠溪江最美丽的时候，还是在春天。

行在楠溪江

进出

楠溪江属温州境内，所以进出楠溪江的交通问题可以参考后面"雁荡山"一节。

公路

从上海、温州到楠溪江的公路交通比较发达，其中，国道104线（甬台温高速）、330线（金丽温高速）擦肩而过，永（嘉）缙（云）、仙（居）清（水埠）两条省道线贯穿景区。

合理安排旅游路线

楠溪江交通不是很方便，而且费用偏高，景点也比较分散，一定要合理安排好旅游路线以免走重复路，这里很适合自驾旅游，而且一定要在丰水期去才有看头。

景点间交通

1. 最好不要选择人力三轮车，理由是太费时间，价钱也太贵。几个人包一辆电瓶车会省钱得多。

2. 大若岩景区、岩头中心景区的道路情况要好得多，多是柏油路面和水泥路面，中巴车也相对好一些。

3. 春运期间车票要上浮20%或25%。

4. 楠溪江包车去雁荡山，车费200～300元。

5. 瓯北码头有车直达四海山，路程3小时左右（一日一班，早上8:00）；如果赶不上，可以乘瓯北至张溪的班车，比较多。到张溪再包车去四海山，价格50元左右。

6. 岩头去珠坑的车比较少，一天只有5:30和7:15两班。

7. 楠溪江当地没有出租车，只有一种载人的小货车，开这种车的一般都是夫妻，男的开车，女的负责收钱并充当导游，包车一天150～200元。

骑自行车逛楠溪江

在岩头镇上可以租自行车，一般旅馆都有，骑着自行车，把沿江的一个个景点（狮子岩、芙蓉三冠等）和古村落（芙蓉村、岩头镇丽水街、苍坡村等）兜个遍，实在是一件惬意的事。

上海→楠溪江

上海有直达楠溪江所在永嘉县城上塘的长途汽车，早晚各一班，卧铺票价160元（另加2元保险费）。

温州→楠溪江

温州火车站乘33路公交车到安澜亭码头搭渡轮到瓯北镇，再转乘往岩头方向的中巴，车费15元左右，1个多小时可达。也可从温州机场包车到岩头，大约需1.5小时，价格150～200元。

雁荡山→楠溪江

雁荡山（响岭头）与楠溪江（岩头）之间有直达班车，均为7:30、12:30开（旺季16:00还有一班），绕道乐清、永嘉城区，3小时可达，全程票价25元。

区内交通

到达楠溪江后，面临的最大问题就是交通，各景点之间比较多的时间要依靠人力三轮车或电瓶车。

游在楠溪江

丽水古街　★★★　✪

有句话说"不游岩头丽水街，就不算来过楠溪江"，这里的一切都是那么的古朴与沧桑。街南端的乘风亭和接官亭，与丽水古桥成为此处一道亮丽的风景。

- 15元；联票40元（含丽水街、苍坡、芙蓉古村）
- 8:30—17:30
- 从芙蓉古村步行即可到达
- 1～2小时

岩头丽水街

楠溪江景点示意图

（图中标注：N、石桅岩、苍坡村、岩头村、龙湾潭国家森林公园、十二峰、芙蓉古村、狮子岩、陶公洞、永嘉县、瓯北镇、楠溪江大桥、机场、温州）

大若岩景区

★★★★

陶公洞

浙南最大的天然岩洞石室，被道家誉为"天下第十二福地"。

- 10元
- 乘瓯北往碧莲方向的中巴在大若岩下车，车费7元，车程1个多小时；也可从岩头乘往瓯北的车到九丈大桥，再转碧莲方向的中巴前往，全程20千米，车费13元
- 1～2小时
- 1. 每年农历八月初至九月九为香期。
  2. 从碧莲方向过来的返程车在17:00以后就没有了，如果下午才前往大若岩游览，就要注意时间。

十二峰

一群峰峦拔地而起，似人状物，错落有致，环绕在一座半圆的山上，这就是十二峰。

十二峰：童子峰、天柱峰、香炉峰、石笋峰、宝冠峰、石碑峰、展旗峰、莲花峰、横琴峰、卓笔峰、仙掌峰、犀角峰。

- 30元
- 8:00—17:30
- 可从陶公洞包农用三轮车前往
- 1～2小时

游在楠溪江

九漈石门台

这里有九条瀑布，且形状各异，这种景观在世界上也极为少见。虽然这九条瀑布小模小样的，谈不上多雄伟，但登山之时毕竟有九条瀑布助兴，也值得去看看。

- 🎫 30 元
- 🕐 8:00—17:30
- 🚌 从陶公洞乘旅游电瓶车到石门台只需10分钟，车费5元
- 👁 1～2 小时

💡 雨后观瀑是一个法则，否则看到的可能是三瀑，也可能是四瀑，就不能知道它的妙处了。

崖下库

置身于山谷中，两侧是高达300米的陡峭山壁，抬头仅能看见一线蓝天。扶着栏杆攀上左侧山崖的一个缺口，一条白练扑面而来，携风带雨，清凉无比。

- 🎫 50 元
- 🕐 8:00—17:30
- 🚌 可从陶公洞乘电动三轮车前往，车费5元
- 👁 2～3 小时

狮子岩 ★★★★ 🏖🎐⛰

狮子岩的风姿令摄影发烧友们着迷，为它谋杀了数不清的菲林，而皓月当空的夜晚是它最迷人的时候。作为楠溪江的特色，漂流是一定不能放弃的。

- 🚌 瓯北往岩头方向的中巴经过狮子岩，车费5元，1小时可达
- 👁 1 小时

💡 **狮子岩的漂流**

最大的特色是静静地漂，让心与自然融合，这正是乐静的人所向往的。泊在狮子岩江边的竹筏被太阳晒得干白干白的，正待主人将它们推入水中，润洗一下干热的身躯。

风韵古村 ★★★★ 🏞🎐

光看楠溪江的奇岩秀水，落下了古村，实在是不可取的。

芙蓉古村 在楠溪江的村落中最负盛名。"七星八斗"的建筑布局得做一番功课才能参透。只看卵石小路、石板桥下的悠悠碧水、白墙青瓦，也是绝好享受。

林坑村 是少有的没有被破坏的民居。那些黑瓦覆盖的百年木屋，紧依山势建造，错落有致，无序中显自然，变化中见统一。

苍坡村 苍坡村至今已有800多年的历史，虽经近千年的风雨沧桑，却旧颜未改，仍然保留有宋代建筑的寨墙、道路、住宅、亭榭、祠庙、水池以及古柏等，古韵犹存。

岭上人家 背山面溪，四周山色青翠欲滴，空气清新，自然环境得天独厚。村内房屋外观一仍其旧，显得朴素大方，屋内却经过精心改造，已成茶肆客舍，是吃烤全羊的好去处。

- 🎫 20 元
- 🚌 从岩头到芙蓉往南步行10分钟即到

楠溪江

芙蓉村民居

即逝的美丽

有时间赶快去看一看，芙蓉村和苍坡村这一类的古民居经不住更多的风雨，再加上现代文明的渗透，古村将会被越来越多的现代房子替换掉。

永嘉书院 ★★★★ 🌿⊛

永嘉书院集山、水、石、林、滩、瀑于一体，兼容了楠溪江的所有景致特征，环境优美，宛如山水画作。周围古村落星罗棋布，毗邻一门六进士的豫章村、人杰地灵白泉村、摄影基地茗岙村、范蠡西施隐居遗迹等，人文底蕴深厚。

- 💰 50 元
- 🕐 8:00—17:30
- 🚌 温州市区乘公交至上塘下车，再乘碧莲、四川方向的绿色中巴在珠岸村停车即到
- 👁 1 小时

石桅岩 ★★★★ 🌿⊛⛰

这里集中体现了楠溪江的神韵。奇峰、青山、绿水是这里的主题，在水流的影响和绿色植被的环抱下，真有置身事外的感觉。

- 💰 50 元（含船费）
- 🕐 8:00—17:00
- 🚌 瓯北每天 9:00、14:00 有班车直达，车费 15 元，需两个多小时。从岩头前往可于 8:20 左右搭乘瓯北开来的过路车，或乘往鹤盛的巴士，再包车进入景区
- 👁 2 ～ 3 小时

游石桅岩的路线

1. 建议可从小三峡入口处逆水而上，与传统的线路不同，游览和摄影的效果也不一样。

2. 如果上午从小三峡进入，一般中午就可以结束，这时正好可以在石桅岩的下岙村吃午饭，这里小饭店多，也好找回去的车。瓯北码头有直达石桅岩景区的旅游中巴。

3. 出石桅岩后门可去农家乐的岭上人家小住，或去清澈的龙湾潭森林公园观赏七窟瀑。

野鸽公园 ★★★ 🌿

溪水环绕的山坳里，有一处野鸽的乐园，它们聚集在这里飞翔，在蓝天的映衬下显得更加自由。在野鸽公园，除了喂鸽子，还可以在人工沙滩和草地上露营、野餐，惬意地度过闲暇时光。

- 🚌 在永嘉火车站上车，乘坐瓯北到碧莲的班车到渠口站，然后转岩头到大若岩的班车在大若岩下车
- 👁 0.5 ～ 1 天

龙湾潭国家森林公园
★★★★ 🌿⊛🛝

游龙湾潭，就是顺着湾潭一直攀爬栈道，从不同方位欣赏沿途植被和飞瀑，虽不如石桅岩那样声名在外，但其风光旖旎也毫不逊色。近山顶之处，有一悬在石壁之上的观景台，不妨在此驻足，或者亮亮嗓子喊个山，一切都会变得开阔起来。此时别太专注于脚下让你冒冷汗的万丈悬崖，因为这座全透明玻璃制的观景台极尽刺激惊险之能事，着实让人有些吃不消。

- 💰 70 元
- 🕐 8:00—17:00
- 📍 位于石桅岩景区，离鹤盛约 3 千米
- 🚌 瓯北汽车站每日有两趟开往鹤盛的班车
- 👁 3 ～ 4 小时

吃喝楠溪江

楠溪麦饼和素面是楠溪江上的名特食品。

特色食品

楠溪麦饼　做工细腻，配料讲究。切得匀细的三层肉，再拌以农家自制的咸菜或咸菜干。手艺好的农妇烙出的麦饼表面白净，饼体饱满，不焦不黄，咬一口松松脆脆，香绕口齿。

楠溪素面　其成品后被叠成"8"字形，又称"8"字面，在温州一带也是名优产品。口感不错，而且价格也适中。

楠溪江的农家菜

楠溪农家菜风味地道，价廉物美。家酿酒值得一品。

推荐菜：南瓜粉干（或素面）、山粉饺、田鱼（红鲤鱼）、豆腐鲞、溪鱼干、腌腊肉、笋干、楠溪米豆腐、苦槠豆腐、本地鸡。

夜游楠溪江

任何娱乐活动在这里都是多余的，因为有月光的夜晚，在乡间漫步是最惬意的事。

购物楠溪江

推荐特产

乌牛早茶　"白鹿扬名，乌牛春早，胜却碧螺无数……"3月上旬，独占春茶上市鳌头。其外形偏扁，色泽嫩绿，冲泡以后，清香四溢，饮时味醇而甘。

香柚　9月下旬新上市的香柚，肉多甜酸味浓。这种香柚有耐贮藏的特点，所以可以考虑买些回家。

🌞**楠溪特产**

　　1.楠溪香鱼、杨梅、大鹏、素面、沙岗粉干、永嘉田鱼都是这里的名产。

　　2.楠溪人几乎所有吃的都是自家制作，尤其做"挂面"，可谓别出心裁，别有一番风味。

住在楠溪江

　　楠溪江的住宿分为两种情况：岩头村有私人开设的小旅馆，设施一般，当然价格也就便宜。另外陶公洞、狮子岩、岩头村都有宾馆。

推荐住宿

楠溪故事民宿　楠溪江石桅岩景区内，龙湾潭森林公园门口，距离景区近。

🚲　鹤盛镇岩上村

📞　15068400839

横店

横店快速攻略

Day1　清明上河图→秦王宫→梦幻谷
Day2　明清宫苑→广州街

感受横店

　　中国好莱坞　横店因影视城而闻名，在这里已拍摄了如《英雄》《满城尽带黄金甲》《画皮》《鸦片战争》《美人天下》等1200多部影视剧。

准备与咨询

语言

　　横店隶属东阳市，说东阳话。但由于常年有剧组在这里取景，有很多来自各地的群众演员，因此你会听到五湖四海的方言。

气候与游季

　　这里四季分明，春秋舒适，夏季气温较高。最好的旅游时间是每年3—11月，1月时由于天气较冷，梦幻谷景区会进入休园期。当然，如果你是为了喜欢的偶像而来，那就要根据影星的拍摄时间而定了。

行在横店

进出

飞机

　　横店没有机场，游客可以乘飞机到杭州萧山机场，从萧山机场有直达横店的班车，每天有7趟班车，车费75元。也可乘飞机到达义乌，从义乌商贸站坐班车去横店，每小时一班车，30分钟车程，十分方便。

🌞**看表演**

　　秦王宫、清明上河图、明清宫苑、广州街、香港街、梦幻谷每天都会有多场表演（具体表演时间可登录横店景区的官网查询）。如果只是走马观花地欣赏建筑一天就够了，但是表演才是值回票价的关键，建议停留两天欣赏各景区的表演。

公路

可以乘汽车到东阳，东阳客运西站，每5分钟就有1趟班车发往横店。

从杭州出发

杭州客运中心站 杭州客运中心站每天9:00、10:30有发往横店的车，全程约3小时，车票80元。

杭州汽车南站 杭州汽车南站每天6:50、8:40、12:00、13:30、14:50、16:50有发往横店的车，全程约3小时，车票75元。

从上海出发

上海长途汽车客运站 上海长途汽车客运站每天14:15、15:05有发往横店的车，全程约5小时，车票105元。

区内交通

横店各景点与酒店之间设有循环观光巴士，入住横店集团旗下的酒店可以免费乘坐；还可以乘坐旅游公交专线车，15分钟1班，票价1元；电动三轮车价格15～20元。

游在横店

清明上河图 ★★★★ 👥📷

清明上河图景区占地庞大，有600多亩，是仿照北宋著名画家张择端的巨作《清明上河图》而建。富丽堂皇的楼阁，雕栏玉砌的亭台，精致华贵的画舫，蜿蜒的河流清澈见底，河岸柳树成荫，置身其中，仿佛梦回千年，经历着北宋东京的繁华昌盛。在此拍摄了《宫》《步步惊心》《轩辕剑之天之痕》等200余部影视大片。

💰 180 元

🕐 8:00—16:30(冬季)；8:00—17:00(夏季)

👁 2 ～ 3 小时

秦王宫 ★★★★ 👥📷

规模巨大、宏伟壮观的秦王宫，五步一楼，十步一阁，布局严谨。巍峨的高墙与王宫大殿交相辉映，高耸入云、威严雄壮，淋漓尽致地展现出秦始皇吞并六国、统一天下的磅礴霸气，震撼人心。建于1997年，是为导演陈凯歌拍摄历史片《荆轲刺秦王》而建。也是著名电影《英雄》《功夫之王》的拍摄地。

💰 180 元

🕐 8:00—17:00（夏季）
8:00—16:30（冬季）

👁 2 ～ 3 小时

梦幻谷 ★★★★ 👥📷

梦幻、激情、轻松、震撼，梦幻谷堪称横店的视觉景点标志。在这座集火山爆发、暴雨山洪等自然风貌，各种游乐设施，大型演艺活动于一体的夜间影视体验主题公园中，今夜星河广场、远古行宫、江南水乡、一千零一夜戏水、土耳其古城等任一主题，都令人流连忘返。无论是天真活泼的孩童，还是压力颇大的成人，或是退休在家的老人，在这里都能找到属于自己的游乐天堂。

💰 295 元

🕐 15:00—20:00

👁 2 ～ 3 小时

💡 梦幻谷景区内泼水狂欢节举办时间：6月16日至9月8日。

明清宫苑 ★★★★ 👥📷

明清宫苑是1:1复制了北京故宫三大殿等区域，穿梭其中，可以感受皇城宫殿的巍峨、王府衙门的威武、胡同民宅的精巧、皇家园林的大气。漫步在小路上，一墙之隔的对面会不会正有哪个妃子在低唱哀怨呢？迈过哪一道宫门，会不会也穿越到了明清时期，与帝王展开一段生死相许的千古爱情呢？明清宫苑拍摄了《天下无双》《满城尽带黄金甲》等百余部影视大片，多部热播的后宫剧也在此取景。想看演员拍戏时的忙碌身影就来这里吧。

💰 180 元

🕐 8:00—17:00(夏季)；8:30—16:30(冬季)

👁 3 ～ 4 小时

广州街·香港街景区 ★★★ ⛰

为配合谢晋导演的《鸦片战争》而由徐文荣率队兴建的景区，是横店影视城的发祥地。景区后扩建香港街，古道纵横交错，珠江穿城而过，两街在横店接壤。在这里拍摄完成了《鸦片战争》《天下粮仓》《雍正王朝》《小李飞刀》《新霍元甲》等百余部影视剧。

💰 165 元

🕐 13:00—21:00

📍 东阳市横店镇

👁 3 ～ 4 小时

梦外滩影视主题公园 ★★★ 📷

以 20 世纪三四十年代的老上海为主要原型，传神再现了当时的城市风貌，恢复了老上海十里洋场的旧时风情。

- 💰 180 元
- 🕐 13:00—21:00
- 🚌 站前汽车客运站可购买直达横店的快客，票价 20 元，行程大约 70 分钟
- 👁 2～3 小时

圆明新园 ★★★ 📷

　　许多人都曾因火烧圆明园的故事而扼腕叹息，但横店的圆明新园一定程度上还原了历史中的"万园之园"。春苑以《圆明园四十景图》为蓝本，以春为主体特色，还原了一个时而庄严神圣、时而诗情画意的皇家园林。夏苑以长春园为蓝本，这里最令人惊叹的是著名的十二生肖喷泉。

- 💰 春苑 180 元；夏苑 180 元；联票 240 元
- 🕐 8:00—17:00
- 🚌 春苑：乘东阳 Y1 路到横店文物市场圆明园站（公交站）；夏苑：乘东阳游 3 路到国际会展中心（公交站）
- 👁 0.5～1 天

吃喝横店

　　全国各地的美食在这里都可以品尝到，老北京的涮羊肉、重庆的麻辣火锅、新疆的烤全羊和大盘鸡、台湾的手抓饼，应有尽有，还有众多明星喜爱的烧烤店、大排档。总之，在横店有无数的美食等着你。

推荐食处

永康肉饼 何润东力推的一家肉饼店。

- 🚩 横店镇都督南街 20 号

购物横店

　　横店各个景点都有相应的特色购物街，如梦幻谷景区的横店老街、秦王宫的地下皇城、清明上河图景区内的大宋坊商业街、广州街香港街的洋货街等。景区外最繁华的购物街，当属万盛街了，不仅有各式的店铺，还有特色的美食。

住在横店

　　横店有各种档次的酒店，从四星到青旅，能满足各阶层的消费人群。但是，横店酒店的价格在平日里和周末假期会有所变动，一般来说，周末的价格会上涨 15%～20%，尤其国家法定节假日时，由于游客众多，住宿费用会更高，有时还会订不到房间，所以，来之前最好提前预订房间。

推荐住宿

星河大酒店 横店影视城旗下的酒店，交通方便，条件一般。

- 🚩 万盛北街 88 号
- 📞 0579-86011188/86547271

雁荡山

雁荡山快速攻略

Day1 大龙湫景区（剪刀峰、龙湫瀑布、高空飞车等）→方洞景区（铁索桥、悬崖栈道）→灵峰夜景（夫妻峰、犀牛望月等）

Day2 灵峰日景（合掌峰、观音洞、朝阳洞等）→三折瀑→灵岩景区（灵岩寺、小龙湫、卧龙谷等）

🔅 包车游览可以节约时间，多看景点。中途的吃饭问题就交给司机解决了，他们通常会带游客到他们指定的小饭馆里。

感受雁荡山

八面玲珑 雁荡山除了山峰各有不同，千姿百态而又奇特外，那里的瀑布、流泉、洞穴以及庙宇都十分出色，与五岳中的

☀冬日雁荡山

雁荡山冬天没有水景，大龙湫滴水成冰，瀑布下的岩石上结了厚厚一层冰，看上去别有情趣。

☀乘出租

雁荡的高速出口附近，有很多出租车，到雁荡的中心区响岭头最多只需10分钟，票价为15～25元。

☀火山地貌

北雁荡山由于处在古火山频繁活动的地带，山体呈现独具特色的峰、柱、墩、洞、壁等奇岩怪石地貌，称得上是一个造型地貌博物馆。

温州海外旅游公司
☎ 0577-55558088
中青旅文成假日旅行社
☎ 0577-67890088

☀景区内的交通

雁荡镇有很多车到雁荡山，景区内各景点之间都有公交车。如果10人左右，包车每天400元左右，也可包半天，算下来比坐公交车更方便一些。也可以与温州、雁荡山的地接社联系，这样在门票、车费上更经济一些。

☀实惠的小巴

旺季到景区内各主要景点（"二灵一龙"）可乘坐绿色小巴，满10人即开，价格非常便宜，从最东端104国道雁荡镇（白溪）路口到最西端的大龙湫，也只要6.5元左右。

☀方洞

方洞景区最有意思的是座吊桥，站在桥上的人越多、桥就越抖，惊险刺激，是勇敢者的游戏。

任何一座山都能有一比。于是，也就造就了八面玲珑的当地人。进入雁荡镇，你就会遇到来自食、住、行方面的热情接待，当然，这种接待不是免费的，但他们的态度就让人不得不心甘情愿地掏钱。

还价　雁荡山的大小景点都有门票，这并不为过，老话说得好，靠山吃山。但在雁荡山不论是吃饭、住店、包车，事先都是要讨价还价一番的。

准备与咨询
气候与游季

大小龙湫瀑布是雁荡山景致中较为主要的部分，而看瀑布，当然是在雨水丰盛的5、6、8、9月，在一个雨后晴朗的日子，看200米落差的大龙湫，像一条巨龙从天而降，蔚为壮观。

行在雁荡山
进出

处于温州境内的雁荡山，进出自然离不开交通十分发达的温州。温州机场、温州火车站可直达国内主要城市。温州境内的公路运输也是四通八达。

飞机

雁荡山南距温州龙湾机场80千米，车程不到2小时，包车前往需300～400元；北距台州路桥机场仅60千米，车程不到1小时，包车前往约需300元。从黄岩飞往各地的票价比温州要便宜一些。

台州路桥机场每天有飞往广州、上海、北京的航班。另外，还有飞往成都、重庆、福州、合肥、昆明、南昌、深圳、太原、武汉、厦门、西安的航班。

铁路

全国各地许多城市都有直达温州的列车，现在也有专门的雁荡山火车站，有开往厦门、宁波、上海、杭州、福州、南京等地的火车。

公路

温州→雁荡山

火车站对面的汽车南站每天有6个班次发往雁荡山的空调旅游车，车程约为2小时。在温州火车站乘公交车到安澜亭码头乘渡轮到瓯北，再乘大荆、台州方向的中巴，车费25元，2小时左右可达雁荡镇（白溪），再转乘景区公交车，前往雁荡山景区中心响岭头（10分钟可达）。

宁波→雁荡山

全程220千米，约需4小时，在雁荡镇（白溪）下车，车次极多。

杭州→雁荡山

杭州汽车东站与雁荡山之间有直达高速巴士对开，全程350千米，车程4个多小时，票价115元。

上海→雁荡山

上海每天18:00有发往乐清的车，全程约7小时，票价160元。

山内交通

雁荡山内的交通十分方便，不论是旅游淡季还是旺季都不用为交通问题发愁，区别只在于费用上。

游在雁荡山

雁荡山的灵峰、灵岩和大龙湫并称为"雁荡三绝"，也就是通常被人们并称的"二灵一龙"。

🧭 温州市东北部海滨

灵峰 ★★★★

灵峰景区最能体现雁荡山奇峰异石风采，不可不看。白天无非就是爬爬山、戏戏水、探探洞、拜拜佛，而灵峰最经典的玩儿法是夜游，夜幕下的石碣仿佛神物从天而降，活灵活现，难怪郭沫若也曾流连于此。

💰 日景45元；夜景45元
🚌 从响铃头步行15分钟左右即到
👁 2～3小时

灵岩 ★★★★★

灵岩飞渡的神奇，连大诗人谢灵运也未能拨开遮云、乱石荆蔓，一窥仙山的奥妙，不知他有多么遗憾。所以哪怕再艰苦，也要不达目的不罢休。

💰 50元
🕐 7:00—17:30
👁 2～3小时

> 💡**不可错过的美景**
>
> 1. 游灵岩要安排好时间，每天下午有飞渡表演，是一项不可错过的节目。
>
> 2. 灵岩双珠谷里的隐珠瀑，值得一看，深闺羞涩之景，只闻其声，只有往里深入，经历几弯几绕后才能瞧见。瀑布落差在百米以上，如晶珠碰落玉盘。

大龙湫 ★★★★

瀑布也是雁荡的一大特色，大龙湫则是其中代表。磅礴的气势和变幻不定的形态，真是令人叹为观止。

💰 50元（含高空飞车）
🕐 7:00—17:00
👁 2小时

三折瀑 ★★★★

三折瀑经三处断崖，倾泻成为上、中、下三个飞瀑，以中折瀑为最。它地处幽僻，竟然瞒过了徐霞客的眼睛，到21世纪才展露真容，就为此，也该去看看。

💰 20元
👁 1～2小时

> 💡**美景迟暮**
>
> 现在的三折瀑有些盛名难副，尤其是枯水期，怕是只有中折瀑还能入眼。不过爬山到上折去看看，也能享受山野气息。张纪中版《神雕侠侣》小龙女的古墓派也在附近，不妨去找寻一下。

玉甑峰 ★★★

玉甑峰是中雁荡山的图腾，在中雁景区中有着重要地位。玉甑峰高耸入云，一峰独起，万峰俯首。玉甑峰的峰腰有个绝美无比的玉虹洞，传说是当年开山祖师栖身修炼的地方。

💰 20元
🕐 8:00—17:00
🧭 玉甑景区内
👁 3小时

观音洞 ★★★

观音洞位于雁荡山梅岭西麓，自唐以来就一直游人如云。此洞是天然生成，洞内有一石柱悬垂至地，洞上及洞周石壁雕有观音像。

💰 免费
🧭 灵峰景区内
👁 1小时

吃喝雁荡山

雁荡山八大名菜：鸡末香鱼、蟠龙戏珠、雁荡石蛙、土豆野味煲、美丽黄鱼、蛤蜊豆腐汤、碧绿虾仁、清真海蟹。雁荡的蛤蜊非常有名，和豆腐一起烧的蛤蜊豆腐汤有"天下第一鲜"的美称。从这份菜单上能看得出，海鲜是雁荡美味的主料，而海鲜是最忌暴食的，到了雁荡山，才会知道这需要多大的勇气和毅力。

雁荡山

番薯粉丝汤

番薯粉丝汤要先将番薯加工成番薯粉丝，再把晒干的番薯粉丝与猪脚或肉骨头同煮。食时碗中加入蛋丝、芹菜、炊虾、紫菜、蛎肉、米醋、酱油、味精等配料，吃起来软滑爽口。喜辣的加入少许辣酱，则另有一番滋味。雁荡人宴请宾客、婚丧嫁娶摆酒席都少不了炒番薯粉丝这道菜。

雁荡山特产

有香鱼、雁茗、石斛、红心李、绿豆面等。另外，诸如芝麻酥、花生酥、冬米糖、黑米酥等旅游食品，也可带回去给亲朋好友尝尝。

最好住在景区内

可直接进景区去住，住在景区外就看不见有名的雁荡山夜景了。自助游的游客一般都会选择住在景区中心地段的响岭头。

雁荡供销商店，东西很贵，也没有吃头。红烧菜中的酱油很酸，最好去排档就餐。

风味小吃

雁荡的小吃只要观其色、闻其香，就能让人胃口大开。香螺是众多小吃中最有名的，这是一种贝壳类动物，与田螺相似，滑而不腻，吃后口中留有一股香味。此外，番薯粉丝汤、雁荡烙饼、米粉丝面、茴香五味豆腐干、绿豆面也都各有绝味。

夜游雁荡山

灵峰夜景一定要看，如果不观灵峰夜景就等于没有真正到过雁荡山。

购物雁荡山

雁茗、香鱼、观音竹、金星草、山乐官，并称雁荡五珍。

雁茗指白云茶；学名鲇鱼的香鱼，有"淡水鱼之王"之誉；茎小叶细，高约1米的观音竹，是观赏植物中的雅品，现几乎绝迹；金星草为药用草本植物；山乐官为一种鸟，形似金雀，其鸣声高低婉转，如山中乐队。

住在雁荡山

雁荡山的住宿费用较高，但除节假日以外平时的房价可打折。以百乐大酒店为例，周末不打折，其他时间可打7折。其他的小旅店也具有同样的特点。

推荐住宿

清静山庄 在景区内，离灵峰1千米左右，在阳台上可以看星星。

> 朝阳洞37号
>
> 13905871928

家庭旅馆 雁荡山这类旅馆多如牛毛，卫生条件都不错。

天台山

天台山快速攻略

Day1 国清寺→赤城山→济公故居
Day2 石梁→华顶→琼台仙谷

感受天台山

济公 对很多人来说，佛教天台宗是陌生的，但提起济公却是妇孺皆知，天台山便是佛教天台宗的发祥地和"活佛"济公的故乡，闻名于世。

准备与咨询

气候与游季

天台山是浙东南著名的避暑胜地，最佳旅游时间为4—10月，其中7—8月去天台山既能欣赏天台山的风光，又能躲避炎炎烈日。

云锦杜鹃节

每年5月，在天台山举办的云锦杜鹃节，既有摄影大赛、茶道表演，还有土特产和风味小吃展销等。

行在天台山

进出

天台山位于浙江中东部，交通十分便利。

公路

上海距天台389千米，从莘庄沿沪杭甬高速公路到沽渚进入上（虞）三（门）线高速公路直达天台。杭州汽车东站乘浙江快客到天台只需2小时。宁波至天台每天均有浙江快客，1.5小时就到。此外，天台还与绍兴（1.5小时）、台州（2小时）、温州（4小时）等地流水发车。

天台客运总站 ☎ 0576-83901022

具体行车路线及车程如下：

杭州	杭甬高速（"沽渚"出口）→上三线高速→天台出口（车程2小时）
上海	沪杭高速→杭甬高速（"沽渚"出口）→上三线高速→天台出口（车程3.5小时）
无锡、常州区域	苏嘉杭高速→杭甬高速（"沽渚"出口）→上三线高速→天台出口（车程4.5小时）
南京	宁杭高速→杭甬高速（"沽渚"出口）→上三线高速→天台出口（车程4.5小时）
温州	甬台温高速（"三门"出口）→上三线高速→天台出口（车程1.5小时）
宁波	甬台温高速（"三门"出口）→上三线高速→天台出口（车程1.5小时）
金华	义乌→东阳→嵊州→新昌→天台（省道）（车程2.5小时）

区内交通

天台山各大景区均有大小公共汽车通达，景区内可步行游览。

游在天台山

天台山内包括众多的历史人文和自然景观，值得花时间仔细游览。

☀ 佛教渊源

天台山是中国佛教天台宗的发源地，据天台宗系谱，初祖为印度龙树，二祖为北齐慧思，三祖为慧文，而实际创始人则为陈隋之际的智顗，智顗常住天台山，故名该宗为天台宗，又因该宗奉《法华经》为主要教义，故也称法华宗。

☀ 景区票价

天台山国清景区免费开放，其余景点收费。天台山大瀑布100元，石梁飞瀑60元，琼台仙谷65元。

国清寺 ★★★★ ⛩♨

千年古刹，是游天台山的必到之处。古寺虽名扬万里，山门却得低调含蓄，待入得寺院内，才惊见参天古树，气魄非凡。在国清寺，山即是庙，庙即是山，古朴禅意的建筑透露着浓郁的世外气息。随意地与僧人搭话问路，他们热情中带着与你刻意保持的距离感，不禁感觉自己离佛似近还远。由于国清寺在日本、韩国佛教界影响力也颇深，所以这座寺庙香火鼎盛时还能见到前来参拜的外国友人。

🎫 免费
🕐 7:30—16:00
🚌 临近国清景区（公交站）
👁 1～2小时

赤城山 ★★★ 🚃♨

这是一座孤山，遗憾的是周围少了水的相傍，有人觉得灵气不足。其实这儿让人称奇的是仙风道骨遗留下来的痕迹，古今文人墨客也加以笔墨渲染。你稍加留心山内的低矮山洞，还能看见竹榻和铺盖，想必是山中道人的栖息之所。如果在旭日东升或夕阳西下时你有幸在山中，别忘了去观霞亭，观摩一番这里最著名的景色"赤城栖霞"。

🎫 15元
🕐 8:00—16:00
🚌 临近赤城宾馆（公交站）、游客中心（公交站）
👁 1～2小时

赤城山

石梁飞瀑　★★★★

不到石梁，仿佛不曾到过天台山。此处美景占此殊荣，全靠水和地形的恩泽，石梁看的主要是飞瀑。藏在山涧之中，还伴着寺庙梵音的飞瀑并不多见吧，难怪《射雕英雄传》也要在此取景。跟着徐霞客的足迹步上观瀑亭，观其壮阔全貌，想必你也和他一样，心中涌起了吟诗作赋的渴望。山中有一方广寺，小而静僻，是思考浮生的好去处。

- 💰 60 元
- 🕐 8:00—16:00
- 🚌 北门车站、国清寺、高明寺均有中巴车前往
- 👁 2 ～ 4 小时

💡 **游览须知**

1. 从石梁飞瀑出来后，务必从原路返回，不然走外围会绕圈子，只有在景点入口的地方才有车下山。

2. 从天台去石梁飞瀑这段山路都是急弯、陡坡，自驾游的需多加注意，严禁着风景，转弯处要先按喇叭。

华顶景区　★★★★

华顶峰为天台山主峰，华顶寺香火鼎盛、游人如织。4、5月云雾茶飘香，且杜鹃花开，是最佳时节。到华顶别忘了品茶，山里水冲泡的山里茶，不是随处都有。山中有一黄经洞，曾是王羲之书写《黄庭经》的地方，避暑山庄附近的"右军墨池"，则是王羲之苦练永字八法洗笔之处。品茗、观景、思古，一个也不能落下。

- 💰 50 元
- 🚌 在北门车站内乘开往华顶的面包车前往
- 👁 2 ～ 4 小时

💡 **1. 避暑胜地**：华顶森林公园内古木参天，空气清新，还建有华顶避暑山庄、华顶寺。海拔在1000米左右，空气中负离子含量极高，盛夏时气温比杭州、上海等地低10℃左右，是理想的避暑、疗养胜地。

2. "华顶四绝"：杜鹃、观日、雾凇、雾茶。

琼台仙谷　★★★★

此处美景绝不限于寡看山山水水，而是山水与仙道相傍透露出的神秘。这里最经典的莫过于百丈崖瀑布和龙潭的组合，二者的和谐奔流引得人总想吟诗览胜。龙潭内的茶吧可供小憩，也能顺便理一理被碧绿笼罩的心绪。有人说，此处是天台山最美之境，难怪当初李白也要在此叹息

"龙楼凤阙不肯住，飞腾直欲天台去"了。

- 💰 65 元
- 🚌 临近桐柏岭（公交站）、琼台上入口（公交站）、琼台下入口（公交站）
- 👁 3 ～ 4 小时

吃喝天台山

风味小吃

饺饼筒　天台山最具特色的食品，是当地的节日食品，通常在每年的清明、七月半、冬至和春节时当地人家才制作。现在在招待亲朋好友时，也吃饺饼筒。饺饼筒皮是用粉加水调和成糊状做成，馅料也丰富。

蛋清羊尾　这种食品的做法很特别，先将豆沙加白糖做成豆沙泥，捏成丸子，外包网油；再将蛋清(去蛋黄)打透，加少许山芋粉；然后把包上网油的丸子放在调好的蛋清里均匀地套上一层蛋清，下油锅炸两次即成。

💡 **美味的"糊啦汰"**

天台山小吃"糊啦汰"是一种用10多种材料(大部分是素菜)煮的汤。饺饼筒配"糊啦汰"一起吃，干湿搭配，通常吃一套就足够了，很美味。

购物天台山

天台山以药材中的三七、天麻、白术最为著名，另外草编、竹编、绣衣等手工艺品也历来为人称道。因天台山山高雾多，所以这里出产的中华顶雾茶以"色泽润绿，水色清澈，质香味浓"被认为是我国绿茶中的珍品。天台山盛产优质高山茶，还诞生了东方茶文化——中国茶道。

住在天台山

天台宾馆　是天台唯一一家按四星级标准改建的涉外旅游宾馆，坐落于国家级重点风景名胜区天台山国清寺旁，环山绕水，景致秀丽，建筑依山起伏，小桥流水，回环曲折，宛如江南古园林。

- 📍 天台山国清寺北侧
- 📞 0576-83888888

济公居宾馆　位于活佛济公出生地永宁村济公故居旁，距国家级风景名胜区国清寺1.5千米，距赤城山风景区2千米。

- 📍 天台赤城路 453 号
- 📞 0576-83890058

溪口

行在溪口

位于宁波奉化南的溪口，有多条公路到达。宁波火车站旁的汽车南站有开往溪口的汽车，车费约12元，车程30千米，半个多小时即到。宁波栎社机场到溪口仅15千米，打车约40元。上海旅游集散中心每周六、日到溪口的旅游专线车。另外，溪口与奉化、余姚、新昌等地有大量中巴流水发车。

镇内交通

旅游公交 溪口镇现有溪口客运站、武岭广场站、雪窦山游人中心中转站三个公交站点，30分钟一班，票价2元。也可以乘坐景区内的区域出租车，起步价6元/2千米，2千米以上1.8元/千米。

☀ 在溪口镇步行就可达你想去的景点，也可以坐人力三轮车，车夫会全程陪你欣赏岭上景区。要浏览山上的景区风光，乘坐观光列车或索道是比较不错的选择。

☀ 感受当地民俗

此地民风淳朴，一些民俗非常有趣。若能参加当地人的婚礼，感受一下抬花轿、闹洞房，会让你有不同寻常的收获，仿佛回到了20世纪三四十年代。

游在溪口

溪口 ★★★★ 🎫⛰️📷🚌

古镇溪口群山环翠，秀溪横贯，是蒋介石、蒋经国的故里，蒋氏遗迹遍布整个景区，并且保存完好。虽然不是每个景点都需要一观，但这里的风景的确很美。

溪口如今增加了漂流、滑草等刺激有趣的游玩项目，爱冒险的年轻人可以一试。

🎫 全景区联票230元（含景区交通费20元，雪窦寺另加10元）；蒋氏故居120元（含武岭门、溪口博物馆、文昌阁、憩水桥、剡溪小筑、武岭中学、蒋氏宗祠、丰镐房、玉泰盐铺、摩诃殿、武岭公园、魏杞墓、丰镐房蒋母墓道、杜鹃谷、蝴蝶世界）；雪窦山150元（含入山亭、御书亭、千丈岩、妙高台、张学良禁地、雪窦寺、三隐潭）

🕐 8:30—17:00

👁 1～2天

奉化溪口岩头古村漂流

🎫 148元

雪窦山 ★★★★ 🎫📷

溪口人气最旺的景区，类似的山水，在浙江的土地上的确不少。其中千丈岩、三隐潭最受欢迎，也最考验体力。

👁 0.5天

雪窦寺

雪窦寺最有特色的是弥勒宝殿，而寺内的弥勒道场在中国乃至整个世界的佛教界都具有重大影响。寺前古树大有来头，两棵银杏树树龄有千年以上，而大殿后的两株银杏树为张学良亲手所种。

三隐潭

闻其名来，以为三隐潭景致在潭，那就抱着这种心态前往吧，那里的瀑布和碧谷一定让你始料未及。只是山路崎岖，想看奇景得先练练脚力才好。

🎫 与千丈岩、妙高台等联票150元，不单独售票

千丈岩瀑布

从千丈岩顶倾泻而下，颇为壮观，雨中看瀑布，意境更美。如果体力够好，尽可到瀑布脚下去感受它的魅力。

🎫 妙高台与千丈岩瀑布等联票150元

☀ 从上往下游

游雪窦山景区时，建议坐当地的旅游车（20元/人）先到三隐潭或者是更高一些的徐凫岩，然后从最上面的景区一点点地走下来，又省体力又能看到好风景。

吃喝溪口

溪口"三大宝"：芋芳头、千层饼和水蜜桃，都是不可不尝的美味。

芋芳头 外表棕黄，呈球形或长圆形，顶端粉红，其中"鸭汁芋芳"是奉化名菜。

千层饼 创始于 1878 年。以面粉为主加以重糖、芝麻、花生米及适量苔菜粉，经过 12 道工序制作而成。溪口"王毛龙"牌和"千丈飞珠"牌比较正宗。

实惠小吃处

与许多其他山地景区一样，上档次的吃处大都在各大酒店里，如武陵山庄餐厅、奉化大酒店餐厅、华夏大酒店餐厅等。不过在溪口吃午餐，大可不必去饭店，剡溪北岸文昌阁前的空地上有不少当地人摆设的小吃摊，既实惠又能品尝当地特色小吃。

园外园土菜馆明码标价，芋头排骨不错。

住在溪口

宁波溪口国际青年旅舍（茗山旅馆） 徒步到雪窦山景区 15 分钟，徒步到蒋母墓道 10 分钟。

➋ 上白村玉茗小区 8 幢 3 号楼，近茗山江南路

☎ 0574-88855617

中林南苑云上清溪酒店 "树屋酒店"，浸润自然闲情，重拾山野雅趣，这是一家集住宿、餐饮、会议、休养及体验于一体的高端野奢度假酒店。

➋ 溪口镇东兰段商量岗旅游度假区内

☎ 0574-88888788

南浔

南浔快速攻略

南浔景点比较集中，景点彼此间相距不远，沿着河边慢慢走几乎就可以游览完所有景点。

行在南浔

进出

南浔镇位于浙江省湖州市南浔区境内，地处 318 国道边上，东距上海 123 千米，北与苏州相距 51 千米，南达杭州 125 千米。虽然长湖申航线横贯东西，但发达的公路交通使得南浔的进出主要依靠公路，而非水路。

公路

上海、苏州、杭州等地与南浔每天都有各类大巴、中巴频繁往返。

上海→南浔 上海、南浔两地之间的车程为 2.5 小时左右。

虹桥长途西站 发车时间 7:56—18:25，每天 8 班；车费 61 元。

沪太路长途汽车站 发车时间 8:00、17:20；车费 61 元。

自驾车

从上海出发 上沪青平公路，穿过平望镇再走 318 国道，出了吴江便可到达，来回过桥过路费约 80 元。

从杭州出发 从 104 国道到湖州后转 318 国道。

南浔古园

南浔镇名园古迹很多，《江南园林志》云："以一镇之地，且拥有五园，且皆为巨构，实江南所仅见。"历史上最盛时期有大小园林 20 余座，现存有小莲庄、颖园和嘉业堂藏书楼等，明代百间楼风貌奇特，清代张石铭旧宅和张静江旧居别有情致。

有趣的农作

南浔的小农庄里有一些旧时的农具可以操作，其中踩水车，很便宜，也很有趣。

游在南浔

南浔古镇景区
★★★★

南浔为江南水乡六大古镇之一。

南浔的建镇时间要上溯到南宋，在中国近代史上，南浔还是一座少有的巨富之镇，所谓"耕桑之富，甲于浙右"。

南浔虽与同里、周庄这些江苏古镇相距不远，但在建筑风格上却有着不小的差异。嘉业堂（我国著名的藏书楼）、小莲庄（江南著名的私家花园）都是南浔古镇中最有代表性的，它们与古镇中那些数量不小的水乡民居一道，为南浔赢得了极高的声誉。

联票 85 元（含小莲庄、嘉业堂藏书楼、张石铭旧宅、刘氏梯号、张静江旧居、南浔史馆、求恕里、百间楼民居、广惠宫和文园），在任一景点都可购买。游船 100 元/船，每船可坐 8 人

👁 0.5～1 天

🔆 查票严

古镇外围附近不少三轮车夫会说 30 元带你进景区，里面不会查门票的，千万别信。事实上，古镇每个景点都有人把守着，票查得相当严，还是乖乖买票为妙。

小莲庄 这座私家园林之主刘镛自然不可小觑，他可是曾经的南浔首富。小莲庄的用途相当于现在度假用的别墅，虽古意浓郁，却处处透露着当初的奢华。

嘉业堂藏书楼 "历时二十年，自费银三十万，得书六十万卷，共十六万册"，其主刘承干是爱书之人，如今伴着书香荷香，还能体验一把文墨的妙趣。

张石铭旧宅 张家的宅子除了中式古典外，有些布局呈现西式特点，二楼窗户上镶嵌的蓝色刻花玻璃来自法国，历经百年而晶莹剔透不染尘灰，此雕刻工艺已失传。

张静江旧居 典型江南豪门大宅风格，最大的看点是在这里陈列的信件和古迹。张静江生前与孙中山、宋庆龄、蒋介石等人有信札来往，这些信札如今都被陈列在这里。

🔆 南浔四象

民间流传的说法，财产达百万以上的为"象"。刘家的银子、张家的才子、庞家的面子、顾家的房子，刘、张、庞、顾四家就是当时的"南浔四象"。南浔可游览的大宅子就是这些旧时富豪所留下的。

荻港古村景区
★★★★

荻港村有着不输于南浔的水乡情调，这里游人稀少，悠然宁静。荻港四面环水，河流纵横交错，两岸青砖黑瓦，斑驳的墙壁映衬出千年古村的历史繁华。这里当得起著名文学家舒乙"这是最好的江南小镇"的赞誉。

🚌 临近荻港路口（公交站）

吃喝南浔

河鲜和竹笋是南浔的两大名食，也是到南浔最容易错过的美食。特别是不起眼的竹笋，在当地是上乘之美食，有着十分讲究的烹饪，做法多到让人眼花的地步，当然好吃才是最重要的。

南浔的橘红糕和雪饺很值得推荐，另外，"丁莲芳千张包子"（时代超市旁边，奥克斯大酒店正对面）不可不吃，特别是辣酱和汤的味道堪称一绝。

购物南浔

当年，南浔就是因桑蚕丝织而富甲一方的，所以旅游南浔，辑里湖丝是首选之物；而以湖州命名的"湖笔"，自古以来在文房四宝中就有着极高的声誉。另外，南浔的刺绣和针织在江南也都有着典范地位，外加竹编工艺品，你的南浔之行绝不会空手而归。

🔆 购买特产

最好是在东大街的几个门市买，那是原先食品厂的门市，东西新鲜，价格便宜，他们本地人都是在那儿买的。

住在南浔

南浔是一个小镇，所有的饭店宾馆加起来不超过 10 家，但已经足够了，至少不必为住宿担心。

推荐住宿

博阳开元名庭度假酒店 位于南浔古镇内，白墙青瓦和原木家具让人一眼就能感觉这里是江南。

🚩 小莲路 88 号

📞 0572-3677777

乌镇

行在乌镇

进出

　　乌镇位于京杭大运河西侧，为嘉兴市所属的县级桐乡市下辖的一个镇，距桐乡市政府驻地梧桐镇13千米，距嘉兴市区36千米。

铁路

桐乡火车站　桐乡高铁站是去乌镇游玩最方便的火车站，到达桐乡后，可乘K282至乌镇汽车站，再转乘K350到达乌镇景区。

嘉兴火车站　游客也可从各地乘火车到嘉兴，坐公交车到嘉兴客运中心换乘到乌镇汽车站的巴士，再转K350到达乌镇景区。

公路

　　坐长途汽车到乌镇游玩，需先到桐乡汽车站或乌镇汽车站，再换乘公交车前往。

　　上海/杭州→乌镇：上海汽车南站、杭州九堡客运中心有直达的快速巴士。

　　乌镇→周边城市：乌镇汽车站有直达杭州、上海、南京等地的快客。

自驾车

　　从上海出发，走沪杭高速到屠甸出口下；或者走320国道到桐乡，再经桐乡到达乌镇，140千米左右，2小时可达。

区内交通

　　在乌镇内的交通，通常以三轮车为主，但在镇内步行是最合适的，这样才能体会水乡的美。东西栅景区间有免费巴士，往返于两个景区，在东西栅服务中心旁乘坐。

游在乌镇

乌镇 ★★★★★ 🖼️🎭📷🔔

　　乌镇地处两省、三府、七县之地，在春秋时期，吴越两国交战，吴王戍兵于此以防越国入侵，乌戍就由此而来。秦时，这里属会稽郡管辖，唐时地属苏州府管辖，872年的《索靖明王庙碑》首次出现"乌镇"，乌镇称"乌"的历史可能从此开始。

　　作为江南水乡六大古镇之一，乌镇以东、西、南、北四条老街呈"十"字交叉，形成了双棋盘式河街平行、水陆相邻的古镇格局。这里保存有大量明清建筑，依河而建的古民居和河上石桥，共同构成了小桥、流水、古宅的江南古镇风韵。镇上的西栅老街是我国保存最完好的明清建筑群之一。此外，还有修真观戏台、双桥风情、梁苑胜迹、唐代银杏等众多景点。总之，乌镇的美是需要你用心慢慢体会的。

　　💰 东栅景区110元；西栅景区150元；东西栅联票190元

　　🕐 西栅9:00—22:00；东栅7:00—18:00

　　🚌 乌镇汽车站距离西栅约2千米，可乘K350直达；汽车站距离东栅约0.5千米，可步行前往

　　👁️ 1～2天

　　💡建议夜宿在西栅里。夜游西栅和白天是完全不同的感受，每当夜幕降临，温暖、灵动的灯光倒映在水面上，整个西栅都显得晶莹剔透。坐摇橹船泛舟西市河，是游览西栅最经典的体验。

💡 **南浔与乌镇的交通**

　　南浔距离乌镇20多千米。每天有南浔至濮院的数班中巴车往返，经停乌镇，车票约35元。

晚霞映照下的乌镇

**行
在
乌
镇**

蓝印花布染坊

茅盾故居 ★★★★

茅盾的童年、少年时代都是在乌镇度过的，青年时期也在这儿居住。他所描写的人物原型都可以在这里找到，小说正是对旧社会乌镇各个方面的真实写照。位于镇东的立志书院是茅盾少年时的读书处，现辟为茅盾纪念馆，为国家级重点文物保护单位。

🚌 乌镇东栅景区内步行可至，就在修真观对面

👁 0.5 小时

木心美术馆 ★★★

木心美术馆是为了纪念木心先生毕生的心血与美学遗产而建，外观与木心先生心仪的简约美学相契合。整座建筑横跨乌镇元宝湖水面，成为乌镇西栅一道宁静而清俊的风景线。美术馆内有绘画馆、文学馆及影像厅，长期陈列木心作品，到乌镇一定要去看看。

$ 20 元

🕘 9:00—17:30（周一闭馆）

➡ 嘉兴市桐乡市乌镇西栅 1508 号

🚌 临近西栅景区（公交站）

👁 1～2 小时

宏源泰染坊 ★★★

宏源泰染坊始创于宋元年间，这里是蓝印花布的制作基地，也是蓝印花布制品集散中心。在这里可以看到传统工序的全过程演示，也可以在前面的店铺中买一些蓝印花布的成品做伴手礼。

🚌 乌镇内步行可达

👁 0.5 小时

吃喝乌镇

在水乡，你会常听到“皮包水”的说法。不是因为那里的水多，而是那里的人喜欢喝茶、爱泡茶馆的缘故。

与酒楼饭店一样，茶馆也分三六九等。中市的访庐阁、三益楼、常春楼、明月楼、天韵楼等茶馆档次较高；散布在东南西北四个小栅的小茶馆，光顾的都是从四乡里来做买卖的农民，他们一边照顾着身边的小买卖，一边喝茶。作为游客倒不妨两类茶馆都去坐坐，因为体会到的情致是完全不同的。

江南早饭 享受乌镇，一定从早晨开始，找个小店，来一碗热腾腾的馄饨加一笼烧卖，一顿精致又随意的早餐就齐全了。

羊肉面午饭 吃午饭可以到东大街 251 号，那里的红烧土鸡和红烧羊肉非常棒，或者简单点，就来一碗羊肉面也不错。

购物乌镇

在乌镇随处都能买到姑嫂饼、杭白菊、三珍斋酱鸭、乌镇羊肉、熏豆茶、三白酒等，其中姑嫂饼、杭白菊及蓝印花布是乌镇最为有名的特产。

住在乌镇

因为西塘和乌镇相距不远，通常可以将两座古镇连起来游，这样，很多人先到乌镇，然后赶到西塘住宿，因为西塘的早晚非常漂亮。另外，桐乡市内也有各种标准的宾馆、旅社，住在桐乡也很方便。而乌镇内西栅景区有酒店和民宿，都是统一管理的，东栅景区则没有正式客栈，只有当地居民经营的客栈。

推荐住宿

陶然居客栈 位于西栅景区北大门，步行可至乌镇各个旅游景点，邻近桐乡乌镇汽车站，旅游交通十分便利，老板可亲自接站。

➡ 乌镇环河路 528 号

☎ 0573-88730665/13819053907

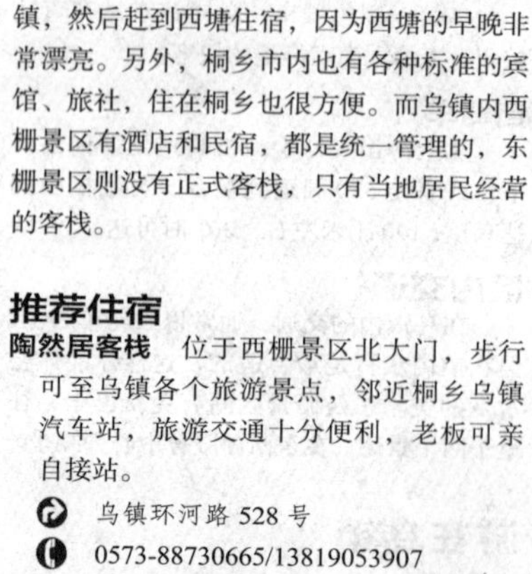

河上的游船

西塘

行在西塘

进出

西塘是属于浙江嘉兴市嘉善县管辖的一个古镇，因为嘉善有铁路和公路与外界相通，所以也可以说嘉善是进出西塘的门户。

铁路

嘉善每天都有客运列车开往上海、杭州、南昌、武汉、怀化、萍乡、宁波、温州、南京、苏州、齐齐哈尔等城市。其中，上海至嘉善的高铁最快只需 23 分钟。杭州至嘉善的高铁行程约为半小时。从嘉善再转乘直达西塘的班车就很方便了。

公路

西塘距上海 90 千米、杭州 100 千米、苏州 80 千米，新建的善江一级公路横穿西塘镇，并将西塘与 320 国道、318 国道、沪杭高速公路、沪杭铁路连在一起，公路交通的四处扩散，使得西塘的进出更加方便。

上海→西塘
上海人民广场　每天 7:00—14:50 有发往西塘的旅游专线车，票价 50 元。

杭州→西塘
杭州客运中心站　8:30、13:40 有开往西塘的车，票价 60 元。

嘉兴→西塘
嘉兴汽车北站　嘉兴汽车北站有 152 路、K152 路公交开往西塘，在翠南村（公交站）下车。

☀ **取道嘉善**

虽然上海等地有车直达西塘，但出于班次不多和价格方面的原因，建议先坐汽车到嘉善，再转乘嘉善到西塘的车，班次极多。

区内交通

因为嘉善是西塘的门户，所以这里的区内交通主要介绍嘉善与西塘之间的交通情况。这里有很多三轮车，统一价 3 元，在镇上旅游可以步行。

中巴车

嘉善与西塘之间约有 18 千米，嘉善火车站附近每半小时有一趟中巴车到西塘，车费 4 元，20 分钟即到。西塘返回嘉善的班车，最晚一班是 18:00。

出租车

起步价 5 元 /2.3 千米，从嘉善乘出租车到西塘，需 50 元左右。

游在西塘

西塘 ★★★★★ 　

在江南古镇中，西塘是以廊棚和古弄独树一帜的。

所谓廊棚就是街边住户将屋檐延伸到河边，用一根根的圆柱支撑着而形成的一种有如廊桥般的建筑特色，又叫法为"一落水"。

☀ **自驾车路线**

自驾的朋友可以走沪杭高速公路，在嘉善、大云出口下来，行至嘉善县十字路口处，见有西塘指示牌并向北行驶 15 分钟即到。也可以走 320 国道，至嘉善十字路口见有西塘指示牌再向北行驶 15 分钟到。

☀ **西塘的《碟中谍 3》**

阿汤哥在白墙黛瓦间的跳跃穿梭，在烟雨长廊间的飞速狂奔，也把西塘的美景，随同《碟中谍 3》一起带给了全世界。

☀ **美丽的西塘夜景**

西塘的夜景很美，沿岸挂满了红灯笼，随风摇动，夜色中别有风味。晚上还可以坐船夜游，30 元 / 人，150 元 / 船（8 人）。

☀ **不担心错过末班车**

西塘返回嘉善的班车最晚一班是 18:00，如果错过末班车也不用担心，通常晚上八九点以前总能找到回嘉善的出租车，且价格便宜（15 元 / 人）。

石皮弄是西塘古弄的代表，原本是专供大户人家的男仆行走的通道，现在成了西塘一景，真是世事变迁。除廊棚和古弄外，西塘的瓦当和杜鹃花也是值得注意的景致。

西塘保存了很多明清建筑，所以最早的民居建筑中的瓦当约为明末清初，瓦当在传统建筑中原本只是一个极小的部分，但它却传承着太多的文化内涵。西塘的民居瓦当主要有四梅花檐头瓦当、蜘蛛结网檐头瓦当、民国开国纪念币瓦当等。西塘人家原本就有养杜鹃花的习惯，现有杜鹃花品种 145 种。

🎫 联票 95 元（含西园、种福堂、纽扣博物馆、瓦当陈列馆、根雕艺术馆、倪宅、明清木雕馆等景点），17:00 以后夜游门票 60 元

👁 1～2 天

西园 ★★★★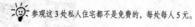

西园里的"朱念慈扇面书法艺术馆"展出了工艺美术大师朱念慈先生的扇面一百余件。"百印馆"内陈列着国内外百名篆刻家篆刻的一百枚西塘风貌的印章。这百枚印章刻画了西塘百景，其中包含平川十景、西塘八景、西塘的老字号等。许多景点的名字被凝固在方寸之间，别有一番韵味。

🕐 8:00—17:30
👁 0.5～1 小时

私人住宅 ★★★

西塘大大小小的景点并不少，但水阳楼、雁塔居和桐村雅居依然值得一提，因为它们是作为西塘人现实生活的代表，另外各家的收藏也是各有千秋，所以又可称作西塘的私人博物馆。

水阳楼

位于烧香港的一位徐姓的老师家，有精致的明清家具可供参观。

姚宅

位于小桐圩的姚宅，只要一进大门就能感受到封建社会那份特有的压抑：数丈高的院墙不仅用来防火，也用于围困人们对外部世界的欲念；当年被锁在绣楼之上的小姐，只能靠着吊篮与外界联系。

方宅

环秀桥向西是当年西塘第一大户方宅的一部分——"桐村雅居"，上百盆盆景是

这幢老宅最有生气的地方。

💡 参观这 3 处私人住宅都不是免费的，每处每人 5 元。

烟雨长廊 ★★★★

听来抽象诗意的名字是有来头的，其实它们是江南人防备雨天出行不便而搭建的门前廊棚。当家家户户门前都搭起这样的廊棚时，就出现了一条贯穿小镇近千米长的长廊，这就是"烟雨长廊"。长廊最美的时候是华灯初上时，屋檐下的数百个大红灯笼高高挂起，让白日里的生活气息此时变得更加瑰丽。

石皮弄 ★★★★

西塘最具特色的露天弄堂，建于明末清初。至今仍有古老独特的风姿，走过这样一条青石路，不禁会让人想起那庭院深深锁清秋的年代。

永宁桥 ★★★

是镇上最好的观景点了，可以一览胥塘河两岸的全景，南望古朴的廊桥，胥塘河狭小成水巷，巷西是仿古一条街，巷东是古老的塘东街。

吃喝西塘

肉嵌鲫鱼、红烧鳗鲤、馄饨鸭、清蒸白丝鱼、塘鲤鱼、湖蟹，听着这些菜名就能知道这是典型的水乡风味。菜肴鲜美，风味小吃也不逊色：八珍糕、千层饼、水豆腐等，既可作下酒菜，又可作点心。

风味小吃

荷叶粉蒸肉 每个到过西塘的人都会对这道菜念念不忘，滑软爽口，香而不腻，特别是肉香中透出的那股淡淡的荷叶香，久久不散。

💡 **吃阿牛粉蒸肉的地方**

1. 石皮弄旁、环秀桥下的阿牛粉蒸肉最有名气，4元一块，淡淡的荷叶香味把油腻的感觉都去掉了。

2. 圣堂对面有一对老夫妻开的阿牛粉蒸肉分店，那里的粉蒸肉味道真的不一样。

小馄饨 西街入口处那个卖小馄饨的摊子，即是众多网友推荐的"陆氏小馄饨"。小馄饨汤料独特，馅多皮薄，加上主人那副年月久远的担担，的确别有一番风味。

豆腐花 在石桥边，有一个老太太做的祖传豆腐花，不妨试试。

芡实糕 "一线天"的味道好，"森林"的

西塘的烟雨长廊

分量足，自己掂量吧。

臭豆腐 送子桥附近的"三昧臭豆腐"别有风味；另外，"管老太臭豆腐"（西街环秀桥旁）嫩滑美味，让人觉得不可思议。

甜酒酿 在烟雨长廊中，走过环秀桥约30米，那家做祖传甜酒酿的小店，让人念念不忘。

粽子 "阿六一口粽"，肉粽不腻，甜粽香甜。

推荐餐馆

西塘人家 地道本帮江浙菜，店里环境也很好，靠窗户的座位可以观景。店里的古法蒸大白和河蚌豆腐煲是招牌，味美量大，性价比高。

- 朝南埭 37 号
- 18157368807

钱塘人家（北栅街店） 许多西塘旅游攻略上极力推荐的地方，菜肴相当有西塘特色。推荐老鸭馄饨煲、酱爆螺丝、椒盐南瓜、清蒸白水鱼。

- 0573-84564610
- 西塘古镇北栅街 25 号

河畔人家 "螃鳊鱼""白水鱼"是河边店家的看家菜，说是因为这里的鱼离水即死，于是新鲜无疑，味道自然也不会错，不知是鱼的关系，还是手艺卓越，也许两者兼有吧。

购物西塘

"六月红"河蟹、绿豆燥片、八珍糕、嘉善黄酒、善酿酒，这里的土特产不一而足，只能看你个人的偏好了。

> **美丽的手工艺品**
>
> 在西塘购物除了土特产外，还可以看看具有乡土气息的手工艺品，如蓝印花布、盘扣、中国结、民族饰品等。

住在西塘

西塘老街私家旅馆比较多，不预订一般也能找到房间，但要标准间最好预订，周末人多，一般好的房间都会被预订完。当地房价：周末标准间 120 元，普通间 80 元；平时标准间 100 元，普通间 60 元。

推荐住宿

桐村客栈 建于清雍正年间的老宅，院落精致，盆景碧绿，宁静清洁，客房有独立卫生间，而且可省去一道门票。

- 塔湾街 40 号
- 13666770381

栖糖·水岸边客栈 2013 年开张的酒店，离西塘景区尤其是酒吧一条街非常近。服务很好，老板亲自接站，还会带客人去景区里面，帮助买优惠票。

- 西塘新泾港 72 号 -1
- 0573-84562690

凤栖·临河设计酒店 中式建筑风格，靠河的小露台上可以看看风景，晒晒太阳，吹吹风。边上的酒吧也是老板开的，气氛很好。

- 烧香港北街 64-1 号
- 13385735456

安徽省

自助游：

南线：仙山加天堂之旅

黄山→新安江→千岛湖→富春江→杭州

北线：仙山加佛国之旅

黄山→太平湖→九华山→天柱山

徽州古民居之旅

徽州区→歙县→绩溪→黟县→泾县

自驾游：

感受徽州文化

合肥→巢湖→芜湖→黄山→徽州区→宏村→陈村

从仙山去秀水

黄山→新安江→千岛湖→杭州→嘉兴→苏州

黄山

黄山快速攻略

Day1 黄山南大门→玉屏景区→天海→光明顶→排云亭
（观日出的好地点，可入住山顶宾馆）

Day2 西海大峡谷→北海景区→始信峰→云谷寺→温泉景区

感受黄山

徽商与挑山工　慕黄山大名而来的游客，都会对山上的挑山工留下深刻印象，第一眼看见他们，不由得让人忆起课本里描写泰山的那篇《挑山工》，而黄山上的挑山工更是成为黄山亮丽风景中不可或缺的一部分。黄山景区上的一石一桥，山上商店、宾馆里的一砖一瓦、一米一面都是他们用肩膀挑上去的。他们世世代代透支着自己的身体，运输游客必需物资的同时赚取微薄的薪水养家糊口，这些用肩膀挑起大山的人堪称黄山的灵魂。作为徽商的后裔，他们也着实让我们见识了靠山吃山的徽商本色。

黄山四绝　黄山集泰山之雄伟、华山之险峻、衡山之烟云、庐山之瀑布、雁荡山之巧石、峨眉山之秀丽，更以奇松、怪石、云海、温泉"四绝"闻名于世。凭借着"四绝"而号称天下第一山，素有"五岳归来不看山，黄山归来不看岳""登黄山，天下无山""震旦国中第一奇山"的美誉。慕名而来的游客一定要亲身体验"无处不石，无石不松，无松不奇"，感受云海中的如梦如幻，沐浴在温泉的滋养中，才不枉前来一次。

准备与咨询

语言

对于全民皆商的黄山人来说，语言无论如何也不会成为他们与游客交流的障碍。

气候与游季

黄山多阴雨天、云雾天，空气偏湿，而且越接近山顶风就

☀西海大峡谷

西海大峡谷是近年来新开发的，也是旅游热点。《黄山志》曰"黄山历来有南雄北秀东奇西幻之说"，景区谷中名峰古木，巧石林立，可见"仙人晒靴""文王拉车""武松打虎"等怪石；双龙松悬立崖边；丹霞峰、九龙峰、石床峰、石柱峰、薄刀峰等群峰耸立，是黄山风景区中最秀丽、最深邃的部分。

☀徽州文化博物馆

位于黄山市屯溪迎宾大道西侧，建成于2006年12月。博物馆陈列包括徽州远古文化、山越文化、徽州文化几个基本阶段的徽州通史和徽州文书档案、徽州民俗等若干专题；徽州戏曲、徽州工艺、徽菜等专题历史遗存亦展示其中，在这里可以更好地感受徽州文化。

黄山日出

感受黄山

越大，这类天气在每年的4—6月尤为明显。虽说黄山的风景四季各有不同，但每年的4—11月才是旅游的最佳季节。

7、8月是黄山一年中游客最多的时候。不少人认为冬季才是黄山最美的季节，因为冬季是黄山云海出现最多的季节，但冬季天都峰、白云溪封山，翡翠谷也无翡翠可观。

黄山街道

行在黄山

进出

黄山市辖屯溪区、黄山区、徽州区3个辖区，歙县、休宁县、黟县、祁门县4个县。市政府驻地在屯溪区。作为一个已经成熟而且具有规模的旅游景点，进出黄山可以说十分便捷。

飞机

黄山屯溪机场距市中心约7千米，有民航班车和多种出租车往返，民航班车5元，出租车约15元。从黄山屯溪机场到黄山景区打车需要1.5小时左右，价格在150元上下。

机场航班问询 ☎ 0559-2934144
售票处 ⮫ 华山路23号
☎ 0559-2934111

铁路

黄山是皖赣线上的枢纽站，现有两个火车站。黄山站离黄山市中心较近，主要停靠普快列车。黄山北站是京福铁路、黄（徽）杭铁路、皖赣铁路复线的联结点，主要停靠高铁，北站旁的黄山旅游客运枢纽有汽车发往汤口镇等地。

黄山站 ⮫ 黄山市屯溪区前园北路33号
☎ 0559-2116222
黄山北站 ⮫ 黄山市徽州区梅林大道
黄山旅游客运枢纽 ☎ 0559-2356355

公路

屯溪汽车站是黄山市的主要汽车站，有发往黄山市各县区、周边省市等地的汽车，旅客可由此站乘车前往汤口镇、太平（黄山区）、西递、宏村等地。

屯溪汽车站（黄山市汽车客运总站）
⮫ 屯溪区云大道31号
☎ 0559-2566666
汽车站到汤口的班车： 10分钟一班
🚌 20元 🕐 6:00—17:00

水路

著名的新安江就发源于黄山境内，然后经千岛湖流入富春江，到了杭州改称钱塘江。从黄山市的深渡码头可乘船至千岛湖，再由千岛湖前往瑶琳、杭州。

市内交通

通常人们所说的黄山是指黄山风景区，从地理上来说，黄山风景区是归属黄山市的，但它距离市中心还有64千米。黄山区位于黄山市的北部，它虽然离黄山风景区较近，但交通不如屯溪便利。

🔆 景区内交通

1. 步行的游客有两条步行道选择。玉屏景区莲花峰下，上下行游客可分别选择百步云梯和莲花洞；从莲蕊峰向玉屏楼方向走，在幸福大道手机石附近有一条60米长的循环道。

2. 在汤口（黄山大门）需换景区内中巴。中巴车费：黄山大门至云谷寺或慈光阁13元/人；人多时，可以乘旅行社车辆或合租一辆"面的"（50元）直达云谷寺索道站。

3. 自驾游客可将车停在新建的北大门立体停车场，这是国内同类景区里规模最大、自动化程度最高、功能最全的停车场之一。还可停在云谷寺停车场和温泉景区桃源庵宾馆内。

🔆 3条进黄山的路线

黄山有3条进出线路：从黄山市（屯溪）、杭州过来的游客可前往黄山南大门，然后选择从慈光阁（前山）或云谷寺（后山）登山；武汉、太平过来的游客可选择从黄山北大门松谷庵登山。每个登山口均设有登山索道。

🔆 黄山云谷索道、玉屏索道、太平索道经营时间

3月2日—10月31日：周一至周五7:00—17:10；周六、周日及小长假6:30—17:40
11月1日—3月1日（含周六、周日及小长假）：8:00—16:40
☎ 云谷索道 0559-5586014
玉屏索道 0559-5585146
太平索道 0559-8551818

这里的市区交通主要指黄山景区内的交通，因游客更多的时间都在黄山景区内活动。屯溪的交通以人力三轮车为主，市区内乘坐价格为2～5元。

黄山风景区内交通主要包括：景区公共汽车、游览步道和索道。其中，景区公路4条，游览步道30余条，索道3条。

黄山景区索道

云谷索道：云谷寺→白鹅岭（淡季65元；旺季80元）

太平索道：松谷庵→松林峰（淡季65元；旺季80元）

玉屏索道：慈光阁→蒲团松（淡季75元；旺季90元）

出租车

黄山市内出租车起步价7元/2.5千米，2.5千米以后2元/千米。黄山景区出租车起步价为10元/2.5千米，之后2元/千米，夜间加收20%。从汤口到黄山景区，单趟车费40元左右。

游在黄山

黄山 ★★★★★

黄山154平方千米的景区以奇松、怪石、云海、温泉“四绝”闻名天下。有谚语说：“不到文殊院（玉屏楼），不见黄山面；不到天都峰，白跑一场空；不到光明顶，不见黄山景；不到狮子峰，不见黄山踪；不到始信峰，不见黄山松。”

🎫 旺季190元；淡季150元

🕐 旺季：7:00—17:00（周一至周五）
6:30—17:30（周六至周日）
淡季：8:00—16:30

🚡 云谷、太平索道票单程旺季80元，淡季65元；玉屏索道票单程旺季90元，淡季75元

🚌 从各地乘坐飞机或火车到达黄山市，在屯溪客运站乘坐汽车前往黄山脚下的汤口镇，票价约30元。到达汤口镇后，有黄山新国线通往景区内山脚下的4个停靠站，票价8～19元；到达前山的慈光阁山门停车站，票价约19元

👁 1～3天

温泉景区

著名的温泉很多，但能像黄山温泉这样被称为“一绝”的就只此一处了。黄山温泉之所以与奇松、怪石、云海、冬雪并称黄山“五绝”，不仅是由于黄山千年的历史文化赋予了它神秀灵气，还在于它是亚洲唯一的朱砂泉，其神奇的保健功效无泉能及。

🕐 14:00—21:30

👁 4小时

💡 **1. 住宿：**黄山景区主要接待宾馆虽云集在此，但拥有最正宗朱砂泉的还是黄山温泉度假酒店。

2. 温泉：黄山的温泉水温常年在42℃左右，清澈、甘甜，既可洗温泉浴又可饮用。

清澈、甘甜的黄山温泉

玉屏景区

莲花峰和天都峰是整个黄山旅游的重点。因为黄山的绝大多数奇峰异景都集中在这一带。天都峰、玉屏峰、莲花峰为黄山三大主峰。另外，“一线天”“蓬莱三岛”“百步云梯”都会经过，还有迎客松也在这里。

🕐 旺季：7:00—17:00（周一至周五）
6:30—17:30（周六至周日）
淡季：8:00—16:30

👁 0.5～1天

北海景区

这个景区以峰、松、云海为主。有观云海最佳地点的光明顶；有纵览黄山巧石最理想的排云亭；还有观赏云海、日出最佳点的黄山第一台清凉台以及始信峰。

日出时间

春季：5:30—6:00 夏季：4:40—5:20

秋季：4:50—5:20 冬季：5:30—6:00

👁 0.5～1天

💡 **住宿：**北海景区附近集中了几处观景宾馆，如果游黄山的时间安排得较充裕，可以考虑在此留宿。

西海大峡谷

西海大峡谷群峰荟萃、怪石如林，以风景秀丽、形势险要成为自助游探险者的乐园。特点一是景点集中，以奇秀著称。这里的山体刀劈斧斫般、巨型石片垒积木式堆积起来，形成破碎状的峰林，看似摇摇欲坠，其实壁立千仞，稳如泰山，且峰

峦林立。特点二是清幽。它不像北海、玉屏等处那样喧闹，游者置身其中可以细细观赏，慢品仙景。

黄山松

👁 3～5小时

💡 **网红小火车**

西海大峡谷中有一条从谷底直达天海的地缆车，沿途可观赏西海大峡谷雄奇、险峻的风光，乘坐地缆车，看着风景不停后退，有种现实版"神庙逃亡"的感觉。

云谷景区

黄山名潭和怪石组成了云谷景区的景致，其中以潭为最胜。

在黄山的三大名潭中，云谷景区就占了两个——九龙潭和百丈泉，只留人字潭给温泉景区。站在观瀑亭上，眼前是如白绢长垂的瀑布，气势不凡。观瀑布自然是雨季最佳。

👁 0.5～1天

💡 **黄山各景观最佳观赏地点**

1.黄山看日出的最佳地点是：曙光亭、清凉台、狮子峰、丹霞峰、始信峰、棋石峰、贡阳山、光明顶、白鹅峰、石笋峰、玉屏峰、莲花峰、天都峰等处。观日出因为人多，地方狭小，一定要注意安全。

2.黄山观晚霞最理想的地点是：排云亭、丹霞峰顶、飞来峰、石柱峰、棋石峰、光明顶、莲花峰等处。

3.黄山观看佛光最理想的地点是：天都峰、莲花峰、光明顶、始信峰、丹霞峰、棋石峰、白鹅岭、玉屏峰、清凉台、天海凤凰松旁、芙蓉峰、翠微峰等处。

据气象部门统计，黄山出现佛光的次数，每月有2～5次。黄山佛光出现的黄金季节多在午后初晴的9:00以前和阴雨初霁的17:00以后。

4.观云海的地点随云海形成的不同高度而异，当云海的云顶高度在800米以下时，于紫石峰、半山寺、桃花峰观南海，入胜亭、一道边观东海，白云居观西海，书箱峰麓、芙蓉岭观北海较为理想。若云顶高度在1600米以下，于黄海岗、玉屏楼观南海，清凉台、始信峰观北海，白鹅岭、贡阳山观东海，排云亭、飞来石观西海，平天峰、光明顶、鳌鱼峰观天海最为理想。若云顶高度介于1600～1800米之间，可登上黄山的几大主峰——莲花峰、炼丹峰、天都峰、光明顶、石门峰、棋石峰、白鹅峰、贡阳山之峰巅，纵观五海，可尽览其宏伟神奇。

每年的11月至次年的5月，都是观黄山云海的理想季节。尤其是雨雪天气后，突然放晴，其日出和日落时所形成的云海五彩斑斓，称为"彩色云海"，最为壮观。

松谷景区

位于黄山北坡。这里山高林密、空气清新，是黄山的"清凉世界"。尤以奇秀峰谷、巧石名潭最为佳妙。主要景点有如芙蓉初放的芙蓉岭、碧波荡漾的翡翠池、雄美壮观的五龙潭以及"关公挡曹"等著名怪石。

👁 1～2小时

翡翠谷景区

又称"情人谷"，享有"天下第一丽水""情爱胜地""黄山第五绝"的美誉。景区位于黄山风景区南大门汤口镇，景区的自然景观特色是拥有100多个形态各异的翡翠彩池，文化景观主题是"爱"。获奥斯卡四大奖项的《卧虎藏龙》影片中，竹梢打斗、池边爱恋、飞瀑踏波、深潭寻剑等绝妙镜头即摄于此谷中。

💰 60元

👁 2～3小时

游在黄山

💡 **冬季封闭维护**

西海大峡谷景区每年冬季12月至次年3月都会封闭维护，具体开放时间不定，请以景区官方通知为准。

💡 **登黄山不宜打伞**

黄山天气，时晴时雨，变化无常。且山高风大，不宜打伞，不然极有可能连人带伞一起兜跑。登山前应准备雨衣或在山上购买，如果等到山上下雨时再买，价格定会让你吃惊不小。

💡 **下黄山可走"Z"字形**

黄山山路陡峭险峻，登山时身体宜前俯，不宜过速，下山时尤须缓步，可走"Z"字形，这样省力。

💡 **何处露营**

山上的旅馆不太干净而且价格也较贵。在黄山防火期，很多地方都禁止露营。

☀购物须知

1. 茶叶：买时一定要先品，品好了再买，价格谈得好的可以砍掉2/3；鉴别茶叶不是很在行的游客可去超市购买。

2. 歙砚：买砚一是看材质，二是看工艺刀法。名家的砚品起码要150元以上。砍价前以讨教的口气多与店主聊聊，或许价格上就能松动些。

3. 徽墨：徽墨价格比较便宜，一般的墨品也就10元左右一块，来这里带回去几块是不错的纪念。

☀景区餐费参考

因为黄山景区内的所有食物都是从山下送上去的，价格自然要高得多。宾馆自助午餐、晚餐100～160元一位；美食广场盒饭50～70元一份；矿泉水约8元一瓶，可乐、雪碧等饮料约15元一瓶。这些食物和饮料都是挑山工辛苦撒上来的，务必不要浪费。

☀温泉区的设施

温泉一带分布着各类设施，比如汽车站、邮电局、商店、温泉浴室、影剧院等。另外，这一带的宾馆和酒店较多，选择余地也较大。

☀别在景区购物

建议不要在风景区买任何土特产，如茶叶、石耳、香菇等，因为这些东西靠挑山工人工运输到山上，价格昂贵，购买者可以在市区屯溪老街购买。

吃喝黄山

黄山菜系属中国八大菜系之一的徽菜，比较讲究用料和火候，对菜的色、香、味的统一尤其强调。

风味小吃

虾米豆腐干　在徽菜中颇负盛名的杜家虾米豆腐干，以新鲜黄豆和优质小虾米为主料，并拌入大茴香、小茴香、桂皮、花椒等佐料，制作过程精细而又复杂。

苞芦松　以山区种植的一种叫山苞芦的玉米为主原料，口感清香松脆，适合作为零食。

豆腐老鼠　以上好精肉、白豆腐为主料，配以生姜、鸡蛋、精盐，是餐桌上一道营养丰富、细致美味的汤菜。

徽州臭鳜鱼　名为"臭"，其实"香"，先将鳜鱼腌制，再配上碎肉丁一起蒸，撒上泡辣椒，红红火火却又不过分辛辣，滋味浓厚。差不多是黄山最具特色的美味了。

蝴蝶面　菱形的面皮入油锅炸后放入炒锅中，加上肉片、冬笋、虾米、火腿、香菇、青菜及肉汤炒焖入味而成。犹如美丽的蝴蝶在红花绿草中翩翩飞舞，因此得名。

购物黄山

推荐购物

徽墨　中国文房四宝之一，在徽州已有1000多年的制作历史。清乾隆以后以胡开文墨最为出名，为徽墨的代表。

歙砚　中国四大名砚之一，始创于唐，盛唐时歙砚已大盛。歙砚具有坚、润、柔、健、细、腻、洁、美"八德"。歙砚以罗纹、眉子为上品。

万安罗盘　传统地学仪器名品，包括航海罗盘、堪舆罗盘和日晷数种。产地在休宁县万安镇。罗盘尺寸不等，式样有上百种，精密度高。1915年就已在巴黎万国博览会上获金质奖章。

茶叶　黄山市所辖的三区四县是闻名中外的茶叶之乡，绿茶以黄山毛峰和太平猴魁为代表，红茶以祁门红茶为代表，珠兰、茉莉等花茶是新开发的品种。而黄山贡菊一直是历代的皇室贡品。

猕猴桃　在当地也称"阳桃"，黄山风景区内到处都有，随手可得。黄山猕猴桃品种达20多个，因长在山林中，吸取空气中的水分，所以这里的猕猴桃不仅含有丰富的营养成分，而且汁多而甜，果香味重。

住在黄山

推荐住宿

黄山排云型旅酒店
- 📍 黄山风景区西海景区丹霞峰下
- 📞 0559-2590999

老街青年旅舍
- 📍 屯溪区老街266号-2
- 📞 0559-2540386

南线

南线快速攻略

Day1　宏村→南屏→西递→屯溪老街（住宿屯溪）

Day2　屯溪→徽州古城→渔梁→棠樾牌坊群→歙县

Day3　歙县→阳产土楼→深渡镇（乘船游览新安江山水画廊）→歙县

Day4　歙县→绩溪→坑口→湖村

感受南线

水　南线是由水组成的，干净清澈。走进一个个村落，沿路的水圳，走到哪儿，都能看见它的存在。甚至在民居里，渠水也紧跟着你的脚步。

静　南线村落有着朴实的农家，安逸的生活，悠闲的步调，还有永远让人感觉到清凉和宁静的绿色。在这里你能得到的不仅仅是耳旁的宁静，还有心灵的沉静。

准备与咨询

语言

　　大多数的地方话都能听懂，但是有一些地方的词汇，可能就比较难理解了。说普通话南线地区的人都能听懂。

气候与游季

　　南线地区属亚热带季风气候，年均气温15.8℃，年降水量1795毫米。5—10月适合来此旅游。

南线景点示意图

（郭村　汤口　上庄　杨溪　湖村　坑口　绩溪　三阳　宏村　杨村　溪头　霞坑　歙县　柏溪　西递　蓝田　棠樾牌坊群　渔梁　深渡　南屏　休宁　歙县　雄村　横联　齐云山　黄山机场　黄山　屯溪老街）

行在南线

飞机

　　新国线黄山风景区汽车站有开往黟县的大巴，每天8:10、10:50、13:30、14:10各一趟，票价25元。至西递的游客，可在西递路口下车，再改乘县城方向开往西递的公交车，每20分钟一趟，票价约2元。到宏村或黟县其他景点的游客，在县城下车，再改乘至宏村及其他景点的交通车，票价2元左右。

铁路

　　离黟县最近的火车站是黄山火车站，下车之后到黟县县城或西递、宏村景区有两种乘车方式：一是在火车站前广场或机场前广场包出租车前往黟县县城或西递、宏村，包车至黟县县城约150元，至西递约150元，至宏村约160元；二是从黄山火车站附近的黄山旅游客运中心坐前往宏村的客车，票价30元。

公路

　　在黟县乘坐开往宏村的公交车，票价2元，40分钟即可到达；从黟县汽车站搭乘中巴前往西递，票价2元；有直接到南屏的中巴，票价2元，但班次很少；也可乘往西武乡的中巴至南屏村口外，再步行1千米即到南屏。屯溪汽车站有班车到宏村，整个车程约1.5小时。

游在南线

屯溪老街 ★★★★

  这条全长 1273 米的老街，从宋代开始直到明清，一直是徽州物资集散中心。如今依然是店铺鳞次栉比，店面、作坊、住宅三位一体，保留了古代商家"前店后坊"或"前铺后户"的经营格局和特色，被誉为"活动着的清明上河图"。

  老街的建筑十分有特色：木穿榫式结构，马头墙、小青瓦、徽派木雕都是值得仔细玩赏的。老街的店铺中百年以上的老字号有"同德仁"药店、"同和"秤店和"程德馨"官酱园等。

  🍴 特产有黄山烧饼、孝母饼、徽墨酥等。毛豆腐可以买一点尝尝，不过大多数人都吃不习惯

  👁 1～3 小时

徽州区 ★★★★

  目前，黄山市下辖的徽州区推出"徽州文物古迹旅游线"，唐模檀干园、呈坎宝纶阁、潜口民宅都是必游之处。

  徽州素有"黄山南大门"之称，也是徽州文化的代表，现保存有徽派古建筑 300 余处，国家重点文物保护单位有贞靖罗东舒先生祠、呈坎明清古村落、老屋阁和绿绕亭等，区内还有岩寺文峰塔、凤山台、新四军军部旧址、沙堤亭、徽州文化园等景点，都值得一游。

呈坎

  位于安徽省黄山风景区的南麓，早在宋代，这里就被理学家朱熹称为"江南第一村"。贯穿村落的龙溪河就像阴阳的分界线，村落周围的八座大山是八卦的八个方位，形成了天然的八卦布局，所谓的风水宝地大概就是这样了。这里有保存最完好的明代古村落，将徽派建筑艺术体现得淋漓尽致。

  💰 107 元

  📍 黄山南面 40 千米处灵山和丰山之间

  🚌 临近呈坎（公交站）、二号桥头（公交站）

  👁 2～3 小时

西溪古村落

  位于徽州区西部，和盛极一时的徽商历史息息相关，还保持着相对原始的模样。这里历史最长的可不是那 100 多幢明清古建筑，而是那些千年的古树。环绕着古村有一条小溪，泛舟溪上，感受着历史，仿佛整个人都穿越了。

  📍 徽州区松明山公路

  🚌 临近西溪南创意小镇（公交站）、西溪南站（公交站）

  👁 2～4 小时

歙县 ★★★★★

  歙县与四川阆中、云南丽江、山西平遥并称为"中国保存最为完好的四大古城"。古代为徽州府治所在地，是徽州文化的发祥地之一，也是国粹京剧的发源地，文房四宝之徽墨、歙砚的主要产地。

  古牌坊群、古祠堂、古民居共同组成了古徽州历史大观园，而这一切是前人留给我们的宝贵的文化遗产。

💡新安江山水画廊

  新安江山水画廊在歙县境内，指的是从坑口乡到深渡镇的水域，两岸生态环境极佳，3、4 月油菜花开时节景色十分美丽。可以徒步或坐船游览两岸的青山和徽派村落。

渔梁

  渔梁古镇处于练江的下水口，古称"梁下"，早先是歙县在练江上的码头，往来集散，生意兴隆。渔梁镇商业街长达 100 米，两旁多为明清时期遗留下来的古建筑。街与江的走向一致，斗折蛇形并伴随着地坪高低而变幻，景观极为丰富。街道宽 2～3 米，两侧铺青石板，中间嵌鹅卵石。渔梁镇有渔梁坝、新安古道、白云禅

木雕楼

坑口奕世尚书坊

院、李白问津处和巴慰祖纪念馆等特色景点，现渔梁坝已列入歙县申报世界文化遗产的名单之中。

🎫 30 元

🕐 7:30—17:00

🚌 从歙县古城乘公交至渔梁景区站下车，步行即到

👁 0.5～1 天

棠樾牌坊群

棠樾村头坐落着 7 座按"忠孝节义"顺序排列的古牌坊，是明清时期牌坊建筑艺术的代表作。这些石坊和村中的男祠、女祠共同构成了歙县旅游的亮点。

7 座牌坊的建筑时间跨越了数百年，如第一座麻石牌坊，距今已有 450 余年；第二座慈孝里牌坊，则为皇帝钦批御制。这 7 座牌坊没有用一钉一铆，完全靠石与石之间的巧妙结合，已历经了百年风雨。

🎫 100 元

🚌 临近牌坊群（公交站）

👁 1～2 小时

阳产土楼

阳产的村民就地取材，采周边青石铺路架桥，取红壤木材筑巢而居，形成了一排排密密麻麻的土楼群。与传统的徽派建筑白墙黑瓦秀美不同，阳产土楼是质朴、充满乡村美感的。土楼群依山就势、千姿百态、布局合理、错落有致，体现了人与大自然融为一体，具有浓郁的山区民居建筑特色，构成了神奇、古朴、壮观、美丽的画卷。

🎫 免费

🚌 从黄山坐车到歙县客运总站，乘坐搭岔口、周家村、新溪口的班车到达佛岭头（阳产土楼外围），再拼车或步行前往阳产

👁 1～2 小时

石潭村

石潭村在一般游客心中远远没有宏村、西递等安徽传统古村落有名，但是这里绝佳的风景却吸引了络绎不绝的摄影爱好者，秀美的风光使之成为黄山市"百佳摄影点"绝对的第一位。这里有小桥流水人家的江南风景、静谧幽深的街巷、诗情画意的村边水口景观。每年 3、4 月，油菜花漫山遍野，山中云雾缭绕，古村若隐若现，美若仙境。其他季节风景也美不胜收，夏天有欣欣向荣的向日葵；秋天有漫山遍野的白色贡菊；冬日雪景搭配秀美的徽派建筑。不论什么时候来，都能找到摄影的好题材。

🎫 免费

🚌 歙县汽车站乘坐开往霞坑镇的中巴，票价 6 元；到霞坑后再换中巴到石潭村，票价 2 元

👁 3～4 小时

徽州古城

始建于秦代，我国四大古城之一，像一座气势磅礴的历史博物馆。几个城门中南谯楼最有特色，而许国石坊是古城最精华的部分，行走其中有浓浓的历史沧桑感和厚重感。有多条道路可以进入古城，转一圈主要景点都可以玩到。

🎫 徽州府衙门票 45 元

🕐 8:00—17:00

📍 歙县徽州路徽州古城

🚌 从歙县客运站乘汽车至古城，票价 7 元；从火车站乘坐 1 路公交车可达

👁 0.5 天

许村

"徽州第一进士村"，古建筑群在歙县排名第一。村口的大宅祠，有著名的"云溪堂碑帖"。村子里还有明代建筑大墓祠、清代建筑大邦伯祠以及徽州最小的牌坊——双节孝坊。许村最好的景色在高阳桥、双寿承恩坊、大观亭，它们串联在一条轴线上。可在此处多停留片刻，细细体味桥、坊、亭的精妙组合。

🎫 35 元

🕐 8:00—17:00

📍 歙县许村

🚌 在歙县客运站乘车前往，发车时间为

6:10—17:00，约1小时一班

👁 1天

绩溪 ★★★★★ 🖼🐾🎭🍴

安徽省历史文化名城，境内有众多历史文化名村。古往今来，绩溪以"邑小士多，代有闻人"著称于世，这里涌现了中国许多名人，是"五四"新文化运动领袖胡适、"红顶商人"胡雪岩和徽墨大师胡开文的故乡。

🚌 可在屯溪乘坐前往绩溪的中巴

坑口

坑口村古称龙川，地势独特，风景优美。村前有一座高大巍峨的龙须山，村中有一条小溪穿村而过，整个村庄布局则颇像一条小船。

村中的胡氏宗祠是国家重点文物保护单位，其继承了徽州古祠的传统特点，更重要的是其建筑构件上的木雕千姿百态，堪称中国古祠一绝。

🚌 从绩溪县城汽车站乘绩溪至胡家的车，中途下车即到；也可乘出租车，凭计价器付款，约100元

👁 0.5天

徽杭古道

自然风光最壮观、文化最神秘的走廊，初级徒步者的天堂。附近景点有障山大峡谷、胡氏宗祠、清凉峰、江南第一关等。3月下旬为最佳游览时间，此时满山的杜鹃花盛开，非常好看。

💰 62元

🕐 6:00—18:00

📍 绩溪县伏岭江南村徽杭古道

🚌 从绩溪汽车站坐开往胡家的中巴，在鱼川村下车即可，票价约7元，行程约45分钟

👁 2天

黟县 ★★★★★ 🖼🐾🎭🍴

与歙县齐名的省级历史文化名城。县内有保存完好的徽派古民居村落，素有"东方古代建筑艺术宝库"的美誉。黟县四季分明，田园风光迷人。陶渊明游历于此，写下了不朽名篇《桃花源记》，李白题诗赞誉"黟县小桃源，烟霞百里间。地多灵草木，人尚古衣冠"。

🚌 市区先乘屯溪至黟县的中巴车，黟县县城到各地均有车直达

西递

西递是千年徽州文化的典型代表，集牌坊、古民居、古祠堂"三绝"于一体，被列入世界文化遗产名录。村中至今仍完整地保存着124幢明清时代的民居，被誉为"中国明清博物院"。民居多是砖木结构的楼房，三间与四合的格局，马头墙、小青瓦，以布局工整、结构精巧而著称。影片《卧虎藏龙》的很多镜头就是在这里完成

西递古民居

的，这无疑也让西递的知名度日益上升。

🌐 104 元

🚌 从黟县汽车站搭乘中巴前往，票价 2 元

👁 2～4 小时

宏村

与西递同属黟县的宏村，则因独特的"牛形村落"布局而成为仿生学建筑村落的代表。宏村以汪姓为大姓，现有明代民居 1 幢，清代民居 132 幢，其中以"承志堂"规模最大、结构最完整，而且雕刻精巧，是宏村民居的典型代表。不仅如此，村庄四周还有众多美景，如月沼风荷、雷岗夕照、塔川秋色、木坑竹海等，所以又有"国画里的乡村"之称。

🌐 104 元

🚌 从黟县汽车站乘坐开往宏村的公交车，车票 2 元，20 分钟可达

👁 2～5 小时

南屏

一个有着 1100 多年历史的古村落。著名导演张艺谋的影片《菊豆》就是在南屏村取景拍摄的。

南屏村到处是高墙深巷，街道纵横交错，拐弯抹角，陌生人走进，犹如进了迷宫，所以南屏又有"迷宫式的村落"之称。村中至今仍保存有相当规模的宗祠、支祠和家祠，形成了一组风格古雅的祠堂群。南屏的祠堂群是徽派建筑艺术的陈列馆，也是了解中国古老宗法制度的博物馆。

🌐 43 元

🚌 可从黟县汽车站乘坐去西武乡的中巴至南屏村外，再步行前往；或从黟县汽车站乘坐到南屏的中巴，票价 2 元；从西

南屏小巷

武乡出发去南屏，步行约需半小时

👁 2～3 小时

齐云山 ★★★★ ⛰📷

古称"白岳"，位于黄山市中心以西 33 千米，因"一石插天，与云并齐"而得名，是道教四大名山之一，也是我国丹霞地貌代表地之一，现为国家重点风景名胜区，与黄山、九华山并称为南线三大名山。

齐云山风光绮丽动人，有各种奇峰、怪岩、幽洞，以及诸多湖潭泉瀑。其中形似山峰的香炉峰、巧夺天工的石桥岩、幽幻莫测的仙洞、清秀静逸的云岩湖、抛金洒玉的珠帘泉最令人神怡心醉。

🌐 旺季 68 元；淡季 60 元

🕐 8:00—17:00

🚌 从屯溪汽车站乘车，40 分钟可达

👁 1～2 天

南线川藏线

★★★★ ⛰📷

南线川藏线又称"江南天路""南线 318"。该公路线东起宁国市的青龙乡，西至泾县的蔡村镇，其精华路段全长 120 千米。线路既有桂林山水之美，又有云南石林之奇，还有 318 川藏线之险，独具南线山水之

宏村

南线秋色

精华，曲折惊险，风景独特，青山或竹海连绵，偶有水库辽阔，穿越皖东南的最大水库——港口湾和安徽省东南部最大的原始森林——板桥自然保护区，绝对是江南一带最令人神往的自驾路线。

吃喝南线

民以食为天，南线人很注重"吃"这件事。南线有很多菜品风味独特，让人叫绝。不吃则已，一吃惊人。在唇齿留香中，让人感叹徽文化的不同凡响。

徽州臭鳜鱼 徽州臭鳜鱼是南线地区的传统佳肴，已经有200多年的历史了。做法是先腌鱼，后烧鱼。鱼肉闻着臭，吃着香，滑嫩而鲜美，有着独特的发酵香味，令人回味无穷。

腊八豆腐 腊八豆腐是黟县的民间风味特产。在春节前的腊八，黟县的家家户户都会晒制豆腐。这种自然晒制的豆腐，即为腊八豆腐。腊八豆腐可以做成很多美味菜肴，十分诱人。

西递美食 西递的美食繁多，主要有腊八粥、石头粿、徽州粿、苞芦粿、苞芦松、蟹壳黄烧饼、五城茶干、油煎毛豆腐、油酥烧饼等，去了西递别忘了尝尝鲜。

购物南线

南线物产丰富，其中最有名的当属文房四宝之一的徽墨、歙县的歙砚以及送礼佳品茶叶。

歙砚 歙砚是砚中的上品，其珍贵在于雕刻上具有徽派石雕的特色，刀法刚健、美观大方。在歙县出售徽墨和歙砚的店铺很多，质量不一，有购买需求的话要找个懂行的帮你看看。

茶叶 "海贝吐珠""黄山绿牡丹""黄山毛峰""顶谷大方"等等上品的茶叶在国内外久负盛名。

徽州贡菊 从菊花群体中选育出的优良品种，原产于歙县金竹岭一带，既有观赏价值，又有药用功能。

住在南线

南线各个村落的客栈很多，价格便宜，环境也不错。

宏村郭家小院 位于中国画里乡村景区内，距南湖、月沼步行仅2分钟。

🚩 画里乡村景区内
📞 0559-5541216/13855981974

🔆 宏村餐馆推荐

宏村的村口有几家饭馆，臭鳜鱼、紫菜花烧肉、土鸡等都是这儿的特色菜。村里的农家乐也提供相应的当地饭食，在农家小院里用餐也不错。

💡 推荐客栈

宏村居善堂客栈：宅内遍布雕花古楼，木墙、木窗、木雕古床透出浓浓的历史韵味，而厅堂后面的水榭花园，古朴典雅，颇有几分江南园林的感觉。这里曾被评为中国十大情调客栈之一，追求情调的人不容错过。

🚩 黟县宏村上水圳6号
📞 18255917075
13705598177

吃喝南线

九华山

九华山快速攻略

Day1 花台景区（乘索道上山，游览高空栈道，远望飞来峰）→天台景区（莲花峰、观音峰等）→闵园景区（竹海、文殊洞）→百岁宫→九华街（观看夜晚寺院活动，住宿）

Day2 九华街景区（景点以寺院为主，包括肉身宝殿、化城寺）→甘露寺

感受九华山

四大佛教名山之一　九华山与峨眉山、五台山、普陀山并称为中国四大佛教名山，是佛教中地藏菩萨的道场。一进入九华山就能感受到这里浓厚的佛教气息，当然最直接的就是这里一步一寺庙和旺盛的香火。不过，除了香火和善男信女外，这里的风景也不逊色，与黄山相比，各有千秋。

"免费"导游　在九华山会遇到许多"免费"导游，不擅长辨别的游客很容易被引导去吃、住、购物消费。来旅游的朋友一是要谨防上当，二是不要计较，免得破坏了旅游的心情。

准备与咨询

语言

普通话在这里交流没有问题。

气候与游季

虽说一年四季都可以到九华山一游，但春、秋两季却是九华山一年中最美的时候。

九华山年平均气温13.4℃，日照时间短，阴雨天气多。冬天大多数地区都在0℃以下，而且封冻的时间也较长。

行在九华山

进出

九华山虽然目前没有直达的航班或列车，但周边地区都有直达九华山的班车，交通可以说较为便捷。

飞机

九华山机场是一座旅游支线机场，目前主要开通了飞往北京、上海、成都、广州等地的固定航班。机场内可以办理"一票通"（含九华山景区门票、景区内交通票）。

客服 ☎ 0566-4879222
订票 ☎ 0566-4879666/4879777

铁路

坐火车到九华山，一般取道池州火车站。出池州火车站后，在汽车总站乘坐池九线，终点站便是九华山，车程约50分钟，在这里换乘景区巴士前往。

凭大门票搭班车

凭购买的九华山大门票可以免费搭乘景区内的班车去各个景点，有效期是3天。

佛教渊源

九华山佛教历史悠久，晋代时传入，唐代盛极一时。唐开元年间，新罗国（今韩国）高僧金乔觉渡海来到九华山修行，称地藏菩萨转世，他圆寂后，九华山被辟为佛教地藏菩萨的道场。

九华山的云、雾、风

1. 九华山春季的云与黄山不同，天台是观云海的好位置，还有百岁宫、神光岭、小天台等。特别要提的是九华山的雾，雾中的山峰时隐时现，有着蓬莱仙境的美感。

2. 九华山的风也十分著名，5月是最容易出现大风的季节，在有风从山谷吹过的时候，听阵阵松涛、观竹海翻腾别有一番情趣。

池州火车站距九华山约 50 千米，打车到九华山 100 元左右，车程约 1 小时。

公路

九华山汽车站位于柯村新街，有发往铜陵、安庆、芜湖、南京、上海、杭州、武汉、黄山、池州、青阳等地的班车。

至上海：发车时间 7:20、9:00，车程 6 小时，票价 140～150 元。

至合肥：发车时间 8:40—15:50，每隔 2 小时一班，车程 3 小时，票价 88 元。

至汤口（黄山风景区）：发车时间 9:30、13:10，车程 3 小时，票价 58 元。

至杭州：发车时间 7:00，车程 6.5 小时，票价 125 元。

☎ 0566-2823178

景区交通

游山有 3 种方式：徒步登山、乘人力轿杆、乘索道。

游在九华山

🎫 旺季 160 元；淡季 140 元

九华山十古景　五溪山色、天台晓日、化城晚钟、东岩宴坐、天柱仙踪、莲峰云海、舒潭印月、碧桃瀑布、九子泉声、平岗积雪。

九华山十新景　甘露灵秀、龙池飞瀑、祇园晨曦、神光异彩、摩空圣迹、闵园竹海、凤凰古松、观音慈航、大鹏听经、花台春色。

甘露寺景区　★★★　🚌🎫🏛

登九华山有东、南、北三条路，甘露寺景区为北路。北路在九华山中风景最美，而且古迹也是最多的。甘露寺与祇园寺、百岁宫、东崖寺并称"九华四大丛林"。

👁 1 小时

谨防假庙假和尚

四面八方的人怀着满腔虔诚前往神圣的佛教圣地，未料想佛祖脚下竟有一帮"吃狗肉"之徒，在上山途中冒出个别假庙宇，身强力壮的假和尚们纷纷到路边拦车，然后将游人带入庙内，索取钱财，所以提醒各位游客要小心谨慎，或找正规导游。

人力轿

九华街至闵园、闵园至拜经台索道以及各游览线路的人力轿均提供来回接送游客的服务。

北路进山所经美景

1. 由北路进山，必过五溪九华山门坊，此处为九华山十古景之一，即五溪山色。由五溪山色向南登九华山，直至山门。

2. 重要景点：六泉井、二圣殿、六一桥、桃崖瀑布、甘露寺、龙池瀑布、山门等。

九华山与李白

李白曾三次游九华山。第二次登上九华山时，随吟唱出："妙有分二气，灵山开九华"的诗句，便是著名的《改九子山为九华山联句》，九华山的名字也由此而来。三上九华时写下了《望九华赠青阳韦仲堪》。

甘露寺门坊

游在九华山

花台景区 ★★★ 🌸🎐

新开辟的景区，山花烂漫，奇峰松石点缀其间，所以成为各类"驴友"的首选，比如登山爱好者、植物爱好者和摄影发烧友。

🎫 九华山花台索道价格为：旺季普通票单程 85 元，往返 160 元；淡季普通票单程 65 元，往返 120 元

👁 1～2 小时

💡**游览路线及景点**

1. 游览主线：天台，经罗汉墩到文殊洞、下闵园，过龙溪河至老虎洞，越摩空岭经乌龟石到九华街。

2. 主要景点：仙ům岩、古佛洞、莲台峰、大象石、天门峰、石棺峰、会仙峰、中峰、清凉台、杜鹃坞、绮霞峰、猫碗峰等。

九华街景区 ★★★ 🌸🏯

九华街被称为九华山"莲花佛国城"的缩影。打个比方：四面环山的九华山好比一尊凸肚大佛，那么，九华街就是大佛的肚脐。祇园寺、回香阁、钟楼、百岁宫、化城寺、旃檀林、上禅堂、肉身宝殿、小天台等都是九华街的主要景点，佛国的博大精深奥妙之处皆在其中。

👁 1～2 小时

双溪寺 ★★★ 🌸🏯

这里有九华山十古景之一的"九子泉声"。另外，还有地藏王第一代金乔觉"岩栖涧汲"、第三代大兴和尚"应迹肉身"，自然景观与人文景观相互辉映，美不胜收。

👁 1 小时

💡**双溪寺景区游线**

1. 自青阳县汽车站乘车沿青通河南行 10 千米，至朱备路村，再沿田野公路西行 1.5 千米，至四门口。拐弯处右山坡有福海寺。寺后是程九万墓。

2. 如继续乘车沿"8"字形路前进数百米可见双溪寺宾馆，此处有停车场。下车行至岔道口，向左便到双溪寺、大雄宝殿、大兴肉身殿，向右则达九子岩。

3. 游九子岩，不要忘了数那里的 4500 级石阶。

天台景区 ★★★ 🌸🏯

天台峰是九华山海拔最高的山峰，峰顶有万佛寺、捧日亭，沿途寺庙多，风景好，被誉为九华之首。这里素有"不上天台，等于没来"的说法，所以凡是上了九华山的人都想登上天台峰，以偿登峰造极、目尽万里的心愿。

💡登天台，除了徒步、坐轿，还有索道缆车直抵古拜经台。天台索道单程 75 元，往返 140 元。

百岁宫 ★★★ 🌸🏯

寺庙内供奉着明代无瑕和尚的肉身，因其活到 126 岁才圆寂，所以寺庙得名"百岁宫"。百岁宫是九华山必游的寺庙之一。

👁 2～3 小时

💡百岁宫所在的山不高，从九华街爬到山顶约 30 分钟，也可以坐百岁宫缆车，单程 55 元，往返 100 元。

吃喝九华山

九华山的素食是一定要品尝的，虽然这里也有鸡鸭鱼肉等荤菜供应。九华山的石耳、竹笋为素补佳品，在餐馆里的名菜都缺不了"九华三耳"（木耳、石耳、银耳）。还有一种不得不提的植物：黄精，传说是当年地藏王菩萨常吃的一种植物，味甜，形似生姜，但比生姜大。

购物九华山

九华冰姜、云雾香茶（"九华毛峰""地藏雀舌""东崖雀舌"名气最大）、折扇、黄精都是不错的土特产，有的还是当年的贡品，比如折扇。而来此佛国圣地，香袋、佛碗、佛珠、木鱼等佛物也是不可错过的。

住在九华山

虽然九华山的名气不如黄山大，但到九华山旅游同样不用为住宿操心，因为这里的旅游设施比你想象的要好得多。九华街是九华山的中心街道，相当于庐山的牯岭镇，街道不宽，但银行、公安局、学校、影院、医院等一应俱全。

💡各大寺庙均设有接待香客的客房，荤、素餐兼供，游客、香客可自由选择，舒适方便。

聚龙大酒店 坐落于九华山，是安徽省首批红星饭店之一。

📍 九华山检票口东北 50 米处

📞 0566-2571888

东崖宾馆 坐落在九华山风景区内九华街的中心处，是九华山的高级酒店。

📍 九华山风景区化城路 8 号

📞 0566-2831370

天柱山

天柱山快速攻略

天柱山一日游
天柱山西关游线→三祖寺景区或东关游线

天柱山二日游
Day1　三祖寺景区→白马潭漂流（夜宿景区或县城内）
Day2　天柱山西关游线

天柱山三日游
Day1　三祖禅寺→石牛古洞→摩崖石刻
Day2　天柱山西线景区→东线景区
Day3　天险河竹筏漂流

☀登山路线

　　天柱山景区有西线和东线两条线路。西线以天柱山庄为起点和终点，途经南关口、总关寨、神秘谷、百步云梯、渡仙桥、拜岳台、天柱峰、万景台、炼丹湖回到天柱山庄；东线则起于炼丹湖，途经回音台、叠翠亭、大天门、鹊桥和奇谷天梯到东山门为止。相比之下，西线风景更为秀美，是考验相机内存的路线；东线山势较为险峻，是考验胆识和体力的路线。

感受天柱山

秀美　作为江淮第一山，千余年前就曾被册封为"南岳"，其秀美自然不必说了。

卖"娃娃鱼"的娃娃　如同泰山的挑夫和黄山的徽商，天柱山卖"娃娃鱼"的儿童成了它独特的风景。这些孩子有的还穿着校服，手里拎着矿泉水瓶，里面装着刚从山间小溪中抓来的七八只黑黑的小"娃娃鱼"。为了可爱的娃娃及鱼，买一瓶也无妨。

准备与咨询

语言

　　天柱山当地方言比较难懂，不过普通话在这里完全可以通行。

气候与游季

　　虽说天柱山四季有景，四季可游，但以春、夏、秋三季更佳。

　　天柱山为北亚热带季风气候，树木茂盛，冬暖夏凉，年平均气温偏低，在9.5℃左右。全年三分之二的时间都有雾，约为250天，最多可达300天，最少也有200天。天柱山美丽的雾凇多发生在海拔1000米以上，每年10月到次年5月可见到。

行在天柱山

进出

　　天柱山地处江淮之间，紧临长江，紧靠105、318国道和合九铁路、高界高速公路，毗邻合肥、安庆空港和长江水运码头，从高速公路可直达天柱山。

美丽的天柱山

飞机

安庆天柱山民航机场距离天柱山50千米，机场有飞往广州、上海、厦门、西安四地的航班。

铁路

合九铁路上的列车都经停天柱山站，可直达合肥、蚌埠、九江、庐山、南昌、井冈山、广州、深圳等地。

公路

乘汽车去天柱山首先要到潜山区。潜山区距天柱山20多千米，专线中巴每天从县客运中心门外约80米处的三岔路口发车，往返于市区和天柱山索道站、南门之间。车程约1小时，车票10元左右。

向北 经高河埠直达合肥，每天有数班客运班车分别从合肥、潜山对开。外地发出途经潜山直达合肥的客运班车，每天至少8个班次。从合肥乘长途汽车至潜山区，再乘车西行9千米，可到天柱山的南大门野人寨。

向西 经太湖、宿松、湖北黄梅，可达江西九江、湖北武汉。每天有数班路过潜山直达九江或武汉的客运班车。

向东南 经高河埠至安庆，每天往返潜山、安庆的客运班车各有10多班，路过潜山抵达安庆的客运班车也不下10班。

水路

安庆连接长江航运，可上通九江、武汉、重庆，下达芜湖、南京、上海。

景区交通

早上从潜山区到天柱山风景区的车很多，票价9～12元，50分钟即到。下了火车也可拼车，3人15元。火车站随时有中巴或面的到天柱山南大门，票价7～15元/人。

景区内主要有三条索道线路：

1. 天柱山索道 上行40元/人；下行40元/人

2. 青龙涧索道 上行40元/人；下行40元/人

3. 大龙窝索道 上行80元/人；下行60元/人

游在天柱山

🎫 旺季130元；淡季110元

天柱山景点示意图

天宫之镜 ★★★★ 📷

将天空乃至周围的景色完整地倒映在玻璃上，单向透视玻璃安装时正面朝上，360度景色即可呈现在镜面上，再结合特殊设计的涂层盖底，二者合一，景物倒映无折射、散射，清晰透亮。

🧭 位于天柱山风景区内

主峰景区 ★★★★ 🏔️📷

主峰景区是天柱山的精华游览区。在此可以观看到天柱山的标志山峰——天柱峰，感受那擎天一柱的倨傲。同时还有天池峰、飞来峰、五指峰等与之争雄。

主要景点：天柱峰、大天门、神秘谷、试心桥、西关寨等。

🚌 从马祖庵景区往上走至天柱山庄，即到主峰景区

三祖寺景区 ★★★★ 🏔️📷🏛️

三祖寺景区是天柱山人文景点最集中、文化品位最高的一个文化精品景区，是著名的禅宗古刹。这里面向潜河，背枕天柱，据山临水，寺观林立；既有美丽的自然风光，又有丰富的人文景观，从古至今一直被视为风水宝地。三祖寺、大雄宝殿、山谷流泉、摩崖石刻、潜河竹排漂流等主要游览地都在其中。

🎫 门票10元；莲花河漂流100元；白

马潭漂流 120 元；潜河漂流、天险河漂流各 100 元

🚫 从潜山区沿 105 国道向西北前行 9 千米即到

👁 1 小时

虎头崖景区 ★★★ 🏊📷

怪石林立、古迹众多是该景区的最大特色，奇异、逼真的船形石、美女石、和尚石让人叹为观止；虎头崖、铁笛龛、万寿无量塔、狐狸坟、摩崖石刻等也使人流连忘返。

🕐 7:00—17:30

🚫 从潜山区沿 105 国道向西北行 7 千米，再向林庄村方向前行 6 千米即到

👁 1 ～ 2 小时

九井河景区 ★★★★ 🏊📷

传说中的"九井"瀑布就在此地，即由天井、雷井、云井、风井、龙井、三牲井、珍珠井等 9 个瀑布组成的瀑布群。九井西风堪称天柱一绝。一年四季，无论阴、晴、雨、雪都有股西北风吹进古口、野寨一带。特别是夏天，不管白天天气多么炎热，入夜西风一来，暑气顿消。因此谷口、野寨不光是人们听风观景的好地方，还是避暑胜地。

🚫 从潜山区沿 105 国道向西北行 11 千米至九井桥，再沿小溪继续上行数千米即到

👁 1 小时

边缘景观 ★★★ 🏊⚽🏀

天柱山大峡谷

大峡谷是天柱山最重要的水体资源旅游景区，位于天柱山主峰和三祖寺之间，其秀丽雄奇的瀑布、水潭、山涧、湖泊与主峰景区的雄峰、奇石、怪松相映生辉。

💰 78 元

🕐 7:00—17:30

👁 2 ～ 3 小时

九曲河漂流

九曲河与天柱群峰遥遥相望，由于两岸山峰险峻，林木幽深，河道呈 S 形。漂流全长 1000 余米，高低落差近 200 米，水流湍急。激流时，皮划艇跌宕起伏，如脱缰野马；平缓时，一马平川如平湖泛舟；弯道处，险象环生、惊险刺激。

💰 120 元

📍 潜山区天柱山镇茶庄村

👁 2 ～ 3 小时

💡 **黄梅戏、气功：**来天柱山游玩，黄梅戏演唱、天柱气功表演和潜河竹筏漂流，是不可不选的娱乐项目，乐而忘返想必是迟早的事。

吃喝天柱山

天柱山的风味小吃种类繁多，点心类有盏儿糕、鸭蛋糕、糯米欢喜团、芝麻面糁粑；营养健康类有连浆豆皮、芝麻糖茶；菜肴类有胡萝卜丝、金针菜、林庄贡萝卜、雪湖贡藕等。

💡 **山中名吃**

1. 天柱山庄的石耳炖老鳖、天柱晴雪，雪湖饭店的雪湖浆米藕、天柱日出、雪山莲子汤，潜山饭店的石耳炖鸡、玉兔鳝鱼，舒州饭店的舒台夜月、金鱼鸭掌，潜山区政府招待所的扒蹄膀、香酥鸡、三味鱼，都味道鲜美，小有名气。

2. 山里的餐饮不如城市，口味差了些，想去一饱口福的人恐怕要失望了。山里的特产是菌类食物，其中石耳炖鸡是安徽的名吃，另外那里的糯米酒也不错。

购物天柱山

同皖西南其他地区一样，天柱山也盛产茶。不同的是，天柱山不仅茶美，茶的名字也美，如"天柱剑毫""天柱云雾""天柱香尖""天柱银曲""天柱翠竹""天柱毛峰""天柱弦月"的天柱山系列名茶，素有"天柱七仙女"的美称。

推荐购物处

💡 **新的购物处**

皖西南旅游购物中心、潜山百货商场、五交化大楼、梅城商场、雪湖商场等大型商场，也是众多当地人和游客观赏、选购物品的热闹场所。

住在天柱山

但凡旅游胜地，吃住一般都无需发愁。来天柱山游玩，可以住在潜山区和安庆市，不过建议住在山上，这样才能更好地安排行程，而且山里气候凉爽、风景独好，价钱也不贵。山里的住宿基本都在半山腰，一处为天柱山庄和卧云山庄，靠近索道，条件较好。另一处为天柱山庄附近的民居宾馆，条件一般。

推荐住宿

全力国际大酒店　是天柱山唯一的四星级酒店，菜肴非常不错。

📞 0556-8146888

📍 安庆市潜山区天柱山景区牧羊河畔

山东省

自助游：
山水圣人之旅
　　曲阜→泰山→济南→烟台→威海→青岛

自驾游：
4月前往牡丹之乡
　　济南→泰安→肥城→菏泽

胶州半岛休闲行
　　日照→青岛→长岛→乳山→威海→烟台→蓬莱

去往最美的海岸
　　北京→天津→沧州→德州→济南→淄博→潍坊→青岛

济南

济南快速攻略

Day1 大明湖→五龙潭→趵突泉→泉城广场（看音乐喷泉，在附近的芙蓉街吃晚饭）

Day2 千佛山→山东博物馆

Day3 九如山→红叶谷

感受济南

豪气 济南人将山东人的质朴和豪爽表现得淋漓尽致。他们喝酒的豪气，绝对让你瞪口呆。热情好客的济南人也很好地承继了孔孟思想，你走在济南的大街上，想要问路就问好了，首先，对方肯定会给你一个满意的回答；其次，他要是不知道，或者你没有听明白，他会恨不能把你送到目的地。乘出租车也大可放心，对方不仅不会拉着你绕圈子，还能给你很好的建议。这一点，很多城市里的人都做不到。

泉城 济南是以泉闻名的，全城大大小小共有72眼泉水，所以也有了"泉城"的美称。当年，趵突泉有过"趵突腾空"的胜景，因而被封为天下第一泉。老舍先生的《趵突泉》更是将泉城美景描绘得栩栩如生，让人身临其境，也难怪有人在看过先生的这篇文章之后，会循着泉声来此定居。

街头雕塑 济南是一个人杰地灵的城市，地有名泉，人有名人。辛弃疾、李清照……类似的名人一数就有几十个。往济南的大街上一走，这些名人的雕塑会让人浮想联翩，思绪万千。

准备与咨询

语言

普通话在这里同样畅行无阻。

气候与游季

四季分明是济南气候的最大特点，而且济南的四季转换也特别迅速，初到济南的游客可能会有点不太适应。

7、8月可以算是济南的雨季，因为这两个月的降水量占了全年的54％。济南的冬天与周边的地区相比偏暖。整个冬季一般只有10天左右在下雪，而且分散于11月至次年4月。

行在济南

进出

山东是一个交通十分发达的省，与周边省市之间的联系主要靠公路交通。济南与全国的数十座大中城市也有通航。铁路网也四通八达。

放河灯的习俗

在济南，以前农历七月三十晚有放河灯的习俗。河灯用湿面做成，晾干后倒上豆油，用棉花搓成灯芯。据说是为超度溺水而死的灵魂，现在已经演变成一种民俗娱乐活动。

最佳游季

秋天到济南旅游是最合适的，不过，冬雪中的大明湖和春天的趵突泉是这两个景点最美的时候。

民俗节庆

4月桃花旅游节

在济南泉城广场可以赏桃花、看演出、逛特色旅游商品展销等。

7月大明湖荷花艺术节

在大明湖景区内会有荷花仙子选拔赛、荷灯会、七夕晚会、龙舟赛、啤酒节等活动。

8—9月济南国际武术节

世界各地武术爱好者汇聚济南切磋武艺，认武会友。

感受济南

飞机

　　济南遥墙国际机场位于济南市东北部，距市中心约 30 千米，从机场到泰山、孔子故乡曲阜车程只需要 2 小时。有通往北京、上海、广州、厦门、重庆等主要城市的航线。

机场至市区

　　1 号线：机场→济南站广场汽车站（或机场→火车站、汽车站），10:00—18:30，票价 20 元。

　　2 号线：济南机场站→玉泉森信大酒店，9:00—20:00 流水发车，票价 20 元。

　　3 号线：济南机场站→济南西客站，9:00—21:00，票价 20 元。

市区至机场

　　1 号线：济南站广场汽车站→济南遥墙国际机场，6:00—19:00 逢整点发车，票价 20 元。

　　2 号线：玉泉森信大酒店→济南遥墙国际机场，6:00—21:00 逢整点发车，票价 20 元。

　　3 号线：济南西站公交枢纽→济南遥墙国际机场，7:30—19:30 每 30 分钟一班，票价 20 元。

铁路

　　济南站位于市区内，是济南市最老的车站，也是运载量最大的车站。济南东站是济南站的辅助站，主要承担太原、丹东、通化、石家庄北、北京、青岛方向列车（动车组）的接发任务。

济南站 ☏ 0531-82422002
济南东站 ☏ 0531-95105105
济南西站 ☏ 0531-82490971

高铁

　　京沪高速铁路开通后，京沪铁路济南站与京沪高铁济南西站通过连接线连接。济南火车站开行的高铁列车，停靠和始发 51 对"G"字头列车、89 对"D"字列车。

公路

　　济南作为山东省省会，公路交通十分发达，基本上乡乡通车，而且多为流水发车，与周边省市也有公路交通往来。人们一般更愿意选择乘大巴，而不是火车出行。

　　济南的长途汽车站离火车站不远，乘人力车 10 分钟就到了，车费 5 元左右。

市内交通

　　济南有 13 条快速公交线路，普通公交车票价 1 元；空调车基本以 K 开头，票价 2 元；还有 9 条旅游公交线路：778 路、J2 线（777）、J3 线、J4B 线、J5 线、J6 线、J7 线、J10 线、J13 线。

地铁

　　济南目前已经开通了地铁 1 号线、2 号线和 3 号线。起步价 2 元。

游在济南

大明湖 ★★★★ 🚶🏊☺♨

　　"四面荷花三面柳，一城山色半城湖"，大明湖自古遍生荷莲，湖畔垂柳依依。大明湖新景区新增八大景点，即七桥风月、秋柳含烟、明昌晨钟、竹港清风、稼轩悠韵、超然致远、曾堤萦水和鸟啼绿荫。市民可从大明湖路上欣赏到这个"城中湖"的美景，游人可以乘游船通览湖中景色。

长途汽车站点

车站	地址	电话
济南长途汽车总站	济南天桥区济泺路 131 号	0531-96369
济南广场汽车站	济南火车站广场南侧	0531-88303030
济南旅游集散中心	济南市英雄山路 71-6 号	0531-81797388
济南长途汽车西站	济南槐荫区齐鲁大道 3177 号	0531-85941472
济南长途汽车东站	济南历城区工业南路 329 号	0531-88934988
济南长途客运中心站	济南天桥区堤口路 73-2 号	0531-86309710
济南泺口长途汽车站	济南天桥区济泺路 66 号	0531-88307315

趵突泉

💰 免费，超然楼 40 元；观光车 10 元 /
人；游船 10 元 / 人

🕐 5:00—22:00

🚌 临近大明湖（公交站）

👁 4 ～ 5 小时

趵突泉 ★★★★ 🐾⛵📷🎵

趵突泉公园位于济南市历下区，是一
座以泉水为主的自然山水公园。园内有被
誉为"天下第一泉"的趵突泉，园中的奇
观是趵突泉水分三股，昼夜喷涌，水盛时
高达数尺。此外，特别值得一赏的是趵突
泉公园的南大门，布置得富丽堂皇，大门
横匾上题有蓝底金字"趵突泉"，是清乾隆
皇帝的御笔，被誉为中国园林"第一门"。

💰 40 元；观泉品茗夜广场门票 20 元

🚌 临近趵突泉南门（公交站）

👁 2 ～ 3 小时

💡 这里的水泡茶十分清香，泉东有望鹤亭，里面有
茶座。

五龙潭公园 ★★★★ ⛵📷🎵🎵

南临趵突泉，北接大明湖，潭周名泉众
多，形成五龙潭泉群。因主要景观为五龙潭
而命名，传说五龙潭为隋唐英雄秦琼宅邸，
后因暴雨陷落下沉成为今日的五龙潭。

💰 免费

🕐 7:00—22:00

📍 济南天桥区筐市街 18 号

🚌 临近筐市街（公交站）、趵突泉北门
（公交站）、西门（公交站）

👁 1 ～ 2 小时

山东博物馆 ★★★ 🏛🌿

山东博物馆内收藏有 5000 余片商代
甲骨文，是全国收藏甲骨文最多的博物馆
之一。其中临沂银雀山出土的《孙子兵法》
《孙膑兵法》等西汉竹简，被列入 21 世纪
中国十大考古发现。

💰 免费

🕐 9:00—17:00（周一闭馆）

📍 济南经十路 11899 号

🚌 临近省博物馆（公交站）

👁 3 ～ 4 小时

大明湖

精美的鲁绣《荷花鸳鸯图》

千佛山 ★★★★ 🎿🏊⚽

　　佛教名山千佛山位于经十一路南侧。据史载，隋代山东佛教盛行，虔诚的教徒依山沿壁镌刻了为数众多的石佛，建千佛寺而得名千佛山。佛像石雕集中在兴国寺后的千佛崖上，很值得一看。主要景点有观音园、兴国寺、万佛洞、龙泉洞、极乐洞、洞天福地石坊、对华亭等。千佛山东侧，佛慧山主峰山麓一佛龛内，有一尊佛像头部雕像，高7米，宽4米多，俗称"大佛头"，十分罕见。

　🎫　千佛山30元；观音园5元；万佛洞15元；兴国寺5元

　🕐　6:30—18:00

　🚌　临近千佛山南门（公交站）、千佛山西路（公交站）、千佛山风景区（公交站）

　👁　2～3小时

☀千佛山的游玩

　　1. 极乐洞中16尊佛像，最高达3米。

　　2. 站在千佛山北望，眼前是济南附近的9座孤山，也就是著名的"齐烟九点"。但加上林立的高楼，早已不止"九点"。

　　3. 柿子是济南的又一特产，其中又以千佛山的大盒柿最为著名。千佛山庙会期间，是大盒柿成熟的季节。届时，在千佛山一带售出柿子的摊位一个接着一个。

红叶谷 ★★★ 🎿⚽

　　一谷有四季，四季不同天。春天，杂花生树，群莺乱飞；夏天，山风送爽，是难得的避暑胜地；秋天，万山红遍，美不胜收；冬天，白雪皑皑，玉树琼花。这里是一年四季度假的好去处。

　🎫　80元；100元（10—11月）

　🕐　7:30—17:00

　🚌　在省体育中心88路终点站乘至红叶谷的专线旅游车

　👁　1天

九如山瀑布群

★★★★ 🎿🏊⚽

　　九如山瀑布群位于泰山北麓，以八潭、九瀑、二十四泉、三十六峰为主要景观。到九如山，欣赏的就是瀑布群，瀑布、深潭，云蒸霞蔚，交织出绚丽的自然景观。景区内还有齐长城遗址、明清人士往来穿梭的石板古道，在此可以感受自然与历史的沧桑变迁。

　🎫　门票89元；终身票198元观光车单程20元，往返40元

　🕐　8:00—17:00

　🚌　临近九如山（公交站）

　👁　4～6小时

一句话推荐景点

黑虎泉　泉水激柱石，声如虎啸，壮观异常，当地人经常来此处取水。

　🚌　临近黑虎泉（公交站）

　👁　1～2小时

泉城广场　整个广场的设计紧扣"泉"的主题，正中央坐落着篆书"泉"字的造型。广场东部的荷花音乐喷泉会变换不同的造型，每场喷泉表演约30分钟。

　🎫　免费

　🚌　临近泉城广场北（公交站）

曲水亭街　济南一条闻名中外的历史文化特色老街。一边是青砖红瓦的老屋，一边是从容流过的清泉，临街人家在这里淘米、洗衣，使老街在古旧中透出活力。

　🚌　临近大明湖（公交站）

　👁　1～2小时

洪家楼天主堂　是华北地区规模最大的天主教堂，也是中国三大著名天主教堂之一。哥特式的建筑，高耸入云、气势雄伟，表现出宗教建筑的威严和庄重，堪称济南最美的西式建筑。

　🎫　免费

　🚌　临近洪家楼（公交站）

　👁　1小时

芙蓉街　有人说"到了济南没去过芙蓉街就算没来过济南"，这条位于济南老城的老街，凭借其鲜明的民俗传统和各种各样的特色小吃而远近闻名。

⊘　济南历下区

◉　1～2小时

宽厚里　集文化、旅游、商业于一体的步行街，宽厚里已发展成以文带旅、以旅兴商、以商成文的产业。

🚌　临近黑虎泉（公交站）

◉　2～3小时

后宰门街　古色古香的老街，被称为济南版的"丽江古城"，见证了济南这座城市的历史变迁，街上有许多老字号。

🚌　临近大明湖（公交站）、县西巷北口（公交站）

吃喝济南

济南名菜

九转大肠　山东济南的传统名菜，经过一焯、二煮、三炸、四烧后，大肠色泽红润，口感软嫩，兼有咸、甜、酸、辣、鲜香异常，肥而不腻，久食不厌。

黄河鲤鱼　取"鲤鱼跃龙门"之意，济南的黄河鲤鱼又酸又甜，蒜味浓郁，非常过瘾。

💡　**1.头尾汤：**依据当地的习惯，在吃完鱼后，会将鱼头、鱼尾和盘中剩下的调味料做成汤，叫作"头尾汤"或者"划水"，同样离不开"鲤鱼跃龙门"之意。

　　2.当地名菜：糖醋鲤鱼、济南烤鸭、汤爆双脆、奶汤蒲菜、南肠、玉记扒鸡等都是家喻户晓的名菜。

3.济南的美食街

　　经十一路济南美食街——小吃一条街

　　济南纬九路一条街——烧烤一条街

　　济南泉城路——西餐一条街

　　济南芙蓉街——南北小吃

推荐食处

草包包子铺（普利街店）　中华老字号，特色招牌是"草包包子"，济南名吃，精致皮薄，味美多汁。因创始人张文汉先生憨厚淳朴的绰号"草包"而得名。

⊘　济南普利街 15 号

📞　0531-88880077

便宜坊（经三纬四店）　有 80 余年历史，特色招牌是便宜坊锅贴，皮薄馅多，底面深黄酥脆，色泽诱人，美味可口，是济南最有名的老字号饭店之一。

⊘　济南经三路 93 号

📞　0531-87933507

特色小吃

螺旋糕　一种螺旋形状的蛋糕，与众不同的是制作时使用的是花生油，而不是动物油。做好的螺旋糕外面裹有面条，外皮金黄，入口香脆。

糖酥煎饼　济南特产，是在普通的小米糊中添加白糖和香精制成的，不仅可增加风味，而且可防止煎饼回生变硬。根据放入的香料不同，味道各异，有花生、栗子、菠萝、香蕉、薄荷、玫瑰等不同口味。其特点是薄而酥脆，香甜不腻，色泽金黄，品种多样，营养丰富，容易消化。

夜游济南

　　入夜，可到泉城广场逛一逛。广场面积很大，晚上经灯光装饰后愈发漂亮，旁边不远的运河里还可以划船。

芙蓉街

购物济南

　　全运会和园博会两大盛会在济南的举行、大明湖的扩建、环城河游船的通航、鹊山龙湖项目的启动、齐鲁七贤文化城和齐鲁文化产业园一期的相继开业，进一步满足了游客的旅游购物需求。来济南旅游的朋友，一定不要忘了带点特产回家，济南的黑陶、木鱼石、章丘大葱、龙山小米、明湖藕、平阴阿胶（中国阿胶之乡）、平阴玫瑰、面塑、刺绣（鲁绣）等都是不错的选择。

济南的商业街

　　济南最繁华的商业街是泉城路，大观园附近、人民商场附近和南门附近也是较热闹的商业街区。

住在济南

推荐住宿

　　济南各类宾馆、饭店、旅馆不计其数，仅星级宾馆就有近 50 家。

济南颐正大厦　位置非常好，到泉城广场、趵突泉、泉城路等景点都很方便，经济卫生。

　🚩　济南历下区历山路 110 号

　📞　0531-85035888

济南周边游

灵岩寺 ★★★★ 🚶🚌

　　海内四大名刹之首，素来就有"灵岩是泰山背最幽绝处，游泰山不至灵岩不成游也"的说法。寺内有千佛殿、辟支塔、墓塔林等景点。

　🎫　40 元

　🚌　从济南长途汽车总站乘坐济南至泰安的长途车，在灵岩寺下车即可

　👁　2 ～ 3 小时

朱家峪 ★★★★ 🖼🏔

　　朱家峪是典型的北方古山村，号称"齐鲁第一村"。与江浙地区古镇的雕梁画栋不同，朱家峪朴素而天成，民居、桥梁和古道建造就地取材，绝无奢华与气派。朱家峪自明代以来，虽经 600 余年沧桑，仍较完整地保存着原来的古桥、古道、古祠、古庙、古宅、古校、古泉、古哨等建筑格局。朱家峪有大小古建筑近 200 处，大小石桥 99 座，并泉 66 处，自然景观 100 余处。

　🎫　40 元

　🚌　从济南市区内乘坐 K301 公交车，在章丘站下车，换乘出租车即到，路程约 4 千米

　👁　3 ～ 4 小时

五峰山 ★★★★ 🚶🏔⚽

　　自古以来，五峰山就与泰山、灵岩并称"鲁中三山"。因有迎仙峰、望仙峰、会仙峰、志仙峰、群仙峰呈腾空出世之状而得名。

　🎫　40 元

　🚌　从济南客运中心乘坐开往五峰山的旅游专线车可到

　👁　2 ～ 3 小时

五峰山的景点及特产

　　1. 五峰山有内外八景。内八景是青龙峪、白虎峪、仙人台、无影庙、清泠泉、迎仙桥、七星泉、更鸡桥；外八景有青崖积翠、润玉七峰、明泉早照、风山烟雨、滚栗朝霞、鱼台钓月、杏坡春晓、薛岭牧樵。

　　2. 道家菜、长清大素包、崮山馍馍指的是五峰山中能品尝到的特色小吃种类。木鱼石制品、银杏是这里的特色纪念品。

济南野生动物世界 ★★★★ 🐾🚶

　　济南野生动物世界景色优美，野趣浓厚。里面的动物大多由跑马岭野生动物世界分批搬迁而至。野生动物世界景区共分为南、北两大部分，北部为步行区，南部为车行区。步行区由鸟鸣花谷、吉象领地、林梢王国、花豹小径、雨林探幽、虎啸山谷、青龙印象 7 个区域组成。车行区由非洲草原、高寒地带、澳洲山林、狂野地带、亚洲草原 5 个区域组成。

　🎫　160 元

　🚌　临近动物园（公交站）

泰山

泰山快速攻略

旅游路线　红门→玉皇顶

经典登山路线

这是一条登山御道旅游线，也是古今最主要的登泰山的旅游路线。景点集中，沿途主要景点有岱庙、岱宗坊、红门宫、万仙楼、斗母宫、卧龙槐、柏洞、总理奉安纪念碑、壶天阁、中天门、增福庙、快活三里、斩云剑、云步桥、五松亭、对松山、十八盘、南天门、天街、碧霞祠、大观峰、玉皇顶、日观峰、拱北石、瞻鲁台、舍身崖、丈人峰、西天门、北天门等。从中天门乘索道，可"一步登天"，7分钟直达岱顶。

感受泰山

日出　看日出是许多人到泰山的一个心愿，或者说，是一个必不可少的旅游项目。5:00左右的时候，山顶已经聚集了许多人，有游客，有扛着设备的摄影发烧友，也有招揽生意的职业拍摄人。这时，眼前全是军大衣在晃动，有的人在这里等了一夜，有的则是连夜从山下赶来，也有的是起了大早的。为了目睹这光辉的一刻，大家在山顶的寒风中，或坐或卧，久久等待。光线慢慢地破云而出，太阳渐渐地升起来，天空越来越亮，人们便开始欢呼起来。这是泰山上的一个仪式。

挑夫　泰山上的挑夫是因这里地势险峻应运而生的。他们大多是当地人，看起来忠厚老实，当游人登山感到不堪重负时，都会想到挑夫或者抬滑竿的人。但也可能遇到一些"宰客"的挑夫。比如，有游客说送到某处，然后付给对方多少钱，挑夫们就会说："我送你到上面，到地方你看，我们服务是不是好。"游人便误以为，遇到了有良好职业道德的挑夫，但走到半路时，他们一撂挑子，说这就是他们说的"上面"。其目的当然是要加钱，一切都是因为商业意识的普及所致，所以要有充分的准备，在请挑夫之前，把该说的都说清楚，否则还是自食其力吧。

浓郁的人文气息　泰山的人文气息很浓，每个地方都有不同的风景，总的来说是前山看人文，后山看风景，一路上到处都有历朝历代的文人题字。细心的朋友会发现还有新中国成立前的广告也刻在石壁上。

泰山三大活动

东岳庙会、泰山成人礼、冠军登山赛是泰山每年都会举办的活动，吸引了众多游客。

尽量避开旅游旺季

1.每年的劳动节和国庆节，最好不要选择到泰山旅游，否则看到的都是人。

2.遇到雨天不要轻易放弃登山，这种时候是最容易出现云海奇观的，若遇上日出云海就更幸运了。

泰山十八盘

准备与咨询

语言

每天有成千上万的人涌到泰山，这里的人早已能应变自如，普通话当然没有问题。

气候与游季

山里四季的风光各不相同，所以一年四季都可以登泰山。但4—11月是一年旅游的黄金季节。观日出，最好是秋天。

春季泰山上的风较大，夏季的平均气温在21℃左右，所以，泰山无酷暑。夏天在青松翠柏掩映下登山，阴凉舒适，到山顶时，还要添加冬衣。如果是在雨过天晴的时候赶到山顶，眼前会是一片红霞碧浪的壮美景色。冬季天气偏冷，不过能看到日出的机会更多。如果刚下过一场雪，银色的世界里，树挂是最漂亮的。

行在泰山

进出

泰山风景区位于山东中部，跨越泰安、济南两市。进出泰山主要依靠铁路和公路，山东省境内四通八达的交通网，使得进出十分便利。

飞机

泰安没有机场，距离最近的是济南遥墙国际机场，约110千米。济南机场有直达泰安的大巴，每天14班，车程约1.5小时，票价35元。从济南机场打车去济南火车站费用约140元。

遥墙机场至市区班车路线

运行时间：9:00—22:00，每小时一班。旅客下飞机后，可随时在机场出口处乘坐旅客班车进入市区。

济南遥墙机场　📞 0531-96888

铁路

泰山火车站是老火车站，是泰山旅游交通的中心枢纽，交通比较方便。每天有44对特快、直快、普快旅客列车在泰山站停靠。

泰山站　📞 0538-2181747

🚌 公交1、2、5、6、9路可到

高铁

泰安站停靠所有动车和高铁，目前开通有发往济南西、上海虹桥、北京南、青岛、杭州、天津西、福州等地的列车。

泰安站　📞 0538-6931700

🚌 公交17、18、23、34、56路可到

公路

泰安市内主要的长途客运站是老站和新站。老站较大，班车通达省内各地及京、津、沪、苏、浙等省市，是泰安地区最大的旅客集散中心。汽车站至济南，每30分钟一班；至曲阜、济宁，每20分钟一班；至莱芜，每30分钟一班；至临沂，每小时一班。新站班车主要发往省内各地。

长途汽车站点

> **泰安汽车站南区（老汽车站）**
> 📍 泰山火车站南200米处、泰山大街19号
> 🚌 公交6、7、11、18、25路可到
> 📞 0538-2108600
> **泰安汽车站北区（新汽车站）**
> 📍 泰安市东岳大街迎胜路路口
> 🚌 公交1、4、5、22、32、33路可到
> 📞 0538-8332656

市内交通

泰山就在泰安市境内，泰安是个很小的城市。

到泰山旅游，可乘火车至泰山站。从市中心打面的（可以坐5～6人）到泰山脚下的红门最多也就10元。出租车起步价6元/2千米，其后1.5元/千米，22:00以后要贵一些，可讲价。

除此之外，市内还有公交车可将游人送到岱庙。天外村有旅游车直达泰山中天门，中天门有索道缆车直达南天门。返回时，泰山中天门处的公共车只能送你到天外村，到天外村后再乘出租或公共汽车到长途汽车站。

泰山已开通的两条旅游直达车线路

1. 天外村→中天门

🎫 上山30元
　　下山30元

2. 桃花源景区→桃花源索道线路

泰山岱庙牌坊

上山 30 元
下山 30 元

游在泰山

泰山进山门票 115 元

1 ～ 2 天

岱庙至中天门景区

★★★★

碑碣如林，尤以老君堂内的唐代"鸳鸯碑"、秦泰山刻石、岱宗坊前的 1731 年《重修泰山上谕碑》和《泰山记碑》最为珍贵；建筑则以岱庙为泰山古建筑中的代表。风景也一路不断。

岱庙 20 元

临近岱庙（公交站）

1 ～ 3 小时

中天门至南天门景区

★★★★

这一段最重要的是，要经过艰险的泰山十八盘，十八盘是泰山登山盘路中最险要的一段，共有石阶 1600 余级，为泰山的主要标志之一。虽然中天门有缆车直达终点，但错过了这一段，登泰山的乐趣也就失去了不少。

山顶碧霞祠门票 5 元；普照寺、王母池门票免费

从泰山火车站、天外村、红门等地乘旅游车可直达中天门，再从这里乘索道直上南天门，仅需 7 分钟

南天门和玉皇顶景区

★★★★

景点有南天门、大观峰、桃花源、月观峰、日观峰、玉皇顶、天街、瞻鲁台、碧霞祠、天烛峰、后石坞。

日观峰是观日出的一个重要的去处。玉皇顶自古就有朝阳亭可望"旭日东升"，西亭可观"黄河玉带"的说法。

这一段风景，自然景观和人文景观交相辉映。到了天街，更是要逛一逛，这里不断有精美的建筑和自然奇观可看。石刻是泰山一绝，随时随地都能看到。

泰山登山线路

东路（红门→玉皇顶） 最经典的路线，整个路程有 6566 级台阶，以正常速度走完全程一般需要 4 小时。沿途会经过许多庙宇、碑刻、古树，也有众多的历史传说，是泰山旅游的精华所在，也最能体现泰山的雄伟和博大。

西路（游览公路） 从天外村乘车上山，只需要 1 小时即到中天门，这里有缆车直达，也可从这里徒步登十八盘。可根据游览时间和体力选择。从天外村乘旅游客车也可到达山顶。

单程 30 元

桃花峪游路 泰安市内有车经界首至桃花峪，桃花峪有索道至岱顶。

桃花峪景区→桃花峪索道旅游客车票价：单程 30 元 / 人；桃花峪→天街索道

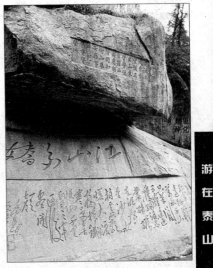

泰山石刻

泰山日出

票价：单程 100 元 / 人

🚫 登山大门西距 104 国道只有 3 千米，北方自驾游客可以不进泰安直达山门。从泰安火车站乘旅游专线车可直达登山大门，或由岱顶乘缆车下山到达

1. 彩石溪
美轮美奂的彩石溪，"画入水中秀，水在画上流"是它的真实写照。五颜六色的彩石，奇特的地质景观，山光水色、林木茂盛、山石斑斓，让人目不暇接。

2. 桃花峪登山线最便捷
相比其他几条登山旅游线，桃花峪登山线是最为便捷的一条，尤其对于沿公路从北方来的游客更是如此。到达景区后先乘汽车后坐索道，轻轻松松便可达山顶。

天烛峰游路　泰安城乘车至艾洼，到天烛胜境坊后，从这里徒步登上石坞，也可乘索道至岱顶。

三条索道　购中天门或桃花峪上行票者，可免费乘后石坞索道。
1. 中天门—南天门索道　单程 100 元
2. 北天门—后石坞索道　单程 20 元
3. 桃花峪—天街索道　单程 100 元

泰山奇观
云海玉盘　探海石是岱顶一块突兀的怪石，站在石上能看到云海玉盘奇景。时间一般为夏季，雨后初晴，水蒸气蒸发上升与暖湿气流在海拔 1500 米左右的高度相遇，无风时，在岱顶就会看见万里白云如一个巨大的玉盘悬浮着，群山只露出山尖，游人如入仙境。如风起，玉盘又似巨龙，上下翻腾，有倒海翻江之势。

泰山佛光　6—8 月中半晴半雾的清晨或傍晚，有太阳斜照之时，站在高处的山头上顺光而望，一个内蓝外红的彩色光环就呈现在眼前。这个像头部上方出现光环的现象，就是泰山奇观之一的"佛光"。

☀ 济南到泰安的汽车
济南长途汽车站（济南火车站北部大约 1 千米，可乘 4 路、5 路、35 路公交车到达；步行也可）到泰安的车 10 分钟一班，票价在 14～20 元，时间 1.5～2 小时。

☀ 泰安自驾去济南
有东线和西线之分，西线走京沪高速和 104 国道，如果时间宽裕，不一定走高速路，这样既可以节省不少过路费，也可随意停车赏景、吃饭。走东路（路线 1：泰安→大津口→高而→伊宫→济南；路线 2：泰安→大津口→黄前→柳埠→伊宫→济南）其实不错，单玉泉寺和锦绣谷这两处景区就可以冲淡旅途中的乏味和单调。

☀ 推荐登山路线
建议从天烛峰景区上山，火车站有巴士直达，票价 3 元，一路可以观景。到山顶后从红门下山，如果体力欠佳半路可以坐索道。尽量不要从后门下山，因为后门的巴士收得很早，并且没有的士可坐。

务必保管好自己的门票，半路有很多复查门票的点，团队结伴的游客千万注意各自保管好门票，否则只得补票。

登泰山的注意事项

1. 爬山路途艰辛，可不必带过多食物和饮料，也不必带太多厚衣物，这些都能在山上用较合理的价格搞定。如感觉很冷可到山顶（南天门）租棉大衣，10～15元／件。

2. 从红门向上到万仙楼买票，中途会有人查票，所以一定将票收好。

3. 晚上登山，白天下山再欣赏沿途风景，是很多人实践的经验，值得借鉴。泰山站附近的旅馆很多，用不着到山上找旅馆，晚上气温低，登山没有那么累，当然这只是相对而言。

4. 这里的公厕既干净又免费，都有"WC"的标志。

注意保暖

无论什么季节去泰山，到天街时一定要租军大衣，因为看日出的时候，天气还是很冷的！

泰山三美

白菜、豆腐和水，并称"泰山三美"。泰山的豆腐宴和野菜宴历史悠久，仅豆腐宴一项就有150多道菜。

泰安三大特产

泰山板栗、肥城桃、宁阳大枣。

吃在神憩宾馆

在山顶吃东西，可以选择神憩宾馆的自助餐，自助早餐38元／人，东西还不错。

旭日东升 泰山日出是岱顶奇观之一，也是泰山的重要标志。

雾凇雨凇 雾凇和雨凇是冬季游泰山时方能看到的自然美景，此等奇景可遇不可求，只有冬季夜晚气温骤然下降，第二天登山的人们才有可能看到美妙的雾凇。如果足够幸运，山上的瀑布也被冻住，那就能够顺便一睹悬挂在山间的美丽纯洁的冰挂了。

吃喝泰山

泰安市内、中天门均有很多饭店。泰安风味清香鲜美，也属小有名气的菜系。其中，荷花豆腐、芙蓉豆腐、奶汤白菜、豆腐丸子、巧炸赤鳞鱼、凉拌鲜黄花菜、凉拌山丁香都是能数得上的名菜。羊肉串、烤地瓜因价廉物美，也得到各路游客的良好口碑。泰安煎饼则以香酥可口而深受好评，早在明代就已成为泰安人家的家常小吃。泰山豆腐宴与野菜宴更是闻名遐迩。历代帝王都"食素斋，整洁身心"，以示虔诚。

足量的泰安菜

这里的菜量大料足，特别是泰安随处可见的水饺城，偌大个的饺子都是3两起煮，很多游客吃完水饺就没法吃炒菜了，所以建议游客点菜不宜贪多。

购物泰山

推荐购物

燕子石制品 清乾隆帝在《西清砚谱》中将燕子石制成的砚列为众砚之首。燕子石因石质细致，保湿耐涸，易于发墨，而为历代文人所珍爱。

墨玉石雕 墨玉为泰山特有的一种墨色石，用墨玉雕刻的艺术品，乌亮而细腻。

碑帖 泰山和岱庙的碑刻中名碑众多。历代以来，泰安就以生产碑帖而著名。

泰山购物处

泰山极顶南天门至碧霞祠的天街上，可以买到一些值得收藏的石头和石玩。另外，火车站向东走200米处的财源街西头，有座四海商城，那里是卖中低档衣服和小玩意的地方，可以一看。

住在泰山

推荐住宿

泰山的住宿分泰山山上和泰安市内两种。泰山山顶上有各种档次的住宿，从三星级的神憩宾馆、一星级的仙居宾馆到私人小旅馆，应有尽有，价格有高有低。不过，泰山脚下的泰安市，无论是价格还是宾馆设施，都要比山上更胜一筹。

麓垚山居 由国内知名设计师设计，将民宿房屋、咖啡厅、竹林园艺、室外草坪等多种功能性建筑和观赏性景观完美结合，是泰山脚下唯一一家集中型、庭院式、综合类民宿项目。

📍 泰山风景区箭杆岭 199 号

📞 0538-6677777/17753873507

曲阜

曲阜快速攻略

Day1　孔庙→孔府（中午可在孔府品尝孔府宴）→孔林
　　　　→孔子六艺城

Day2　寿丘少昊陵→孟子故里

感受曲阜

钩心斗角　"钩心斗角"原是中国传统建筑中一种特别常见的风
格，这种风格在现代的设计理念中，几乎已消失殆尽。但在
曲阜，除了灰色的主色调外，所有的建筑基本上都沿袭了古
老的"钩心斗角"风格，一下子，时间就好像回溯到了千年
以前。屋檐下尽是台球厅、通信公司、时装店之类的招牌。
保留了数十年前的生活场景。

孔子遗风　在曲阜，孔府自然是中心，孔子自然是中心中的中
心。这样说，并不是因为随处都可以看到孔子的语录，或者
与此有关的建筑，而是从每个人神情和言表透出的那种宁静。
首先是小城的洁净，这是依靠当地人自觉维护的结果，不管
是街道还是自由市场都很干净。其次是人与人之间的那种谦
和，在这里几乎听不到高声叫卖，更不用说当街对骂。甚至
也见不到年轻恋人有些许过分的举动，在大庭广众之下，手
拉手或者揽着腰也就到了极限。在开放的大城市的人们看来，
也许这是不时尚，但身临其境，你不能不感慨：先生之风，
山高水长。

准备与咨询

语言

语言不是这里的障碍，普通话是通行的。

气候与游季

曲阜年平均气温为 13.6℃。1 月是一年中最冷的时候，月
平均气温为 −1.7℃。一
年中最热的是 7 月，但月
平均气温也不过 26℃左
右。对于南方游客来说，
要注意保暖。最佳旅游时
间为每年的 6—9 月。

节庆
孔子文化节

🕐　9 月 26 日—9 月 28 日

文化节期间，会在孔
庙大成殿前举行祭孔乐舞
表演，举办孔子思想学术
讨论会、报告会、文化艺
术展览，还围绕孔子倡导

曲阜孔子像

🔆事先讲好价钱

在曲阜应记住，不管什么事
都必须先讲好价格，以免事后
发生不必要的麻烦而影响心情。

🔆找正规导游

曲阜景区的野导游数量很
多，而且服务很不规范，所以
最好找景点中的正规导游或是
旅行社的导游，以免受骗。

🔆住正规宾馆

曲阜车站有很多拉客的三
轮或出租车，为了拿回扣，他
们会很热情地带游客去一些私
人的宾馆，价格不仅不便宜，
而且卫生也不能保证。

🔆曲阜独特的店牌

曲阜的店牌很有特色，都
是以黑色或者蓝色作为底色，
这是为了配合曲阜孔乡的整体
感觉。

🔆人力三轮车

曲阜城不大，而公交车间
隔时间较长，所以叫三轮车在
城内四处转转算来最实惠，一
般每人 5 元就够了。

感受曲阜

的礼、乐、射、御、书、数"六艺"举行各种旅游活动。到曲阜旅游的朋友可以顺便来此感受一下。

行在曲阜

进出

飞机

曲阜距济南机场 180 千米，距联航济宁机场 85 千米，距徐州观音机场 160 千米。乘飞机可先到济南、济宁或徐州，然后转乘汽车到曲阜，十分方便。

高铁

曲阜正好位于京沪高铁黄金分割点。高铁曲阜东站设在息陬镇，离孔子诞生地不远。每天都有发往北京、上海的高速列车。

🚌 市内乘 K01 路高铁连接线公共汽车，终点站即是

公路

京福、日菏两条主要干线在曲阜交会。

市内交通

公共汽车和人力三轮车是曲阜市内的主要交通工具。公交车较少，人力车夫通常都是本地人，他们有时也是很不错的导游。

曲阜汽车站时刻表

目的地	发车时间
北京	15:00
济南	8:30、10:30、11:30、15:00
临沂	7:00—17:00（每 30 分钟一班）
兖州	6:00—17:30（每 15 分钟一班）
日照	14:30
沂源	14:00
烟台	13:30
滕州	7:00—17:30（每小时一班）
菏泽	9:00—15:00（每小时一班）
济宁	6:15—17:30（每 15 分钟一班）
金乡	7.00
胶南	13:50
威海	8:30
沂水	13:40
新泰	8:30—14:30（每小时一班）
莱州	11:20
诸城	14:20
青州	13:20
莱芜	10:00
邹城	6:40—17:30（每 15 分钟一班）
郑州	9:00
保定	8:20

曲阜市汽车站

🚗 曲阜市静裕隆路

📞 0537-4412554

旅游专线车

曲阜市区与各旅游景点都有公路连接，现已开通了曲阜至尼山、石门山、九仙山、九龙山、少昊陵的 12 条旅游专线。

出租车

曲阜城区出租车起步价是 7 元 /2 千米，2～4 千米 1.3 元 / 千米，4 千米以上 1.95 元 / 千米。

曲阜市出租车投诉 📞 0537-4417924

游在曲阜

孔庙 ★★★★ 🏛️🎫♻️

圆弧状的古院墙高大挺拔，走进孔庙，满眼都是与孔子有关的东西。

孔子亲手种植的"先师手植桧"，孔子讲学的"杏坛"，高大的千年柏树和飞来飞去的白鹭，与大成殿一起，呈现出中国古建筑艺术的精妙绝伦。殿前的龙柱，口衔宝珠，足踏云涛，更增强了建筑本身的威仪之感。

💰 80 元；三孔联票 140 元

🚌 临近曲阜师范大学（公交站）

🕐 2～3 小时

🔆孔庙内的碑刻

1. 圣迹殿里收藏着石板雕刻，记载了孔子一生，据说是我国第一部有完整故事的连环石板雕刻艺术品。

2. 这里保存的汉碑，在全国是数量最多的，碑刻的数量仅次于西安的碑林，有"第二碑林"之称。孔庙里的碑，每块都值得细看，当然，这需要时间，还需要历史知识和古汉语的修养。

孔府宫墙

孔庙大成殿

孔府 ★★★★ 🏛🐾🎒⛩

孔氏家族的老宅，规模在明清两代皇室的家宅之下，足见孔府人丁之兴旺，门庭之繁盛。

"商周十器"亦称"十供"，原为宫廷所藏青铜礼器，是孔府收藏中最为珍贵的。喜欢文物的朋友可以在此大饱眼福。

🎫 旺季 60 元

🕐 8:30—16:30

🚌 从孔庙出来，就可到孔府

👁 1～2 小时

💡 六饴糖一定要在孔府里吃，因为这里的才是最地道的。

孔林 ★★★★ 🐾🎒

孔林是孔子及其家族的专用墓地，也是世界上延时最久、规模最大的家庭墓地。林内有 10 万多株树木，数百种植物。在万木掩映中，碑石林立，石像成群，有唐、宋、金、元、明、清各代石碑 3600 多块，堪称碑林。1904 年，勘测津浦铁路时，原计划经过曲阜，因离孔林西墙很近，唯恐"震动圣墓""破坏圣脉"，结果铁路到曲阜拐了个大弯，向西南绕行。这也就是来曲阜旅游的人们要先到兖州下车，然后改乘汽车的原因。

🎫 10 元

🕐 8:30—16:30

🚌 从孔庙出来走一小段路即到孔林，或乘车至丰家村（公交站）可到

👁 1～2 小时

💡 在孔林有孔府楷雕出售，如果想买一枚石印章作纪念，20 分钟立即可取。

一句话推荐景点

论语碑苑 中、日、韩、新、法等国当代书法名家力作，一人一条，《论语》共 10 卷 20 篇 512 条都在这儿了。

🎫 免费

📍 位于孔庙正南 300 米处

🚌 汽车站沿神道路向北步行即到

周公庙 周公在中国也算是家喻户晓了。这处凭今吊古之地，游人不多，很是清幽。

📍 曲阜东北 1 千米

寿丘 据说这里是黄帝的老家。陵墓看上去与金字塔十分相似，当然功能也一样。

🎫 寿丘和少昊陵联票 50 元

📍 位于曲阜城东 4 千米的旧县村东

万仞宫墙 原名仰圣门，表达人们对孔子的赞扬和尊敬。乾隆皇帝亲谒曲阜孔庙祭孔，把原来的匾额换成了自己书写的"万仞宫墙"，以显示对孔子的尊崇。

📍 济宁市曲阜市鼓楼北街 18 号正南方向 50 米

仙河花海　"离都市很近，容自然之中"。来仙河花海，远离都市的喧嚣，可感受不同的生活乐趣。体验亲水生活，让水的灵动带你无限生机，是带孩子游玩的好去处。

🔄　济宁市曲阜市 104 国道韦庄村北

吃喝曲阜

到曲阜除了参观"三孔"之外，孔府宴也是一个必不可少的项目。

特色推荐

孔府宴　是孔府高级宴席，用以接待贵宾、袭爵上任、祭日、寿辰、婚丧等宴席。《论语·乡党》中说："食不厌精，脍不厌细。"可见孔子对日常饮食要求之高。因各个朝代对孔子的尊崇，每年的祭祀活动中都不断有新的厨师出现，所以孔府宴除了汇集鲁菜的精华，也集中华口味之大成。对色、香、味、形、名、料及各道工序的讲究是孔府宴的一大特点。传统孔府宴的原料更是兼有驼蹄、熊掌和微山湖的鱼虾，所以才如此不同凡响。孔府宴中有五大宴：寿宴、花宴、迎宾宴、家常宴、满汉全席。

孔府家宴特色菜

福寿绵长　因此菜口感鲜美，寓意吉祥，现已独立成为曲阜当地的一道特色菜，成为生日宴会上必点菜肴。菜品主要由寿面和一条浇汁鲤鱼组成，游客在曲阜市内的各大菜馆均可品尝到。

一品寿桃　取"麻姑献寿"之意，后流传民间，成为曲阜地方特色的小吃之一。其形为大盟鲜桃，覆盖红色寿字，整道菜不仅造型优美，而且寿桃沙甜爽口，寓意"福如东海，寿比南山"。

烤花揽鳜鱼　这道菜取的是"富贵有余"的寓意，既有鱼的鲜美，又有肉的香嫩，而且特别讲究刀工和火候。

神仙鸭子　食之肉烂脱骨，汤鲜味美，肥而不腻，是一道脍炙人口的佳肴。

☀ 1.本地很多三轮、马车、出租都会很热情地拉游客去吃孔府宴，说到底，是为了拿饭店的回扣。实际上，孔府宴几近失传，能做出正宗孔府宴的饭店很少，价格也很昂贵。不要幻想 100 元 10 菜一汤，这是写给游客看的，不过慕名而来的人倒是可以见识一下孔府宴的复杂仪式。

2.大同路、大成路及奎泉路是饭店最集中的地方，也是当地人下饭店的地方，价格公道，口味全，距孔庙、孔府只有 500 米。午饭后也可欣赏奎泉路和大成路上的一些人文景观。

购物曲阜

推荐购物

楷雕　楷木木质坚实且柔韧，特别是楷木纹细、色呈金黄，所以用来雕刻手杖是最合适的。手杖和如意是楷雕中的传统产品。

碑帖　即碑拓，曲阜拓碑的技法很多，但多以扑拓为主，其拓本清细精美。

尼山砚　其中的上乘者为松花砚，整块砚都是利用了石料和纹理的自然天成，简朴大方，买一块置于案头，既实用又美观。

孔府家酒　曲阜孔府家酒集团以精选高粱为主要原料，沿用孔府酒坊的老五甑混蒸工艺生产的孔府家酒，具有闻香、喝香、回味香和香正、味正、酒体正"三香三正"的特点。

孔府糕点　孔府糕点历史悠久，品种自成体系。孔府糕点色、香、味、形俱佳，分外用、内用两大类。外用糕点主要用于进贡、馈赠、恩赏；内用糕点又分为应时糕点、常年糕点、到门糕点、宴席糕点等。近年来，孔府糕点的研究备受重视，所以当地已恢复了大部分品种的生产，使来曲阜的中外游客都能品尝到孔府糕点。

推荐购物街

曲阜阙里步行街　孔庙东侧有一条旅游商品街，主要经营孔子像、孔子书籍、碑帖、玉器、石雕、印章、首饰等各类手工艺品。想购买纪念品的朋友一定不能错过淘宝的良机。就算不买，去那逛一逛也十分有趣。

☀购买印章时，商家往往见游客购买印章后，会进一步引诱游客刻字，此时一定注意不要掉进卖家的陷阱。5 元刻一个字的天价，会让你在付钱时大跌眼镜。

住在曲阜

推荐住宿

阙里宾舍　曲阜当地最好的四星级酒店。位置好，离孔庙、孔府只有一墙之隔，大堂和庭院的环境很好，服务也不错，还可以欣赏传统歌舞表演，唯一不足的就是设施较旧。不过阙里宾舍古朴的建筑风格与孔庙、孔府真是相得益彰，住在里面就能感受到那种深厚的文化气息。

📞　0537-4866400

吃喝曲阜

曲阜市阙里街1号

贴心提示

如果在节庆日、黄金周、孔子文化节期间来曲阜旅

游，千万记得提前预订房间。毕竟食宿无忧会给旅游带来一份好心情啦。

曲阜周边游

孟子故里 ★★★★

　　"亚圣"孟子出生地，位于邹城市凫村内，有孟庙、孟府、孟林、孟母林"四孟"建筑群，自然景观和人文景观交相辉映，相比"三孔"更多了一份宁静。

孟庙 前后分五进院落，共有各类殿宇60多座。以主体建筑亚圣殿为中心，南北成一中轴线。亚圣殿重檐九脊，殿内正中供奉孟轲像，楣上有清雍正皇帝御书的"守先待后"匾额。

孟府 专供孟子后裔、世袭翰林院五经博士居住的地方，也称"亚圣府"，位于孟庙西侧，与孟庙一路相隔，前后七进院落，整体布局大方气派，典雅中透着几分威严。

孟林 亦称"亚圣林"，是葬埋孟子及其后裔的家族墓地，林内树木茂密、古老苍劲，是国内现存规模最大、历史悠久的家族墓地之一。

孟母林 孟子母亲仉氏及部分孟氏族人的墓地，山上山下遍植桧柏，古木葱郁、浓荫蔽地，林内墓冢累累，东侧建有享殿。

🎫 免费

🚌 曲阜市汽车站乘3路公交车可到

⏱ 1～2小时

微山湖旅游区
★★★

　　因电影《铁道游击队》而闻名全国的微山湖由微山、昭阳、独山、南阳四个彼此相连的湖泊组成，是我国北方最大的淡水湖。微山岛是湖中第一大岛，岛上文化古迹众多，有殷周微子墓、汉初张良墓、春秋目夷墓等，还有铁道游击队纪念碑供人缅怀。

🎫 微山湖门票100元，微山湖国家湿地公园门票40元

🚌 从曲阜南下，可先乘车到微山县，再转车到微山湖码头

⏱ 1～2天

水泊梁山 ★★★

　　凭借"水浒"文化资源优势而开发的省级风景名胜旅游区，包括梁山景区和水泊景区，南山北水形成了不同的自然风光和旅游特色。北宋时期，晁盖、宋江等英雄好汉据守梁山，杀富济贫，替天行道，至今仍保留着许多古迹。

🎫 60元

🚌 可先从曲阜转车到梁山县，然后从梁山汽车站、火车站乘公交到梁山景区

⏱ 4～5小时

尼山 ★★★

　　孔子出生地，山上有孔庙、曲阜尼山神庙、曲阜尼山书院。尼山孔庙、尼山书院由孔子的几代贤孙修葺，比起历代官修孔庙更淳朴。

🎫 三孔套票8折，单买50元

🕐 9:00—17:00

🧭 济宁市曲阜市城东南30千米处

🚌 曲阜市汽车站乘坐曲阜至尼山旅游专线即可到达

⏱ 0.5～1天

梁山上的鲁智深和武松塑像

烟台

烟台快速攻略

Day1 蓬莱阁→八仙过海→三仙山→长岛（住宿，观赏海上日出）

Day2 长岛→烟台→烟台山→月亮湾

Day3 芝罘岛→金沙滩

Day4 昆嵛山→养马岛

感受烟台

海市蜃楼 烟台，一个典型的北方海滨城市，山东省第二大海滨城市，凭借着自身的海滨优势，成为了中外闻名的避暑胜地。闻名于世的蓬莱仙境——海市蜃楼肯定会让你一下子游趣大增，看楼阁、游海滩都是不错的选择。

贴心提示

每年的4～10月，烟台进入旅游黄金季节。

人性化的"绿色通道"

1.火车票电话预订、送票，设有"绿色通道"，如果时间紧迫，可先上车，后买票。

2.到达火车站的公交车有：10、11、18、21、28路。

准备与咨询

语言

普通话在烟台当然没有问题。

气候与游季

烟台全年平均气温12℃左右，依山傍海，夏无酷暑，冬无严寒，是我国北方理想的避暑胜地。到烟台旅游应注意保暖，因为这里的昼夜温差较大。

行在烟台

进出

航空港、海运、铁路和公路网，使得进出烟台十分便捷。

飞机

烟台蓬莱国际机场坐落于烟台市蓬莱区潮水镇，距烟台市中心约43千米。主要以国内航线为主，有飞往北京、上海、成都、西安、昆明、厦门等全国数十个大、中城市的直飞航班。

烟台蓬莱国际机场

🚗 烟台蓬莱潮水镇刘家庄附近

📞 0535-6299999

铁路

青烟威荣城际铁路全线通车后串联起了青岛、烟台、威海、荣成这几个半岛城市，采用动车组运行。烟台至青岛的运行时间1个多小时，烟台至威海的运行时间20多分钟，游客可以真正体验一把"同城效应"。

烟台站

🚌 3、10、11、18、21等路公交都到

📞 0535-2965432

烟台南站

🚌 乘坐36、45、77路公交，或乘高铁巴士1和2号线、机场巴士3和4号线到城铁南站下车

📞 0531-95105105

莱阳站

🚌 3、4、7路公交都到

📞 0535-7316534

公路

烟青一级路、烟威高速公路、栖烟204国道为全封闭高速公路；文招公路、县乡公路形成了密集的公路交通网，可连通全国公路网。

长途汽车站点

烟台汽车总站

🚗 芝罘区西大街86号

📞 0535-6666111

烟台北马路汽车站

📍 芝罘区北马路 110 号

📞 0535-6658714

烟台旅游汽车站

📍 芝罘区北马路 136 号

📞 0535-6641441

烟台汽车西站

📍 福山区乐山路 1 号

📞 0535-6937111

烟台汽车南站

📍 芝罘区机场路 336 号

📞 0535-6797685

水路

　　烟台除与如大连、旅顺等周边城市通航外，每天还有一班直达天津的航船和去往韩国的航船。

烟台港客运站

📍 芝罘区北马路 155 号

📞 0535-6506666/6745731

烟台→韩国

每周一、三、五 17:00 有开往韩国仁川市的国际海上客轮。

烟台→大连

烟大船票网 www.0535-0411.com

　　因为受天气影响较大，海上航班时间变动频繁，请游客提前做好准备。

市内交通

　　依靠公交车就能解决在烟台市区的交通问题。除此之外，还有小公共汽车和出租车作为补充。公共汽车票价一般 1 元，小公共汽车单一票价 1.5 元。出租车起步价 7 元 /3 千米，之后 1.5 元 / 千米。

观光专线

　　游 1 路（火车站北广场—昆嵛山风景区）公交车为沿海观光专线，从火车站发车，途经码头、烟台山、第一海水浴场、国际会展中心、月亮湾、第二海水浴场、海栈桥、维多利亚湾等 18 个海滨景点。

🕐 5:40—8:10 ; 15:30—17:30

游在烟台

蓬莱阁 ★★★★★ 🌊⚽

　　烟台因有蓬莱而闻名天下。蓬莱又索有人间仙境之称，广为流传的"八仙过海"便源于此。从山下看去，蓬莱阁只不过是小山丘上的一个小亭子，也觉不出奇，更不觉得有什么仙气。但若置身阁中，从上往下俯瞰，小山丘便变成了万丈悬崖，人也有了临风飘然之感。在当年戚继光训练抗倭水兵原址的不远处建有蓬莱水城，向远处看去，有一片若隐若现的岛屿，那就是长岛。

🎫 蓬莱阁 100 元；跨海索道往返票 50 元

🚌 从烟台长途汽车站或北马路汽车站都有发往蓬莱阁的客车

👁 4 ～ 5 小时

蓬莱阁

八仙过海景区
★★★★★ 🌊⚽📷

　　坐落在蓬莱北侧黄海之滨的八仙过海风景区，与丹崖山、蓬莱阁、长山列岛隔海相望，是胶东半岛独具特色的风景名胜区。这里以道教文化和蓬莱神话为背景，以八仙传说为主题，集古典建筑与艺术园林于一体，周围海域天高水阔，景色十分壮观。景区主要景点近 40 处，更有奇石林、珍禽馆、海豹岛等，很适合儿童游玩。

🎫 80 元

🕐 7:00—18:00

📍 蓬莱区海滨路东 8 号

🚌 在蓬莱长途汽车站有到景区的旅游观光车，前去游览的乘客可免费乘坐；景区临近裕华小区（公交站），可乘公交前往

👁 2 ～ 3 小时

三仙山 ★★★★★ 🌊🏞📷

　　三仙山与八仙过海风景区相邻，同蓬莱阁咫尺相望。传说中蓬莱、方丈、瀛洲三座仙山是秦皇汉武寻觅长生不老药的地方，因此来这里拜仙祈福的人络绎不绝。整个景区由蓬莱仙岛、方壶胜境、瀛洲仙境、三和大殿、玉佛寺、十一面观音阁等景观组成。其中，重108吨的世界第一整玉卧佛、重72吨的整玉立观音、重260吨的十一面观音为景区镇园之宝，堪称稀世珍品。

- 🎫 120元
- ⏰ 7:30—17:30（夏季）
　　 8:00—17:00（冬季）
- 📍 蓬莱区海滨路9号
- 🚌 在蓬莱长途汽车站附近有到景区的旅游观光车，购票游览三仙山风景区的乘客可免费乘坐
- 👁 2～3小时

长岛 ★★★★ 🌊📷

　　蓝天、碧水、阳光、海滩和纯净的空气，这里具备一切旅游所需的元素。长岛属蓬莱区，主要由南五岛（北长山、南长山、庙岛、大黑山、小黑山）和北五岛（砣矶岛、大钦岛、小钦岛、南隍城、北隍城）组成，共32个岛屿。

- 🎫 北线80元；南线80元；全线135元
- 🚌 蓬莱至长岛7海里，每天6:00—18:00有16～17班船前往长岛，航程40分钟。如遇风浪，班期会随时调整。长岛每天6:00—18:00也有16～17班船返回蓬莱
- 👁 1～2天

💡 长岛的吃、住、游和交通

　　1. 长岛是我国海市蜃楼出现最频繁的区域，主要时间在7、8月雨后的日子。

　　2. 长岛上有南线、北线旅游专线车，中巴20元，大巴16元。

　　3. 游览长岛主要是去南长山岛和北长山岛，两个岛屿间有跨海堤坝相接，南北长十几千米，景点较分散，步行游览有一定困难。

　　4. 长岛的出租车起步价9元。长岛港至九丈崖17～24元；至月牙湾7～10元；至望夫礁10元；至仙境源8～11元；至烽山5～10元。如果单独去一个地方，司机不太愿意，他们会给你一份线路组合的报价单，注意砍价。

　　5. 长岛的"渔家乐"很有特色，吃住都在渔家，海上活动也要渔家安排。开办渔家乐的村子主要有店子村、连城村、黑石嘴村、王沟村、后沟村等，每个村各有特点。早饭是粥、咸菜、鸡蛋、馒头、红薯；中午有米饭，会炒两个有点荤腥的小菜；晚饭通常有海鲜。如果想吃得过

瘾，可以到码头自己买海鲜回来请主人加工。长岛盛产鱿鱼和黑鱼。鲅鱼只有在春季和秋季捕捞，7～9月是休渔期，夏天去就只能吃冷冻鲅鱼了。吃法是和韭菜一起包鱼肉饺子，味道很好。渔民家的家常海味小吃有鱼馅水饺、鱼包子、鲜鱼面、鱼味糊糊汤、鱼米、海菜夹子、海菜汤、海兔酱等。

养马岛 ★★★★ 🌊📷

　　不仅风景秀丽迷人，而且还流传着许多美丽动人的传说，历代有许多名人曾在此留下足迹。岛上丘陵起伏，草木葱茏，山光海色，气候宜人，还建有各类宾馆、休养中心，拥有天马广场、赛马场、海滨浴场、海上世界等特色景点，游客可自行选择。

- 🎫 免费；赛马场20元，骑马80元
- 🚌 可先从烟台汽车站乘车到牟平，再转乘中巴前往度假区
- 👁 3～4小时

芝罘岛 ★★★★ 🏞🌊

　　又称芝罘山，三面环海，一径南通，为我国最大、世界最典型的陆连岛。正面苍翠欲滴、风景如画，背面怪石嶙峋、崖壁陡峭，早在春秋时代，就是有名的地方。齐景公曾来此游览，欣赏这里的景色，秦皇汉武也都登临过芝罘。

- 🚌 从烟台市火车站、码头乘公交车在芝罘区法院（公交站）下，可到岛东口
- 👁 2～3小时

昆嵛山国家森林公园
★★★★ ⛰🌊📷

　　昆嵛山烟霞洞内的神清观是全真教的祖庭，珍藏着数十座石雕像。

　　古树名木和全真教的祖庭让胶东半岛上的昆嵛山有了诱人的色彩。

- 🎫 石门里40元；九龙池景区40元；无染寺景区50元；烟霞景区、岳姑殿景区免费
- ⏰ 8:00—17:00
- 🚌 烟台长途汽车站每天有两班车发往昆嵛山，发车时间为7:15、9:15、13:15、15:15
- 👁 1～1.5天

💡 因实行生态修复，石门里景区红松林到泰礴极顶之间3千米的游览区域已关闭，无法攀登泰礴顶。

牟氏庄园 ★★★ 🏛🌊🖼
　　我国保存最完整、最典型的地主庄

养马岛

园。明柱花窗，美轮美奂，有"三雕""六怪""九绝"的艺术特色，被誉为"传统建筑之瑰宝"，值得细细品味。牟氏庄园又被称为"中国民间小故宫"，保留着源远流长的民俗文化，再现了胶东半岛的古老民俗，是一部封建地主阶级生活的百科全书。

- 🎫 60 元
- 🕐 8:00—17:00（淡季）
  8:00—17:30（旺季）
- 📍 栖霞市城北古镇都村
- 🚌 从烟台北马路汽车站乘坐至栖霞汽车站的班车，再从栖霞汽车站乘坐 6 路公交车，到牟氏庄园站下车
- 👁 2 ～ 3 小时

龙口南山旅游风景区
★★★★ 🏯🎫

位于龙口市南部，坐落在海拔百余米的山腰，有着得天独厚的地理条件，自然景色迷人，有"烟台市第一游览公园"之美名。景区内的南山禅寺、香水庵、南山道院、灵源观等均为晋唐遗迹，还有长达20 千米的海岸线，开发项目有海滨型高尔夫、月亮湾海滨浴场、海上游艇、海上垂钓等，山高海阔，是消暑度假的理想之地。

- 🎫 120 元；欢乐峡谷 60 元
- 🚌 可先从烟台乘车到龙口，再从龙口转车到达
- 👁 3 ～ 4 小时

磁山温泉小镇　★★★★ 🏯

泡温泉时，可以饮一杯清茶，或是品一点红酒，望着远处青山连成片，夕阳余晖洒在身上，"偷得浮生半日闲"。放慢生活，感受岁月静好。

- 📍 烟台市福山区长江路西首
- 🕐 9:00—21:00
- 👁 1 天

一句话推荐景点

烟台山景区　因明代初期为防倭寇设置狼烟台得名，后因英国人建有一座航海灯塔，遂成为烟台市的象征。

- 🎫 免费，个别景点需购票；山上灯塔 10 元
- 🕐 8:00—17:30
- 🚌 临近烟台山（公交站）
- 👁 3 ～ 4 小时

蓬莱海洋极地世界　亚洲最大的海洋世界，汇集了北极熊、白鲸、海豚、海狮、海豹等世界各地近千种海洋生物。

- 🎫 150 元；4D 影院 20 元
- 🚌 可从烟台乘烟蓬快车直达蓬莱区长途汽车站，再转乘出租车抵达景区
- 👁 3 ～ 4 小时

金沙滩　集游泳、赏景、娱乐、休闲、美食于一体的公园，主要有天街广场、万米海水浴场、七彩城嬉水乐园、空中世界 4 个景点。

- 🎫 免费
- 👁 2 ～ 3 小时

文成城堡 充满贵族气息的城堡，5000多平方米的地下酒窖精彩绝伦，藏有2000多种葡萄酒，里面还陈列着各种油画、雕塑。

80元

8:00—17:00

1～3小时

吃喝烟台

烟台当地的名菜有八仙宴、碧绿羊排、芙蓉干贝、海肠子、红烧大虾、蓬莱卤驴肉、糖酥杠子头火食、鲜鱼水饺、油爆双脆等。

“要想吃好饭，围着福山转。”福山的烹饪技艺早在春秋战国时期的《齐鲁治馔》中就有记载，福山人元代已入宫专司御膳。

福山菜讲究刀工、火候。刀工精妙令人赏心悦目，火候准确令菜肴焦而不煳、嫩酥有度。另外，福山菜中的烤大虾、葱爆海参、醋熘鱼片都是很有名气的特色菜。

风味小吃

福山拉面 面食一绝，上得酒席宴会，下得平民百姓的饭桌，是到烟台一定要品尝的美食。

蓬莱小面 当地人称“捽面”，面细而韧，是烟台独有的海鲜风味面。

烟台焖子 风靡烟台的著名小吃之一，由上等地瓜粉团制成，凉透后切成小方丁，下锅两面煎至发黄，铲入盘内，浇上麻酱、蒜泥等，用铁丝叉叉着吃。宾馆、饭店虽也可以吃到，但街头巷尾的烟台焖子仍是当地人的最爱。

烟台的特产

当地土特产有烟台苹果、金锡镶工艺茶具、莱州玉雕、莱阳梨、天鹅蛋、烟台绒绣、海阳抽纱工艺品，以及栉孔扇贝、刺参、黑刺参、对虾、鲍鱼等海鲜。

休闲烟台

南山国际高尔夫球场 世界上最大的高尔夫球场，球会现拥有279洞高尔夫球场。内设餐厅、酒吧、健身房等休闲场所。

位于蓬莱以西

会员免果岭费，嘉宾36洞果岭费400元，访客800元

烟台张裕卡斯特酒庄 除了500亩的葡萄园，还系统展示的张裕的百年酒文化，庞大的地下酒窖也值得一看。

品酒推荐：

蛇龙珠，赤霞珠、品丽珠的姊妹品种，口味不错。

霞多丽，酿造高档干白葡萄酒和香槟酒的世界品种，味道清香。

六马路56号张裕公司旧址院内

从烟台市区走解放路东拐上大路，路北即是

龙口南山庄园葡萄酒堡 坐落在国家AAAA级景区——龙口市南山旅游风景区。良辰美景加美酒，岂不乐哉！

品酒推荐：

V.O金奖白兰地、特制冰酒、干白。

从烟台走济青高速转潍莱高速、威乌高速，出南山出口，20分钟可到

购物烟台

烟台的商业步行街有非常鲜明的地方性特色。随着近年的经济发展，主要形成了七大购物街：滨海广场国际商业步行街、朝阳历史文化街、齐鲁古玩文化街、东方巴黎商业步行街、牟平文兴路服装城、芝罘商业街和汽车站商业街。

推荐购物

滨海广场国际商业步行街 突出体现滨海韵味，将观海、休闲、购物融为一体，主要商品有服装、首饰、玉雕、绒绣、日用百货等。

朝阳历史文化街 结合街区的历史文化特色和滨海景观，打造以油画创作和展销为主，兼顾酒吧、咖啡店、旅游纪念品店等特色的文化街区。

烟台的商业区

烟台购物南大街是烟台市最繁华的商业区，购物场所众多，有南大街购物城、天天渔港购物中心、华侨商厦、振华购物中心等。另外，在芝罘区兴业路的烟台三站批发市场和利丰街的良友广场也是不错的购物场所。

住在烟台

推荐住宿

龙口欣阳商务宾馆 价格适中，且地理位置好，交通便利。

龙口市东城区通海路299号

0535-8956866

烟台美乐乐酒店式公寓

福山区泰山路18号临海君天下

15244567172

威海

威海快速攻略

Day1 刘公岛→成山头（海驴岛）

Day2 成山头→神雕山野生动物王国→天鹅湖→荣成市

Day3 荣成市→石岛赤山→乳山银沙滩（住宿）

Day4 乳山银沙滩→威海→华夏城

感受威海

海滨小城 如果你只是想到一个安静的小城走走，如果你并不在乎那里有什么名胜古迹，如果你不介意小城高高低低的街道，如果你更喜欢海边，那么威海这座海滨小城是一个很不错的选择。

花园式城市 与其说威海是一座海滨城市，倒不如说它是一座"花园"更准确。鲜花、绿树、海风，还有风格别致的建筑，行走在这座小城，就像是徜徉在花园里，神清气爽。这里的空气质量、水质和机器噪声水平等环境质量指标都达到了国家标准，是我国第一个"国家卫生城市"，也是"国家园林城市""国家环保模范城"，看来媒体将威海称为"世界上适宜居住的城市"并没有夸大其词。

韩风 与韩国隔海相望的威海，"韩风"盛行，这里有太多韩国服装、化妆品等进口货物出售，让人不知道身处何处。幸好，开口说话都是中国话。

准备与咨询

语言

普通话是这里的通行语言。

气候与游季

夏季是威海最适合避暑、休闲的季节。威海四季分明，气候宜人，但因地处海岸线，所以也经常会遭遇一些自然灾害，比如涝、雹、低温、淫雨、暴雨、台风。虽然比较少，但一旦"撞上"，不但影响行程，也会破坏旅游的好心情，所以建议出发前注意查看天气预报。

节庆

1. 文登昆嵛山会

每年5月20—22日在威海举行，届时会有民间艺术表演、道教全真寻根游、书法石刻文化研修等活动。

2. 荣成国际渔民节

每年7月举办的国际性的民间传统节庆活动。届时，中国、日本、韩国等国家的渔民，会同时在各自国家，以自己民族独特的风俗习惯，隆重庆祝。

行在威海

进出

威海已形成了空运、海运、铁路、公路相衔接的立体交通运输网络。

飞机

威海机场已扩建成能起降大型客机的高标准空港，开通了威海至北京、哈尔滨、长春、广州、兰州、青岛、上海、西安、延吉等航线。

威海国际机场（文登水泊机场）

☎ 0631-8641172

📍 文登区大水泊镇，距市区40千米

铁路

威海铁路有至青岛、济南、北京等地的旅客列车。火车站离市区比较远，可乘K3、11、44路公交车到达。

威海火车站 ☎ 0631-5928593

威海北站 ☎ 0631-95105105

公路

青（岛）威（海）、烟（台）威（海）汽车专用路通车，每天有开往莱阳、东村、济南、烟台、临沂、蓬莱等方向上百个大、中、小城市的长途汽车上百辆。

威海汽车总站

🚌 青岛路西，上海路北，西邻火车站，站前多路公交可直达市区各处，交通十分便利

市区到威海国际机场巴士的发车时刻、地点

国际航班	国内航班	发车地点
航班起飞前 3 小时	航班起飞前 2 小时 30 分钟	威海民航高区售票处（利群购物广场）
航班起飞前 2 小时 50 分钟	航班起飞前 2 小时 15 分钟	新闻大厦
航班起飞前 2 小时 40 分钟	航班起飞前 2 小时	威海卫大厦
航班起飞前 2 小时 30 分钟		国际金融大酒店院内
航班起飞前 2 小时 25 分钟	航班起飞前 1 小时 50 分钟	威海民航大厦
航班起飞前 2 小时 10 分钟	航班起飞前 1 小时 35 分钟	威海民航经区营业部

交通提示

　　威海观光巴士串起了市内主要景点，游客只需登上观光巴士，就可"自助式"饱览威海风光。观光巴士车票每次为 20 元，上车买票，不根据里程找零。

☎ 0631-5968761

水路

　　威海港每天有 4 班船发往大连，航程 7～8 小时，各船票价不一。每周三、五、日 17:00，每周二、四、六 18:00 有发往韩国仁川的国际班轮。

威海港客运站问事处 ☎ 0631-5233220
龙眼港国际客运站问事处 ☎ 0631-7837777/7830000
石岛新港客运站问事处 ☎ 0631-7281666

自驾车

1. **从北京出发**　上青银高速，从流亭机场出口转济青高速（收费 15 元）、同三高速、烟台绕城高速（莱山收费站收费 90 元，轸格庄收费站收费 25 元），再转烟威高速，约 50 千米到威海（收费 25 元），路况一般。

2. **从青岛出发**　从青岛到威海，走青威高速，214 千米（收费 55 元），约需 3 小时。

市内交通

　　威海市内及市郊交通以公共汽车、出租车、旅游专线车和小客轮为主。

吃海鲜、买珍珠

　　1. 沿海有很多海鲜大排档，东西虽然新鲜，但价格不菲，而且最好及时吃点止泻药。

　　2. 刘公岛有珍珠出售，摊主不会强买强卖，还会义务向游客讲解真假珍珠的不同，也许这本身就是一种促销方式。

扬帆起航

行在威海

公交车

市内公交车已发展到 20 多条线路，通达市内各景点和主要街区。市内公交车全为小巴士，单一票价 1 元。

威海市内的公交车结束得都比较早，一般 20:30 以后就没有公交车了。

出租车

出租车起步价白天 8 元/2 千米，2～8 千米 1.8 元/千米，8 千米以上 2.7 元/千米，20 千米以上 3.6 元/千米。夜间价格会上调。

游在威海

成山头 ★★★★

成山头是我国最早看见海上日出的地方。秦始皇称这里是"天之尽头"，距威海市区 75 千米，自古就被誉为"太阳升起的地方"，有"中国的好望角"之称。这里群峰苍翠连绵，大海浩瀚碧蓝，峭壁巍然，巨浪飞雪，气势恢宏。主要景点有海驴岛、始皇庙、秦代立石、拜日台、秦桥遗迹、望海亭、观涛阁、镇龙石和野生动物园等。

在这里的沙滩散步也是个不错的选择，而且有的地方很少有游人光顾。

🎫 148 元；海驴岛 120 元
🚌 临近成山头景区（公交站）
👁 3～4 小时

☀ 其他交通方式

从威海包出租车往返成头山大约 200 元（不使用计价器）。自驾车路线：济南高速/维莱高速/同三高速/威海出口→世昌大道→海滨路→大庆路转环海路按西霞口路标指示 40 分钟即可到达景区。

☀ 成头山旅游须知

1. 千万不要在这里游泳，因为海底有暗流，十分危险。
2. 在成山头下的小镇上住几天会很不错。
3. 物价并不如想象中那么便宜，吃海鲜最好在海洋市场买，到饭店请老板加工。

刘公岛景区 ★★★★

关于刘公岛的来历有一个美丽的传说，但已被发生在这里的"甲午海战"彻底消解了，如今连同这里的自然风景，也都留下了深深的战争印痕。

中日甲午战争博物馆

"甲午海战"自然是刘公岛的主题：甲午海战馆和已成废墟的公所后炮台、旗顶山炮台等 28 处甲午战争遗址构成了参观的主要内容。水师巨型舰炮、北洋水师铁码头和古炮台都收藏在中日甲午战争博物馆；当年北洋海军的指挥机关——北洋海军提督署也在这里。

🎫 122 元
🚌 岛上有游览车 28 辆，开通了至各景点的交通观光服务，乘坐舒适，招手即停，票价 20 元
👁 4～6 小时

☀ 刘公岛每天 11:00 有一班去成山头、海驴岛的旅游船，18:00 返回威海，全程票价 100 元。

华夏城 ★★★

华夏城内拥有华夏第一牌楼，胶东最大寺庙太平禅寺，以及世界上独一无二的三面圣水观音。景区内除了可欣赏气势宏大的圣水观音音乐喷泉表演，还可以观看精彩的杂技、武术等表演。

🎫 98 元；《神游华夏》演出票 199 元
🕐 8:00—17:00
📍 威海市环翠区华夏路 1 号
🚌 临近华夏城（公交站）
👁 3～5 小时

国际海水浴场 ★★★★

天然海水浴场，是旅游度假、避暑疗养的胜地。海水浴场还设有游乐园、水上世界等娱乐设施，以及快艇、游船、摩托艇等水上游乐项目。

🚌 临近国际海水浴场（公交站）
👁 4 小时

乳山银滩旅游度假区

★★★★

绵延20千米的沙滩，坡缓滩平，沙质细腻松软，洁白如银，因而得名"银滩"。景区内山、海、岛、礁、滩、泉、林、河俱全，自然、人文景观丰富，海滨还有十几家宾馆和400多栋中高档别墅可住宿，海鲜也很便宜。

临近党校（公交站）

2小时

荣成天鹅海

★★★★

亚洲最大的天鹅越冬栖息地，是野生大天鹅的天堂、摄影的摇篮。家居海草房、倚门观天鹅，尽观天鹅展翅飞翔，陶醉于自由的呼吸与湖光秀美之中。

免费开放

全天

威海汽车站乘坐到龙须的客车，和司机提前说在天鹅湖下车，约40分钟可达

3～4小时

石岛赤山

★★★★

石岛赤山风景区，因石红而得名。景区内山海湖港连为一体，交相辉映，风景美不胜收。赤山拥有胶东著名千年古刹——赤山法华院，是进香祈福的胜地；世界最大的海神像——赤山大明神，登上明神坐像下的观景台可俯瞰海岸风光；中国首创的观音动感音乐喷泉广场——极乐菩萨界，还可欣赏漂亮的观音喷水。

120元

7:30—17:00

荣成市有开往景区的旅游专线，票

价5元

0.5～1天

海驴岛

★★★★

海驴岛又被称为"海猫岛"，风景优美，远离陆地，有无数海鸟来此栖息、产卵、繁衍。海驴岛还是花草的王国，岛上长满了成片的芙蓉、芦苇和野生枣树，白鸟、红花、海浪相映成趣，俨然一幅海岛风光画。

120元

7:30—17:00

威海市荣成市环海路海驴岛景区

在西霞口村的游船码头乘船到达，行船约15分钟，每年3—10月有船

1～1.5小时

合庆码头

★★★

小型露天海鲜交易场所，每天15:00左右，打鱼回来的渔民会在码头上卖点小海鲜，都是小摊位，这里被称为威海最美海鲜市场。

威海市环翠区环海路海源公园

一句话推荐景点

环翠楼公园　1977年重建的环翠楼高16.8米，登上环翠楼放眼远眺，威海市貌尽收眼底。

临近环翠楼北门（公交站）

1～2小时

槎山风景区　槎山自古便有"大东胜境"之称。

50元

7:30—17:00

威海汽车站每天有班车前往，票价约9元

2小时

幸福门　映入眼帘的是一座高大的城楼，仿佛守护着整个城市。站在城楼上，可以俯瞰威海市区和港口，感受浩瀚的海洋给城市带来的繁荣和活力。

50元

海滨北路幸福公园F01号

1～2小时

威海国际海水浴场

吃喝威海

　　威海街头餐馆林立，所以最不用发愁的就是吃什么。不过，想吃海鲜最好是赶海买些新鲜的回来，然后到饭店请老板加工，交一点加工费就可以。这样不但能保证新鲜，而且比直接到饭店里吃便宜。

特色小吃

七珍煮羹　威海名吃。汤白，纯系山中野珍，有七彩之色，堪为汤中佳品。据传全真派创始人王重阳于1176年来到昆嵛山南麓的圣经山，收下了七位弟子，后称"北七真人"，这七位真人每人爱吃一种山珍，传入民间后，百姓便将七种山珍放在一起煮，味道鲜美，得名"七珍煮羹"。

夜游威海

　　在哈尔滨工业大学威海分校的北面，有一个海滨浴场，中间要穿过一个别墅区。那里是一个安静又漂亮的海滩，没有门票也是它值得推荐的原因。

购物威海

推荐购物

海胆　来威海购物当然不能缺少海鲜特产，

威海的海胆值得一赞，其干制品即"淡菜"极富蛋白质，肉味鲜美，为美容、减肥、心血管病人的食用佳品。海胆吃法很多，可以炒菜，也可以做汤，尤以油炸最为考究。威海沿海多年前开始人工养殖。另外，威海的对虾、海参、鲍鱼、贝类、藻类也非常著名。

韩国城　因威海是中国距离韩国最近的城市，所以在威海到处可见韩国货。位于威海旅游码头的三海韩国服装城和韩国名品城（原商业大厦）在国内享有较高知名度。想购物的游客千万不能错过这两个可以淘到物美价廉韩货的好去处。

住在威海
推荐住宿

自由左岸青年旅舍　在威海第一国际海水浴场旁边，推开窗户就能看到大海，出门就是沙滩，房间装修得也很温馨雅致。豪爽、热情的山东老板，还常给客人指点一些非常规景点哦！

　📍　威海市北环海路 215 号
　📞　15666883363

神雕山野生动物园
★ ★ ★ ★　🐾
　　位于西霞口的神雕山野生动物园依山傍海而建，风景秀美。猛兽区、海洋动物区、百鸟园、爬行馆、猴子山、熊猫馆等，种类多样，同一群种的动物都生活在一个大园子内，稍有点矛盾就会"龇牙咧嘴"，互相争斗，野性十足。

　💰　160 元
　🚌　从威海汽车站乘坐前往成山头方向的班车，在西霞口下车即可
　👁　2～4 小时

鸡鸣岛　★ ★ ★　🐾
　　鸡鸣岛是一处远离都市尘嚣的岛屿，因形状酷似雄鸡而得名。岛上居民淳朴，过着日出而作、日落而息的生活。来这儿，晨起看日出，白天岸边垂钓，或与渔民一起出海打鱼，晚间观赏海上日落，悠然自得，岁月静好，享受难得的轻松自在。

　💰　128 元（门票＋船票）
　🚌　从威海汽车站乘城际公交前往港西镇，时长 1 小时，然后在港西镇虎头角码头乘船去鸡鸣岛，往返船票和鸡鸣岛门票共 128 元

猫头山　★ ★ ★　🐾📷
　　猫头山景区位于山东半岛的东北端，以雄奇险峻的山峰和秀美的景色著称。山上山下绿树成荫，清风拂面，有的地方布满了神秘的迷雾，给人一种神秘的感觉。传说中有一只千年老鼠祸害百姓，而一只大猫追得老鼠慌不择路落入海中，大猫便化作山石守卫这里。

　📍　孙家疃镇环海路北
　🚌　临近靖子（公交站）；从威海汽车站打车到猫头山需要约 35 分钟，60 元左右
　👁　0.5～1 天

青岛

青岛快速攻略

Day1 栈桥→圣弥厄尔大教堂→信号山公园→总督府→
青岛基督教堂→鲁迅公园→小青岛公园

Day2 啤酒博物馆→第一海水浴场→八大关→奥帆中心
→五四广场

Day3 崂山

感受青岛

青山、碧海、红瓦、绿树　这不是什么人随口对青岛的总结，
而是康有为对青岛色彩的评价。现在，则变成了青岛市政府
的一个口号：青岛是"红瓦绿树，碧海蓝天"。不管怎么说，
在明净的空气中感知青岛，会让人油然而生一种视觉快感。
青岛白天的光照非常强，所以来此旅游须备上墨镜，防止日
光刺眼。

栈桥　作为青岛的象征，栈桥这种伸向大海的狭长走廊不仅是
一处独特的观光休憩场所，更是一个绝好的人工良港。它的
历史最早可追溯至清代。从栈桥出发，在海上回顾青岛，海
岸线、金黄色的沙滩以及坐落在岸边的各色美丽建筑，构成
了一幅相得益彰的动人图画。

啤酒城　夏季的啤酒节是青岛人一年一度的喝啤酒高潮。夏日
的傍晚，在青岛大街上，随处可见下班后一手提着海鲜和蔬
菜，一手拎着一袋子散啤酒，准备回家自斟自饮为乐的青岛
人。这是青岛人最普通不过的晚餐了，喝啤酒自然成了一道
独特的风景！

青岛

广场　广场已经成了青岛的一个重要的组成部分，这不仅因为广场的数量，还因为它们都各具特色。其中，海趣园是一个面积不大的雕塑广场，成语故事、历史人物和有趣的动物，组成了这个广场的主题；五四广场几乎是新青岛的象征，广场之大可比天安门广场，草坪、鲜花、建筑、雕塑与大海浑然一体，形成了一个极富动感、色彩斑斓的绚丽世界；在海趣园东侧还有个一字排开的音乐广场，像一架钢琴一样时时调节和舒展着游人的心情。

海　青岛的海感觉是北方的、男性的。浅海是纯净的青蓝，深水区是肃穆的深蓝，海滩是暗红色的砂砾岩，暗哑而粗犷。无论漫步在美丽的滨海步行道，沐浴习习海风，听涛声拍岸，还是在黄昏时分，去赶海拾贝，都惬意无比。青岛的沙滩非常不错，水温终年 12 ～ 14℃，特别是金沙滩，那儿的沙子很细。

准备与咨询

语言

　　会说普通话就能到青岛旅行。

气候与游季

　　最好是 8 月去青岛，因为那时有啤酒节，而且此时海水已经温暖了。啤酒是不用说的了，有节目有表演当然会增色不少，如果遇到外国的表演团那更是不能错过的。其实 6—9 月，青岛气温一般都在 20 ～ 28℃，不过这段时间是青岛的游人最多的时候。

节庆

天后宫民俗庙会： 农历正月初一至三十
海云庵糖球会： 农历正月十六至二十二，海云庵
青岛樱花节： 4 月中旬至 5 月上旬，中山公园内
青岛国际啤酒节： 8 月，国际啤酒城
青岛旅游行业酒吧文化节： 12 月
青岛海洋节： 7 月，中山公园（主会场）
青岛国际时装周： 9 月，青岛国际会展中心

行在青岛

进出

　　青岛是一个海陆空开放且四通八达的城市，但如果从外省进入青岛最好走铁路。从山东省内过去，走公路也很便捷。

飞机

　　胶东国际机场现已开通国内航线百余条，国际和地区航线十几条。机场距市中心 39 千米左右，乘班车 80 分钟左右即可抵达。

☺ 选择时间来青岛

　　1. 如果你只希望是个孤独的旅人，那么避开旅游旺季，也不失为一个很好的选择。这样的话，房价会有很大的折扣，只是有的景点不会开放，最好事先打听一下。

　　2. 南方人最好不要选择冬天来青岛，否则很可能会因经受不住刺骨的寒风而游兴全无。

💡 黄金海岸旅游环行线

　　发车点为火车站广场，途经中苑海上广场、栈桥、森林公园、百花苑、迎宾馆、基督教堂等 17 个旅游点。该线路为双向环行线路，票价分 8 元和 4 元两种，其中持 8 元的票当日内可乘坐 5 次，持 4 元的票当日内可乘坐 2 次。首末车时间分别为 7:30、17:30。

　　现青岛"陆空联运"交通快线正式开通，今后进出青岛机场的航空旅客不用转车，就能方便地乘坐长途车从外地直达青岛机场候机楼或下飞机后直接乘坐长途客车前往目的地。实现空陆联运无缝对接，这在山东省内尚属首家。

机场巴士

日间线路（机场到市区） 胶东国际机场→府新大厦，9:00—22:30 每半小时一班，单程票 30 元；胶东国际机场→铁路青岛站，9:10—22:40 发车，单程票 30 元；胶东国际机场→阳光山色公交站，22:00 发车，单程票 25 元。

全天线路（机场到西海岸新区） 胶东国际机场→中铁博览城，10:00、17:00 发车，单程票 30 元；胶东国际机场→瑞源繁华里，10:00、11:00、13:00、15:00、17:00、18:00、20:00、22:00、0:00 发车，单程票 30 元。

夜间线路（机场到市区） 胶东国际机场→府新大厦，23:00、23:45、00:30、1:15、2:00 发车，单程票 30 元；胶东国际机场→铁路青岛站广西路公交站，23:00、23:45、1:15、2:45 发车，单程票 30 元。

青岛胶东国际机场
　　📍 胶州市胶东街道前店口村
　　📞 0532-96567

铁路

青岛火车站位于栈桥附近，是一座哥特式风格的建筑，出火车站就能看见海，从火车站往前步行8分钟就可直接到栈桥。青岛站每天有到北京、上海、广州、济南、泰山等地的列车。青岛北站是铁路、地铁以及长途客运的换乘站，已成为青岛大交通中的一个重要的枢纽站。

青岛火车站点

青岛火车站

🚩 青岛市市南区泰安路2号

🚌 公交2、5、8、26、215、223、301、303路可达

青岛北站

🚩 青岛市李沧区静乐路1号

🚌 公交24、112、624路可达

☀**贴心提示**

1. 火车站绿色通道24小时不间断售票，候车室一楼绿色通道8:00—11:00、13:00—17:00售票，预售7天以内的软、硬卧、软、硬座车票。

2. 联程票可以买到换乘地或返回地带有席位、铺位号的车票，但只限于济南局联网的车站。

3. 电话订票后，记得于订票当日8:30—18:30到火车站售票大厅12号窗口取票，过时自动取消。18:30—21:00不订次日的车票。

4. 电话预订、送票，设有绿色通道，时间紧迫，可先上车，后买票。

高铁

青岛至北京南站每天有22趟动车，运行时间最快2小时58分。

公路

通向泰山、曲阜、蓬莱等省内的高速和一级公路已经形成了公路网。

市内长途汽车站点

站名	地址	服务热线
青岛长途汽车站	市北区温州路2号	0532-83754240
青岛汽车北站	城阳区重庆北路59号	0532-66911234
青岛汽车东站	崂山区深圳路163号	0532-88910011
青岛旅游汽车站	市南区单县支路1号	0532-83730909
利津路客运站	市北区利津路30号	0532-89898906

水路

青岛是国家一类口岸，有至韩国、日本的海上客运航线。青岛轮渡公司的渡轮和高速客船连接青岛和黄岛。渡轮和高速客船流水发船，渡轮每日航行56航次，高速客船每日航行42航次，时间再紧也能搭上船。

青岛港客运站

🚩 新疆路6号　　📞 0532-82825001

游船

莱阳路海上旅游码头　有往返于小青岛、鲁迅公园、太平角等处的游览航线。

🚩 海军博物馆北侧

中苑海上广场旅游码头　有去麦岛、黄岛的游览航线。

🚩 西陵峡路

自驾车

从北京出发 上同三高速（收费 15 元），转疏港高速（胶南北收费站收费 15 元），在黄岛收费站领卡（瑞昌收费站收费 35 元），进入青岛市区。黄岛到青岛一般走环绕胶州湾的高速路，路况一般。

市内交通

青岛市内已经形成了以公交车、地铁、出租车为主的交通网络。如果到景点，有 3 条旅游专线车，都是带空调的豪华大巴车，十分方便。出租车分为标准型、豪华型两种，标准型起步价 10 元 /3 千米，超过后 2 元 / 千米；豪华型起步价 12 元 /3 千米，超过后 2.5 元 / 千米，每客运车次加收 1 元燃油附加费。目前，青岛已经开通了 1 号线、2 号线、3 号线、4 号线、8 号线、11 号线、13 号线 7 条地铁线路。

游在青岛

五四广场 ★★★★

五四广场因纪念青岛作为五四运动导火索而得名。广场上最具标志性的建筑，是以螺旋上升的风为造型的"五月的风"雕塑。在五四广场海滨，可以饱览浮山湾、燕儿岛等景观。如今这里已成为新世纪青岛的标志性景观之一。

- 🧭 青岛市市南区东海西路
- 🚌 临近五四广场（公交站）、五四广场（地铁站）
- 👁 1 小时

栈桥 ★★★★

栈桥在清代就是码头，从其地理位置看，就像是大陆伸入海中的手臂。游人漫步栈桥海滨，可见青岛外形如弯月，栈桥似长虹卧波。

- 🚌 临近青岛站（地铁站）、栈桥（公交站）
- 👁 0.5 ～ 1 小时

💡乘公交旅游

青岛的公交单一票价 1 元，空调车单一票价 2 元。从轮渡或火车站发车的公交 26、201、202 路沿着海边走，途经栈桥、八大关等很多景点。还有 3 条空调旅游专线，都全程配备了导游，去青岛旅游最舒适、便捷的方法或许就是乘坐它们了。

💡欧式建筑观光一日游线

发车点为华能广场，途经小青岛、花石楼、湛山寺、"总督府"旧址、天主教堂等 9 个景点。全程票价为每人 99 元（其中含车票 25 元，门票 74 元），每人免费提供 30 元标准的午餐一份。

💡美丽的栈桥

栈桥不收门票，在栈桥上，晚上能看到渔民戴着潜水镜下海捕田螺，还可以看到北海舰队，而且你会有一种站在海里的感觉，如果有兴趣，还可以自己动手钓螃蟹。

💡栈桥的可玩之处

1. 栈桥尽头有一"回澜阁"，是观赏远处小青岛的最佳位置。

2. 可乘船出海远眺青岛，海上风大，注意保暖。

霸气外露的舰船

八大关 ★★★★ 🚶

最能体现青岛"红瓦绿树，碧海蓝天"特点的风景区，之所以叫"八大关"，是因为这里有 8 条马路（现已增至 10 条）以 8 个关口命名，如韶关路、嘉峪关路、函谷关路等。这十条马路纵横交错，形成一个方圆数里的风景区。景区内的建筑集中了欧美 20 多个国家的建筑风格，所以有"万国建筑博览会"之称。

🎫 通票 50 元
🚌 临近宁武关路（公交站）
👁 1 ～ 3 小时

第一海水浴场 ★★★ 🚶🏊

位于汇泉角的"第一海水浴场"被郁达夫评价为东亚第一。红色的礁石、缓坡下的细沙、形如弯月的海滩，是盛夏中的青岛人最热衷的地方。沙滩上五颜六色的更衣室、色彩斑斓的泳装和遮阳伞，让海滩更有了几分生动。

🚌 临近汇泉广场（地铁站）、南海路（公交站）
👁 2 ～ 3 小时

金沙滩 ★★★★ 🚶🏊

金沙滩海水清澈、沙质细腻，有着青岛最美的海滩和波浪。尤其是明月下的金沙滩呈现出一种醉人的美景。这里的海鲜营养特别高，最有名的是海参、鲍鱼和螃蟹，来这儿，可千万不要忘了尝一尝。

🎫 免费
🚌 临近金沙滩（公交站）
👁 2 ～ 3 小时

青岛啤酒博物馆 ★★★ 🚶

中国首家啤酒博物馆，馆内展示了青岛啤酒的发展历程、深厚的文化底蕴、以及先进的工艺流程。游览中，你还可以品尝到正宗的青岛原浆啤酒。每年夏天的青岛国际啤酒节，这里更是热闹非凡，爱酒的人绝对不能错过。

🎫 A 馆 +B 馆免费参观；三馆套票 80 元（A 馆 +B 馆 + 光影特展馆）；四馆套票（A 馆 +B 馆 + 光影特展馆 +1903 剧场）
🕐 8:30—16:30
📍 青岛市市北区登州路 56 号
🚌 临近青岛啤酒博物馆（公交站）
👁 1 ～ 2 小时

青岛极地海洋公园 ★★★★ 🐟

是我国拥有极地海洋动物品种最全、数量最多的场馆。超适合亲子游，在模拟的极地环境中，冰雪溶洞、因纽特人雪屋等随处可见，更有精彩的动物表演，是孩子增长见识的好去处。

🎫 280 元（海洋公园 + 冰雪乐园）
🕐 8:30—16:30
📍 青岛市崂山区东海东路 60 号
👁 3 ～ 4 小时

名人故居游 ★★★ 🚶🏛

康有为故居	📍	福山支路 5 号
老舍故居	📍	黄县路 12 号
梁实秋故居	📍	鱼山路 33 号
闻一多故居	📍	鱼山路 5 号
洪深故居	📍	福山路 1 号
沈从文故居	📍	福山路 3 号
萧军、萧红、舒群故居		
	📍	观象一路 1 号
王统照故居	📍	观海二路 49 号

别墅名楼游 ★★★★ 🏛

花石楼	📍	黄海路 18 号
青岛"钓鱼台"	📍	山海关路 9 号
韩复榘别墅	📍	山海关路 13 号
元帅楼	📍	山海关路 17 号
公主楼	📍	居庸关路 10 号
宋家花园	📍	居庸关路 14 号

崂山 ★★★★ 🚶🏊🔆

到青岛的必游之处。崂山白沙河上游的九水，河水经山脚折流，共九折，所以人行河畔小路，须涉水九次，每涉一次为一水，故称九水。九水又分内九水、外九水（即北九水）和南九水三路。华严寺，为崂山中现存唯一佛寺。太平宫，又称上苑，是宋太祖为华盖真人刘若拙敕建的道场，金明昌年间重修，有"狮岭横云"胜景。

🎫 1. 南线游览区（含巨峰）：旺季 90 元，淡季 60 元；九水游览区：旺季 60 元，淡季 40 元；联票旺季 140 元，淡季 90 元

2. 巨峰索道单程 40 元；仰口索道单程 35 元；太清索道单程 45 元

3. 太清宫为收费道观，票价 27 元

🚌 1. 巨峰游览区、太清游览区：可乘坐 104、113、304 路至崂山游客服务中心，换乘观光车进入

2. 仰口游览区、华严游览区：可乘坐

崂山瀑布

109、110、383、615、616 路公交至仰口游客服务中心；地铁可乘坐 11 号线至浦里站下车，转乘交运接驳专线（公交价格和发车时间详情请咨询公交公司）至仰口游客服务中心

3. 九水游览区：可乘坐 112、619、639 路车公交至卧龙村，换乘观光车进入；地铁可乘坐 11 号线至北九水站，下地铁即可在零换乘中心购票乘坐观光车进入景区

👁 1 ～ 2 天

北九水 ★★★★ 🏊🎣

去崂山，要先去北九水。这里水清、树绿、石美、山秀，建议在雨水丰沛的季节去，那时候景区的水流量大，会有清爽宜人的感觉。

💰 旺季 90 元；淡季 70 元

🚌 临近观崂停车场（公交站）、北九水（公交站）

👁 3 ～ 4 小时

🌤登山必备：如果想上跃马峰、狮身人面石，一定要准备登山杖（沿砂石路下坡时更有用）、手套（防止被荆棘割伤）、登山鞋、眼镜（防止被荆棘伤到眼睛）。因为多是石子路，下坡时有些危险。

大珠山 ★★★★ 🏊🎣📷

大珠山三面环海，地势雄奇，既秀丽清新又气象万千。登山步道而上，可以欣赏灵气十足的奇峰异石，参观古代佛教造像石窟等古迹，还可以品尝甘甜的玉泉水。春季是最佳旅游时节，初春樱花、杏花、桃花相继盛开，到了 4、5 月，有漫山遍野的杜鹃花海，景色十分壮美。

💰 40 元

⏰ 7:30—17:00

📍 青岛市黄岛区滨海街道境内

🚌 临近珠山秀谷（公交站）

👁 3 ～ 5 小时

琅琊台 ★★★★ 🏊🎣📷

琅琊台因秦始皇三次登临而闻名。在这里，你可以沿着当年秦始皇走过的御道，登上琅琊台，感受海上仙山。在琅琊台顶可环望大海，是观赏海上日出的绝佳位置。下山后可顺便去龙湾海滩走走，这里海水湛蓝，沙滩宽阔，适合拍照留影。

💰 50 元

⏰ 8:00—16:30（旺季）
8:30—16:00（淡季）

📍 青岛市黄岛区琅琊镇东南海滨

🚌 临近琅琊台景区（公交站）

👁 3 ～ 4 小时

奥林匹克帆船中心 ★★★ 📷🏢

景区内有两大建筑，一个是奥运祥云火炬雕塑，另一个是帆船雕塑，壮观大气，是青岛的标志性景点，青岛被誉为"帆船之都"。

💰 免费（内部小景点收费）

⏰ 5:00—23:00（旺季）
5:30—22:00（淡季）

📍 青岛市市南区新会路 12 号

🚌 临近眼科医院（公交站）

👁 2 ～ 3 小时

一句话推荐景点

小青岛 小青岛与回澜阁是青岛湾上的两颗明珠。由德国人于1898年建成的白色灯塔，至今还是船只进出胶州湾的重要航标。

$ 免费

🚌 临近鲁迅公园（公交站）

👁 1小时

青岛天主教堂 是国内唯一的祝圣教堂。哥特式和罗马式建筑相结合，高耸入云、神圣庄严，吸引了众多新人在此拍摄婚纱照，作为他们幸福的见证。每天6:00会有弥撒活动。

$ 10元

🚌 临近青岛站（地铁站）、安徽路湖北路（公交站）、中山路湖南路（公交站）

👁 1～2小时

天幕城 一条外表陈旧、内有乾坤的综合性商业街，这里有青岛花石楼、大港火车站等20余处具有代表性的老建筑做成的微缩景观，蓝天白云、旭日阳光、浩瀚星空，变化多姿的天幕美景，别有魅力。

🚌 临近利津路（公交站）

邮电博物馆 胶澳德意志帝国邮局旧址，典型的德式建筑，风格独特。在了解邮电历史和文化时，买张精致的明信片，寄给未来的自己，特别有纪念意义。

🚌 临近栈桥（公交站）

👁 1小时

小鱼山 小鱼山之于青岛犹如鼓浪屿之于厦门，这里和青岛其他地方风格迥异。

🕒 8:00—17:00

🚌 临近汇泉广场（公交站）；从第一海水浴场向北步行10分钟也可到达

👁 1小时

信号山公园 山顶3幢红顶蘑菇楼尤为显眼，其中旋转观景楼可以360度俯瞰青岛景色。踏浪观景台在连心桥下面一点，是拍摄德国古堡式建筑迎宾馆的最佳位置。

$ 10元

☎ 6:00—20:30（旺季）；
6:00—19:00（淡季）

➡ 青岛市市南区龙山路16号甲

🚌 临近信号山公园（公交站）、青大附院江苏路（公交站）

👁 1～2小时

💡夜晚的信号山也值得一游，到蘑菇楼里的旋转观景餐厅，脚下旋转的便是夜色阑珊的青岛城。

石老人 石老人是大自然千百年来“精雕”的一种特殊的海岸地貌形态——海蚀柱。在海水退潮之后或者涨潮之前，拍出的照片犹如欧美大片。

➡ 青岛市崂山区崂山路1号

👁 1～2小时

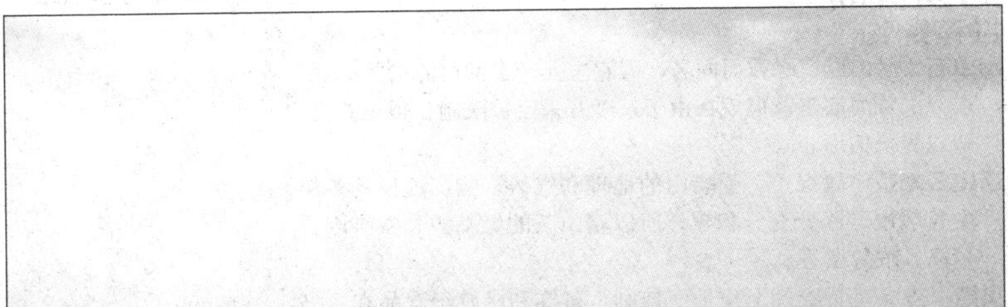

石老人

吃喝青岛

小吃一条街　吃小吃，青岛人一定会向你推荐云霄路小吃一条街。如果还要去威海或蓬莱的游客，别在这里消费，到那些地方要便宜很多。其他小吃街有劈柴院、大麦岛、中苑、汇泉、双星、长安食街和泰山路烧烤街等。

夜游青岛

泡吧

乘着夜色，在青岛的酒吧中要一杯啤酒，享受抑或是消磨着时光，可以说是这座美丽城市的新时尚。

幕MOON　中古教堂风格的酒吧，灯光比较暗，烛光摇曳，清净而有格调。

　🕐 天目山路 12 号友客二楼

强麦工艺啤酒　在青岛这座啤酒之城，想依靠啤酒受到欢迎并不容易，但这里的啤酒口味绝对正，是"酒蒙子"们的乐园。

　🕐 黄县路 33 号 16 户

不与神说　复古又文艺的小酒吧，装潢很有创意，店里屏幕上放的是《老友记》。因为性价比高，所以很受年轻人欢迎。

　🕐 江西路 157-1 号

休闲青岛

青岛国际高尔夫俱乐部　位于石老人国家旅游度假区，是初学者练习的好地方。

　¥ 会员 36 洞 320 元；嘉宾 1120 元；访客 1440 元

　🕐 崂山区高科园松岭路 118 号

　⊗ 从市区上松岭路，到辽阳东路右拐 15 千米即到

购物青岛

推荐购物

崂山石　崂山以产绿石而闻名，因它主要产自仰口海湾的海底，所以又称海底玉。但现在由于过度开采已被限制，很难获得，所以身价倍增。

崂山云峰茶　属绿茶。受崂山的地理和气候影响，这里的茶树生长缓慢，养分充分积累，所以崂山茶的氨基酸和咖啡因含量高，浓醇留香。

贝雕　青岛是贝雕的诞生地。挂画、首饰和旅游纪念品在青岛各大商场都有出售。

蛤蜊　青岛的蛤蜊品种很多，以花蛤为最好，是青岛的特产。

草制品　采用麦秸草缏为原料，多制作成室内装饰物、圣诞礼品、遮阳帽、小拎包、手袋等。

推荐购物街

中山路　青岛一条主要的商业街，买海产品最好到国货商场旁边的国营海产店买，价格和品质都可以得到保障。香港中路上的佳世客也是购买海产品的理想地，那里的"海底世界"柜台，价廉物美，大虾干 50 元左右，大包海苔 30 元左右。

长江路综合商业街　是黄岛区标志性的商业街，有多家大型零

💡 推荐美味烤肉

云南路、泰山路的烤肉，味道好极了，而且不是很贵。

💡 海鲜 + 啤酒

在青岛吃海鲜最好是在春、夏两季，这时候的海鲜肉嫩肥美，滑嫩爽口。青岛的小吃比较丰富，有来自山东各地的特色风味，也有青岛本地的海鲜小吃，加上著名的青岛啤酒，形成了青岛特有的小吃风格。

💡 到珍珠厂买珍珠

如果要买珍珠，不要在海边的小贩手中买，一定要到珍珠厂去买，才可以买到货真价实的上好珍珠。

💡 讲价较困难

山东地区购物讲价比较困难，一是本来就不算很贵，二是山东人不愿多费口舌。

💡 青岛的快捷酒店

在青岛也可以选择像如家、锦江之星等快捷酒店。

💡 学生族的首选

莘县庄附近有很多家庭旅馆，整洁干净，价钱便宜。而且这一带靠近青岛最好的香港路，离家乐福、佳世客大型超市只有一两站距离，离青岛大学也不远，所以学生一族可以去尝试一下。

青岛夜景

售、餐饮企业。

团岛农贸市场　很多游客会到农贸市场购买青岛当地的海鲜。团岛是青岛比较大的农贸市场，当地人也常去，海鲜很新鲜，种类也比较丰富。在团岛农贸市场还可以购买到当地的特产风干鱼等。

住在青岛

青岛的整个住宿费用都较高，如果是海边的宾馆价格会更高一些。根据自己的经济情况，也可以选择一些稍远的宾馆，因为青岛的公共交通十分发达。另外，各大学的招待所也是不错的选择，那些地方治安好，价格也不贵。

推荐住宿

青岛又见海民宿　位于青岛老城，原欧洲人居住区，置身半山别墅，远观无际海景，有着欧洲小镇的宁静与浪漫。

　📍　青岛市市南区观海二路 55-1 号甲
　📞　0532-82892999

青岛周边游

日照

日照，地如其名，也被称作"东方太阳城"。由于这里临近港群，因此水上活动在此地大受欢迎，"水上运动之都"的名号也由此而来。

　🚌　青岛西海岸汽车东站每天 7:20、12:00、14:50、17:30 有客车直达日照，票价 36 元，全程约 2 小时

万平口　提到海边，明媚的阳光、宽阔沙滩、一望无际的清澈海水是每个人脑海中都会有的景象，万平口将这些做到了极致。但这个从元代起就开始被使用的天然港口能带来的震撼远不止此。丰富的水上运动让人真正能够和大海"互动"，快艇、冲浪、皮划艇……绝对能让你过足瘾。

海滨国家森林公园　沙滩与森林的完美结合，既可以享受色天然氧吧带来的神清气爽，也可以感受阳光与海风带来的愉悦。这里的沙滩被丁肇中先生誉为"夏威夷所不及"。

青岛周边游

淄博

淄博快速攻略

Day1　聊斋旅游区→陶瓷博物馆→周村大街
Day2　鲁山→沂源九天洞

感受淄博

　　淄博每个区都离得很远，像卫星城一样，但人与人之间的距离似乎没有受空间距离的影响。淄博人就跟山东大馒头一样实在。受了数千年儒家文化熏陶的当地人，一言一行都体现着这片土地的品位。从数千年前西周分封诸侯开始，一个"齐"字就扎根于此，未曾有一丝改变。

准备与咨询

气候与游季

　　淄博地处暖温带，属湿润的温带季风气候，四季分明，雨热同期。春、秋是最适合来此旅游的季节。

行在淄博

铁路

　　淄博火车站有发往省内青岛、威海、泰山、济南等地的火车；也有发往北京、上海、西安、广州、郑州、南京、杭州等省外城市的火车。铁路线路发达，游客到达、离开都很方便。淄博火车站位于张店中心路南首，市内可乘坐 2、96、126、139 路公交车前往。

公路

　　淄博长途汽车站位于张店区杏园西路 21 号，与淄博火车站只一街之隔，长途汽车辐射省内外各大城市。

市内交通

　　公交车每年夏季冬季开空调时 2 元，其他时候 1 元。普通出租车起步 7.5 元 /3 千米，豪华型出租车起步价 8 元 /3 千米。

游在淄博

鲁山 ★★★★★　🏔🗻🎿🎣

　　淄博的一块风水宝地。有一段路可以开着车上去，接着要下车徒步爬山。爬山的体验不错，植被茂盛，空气也很好，还能和野兔子不期而遇。

💡淄博文化

　　淄博是齐文化的发源地，还是蒲松龄的故乡。淄博每年 4、5 月份会举办国际聊斋文化旅游节，9 月份会举办齐文化旅游节，这两个时间段是旅游的最佳时间。

🎫　尧山风景区门票 65 元

🚌　旅游专线（淄博→鲁山）7:00 从淄博市博物馆西门发车，16:00 返程；或在博山乘 13 路公共汽车至小峰口站下车，再转乘登山旅游车到达

👁　5 ～ 6 小时

☀　1. 登鲁山最好的季节是秋季，那时候满山的核桃、栗子、葡萄、苹果都成熟了，饱口福又饱眼福，一举两得。
　2. 鲁山景区的基础设施不是很完善，去的话自己要带好食物等其他用品，在景区不好买。

周村大街 ★★★★　🍜🎨🎭

　　来淄博必去周村逛逛。其实周村就如平遥古城和大理古城一样，将一片城区保护起来，让它维持原本的古朴面貌。只是现在的周村充斥着浓浓的商业气息，似乎与初衷背道而驰的。《大染坊》《旱码头》《闯关东》都是在这儿拍的。

📍　周村区大街 296 号

👁　1 小时

聊斋城景区 ★★★　📷🎭🎨

　　蒲松龄的故里，淄川有名的景点之一。体验聊斋文化，感受聊斋气息尚可，不过要较真起来就经不起推敲了。很多娱乐场所是人工建造的，可看性不是很高。

🎫　80 元

🕐　8:00—17:00

📍　淄川区洪山镇蒲家庄

🚌　距离长途汽车站较近，可打车前往

👁　1 ～ 2 小时

蒲松龄纪念馆 ★★★

蒲松龄故居是一座古朴幽静的庭院。门楣上悬挂着郭沫若先生题写的"蒲松龄故居"匾额。院内月门花墙，错落有致。北院正房是蒲松龄的诞生地，也是他的书房"聊斋"，室内挂着他74岁时的画像。沿故居门前的石路向东走100米便是聊斋园。

- 30元
- 9:00—17:00（5月1日—10月7日）
  8:30—17:00（10月8日—次年4月30日）
- 淄川区洪山镇蒲家庄
- 1～3小时

陶瓷琉璃博物馆 ★★★

位于淄博市中心文化广场，是由淄博市展览馆改造而成的。展示的陶瓷数量很多，但对门外汉来说，也只能看看"热闹"了。

- 9:00—17:00（周一闭馆）
- 张店区西四路119号

周村古商城 ★★★

一处古朴典雅的明清建筑群落，其中包括了民居、商铺和庙宇等。建筑物的形制和装饰也体现了明清时期的工艺和文化，非常具有历史和文化价值。在这里，可以体会到原汁原味的古代商业文化，深刻感受到古代商业的兴衰和演变。

- 50元
- 8:30—17:30（4月1日—10月7日）
  8:30—17:00（10月8日—次年3月31日）
- 周村区周村大街
- 临近丝绸城（公交站）、周村古商城（公交站）
- 3～4小时

潭溪山 ★★★★

潭溪山主要以断崖、飞瀑、清泉、溶洞、裂谷、奇石地貌为特征，有很高的美学观赏价值，在山上可俯瞰繁华城市和远处的苍山群峰。可别光顾着欣赏美景，这里的历史文化资源也值得关注。据史载，明昭阳太子曾在此避难读书，昭阳洞由此得名。唐赛儿曾在此起义，点将台、三教祠、古碑、古庙等历史遗迹就和她相关。

- 99元（门票＋高空玻璃桥＋星洞传说）
- 8:00—17:00
- 淄川区太河镇峨庄乡石沟村
- 临近石安峪（公交站）
- 0533-5036666
- 0.5～1天

吃喝淄博

淄博的博山区是中国四大菜系——鲁菜的发源地。淄博美食也主要集中在博山、周村两地，主要以博山四席、博山豆腐箱、周村烧饼、大锅全羊、红烧鱼唇等最富当地特色。

要说淄博美食中最"出圈"的，当属淄博烧烤了。别具特色的淄博烧烤往往要搭配"三件套"——小葱、小饼、酱料，味道层次十分丰富，引得无数人"进淄赶烤"。当然难能可贵的还是那种"围炉烧烤"的烟火气、人情味。

购物淄博

作为山东重要的商品集散地，在淄博走到哪里都能买到称心如意的东西。到淄博有几样东西是值得一买的：博山的陶瓷和琉璃、周村的丝绸和烧饼、淄川的刻瓷和内画壶，还有桓台马踏湖的苇制品等。

住在淄博

淄博住宿主要有张店区、临淄区和博山区3个区域。张店区邻近淄博汽车站和火车站，购物、出游都很方便。临淄区交通也比较方便，标准间通常300元左右。博山区离市中心有一段距离，距离火车站、汽车站车程大约20分钟。

周村大街

游在淄博

江西省

自助游：

赣北：历史人文游

　　南昌→庐山→九江→鄱阳湖

赣东北：瓷都名胜游

　　景德镇→婺源→三清山→龟峰风景区→龙虎山→井冈山

自驾游：

领略中国最美的乡村

　　上海→衢州→婺源

走入传奇的瓷都

　　南京→合肥→九江→庐山→景德镇→婺源

感受南昌

南昌

南昌快速攻略

Day1 八大山人纪念馆→绳金塔→南昌八一起义纪念馆→
滕王阁→秋水广场

Day2 鄱阳湖

感受南昌

红色之都 人在南昌市内行走，所到之处满眼都是"八一"字样，八一广场、南昌八一起义纪念馆、八一大道、八一大桥、八一公园等。这座历朝历代人杰地灵的老城市，因为有了八一起义的历史，似乎更多了几分英雄的气概。

老城 与其他城市相比，南昌的城市建设总是显得稍微慢了一点。也正因为如此，南昌市容的整体感觉比较老旧一些，那种灰黑色为主的建筑，让南昌看上去像一座老城，连同这里的人也都透着悠闲的感觉。江边杨柳垂岸，绿草青青，使人总想到那里散步。

硬 中国之大，除了丰富的地理构成，连方言都相差甚远。严格说起来，在华东地区范围内，江西话是比较容易听懂的，但南昌人说话的语气之硬，也是它的一大特色。如果两个南昌人站在大街上聊天，一个不明内情的外地人突然从他们身边经过，第一反应肯定会以为他们正在吵架。

辣 赣菜里少不了一味料——辣椒，俗语说："江西人不怕辣，辣在萍乡。"江西的辣以香辣为主，辣辣香香，让人从骨子里透着那份舒坦。

准备与咨询

语言

普通话对于南昌人来说，也是通行语言的一种，他们的口音也不算太难懂。

气候与游季

南昌是著名的四大火炉之一，夏天最高温曾达到40.9℃。年平均气温夏季达28.2℃的南昌，秋冬比较干燥，最好选择春秋季到南昌旅游，但春秋季比较短。

南昌旅游特色街

旅游一条街——福州路
茶艺一条街——民德路
饮食一条街——孺子路
服装一条街——广场北路

八大山人故居

滕王阁和青云谱的"八大山人故居"，指示标志不够明显，很难找到（乘出租除外），或许正如出租司机所说的，那是文人雅士去的地方，哪那么容易就被找到。

南昌市区

行在南昌

进出

　　南昌历来是华东地区的重要交通枢纽，也是进出江西的主要集散地，铁路、公路、航空、水运相结合的立体交通网络四通八达，方便快捷。

飞机

　　昌北机场距市中心 23 千米（昌九高速公路经过），每周有近百个航班抵达各地。

南昌昌北国际机场

- 🚌 1. 机场公交 1、2、3、5 线
- 2. 在飞机起飞 2 小时前均有航空巴士直达机场，票价 15 元，地址是洪城路 587 号民航大酒店售票处
- 📞 0791-87652369

铁路

　　京九铁路与浙赣铁路在江西境内贯穿交会，南昌火车站每天有上百对直发或中转客运列车至全国各大中城市。

南昌火车站

- 📍 南昌市站前路
- 📞 0791-87023222/87023262

南昌西站

- 📍 南昌市红谷滩区西站大街
- 📞 0791-95105105

公路

　　昌九、昌樟高速公路是连接赣江两岸的纽带，南昌各长途汽车线路有省际客车，通达广州、深圳、南京、合肥、义乌等近百个省外大中城市；有省内客运班车，通达江西省内各个大、中、小城市或城镇。另外还有快客车到达九江、庐山、抚州、上饶等地。

长途汽车站点

> **南昌长途汽车站**
> - 📍 青山湖区洛阳路 345 号
> - 🚌 乘坐 792、232、216 路等公交可达
> - 📞 0791-86102540
>
> **南昌徐坊客运站**
> - 📍 青云谱区井冈山大道 848 号
> - 🚌 乘坐 1、89、127、158、176、203、212 路公交可达
> - 📞 0791-86226000

市内交通

　　市区的公共汽车、中巴车和出租车交通很方便，出租车起步价为 8 元/2 千米。南昌已经开通了 1 号线、2 号线、3 号线、4 号线 4 条地铁线路。

　　一般情况下，在市区内打车只需 15 元左右。市区公交车辆的线路覆盖全市干道、景区，还设有各种专线车、定班车、旅游专线车等。

游在南昌

滕王阁 ★★★★ 🏯🎫

　　滕王阁与黄鹤楼、岳阳楼和蓬莱阁并称为四大名楼。历经了历史上 29 次的兴废后，滕王阁依然保留了它古朴的风格，游人可以在此处尽情吸收空气中弥漫的文化气息，让自己跟着历史沉淀一下，肯定会别有一番滋味。特别推荐的是滕王阁的夜景，夜间在阁楼上俯瞰南昌旧城新城面貌，绝对可以震撼你的心灵！

- 💰 50 元
- 🕐 8:00—18:30
- 📍 南昌市东湖区仿古街 58 号
- 🚌 临近滕王阁（公交站）、滕王阁（地铁站）
- 👁 1～2 小时

鄱阳湖国家湿地公园 ★★★★ 🚢⛰

　　鄱阳湖中国第一大淡水湖，秀美富饶不必多言。它还是赤壁之战中周瑜训练水师的基地，是朱元璋以少胜多打败陈友谅的福地。苏东坡诗"山苍苍，水茫茫，大孤小孤江中央"写的就是鄱阳湖的胜景。

- 💰 155 元（含观光车和游船）
- 🕐 全天
- 📍 南昌市南昌县
- 👁 0.5～1 天

梅岭 ★★★★ 🏞🌊

　　电视剧《琅琊榜》里就提到了梅岭。自古以来，梅岭"洪崖丹井""西山秋翠""铜源三群"（瀑布群、梯田群、水碓群），就是文人骚客争相题咏的著名景观。它以峰峦旖旎、溪漳蜿蜒、谷壑幽深、岩石突兀，形成了梅岭翠、幽、俊、奇的特色，素有"小庐山"之称。

- 💰 40 元（狮子峰：50 元；神龙潭：15 元；梅岭漂流：88 元）
- 📍 南昌市新建区
- 🚌 临近月亮湾北（公交站）
- 👁 3～4 小时

安义古村　★★★

最具神秘色彩、最有田园风光、最有古郡风韵、最有乡村风貌的古村，位置在梅岭脚下，由罗田、水南、京台3个村组成，呈三角形分布。3个村由一片花海连通，被称为"花田喜地"，从春到秋都有可观赏的花海。

- 💰 80 元
- ⏰ 8:30—17:00（冬令时）
  8:00—17:30（夏令时）
- 📍 南昌市安义县西郊西山梅岭
- 🚌 南昌火车站有直达古村景区的班车，票价约 20 元
- 👁 3～4 小时

南昌融创乐园　★★★★

集合了中国赣都传统文化与世界级主题公园元素。不仅融创乐园值得一游，融创茂也是个可以泡上一整天的地方。

- 💰 168 元
- ⏰ 9:30—18:00
- 🚇 临近九龙湖南站（地铁站）
- 👁 0.5～1 天

海昏侯博物馆　★★★★

海昏侯是唯一历经王、帝、侯身份的汉代宗室。海昏侯墓是中国迄今为止保存最好、结构最完整、功能布局最清晰、拥有最完备祭祀体系的西汉列侯墓园，也是中国南方地区已知面积最大、内涵丰富、保存较为完整的汉代地方列侯等级的墓葬。墓中庄严肃穆的氛围和琳琅满目的文物，让人不禁在震撼中遐想那段厚重的历史。

- 💰 60 元
- ⏰ 9:00—17:00
- 🚇 临近南昌海昏侯国遗址公园站
- 👁 3～5 小时

一句话推荐景点

南昌八一起义纪念馆　来到这里的每一个人都会感受到空气中处处弥漫的历史和革命味道。

- 💰 免费
- ⏰ 9:00—17:00（周一闭馆）
- 📍 南昌市西湖区中山路 380 号
- 🚇 临近洗马地（公交站）、八一馆（地铁站）
- 👁 1～2 小时

绳金塔　南昌城的镇城之宝绳金塔自唐代

始建至今，已有 1100 多年的历史。

- ⏰ 8:30—17:00
- 🚇 临近绳金塔（公交站）、绳金塔（地铁站）
- 👁 1 小时

八大山人纪念馆　即青云谱道院，有 2500 多年的历史，著名画家八大山人（朱耷）就曾隐居在此。院中幽静里带有淡淡的墨香，文人墨客不到此一游就太可惜了。

- 💰 20 元
- ⏰ 9:00—17:00
- 📍 青云谱区青云谱路 259 号
- 👁 1～2 小时

南昌之星　总高 160 米，转盘直径 153 米，比英国泰晤士河边的"伦敦之眼"还高，是目前世界上第二高摩天轮。想要俯瞰整个南昌市，这里是最好的选择。

- 💰 摩天轮 50 元
- ⏰ 9:00—22:00（周二至周日）
  12:00—22:00（周一）
- 🚌 临近风筝广场（公交站）
- 👁 1～2 小时

吃喝南昌

赣菜的主要特点是：酥烂脆嫩，鲜香可口，咸辣适中。南昌的口味自然是以赣菜为主流的。南昌的特色菜有竹筒粉蒸肠、酿冬瓜圈、狮子头、藜蒿炒腊肉、三杯脚鱼、四星望月、三杯鸡、匡庐石鸡腿、豫章酥鸡、虫草炖麻雀与五元龙凤汤等，另外煌上煌烤卤也不可不尝。配上南昌大曲酒、丁坊酒、李渡高粱酒等南昌本地产的名酒，真算得上是酒足饭饱。

逛小吃街也是南昌旅游的节目之一，在南昌最容易找到的要算石头街麻花、风味烧烤，但在著名的"蛤蟆街"小吃一条街上，却是要空着肚子去逛的，因为东家尝一口，西家吃一顿，一定会胀肚子的。

风味小吃

家乡锅巴，水煮、油炸小品，炒、拌、煮的粉、面、米饭、年糕等，孺子路一条街走下来，保准混个肚儿圆。

特别推荐南昌米粉，它的主要原料是优质大米。吃法就多种多样了，凉拌、炒、煮都可，其中加入姜末、蒜末、麻油、酱油、葱花、咸菜末，必不可少的当然是辣椒和胡椒粉。

南昌的口味对于丝毫不沾辣椒的人来

说多少有点辣。

推荐食处

家常饭（孺子路店） 典型赣菜，样式精致，口味和价格都适中，人缘旺，节假日需排队。推荐菜：水煮鱼、糯香排骨。

- 📍 南昌市西湖区孺子路 141 号
- 📞 0791-86300960/86256266

老闽田螺馆（百盛店） 当地比较火爆的一家餐馆，推荐菜品：油浸鱼、爆炒蛏子、蜜汁鸡翅、老闽田螺、香辣花蛤。

- 📍 东湖区象山北路 24 号百盛 B 馆负一楼
- 📞 15002776143

金筷子 南昌"80后"的最爱，"辣"字代名词，基本上吃完后川、湘的辣已经不是你的敌手。绿豆汤、基围虾、酸辣粉丝、麻辣粉丝、三鲜粉丝、羊肉串都好吃到不行。

- ¥ 人均 23 元
- 📍 南昌市内连锁店，基本上路口均有

购物南昌

南昌的景点虽不算多，但南昌有两样东西是值得考虑购买的：一是江西名扇；二是瓷板画像。毕竟，南昌也算是一座人杰地灵的历史名城，这两样工艺品就是这种历史的生动体现。

住在南昌

南昌的星级酒店十分齐全，消费情况与华东地区其他城市相比，只属中等，所以，在南昌就算是做短暂停留也不必为住宿发愁。

栖木·Nanchang 高空酒店 装修有点轻奢的感觉，房间内都是智能家居，推开窗户就能感受红谷滩中心的夜景。

- 📍 凤凰中大道万达广场 A6 座
- 📞 18100785808

庐山

庐山快速攻略

Day1 花径→如琴湖→锦绣谷→仙人洞→大天池→龙首崖→黄龙潭→三宝树→芦林湖→美庐→庐山会议旧址

Day2 望鄱亭（观日出）→五老峰→三叠泉

Day3 白鹿洞书院→秀峰→太乙村

感受庐山

潮湿 庐山的雾和雨都算是一景，有人就是专门为庐山的雾而去的。但这也使得人们在"不识庐山真面目"的同时，必须忍受庐山上的潮湿。具体表现在几个方面：阴冷，当山上和山下的温差趋大的时候，庐山上会有雾，然后伴有阴冷的感觉。这时，只有满目的苍翠和一个接一个的景点能消解因潮湿带来的沮丧情绪。

山水文化 庐山作为一座历史悠久的文化名山，千百年来，无数文人墨客在此留下了浩如烟海的丹青墨迹和脍炙人口的诗篇。白居易在花径写下"人间四月芳菲尽，山寺桃花始盛开"；李白在秀峰写下"飞流直下三千尺，疑是银河落九天"，描写五老峰有诗云"庐山东南五老峰，青天削出金芙蓉"；苏轼写庐山云雾有"不识庐山真面目，只缘身在此山中"；毛泽东描写仙人洞有"天生一个仙人洞，无限风光在险峰"。庐山山水文化，是

💡 庐山自然三大谜题

庐山云雾为何有声？庐山雨为何自下向上飞？农历十五前后文殊台处为何有佛灯？

💡 景区时尚

东林大峡谷（剪刀峡）的水量为庐山众谷之最，是庐山唯一的一年四季可赏瀑布的景区。都市人自驾、自助游或参加旅游团游东林大峡谷，在景区小住休闲已成时尚。

中国山水文化的精彩折射，文人墨客对庐山的抒情写意，浓墨重彩，更使庐山积淀了丰富的文化内涵。

准备与咨询

气候与游季

庐山的地理特征是：面江临湖，山高谷深，具有鲜明的山地气候特征。全年有雾的时间为191天，年平均降水1917毫米，年平均相对湿度78%，每年7—9月的平均温度为16.9℃，夏季最高温度32℃，凉爽宜人。山上气温一般比山下低7～10℃。从这一串数据可以看出，庐山是名副其实的避暑胜地，旅游庐山的最佳季节当然是夏季。

庐山景区示意图

行在庐山

进出

到庐山旅游，有两条线路。一是先到南昌，然后乘车前往。作为江西省的省会城市，南昌不仅与全国的很多城市通民航，而且还是华东地区重要的公路和铁路的交通要道（参见南昌一节）。

二是取道九江，作为京九铁路与万里长江唯一的交点，九江又地处黄金水道——长江中下游，水陆交通十分便利。从水路进入江西境内，然后再从九江换乘汽车进入庐山。

飞机

距离庐山最近的机场位于柴桑区境内，距离约9.8千米，现已开通飞往北京、上海、广州、海口、深圳、厦门等地航线。机场大巴可以接送到庐山市，如果没赶上可以坐黄老门到沙河（庐山）的车。建议坐飞机去庐山，直接打车到山上，费用为120～150元，需要提前议价。

铁路

庐山火车站，其实只是庐山脚下一个叫柴桑的火车站，多是过路车，上庐山并不方便。坐火车去的话建议到九江站，上庐山比较方便。

高铁

庐山是昌九城际高铁上的重要一站，无论你是从南昌出发到达九江站，还是直达庐山站都很方便。

公路

九江至庐山距离41千米，票价12～15元不等，终点是牯岭镇；南昌至庐山票价36元（中巴），经105国道可达柴桑区、共青城、永修县各景区及庐山市的"桃花源"景区。其他县、区、山景区景点经省道均可到达。

水运

长江沿线每天有近20个班轮停靠九江港。在客运码头乘坐旅游中巴即可到达庐山。

区内交通

庐山是以牯岭镇为中心的一个较为分散的旅游景区，所以在庐山内的交通是旅游中会遇到的一个比较大的问题。濂溪区内除了有固定的专线旅游车外，还有中巴车和出租车，另外也有旅游包车。因为专线旅游车的线路固定，数量少，所以很多游客更愿意选择中巴车或出租车，其中，中巴车较便宜，出租车的费用要高很多。

九江市上庐山的方法

方法1：从九江火车站乘坐前往九江汽车总站的36、66路公交车，在汽车总站乘坐大巴前往。大巴约1.5小时一班，价格8～15元。

方法2：九江火车站门口处坐公交到长虹立交桥下，在阳光一号休闲宾馆门口乘坐全顺班车前往，全顺班车每日6:30—18:00均有，票价15元，乘坐可直达牯岭。

方法3：在九江长途汽车总站可以打车直接到庐山，价格在80元左右，需要提前和司机商量。

方法4：九江火车站出口50米处有九江中国国际旅行社门市，散客可以乘坐旅行社的车辆上庐山，价格15元。

值得注意的是，在火车站外尽量不要乘坐黑车。此外，如果打车的话建议走出火车站在公路上拦车，直达牯岭街或者山上的宾馆。

游在庐山

庐山 ★★★★★ 🏯🗿🌊📷

到江西没到庐山就等于没有去过江西。庐山的自然景区主要集中在山南，有"庐山之美在山南"一说，但山南的景区比较分散，而且路途艰险。集中于牯岭镇附近的主要是一些人文景观，每座建筑或每处风景都有一个传说或者一段历史。

🎫 淡季135元；旺季160元

🚗 庐山北山登山公路10千米处

👁 1～2天

💡 1.庐山门票不包括所有景点，个别景点需要另外购票。

2.庐山雨天多，雷雨天要注意安全，做好防雷安全。

3.不要找黑导游、黑车、黑旅社，避免上当受骗。

庐山吊桥

4.庐山门票有效期2天。假如第一天出山门，需要在下山前在庐山园门做登记。

庐山奇观 ★★★★★ 🌊📷

云海

庐山的云海变幻不定，时而像雪铺天际，一望无垠；时而如千军万马，欢腾而至，掀起万丈白浪，十分壮观。最为瑰丽的当然是早晚呈现出来的彩霞，实为人间绝景。大、小天池，以及锦绣谷、含鄱口、五老峰是观云海的最佳地点。

瀑布云

云层从山顶而来，向谷底俯冲，这是白龙游走于山谷间的奇观，这种景象一般能持续10～30分钟。莲花谷、剪刀峡、五老峰等景点较常见，有时在牯岭镇上的街心公园的右前方也能看到。

宝光（佛光）

在观云海的时候，如人背太阳而立，有时会呈现出一道围绕人影的彩色光环。宝光很难看到，而且稍纵即逝。

蜃景

雷雨过后，有时五老峰上会出现另一座五老峰，这是一种幻象，如海市蜃楼。

雾趣

庐山多雾，连雾都重庆都望尘莫及。浓雾时分尽遮庐山秀色，薄雾时分又给山峦披上了妩媚的轻纱。随着云雾的瞬息万变，庐山时隐时现，变幻莫测，所以才有了"不识庐山真面目，只缘身在此山中"的名句。

雪景

这是庐山冬季的胜景，因温度较低，庐山冬季多雪，有雾凇、雨凇和冰挂等，白雪皑皑中的庐山别有一番景致。

美庐 ★★★ 🏯

这是在中国历史上唯一一栋住过国共两党领袖的别墅，也使得这栋别墅具有了建筑美学和政治两方面的含义。

终日被庐山的云雾包绕着的"美庐"显得十分神秘，穿行于迷宫般的美庐里，那些与它有过紧密联系的政治风云连同曾在这里有过的日常生活中的点点滴滴好像也涌上了心来。

🎫 门票包含在庐山门票中

🚗 牯岭东谷的长冲河畔

👁 1～2小时

美庐之名的由来

英国人赫莉于 1903 年所建，赫莉太太与宋美龄友好，后将此别墅赠予宋美龄。1948 年 8 月，蒋介石和夫人宋美龄在庐山居住时，在门前的一块石头上刻书"美庐"二字。

庐山会议旧址纪念馆
★★★ 🎫

这座中西合璧的石木结构建筑，是庐山的"三大建筑"之一，当年还曾是蒋介石培养国民党骨干的重要基地，蒋介石曾多次在这里训话。中华人民共和国成立后，改为庐山人民剧院，党中央在这里召开过三次重要会议。如今的礼堂主席台的正上方仍然悬挂着毛泽东的画像。如果对中国近现代史有兴趣，这里是一定要来的。

💰　免费

🕐　8:30—17:00（周二闭馆）

👁　1～2 小时

石门涧风景区 ★★★★ 🎫

庐山最早见诸史册的瀑布就是石门涧瀑布。早在 2000 多年前班固的《后汉书·地理志》中就有记载："庐山西南有双阙，壁立千余仞，有瀑布存焉。"

石门面对峰崖，隔涧箕立，结成危楼险阙。最窄处的"小石门"，两崖之间只有一缝隙，游客入"门"须侧身才能通过。

峪谷间，高崖悬流成瀑，深谷积水成湖。潜隐湖底的杂乱怪石与兀立溪涧的巨岩，沿涧巧布，成为"石台"，最大的一块光滑磐石上可容坐数十人，石上镌刻有"石门涧"三个大字。对大磐石，峡谷更加险仄，如剑插天尺，争雄竞秀。在这个大断层中，桅杆峰与童子崖从涧底矗箕直上，漓立咫尺，奇峰簇拥，迭峰屏立。

💰　50 元

🕐　7:00—18:00

👁　2～3 小时

芦林湖 ★★★★ 🎫

芦林湖四周群山围绕、松柏苍翠，湖水清澈如镜，山色倒影，相映成趣，在缥缈的云烟映衬下，仿佛天上神湖。不远处还有宫殿式建筑的庐山博物馆、庐山大厦和人民剧场等。

🎫　门票包含在庐山门票中

🕐　8:00—16:30

📍　庐山东谷芦林盆地

👁　1～2 小时

锦绣谷 ★★★ 🎫

美好的传说，以及四时花开的灿烂，于是有了这个溢美的地名。眼前有一片绿色山谷，其间还能看到险象环生的断崖，其实，这里不过是生态保护较好的典范之地。

📍　九江市庐山风景区如琴湖旁

👁　60～90 分钟

🌞　1. 观看锦绣谷的最佳位置在仙人洞。

　2. 如遇气温骤降，这里还是观庐山云雾最佳位置之一。

花径 ★★★ 🎫

传说是唐代诗人白居易吟咏《大林寺桃花》的地方，白居易草堂陈列室就修建于此。园中风景犹如秀美的画卷，曲径通幽，繁花似锦，如梦如幻。待到四月桃花盛开，更是美不胜收。

🚶　位于牯岭镇西南的如琴湖畔，沿大林路步行即到

👁　1～2 小时

如琴湖 ★★★ 🎫

这是一个人工湖，湖岸曲线玲珑，整个外形颇像一把小提琴。湖半边靠临花径，很能体现庐山的秀美。湖上有曲桥通向湖心岛，漫步其中，四周湖光山色，如同行走于一幅水墨画中。

👁　1～2 小时

庐山瀑布

大天池和龙首崖 ★★★ 🌄🏛

文殊菩萨见庐山缺秀水，于是双手插石而得双池，便有了天池。又有一块孤崖悬空而不落，于是天池和龙首崖，传说与妙景共同构成了一种人类的向往。

👁 1～2 小时

文殊台 ★★★ 🌄⛰

观赏庐山云海、晚霞，以及"佛灯"的好地方。文殊台佛灯作为一种罕见的自然奇特现象，吸引了千万游人前往探奇觅趣。

👁 1 小时

三宝树 ★★★ 🌄🌲

此处浓荫蔽日，绿浪连天，三棵参天古树凌空耸立。两棵是柳杉，各高 40 余米；一棵是银杏，形同宝塔，高约 30 米，主干粗壮，几个人都合抱不拢。

相传，三宝树为东晋和尚从西域带回来的树种，距今已有 1500 多年的历史，树下石碑上镌刻着"晋僧昙诜手记"六个字。

👁 1～2 小时

含鄱口 ★★★ 🌄🌲⚽

因两山对峙形成了一个巨大的豁口，像要一口汲尽鄱阳湖之水，颇有气势。太阳从湖面喷薄而出之时，周遭的一切都被浸染成了光耀万丈的红色，没有人不为这种景观所震撼。

👁 1～2 小时

💡 1.含鄱口上雕梁画栋的楼台，是观日出的绝佳地点，名为"望鄱亭"。

💡 2.如果住在牯岭镇，想要赶到望鄱亭来看日出，需要有早起的决心。

💡 3.由黄龙潭前行 2～2.5 千米可达。

黄龙寺 ★★★ 🏛🏯

黄龙寺坐落于庐山玉屏峰麓。寺庙万山环抱，松杉碧绕，由明代僧人释彻空于万万年间肇建。相传当年释彻空云游至玉屏峰下，见这里松林茂盛，清潭飞瀑，景色奇幽，便有了住下的弘法之愿。

📍 庐山玉屏峰麓

👁 1～2 小时

碧龙潭瀑布 ★★★ 🌄

碧龙潭瀑布在距庐山牯岭 5000 多米的重岩幽林中，这里层岩叠成，水流注入碧龙潭时分成三段，而每层又分成两条白练似的悬瀑，犹如双龙俯冲潭中。潭水碧绿，潭中有一巨石，站在石头上，向东望去可看到鄱阳湖。

💰 30 元

👁 1～2 小时

三叠泉 ★★★ 🌄⛰

庐山的飞瀑可以单列为一个专项旅游的项目，大大小小分布在庐山不同的山谷之间，但三叠泉是最被推崇的，所以有了"不到三叠泉，不算庐山客"的说法。一直误以为李白的诗句"飞流直下三千尺，疑是银河落九天"描写的就是这里的景象，

💡**龙首崖**

1.开放景区，没有门票。如人收取门票，可以不予理睬。

2.看日落：龙首崖和大天池是庐山看日落的最佳地点，其次为仙人洞。庐山日落时间每个月份均不同，多在 17:00 之后。

💡**三宝捷径**

在芦林人工湖里的黄龙潭的深谷间，沿林间石阶上行约 300 米即到。

💡**五老峰拍日出**

拍日出选择五老峰会更好，很多比较好的照片都是借日出拍迎客松。如果去五老峰的话，太阳还没出来就打手电上山，庐山早上很冷，最好带棉衣。

💡**庐山观日出的最佳地点和时间**

观日出最佳地点是含鄱口和五老峰，各月时间均不同，6 月约在 5:15，6 月后及 6 月前，每个月会相对推迟 10 到 30 分钟，1 月为 7:12 左右，3 月为 6:27 左右，4 月为 5:50 左右，5 月为 5:25 左右，7 月为 5:26 左右，8 月为 5:44 左右，9 月为 6:00 左右，10 月为 6:17 左右，11 月为 6:40 左右，12 月为 7:03 左右。

💡**乘车游**

游览三叠泉是最消耗体力的，为节省体力可以坐环保车或轿子。提醒：乘轿子前务必要讲好价格，以免发生不必要的纠纷。

其实三叠泉是直到南宋时才被发现的。

🎫 82 元（门票＋往返观光车）；缆车 75 元

🚌 位于庐山东南九叠谷，距九江市 26 千米

👁 1 ～ 3 小时

💡 **1. 雨季观瀑**：初夏多雨的季节前往观瀑最为合适。

2. 停步观景：到三叠泉的路十分险峻，所以要注意停步观景，不要为了看风景而失了脚下的路。特别是在雨季更要小心。

3. 减少事端：一路有抬滑竿的，但要价很高。如果不乘坐的话最好不要问价、还价。

白鹿洞书院 ★★★ 🎒📷

　　在庐山众多的景点中，由大学者朱熹重建扩充的白鹿洞书院最容易被忽视，但对于一个真正的中国人来说，书院是一个十分重要的地方。白鹿洞书院位居中国四大书院之首。能够被保留下来，并且保护得较好的书院，除了湖南岳麓书院，就是江西的白鹿洞书院了。

🎫 40 元

🕐 7:30—18:00

🚌 庐山海会镇和庐山市白鹿乡交界处

👁 1 ～ 2 小时

秀峰 ★★★★ 🎒🏔📷

　　俗话说："庐山之美在山南，山南之美在秀峰。"秀峰风景区内山峰、翠岭、碧潭，甚至连这里的瀑布、峡谷和寺庙都呈现出别样的秀色，真可谓是秀色可餐，有康熙帝御书的"秀峰寺"为证。

🎫 57 元

🕐 8:00—16:30

🚌 庐山南麓，鄱阳湖之滨的庐山市境内

👁 2 ～ 4 小时

💡 **秀峰石刻**：景区内百余种石刻中，颜真卿、黄庭坚、米芾和王阳明等人的真迹十分珍贵。聪明泉也在附近。

白鹿洞书院

庐山西海 ★★★★ 🎒📷

　　辽阔静谧的湖泊，星罗棋布的群岛，山水在眼前交相辉映，空气里满是湿润的新鲜味道。一个非常浪漫的地方，特别适合度假。

🎫 150 元 / 人，外婆桥 5 元 / 人，云居山 20 元 / 人，西海温泉 198 元 / 人

🚌 在九江客运站乘坐到武宁的班车，在柘林湖景区下

👁 3 ～ 5 小时

一句话推荐景点

天合谷　庐山新景点，号称"中国第一个情人谷"，恋人们可以来看看，背包族"驴友"来此露营也不错。

🎫 40 元

🚌 庐山含鄱口天合谷风景区

👁 2 ～ 3 小时

牯岭　景色如仙境一般的山城，现已成为通往庐山各景区的交通枢纽，宾客云集。

植物园　这里是我国著名的亚热带高山植物园，已经有近 90 年的历史，对植物感兴趣的朋友不妨到此一游。

🎫 免费

👁 2 ～ 4 小时

💡 从含鄱口沿石阶走数百米即抵大门。植物园、望鄱亭和五老峰，可以连起来游玩。

吃喝庐山

　　到过庐山的人，相信不仅记住了庐山的美景，也记住了庐山的美食。特别是庐山独有的"三石一茶"。"三石一茶"就是所谓的庐山石鸡、庐山石鱼、庐山石耳和庐山云雾茶。

风味小吃

　　除了"三石一茶"，烹虾仁、豆豉烧肉、豆豉爆辣椒、虾米煮粑、山药炖肉、金钱山药饼、板栗烧鸡等庐山小吃也不能错过。

💡 **特产**

　　陈年封缸酒、九江茶饼、酥糖、庐山鲜笋、湖口豆豉、鄱阳湖银鱼、云雾茶叶。

推荐食处

石牛酒家　可以称得上是庐山风景区唯一一家不宰人的饭店了，是靠背包客的口碑火起来的，店里的"三石"都很好吃。

📞 0792-8288093

🚌 庐山风景区牯岭镇庐山正街 15-1 号

三石饭店 很多城里的人慕名来吃这里著名的"庐山三石"，还有一些当地的野菜。可想而知，这里的口味一定很正宗，常常要排长队，上菜也要等好长时间，谁让嘴馋的人多呢。

📞 0792-2601179

📍 庐山市温泉镇 105 国道路边

夜游庐山

庐山恋电影院 庐山有家电影院，每天只放一部电影《庐山恋》，而且是每 2 小时放一次，就算是淡季，也会在晚上安排两场。晚上可以去看看这部把庐山介绍给全国人民的电影，然后再对照白天看过的风景，是一件十分有趣的事。

庐山恋电影院

📍 庐山河西路 19 号

📞 13133634364

购物庐山

庐山云雾茶是值得买回家的，但购买茶叶时需要一定的鉴别能力。

住在庐山

作为旅游风景区和避暑胜地，庐山的宾馆业历来都很发达，房价也是了得。庐山宾馆是庐山最好的宾馆。学生旅游建议住学校旅馆。

推荐住宿

庐山宾馆 老字号宾馆，修建年代早，里边设备也老。宾馆从来不打广告，毛主席曾经到访就是它的活字招牌。

📍 庐山河西路 70 号

📞 0792-8281330

庐山西湖宾馆 庐山上唯一挂四星的宾馆，门口就是如琴湖，景色非常美。

📍 庐山大林路 113 号

📞 0792-8285850

💡 谨防旅店托儿

有些出租车司机会将游客拉到价格较高的宾馆去住宿，因为这样有回扣。如果你不想住价格高的宾馆，可以在街心公园下车，这里有民居、旅馆和招待所。

龙虎山

龙虎山快速攻略

Day1 天师府→上清古镇（午饭）→竹筏码头（乘坐竹筏）→仙水岩（悬棺表演）→象鼻山

Day2 无蚊村→正一观→泸溪河

感受龙虎山

悬棺 崖葬不仅在我国的华东地区有发现，远在云南的昭通地区也发现过大量的崖葬，但从墓葬群的时间和数量方面来看，龙虎山的崖葬可能是全国第一。先人选择把自己葬在这一片宁静的山水之间，同时给后人留下了一个难解的谜。

"十不得"景点

尼姑背和尚走不得
仙女配不得
莲花戴不得
仙桃吃不得
丹勺用不得
道堂坐不得
云锦披不得
石鼓敲不得
剑石试不得
玉梳梳不得

节日

1. 道教文化节：龙虎山每两年举办一次的道教盛会，海内外的道教信徒都会云集在这里。

2. 龙虎山帐篷节：在每年最适合露营的季节里，来自全国各地的驴友都会聚集龙虎山举行盛大的帐篷节，喜欢游山玩水的朋友绝对可以在龙虎山绝美的山水中过一把帐篷瘾！

便利客运

1. 南昌长途汽车站每天有12班发往鹰潭的长途汽车，1小时一班，车程为2.5小时。鹰潭市公交公司还有很多装饰着"龙虎山之旅"的巴士往返于市区与龙虎山之间。

2. 在鹰潭火车站公交站，乘坐K2路公交车至终点站龙虎山游客中心下车即到。

土鸡蛋

在漂流过程中，如果看到当地农民划着竹筏来卖茶叶蛋，千万要买来尝尝，这种鸡蛋是土鸡下的，味道非常香。

古镇　上清古镇再一次证明了发展与保护是一对矛盾体，因为交通不便，缺乏与外界的交流，所以古镇得以完好地保存。

准备与咨询

语言

说普通话没有什么障碍。

气候与游季

与南昌相比，龙虎山冬天不冷，夏天不热，是一处可与庐山相媲美的旅游胜地。

行在龙虎山

进出

龙虎山距鹰潭市仅16千米，所以鹰潭是到达龙虎山的一个重要中转地。

铁路

鹰潭是南北方铁路的中转枢纽，特别是鹰厦铁路开通后，鹰潭处于浙赣、皖赣、鹰厦3条铁路干线的交会处。大多数从上海发出的列车都会停靠鹰潭站，对于由南至北的列车来说鹰潭也是一个大站。

鹰潭火车站　📞 0701-7022322

公路

206国道（烟台—汕头）、320国道（上海—瑞丽）都经过鹰潭，所以鹰潭是赣、闽、浙、皖四地的重要交通枢纽。

鹰潭长途汽车站
📍 鹰潭市天洁路龙虎山大道18号　📞 0701-6468815

游在龙虎山

源远流长的道教文化、独具特色的碧水丹山、千古未解的崖墓和绝世无双的生殖崇拜奇观，构成了龙虎山风景区自然景观和人文景观的"四绝"。这一切无不让游人感受到道教奇特而神秘的力量。

💰 230元（门票＋观光车＋竹筏票）
🕐 8:00—17:30
👁 1～2天

仙水岩景区　★★★★　

不夸张地说，仙水岩景区集中了龙虎山景区的精华，这里有青山、翠竹，还有指什么像什么的各种奇峰怪石。特别是泸溪河清澈见底的河水，在水上穿梭的竹筏，让这里有着城市人久违的恬静，如有机会可以爬仙人城，俯瞰仙水岩。

🕐 8:00—17:00
📍 鹰潭泸溪河东岸仙水岩景区的许家村

1. 崖墓：仙水岩的悬崖峭壁上散布着数百座距今2600多年的崖墓，这些洞穴大小不一，里面陈放着古棺，有单洞单葬、单洞群葬和联洞群葬。现已发掘出棺木39具，完整骨架16具，各种陶器、青瓷器、丝麻织品、乐器、木竹器200余件，经鉴定，这些墓葬属战国早期。为了解开其中之谜，鹰潭旅游局设奖励现金30万元。

2. 吊悬棺：想看惊险的"吊悬棺"表演，事先一定要把时间安排好（每天

14:00 开始），在竹筏上欣赏与在岸上看到的可不一样。

3. 天师板栗：龙虎山上的板栗树相传是张天师亲手栽植的，"天师板栗"也由此得名。据说天师颇懂养生之道，有兴趣可以亲口品尝，并带回一些馈赠亲友，让他们也沾点"仙气"吧。

无蚊村 ★★★

别忘了拜访那个著名的无蚊村。无蚊村中香樟树随处可见，空气中弥漫着芳香樟脑味，树木种类繁多，所发出的气味混合后据说能够驱蚊。不过，樟脑味确实不太好闻，驱蚊虫的同时还会熏人。

上清古镇 ★★★

上清孕育了道教文化，没有上清这块宝地，龙虎山要成为中国道教第一山、中国道教的发祥地恐怕是不可能的。到这座已有千年历史的古镇，天师府、吊脚楼和古民居是一定要走到的。

象鼻山景区 ★★★

竹林是象鼻山最大的特色。游走在这清风透过的山里，竹林和土地的清新混合在一起，是一个安静身心的好地方。但山路很险，需要有徒步的体力和毅力。

泸溪河漂流 ★★★

龙虎山最重要的"观景台"便是竹筏，竹筏漂流将近30分钟，从码头最后到悬棺表演地，一路上各式各样的山岩，怎一个"爽"字了得！

吃喝龙虎山

龙虎山的口味分为江西家常菜和道家菜。

江西菜对于不吃辣的人来说，是偏辣的。道家菜中天师八卦宴和上清豆腐十分有名，原料虽为素菜，但呈上来后的色和味都很诱人。上清古镇能尝到这两种不同的口味，当然是以道家菜为首选，吃了也能沾点仙风道骨。

除此以外的特色菜还有冬笋咸肉丝、龙虎苦菜、香菇活肉、捺菜、余江茄干、灯芯糕等。

推荐食处

无蚊村芳红饭店 来这家饭店吃饭，会让你找到一种小时候上外婆家做客的感觉。招牌菜有红烧泸溪鱼、上清豆腐、天师板栗（烧仔鸡或排骨）。

☎ 13667013276

住在龙虎山

鹰潭和龙虎山景区都可以住宿，建议到景区里住，那样才能真正感受乡村田园生活。

---

1. 大上清宫是重建的：大上清宫建筑精美但多是现代重建，名声也不如天师府。建议准备一日游的驴友不必前往，可在鹰潭直接坐车到上清镇天师府观光。

2. 游览时间：若是只想领略仙风道骨，一天足矣。

3. 正一观：道教的发祥地在正一观。宫观灰瓦白墙，在周围的丹霞山映衬下显得仙骨傲然。

象鼻山景区内有一条高空栈道，建在丹霞绝壁之上，宛如一条游龙蜿蜒缠绕在悬崖峭壁之上，把一座座山峰串联起来。走在栈道上，以最佳角度欣赏有着"天下第一神象"之称的象鼻山，丹霞美景尽入眼帘。

防晒

夏、秋季节到泸溪河漂流一定要注意防晒。

饭店街和地方小吃

1. 仙水岩景门前有条饭店街，口味不错，价格也便宜。

2. 板栗棕子和天师芝麻饼是在别的地方吃不到的小吃，在泸溪河边由当地人叫卖，如果没见到，随便问个当地人，他都会帮你叫来。

推荐住宿

龙虎山道源山庄 清幽的环境，让人有隐居山中的感觉，酒店对面就是龙虎山景交车的起点站，十分方便游览。

🚩 排衙石大道9号
☎ 13607015660

三清山

三清山快速攻略

Day1 西海岸景区→三清福地（三清宫、紫烟台、九天应元府）→玉京峰（可选择在山上住宿，第二天到南清园看日出）

Day2 南清园→阳光海岸景区→万寿园景区

感受三清山

　　作为一个城里人，对于日出的记忆是很淡的，但人们对于日出时那种有着震撼力的场面都十分向往。三清山就是以山间日出和道教名山而招徕游客的。当然，只有置身其中才能真正感受到三清山的魅力，除此之外，这座山还以珍贵植被和动物而闻名。

准备与咨询

语言

　　日渐成为旅游热点的三清山，虽然保持了原有的风貌，乡音不改，但用普通话交流并没有太大的障碍。

气候与游季

　　三清山的平均气温不高，但没完没了的雨水会妨碍旅游的好心情。对于三清山这样一个有着高山气候特征的地方来说，秋季是最好的旅游时节，很难一见的佛光在这个季节也会频频出现。春、夏是最佳游季，雨季时记得带雨具。

行在三清山

进出

　　三清山在距上饶78千米处，所以，上饶是到三清山的必经之地。去三清山游览，可先坐火车到江西上饶，然后从上饶坐车进山或在玉山县城汽车站转车到三清山；另一种方式就是从南昌乘坐直达上饶的长途汽车。

铁路

　　到三清山旅游可选择乘火车至上饶或上饶境内的玉山站。虽然在玉山下车距离三清山最近，但经过玉山的火车多为慢车。

公路

　　乘火车到达上饶或玉山站后，乘车进入三清山景区。

　　从玉山出发：玉山汽车站有中巴直达三清山，票价15元，每天17:00发车。

　　从上饶出发：在上饶有3种前往三清山的方式。

　　1. 上饶客运中心站每天有开往三清山南（南部索道）的车，每天7:00、8:00、9:00、10:30、12:00、13:00、14:00、16:00发车，行程约2小时，票价27元。

　　2. 在富力万达嘉华酒店，有发往三清山东部（金沙索道口）的车，每天9:00、10:30、12:30、13:30、15:00、16:00发车，行程约2小时，票价18元。

　　3. 上饶东站每天7:25有一辆前往玉山的车，行程约1小时，票价14元，可以从玉山转车到三清山。

游在三清山

三清山 ★★★★★

　　中国的许多名山都有形似人状物的石景，但大多离不开人自身的想象，唯有三清山的"神女峰"逼真得令人难以置信。三清山东险西奇，北秀南绝，同时三清山的山羊床还是一个天然的植物园，其中的珍稀植物有华东黄杉、华东铁杉、福建柏、玉兰、香果树、高山黄杨、木莲等，而流泉和飞瀑又为这些景区增添了更多的趣味。

　　山中的三清宫是个小宫殿，背靠玉京峰，现在的建筑为明代所建，宫门上悬挂着"三清福地"匾额。在三清宫的紫烟台上可以环顾群山。

💰 门票 150 元（淡季），120 元（旺季）；上下行索道旺季 125 元，淡季 110 元

👁 1～2 天

💡 **1. 导游参考价：** 如请当地人做导游，一天在 300 元左右。

2. 佳景推荐： 三清山的日出和日落是最为壮观的景色之一，而玉台和女神景区又是观看日出的最佳角度。

3. 上山路线： 从三清山的东面上山，是一条特别适合探险和徒步游的线路；北线几乎没有开发，所以没有太多的商业气息。从山脚往上行，绝大部分是青石台阶，北线几乎没有开发，安全方面没有问题，有的是挑战在于，阶梯连绵不断，没有可供休息的缓坡。

4. 背包客游线： 游完婺源的背包客，可从婺源县城搭乘到玉山的班车，再转车去三清山。另一可行方案：包辆面的，直接到山脚。九都到三清山，用时 1.5 小时，路况极差，几乎都是碎石路面。山脚有指示标志，而且有人在卖门票。最好在此下车徒步，并请当地人做向导，如果请身体强壮的男人可兼背行囊。需要提醒的是，上路前一定要把目的地和价钱谈妥。风山是北线的中点，需走约 2 小时。从风山到三清宫路途较陡，但也是景点最集中的一段。到达玉京峰后，从南线下山，这条路徒步需要 4 小时。

5. 怪石： 三清山上的怪石实在很多，像万笏朝天、梦笔生花、企鹅献花都是极其著名的景点。位于南清园北部和东北部的巨蟒出山和思春女神惟妙惟肖，是三清山的标志性景观。

玉京峰景区 ★★★★ 🚶

玉京峰海拔 1819.9 米，为三清山最高峰。这里有虚无缥缈的蓬莱三峰、一落千丈的飞仙谷，还有天象奇观云海、迷雾、日出等，素有"不登玉京峰，难得三清妙"的说法。玉京峰是三清山观日出、看日落的绝佳位置。

🕐 8:00—17:00（周一至周五）；7:30—17:00（周六、周日）

👁 3 小时

💡 **游览路线：**

1. 从南清园走冲霄谷至玉京峰。

2. 从三清宫经九天应元府上玉京峰，这条路线也是较多游客选择的路线。

西海岸景区 ★★★★ 🚶

西海岸又称西海栈道，是三清山最为惊险的地段。在海拔约 1600 米的高山悬崖绝壁上，横空向外悬出长约 3700 米、宽

三清山

💡 **十大景点**

三清山十大景点包括：司春女神、巨蟒出山、老子看经、猴王献宝、玉帘瀑布、万笏朝天、玉京峰、秀峰、天门峰、观音赏曲。

💡 **姐妹松**

三清山除了山体秀美外还有许多几百年的古树，天门石崖上的"姐妹松"树龄有 400 多年，枝叶相连，互相倚立；清华池畔的 500 年古松树冠达 20 米，枝如爪，形似猛兽。

💡 **坐飞机**

距离三清山最近的机场是浙江衢州机场，下飞机到三清山仅需 1.5 小时。

上饶火车站

📍 上饶市信州区灵溪镇境内

🚌 市区坐 7、17、19 路公交直达

📞 0793-8238366

💡 **贴心提示**

三清山现有 2 条索道，类型相同、设备厂家相同、到达景区时间相同，约 10 分钟到达中心景区。三清山南部（外双溪）、三清山东部（金沙）索道价格如下：

旺季往返125元（上行70元/人次，下行55元/人次）

淡季往返110元（上行60元/人次，下行50元/人次）

💡 **别住停车场附近**

千万别在停车场边的宾馆住宿，夜里有拖拉机来往，影响睡眠。

💡 **观日出和晚霞**

观日出和晚霞的最佳地点是玉台或三排尖，从天门山庄、云中国山庄步行 1～2 小时可达。日出时间：春季 5:30，夏季 4:40，秋季 5:30；晚霞时间：春季 17:30，夏季 18:30，秋季 17:30，冬季 18:00。

神女峰

2米的栈道。西海岸南起梯云岭，北至三清宫，是三清山乃至世界高山悬空栈道中最长、视野最开阔的凌空云阁。站在观景长廊上，不觉让人有种"逍遥游西海，快活似神仙"的美妙感觉。

👁 3小时

巨蟒出山
★★★ ♨

三清山标志性景观。巨蟒出山是由风化和重力崩解作用而形成的巨型花岗岩石柱，峰身上有数道横断裂痕，但经过亿万年风雨，依然屹立不倒。

🎫 包含于三清山景区门票内
🕐 8:00—17:00
🚡 三清山大门乘坐东部索道（金沙索道）10分钟左右可到达
👁 1～2小时

1. 提前讲价： 最好在点菜时讲好每道菜的价格，当地人对承诺是能信守的，但没有饭后优惠打折的说法。

2. 禁食野味： 不要吃野味，一是这里出售的野味多是从山下买来的人工养殖物种，而且价格不菲；二是国家已明令禁止。

吃喝三清山

这里的口味与江西的家常菜相差无几，对于沪浙苏一带的人显得辣了一点，也咸了一点，而且价格也贵了一点。

风味小吃

黄金茶 这是清乾隆帝钦定的名字，据说当年乾隆帝下江南，游到三清山时，喝到了一种茶水，茶味甘洌清香，令乾隆回味无穷，回宫后，仍念念不忘，于是花了一万两黄金派人到江西，经过千辛万苦才找到，后赐名黄金茶。这种茶能解暑，还能治感冒。

地瓜炒肉片 这是一道十分家常的菜，很多到过三清山的人都一致推崇。

三清风味 很好吃的农家菜，"一鸡两吃"，鸡汤十分鲜美。

📍 三清山景区南部外双希尔顿大酒店正大门左侧20米商业街内
📞 13097376016/15350153353

二清山山人菜馆 菜品丰富，分量很足，鱼汤的鱼都是现杀的，很鲜。

📍 开元度假酒店斜对面（半山居民宿一楼）
📞 13755336222

直接去玉京峰搭帐篷

露营也是个不错的选择，省去了住宿的费用不说，最重要的是晚上能看到满天繁星和银河，早上起来就可以第一眼看到日出。

住在三清山

玉山县城和三清山都能提供不同标准的住宿，总的来说，县城的房价相对要低一些，但想要看日出还是要住到山里。三清山有10家左右的山庄和宾馆，住宿条件都还不错。

推荐住宿

三清山锦绣山庄 三清山锦绣山庄位于环山公路坪溪服务区，紧邻三清山风景区南部门户景点——神仙赶石。

🅿️ 三清山南部景区环山公路起点处

📞 0793-5295373

三清山日上山庄 "卧榻观山景"的惬意在这里能体会到，巨大的观景台可以看到周边众多胜景。

🅿️ 位于三清山核心景区内

📞 0793-2189377

三清山云居客栈 优雅舒适的住宿地，位置很方便游览，老板和老板娘都很热心。

🅿️ 三清山东部金沙服务区

📞 13767306246

三清山周边游

龟峰风景区 ★★★★ 🐾☕️🔄

　　看过电视连续剧《西游记》的人就会觉得这里似曾相识。相传此处原是东海龙宫，海水退尽，乌龟也就化作了石龟。另外，还有太平军的城墙遗址和民国时期的别墅也可以前往一探。

　　如果你仔细观察就会发现，这里石龟的头都朝着东方，一旦在山里迷路了，看看乌龟头就能辨明方向。最为奇特的是，金钟山上的一只小石龟具有天气预报的功能。当地有"金钟戴帽，下雨就涝"之说。

💴 160 元（含观光车和游船）

📞 在弋阳高铁站乘 2 路旅游大巴直达龟峰景区

👁️ 3 ～ 5 小时

婺源

婺源快速攻略

Day1　婺源→月亮湾→李坑→汪口→江湾→篁岭（住宿）

Day2　篁岭→晓起→江岭→五龙源→婺源

Day3　婺源→思溪延村→彩虹桥→卧龙谷→理坑

感受婺源

婺源　"婺"字音为 wù。将这个地名提出来可能显得有些多余，但等你自己到当地就明白了。因为当地人会把"婺源"写成"务源"，大概是为了简化汉字，对于一个外地人来说，搞清这一点，站在车站购票窗前就知道有多重要了。

徽文化　婺源现属江西，然而历史上原本隶属徽州，长达千年，是徽州六县之一。据说到婺源有三大忌讳，其一就是不能称其为江西老表。古老的村落，河水倒映着徽派建筑典型的标志——马头墙，白墙青瓦，屋顶是刻着格式图案的飞檐翘角，直指苍穹，在蓝天绿树映衬下十分醒目。婺源是徽州文化的老根之一，内涵丰富，底蕴深厚，在各个领域都形成了独特的流派和风格。无论是理学、画派、建筑还是语言，在明清时期，徽州文化几乎影响了整个中国文化。婺源行政上已不属安徽，但它却无法从徽州文化中脱离。

婺源姑娘　婺源姑娘的漂亮是出人意料的，因为进入江西境内，美女好像远不如江南的多，但婺源女孩个个都小家碧玉，更

💡行走歌诀

　　要想在婺源玩得好，下面这首《婺源行走歌诀》是要牢记的，内容是："看山走东不走西，看水走北不走南，投宿城外不住内，乘车赶早不宜迟。"

有着出水芙蓉的灵秀。特别是傍晚的婺源县城河边，女孩们有河边散步的习惯，夕阳映在水面上，简直就是婺源一景。

准备与咨询

语言

江西的口音不是太难懂，只是听起来不太柔和，但用普通话交流是没有问题的。

气候与游季

婺源最美的是春、夏两季，特别是4月，杜鹃已经红满了山冈，还有绿的茶树和黄的油菜花，所以有人说婺源是中国最美的农村。7、8月的风景和气候也不错。

行在婺源

进出

婺源位于皖、浙、赣三省交界处，进出婺源可乘坐高铁、长途汽车直达或选择周围城市的机场到达。

机场

婺源邻近的机场有景德镇机场、黄山机场、南昌机场。

铁路

婺源站于2015年7月正式通车运营，有开往北京、上海、南京、兰州、厦门、武汉等全国主要城市的高铁列车。

婺源站
- 婺源县江湾大道
- 乘公交3、4、6路在火车站下车

公路

婺源境内主要交通有307、308省道、杭瑞高速（景婺黄高速）公路、杭新景高速（德婺高速）公路。婺源长途车站以婺源汽车站为主，有发往武汉、上海、广州、杭州等省外城市的长途汽车，也有发往南昌、鹰潭、景德镇、上饶、九江等省内城市的班车。

婺源汽车站
- 才士大道12号
- 乘1、3、7路公交车可到达
- 0793-7214948

区内交通

从婺源县城再到各景点就方便得多了，在婺源开发区的婺源新汽车站有发往各村镇的中巴。但从节约时间和方便程度上来说，包辆车游玩会更好一些，价格一般为：面包车淡季一天200～300元，能坐六七人；旺季300～500元。如果要包车，讨价还价是最关键的，东线价格贵些。

游在婺源

婺源旅游区门票210元／人，在120小时（5天）内可以畅游婺源各大旅游景点，取票后需要在半小时内验证。

通票含江岭、晓起、江湾、汪口、李坑、卧龙谷、灵岩洞、思溪延村、彩虹桥、严田、文公山、石城景点门票。

购票地点：旅游集散中心（县城文公北路）、卧龙谷景区、江湾景区、李坑景区。

1. 玩法：到婺源最好没有时间的限制，至少也要有半个月时间的准备。确切地说，婺源并没有一般景区那样的景点，它所有的美都是要靠花时间去发现和体会的。

2. 登山路线：越往山上走景色越好，背包客可由北线翻山到达东线。沿着古时的马道去体会古时行路的感觉。

江湾　★★★★

江湾是一座有着丰厚徽州文化底蕴的古村落，因其为江泽民同志的故里而闻名。至今仍保留着御史府、中宪第等明清官邸，还有滕家老屋、培心堂等徽派商宅，东和、南关、西安、北钥4座古门亭等景观。其中萧江祠堂，曾被誉为江南70座著名宗祠中"最好的一座宗祠"。

- 60元
- 7:30—18:30
- 婺源县城东20千米
- 在婺源长途汽车站可乘直达江湾的班车
- 3小时

李坑景区　★★★★

李坑在婺源很有名气，是中国最美的乡村之一。其建筑风格独特，为著名的徽派建筑。自古便文风鼎盛，人才辈出。村中明清古建遍布，民居宅院沿溪而建。李坑炙肉和花菇石鸡是到此必尝的农家菜肴，当然再配上点李坑糯米酒会更好。

- 60元
- 7:30—19:30
- 婺源县秋口镇李坑景区

在婺源新汽车站乘开往秋口、江湾的班车，半小时一趟。在李坑村口下车，步行1千米即到

👁 2～3小时

💡 **1.最佳游季:** 3月下旬到4月上旬是去李坑赏油菜花的最好季节。

2.月亮湾: 在去往李坑的途中，经过一条酷似月牙的溪流，这儿就是月亮湾。停下车，在这里拍张照是极好的选择。

上、下晓起 ★★★★ 🏞📷📍

上、下晓起是婺源最美的两个村庄，因为这一带有婺源保得较好的自然风光，也最能体现婺源的田园主题。关键是需要时间慢慢欣赏。

上晓起以山坡田园风景为特色，从这里往上可达江岭，看到的是田园风光，是婺源最美的地方。

下晓起则是水绕村庄的特色，从汪口镇乘车前往段莘时，拐入一条土路，老树环抱的下晓起村就在两条溪流汇合处。

思溪延村 ★★★★ 🏞📍

位于镇上西南侧的思溪延村背山面水，嵌在锦峰绣岭、清溪碧河的自然风光中，房屋群落与自然环境巧妙结合，山水相融，如诗如画，意境深美。因电视连续剧《聊斋》曾在此取景拍摄，故被称为《聊斋》影视村。《聊斋》中那座神秘的"聊斋小屋"就掩藏在古民居建筑之中。

📍 婺源县中部的思口镇

🚌 在婺源新汽车站乘开往思口的班车，每半小时一趟，然后在路边下车，步行5分钟即到

👁 2～3小时

理坑 ★★★★ 🏞📍

理坑村建于南宋初年，村民们知书达理，邻里间相互礼让，村中保存了不少明清官邸，如"尚书第""天官上卿第""驾睦堂"等，均是斗拱飞檐，工艺精湛。整个村庄苍松翠竹与黛瓦粉墙互衬情影，古道石梁，湍湍流水，相映生辉。

💰 60元

🕐 7:00—17:30

📍 婺源县沱川乡理坑村

🚌 在婺源新汽车站乘坐发往沱川的中巴，从沱川到理坑步行可达

👁 2小时

💡 **油菜花观赏地**

段莘乡的庆源、汪槎、官坑、五龙山脚斋村，江湾镇篁岭、小激大激、大畈小畈段、济溪，沱川乡查平坦，浙源乡岭脚，大鄣山乡石城。

江岭 ★★★★ 🏞🌸📷

"不到江岭，枉来婺源"，江岭是观赏油菜花梯田最美的村庄，主要是居高临下能够看到最壮丽的油菜花和最秀气的徽派民居。观赏的最佳地点在山上，每年清明节前夕，满山遍野的油菜花气势磅礴。山不高但都是土路，雨天不太好走，也可以坐摩的上下。

💰 80元

📍 婺源县溪头乡江岭村

🚌 婺源旅游景点很多，又比较分散，旅游线路以东线、北线为主，有些景点没有中巴，可以搭乡的顺风车，收钱不多

👁 4小时

石城 ★★★★ 🏞🌟

石城村内外古木荟萃，奇树成群，尤以上百棵枫树最让人惊叹。每年11月中下旬，枫叶渐红时，便会有许多摄影爱好者从凌晨拍到黄昏。斑斓的色彩镶嵌在黑白相间的古民居间，俨然一个天然的大调色板。秋天的婺源，石城和长溪是两个必到的村落。

📍 婺源县西北古坦乡

🚌 在婺源长途汽车站可乘坐直达石城的班车

👁 2～3小时

💡 **最佳游季:** 11月为最佳，满山红叶竞相争艳，形成了秋季婺源乡村别样的风光。

篁岭 ★★★★ 🌸🏞🌟

篁岭坐落在江泽民同志故里。这里群山环绕，房屋鳞次栉比，梯田层层叠叠，风景秀美。"天街九巷"似玉带将村落串联，似一幅流动的"清明上河图"。篁岭"晒秋"闻名遐迩，村民使用竹匾将农作物晾晒在自家眺窗前的木架上，因此有了独特的"晒秋"农俗景观。在篁岭你还能体验走索桥、滑溜索、攀热气球等民俗活动。

💰 145元（含索道）

🕐 7:50—17:30

📍 江湾镇东部石耳山中

从江湾镇沿201省道在镇头村右拐，到达篁岭游客服务中心，乘索道进入景区

◎ 0.5～1天

卧龙谷 ★★★★ 🏞🌲

卧龙谷是一片原始的森林峡谷景区，这里最大的看点是成群的飞泉瀑布、碧绿清新的溪水，犹如一幅天然水墨山水画，金庸笔下的世外桃源，非常适合夏季避暑。徒步上山，一路上景点众多，可以走走停停，观赏瀑布。近山顶处的筮篌桥，是一座悬索桥，胆小的游客从这里过去是比较刺激的。

🎫 门票55元；索道单程50元，往返100元

🕐 7:30—17:00

🚌 从县城汽车北站乘坐班车直达卧龙谷景区，每天2趟；也可以在北站先乘坐班车到清华，再换乘出租车或摩的到达景区

◎ 3～4小时

汪口 ★★★ 🏯🌲

徽州古村落，对面是起伏的象山。村子里面的长街叫作官路正街，被称作"千年古街"。建于清乾隆年间的俞氏宗祠很值得一看。整个祠堂以细腻的雕刻工艺见长，被誉为"艺术殿堂"。

🎫 55元

🕐 7:30—17:00

🚌 在婺源长途汽车站乘坐始发的婺源公交专线可达

◎ 1～2小时

清华镇彩虹桥 ★★★ 🏞🌲

建于南宋时期，是中国历史最悠久、最大、保存最完整的廊桥。这里被众多媒体誉为中国最美的廊桥，也是婺源的标志之一。著名电影《闪闪的红星》曾在此取景。

🎫 60元

🕐 7:30—17:30

📍 婺源县清华镇

🚌 婺源县城有到清华镇的班车，20分钟左右一班

◎ 1小时

💡景区内可能会有人自行给你拍照，然后要求你买下，建议不予理睬。

吃喝婺源

当地菜有明显的徽菜风格，其中粉蒸、清蒸和糊蒸是专长。特别以糊（豆腐糊、蕨菜糊等）、粉（粉蒸鱼、粉蒸肉等）为主要烹饪手法。"糊菜"其实叫"蒸菜"，江西地区仅有婺源有这种特色烹饪法，特别是先吃蒸菜再喝当地米酒不易醉。

推荐菜系

婺源的鱼 红鲤鱼味道鲜美，也是颇负盛名的，到了婺源不要忘了尝一尝。最实惠的还是淡水鱼，这里水质好，又没有污染，所以鱼的味道特别鲜美。清蒸甲鱼、荷包红鲤鱼、草鱼、黄丫头、乌鲤都是餐桌上不可少的。

粉蒸肉 说起来，这绝对是一道全国人都熟知的家常菜，婺源所不同的是，粉里蒸的不是鲜肉而是腊肉，味道自然有些不同。

购物婺源

婺源有"红、绿、黑、白"之说，4种颜色分别代表了4种特产。

红 荷包红鲤鱼 婺源荷包红鲤鱼色彩红艳，形似荷包，肉质鲜嫩，是国家优良淡水鱼种。据说，是一位衣锦还乡的婺源人从御花园的水池带回来的。

绿 婺源绿茶 叶色碧绿，口味香郁，唐代时就被陆羽载入《茶经》。

黑 龙尾砚 以"声如铜、色为铁、性坚滑、善凝墨"而闻名。

白 江湾雪梨 松脆、汁多、味美、无渣。

💡**甲路纸伞**

甲路纸伞，色彩鲜艳，图案精美，型号各异，就算作为一种工艺品，也值得购买。

住在婺源

婺源的住宿不会有任何问题，当地人开的旅馆十分普遍。另外，紫阳镇大桥边上有家军人招待所也可以住，价格便宜。还有县政府招待所也可以考虑。

推荐住宿

回禾微智酒店（婺源高铁站店） 设计很温馨，一楼有前台和住店客人休闲区，环境布置得很有江南味道。

📍 五原县文博路39号

📞 0793-7479888

婺源周边游

景德镇 ★★★★

中国陶瓷之乡，在这里不仅能欣赏到美轮美奂的陶瓷艺术品，更能深入了解陶瓷文化。如今的景德镇已经摆脱了"土里土气"的刻板印象，这个古朴的文化小城已经摇身一变成为独具特色的文创城市，吸引了一批又一批文艺青年。

🚌 婺源县汽车站有发往景德镇的班车，全程约1小时，票价40元

古窑民俗博览区 可以感受到从宋代到清代的景德镇制瓷业的风貌，景区内建筑多由老房子改造，古色古香。可以自己亲身体验一下制瓷，自己拉坯、绘画。

💰 95元

🕐 8:00—17:00

👁 3～4小时

御窑博物馆 御窑博物馆由8个大小不一的拱形建筑组成，红砖垒砌而成，古朴而有质感，灵感来自景德镇传统龙窑。阳光照进来，光影斑驳，如梦如幻，吸引了很多喜欢摄影的文艺青年。

🕐 9:00—17:00

👁 1～2小时

陶瓷博物馆 国内第一家以陶瓷器为主题的艺术博物馆，收藏着新石器时代陶器和汉唐以来的陶瓷名品2万余件。走进博物馆，就像走进了一个精美的陶瓷世界。

🕐 9:00—17:00（周一闭馆）

👁 2小时

陶溪川文创街区 景德镇的文化新地标、城市新名片，矗立在梦谣广场正中央的巨大烟囱和充满现代设计感的美术馆，仿佛在告诉你，这里是包容的、开放的、有创造性的艺术空间。街区里每一家美术馆、每一个小店铺都值得品味，漫步其中绝对能体会到传统与新潮的绝妙碰撞。

瑶里古镇 位于景德镇通往浙江、安徽的古道上。南踞象山，北卧狮山，一条清亮的瑶河贯穿东西。河流两岸，错落散布着数百座明清古建筑，在青山绿水的掩映下，古朴幽雅。瑶里素有"瓷之源、茶之乡、林之海"的美称，陈毅元帅还在此生活和工作过。

💰 110元

🚌 从景德镇汽车站出发，乘坐到瑶里镇的班车，每天8:30、9:30、13:30各一趟，车票8元

👁 0.5～1天

井冈山

井冈山快速攻略

Day1 黄洋界→水口→五龙潭→五指峰→革命烈士陵园

Day2 笔架山

感受井冈山

革命的摇篮 提起井冈山就想起中学课本上那幅红军胜利会师的图画，"星星之火，可以燎原"的火光便是从这里开始的。江西的井冈山是中国革命的摇篮，众多的革命历史遗迹可以让你深刻地接受一次爱国主义教育。

准备与咨询

气候与游季

井冈山的年平均气温较低，夏天这里是很好的避暑地，而

💡**选舒适的鞋**

江西旅游属山地旅游，为了你的安全请特别注意鞋的选择。

💡**五指峰隔岸观景**

五指峰现尚无登山道，游人只能站在隔岸的"观景台"上远望其巍峨的雄姿。

冬天则非常寒冷且潮湿，直到春天的3、4月间还是很冷，特别是早晚；即使是夏天去旅游，也一定要注意带够衣服。每年4、5月份，春天时节，杜鹃花开，此时的井冈山景色最美，是最佳的游览季节。

行在井冈山

进出

井冈山位于江西吉安境内，去井冈山旅游，可以从江西省境内的南昌、吉安、泰和三地进入。

飞机

可达赣州市井冈山机场（泰和机场）或长沙黄花机场，然后转乘汽车到达井冈山景区。另井冈山机场目前有飞往西安、北京、深圳、上海、成都、厦门和广州7个城市的对开航班，每日一班，非常方便。

铁路

坐京九线到吉安下，再转乘汽车；或坐京九线至井冈山火车站（泰和县）下，再转乘汽车。另外，上海、广州、南京等地也都有到井冈山的列车。

公路

南昌、吉安、遂川等地都有长途汽车直达井冈山市茨坪。茨坪也有公共汽车开往各景点。另外，从南昌、赣州以及湖南长沙，可以分别通过泰和、遂川和宁冈等地进入。

游在井冈山

井冈山景区通票门票160元，有效期5天。可以观赏五指峰、黄洋界、五龙潭、北山革命烈士陵园、茨坪旧居、大井旧居、小井红军医院、红军谷、会师广场、笔架山、会师纪念馆等21个景点。需要提示的是，去笔架山必须坐缆车才能游玩，还需要160元缆车费，此缆车是全亚洲最长的。另井冈山革命博物馆免费开放。

除门票外，因景区内各景点相距较远，还要80元观光车费。首先坐免费的公交到游客服务中心，然后在那里坐车到各景点。

五指峰　★★★★

五指峰是井冈山主峰，因山峰并列如五指而得名，海拔1586米。景区内山峦叠峰，沟壑纵横，飞瀑相连，动植物物种特别丰富，是一个有山、有水、有林、有洞、有鸟兽的原始深秀旅游景区。

黄洋界　★★★★

黄洋界位于茨坪北面，群山巍巍，山峦险峻，素有"过了黄洋界，险处不须看"的说法。由于地形等自然条件的影响，黄洋界气候多变，风大、雾多、云奇。迷蒙的云雾，让这里的日出景象尤为壮观。黄洋界是观赏井冈山日出的最佳地点。著名的黄洋界保卫战就发生在这里，还有不少革命旧址和遗迹，是游客来到井冈山几乎必去的地方。

龙潭瀑布群　★★★

数量之多、落差之大、形态之美让龙潭瀑布群有"五潭十八瀑"的美称。五潭分别为碧玉潭、锁龙潭、珍珠潭、名击鼓潭和仙女潭，其中名击鼓潭又是五潭中形态最美的。

茨坪　★★★

茨坪位于风景区的中部，是井冈山市政治、经济、文化和旅游接待的中心。1927年毛泽东率领秋收起义部队首次来到井冈山茨坪，这里因此成为红军主要驻地之一。

主要景点有茨坪毛泽东旧居、井冈山革命博物馆、井冈山革命烈士陵园、井冈山革命斗争旧址群、挹翠湖公园、南山公园等。

水口　★★★

在五指峰左侧，距茨坪9千米。这里风光极美，尤以曲溪幽谷、碧潭峰峦和杜鹃林为胜。主要景点有水口河谷、金牛戏水、百叠泉、彩虹瀑、锁龙潭、藏星岩、龙门等。

十里杜鹃长廊　★★★

位于笔架山上，就是第四版100元人民币背面的那个景区，井冈山赫赫有名的杜鹃花就主要集中开在这里。山上修建了2800米长的栈道，是专门用于观赏杜鹃花的。这里的杜鹃品种很多，乔木型的杜鹃树每棵都在10米以上，每到4月杜鹃竞相开放，形成绵延十余里的杜鹃林带，在世界上很罕见。

☀坐缆车

笔架山没有开辟徒步道路，所以必须坐缆车。坐缆车翻山可以很明显地看到植被变化，也可远观杜鹃林带。

吃喝井冈山

井冈山属庐陵菜系，风味佳肴甚多，"全副銮驾""家乡炒血鸭""万安玻璃鱼"等都是久负盛名的珍肴。竹筒红米饭、南

瓜汤、秋茄子是革命时代的经典食谱，来井冈山不可不吃。

购物井冈山

井冈山的竹制品一向很受欢迎，保健竹席是井冈山夏季旅游的主要商品。

土特产一条街

在井冈山宾馆旁边有专为旅游者服务的"土特产一条街"。

茨坪镇

既是景区也是井冈山旅游的大本营，不想回吉安市区的话就必须在这里住宿。晚上镇上的特产街很值得一去。

住在井冈山

在井冈山，各个价位里都有可选择住宿的地方。最便宜的是住在老乡家中，价格可以自己谈，也有很多普通小旅馆和三星级宾馆可选择。

井冈山麓舍酒店 酒店以山居文化为主题，是井冈山首家山居度假精品酒店。干净，卫生，性价比高。

📞 18701996751

📍 井冈山茨坪新村五井路 6 号 27 栋

吉安宾馆 紧邻江畔，房间整洁，价格实惠。

📞 0796-8263537/8263888

📍 吉安市吉州区沿江路 99 号

井冈山周边游

渼陂古村 ★★★

南宋初年建村，村中有 28 口水塘，象征天上的 28 星宿。古村现有 367 幢明清时期的民居和 20 余座古祠、古书院建筑群，建筑有浓厚的封建儒商文化风格。1930 年，毛泽东在这里主持召开中共历史上重要的"二七"会议。

💰 45 元

🕐 8:30～21:00

🚌 吉安青原车站有中巴前往

👁 2～3 小时

瑞金革命遗址 ★★★★

瑞金曾是中华苏维埃共和国的红色首都，市内留有许多革命遗址，其中著名的有叶坪革命旧址群、沙洲坝革命旧址群。叶坪是第一次全国苏维埃代表大会会址，沙洲坝的红井就是"吃水不忘挖井人"故事的诞生地。

🚌 叶坪位于瑞金市城东，可以在城东车站坐车前往；沙洲坝位于城西，在城西车站有到沙洲坝的车

龙南围屋 ★★★★

赣南围屋中的佼佼者，主要居住的是客家人。最具有代表性的是关西新围、杨村燕翼围、里仁栗园围以及桃江龙光围等。关西新围由当地名绅徐名钧费时 29 年修建，整个围屋呈"回"字形，固若金汤。杨村燕翼围历史悠久，在这里最能感

受到浓郁的客家风情。里仁栗园围围形状如八卦，依风水原理布局建宅，是龙南市最大的客家围；同在里仁镇的渔仔潭围则是典型的防御型客家围屋。

🚌 从赣州可乘坐短途客车到达龙南市，龙南市有专门到关西新围的客车

👁 1～2 小时

武功山景区 ★★★★

武功山在喜好户外运动的驴友中，早有名气。有种说法是"走过了武功山，户外小学课就毕业了"，可见，挑战武功山是件困难的事。武功山拥有"峰、洞、瀑、石、云、松、寺"七大特色景观，尤其是一望无际的高山草原、变化多姿的神秘云海，更是美不胜收。有冒险精神的人，可以去绝望坡体验一把，大大小小的山坡有 20 多个，有种看不到尽头的绝望。

💰 门票 70 元；门票＋中庵索道上行 135 元；中庵索道下行 150 元；金顶索道上行 35 元，下行 25 元

🚌 1. 在萍乡火车站附近的 7 天酒店门口，有发往武功山的班车，每天 5:00 到 20:00，每隔一小时发一班，票价 52 元
2. 从萍乡汽车站发往武功山的班车，每天 17:20 发车，票价 22 元。也可从萍乡汽车北站坐车，每天 17:15 发车，票价 27 元

👁 1～2 天

💡 武功山景区内有客栈，但条件一般，价格偏贵。也可以野外露营，但一定要注意保暖。

福建省

福建高铁之旅
福州→马尾→宁德→霞浦→太姥山风景区→温州

客家土楼之旅
福州→龙岩→永定

自然风光之旅
武夷山

福州

福州快速攻略

Day1 鼓山→三坊七巷（吃午饭）→林则徐纪念馆→西湖公园

Day2 上下杭→西禅寺→金山寺

感受福州

榕树 榕树可能是在福州见得最多的一种植物，走在路上一不留意，就见到一棵大榕树立在马路中间，而且还用栏杆围起来。据说，福州人是不敢随便砍榕树的，但是过去几年里福州为了建设需要已经移除了不少榕树。

三坊七巷 对于任何一座有点历史的城市来说，总有几样东西是可以拿来怀旧的，特别是在如今这个时代。三坊七巷也因此慢慢地成了福州的代表，名气有超过"双塔"的可能。四面八方的人来到福州都要去瞻仰一下这群老建筑，虽然这些明清建筑对于建筑师和人文学者的意义更大一些。有人更喜欢借着雨天的情调，到老街老巷里走一走。虽然有点小资，不过地处市中心的位置，也的确给人们的怀旧提供了诸多方便。

重礼数的福州人

福州人有很强的接纳性，绝不像别的方言城市那么排外，如果你在街头巷尾向福州人问路，他会很认真地向你介绍每一个细节，尤其是上了年纪的老人，更令人感动。对福州人一定要有礼貌，因为福州人是最重礼数的。

准备与咨询

语言

会说普通话就可以畅行无阻。

气候与游季

每年的3—4月是福州的雨季，到福州旅游要注意保暖，当然也不要忘了带上雨伞。10—11月是一年中最舒适的季节，一般着单衣或薄毛衣就可以了；12月至次年2月出行一定要穿厚的冬衣。

避开台风

5—8月常有雷阵雨和台风，6、7、8月则是台风季节，台风过后必有大雨或暴雨。所以，这段时间到福州最好时刻关注天气预报。

行在福州

进出

福州对外的交通以海陆空为一个交通网，省内的交通以公路更为便捷。

飞机

福州长乐国际机场距市区约39千米，已与国内近70个城市通航。从机场前往市区有机场巴士可到，市区停车地点是阿波罗大酒店，约30分钟一班，车程约40分钟，票价20元；如乘坐出租车花费约150元。

长乐国际机场

- 福州市长东区漳港街道
- 0591-28013249/28013368

机场巴士 福州机场目前共有15条市区机场大巴线路。

机场长途巴士客运站 0591-28013409

铁路

与全国铁路网相接，火车可通全国各地。

福州火车站

- 0591-87050222
- 福州市晋安区华林路

高铁

目前大部分厦门方向以及部分温州方向的旅客列车都从福州南站始发，往厦门方向途经福州站的火车也会经过该站。

特别是从福州南站乘坐高铁到厦门，约需1.5小时。而福州至龙岩的动车开通，也使得旅游者从原来的"福州、龙岩两日游"变为一日游。

- 福州市仓山区城门镇胪雷村东侧

公路

福州市区以南北两个汽车站为主，每天有300多个班次的长途汽车发往温州、广州、深圳、香港和省内30多个县市。厦门和泉州间的大巴，让福州与省内这两大城市之间的交通更为便捷。

客运北站（火车站附近）

☎ 0591-87580118

福州汽车南站（五一路）

☎ 0591-38109988

客运西站（洪山桥附近）

☎ 0591-62090999

水路

福州港闽江航线上达南平，下至马尾，马尾港海上客轮可达普陀山、宁波等地。

市内交通

福州的市内交通以公交车和出租汽车为主要交通工具。

地铁

现有1号线、2号线、5号线、6号线4条线路。其中，地铁1号线串联起了福州火车站和福州南站。

公交车

公交十分发达，数十条公交线路将福州的每个角落都连了起来，其中又分为空调、旅游专线车等不同类型。公交实行无人售票制（1元、2元、3元、5元），分段计价（3元、5元、6元、8元）。

出租车

福州出租车起步价10元/3千米，超过后每千米2元。23:00以后每千米加收20%。日夜服务都很周到。

游在福州

三坊七巷 ★★★★

规模庞大的"明清古建筑博物馆"。

"三坊七巷"是一片地处市中心的老建筑居民区，是对十条坊巷的总称。"三坊"是衣锦坊、文儒坊、光禄坊；"七巷"是杨桥巷、郎官巷、塔巷、黄巷、安民巷、宫巷、吉庇巷。因其建筑风格能充分体现闽越古城的特色，所以也成了旅游福州时的必到之地。郎官巷最值得一观。三坊七巷有点类似于北京的前门大街、杭州的吴山广场。

🎫 需要预约入场，部分内部景点收费：严复故居15元，小黄楼20元，水榭戏

三坊七巷里有"80后"小时候常见的西洋镜

台20元，这三个景点的联票49元；刘家大院15元，谢家祠5元

🚌 南后街、杨桥巷临近双抛桥（公交站），光禄坊临近省电影公司（白马路光禄坊口）（公交站），吉庇巷、宫巷临近道山路口（公交站），郎官巷、安民巷、黄巷、塔巷临近南街（公交站）

👁 2～4小时

鼓山 ★★★★

自古就有"右旗（山）左鼓（山），全闽二绝"的说法。

山上的涌泉寺依山取势，布局独特，人称"进山不见寺，入寺不见山"，自宋代至今一直都是游览胜地。

🎫 40元（含鼓山风景名胜区和涌泉寺，单爬鼓山无需门票）；鼓山索道单程35元，双程50元，直达观景台，可望福州全景。观景台旁的十八洞景，入内另需10元门票

🚌 临近鼓山公交总站、鼓山（地铁站）

👁 2～3小时

鼓山的景点和素斋

1. 始建于五代的涌泉寺是鼓山的主要景点，其他景点还有喝水岩、忘归石、国师岩、普雨法师灵塔等。

2. 鼓山内300余处宋至清的摩崖题刻是最值得看的。

3. 涌泉寺内的素菜很著名，比如"南海金莲""半月沉江""石鼓三鲜""涌泉三丝"等。

西湖公园 ★★★ ☺★

西湖公园是福州保存最完整的一座古典园林。福建省博物馆、美食展览馆也在西湖公园内。每年端午节，西湖都会举行龙舟比赛，届时，激烈壮观的竞渡场面会在广阔的水天之间展开，阵阵的锣鼓声响彻云霄。

🎫 免费

📍 鼓楼区湖滨路 70 号

🚌 临近西湖（公交站）、屏山（地铁站）

👁 1～3 小时

古园

一句话推荐景点

林则徐纪念馆

凭吊民族英雄林则徐的去处。到林则徐纪念馆，内心里更多的是对这位"禁烟第一人"的崇敬。

🎫 免费

🕐 8:30—17:30

📍 鼓楼区澳门路 16 号

上下杭

福州台江上杭路、下杭路的街区，又称"双杭"。具有浓厚的福州中西合璧建筑文化特色和典型闽南文化特色的传统街区，有南台十景、三桥渔火等景观。

🎫 免费

🚌 临近马口（公交站）、达道（地铁站）

福道（梅峰山地公园段）

人们走在悬空栈道上，感觉像是走在森林顶端。在森林城市的半山漫步，可见林木葱郁茂密、花草繁盛，感受植物的多彩多样。

📍 鼓楼区西洪路 528 号空军房管局 4 座 1 层

金山寺

是福州唯一的水中寺，香火旺盛。限于地形，精巧的建筑倒映在水中，显得小巧玲珑、分外别致。入夜渔火点点，繁星闪目，玉塔亭亭，别有一番情趣。

🎫 船费 50 元

🚌 临近金山寺（公交站）

吃喝福州

提到福州的名菜就一定要说到佛跳墙、荔枝肉、醉排骨等，特别是聚春园的佛跳墙是最具传统特色的。另外，闽江内的河鲜也是值得一提的。不过，福州的清淡对于以味重为代表的西南或是湖南一带的人来说，实在是对味蕾的一次极大虐待，如果换成广东人，那当然是味道正合适。

此外，福州的鸡汤氽海蚌、凤胎鱼翅、酒糟鳗鱼、燕子归巢、梅开二度、雪山潭虾等也颇负盛名，只是价格比较难以让一般人承受，但名副其实，物有所值。

推荐食处

聚春园（东街口店） 此乃闽帮著名菜馆，一家百年老店，原为清代福建布政使衙署里当厨的福清人郑春发创办，始建于 1877 年。以本地的山珍海味为原料，着重鲜活，注意刀工火候，色、香、味、形俱佳。菜肴一般偏重于甜、淡、酸。

📍 鼓楼东街 2 号，海峡影城对面

📞 0591-87533604

特色小吃

福州的小吃也很有特色，以鱼丸、锅边糊、葱肉饼、燕丝、肉燕、春卷等最有代表性。

鱼丸 鱼丸的外面是鱼肉和淀粉，里面是猪肉，有点像杭州的小笼包。

锅边糊 用福州的方言发音，应该是"鼎边糊"，味道很不错。

燕丝 就是将燕皮切成丝，味道鲜美。

"三山两塔一条江"

福州环山襟水，风景秀丽，城内三山鼎峙，两塔耸立，构成了"三山两塔一条江"（即屏山、乌山、于山；乌塔、白塔；闽江）的秀画卷。这些地方都值得一游，特别是屏山和于山，除了自然风光秀丽，山上也有许多的名胜古迹，如九仙观、戚公祠、华林寺等，还有一些近现代文化景观，如三·一广场、辛亥革命纪念馆等都可一睹为快。

闽江夜游

从台江区江滨路台江码头出发，途经台江金外滩、南北江滨至洪山桥。华灯初上，闽江碧水激潋，景色迷人，河两岸的灯光秀异彩纷呈，坐游船游览美丽的闽江，品味夜幕下福州的进步与风情。（船票100元）

福州的素菜

福州的素菜也很有名，以面筋、豆腐皮、豆腐筋、冬笋、香菇、木耳等食物为原料，加工巧妙，烹制有方，味道很不错。福州许多寺庙、菜馆都经营素菜，以鼓山涌泉寺素菜最为有名，名素菜有"南海金莲""半月沉江""石鼓三鲜""涌泉三丝"等30多种。

福州的河鲜和虾油

1. 福州的海鲜并不出名，好吃的是这里的河鲜。
2. 福州人煮东西爱放虾油，不习惯这种味道的人最好提前声明。

吃正宗鱼丸之处

吃鱼丸推荐七巷之一的塔巷，那家"塔巷口鱼丸店"是老字号。另外，东街口附近有一条不起眼的小巷，里面有好几家鱼丸店。其中有一家牌子上挺写着创建时间，是一家有60多年历史的小店，味道是当中最好的。

扁肉　样子和馄饨类似，但工序很麻烦。选猪后腿活动最多的那块肉，用棒槌打成糊状，加入盐做馅。吃在嘴里，绝对想不到是猪肉，筋道，口味甜美，似新鲜的虾肉。

味中味　一家小吃店的店名，这里集中了福州的各种传统小吃名点。

沙县小吃　福州街头最多的小吃店，以拌面、炖罐、鱼丸、馄饨及各种卤味为主。这种小吃店门面很小，却是到福州旅游不可不去的好地方。

福州美食城　位于闽江岸边，几乎汇集了榕城各地的美食，爱吃的人绝不能错过。

购物福州

推荐特产

寿山石雕　寿山石雕至今已有1500多年的历史。寿山石的特点是一块石头上有红、黑、黄、青等数种颜色，相互交错成自然斑纹，而且石质特别适合雕刻。寿山石章、钮饰艺术是寿山石雕艺术的一个重要组成部分。

福州脱胎漆器　至今已有200多年的制作历史，与北京的景泰蓝、江西景德镇的瓷器并誉为中国传统工艺的"三宝"。

乌龙茶　福州的乌龙茶在中国的名茶中也有一席之地。

福橘　福州市的市果，为我国橘类中上品，皮薄汁多，久负盛誉。

马兰草编　福州市著名特产，由形状呈三角、细长而柔软的马兰草编织而成。

软木画　福州软木画以"无声的诗""立体的画"闻名于世。

福州的购物处

福州的主要商业路段有五四路（以品牌服装、旅游产品为主），五一路（大商场、大型购物中心集中区域），台江路（小商品及特色旧货市场），东街口（福州传统商业街区），八一七路（福州最古老、最繁华的购物街），鳌峰路（福州最大的批发市场区），还有中亭街（东亚第一室内步行街）及中洲岛（第一步行购物岛）等。

福州的土特产

福州荟萃了福建各地的土特产，有乌龙茶、建莲、桂圆、荔枝，还有著名的"八大干"，即连城地瓜干、武平猪胆干、上杭萝卜干、明溪肉脯干、宁化辣椒干、长汀豆腐干等，还有蚶、牡蛎、蛤、蚶"四大贝类"。除此以外，在福州还可以买些片仔癀、水仙花、福橘、橄榄、肉松及清源茶饼作为礼品带回家去。

美食锅边

很多酒楼都有卖，坐下来，点"一碗锅边"老板就明白了。据说做法十分独特，但对于一般的贪嘴人来说，好吃才是最重要的，细节就不要多问了。

住在福州

福州的酒店价格与同类城市相比偏高，五四路是宾馆酒店较为集中的地区，淡季有折扣。如果住各地县城驻福州办事处的招待所，房价便宜，地点也不错。如果是带温泉的宾馆，价格高低不一，最好事先打听清楚。

福州的节庆

拗九节：农历正月二十九，又称孝顺节、送穷节。

做夏：农历入夏第一天。

冬节搓丸：农历冬至。

☀福州扁肉和沙县扁肉

正宗的福州扁肉和沙县小吃中的扁肉，在做法上有很大的不同，一般所说的是沙县扁肉。福州扁肉更注重用汤，都是用纯正的骨头熬制的高汤，肉较少，已经比较少见。

普度节：每年的十二月初九。

祭灶：农历十二月二十三、二十四。

推荐住宿

福州大众之星酒店（福州火车站店）

离火车站和汽车站都不远，比较适合经济型的家庭出游选择。

- ￥　标准间 118 元
- 📍　晋安区华林路 346 号
- ☎　0591-87571836

福州周边游

青云山

★★★★　🏊🚶🏄❌

位于福州市永泰县境内，因山峰平地拔起，矗立青云而得名。山高林茂，云雾缥缈，岩奇，洞怪，泉碧。动植物资源丰富，有珍稀动植物——桫椤、羚羊和猕猴等。青云山巅的云顶天池是景区最高点，是一口古火山爆发形成的呈椭圆形的池水。天池周围就是万亩高山草甸，坡度平坦，景色宜人，非常适合摄影。

- 🎫　青龙瀑布景区 35 元；九天瀑布水帘宫景区 32 元；白马峡谷景区 32 元；云天石廊景区 25 元；刺桫椤神谷景区 27 元
- 🕐　8:00—18:00
- 🚌　福州有直达永泰的旅游专线，到达永泰后换乘公交到青龙瀑布站下车
- 🏨　景区现有家四星级御温泉酒店，位于景区北入口处，集酒店与温泉休闲于一体。周边村寨也可住宿，会便宜一些
- 👁　1 天

马尾

★★★★　❌📷

位于闽江下游北岸，是福建省的军商要港，福州的水上门户。相传当地有块石头，形如马，头向罗星塔，尾向市镇，故名马尾。这里有相当多值得游玩的景点：耸立江滨的千年古塔罗星塔，为闽江门户标志，有"中国塔"的称誉；闽江七景之一的金刚腿风景区；江岸两旁有古炮台，已不见当年战场上的硝烟弥漫，但可到昭忠祠凭吊为国捐躯的先烈，还可以顺便游览附近的青芝寺。

- 🚌　福州市区有多路公交车可以到达马尾
- 👁　1 天

白水洋

★★★★　🏊❌

鸳鸯溪五大景区中最具特色的天然景观，因奇特的地质地貌而被誉为"天下绝景，宇宙之谜"。这里有世界上最大的稀有浅水广场，水深没踝，波光激滟。这里也是全球唯一的鸳鸯猕猴自然保护区。

马尾港风景

福州周边游

🎫 门票＋观光车票70元；白水洋鸳鸯溪套票90元（含白水洋观光车）

🕐 8:00—17:00

📍 宁德市屏南县双溪镇

🚌 从福州东（马尾）、福州北（五四北）上福宁高速至漳湾出口（宁德出口的下一个出口）下高速

👁 1天

湄洲岛 ★★★★ 🏖📷⭐

湄洲岛因是妈祖的故乡而闻名。

葱郁的林木、众多的港湾和优质的沙滩，都不是这里游人如织的原因。茫茫大海上，白鸥飞掠、舟楫点点，在渔人的心目中，湄洲岛和妈祖有着至高的地位。

每逢农历三月二十三妈祖生日和九月初九妈祖忌日，庙宇内外，人山人海，香火鼎盛。庙后岩石有"升天古迹""观澜"等石刻。

🎫 进岛65元；客船10元；游艇14元

🚌 在福州汽车北站乘车前往莆田的车，到达后换乘去文甲码头的车，从码头坐船到湄洲岛，船票9元

🏨 岛上有天官大酒店、美海大酒店、湄洲宾馆等

平潭 ★★★★ 🏖📷

平潭是我国第五大岛，有细腻平缓的坛南银滩、奇石怪林的东海仙境，还有造型逼真的半洋石帆。晴空明媚，空气清新，是著名的观星胜地。岛上渔村众多，生活气息浓厚，古老的石头在蓝天的映照下分外迷人。这里还是《爸爸去哪儿5》的取景地。

🚌 双坂车场搭乘巴士前往平潭岛

龙凤头海滨浴场 砂粒晶莹洁白，岛礁星罗棋布，后有茂密的森林，滩上可以行车走马，海中可以畅游娱乐。

📍 平潭县环岛东路

北港村 背靠平潭最高山峰君山的插云峰，面朝东海，与台湾海峡隔海相望。

东海仙境 东海仙境位于王爷山南麓，这里有绵延数里的险崖峻峰，东海巨浪滔天，如千军万马奔腾而来，是难得的观潮好去处。在此处，有一直径

近50米、深40多米的天然海蚀竖井唤作"仙人井"。

🎫 22元

🕐 8:00—17:30

塘屿岛 天然月牙形避风港式沙滩，海水清澈，适合冲浪。岛上巨型石人——海坛天神，造型奇特，形象逼真，是世界上最大的天然花岗岩球状风化造型。

🚌 在福州汽车南站或者双坂车场搭乘巴士前往小岛

太姥山风景区 ★★★★ 📷⛰🏖

一处以花岗岩峰林岩洞为特色，融山、海、川、岛和人文景观为一体的风景旅游胜地，其中的福瑶列岛景区素来为游客所追捧，有"海上天湖"之称。福瑶列岛由大小10余个岛屿组成，其中的大嵛山岛被《中国国家地理》评为全国最美的十大海岛之一，以奇特的草原风光和淡水湖吸引着游客。

🎫 140元（含景交车往返票）

🕐 7:00—17:00

🚌 福州站和福州南站都有前往太姥山的动车，车程大约1.5小时，到达后再转乘公交或旅游专线车前往太姥山景区

👁 1天

霞浦 ★★★★ 🏖📷

霞浦滩涂是中国最美的滩涂，小小的县城有近400千米的海岸线，滩涂风光因季节不同而各有不同。11月下旬霞浦县境内杨家溪尽头处的渡头，天然枫树林一片火红。在每年的秋末冬初，林河边有面积百余亩的荻花滩，雪白的荻花与火红的枫叶相互交织，绝对谋杀菲林。

🚌 从福州坐动车到霞浦车程不到1小时

👁 1天

💡 **霞浦滩涂拍摄点**

东线：小皓海滩、北岐滩涂、东壁、花竹日出、大俞山岛。

西线：盐田乡（北斗、钓岐、南塘村）、七都。

南线：沙塘里、沙江、围江、东安鱼排。

北线：八尺门围网。

福州周边游

闽越水镇 ★★★★ ❌

闽越水镇，又名八闽古城，地处闽侯县竹岐乡，景区建设还原福州百年水乡风貌，规划10多个文化主题板块以及总督府、闽商会馆、海丝文化馆等近20个体验馆。晚上还有闽剧专场表演，可以感受各种不同的"福"文化。

💰 98元

🕐 11:00—20:00

📍 闽侯县竹岐乡麦浦路1号

👁 3～6小时

泉州

泉州快速攻略

Day1 清源山→天后宫→西街→开元寺→洛阳桥

Day2 仙公山→蟳埔渔村

感受泉州

庙宇 泉州因"海上丝绸之路"而为世界所知，水路的开放带来了宗教文化的交流。如今到泉州首先能看到的就是各式的教堂和寺院，基督教、佛教、道教、伊斯兰教并存，让这座海滨城市呈现出丰富多彩的一面。

早市 泉州人至今还有早起开早市、逛早市的习惯，据说，这与当年"海上丝绸之路"带来的商业繁荣有关。

准备与咨询

语言

居民通行闽南方言，但普通话仍是通行的官方语言。

气候与游季

"四季有花常见雨，一冬无雪却闻雷。"用这句唐诗就能形象地说明泉州的气候特征。泉州是一座全年都适合旅游的城市，但最佳的旅游季节在每年的4—11月。

节庆

七娘妈生日 即七夕，起源于"董永与七仙女"的传说，这一天家家要摆纸轿、胭脂盒、花粉，拜七娘妈，以求庇佑。

普度日 即中元节，农历七月初十起，历时一个月，分铺分区祭祖先、设宴席、演戏、请客，最后一日再烧灯，摆些菜碗，喜庆结束。

行在泉州

进出

泉州已经形成了陆、海、空立体交通网络。泉厦高速公路、福泉高速公路形成了高速公路网，漳泉肖铁路也已投入运营。

💡 贴心提示

在泉州游览古民居时可在售票处购买一本介绍古民居的小册子，6元/本，内容还算详尽，可以一边参观一边对照了解。

💡 看戏

在泉州旅游，除了看风景名胜以外，看木偶戏、南音、梨园戏、高甲戏、打城戏、布袋戏、泉州歌剧等也是一个不错的选择。

💡 泉州古城旅游专线

1号线：天后宫→义全街→天后路北段→关帝庙→府文庙→承天寺→状元街→元妙观→威远楼→朝天门→西湖公园南门→西湖公园西门→闽台缘。

2号线：闽台缘→西湖公园西门→开元盛世→开元寺西门→甲第门→新门街→指挥巷口→天后宫。两条线路均为2小时一班，票价2元。

飞机

泉州晋江国际机场已开通多条国内外客运航线，通航城市达 45 个。

从市内到晋江机场有十几路公交车直达，乘出租车只需要 40～50 元。

铁路

漳泉肖铁路的运营，让泉州的铁路交通更加快捷。

泉州东站（原泉州站）每天 10:19—21:59 有多趟到龙岩的火车。

泉州火车站

丰泽与南安丰州交界处，背靠清源山，普贤路南北走向直接通到火车站门口

0595-22762645

泉州东站（原泉州站）

0595-22681681

泉州东站是福厦高铁线的重点经停站。泉州乘高铁到福州约 1 小时，到厦门约 25 分钟，到龙岩约 1 小时 50 分钟。

公路

公路交通是泉州与福建境内各地之间的主要交通方式，省外城市如广州、深圳、温州、普陀山等地也有长途汽车直达。

泉州客运中心站（长途）

坪山路与泉秀街交叉口西北角

0595-28989908/28989909

泉州新车站(短途)

丰泽区温陵南路 48 号

市内交通

泉州市内的 30 条公交线路连接了市内的所有景点，周边景点也有直达的快运巴士。

游在泉州

开元寺 ★★★★

最为壮观的是寺中两侧的双塔，是我国最高、最大的一对石塔，也是泉州古城的标志和象征。所以，不到开元寺就等于没有到泉州。

塔的每层门龛两旁都有浮雕，共刻 16 幅，神态各异，栩栩如生。塔基须弥座束腰部有 39 幅青石浮雕佛传图，故事多取材于佛经及古代印度的民间神话传说，生动精致。

6:30—17:30

鲤城区西街 176 号

临近开元寺西门（公交站）

1～3 小时

开元寺双塔

西街

开元寺旁的西街就像是一个活的建筑博物馆，既蕴含着古城丰厚的历史文化积淀，又诉说着古城革故鼎新的百年沧桑巨变。

五店市传统街区 ★★★★

进入这个坐落在众多高楼大厦之间的传统街区，就像走进一片充满古韵的小天地。街区内遍布着宗祠、寺庙、民居、商铺等，保留明清、民国至现代的民居建筑 81 栋，有晋江特色的夯土房屋，也有闽南传统"皇宫起"红砖建筑，更有中西合璧的洋楼等西洋建筑。这里的每一座房屋都在诉说着独特的闽南建筑美学。

五店市免费进入；街区内部的五店市民俗馆（朝北大厝）、岁时节庆馆门票均为 10 元

临近五店市（公交站）

1～3 小时

仙公山风景名胜区
★★★★

仙公山美景以其灵、秀、险、奇的特色，素有"八闽名胜无双境，绝顶蓬莱显九仙"之美誉。这里山势雄伟，岩崖陡立，云雾缭绕。山上有距今 1500 年的丰山仙洞。在仙公山随处可见历代的摩崖石刻、碑记诗文。寺观庙宇、匾额楹联，错落有致。

15 元

临近马甲中心小学（公交站）、泉州仙公山（公交站）

0595-22085642

3～6 小时

清源山风景区
★★★★

清源山因山峰和岩洞而著名。从山的

得名到石雕都与道教有关，而且这里的景色也不逊色，当年能把老子迷住（有"青牛西去，紫气东来"之典故），今天也能令你流连忘返。

- 💰 70元
- 🕐 7:00～18:00
- 🚌 临近清源山风景区（公交站）
- 👁 3～6小时

💡自驾车最近路线

过泉州大桥后走单行道至田安路，沿田安路直走，到甘舍头继续沿少林路走，到剑影武术学校后右转，直到清源山山门下。田安路走到头，少林路即有路牌一路指向清源山。

洛阳桥　★★★　🚗🍴⚓

对于一个普通的旅游者而言，洛阳桥的吸引力并不在于石桥本身，而在于桥中碑亭林立的历代碑刻。不论是从传统审美还是历史价值来讲，都值得一游。

- 🚌 临近桥南（公交站）
- 👁 1～3小时

💡不可不看的碑刻

碑亭中"万古安澜"宋代摩崖石刻十分有名；桥南的蔡襄祠中，著名的蔡襄《万安桥记》宋碑，被誉为书法、记文、雕刻"三绝"。

蟳埔渔村　★★★　🍴🍵

穿行在蟳埔村弯曲的小巷里，随处可见用蚵壳装饰的民居，当地人称之为蚵壳厝，又称蚝壳厝。蚵（牡蛎）是一种海生贝类，蚵壳厝就是用蚵壳建造的房屋。用灰浆、泥浆片片相砌，如同片片鱼鳞。由于沿海一带的海风含盐分，且风大潮湿，用红砖易受腐蚀剥落，而蚵壳墙体不易腐蚀，也不渗水，所以当地人称之为"千年砖，万年蚵"。

- 📍 泉州市丰泽区东海社区

💡蟳埔女

蟳埔女、惠安女与湄洲女并称为福建三大渔女。蟳埔女的发饰装扮非常讲究簪花，在绾成发髻的头发边缘专门戴着，用应季的小朵鲜花扎成的整齐的花环（当地人叫它簪花围），而且年纪越大的老太太戴得越隆重、越俏丽。这种"簪花围"发饰已经被列入非物质文化遗产名录。

一句话推荐景点

天后宫　始建于1196年。该宫是我国东南沿海现存最早、规模最大的一座妈祖庙，有"温陵天后祖庙"之称。

关帝庙　每年都会有数万台湾同胞和海外侨胞来此进香，香火极旺。

海外交通史博物馆　我国唯一反映古代中外海上交通历史的专题博物馆。这个理由已经足以让你专程去一趟。更何况作为古代"海上丝绸之路"的一个重要港口，这里有许多历史景观值得人们驻足。

- 🕐 9:00～17:30
- 🚌 临近侨乡体育馆（公交站）

吃喝泉州

泉州的小吃远比当地的大菜有名，因为泉州早在唐代就已是中国四大商港之一，所以物资的交流也带来了饮食文化的交融。泉州风味小吃的一些常用原料都是从国外引进的，比如小粒花生、甘薯等。泉州的小吃不仅种类繁多，而且也注重造型和口味，口味多清淡鲜美。

风味小吃

肉粽　肉粽是泉州的传统风味小吃，也是端午节必备的食品。供奉先祖、吃肉粽、赛龙舟是过端午传统的风俗。泉州的肉粽具有糯而不烂、肉嫩不腻的特点。

鸭仔粥　肥嫩光鸭、糯米再配以香菇、老姜、当归、咖喱油、猪骨汤等数十种佐料。入口的粥米粒韧嫩、清甜爽口，是夏季开胃的美食。

土笋冻　"土笋"是一种生长在浅海滩里、像蚯蚓一样的软体动物，因形似笋状而得名。将其熬制成的胶状体，凉透，冰成块状，味道鲜美，营养丰富，而且有药用价值，当你喉咙疼痛时，吃了它能很快止痛。降火消炎也是它的一大功效，所以是夏季最受欢迎的小吃。在福建的其他地方也都有这样的吃法。

扁食　类似于馄饨的一种小吃，皮薄馅多、汤鲜味美是它的特点。

推荐食处

虽然泉州有几条著名的美食街，但当地的食客并不到所谓的美食街上吃，因为他们认为不正宗。他们一般到悦来酒家和舒友海鲜酒店这样的地方吃海鲜和小吃，比如"海蛎煎"和"土笋冻"。

购物泉州

推荐购物

石狮名牌购物街　到了泉州，离中国著名的服装城石狮就不远了，从泉州到石狮的流水车很多，也十分快捷。石狮的货

品琳琅满目，价格适中，“有街无处不经商”指的就是这里。

德化瓷器 德化为中国“三大瓷都”之一。德化瓷器的品种分为建白瓷、高白瓷、普白瓷和新开发的宝石黄、建红瓷、朱玉瓷、白炻器、紫砂陶以及开片釉、银丝釉各种色釉等。

木偶头 泉州木偶艺术饮誉全球。木偶头的雕刻以江加走大师的制作为极品，其遗作280多件，被列为国家一级文物。泉州木偶艺术名师辈出，现有面谱达300多种，造型优美，彩绘生动。

泉州的购物街

中山路旅游购物街、状元街（旅游步行街）、后城旅游文化街、东街、涂门街商品街、侨乡小商品街、石狮商业城新华小商品街。

泉州的购物法则

1. 购买贵重物品前，要货比三家，参考其他的售价，再做决定。
2. 第一次到石狮购物，专卖店和大型商场是最保险的去处。
3. 不要忘了充分体会讨价还价的乐趣，这里的货品一般都不退货，所以千万谨慎。
4. 侨乡商业城、环球商场、华林广场以及汽车站附近的商店和大仑街小商品市场是最热门的。

泉州的小吃

1. 北门购物街有不少小吃汇聚于此。

2. 当地人很喜欢购买位于第一医院西侧的泉茂绿豆饼，一袋4个。

泉州的日常点心

泉州人很爱吃百寿龟、白米龟、碗糕、碱粽、芋果、元宵丸、橘红糕、绿豆饼、嫩饼菜等日常小点心，甚至很多普通家庭都能制作，不仅造型美观，而且味道清淡鲜美，可以带些回去送给亲朋好友。

繁华的打锡街

泉州的打锡街是位于文化宫和中山路之间的一条小街，非常繁华。20世纪初这里聚集了很多专门制作和销售锡器的作坊，因此被称为打锡街。这条街虽短，却有许多高档名牌服装店，还有许多金银首饰店。

住在泉州

泉州有各种档次的宾馆、酒店，可以满足不同游客的住宿要求。但与同等城市相比，泉州的消费较高一些。温陵南路有很多旅馆、招待所，价位30～100元。

推荐住宿

泉州泰禾洲际酒店 依晋江而建，坐拥城市美景，邻近东海湾太古广场和蟳埔民俗文化村。

➡ 丰泽区丰海路1005号（近东海泰禾广场）

☎ 0595-65218888

泉州周边游

惠安 ★★★★

泉州附近有个著名的地方：惠安。令惠安闻名的是电影《寡妇村》，这是很久以前发生在这个小渔村的故事。而真正吸引人的是惠安县里一个古老的小镇——崇武，还有惠安人独特的装束。

🚌 从泉州到惠安有直达的车，十分方便。如果是从福州方向来，也可以先到惠安，然后再到泉州。惠安县城的车很多，公路上的大巴招手即停，十分方便

惠安的可游之处

1. 这里住着正宗的惠安女，游人花5元就可以租套惠安女的服装，当一回惠安女。

2. 惠安还有“石雕之乡”的别称，当地的石料加工非常有名。在出售石雕的商店里，像汉白玉的狮子等石雕工艺品，价格从几十元到几百元不等。

崇武古城 ★★★★

崇武是惠安县的一个镇，是我国现存最完整的花岗岩滨海石城，也是古代的抗倭名城。

在普通游人眼里，崇武半岛不过是一个美丽的海湾，但它在古代海防中有着重要地位。现在能看到的古城，是1983年修复过的。翻过一座小山，眼前是一片像月牙一般弯弯的沙滩，那是著名的半月湾，也叫五峰海滩。海边有些惠安女在织渔网，孩子在挖海蛎。还可以去用石头建成的五峰村走走。

$ 40元

➡ 泉州市惠安县东南24千米的崇武半岛南端

🚌 泉州至崇武，车票15元，车程约为1.5小时

泉州周边游

蔡氏古民居 ★★★

蔡氏古民居被誉为一座地地道道的清代闽南建筑博物馆。从远处看，它就像一把琵琶，一头大一头小，石板之间的缝隙就像琵琶乐弦。近观可见其门前墙砖浮雕，窗棂镂花刻鸟，装饰巧妙华丽。门墙厅壁书画点缀，留下许多当时名流的书画，篆隶行楷，各具韵味，令人油然而生幽幽古情。

- 15 元
- 9:00—17:00
- 南安市官桥镇漳里村
- 在泉州汽车站乘坐公交车前往

石牛山 ★★★★

石牛山因主峰巨石像一头仰天长啸的牛而得名，是中国两处放射状古火山爆发口之一，有"天下第一奇石山""八闽日出第一山"的美称。

其中一大景观是拥有"华东第一瀑"之称的岱仙瀑布，其单级落差高达 184 米。有趣的是，赤石溪流到边崖时分成两股，形成一道水流似油从漏斗穿过状的油漏瀑，因此又称"岱仙双瀑"。整个瀑布气势非凡，阳光照射下，弯弯的彩虹时隐时现，非常漂亮。瀑布上方的山顶还有全国面积最大的玻璃观景台，其外挑悬空长度 52 米，悬空高度达 314 米。站在观景台上，可俯瞰岱仙瀑布全景。

- 门票＋往返索道＋观光车票 280 元（属牛的游客和牛姓游客可以购买优惠票）
- 从泉州客运中心乘坐到德化的班车，再从此地转乘公交前往
- 1 天

厦门

厦门快速攻略

Day1 集美学村→鳌园→陈嘉庚先生故居

Day2 厦门大学→南普陀寺→厦门园林植物园→中山路步行街

Day3 鼓浪屿（参观日光岩、菽庄花园、皓月园、厦门海底世界、鼓浪屿风琴博物馆、三一堂、港仔后海滨浴场等景点）

Day4 鼓浪屿→胡里山炮台→环岛路→曾厝垵

感受厦门

阳光棕榈树 随处可见的棕榈树、无拘无束的阳光、带着海腥味的空气、干净整洁的街道，一踏上厦门的土地，人们都会发现，这是一座非常适合人类居住的海滨城市。

嗲 绝大多数厦门人讲普通话，都带着很重的闽南口音，听起来柔和中还带点嗲。这样讲话的厦门人，不论男女，都给人一种温柔而又安于现状的表象，其实，他们都有着非常明确的奋斗目标。另外要特别强调的是，在厦门 20 岁以下的年轻人及孩子，在公共汽车上一般都会给比他们年长的人让座，这的确是让人感动的行为。

浪漫 对于厦门这样一个海岛城市来说，自然会有一条环岛而行的公路，环岛路已经成了厦门的一个标志性景点，凡

是到过厦门的人都一定会到环岛公路，也一定会念念不忘。那些骑着双人自行车在环岛路上穿行的年轻人，更给这座美丽的海滨城市增添了浪漫的色彩。

准备与咨询

语言

厦门人都带有闽南口音，但听懂他们的普通话并不困难，他们自然也能听懂你的普通话。

气候与游季

地处海滨的厦门，因雨量充沛，特别是5—7月，感觉特别湿润。但7、8月30℃以上的高温让人受不了，冬天气温经常低于10℃。厦门的日照特别长，这也是厦门一年四季花木都很繁茂的原因。每年的4—11月是厦门的黄金旅游季节。

节庆

厦门马拉松赛	✔	每年1月第一个周六下午
凤凰花旅游节	✔	凤凰花开的季节（5—6月），每两年

举办一次，与海洋文化旅游节交替进行

购物狂欢节	✔	每年8月拉开帷幕，持续一个多月
花车巡游	✔	10月国庆期间
海洋文化旅游节	✔	10月国庆期间，每两年举办一次，

与凤凰花旅游节交替进行

行在厦门

进出

厦门是一个海陆空交通都十分发达的城市，所以进出厦门可以有很多种选择。

飞机

厦门高崎国际机场是国内继北京、上海、广州之后的第四大出入境航空港，与多个内地大中城市及香港、澳门通航。国际航线可至曼谷、新加坡、马尼拉、大阪、首尔、吉隆坡等地。

最佳游季

初夏季节去最好。每年8月前后，是台风多发季节，要多关注天气情况。

机场到市区的交通

1. 乘坐机场巴士，可到火车站（10元）、五通码头（6元）、华祥苑轮渡（10元）、闽南大酒店（10元）、漳州中旅客运站（20元）、晋江（36元）。出机场抵达大厅后往西行3～5分钟即到巴士停车处。

2. 乘坐27、37、81路公交车到市内，不过从候机楼到公交车站还有一段距离。

3. 乘坐出租车，起步价10元/3千米，以后每千米2元。

4. 可搭乘快速公交6条BRT，1元起步，运营时间6:30—22:10。

厦门岛

行在厦门

高崎国际机场		厦门海边的鹭岛上
航班查询		0592-96363
购票热线		0592-5738816

铁路

厦门岛有跨海长堤与大陆连接，鹰厦电气化铁路直抵厦门市区。厦门有始发北京、上海、南京、杭州、合肥、南昌、鹰潭、西安、重庆、福州等地的旅客列车，厦门到武夷山每天有一班旅游列车。

厦门火车站

思明区厦禾路和湖东路交叉口

咨询电话　0592-5111798

订票热线　0592-95105105

高铁

先是福厦高铁通行，然后是龙厦高铁通行，福州、厦门、漳州、龙岩被紧紧相连，基本上已经形成了一小时旅游圈。厦门北站是高铁站，目前至上海、杭州、深圳、福州等地的列车都经过此地。

厦门北站

集美区后溪镇中铺路附近　　0592-2038888

公路

厦门的公路运输四通八达，汽车长途客运不仅可直达省内各地，而且北可至湖南、湖北、安徽、浙江，南可抵香港和广东的深圳、广州、珠海、汕头等地。厦门松柏、湖滨、集美3个长途汽车站都有到上海、南京、合肥、南昌、鹰潭、福州等地的客运直达班车。

长途汽车站点

站名	地址	电话
湖滨南长途汽车站	湖滨南路59号	0592-2215533
海沧汽车站	海沧区钟林路	0592-5089328
集美长途汽车站	集美银江路159号	0592-6068319

水路

厦门港的国内航线，南可达汕头、广州、海南岛等地，北可达大连、天津、青岛、烟台、南京、镇江、上海等地；国外航

厦门远景

租自行车

在厦门租自行车，主要集中在厦大白城附近和胡里山到珍珠湾一带，押金100元左右，一般单人车10元/小时，双人车15元/小时。骑自行车在环岛路上会有站点收取5元的通行费，记住要保留票根，其间会查票，步行则不收费。

迷惑人的公交站

厦门的公交车站除了大站之外，同一条路线上来去的站点不一定是对应的，所以在返程的时候要问清车站在哪里。

如何防止绕路现象

厦门的出租车很少绕路，可能缘于方便的投诉（0592-5615610）。此外，厦门每辆出租车都安装了卫星自动定位，可在事后凭车票要求交管处查该车的行驶路线，从而确认是否绕路。所以，为了避免绕路现象的发生，你可以在上车时就告诉司机你是要车票的。

高铁站有机场专线

从高铁站出后，可以乘坐上金龙大巴直达机场。全程只需20分钟，票价10元，非常方便。

厦门的交通工具

1. 专线小巴士都为天蓝色，招手即停。

2. 厦门的出租汽车很多，有蓝、绿、黄、紫、玫红、橘黄色6种，分别代表厦门6家出租车运输公司。出租车起步价10元，3千米后每千米2元，单次营运里程超过8千米以上的部分加收50%回空补贴。

3. 市区与鼓浪屿之间有渡轮往返，去时购票，市民线票价8元，游客因码头不同有35元、50元2种票价，回程验票。

4. 在厦门也可以租汽车用，分长期、短期和带司机、不带司机几种。

线可达朝鲜、日本、新加坡、泰国、巴基斯坦、土耳其、科威特、摩洛哥等167个国家和地区。厦门与香港之间每周有客轮往返。

厦门轮总海上客运旅游有限公司

➡ 厦门旅游客运码头鹭江道33号

📞 0592-2125187/2137611

厦门港务集团和平旅游客运有限公司

➡ 厦门市鹭江道3号

📞 0592-2022516

☀ **厦门至金门的轮渡**

　　厦门至金门每天都有轮渡往返，但目前仅对台胞、台商等人群开放，必须出示赴台证等其他证件。

📞 0592-6012573

市内交通

　　厦门的交通主要依靠巴士、双层巴士、专线小巴士、出租汽车和轮渡。

　　市区的巴士或双层巴士都实行无人售票，票价上车1元，分段计价，最高3元。专线小巴士车费的起步价为1元，招手即停，按千米数累加。空调车和行走环岛线路的巴士票价为2元。厦门BRT起步价1元，快捷方便。

　　厦门地铁1号线、2号线、3号线已经开通。

☀ **关注天气**

　　每年8月前后，是台风多发季节，此时去厦门旅游一定要多关注气象信息。由于台风的影响，航班可能会取消，沿海的一些景点也可能会关闭，台风带来的强降雨甚至会引发山区泥石流。

游在厦门

鼓浪屿

★★★★★　　🏔🔭⛵📷

　　鼓浪屿与厦门隔海相望，原名圆沙洲，因海蚀洞受浪潮冲击，声如擂鼓，故明代改名为鼓浪屿。

　　岛上最吸引人的还是那里的人文风景，

鼓浪屿建筑

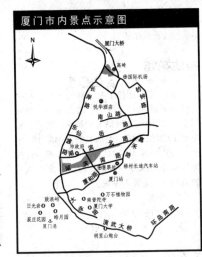

厦门市内景点示意图

至今保存完整的别墅主要是以菲律宾、新加坡、马来西亚的风格为主，所以充满了南洋风情。除此之外，还有13座旧时的外国大使馆，下船看到的就是英国大使馆，因此这里又有"万国建筑博览"之称。另外，岛上的人几乎都懂音乐，中国最大的交响乐团里有不少成员就是从这里走出去的。

　　2017年7月，鼓浪屿被列入世界遗产名录。

💰 上岛不收费，五大景点联票130元（含日光岩、皓月园、菽庄花园、风琴博物馆、国际刻字馆）

🚢 游客去鼓浪屿需要乘坐旅游客运航线，出发码头不同，票价在35～50元；岛上的环岛观光车50元，去往不同景点的观光车票价在20～40元

🕐 1～2天

☀ **鼓浪屿旅游须知**

　　1.在岛上所有的消费都需要讲价，比如标着30元/斤的烤鱼，可能15元就能买到。

　　2.最好在鼓浪屿住一晚，因为夜晚的鼓浪屿会有别样的情趣。岛上的家庭旅馆很多，且环境幽雅（120元左右）。

　　3.岛上有不少无证导游，他们会拉你去消费，这样他们就有回扣可拿，千万小心。

　　4.岛上虽居住者不少居民，但全岛却没有公交车。只有以下车辆：供游客观光的电瓶车、两辆消防车、两辆救护车、一辆110摩托车，再有就是一辆邮政特快专递的脚踏三轮车了。

　　5.鼓浪屿的最高峰日光岩，也是厦门的象征，有"未上日光岩，等于没到厦门"之说。

☀️ 鼓浪屿有两个突出的标志：一为日光岩，一为八卦楼，后者现为厦门博物馆。

菽庄花园

★★★★　🏛️🚶🅿️🏖️

　　菽庄花园有着江南园林的风范，加之自然风景的映衬，可谓"园在海上，海在园中"。园内有亚洲最大的钢琴博物馆，展出了19世纪德国、奥地利的古钢琴100多架。旁边的风琴博物馆，是国内唯一也是世界最大的风琴博物馆，收藏有多种款式的风琴，一定要去参观。

🎫 30元

🕐 7:30—17:30

🚌 下日光岩后步行即到

☀️ 菽庄花园旁边就是港仔后海滨浴场。浴场沙滩沙质细软，坡缓浪平，配上岛屿的美丽景色，很适合海滨休闲、游泳。

海底世界　★★★★　🐟❌🏔️

　　身临其境，犹如置身奇妙的海底世界。虽然国内已经有不少以海洋为主题的公园，但从品种上来说，这里算得上是目前生物种类最为丰富的水族馆。所以，你一定不要心疼口袋里的钞票。

🎫 117元

🕐 8:00—20:00（4—10月）
　　8:00—17:30（11月—次年3月）

🚌 临近文屏公（公交站）、镇海路（地铁站）

👁️ 1～3小时

☀️ 濒临绝种的大海龟、难得一见的澳洲海龙、亚马孙河的食人鱼、海马、海象等一定不要错过。

厦门植物园　★★★★　🌿🚶

　　植物园以山岩景观和亚热带植物景观为主，重在观万石风情，赏名花万树，品

万石植物园

历史典故，思古人之游兴。万石植物园的美难以言传，只有亲身体验才能感受到其中的韵味。

🎫 30元

🕐 6:30—18:00

🚌 临近平码头站（公交站）、中山公园（地铁站）

👁️ 2～4小时

☀️ 世界三大观赏树——中国金钱松、日本金松、南洋杉在这里都能见到，另外就是难以计数的名贵仙人掌。

中国最美十大校园之———厦门大学

厦门大学　★★★★　🌿🏫⚽🏛️

　　校园风景十分优美，有芙蓉湖、情人谷水库等景点，气氛静谧而浪漫，素有"谈情说爱在厦大"之说。目前厦门大学不能自行进去参观。

　　鲁迅先生曾于1926年9月至1927年1月在此任教，现已将当年鲁迅先生的工作室辟为鲁迅纪念馆。

📍 思明区思明南路422号

🚌 临近厦大（公交站）、中山公园（地铁站）

👁️ 1～2小时

🔦芙蓉隧道

　　中国最长的涂鸦隧道，被称作"最文艺的隧道"。隧道内的涂鸦，都是厦大学子一笔一画绘出的青春岁月，灵感荟萃，精致撼人。

南普陀寺 ★★★★ 🛕

闽南著名古刹，其中的太虚图书馆和佛学院都十分著名。依山而建的建筑，形成了层层向上、庄严肃穆的气势。

🕐 8:00—17:00

🚌 临近厦大（公交站）、中山公园（地铁站）

👁 1～3小时

胡里山炮台 ★★★★ 🏛

设立于此的荣光宝藏博物院里，有世界奇石、世界古代枪炮、世界古代宝剑、世界古代火炮和古树化石展出，其中传世珍藏品就有好几件。

🎫 25元

🕐 8:00—18:00（6—9月）
　　8:00—17:30（10月—次年5月）

🚌 临近胡里山古炮台站（公交站）

👁 1～3小时

胡里山炮台

环岛路 ★★★★ 🏖🚲🎡

能把一条大马路打理得如此漂亮，这是厦门人民的功绩，而让环岛路成为浪漫的代名词，则是情侣们的功劳。如果是一个人到厦门，千万别到环岛路，那样会把你衬托得更加孤独。

🔅 1.在环岛路上租一辆双人自行车价格约为20元/小时，这样就可以与朋友一起边骑车边享受蓝天、白云、大海。

2.路上有条红色的跑道，这是专门辟出来让人跑步的。

3.可乘环岛观光巴士游览环岛路，从厦门旅游集散中心发车，途经胡里山炮台、珍珠湾、曾厝垵、海韵台、观音山等景点，累计60元。

黄厝沙滩 ★★★ 🏖🎡

黄厝海滩是整条环岛路上最天然、最干净的海滩。这里没有白城沙滩和环岛滨

南普陀寺

海浴场那么多人，是静静看海的好地方。另外，黄厝海滩还是极佳的观日出地点，所以清晨来拍照散步也很不错。

🚌 临近黄厝海滨（公交站）

👁 1～3小时

集美学村 ★★★★ 🏫🏛🎡

集美学村是在陈嘉庚先生的亲自指导下创立的，其建筑融中西风格于一炉，体现了典型的闽南侨乡的建筑风格。尤其是集美中学的道南楼、集美侨校的南薰楼、航海学院的教学大楼，或魏峨挺拔，或凌空欲飞，极富个性。

🎫 免费

🚌 临近集美学村（公交站）、集美村（地铁站）

👁 2～4小时

🔅 鳌园：从集美学村后步行过去就是鳌园，有陈嘉庚纪念馆、陈嘉庚纪念胜地、集美解放纪念碑等可参观。

曾厝垵 ★★★★ 🏖📷🎡

曾厝垵是厦门最美的渔村。这里包容了道教、佛教、基督教及伊斯兰教4种信仰，更有厦门独有香火旺盛的民间圣妈崇拜，算得上是极具代表性的闽南原生态自然村。沙滩干净，夕阳很美，来到这里可以感受浪漫的乡村氛围。

🧭 思明区环岛南路

🚌 临近曾厝垵（公交站）

👁 1～3 小时

云上厦门 ★★★★ 🏙

在 300 米的高度，看云卷云舒，看世茂大厦另一栋楼的各种高颜值侧面。透过落地窗，可以俯瞰整个城市的无敌景色，鼓浪屿、厦大、南普陀寺尽收眼底，这个视角的厦门真的很不一样！

💰 180 元

🕙 55 楼观光厅 10:00～20:00；58 楼爱情天台 10:00～19:30

🚌 临近世贸双子塔（公交站）、镇海路（地铁站）

👁 1～3 小时

厦门海滨环岛路

一句话推荐景点

五缘湾帆船港 这里空气清新，水质良好，景观开阔，冬天不冷而且常年有风，被航海人士赞誉为"世界少见的水上运动基地"。其帆船体验已成为厦门标志性旅游项目。

💰 帆船体验票 198 元

🚌 临近五缘湾运动馆站（公交站）、五缘湾公交场站（公交站）

沙坡尾 是老厦门人心中真正的厦门港，街巷里飘着的海鲜香气是许多厦门人儿时的回忆。因这里是一大段沙滩的最末端而得名沙坡尾。这个曾经的小渔村，现在逐渐变成了一个创意商业街区，左手传统，右手新潮，就是沙坡尾鲜明的个性。

科技馆 厦门科技馆是国家科普基地，亲子游目的地。

💰 主展厅＋儿童馆＋飞越影院／梦幻剧场 110 元；主展厅＋儿童馆 70 元；主展厅／飞越影院／720Rider 影院／梦幻剧场 30 元

🚌 临近文化艺术中心（公交站）、人才中心（地铁站）

白城沙滩 这里是厦大学子、厦门市民和游客漫步、游戏、游泳和观赏夕阳的天然休闲公园。

💰 免费

📍 思明区大学路

🚌 临近厦大白城（公交站）

吃喝厦门

闽菜是中国八大菜系之一，厦门菜当然是闽菜的代表。闽菜的做法主要以蒸、煎、炒、爆、炸、焖为主，口味清、鲜、淡、脆，但微辣。海鲜、药膳、素菜是到了厦门一定要尝一尝的。

特色菜系

佛跳墙 "佛跳墙"为闽菜的代表作，它集山珍海味之大全。主要原料离不开鱼翅、海参、鸡脯、鸭肉、猪蹄筋、香菇、鲍鱼、鸽蛋等，并配有多种佐料。"佛跳墙"做得好坏，选料、刀法、严谨调配、烹制程序都是关键。因为香味浓郁，所以才有了"坛启荤香飘四邻，佛闻弃禅跳墙来"的说法，这也是"佛跳墙"的来历。

💡 **钟鼓索道**

钟鼓索道全长 1000 多米，是厦门空中唯一的最佳的动态观景平台。居高临下，即可以俯瞰植物园美景，又可以饱览鼓浪屿全景，远眺台湾三担、四担、五担。

💡 **美味的素菜**

普陀素菜中以"半月沉香"这道菜最为出名。据说此菜原名为"当归面筋汤"，郭沫若先生品尝后，即席吟诗"半月沉江底，千峰入眼窝"，人们便将此菜更名为"半月沉香"。

💡 **厦门的特产**

厦门的主要特产是阿吉仔馅饼（种类很多）、黄金香肉松、海产品、干果、茶叶（乌龙茶）等，最好货比三家再购买。

💡 **厦门的早餐**

鸭肉粥 2 元／碗，再加油条或卤蛋一个，便宜又好吃。这是厦门最常见的早餐。

💡 **怎样吃土笋冻**

吃土笋冻时佐料特别重要，酱油、香醋、甜酱或辣酱是必不可少的，依个人口味可再配以芥末酱、沙茶辣酱或者蒜泥等。

吃喝厦门

☀️**买厦门特产的法则**

1. 买海鲜干货主要在于讲价，开口就喊5折的价，不能心太软，成交也就在6折左右。

2. 虾米最好的是金钩，有的店铺用大头虾冒充金钩。如果看不出来，甄别的办法就是买之前尝一下味道，金钩是很鲜的，不鲜的就不是。自己的嘴是不会骗你的。

3. 鼓浪屿馅饼是另一种值得买的食品，汪记馅饼是最好的。另外，南普陀寺的素饼也非常有名。

☀️**体验海韵**

厦门是非常适合自助旅游的城市之一，到厦门一定要体验一下海韵。建议住鼓浪屿或高海近的酒店，酒店从二星至四星级都有，价格从120至3000元不等，国庆、春节为旺季，房间比较紧张，建议提前预订。

普陀素菜　南普陀寺"素菜馆"的素菜，选用植物油、面类、豆类、蔬菜和水果为原料，遵循佛教饮食传统，真可谓素菜素料素名，一素到底。

生猛海鲜　厦门的名菜以生猛海鲜为首。运用厦门所产的石斑鱼、黄鱼、红蟹和本港鱿鱼烹制的海鲜菜肴，早在清代就被视为正宗名菜。海鲜菜所用的材料讲究新鲜，最好是即买即煮。顾客可以在餐馆的海鲜池中选定活蹦乱跳的海鲜，当场称足分量后，交厨师烹制。

药膳　药膳在中国有着悠久的历史，厦门鹭江宾馆的仿古药膳追求创新，别具特色。一是虽以中药为调味主料，却无令人难以下咽的药味；二是药膳食谱随节令变化，充分发挥食补的效用，如夏令食谱讲究益阴，冬季食谱讲究大补元气；三是选料考究，突出海鲜药膳的特色；四是刀工精细，器皿美观，菜的造型千姿百态，给人以美的享受。

风味小吃

厦门小吃非常之多。其中，花生汤、沙茶面、炒面线、烧肉粽、土笋冻、蚝仔煎、面线糊、韭菜盒、炸五香、油葱饼、薄饼为其代表性小吃。

土笋冻　此小吃在泉州"风味小吃"一节中已经详细介绍，只是厦门的吃法有些不同。

鸭肉粥　虽然不在11种著名小吃之列，但还是要重点推荐，其中"大同鸭肉"和"浮屿鸭肉粥"又是重中之重。

鲨鱼丸　到厦门必吃的当地美味，用没有刺的鲨鱼肉做成。最值得推荐的店是龙头鱼丸店，不起眼的小店，却能带给你不一般的口感。

乌糖沙茶面　厦门的沙茶面店很多，基本每家小吃店都有卖。不过，较出名的有两家，即乌糖沙茶面和湖滨四里沙茶面。

虾面　吴再添小吃店的虾面味道正宗，是厦门的招牌小吃。

海蛎煎　一般大排档都有，以蒜泥、沙茶酱等做佐料，口味更香脆，不过吃之前最好确认海蛎是否新鲜。

推荐食处

黄则和花生汤店（大同店）　从店名就可以看出，这家店最拿手的是花生汤，海蛎饼、馅饼、面线糊也值得一尝。

↪️　思明区大同路276号

张三疯奶茶铺　网上疯评的鼓浪屿第一店，奶茶味道有点英式，对得起25元一杯的价格。

↪️　思明区龙头路8号1楼

赵小姐的店（鼓浪屿店）　赵小姐家的烧仙草，就像她家的广告一样，是小时候外婆的手艺，有外婆的味道。

↪️　思明区龙头路8号115号

推荐美食街

世贸商城卡乐美食广场　五层的美食广场

有全国各地风味美食数十种。

中山路路华辉美食街　有20多个美食店，以各种风味小吃为主。

湖滨北路美食街　位于湖滨北路中段，以火锅城居多。

SM城市广场美食城　汇集了各地美味佳肴，可以吃到品种齐全的小吃。

厦门台湾小吃街　是首条设在内陆的台湾小吃街。街巷荟萃了知名的台北士林观光夜市、台中逢甲夜市、高雄六合夜市的美味小吃。

夜游厦门

鼓浪屿、海沧大桥、厦大白城海边看港湾里停船的点点渔火，是夜晚厦门的一大休闲方式。沿环岛路散步，也是一件很

浪漫的事。也可乘船夜游鹭江，航线将演武大桥、海沧大桥、杏林公铁大桥三点相连，提供了一条海上欣赏厦门绚丽夜景的新视角，让人沉醉于厦门夜景的迷人璀璨。

泡吧

槟榔路是酒吧较集中的地方，知名的有不见不散酒吧等，禾祥西路也有好几家，另外还有一部分在西堤。会展中心的老番酒吧一条街几乎没什么人气，建议去13K或黑塘，环境特别好。此外，白鹭洲的伊甸园露天酒吧，晚上有音乐喷泉。

南华路的特色吧

厦门南华路上有几家特色吧，这个区域的酒吧、咖啡馆都比较有人文气息，也各有特色，有的以旅行为主题，有的是人文艺术为主题，很值得一一品味。

购物厦门

厦门主要的商业街在中山路、鼓浪屿龙头路、厦禾路、白鹭洲及湖滨中路等。

推荐购物

中山路　离轮渡口不远，从轮渡口往前看见"巴黎春天百货"连锁店时，就说明已经到了。

霞溪路　在厦门买海里干货的最好去处。除了吃的，也有不少具有地方特色的工艺品。

鼓浪屿龙头路　既有本地产的工艺品如珠绣、漆线雕、彩塑、彩瓷等，也有来自全国各地的古玩、玉石、字画等，同时还开设了不少南国干货店。

厦门珠绣　厦门珠绣已有100多年的历史，主要以珠拖鞋、珠挂图、珠绣包为主要产品。厦门珠绣的共同特点是装饰性极强。

漆线雕　民间工艺漆线雕是厦门另一种历史悠久的工艺品，以龙凤、麒麟等形象为主，是旅游纪念、馈赠亲友的佳品。

住在厦门

在厦门旅游，住宿分两种情况：一是住在厦门本岛，交通方便，是进出福建的交通要道，同时还集中了厦门的主要商业街区和大多数景点；二是住在鼓浪屿，住宿价格一般在160元左右，风景优美，能吃到极新鲜的海产品。

推荐住宿

Move 言海·海景民宿（曾厝垵店）　步行几分钟就可以到达海边，推窗望海一览无余；周边还有厦门大学、南普陀寺、胡里山炮台、万石植物园等景点。

🧭　天泉路曾厝垵508号

📞　18159291101

鼓浪屿卢卡国际青年旅舍　去日光岩、郑成功博物馆、琴园、三一堂等景点步行只要5～7分钟，离其他景点10～15分钟路程。

🧭　鼓浪屿公平路14号

📞　0592-2520980

厦大招待所、厦大国际会议中心、厦大留学生宿舍清洁楼

厦大招待所比较适合学生消费。如果要求住宿条件好一些的，可以到厦大国际会议中心和留学生楼。这一带有1路车直达火车站，2路车直达轮渡码头，交通十分方便。附近景点有南普陀寺、万石植物园、胡里山炮台、白城海滨浴场等。

鼓浪屿

漳州

漳州快速攻略

Day1 漳州古城→云岩洞→火山岛（住宿火山岛）

Day2 火山岛（下午离开）→东山岛（风动石、马銮湾，住宿东山岛）

Day3 东山岛（下午离开）→漳州市区（住宿市区）

Day4 漳州市区（上午离开）→云水谣古镇→田螺坑土楼群

感受漳州

鱼米花果之乡 漳州拥有万亩"荔枝海"、万亩香蕉园、万亩水仙花基地。盛产"五大名花"：水仙花、茶花、兰花、红梅、蜡梅；"十大名果"：芦柑、荔枝、香蕉、龙眼、柚子、菠萝、枇杷、杨梅、桃、番石榴；还盛产对虾、石斑鱼、鲍鱼、龙虾、红鲟、扇贝、牡蛎、泥蚶、鱿鱼等海珍品。

漳州三宝 水仙花、片仔癀和八宝印泥被誉为"漳州三宝"。

准备与咨询

语言

居民一般讲闽南语，还有少数讲客家话和潮州话，但会说普通话就可以畅通无阻。

气候与游季

漳州属于亚热带季风性湿润气候，年平均温度23℃。雨季集中在3—6月，年平均风力二级。每年6—9月常有台风袭来，台风常带来暴雨或大暴雨，易造成洪涝灾害。但在高温季节，台风也有助于降低气温和解除旱象。

行在漳州

进出

漳州机场还在规划建设中，目前进出漳州以公路、铁路为主。

铁路

漳州站、漳州东站已成为闽南、粤北地区铁路枢纽。境内有鹰厦铁路、龙厦高铁、厦深高铁等铁路经过。

> **漳州火车站**
> 🚩 漳州市龙海区颜厝镇
> 📞 0596-2261729
> **漳州东站**
> 🚩 漳州市龙文区郭坑镇

公路

漳州公路网络由2条高速公路、2条国道、5条省道、57条县道和众多的乡、镇、村道路组成。长途汽车可以到达福建省内各地。

> **漳州客运站**
> 🚩 漳州市芗城区新华北路25号
> 📞 0596-2022010
> **漳州西站**
> 🚩 漳州市芗城区胜利西路153号
> 📞 0596-2522801
> **漳州中心站**
> 🚩 漳州市水仙大街71-73号
> 📞 0596-2169351

游在漳州

东山岛 ★★★★ 🏖️📷

东山岛是福建省第二大岛，因主岛形似蝴蝶亦称"蝶岛"。岛上海湾辽阔，沙滩平缓，绿树成荫，极具南国滨海风光特色。岛上乌礁湾、东沈湾、马銮湾三湾相连，各具特色。乌礁湾的沙滩很宽，沙子细软；乌礁湾是当地特别保护渔湾，以自然美景著称。马銮湾则以海滨浴场闻名，并有海上运动俱乐部，在享受阳光、海水、沙滩之际，还能领略帆板、冲浪运动的刺激。

🎫 上岛免费，风动石景区45元

🚌 厦门、福州、汕头等地都有直达东山

岛的班车。漳州东火车站前广场有到东山岛的班车

👁 1～2天

火山岛 ★★★★ 🌊

　　火山岛自然生态风景区是中国唯一的滨海火山地质地貌风景旅游区，主要景点有香山、林进屿、南碇岛等，以独具特色的火山地质构造出名，尤其是南碇岛上的石柱瀑布群，是探奇驴友和摄影者的新大陆。这里还有典型的沙滩美景，碧海蓝天，水清沙细，椰林阵阵，适合休闲观光、度假小憩。

💰 60元

🕐 8:15～17:30

🚌 漳州轮渡口有班车前往火山公园。也可以坐船游览南碇岛和林进屿，但是要满8人以上才开船

👁 1天

南靖土楼
★★★★★ 🔵🌟📷🌊

　　"不到田螺坑，不算看过土楼"，说的就是南靖土楼中的代表田螺坑土楼群。田螺坑土楼群是闽西南土楼中最壮观的土楼群之一，有人形象地称之为"四菜一汤"，五座土楼依山势错落分布，气势磅礴，令人震撼。土楼中有最古老的和贵楼、最大的顺裕楼、最小的翠林楼，还有著名的永安楼、裕昌楼等也在这里。在南靖看土楼还能感受到客家人生活的状态。

💰 90元

🚌 可从厦门、漳州、龙岩坐车到书洋镇再转公交车

👁 2～5小时

南靖土楼

🌞河坑土楼

　　南靖土楼除了最有名的田螺坑土楼群，还有河坑土楼群。河坑土楼群由14座大型土楼组成，是福建最集中的土楼群，俯瞰呈"双北斗"格局，十分大气美观。相比田螺坑，河坑显得低调，因此游客比较少，更适合安静地欣赏。

云水谣古镇 ★★★ 🌟📷🌊

　　电影《云水谣》的拍摄地，古镇里的大榕树还有水车就是取景地。这里有不少当地人自己住的土楼，虽然没有怀远、和顺出名，但是非常有人气、接地气，值得一看。

💰 90元

📍 南靖县云水谣古镇

👁 2～4小时

云洞岩风景名胜区
★★★ 🌲🌊

　　云洞岩因山上有一石洞，天将降雨，云雾从洞中飞出，雨霁天晴，云雾又飘回洞里，故名云洞岩。它被誉为"闽南第一洞天""丹霞第一洞天""闽南第一碑林"，有大小洞穴40余处，历代各体书法题刻200余处。山麓到山顶几乎布满了形态各异、参差不齐的巨石，岩石的间隙有数不清的石室，又留有一条蜿蜒的小道供游人行走，攀壑其间，其乐无穷。

💰 免费

🚌 云洞岩风景区（公交站）

👁 3～5小时

一句话景点

镇海角　镇海角是海边延伸出的凸出地，可300度欣赏海景，脚下是繁花盛开的草地，远处是红白相间的灯塔，想要看浪漫的海景、感受"面朝大海，春暖花开"的心情，一定不能错过；交通不是很便利，建议自驾前往。

埭美村　全村四面环水，被称为"水上古村落"，不大的村落，却拥有堪称一绝的古厝群，是闽系红砖建筑文化的杰出代表。

吃喝漳州

　　漳州饮食文化集闽南、客家、潮汕风味于一身，形成了自己独特的饮食文化。

风味小吃

鸡仔胎　鸡仔胎是成功受精但鸡胚发育停
止的鸡蛋，有的地方俗称毛蛋。鸡蛋内
的胚胎已经发育，剥开蛋壳可以看到小
鸡的雏形、绒毛，甚至可以看到骨头，
入选全球最诡异的食物榜单。

四果汤　四果汤是福建漳州一带夏季消暑的
首选。将冰块刨成细细的颗粒，然后佐以

空心糖莲子、银耳、绿豆、薏米、菠萝、
西瓜、阿达仔（闽南语，木薯粉制成）、
仙草、蜜饯等，食用时放点糖水或蜂蜜。

住在漳州

　　漳州有各种档次的宾馆和酒店，可以
满足不同游客的住宿需求。各个景区也有
一些特色民宿和农家乐可供游客选择。

龙岩

龙岩快速攻略

Day1　龙岩→永定土楼→龙岩

Day2　龙岩→古田会议旧址→长汀古镇→长汀县（住宿）

Day3　长汀县→冠豸山→培田古民居

感受龙岩

土楼　土楼的奇特建筑风格令世界建筑界叹为观止。客家人世
世代代就在这种独特的建筑中繁衍生息，外地游人来到龙岩，
会发出世界是如此丰富多彩，而人类是如此智慧的感慨。当
然，这里也是考验相机内存的地方。

客家人　据说，客家人认为自己是真正的汉族。于是，他们
以客居的身份给自己一个界定。客家人所居住的土楼群就
体现了他们的好客、友爱的性格特征。地理位置虽说偏远，
但旧时这里出过不少状元。

阿姨　当地人对女性的称呼与其他地方不同，不分年龄大小，
大都称作阿姨，这一点会让许多外来的年轻女孩觉得不习惯，
甚至心生懊恼。权作是一种人生预习吧，不要太介意。

客家服饰

　　客家凉帽已有1000多年的
历史，凉帽用薄薄的篾片或麦秆
编成，斗笠的顶部缝着布，帽檐
四周除正面外，垂挂着5寸来长
的彩布，未婚的姑娘还要在垂布
的两端挂五颜六色的彩带，彩带
是客家姑娘婚否的标志。凉帽
除了有遮阳、防雨、防尘的功能
外，亦是客家妇女独特的头饰。

准备与咨询

语言

　　居民以汉族为主，兼有畲族等少数民族。方言为客家语系
和闽南语系。

气候与游季

　　气候以中亚热带季风气候为主，温暖湿润，全年均适宜旅游。

行在龙岩

进出

　　以龙岩市为中心，构成了铁路和干线公路为骨架的陆上交
通网，实现了地区乡乡通公路，沟通了闽、粤、赣边区，大大
改变了历史上交通闭塞的状况。

飞机

连城机场转为民用后，闽西的交通运输条件大为改观，为来闽西旅游的中外游客提供了极大的方便。也可坐飞机到厦门机场，再转乘到龙岩的长途车。

铁路

龙岩市区在梅坎铁路沿线上，另外，福州—深圳、广州东—厦门的列车经过龙岩。

到龙岩市旅游主要是到永定区参观湖坑、洪坑、初溪一带的土楼群。目前，北京、上海、深圳、南京、重庆、武汉等城市都有直达龙岩的动车，从福建各省内城市也可以乘火车直达龙岩，十分方便。

龙岩火车站

🚉 西陂镇大洋村财校附近，登高东路附近

高铁

龙厦高铁起点为龙岩火车站，终点为厦门站。从厦门、福州、南京等方向都可以乘高铁去龙岩，特别是从厦门到龙岩，全程仅需 1 小时。

公路

319 国道和 205 国道经过龙岩，从龙岩到目的地永定湖坑、洪坑一带有公交车直达，十分方便。也可以先到永定，再转乘公交或摩的。

龙岩市距各地里程数

龙岩→长汀 149 千米　　　　龙岩→新泉 69 千米

龙岩→漳州 133 千米　　　　龙岩→厦门 159 千米

市内交通

龙岩的市内交通以公共汽车和摩的、面的互为补充。从这里到永定看土楼有直达的班车，也可以包车前往。如果包车，车费在 150 元左右。龙岩汽车站开往湖坑的班车时间约 6:50 发车，车费是 20 元左右。

游在龙岩

永定土楼群　★★★★★　📷🏞⛰

客家土楼，世界上独一无二的山区民居建筑，已被联合国教科文组织列为世界遗产。土楼分五凤楼、方楼、圆楼，其结构体现了客家人世代相传的团结友爱，一进入土楼，你立即就能感觉到那种深沉的历史感和温和的气氛。

永定现存著名的圆楼 360 多座，方楼 4000 多座，主要集中在高头、湖坑和下洋三个镇。现开发的景区主要有洪坑土楼群（即永定客家土楼民俗文化村，湖坑）、高北土楼群（高头）、南溪土楼群（湖坑）、初溪土楼群（下洋），这几处是游客主要游览的地方。

🎫 客家土楼民俗文化村景区 90 元，高北土楼王景区 50 元，初溪古村落 65 元，土楼沟景区 50 元，中川古村落 30 元

🚌 1. 厦门湖滨南路长途客运站从 5:50 到 12:20 有车直达下洋，全程 3 个半小时。中途都可下车，看永定土楼在永定区（文化村、高北土楼群、振福楼）或下洋镇（中川古村落、

💡从厦门机场到龙岩乘车指南

线路 1：机场出来打车到松柏长途车站，从松柏车站坐车到龙岩。

线路 2：机场出来坐 27 路公交，到湖滨南长途车站，再坐大巴到龙岩。

💡别开生面的娶亲风俗

龙岩的娶亲习俗别有风情。男家的迎亲队抵达女家后，新娘要站在门口一个画有八卦太极图的米筛中换上新鞋，称为"过米筛"，象征留下娘家的活土（财气），到婆家重新创业。然后新娘披背出家门，上车时她的兄弟要泼一碗水到车上，意指嫁出去的女儿，泼出去的水。此时，新娘便要大声恸哭。到达男家后，新娘还要跨过火红的木炭炉，以示"兴旺"。

💡可坐摩托车

土楼间大多选择摩托车作为交通工具（永定—下洋—高头有班车），所以选一个好摩托车手很重要。至于价格，要根据个人砍价本领的高低而定。

💡其他不错的土楼

1. 环极楼　有两大看点，其一是经历地震后的裂缝自己合拢，其二是在院子正中心的砖前说话、拍手，有回音的效果。

2. 奎聚楼　颇有布达拉宫的气势，造型很像虎头，同背后的山脊连在一起，整体如斑斓猛虎。

3. 集庆楼　内部采用一户一梯，形式奇特。楼前的两尊石魈龈，是当地人祈福用的。

4. 振成楼　圆形土楼，设计采用八卦结构，外观结合西洋建筑风格，同振成楼合称"姐妹楼"。振福楼可以上楼观赏。

初溪土楼群）下车

2. 永定车站有去湖坑、下洋、高头等地的车次，直接去土楼文化村的车15元，40分钟左右一趟，1小时左右到

3. 在永定各土楼群间包车游览，不同车种价格不同，价钱100～400元

🏠 1. 永定有不少土楼客栈，但都是没有卫生间的普通房间，价格在50元上下；标准间都是新盖的宾馆或家庭旅馆，价格在80元左右

2. 下洋镇比较繁荣，镇上有温泉，沿河的温泉街一条路上都是温泉入户的旅店，住宿实惠

💡 **畅游当地，需坐摩的**

灵活地穿梭在土楼之间的首选交通工具是摩的。值得注意的是，村中很多绕弯山路，沿路少跟师傅讲话，以免分心。如果想要了解土楼，最好请楼主或楼前的导游，提前讲好价钱（10～20元）。永定土楼距离南靖土楼车程50分钟左右。

冠豸山　★★★★ 🏞️📷

国家级重点风景名胜区，位于连城县，是一座平地拔起的突兀之山，因其峰似巨冠，故名"冠豸"。山峻石奇，是著名的丹霞地貌之一，与武夷山一起并称为"北夷南豸，丹霞双绝"，山上也有不少著名的人文景观。

🎫 55元（含景交车）

🕐 8:30—17:00

🚌 从龙岩长途汽车站乘汽车到达连城，约30元，行程2.5小时；下车后可乘摩托车到达冠豸山，一般3元/人，三轮车5元/人，出租车15～20元/人

👁 3～5小时

培田古民居　★★★★ 🏞️📷

这是一座拥有800多年历史的村落，是目前中国保存较为完整的明清时期客家古民居建筑群，可与永定土楼媲美。最繁荣的时候，"十家一书院，五户一祖祠，三家一店铺，一巷一丈街"。这里的建筑群规模宏大，布局严谨，还有飞檐翘角的威严楼阁，雕梁画栋的精美建筑，精湛雕工的木窗，造型独特的鹅卵石图案。在这儿，你能体会到最淳朴的客家文化。

🎫 50元

🕐 8:00—17:00

🚌 从龙岩汽车站坐大巴到连城县，最早6:10发车，约1.5小时车程；再从连城的老汽车站坐班车前往培田村，每半

小时一趟

👁 1～2小时

龙硿洞风景名胜区　★★★ 🏞️

典型的喀斯特地貌，据考证，此洞形成于3亿年前的古生代，历史悠久。龙硿洞大而深，分为上中下三层，洞中钟乳悬挂，还有千姿百态的怪石，波光粼粼的水流，五颜六色的彩灯，琳琅满目，晶莹剔透。龙硿洞大洞套小洞，迂回曲折，俨然是个天然的大迷宫，记得跟紧导游哦。

🎫 50元

🕐 8:15—17:30

📍 龙岩市新罗区雁石镇龙康村

🚌 龙岩市客运站每天有10余班发往龙硿洞的旅游专线

👁 2～3小时

长汀古城　★★★ 🏞️📷🏛️

长汀县是客家人的主要聚居地，悠久的历史为它留下了丰富的文化遗产，巍峨耸立的唐代城楼、城墙、古井、庙宇是主要看点。福建省苏维埃政府旧址、辛耕别墅、毛主席旧居等革命遗址也可一看。

🚌 厦门、泉州、福州、龙岩、漳州等城市均有开往长汀的动车或火车，到达长汀南站后再转乘公交车前往古城

👁 1～3小时

九鹏溪　★★★★ 🏞️

九鹏溪主要特点是山水茶园，密林鸳鸯。层层叠叠的茶园随山势起伏，宛如绿波，空气中弥漫着清新茶香，令人心旷神怡。旅行家徐霞客曾两度泛舟游览此地。除了享受"水上茶乡"的美景外，你还可以约上三五好友来这儿烧烤，也是夏季避暑的好地方。

🎫 50元

🕐 8:00—16:30

🚗 从龙岩出发，走厦永高速→S219，全程约1.5小时

👁 2～3小时

梁野山　★★★★ 🏞️🏛️

天然原始森林群落之一。"神牛瀑""草鞋陂""通天瀑""仙姑潭""飞鱼瀑""披云瀑""飞云瀑""金龟瀑"等绵延近5千米，穷尽人间飞瀑之美，是中国东南最美的瀑布群之一。

- 💰 55 元
- 🕐 8:00—17:10
- 📍 龙岩市武平县城厢镇梁野山景区
- 👁 2～4 小时

一句话景点

永福樱花园 永福樱花园有着"中国最美樱花胜地"的美誉，这里有 5 万多亩的茶园，15 万余株樱花沿着茶园道路而种，全国独一份的茶田樱花韵；樱花一般在每年的春节前后开放，届时还会举办一年一度的樱花节。

📍 龙岩市漳平市永福镇李庄村

龙岩森林水乡景区 龙岩森林水乡是九龙江河发源地，位于梅花山自然保护区的边缘，"藏身青山绿水间，闲看溪水听落花"，畅游其中可尽享山水诗意；公园中的九溪庐漂流，由于河道落差大，几乎被原始森林覆盖，皮划艇全程在树荫底下溪谷中漂流穿越，因此有"原始森林第一漂"的称号。

📍 龙岩市新罗区小池镇培斜村

吃喝龙岩

长汀豆腐干、连城地瓜干、永定菜干、上杭萝卜干、武平猪胆干、龙岩米粉干是龙岩较有特色的风味食品。

湖坑的消费比龙岩稍贵，但这里的东西比龙岩的味道好，因为更新鲜。特别推荐这里的芋包包，当然也可以吃沙县小吃，其在这一带真是无处不在。

风味小吃

烊鱼 龙岩著名风味小吃，选用瘦肉辅以虾皮、鸭蛋、葱和少许味精，油炸而成，松软可口，香酥鲜美。

簸箕粄 又名"卷粄"，将大米浸泡后磨成米浆，舀入直径约 30 厘米的圆形竹簸箕内，左右摇动使米浆均匀，再入锅用猛火蒸。约 5 分钟后将蒸熟的薄薄的一层米浆揭下，把炒熟的肉丝、韭菜、豆芽、鲜笋、虾米、香菇等馅放入，卷成筒状，与油条相似，细嫩可口，多食不腻。

芋子包 用红芋薯粉制皮，以肉、菇、冬笋为馅制成包，蒸食。鲜香滑软，冷热均宜。

住在龙岩

龙岩的住宿很方便，各种档次的宾馆、酒店、别墅一应俱全，价格从 100～500 元，甚至上千元不等。景区条件好些的住宿点在洪坑、塔下。洪坑的住宿基本是农家旅馆，主要集中在洪坑老大门外，就是现在的景区出口处。一些土楼内也有住宿。

武夷山

武夷山快速攻略

Day1 天游峰→云窝→虎啸岩

Day2 九曲溪漂流（经过玉女峰）→武夷宫→大王峰→一线天

Day3 大红袍景区→水帘洞

感受武夷山

船棺 早在西周时期，武夷山已是"七闽之地"，即闽人聚居之地。春秋末期越人入闽，再之后，随着民族迁徙与融合，逐渐形成了今天的以汉族为主、畲族聚居的情况。这也就是为什么这一带至今还保留架壑船棺一类象征古越文化的遗迹。

可怕的推销术 随团到武夷山旅游的人，一般会被引到一个叫蛇园的地方，因为武夷山的蛇是很有名的。在这里，为了推

自己找住处

无论是在机场、火车站还是长途汽车站，遇到拉客的司机都不要轻易跟从，他们一般可以从住宿地拿到近50%的回扣。最好是事先订好房间，即使是在当地找房间也要把随身行李分散，不要让拉客的司机知道还没有入住。到住处谈价钱的时候一定要说明是自己去的，否则会无故多交一些费用。

武夷山的车价

1. 武夷山火车站到风景区的车价一般20元/辆，不过最低可以谈到10元/辆，但当地人乘面的价格是1元/人。

2. 从机场打车到武夷山度假区，车费在30元左右。在机场大门外过马路坐开往市区的小公共汽车，可以到达武夷山的大部分景区，票价2元左右。

正规买票即可

1. 不要听信当地人加付10元可立刻漂流的谎言，一定要排队购票。

2. 明文规定，无须给鹏公小费。

坐公交

从武夷山市区到武夷山景区有15千米，所有的景点坐"市区—星村"路线的公交车都可以到达，票价1～2元。此外，沿途还有招手即停的旅游专线车，票价5元左右。

可选择租车

在旅游度假区内租车，80元一天。进入自然保护区后，如果上山顶，车费300元；如果只是到博物馆、生态漂流一带，或者不进保护区而是到青龙瀑布一带，车费200元。

销一种有着神奇疗效的蛇药，推销者会当场表演烫伤，然后用蛇药治愈的过程。一定要擦亮双眼，谨防受骗。

准备与咨询

语言

因为是旅游开发景区，所以会普通话就能通行无阻。

气候与游季

武夷山四季温度没有太大变化，而且较湿润。总的说来，武夷山一年四季都适宜旅游，只是冬季的景色大都凋零，自然风光也要大打折扣；夏季虽然气温偏高，但因万物茂盛，所以这时是游览武夷山最好的时候。

行在武夷山

进出

武夷山有机场，铁路主要连接福建境内的主要城市，公路交通相对要方便一些。

飞机

武夷山机场可起降波音737等中型飞机，现已开通了至国内大部分城市近30条航线。机场离市区9千米，距离景区15千米。

民航售票处

售票处	地址	电话
武夷山机场售票处	武夷山市区	0599-5303557
民航售票处	三姑度假区	0599-5252102

铁路

武夷山火车站现已开通了多条线路，福建境内有福州、厦门、泉州等地直达武夷山的火车。北京、上海、深圳、杭州等多个城市都有开往武夷山北站的高铁。

公路

福建省的南平、邵武和江西省的上饶是进出武夷山的中转站，每天都有客车往返于两地之间。可以先到福建邵武或江西上饶，然后从两地转乘巴士到武夷山。邵武—武夷山票价20元左右，半小时一班，时间为6:10—17:30；上饶—武夷山票价30元左右，1小时一班车，时间为6:00—17:00。邵武汽车站在火车站正对面；上饶汽车站离火车站较远，可坐三轮车或面的至上饶长途汽车站。

武夷山汽车站 五九北路64号
武夷山长途汽车售票处 0599-5311446

市内交通

武夷山市区的公交票价1～2元，出租车起步价7元/2千米，按路程计费。超出2千米后每千米1.8元或2元（根据汽车排量而定）。超过5千米部分里程可按车千米运价加收50%的空驶费。景区内各个景点之间的车程只需几分钟，十分方便，仅有大红袍景区需要打车前往。

游在武夷山

🎫 景区门票140元（3—11月），120元（12月—次年2月）；观光车票：70元（一日游），85元（二日游），95元（三日游）；竹筏票：130元

云窝—武夷宫

包括：天游峰、云窝、茶洞、隐屏峰、玉华峰、桃园洞、老子岩雕、狐狸洞、御茶园、大王峰、水光石、三清殿、茶观、仿宋古街、冲佑观、仙足迹、万春园、朱熹纪念馆等。

一线天—虎啸岩

包括：一线天、灵岩、风洞、螺丝洞、定命桥、天成寺、不浪舟、楼阁岩、虎啸八景等。

水帘洞—大红袍

包括：大红袍、天心永乐禅寺、水帘洞、鹰嘴岩、玉柱峰、流香涧、天车架、九龙窠、三仰峰、法华寺等。

山北景区

包括：遇林亭窑址、莲花峰、妙莲寺崖居、峡谷风光等。

九曲溪美景

九曲溪

★★★★ 🌐📷

乘宽约2米、长约9米的仿古竹筏从九曲漂到一曲，武夷山一览无遗，这也是武夷山最富特色的旅游项目。

随着九曲溪忽而平缓、忽而湍急的溪流，竹筏姗姗而行，眼前是一峰接一峰的满目美景，还能看到高挂于悬崖绝壁已长达3000多年的"武夷船棺"。

竹筏漂流

🎫 100元/人，保险费2元/人，每筏乘坐6人，漂流时间大约90分钟

🕐 星村1号码头：7:20、9:10、12:20、14:30；3号码头：8:00、9:50、13:30

👁 2～4小时

💡 沿着九曲溪漂流而下，抬头可见一处处悬崖上的道道洞穴内有一口口悬棺，悬棺之谜至今未解。

龙川大峡谷 ★★★★ 🌐📷

龙川大峡谷景色宜人，这里是盆景和瀑布的世界。看过重泉飞瀑，再看古木参天，美轮美奂，在青山秀水中静静地书写着武夷山的诗情画意。这里空气清新，负离子含量较高，是天然氧吧。

🎫 75元

🕐 8:30—16:00

👁 1～3小时

💡 **徒步观光**

武夷山旅游度假区面积不大，观光大多以徒步为主，当然也有黄包车，但最好不要被他们拉着走，1元钱的车费虽然很低，但他们会拉游客进商店而拿回扣。

💡 **规划线路**

去景区之前最好计划一下自己要去的地方，如果当地导游要带你到计划之外的景点，往往是门票比较贵，风景一般的地方，最好慎重选择。

💡 **山中美景**

1. 雨后天晴、晨曦初现是"佛光"最容易显现的时候。

2. 天游峰一崖壁因长年浸蚀，生出片片碳酸钙堆积，状如雪花，故此泉又称作"雪花泉"，为山中一景。

💡 **"三三九九"的武夷山**

武夷山景色被概括为"三三九九"，"三三"指盘曲中长约9千米的九曲溪，"九九"指的是夹崖森列的九九岩。

💡 **武夷最高峰**

武夷山的最高峰是黄岗山，也是华东最高峰，有"华东屋脊"的称号。山上有众多珍稀的野生动植物，风景优美，但目前还处于未开发的原始状态，如果想上山，必须有相关单位的证明和盖章才能办理山上手续，否则都将被关卡拦下。如果有当地人说可以带你上山，很可能是绕路非法进山，一定要注意！

八景"就要到了。

3. 语儿泉有如小儿牙牙学语，所以到了此处一定要仔细倾听。泉水甘洌，可直接饮用。

天游峰　★★★

天游峰是观看武夷山全貌的最佳地点。

远处看，天游峰独出群峰，云雾弥漫，所以，登临其境便有了邀游天宫的感觉。天游峰四周被众多山峰环绕，有三面临九曲溪，清澈的溪水像玉带一样流过。

　1～3小时

武夷宫　★★★

武夷山景区的门户，初建于唐天宝年间，宋代扩建至300多间，现存两口龙井和万年宫、三清殿。万年宫现为朱熹纪念馆，三清殿为国际兰亭学院所在地，景点附近还有宋街及其东头的武夷山博物馆等，都值得一去。

　8:00—18:00

　1～2小时

在宋街附近有荣获全国建筑一等奖的"武夷山庄"和设计独特的"幔亭山房"。

大红袍　★★★

大红袍是武夷岩茶中的状元，生长在武夷山北部的九龙窠中，仅剩四株，极为名贵。九龙窠是一条清泉渗流的峡谷，大红袍生长的地方海拔600多米，溪涧飞流，云雾缭绕，山壁有"大红袍"三个朱红大字。

　1～3小时

传说和演出

1. 传说大红袍是仙鹤从蓬莱岛叼出来的种子遗落在武夷山上的悬崖长成的。

2. 在武夷山市大王峰路印象大红袍剧场有张艺谋导演的"印象系列"之一的《印象大红袍》演出，有兴趣的游客不妨一看。

大红袍、水帘洞

乘坐环保车就能到达，特别是水帘洞。也可乘坐当地人的出租车，注意讲价。

虎啸岩　★★★★

虎啸岩陡峭凌空，有泉有石，是武夷山屈指可数的佳境之一。

　在九曲溪口下筏，往南沿溪前行，约5分钟即可抵达

　2～3小时

虎啸岩的游线及景点

1. 从九曲溪二曲溪南的"境台"旁，过石桥，穿田垅，翻小岭，就可抵达虎啸岩下。

2. 看到岩壁石刻有"虎溪灵洞"，说明著名的"虎啸

一线天　★★★★

一块巨岩倾斜着覆盖了三个毗邻的山洞，人在洞中，抬头能从裂隙中见到天光一线。除风景独特外，还能看到一些少见的动植物和人文古迹。

　1小时

游一线天须知

1. 一线天洞内非常黑，最好自己带手电筒，门口也有租的，5元/次。

2. 洞内有罕见的白蝙蝠，拍摄时最好借着阳光拍，白蝙蝠在阳光下会变得很透明，十分美丽。

3. 进洞前一定要戴上帽子，否则有可能接到"蝠粪"哦。

4. 洞边有竹中奇珍——四方竹。

水帘洞　★★★

水帘洞原名唐曜洞天，位于丹霞嶂东面，是武夷山最大的岩洞，素有"山中最胜"之称。水帘洞岩洞内敞亮，可容千人，依崖散建数座不施片瓦的庙宇。峰顶清泉垂落而下，随风飘洒，可谓"赤壁千寻晴拂雨，明珠万颗画垂帘"。

沿崖建有奉祀宋朝大儒刘子翚、朱熹、刘珙的三贤祠和奉祀孔子、老子、释迦牟尼的三教堂和清微洞真观三座遗址。

　1～3小时

华东第一漂　★★★★

即桐木溪橡皮艇漂流，有四五处落差

武夷晨雾

极大的地方，惊险不断，全程都要紧抓皮艇，是热爱冒险者的必去之处。

- 💰 100 元，约漂流 90 分钟
- ↪ 起点为武夷山自然保护区
- 💡 1.去漂流一定要带全身替换衣物，不然浑身透湿，在那里买衣服就不划算了。

2.华东第一漂每年夏天限时开放，如果想体验最好提前确认是否开放。

青龙瀑布 ★★★ 👥⚽

青龙大瀑布及周边地区经测定是武夷山空气中负氧离子含量最高的地方，是名副其实的天然氧吧。这里还是"人与自然"欧洲人体艺术摄影创作的基地。

- 💰 88 元（含观光车）
- 🕐 8:00—18:00
- 🚌 可包车前往，7 人座面的 200 元左右
- 👁 1～3 小时

青龙大瀑布

玉女峰 ★★★ 👥🅰

玉女峰位于二曲，整个山形如同一位秀美的少女。峰右侧勒马岩上的"镜台"二字，字体工整俊秀，是武夷山内最大的摩崖石刻。玉女峰左岸的竹筏码头，是武夷山九曲漂流的起落点，乘坐九曲溪竹筏是观赏玉女峰和摩崖石刻的最好方式。

- 👁 1 小时

云窝 ★★★ 👥🅱👁

武夷山最美的地方之一。这里最出名的就是云雾，所以被称为云窝。冬春的晨昏，岩峦下的洞穴里常有缕缕烟云飘出，围绕在峰石间，非常壮观。山下的紫阳书院曾经是朱熹的隐居地和讲学地，山岩间有不少名人题刻。

- 👁 1～2 小时

玉女峰

💡 宴、酒和小吃

武夷山又是"宴"的故乡。慢亭宴，是武夷山最具传奇色彩的神仙宴；八卦宴，盛行 800 年而不衰；蛇宴，花样繁多，鲜美无比。

武夷山的酒以武夷留香最为著名，武夷沁泉、文公酒、菊花酒、五步蛇酒、十月白米酒等也小有名气。

武夷山小吃，咸、甜、荤、素、香、脆、软、糯各色俱全，风味独特，富有闽北地方特色。

💡 自己找吃处

包车司机或导游带去吃饭的餐馆通常价格会高一些，一定要还价，如果觉得不合适，可以自己找地方吃。

💡 吃套餐更实惠

吃套餐比点菜实惠，就算是吃套餐也可以先看菜单，把不喜欢的菜换成喜欢的，但价格不变，这样跟点的差不多，但价格却是套餐价。

吃
喝
武
夷
山

岩骨花香漫游道 ★★★★

岩骨花香漫游道上有好几处特别美的景点，而且整个武夷山最好的茶叶产区都在这条路及其周边，也被本地人称为"最贵、最浪漫的路"。

有人评价这是武夷山中最值得走的路段，景色优美，仿若仙境。如果你不赶时间且体力允许，强烈建议走走，全程大概6千米，要走上2~3个小时。

吃喝武夷山

武夷山既是一座风景优美的名山，也是一座有着丰富动植物储备的山。所以武夷山常年都有数百种菜肴供你挑选，而且都是山珍级的。不过需要提醒的是，在武夷山要注意对国家级保护动植物的保护，拒食国家保护动植物及野味。

特色推荐

鸡茸金丝笋、菊花草鱼、泥鳅粉丝、家乡豆腐是当地名菜。武夷山小吃也独具特色，但花样繁多的蛇宴却是这里的一绝。武夷留香则是酒中极品。

涮兔肉　传统名菜，与北方涮羊肉的吃法类似。

九曲竹筏　这是一道形似而又味美的名菜，材料主要有香菇、精肉或鲜河鱼、笋片等，做成了九曲竹筏的样子，具有外脆内嫩的特点。这道菜是武夷宾馆创制的，当然要到武夷宾馆去吃了。

蛇宴　炒龙排、炒龙蛋、煮龙珠、蛟龙戏水、龙虎斗，都是以蛇为原材料，所以到了武夷山一定要尝一尝蛇宴。特别是龙凤汤，只要一端上餐桌，香味就能让你垂涎三尺。

火烧豆荚　一种具有乡间野趣的小吃。在豆荚成熟的时节，架起火堆，新摘来的豆连秆带荚挂在火上烧熟，剥皮而食。民间有俗语："火烧豆荚坪，不吃也有名。"

胡麻饭　一道传统小吃，又称麻糍。主料为上好的糯米，加了糖和芝麻，做成糯米团，讲究糯、甜、滑的口感。

凉水仔　一种清凉饮料，用薜荔果加工而成。

苦槠糕　绝对的绿色食品，用山中苦槠壳类植物加工而成，口味略涩。

乌龙茶

武夷山的特产乌龙茶值得品评一番，"小红袍"的价格在150元/斤，这是一个参考价，最好不要让导游带去的茶艺馆买茶叶。

景区内吃饭的注意事项

1. 风景区内的餐馆不管有没有明确标价，都要砍价。

2. 千万不要去吃那些免费车接送的便宜大排档。他们的价钱和名片上的不一样，而且经常有强买强卖的状况发生。

住在哪?

三姑度假区民宿和各类酒店众多，吃喝也很方便，是很多人来武夷山住宿地的首选，但节假日涨价比较厉害；大王峰山脚下的兰汤村环境优美，有很多从房间就能欣赏大王峰的民宿；南源岭则是热门网红民宿聚集的地方。

购物武夷山

岩茶　是武夷山中的特产，其中又以大红袍最为名贵。色艳、香浓、味醇等是品评岩茶的几个标准。乘竹筏从武夷山九曲溪顺流而下，在四曲处能看到南面有一片依山傍水的平地，这就是元代皇家御茶园遗址。

五步蛇酒　是武夷山特产的一种药酒，对缓解风湿性关节炎、坐骨神经痛、破伤风、皮肤瘙痒等有一定的帮助。

住在武夷山

推荐住宿

武夷山悦华酒店　属于豪华型酒店，价格比较贵，但坐卧房间内可直接观赏到壮观的武夷山大王峰自然景观、花木葱茏的水榭亭台，让您坐拥山水灵气，胸怀武夷锦绣。

📍 大王峰南路11号

📞 0599-5238999

武夷山周边游

金坑儒林郎第

城村 ★★★★

城村古朴幽静，极富文化魅力。村中的《赵氏宗谱》记载，赵氏是宋太宗赵光义的长子元佐的后代。村中保留下来的宗祠建筑很多，其中以壮丽的"百岁坊"、三姓的宗祠等在建筑风格上最为突出。城村西南部的村口建有古粤门楼，坐北朝南，砖墙饱经风雨剥蚀。村中央的"聚景楼"是村内的风水建筑，登此楼，远近风光一览无遗。城村至今还保留着传统的民俗婚礼，吉祥欢乐的喜庆场面，会给人留下深刻的印象。

在武夷山市汽车站乘中巴车，车程40分钟左右，票价13元左右

大安源 ★★★

如果在武夷山停留充裕，可以来大安源看看。它的自然环境好，也是一个天然的森林氧吧。它主要由黄岗山大峡谷、茶马古道、龙归源、泰平洋、龙井、峡谷漂流6大景观构成。整个景区地形平坦，徒步毫无难度，夏天来这里漂流的人群也很多。

水上广场30元；黄岗山大峡谷50元

距离武夷山市区30千米，建议包车或自驾前往

1天

和平 ★★★★

位于南平邵武市境内的和平古镇，原名"禾坪"（这里盛产稻谷而地势平坦），建制始于唐代，是福建省历史最悠久的古镇之一。镇内至今完整保存着近200幢古民居，是全国最大、保存完好的古镇之一。和平古镇被誉为中原文化进入福建的桥梁，至今，镇内还遗存袁崇焕题额的"聚奎塔"、民国大总统题匾等文物。和平古镇又是南武夷历史文化遗产的典型代表，以教育发达、文风炽盛而闻名。从宋到清，这里共出了100多名进士，秀才、举人等数不胜数，而最为杰出的要数后唐工部侍郎黄峭，他创办了"和平书院"。和平书院是闽北历史上最早的一座书院，宋理学家朱熹也曾到此讲学。

和平米酒、和平观星茶、和平豆腐、

和平老街

武夷山周边游

和平米粉及和平包糍等味道自然纯正、闻名遐迩，至今仍是邵武的传统名产。

🍴 40元

🚌 邵武是进出武夷山的要地，每天都有客车往返两地，从邵武到武夷山车程3小时。到达邵武后转乘到和平古镇的班车，车程1小时，车票10元左右

👁 3～5小时

五夫古镇 ★★★★ 📷😊🐾

五夫镇地处武夷山市东南部，原名五夫里，建制始于晋中期，迄今1700余年。它地处崇山峻岭之中，有莲池十里，又称"莲花之乡"。五夫镇历代名人辈出，是著名词人柳永、刘氏三才子、胡氏五贤和朱熹的故乡。

五夫镇最能集中体现朱熹及其先辈功业的地方是兴贤古街。街中的著名建筑有兴贤书院、朱子社仓、朱子巷和五贤井等。其中兴贤书院约在南宋孝宗时肇建，是朱熹当年讲学授徒的地方。书院门牌楼高耸，构筑精巧，门饰砖雕花鸟人物，造型雄伟凝重，蔚为壮观。

🚌 从武夷山市区公交公司对面乘车

到五夫里，车程1个多小时，票价20元左右

👁 3～5小时

下梅村 ★★★★ 📷😊🐾

下梅村距武夷山8千米，是福建省级历史文化名村。早在新石器时期，下梅村就有人类居住。南宋时，大理学家朱熹曾经在这里讲学。

下梅古民居建筑群大多兴建于乾隆年间，每间民居的大门都由精美的砖雕装饰，体现富贵和豪华。木雕艺术主要体现在窗上，其图案多以风雅、吉祥的动物、植物、人物为主题，至今各古民居仍完好保存着许多精美的窗雕。其精华首推邹氏家祠和邹氏大夫第里的"小樊川"。村中建筑最宏大、雕刻最精美的要数邹氏大夫第。大夫第门前的拴马石、大门的砖雕精致丰富，透射出浓厚的传统文化色彩。

🍴 45元

🚌 从武夷山市区可乘中巴或公交车直达下梅

👁 1～3小时

下梅村景

武夷山周边游

华北地区

北京—天津—河北—山西—内蒙古

北京市

首都象征之旅
　　天安门广场→人民英雄纪念碑→人民大会堂→中国国家博物馆→中国人民革命军事博物馆→中华世纪坛

古都风貌之旅
　　故宫→恭王府→什刹海→北海公园→颐和园→圆明园→明十三陵→八达岭长城

奥林匹克之旅
　　国家游泳中心→国家体育馆→奥林匹克公园网球中心→北京工人体育场

人文北京之旅
　　中国美术馆→中国科学技术馆→中国国家图书馆→北大、清华→琉璃厂

时尚北京之旅
　　秀水街→798 艺术区→环铁艺术区→酒厂艺术区→后海→南锣鼓巷

胡同市井之旅
　　名人故居→老舍茶馆→东华门夜市→王府井大街→前门大街

北京园林之旅
　　世界公园→北京植物园→香山公园→朝阳公园

时尚购物游
　　国贸→五道口→西单→东单→王府井

北京

北京快速攻略

　　北京作为中国的首都，旅游景点众多，跟团大多只是浮光掠影，疲惫却不能触及真正的北京。自助游客可根据自己的愿望、爱好选择不同的路线来感受北京。时间宽裕的话，不妨多去北京的四合院、胡同走走，看看大都市下小百姓的质感生活，这才是真实的北京，也是北京旅游的精华所在。如果您时间有限，想在 1～6 天结束行程，可根据以下推荐路线安排行程。

Day1　天安门广场→人民大会堂→毛主席纪念堂→故宫→景山公园→王府井大街（购物、吃晚饭）

Day2　宋庆龄故居→什刹海→恭王府→北海公园→南锣鼓巷（全程步行即可）

Day3　天坛→前门大街（大栅栏）→奥林匹克森林公园→鸟巢→水立方（奥运场馆在夜晚灯光的映照下更美）

Day4　雍和宫→国子监→孔庙→簋街→三里屯（太古里、酒吧一条街）

Day5　八达岭长城→明十三陵（或用一整天的时间游司马台长城）

Day6　颐和园→圆明园→清华、北大

🔔 国粹京剧

　　京剧是地道的中国国粹，京剧以徽调"二簧"和汉调"西皮"为主，兼收昆曲、秦腔、梆子等地方戏精华，经过两百多年的发展终于成为一门成熟的艺术。京剧集歌唱、舞蹈、武打、音乐、美术、文学于一体，与西方歌剧有类似之处，所以被西方人称为"Peking Opera"。

老北京四合院

🔆 北京城市格局

1. 中轴线

一条自南向北长达 7.5 千米的中轴线是整个北京城区布局的骨干。这条中轴线自永定门开始，经正阳门到天安门。天安门是明清两代皇城正门，从天安门往北，进入紫禁城，依次为端门、午门、太和门、太和殿、中和殿、保和殿、乾清宫，从神武门出皇宫便是皇家园林假山，再到地安门，最后到钟楼、鼓楼。在这条线南端两侧建有天坛和先农坛，中部两侧有太庙和社稷坛，更远则有日坛和月坛，地坛和天坛南北遥相呼应。北京几乎所有街道都是围绕着这条中轴线而展开。

2. 内城和外城

北京原有内城、外城之分，内外城均被高大的城墙所包围，城墙四面开门，内城有 9 座城门，外城有 7 座城门，这些城门的名字如今都保留下来作为地名了，但城墙多数已不复存在。现在保存下来的只有正阳门城楼及其箭楼、德胜门箭楼和角楼。

感受北京

理想主义　数百年前，北京是为了体现最高统治理想而建立的城市。如今，南北中轴线和东西严格对称的城区格局虽然已日渐模糊，但仍然可以捕捉到天人合一的影子。作为曾经的帝王之都，这座城市用于体现道德理想和道德教化的功能，自然远大于居住功能。直到现在，北京仍然没能成为中国最适合居住的城市。不适合居住却往往适合思想。在当今中国的所有城市中，北京可以说是理想主义者最集中的城市。事实上，在这座城市里的人都很乐意以理想主义者自居，但你会发现他们中的绝大多数人同样具有清醒甚至精明的现实感。当然，理想主义在今天的北京可以是旗帜、口号，也可以是真实的行为或怀旧的情绪；可以是一种拒绝拜金的姿态，也可以成为谋利的招牌或根据……无论如何，至少在这个城市还能想起有"理想主义"这么一个词。

大气　形容北京，那一定有"大气"这个词。无论是街道、城市布局，还是皇家庭园、田野风光，无不透着坦荡博大之气。每一个初到北京的人都会被北京的"大"所震撼。

精英　作为中国的政治、经济和文化中心，北京吸纳和培养人才的能力比其他任何城市都更突出。精英文化在这里是当仁不让的主流，即使大杂院里产生的平民文化，或者时下流行的对平民文化的刻意仿造，其实都难免带着精英意识。

"闲人"　也许是出于八旗子弟的传统，北京的"闲人"至今仍随处可见。和某些城市满街无所事事的闲人不同，北京的"闲人"很可能是一个经常忙得焦头烂额的人，但如果你问他（她）何处高就，他们的回答很可能是没班可上，也没事可干。其实，在北京，所谓"闲人"基本都是些自由职业者，他们中间以外地来的文艺青年居多，北京的文化包容性和多元色彩似乎具有极强的吸引力，可以让"闲人"们前赴后继浩浩荡荡地前来闯荡京城。虽然他们大多都有一个流浪北京的故事，

故宫角楼夜景

但这并不妨碍他们一直留在北京。作为一个游客，很难深入到北京生活的另一面来体会它真正的魅力。如果你到了北京之后突发奇想立志将自己变成一个北京"闲人"，你很快就会发现，无论你是什么人，有什么想法，想从事什么，都可以在北京找到自己的同类和机会，这才是真正的北京。

侃 北京爷们儿善侃是举国闻名的。在形式上同侃相似的还有"贫"，"贫"的大概意思是耍嘴皮子。在北京人看来，"侃"是一种境界，"贫"则事关德行，有本质的区别。北京人不但善侃而且敢侃，宇宙、基因、互联网，到足球、政治、国际关系，诸如此类，听上去个个都是专家学者。北京人的这点小性格为自己博得了"光说不练"的名声，其实很是冤枉，因为他们的嘴上功夫如同提笼架鸟、扭秧歌、打太极一样，同属"找乐"性质。如果想见识所谓的侃或贫，不妨跟出租车司机套套瓷（套近乎），你会立刻发现想让北京的司机闭嘴比不让他绕道还难。不过，因为他们几乎人人都是"消息灵通人士"，且有极好的口才和"批判现实"意识，所以绝对会让你觉得"侃有所值"。

酷 上海、广州的"酷"大多指的是"扮酷"，北京的"酷"则更像是骨子里的，青衣片儿鞋，一副不为所动的样子。如果这样的人身边还傍着一两个冷艳美女，那你就算遇到了京城里"大师级的酷"。不过作为游人，这番"长见识"的机会并不多，因为北京玩儿酷的人大都住在郊区村庄或山林湖边的自建别墅里。说起建房盖工作室，北京绝对有其他大城市"望酷莫及"的优势，虽然北京城的房价奇贵且外观品质只能说是差强人意，但北京郊外有的是可租赁的荒山荒地（价格还算平易近人），可以满足大多数另类的生活方式和想象力。

准备与咨询

语言

普通话，以北京语音为标准音，只要会普通话，沟通问题不大。

气候与游季

北京位于华北平原，年平均气温为 10～12℃，年均降水量 644 毫米，无霜期为 180～200 天。

北京气候四季分明。夏天炎热漫长（从 5 月底到 9 月下旬都较热），冬天寒冷（11 月中旬至次年 4 月初都较冷），树木开始变绿且温度适中的春季只有 4 月中旬至 5 月中旬不到 1 个月的短暂时光，还会有讨厌的风沙天气。秋天，秋高气爽，天高云淡，是一年中旅游的黄金季节。到处充满热烈的红黄之色。

行在北京

进出

北京是中国的首都，也是全国交通枢纽之一。

1. 游览四季皆宜 北京的游览节目多是人文古迹、名胜建筑和民俗风情，这些项目不受气候影响，一年四季都可以来旅游。

2. 冬天游北京 冬季北京的旅行社和饭店都提供淡季价格，能节省不少开支。冬天的北京也别有韵味，在北海滑冰，上西山观雪，再来上一锅热气腾腾的涮羊肉，正是冬天游北京的乐趣，只是别忘了带上棉外套和羽绒服。

3. 北京四月天 北京的 4 月虽说很可能遇上风沙天气，但到 4 月中旬，满城开始生出鹅黄嫩绿，遍地的花似乎一夜间变相绽放，野外山地上远望一簇簇杏白梨白，整个北京有一种充满激情的易碎之美。

免费公园和博物馆

北京市现免费公园有紫竹院公园、八角雕塑公园、万寿公园、团结湖公园、红领巾公园、日坛公园等，免费博物馆有中国国家博物馆、首都博物馆、中国电影博物馆、上宅文化陈列馆、老舍纪念馆、曹雪芹纪念馆等。有兴趣的游客不妨前去一看，现在大部分免费博物馆实行免费不免票制度，特别是流量大的景点，需要提前登录相关网站或者致电预订门票（除非你很会做功课，否则一般都订不到）。最好还是做好去买票看展览的思想准备哦。

飞机

北京是中国国内、国际航空的枢纽城市，航线遍及全国及世界各主要城市。无论你从何处出发，都可从当地省会或重要城市搭乘飞往北京的班机。首都国际机场位于顺义区，距市中心有20多千米的路程。

2019年正式投运的大兴机场距离市中心40余千米，有国内和国际各大航空公司的航班。

北京首都机场

服务热线 📞 010-96158

医疗急救热线 📞 010-64530120

首都机场空港巴士

空港巴士主要服务于首都机场及顺义地区旅客。

票价：2～11元

首都机场市内巴士

票价：实行阶梯票价，共分为20元、25元、30元、55元四档。

电话：010-64378900 / 010-64558720

线路：目前共有日间5条路线：公主坟线、北京西站线、北京南站线、通州线、大兴国际机场专线；夜间路线3条：公主坟夜航线、北京西站夜航线、双井夜航线（夜航线路只有开往机场方向的）。

首都机场城际巴士

票价：50元

线路：目前只有廊坊城市航站楼路线运营，其他线路（唐山线、保定线、张家口线、秦皇岛线、天津线）暂时停运。

地铁首都机场线

票价：25元（全线）

乘车位置：2号航站楼地下二层，3号航站楼3号停车楼二层

站点：共设有北新桥（可换乘5号线）、东直门（可换乘2号线和13号线）、三元桥（可换乘10号线）、3号航站楼、2号航站楼五站。

北京大兴机场

服务 / 投诉受理热线 📞 010-96158

医疗急救服务电话 📞 010-81682120

大兴机场市内巴士

票价：35～60元

电话：010-81698565

乘车位置：航站楼一层东侧市内巴士候车区

线路：目前共有日间线路13条：北京站线、通州线、中关村线、房山线、首都机场线、大钟寺线、石景山线、积水潭线、亦庄线、天通苑线；夜间线路两条：雅和宫庙航线、望京夜航线。

大兴机场省际巴士

票价：8～70元

乘车位置：航站楼一层西侧省际巴士候车区

线路：目前有固安城市航站楼班线、涿州城市航站楼班线、廊坊城市航站楼班线、保定线、固安南站线5条线路。

地铁大兴机场线

地铁大兴机场线站点有草桥站（可换乘地铁10号线）、大兴新城站、大兴机场站，票价25～35元。

旅客可在草桥站办理值机、行李托运、行李安检。

服务热线：010-87837266

乘车位置：航站楼B1层

运营时间：6:00～23:00

京雄城际铁路

京雄城际铁路站点有北京西站（可换乘地铁7号线和地铁9号线）、北京大兴、大兴机场站、固安东站、霸州北站和雄安站，可在12306网站购票。

北京大兴国际机场

铁路

　　北京主要的客运火车站有 5 处，其中北京站主要有发往华北、东北及华东地区的列车；北京西站主要有发往华南、西南及西北地区的列车；北京南站主要有发往青岛、天津、济南、塘沽的动车及城际高铁；北京北站主要有郊游车及去往内蒙古、河北等地的短途车；北京朝阳站主要有发往东北的列车。

京津城际铁路

　　京津城际铁路全程约 120 千米，到发站为天津站、北京南站，车程约 30 分钟。

京沪高速铁路

　　全线纵贯北京、天津、上海三大直辖市和河北、山东、安徽、江苏四省，到发站为北京南站、上海虹桥站，全程约 5 小时。

高铁

　　北京几乎有开往全国各省市的高铁和动车，五个主要火车站（北京站、北京西站、北京南站、北京北站、北京朝阳站）不仅有普通列车，也有高铁列车。

北京站

　🚉 东城区毛家湾胡同甲 13 号

北京南站

　🚉 丰台区永定门外大街 12 号

北京西站

　🚉 丰台区莲花池东路 118 号

北京北站

　🚉 西城区西直门北大街北滨河路 1 号

北京朝阳站

　🚉 朝阳区姚家园北路

公路

　　北京拥有发达的公路交通网。公路沿线的所有城市，都有进出北京的长途汽车。

1. 避开高峰： 游人出行应尽量避开上下班高峰时段（7:30～9:00，17:00～19:00）。

2. 易堵车地段： 避免在二环以内的旧城区坐车，二环与三环的某些地段和大多数立交桥下都可能堵车，特别是在高峰时段。

1. 地铁票价： 从 2014 年 12 月 28 日开始，北京轨道交通全路网不再实行单一票制。新票价：6 千米（含）内 3 元；6～12 千米（含）4 元；12～22 千米（含）5 元；22～32 千米（含）6 元；32 千米以上部分，每增加 1 元可乘坐 20 千米。使用市政交通一卡通，每张卡支出累计满 100 元后，超出部分打 8 折；满 150 元后，超出部分打 5 折；支出累达 400 元后，不再打折。

2. 换乘： 地铁换乘有很多，乘客可根据实际情况，选择最佳换乘路线。

3. 看清方向： 乘坐地铁一定要看清列车开往的方向，站台上有该地区的详细地图及出口方向指南，一阅便知。

4. 换乘公交： 每张北京交通旅游图上都有各地铁站与公交汽车换乘的详细说明。

北京部分长途汽车站

汽车站	电话	地址
木樨园长途汽车站	010-67267149	丰台区南苑路 16 号
莲花池长途汽车站	010-63322354	广安路 35 号六里桥东
八王坟长途汽车站	010-67740320	西大望路 17 号
东直门长途汽车站	010-64673094	东直门外斜街 45 号
六里桥客运站	010-83831716	丰台区六里桥南里甲 19 号
天桥长途汽车站	010-63183451	西城区（原宣武区）北纬路 32 号
昌平长途汽车站	010-61700279	昌平区北环路
丽泽桥长途汽车站	010-63255092	丰北路 6 号
赵公口长途汽车站	010-67237328	丰台区南三环中路 34 号
新发地长途汽车站	010-83727241	丰台区马家楼 215 号
大兴长途汽车站	010-61251414	大兴区黄村东大街 2 号
怀柔长途汽车站	010-69644337	怀柔区府前东街 2 号

北京站咨询电话

📞 010-51019999

北京西站咨询电话

📞 010-63216253

进出北京的主要高速路

高速路	起点	终点	途经	全长（千米）	辐射面
京沈高速	北京	沈阳	北京、秦皇岛、山海关、锦州、沈阳	656	东北各地
京港澳高速（原京石高速）	北京	香港（口岸）	北京、涿州、保定、定州、石家庄、郑州、武汉、长沙、广州、深圳、香港（口岸）	2284	华北、中南各地
京津塘高速	北京	塘沽	北京、廊坊、天津、塘沽	143	天津、河北
京沪高速	北京	上海	北京、天津、沧州、德州、济南、泰安、临沂、无锡、苏州、上海	1262	华北东部和整个华东地区
京哈高速	北京	哈尔滨	北京、唐山、秦皇岛、山海关、葫芦岛、锦州、盘锦、辽中、沈阳、四平、长春、哈尔滨	1186	东北各地
京承高速	北京	承德	朝阳、顺义、怀柔、密云	209	华北地区
京藏高速（原八达岭高速）	北京	拉萨	北京、张家口、呼和浩特、银川、兰州、西宁	3710	华北地区、西北地区

1. **问清车站：** 乘火车离京时，一定要问清在哪个车站上车，以免跑错地方。

2. **时刻表：** 购票、出发前记得查询列车时刻表，以最新发布为准。

3. **购景点门票：** 旅游景点门票及假日郊游列车票均可在北京站、北京北站、北京南站、北京铁路国际旅行社等处购买。北京站、北京南站、北京北站及各停靠站均设有绿色通道，游客可直接进站上车后购票。

北京公交改革

从 2014 年 12 月 28 日起，北京公交实行新票价。10 千米（含）内 2 元，10 千米以上每增加 5 千米加 1 元。使用市政交通一卡通乘坐公交车，普通卡 5 折，学生卡 2.5 折。

北京电子公交卡

手机下载"北京公交一卡通"App，便可以申请电子公交卡，申请和退卡都非常方便，与普通公交卡享受同等优惠。

进出北京的国道

编号	主要经过城市	里程（千米）
101	北京→承德→沈阳	858
102	北京→山海关→沈阳→长春→哈尔滨	1231
103	北京→天津→塘沽	142
104	北京→南京→杭州→福州	2284
105	北京→南昌→广州→珠海	2361
106	北京→兰考→黄冈→广州	2497
107	北京→郑州→武汉→广州→深圳	2449
108	北京→太原→西安→成都→昆明	3356
109	北京→银川→兰州→西宁→拉萨	3763
110	北京→呼和浩特→银川	1063
111	北京→通辽→乌兰浩特→加格达奇	2034
112	北京环线：宣化→唐山宁河→涞源	942

市内交通

北京一直在尽最大努力建设公交，市内公共交通几乎可以深入到六环以内近郊区的每一个角落。北京道路建设的规模和速度也算得上全国之最，到处都是宽阔平坦的大马路。北京还有全国最发达的市内快速公路系统，其中二环是中国第一条全封闭公路，四环、五环为高速公路。另外，京藏高速公路连通北京至延庆沿线，首都机场高速路连通三环和位于顺义区境内的首都国际机场。

北京路多车也多，再加上城市面积巨大，因此到北京的游人会发现如果到一个地方要赶 5 ~ 10 千米，在市区路上花一两小时坐车是经常的事。

地铁

地铁是目前北京市内最为快捷、准时的交通方式。

北京现有 27 条地铁线路，分别为地铁 1 号线八通线、2 号线、4 号线大兴线、5 号线、6 号线、7 号线、8 号线、9 号线、10 号线、11 号线、13 号线、14 号线、15 号线、16 号线、17 号线、19 号线、亦庄线、房山线、昌平线、S1 线、燕房线、西郊线和首都机场线、大兴机场线、亦庄 T1 线。其中贯穿与环绕北京老城的 1 号线、2 号线地铁沿线差不多囊括了京城的大半繁华，

集中了市内不少的景点与商业中心；8 号线能直接进入奥运中心区；新开的几个郊区线，有效连接了市内到远郊景区，使游客旅游观光更加省时方便。

出租车

这是市区内最方便的交通方式。北京出租车白天起步价 13 元 /3 千米，基本单价 2.3 元 / 千米，23:00（含）至次日 5:00（不含）基本单价加收 20% 费用。

公交车

北京有众多的公交车线路，还有夜班车、游览车及专线车等，给人们出行提供了极大的方便。北京一些主要街道有公交车专用行驶车道，在堵车的高峰期一般比出租车还要快捷。

共享单车

在市区旅游骑自行车很方便，特别适合体验北京市民文化生活，会有不少出其不意的经历，是老外来京游的最爱。北京的共享单车几乎遍布大街小巷。

游在北京

天安门广场 ★★★★★

如果在北京只能停留片刻，而且可能是此生唯一的停留，那么就去天安门吧！

天安门广场是世界上最大的城市中心广场，是北京乃至全中国的象征。天安门广场南北长 880 米，东西宽 500 米，面积达 44 万平方米。天安门城楼坐落在广场的北端，五星红旗在广场上空高高飘扬，人民英雄纪念碑屹立在广场的中央，人民大会堂和中国国家博物馆在广场的东西两侧遥遥相对，毛主席纪念堂和正阳门城楼矗立在广场的南端。天安门广场几乎是所有来北京的游客的必游之地，也是北京市民休闲的场所，这里不时会出现滑板少年的身影，风筝齐舞也算得上一大景观。

🚌 临近天安门广场西（公交站）、天安门广场东（公交站）、前门（地铁站）、天安门东（地铁站）、天安门西（地铁站）

👁 1 ～ 3 小时

同时可游

北京人民大会堂　位于广场西侧，内有著名的万人大会堂和 5000 人宴会厅。

💰 30 元

👁 1 ～ 2 小时

💡 1. 不能携包进入，必须寄存。

2. 门票还算合理，但里面只开放五六个会议厅，而且好的拍照位置都被里面专业拍照摊位占了，对外拍照收费 30 ～ 80 元。

中国国家博物馆　位于广场东侧，由原中国历史博物馆和中国革命博物馆合并组建，一级文物近 6000 件（套）。

💰 免费，需要预约入场

🕐 9:00—17:30，每周一闭馆

👁 2 ～ 5 小时

💡 **游北京重要提示！！**

目前北京的绝大部分景点都需要提前通过官网或者微信公众号预约才可以参观。一般提前 7 ～ 10 天可预约，各个景点规定有所不同，具体的需要查询官网。尤其是节假日，一定要提前预约安排行程，否则真的进不去哦。

💡 **1. 升降旗时间：** 看国旗升降仪式需留意天安门城楼前电子显示牌上有关当天和次晨升降旗的准确时间。

2. 放风筝： 如果想放风筝，广场上有不少小贩兜售各种风筝和用具，价格也不贵。

3. 独乐： 天黑后到广场坐坐，会有别样感受。

4. 天安门城楼： 从 2023 年 6 月 13 日起，天安门城楼已经恢复登楼参观，但是需要提前在官网或者公众号预约，可预约次日起 7 日内门票，当日或者直接去现场是买不到票的。天安门城楼已经好几年没有开放了，开通预约的第一天就已全部约满，所以一定要提前约。

毛主席纪念堂

🕐 周二至周日 8:00—12:00

🔆 **无门票：** 不收门票，实行网上实名预约制，要存包，安检。不能拍照！

故宫博物院　★★★★★

🏛️🚇📷🎫

　　穿过天安门门洞，沿着青砖铺就的道路北行，一大片巍峨宏大的建筑群让人震撼。没错，你正在走进昔日的紫禁城。

　　故宫是世界上规模最大、保存最完整的宫殿建筑群。它东西宽 753 米，南北长 961 米，占地面积达 72 万平方米，共有宫室 9999 间半，住过 24 位皇帝。与凡尔赛宫、白金汉宫、白宫、克里姆林宫一道并称为世界五大宫。

　　故宫宫殿沿着一条南北方向的中轴线排列，并向两旁展开，南北取直，左右对称。用于建筑上的严格的对仗使故宫形成了一种丝毫不为左右的威势，并拥有自身独特且无法仿造的节奏感。

　　故宫大体上可以分为两大部分，南为政治活动区，即外朝；北为生活区，即内廷。外朝的三座大殿太和殿、中和殿和保和殿是故宫里最吸引人的建筑。内廷是皇帝平日办事和他的后妃居住生活的地方。

　　故宫博物院内陈列有我国各个朝代的珍贵艺术品，据统计达上百万件之多，占全国文物总数的 1/6 以上，其中很多是绝无仅有的国宝。驻足于流光溢彩的国宝面前，停下来看一看，依旧能感受到昔日奢华的皇家生活，以及历史所赋予的沧桑气息。

💰 旺季 60 元；淡季 40 元；珍宝馆 10 元；钟表馆 10 元

🕐 8:30—16:30（淡季）；8:30—17:00（旺季）。每周一闭馆，闭馆前 50 分钟停止入场

🚌 临近天安门广场西（公交站）、天安门广场东（公交站）、天安门东（地铁站）

👁️ 3～6 小时

🔆 **大气与考究**

　　游故宫当然首先是感受它浩大的气场，但也要细细欣赏其建筑艺术。故宫建筑是砖木结构，黄琉璃瓦顶，青白石底座，饰以金碧辉煌的彩画，其建材和建筑手法都十分讲究。

故宫快速攻略

中路： 午门→太和门三大殿→乾清门→乾清宫→交泰殿→坤宁宫→御花园→神武门

东路： 午门→太和门三大殿→乾清门→东六宫→宁寿宫→珍妃井

西路： 午门→太和门三大殿→乾清门→西六宫→养心殿→慈宁宫→漱芳斋

　　如果只有半天时间，建议最好以中路为主。爱好书法的朋友不可错过养心殿西暖阁的三希堂。

同时可游

中山公园　天安门西侧，原为社稷坛，明清皇帝祭祀土地神和五谷神之处，园内四季风景各异，古树参天，是一个偷得半日闲的绝好去处。出公园北门即故宫午门，出公园西门可到北海。

💰 3 元，联票 5 元

故宫雪景

游在北京

⏱ 2～3小时

劳动人民文化宫（太庙） 天安门东侧，曾是明清皇帝祭祀祖先之处。

💰 2元，需至少提前1天预约

👁 2～3小时

💡 **左庙右学：** 太庙右临国子监，都是庄严建筑，风和日丽，漫步其中，十分地怡然自得。

景山公园 位于故宫后门神武门的街对面，海拔88.35米。它位于全城中轴线上，又是皇宫的一道屏障，故被称为"镇山"。山上的万春亭是旧北京的制高点，由此可一览故宫全景。

💰 2元

⏱ 6:30—21:00（旺季）
　6:30—20:00（淡季）

👁 2～3小时

天坛公园 ★★★★ 🏔🎫⚽🏊

　　天坛是世界最大的古代祭天建筑群，建筑布局整体呈"回"字形，分内坛、外坛，北圆南方，象征天圆地方。其中的祈年殿算得上是中国最优美和最著名的古典建筑之一，也曾经是北京最高的建筑（38米）。天坛的总面积比故宫还要大，在浓荫古树间，点缀着一座座精美非凡的建筑。每当春季，树林间遍地野花，金秋则落叶铺地，来此旅游，不如花半天时间来品味天坛的脱俗和静穆。

💰 旺季15元，联票34元（含门票、祈年殿、圜丘、回音壁）；淡季10元，联票28元（含门票、祈年殿、圜丘、回音壁）；神乐署10元

🚌 临近天坛北门（公交站）、天坛南门（公交站）、天安东门（地铁站）、天桥（地铁站）

👁 3～5小时

💡 **游客对天坛的三印象**

第一印象：天坛太大了，比故宫要大近四倍！

第二印象：天坛太"俗"了，此"俗"非俗气之意，而是说民俗。长廊上有许多自娱自乐的北京人，可谓北京民俗展示地！

第三印象：天坛太绿了，到处是参天古木！

其他古代祭祀场所

先农坛 与天坛在老北京中轴线南端东西相应，是明、清皇帝祭祀先农神诸神、举行籍田典礼的场所，也是国内现存的唯一一座祭祀先农的遗迹。

💰 15元，每周三前200名观众免票（以进馆先后顺序为准）

⏱ 9:00—17:00（16:30停止入馆）

地坛 位于安定门外大街，春节的庙会十分著名。

日坛 位于建国门附近，小而精，秀水街在附近。

月坛 位于西城区月坛北街。

⏱ 6:00—21:00

天坛

恭王府

北海公园 ★★★★

北海、中海和南海合称三海。北海公园位于北京城内景山西侧，是中国古代保留下来的最悠久最完整的皇家园林。它除了兼有北方园林的宽宏，江南私家园林的秀美，还有着一份寺院的超脱，可谓是一座兼收并蓄的瑰宝级园林。来此游玩，夏可赏荷、划船，冬可观雪景、溜冰。

🎫 淡季5元，联票15元；旺季10元，联票20元，游船单独收费

🕐 6:00—21:00（旺季）
6:30—20:00（淡季）

🚌 北门临近北海公园北门（公交站）、北海北（地铁站）；东门临近西板桥（公交站）；南门、西南门临近北海（公交站）

👁 1～3小时

恭王府博物院 ★★★★

来这里看看清代第一贪和珅如何享受生活，据说和珅当年贪污的银子折合成现在的人民币可达上千亿元，不难想象其住宅的奢靡程度。

🕐 8:30—17:00（每周一闭馆）

🚌 临近北海公园北门（公交站）、北海北（地铁站）

👁 1～3小时

💡 从此处可步行到后海的宋庆龄的故居等多处四合院和胡同。

钟鼓楼 ★★★★

钟鼓楼是北京城中轴线上的一组古代建筑，是元、明、清三代都城的报时中心，起着"以时出治，声与政通"的作用。如今的钟鼓楼已经失去司时的作用，取而代之地变成了一种北京市井文化的象征。绕着钟鼓楼一圈一圈的是石灰铺地的小胡同、大杂院子，空气里弥漫的也是老北京的

气息。顺着旧鼓楼大街走，可以到达中国现存最大的青铜钟——永乐大钟的诞生地铸钟胡同，继续走几步绕过几条胡同就可以到达后海。

🎫 鼓楼20元；钟楼15元；通票30元

🕐 9:30—17:30（旺季），9:30—16:30（淡季），鼓楼一层展厅每周一闭馆

📍 北京市东城区钟楼湾胡同临字9号

🚌 临近鼓楼（公交站）、鼓楼大街（地铁站）

👁 1～3小时

奥林匹克之旅
北京奥林匹克公园 ★★★★★

奥林匹克公园位于北四环的边上，正好处于城市中轴线北端，意喻中国千年历史文化蔓延不断。2008年北京奥运会召开，奥林匹克公园作为主要场地。成为举世闻名的胜地，它拥有亚洲最大的城区人工水系、亚洲最大的城市绿化景观、世界最开阔的步行广场。

🚌 临近倚林佳园东门（公交站）、森林公园南门（地铁站）

👁 2～4小时

💡 公园里著名的景观"仰山"和"奥海"，意为"山高水长"，寓指奥运精神长存不息。

国家体育场 俗称鸟巢，因外观像一个树枝编成的鸟巢而得名，是北京奥运会主体育场，同时也是奥林匹克公园的标志性建筑物之一。奥运会的开闭幕式、田径和足球赛曾在此举行。

🎫 100元

🚌 临近健翔桥东（公交站）、奥体中心（地铁站）

👁 1～3小时

国家游泳中心 又被称为"水立方"，北京

鸟巢

奥运会的主游泳馆，北京奥林匹克公园又一重要场馆。世界上最大的膜结构工程，蓝色的表面看似柔软实则很坚实。

🎫 30元；游泳60元

💡 **1. 健身中心：** 奥运会闭幕后，奥林匹克公园已经成为北京人健身活动中心或其他大型演唱会、活动的举办地。

2. 夜景： 如果来鸟巢或水立方不是为了专程进入玩项目，最好的观赏时间就是晚上。晚上的鸟巢和水立方灯光绚丽，整体非常壮观。

国家体育馆　三大奥运场馆之一，以中国"折扇"为设计灵感，造型轻盈而富于动感。与鸟巢、水立方比邻而居，组成了极具特色的建筑群落。但不是经常对外开放。

颐和园
★★★★★　🚣🏛️📷📹📱

颐和园是世界著名的皇家园林之一，因集中国园林之大成而驰名中外，总面积

颐和园

约290公顷。园区主要由万寿山、昆明湖两大风景区组成，其中水域面积约占3/4。湖山之间，有亭、台、楼、阁、宫殿、寺观、佛塔、水榭、游廊、长堤、石桥、石舫等100多处富有民族特色的古典建筑，全国最长的游廊——长廊，把远山近水连成一体，具有很高的艺术价值。

🎫 30元（旺季），20元（淡季）；园中园：德和园5元，颐和园博物馆20元，佛香阁10元，苏州街10元；联票（包括门票和园中园）：60元（旺季），50元（淡季）

🕐 6:00—20:00（旺季）
6:30—19:00（淡季）

🚇 临近地铁北宫门（公交站）、北宫门（地铁站）

👁 3～5小时

💡 **1. 最佳游园时间：** 去颐和园最好是选阳光明媚的日子，可看风吹浮云、湖面光影变幻，昆明湖可划船，站在佛香阁上可以眺望北京市容。注意，很多建筑上的彩绘都很精美。

2. 穿舒适的鞋： 去颐和园要穿便于长时间步行的鞋。

圆明园遗址公园
★★★★　🏛️🌿📷📹

圆明园很大，最大时曾占地400多公顷，其园林是中西结合的完美典范。1860年英法联军入侵北京，大肆搜掠园内的文物珍宝，最后竟放火将这座万园之园焚毁。现在的圆明园只剩下废墟上的残垣断壁以凭吊瞻仰。它也是一处赏荷、瑜伽、摄影、

郊游的好地方。

💰 10元；西洋楼遗址景区（含大水法、迷宫、展览馆）15元，圆明园盛时全景模型展10元；通票25元

🕐 7:00~19:30（1月1日~3月15日、10月16日~12月31日）；7:00~20:00（3月16日~4月30日、9月1日~10月15日）；7:00~21:00（5月1日~8月31日）

🚌 临近圆明园绮春园官门（公交站）、圆明园长春园东门（公交站）、圆明园（地铁站）

👁 3~5小时

💡 **1.免费参观：** 每年的文化遗产日（6月的第二个周六）、国防日（9月的第三个周六）、圆明园罹难日（10月18日）全国免票。

2.园内交通： 东部游览车单程票价15元（长春园官门→三园交界→西洋楼遗址）；西部游览车单程票价15元（藻园→西洋楼遗址）；环线游览车票价15元（三园交界→洞天深处→勤政亲贤→正大光明→藻园→月地云居→鸿慈永祜→汇芳书院→多稼如云→含卫城→三园交界，中途可上下车一次）。另外，还可以在园内微信扫码自助租用脚踏车，双人车每小时60元；四人车每小时80元；押金450元。

北京大学、清华大学
★★★ 🚶🏛🍴

北京大学、清华大学校园相邻，都在圆明园附近。两校均风景如画（不输任何公园），但各有风格，北京大学古雅，文物古迹众多；清华大学幽美，20世纪初的一些建筑十分有名。

💡 **1.学生一定要来：** 对于这类的高端学府，学生通常是会来参观的。

2.体力很重要： 北京大学和清华大学的校园都很大，走起来会很累，要注意节省脚力。

3.纪念品最好少买： 沾了"北大""清华"字样的校内纪念品价位都陡然而升，不建议买。北京大学未名湖的荷花很漂亮，颜值得一赏。

中国科学技术馆 ★★★★ 🐾

如果想在北京找到一个现实与梦幻交融，既能用眼睛看还能上手玩的场所，那中国科学技术馆无疑是首选。需要说明的是，排布了各种好玩模型的大小展馆，虽然乍看像是孩子们的专属"游乐场"，但一些老大不小的成年人也常常混迹其中。究其缘由，除了童心未泯，还有就是这里的展品实在都太过新奇、刺激，在这里，可以补充到有关力学、电学、物理等科学知识。如果感兴趣，你还可以在游览结束后走进宏大的穹幕影院，以"天空"为荧幕，以"大地"为坐席，享受一次视觉盛宴。

💰 主展厅30元；儿童科学乐园30元；特效影院普通票30元/场；其他短期展根据不同展览情况确定票价

🕐 9:30~17:00（每周一闭馆）

🚌 临近洼里南口（公交站）、奥林匹克公园站（地铁站）、森林公园南门（地铁站）

👁 2~4小时

圆明园

游在北京

中国人民革命军事博物馆

☀ **1. 边游边玩:** 馆内的科技展品很多都可互动（有少数地方需另外交费），是一个可以边参观边游玩的场馆。知识无限，其乐无穷。

2. 穹幕影院: 穹幕电影极为震撼，立体效果明显，冲击视觉。

北京天文馆　★★★★ ♿

　　如果对天文十足地感兴趣，北京天文馆是值得一去的地方。北京天文馆分A、B馆两大部分，A馆的天象厅是我国最大的地平式天象厅，可以逼真还原地球上肉眼可见的9000余颗恒星，高达8K分辨率的球幕影像，还能实现虚拟天象演示、三维宇宙空间模拟、数字节目播放等多项功能。B馆主要开放设施有化宇宙剧场、3D剧场、4D剧场、太阳观测台、天文教室等。游览天文馆，除了能增长见识，不可思议的天象奇观还能够使心情敞亮，何乐而不为呢？

💴 A、B展厅成人10元，儿童5元；天象厅、宇宙剧场成人45元，儿童35元；3D剧场、4D剧场成人30元，儿童20元

🕐 9:00—16:30（每周一、周二闭馆，法定节假日及寒暑假除外）

🚍 临近动物园（公交站）、动物园（地铁站）

👁 2～4小时

中国人民革命军事博物馆
★★★★ ♿

　　中国人民革命军事博物馆为世界十大军事博物馆之一，主要展现中国军事历史发展，馆内分有多个主题展馆，展示了五千年来重要的军事事件、人物、论著、科技及兵器发展等内容，同时展示了现代中国国防风貌。现有文物21万件套，一级品1793件套。同时，收藏有历史图片8万余张，图书期刊资料8万余册（套）。

💴 免费，需预约

🕐 9:00—17:00（周一闭馆）

📍 海淀区复兴路9号

🚍 临近军事博物馆（公交站）、玉渊潭南门（公交站）、军事博物馆（地铁站）

👁 1～3小时

☀ **1. 要赶早来:** 中国人民革命军事博物馆地铁专有一站，出了站口就是。如果是9:00左右到，免费门票很好拿到。

2. 自由观赏: 馆内展出了大量坦克、飞机、手枪等品种。可以按照自己的兴趣参观不同展厅。

3. 周一闭馆: 本馆周一是要闭馆的，另外北京的很多博物馆周一都不开，这一点特别提醒注意，别白跑了冤枉路，散了游玩的兴致！

四合院与胡同游
★★★★★ 🖼🎫🔊📷

　　北京的四合院是传统建筑的典型代表

之一，四面建有房子，围成一个院子，既自成一体，又得享天地之气。

前门及前门大街

前门即正阳门，位于北京中轴线上，基本上你来过北京见过天安门，就应该看到过它。前门大街一度是与王府井、西单平起平坐的商业街，京味儿十足，如今街上大部分的老字号、商铺已搬入前门里的一条小胡同"大栅栏"里，有名的有全聚德、同仁堂药铺、瑞蚨祥、内联升等都在这里。

🚌 临近前门（公交站）、前门（地铁站）

什刹海

什刹海由前海、后海和西海（积水潭）组成，是皇城以外景致最优美、文化气息最浓郁的地方之一。这个区域附近的胡同和胡同里的四合院，是现在胡同、四合院保存最集中的地方。

🔆 老北京溜冰胜地

什刹海每年冬天都会开放冰场，每年都很火爆。不但可以滑冰，还可享受冰车、冰上自行车、冰滑梯等游玩项目，还有那专门的儿童娱乐场供孩子们玩耍。此外夜场同步开放，可在这里体验夜幕下滑冰乐趣。

🔆 前海北沿

它是后海酒吧街的一部分，地址大约在荷花市场北门一带，据说是历史同时尚之间碰撞得最强烈的地方之一，游玩的人多是北京当地人。

烟袋斜街

从古至今，仅长232米的烟袋斜街都是老北京最繁华的商业区之一。这里如今也是人山人海，是寻找美食、赏古玩字画的商业街，它比南锣鼓巷多保留了一点京味儿。

大清邮政信柜　前身是什刹海邮电所，现在不仅是邮局，也是文创店，在这儿可以买一张明信片儿寄给自己或亲友。店里除了一些邮政历史和相关文创，也有故宫等文创。

南锣鼓巷

北京的潮流地标，全长787米，宽8米，明清后成为北京的"富人区"，居住过许多达官贵人，有末代皇后婉容的娘家、清代直隶总督荣禄的宅邸、蒋介石的居住处、茅盾故居，举不胜举。对于北京土著、"北漂"一族以及老外而言，这条京味儿十足又充满新潮店铺的胡同，是玩乐的好去处。

文字奶酪店　在每年商铺都"大换血"的南锣鼓巷，文字奶酪火了很多年。不管什么时候去，要么排长队，要么就是卖完了。主营地道的老北京甜品小吃：奶酪入口丝滑冰爽，双皮奶则要浓郁不少，豆沙奶卷奶香伴着红豆的清香，甜甜糯糯的……每天从12:00开始营业，卖完即止，想吃的话尽早。

哑摸　南锣鼓巷106号，有售国风比萨，有鱼香肉丝比萨、宫保鸡丁比萨、烤鸭比萨等。

过客　南锣鼓巷108号，以口味特殊的比萨闻名。

什刹海

游在北京

北京市内景点示意图

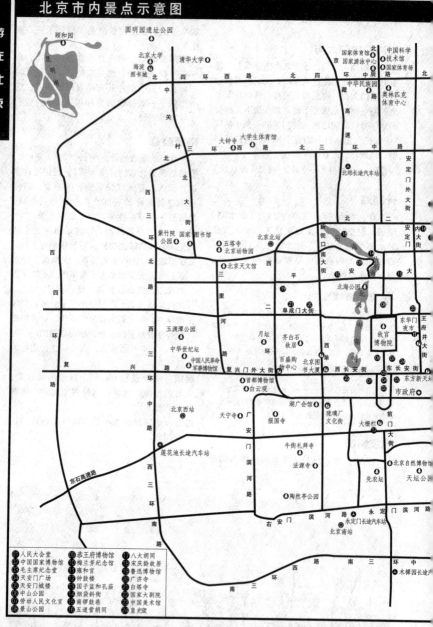

① 人民大会堂　　⑨ 恭王府博物馆　　⑰ 八大胡同
② 中国国家博物馆　⑩ 梅兰芳纪念馆　　⑱ 宋庆龄故居
③ 毛主席纪念堂　　⑪ 雍和宫　　　　　⑲ 鲁迅博物馆
④ 天安门广场　　　⑫ 钟鼓楼　　　　　⑳ 广济寺
⑤ 天安门城楼　　　⑬ 国子监和孔庙　　㉑ 白塔寺
⑥ 中山公园　　　　⑭ 烟袋斜街　　　　㉒ 中国大剧院
⑦ 劳动人民文化宫　⑮ 南锣鼓巷　　　　㉓ 中国美术馆
⑧ 景山公园　　　　⑯ 五道营胡同　　　㉔ 皇史宬

五道营胡同

　　该胡同东西走向。东起雍和宫大街，西至安定门内大街，南与箭厂胡同相通，北有两条支巷通安定门东大街，是一条"北京休闲文化胡同"。第一眼不见得会惊艳，不过越往里走，安静闲适的氛围就越浓厚。东西走向的胡同里，到处都是雕花精美繁复的四合院，环境古色古香。最有特色的还是各种小店。店主多是老外或海归，店名都起得别出心裁，卖的餐点和工艺品也都各具风情，非常精致。这里离雍和宫、国子监、地坛都

饮，外国客人也很多。店铺外立面的地中海拼花瓷砖异域风情满满。

藏红花 一家装修很有格调的西班牙餐厅，外墙上布满了爬山虎，内部装修则特意"做旧"，复古中带着精致。

八大胡同

八大胡同是老北京花街柳巷的代称，又称"八大埠"，位于前门外大栅栏观音寺街以西。八大胡同是草根的北京，是过去绝大多数老北京人的真实生存环境，而且至今形貌犹存。

百花深处

有摇滚情结的不要错过百花深处，《北京摇滚》《唐朝》《姐姐》《垃圾场》均出自这里。陈升的《北京一夜》也唱着"不敢在午夜问路，怕走到了百花深处"，陈凯歌导演还专门拍摄了《百花深处》的短片。

⤵ 东起护国寺东巷，西至新街口南大街，北与新太平胡同相通，南与护国寺西侧相通

四合院中的名人故居

梅兰芳纪念馆 梅兰芳纪念馆是一座典型的北京四合院，收藏有梅兰芳夫人福芝芳及子女在1962年捐献给国家的大量珍贵文物、文献资料。纪念馆正院保存故居原貌，会客厅、书房、卧室和起居室内的各项陈设均按梅兰芳生前生活起居原状陈列。外院展览室，展示了大量珍贵图片。在梅兰芳纪念馆内穿梭，会恍然有隔世之感，仿佛由此步入了一位京剧大师的内心世界。

💰 10元

🕐 9:00—16:00，周一休息

⤵ 西城区护国寺街9号

🚌 临近护国寺（公交站）、平安里（地铁站）

👁 1～3小时

鲁迅博物馆 由原北京鲁迅博物馆和北京新文化运动纪念馆合并组建而成。

⤵ 西城区阜成门内宫门口二条19号

宋庆龄故居 原是末代皇帝溥仪的父亲醇亲王载沣的花园。

⤵ 西城区后海北沿46号

胡适故居 ⤵ 地安门东大街米粮胡同4号

陈独秀故居 ⤵ 北池子箭杆胡同20号

孙中山行宫 ⤵ 张自忠路23号

蔡元培故居 ⤵ 东城东堂子胡同75号

很近，逛完了还可以顺路去走走。

⤵ 安定门立交桥东侧

卵石庭院（Pebbles） 老字号墨西哥餐厅，主营墨西哥美酒和美食，招牌夹饼、炭烤鸡肉塔克盘和三奶蛋糕很棒，酱汁风味很绝，最有特色是墨西哥酒水和特

婉容故居 ☯ 鼓楼帽儿胡同 35、37 号
纪晓岚故居 ☯ 珠市口西大街陕西巷南口
老舍故居 ☯ 灯市口西街丰富胡同 19 号
郭沫若纪念馆 ☯ 前海西街 18 号

大观园 ★★★★ 🏛🏯

　　大观园是一座仿古园林，再现了中国古典文学名著《红楼梦》中的"大观园"。所在位置原为明清两代皇家菜园，1984 年为拍摄电视剧《红楼梦》而兴建，景区内园林建筑、植物造景都力图忠实于原著。有贾宝玉的怡红院、林黛玉的潇湘馆、宝钗的蘅芜院、探春的秋爽斋、李纨的稻香村，以及曲径通幽、沁芳亭、拢翠庵等景点。屋内的红楼人物蜡像，形象逼真。

　　大观园内的红楼文化艺术博物馆，展出了许多与红楼梦有关的藏品。如果你是一个红楼迷，一定要去这里看看。

🎫 40 元
🕐 7:30—17:30（4—10 月）
　　7:30—16:30（11 月—次年 3 月）
🚌 西城区南菜园街 88 号
🚇 临近大观园（公交站）、西铁营（地铁站）
👁 2 ～ 4 小时
💡 园中定期会举办"元妃省亲"古装表演。

北京动物园 ★★★★ 🐼🦌

　　北京动物园于 1906 年正式建园，至今已有百年历史，是我国对公众开放最早、饲养动物种类最多的动物园。动物园内有两处地方不要错过：一是熊猫馆，可以看到可爱无敌的国宝大熊猫。二是海洋馆，它是世界内陆最大的水族馆，内有千余种水生物，还有精彩的海豚、鲸鱼表演。这两处是另外收门票的。

🎫 旺季 15 元，联票（含熊猫馆及北京动物园门票）19 元；淡季 10 元，联票 14 元；观览车票价每张 10 元
🕐 7:30—18:00（旺季）
　　7:30—17:00（淡季）
🚌 临近动物园（公交站）、动物园（地铁站）
👁 3 ～ 5 小时
💡 **1. 熊猫很脏：** 熊猫馆里的熊猫虽然个个憨态可掬，十分逗笑，但皮毛并不是雪白的，因为频繁的清洗会使熊猫的抵抗力下降，还可能患上皮肤病。

　　2. 北京海洋馆： 海洋馆在动物园内，如果已经进入动物园，打算顺便游览海洋馆，可以直接去海洋馆售票处现场购买（160 元），在网上购买的门票会默认包含动物园的门票，需要花费 175 元。

雍和宫 ★★★★ 🏛🏵🏯

　　北京地区现存最大的藏传佛教寺院。雍和宫具有将汉、满、蒙、藏等多种建筑艺术融为一体的独特艺术风格，仍有众多僧侣在此修行。里面的艺术品丰富多样，其中的檀木大佛是由一整棵白檀香树的主干雕刻而成，是中国最大的独木雕像。此外，雍和宫的各类唐卡也很精美。

🎫 25 元
🕐 9:00—16:30（11 月—次年 3 月）
　　9:00—17:00（4—10 月）

雍和宫夜景

🚌 临近雍和宫（公交站）、雍和宫（地铁站）

👁 1～3 小时

💡 **1. 免费领香：** 雍和宫内的东西可讲价，景区门口可免费领香。

2. 吃饭： 雍和宫出来后，如果很饿可以去附近的兄弟川菜、金鼎轩。如果不是很饿的话，建议去东直门附近的簋街解决吃饭问题。簋街的很多餐馆都需要排队。

同时可游

孔庙和国子监博物馆　与雍和宫隔街相望有一条国子监街，是北京仅存的建有 4 座牌坊的古建街。元、明、清三代的最高学府国子监位于这条街的中部，东邻孔庙。国子监最值得一看的是一批刻于清乾隆年间的十三经刻石。孔庙的规模仅次于山东曲阜孔庙。

市内古寺庙　★★★　🏛🏛

北京有不少古寺隐于市井之中，以下是一些著名的寺庙。

广济寺　广济寺是现今中国佛教协会所在地，其创建的历史可追溯至金。院中正殿内砌有汉白玉石雕戒坛一座，为清代建造，保存完好。

💰 免费

🕐 7:00—16:30

📍 西城区阜成门内大街 25 号

🚌 临近西四路口西（公交站）、西四（地铁站）

👁 1～3 小时

白塔寺　其实本名为妙应寺，有著名的锥形白色佛塔，也是重要的庙会举办地。

💰 20 元

🕐 9:00—17:00（周一闭馆）

📍 西城区阜成门内大街 171 号

🚌 临近白塔寺南（公交站）、白塔寺东（公交站）、西四（地铁站）、阜成门（地铁站）

👁 1～3 小时

法源寺　可烧香礼佛，有江南水乡般的后园，是中国佛学院所在地。

🕐 8:30—16:00

📍 法源寺前街 7 号

🚌 临近菜市口西（公交站）、菜市口（地铁站）

👁 1～3 小时

💡 **1. 顺道尝小吃：** 法源寺在牛街附近，可以顺道去尝尝回民小吃。

2. 李敖和北京法源寺： 北京法源寺之所以这般闻名还有一段小插曲：当年台湾著名作家李敖在狱中凭空构思了以北京西城区（原宣武区）的法源寺为故事背景，描述从戊戌变法到辛亥革命前后，一批中国志士为中国的振兴奋勇斗争的故事，并于 2000 年在海内外出版发行了一本名为《北京法源寺》的长篇历史小说。作者本人从来没有见过法源寺，却将法源寺描述得神秘感十足，名声大噪，引来各地游客纷纷探访。

智化寺　黑色的琉璃瓦盖顶，是北京保存最完整的明代木结构建筑。寺中有独特的佛乐，属中国五大古典乐种之一，有"中国古代音乐的活化石"之称。

智化寺

白塔寺

- 🎫 20 元
- ⏰ 9:00—17:00（周一闭馆）
- 📍 东城区禄米仓胡同 5 号
- 🚌 临近雅宝路（公交站）、禄米仓（公交站）、朝阳门（地铁站）
- 👁 1～3 小时

东岳庙　道教正一派在华北地区最大的庙宇，如今是北京民俗博物馆。

- 🎫 10 元
- ⏰ 8:00—16:00
- 📍 朝阳门外大街 141 号
- 🚌 临近神路街（公交站）、朝阳门（地铁站）
- 👁 1～3 小时

大钟寺　因寺内珍藏一口明代永乐年间铸造的大钟，所以称为大钟寺。

- 🎫 20 元
- ⏰ 9:00—16:30（周一闭馆）
- 🚌 临近大钟寺（公交站）、大钟寺（地铁站）
- 👁 1～3 小时

白云观　金庸小说经常提到的全真派的著名道观，也是北京现存规模最大的道观建筑。春节庙会的人山人海。

- 🎫 10 元
- ⏰ 8:30—16:30
- 📍 西城区复兴门外白云路东侧
- 🚌 临近白云观（公交站）、木樨地（地铁站）
- 👁 1～3 小时

法海寺　一座很小的寺庙，但有精美绝伦的明代壁画。

- 🎫 100 元，明代壁画真迹参观 100 元
- 🚌 临近模式口西里（公交站）、模式口（地铁站）
- 👁 1～3 小时

世界公园　★★★★　🏞⚽

　　以世界上 40 个国家的 109 处著名古迹名胜的微缩景点为主体，荟萃了世界上最著名的埃及金字塔、法国埃菲尔铁塔、美国白宫、澳大利亚悉尼歌剧院等建筑。还可以游览国际民俗村及童话世界、激光喷泉等。

- ⏰ 9:00—17:00
- 🚌 临近世界公园（公交站）、大葆台（地铁站）

八大处公园　★★★★　🏞🛕⛩

　　位于北京西山著名风景区南麓，不仅有 8 座古刹，还有山林、小溪之类的风景，曾是古人听风、煮茶、参禅、作诗的去处。

- 🎫 10 元；索道单程 50 元
- ⏰ 6:00—19:30（春夏季）
　　6:00—19:00（秋季）
　　6:00—18:30（冬季）
- 🚌 临近实兴北街北口（公交站）
- 👁 2～4 小时

香山公园　★★★　🏞⛰

　　香山好的不仅是红叶，这里还是北京市民最喜欢的游览地和健身所。每天天不亮，便有无数人在此爬山锻炼，这已经成为香山的独特一景。10 月中旬至 11 月上旬

是观赏红叶的最好季节。

🎫 旺季 10 元；淡季 5 元；碧云寺 10 元；索道单程 80 元（红叶观赏期间 100 元）

🚌 临近香山（公交站）、香山（地铁站）

👁 3 ～ 5 小时

💡 **1. 拥挤：**观红叶的季节也是香山最热闹、拥挤的时候。

2. 见心斋：乾隆读书的见心斋游人罕至，却是静心喝茶的好地方。

3. 香山饭店：为世界顶级建筑设计师贝聿铭少有的风格作品，喜好建筑的游客别错过。

陶然亭公园 ★★★★

陶然亭公园可谓是亭台的博览园，公园共有 36 座风格各异的华夏名亭景观，如沧浪亭、醉翁亭、兰亭、少陵草堂碑亭、吹台等。来此游玩，除了能遍赏亭榭造型之机巧，更可品味石评梅与高君宇感人的爱情故事。

🎫 2 元

🕐 6:00— 21:00（旺季 22:00 闭园，淡季 21:30 闭园）

🚌 临近陶然亭公园南门（公交站）、陶然亭（地铁站）

👁 1 ～ 3 小时

北京环球度假区 ★★★★★

北京环球度假区是全世界第五家环球影城乐园，糅合中国文化元素精心打造独特体验，拥有七大主题景区。来到园区中心的侏罗纪世界努布拉岛，哗哗瀑布声入耳，原始火山风貌令人惊叹；在哈利 · 波特的魔法世界，游客可以在骑乘设备上尽情“飞行”，在魔法世界的上空盘旋俯冲；穿过一片片风格迥异的建筑，清澈的河水与优美的河岸风景相得益彰，游客能惊喜地邂逅功夫熊猫、小黄人、变形金刚等电影形象。

🎫 淡季日 418 元、平季日 528 元、旺季日 638 元、特定日 748 元

🕐 10:00—20:00

🚌 临近环球度假区（公交站）、环球度假区（地铁站）

👁 1 ～ 2 天

北京欢乐谷 ★★★★★

时尚、动感、梦幻，北京欢乐谷是北京体验旅游的地标式景点之一。在这座欢乐无限的主题乐园中，游览峡湾森林、亚

798 艺术区

特兰蒂斯、失落玛雅、爱琴港、香格里拉和蚂蚁王国等任一主题区都会使人流连忘返，仿佛这是脱离于喧嚣城市之外的一个欢乐之谷。来到这里的大人、小孩，都尽情地玩去吧！

🎫 299 元，金面王朝演出 150 ～ 880 元

➡ 东四环四方桥东南角

🚌 临近弘燕桥（公交站）、欢乐谷景区（地铁站）

👁 1 天

798 艺术区 ★★★★

在“798”里闲逛算得上是一次奇异的旅行。空旷的厂房里，革命年代的红色标语尤在壁上，摆设的却已不是笨重的机械；也还存留着关于社会主义生活最早的感性记忆。现在的“798”，一座座车间已经成为艺术家的工作室、画廊、酒吧、餐厅、俱乐部、雕塑工厂、杂志编辑部、精品家居和时装店，创造出了本土的 LOFT 文化。不过，一些艺术家离开这里，转向了草场地、宋庄等艺术区。

➡ 酒仙桥路 4 号

🚌 临近大山子路口南（公交站）、望京南（地铁站）

👁 1 ～ 3 小时

其他艺术场所

国家大剧院 主要由歌剧院、音乐厅和戏剧院三大部分组成，是北京最深的建筑。

🎫 60 ～ 100 元

➡ 北京人民大会堂西侧

🚌 临近天安门西（公交站）

中国美术馆 中国美术馆是中国唯一的国家造型艺术博物馆，现藏各类美术作品 13 万件。

🕐 9:00—17:00

📍 东城区五四大街 1 号

皇史宬 皇史宬位于天安门东侧南池子大街，是明、清时的皇家历史档案馆。皇史宬分南北两院，由正殿、东西配殿等组成，是中国现存最完整、最悠久的皇家档案库建筑群。

📍 东城区南池子大街 136 号

宋庄画家村 这里是画家聚居的艺术区。方力钧、岳敏君、杨少斌，这些当代艺术家的工作室全在这里。平时，这里的上百个工作室都是开放的，你可以看到画家的生活状态，还可以在这里现场买画。

💰 40 元

📍 通州区宋庄镇小堡村

🚇 地铁 6 号线转 813 路公交可到。

酒厂国际艺术区 这里原是一个酒厂，和"798"相比，酒厂的位置较为偏僻，院子里因人少而格外安静。

📍 朝阳区望京北湖渠酒厂国际艺术园

草场地艺术区 被认为是真正纯粹的艺术区，聚集着上百家国内外著名的画廊、艺术机构、设计工作室和传媒机构及众多的知名艺术家。草场地艺术区没有特定的边界，使它更加自由和灵活。

💰 免费

🕐 10:00—17:00

红砖美术馆 红砖美术馆采中国传统园林意象精心打造，是一座由红砖、灰瓦、绿叶组成的艺术殿堂，极具生命力。红砖美术馆对光影的把控和表现独具一格，一天中的不同时段会呈现出不同面貌，非常有层次感。

📍 崔各庄乡何各庄村

水上游

皇家御河游船 御河，又称"长河"。清代乾隆年间，这条河道成为皇家专用河道。这条河道也是慈禧去往颐和园避暑的水路，所以又被称为"慈禧水道"。春季乘船顺水而游，既可欣赏河岸气势恢宏的古建筑，又可以观赏景水相映成趣的自然景观，杨柳依依、花影婆娑，体会"长河观柳"的惬意。

💰 单程 59.9 元，往返 119 元

🕐 10:00—16:00（整点发船）

📍 紫竹院公园内紫御湾码头（近紫竹院公园北门）

亮马河游船 亮马河的白天与夜晚，完全两副模样，要想拥有最惊艳的体验，还是选择夜游游船：河岸两侧的灯光梦幻迷离，令人仿若置身星海。游船从亮马河燕莎聚居码头出发，到朝阳公园的蓝色港湾码头，航程约 45 分钟。

💰 日间船票 160 元，夜间船票 280 元

📍 燕莎码头

通州大运河游船 坐上游船，从二号码头出发，沿途可以看到运河奥体公园、大运河森林公园、观景阁、漕运码头等景点的秀美景色，从不同侧面感受千年运河文化的独特魅力。航程大约 60 分钟。

💰 150 元

🕐 9:30、10:30、14:00、15:30 各一班

📍 通州区通胡大街 70 号二号码头

一句话推荐景点

首都博物馆 基本陈列和精品陈列以展示收藏的北京地区的出土文物为主，表现了北京文化和都城发展史。

🕐 9:00—17:00（周一闭馆）

📍 西城区复兴门外大街 16 号

🚇 临近工会大楼（公交站）、木樨地（地铁站）

观复博物馆 新中国第一家私立博物馆，马未都先生为创办人。

💰 北京馆票价 100 元

🚇 临近京旺家园一区（公交站）

中华世纪坛 迎接新千年的产物，位于玉渊潭公园的南面，北面为军事博物馆和中央电视台。

古观象台 内有漂亮的青铜古天文仪，在建国门立交桥西南。

中国航空博物馆 亚洲最大的航空博物馆，有丰富的实物、史料。

📍 昌平区小汤山镇 5806 号

🚇 安定门乘 643 路至航空博物馆下车。

中华民族博物院 园内建有国内最大的铸铁雕塑以及仿真的热带榕林、水中溶洞、土林、阿里山神木、沧源岩画等。56 个民族的 56 座博物馆均采用 1:1 的比例，极为逼真。

💰 45 元

🕐 8:30—17:30（3—11 月）
8:30—17:00（12 月—次年 2 月）

📍 朝阳区民族园路 1 号

🚇 临近祁家豁子（公交站）、奥体中心（地铁站）

温榆河公园 温榆河公园可露营、拍照、园内有湿地、森林、草甸……总规划面积是奥森的 6 倍，被誉为北京最大的"绿肺"。

- 🆓 免费
- 📍 来广营北路一号院和二号院
- 🚌 临近沙子营村北（公交站）

北京野生动物园 北京野生动物园饲养了两百多种动物，数量上万只，是带小朋友参观和学知识的乐园。它分为南、北两条线，南线主要有狮虎馆、狮狒馆、金丝猴馆等。北线上多为禽类展馆，可以看到火烈鸟、孔雀等多种美丽的鸟类，还有可以与人对话的鹦鹉。

- 💰 150 元
- ⏰ 8:30—17:30
- 📍 大兴区榆垡镇
- 🚌 临近东胡林（公交站）

国家图书馆 亚洲规模最大的国家图书馆，建筑总面积28万平方米。孔雀蓝琉璃瓦，花岗岩石阶，庄重而大气，常有人来学习打卡。

- 🆓 免费
- ⏰ 9:00—21:00
- 📍 海淀区中关村南大街33号
- 🚌 临近国家图书馆（公交站）、国家图书馆（地铁站）

东交民巷 东交民巷西起天安门广场东路，东至崇文门内大街，全长近 1509 米，是老北京最长的一条胡同。旧时这里是漕运地，近代是外使馆聚集地，所以洋房林立，现在基本保持原貌，有一些老建筑成为了国家机关办公地点，有些地方禁止拍照。

- 🚌 临近正义路南口（公交站）、王府井（地铁站）

京郊游

💡 **1. 新景点慎选:** 北京远郊区县有不少新开发的景区，但值得游览的并不算多，如果在北京待的时间长且有兴趣，可照着《北京交通旅游图》按图索骥。

2. 找同类: 北京有不少探险、徒步爱好者俱乐部，可以在这些俱乐部中找到同类，并参加他们组织的活动。

3. 自驾车: 北京的市郊旅游以自驾车的形式较好。

4. 不坐黑车: 不要上那种四处拉客的非法旅游车，这种车大多采取在外地人较多的地区发名片和在旅馆、饭店代售旅游车票的形式揽客，多数存在违法经营、欺诈游客、乱收费的问题。游客最好在正规的汽车站乘坐合法的公交车。

八达岭长城

★★★★ 🌊🏛️💧📷

长城是中华民族的象征，全长一万七千多里，是世界上最伟大的建筑之一。长城始建于春秋战国时期，经过历代的增补修筑，现在我们能看到的保存较完整的是明长城。

"不到长城非好汉"，八达岭长城便是这句著名口号中所指的长城，也是明长城中保存最好的一段。

- 💰 淡季 35 元；旺季 40 元
- ⏰ 6:30—16:30（夏季）
  7:30—16:00（冬季）
- 🚌 1. 每天 12:30 前，德胜门有直达八达岭长城的旅游专线 877 路，或者可乘坐途经八达岭长城的 919 路，票价均为 13 元。
  2. 从北京北站乘城际列车，票价 14～17 元，到车站售票窗买票。
  3. 从前门楼东侧、天安门广场历史博物馆门前、崇文门路口东南角乘旅游专线车，往返 36 元。
- 🕐 1 天

💡 **居庸关:** 去八达岭长城的车辆中途都会经过居庸关。欲游览居庸关者此地下车即可。

💡 **预约购票:** 八达岭长城实行全网预约购票，每日限流。游玩请提前预约购票，现场无法购票。

八达岭长城

司马台长城　★★★★ 🚶🍽️🏕️📷⛰️

司马台长城以"险、密、奇、巧、全"著称，位于北京市密云区东北部的古北口镇，全长5.4千米，共有敌楼35座，是我国唯一一段保留明代原貌的古建筑遗址，这段长城已被联合国教科文组织确定为"原始长城"。司马台长城被古建筑学家罗哲文称为"中国长城之最"，是万里长城最著名的险段。自2014年1月底起，对单独游览的游客实行预约分批次游览。

- 💰 40元，门票+单程索道110元，门票+双程索道180元
- 🕐 9:00—17:00
- 🚆 东直门9:00和13:00有开往景区的直通车，车票48元；或者在中青旅大厦乘坐旅游专线，发车时间10:00；从北京北站或清河站乘坐怀密线到达古北口镇，到达古北口站后换乘接驳车到达古北水镇，接驳车发车时间：9:40、17:10
- 👁️ 3～5小时

💡 **1.攀登攻略：**司马台长城具有景色美、旅客少、小贩少等特点，可以从金山岭进司马台出，也可以从司马台进金山岭出，长城上分界处分别有人售票。司马台长城的东段最精彩，但是最危险的后半段不允许攀爬，有保安把守。司马台有索道，但如果有勇气和体力，最好还是直接登临，这更能感知长城的气魄所在。

2.游玩技巧：

a.要背双肩包，这样正好四肢并用爬长城，节省体力且不容易滑倒。

b.山脚下的旅游纪念品都可以还价，最少还一半价。

c.必须带上专业的露营设备，即使是夏天，夜间也能较冷。

d.搭设帐篷最好选在有所遮挡的敌楼内，且位置应较低，以免夜间风过大。

居庸关长城　★★★★ 🚶🍽️📷

居庸关建在一条长达15千米的山谷间，是从北面进入北京的门户，有"一夫当关，万夫莫开"的气势，被称为长城三大关城之一。早在800多年前的金代，就被列为燕京八景之一，称为"居庸叠翠"。

- 💰 旺季40元；淡季35元
- 🕐 8:30—17:00
- 🚆 可乘坐昌68路公交车直达景区
- 👁️ 2～4小时

💡 景区内需要步行，爬到最高处的烽火台大约要3小时，需要一定体力，要做好准备。

慕田峪长城　★★★ 🚶🏕️🚡

慕田峪长城位于京郊怀柔区境内，距北京73千米。"万里长城，慕田峪独秀"确有道理，长城长5400米，最高处敌楼海拔为1039米。可从慕田峪关的古道登长城，也可乘缆车上。该段长城一年四季风景各异，春秋更佳。

- 💰 45元
- 🚆 东直门外公交车站乘坐旅游专线
- 👁️ 3～5小时

明十三陵　★★★ 🚶🏕️📷⚽

十三陵是世界上保存较为完整、埋葬皇帝最多的墓葬群。尤其是现代发掘的定陵，规模浩大，极为壮观。

- 💰 总神道：淡季20元，旺季30元；明昭陵：淡季20元，旺季30元；明定陵：淡季40元，旺季60元；明长陵：淡季30元，旺季45元
- 🕐 旺季8:00—17:30；淡季8:30—17:00
- 🚆 临近长陵（公交站）、昌平西山口（地铁站）
- ⊘ 从马甸桥走京藏高速路到昌平环岛，再往北即可到达
- 👁️ 3～5小时

💡 十三陵墓区范围面大，一般游人通常只能游览其中的长陵、定陵或昭陵，其余陵墓都未开放。

卢沟桥　★★★ 🚶🏕️

卢沟桥是北京市现存最古老的石造联拱桥，共11个桥孔，桥身是石体结构，关键部位以银锭铁榫连接，为华北跨度最大的古代石桥。桥上有许多雕刻精美的石狮子，大的小的、形态各异，狮子有雌雄之分，雌的戏小狮，雄的弄绣球。有的大狮子身上，雕刻了许多小狮，最小的只有几厘米长，有的只露半个头、一张嘴。因此，有"卢沟桥的狮子数不清"的说法。

"卢沟晓月"是著名的"燕京八景"之一，中秋节前后来游玩，月夜下的卢沟桥别有一番风味。卢沟桥的东端就是宛平城，城内的雕塑园、石鼓园等景点也可以一并游玩。

- 💰 20元
- 🕐 7:00—19:00（4—10月）
  8:00—17:30（11—次年3月）
- 🚆 临近卢沟新桥（公交站）、大瓦窑（地铁站）
- 👁️ 1～3小时

卢沟桥，东方雄狮历史的见证者

潭柘寺风景区

★★★★★ 　🏛🏞🏯🏛

谚语说"先有潭柘寺，后有北京城"。潭柘寺是北京地区历史最久远的寺庙，寺院依山而建，殿宇宏伟，格局井然，据说现在紫禁城的格局就是根据潭柘寺而来。潭柘寺是皇家寺庙，寺里的二乔玉兰独具看点。

🎫 55 元

🕐 8:00—17:00（夏季）
　　8:00—16:30（冬季）

🚌 临近潭柘寺（公交站）

👁 1 ～ 3 小时

🌞 赶上农历大年初一来此旅游，会有佛事活动。

戒台寺风景区　★★★★

🏛🏞🏯🏛

始建于唐代，因拥有全国最大的佛寺戒坛而久负盛名。它保留有佛塔、经幢等辽代佛教中十分罕见的珍品。该寺以种植丁香、牡丹闻名，春夏开花时游人如织。

🎫 45 元

🕐 8:30—17:30（夏季）
　　8:30—17:00（冬季）

🚌 临近戒台寺（公交站）

👁 1 ～ 3 小时

🌞 **1. 留宿：**可在公园内留宿。

2. 幽静：戒台寺因为来访者不是很多，保存了独有

的幽静。

3. 古树参天：寺里面遍布古树，值得一看，尤其是那棵抱塔松，造型很美。

4. 小心迷路：寺庙面积不是很大，上院、下院经常锁着门。寺内岔路口挺多，而且小岔口没指示牌，游人经常迷路。

5. 买一本小册子：来这里买一本戒台寺的 25 元的小册子会送一本经书，可以了解更多戒台寺的人文故事，会是另一份收获。

十渡　★★★★　🏞📷

十渡位于房山区拒马河中上游，距市区约 100 千米，有"北方桂林"之称。从拒马河的出山口千河口到十渡村，沿途在拒马河上要过桥渡水十次，"十渡"因此得名。其中六渡的山水最具特色。去十渡最好挑涨水的夏季，否则体验感会大打折扣，不过一定要查好天气预报。

🎫 景区不收费，内部景点单独收费，孤山寨景区 55 元（含铁索桥）；乐湖港风景区 65 元；聚龙湾 50 元；仙西山 40 元；拒马河乐园 180 元；誓言玻璃栈道 50 元

🚆 北京西站有开往十渡的火车，车程约 2.5 小时

🏨 位于火车站对面的龙山饭店适合住宿。

👁 1 ～ 2 天

🌞 **1. 顺道游：**十渡与石经山在同一条线上，如有时间，可拟订一个计划，两处一起游玩。

京
郊
游

十渡

2. 住一回农家旅店： 十渡镇十渡村的农家旅店很方便，可以提供令人满意的食宿，如果你需要，还可以帮你联系旅游景点接送车辆，而且通常不收额外费用。

石花洞　★★★★　⛰📷

　　石花洞，因洞内生有绚丽多姿的石花而得名，与举世闻名的桂林芦笛岩、福建玉华洞、杭州瑶琳洞，并称为我国四大岩溶洞穴。经洞穴专家考证，石花洞内的岩溶沉积物数量为中国之最。洞内有 18 个景区，120 余处景观，其中"瑶池石莲"已有 32000 年历史，"龙宫竖琴"堪称国内洞穴第一幔，这些洞穴奇观无不令人啧啧称奇。

　🎫　70 元
　🕘　9:30—15:30
　🚌　地铁换乘房山线，良乡南关站下，换乘公交车前往
　🚗　京石高速阎村出口→阎村→坨里路→石花洞
　👁　1～3 小时
　💡　洞内湿滑、寒冷，建议穿上防滑运动鞋和保暖衣物，以防感冒。

爨底下村
★★★★★　📷⛰⛰📷

　　这里比较完整地保留了明清时代的四合院，村庄依山而建，被群山环绕，村前被 170 米长的弓形墙环绕，使全村形不散，神更聚。村子曾经是《手机》《投名状》等电影电视剧的取景场地，现在是市民的桃花源。

　🚩　门头沟斋堂镇
　🚌　临近爨底下村（公交站）
　👁　1 天

凤凰岭　★★★★　⛰⛰📷📷

　　景区内青山绿水，层峦叠翠，春有"桃源杏海"，夏有"白瀑垂帘"，秋有"深秋红叶"，冬有"层峦晴雪"。景区内还有佛教、道教、儒教等宗教文化遗迹。景区内还有一个地方叫神泉，很多人在这里接水喝。

　🎫　25 元
　🚌　临近凤凰岭（公交站）
　👁　2～4 小时

红螺寺景区　★★★　⛰⛰⛰

　　景区位于怀柔区城北，距北京城 55 千米。红螺寺原名大明寺，是北方最大的佛教丛林，素有"南有普陀，北有红螺"之说。寺内有千株梅花、万株翠竹，寺周松林环绕，大有"禅房花木深"之意。

　🎫　54 元

🕐 8:30—17:00

🚌 东直门外有开往红螺寺的旅游直通车，发车时间8:30，车票30元；六里桥、四惠客运站也有开往红螺寺的旅游专线车（仅周六日和节假日发车），发车时间：8:00，单程50元，往返60元

密云水库 ★★★ 🏊🎣📷

　　密云水库是华北地区最大的人工湖，有"燕山明珠"之称。水库以山灵水秀、景象万千吸引着游客。夏季库区内平均气温低于市区3℃，是避暑的绝佳去处。登上巍峨的大坝，湖面烟波浩渺，渔船点点，一眼望不到边，整个水库犹如一幅山水画卷。游客在此无论是旅游、垂钓、避暑，还是休养都很适宜。周边还有采摘园可以采摘新鲜水果。

💰 免费

📍 密云区城北13千米处

云蒙山风景区 ★★★★ 🏊📷

　　云蒙山集泰山之雄、华山之险、黄山之奇、峨眉之秀于一体，素有北方小黄山之称。它是一座以峰、石、潭、瀑、云、松取胜，以雄、险、奇、秀、幽、旷见长的名山，是北京罕有的可以观山观水观长城，赏云赏瀑赏石松的京华胜地。景色清幽原始，每年4—5月为杜鹃花花期。

云蒙山

💰 78元，黑龙潭58元，索道98元（单程）、198元（双程），观光车20元

🚌 临近黑龙潭（公交站）

👁 3～6小时

💡 云蒙山东南坡麓的云蒙峡，是北京众多户外运动俱乐部组织野外生存、登山穿越的首选之地。

黄花城水长城 ★★★★ 🏊🎣📷

　　这里因修建水库水位上升，淹没了一段长城而得名，因此也形成了"长城戏水"的独特景观。这里的景色有三绝，一定要看："一绝"是长城本身，建于明永乐年间的长城环绕在山脊上和湖边，景色秀美壮观；"二绝"是湖水将长城断开，形成了"长城戏水"的奇特景观；"三绝"是明代板栗园，古树盘根错节，形态各异。

💰 60元

🚌 到东直门枢纽乘公交车到怀柔汽车总站，换乘"怀柔—水长城（西水峪）"的专线车；周六日及法定节假日，东直门有开往水长城的旅游专线，8:30发车

👁 3～6小时

💡 水长城所在的黄花城每到仲夏时节，便有大片的黄色野花绽开，是拍摄夏日花景的好地点。

古北水镇 🏊🚡🎣📷

　　古北水镇背靠中国最美、最险的司马台长城，紧邻鸳鸯湖水库。水镇历史悠久，古老的汤河流经其间，民居依水而建，古朴而典雅。古镇的泛光夜景超凡脱俗，也是不容错过的美景。在古北水镇，不仅可以游览古镇风貌，还可以体验独特的北方民俗，住进农家小院，品尝地道的"北国"小吃，参观永顺染坊、镇远镖局、八旗会馆等景点。

💰 140元，古北水镇＋日游长城联票170元，夜游活动（含古北水镇、司马台长城及双程索道）

🕐 9:00—22:30（周一—周四），9:00—23:00（周五、周六）

📍 密云区古北口镇司马台村古北水镇

🚌 东直门9:00和13:00有开往景区的直通车，车票48元；或者在中青旅大厦乘坐旅游专线，发车时间10:00；从北京北站或清河站乘坐怀密线到达古北口镇，到达古北口站换乘接驳车到达古北水镇，

古北水镇

接驳车发车时间：9:40、17:10

👁 1～2天

白河峡谷 ★★★ 👫📷

　　原始风貌保存相当完整的自然峡谷，与永定河官厅山峡谷和拒马河峡谷并称"京都三大峡谷"，而白河峡谷因其壮丽的风景，更有"百里画廊"的美誉。京郊不少当红景点——清凉谷、京都第一瀑、天仙瀑、千尺珍珠瀑等，都可以在白河峡谷内找到它们的身影。此外在谷中还有一个类似雅鲁藏布大峡谷的雄壮景致"云台揽胜"，值得为之走上一遭。

　　💰 硅化木30元，乌龙峡谷30元，朝阳寺15元，滴水壶25元，龙王庙15元

　　🕐 9:00—16:00（每年4—11月中旬开放，冬季闭园）

　　🚌 临近延庆西店（公交站）、朝阳寺（公交站）

　　🚫 自驾车观览白河峡谷风貌是最佳选择。白河峡谷可分为两段，一段在延庆区境内，由白河堡水库出发，向东行至怀柔汤河口，沿111国道返京。这一段可以观赏到千古奇观的木化石群、滴水壶、山势如屏的朝阳碴、白河堡水库等雄伟景观；或是从怀柔汤河口向西拐，走滦（滦平）赤（赤城）路，那里又别有一番风景；另一段在密云区云蒙山北，过大关桥溯流而上，沿云蒙山西麓向南绕回怀柔境内。白河峡谷的下半程由密云水库到"云台揽胜"告一段落

　　👁 1天

　　💡 玩漂流：漂流也是白河峡谷的亮点，整条线路5千米左右，沿路原始风貌保留相当完整。另外峡谷起始段的河面平而大，正好适合放船。

金海湖风景区 ★★★★ 👫📷🎣

　　金海湖位于北京东北部的平谷区，是一处以金海湖为主体的景区。金海湖的面积很大，湖边有山岭环绕，风景优美，是近年来热门的露营地。景区内有4个露营地和1个草坪帐篷区，其中4个露营地分别是微澜山谷营地、大溪水亲子营地、小三峡营地以及碧波岛上露营地。除了露营，景区内的娱乐项目主要有皮划艇、水上摩托、水上飞伞等，另外还有多种游船，如乌篷船、赛龙舟、游船、快艇等。

　　💰 40元，门票+游船170元，门票+快艇150元，门票+帆船170元

　　🕐 8:30—17:30（冬季闭园，3月中—11月中开放）

　　🚌 临近金海湖（公交站）

　　👁 2～6小时

　　💡 平谷是我国最大的桃乡，每年的四、五月，20多万亩桃花竞相开放，漫山遍野桃花红遍，如霞似锦，如海如潮。去往金海湖的路上也可以欣赏桃花海。

海坨山 ★★★★ 👫

　　海坨山主峰海拔2241米，是北京第二高峰。山上植被丰茂，清幽凉爽，是夏季避暑的好去处。在海坨山观日出也是件极浪漫的事。

🔯　延庆区张山营镇北部与河北省赤城县交界处

🚌　从北京德胜门外坐公交车到达延庆，然后找当地司机包小面，或者转乘公交到松山路口下车，可到达松山景区。沿着景区公路乘车大概 20 分钟即可到达西大庄科村

👁　1 天

龙庆峡 ★★★★★ 🌳

景区位于延庆区北部，距市区 85 千米，有"塞外小漓江"的美誉。夏可避暑，冬有冰灯。主要景点有神仙院、仙人旗、老虎嘴等。

💰　40 元，船票 100 元，滑道 30 元，神仙院 50 元（含索道往返），通票（门票＋船票）140 元

🕐　8:00—16:30(4 月 15 日—11 月 15 日)；14:00—22:00（1 月中旬—2 月底，冰灯季）

🚌　临近龙庆峡（公交站）

👁　1 天

康西草原 ★★★ 🔯👁📷🌳

康西草原位于延庆区八达岭长城西侧 15 千米，有 2000 多万平方米的草场，在京郊绝对称得上是体验塞外风情的好地方。

💰　30 元

🚌　德胜门乘 880 路区间支线或班车直达

🚗　从马甸桥上八达岭高速公路到终点后西行即到

京郊雪场 ★★★ 🌳

当滑雪成为时尚，雪场自然就走进了人们的视野。京郊的雪场是那些既不想远游又想体验冰雪风情的北京人冬季休闲娱乐的最佳场所。

💡**不要冒险：**要根据自己的水平选择适合你的滑雪道，切不可过高估计自己的水平而贸然行事，要循序渐进，最好能请一名滑雪教练。

北京密云南山滑雪场　这里有国内第一条适合单板滑雪的 U 形道。

🚌　从东直门长途汽车站乘东密专线 980 路到西大桥下车，乘出租车前往。或乘直通巴士，全程高速，往返 35 元，8:30 发车，17:30 回城，乘车需提前一天预订

北京雪世界滑雪场　距离市区较近，内设夜间滑雪场。

🔯　十三陵旅游区内

北京石京龙滑雪场

🚌　临近旧小路西（公交站）

🚗　从马甸桥上京藏高速（原八达岭高速）行至延庆城区（62）出口，延 110 国道按指路牌行驶

吃喝北京
京味招牌

老北京的传统食品，还有时尚的最新吃食，让你知道北京的味道。

仿膳

提起北京城内著名的宫廷菜馆，不得不说北海公园漪澜堂内的仿膳饭庄。据说是当年皇帝的御膳房的老师傅传下的技艺。屋里的摆设也都是宫廷式样。

烤鸭

"吃烤鸭，登长城"是到北京游玩的必选项目。将北京特产填鸭放入特制烤炉内用天然果木精心烤制而成，鸭身呈枣红色，熏烤时，几十米外都飘着诱人的香味，惹人食指大动。一般餐厅 100 多元一只，到名店几百元一只。不过，名店的烤鸭在火候和片工上当然要好一些，而烤鸭吃的就是火候和刀法（煎饼的厚薄软硬也很关键）。其实吃烤鸭除了口味还在于享受亲自选鸭和大师傅当面片鸭之类的形式感，除此以外，烤鸭店里还可吃到各种鸭内脏做的菜。

北京全聚德烤鸭店　来北京吃烤鸭的首选，和平门店、前门店、王府井店这三家是全聚德的本店，味道正宗自不待言。其他连锁店，如双榆树的"全聚德"味道也很不错。

全聚德烤鸭采用挂炉烤法，在鸭子

北京烤鸭

身上开个小洞，把内脏拿出来，然后往鸭肚子里面灌开水，再把小洞系上后挂在火上烤。烤出的鸭子皮很薄很脆。

便宜坊 由"咸宜坊"的谐音而来，以焖炉烤鸭闻名，是北京城里老字号的烤鸭店。其特点是"鸭子不见明火"，是由炉内炭火和烧热的炉壁焖烤而成。便宜坊的焖炉烤鸭外皮油亮酥脆，肉质洁白、细嫩，口味鲜美。

便宜坊烤鸭店（哈德门店）
 东城区崇文门外大街 16 号便宜坊大厦 4 层

☎ 010-67112244/87555085

鸭王烤鸭（三里河店） 烤的鸭肥而不腻，外皮酥脆，有点入口即化的意思，价格比全聚德便宜。

🚇 三里河东路 5 号中商大厦 B1 楼

☎ 010-68582727

大董烤鸭店（木樨园店） 鸭皮口感是最特殊的，真正的"酥不腻"，而不是传统烤鸭所提倡的皮"又酥又脆"。据说经过测试，大董烤鸭脂肪含量仅是传统烤鸭的三分之一。

🚇 永外果园 8 号欣雅汇生活广场 5 层

☎ 010-87861211

四季民福烤鸭店（故宫店）
🚇 南池子大街 11 号故宫东门旁

☎ 010-65267369

炸酱面

北京人听到炸酱面没有不流口水的。炸酱面面条略筋道，酱香味重，配着青菜。一碗下去，酣畅淋漓。北京的炸酱面馆大都布置得古色古香，一进门小伙计就会喊："几位里面请！"大堂里的其他伙计也随声附和。上面时，清一色的面码一字排开，小伙计倒面码的声音清清脆脆，非常有意思。

老北京炸酱面大王（朝阳门店） 店里桌椅摆设颇有老北京味道，面很劲道。

🚇 朝阳门内大街东水井胡同 5 号楼 205

☎ 010-58646798

💡**百年老店**

北京的百年老店一定要去总店吃饭，很多分店都是加盟的连锁店，味道不够正宗。

💡**北京全聚德烤鸭店**

和平门店

¥ 人均 283 元

🚇 前门西大街 14 号楼

前门店

¥ 人均 188 元

🚇 前门大街 30 号

王府井店

¥ 人均 189 元

🚇 王府井大街帅府园胡同 9 号

双榆树店

¥ 人均 166 元

🚇 海淀区北三环西路 32 号恒润国际大厦 1 楼

💡**选有品质的烤鸭**

在北京吃烤鸭很容易，稍大一点儿的饭馆都有。相对可靠的牌子推荐天外天、大董、鸭王、便宜坊、金百万、四季民福烤鸭店。

夜市中的糖葫芦

荷塘月色

荷塘月色是北京城数一数二的素菜馆，环境清新脱俗，很有文化气息，附有书吧，菜式造型漂亮，味道也很不错，素菜做出了肉的味道。

￥ 人均 149 元

将台路 6 号丽都饭店院内 B-106 号

010-64653299

梅园乳品店

梅园乳品店是走累了可以去小憩的街边小店，不时尚，但口味很好，永远不变的瓷瓶酸奶，浓浓的杏仁豆腐、奶酪、奶皮等，北京各处都有分店。

￥ 人均 15 元

驻京办附近多美食

各省区驻京办事处附近都有地道的各地菜，正宗又便宜。

海碗居（增光路总店） 一进门，小二吆喝得"地动山摇"。炸酱面一大碗端上来，酱香十足，菜码很多。

海淀区增光路 11 号

010-88374993/4000687016

涮羊肉

涮羊肉是最受北京人欢迎的冬令美食，以东来顺、又一顺、能人居的涮羊肉名气最大。冬季北京街头的许多餐馆的旗幡上都写着三个大字"涮羊肉"，由此可知北京人对于涮羊肉的偏爱程度。

东来顺 东来顺饭庄历史悠久，是北京城内首屈一指的清真菜馆。其主要特点是原料上乘，配料齐全，制作精细。

前门大街 32 号

010-83172726

风味食品

爆肚是最能代表老北京民俗的食品之一，吃的是牛和羊的胃。东直门内"簋街"金生隆"爆肚冯"（现改称"爆肚"）是常去的一家，三代爆肚，店内布置得很有旧京城余韵，东西也地道。

隐藏在大栅栏附近的门框胡同有四家值得品尝的老字号："爆肚冯""小肠陈"、月盛斋、瑞宾楼。

前门外"都一处"的"疙瘩汤"，俗称"满天星"，也算是京城饮食一绝。

庆丰包子铺是北京最有名的包子铺之一，包子种类多，价钱公道，是个实惠之所。

北京的南城是穆斯林聚集地之一，从牛街下来一直到樱桃园、南菜园，沿途清真饭馆不断。清真食品是北京特色饮食中的重要部分，包括"驴打滚""艾窝窝"年糕系列、白塔寺的"茶汤李"等。

老磁器口豆汁店（天坛店） 去天坛公园后，一定要来这里尝尝豆汁。这家店面虽小，但在京城也属于老店了，很多人都是慕名而来的。喝一碗热豆汁，就点焦圈，吃点咸菜，挺好的。在北京有种说法，只有习惯喝老磁器口豆汁才算真正适应北京。

天坛北门对面

010-67035725

推荐饭店

高档饭店

王品牛排（西单店） 浪漫的首选地，装修典雅，菜品造型颇具"罗曼蒂克"色彩，主打牛排，比较适合中国人的口味。

西城区华远街置地星座 9 号楼下层广场

010-58518200

中档饭店

庆云楼 说是越南菜，而且请了南北越南的厨子，但很多人还是为了喝酒聊天而来，这使它更像一间酒吧。

西城区前海东沿 22 号

010-64019581

平民饭店

鹿港小镇　时髦台湾菜，时尚潮流的装修，放着当下最嗨的音乐，是北京美女俊男的聚集地。

鹿港小镇（西单大悦城店）分店

📍 西城区西单北大街 110 号老佛爷百货 5 楼

📞 010-59716529/4001917917

东兴楼　开业于 1902 年，老北京最有名的饭馆，为"京都八楼"之一。

📍 东直门内大街 5 号

📞 010-84064058/84064118

为人民服务　为人民服务店里的装修很有地域特点，既有泰国的风土人情画，也有《为人民服务》，全文白底红字，正楷书写。

📍 三里屯北路西五街 1 号

📞 010-64686053

孔乙己酒店（东四店）　厅堂内白墙黑瓦，黑色的木栅门，高高的黑漆账台，很有历史感，连菜谱都是毛笔手写体的。

📍 东四北大街 322 号

📞 010-64040507

东方饺子王（大成路店）　京城最受欢迎的东北菜，菜品体现着东北人典型的热情实在，绝对是京城吃饺子的首选。推荐菜：东北大拉皮、哈尔滨红肠、酸菜炖排骨、老汤肘子。

📍 丰台区大成路 25 号 1-6 号

📞 010-68694307

天府豆花庄（金四季店）　四川小吃汇聚的老字号。

📍 西四环北路 117 号金四季购物中心

📞 010-88498820

九头鸟（航天桥店）　航天桥、北太平庄、安定门、北海等地都有分店。推荐菜有排骨炖藕、炖鸡汤、素鸭、糯米填藕、沔阳三蒸等。

📍 西三环中路航天桥西南角航天商务院内 1 楼

📞 010-68489278

日昌餐馆（地安门店）　平淡简洁的装修和非常地道美味的菜品，人气旺，24 小时不打烊，成为众多时尚人士的新爱好。

📍 地安门西大街 14 号

📞 010-64058205

姚记炒肝店（鼓楼店）　北京著名的一家炒肝老店，江湖上流传的"要想吃炒肝，鼓楼一拐弯"指的就是这里。

📍 东城区鼓楼东大街 311 号

📞 010-84010570

西单翅酷　京城很火的烤翅店，不管什么时候去都得排队，其中变态辣鸡翅一直"威震江湖"。

📍 西城区西单图书大厦东侧钟声胡同 15 号

📞 010-66032605/66012510

莫斯科餐厅　老牌俄式西餐厅，老北京人亲切地称之为老莫，很多大叔大妈当初就是在这里恋爱成功的，味道很地道，环境很气派，性价比较高，不容错过。

📍 西城区西直门外大街 135 号北京展览馆院内

📞 010-68316758

呷哺呷哺　价格不贵，而且调的酱味道特别好。

📍 新世界商场、西单明珠、庄胜崇光百货、甘家口大厦很多地方都有分店

东兴顺爆肚张　烤肉季东边一百米左右，中华老字号，七张小桌子，每天 100 斤爆肚、500 个烧饼，19:00 以后准没。

📍 西城区什刹海前海东沿 17 号

📞 010-64057412

一坐一忘丽江主题餐厅（三里屯店）　店里有很多店主拍摄的丽江照片，当然也欢迎顾客贡献有关丽江的图片，陈列物品和丽江工艺品也对外出售。店里傣家自酿的甘醇米酒喝了不醉，尤受追捧。店里的音乐大都是主人多年以来从丽江各处淘来的，曲风清新脱俗，有喜欢的，可以刻一张带回家。

📍 朝阳区三里屯北小街 1 号

📞 010-84540086

华威肉饼（潘家园店）　半斤一张的牛肉饼，饼皮薄到透馅儿了，口感湿软，馅大皮薄，一口下去满满牛肉香。

📍 松榆北路松榆西里 16 楼西侧

📞 010-67312996

创意餐厅

小新的店　这家店跟《蜡笔小新》可没关系，只是老板名叫小新，酒吧可容纳 20 人，装饰浑然天成，桌椅颇具古趣。在酒吧的顶棚上，有一组相连的天窗，白天阳光折射进来，令人舒适；夜晚，抬起头就可以欣赏到浩瀚星空，令人遐思无限。除了就餐环境的匠心独具，小新的店里的食物也十分有特色，这里的每一件食

物，都是由老板小新亲手烹制的，绝对原创。口味纯正的起司蛋糕，润滑爽口的意大利面，六种口味的比萨，看到这么精致的食物，你都会不忍心把它们吃下去。

📍 东城区南锣鼓巷 103 号

📞 010-64036956

木马童话黑暗餐厅 北京木马童话黑暗主题餐厅是个以黑暗为主题的特色餐厅，名字取自西方著名传说"特洛伊木马"，寓意每个来到这里的食客都化身为骁勇的古希腊勇士，在黑暗木马中开始美食旅程。餐厅分为微光和暗光两个区，都布置得十分浪漫。服务员全部戴着夜视仪服务，提醒食客用手摸索着了解座位，猜测餐桌上的菜肴……此时，可以完全地卸下压力，更重要的是这里有味道顶呱呱的特洛伊小牛排，还有让人口水大流的火龙粒粒香沙拉！

📍 西城区西单北大街 109 号西西友谊酒店 8 层

📞 010-15210674978

自如 Z-SPACE 位于东城区的胡同里，店里有个开阔的天台，坐在上面可以一览老北京胡同风貌，后院百年银杏树雅致壮观，无论是与三两好友小聚，还是独自虚度时光，都能闲适自在。

📍 东城区协作胡同 40 号

📞 17812135307

北京甜品店

假日里吃到好吃的有名的甜品，是旅程中甜蜜的时刻。

Häagen Dazs 哈根达斯

📞 010-65326661

📍 东城区王府井 138 号 APM 地下一层 KB1-2 号

📞 010-65326661

文宇奶酪店

📍 东城区南锣鼓巷 49 号

📞 010-64055756

稻香村

传统的北京糕点店，分店遍地开花，吃的是安心和地道。一定认准"三禾"标志，这才是老北京稻香村。

美食集中地带

北京的饭馆随处可见，下面介绍的是几处美食聚集的集中地，各具特色。

什刹海

什刹海是老北京市井风情的集中地。各式各样的餐厅、酒吧，还有各具特色的小店遍布岸边小巷。有人说："传统在白天，时尚在夜晚，都是北京的生活。"什刹海是绝对的美食聚集地，官家菜、烤肉、绍兴菜、客家菜、风味小吃……再加上外国馆子，真是一应俱全。

💡 **1. 桨声灯影：** 划夜船、放荷灯是什刹海最受人喜爱的活动之一，稀疏的桨声，星星点点的荷灯，充满了浪漫的闲情逸致。

2. 银锭观山： 什刹海附近有不少人文景观。银锭桥连接前海和后海，小桥像一个倒置的元宝，因而得名。过去从这里可以望见京郊的西山，是老北京的小八景之一。

三里屯酒吧街

三里屯分北街和南街，北街的 Jazz'Ya 是这里最老的一家酒吧，有不错的日本菜和意大利菜；三里屯的火锅别具特色，酱猪尾也非常好吃。

北街对面的金谷仓，川菜不错，但做什么你就得吃什么，不让点菜。

在太平洋百货二楼有一家时尚快餐店，这里面有全球各式的美食和饮品。

什刹海小店

东三环

从东三环国贸向北，到三元西桥附近，是北京美食的中心，这一带的餐厅大多在中高档次，开创了不少北京美食潮流。

在国贸地区，皇城老妈是四川火锅的代表之一。另外，不能不提的是福楼法餐厅，餐厅的鹅肝、爆蜗牛、牛排是地道巴黎味。

在朝阳公园西门一带，日昌餐厅是生意最好的一家，经营的是广东的排档菜。俺爹俺娘叮了大包店，老北京风味，提供的都是北京地道的日常小吃，最拿手的自然是大包子。

在东三环聚集着不少外国餐厅，比如美式的星期五，还有泰国菜、意大利菜馆，以及众多的韩国和日本菜馆。

其他

簋街 北京人都知道，从北新桥路口一直到二环东直门路口，一溜儿密密麻麻的饭馆。现在簋街上最受欢迎的食品是麻辣小龙虾，北京人爱称为"麻小儿"；在这里，每天消耗的小龙虾是以吨计算的。

隆福寺小吃店 老字号的小吃店，很多北京人儿时的回忆。

📍 东四北大街 145 号（近东四十二条）

📞 13521423285

护国寺小吃（护国寺总店） 老北京特色小吃店，品种很全，价格也公道。

📍 西城区护国寺大街 93 号

📞 010-66181705

夜游北京

北京的夜生活可算丰富多彩，可以上剧院、泡酒吧，也可泛舟后海、坐游船夜航，也可上旋转餐厅观夜景，或到王府井、西单、天安门广场。

泡吧

若想在亲近北京的民风民俗中体味老北京的神韵，什刹海是首选。什刹海的酒吧没有另类的装修，靠的是古城水土养出来的浓浓京味。长长的岸边，大多是开张的和正准备开张的酒吧。"左岸"是什刹海元老级的酒吧，安静舒适，口碑甚好。烟袋斜街上的"莲花"和"藕"则是新生酒吧中比较突出的。

三里屯是北京酒吧的主要分布区，从

霓虹璀璨

1989 年这里出现第一家酒吧算起到现在，三里屯周边 3 千米范围内聚集了 70%的酒吧。

年轻人喜欢去的是五道口的酒吧，而五道口酒吧最密集的就属华清商务会馆那栋楼，由于五道口的地理位置和顾客属性，酒吧一般价格偏低，属于物美价廉的类型。

元古酒馆（太古里店） 整个酒馆有种古色古香的感觉，偏文艺古风系，酒名都与诗相关，竹里、见空山，每款酒的名字都很有意境，文艺青年爱去打卡的酒吧，很有韵味。

📍 三里屯路 11 号太古里北区 N4 座三层（近 Kenzo 扶梯）

📞 13683613192

杳·SPEAKEASY BAR（五道门店） 环境非常优雅舒适，由于在 17 层，俯瞰窗外，可以欣赏五道口美丽梦幻的夜景。

📍 成府路华清商务会馆 17 层 1707（白夜网咖入楼门进）

📞 18612401707

听音乐、看戏

北京几乎每月都有中国顶级甚至世界顶级的演出活动，交响乐、芭蕾舞、话剧、京剧、大型演唱会、体育赛事连续不断。对很多人来说，到北京人民艺术剧院看一场地道的人艺话剧，或到北京音乐厅听一场高水平的演出，一定会成为北京之行最深刻的记忆之一。

国家大剧院 作为国家表演艺术中心，国家

勾画京剧脸谱

大剧院设有歌剧院、音乐厅、戏剧场以及艺术展厅等配套设施，上演歌剧、音乐会、舞蹈、戏剧戏曲等门类的高雅艺术精品。

🔄 北京市西城区西长安街 2 号

📞 010-66550000

北京人民艺术剧院（首都剧场）

🔄 王府井大街 22 号

📞 010-65246789

老舍茶馆 一座京味十足的茶馆，每晚都有来自曲艺、戏剧等各界名流的精彩表演。

🔄 前门西大街正阳市场 3 号楼 3 层 102 室

📞 010-63036830

保利剧院 以上演高品位的艺术演出而闻名。

🔄 东二环东四十条立交桥东北角

📞 010-51655997/65065343

北京音乐厅

🔄 西城区北新华街 1 号

📞 010-66057006

夜游北京

南锣鼓巷 老北京的胡同，极有个性的各类小店、餐厅和酒吧，值得一去。

鼓楼东大街 这条老街以众多电子游戏以及动漫店成为人气鼎盛的电玩一条街。

工体东门 可以说，工体商圈是北京夜店的中心。

金融街 金融街有一条特色精品餐饮酒吧街——金树街，有包括星期五餐厅、星巴克等在内的二十余家餐厅、茶室、酒吧。

SOLANA 蓝色港湾国际商务区 在北京朝阳区，其融合了商业文明和自然景观，因为毗邻朝阳公园，东、南、北三面环水，旖旎的风光，优美的环境仿若仙境一般，同时又不失富丽堂皇，高贵典雅。另外，SOLANA 蓝色港湾内建有 19 栋 2 至 3 层、洋溢着浓郁欧式风情的小楼，五彩斑斓的建筑色彩如同跳跃的音符，使人赏心悦目。精雕细琢的设施，开放的购物环境，无论是休闲旅游，还是探寻欧洲风情，这里都很值得造访。

🔄 朝阳区朝阳公园路 6 号

购物北京

除景泰蓝、风筝之类的当地特产外，北京购物的优势主要集中在图书、古玩、服饰、高档品牌消费品上。

购书

全国出版中心的地位让北京在图书销售中占尽优势，北京的书店众多，从畅销书到最生僻的专业学术书籍，都可以找到集中购买之地。

北京图书大厦 位于西单路口东北侧，是全国大型国有零售书店之一，云集了全

市内京剧观赏处及音乐厅		
名称	**地址**	**电话**
人民艺术剧场	王府井大街 22 号	010-51664511
中山公园音乐堂	中山公园内	010-65598285/306
梨园剧场	前门饭店内	010-63016688
湖广会馆	西城区（原宣武区）虎坊路 3 号	010-86551680
		63529140
长安大戏院	建国门内大街 7 号	010-52832873

三联韬奋书店

国 500 余家出版单位出版的 30 万种图书、音像制品和电子出版物，采用全开放的售书方式。

🚌 临近西单路口东（公交站）、西单（地铁站）

📞 010-66078477

王府井书店 北京王府井大街东方广场临街最北一座。

🚌 临近王府井（公交站）、王府井（地铁站）

📞 010-65251946/65132842

个性书店推荐

三联韬奋书店 大名鼎鼎，连历史书上都有所记载，每一个读书人的必游之地。而且，三联韬奋书店是北京第一家 24 小时书店。

雨枫书馆 雨枫书馆是国内第一家女性主题书店，有七八千名会员。书店主要为读者提供图书借阅和推荐式阅读等服务，以读者为中心形成一个阅读俱乐部，书店布局极具温婉风格，同时又不失简约流畅。雨枫书馆还举办了各类与女性相关的主题沙龙——阅读、艺术、生活、行走、电影、音乐……

🚗 日宫东西大街住总万科广场 6 层

📞 18519256219

PAGEONE（三里屯店） 北京的一个地标性书店，改造后的 PAGEONE 从原本的 1500 多平方米的大型书店变成了 400 平方米左右的中小型书店。面积虽然缩水了，但是不影响它的内涵，依然有很多有意思的书，如英文原版书等。

🚗 三里屯路 19 号太古里南公 2 号楼

📞 010-64176626

万圣书园 据说在北京，倘若想找一家当得起"城市文化地标"美誉的书店的话，万圣即便不是唯一，也必然是其中之一。

🚗 成府路 123 号北大清华教师 5 号楼

📞 010-62769062

三味书屋 单这个店名就可以算作京城最具特色的了，古朴而耐人寻味。书屋的格局是楼上饮茶，楼下卖书。

🚗 西城区复兴门内大街 20 号

📞 010-66013204

💡 1. 社科书籍

a. 三联版及学术类图书。位于美术馆附近。

b. 国林风书店、第三极书局、中关村图书大厦均在北大周边，社科类学术书大全。

2. 艺术书籍

a. 首都图书大厦进口和国产画册较多。

b. 美术馆美术用品一条街：中国美术馆对面经营美术用品的商店基本都经销艺术类图书，以画册居多。

c. 外文书店（王府井大街）、中国图书进出口大厦（工人体育场东路）、燕莎购物中心 6 层都有大量外版画册。

北京还有专门的建筑书店、广告书店等。

3. 古旧书籍

在市中心有不少中国书店，主要经营旧书和古籍，常会在此发现别的地方根本找不到的好书。另外，刘庄子、王四营等处也有旧版图书。

古玩艺术品

北京是全国的古玩集散地之一，特别是明清家具，在北京有很大的市场，也有很多专业收藏、翻修或生产的厂家，可以在不少地方从容"淘货"。

北京古玩城 古玩艺术品交易中心，金石、陶瓷、书画、明清家具，种类繁多，要注意分辨真假。

🚗 朝阳区东三环南路 21 号

📞 010-59609999/13910820531

潘家园旧货市场 月份牌、老相机、鼻烟壶、绣花鞋、石雕木刻、绣片陶瓷、古家具等，凡是你能想到的东西，这里都有，是北京好古的当地人和崇尚中华文化的外国

人的必游之地。

- 华威里 18 号
- 010-87772727
- 周六、周日开市

琉璃厂文化街　位于和平门外，东西走向约 1000 米，一条仿古建筑的街道。这里集中了特许经营文物的几家商店，不过游客在这里选购古玩时，也一定要仔细辨别真伪，千万别忘了砍价。街上还有著名的古籍书店。另外，还有一个海王村旧货市场。

时尚购物场所

从前到北京逛燕莎、赛特的说法已经过时，北京近年新兴的综合时尚购物场所以绝对优势吸引着来京采购时尚名牌的消费一族。下面按时尚消费综合指数推荐。

SKP　高档商场，除了 LV、GUCCI 等时尚大牌外，还有很多首次开在北京的大牌。

- 朝阳区建国路 87 号北京 SKP2 层
- 临近八王坟北（公交站）、大望路（地铁站）
- 010-85888278/15801603105

东方新天地（东单店）　位于王府井，大牌经常出现的地方。

- 东城区东长安街 1 号东方广场
- 临近王府井（公交站）、王府井（地铁站）
- 010-85186363

国贸商城　全球高档品牌的云集地。

- 建国门外大街一号国贸大厦 SB124B
- 临近大北窑西（公交站）、国贸（地铁站）

世贸天阶　有国内最著名的视频天空长廊和众多知名品牌。

- 朝阳区光华路 9 号
- 临近芳草地南（公交站）、东大桥（地铁站）
- 010-65871188

赛特购物中心　有一些不太知名却格调不错的牌子。

- 建国门外大街 22 号
- 临近日坛路（公交站）、永安里（地铁站）
- 010-65124488

西单大悦城　坐落于繁华的西单北大街，定位于"中国真正的国际化青年城"，这座西单商圈的购物中心迅速成为时尚达人、流行先锋、潮流新贵休闲购物的首选地。

- 西城区西单北大街 131 号
- 临近西单商场（公交站）、西单（地铁站）
- 010-83366588

佳亿　佳亿时尚广场在昆仑饭店对面，燕莎商场附近。这里有不少经营高档进口服饰的外贸商铺。

三里屯 Village　各大品牌的旗舰店林立，夜景很不错。

1. 别上当： 在逛这个市场时经常有人空着手前来很神秘地兜售"官窑""青花"之类的东西，暗示他的东西是盗墓或家传，并不断要求跟他出门去看货。千万别信以为真，他们大多数拿的都是看上去很真的赝品，并且价格很贵。

2. 店铺： 市场内的古玩店铺平时也开门，店里的东西总体比摊上的显得好些，但价格较贵。

潘家园旧货市场

物美价廉的平民潮流店

五道口服装市场　现已搬迁至六道口，经营最流行和正宗的韩日风服装。

热风　并没有自主经营的品牌，都是店员淘来的精品外贸货，每一件衣服都让人爱不释手。

东四南北大街　这里的衣服都是很休闲的，而且很多都是店主自己制作的，非常个性化；东四南大街的衣服有些职业化，适合白领。

老商业街

大栅栏（dà shí lànr）　大栅栏位于天安门广场以南的前门地区，明清两朝的繁华街市至今热闹拥挤。有旧址老房的北京丝绸商店、瑞蚨祥绸布店、内联升鞋店、荣宝斋，还有著名的同仁堂总店。

王府井大街　全国闻名的商业步行街，不是老字号就是名店，都大有来头。王府井大街的好处在于低中高档商品集中于不同的店，形成自然落差，无论什么人基本都可以找到自己需要的东西。这条老街这几年越来越年轻了，利生体育用品商场门前成了滑板、滚轴溜冰爱好者的聚集地，还有"蹦极"。

西单商业大街　西单近几年用专卖店一条街吸引了越来越多的年轻消费者，为此还开了攀岩、4D电影等很"年轻"的活动。当然还有中友百货商场、大悦城、君太百货、西单科技中心和首都时代广场等大型商场。晚上夜市热闹非凡。

土特产与工艺品

景泰蓝、牙雕、玉器、雕漆被并称为北京工艺美术品"四大名旦"；对偏爱民间手工艺品的人来说，北京的面人、泥人、

💡 1.国际二线品牌

中粮广场、恒基中心（均在北京站附近）、世都百货（东四南大街）的国际二线品牌比较齐全，燕莎（东三环燕莎桥）的东西比较显老。以上这些商店均适合年龄25岁以上且"多金"的人。

2.购物狂好去处

百盛（复兴门桥）、新东安广场（王府井）大多是几百元一件但品质不怎么样的青少年品牌。东方广场大大，主要适合购物狂或逛街狂。

北京大栅栏

传统工艺品

可以集中购买一些传统、古朴的手工艺品，逛一逛别具情趣的百年老店，能感受到北京旧时的市井特色。内联升的千层底布鞋一直是北京最酷的工艺品之一。

爱热闹来王府井

王府井大街适合爱热闹的人夜游，街上灯火辉煌，几处小广场集合各类玩家。天主教堂圣约瑟堂和它周围的景观广场可闲坐，东华门小吃夜市和夏天步行街上的露天啤酒都很美味诱人，经常有各类演奏。

1. 预订： 节假日等旅游高峰时段最好提早订房。

2. 找冷门酒店： 不少游客，特别是旅行团喜欢订三星级饭店，在节假日很难订到或根本享受不到打折，遇到这种情况不如试试一些不太热门的五星或四星级酒店，没准它们打折下来并不比住三星级酒店贵。

3. 订房方法： 机场、火车站都有饭店订房和旅馆介绍处，可将你要求的价位和区位向他们说明。也可在携程网、艺龙等网站上享受优惠订房。在对酒店没直观印象前，建议先订一天，入住后再根据行程安排、交通情况、区位情况来做取舍。

4. 不要订二环内的房子： 如果不是非要在市中心活动，建议不要订二环以内的住房，住在二环内一是房价可能贵不少，二是出行时可能会花很多时间在堵车上。

绢人、脸谱、风筝、剪纸也是一绝；北京的乐器也有极高的制作水平，不少客人来此选购中国传统乐器。

马连道 被称为"京城茶叶第一街"。马连道茶商的出现甚至促进了北京市民饮茶习惯的改变：从以前的非花茶莫属，到现在的铁观音、普洱茶等也成为热门选择。种类全、价格低是这里的最大优势。同时，几乎每个茶店中都可以免费品茶，在品茶的过程中，导购们都会说起茶叶冲泡、饮用方法等茶知识，可以学到不少东西。

- 西城区马连道
- 临近马连道（公交站）、湾子（地铁站）

避免"盛情"难却的免费茶

免费品茶虽好，但也有"未买茶叶先欠人情"的感觉。如果您想避免这种尴尬，最好不要随意进入商家的茶室品茶，也可以事先向商家提出付费品茶。马连道已有茶城开始实行茶叶论克销售品尝，但这种收费只是象征性的。这样，您只需几毛钱买两三克茶叶，就可以心安理得地放心品茶了。

住在北京

在北京住宿十分便利，但较中国的其他城市普遍要贵一个档次。除了各个档次的星级宾馆，还有众多收费较低的旅馆和招待所。通常，学校里的招待所便宜且卫生，条件也都还可以，自助旅行者可以考虑。

北京青年假日酒店（北大口腔医院民大店）

- 海淀区民族大学西路 58 号
- 010-68935888

秋果四合院酒店（北京王府井协和医院店） 秋果四合院坐落于北京市东城区二环内文化胡同重点保护区礼士胡同，是京城小有名气的里巷。

- 东城区东四南大街礼士胡同 64 号
- 13240790890

北京吉庆堂四合院宾馆

- 东城区北锣鼓巷纱络胡同 7 号
- 010-84043131/64043838

北京亚奥国际酒店 临近中关村，去鸟巢、水立方极为便利，还有直达首都机场的大巴。

- 朝阳区北沙滩大屯路甲一号
- 010-64874433

北京饭店 位于长安街，紧邻王府井商业街，步行可到达天安门广场、故宫博物院。

- 东城区东长安街 33 号
- 010-65137766

其他选择

在北京住宿其实选择余地很大，如果您属于中产阶级，不妨找一些快捷酒店住宿，2 人标间价格 150 ～ 300 元，如汉庭、如家、锦江之星、飘 Home 等，提前预订价格还有优惠。此外，北京几乎所有高校都有不错的招待所，价格实惠，安全放心，也不失为一个好的选择。

北 京 周 边 游

蔚县　★★★　🏛️◉✈️

当地人称为"雨"县，由于地处交通要塞，自古就是京西重镇。蔚县县城是京西保存最为完整的一座古城，不仅城镇建筑格局保存完好，而且城内的寺、观、庙、坛等建筑也是一应俱全，其中最著名的莫过于玉皇阁、南安寺塔、重台寺。此外，蔚县内还有金河口、小天山等自然景观。

🚌 可去六里桥长途汽车站搭乘。车程 4～5 小时，参考票价 90 元

🚗 1. 从五棵松桥沿 109 国道前行到西合营，然后沿省道经南杨庄，西行大约 21 千米，即可到达蔚县县城。从灵山风景区出来，上 109 国道继续西行到西合营，然后沿省道经南杨庄，西行大约 21 千米，即可到达蔚县县城

2. 马甸桥上京藏高速公路，经过张家口市宣化区转入宣大高速公路，大约行驶 60 千米后进入张石高速公路，从蔚县出口出沿着二广线南行，即可达到蔚县县城

👁️ 1 天

💡 **蔚县剪纸**

蔚县的剪纸是全国唯一一种以阴刻为主、阳刻为辅的点彩剪纸，构图饱满，造型生动，对比强烈，带

有浓郁的乡土气息。蔚县人为此在其发祥地——蔚州镇南张庄村建起了"剪纸一条街"，游人随时可欣赏到刻制剪纸的全过程。

清西陵　★★★　🚶🏛️

清西陵是清代自雍正起四位皇帝的安寝之地。雍正的泰陵建筑年代最早，规模也最大。另外，这里还有华北地区最大的古松林区，环境幽美。溥仪的陵墓后来也被迁至清西陵的华龙皇家陵园。

🎫 旺季通票 108 元（包含泰陵、崇陵、昌西陵、慕陵、永福寺），淡季通票 80 元。14:00 之后才能购买单个景点门票：旺季泰陵 45 元、崇陵 45 元、昌西陵 20 元、慕陵 10 元、永福寺 15 元；淡季泰陵 35 元、崇陵 35 元、昌西陵 15 元、慕陵 10 元、永福寺 15 元

🕐 8:00—17:30（旺季）
8:30—17:00（淡季）

🚌 1. 由丽泽桥长途车站乘开往易县方向的车，最早一班是 16:35 发车（单程票价 25 元），以后每隔半小时一趟。
2. 保定市内有中巴直接到易县，交通十分方便

🚗 1. 从六里桥出发，沿京石高速路南下，到高碑店口出高速，转入 112 国道西行，经高碑店市、涞水县、易

暖泉古镇老戏台

县，可到达清西陵旅游景区

2. 北京走京石高速公路，经过涿州后从入口进入廊涿高速公路，从易县出口出后朝易县方向经过易县、梁格庄镇后可到西陵村

👁 3～5小时

💡 **1. 包车:** 清西陵主要有崇陵、泰陵、昌陵、泰陵四个景点，一般需包车游览。面包车价格在100元左右。

2. 美味: 易县的手擀面味道不错，值得品尝。

3. 砚台: 易县的砚台自古有名，可供收藏。

4. 其他名胜: 清西陵附近还有狼牙山、紫荆关等名胜，时间充裕可考虑前往。

鸡鸣驿城 ★★ 🌀⛰

位于河北怀来县城西北，距北京140千米，始建于元代，是西北地区进京的第一大驿站，也曾是慈禧西行的第一站。如今鸡鸣驿以其丰富的历史，频频亮相于各大银幕，电影《大话西游》就曾取景于此。

🚍 可以在北京北站或清河站坐途经沙城的动车，行程约3小时，到沙城后再从汽车站换乘去鸡鸣驿乡的公共小巴

⊗ 沿京藏高速公路到延庆后，沿110国道走京张公路到鸡鸣山路口向左转即到

👁 1天

柏林禅寺 ★★★ 🌀⛰

禅宗主要道场之一，有1800多年的历史，名僧辈出。

在柏林寺大门右手300米处矗立着现存世界最高大的经幢——陀罗尼经幢，举世闻名的赵州桥就在柏林寺附近。

🚍 由北京西站搭乘至石家庄的列车，行程2～3小时；或由莲花池长途汽车站搭乘汽车

💡 **1. 团队可联系住宿:** 柏林寺一般不接待散客住宿，只接待学校、公益性网站等团队，在居士或懂规矩的人的带领下，可联系住宿和上早、晚课等。

2. 早课: 要赶上上早课，须早上4:30就起床。

正定古镇 ★★★ 🌀⛰

正定古镇素来享有"九楼四塔八大寺，二十四座金牌坊"的美誉。城内的隆兴寺更号称"京外名刹之首"，寺中的"倒坐观音"曾被鲁迅先生誉为"中国最

清西陵

白洋淀

美的观音"。

🎫 隆兴寺 50 元；荣国府和宁荣街 40 元；赵云庙 20 元；开元寺 10 元；广惠寺华塔 10 元；临济寺澄灵塔 5 元；天宁寺凌霄塔 6 元

🚌 石家庄火车站对面的柏林大厦有中巴直达正定，车程约 40 分钟。北京现在也有直达正定的火车，车程约 3 小时

🚗 从六里桥走京石高速公路到大瓦窑桥出高速，沿 107 国道前行，经保定、定州直达正定古城

野三坡　★★★★　⛲📷

"北方小桂林"，既有北方山水的雄壮，又有南方山水的婉约，这里的一草一木可以让你忘记城市的喧嚣。距京城仅 100 千米，是近年来京郊游的热点。由百里峡、拒马河、百草畔、佛洞塔、龙门峡、金华山、三黄山七个景区构成。

🎫 百里峡 100 元，鱼谷洞 70 元

📍 河北省保定市涞水县野三坡镇苟各庄村

🚆 北京西站发车，有百里峡站、野三坡站直达景区。北京天桥总站每年定期有直达野三坡的旅游公交车

👁 1 天

白洋淀　★★★　⛲📷

华北平原上的"明珠"。白洋淀是华北平原上最大的淡水湖，这里最吸引人的当属水乡风光，而且随季节不同景色各异。

🎫 入淀费 40 元；鸳鸯岛 40 元；荷花大观园 50 元；文化苑 50 元；休闲岛 40 元；白洋淀异国风情园 40 元

🚆 乘坐高铁至白洋淀站下车后，乘坐 16 路公交车到白洋淀旅游码头

🚗 从北京六里桥出发，沿京石高速南下，到容城口出高速，转向津保（天津至保定）高速行驶约 15 千米，在白洋淀口下高速，南行 13 千米就可进入安新县城，沿路标指示到达白洋淀游船码头

👁 1 天

💡 **1. 乘缆车：** 在鸳鸯岛可乘缆车游览，从空中俯瞰碧波荡漾的水面，十分漂亮。

2. 荷花淀： 夏季的白洋淀是名副其实的荷花世界，一派生气勃勃的荷塘美景。

3. 留心路标： 安新县城的路标不明显，要多加留心。

天生桥瀑布群 ★★★　⛲📷

天生桥瀑布群在保定阜平县城西南 30 多千米的百草坨东侧，离京城不过 4 小时的车程。这里是北方最大的瀑布群，瀑布群集中在与百草坨相连的一条沟谷中，9 个大瀑布相互连缀，落差从几十米到上百米不等，飞流直下，气势磅礴，异常壮美。

百草坨海拔 2144.5 米，山高峰奇，绿草如茵，素有"百草百花百种药"之说。传说"宝莲灯"的故事就发生在百草坨西山腰上的辽道背村。

🎫 80 元

🕐 7:00—17:00

🚌 在保定汽车南站坐保定到阜平方向的长途汽车，车费 25 元，到阜平后可坐面的直达景区，车费 20～30 元

北京周边游

可走京深高速公路，到保定后走保定西环可直达景区

👁 2～4小时

💡 瀑布群离西五台山仅48千米，可以两地同游。

于家村 ★★ 🚶🏛

相传为明朝重臣于谦的后人所建。因村内建筑均取料于石头，故又称"石头村"。石头村至今保持着500多年前的建筑布局与特色，是北方为数不多的保存完好的古村落之一。

🎫 20元

🕐 8:00—18:00

🚌 从石家庄市内的金鼎公寓乘长途车可达，6:00和13:00有车返回市区；也可在石家庄火车站乘203路公交车到井陉县城下车，然后换乘去于家村狼窝的汽车，需要花费2小时

🚫 从正定古城出来，沿107国道继续前行，到石家庄后转入307国道向西行驶，在见到标有"天长镇"的方向拐进去，大约行至2.5千米处，在标有"狼窝"路标的路口拐入，行驶3千米

时就可在路边见到标有到"石头村"的路标，按指示行驶即可到达石头村

👁 1～3小时

满城汉墓 ★★★★ 🚶

满城汉墓是西汉刘胜及妻子窦绾的陵墓，是我国目前保存最完整、规模最大的山洞宫殿，拥有举世罕见的仿汉代宫殿结构。自1968年发掘后出土了大量珍贵文物，举世闻名的"金缕玉衣""长信宫灯""错金博山炉""朱雀衔环杯"就出土于此。

🎫 入园10元；中山靖王刘胜墓和王后窦绾墓分别为30元；联票50元

🕐 8:30—17:00

📍 保定市满城中山路

🚫 北京走京石高速保定南出口下高速，走保定南外环西行可到

👁 2～4小时

💡 珍贵的金缕玉衣

我国目前有十八座西汉墓出土了玉衣，而金缕衣墓只有八座，其中最具代表性的便是河北满城一号墓出土的中山靖王刘胜的金缕玉衣。

于家村

天津市

自助游：

津门洋楼之旅
　　五大道→解放北路→花园路

津味民俗之旅
　　杨柳青石家大院（华北第一宅）→
天后宫→古文化街

天津卫消夏之旅
　　大沽口炮台→天津海滨浴场

寻幽访古之旅
　　黄崖关长城→独乐寺→盘山

京津城际高铁之旅
　　天津→北京

自驾游：

去海边吃海鲜
　　天津→塘沽海滨浴场→天津港→渤海
湾→大沽灯塔→洋货城

沿着海岸线前行
　　天津→日照→青岛→乳山→长岛

天津

天津快速攻略

Day1 滨江道→意式风情街→天后宫→古文化街→望海楼天主堂→大悲禅院→天津之眼

Day2 解放路→小白楼→五大道→西开教堂→静园→瓷房子→南市食品街

Day3 杨柳青石家大院→南开大学→水上公园

津门洋楼游

游线1 上午徒步游览和平区五大道，由南往北依次为马场道、睦南道、大理道、常德道、重庆道，这里集中了许多旧式洋楼；下午乘车到花园路，这也是天津洋楼较为集中的地区。

游线2 上午先到解放北路，这条路曾经是天津的"华尔街"，在这条布满各式银行老楼的街上漫步，依然能感受到这里当时的气派与排场；下午到第一工人文化宫附近，还有梁启超、汤玉麟、曹锟等名人旧居，风格迥异。

其他选择

游线1 杨柳青石家大院→古文化街→天后宫→南市食品街→旅馆街→五大道

游线2 天津广播电视塔→西开教堂→劝业场→南市食品街→旅馆街→五大道

感受天津

蝶变 作为中国最早的直辖市之一，天津这座大都市，却很少成为大家注意的中心。从天津的历史来看，它曾经是一座有着辉煌过去的城市：北洋大学，今天的天津大学，是中国近代最早的官办高等学堂；南开大学，是天津最早的私立大学；天津的大小洋楼里曾发生过在中国近代史上不能忘记的故事。作为一座老工业城市，天津有着一大批的工业遗存。随着时代的发展，这些老工厂慢慢地退出了历史舞台。但近些年经过升级改造，许多老工厂都纷纷被改造成了创意园。被时代遗忘的工业遗存，焕发了新活力。

洋楼 遍布于天津街头的大小洋楼，记录着天津的过去，这些洋楼今天仍然是天津的骄傲。

市井 小富即安是典型的天津人的心理，所以天津人认为，想要发展可以南下广州或到北京，但想过日子还是留在天津。天津人更喜欢的是安安稳稳地过日子，而天津口音里自带的那份诙谐，更加让他们乐享生活。

斜街 走在天津的街上，会有"找不着北"的感觉，因为很多道路都是斜的，很少有正南正北的街道。说来这也算是天津的一大特色。所以天津人都把海河作为一个坐标参照，来定河东河西。虽然不至于迷路，但对东西南北方位绝不含糊的北京人来说，可能会是个麻烦。

相声 要想捕捉天津的本土文化，相声是不能不听的。相声在清代发源于北京，却成熟于天津，郭德纲就是他们的骄傲。身穿青布大褂儿、手拿纸折扇儿，这些个别地儿看不到的传统画面，在津门再熟悉不过了。下班后听场相声，已经成为当下天津年轻人新的消遣解压方法。

准备与咨询

语言

天津话本身就易懂，用普通话与当地人交流更是没有问题。

💡**"天津"由来**

天津这个名字最早出现于永乐初年，为朱棣所起，因这里是他到京城夺取王位时的渡口，所以起名为天津，意为天子渡河的地方。

气候与游季

　　"非冬即夏"是对天津暖温带半湿润季风性气候生动写照。年平均气温为12.3℃的天津，7月份是一年中气温最高的时候，一般都在26℃以上；而1月的气温是一年中最低的，通常在 -4℃以下。所以春秋两季是游天津的大好季节，可惜时间太短。

行在天津

进出

　　航空、铁路、公路、水路构成了四通八达的天津交通运输网。

　　驾车由北京出发沿京津塘高速公路、京沪高速公路可以直达天津。

飞机

　　天津滨海国际机场位于天津市东丽区张贵庄，距天津市中心13千米。

机场问询 📞 022-96678
机场售票 📞 022-27305888
民航售票处
🚇 南关大街178号
📞 022-29231717
中国国际航空公司天津营业部
🚇 南京路103号
📞 022-83311666/24974497

☀ 1. 从机场到市区有公交和机场大巴，若需要打车回市区，需40元左右。

　　2. 售票处可以预订座位，市内六区免费送票；还有直达北京机场的专车。

铁路

　　天津市有4个客运火车站，其中最大的是天津西站。天津站位于天津市解放桥东侧，是京山线与津浦线、津蓟线交汇处，通达北京、山海关、济南、蓟州区、霸州5个方向。

高铁

　　天津到北京的火车有很多，大多为空调快速和城际高速列车，其中城际高速列车最快只需21分钟。京津城际列车从北京出发最早6:00，最晚23:01；从天津出发最早4:41，最晚22:40。

　　此外，天津南站、天津西站是京沪高铁的经停站，并有始发、经过上海虹桥、杭州的火车，每天23趟，车程比原来的动车组列车压缩近2小时。

天津到北京首都机场

💴 82元

🚌 天津市天环客运站
🕐 4:00—18:30，每30分钟一班
📞 022-23050530

公路

　　天津的公路交通干线主要由102、104、105、112、205、307、341等国道和京津塘、京沈、津唐、京津、京沪等高速公路组成。天津市有多个长途客运站，其中位于南开区的天环长途客运站以省际客运为主，其他客运站则大多以天津郊县和天津邻近省区的客运班车为主。

天津到北京的交通

汽车（票价均为35元）
天津滨海国际机场→八王坟
天津→北京赵公口客运站
天环客运站、天津东站、通莎客运站、西站客运站均有车
天津→四惠客运站
可在天环客运站、通莎客运站乘坐

市内交通

　　天津的市内交通以公交车和出租车为主。市内公交车的票价通常是2元，K字头为2元，到塘沽公交车4～5元。

出租车

　　出租车分大小排量车，小排量车起步价8元/3千米，车千米运价为1.7元/千米；大排量车起步价为8元/2千米，车公里运价为2元/千米。运营超过10千米后，每千米按相应的车公里运价标准加收50%返程费。

地铁

天津地铁1号线
刘园→双桥河 6:00—22:47
双桥河→刘园 6:00—22:32

天津地铁2号线
曹庄→滨海国际机场 6:00—22:55
滨海国际机场→曹庄 6:00—22:54

天津地铁3号线
小淀→天津南站 6:00—23:39
天津南站→小淀 6:00—22:55

天津地铁4号线
东南角→新兴村 6:20—22:58
新兴村→东南角 6:00—22:20

天津地铁5号线
北辰科技园北→李七庄南 6:00—22:39
李七庄南→北辰科技园北 6:00—22:44

天津地铁6号线
南孙庄→渌水道 6:05—22:42
渌水道→南孙庄 6:00—22:36

天津长途汽车公司

服务热线

📞 022-26340362

财院长途汽车站

📞 022-23531143

📍 河西区小海地珠江道财经大学斜对面

天津人的方位

天津人喜欢说"左右"，而不说"东南西北"。

天津港的国内班轮

天津港海上旅客运输的国内班轮可以到旅顺、威海；另有国际班轮二条：分别天津到日本神户和天津到韩国仁川。

意大利兵营旧址

它是整条街建筑中很有特色的一处。它建于1925年，砖木结构三层楼房，前檐是大拱券式通廊，曾经是意大利驻兵的地方。

海河上的桥

天津是沿着海河发展起来的，如果说海河是天津城的项链，那么海河上的桥就是点缀在项链上的珍珠。海河现有15座桥，比较有名的是解放桥、北安桥、狮子林桥、大光明桥等。

天津的公交观光车

天津市区有3条观光公交线路：其中观光1路行经富民路居住区、棉四创意里、人民公园、五大道、津塔、日贸大楼、南市食品街、鼓楼商业街、天津之眼（摩天轮）、大悲禅院等地；观光2路途经五大道、天塔公园、水上公园、南翠屏公园等地；观光3路途经鼓楼、意式风情街，然后沿着海河沿线行驶，可以观赏海河风光。3条观光公交线路票价均为2元。

天津地铁9号线

天津站→东海路站 6:00—22:30

东海路站→天津站 6:00—22:30

天津地铁10号线

屿东城→于台 6:00—22:30

于台→屿东城 6:00—22:30

游在天津

杨柳青石家大院 ★★★★ 🏛 🌀

天津"八大家"之一尊美堂石府宅邸，也是中国迄今保存最好、规模最大的晚清民宅建筑群。电影《活着》、电视剧《日出》都是在石家大院拍摄的。

石家大院的民俗活动很多，最有看头的当属杨柳青年画，取材于古典人物和喜庆事件，淳朴的绘画风格，在当地很受欢迎。到这里不买几张年画，可是真够遗憾的。

💰 27元

📍 杨柳青镇估衣街47号

🚌 临近石家大院（公交站）

👁 1～3小时

东西院不同

1. 西院为复原陈列石家大院的原有建筑，如时间合适，能遇上在戏楼举办的堂会演出。

2. 东院为杨柳青年画和砖雕的展室。

天后宫 ★★★ 🌀 ♣

北方少见的供奉妈祖的庙宇，是天津市区最古老的建筑群，现今已成为天津民俗博物馆。

💰 10元

🕘 9:00—17:00（周一闭馆）

📍 古文化街80号

🚌 临近东北角（公交站）、建国道（地铁站）

👁 1～3小时

天后宫的花会及附近市场

1. 每年农历三月二十三日为天后（妈祖）诞辰，这里有堂会、高跷、法鼓、重阁等民间花会。

2. 宫南、宫北大街是天津著名的年货市场。

意式风情街 ★★★ 🏛 🌀

风情街以马可波罗广场为中心，周围是意式别墅，也有不少名人故居，比如梁启超、吴毓麟、袁世凯等，很有上海的泰晤士小镇的味道。街上有很多西洋餐厅，在这里就餐的也大部分是外国人，如果喜欢看建筑、感受地中海浪漫气息可以来此。

📍 河北区进步道34号

🚌 临近北安桥（公交站）、建国道（地铁站）

👁 2～4小时

静园 ★★★ 🌀 🌀

园内建筑融西班牙式风格与日式风格于一体，是天津租界时期典型的庭院式私人宅邸。末代皇帝曾居住于此，通过爱新

觉罗·溥仪展览馆可了解到其跌宕起伏的一生，包括幼年即位、被迫逊位、寓居天津、背叛国家、沦为战犯、重新做一个平凡人的生平轨迹。

- 🎫 20 元
- 🕐 周二至周日 8:30—17:00，周一闭馆
- 🚇 临近鞍山道（公交站）、鞍山道（地铁站）
- 👁 1～3 小时

滨海泰达航母主题公园 ★★★ 🏭

这是一处大型军事主题公园，以核心项目"基辅号"航空母舰为独特旅游资源，包括武备观光展示、角色体验等多种活动。它是天津市重要的新型旅游地，军事爱好者值得一游。

- 🎫 220 元
- 🚇 乘津滨轻轨到洋货市场，再换乘公交
- 👁 2～4 小时

天津之眼摩天轮 ★★★★ 🏙🎡

它是全世界首座建在桥上的摩天轮，也是天津市的标志之一。摩天轮直径 110 米，相当于 35 层楼高，坐在摩天轮里可以看到天津全景。

- 🎫 80 元，夜间票：100 元
- 🕐 9:30—21:30，周一上午检查，停止开放
- 📍 河北区李公祠大街同五马路交口
- 🚇 临近永乐桥（公交站）、北运河（地铁站）
- 👁 1～3 小时

津门十景 ★★★★★ 🌊🏙⛲🏛🎡

三盘暮雨——盘山

有"京东第一山"之誉，景色以"三盘""五峰""八石"最为有名，山上原有乾隆皇帝所建的行宫，以及众多寺庙，后均被毁坏。

- 🎫 78 元
- 📍 天津市蓟州区西北 12 千米
- 🚇 从天津出发，可先乘车到蓟州区，然后转车
- 👁 1 天

古刹晨钟——独乐寺

独乐寺是国内现存最古老的木结构建筑之一；山门内的"哼""哈"二将，是宋辽时期的彩塑珍品；观音阁内，一尊高达 16 米的十一面观音塑像是国内最大的泥塑之一。

- 🎫 50 元
- 🚇 1. 可在市区东北角长途汽车站乘坐去兴隆方向的汽车，中途在蓟州区下车即可乘坐天津到蓟州区的火车
  2. 北京游客可从四惠长途汽车站乘大巴到蓟州区，票价 40 元，2 小时左右到
- 📞 022-29142904
- 👁 1～3 小时

海门古塞——大沽口炮台

滨海新区（原塘沽区）海河入海口，素有津门海防要隘之誉。

- 🎫 25 元
- 🕐 9:00—16:30（4—10 月）
- 🚇 临近大沽口炮台遗址博物馆（公交站）
- 👁 1～3 小时

蓟北雄关——黄崖关长城

由于山崖在夕阳西照时，反射出万道金光，故名黄崖关。

- 🎫 长城 70 元、八仙古洞 20 元，联票 85 元

💡 天津的道路

自驾车旅行的朋友到了天津市内，要注意单行路标志，一般一个路口是单行，下个口肯定是反向单行，还要注意只准公交车行驶的道路。

💡 杜绝坐黑车

建议出机场、火车站后尽量在出租车等候区乘车。另外，在火车站外前广场附近也能拦到出租车。

💡 看夜景

天津之眼很高，坐在里面能看到方圆 20 千米的景观。晚上，天津之眼是看海河上霓虹闪烁的最好的地儿。

💡 天津的公园

这里的公园喜欢叫"某园"，公园大多有近代史烙印，比如溥仪住所、徽派建筑形式等，推荐宁园、静园、桥园。

💡 东疆湾人造沙滩

沙滩是人造的，门票 65 元。好在沙质不错，面积也大，乘坐 513 路公交到不到，也算物有所值。人们来这里一般都是参加沙滩明星足球赛、排球赛、沙滩音乐节等活动。

- 🕐 8:00—17:00
- 🚌 去黄崖关长城可从天津汽车站乘车到蓟州区客运站，之后可转乘小面包车
- 👁 3～5小时

天塔旋云——天津广播电视塔

天津广播电视塔总高度415.2米，为世界第七、亚洲第三高塔。

- 💰 45元，套票100元
- 🚌 临近天塔（公交站）、天塔（地铁站）
- 👁 1～3小时

双城醉月——南市食品街、旅馆街

位于天津的老城区，东西各为食品街和旅馆街林立的店铺，这里是"看天津过去，尝天下美味"的好去处。

龙潭浮翠——水上公园

紧邻天津电视塔，北方园林与江南水乡情调相结合，形成了独特的水上游乐公园。

故里寻踪——古文化街

位于南开区东门外的宫南大街、宫北大街，以天后宫为全街的中心。清式建筑和彩绘牌坊为主要观赏点。

- 🚌 临近东北角（公交站）、建国道（地铁站）
- 👁 1～3小时

沽水流霞——海河风景线

沽水流霞为海河风景线，始于三岔口，止于大光明桥，横穿繁华的天津市区。天津站位于海河风景线的中心。

- 💰 免费

中环彩练——天津市第一条城市快速主干道

中环彩练由中环线和它周围的建筑构成，连接天津对外17条放射公路、16座立交桥。其中，中山门立交桥造型像彩蝶飞舞，因此也被称为蝶式立交桥。

- 💰 免费

滨海新区图书馆 ★★★ 🏛

由荷兰MVRDV建筑设计事务所与天津市城市规划设计研究院建筑分院合作设计，设计立意"滨海之眼"和"书山有路勤为径"。

- 💰 免费
- 🕐 14:00—21:00（周一）；9:30—20:00（周二至周日）

- 📍 天津市滨海新区旭升路347号
- 🚌 临近滨海文化中心西门（公交站）、市民广场（地铁站）
- 👁 1～3小时

梨木台风景区 ★★★ ⚽ 😊 🎯

被称为"天津北极"，是天津九龙山国家森林公园三大景区之一。大面积的野生杜鹃花，在早春季节开花，漫山遍野都是红色，故有"映山红"之称。景区典型的石英岩峰林峡谷地貌，自然形成了岩画岭、登天缝、五指山、万卷天书等地质景观。

- 💰 70元；往返观光车30元
- 🕐 8:00—17:00；16:00停止入场时间
- 📍 天津市蓟州区马营公路与梨木台公路交口
- 🚌 从蓟州区到梨木台坐中巴车十几元，包车一辆一百左右
- 👁 3～5小时
- 🌞 每年11月至次年3月封山，期间景区不开放。

五大道与小白楼
★★★★ 🏛🎯😊🎨

天津的各式大小洋楼主要集中在和平区的五大道南，巴洛克式、洛可可式建筑，充满浪漫色彩的哥特式建筑，以及能体现欧美风格的现代式建筑，使得天津成了一座"万国建筑博览会"。

天津音乐厅

小白楼内现在主要是餐厅，最重要的看点为音乐厅。音乐厅原名平安电影院，曾经是天津电影放映业的排头兵，在几十年的经营中创造了天津电影业的多项"之最"。

- 💰 不同演出票价不等
- 🚌 临近小营门（公交站）、小白楼（地铁站）

马场道
潘复旧居

"院包房"式建筑，这类花园别墅能保留至今已属少有。

- 📍 马场道2号
- 🌞 潘复：曾任北洋政府的财政次长、国务总理。

英国乡谊俱乐部

19世纪探新运动简化古典的建筑形式，现为天津市干部俱乐部。

- 📍 马场道188号

天津工商学院

哥特式古罗马风格的天津工商学院是马场道上最具观赏性的洋楼建筑，现为天津外国语学院校址。

马场道117号

游览方式

1. 观光马车：从民园体育场重庆道入口出发。普通车10人车，每人30元，7人以上可以包车；豪华车100元。游览时间半小时。

2. 自行车：有单人、双人、三人、四人类型，每人20元左右，押金100元。另有人力车、蹦蹦车也可乘坐。

3. 闲逛：时间充沛可以选择，能够更加细致地参观。

睦南道

张学铭旧居

一幢两层带顶间的西式建筑，内部装饰精致豪华，国内外都少有。

睦南道50号

张学铭：张学良将军的胞弟，爱国民主人士。

孙殿英寓所

西式风格的庭院别墅，现为天津市盐业公司，天津市盐务管理局所在地。

睦南道20号

孙殿英：中国近现代史上有名的土匪军阀，曾盗慈禧陵墓。

李赞臣寓所

这是一幢把中西风格进行折中的建筑，别具特色。

睦南道24、26号

李赞臣：实业家，1921年任长芦盐区纲公所纲总。

疙瘩楼

"疙瘩"形容过火砖砌成的粗糙质感的外观，是著名京剧艺术家马连良的故居。

重庆道

庆王府

从外观看，是一座意大利式建筑，但

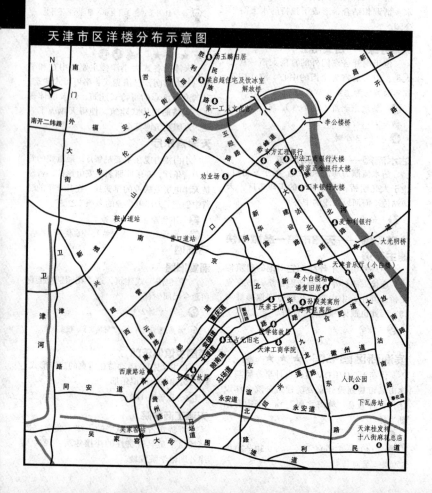

进入大门后，里面的布局和建筑样式完全是中式宫廷式建筑，为典型的折中主义风格。原为清末总管太监小德张的私人住宅，现为天津市人民政府外事办公室所在地。

🅟 重庆道 55 号

大理道

王占元旧宅

王占元旧宅的整个建筑分主楼、次楼、前楼三部分。在大理道上给人以富丽堂皇之感。现为天津市第一工人疗养院。

🅟 大理道 60 号

🌞 王占元: 曾任湖北督军，与冯国璋、李纯并称为"长江三督"。

孙颂宜旧居

现为和平宾馆前楼，毛泽东、周恩来曾在此下榻。

🅟 大理道 66 号

常德道

常德道不如其他大道有名气，而且风格也显得简朴一些。

解放北路洋行建筑
★★★ 🏛🐾📷

早在 1882 年，解放路上就开始兴建了一家家外国银行，其中有英法德意日等国的金融机构，后又有了国内金融集团的加入。许多年过去了，建筑几易其主，但建筑本身依然是天津的一道姿色不减的风景。

汇丰银行大楼

建筑坚实雄浑，现为中国人民银行天津分行。

🅟 解放北路 84 号

横滨正金银行大楼

正金银行给人以华贵稳重的感觉。现为中国银行天津市分行。

🅟 解放北路 80 号

中法工商银行大楼

一幢典型的罗马古典复兴式转角建筑，现在的天津市总工会。

🅟 解放北路 74 号

麦加利银行

宏伟壮丽的建筑风格，现为邮电局。

🅟 解放北路 153 号

东方汇理银行

典型的折中主义建筑样式。现为天津市艺术博物馆。

🅟 解放北路 77 号

第一工人文化宫附近的洋楼
★★★★★ 🏛🐾📷

位于火车站附近的天津市第一工人文化宫，原为意大利租界，建筑以意大利风格为主，所有的住宅和花园建筑样式都没有重复。

汤玉麟旧居

对称的布局、罗马柱式和碗形拱券都使这座建筑具有了意大利文艺复兴时期的风格。原为汤玉麟旧居，现为天津市市场监督管理局。

🅟 民主路 40 号

曹禺故居

砖木结构的二层小楼，内有曹禺戏剧创作展及生活居所。旁边的曹禺剧院，经常有情景时尚话剧的演出。

🅟 民主路 5 号

周恩来邓颖超纪念馆
★★★ 🐾📷

周恩来邓颖超纪念馆位于天津市南开区水上公园风景区，布局呈"工"字形，建筑颜色朴素淡雅，符合总理一贯风格。纪念馆展厅包括瞻仰厅、生平厅、情怀厅以及竹刻楹联厅和书画艺术厅。馆内藏品丰富，包括文物、文献、照片及其他资料 8000 余件。透过这些文物，总理的音容笑貌仿佛就在眼前。

💰 免费

🕐 每周二至周日，周一闭馆。每天 9:00 开馆，16:30 闭馆

🅟 水上公园北路 1 号

🚌 临近周邓纪念馆（公交站）、周邓纪念馆（地铁站）

👁 1～3 小时

天津市戏剧博物馆
★★★ 🐾📷

天津市现存规模最大、装修最华丽的清代会馆建筑，是中国古典剧场的"最后遗迹"。陈列的戏剧文物有"八仙衣""三星衣"。

🕐 9:00—16:30

🅟 南开区南门里大街 31 号

🚌 临近鼓楼（公交站）、建国道（地铁站）

👁 1～3 小时

西开教堂 ★★★ ⛪

　　西开教堂是天津市最大的天主教堂，也是天主教天津教区主教堂，为国内少有的罗曼式风格。

📍 和平区西宁道9号

🚇 临近滨江道（公交站）、营口道（地铁站）

👁 1～3小时

南开大学 ★★★★ 🏛

　　周恩来总理的母校，创建于1919年。南开大学校园弥漫着满满的书香气息，外院楼上爬满了爬山虎。漫步校园，可以静静体会"百年南开"的厚重，切身感受"总理母校"的朝气。

💰 免费

🕐 全天开放

📍 南开区卫津路94号

🚇 临近康复路八里台（公交站）、天塔（地铁站）

👁 1～3小时

天津博物馆 ★★★ 🏛

　　一座富有现代感的建筑，馆藏丰富，其前身可追溯到1918年成立的天津博物馆，是国内较早建立的博物馆之一。

💰 免费

🕐 周二至周日9:00—16:30；周一闭馆

🚇 临近天津博物馆（公交站）、文化中心（地铁站）

👁 2～4小时

瓷房子 ★★★ 🏛 🌙

　　一座由多件古董、古瓷组成的法式洋楼，里边的古瓷器价值连城。这座房子原来是近代外交家黄荣良先生的故居，后来被收藏家张连志先生斥巨资买下，并将它改造成一座瓷楼。最初只是在屋檐上贴些瓷片，后来不断添加，还加入了天然水晶和玛瑙。市内还有家具、书画等古董。如今，瓷房子是到天津的必打卡之地。

💰 50元

🕐 9:00—18:00（3—11月）
　　9:00—17:30（12月—次年2月）

📍 和平区赤峰道72号

🚇 临近赤峰道山东路（公交站）、和平路（地铁站）

👁 1～3小时

张学良故居 ★★★ 🌙

　　张学良故居博物馆又名少帅府，始建于1921年，是法国巴洛克风格，造型豪华美观。室内宽大考究，至今仍保留着100年前的菲律宾木材楼梯、地板、门窗等。馆内包括少帅处理政务接待的宴会大厅、办公书房、军政议事厅、生活起居室等，还原张学良将军与赵一荻女士生活原貌，馆藏原始文物300余件。

💰 75元

🚇 临近赤峰道山东路（公交站）、和平路（地铁站）

👁 1～3小时

吃喝天津

　　对于饕餮之徒，天津之旅不能少了美食的内容。据说，乾隆下江南路过天津，尝过这里的美食之后，竟将黄马褂和五品顶戴花翎赐给厨师。津菜以鲜咸为主，口感软嫩酥烂，最能代表天津风味的菜肴有八大碗、四大扒、冬令四珍等。

风味小吃

　　与八大碗、四大扒相比，天津的风味小吃更加深入人心。有人这样总结天津的小吃："狗不理"包子吃名气；"耳朵眼"炸糕吃样子；"猫不闻"饺子吃味道；十八街麻花吃个酥脆可口。剩下的就是：一锅掀的贴饼子熬小鱼（武清的最有名），吃个肚子溜圆；锅巴菜、油炸蚂蚱和龙嘴大铜壶的"茶汤"，走累了停下脚，路边刚出锅的"小宝栗子"也只有一个爽字能说清。南市食品街集当地知名小吃于一地，别费事，到天津想吃美食就直奔那里，来个一网打尽。

　　南市狗不理包子铺、猫不闻大酒店就坐落在街内。经过改建的百年老街和平路是一条集游览、购物、休闲于一体的综合商业街。除了百货大楼外，还有耳朵眼炸糕店、永春茶庄、世界商厦友谊前卫店、正兴德茶庄等名店。沿街楼体呈现欧式建筑风格。

🚌 临近食品街（公交站）

☀ **正宗的耳朵眼店**

　　正宗的耳朵眼总店在老城里，离鼓楼文化街不远，要排队；一定要趁热一边走一边吃。在和平路上也有一家分店。

💡 **狗不理包子**

要想吃到最正宗的狗不理包子，最好还是买猪肉馅的。另外，火车站旁边会有一些卖狗不理包子的店或人，建议谨慎选择。

推荐食处

红旗饭庄（红桥店） 这里能吃到地道的津菜，名菜有甄蹦鲤鱼、软溜鱼扇等。在天津有多家分店。

📍 黄河道 480 号
📞 022-27536566

起士林（小白楼店） 由德国人创办的百年老店，主营德、俄、英、法、意五国风味西式餐点。接待过许多政要。

📍 浙江路 33 号 4 楼
📞 022-23319188

狗不理（旗舰店） "天津三绝"之一，天津的老特色，这家尤其推荐群龙会燕、金牌肘子、罗汉肚，装修很有中国特色，包子馅品种有三鲜、蟹黄、什锦等，味道还不错。在全国有多家分店，价格"有点贵"。

📍 南开区水上公园北道津龙公寓 15 号、16 号、17 号
📞 022-23372999

夜游天津

滨江道，入夜后彩灯闪烁，一些具有天津风味的小吃摊点也相继上街营业，构成了特有的津门夜市景观。

💡 **津湾广场：**

海河上的桥很有特色，津湾广场是最适合远观的地方。另外，夜里的津湾广场上的欧式建筑非常气派。周六、周日还可乘坐海河游船，在船上听相声、看曲艺晚会。

休闲天津

天华景大戏院 和平区劝业场 6 楼，票价 40～60 元，每周五、六、日 14:30、17:30 演出，茶水免费。
📞 022-27310159

名流茶馆 和平区新华路 177 号天津市和平文化宫二楼，每天有好几场相声专场演出，每场 2～3 小时，票价不高，50 元即可欣赏一场笑料十足的相声。
📞 022-27116382

购物天津

天津特色商业街有：滨江道商业街、服装街、和平路商业街、估衣街、小白楼商业街、沈阳道古物市场。

杨柳青画、"泥人张"彩塑、"风筝魏"风筝、"砖刻刘"砖雕，并称"天津工艺四绝"。

推荐购物

劝业场 上海有个"大世界"，天津有个"劝业场"，如果不去逛一逛，枉到津沪走一趟。折衷主义风格建筑，主要是逛情结。

沈阳道古物市场 天津市内最为集中的一个大型的古文物集散地，古瓷、家具、钟表、字画、文房四宝，喜爱收藏的旅游者到那里也许能淘到一两样心仪的东西。

和平路和滨江道 集游览、购物、休闲于一体，除了一些前卫店外，还聚集了许多老字号名店，值得一逛。

世界风情街 这里可以买到具有异域风情的各式手工艺品和纪念品，伫立在现代商业重围中的西开教堂，也是来此的一大看点。

估衣街 600 余年历史的老商业街，曾是天津商业的摇篮，虽经修复，仍能追寻到老天津的旧貌。

塘沽七大市场 均以"洋"字命名，在古老的天津，形成了"洋"字商区。

人人乐淘宝街 购物环境不是很好，东西参差不齐，但却是淘宝的真正宝地，细心的买家会有不少意外的收获哦。

大悦城 集吃喝玩乐于一体的大型主题商场，有很多时尚、潮流名店，还有猫空书店——小清新的最爱，是年轻人逛街的首选。

住在天津

推荐住宿

如家快捷酒店 价格适中，房间干净卫生，五大道、商业街都有分店。
📞 4008203333

河北省

自助游：

北线：世界自然文化遗产之旅
　　A 线 承德→清东陵→秦皇岛
　　B 线 承德→木兰围场

自驾游：

驰骋在无垠的草原
　　北京→承德→凌源→赤峰→乌兰浩特→阿尔山→
　　新巴尔虎左旗→鄂温克族自治旗→海拉尔→根河

一睹坝上风光
　　北京→承德→木兰围场

承德

承德快速攻略

Day1 避暑山庄
Day2 外八庙→磐锤峰
Day3 木兰围场（或坝上草原）

北京→承德攻略

第一天 上午在北京朝阳站乘坐高铁到承德南站，一个小时左右即可到达，票价 58 ～ 106 元不等，下午游避暑山庄。

第二天 游外八庙参观普宁寺、普陀宗乘之庙，晚上乘高铁回北京。

其他游线

这一行程适合北京地区利用双休日旅游的游客，行程比较紧张。如果再多一些时间，可以将承德附近的磐锤峰和双塔山列入计划。去磐锤峰乘 10 路车到喇嘛寺（公交站）下车；去双塔山可乘 5 路车到团瓢（公交站）或火车站到钢厂的小公共汽车在双塔山下车即可。

自驾游

京承高速公路全线贯通后，北京到承德全程约 210 千米，开车约 4 小时，小轿车收费 105 元。

感受承德

袖珍 去过承德的人，都有一个共同的印象：承德是一座小城。其实，自古以来，承德就不是一个大地方，都是因为不忘马背历史的康熙在此修了行宫，才让承德名扬天下。这片独属爱新觉罗家族的"行宫"，如今已经是人来人往，街市上不时传来的流行音乐，多少也冲散了这里凝重的气氛。

阴晴 当年乾隆皇帝除了认为热河可以狩猎，还认为承德可以避暑。但是，这里的天气阴晴不定。阳光灿烂时，要忍受暴晒，但一会儿可能就会阴雨连绵。

拉客 只要一走出火车站，许多操着当地口音的人就会蜂拥而上，自称是导游，能帮你找宾馆、参加旅行团。任何一个有出门经验的人，一眼就能看出其中的机关。

准备与咨询

语言

用普通话与当地人交流通常没有问题。

气候与游季

承德四季分明，因四周环山，所以能挡住来自蒙古高原寒流的袭击。冬季虽然寒冷，但气温仍然高于同纬度其他地区；夏季凉爽，雨量集中，基本上无炎热期，所以才有了避暑胜地的美称。另外，秋季草原风光如画，也是游览的好季节。4—10月为最佳旅游时间。

承德的美丽景观

承德不仅有丰富的人文景观，而且具有朴实天然的自然风貌。在市区周围，分布着多处千奇百怪的红色岩石（岩层）景观，地质学称之为"丹霞地貌"，在我国北方实属罕见。这些地貌景观比之江南的丹霞山，不仅造型奇特，还增添了几分雄伟。主要自然山景有磐锤峰、蛤蟆石、罗汉山、僧冠峰、天桥山、双塔山、鸡冠峰等十多处。

当地节日

木兰围场森林草原节：6月29日至次年2月底。

避暑山庄"九龙醉杯"龙舟大赛：每年6月。

仍然要防晒

别以为到了避暑胜地就可高枕无忧，还是要带上伞和涂防晒霜。

感受承德

行在承德

进出

承德市与北京临近，仅距 230 千米，沿京密路、京承高速公路前行即可到达，路况良好。也可从雾灵山风景区出来，先到密云，然后再沿着京承高速公路直达承德。另外就是往锦州、沈阳方向去的游人也有方便的交通。

飞机

承德市南有一小型飞机场，北京与承德之间有不定期包机航班。

铁路

承德火车站位于承德市东南，京承、锦承、承隆 3 条铁路在承德站交会，北京→丹东、北京南→乌兰浩特的直快列车都途经此地。去承德旅游一般取道北京，也可以从锦州、沈阳方向前往。

公路

承德公路交通发达，向北通向内蒙古，向东可达辽宁，向西南去往北京，向东南则到天津。

市内交通

承德市内的交通工具很多，比如无人售票车、小公共汽车、出租车，给人生地不熟的外地人，提供了很大的方便。

1. 无人售票车：上车投币 1 元。从避暑山庄大门外乘 6、11 路可到外八庙。

2. 小公共汽车：线路和车次能满足游客的需要，除个别景点外，几乎都能到达景点门口。通常都只需要 1 元就能到达目的地。

3. 出租车：起步价 7 元/2 千米，以后每千米 1.4 元。

4. 承德正在取缔三轮摩托车，虽然价格比出租车稍低些，但危险系数高，不建议乘坐。

游在承德

避暑山庄 ★★★★★

我国现存规模最大的古代皇家园林，面积相当于颐和园的两倍。

宫殿区的建筑精美华丽，湖区曾是当年帝王后妃游玩设宴的地方，仿江南名景而建，所以景色在塞北的粗犷中又融入了江南的灵秀。另还有平原区和山峦区，山庄在不同时分有不同的韵味：晨起看湖面雾霭蒸腾；黄昏观锤峰落照；月夜倾听月色江声梨伴月；雨中金山亭的水漫金山、烟雨楼的烟雨堪称胜景。在这里你可以遥想皇帝当年的生活。

旺季 130 元；淡季 90 元

7:30—17:30（4 月）；7:00—18:00（5—9 月）；8:00—17:30（10 月—次年 3 月）

临近碧峰门（公交站）；乘出租车从市区内任何一处到避暑山庄都不会超过 10 元

0.5～1 天

没必要乘飞机

北京到承德的铁路和公路交通都十分便捷，自驾车程约为 4 小时，所以这段距离乘坐飞机显然没有太大必要，花钱但并不省时。

建议坐火车

去承德最好不要选择坐汽车，因为路上大多是山路丘陵，下雨路滑行车较慢。要是赶上旅游旺季，又会堵车，经常会 4 小时的车程要 7 小时才到，而坐火车就没问题。

承德的公路交通

1. 在旅游旺季，北京和天津都有旅游直达承德，平时也有固定班次的长途汽车往返。

2. 承德长途汽车站也已开通至北京及石家庄的快速客运。

承德出租车的打表器是摆设

承德出租车不打表现象比较普遍，所以游客切记先搞好价再上车。

承德城市客运管理处投诉
☎ 0314-2160073

推荐路线

避暑山庄面积较大，若只有一天时间，如下线路可以囊括山庄内的大部分精华：

丽正门→内午门→澹泊敬诚殿→四知书屋→烟波致爽殿→云山胜地楼→采菱渡→如意洲→烟雨楼→沧浪屿→长湖→文津阁→热河泉→金山亭→水心榭→东宫遗址→德汇门。

别住山庄内宾馆

避暑山庄周围宾馆很多，而山庄内的宾馆条件一般且房价贵，所以仅仅为了省门票而入住实在没有什么必要，可能唯一的好处是可以领略山庄的夜景吧。

避暑山庄旅游须知

1. 去避暑山庄旅游，建议请个导游，至少要蹭听，因为很多精华点位置较为偏僻或看着不引人注目，有人指点才不会错过。

2. 湖区是山庄风光最为秀丽的地方，荡舟湖上会是不错的选择。租船点在如意湖西岸，有脚踏船和电瓶船可供挑选，租金依次是每小时50元、90元，押金为300元。

3. 正宫、松鹤斋、东宫和万壑松风四处建筑，现已辟为博物馆，用于清代宫廷史迹和宫廷艺术品展出。

4. 山庄里有专门的转山游览车，每人50元。此路线可游览大部分景区景象，有的路况较为险要，切记安全第一。

外八庙 ★★★★★

除避暑山庄外，外八庙也是承德旅游中一个重要的行程。外八庙素有"一寺能抵十万兵"之说，同时，外八庙还将中国古代庙宇建筑艺术推向了极致。

8:00—17:30

避暑山庄大门有公交到外八庙在须弥福寿之庙（公交站）下车，车费1元

3小时

外八庙快速攻略

乘坐6路车在大佛寺站下车，步行5～10分钟就到普宁寺。游完普宁寺再到普陀宗乘之庙，也就是小布达拉宫。须弥福寿之庙离普陀宗乘之庙已经不远了。这3处是外八庙的精华。

外八庙各庙8:00之后才开放参观。

游在承德

普宁寺

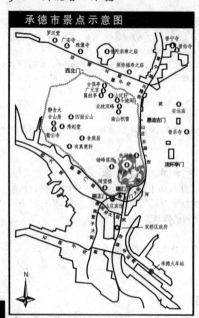

承德市景点示意图

喜佛"。

安远庙、普乐寺和磬锤峰国家森林公园同属磬锤峰景区。旺季50元；淡季30元

8:30—16:30

普陀宗乘之庙

承德最有代表性的藏传佛教建筑，也是"外八庙"中规模最大的一座，因仿拉萨布达拉宫而建，故又称小布达拉宫。就算时间再紧张，也值得在这多待一会儿。

与须弥福寿之庙联票60元

8:30—17:00

大红台中心的万法归一殿顶部全部被鎏金铜瓦所覆盖，仅此一项造价即是黄金万两。

殊像寺

仿五台山殊像寺而建。宝相阁内有一座文殊菩萨骑狮像，据说这尊文殊像是依乾隆本人的样子雕刻的。

须弥福寿之庙

乾隆为迎接六世班禅前来贺寿而建。此庙最为壮观的是主殿屋顶上的八条金龙，在庙外也可清晰看见，但近观更能感受到其不同一般的气势。

与普陀宗乘之庙联票60元

8:30—17:00

木兰围场风景名胜区

★★★★

木兰围场是一处自然淳朴、野趣天成的旅游胜地。滑草是这里最有特色的项目；隆冬时节，在林海深处，滑雪是不错的娱乐。这里四季都是摄影爱好者的天堂。木兰围场景区以红山军马场为中心，月亮湖、将军泡子、桃山湖、五彩山、大峡谷的风景是最美的。

150元

1. 骑马的价格：120元/小时，时间越长越便宜。在将军泡子骑马感觉极好

2. 草原上包车通常300～400元/天，一般都为吉普车

2～3天

木兰围场旅游准备

1. 游玩木兰围场一般需要两三天的时间，应提前安排住宿点。

2. 人多可砍价。

3. 木兰围场早晚温差较大，除带一些保暖的衣服外，防风帽和手套也不可少，特别是有一双便于登山的鞋，

游在承德

溥仁寺

位于外八庙最南，是外八庙中最早的寺庙之一。现已闭门谢客。

普宁寺

汉藏风格相结合的寺庙，因为它拥有一座世界最大的金漆木雕大佛，故又名大佛寺，也是承德目前唯一住有僧人的寺庙。

旺季80元；淡季60元

8:00—17:00

普宁寺的门票颇具特色，门票收藏者不应错过。

普佑寺

普宁寺的附属寺院。寺内现存部分五百罗汉泥塑。

普宁寺门票包含普佑寺

安远庙

仿新疆伊犁固尔扎庙而建，传说是乾隆因宠幸香妃，为博美人一悦而修建的。

安远庙普度殿上的黑色琉璃瓦在中国寺庙建筑中十分罕见，据说是为了"克火"。

普乐寺

仿北京天坛祈年殿而建，也是一座汉藏风格相结合的庙宇。旭光阁内供有"欢

木兰围场

当地可以租到马靴。

塞罕坝 ★★★★ 📷 🏕

在清代属著名的皇家猎苑之一的木兰围场的一部分。景区内有七星湖、太阳湖、泰丰湖、白桦林、月亮湖等较大的景点和多个小景点，集自然风光和人文遗迹于一体。

💴 塞罕坝国家森林公园、御道口景区联票 130 元；塞罕坝国家森林公园、御道口景区、红松洼联票 150 元

🕐 全天（6 月 1 日—10 月 8 日）

📍 承德市围场满族蒙古族自治县 256 省道

🚌 北京站每天 15:56、20:45 各有一辆火车前往位于围场县城边的四合永火车站，票价 50.5 ~ 146.5 元，全程约 7 小时。北京丰台站每天 22:05 有一列前往四合永站的火车，票价 54.5 ~ 155.5，全程约 8 小时。北京六里桥客运站每天 6:20 有发往围场的客车，票价 113 元

👁 2 ~ 3 天

💡 景区面积比较大，建议提前规划好时间。

💡 **包车信息**

1. 在机械林场包小车游玩，每辆每天约 350 元。

2. 从县城包车两天往返，每天约 500 元。

兴隆溶洞 ★★★ 🏕⛰📷

现今活着的活化石，因景观原色原貌、晶莹剔透、精致荟萃，被称为"燕山水晶宫"。洞内禁止拍照，不过可以去溶洞博物馆，博物馆内有钟乳石的石柱、石笋、石瀑布等展品。

💴 旺季 115 元；淡季 90 元

🕐 8:30—17:00

📍 北水泉乡陶家台河北兴隆国家地质公园内

🚌 暂无公交车直达，建议打车或自驾前往

👁 1 ~ 3 小时

磬锤峰

御道口草原森林风景区
★★★★

　　与承德避暑山庄遥相辉映，曾是木兰围场的一部分。这里被誉为水的源头、云的故乡、花的世界、林的海洋、珍禽异兽的天堂。滑雪、垂钓、篝火晚会、越野赛车、骑马露营都是很好的娱乐项目。这里四季美景如画，太阳湖、大彩沟、百花坡等都是不错的拍摄景点。

🎫 塞罕坝国家森林公园、御道口景区联票 130 元；塞罕坝国家森林公园、御道口景区、红松洼联票 150 元

📍 承德市围场县御道口乡

🚌 从承德市汽车东站有直达御道口的班车，早 6:00 有一班，票价 70 元左右

👁 4～5 小时

兴隆山 ★★★★ 🏞

　　曾是清朝的皇家禁地，地形地貌十分奇特，以"峰奇、石异、水秀、谷幽"著称，堪称大自然的鬼斧神工。欣赏着山水交融的美妙景色，不得不承认这里真是"小张家界"了。景区内有高 98 米的垂直观光电梯、226 米长的玻璃桥、全玻璃索道，给游客带来了极佳的观赏体验。

🎫 200 元（含观光车）；索道单程 60 元

🕐 8:30—17:00

🚌 公共交通不便，建议包车前往

👁 0.5～1 天

清河源萌宠乐园 ★★★★ 🏞

　　假期带孩子游玩的好去处，不仅可以看到很多小动物，并且三点之前进园，在 15:00 到 16:00 之间可以看到三场不同的萌宠表演。

🎫 45 元

🕐 9:00—17:00

📍 承德市宽城满族自治县塌山乡尖宝山村

吃喝承德

　　与京城宫廷菜不同的是，作为宫廷塞外菜的代表，承德菜也主要以山珍为主，做法多以干烹、香烹为主。比较有名的风味菜有平泉冻兔肉、五香鹿肉、炒山鸡卷、野味火锅、烧鹿肉、野鸡肉等；家常菜多以蘑菇炒肉丝、麻仁大扁为主。

推荐餐厅

新乾隆酒楼　承德一家老字号饭店，环境优雅，现在已经成了承德第一号，只是菜的量较少。

📍 承德市新华路 7 号帝景园大厦

📞 0314-2072222

大清花饺子馆　就在避暑山庄对面，玩累了就能进去吃。门前装饰着两个木质的秋千，还摆了一些仿古的轮车，让人等座时不那么无聊。

📍 丽正门大街 19 号

☎ 0314-2036222

☺ 这里的韭菜鸡蛋锅贴很有特色哦，里面有个大虾仁。

乔家满族八大碗 在当地应该属于比较有档次的饭店了，主要是以满族八大碗为基础，围绕满族口味的馆子，殿堂陈设多是满族的画像、照片。推荐蒜香无骨鱼、干锅牛蛙、四小碟、鹿肉等，且都物美价廉！提前说一声，这里的饭菜油都很大，吃多了是会有点腻的！

🚩 市中心火神庙流水沟太平桥1号

☎ 0314-2037888

特色小吃

作为塞外的特色，莜面窝子和莜面饺子是承德最容易吃到的小吃。莜面窝子是将莜面擀成皮再卷成卷，上锅蒸熟的，吃的时候蘸酱。莜面饺子以酸菜馅的最为特别。此外，驴打滚、荞面河漏、碗坨都是承德的著名小吃。

夜游承德

魁星楼是入夜后欣赏承德市夜景的制高点。山下是点点灯火，如果遇到大晴天，伴有满天的点点繁星更有趣味。

另外，还可以到夜市里逛一逛，那里的特产很丰富。

购物承德
推荐特产

杏仁 承德的杏仁产量居世界第一位，以颗粒饱满、营养丰富而著名。露露牌杏仁露的用料是苦杏，大而扁的是无苦味的一类，也是营养价值较高的一种。购买时可以向当地人详细询问两者之间的差异，他们还会向你介绍烹调方法。

口蘑 当地出产的一种蘑菇，算是山珍级的食品，主要品种有白蘑、青腿子、马莲杆、杏香等，其中以白蘑为最佳。红烧、清炖、做汤都十分清香。

板栗 承德的板栗品种很多，兴隆和宽城两地的板栗是上乘之品，在国内都算是优良品种。

住在承德

到承德旅游不必为住宿发愁，市内各种档次的宾馆俱全，从星级饭店到经济实惠的普通旅社，还有蒙古包宾馆一应俱全，但价格和条件差别较大。

☺ **承德住宿**

1. 临行前，最好先打电话查询各宾馆的住宿情况，很多宾馆可电话订房。

2. 南营子大街是承德的中心，交通十分方便，从这里步行到避暑山庄也不太远，所以最好在这条街上找住宿。

3. 避暑山庄及外八庙附近都有不少宾馆，交通和价格都比较合适。

推荐住宿

乾阳大酒店、云山饭店、红楼宾馆、盛华酒店 均为星级宾馆，由国家级省级单位投资兴建，环境设施均为上乘。

☺ 在避暑山庄及外八庙附近有不少宾馆，这里最大的优点在于到各景点交通便捷，价格也还算合理。

承德周边游

承德周边游

清东陵 ★★★★★

中国现存规模最大的陵墓群，已被列入《世界文化遗产名录》。站在那阔大的陵墓群前，能感到一个曾经的清帝国的精气与历史像浮云一样，在陵墓的上空飘荡。这里有帝后妃陵寝14座，共葬着5位皇帝、15位皇后、136位妃嫔和1位阿哥，中间有乾隆帝、慈禧太后和香妃。东陵的规制较为完整，帝后陵寝为黄琉璃瓦顶，妃园寝为绿琉璃瓦顶，依"前朝后寝"之制而建。

💰 138元（含观光车）

🕐 8:30—17:00

🚩 位于河北遵化市内，距北京125千米

🚌 北京四惠客运站每天 7:40、12:05、13:10、19:00 有开往遵化的客车，票价66元，到遵化后可从遵化（公交站）乘公交到石门（公交站）

🚗 沿京通快速路和京哈高速路东行，途经通州区北关环岛、燕郊、三河市、天津蓟州区。在蓟州区大桥下左转进入县城，在城中环岛右转，走蓟州区到遵化公路，途经马伸桥、石

门镇。过石门镇收费站后转向北行驶，到马兰峪再向西行即是清东陵神路的入口

👁 3～5小时

🌞 **壮观的陵墓**

1. 乾隆的裕陵是一座雕刻艺术宝库，图案繁多，但线条清晰流畅，形象逼真，有极高的观赏性。

2. 慈禧太后的陵墓则以四周的石栏杆上的雕刻而著称，殿前的陛石龙在下、凤在上，制式奇特，堪称雕刻艺术中的杰作。

金山岭长城
★★★★ 🎭🎣🌊

始建于明洪武年间，地势险要，视野开阔，设防严密，建筑雄伟，保存完好，是我国万里长城的精华地段之一。

💰 旺季65元；淡季55元

🕐 5:00—18:00（4—10月）
　　6:30—17:30（11月—次年3月）

🚌 周末可在北京东直门乘坐金山岭长城一日游大巴，票价100元，包往返车费和门票，或者平日搭乘火车至古北口，然后转乘旅游专列前往

👁 1天

雾灵山风景区
★★★ 🌊🎭🏔️⛰️

河北第三高峰，有"京东第一山"之称。此处因长期作为清朝皇家风水禁地，封禁达260多年，保持了良好的自然生态系统，喜爱自然的旅行者值得前往，并可以考虑背包登山、穿越。

🌞 **建议行程（从北京出发两日游为例）：**

第一天： 从北京朝阳站乘G3511次车（9:29—10:15）在兴隆县西下车，火车站有直达风景区南门（前山门）的中巴。当晚可住宿在顶峰的转播站招待所。

第二天： 早起观看雾灵山日出，此后从北坡下山，途经清凉界景区到公园北门；也可走西坡经龙潭瀑布景区到公园西门出山。雾灵山风景区北门—密云新城子乡曹家路大沟村，中巴；大沟—密云区长途车站，面的；密云区城—东直门汽车站。

💰 120元；索道单程50元/人，双程80元/人

🚌 走京顺路到密云后，沿101国道前行，在大师屯镇东北山村附近右转，驶入松曹路，到曹家路后沿一条土路东行，途经大沟村、花园村、黑关、雾灵山村进入景区

👁 1～2天

🌞 **土路路况较差**

土路全长约10千米，路况较差，建议最好开越野车进山。

🌞 **雾灵山旅游须知**

1. 雾灵山五一前后及7至10月为旅游高峰期，人会较多。

2. 进雾灵山区最好穿鲜艳服饰，因当地林木茂密，迷路失踪后比较容易找寻。

3. 雾灵山在4月之前为封山期，进入要有通行证才行。办证地点在兴隆火车站附近。

4. 雾灵山全年防火，不要野外吸烟用火。

5. 一定要带手电！要多带防寒衣物（包括手套、帽子）、必备雨具及背包防雨罩。

6. 冬天雾灵山会有冰瀑。

坝上草原　★★★★ 🌊📷

号称"京北第一草原"，丰宁坝上草原地域辽阔，天高气爽，是避暑度假的胜地。这里草肥花艳，金针花、干枝梅、金莲花等都很受人喜欢。每年10月，南徙的大雁在此短栖，野兔、鼹鼠、狐、豹等草原动物，也经常在草丛中出没，简直是野外狩猎的天堂。

💰 娱乐套票190元

🚌 在兴隆县站或兴隆县西站乘坐兴隆2路北线到东梅寺村站下车，此处距坝上草原4.6千米，可打车前往

👁 1天

清东陵

秦皇岛

秦皇岛快速攻略

Day1 老龙头→山海关→燕塞湖

Day2 北戴河：新澳海底世界（或秦皇岛野生动物园）→ 怪楼奇园→鸽子窝公园→碧螺塔酒吧公园

Day3 联峰山→老虎石公园→南戴河

感受秦皇岛

空气好 秦皇岛被称为"最适宜人类居住的地方"，一下车就能感受到清新的空气和很好的绿化，特别是到了北戴河，呼吸似乎舒畅很多，不由得让人想多吸几口这里的空气。

经济意识强 来过这里旅游的人，都会不禁感慨，这儿的人经济意识太强了。门票暂且不说，从存包到更衣间，甚至景点拍照可能都是要付费的，一些旅游景点门口扎堆的"导游""司机"，让人防不胜防。

准备与咨询

语言

普通话可通行。

气候与游季

游北戴河，最佳季节为5—10月；游秦皇岛其他景区，为6—8月；但观鸟专项游的最佳时段是春、秋候鸟迁移季节，即每年3月中旬—5月下旬，9月上旬—11月中旬。

行在秦皇岛

进出

秦皇岛市地处华北地区通往东北地区的咽喉要道，水陆空交通均十分便利。秦皇岛市同北京、天津、上海、沈阳等城市的公路、铁路、航空均相通，秦皇岛港是中国北方的不冻良港。

驾车从北京沿京沈高速行驶可直达秦皇岛。

飞机

秦皇岛北戴河机场距离市中心47千米，目前已有5条航线可通往6个城市，包括上海、哈尔滨、成都、石家庄、重庆、广州。

铁路航空售票处 ☎ 0335-3692222

机场 ☎ 7520000/96360

铁路

秦皇岛有三个主要火车站，即秦皇岛站、山海关站、北戴河站。往华北（京、津）方向的列车均在秦皇岛站发车，往东北（沈阳）方向的列车均在山海关站发车。秦皇岛到北京的短途车都会经过北戴河站。

☀坐什么车去景点

1. 从秦皇岛市中心（太阳城附近）乘33路公交车，在"第一关"站下车就能看见山海关城墙。始发于秦皇岛四道桥汽车站的25路公交车沿着海边从秦皇岛市区到山海关老龙头景区。

2. 乘34路公交车可到北戴河汽车站，5路公交车从海滨汽车站可到北戴河火车站，从北戴河火车站始发的22路公交车可到达南戴河方向。

3. 从北戴河火车站乘6路公交车可到秦皇岛市区。

4. 秦皇岛的出租车起步价7元。

☀轻松、实惠的游法

1. 夏季去秦皇岛玩，最好别挑周末。那时候景点的游客极多，公共汽车特挤，宾馆的房间价格也特别高。

2. 如果是一家三口去，可以提前预订一辆出租车供自家人游览使用，既方便又省钱。

感受秦皇岛

公路

秦皇岛每天都有开往附近城市的长途汽车。北戴河海滨长途汽车站有开往北京、天津、承德、石家庄等方向的客车。山海关距秦皇岛 17 千米，距北戴河 30 千米，与这两地之间都有公共汽车往返。秦皇岛至北戴河有 34 路公交车往返。

秦皇岛长途汽车站 ☎ 0335-3067007/3067010

市内交通

秦皇岛市内各旅游景点间均有公共汽车或旅游专线车前往，乘坐出租车也很方便。

游在秦皇岛

山海关 ★★★ 🏃🌊

山海关号称天下第一关，既是一处旅游地，亦是文化和地域分界的象征性划分地。但现存的景并不是真实的遗址，光是景点内巧设的各种"埋伏"也可能让人觉得心累。

🎫 旺季 40 元；淡季 15 元
🚌 临近天下第一关（公交站）、山海关（公交站）
👁 4～6 小时

老龙头
★★★ 🏃🌊

长城至此，形如苍龙入海，景象极为壮观。它是万里长城入海处，名副其实的海陆军事要塞。

🎫 50 元
🕐 8:00—17:30（4—10 月）
8:00—17:00（11 月—次年 3 月）
🚌 临近老龙头（公交站）
👁 2～3 小时

🔆 **水族馆：** 老龙头附近有间水族馆，门票 40 元。秦皇岛市体育基地附近的新澳海底世界比这里好玩，不过门票也稍贵一点。

北戴河
★★★ 🌊🏃📷

北戴河是秦皇岛久享盛名的海滨旅游胜地，每年夏季是最适合前往的休闲目的地之一。

🚌 临近北戴河区政府（公交站）
👁 2 天

🔆 **北戴河旅游须知**

1. 北戴河东北角的鹰角亭是观赏海上日出的绝佳地点。

2. 时逢旅游旺季总是人山人海，其实挑个淡季过来感觉要好得多。

3. 建议住在疗养院聚集之处的附近，那

🔆 **坐什么车去秦皇岛**

1. 新增了许多暑期旅游专列抵达北戴河、秦皇岛。

2. 游览山海关可乘火车前往，山海关距北京 312 千米，在山海关经停的快车，一天有十八班。

3. 从北京、天津、沈阳乘动车到秦皇岛只需 2 小时左右；从哈尔滨、太原乘动车到秦皇岛也只要 6 小时。

🔆 **带好身份证**

到北戴河旅游最好带上身份证，因为这里管理较严。

🔆 **1. 别住山海关：** 山海关的接待能力有限，游览山海关最好在秦皇岛市内或北戴河住宿。

2. 孟姜女庙： 一个承载了千年传说的地方，就位于山海关旁。如果不了解背景，那满面愁容的女子雕像估计会让你失望。

秦皇岛市景点示意图

青龙

🔺 祖山
燕塞湖
🔺 山海关
🔺 老龙头
洋河水库
乐岛海洋公园
卢龙 抚宁
秦皇岛
🔺 北戴河
南戴河
昌黎 昌黎黄金海岸
🔺 翡翠岛

⑪鸽子窝公园
⑫老虎石公园
⑬集发农业观光园
⑭联峰山公园
⑮碧螺塔酒吧公园
⑯集发农业观光园
⑰野生动物园

（侧栏）游在秦皇岛

北戴河地标阿那亚礼堂

里的海滩不收费。

4.秦皇岛还是一个观赏鸟类的乐园。据有关资料所载,我国鸟类共计1186种,而北戴河就有20个目61个科的405种。最佳季节是每年3月中旬至5月下旬,9月上旬至11月中旬。

阿那亚★★★★　⊙

位于昌黎县黄金海岸,海滩优质,还有大片刺槐林河天然湿地。这里有礼堂、图书馆、美术馆,建筑都非常具有艺术感,还经常举办音乐节和艺术展览,堪称文艺青年们的"乌托邦"。

🚩 北戴河新区国际滑沙中心北500米
🚌 北戴河站离阿那亚打车三四十分钟路程,打车六七十元
👁 1～4小时

鸽子窝、老虎石公园
★★★★　🎫🏞

鸽子窝是毛泽东作《浪淘沙·北戴河》的地方,也是曹操"东临碣石,以观沧海"的地方。景观很开阔,可以看日出、看野生海鸥。老虎石其实就是几块形似老虎的石头,名气很响,专程为了观赏这几块石头前往的游客可能会有些失望,但这里的日落很美。

🎫 鸽子窝25元;老虎石公园8元

⏰ 鸽子窝5:40—17:30
　　老虎石公园8:00—18:00
🚌 乘坐秦皇岛34路车沿着滨海大道走,经过这两个公园

💡 1.老虎石公园门口有很多卖特产的小贩,海边特产大同小异,要价又高,不建议购买。

2.只是想看海的话,建议在老虎石门口往两边走。

仙螺岛★★★　🎫🏊

一个海上"游乐园",海螺仙子的童话让这里有了几分传奇色彩。在这里既可以登上仙螺阁惬意远眺,也可以参与蹦极、跳伞、漂流等刺激项目。

🎫 60元,最点内项目另收费
⏰ 8:00—16:30
🚌 临近戴河大街(公交站)
👁 3～5小时

南戴河　★★★★★　🏊

南戴河的游人比北戴河少了许多,所以到这里游泳、享受阳光、沙滩,是明智的选择。

💡 1.**海滩:** 南戴河的海滩分为收费海滩和自由海滩,收费海滩也称为游乐场,费用为每人30元;自由海滩的面积小,卫生情况堪忧。

2.**南戴河国际娱乐中心:**是一处不错的沙滩,现

为国家 AAAA 级景区，门票 120 元，包含景区内几乎所有娱乐项目，其中滑沙、滑草惊险刺激。

新澳海底世界 ★★★★ 🏊

在这里，不仅能够观赏到情趣万千的海洋生物，还可以欣赏到聪明可爱的海豚和滑稽可笑的海狮联袂上演的异彩纷呈的节目，让人仿佛置身于神话般的海洋世界里。

🎫 主馆门票 110 元
🚗 秦皇岛市海港区河滨路 81 号
🚌 临近旭海·金梦海湾八号（公交站）
👁 2～4 小时

碧螺塔酒吧公园 ★★★ 🏯🏙

位于北戴河海滨最东侧，北临鸽子窝公园，南临老虎石公园，东临大海，交通极为便利。公园于 2008 年正式入选为全国首批自驾游活动基地，已经成为避暑胜地北戴河旅游的新亮点。颇值一提的是高 21 米的主建筑碧螺塔，共分 7 层，是世界上独一无二的海螺形螺旋观光塔，登塔远眺，"秦皇岛外打鱼船"的海上风光尽收眼底。

🎫 旺季 100 元；淡季 30 元
🕐 4:30—20:00
🚌 临近碧螺塔酒吧公园（公交站）
👁 3～4 小时

秦皇岛野生动物园 ★★★★ 🏊

亚洲占地面积最大的野生动物园，园内可以近距离接触动物，可以看到东北虎、非洲狮等珍贵动物。游客可自己驾驶私家车游园，也可乘坐园内别具特色的森林小火车观光游览。

🎫 25 元（12 月—次年 3 月）
90 元（4—11 月）
🕐 8:30—17:00；停止入场时间 15:30
🚗 河北省秦皇岛市北戴河区滨海大道 62 号
🚌 临近野生动物园（公交站）
👁 4～6 小时

联峰山 ★★★ 🏯🏊🏯

因山势有联峰之妙，山势竖视又似莲蓬，也被称为莲蓬山。公园山间有多处景点，当地流传的"北戴河二十四景"中有大半都在公园内。园内主要的景点有望海亭、神山、百福苑等，都可以一一浏览。

🎫 旺季（3—11 月）25 元；淡季（12 月—次年 2 月）5 元；本区市民免费
🕐 8:00—17:00
🚗 秦皇岛市北戴河区联峰路与剑秋路交叉口处
🚌 临近联峰山公园（公交站）
👁 1～3 小时

💡 别忘记砍价

在这个不错的避暑兼旅游胜地，吃饭特别是吃海鲜前要先讲好价钱，其他购物也是如此。

💡 碧螺塔酒吧公园

1. 公园内设有中餐店、烧烤、酒吧等；有木屋、帐篷供住宿。

2. 里面的夜店很不错，很适合年轻人去玩。

3. 如果是夏天来此观光，还能参加免费篝火晚会，另有啤酒沙龙、海上垂钓、海上美食广场等各类活动。

💡 怎样挑选新鲜海产

1. 鱼眼呈透明无混浊状，鱼鳃紧贴，表示新鲜度高。虾壳应与虾肉紧贴。螃蟹及贝壳类海鲜外壳应富有光泽，肢体硬实有弹性，鱿鱼章鱼则应皮肤光泽，斑纹清晰。

2. 鱼用手按时感觉肉质坚实有弹性，且摸着表面无黏液，表示鱼肉新鲜。

3. 用鼻子闻则，如果有一种鱼虾特有的鲜味，则表示新鲜。

💡 秦皇岛的招牌海鲜菜

蟹黄鱼米、清蒸加级鱼、三椒虾丝、爆原汁海螺、炸溜子蟹、绣球海贝、酱爆皮皮虾、煎烤大虾、红焖栗子鱼。

💡 吃海鲜，自己买

如果在北戴河吃海鲜，可以到当地最大的海鲜市场自己购买，市场周围的小餐厅都代为加工。

💡 旅游旺季房价过高

夏季周末的住宿费被炒得过高，办法只有避开高峰期，或者提前预订房间。

💡 不错的民宿

北戴河有很多家庭旅馆和民宿，有精品民宿，也不乏经济型的，价格在 100～200 元，房间整洁舒适，性价比很高。

购物场所

1. 联峰山公园东南门有小商品集散地。

2. 南戴河游乐中心滑沙场附近也有新建的购物场所，情况与此相仿。

3. 不同摊点价格相差较大，购物时别忘了货比三家，也别忘了价比三家。

4. 北戴河石塘路市场属于海产品批发市场，也有零售，有不少卖珍珠、贝类装饰品的，也有质量不错的海产品，可以选购，但要下力度砍价。

一句话推荐景点

乐岛海洋公园　可以海底观光、水上娱乐、观看海洋动物表演，玩累了还有各色酒吧、餐馆，算得上休闲放松的好地方。

- 160 元
- 老龙头以西 2 千米
- 临近乐岛（公交站）
- 3 ~ 6 小时

参观海洋馆、极地馆、鲨鱼馆等，与小动物亲密接触、戏水游玩时要小心哦！

祖山　距秦皇岛市区西北 20 千米，总面积 118 平方千米，海拔 1428 米，现被确定为国家级森林公园，还有"自然地质博物馆"之称。

- 80 元；索道单程 78 元，往返 130 元
- 1 ~ 2 天

吃喝秦皇岛

秦皇岛作为滨海旅游城市，特色吃喝自然以海鲜为主。在北戴河，老虎石海滩两旁的小餐馆多如牛毛，活蹦乱跳的鲜货排开在门口，任人选购后送进厨房，稍后可食，价格适中。

推荐餐厅

品晓捷　在门口的水箱里可自由挑选，明码标价，量大实惠，厨师尤其擅长用烧和葱姜炒的方式处理海鲜。

- 友谊路 155 号
- 0335-3964386

海天一色海鲜餐厅　干净、漂亮、美味的海鲜自不必说，最好的是地理位置，紧邻海边，吃饭的时候都能听到海浪声，别有风情。

- 秦皇岛市东山街 51 号
- 0335-3408888

老洛阳牛肉汤　早上中午要排队，人多，晚上要早去，否则会卖没。

- 河北大街西段 300 号金鼎街远洋海逸世家底商
- 13930381589

此店是清真店，所以去了以后千万不要提"猪肉"！

夜游秦皇岛

在这个人来人往的旅游城市，夜间活动多集中于北戴河，被称为"海滨不夜城"，在那里相应多了许多夜生活内容，自然不会觉得寡淡。

购物秦皇岛

这里的工艺品不外乎是用海产品加工的项链、珍珠挂件，但其中很多并不是当地的手工艺品，购买时要注意甄别。

住在秦皇岛

南、北戴河的住宿选择余地极大，有别墅、宾馆、招待所、疗养院或者是家庭旅馆，价格也能满足不同人群的需求。如果在北戴河，强烈建议住在疗养院或招待所，建筑较旧，条件也可能简陋些，但一般有幽静的庭园，还可能有独立的浴场。

推荐住宿

北戴河宣和酒店　步行至老虎石海滩只需 3 分钟。

- 北戴河海宁路 4 号
- 15133500819

碧海蓝天度假村　位于南戴河海滨，度假村内有私家海滩和特色木屋别墅。

- 南戴河第二旅游开发区
- 13463390123

吃喝秦皇岛

山西省

自助游：

南线：历史文化古城寻根之旅

太原→祁县→平遥→灵石→洪洞→壶口

北线：佛教名山朝圣之旅

太原→五台山→恒山悬空寺→云冈石窟

自驾游：

行走在高墙大院间

太原→榆次→乔家大院→平遥古城→王家大院→太原

领略山西精髓

北京→大同→云冈石窟→恒山悬空寺→五台山→应县木塔→

太原→晋祠→平遥古城→乔家大院

太原

太原快速攻略

Day1 山西博物院→碑林公园→双塔寺→纯阳宫→食品街
（吃晚饭，若时间允许晚饭后可去汾河景区赏夜景）

Day2 蒙山大佛→天龙山石窟→晋祠

感受太原

环境变化 山西因其丰富的煤炭资源，在过去的很多年里以能源基地的身份为中国的发展建设做出了很大贡献。不知几时，这座曾在历史中风光无限的龙城转身成为尘满面、鬓如灰的灰色城市。好在当地政府在痛定思痛后，下了大决心，花了大力气，把绿色城市化的理念贯穿于城市建设的各个层面，使龙城得以旧貌换新颜，获得了"中国人居环境范例奖"。近些年，太原的面貌越来越清新了。

醋 谈到山西，不能不提老陈醋。山西做醋的历史有 3000 年之久，山西老陈醋是中国四大名醋之一，以其绵、酸、香、甜、醇的独特风味和悠久的酿造历史著称于世，素有"天下第一醋"的盛誉。山西的大小饭馆桌子上必摆着一壶醋。

面食 如果醋是山西的"血"，那么面食绝对是山西的"肉"，血肉相连才是完整的山西。山西的面食有上百种，以刀削面最为有名，但事实上，山西境内比刀削面还要美味的面食比比皆是，如刀拨面、八姑、河捞、猫耳朵、揪片等，做法不同，味道也不同，但无论是浇卤还是爆炒，味道都没得说。

山西男人 一方水土养育一方人，在山西这片黄土地上孕育的是淳朴实在的山西汉子，他们身上依稀还能看到当年晋商的影子。山西男人兼具了南方男人的细腻温柔和北方男人的豪爽大度，在他们身上体现出的更多是一种"中和之道"。山西男人重情义，守承诺，家的意识强，"老婆、孩子、热炕头"是他们最大的幸福。

准备与咨询

语言

山西话虽然与普通话有差异，但用普通话与当地人交流没有问题。

气候与游季

太原四季分明，春季回暖迅速，夏季雨水集中，秋季凉爽宜人，冬季干燥寒冷。全年平均气温 9.6℃，游客来时夏秋季节要做好防晒工作，冬春季节注意补水保湿。到太原旅游的最佳季节为夏秋两季。

山西锣鼓

被誉为"天下第一鼓"，相传早在尧舜时期，当地人就用敲锣打鼓来表达喜庆之情。锣鼓形式朴实，表演方式多种多样。领鼓者头上顶着鼓，脚上架着鼓，两耳挂着鼓，双肩还扛着鼓，仍能上翻下跃，仰打侧击，表现出了极高的技巧。山西锣鼓中最壮观激烈的场面，要数"鼓车锣鼓"，驾鼓车的马少则四匹，多则几十甚至上百匹，人欢马叫，声震数十里，气势雄壮，令人震惊。

机场问讯处

📞 0351-96566

火车站订票热线

📞 0351-95105105

山西多子院内景

行在太原

进出

太原在山西省中部，濒临汾河，交通比较发达，飞机、列车、快客乘坐方便，已形成立体的交通网络，但以铁路和公路为主。

飞机

太原机场位于太原南郊武宿，距市中心18千米左右，机场有出租车往返市区。此外，机场还有飞往日本、韩国、泰国、新加坡等地的国际航线。

机场的交通： 201路，票价为2元。

机场大巴： 1号线：机场→五一广场（火车站），8:30—当日航班结束，发车间隔为30分钟，票价16元。

2号线：机场→西山大厦，9:30—19:00，发车间隔40分钟，票价16元。

3号线：机场→太原南站（快线），7:40—第二日凌晨2:00，发车间隔30分钟，票价10元。

4号线：机场→东客站，9:30—19:00，客满发车，票价16元。

民航售票处

售票处	地址	电话
山西华旅航空服务公司售票处	新建南路12号	0351-8777782
山西通宝航空公司售票处	并州北路188号	0351-4092131

铁路

太原是京原、石太铁路线的终端和太焦线的起点，连接北京、上海、西安、成都、包头等数十个大中城市。前往太原旅游，选择铁路旅行十分便捷。

太原火车站

位于迎泽大街最东边，火车售票处位于火车站南

从市区乘1、10、11、201、308、606等路公交车都可以直达火车站

高铁

石太铁路客运专线是我国最早开工的高速铁路之一。开通后，太原到石家庄、北京变得更加快捷。从太原到石家庄站仅用1.5小时，从太原到北京最快仅用2.5小时。

公路

现代化的太旧（太原→旧关）高速公路，穿越太行山天堑，使北京至太原成为一片坦途。从山西南部的运城，经太原，至北边的大同，都有高速公路相连。太原市有长途汽车通往省内各县市及河北石家庄、保定、张家口、内蒙古呼和浩特等地。此外，还有旅游包车直通五台山、悬空寺和应县木塔等旅游景点。

目前，太原市内有太原汽车站、客运东站、客运西站、建南汽车站与迎宾汽车站五个长途客运站。

乘汽车旅游

在山西旅游乘坐汽车是不错的选择，方便灵活，但同时有很多不确定因素，游客上车前务必了解清楚，最好是在汽车站内坐车，安全可靠。

客运交通车

太原地处晋中，公路系统较完善。省外省内的公路交通覆盖范围全、面积大，省外如北京、天津、河南、河北等地；省内北到大同、南到运城都有很多车次，出行都很方便。

高速公路

太原到旧关的太旧高速公路是山西省第一条高速路。这条路从太原武宿开始，经过榆次区、寿阳县、阳泉市、平定县，一直到山西和河北交界的地方——旧关，出旧关后，就和石家庄到北京的高速公路相连。

长途汽车站点及发车方向

太原汽车站

迎泽大街88号

有发往北京、石家庄以及省内各大城市的长途客运汽车

太原市建南汽车站

建设南路

0351-7071191

有发往外省各大城市及省内县镇的长途汽车

太原市汽车客运东站

涧马村五龙口街165号

0351-2389052

太原市客运西站

迎泽大街396号

0351-6552571

有发往省内吕梁地区的汽车

市内交通

太原市内目前有 200 多条公交路线及近万辆出租汽车，交通方便畅通。太原的公交车基本上都是无人售票，票价为 1 元到 3 元不等。

出租车

起步价 8 元 /3 千米，超出 3 千米后的价格为 1.6 元 / 千米。夜间起步价为 8.6 元 /3 千米，超出 3 千米后的价格为 1.8 元 / 千米。夜间时间为晚 9 点到早 5 点。10 千米以上，基本租价加收 50%，作为单程回空补贴加价。

游在太原

晋祠　★★★★★

晋祠始建于北魏，曾是晋国开国君主姬虞的祠堂，经过多次修建和扩建，已成为一处自然山水与历史文物相交织的风景名胜。在苍翠树木的掩映下，清澈的泉水蜿蜒穿流于祠庙殿宇之中，让人称赞不绝。

晋祠有三处不能不去的地方，被称为"晋祠三绝"。一是周柏唐槐，北周时所种。900 多年前欧阳修就称赞其"地灵草木得余润，郁郁古柏含苍烟"，至今苍劲挺拔。二是圣母殿内宋代的彩塑。圣母殿富丽堂皇，是晋祠的主体建筑，殿内供奉着 43 尊彩塑，形态自然，塑工精美，是中国雕塑史上的精品。三是难老泉，是晋水的主要源头，常年不息，昼夜不舍。此外，晋祠内还有唐太宗李世民亲自撰写的《晋祠之铭并序》碑，是一块特别珍贵的名碑。

- 80 元
- 8:30—17:30（4 月 1 日—10 月 7 日）；8:30—17:00（10 月 8 日—次年 3 月 31 日）
- 太原市区西南 25 千米处的悬瓮山麓
- 临近晋祠公园（公交站）
- 2～4 小时

> **晋祠的游览方法和游季**
>
> 1. 可按中、北、南三部分进行游览。中即中轴线，从晋祠大门至圣母殿，为晋祠主体；北部从文昌宫起至吕祖阁，建筑群起伏有致，有很高的艺术价值；南部从胜瀛楼起至公输子祠，颇具江南园林风韵。
>
> 2. 晋祠留存许多珍贵古迹，也流传着许多美丽的传说，如有兴趣可在进门处买本书，于园中各处细细品味，或是请导游讲解。
>
> 3. 春夏秋三季景色最好，冬天稍逊。

汾河景区　★★★★

黄河第二大支流，也是山西最大的河流。沿汾河东西两岸分别有"晋汾古韵""五环生辉""汾河晚渡""七亭"等 14 个别具风格的景点。到了夜晚，遍布各个景区的 8000 多盏灯饰更为汾河增添了朦胧深邃的魅力。汾河景区是休闲旅游的胜地。

- 1～3 小时

天龙山石窟　★★★★

位于太原市西南 40 千米的天龙山山腰，始凿于东魏年间，共有 24 个洞窟，其中以第九窟漫山阁内的唐代石窟为其中精品，内有保存完整的弥勒佛坐像，为古代雕刻艺术的上乘之作。

天龙山景区附近有条公路，沿途共有四座桥和一处隧道，而"网红桥"就是其中海拔最高的一座三层高架桥。

- 50 元
- 9:00—16:30
- 天龙山、蒙山大佛和晋祠都在太原市的西南方，可以把这三地一并游览
- 2～3 小时

纯阳宫　★★★

纯阳宫始建于元代，红墙环绕，亭台楼阁，错落有致，是一座集庙宇、园林风格于一体的五进院落。游人可登魏阁环眺，仿佛置身于琼楼玉宇，俯瞰市中心全景。

- 30 元
- 9:00—17:00（夏季）；9:00—16:30（冬季）
- 临近五一广场北（公交站）
- 1～2 小时

山西博物院　★★★

山西博物院位于太原市汾河西畔，是山西最大的文物收藏、保护、研究和展示中心，荟萃了全省文物精华，珍贵藏品约 20 万件。山西博物院建筑群由主馆与四角辅楼组成。整个建筑群如山似阙，雄浑大气，是太原市重要的标志性文化建筑。

- 免费
- 9:00—17:00，每周一、农历腊月三十、正月初一闭馆
- 漪汾桥西滨河体育中心对面的望景路最南端
- 临近山西博物院（公交站）

👁 2～3 小时

双塔寺 ★★★★

太原的标志建筑，创建于明万历年间。

双塔寺又名永祚寺，"祚"是赐福保佑的意思。双塔寺内的大雄宝殿及东西配殿以青砖雕仿木结构建造。双塔（宣文塔、文峰塔均为13层塔，呈八边形结构，高约54.7米）檐下饰有琉璃脊兽，绚丽壮观。

- 🎫 旺季30元；淡季20元
- 🕐 8:30—17:30（4～10月）
  9:00—17:00（11月—次年3月）
- 🚌 临近双塔寺（公交站）
- 👁 1～2 小时

蒙山大佛 ★★★★ 🏔

蒙山大佛位于太原市西南20千米处，距今已有近1500年的历史，是世界上最早的石刻佛像。佛像高60多米，比"世界第一大佛"阿富汗巴米扬大佛还高10米，时间则要久远100多年。蒙山大佛的三大传奇经历更具看点：一是武则天曾命人为大佛作过一件硕大的袈裟，上面装饰的金银珠宝流照崖岩、洞烛山川。二是唐高祖李渊一日参拜蒙山大佛后，当晚便梦见佛光普照，从而坚定了起兵的决心，终成大业。三是蒙山大佛在历史中失踪数百年。元朝末年，盛极800余年的大佛，在战火中销声匿迹。在20世纪80年代的一次地名普查中，人们发现在寺底村，一个叫大肚崖的地方正是西山大佛的佛身。后经保护性开发与修复，这尊失踪600多年的大佛，才再次出现在世人面前。

- 🎫 35 元
- 🕐 8:00—17:00（3月20日—10月20日）；8:30—16:00（10月21日—次年3月20日）
- 🚌 没有直达的公交线路，建议打车前往
- 👁 2～4 小时

东湖醋园 ★★★ 🖼

山西省第一家展示传统与现代老陈醋生产工艺流程和老陈醋历史文化内涵的公司化、工厂化博物馆。游客在此能够充分了解到山西老陈醋的历史文化底蕴，还可亲自参与部分制作过程，并且免费品尝各种老陈醋。

- 🎫 项目A套票7元；项目B套票30元；项目C套票12元
- 🕐 8:00—18:00
- 📍 太原市杏花岭区马道坡街26号
- 🚌 临近府东街红沟路口（公交站）
- 👁 1～2 小时

千渡长江美术馆 ★★★★ 🏔

在有云的天气，呈现出令人惊讶的美感。在美术馆内部，一个底部直径5.7米、高16.4米的"光塔"是整体空间组织的"锚固点"。"光塔"既是起点也是终点。

- 🎫 50 元

💡 **双塔寺的必游之地**

1. 新建的碑廊里陈列着著名书法家王羲之、张旭、颜真卿、柳公权、苏东坡等人的书法碑刻，是欣赏中国书法艺术的极好场所。塔内有踏道，可登顶层，凭窗远眺，太原风光历历在目。

2. 前院牡丹满园，被称为太原的"小洛阳"，每到开花季节，花色鲜艳，花香馥郁。

💡 **蒙山晓月**：蒙山的月亮来得早，落得晚，朗朗乾坤，蒙蒙月色，自古就有"蒙山晓月"之称。

💡 **太原的小吃**

太原有一些地方特色浓厚的小吃，如孟封饼、豌豆糕、羊杂、灌肠、烧卖、油糕、拨鱼、豆腐干等，颇值一尝。

💡 **坚固的窑洞**

窑洞用山石勾缝而成，经历几千年的风雨摧残，至今依然完好无损。

💡 **太原的醋**

醋是山西人饮食中不可缺少的调味品，以清徐的老陈醋最为著名，益源庆百年老厂酿的醋亦十分地道，全国各大超市均有售。有兴趣的游客也可以到东湖醋园，参观老陈醋的生产工艺。

💡 **清徐县的葡萄**

清徐县境内的葡萄很有名，种类有白瓶儿、紫水眼、黑鸡心等，栽培历史悠久，葡萄个大，味道甜美，汁水丰富。

山西面塑

最早可追溯到春秋时期。面塑既可以作为婚嫁的信物，又可以当成寿诞庆典的贺礼。如婚娶的双方都要制作一些祝颂吉庆、美满幸福的面塑，有象征夫妻和睦的"双面鱼"，有祝福一对新人相敬互爱的"龙凤配"，还有"莲生贵子"等。过生日的面塑有"虎送子""望子成龙""十二生肖"等。这些面塑造型古拙而富有生趣，表达了人们对未来生活的美好期冀和向往。

繁华的购物街

柳巷商品街、钟鼓街及柳南夜市一条街，不仅是太原新的购物热点地区，也是观赏太原民俗，感受太原特色的新去处，不过每到节假日，这里常常人满为患。

剪纸

去太原可以买几张手工剪纸，图案既复杂又漂亮，价格还很便宜，1平方米大的剪纸，才15～20元，装裱起来挂墙上绝对惹眼。

中国煤炭博物馆　是乌海市因煤建市、因煤兴市的历史的专题性博物馆，反映了乌海煤炭工业的发展历史。

🕐 9:00—17:00

📍 万柏林区迎泽大街2号

👁 2～3小时

崇善寺　有的人说它是隋炀帝巡幸太原时的行宫，还有的人说它是武则天少时出家的旧址，如今山门右额的"宗唐遗址"四字，很可能就是源于这些传说。

🕐 8:00—18:00

📍 太原市迎泽区狄梁公街崇善寺9号

👁 1～2小时

吃喝太原

太原以面食最为有名，品种多，历史久，制作方法各异。刀削面、拉面、刀拨面、擀面、剔尖、猫耳朵、河捞等各种面食，独具特色。

🕐 9:00—17:30（周一至周五）；9:00—19:30（周六至周日）

📍 太原市杏花岭区杏岭实验学校东300米长盛苑对面

👁 1～2小时

晋阳湖公园　★★★★

晋阳湖相当于17座迎泽公园，它比西湖还大，是华北地区最大的水域公园，总占地近17000亩，人称"小三亚"。脚踏细沙，眼看晋阳湖，微风拂面，舒爽宜人，徜徉在沙滩上，有一种在三亚的感觉。

📍 晋源区晋阳湖西岸

🚏 临近金胜站（公交站）

👁 1～2小时

太原古县城　★★★

一个拥有众多历史建筑遗存的古城，电影《满江红》的拍摄地。整个古城的核心区域是十字街，围绕着十字街，有众多博物馆、展馆、民俗商店。古城墙有着非常久的历史，北门奉宣匾额和西门望翠匾额距今已经650多年了。

💰 县衙30元；古城墙20元

🕐 10:00—24:00

🚏 临近晋源（公交站）

👁 0.5～1天

一句话推荐景点

傅山园　园内收集了著名书法家傅山的巨幅墨迹。摹勒石上，竖有184块书法石碑。

🚏 临近滨东康乐街口（公交站）

风味小吃

太原头脑（八珍汤）　太原最具地方风味的食品，相传是明末清初名士大家傅山所创。其实就是药膳羊杂汤，暖胃滋补，为冬令佳品，可和帽盒子（一种主食）一起吃，风味更佳。

刀削面　用一种类似于腊肉的熏肉作配料，并佐以多种蔬菜。

栲栳栳　以荞面、白面、莜面混合制成卷状，上锅蒸熟，蘸汤汁食用。

托叶儿　将豆角、茄子外裹面煮熟，蘸汁食用。

猫耳朵、剔尖　这两种小吃都有三种吃法：浇西红柿鸡蛋汁、肉酱汁或炒后食用。

格芉芉　吃法较多，既可以做主食，也可做配菜，多以烧、炖为主。

灌肠　一种特制面食，凉拌着吃。贾记徐沟灌肠的口感和调味最地道。

吃喝太原

推荐食处

食品一条街 曾经是品尝太原风味小吃的好去处，街道两边古色古香的仿古建筑，以及遍布着的各种酒店、酒肆曾让它当之无愧"食品一条街"的名号。如今的食品一条街已有些萧条破败，寻不到当年的气魄，但大大小小的饭馆、酒楼、小吃摊让这里依旧是太原小吃的集中地。

清和元（铜锣湾店） 一家清真风味餐馆，已有300多年的历史。店名为明末清初思想家傅山所题。店中主要经营"头脑"和"杂割"等地方传统名吃，其拿手名菜还有全羊席、抓炒糖醋鱼、香菇鸡、糖醋珍珠丸子、拔丝蜜橘、涮羊肉、香酥饼等。

🚇 南肖墙宝地小区
📞 0351-6635777

晋阳饭店 以经营太原地方风味为主。该店历史悠久，地方特色浓厚，是太原著名饭店之一。名菜有过油肉、糖醋鲤鱼、锅烧全鸭等。

🚇 体育路体育场内
📞 0351-7065777

夜游太原

太原的夜景与其他二级城市没有太大区别，一座座的高楼，一排排的霓虹灯。夜游太原最美的地方当属汾河，水波粼粼与两岸的华灯交相辉映，人们在岸边闲庭信步，尽享河风夜景。市内有许多娱乐场所，不妨到当地的剧院或公园观赏山西省的代表剧种——晋剧，也叫中路梆子，其旋律婉转流畅、曲调优美。还有风格多变的南路梆子、北路梆子、上党梆子以及悦耳动听、乡土气息浓郁的祁太秧歌。

推荐夜游

柳南夜市一条街 每逢夜幕降临，这条太原规模最大的夜市街便开始营业，主要以经营服装、百货、小商品为主。如果有眼光，也能找到一些不错的小玩意。

青年路夜市街 在市中心的位置，主营小商品，附带有小吃。

购物太原

作为省会，山西省各地的名土特产在太原都能买到。

市内购物点主要分布在迎泽东大街、五一路、解放路、建设南路、尖草坪等区域。

推荐购物街

钟楼街 太原市历史悠久的繁华街市。

桥头街 在钟楼街的东边，也有不少商店，这条街专营戏剧服饰以及与戏剧相关的用品。太原市知名的饭店清和元饭店也在这条街上，购物之余还可享受美食。

柳巷 太原市新兴的繁华商业区，由于近年来一些大商场的加盟，使得这条街越来越繁华热闹。

山西特产

各地特产中以汾酒、竹叶青最为有名。此外，五台山台蘑、大同黄花、恒山黄芪、稷山板枣、平陆百合、蒲州青柿、垣曲猕猴桃、清徐葡萄、上党党参、晋城红果、洪洞甲鱼、运城黄河鲤鱼、文山段亩砚、高平丝绸、太原琉璃制品、平阳木版年画、大同艺术瓷、铜器、平遥牛肉、平遥推光漆器等，均属名产之列。

住在太原

在这座不大的城市里，主要的建筑都集中在以迎泽大街为中心的辐射带内。迎泽大街是条东西走向的大马路，街的最东头是火车站，从火车站往西走不到400米就是长途汽车站。太原市几乎所有的星级宾馆都在这条大街上。

在火车站，有旅馆住宿介绍处，邻近有不少具有本地特色的宾馆、旅馆或招待所，收费相对低廉，服务尚算周到，是游客实惠的下榻之处。

推荐住宿

华苑宾馆 近年来开业的宾馆，硬件设施不错。门前即可坐公交车，到晋祠也很方便。可步行至火车站，走路到崇善寺也很近。

🚇 迎泽大街9号
📞 0351-8828555

钢新商务酒店 位于太原市中心解放路北段——尖草坪，与山西省的小商品批发市场、小食品批发市场、电器综合市场等隔街相望，来此居住闲暇时还能购买一些小商品。

🚇 解放北路88号
📞 0351-5618777/5618700

太原周边游

宁武 ★★★★

鲜为人知的地方，位于晋北的大山里，集林海、草原、天池、沙漠、冰川、佛洞、悬棺、悬空寺、千年古城于一身，几乎各种美景皆浓缩于此。宁武最有特色的景点有万年冰洞、悬空寺、情人谷、悬崖栈道、芦芽山、马仑草原和宁武天池。

从太原或大同乘火车约4小时到达；也可通过大运公路乘汽车前往，有多趟班次到达宁武

宁武的吃、穿、住、游

1. 包出租车游览，150～200元/天。

2. 如果想在宁武游览一天以上，可选择住在距县城30千米处的东寨镇，那里交通便利，食宿选择也多。

3. 地处高原，气温偏低，即使夏季也得多带衣物。

北武当山 ★★★★

为区别于湖北武当山而称作北武当山。至今仍保存着明清时代的多处古迹以及石刻、壁画等，每年农历三月初三还有传统庙会。

72元

位于方山县境内，距太原约120千米

可从太原乘坐忻州→方山的长途汽车，到方山后转乘到达景区的汽车即可

3～5小时

碛口国家级风景名胜区 ★★★★

碛口是黄河边的古渡口，河水深而平缓，是天然良港和黄金水道。碛口自清代乾隆年间兴起，此后200余年一直是中国北方著名的商贸重镇，五里长街，店铺林立，商贾云集，正所谓"水旱码头小都会，九曲黄河第一镇"。碛口当年的繁华辐射到周边广大地区，带动了一大批村落的崛起。至今还保存相对完好的明清建筑群，无论是造型、风格还是艺术都十分考究。

太原的西客站有车发往碛口，发车时间不定，车票51元左右

1天

感受平遥

平遥

平遥快速攻略

Day1 平遥古城（古城墙→日昇昌票号→明清一条街→永隆号→镖局博物馆→古市楼→古县衙→城隍庙→大戏堂→文庙→清虚观→华北第一镖局）

平遥周边游： 平遥周边游景点基本分布在东北和西南两条线路上，东北线景点有镇国寺、渠家大院、乔家大院、曹家大院、孔祥熙宅院、常家大院，继续向北可行至太原；西南线景点有张壁古堡、绵山、王家大院、师家大院，继续向南可行至临汾。

感受平遥

古民居 平遥城内现存传统四合院3797处，大部分有人居住。保存完整的老城墙和古民居里生活着的人们，使这个地方仍是一座活着的古城。

平遥三宝

平遥古城三件宝，漆器、牛肉、长山药。

老票号 平遥有中国最早的金融机构——票号。当年以日昇昌为首的平遥八大票号，在全国45个城市设有分号，甚至与美国旧金山、纽约都有汇兑业务往来。正是当年的这些金融业巨子造就了今天的平遥，那一座座精美绝伦的大宅门至今仍然是平遥经济发展的主要力量。

准备与咨询

语言

已经很商业化的旅游景点，加之曾经的繁华历史，在平遥沟通交流不会有太大的障碍。

气候与游季

平遥四季分明，冬夏温差较大。冬季1月份最冷，-7℃左右；夏季7月份最热，28℃左右，极端高温39℃。年平均气温为10℃上下，夏季降雨最多。平遥的最佳旅游季节为夏秋两季。

行在平遥

进出

进出平遥主要依靠铁路和公路，交通方便。

铁路

平遥境内有同蒲铁路纵贯南北，北至太原、石家庄等地，南至临汾、运城等地。平遥现有两座火车站：平遥站和平遥古城站。平遥古城站为高铁站，而平遥站以普通快速列车为主。从北京、兰州、重庆、西安、济南等城市出发的游客可乘坐直达古城站的高铁和动车，北京到平遥车程约为4小时。

从平遥古城站到古城可乘坐108路，票价1元，车程约40分钟；而从平遥站到古城路程约2千米，步行即可达。

公路

平遥和太原之间有公路相连，太原建南汽车站乘汽车往来大约只需2小时，票价约28元。

平遥汽车站

📍 火车站东侧　　📞 0354-5690011

县内交通

平遥古城不大，同时由于古城内街道狭窄，居民众多，所以在古城内游览的时候一般不需要乘车，步行即可。另外，城内还有人力黄包车和电瓶车，专为旅游者服务。

游在平遥

平遥古城墙 ★★★★★ 😊⊙🎨

平遥古城墙是国内仅存的完整的古代县级城墙之一。最早的夯土城垣相传为西周大将尹吉甫所筑，明洪武年间在原旧城基础上扩建成今日的砖石城墙。整个城池平面布局形似乌龟，有"龟前戏水，山水朝阳"之说，因此平遥也俗称"乌龟城"。古城有6座城门，各具象征：南门为龟头，面向中都河；城外原来有两眼水井，好似龟之双目；北门为龟尾，是全城的最低处，城内所有的积水均经此流出；东西有4座城门和瓮城双双相对，好像龟爪前伸，唯下东门瓮城的外城门径直向东开，据说是造城的人害

💡 **平遥的票号**

票号是指旧时山西商人所经营的以汇兑为主要业务的钱庄，在清末曾盛极一时。票号商是平遥的一大特色，据统计，平遥历史上共有票号数十家，最有名的有22家：日昇昌、蔚泰厚、蔚丰厚、蔚盛长、新泰厚、天成亨、日新中、协和信、协同庆、百川通、乾盛亨、谦吉升、蔚长厚、其德昌、云丰泰、松盛长、祥和贞、义盛长、汇源涌、永泰庆、永泰裕、宝丰隆。

💡 **平遥国际摄影节**

从2001年开始，平遥每年9月中下旬都会举办国际摄影节，现已成为中国摄影界的盛事。游客在这个时候来还可以看到摄影展品，以及众多庆祝活动。

💡 **平遥国际电影展**

每年10月，平遥都会举行由贾樟柯导演发起创办的平遥国际电影展，这绝对是电影爱好者们的狂欢节。

💡 **平遥出租车价格**

平遥出租车起步价为6元/1.5千米，之后1.8元/千米。

💡 **注意防沙**

山西气温低，降水少，风沙大，到平遥旅游时最好准备太阳镜、帽子等以防风沙。

昇昌常备金库的入口。通常金库都会有几十万到几百万的库存银两。

中国镖局博物馆
★★★

中国镖局博物馆主要介绍中国镖局发展史，以及在明清时期中国有名的十大镖局、十大镖师和走镖过程中的轶事趣闻，值得一去。

- 含在平遥古城联票中
- 8:00—18:00
- 平遥县南大街 61 号
- 位于平遥古城南街上，建议步行前往
- 0.5 ～ 1 小时

县衙 ★★★★
平遥县衙是我国现存极少的完整古县衙之一。县衙内的建筑沿中轴线一字排开，东西厢设六部房，院中还有钟楼、土地祠、粮厅、重狱、女狱、轻狱、阎王殿等诸多建筑。同时，平遥县衙还辟有全国唯一的圣旨博物馆。

- 位于平遥古城西南部，衙门街中段路北
- 1 小时

1. 县衙升堂
每天 9:30、11:00、15:30 有《县太爷升堂断案》演出，节假日和周末可能会加演一场或临时调整演出时间。

2. 听雨楼
从县衙内可以登上听雨楼，是平遥城的最高点，登高可以拍到平遥城的全景，是摄影爱好者的好去处。

日昇昌票号

怕乌龟爬走，因此将其左腿拉直，拴在城外慈相寺内的麓台塔上。

古城墙上据说有垛口 3000 个、小敌楼 72 座，象征着孔子 3000 弟子、72 贤人，这使这座热闹的商业城市不失文采。

- 古城免费开放，参观景点需购买联票 130 元
- 8:00—18:00（4 月 1 日—10 月 7 日）；8:00—17:30（10 月 8 日—次年 3 月 31 日）
- 出火车站会发现有很多人力车，10 分钟即达平遥古城
- 2 ～ 4 小时

古城墙的特色
1. 城墙上往往会挂满各种各样的广告，最多的就是平遥特产的牛肉广告。
2. 城墙上的两串长灯笼使这个地方颇像影视城。

日昇昌票号
★★★★★

触摸晋商的神话。始创于清道光年间，是我国第一家，也是最大的一家经营汇兑业务的票号。日昇昌发展到鼎盛时，分号遍布全国 35 个大小城市，年汇兑额可达白银 100 万两至 3800 万两。

现在的日昇昌票号又称为中国票号博物馆，共设有 20 多个展厅，大体上分为史料展示和原貌展示两部分，从中可以看出中国民族银行业的发展轨迹。

- 含在平遥古城联票中
- 西大街 38 号
- 1 ～ 1.5 小时

票号的必游之处
1. 在"柜台"的墙上，有当年日昇昌创造的顺口溜，这是兑换汇票的一套密码，里面暗藏汇票的时间、地点、金额等内容。正是依仗这套密码，100 多年来，日昇昌从未发生过错误。
2. "会客室"大炕头旁边的火炉煤灰底下，更是日

城隍庙 ★★★★
城隍庙现存庙宇为明清规制，是国内保存最完整的城隍庙之一。其最大的特色是"庙中有庙"，城隍庙、财神庙、灶君庙三庙相连，构成一幅"尊神艺屋一庙，联袂同受香火"的奇特景致。其中城隍居中，灶君、财神各居左右。

财神戏楼上的八卦藻井，为巧妙利用斗拱翘昂后尾精心装饰而成，不仅造型别致，而且可以很好地收拢声音，起到聚音作用；戏台地底下还埋了 5 口大瓮，可以产生共鸣，有极佳的音响效果。

- 城隍庙街中段
- 1 ～ 2 小时

清虚观 ★★★★
清虚观始建于唐代，是一座道教宫观。全观共有 10 座建筑，其中龙虎殿、三清殿

为元代修建，青龙、白虎塑像为元塑中少有的佳品。纯阳宫遗存中有近30通宋、元、明、清碑碣。

清虚观现为平遥文物陈列室，陈列有唐、宋铁铸佛像以及许多明代道教木刻神像，如真人般大小，为国内少见。

🧭 在平遥县城内东大街的路北

👁 30分钟

双林寺 ★★★★★ 🎒⚓

双林寺原名中都寺，建于北魏早期，在三进院落的10座殿堂中共保存了宋、元、明、清2000多尊金刚、观音、罗汉等彩色塑像。值得一提的是惟妙惟肖的供养人像，是古代难得的世俗化的塑像。另外，寺内宗教主题的塑像也不那么程式化，每座雕像都形神迥异、生动传神，是难得的古代艺术珍品。其中的"渡海观音""自在观音"更是精妙。

💰 35元

🕐 8:00—18:00（4月1日—10月8日）；8:00—17:30（10月9日—次年3月31日）

🧭 平遥县城西南6千米的桥头村北侧

🚐 需要雇车去，往返一般15元

👁 2～3小时

🔆奇异的眼珠

无论大小塑像，眼珠都是用琉璃烧制，随着观者的移动顾盼闪动，可要看仔细了。

双林寺内的明代千手观音彩塑

镇国寺 ★★★ 🏛⚓

全寺没有一根钉子，所有结构都是木头与木头相互卯碹而成，为中国古代建筑中的一大瑰宝。寺院分为前后两部分，从南到北依次有天王殿、万佛殿、三佛楼等。三佛楼殿内最有名的就是墙壁上的明代壁画，以佛祖释迦牟尼的一生为主要内容，构图完整、流畅，是明代壁画中的珍品。

💰 25元

🕐 8:00—18:00（4月1日—10月8日）；8:00—17:30（10月9日—次年3月31日）

🧭 晋中市平遥县郝洞村

🚌 市区可乘坐公交，到达郝洞（公交站）；也可乘祁县到平遥或平遥到榆次方向的班车到洪善镇，票价4元，从洪善镇租三轮车往返约10元

👁 1～2小时

💡《又见平遥》演出信息

在西门外顺城路丽泽苑国际大酒店南侧有《又见平遥》的演出。每周二到周日演出，周一停演。每天14:00、19:00两场，每场演出时间为90分钟。

一句话推荐景点

明清一条街 在这里可以花不多的钱买一些有意思的小玩意儿，如古式的小摆设、老旧样式的锁等，既可以自己做纪念，也可以送给亲朋好友。

明清一条街的中心位置是金井市楼，无论是黄蓝相间的琉璃瓦片，还是高起的飞檐、楼上的木柱走廊，每一处看着都十分大气协调，庄重雅致。

古民居 全城保存得较好的民居有400余座，大都为清代修建，未遭天灾人祸的破坏，保存的完好程度是昔日平遥富庶的见证。

🚐 在城内乘人力车即可

平遥大戏堂 与法国"红磨坊"齐名的高品位演艺场所。始建于1703年，历史上曾为官绅礼宾宴舞名所。

古市楼 建于南街，跨街而立，为全城中心，楼南有水如金色之井，故又称金井楼。

文庙 庙内的大成殿是全国各地的孔庙中唯一的宋代建筑，未被翻修过。

🧭 县城东南城隍庙街南侧

永隆号 平遥漆器博物馆，在这儿可以了解平遥推光漆器的制作过程。

🧭 南大街129号

华北第一镖局 以武德昭著、武艺高强著称于世。镖局内有三位创始人的生平事

迹，镖局后院还有一块专门练武的地方，很多武术爱好者都在这里练习武艺。

📍 平遥县东大街 24 号

吃喝平遥

平遥的餐饮以面食为主。据说，山西的面食有 300 多种呢！不过对大多数人来说只是形状不同罢了。和山西大多数地方一样，平遥一早一晚常吃小米稀粥、馒头、烧饼；中午则是各色面食，如打卤面、炸酱面、搓鱼儿等，调面的菜品齐全，味道爽口。

风味小吃及小吃街

平遥牛肉　平遥著名特产，一种特殊加工的酱牛肉，在平遥几乎每家饭馆都有，路边摊上也可买到。平遥牛肉的味道和颜色都很清淡，口感嫩滑。如果想买点带回家，可选择真空包装的，以冠云牌质量最好。

豆腐干　平遥豆腐干很好吃，不妨尝尝。

碗脱则　平遥县的一种传统风味小吃，也是佐酒佳品，具有浓郁的地方特色。碗脱则是清光绪初年，平遥县城南堡的名厨董宣师傅所创，距今已有100多年的历史。

曹家熏肘　与平遥牛肉齐名的传统名吃，曾被选入宫廷得到刁嘴的慈禧太后的赞赏。

长山药　在"长山药之乡"的平遥，自然有很多种长山药的吃法，如炒、炸等，不过以蜜汁长山药和药膳长山药最独具特色。

推荐食处

醉平遥饭店·梦回古城　这是一家很值得推荐的小吃面食店，好吃不贵，算得上是五星级的品质，价格又很便宜。过油肉、栲栳栳、长山药、碗托、刀削面等，山西的美食这里都有了。

📍 平遥古城南大街 16 号

📞 13293548000

夜游平遥

古城中最惬意的夜生活要算是揣一包街口切好的牛肉，沽一壶长生源的黄酒，温在茶壶里面，盘腿坐在旧式民居的大炕上，炕上放着小小的案桌，喝酒吃肉，恍惚间觉得自己是梁山好汉，虽然做作，也不失为夜宿古城的一桩美事。

购物平遥

古镇带动了旅游，也带动了各类古董、手工艺品的流通，虽然古董真假难辨，但淘古董、买工艺品仍是游平遥的节目之一。

推荐购物

明清街上的古董　明清街上有许多卖古董的，真假难辨，通常看的人多买的人少。若存心买的话使劲砍价，就是别砍到最后，因价低而把自己吓得落荒而逃。在这里，一个旧式小梳妆匣开价过千。

推光漆器　平遥有名的工艺品，做工精细，远远看去光彩熠熠，但毕竟是机器流水线打造出来的器皿，缺乏艺术创造的美感，不如手工技艺的古朴传统。

西街的鞋垫　明清街出了西口往北 50 米左右，有家不起眼的小

☀️ **喝纯净水**

平遥的饮用水口感微咸，饮时会稍感不适，建议直接购买纯净水代替。

☀️ **吃特色美食**

平遥城内的明清一条街上有许多餐馆，能够品尝到平遥当地的特色美食。

☀️ **平遥的吃法**

1. 在这里吃早点一定要事先问价，否则一定挨宰，虽然多不了几块钱，但会扫了兴致。
2. 在平遥吃饭通常就是吃面食，如果真想吃米饭，饭馆不一定有；即使有的话，价钱也高得惊人，米饭小碗 3 元，大碗 5 元。

😊 **倒蹬三轮**

车夫倒蹬三轮是平遥的一景，晚上租一辆在城中随意闲逛，格外有趣。

☀️ **平遥砍价**

这里什么都要砍，门票也可以（特别是小景点的门票），至于住宿、吃饭、购物就更不用说了。不过不要砍得太狠，以免麻烦。

☀️ **买日用品的地方**

如果需要购买日用品，火车站前有两家超市，价格适中。

😊 **古城外的宾馆**

古城外有不少宾馆和招待所，价格通常比城内同等条件的便宜。

平遥民居

店，门口摆着一些漂亮的鞋垫作为标记。那些鞋垫——天蓝、粉红、嫩绿的底子上绣着玫瑰红、宝石蓝、鹦哥绿的图案，约 20 元 / 对，可以讲价。

杂木旧家具　山西的明清家具自成体系，造型古朴粗犷，舍得用料，并时常配有漆画，与江南硬木家具的精雕细琢相比各有千秋。如果幸运的话，在明清街上也可淘到。

剪纸　平遥县剪纸堪称一流，政府街 56 号的古城剪纸（可看制作过程）和平遥西大街的剪艺苑是购买剪纸的好去处。

纱阁戏人　以传统戏剧为题材，一阁一戏，在小舞台中上演着剧中人的悲欢离合、爱恨情仇，可以一看。

住在平遥

作为一个旅游热点城市，平遥城内建有不少的宾馆，可供人们下榻。而最有平遥特色的当然是住在那些古色古香的古民居内了：方方正正的四合院，中间一个小小的天井，木制的门楣和地板……

推荐住宿

家庭旅馆　即古民居，这类旅馆多为私人开设，由祖上留下的老宅子改建而成，可讨价还价，标准间大致在百元左右。墙上往往还有模糊的两三百年前的彩绘，住在里面，恍如梦中。被褥多为主人家自用的。通常没有卫生间一说，墙角备有尿壶，否则要到房外的公共厕所解决。洗澡也只能到公共浴室。

💡 **一大早就离开**

这些宅子白天都供人参观，通常第二天一早（9:00 左右）就得离开。

天元奎客栈　宾馆不大，但颇有古气，是住宿的好地方。旅馆内可租自行车，10 元一天。

🔄 古城南大街 73 号

📞 0354-5680069

金井楼客栈　这家宾馆的设施较新，很干净。

🔄 古城内南大街 29 号

📞 0354-5683751

平遥一得客栈　据说是由票号世家侯王宾旧居开发而成的，典型的二进式四合院，原汁原味的明清古建筑。外表虽然陈旧，内部却非常干净，曾经的气派仍能轻易捕捉到。住在这里有种时空转换的错觉。

🔄 沙巷街 16 号

📞 0354-5686507

平遥周边游

王家大院 ★★★★★ 🎫📷

有"华夏第一宅""民间的故宫"之称。这里所说的王家大院是指王家分布于灵石县的众多房产中最有特色的两座——高家崖和红门堡，整个建筑面积达 3 万多平方米。

高家崖是一座封闭式的城堡式建筑，堪称建筑艺术的博物馆。大院依山而建，气势恢宏。内有院落 26 座，房屋 200 多间，分为前后两院，前院是社交场所，从门口到室内处处可见精美的砖雕、石雕、木雕。后院则是主人的生活区，仍是以各种雕刻为主要装饰，精美雅致。

红门堡与高家崖东西相望，因堡门是红色的，故而得名。堡内特色鲜明、内涵丰富的石雕融南北风情于一体，是清代雕刻艺术的典范。

💰 35 元

🚌 从平遥乘开往运城、宜昌、宝鸡、成都等地的火车至灵石县下；或乘从太原方向开往稷山、恒曲、临猗、侯马等地的长途客车，途中在灵石县下，王家大院距灵石县城 12 千米，有专线车直达

👁 2～3 小时

乔家大院 ★★★★ 🎫📷

《大红灯笼高高挂》的拍摄地。整个大院没有一草一木，以一种近乎绝对的对称，层层叠叠的重复，具有巨大的震慑力；

平遥周边游

乔家大院明楼院内院

是清代大户人家的典型宅院，共有19进院落，300多间房屋构筑成了“双喜”字形。

大门对面的砖雕影壁上，“一寿变百寿”图，100个不同造型的寿字古拙遒劲，是不可多得的艺术品。

还有500余件古字画为唐、五代、宋、元、明、清几个朝代名家之作，多属珍品。

$ 115元

🕐 8:30—17:30

🚌 在平遥火车站附近乘开往太原方向的车，在乔家堡下车，约半小时车程，下车后沿一溜大红灯笼走几百米即到

👁 2～3小时

💡 **1. 匾额：**顶楼上悬挂着一块题为“福种琅缳”的匾额，为当年山西巡抚所赠。乔家还有两块类似的匾额，一块是李鸿章亲笔题写的“仁周义溥”，另一块是傅山亲书的“丹枫阁”。

2. 拍照：乔家大院是个照相的好地方，照壁、垂花门、屏风都是很出彩的背景。

曹家大院（三多堂）★★★★

整个建筑呈“寿”字结构，以高耸、厚重、古朴为特点。曹家大院保存着明、清、民国三代的建筑群，陈列着无数珍品，是新开发的一处晋商文化旅游景点。

$ 门票40元

↗ 太谷县北洸村，距乔家大院7千米

👁 1小时

常家庄园 ★★★★★

常家庄园是一座清代北方民居建筑群，从晋中流传的“乔家一座院，常家两条街”的说法就可见其规模之宏大。院落里亭台楼榭，奇石异葩，精美的砖雕、木雕、石雕及木构件上的彩绘艺术，均堪称清代建筑艺术的精品。

$ 80元

🕐 8:30—17:30

🚌 可从太原直接坐汽车到达东阳镇，也可在游完平遥、乔家大院、曹家大院后从太谷坐车至东阳镇

👁 2小时

渠家大院 ★★★★

渠家大院建造者渠氏家族是明清以来闻名全国的晋中巨商，在祁县城内有十几个大院，千余间房屋，人称“渠半城”。渠家大院的每一个建筑构件都是不可多得的艺术品，被建筑学家赞誉为“集宋元明清之法式，汇江南河北之大成”。

$ 40元

🕐 8:30—18:30

🚌 平遥有很多到祁县的火车和长途车，到祁县火车站直行，可看到路标指引，一路跟随即可，从火车站徒步大约需20分钟

👁 1～3小时

孔祥熙宅院 ★★★★

原是太谷一个有名的孟姓绅士的老宅，因家道中落而被“理财有方”的孔祥熙买去。整个宅院坐南向北，由多个套院组成，每个套院分割为多个四合院。

$ 45元

🕐 8:00—17:30

🚌 太原到太谷有火车；在太原剑南汽车站乘太原到太谷的中巴，在太原火车站对面的迎泽大街农大校区也可乘坐

👁 2小时

张壁古堡 ★★★★

“古庙神佛异，明堡暗道奇”，是这座千年古堡的最大特色。

据推断，张壁古堡建设于隋末唐初，

平遥周边游

是个军事要塞，形状如龙形。

古堡内有一套庞大的地道，总长度近万米。山西各地有地道的村子不少，但像张壁这样复杂而且规模巨大的地道却还未见第二个。

- 🎫 75 元
- 🕐 8:00—17:00
- 🚌 从介休有到灵石县的公交车，票价2 元；也可从介休打车到张壁
- 👁 2 小时

榆次老城 ★★★★ 🏛 🎴

老城内有城隍庙、县衙、文庙、凤鸣书院、南北大街、市楼、思凤楼、清虚阁、大乘寺、西花园、桑芸故居遗址公园等众多历史古迹和人文景观，组成了庙、市、街、景合一特色的明清风格及宏伟景观。

- 🎫 75 元
- 🕐 8:00—17:30
- 📍 晋中市榆次区府兴路 225 号
- 👁 3 ~ 4 小时

师家大院 ★★★ 🎴🖼

大院所处的村落其山形好似凤凰，而大院的位置恰好位于凤凰的心脏。石路是师家大院的一大特色。院院相连的路面均采用统一的沙岩条石铺就，石街石巷绕村而行。师家大院的建筑雕刻艺术非常高超，值得一提的是以"寿"字为主的窗花隔扇，图案达 108 种，据说一是表示师家的 108 种生意，二是代表山西的 108 个县。

- 📍 汾西县城东南 5 千米僧念镇师家沟村
- 🚌 乘汾西 1 路（返程）在城东（公交站）下车，然后打车前往
- 👁 1 天

后沟古村 ★★★ 📷🖼

村子依山而建，民居多为清代、民国年间的独立式窑洞，以传统的三合院与四合院为主。村中最特别的是保留着一套完整纯粹的北方汉民族的民间风俗，大大小小的风俗习惯、传统节日人们都熟记于心。

- 🎫 40 元
- 🚌 从晋中市榆次区坐中巴往东行 22

千米到东赵乡，再租三轮车到后沟村

- 👁 2 ~ 4 小时

绵山 ★★★★ 🌊🏛🎴🌲

绵山位于介休市东南方向，距市区20 千米，因晋国名臣介子推隐迹焚身而成为寒食节的发源地，是一处集山光水色、文物古迹、佛道寺院、革命遗址于一体的景区。

去绵山旅游有两处景点不能错过。一是抱腹寺，绵山不可不去的险绝之地，整个寺庙的 20 多间大殿都深藏在抱腹岩下，风雨雪都无法侵入。二是水涛沟，为绵山之灵，相传是隋唐大将尉迟恭马失前蹄所踏而成。水涛沟空气格外清新，每平方米负氧离子含量为 15000 多个，被称为天然氧吧。最为奇特的是水涛沟"十里画廊，叠瀑大观"的壮观画面，十里水系大小瀑布近百处，其中最大落差 80 多米，最小落差仅 0.5 米。

- 🎫 160 元（门票＋换乘票）
- 🕐 8:00—19:00（旺季）
  8:00—17:00（淡季）
- 📍 位于介休市城东南 20 千米处
- 🚌 从平遥坐火车或汽车在介休市下，再转乘汽车可达
- 👁 1 天

绵山

五台山

五台山快速攻略

Day1 五爷庙→塔院寺（标志性大白塔）→显通寺（五台山开山寺庙，可参观藏珍楼）→罗睺寺（开花现佛）→圆照寺→圆通寺→菩萨顶（若有时间还可以登东台上的黛螺顶）

Day2 碧山寺→集福寺→南山寺→观音洞→普化寺→龙泉寺→镇海寺→明月池→佛母洞

感受五台山

五台山位于山西省东北部忻州地区，距太原市230千米，是世界五大佛教圣地之一，我国佛教四大名山之首，有金五台之称，在国际上都享有盛名。

五台山由东南西北中五大高峰组成，据说代表文殊菩萨的五种智慧以及五方佛。其中东台可看云海日出；西台可赏月；北台最高，有"华北屋脊"之称，可览群山层叠；中台有天造奇观；南台是五台中海拔最低的一个，山形较平缓，风景秀丽。此外，五台山作为文殊菩萨的道场，规模宏大的佛教圣寺遍布五台，琳琅满目的文物珍品点缀着五台。而且，五台山还是我国罕见的兼有汉地佛教和藏传佛教的道场。不管你是不是佛教徒，来这里都会得到心灵的净化。

气候与游季

五台山地势高拔，气候寒凉，10月后会冰雪满山，直到来年5月气温才会回升到5℃以上。所以，五台山的最佳旅游季节为5—9月，这时的五台山气候适中，较为宜人。

厚衣、雨具不可少

去五台山旅游多带衣物是必需的，最好是能带防风避雨的夹克类外套。同时，五台山夏季为北方降雨中心，雨具也是旅游者必备的。想登顶看日出的游客，须在当地租棉大衣。五台山早午晚温差大，易感冒、泻肚。游人自备一些常用药为宜。

行在五台山

进出

到五台山旅游，铁路和公路为主要进出方式。

在五台山的中间有一个小镇，看似在五台怀抱中，故称为台怀镇，此处为游览五台山各景点的中心，也是五台山的交通枢纽。整个镇被寺院占去很大一片，剩下的地方多为住家和店铺。

从北京到五台山，在六里桥上京石高速公路，到保定下高速，沿省道至阜平，上阜平高速直达五台山，全程约3小时。

铁路

可从北京、太原、大同乘火车至五台山站或忻州站下，后转乘到台怀镇的汽车。

五台山白塔

入乡随俗

1. 五台山是佛教圣地，不管信不信佛，都要保持安静，遵守寺庙规则。

2. 若仅仅是旅游，最好避让卖香火的商贩，不买就不要随便伸手接，否则很难摆脱对方的纠缠。

3. 切记不能在佛教寺庙内暴露或食用荤腥。

冬季到五台山来看雪

冬季的五台山，白雪皑皑，严寒又冷酷，宁静而端正，有着别样的风情。因此，即便是寒冷的冬季，每年还是有上万人前来瞻礼观光。

冬季到五台山旅游有三点必须注意：一是天气情况和路况；二是冬季大多数宾馆不营业，要提前咨询好投宿地；三是一定要穿暖和些。

有意思的称呼

1. 不论遇到和尚、尼姑、居士，年轻的或年长的均可称之为"师兄"。

2. 不论是"您好，谢谢，再见"，均可说"阿弥陀佛"。

五台山的交通

1. 太原东客站每天有7班发往五台山的汽车，全程票价为82元。

2. 太原长途汽车发车很不守时，如果没有什么人买票，班车就会取消，这种情况在下午特别容易发生。高速约3小时到达五台山。

3. 在旅游旺季，北京六里桥长途汽车站、石家庄长途汽车客运站、大同长途汽车客运站都有发往五台山的长途旅游车。

主要长途汽车发车线路

太原市—台怀镇；忻州市—台怀镇；大同市—台怀镇；朔州市—台怀镇；定襄县—台怀镇；繁峙县—台怀镇；河北阜平县—台怀镇；北京六里桥汽车站—台怀镇；石家庄北站—台怀镇。

五台灵庙

五爷庙位于万佛阁内，面积不大，但是名播远近，据说非常灵验。

到景区的车

五台山站距景区38千米。出站有公交班车、过路汽车和个体巴士到台怀镇。

五台山的彩虹

五台山最奇妙的自然景观，莫过于"圆光"射输人之影。一般的彩虹，多发生在降雨以后，呈弧形，五台山天不下雨，也会出现彩虹，呈圆环状，而且圆环可达到内外两圈。更为奇特的是七彩圆环中，会出现各种景观，或飞禽，或走兽，或殿堂，或佛像，或观察者自己，这种由物理、地理、气象等诸条件综合巧汇成的自然景观，壮丽神秘，历来被宗教界视为"镇山之宝"。

友善提醒

1. 去五台山上最好不要随便载人。若要载路人，千万看证件，否则你的善心将会成为他们行骗的资本。

2. 一定要进了景区再去寺庙，半路不要随便进。

3. 如果上当受骗了，不必气愤难过。如果金额巨大，请及时报警投诉。

五台山文化和旅游局投诉电话

☎ 0350-6543133/4000350226

综合监察大队

☎ 0350-6542957

风景区政府办电话

☎ 0350-6543133

公路

台怀镇中心有长途汽车站，位于台怀镇和南山寺之间，有发往各地的客车，同时也办理在五台山游览的出租车业务。

游在五台山

五台山的进山费并不包含所有寺庙，里面的寺庙基本上都是另外收费，一般都是10元左右。

💰 135 元

五台胜景

山中东台望海峰，南台锦绣峰，西台挂月峰，北台叶斗峰，中台翠岩峰。其中北台叶斗峰最高，海拔3061.1米，被称为"华北屋脊"。东台是观五台山日出的绝佳地点，中台可以观赏云海绝境。

显通寺 ★★★★★ 🏯 ⛰ 🌐

五台山规模最大的一座寺院，它和洛阳的白马寺同为中国最早的寺庙，是五台山景区唯一的国家级保护寺院。显通寺的大雄宝殿是举办佛事活动的场所，无量殿是一座纯砖砌结构的建筑，奇特之处在于没有房梁，里面供奉有铜铸毗卢佛。铜殿是一座青铜建筑物，殿内有上万尊小佛像，造型精美，是国内罕见的铜制文物。

💰 10 元

🕐 9:00—16:30（冬季）；8:00—17:00（夏季）

👁 2～3 小时

塔院寺 ★★★★ 🏯 ⛰ 🌐

位于显通寺南，五台山上五大禅处之一。寺内有五台山最显赫的标志性建筑——大白塔。正南方的"清凉圣境"三块木牌坊建于明代。

💰 10 元

🕐 8:00—17:00

👁 1～3 小时

显通寺

⚙ 五台山的塔

　　五台山塔群式样繁多，造型各异，而且历代均有修建，从这些塔的建制上可以看出我国古塔建筑的发展历程。五台山上共有数百座塔，基本上可以分为佛塔和墓塔两种，佛塔是后人为彰显神迹或纪念历代高僧所做的贡献而建造的，墓塔即是历代高僧的墓。此外，还有专门用来收藏寺内亡僧之骨的塔——普同塔。

罗睺寺 ★★★★ 🏯🏯🚶

　　位于显通寺东侧，为五大禅处和十大喇嘛庙之一。该寺院有五台山最为奇妙的人造活动景观——"花开现佛"。每年农历六月十五文殊菩萨生日这天，寺僧身着奇装，佩戴面具，以"跳鬼"相娱。

🎫 免费
👁 1～3 小时

圆照寺 ★★★ 🏯🚶

　　位于显通寺钟楼对面，这里的山门比较特别，一般寺庙的山门是"三门"，而这里的山门是"五门"，称为"五前门"，是五台山寺庙中独一无二的山门。

🎫 10 元
👁 1～2 小时

南山寺 ★★★★★ 🏯🏯🚶

　　五台山中的一座七层大寺，整座寺院依山而建，层次分明，有一种神秘莫测的感觉。该寺最有特点的当属石雕，内容包括佛教传说、道教典故以及林木花草等图案，为五台山一绝。这一特点在上三层的佑寺中表现得最为明显，而且站在佑寺最高层还可以远眺五台山的其他四台，景致相当不错。

普化寺 ★★★★ 🏯🏯

　　五台山建造时间最晚的一座寺庙，现在的建筑多是民国时期所建。寺前影壁上嵌有圆形石雕，是五台山寺庙影壁中的精品；寺中的大雄宝殿内有描述释迦牟尼成佛过程的山墙，殿后供有一尊"上颌长胡须，面部如罗汉"的老文殊，造像非常罕见。

望海寺 ★★★ 🏯🚶🍴

　　建于东台台顶，海拔 2996 米，主要供奉文殊菩萨。望海寺是观赏东台日出的最好地点之一，每当旭日东升，霞光万道之时，望海寺完全处于云山雾海之中，配上浑厚的晨钟声显得庄严肃穆。

塔院寺白塔

五爷庙 ★★★ 🏯🏯

　　五爷庙也叫万佛阁，是一座龙王庙。每逢初一、十五，朝拜的善男信女便络绎不绝，久之形成了祈雨、唱戏、赶集等一系列活动。据说五爷庙许愿很灵，因而这里是五台山香火最旺的地方。

🎫 免费
🕐 8:00—18:00

南禅寺 ★★★ 🏯🏯🚶

　　我国现存建筑最古老的寺院之一，始建年代不详，但现存建筑为唐代重建，今至少有 1200 年的历史。唐武宗灭佛，五台山唯南禅寺地处偏远得以幸免。唐代大佛殿连同殿内唐代壁画堪称国宝。

🎫 10 元
📍 位于五台山南台外五台县西南的李家庄
👁 2～3 小时

佛光寺 ★★★ 🏯🏯🚶

　　寺内佛教文物珍贵，故有"亚洲佛光"之称。佛光寺的唐代建筑、唐代雕塑、唐代壁画、唐代题记，历史价值和艺术价值都很高，被人们称为"四绝"。

🎫 15 元
🕐 8:30—17:00
📍 忻州市五台县豆村镇佛光村（县城东北方向约 30 千米）

台蘑

又称"天花菜"，是五台山的主要特产之一，台蘑菌肉细嫩，其味鲜香浓郁，营养价值极高，是五台山僧尼素食中的佳肴。唐宋时被选作宫廷菜，是山西传统的著名特产。

五台山住宿须知

1. 台怀镇的旅馆很多，互相竞争激烈，所以当地人有不告诉你旅馆位置的习惯。别介意，只要你上前找店家要张名片，并同时记清楚周边明显的标志性建筑，就容易找到住的地方了。

2. 除东台、中台以外，其他三台都可以住宿，只要声明自己是香客，原则上是不需要费用的。

贴心提示

对佛教有特殊兴趣的游客可凭身份证到较大寺院（如显通寺、普化寺等）客堂挂单解决食宿，费用多少不拘，可根据个人经济条件随心布施。

1. 上黛螺顶有三种方法：坐缆车（上行35元，下行30元）；骑马（30元，由牧民牵马）；步行1080级台阶上山，途中不能回头，否则不吉祥。

2. 半山腰有善财洞，可以一拜，免票。

游在五台山

🚌 从五台县汽车站坐车到豆村镇，打车约15元到佛光寺

👁 2～3小时

万年冰洞 ★★★ 🌄

经中国科学院地质研究所洞穴专家现场考察认定：此洞形成于新生代第四纪冰川期，距今约300万年，故名万年冰洞。

💰 120元

🕐 9:00—17:00

📍 忻州市宁武县东寨镇春景洼乡麻地沟村

👁 1天

狮子窝 ★★★ 🏛🌄

相传文殊菩萨行至此处时，坐骑青狮贪恋此处美景，不愿离去。文殊便在此处为其建窝，于是便有了狮子窝寺。狮子窝院内，有十三层八角琉璃塔，塔内有11 000多尊琉璃佛像，因此得名"万佛塔"，甚为壮观。

🕐 6:30—18:00

📍 位于中台西南，距台怀镇约10千米

👁 1～4小时

佛母洞 ★★★ 🌄

佛母洞是一个天然石灰岩洞，洞深17米，分内外两洞，内洞呈葫芦状，洞壁上有许多夹杂着色质的乳石和石笋，好像人体的五脏，因此被人们称为"母腹"。游人来到此处，主要是为了钻洞，相传由此洞钻入钻出，就是在佛母胎中重生，即重新做人。

📍 台怀镇南台景区

👁 1小时

菩萨顶 ★★★ 🏛🏛🌄

坐落于显通寺北侧的灵鹫峰顶，是五台山规模最大、最完整壮丽的喇嘛院，也是全山五大禅处之一。菩萨顶为满语文殊菩萨居住灵鹫峰顶的意思。清初皇帝为了维护统一，对少数民族采取怀柔政策，本来就是五台山黄庙（喇嘛庙）之首的菩萨顶一跃成为五台山地位最高的寺庙，康熙和乾隆皇帝多次游历五台山并驻跸于此。寺前还有108磴石阶，是朝圣的必经考验。

💰 10元

👁 1～3小时

殊像寺 ★★★ 🏛🏛🌄

与塔院寺山门遥相呼应，因寺内供奉五台山最大的文殊骑狮像而闻名，是五台山著名的青庙，也是五大禅处之一。寺院两侧靠墙五百罗汉渡海图的悬塑为明代遗物。殊像寺附近还有五台圣境之一的般若泉，是五台山黄庙活佛特供"净水"，至今涌流不竭。

💰 免费

📍 位于台怀镇南的凤林谷口，距塔院寺和万佛阁500米左右

👁 1～3小时

碧山寺 ★★★ 🏛🏯🛕

五台山中僧人最多的寺院，其中毗卢殿内的缅甸玉佛为五台山诸庙中仅有的。五台山唯一的一座戒坛也设于此，为明代遗物。

💰 16 元

👁 1～2 小时

黛螺顶 ★★★★ 🏛🏯🛕

位于台怀镇东清水河旁山巅，垂直高达 400 米。黛螺顶为满足当时皇帝拜一寺而朝五台的愿望，在殿内供了五尊文殊菩萨像，象征五台山的五个台顶，免去了外地僧人和信众跋涉五台之苦。到黛螺顶朝拜，也称为"小朝台"。

💰 8 元。索道上行 50 元；下行 35 元

👁 1～2 小时

吃喝五台山

台怀镇上饭店较多，住家庭旅馆的游客可在杨林街就餐，很方便。

💡台怀镇的美食

到了五台山的中心地带——台怀镇，就可以在镇中的餐厅里一享当地的美味，您还可以到家庭旅舍中去品尝主人精心制作的具有地方风味的家常饭菜。

五台山景区的著名小吃有莜麦面食、碗脱则等，但值得一提的是五台山的素斋，来到佛门圣地，不妨尝尝佛家的特色素斋。

💡五台山美食

如果不是山西人，也没有在太原尝到山西面食，那么

可以在五台山尝尝炒拨烂子、烙饼、莜面栲栳栳、油糕、刀削面、猫耳朵（吃面一定要去调料多的店）。另外，五台山的高粱面鱼鱼、莜面窝窝、保德碗托、繁峙疤饼、代县麻片、忻州瓦酥、五寨猪黑肉炖粉、河曲酸粥等特色菜也挺出名。

购物五台山

五台山特色旅游纪念品：台砚、台山佛珠、降龙木杖、木碗。

住在五台山

台怀镇是五台山景区的中心，住宿方便。镇上有许多农家旅舍，房屋一般为"一堂两卧"，即中间一间为堂屋，两侧的套间为卧室，房间内窗明几净，整洁清雅。许多家庭旅舍还备有火炕，适宜体弱畏寒的游客住宿，还可为住客提供家常饭菜，十分方便。台怀镇大街稍远处（如北端集福寺附近）也有不少带卫生间、电视，可洗澡、就餐的农家旅社，伙食另计，极实惠。

💡舒服、便利的住处

1. 从台怀镇向南（进山方向）约 2.5 千米处即是南山寺，附近有一个宾馆群，每家宾馆占地都挺大，设施比镇上的要好许多，价格自然也就不菲了，尤其是旅游高峰期，价格一般都高过大城市里的同类酒店。最好的是友谊宾馆。

2. 在台怀镇与南山寺宾馆群中间是长途汽车站，几乎所有的长途车都从那儿下山，选择此处住宿，交通便利。

五台山善斋青年旅馆

🅿 忻州市五台山风景区台怀镇杨柏峪后街

📞 18013141900

雁门关 ★★★★ 🏛🛕

"天下九塞，雁门为首"，是中国古代兵家必争之地。在前后 2400 余年的历史中，经历了无数大小战事。现存关址为明代所建。

💰 60 元

🕐 8:00—18:00（旺季）
8:30—17:00（淡季）

🅿 位于代县西北约 38 千米处

🚌 从五台山乘汽车到代县，可以乘出租车前往，车费 382 元左右；也可乘开往大同、山阴方向的车至山口下车后步行

👁 3～4 小时

赵杲观 ★★★ 🛕🏛

代县值得一看的景观，曾称天台寺。相传曾是春秋战国时期的丞相赵杲隐居的地方，这座寺院为佛道兼容。

💰 20 元

🕐 8:00—19:30

🅿 位于代县西南 23 千米的天台山深处

🚌 可与雁门关合为一线游览，只能乘出租车前往，车费 100 元左右

👁 1 小时

大同

大同快速攻略

Day1 云冈石窟→观音洞→华严寺→清真大寺→九龙壁

Day2 大同土林→悬空寺→应县木塔

感受大同

煤文化 曾几何时，大同的街边是一堆挨着一堆的大块烟煤，一辆接一辆不堪重负的运煤车在公路上吃力地爬行；曾几何时，灰蒙蒙的空气中充斥着刺鼻的气味……如今这些情景已不复存在，城市的空气质量越来越好，绿化也不错，但这个煤矿大市还是与煤有着千丝万缕的联系。

落寞 历史上曾为九边重镇的大同，筑有过高大雄壮的城墙，包括内城和北罗城。城外的数座屯兵堡、内外长城，以及星罗棋布的烽火台则构成了一道严密的防线，使大同城固若金汤。时过境迁，如今只剩下断断续续的土墙，很难想象当年的气魄，唯有城东南仍然立着的一座小小雁塔，在现代化的城市中隐约述说着过往的历史。

准备与咨询

语言

当地人都能听、说普通话，语言交流没有问题，虽然带有山西话口音。

气候与游季

大同冬冷夏凉，全年平均气温为5.5℃，夏季最高气温37.7℃，冬季最低气温-20.9℃。一年内温差变化大，一天内气温变化也较迅速，可谓四季分明，早、中、晚温差悬殊。最佳旅游季节为5～10月。

行在大同

进出

飞机

机场位于云州市倍加造镇北，距大同市中心15.2千米。市区到机场可以乘坐民航大巴或出租车，机场大巴市内发车点在大同宾馆门口，酒店至机场的时间为25～30分钟。

机场问讯 📞 0352-5688114

铁路

大同市铁路交通较完善。目前，京包、京原、大张等铁路已实现复线电气化。从大同有火车可通往北京、太原、西安、银川、石家庄、包头、沈阳等地。

大同火车站问询处 📞 0352-7122252

公路

目前，通往埠外新建的干线公路有大运、大塘、大淮、大涞、大阳、大清、大张等10多条。

有开往太原、呼和浩特、宣化、朔州、陕北及市内各县、区和

☀️ **历史文化名城**

大同是中国的历史文化名城之一，曾是北魏王朝的都城和辽、金两代的陪都，是历代的军事重镇，又是古代汉族与北方少数民族频繁交往的地方。这里具有独特的塞上风貌，名胜古迹数量多且规模大。

☀️ **大同古城墙**

大同城墙历史悠久，高大坚固，但历经战争、历史、自然和人为的原因，也遭到了一定程度的毁损，但截至20世纪80年代末仍保存了70%以上的完整土坯城。

💡 **踢鼓秧歌**

亦称"地秧歌""踢鼓子"，浑源县又称它为"故事"，是一种传统的民间舞蹈，起源于宋元时期。其表演形式有"大场子""小场子""过街场"之分，表演活泼生动，音乐节奏明快。

💡 **去景区有直达车**

从大同长途汽车站有到云冈石窟、恒山等旅游区的直达车。

五台山、恒山的客车。

大同汽车客运站 📞 0352-2464510

市内交通

大同市区干道有大庆路、云冈路、新开北路、迎宾路、南北环城、三环路、工农路、南关街等 10 余条，市内交通可乘公交和出租车。市区有 70 多路公交车，畅通无阻。出租车起步价 7 元，1.6 元／千米。

💡市内交通工具价格

公交车票价 1～3 元。值得注意的是，大同公交车的每日运营时间较短，18:00 以后停运（通往火车站 21:30 停运）；不过，没有公交车的时候会有面的沿途拉客，收费和公交车一样。

游在大同

云冈石窟 ★★★★★ 🏔🌐

中国四大石窟之一，始凿于北魏年间，在大大小小 45 个洞窟中的 5 万余尊造像大多数完成于北魏迁都洛阳之前，其中第 20 窟前的高约 14 米的露天大佛（释迦牟尼坐像）是云冈石窟中最富代表性的作品。可惜的是，云冈石窟周围的污染较严重，许多塑像身上都落满了煤灰。

云冈石窟的重点石窟有最大的第 3 窟、最大雕像的第 5 窟、具有代表性的第 6 窟、第 15 窟的万佛洞、最早开凿的 16～19 窟以及上面提到过的第 20 窟。

- 💴 120 元（4—10 月）;100 元（11 月—次年 3 月）
- ⏰ 9:00—17:00
- 📍 位于大同市西郊 16 千米处
- 🚌 临近云冈（公交站）
- 👁 4～5 小时

云冈石窟

九龙壁 ★★★ 🌐

大同九龙壁是国内现存三座"九龙壁"中最长的一座。原是明初代王朱桂（朱元璋之子）府前的照壁。尤其是正中的一条龙，体现出了我国古代高超的雕刻技艺，颇值得一观。

- ⏰ 8:00—18:00
- 📍 市中心四牌楼东南角
- 🚌 临近九龙壁（公交站）、御鑫亮城小区（公交站）
- 👁 1 小时

清真大寺 ★★★ 🏔🌐🏛

大同清真大寺门额用汉文雕刻，整个建筑外形既保持着中国古代木构建筑的风格，又具有阿拉伯文化的特点。据 1742 年重立的《敕建清真寺碑》记载，该寺建于 628 年，距今有近 1400 年的历史。现存建筑多为清代遗物。

- 💴 12 元
- ⏰ 8:00—18:00
- 📍 大同城内大西街九楼巷
- 👁 1～2 小时

大同火山群国家地质公园 ★★★ 🌿🌐⛰

西区火山是火山锥景观最为密集、也最为壮观的一部分，火山锥一个个犹如地底幽灵突兀而起，大多显露出一种威武与神秘。游玩时可以多拍一些照片或拣选一些火山石作为纪念。

- 💴 5 元
- ⏰ 8:00—17:00
- 🚌 无公交直达，建议包车或自驾
- 👁 2～3 小时

华严寺 ★★★★ 🏔🌐

辽金时期我国华严宗的重要寺庙之一。明中叶以后分上下二寺，各开山门，自成格局。现上下二寺虽连为一体，仍各以一主殿为中心。上寺以金建大雄宝殿为主，是国内现存最大的木构佛殿；下寺以辽建薄伽教藏殿为中心，保存有辽代塑像、石经幢、楼阁式藏经柜及天宫楼阁，其中木构藏书阁雕刻精美绝伦。下寺现为大同市博物馆。

- 💴 32 元
- 🚌 临近清远门（公交站）、鼓楼（公交站）

👁 2～3小时

💡 寺内独特的建筑

　　下寺主要殿字皆面向东方，这与契丹族信鬼拜日、以东为上的宗教信仰和居住习俗有关。

善化寺 ★★★ ⛩ ⛩

　　善化寺俗称南寺，是一个规模宏大的寺庙群，寺院建筑高低错落，主次分明，左右对称，是中国现存辽金时期布局最完整、规模最大的寺院建筑，距今已有近千年的历史。寺内四大金刚和十八罗汉都是辽代的遗物，寺内的五龙壁虽无大同九龙壁的规模，但精美绝伦，仍值一观。

💰 免费

🕐 8:00—18:00

📍 大同市平城区南街街道善化古寺

🚌 临近华林商厦（公交站）

👁 40～60分钟

一句话推荐景点

观音堂 堂前有三龙琉璃照壁，是大同市唯一的一座双面照壁，为明代遗物。

🚌 在大同市区坐 3 路前往

采凉山 "采凉积雪"为大同八景之一，有"马嘶踏遍银山顶，鸟倦惊飞玉树枝"的咏叹。

💰 10 元

云路街 清晨来这里，感受古城最静谧的时刻，夜晚，街灯映照，仿佛辉映着一段尘封的历史故事。

📍 山西省大同市平城区永泰门内街

👁 2～3小时

吃喝大同

　　和山西的其他地方相似，大同的饮食特色以各种面食为主，质量不错，价格低廉，以刀削面最为出名。

东方削面（迎泽街店） 主打山西刀削面，面条宽又薄，咬起来有劲道，汤也很鲜美。装修风格类似麦当劳等快餐店，上菜速度比较快。

📞 0352-7688890/13613522570

📍 云中路建设里小区西区西侧

风味小吃

　　豌豆面、羊杂粉汤、莜面、荞面圪坨、阳高杏脯、广灵豆腐干、大同黄糕、浑源炒酥大豆、应州牛腰、羊杂割、面麻片等，都值得一尝。

购物大同

　　大同市的主要商业街包括大西街和四牌楼小南街。

　　在这两条街上有一些规模比较大的商场。晚上，这里还是夜市一条街，商品种类多样，价格便宜。有眼光的话，能在这里淘到不错的东西呢。

💡 买"娃娃"的习俗

　　大同地区的人们，在明清时期，就有在庙会上买个"泥娃娃""布娃娃"的习惯，不少人为了求子、求寿、免灾、祛病，都会在庙会上给孩子买个"娃娃"以图吉利。新中国成立后，"泥娃娃"逐渐被淘汰，"布娃娃"却越来越精致，采用绫、罗、绸、缎、纱、绢、绉、锦等料制成，颇有地方特色，还赢得了"云冈绢人"的美称。

推荐购物

　　大同铜火锅、大同艺术瓷、黄花、恒山老白干酒、蛋雕、玉米皮编均为大同的特产。另外，浑源县出产的中药材黄芪，质高价廉，有需要的游客不妨购买一些。

住在大同

　　大同市是山西省主要的旅游城市之一，市内有各种不同档次的宾馆可供选择，价格都不算太贵。市区南部的迎宾路集中了几家设施较好较为高档的酒店；车站附近的招待所设施虽不算好，但价格低廉。城内污染比较严重，对此要有心理准备。

推荐住宿

大同古城漫心酒店 酒店结合了云冈石窟、民间砖雕、木雕的设计风格，营造出了一个历史和新潮碰撞的酒店，置身其中就能感受到古城文化。

📍 西环路北馨西园小区 10 幢

📞 0352-5068555

大同周边游

应县木塔 ★★★★

在我国现存的古塔中，应县木塔体积之大举世罕见，是我国乃至世界古建筑中的一件珍品。八角形的应县木塔外表看是五层六檐，其实每层都设有暗层，明五暗四，因此实际是九层。值得一提的是，在应县木塔内，供奉着两颗为佛教界尊崇的圣物佛牙舍利，它盛装在两座七宝供奉的银廓里，经考证确认是释迦牟尼灵牙遗骨。

🎫 50元

🕐 8:00—17:00

🚌 应县火车站乘坐专线到汽车西站，转公交到辽代广场（公交站）下车

👁 1～2小时

偏关黄河老牛湾 ★★★★

黄河从这里入晋，长城从这里交汇，晋陕蒙大峡谷从这里开始，黄土高原的沧桑地貌在这里彰显。这里是长城与黄河握手的地方，是中国最美的十大峡谷之一。整个老牛湾旅游区由三湾一谷组成，分别是包子塔湾、老牛湾、四座塔湾和杨家川小峡谷。在老牛湾堡紧邻黄河的山崖上，有一座至今仍保存很好的砖砌空心敌楼。此楼雄踞崖上，俯视黄河，是偏关著名的风景地之一。

🎫 96元

🚌 去老牛湾一带，可以先到朔州。从大同坐火车，两小时可到朔州，朔州长途汽车站有车到偏关，车次较少

🍴 老牛湾有村民可提供简单的饮食。偏关的驴肉莜面不错，这里的酸饭也很有特点，不一定吃得惯，尝尝无妨

👁 3～4小时

大同土林 ★★★★

不如云南元谋土林大，不过奇特的土林景致也足够令人目不暇接，如同件件鬼斧神工的艺术品。土林非常壮美，最适合喜欢摄影的人前往。

🎫 60元

🕐 8:00—19:00

📍 大同南约25千米处的杜庄乡

🚌 乘坐大同开往浑源的班车，在杜庄站下车，步行约20分钟即到

👁 2～3小时

💡 **1. 问路要说“石板沟”：** 当地人不知道什么叫大同土林，但你若问石板沟，人人都知道。

2. 行程推荐： 早晨从大同市区包车，恒山→悬空寺→应县木塔→大同土林，基本都可游览。

恒山 ★★★★

被称作“北岳”，可见其景色的壮观。不仅风光美，而且是道教的发祥地，传说张果老就是在恒山修行得道的。因为桃花在这里的花期长达20多天，因此春天是最适合游览恒山的时间。

🎫 45元

🕐 8:00—17:00

🚌 乘浑源2路到唐家庄（公交站），此处距恒山8千米左右，建议打车前往

👁 0.5～1天

桃花洞 传说，这里是桃花仙女修行的所在。清明前后，这里桃花盛开，是感受春意的好去处。

仙人洞府 相传道教有三十六洞天，七十二福地，是仙人居处游憩之地，因此众多香客慕名而来的。

悬空寺 国内仅存的佛、道、儒三教合一的独特寺庙。该寺的建筑特色可以概括为“奇、悬、巧”三个字，是采用凿洞插木的方法构筑而成。

💡 **恒山旅游线路**

1. 可在大同火车站附近乘到浑源县的小巴，车费30元左右。如果是一行4人，不如花100多元包一辆出租，往返价钱一样，但方便舒适得多，或乘恒山一日游旅游车。

2. 若从五台山出发，乘坐开往大同方向的汽车也可到达。

💡 **登山之前打探消息**

恒山曾封山顶一年多，门票却没降，且没有任何通知或提示告知游人。所以，计划登山顶的旅者最好提前向当地人打听清楚。

💡 **恒山十八景**

磁峡烟雨、龙泉甘苦、云阁虹桥、云路春晓、果老仙迹、虎口悬松、断崖啼鸟、危岩夕照、金鸡报晓、茅窟烟火、奕台鸣琴、玉羊游云、脂图文锦、岳顶松风、幽窟飞石、紫峪云花、石洞流云。

临汾

临汾快速攻略

Day1　壶口瀑布→华门→尧庙

Day2　临汾→苏三监狱→洪洞大槐树→广胜寺→小西天

感受临汾

　　种种考古发现表明，早在十万多年前的旧石器时代，这里就有了中华民族最早的原始人群和村落。不错，尧王访贤、让位于舜的传说就发生在这里。踏入这座城市的第一步，你就会有种别样的触动，一种说不清道不出的感觉，或许这就是历史留给这座城市的积淀与底蕴。

准备与咨询

语言

　　当地人说话接近于普通话，交流没有问题，但是一些方言要注意，如临汾人说"你家"指的是"你们"，而不是问候你全家。

气候与游季

　　临汾冬季寒冷干燥，降雪稀少；春季干旱多风；秋季阴雨连绵；夏季酷热，多暴雨。夏季最高气温可达41℃，冬季最低气温可达零下16℃。最佳旅游月份为5月、6月、9月、10月。

行在临汾

进出

铁路

　　临汾市铁路交通比较完善，北至包头，南至广州，西至兰州，与北京、西安、太原、石家庄、天津等多个城市均有直达列车。

公路

　　通过境内的有纵贯山西南北的大运公路和108国道，309国道和晋韩公路横越东西。

　　临汾主要有3个汽车站：城南汽车站、城北汽车站、临汾长途汽车站。前两个主要发往临汾市其他县镇，临汾长途汽车站有客运车可达太原、西安、运城以及市内各区县。另外，还有尧庙汽车站，那里有去吉县的车。

城南汽车站 🚏 尧都区贾得乡乔家庄北

长途汽车站 🚏 临汾市兵站街

城北汽车站 🚏 尧都区屯里镇贾村北

市内交通

　　临汾市开往旅游景点的公共汽车车次全、数量多，而且车况也较好。其中到达尧庙的公交有3、11、23路等。市区内打车6～10元不等，如果路程较远，司机一般不打表，可直接商量价格。

🐂 卧牛城

　　相传临汾是陶唐故都、伊祁旧里，素来有卧牛城之称。这源于1977年有人在城墙东北角取土时，挖出一个石匣，匣中有一尊铁卧牛，并有明朱洪武年间的碑记一块。铁牛重124斤，底座重33斤半，这大概就是临汾被称为卧牛城的依据。临汾城池始建于西晋，距今1600多年，铁卧牛是什么时候埋入城墙之中，已无从考证。

☀ 让人气愤的夏季

　　临汾的夏天对北方人来说是比较恐怖的，气温三十八九摄氏度是常事，太阳的毒辣程度让人瞠目咋舌。早上8点出门，街上已经是随处可见打着遮阳伞的人们了。此外，临汾夏季的天气变化非常之快，下午出门时打着伞防晒，晚上回家打着伞遮雨，所以，夏季来此地游玩出门时务必带把伞，否则，几天下来你会惊奇地发现，皮肤不知不觉已经换了颜色。

游在临汾
壶口瀑布 ★★★★★ 🌊⚽

"涌来万岛排空势，卷作千雷震地声"，用这句诗来形容壶口瀑布再合适不过。上游宽达300余米的黄河水流经此地时，被两岸苍山挟持，束缚在狭窄的石谷中，骤然收束为二三十米，飞流直下，惊涛骇浪，山鸣谷应，视之如巨龙在舞浪，听之如万马在奔腾。游人站在河边观瀑，不禁感慨"风在吼，马在叫，黄河在咆哮"这威武雄壮歌声背后的真实情景再现。

在壶口黄河水跌落的地方，即壶嘴的正当中，有一块油光闪亮的奇石，人称"龟石"，它能随着水位的涨落而起伏。不论水大水小，总是露着那么一点点，这给壶口瀑布增添了几分神秘色彩。

- 🎫 100元
- ⏰ 8:00—17:00
- 🚌 距临汾市173千米，距吉县县城45千米
- 🚐 从临汾到壶口有两个选择：一是从临汾尧庙汽车站乘车到吉县，然后从吉县坐公共汽车或包车前往，车程约1小时；二是从临汾长途汽车站乘临汾到延安的大巴，途径壶口下车
- 👁 2～3小时

☀️ **最佳游季：**每年10月是壶口瀑布水量最大的时候，也是最有看头的时候，大部分游客选择这个时间来，但此时当地气温较低，最好备一件厚衣服。

尧庙 ★★★★ ⛰🌐

临汾是尧的都城，后人为祭祀尧的功绩，就在这里修建了尧庙等建筑。庙内现存五凤楼、广运殿、尧井亭及寝宫等。其中广运殿是供奉尧的主殿，殿高27米，四周的长廊内有42根石柱，柱上雕龙刻云，工艺不俗。庙内还有10多座石碑，记载了尧的丰功伟绩。

- 🎫 50元
- ⏰ 8:00—18:00
- 🚌 临近尧庙汽车站（公交站）
- 👁 1～2小时

华门 ★★★ 🏛

华门号称"天下第一门"，建于2002年，历时3年建成，位于尧都旅游区中心，是一座华夏文明纪念碑。华门在建筑规模和高度上雄居世界第一，比法国凯旋门还高0.5米。

- 🎫 35元
- 🚌 临近尧庙汽车站（公交站）
- 👁 1～2小时

☀️ 华门位于尧庙附近，步行5分钟就可到达，可以一起观光。

广胜寺 ★★★★ ⛰

位于洪洞县东北17千米处的霍山南麓，上寺在霍山山顶，下寺在霍山山脚下，两寺相距500多米，据说1987版西游记第18集是在此拍摄的。飞虹塔是上寺最有名的建筑，塔高47.31米，共13级。广胜寺下寺后殿内塑三世佛及文殊、普贤二菩萨，均属元代作品。殿内上壁满绘壁画，1928年被盗卖出国，藏于美国堪萨斯城纳尔纳艺术馆。残存于山墙上部16平方米的画面，内容为"善财童子五十三参"，画工精细，色彩富丽，为建殿时的作品。

- 🎫 44元
- ⏰ 8:00—17:30
- 🚌 从临汾汽车站乘车到洪洞汽车站，车程40分钟，票价5元；然后从洪洞汽车站乘公交车到广胜寺，打车5元可到
- 👁 2小时

洪洞大槐树 ★★★★★ 🌐

"问我故乡在何处，山西洪洞大槐树。祖先故居叫什么，大槐树下老鸹窝。"自明朝以来，这首民谣就一直在我国民间各地广泛流传，甚至在海外华人、华侨中也时常听到。洪洞大槐树之所以成了中华儿女魂牵梦绕的精神寄托，是因为它承载着先人对故土家园的依恋和顾盼，以及后人对明代那场大规模移民运动的血泪情结。

洪洞大槐树位于洪洞县城西北两千米，汉代的古槐早在天灾中被毁，现在存有一株从其根部滋生出的第三代古槐，高达数丈，主干粗壮，枝繁叶茂。

- 🎫 旺季80元；淡季60元
- 🚌 从临汾汽车站乘车到洪洞汽车站，车程40分钟，票价5元；然后从洪洞汽车站乘公交车到大槐树，打车10元可到，步行也能到，不是太远
- 👁 2～3小时

☀️ **判断你是否大槐树移民**

据说大槐树移民的后代都有一个共同的特征——双脚的小脚指甲是复合型的。

对此，民间有两种解释：一说是当时官员为防止移民逃

跑，在他们的小脚指甲上砍了一刀作为记号，伤愈后就变成复合型的了；另一说为当时政府规定家有两子以上的民户，除小儿子外，其余的儿子都必须迁出，母亲为以后寻儿方便，将被迁出的儿子们的小脚指甲都咬成了两瓣作为标记。

苏三监狱 ★★★ 🏯

"苏三"算是中国古代冤假错案中的幸运儿。苏三监狱分为普通牢房和死囚牢。在过厅两侧共有 12 间普通牢，分为男牢和女牢，每个牢房只有 4 平方米，一般要关押 6 人左右。这里终年不见阳光，空气污浊不堪，关在这里的犯人往往等不到审结就病死了。死牢又称虎头牢，阴森潮湿，非常低矮，当年苏三就是被关押在此。

- 💴 40 元
- 🕐 8:00—18:00
- 🚌 距离大槐树非常近，步行 15 分钟左右即可到达
- 👁 2～3 小时

小西天 ★★★★ 🏛

原名千佛庵，创建于 1634 年。寺内分上、下两院，两院内有很多塑造精美、色泽明丽、造型生动的悬塑雕像，堪称明代彩塑中的精品。

该寺的一大特点是在寺院门前有许多的石阶绵延排列，拾级而上，猛然抬头，忽见巍巍大雄宝殿，令人有如到西天佛国之感。

- 💴 28 元
- 🚩 隰县城西北 1 千米的凤凰山上
- 👁 2 小时

乾坤湾 ★★★★ ⚽

乾坤湾景区集观光、休闲、度假、科学考察于一体，景区以撼人心魄的自然奇观和深远厚重的人文积淀，形成了独一无二的黄河胜景。峡谷奇观，被《中国国家地理》杂志评为"中国最美十大峡谷"之一。

- 💴 80 元
- 🕐 8:00—18:30（4—11 月）
  8:00—17:00（12 月—次年 3 月）
- 🚩 陕西省延安市延川县乾坤湾镇
- 👁 1～2 小时

云丘山 ★★★★ 🏛🏯

这里是上古时期稷王教民稼穑的农耕文化始发地，是上古羲和以云丘山为北顶高架观天定时，夏历（今为阴历）产生的

地方。春秋战国时庄子写到了姑射山，而云丘山当属姑射山的最高山峦。云丘山自然景观独特奇异，人文景观丰富多彩，享有"河汾第一名胜""藐姑射山最秀之峰"之美称。

- 💴 80 元，景区内交通车 20 元
- 🕐 7:00—19:00（4—10 月）
  7:50—18:00（11 月—次年 3 月）
- 🚩 临汾市乡宁县关王庙乡云丘山旅游风景区
- 👁 1～2 天

吃喝临汾

当地的饮食仍以面食为主，但与传统的山西面食已小有区别，这里更多的是杂糅了大西北的面食文化，以牛肉丸子面、炒面、盖浇面最为有名。

特别推荐

白老三牛肉丸子面 白老三算是临汾牛肉丸子面流派的主流代表，汤味好，辣味足，且价格在可接受范围内。

- 🚩 临汾市平阳广场
- 📞 0357-8887788

购物临汾

在临汾购物首推财神楼和贡院街，这两条街是商铺比较集中的地方，而且各具特色。财神楼除了安达圣购物中心外，路边的小店更值得推荐；贡院街是各种名牌产品的聚集地，价格与折扣和全国都差不多。

推荐购物

临汾号称"花果城"，每条街道上都种有各种果树，每到开花、结果的季节，整条街披红戴绿，很是壮观，所以来这里要多吃水果，便宜又好吃。浮山剪纸、赵城麻花、隰县金梨、吴家熏肉、午城玉屏酒是这里有名的特产。

住在临汾

临汾市中心的解放路是宾馆较集中的地方，这里的宾馆干净整洁、服务优良，是下榻的首选之地。贡院街附近也有很多经济型的旅馆和民宿，价格实惠。

推荐住宿

临汾唐尧大酒店 临汾首家四星级酒店。

- 🚩 经济开发区中大街
- 📞 0357-2069888

吉县黄河壶口商务酒店 饭店位于国家AAAA 级景区——黄河壶口瀑布景区附

近 800 米处，来往交通便利。饭店设施完备，如果是要到黄河壶口瀑布景区游玩，来此居住还是很划算的。

🅰 壶口派出所对面

📞 0357-7986018/13835787890

秋果酒店(临汾鼓楼南大街店) 位置优越，

南通市中心及华门，北达襄汾，临近尧庙公园。一层是茶书吧，八层是轰趴馆，无论你是喜静还是好热闹都能住得很舒服。

🅰 尧庙镇鼓楼南大街 1699 号

📞 0357-3617777

临汾周边游

解州关帝庙 ★★★★ 🅰

关帝庙为供奉三国时期蜀国大将关羽而建，关羽与"文圣"孔夫子齐名，被人们称为"武圣关公"。在东南亚，武圣人因德行卓著，被尊为商业的保护神"财神爷"，居于文武财神之首。而解州关帝庙是最正宗、最具传统意义的关帝庙，也是国内最大的宫殿式庙宇。

💰 旺季 60 元；淡季 50 元

🕐 8:00—18:00（4—10 月）
9:00—17:00（11 月—次年 3 月）

🚌 可从临汾乘坐火车或汽车到达运城，约 2 小时，然后从运城火车站乘坐公交车到关帝庙（公交站）

👁 1 ～ 2 小时

盐湖 ★★★★ 🅰

运城盐湖可同闻名于世的以色列死海相媲美，湖中的黑泥蕴涵了 7 种常量和 16 种微量元素。在湖水中可以人体泛舟，湖中黑泥可以美肌活肤，所以运城盐湖被誉为"中国死海"。

💰 通票 198 元（含盐疗、漂浮、黑泥及矿泉水疗）

🕐 8:00—20:30

🚌 临近运城盐湖（公交站）；或从市内乘出租车 10 元左右即到

👁 3 ～ 5 小时

王莽岭 ★★★★ 🅰

王莽岭怪石嶙峋、巍峨壮观。最壮观的莫过于日出，浩瀚的云海堪比泰山。还有奇峰、松涛、雾凇、冰挂，美景多样，是摄影爱好者的天堂。在陡峭的悬崖上，有一条用铁锤凿出的长 7.5 千米的"挂壁"公路，非常罕见，2009 年成功入选"新中国 60 大地标"。

💰 110 元

🚌 从临汾汽车站坐车到晋城，再从晋城坐班车到达陵川，陵川汽车站有直达王莽岭景区的班车

👁 5.5 ～ 6 小时

普救寺 ★★★★ 🅰

《西厢记》的发生地，寺庙里有仿《西厢记》剧情而建的书斋、后花园、法堂、佛堂等，还有一组人物蜡像，生动再现了剧中的各个知名场景。莺莺塔是寺内最有名的建筑，塔高 50 米，共 13 层。该塔构造奇特，当你用石块敲击塔身时，有清晰的回声传来，是国内罕见的回音建筑之一。

💰 旺季 60 元；淡季 50 元

🚌 可从临汾乘火车或汽车到永济，约 3 小时，然后在永济汽车站乘 2 路公交前往

👁 2 ～ 3 小时

鹳雀楼 ★★★ 🅰

位于运城永济市蒲州古城西面的黄河东岸，与武昌黄鹤楼、洞庭湖畔岳阳楼、南昌滕王阁一起被誉为我国古代四大名楼。唐宋之际文人学士登楼赏景留下了许多不朽诗篇，其中王之涣的《登鹳雀楼》堪称千古绝唱。

💰 45 元

🕐 8:30—18:00（4—10 月）
9:00—17:00（11 月—次年 3 月）

🚌 从普救寺出来后，在普救寺广场乘观光车到鹳雀楼

👁 1 小时

临汾周边游

内蒙古自治区

自助游：

西线：历史人文之旅

呼和浩特→希拉穆仁草原→包头

东北线：草原风情之旅

锡林郭勒→扎兰屯→牙克石→海拉尔→满洲里

西南线：阿拉善神秘之旅

海森楚鲁怪石沟→怪树林→黑城

阿尔山休养之旅

阿尔山国家森林公园→阿尔山温泉

自驾游：

内蒙古纵览

阿拉善→包头→呼和浩特→锡林郭勒→赤峰→通辽→兴安盟→呼伦贝尔

呼和浩特

呼和浩特快速攻略

Day1 内蒙古博物院→大召寺→席力图召→清真大寺→伊斯兰风情街（在附近吃清真小吃）

Day2 昭君墓→蒙古风情园→乌素图召

周边游：

Day1 呼和浩特→哈素海→五当召→包头（住宿）

Day2 包头→梅力更→库布齐沙漠→响沙湾→呼和浩特

Day3 呼和浩特→希拉穆仁草原（或辉腾锡勒草原）

感受呼和浩特

乳都 有全国众多的乳品企业撑腰，呼和浩特想不成为"乳都"都难。在市郊区和周边旗县的农村，你随时都能碰到三三两两的奶牛在漫步，浓浓的牛粪味在空气里飘荡。而更让人欣慰和感动的是，每一个市、区、乡镇领导都会表示，"就呼和浩特奶业在全国的地位而言，我们应该把奶牛养好，我们一定要养好奶牛"。

酒、歌 面对浩渺无际的草原，振臂一呼失去了所有的意义，于是酒、歌成了草原游牧民族独有的表达情感的方式。特别是招待远方难得一见的客人，好客的蒙古族人民会用哈达托起银碗，唱起祝福的酒歌，殷殷之情也如酒一般炽热，而且会一碗接着一碗，一曲接着一曲，绵绵不绝。

传统体育项目

波依阔、颈力比赛等是达斡尔族的传统体育项目。波依阔类似现代曲棍球，将木制的球内填充油质物，点燃后打火球，燃烧的火球在夜间东击西打、传来传去犹如游龙戏珠，场面别致。

保暖和防晒

去内蒙古旅游，春冬两季要尽可能带上耐寒保温的装备，也别忘了带防晒用品和墨镜。

准备与咨询

语言

蒙古族有自己的语言，但呼和浩特当地人都能听、说普通话，只是语速较快，交流基本上没障碍。

气候与游季

呼和浩特属中温带大陆性季风气候，四季气候变化明显，冬季漫长严寒，夏季短暂炎热，春秋两季气候变化剧烈。呼和浩特的昼夜温差极大，一天之内可达到20℃，所以即使是夏季来旅游，也建议带长袖衣服。到这里旅游的最佳时间为4—10月。

节庆

"小年"和"大年"： 蒙古民族的传统节日，小年腊月二十三，大年农历正月初一。

那达慕草原旅游节： 每年7—8月。

内蒙古草原旅游节： 每年8月前后在呼和浩特举办。

风俗

做客 进蒙古包要从火炉左侧走，坐在蒙古包的西侧和北侧，东侧是主人起居处，尽量不坐。入座时别挡住北面挂着的佛像。进包后可席地而坐，不必脱鞋，不要坐在门槛上。冬天不要到蒙古包的北侧和西侧乱踩，那里的雪是要化水饮用的。

敬茶 在旅游点或到牧民家做客时，主人首先会给宾客敬上一碗奶茶，这时得微欠起身用双手或右手去接，千万别用左手，会被认为不懂礼节。若不想要茶，用碗边轻碰勺或壶嘴，主人就明白了。

敬酒 斟酒敬客，是蒙古族待客的传统方式，用以表达对客人的敬重和爱戴。主人敬酒时客人不可推让、拉扯，更不可拒绝喝酒，而应立即接住酒碗或酒杯，用无名指蘸酒向天、地、火炉方向点一下，以示敬天、地、火神。不会喝也不用勉强，可沾唇示意，以接受主人的盛情。

献哈达 献哈达是蒙古族牧民迎送客人和日

常交往中使用的礼节。宾客要站起身面向献哈达者，集中精力听祝词或赞词并接受敬酒。接受哈达时，宾客应微躬身向前，让献哈达者将哈达挂于自己颈上，然后双手合十于胸前，向献哈达者表达谢意。

行在呼和浩特
进出
飞机

呼和浩特市白塔机场位于市区东北 15 千米处，有多条航线往返北京、广州、深圳、上海、赤峰、乌兰浩特等大中城市。

铁路

呼和浩特处于京包线上，与北京、西安、呼伦贝尔、兰州、银川等数十个城市均有旅客列车通行。呼和浩特还开通了发往乌兰巴托和莫斯科的国际列车。

公路

有先进的呼包高速公路，全市基本实现了各旗县通公路，许多世代闭塞的农牧区和边境地区也建起了公路，每日有数十班长途客运汽车开往附近各个城镇。还开辟了与蒙古国、俄罗斯边境省区通车的多条客运班车路线。

市内交通

以市区为中心辟有多条公共汽车线路，通往城区各地。有数千辆出租车，遍及城市的大街小巷，昼夜服务，起步价为 8 元／2 千米，2 千米以后 1.5 元／千米。呼和浩特不大，15 元即可到达市内大多数地方。呼和浩特地铁 1 号线和 2 号线已建成。

🚕 **出租车叫车电话** 0471-8936669

游在呼和浩特
大召无量寺（伊克召）
★★★★ 🌐 ⚑

相传至今已有 600 多年历史的木版印刷经藏就在这里。

大召在蒙古语中称"伊克召"，意为"大庙"。始建于明代，是呼市内最大的黄教寺庙，也是内蒙古少有的不设活佛的寺庙。建筑融合了汉、藏、蒙三个民族的风格，其中的造像、壁画十分美丽。

🌐 35 元
🕐 8:30—17:00
🚌 临近大召（公交站）
👁 2～3 小时

💡 **大召三绝** 银佛、龙雕、壁画。

席力图召 ★★★★ 🌐 ⚑

呼和浩特市规模最大的寺庙，也是呼和浩特现存最精美的一座寺庙。每年还会

首月：蒙古语称为查干萨日（白月、正月），意为新年、春节。

祭敖包：敖包是蒙古语，意为堆子或鼓包，敖包通常设在高山或丘陵上，用石头堆成一座实心的圆锥形塔，祭敖包是蒙古民族盛大的祭祀活动之一，每年的农历五月十三是举行大型祭祀的时间。

💡 **民居特色**

达斡尔族住在依山傍水的地方，房舍院落修建整齐，多用红柳、桦木杆或柞条编织的篱笆围起来。房屋屋脊突出，形成"介"字，故称"介字房"。达斡尔人传统习俗以西为贵，西屋为居室，内有南、西、北三面大炕相连，组成所谓的"蔓子炕"。

💡 **羊的"高贵"**

1."好货不便宜"，一只不算太大的烤全羊，有时竟开价 1000 元。

2.羊杂碎在当地诸小吃中占有独特的地位。

在这里举行佛会、跳"恰木"等宗教活动，热闹非凡。

🌐 30 元
🕐 9:00—17:00（冬令时）；8:00—18:00（夏令时）
📍 玉泉区大南街 112 号
👁 1 小时

内蒙古博物院 ★★★★ 🌐

内蒙古博物院是国家一级博物馆，是内蒙古自治区最大的集文物收藏、研究、展示于一体的综合性博物馆。

🌐 免费（需提前预约）
🕐 9:00—17:00（每周一闭馆）
🚌 临近博物院（公交站）
👁 2～3 小时

乌素图召 ★★★ 🌐 ⚑

寺院依山傍水，春季杏花盛开，景色

极美，有"杏坞翻红"的美称。寺中的壁画画风古朴，色彩明艳，不得不看。寺内有一株罕见的菩提树，每年五月，这棵菩提树会开花。

- 💰 25元
- 🕐 8:00—18:00
- 🧭 呼和浩特市区西北方向大青山南麓
- 🚌 临近西乌素图村（公交站）、西乌素图东口（公交站）
- 👁 2～3小时

清真大寺 ★★★★ 🏛🚶🏯

呼和浩特七大古迹之一，20世纪80年代以前为呼和浩特最高的建筑。独特古老的建筑风格使其成为呼和浩特旅游必到之地。寺内现藏阿拉伯文《古兰经》30册。呼和浩特现有穆斯林约两万人，大多数都居住在清真大寺附近。

- 💰 5元
- 🕐 8:30—18:00
- 🧭 位于旧城北门外回民区
- 🚌 临近旧城北门（公交站）
- 👁 1小时

伊斯兰风情街 ★★★ 🏔🏯

街道两侧以叠涩拱券、穹隆、彩色琉璃砖装饰出来的高楼气势宏伟。尖拱形并列的门窗、浑厚饱满的球形殿顶、高耸的柱式塔楼，让人领略到浓郁的伊斯兰风情。

- 💰 免费
- 🧭 呼和浩特市回民区中山西路与通道南路交汇处
- 🚌 临近旧城北门（公交站）
- 👁 1小时

五塔寺 ★★★ 🏯🏛

有五座舍利塔的金刚座舍利宝塔和世界唯一的蒙文天文图石刻。

五塔寺始建于清雍正年间，塔身均以琉璃砖砌成，塔身下层是用三种文字刻写的《金刚经》经文，上层则为数以千计的鎏金小佛，刻工精巧，玲珑秀丽。

- 💰 免费
- 🕐 9:00—17:00（周一不开放）
- 🧭 呼和浩特市玉泉区五塔寺后街48号
- 🚌 临近民和花园（公交站）、呼和浩特五洲医院（公交站）
- 👁 1～2小时

塞上老街 ★★★★ 🏛 🖼

每一个有着丰富历史文化的城市都会有一条老街，呼和浩特也是，塞上老街是具有明清风格的古街，虽不免经过翻新和修缮，但大多建筑仍保留着原本的风格和样貌，古朴而安详。相比其他城市的商业化老街，塞上老街可谓厚道，如一件毛绒衣服100多元，一根羊肉串3元。

- 🚌 临近大召（公交站）、光彩市场（公交站）
- 👁 1～2小时

一句话景点推荐

王昭君墓 传说早年间秋凉霜冷之际，塞外草木凋零，唯有昭君墓上草色青青，因此，昭君墓又被称为"青冢"。"青冢拥黛"被誉为呼和浩特八景之一。

- 💰 65元
- 🚌 临近昭君博物院（公交站）
- 👁 1～2小时

清公主府 这里曾是顺治皇帝第四女静宜公主、康熙皇帝第六女恪靖公主、多尔衮的曾外孙女和硕格格的住所，是塞外保存最完整的清代四合院群体建筑。

- 🕐 9:00—17:00（夏季）；9:30—17:00（冬季）
- 🚌 临近公主府（公交站）
- 👁 1～2小时

吃喝呼和浩特

呼和浩特的餐饮，野性十足，风味独特，山鸡肉、山野菜、野生蘑菇……林林总总的野味佳肴十分可口。

风味佳肴有烤全羊、手扒肉、烤羊腿、炒米、奶皮子、奶豆腐、马奶酒、昭君酒等。其中手扒肉和烤全羊最为出色，熊熊火焰上，整只肥羊烤得噼啪作响，脆皮焦黄，香油滴滴答答往下流淌，香气扑鼻，令人垂涎。

内蒙古饭店（内蒙古图书馆店） 这里最好吃的菜有烤羊排、蒸螃蟹、蒸羊蹄、切烤羊肉，还有很多口感不错的甜点。

- 🧭 赛罕区乌兰察布西路31号
- 📞 0471-6938888

格日勒阿妈 当地著名品牌店，主营蒙古族特色饮食，奶酪馅饼、锅茶、骆驼肉馅饼、沙葱羊肉包都很受欢迎。

- 🧭 金桥路金凤凰北200米宇泰商务广场B座

☎ 0471-5232787

购物呼和浩特

作为自治区首府，呼和浩特汇集了内蒙古各地的土特产品。

推荐购物

买土特产品，最好的去处是街头的集贸市场，有当地最大的农副产品市场，各色土特产品均可在此一网打尽，且价廉物美。想买有蒙古族特色纪念品的游客可到锡林北路的内蒙古文物总店逛逛。

特别推荐

"山丹牌"提花毛毯和系列绒线、鄂尔多斯羊绒衫、蒙古刀、蒙古地毯、发菜、口蘑、呼呼尔（鼻烟壶）、巴林鸡血石、"寿牌"燕麦片（阴山莜麦）。

住在呼和浩特

在呼和浩特住宿选择范围比较广，除星级宾馆外，也有很多旅馆和招待所，基本设备及卫生条件尚可，价格低廉，是经济实惠的下榻之处。此外，还可以到郊区牧民家中或蒙古包做客借宿。

呼和浩特周边游

希拉穆仁草原 ★★★★ 🌐

希拉穆仁草原是内蒙古开辟最早的草原旅游点。7、8月十分凉爽，素有"早穿棉袄，午穿纱，怀抱火炉吃西瓜"的说法。旅游活动项目有骑马、骑骆驼、赛马、赛骆驼、摔跤表演、登敖包山、游喇嘛庙等。这里建有砖混结构，又有原始毡房的蒙古包饭店。

💰 骑马票 140 元；篝火晚会票 268 元
🚌 从呼和浩特市乘车可到，车程约 2 小时
👁 1 天

五当召 ★★★★★ 🌐⛪🏛

五当召是内蒙古地区唯一的纯藏式寺庙，与西藏布达拉宫、青海的塔尔寺并称为我国藏传佛教的三大名寺。整个建筑群体由一陵、三府、八堂、九十九栋寝楼组成。全寺最大的建筑为苏古沁独宫。

寺旁有一个小山坡，在山坡上的凉亭处，可以俯瞰五当召的全貌。

💰 60 元
🚌 包头东站前的广场有班车直达，每日 9:30 发车，车程约 2 小时；也可以包车前往
👁 2～3 小时

库布齐沙漠
★★★★ 🌐⛰

库布齐沙漠位于鄂尔多斯草原上，比其他沙漠多了几分少数民族风情。这里是探险者的天堂，在一望无际的金色沙漠上，骑着骆驼，开启一段神奇之旅。浩瀚的沙海，壮美的夕阳，孤独的行者，形成一幅绝美的画卷。

💰 套票 260 元
🚌 从呼和浩特市坐火车到乌拉特前旗，约 3 小时车程，再从汽车站乘坐去杭锦旗的班车可到，票价 7 元；也可包车前往
👁 1 天

敕勒川草原 ★★★★ 🌐⛰

敕勒川草原文化旅游景区分为两大区域。一大区域以展示和体验蒙元文化为核心，依托"敕勒川，阴山下"诗中所描绘的古代游牧生活的壮丽图景，通过退耕还草，恢复万亩敕勒川草原美景，形成以蒙元文化为核心主题的景观区；另一大区域以观光旅游、休闲度假为核心。

📍 内蒙古自治区呼和浩特市土默特左旗西南侧
🚌 呼和浩特或包头长途汽车站有往返班车
👁 1 天

响沙湾 ★★★★ 🌐⛰

响沙湾是一个弯形沙坡，背依苍茫大漠，面临大川，高度近百米，金黄色的沙坡掩映在蓝天白云下，有一种茫茫沙海入云天的壮丽景象。这里最让人迷惑也最吸引人的就是它的响沙。从沙丘

顶上往下滑的时候，沙丘会发出轰隆声。

$ 130元（含索道）

🕐 8:30—18:00

➜ 鄂尔多斯达拉特旗库布齐沙漠边缘

👁 2～8小时

梅力更 ★★★

梅力更大瀑布是北方罕见的泉水瀑布，落差66米，瀑布下面有智水潭。冬天瀑布结冰时，有万丈银色长链出现，宛如一条饮涧长龙，蔚为壮观。梅力更庙是我国现存唯一的用蒙语念经的藏汉式相结合的古寺庙，也是值得推荐的亮点。

$ 65元（门票+往返观光车）

🕐 8:30—17:30（周一至周五）；8:00—18:00（周六至周日）

➜ 包头西30千米的阴山山脉南麓

👁 1～3天

💡景区每年11月初至次年3月底暂停营业。

辉腾锡勒草原 ★★★★

辉腾锡勒草原位于乌兰察布市察右中旗西南边际，在呼和浩特东北135千米处。辉腾锡勒为蒙语，意为“寒冷的高原”。草原旅游点海拔1800多米，东西长约100千米，还有99个天然湖泊点缀在碧绿的草原上，既有牧区草原苍茫雄浑的格调，又有江南水乡明媚清秀的色彩。

🕐 7:55—18:00

🚌 乌兰察布市内有旅游专线车直达，或包车前往

👁 1天

💡草原腹地的黄花沟公园，山峦起伏，沟壑纵横。每当盛夏，更以绚烂的黄花闻名，被称为大青山自然博物馆。

成吉思汗陵旅游区 ★★★★

传说中一代天骄成吉思汗死后安葬的地方，更大的可能是后人祭奠他的地方。

主体建筑为仿元代城楼式的门庭和3个互相连通的蒙古包式大殿。东西两廊是大型壁画，描述了成吉思汗从出生到最后统一蒙古族各部的历史及其子孙忽必烈等的历史功绩。

$ 旺季170元；淡季150元

🚌 从包头乘车到鄂尔多斯，然后乘汽车直达成陵，约需5小时；也可乘包头至陕西榆林方向的长途汽车，途经成陵

👁 2～3小时

北方兵器城 ★★★

集国防、兵器展览、军工文化传播、休闲娱乐于一体的特色旅游景区。广场区的两侧布置有兵器陈列区，展示着各种具有代表性的武器。兵器城的地下展示的是常规轻武器；国防教育展示厅则通过高新技术声光电系统，为游客展示中外著名战役的精彩场面。

$ 15元

🕐 8:00—19:00（4—9月）
8:00—18:00（10月—次年3月）

➜ 包头市青山区兵工路

🚌 临近北方兵器城（公交站）

👁 2～3小时

黄花沟草原 ★★★★

世界上保持最完好的三大高山草甸草原之一，是京津冀晋周边里程最近、风光最好的草原，区位优越、交通便利，被中外游客誉为“天堂草原•清凉乐园”。

$ 155元

🕐 8:30—17:30（4月15日至10月17日）

➜ 乌兰察布市察哈尔右翼中旗010乡道

🚌 自驾或者包车

👁 3～4小时

💡**相关服务项目：**
小火车：65元/人；单程索道：50元/人；往返索道：70元/人；观光车：30元/人；畜力车：60元/人，摆渡车：30元/人

锡林郭勒

锡林郭勒快速攻略

Day1 锡林浩特→贝子庙→平顶山→锡林郭勒大草原（住宿）

Day2 锡林郭勒大草原→金莲川→元上都遗址→多伦湖→锡林浩特

Day3 锡林浩特→白音郭勒草原（或乌珠穆沁草原、蒙古汗城）

感受锡林郭勒

　　锡林郭勒是蒙古语，翻译过来意为"辽阔草原上的河流"。锡林郭勒草原是世界四大草原之一，地处内蒙古高原的中东部，草原类型多样，是我国最具代表性和典型性的温带草原，也是我国国家级草原自然保护区，是我国唯一被联合国教科文组织纳入国际生物圈监测体系的自然保护区。

准备与咨询
气候与游季

　　这里属典型的中温带半干旱大陆性季风气候，寒冷、风沙大、少雨。春秋短暂，夏无酷暑，冬季漫长。大部分地区年平均气温在 0 ～ 3℃，全年除 7 月外，日最低气温均可能在 0℃以下。近年来，春秋两季的沙尘暴天气较多，最好不要选择在扬沙天气到草原旅游，最佳旅游时间为夏季。

行在锡林郭勒
进出

飞机

　　锡林浩特机场位于市区西部，每日都有航班往来于北京、呼和浩特、海拉尔、天津、上海等地。

铁路

　　主要铁路线路分别是：集宁至二连浩特线，集宁至通辽线，锡林浩特至桑根达线，郭尔本至查干淖尔线。现锡林浩特开通了到呼和浩特的列车，当天就能到达呼市。

锡林郭勒草原

锡林郭勒与锡林浩特

　　锡林郭勒盟的行政公署所在地为锡林浩特市。

锡林郭勒八景

　　灰腾梁草原、锡林九曲、平台落日、沙海疏林、古刹贝子、民俗浩特、查干敖包、锡林余韵。

小提示

机场问询：

☎ 0479-2290000

去草原的班车

　　锡林浩特有开往锡林郭勒大草原的班车。

市内交通

　　锡林浩特市内有1、2、3路等多条公交车，采用分级定价票制，发车间隔在6～8分钟不等。目前锡林浩特市内开设了城市周边"一日游"旅游专线。锡林浩特出租车型以夏利为主，起步价6元/2.5千米，夜间9元/2.5千米，之后每千米1.5元。

当地的娱乐活动

　　锡林郭勒娱乐活动有骑马、乘驼、坐勒勒车、套马驯马打马鬃、牧羊、狩猎、祭敖包、那达慕、保健疗养、漂流、滑沙、汽车摩托车自行车拉力赛等。

锡林郭勒盟景点示意图

公路

经过锡林浩特市的国道主要有三条：207、208、303。锡林浩特长途汽车站已开通开往赤峰、呼和浩特等省内班线和到达北京等地的省际班线。

游在锡林郭勒

锡林郭勒大草原
★★★★★

这里才是真正的大草原，一望无际，而且草原类型多种多样，有草甸草原、荒漠草原、沙地草场等，是我国最具代表性和典型性的温带草原。当然也是骑马驰骋草原、体验游牧民族风情的最佳场所，是骑自行车、摩托车或驾四轮驱动车越野旅游的首选之地。

从北京前来的路线

北京六里桥客运站每天9:00和18:00有车发往锡林浩特长途汽车站，全程约8.5小时，票价180～240元。也可以先从北京乘火车到赤峰，然后转乘中巴前往，汽车车程约6小时，一路上既可以看到达里诺尔湖，又能欣赏草原风光，算得上是绝妙的体验。

乌珠穆沁草原、蒙古汗城
★★★★★

锡林郭勒草原的典型代表，草原风貌保存完整，是唯一一个汇集内蒙古九大类型草原的地区，号称中国北方草原最华丽、最壮美的地段，素有"天堂草原"之美称。而且这里还是内蒙古自治区蒙古族文化习俗保存最完整的地区，又是北方游牧民族的主要繁盛福地，素以"摔跤健将摇篮、蒙古长调之乡、民族服饰之都、游牧文化之源"而著称。

蒙古汗城就坐落于西乌珠穆沁草原腹地，主要以蒙古民族文化观光、休闲娱乐和草原观光为主。整体布局是以成吉思汗登基大典的汗城为蓝本进行修建的。漫步在蒙古汗城，拥着蓝天白云，携着绿色和风，人们可以领略恬静、秀美的草原景色，可以参与骑马、乘驼、坐勒勒车、射箭、草原高尔夫球等娱乐活动，还可感受淳朴的民俗风情。

🚌 从西乌旗市内打车前往

👁 2～3小时

乌拉盖草原
★★★★

世界上保存最完好的天然草原，是电影《狼图腾》的拍摄地。来到这片广袤神奇的天边草原，除了欣赏原生态的丘陵草原之美，一定要沿着"苍狼之路"登上可汗山，去看看蒙元帝王群雕。矗立在山顶的雕像雕刻的是蒙古民族最具代表性的人物——元太祖成吉思汗和元世祖忽必烈，雕刻得栩栩如生，十分有观赏价值。

🕐 全天

📍 锡林郭勒盟东北部（乌拉盖管理区委员会位于巴音胡硕镇）

👁 1天

贝子庙　★★★

贝子庙为内蒙古四大名庙之一，香火鼎盛期长达百年之久。因建了贝子庙，茫茫一片的草原上才有了锡林浩特由小镇到城市的发展变化。

💰 20元

🕐 8:00—18:00

👁 0.5～1小时

元上都遗址　★★★★★

这里是令正蓝旗声名远扬的古城遗址，于2012年6月底申遗成功。它位于正蓝旗敦达浩特镇东约20千米处，现可见其外城与内城的残垣及城中宫殿遗址，当年的大青砖、拴马桩依然存在。

每年的6—8月，是草原上最美的时节，也是牧民们举办那达慕的好时节。清晨6点，祭敖包仪式就是在元上都遗址附近举行的。

🚌 从多伦乘私人面的出租车，但一般要凑齐人才出发

👁 2小时

平顶山火山群 ★★★★

位于锡张公路 20 余千米处，是一处由火山喷发而形成的独特的奇观。从公路上边行边看，这些山顶无一例外都如桌面一般平，若是到近处观看，会发现山上布满了火山喷发时留下的凝灰岩块。

在平顶山观日出日落，景色殊佳。尤其是日落之时，山色在夕阳的映衬下，呈现或浓或淡的红色，如梦幻一般。

- 免费
- 2 小时

多伦湖 ★★★

多伦湖像一块镶嵌在高山和草原中间的翡翠，山、湖、草原相映成趣，自然景观丰富多彩，四季气温变化分明，有"塞北小江南"的美誉。沙、水、草依依相融，有一种恍然来到了海滩的感觉。

- 40 元
- 8:30—18:00
- 锡林郭勒盟多伦县城东南 15 千米
- 3 ~ 4 小时

二连浩特市 ★★★

为中蒙边境的袖珍口岸城市，可参观国门及界碑，并可办理出境游手续。城东北约 9 千米处的斑斓湖虽然现在已是一派荒漠草原的景象，野生动物也不过百灵、野兔之类，但在远古中生代白垩纪，这里曾有恐龙出没，至今为止，已发现了大量恐龙、鳄鱼的化石。

- 锡林浩特有直达二连浩特的长途汽车，可乘车前往

吃喝锡林郭勒

锡林浩特市的餐饮特色仍以蒙古风味为主，烤全羊、手扒肉、涮羊肉、奶茶是每一个草原游客的必尝美味。

住在锡林郭勒

锡林浩特市内住宿条件较好，有多家宾馆、招待所可供选择。游元上都古城遗址可住在正蓝旗敦达浩特镇里的金莲川宾馆或蓝邮宾馆。也可住在附近的忽必烈夏宫，每个蒙古包可住 3 ~ 5 人。

最适合观鸟地

2008 年《中国国家地理》杂志在讲述"大北京"观鸟地时，专门对鲜有人知的浑善达克沙地做了介绍。它是我国十大沙漠之一，这里有不少灌木沙生植物，不少湿地中经常有鸟类出没的痕迹，整体生态保护不错。想要到此，可从多伦县城包车前往。

赤峰

赤峰快速攻略

Day1 赤峰→将军泡子→乌兰布统大草原→赤峰
Day2 赤峰→贡格尔草原→达里诺尔湖→赤峰
Day3 赤峰→勃隆克沙漠→玉龙沙湖→赤峰

来草原的衣食准备

草原 11 月气温会达到零摄氏度左右，如果这时候前往，一定要注意防寒。同时带上高倍望远镜以便观鸟时使用，湖边的观鸟台也可凭引景免费使用望远镜。自备一些食品和饮用水，以备途中不能及时就餐时食用。

感受赤峰

赤峰因市区东北有一座红色的山峰而得名。赤峰曾是辽国的发祥地，现在这里还可以见到辽上京、辽中京、辽祖陵等遗址。

除了丰富的历史古迹之外，赤峰市的自然风光也堪称一绝。克什克腾旗的贡格尔草原是距离北京最近的草原；草原旁边的达里诺尔湖，是内蒙古著名的内陆湖泊；勃隆克沙漠景区集草原、湖泊、沙漠景观于一体；此外，还有冰石林、冰石白等罕见的地质奇观。

准备与咨询
气候与游季

这里处于暖温带向寒带的过渡地区，冬季寒冷干燥，夏季温暖多雨。日照较强，到这里旅游的人一定要准备一些防晒用品。

行在赤峰
飞机

赤峰机场距市中心区 14 千米。机场有到北京、呼和浩特等地的航班。

铁路

京通铁路横贯东西，集（宁）通（辽）铁路连接内蒙古东部。赤峰站位于市区南部、昭乌达路的最南端，从赤峰至北京、呼和浩特、沈阳、大连、锦州、承德都有列车直达。

公路

锡林浩特—北京的公路经过赤峰，市区有多条通往各旗县区的公路，国道 111、303 连接大部分旗县。赤峰至北京、天津、秦皇岛、石家庄、沈阳、唐山、锦州、朝阳均有直达车。

赤峰长途汽车站
- 位于松山区铁路桥附近
- 0476-8427555

游在赤峰
贡格尔草原 ★★★★

贡格尔草原是离北京最近的草原。这里植物种类繁多，被人们称为"自然花园"，7—8 月是旅游观光、避暑、摄影创作的最佳时期。

乘汽车从北京出发走锡张公路可到；或者乘火车从北京北站出发至赤峰站，然后转乘到克什克腾旗的长途汽车可达；也可走承德围场到坝上，再到贡格尔的线路

2～3 小时

达里诺尔湖 ★★★★

位于贡格尔草原西南部，是内蒙古四大内陆湖之一，与鄱阳湖和巴音布鲁克湖并列为中国三大天鹅湖。达里诺尔意为"像大海一样宽阔美丽的湖"，湖四周绿草如茵。湖区还盛产鲫鱼和当地俗称的滑仔鱼（瓦氏雅罗鱼），以肉鲜味美而闻名。

南岸 120 元；北岸 90 元。湖边骑马约 40 元 / 小时

乘汽车从北京出发走锡张公路可到；或者乘火车从北京北站出发至赤峰站，然后转乘长途汽车，约 5 小时可到达里诺尔；也可从赤峰乘长途汽车到克旗，在克旗汽车站周围包车前往达里诺尔

4～5 小时

达里诺尔湖自驾游

自驾车全程往返约 1400 千米，建议走北京→赤峰→克旗→达里诺尔的线路。路况良好，普通轿车没有问题，仅从湖的北岸前往南岸时有一段砂石路，通过需 1 个多小时。

乌兰布统大草原 ★★★★

因康熙皇帝大战噶尔丹而闻名于世。这里天地辽阔，山峰连绵，茂密的森林与草原，构成了一幅旖旎的风光图。《还珠格格》《康熙王朝》《三国演义》等多部影视大片来此取景拍摄，素有"草原电影城"的美誉。

120 元

从赤峰汽车站乘车到克旗经棚镇，再乘坐班车前往景区；也可从赤峰直接坐到乌兰布统的班车，只有 9:00 一趟车

1～2 天

玉龙沙湖旅游度假区 ★★★★

董声海内外的"中华第一龙"就在此处出土。玉龙沙湖最具特色的是沙漠、沙湖和沙松，有"八百里瀚海"之称。一望无际的大沙漠边缘，平地耸立起一座石山，山上怪石千姿百态。沙漠旁的黄花山、大黑山上，也有许多奇峰怪石。

80 元

8:30—17:30

赤峰市中部，距市区北 105 千米处

0.5～1 天

达里诺尔湖

将军泡子 ★★★

　　这里水面开阔，四面环山，是拍摄晚霞的最佳地点。每天下午六点多，会有一大群马飞奔到湖边来喝水，群马入水，溅起的水花非常漂亮。夜幕降临，在泡子边的蒙古包里住一晚，围在篝火旁，欣赏抑扬悲壮的蒙古长调，又是一番情怀。

- 60 元
- 赤峰市克什克腾旗
- 到达乌兰布统后可以选择自驾或者包车前往
- 4 小时

☀ **自驾线路：** 游赤峰有两条经典的自驾线路——达达线和热阿线。达达线起源于美丽的达里湖，终点是阿斯哈图石林，跨过魅力无边的贡格尔草原，穿过白音敖包的沙地云杉，一路上有湛蓝的天空、触手可及的云朵、漫山遍野的牛羊，景色非常优美。热阿线起点为热水塘镇，终点为阿斯哈图，经过黄岗梁森林公园，景致要比一般草原更加多样，林场、牧区、草原，其景色就像油画一般美丽。

☀ **旅游区住宿**

　　各旅游区内有各种档次的客房或蒙古包可以住宿。

阿斯哈图石林 ★★★★

　　独特的地理位置加之大自然的鬼斧神工，把这里雕刻得像一幅优美的画卷。克什克腾石阵是目前世界上独有的一种奇特地貌景观。目前主要由草原石林、草原天柱、草原鲲鹏、草原石城和草原石堡五个景区组成。在第四纪冰期的精雕细琢及岩浆活动、冰盖卸载、气候变迁、风蚀作用、人类活动等诸多因素的共同影响下，形成了今天我们所见到的石阵。

- 160 元
- 8:00—17:30（7—10 月）
  8:00—17:00（11 月—次年 6 月）
- 赤峰市克什克腾旗北部
- 从赤峰乘长途车或中巴到林西县，转乘中巴去天合园乡，再雇乘当地的农用三轮车可达。也可在赤峰租吉普车前往
- 2 ～ 3 小时

吃喝赤峰

　　赤峰的饮食特点仍以内蒙古草原风味为主，大街上有很多卖风味小吃的摊点，多以烤制的面食为主，具有酥脆香甜的特点，如哈达火烧、对夹（一种肉饼夹）等。此外，就是在内蒙古各地都可见到的手扒肉、烤全羊和各种各样的奶制品。

赤峰的土特产　达里名鱼、宁城老窖酒、巴林鸡血石、林西水晶、长城挂毯、青铜制品等。

广利对夹　精肉对夹、五花肉对夹都很好吃，价格也比较公道。赤峰对夹在内蒙古很出名，外酥里嫩，肉熏得香而不腻，咬一口就忘不掉。

- ¥ 人均 14 元
- 三道街长脖店胡同南口对面

购物赤峰

　　旅游区备有各种民族日用纪念品、珍宝奇石、名人字画、仿古瓷器以及赤峰特产等。

住在赤峰

　　赤峰市内有多处宾馆、招待所，住宿方便。

大青沟自然保护区
★★★★

　　奇特之处在于景区内地貌的多样性，包括森林、草原、沙漠、湖泊以及河流。其中的皮艇漂流、骑马等项目很有意思。

- 门票 50 元；漂流 20 元/2 小时；划船 10 元/小时；骑马每人 45 元/小时
- 大青沟位于通辽市，从通辽甘旗卡镇乘发往大青沟的车，车程 1.5 小时
- 1 天

☀ **1.最佳游季：** 大青沟旅游的最佳季节是 10 月，那时景区内红叶似火，色彩绚烂。

　　2.住宿： 可从大青沟乘面包车到小青湖畔借宿，店家还可以免费提供游泳、垂钓及手划船工具。

呼伦贝尔

呼伦贝尔快速攻略

方案一

Day1　海拉尔森林公园→世界反法西斯战争海拉尔纪念园

Day2　海拉尔→呼和诺尔→呼伦湖→满洲里

Day3　满洲里→海拉尔→金帐汗部落

方案二

Day1　海拉尔→莫尔道嘎

Day2　莫尔道嘎森林公园→室韦俄罗斯民族乡（住宿）

Day3　室韦俄罗斯民族乡→海拉尔

方案三

Day1　海拉尔→满归（观赏极光）

Day2　满归→根河（游览根河湿地）→海拉尔

方案四

Day1　海拉尔→扎兰屯→吊桥公园→月亮小镇

感受呼伦贝尔

　　冬天冰雪覆盖的呼伦贝尔极为寒冷，1月份的气温在-29～-22℃，也许正是严酷的气候造就了这片土地上的草原民族的剽悍。女真、鲜卑、蒙古族都是从这里出发，向南、向西进军并拓展了大片疆土。

　　海拉尔、满洲里、牙克石、扎兰屯是呼伦贝尔草原上的四个小城区，主要草原旅游点分布在陈巴尔虎旗、鄂伦春自治旗、

🔅 交通提示

　　1. 飞机：从机场到市区乘坐出租车，切记要求司机使用计价器，一般20元可到市区。

　　2. 在北京站可乘坐K1303到海拉尔站，22:53发车，后天4:48到达，全程约30小时，票价229元。

🔅 当地节日

　　那达慕的项目只有赛马、摔跤和射箭3种，是草原上喜庆丰收的盛大节日，举行的时间也大都在牧草繁茂、牛羊肥壮的七八月间。

🔅 旅游注意事项

　　1. 呼伦贝尔冬季气温较低，要注意保暖。太阳镜、冻疮膏是必备品，另外一双保暖性能好、摩擦力大的雪地鞋也不能少。

　　2. 冬季在室外拍照，相机应装在皮套内，注意保温以防因寒冷失灵。进入室内2小时后再打开放在皮套里的相机，这样便不会泛水珠。

　　3. 在草原不要离参照物（如公路、蒙古包等）过远，以免迷失方向。因此，带上指南针十分必要。

　　4. 7月份以后草原上蚊子较多，带些驱蚊水（当地有售），最好别穿凉鞋以免被蚊虫叮咬。

　　5. 带上折叠伞，晴雨两用最好。

　　6. 到呼伦贝尔旅游，一定要充分了解当地的风土民俗。要做到入乡随俗，以免引起不必要的麻烦。

呼伦贝尔市景点示意图

新巴尔虎右旗—满洲里　131千米
满洲里—海拉尔　193千米
海拉尔—牙克石　84千米
牙克石—扎兰屯　318千米

感受呼伦贝尔

新巴尔虎旗和满洲里市。其中海拉尔为呼伦贝尔市政府所在地，是政治、经济中心，也是呼伦草原交通的枢纽；扎兰屯市因风景格外秀美，被誉为"塞外苏杭"。

准备与咨询

气候与游季

呼伦贝尔地处我国东北边陲，岭东区为季风气候区，岭西区为大陆气候区。年平均气温 −5 ～ 2℃，一年内有 7 个月气温在 0℃以下。这里的一年四季划分与内地不同：每年 4—5 月为春季，6—8 月为夏季，9—10 月为秋季，11 月至翌年 3 月为冬季，降雨多集中在 7—8 月。

行在呼伦贝尔

飞机

7—9 月旅游旺季时，每天都有 7—8 班海拉尔到北京的往返航班，约 3 小时可达；上海至海拉尔航线，约 4 小时可达；海拉尔至呼和浩特航线，约 4.5 小时可达；通往其他城市的航班在旅游旺季时有不定期的加班。冬季的航班相对较少。

航班咨询 ☎ 0471-96777

铁路

海拉尔境内有滨洲铁路通过。北京、哈尔滨、呼和浩特、包头都有火车到海拉尔，从北京到满洲里的火车也经过海拉尔。

铁路问讯 ☎ 0470-2221322

公路

呼伦贝尔市公路交通已形成了以海拉尔、那吉镇为枢纽，以国道 111 线（北京—加格达奇）、国道 301 线（绥芬河—满洲里），以及省道（黑河—黑山头、拉布大林—阿木古郎、满洲里—阿拉坦额莫勒）等干线公路为骨架，以县乡、边防、专用公路为脉络的公路交通网。

游在呼伦贝尔

呼伦贝尔大草原 ★★★★★ 🎒🎋🎯

呼伦贝尔大草原是我国现存最丰美的优良牧场，几乎没有受到任何污染，因此又有"最纯净的草原"之说，也是世界最著名的三大草原之一。可以在草原上骑马、骑骆驼，观看摔跤、赛马，吃草原风味"全羊宴"，晚上的篝火晚会，更能让你尽情体验游牧民族的独特风情。

💰 18 元
🚌 从海拉尔乘旅游车前往
👁 1 ～ 2 天

💡 **最佳游季：** 最好在 7 月初去，可以参观著名的那达慕活动，丰富多彩，大开眼界。但是注意，那达慕活动每年并不定期，去之前最好咨询清楚时间。

💡 **海拉尔的公交车**

海拉尔的公交车收得较早，19:00 左右就没了，公交车费 1 元。出租车起步价 6 元 /2 千米，以后每千米 2 元，讲好价再上车。

💡 **别乘长途客车**

乘坐长途客车固然经济便捷，但只能在车上隔着玻璃窗户走马观花，无法下车亲身体验大草原的壮阔，更无法与草原上的游牧民亲密接触。所以，最好还是包车、自驾车游草原。

💡 **蒙古族的风俗习惯**

1. 爱畜：乘汽车在草原上游览或到牧民家做客，应避开畜群，否则牲畜受惊急跑会掉膘。在草原遇见畜群，汽车与行人要绕道走，不要从畜群中穿过，不然会被认为是对畜主的不尊重。

2. 做客：乘汽车到牧民家做客要看蒙古包附近是否拴着马，不要贸然驶入，免得马受惊挣断缰绳跑失。如果想要方便，记住去蒙古包南方较远的地方，不要到蒙古包的东、西侧，这个方向有羊圈，更不要到北侧，因为气味会随风刮入蒙古包里。

3. 敬酒：主人通常将美酒斟在银碗、金杯或牛角杯中，托在长长的哈达之上，唱起动人的蒙古族传统的敬酒歌。不过不会喝酒也不要勉强，可沾唇示意，表示接受了主人纯洁的情谊。

呼伦贝尔大草原

呼和诺尔草原 ★★★★★ 🌐⭐

在呼伦贝尔陈巴尔虎旗，距海拉尔约45千米，是呼伦贝尔草原的一部分，也是当地最具代表性的草原民俗旅游点。

呼和诺尔湖景色颇佳，湖面四周绿草如茵，湖水清澈洁净。在草原上，可住在蒙古包中，真正体味一下蒙古民族特有的风情。

💰 30元

🚌 海拉尔区有发往呼和诺尔草原的旅游车，约1小时车程；包车50元往返，可叫司机带你到想去的地方（旅游点或沿路牧群）

👁 3～4小时

💡 **包车**：在海拉尔包车一般分两种：按照天数，一般每天400～500元，包括租费、油费和可能的养路费、过桥费等；根据线路不同包车，比如从海拉尔去陈巴尔虎旗看邵达慕大会100元左右，从满洲里去呼伦湖包车往返200元左右等。

金帐汗旅游部落 ★★★ 🌐

12世纪末至13世纪初，一代天骄成吉思汗曾在这里秣马厉兵，与各部落争雄，最终占领了呼伦贝尔草原。金帐汗部落景点的布局，就是当年成吉思汗行帐的缩影和再现。目前景区内有篝火晚会、套马驯马表演、蒙古式搏克、角力擂台赛、祭敖包、萨满宗教文化表演等观光节目，是呼伦贝尔境内唯一以游牧部落为景观的旅游景点。

💰 20元

🚌 可乘去往拉布大林方向的班车，在金帐汗下车，下车再向西走800米左右即到

👁 0.5～1天

呼伦湖国家级自然保护区 ★★★★★ 🌐❌🌐

位于呼伦贝尔大草原，是内蒙古最大的湖泊，也是中国五大淡水湖之一。呼伦湖是鸟类和鱼类的天堂，有200多种珍稀鸟类，盛产多种鱼类。

💰 20元

🚌 从满洲里市内的边贸市场门口有车到呼伦湖；也可租车去，来回费100元左右，好处在于时间相对自由，而且可以从司机那儿打听到一些当地的名吃、名景和风土人情

👁 4～5小时

💡 **全鱼宴**：在湖边达赉饭店有全鱼宴，产自呼伦湖的鱼，是难得一尝的美味，共有120种鱼菜可供挑选。

额尔古纳 ★★★ 🌐

额尔古纳为蒙古语，意为"捧呈、奉献"。当海拉尔从大兴安岭发源，流至呼伦贝尔草原西部扎赉诺尔北阿巴该图附近时，突然转向东北流去，河流弯曲形成165°角，犹如人捧呈递献东西之状，故从此处改河名为额尔古纳河，额尔古纳市也是因此而得名。境内的额尔古纳河为中俄界河。这里还有中国最大、原始状态保持最完好的额尔古纳湿地。

室韦俄罗斯民族乡 ★★★ 🌐🌐

室韦位于呼伦贝尔额尔古纳市境内，是我国唯一的俄罗斯民族乡。2006年曾被评为全国十大魅力小镇之一，风景优美，中俄界河额尔古纳河从它身边流过。室韦居民仍保留着完好的俄罗斯文化和生活习俗。"列巴""野果酱""格格列大""格斜立"是他们自制的风味小吃。住的是俄罗斯民族典型的住房——全部用圆木对接而成的"木刻楞"。

🚌 从海拉尔汽车站乘坐发往额尔古纳（当地通常只说拉布达林）的班车，在额尔古纳有到室韦的班车，每天一班，9:30发车。莫尔道嘎有到室韦的班车，15:00发车，车程约2小时，票价30元。从海拉尔包车到室韦大约4小时车程，沿途风光无限

莫尔道嘎森林公园 ★★★ 🌐⚠

南有西双版纳，北有莫尔道嘎。这里可以看到最具寒温带特色的原始针叶林景观。公园里到处充斥着原始森林的幽、野、秀、新，熊谷内时常有棕熊、野猪出没，所以如果没有司机或是向导，最好不要往深山里去。

💰 160元

📍 额尔古纳市莫尔道嘎镇

🚌 海拉尔区乘汽车至莫尔道嘎镇，转乘汽车直达景区

👁 5小时

💡 **1. 开防火证**：秋季自驾到莫尔道嘎一定要开防火证，否则路上会被罚款。

2. 有熊出没：深山里经常有凶猛野兽出没，遇上棕熊亦有可能，到深山里一定要跟着司机或有经验的向导。

海拉尔国家森林公园
★★★ 🚻🛍

位于海拉尔区西山上，在清代就被列入呼伦贝尔八景之一，因沙埠古松而闻名。园区内有海拉尔展馆、植物园、动物园等景点。南园内有北方草原细石器时代文化遗址，对研究中国古人类社会形态极具参考价值。

🎫 30 元

🕐 7:00—17:00

👁 3 ～ 4 小时

根河　★★★★　🛍🚻

根河的蒙语为"葛根高勒"，意为"清澈透明的河"，去根河的最主要原因是这里有敖鲁古雅。它是鄂温克族最远也是最神秘的一个支系居住的地方，当地人每人都有一个俄罗斯名字，小小的乡里拥有自己的博物馆、学校、文化站和小商店，非常有生活气息。

🎫 根河湿地 65 元；敖鲁古雅免费

🧭 位于敖鲁古雅河畔，额尔古纳市拉布大林镇

🚌 海拉尔有火车、汽车开往根河市，然后从根河市包车前往即可

👁 2 ～ 3 小时

满归　★★★★　🚻🛍

根河市最北的城镇，被誉为"中国第二北极村"。每年夏至后的 10 天左右，会出现"白昼"和"一线天"的极美景观；冬至时，也会偶尔出现极光现象。这里还是中国的冷极，据说最冷时可达到零下 50℃。

🧭 根河市满归镇

🚌 从根河乘坐 4181 次列车可到满归

扎兰屯　★★★★　🛍🚻

扎兰屯市位于呼伦贝尔东部，是内蒙古唯一的国家级风景名胜区，中国优秀旅游城市。"扎兰"在满语是"参领"的意思，是一个清代武官名。这里山清水秀，四季分明，江南之景随处可见。滨洲铁路贯穿南北，国道 111 线、省际大通道均在境内穿过，民航有扎兰屯成吉思汗机场。

吊桥公园　★★★　🚻🛍

吊桥公园占地 68 公顷，是国家 AAAA 级景区，修建于中东铁路通车不久的 1905 年，是扎兰屯市地标式建筑，也是目前世界上仅有的两座百年以上的吊桥之一。

🎫 免费

🧭 呼伦贝尔扎兰屯吊桥路 1 号

👁 1 ～ 2 小时

月亮小镇·柴河
★★★★ 🛍🚻

主打的是世界罕见的高山天池群景观，景区遍布火山活动遗迹和原始森林，7 座海拔在千米以上的高山天池，与天上的北斗七星相对应。圆圆的月亮天池与心状的同心天池相对应，真可谓天地相映，心月相伴。

🎫 100 元

🚌 可在客运站乘长途客车赴柴河

👁 0.5 ～ 1 天

💡 哈拉尔火车小镇

透过崭新又古老的绿皮，有一种情愫在滋生，或是眷恋，或者怀念旧时，我们躺在单调的卧铺上看书，看人，看风景，蓝天白云下，和绿皮火车来一场别样青旅。

满洲里　★★★★

满洲里西临蒙古国，北接俄罗斯，是全国最大的陆路口岸城市，也是中国边疆的重要城市。三国文化的交融让这里有着浓浓的异域风情。

✈ 北京、上海、大连、广州等城市都有直达满洲里的航班；海拉尔站有火车直达满洲里，全程约 2 小时；海拉尔客运站有客车到满洲里，全程约 3 小时

👁 1 ～ 2 天

💡 在满洲里的吃、住、行

1. 为了安全起见，可以在市中心几家较大的宾馆住宿。

2. 满洲里市不是很大，从火车站到市中心无须叫出租车，步行一刻钟便可到达。

3. 满洲里的街道是四通八达的直路，呈井字形，而且市场都很集中，但一到晚上行人非常稀少，所以要记住自己所走过的道路特征。

4. 在满洲里吃饭时一定要先问价格。满洲里的韩食非常正宗，至少也要试一下冷面。

二连浩特市国门景区
国门与俄罗斯国门相对而立，登上附近的塔楼可以看到对面俄罗斯风景。这座三国交界的城市曾经见证了共产党的光辉历史，因此红色旅游展厅和中共六大展览馆也是要参观的。

🎫 50 元

🕐 8:30—17:00

👁 0.5 ～ 1 小时

扎兰屯百年吊桥

套娃景区 套娃景区是满洲里的标志性旅游景点，每个人都会被那座可爱的套娃大楼吸引。在俄罗斯民俗体验馆可以看到俄罗斯骑行漫游、套娃换装、魔幻穿衣等俄罗斯表演。在俄罗斯大马戏演艺剧场能看到马术、空中飞人等高难度节目。

- 💰 248 元
- 🕐 9:00—17:00
- 👁 2～3 小时

一句话景点推荐

世界反法西斯战争海拉尔纪念园 日本关东军为进攻苏联而在中国东北境内设立的最大的一处军事工事，地下工事距地面 12～17 米。

- 💰 50 元
- 🕐 8:30—17:30
- 🚌 临近铁收审（公交站）
- 👁 2 小时

红花尔基樟子松国家森林公园 亚洲最大、全国唯一的沙地樟子松林区，在这里可以享受欧式木屋度假、原始的森林景色，体验敬酒献哈达、品奶酒等草原特有的活动。

- 💰 60 元
- 🕐 8:30—18:30
- 📍 呼伦贝尔市鄂温克族自治旗南端
- 🚌 海拉尔乘长途汽车可以直达景区
- 👁 4～5 小时

白桦林景区 距离额尔古纳 40 千米的白桦林据说是中国最美的白桦林。被誉为"纯情树"的白桦树笔挺的枝干仿佛高耸入云。白桦树高挺、亮丽、圣洁，吸引了大批游客及摄影爱好者。

- 💰 60 元（门票＋观光车）
- 🚌 从额尔古纳市包车或者自驾前往
- 👁 2～3 小时

奇乾 只有 8 户人家的小村落，有清亮的河流、碧绿的草地、散步的牛羊和宁静的小木屋，耳畔传来手风琴的动人音乐，构成了一个童话般的世界。

- 🚌 从莫尔道嘎包车前往，往返 500 元左右

黑山头 黑山头镇是一个以华俄后裔与俄罗斯族为主体，汉族占多数的多民族居住区。镇北 10 千米处有黑山头古城遗址，一说由成吉思汗四弟铁木哥斡赤斤所建，一说是金古都，由尼伦部扎木合所建。

- 💰 免费
- 🕐 全天
- 📍 呼伦贝尔市额尔古纳市黑山头镇西北约 10 千米处
- 👁 0.5～1 天

吃喝呼伦贝尔

　　海拉尔的菜点不仅味道鲜美，而且价格合理。

　　呼伦贝尔大草原所产的无污染的羊，肉质鲜美，中外驰名，因此到这里不可不尝与羊有关的美食。如果人多，可以品尝"整羊席"，先不论味道如何，只这份气势就不是平日得见的。若人少，不妨要一条烤羊腿。

💡 **整羊席**

整羊席是呼伦贝尔地区款待贵宾和盛大节日宴会上的

吃喝呼伦贝尔

名菜，色、香、味、形俱佳，一般选用2年左右肥羯羊整只做成。整羊席吃法是很有讲究的，上席时整羊平卧于一大木盘中，羊脖上系一红绸带以示隆重。端上餐桌让宾客观看后回厨房改刀，按羊结构顺序摆好，主人先用刀将羊头皮划成几小块，首先献给席上最尊贵的客人或长者，然后将羊头整取走。再把羊的背宽整地割下来，在羊背上划一刀再从两边割下一块一块的肉逐个送给客人，最后请客人用刀简便把肉吃，吃时可蘸调味汁。整羊席上，还可适量安排凉盘、热菜等。

风味美食
推荐食处

草原饭店　虽然店面装修一般，但在当地算是一个很有名气的饭店，喜欢草原风味涮羊肉的人，一定要来，店如其名，涮羊肉味道鲜美正宗，蘸料和小菜都免费。吃完了涮羊肉，再来杯奶茶解解腻，那滋味，值得回味。

- ◎ 满洲里五道街
- ☎ 0470-6229266

呼伦湖酒店　来呼伦湖观光可以来这家餐馆饕餮一番，这里提供白鱼等多种鱼宴，都是呼伦湖所产。吃着呼伦湖特产的美味，你会更理解"秀色可餐"的感受。

- ◎ 中央街青泉公园院内
- ☎ 0470-6525777

购物呼伦贝尔
推荐购物

蒙古碗　用桦树根挖制而成，碗面用银片包镶，既具民族特色，又有实用价值。

结盟杯　用牛角制成的酒具，兼具装饰和实用两种功能。

蒙古刀　用优质钢打制，很锋利，刀柄和刀鞘则带有民族特色的装饰物，以骆驼骨制得最为特别。

桦树皮制品　不仅图案精致，具有浓郁的民族特色，且有很强的实用性。以桦皮箱、桦皮盒、桶以及碗、盆等日常生活用品为主。

💡 **俄罗斯商品**

　　在海拉尔的俄罗斯商城有很多俄罗斯商品出售，以服装、鞋帽、厨具、工艺品为主，可以去感受一下异国风情。

住在呼伦贝尔

　　呼伦贝尔市中心地区的中央大街上集中了许多中高档的宾馆；在一些小规模的旅店里，价钱会更便宜，而且这里交通便利，不失为理想的下榻之处。到较远的景区可就近住在当地的宾馆或招待所。

阿拉善

阿拉善快速攻略
方案一

Day1　阿拉善博物馆→腾格里沙漠→天鹅湖（可露营、住帐篷）

Day2　天鹅湖→月亮湖→通湖草原

Day3　通湖草原→南寺→北寺→阿拉善盟

方案二

Day1　阿拉善盟→曼德拉山岩画→巴丹吉林沙漠

Day2　巴丹吉林沙漠→黑城遗址→怪树林→额济纳旗

Day3　额济纳旗→胡杨林景区→八道桥→神树→居延海

感受阿拉善

沙漠风光　阿拉善盟境内有大量沙漠，到这里旅游第一感觉就是进了沙的世界，特别是风力较大时，觉得自己像浮尘一样。尽管如此，风景极佳的阿拉善还是会让人流连忘返，特别是大漠风光带来的视觉享受与恶劣的自然条件所形成的强烈对比，会给游客留下很深刻的印象。

准备与咨询

语言

阿拉善盟共有蒙古、汉、回等17个民族，但是汉语流行程度很高，除了偏远的牧区，语言不会成为旅行中的障碍。

气候与游季

阿拉善属于典型的温带大陆性气候，风大沙多，干旱少雨，日照充足。最佳游季是每年的春天和秋天，有金秋十月胡杨节、"驼乡"那达慕节、乌海葡萄节等节庆。

行在阿拉善

铁路

阿拉善境内有额济纳旗火车站，每日有列车开往呼和浩特。

公路

公路客运是进出阿拉善的主要交通工具，酒泉火车站每日8:30、11:00有开往额济纳旗的班车，约6小时到额旗；银川火车站有汽车去阿拉善左旗，阿拉善左旗每日8:00—9:00有三班车开往额济纳旗，约9小时到额旗。

巴彦浩特汽车站时刻表

起止	时间	票价
巴音—银川	6:20—18:05（半小时一班）	26元
巴音—兰州	每周一、周三17:00	86元
巴音—右旗	单日7:10（北线），双日8:00（南线）	88.5元
巴音—额旗	每日7:00、8:00	79.5元

游在阿拉善

阿拉善博物馆　★★★　🏛️🌐

原为阿拉善亲王府，始建于1732年，为阿拉善历代亲王的官署和居住地。王府经历代修建，整个建筑群具有典型的清代风格，有"小北京"之称。

🎫 免费

🕐 9:30—17:30

📍 位于巴彦浩特镇西北角，紧挨延福寺

👁️ 1～2小时

腾格里沙漠　★★★★★　🌐👁️

我国第四大沙漠，腾格里蒙语意为"天"。沙漠内有大小湖盆400多个，湖泊190多个。位于沙漠腹地的天鹅湖与相距35千米左右的月亮湖，一大一小，是腾格里最出众的一对"姐妹花"。

📍 阿拉善盟左旗西南部，与巴丹吉林、乌兰布和、亚玛雷克沙漠共同构成了阿拉善沙漠

👁️ 3～4小时

月亮湖　★★★★　🌐👁️⚠️

位于腾格里沙漠谷底，是我国离城市最近的沙漠探险营地，在这里可以体验到沙海冲浪、徒步穿越沙漠、沙漠游泳等别具魅力的活动。月亮湖的形状酷似中国地图，湖水富含多种矿物质，据说具有天然的药浴功效。这里长达千米，宽几百米的天然黑沙滩，泥疗效果不错。

🎫 100元

🚌 乘火车到乌海火车站，再转乘乌海到阿拉善的汽车，去景区最好包车

👁️ 3～4小时

天鹅湖 ★★★★ 🏊🎭🎿

位于阿拉善左旗通古淖尔苏西南 12 千米处，湖水面积 3.2 平方千米。四周是浩瀚的沙漠，沙丘起伏，沙涛滚滚，景象颇为壮观。每年 3、4 月和 9、10 月有大批候鸟在此停留，包括白天鹅、野鸭等。

💴 门票 35 元，包含其他项目的套票 50 ~ 250 元

🚌 最好包车跟向导前往

🚗 沿达来呼布镇到策克口岸的公路行驶即可

👁 3 ~ 4 小时

广宗寺（南寺）★★★ 🛕

阿拉善第一大寺。藏传佛教文化加上贺兰山自然风光，浓浓的佛教气氛值得去感受一下。

💴 80 元

🚌 从市区乘旅游专线车前往；包车需 60 元左右

👁 3 ~ 5 小时

福因寺（北寺）★★★ 🏯🏃

福因寺周围丘陵起伏，松柏常青，泉色迷人。除众多自然环境外，这里还与阿拉善具有影响力的名人——阿旺丹德尔的名字紧紧联系在一起，这位名人在 82 岁时在此圆寂，如今尚存阿旺丹德尔纪念塔。

🧭 位于巴彦浩特镇东北约 25 千米

👁 1 ~ 2 小时

通湖草原 ★★★★ 🏊🎭

湖泊景区芦花摇曳，野禽嬉戏；草原景区骑马徒步，领略草原风情；沙漠景区沙丘环抱，可乘骆驼深入腹地。还有灌木林和人工绿洲，浩大的治沙工程，神奇的清溪河泉，沙海冲浪等探险项目，热情的篝火晚会……在这一个地方，就可以同时领略上述所有景观和特色活动，还要求什么呢？

🧭 位于腾格里沙漠南缘，宁夏沙坡头景区北 18 千米处

👁 4 ~ 5 小时

巴丹吉林沙漠
★★★★★ 🏊🎭🎿

总面积 4.7 万平方千米，其中西北部还有 1 万平方千米的沙漠至今没有人类的足迹。海拔高度在 1200 ~ 1700 米，沙山相对高度可达 500 多米，堪称"沙漠珠穆朗玛峰"。巴丹吉林沙漠集合了沙漠的瑰丽，以其高、陡、险峻著称于世，奇峰、鸣沙、湖泊、神泉和古庙号称巴丹吉林沙漠的"五绝"。

💴 景区免费；巴丹湖门票 65 元；巴丹吉林沙漠地质公园 220 元

🚌 由阿右旗旗府额肯呼都格镇乘当地旅行社越野车前往巴丹吉林沙漠，约 90 千米

👁 1 ~ 2 天

😊 防风、防晒

1. 沙漠昼夜温差大且天气变化无常，需备长袖衣服（以防风、保暖）。

2. 沙漠海拔高，太阳直射紫外线强，要带高倍防晒霜及遮阳帽。

😊 印德日图神泉

沙漠中的一处咸水湖，湖中心有块不足 3 平方米的磨盘状奇石，上面泉眼密布，流淌出的泉水甘甜可口，清爽十足。

西部梦幻峡谷 ★★★ 🏊🎿

这里融雅丹地貌和丹霞地貌于一体，见证了百万年来的地质演化，景观以沙漠、戈壁为主。这里的山有红、黄、灰、白等多种颜色，在夕阳映照时尤为梦幻，山体流光溢彩，如七色哈达环绕。

💴 60 元

🕗 8:00 ~ 18:00

🧭 阿拉善左旗敖伦布拉格镇阴山余脉中

🚌 建议自驾或包车前往

👁 3 ~ 4 小时

巴丹吉林沙漠

住在阿拉善

阿粮大酒店

- 阿拉善左旗南大街 1 号
- 0483-3999987

新华宾馆

- 阿拉善左旗巴彦浩特新华街 14 号
- 0483-3999988

游在额济纳旗

　　额济纳旗的胡杨景观最为有名。而电影《英雄》中张曼玉和章子怡的一场树林决战，让胡杨林出尽了风头。此外，这里还是居延文化所在区域，周围有多处西夏古迹，是我国历史上的边塞重镇，古丝绸之路的必经之地。

生命顽强的胡杨

额济纳大漠胡杨林　★★★★ 🏊📷

　　位于达来呼布镇东 20 千米，是集巴丹吉林沙漠边缘和胡杨林于一体的胡杨景观。此处的沙漠、胡杨、驼队和落日是摄影师的乐园。

- 建议包车，300 元左右 / 天
- 1 ～ 2 天

胡杨林神树　★★★★★ 📷 ❄️

　　实有 880 年树龄的胡杨树，高 23 米，主干直径 2.07 米，需 6 个人手拉手才能围起，是额济纳胡杨树之王。每到冬末春初，牧民会来到此树面前敬拜，凡到胡杨林参观的游客也都会到此一睹其壮观。

- 10 元
- 达来呼布镇北 2 千米
- 在额济纳旗县城坐车到达来呼布镇，然后租车前往
- 0.5 ～ 1 小时

怪树林　★★★★ 🏊📷

　　位于达来呼布镇南 20 千米，这里几十年前是原始森林，由于水源不足等自然原因，大面积的胡杨树木枯死，如今枯死东倒西歪，形态各异，当地人称怪树林。这里是喜欢摄影的旅行者钟爱的"寻宝"之地。

- 通票 120 元（含怪树林、黑城、大同城、红城景区）
- 位于达来呼布镇西南约 28 千米
- 可从镇区租车前往
- 1 ～ 2 小时

黑水古城　★★★★ 🏯⛰️

　　黑水古城又称黑城，早在西夏、元代就非常有名，是丝路古道上保存最完整的古城遗址，一直受到史学家和考古学家们的青睐，据说马可波罗就是沿着这条古道走进了东方天堂，众多的传说也为黑城增添了神秘色彩。远在十余里外，即可看到耸立于城墙之上的白塔，犹如仙境，神秘莫测。

💡额济纳旗的 3 条游线

　　1. 中蒙边境游：去神树、宝日敖包、居延海、策克口岸。

　　2. 观赏胡杨林：从一道桥到八道桥。

　　3. 观赏沙漠风光：去怪树林、黑城，一直到巴丹吉林沙漠。

💡最佳观赏时间和地点

　　风景最美的胡杨林位于达来呼布镇东南约 13 千米处的七道桥，这里也是拍摄胡杨的最佳地点。每年 9 月末到 10 月中旬是胡杨叶变黄变红的时间，也是观赏胡杨的最佳时机。

💡注意安全

　　沙漠旅行需要注意安全，一定要找当地熟悉地形的向导一同前往。

💡珍惜水资源

　　怪树林展现了没有水的世界是何等触目惊心，在这里，人们将明白有水生命可以存在，无水便等永远消失这个最简单的道理。因此，我们都应从自己做起，珍惜地球上的每一滴水！

💡别错过热水开放时间

　　这里的宾馆除少数标间用热水没有限制外，其余一般都有热水开放时间，不要错过。

- 位于达来呼布镇东南约 20 千米处
- 可包车前往
- 2～3 小时

1.18:00—18:45 是拍摄日落、夕阳的最佳时间。

2. 黑城和怪树林都以凄凉著称，特别是黑城，比较偏远，最好不要在该处扎营。

居延海 ★★★★

曾经波澜壮阔的居延海历经几度干涸，如今已部分恢复，不管是已恢复的湖水，还是仍旧被盐碱和黄沙覆盖的荒地，都不能不让人深思。

- 60 元；观光车 15 元
- 乘坐由达来呼布前往策克口岸的车辆即可到达
- 居延海附近的蒙古包有烤鱼卖，买

一份尝尝也不错

- 1～2 天

住在额济纳旗

达来呼布镇大约有 10 家旅馆，最好的是额济纳旗宾馆。胡杨节（10 月 3—7 日）期间住宿较贵。此外，也有平价些的招待所可以选择，如果在沙漠过夜，可以做客向导家中或在外搭帐篷。

额济纳旗丽雅商务宾馆

- 额济纳旗达来呼布镇军民东街
- 0483-6969888

聚贤庄 房间干净，各个档次的都有，价格商量余地较大。

- 居延路东，派出所对面
- 0483-6524902

兴安盟

兴安盟快速攻略

Day1 科尔沁草原→乌兰浩特市（住宿）
Day2 乌兰浩特→阿尔山国家森林公园→阿尔山市
Day3 阿尔山滑雪场→阿尔山温泉

准备与咨询

语言

兴安盟境内虽然有蒙古族、满族、朝鲜族等多个少数民族，但普通话普及率较高，语言没有太大的障碍。

气候与游季

兴安盟属温带大陆性季风气候，全盟无霜期为 95～145 天，年降水量平均 400～500 毫米。夏季和冬季来这里旅游是最明智的。

行在兴安盟

飞机

乌兰浩特机场位于市区西北 17 千米处的义勒力特镇附近，可停靠中小型飞机，目前已经开通了乌兰浩特至北京、呼和浩特、海拉尔的直飞航班。此外，阿尔山地区有阿尔山伊尔施机场，是兴安盟第二个民用机场。

铁路

兴安盟境内有白阿铁路、通霍铁路两条互不相交的铁路穿越，是连接内蒙古东部与东北、华北地区的重要纽带。乌兰浩特火车站在乌兰浩特市西，目前开通有前往北京、哈尔滨、大连、长春、白城、呼和浩特的始发列车。

火车站问讯 0482-2252322

场，主要出产科尔沁红牛、兴安细毛羊。

👁 1～2天

阿尔山滑雪场 ★★★★ 🈺

阿尔山滑雪场冬季积雪时间长达6个月，雪质好，是具有国内一流水平的高标准滑雪场。阿尔山滑雪场由比赛训练场和滑雪娱乐场两大部分组成，滑雪比赛训练场是按照国际比赛标准设计修建的，是理想的冰雪运动、比赛、训练基地。除滑雪外，场内还建有雪地摩托场地和雪上飞碟场地，是游人滑雪、戏雪、赏雪的乐园。

🎫 平日：2小时80元；4小时120元；全天150元。假日：2小时100元；4小时150元；全天180元

🕐 8:30—16:00

👁 3～5小时

阿尔山温泉 ★★★★ 🈺

位于科尔沁右翼前旗阿尔山市。每年盛夏时节，远近蒙古族人民多有自带蒙古包来此疗养者。该地群山叠翠，山泉四溢成地，共有大小温泉48眼，分南北两个泉群。南泉群皆为低温泉，主要是放射性氡泉；北泉群有低温泉、温泉、热泉、高热泉四种，主要是重碳酸钙泉。

🎫 298元；套票368元（含游泳和泳衣）

👁 0.5～1天

吃喝兴安盟

兴安盟的饮食除了富有蒙古族特色外，还深受东北地区饮食习惯影响。位于科尔沁草原腹地的蒙古族聚居区，饮食以蒙古族风味为主，肉食、乳食是日常生活中的主要食物。这里著名的美食有烤羊腿、手扒肉、奶皮子、奶酪等。居住在兴安盟的汉族、满族等其他民族受东北地区饮食习惯的影响，多以米、面食为主食，口味偏重，烧烤、蘸酱菜、炖菜等都是人们喜爱的日常美食。

兴安盟的特色风味小吃主要有蒙古馅饼、荞麦挂面、王小二大饼等。

住在兴安盟

在兴安盟旅游可以选择住在乌兰浩特市，或者各旗县的镇上。不过，该地区的观光景区普遍距离城镇较远，游客也可以选择在各风景区就近住宿。

公路

兴安盟境内有西南、东北走向的111国道和东西走向的302国道在乌兰浩特交会，加上省道0504，构成了公路旅游交通的主干。乌兰浩特市通往温泉胜地阿尔山市的省道203公路已正式通车。通海公路（通辽→海拉尔）也从乌兰浩特通过。

乌兰浩特汽车站目前开通了前往哈尔滨、长春、沈阳等地的省际客运线路及到达呼和浩特、通辽、白城等地的省内客运班车。汽车站离火车站不太远，打车5元左右即可，司机一般会要高价，需要讲价。

游在兴安盟
阿尔山国家森林公园
★★★★★ 🈺

位于内蒙古大兴安岭西南麓。这里气候独特，昼夜温差明显，具有独特的北国风光，是夏季避暑的好地方。公园内除了丰富的野生动植物资源，还有大兴安岭第一峰——特尔美山（海拔1378米），大兴安岭第一湖——达尔滨湖，火山爆发时熔岩流淌凝结成的石塘林和天池，著名的诺门罕战争工事群，鲜为人知的中蒙界河哈拉哈河，令人惊叹的无底溶洞，以及奇伟挺拔的玫瑰峰等。此外，这里的矿泉资源得天独厚，矿泉群集饮用、洗浴、治疗于一体，被称为天下奇泉。

🎫 旺季180元；淡季140元；观光车105元

🚆 每日有多列火车从乌兰浩特发往阿尔山；乌兰浩特至阿尔山市每天约5班公路大巴，车费约70元

🏨 除各类宾馆外，林场职工宿舍可提供住宿，宿舍可做饭

👁 1～2天

💡 检票：游玩时门票要随身携带，景区内每个景点都要检票。冬季公园内一部分景点会关闭。

科尔沁草原 ★★★★ 🈺

位于内蒙古自治区东部，在松辽平原的西北端，科尔沁在蒙语中意为"著名射手"。科尔沁草原历史悠久，目前尚存的名胜古迹有辽代古城、金界壕、科尔沁十旗会盟地旧址和庙宇、佛塔多座。罕山、科尔沁草原湿地自然保护区等都在科尔沁草原上。这里水力资源非常丰富，出产多种淡水鱼。此外，这里还是著名的天然牧

中南地区
华中部分

湖南—湖北—河南

湖南省

自助游：

长沙→岳阳：历史人文之旅

　　岳麓山→橘子洲→岳阳楼→洞庭湖和君山→汨罗江和屈子祠

长沙→韶山：红色革命之旅

　　长沙→韶山

湘西：自然风光与民族风情之旅

　　张家界→猛洞河→芙蓉镇→凤凰→怀化

南岳衡山：山岳风光之旅

　　南岳庙→祝融峰→藏经殿→回雁峰

武广高铁之旅

　　长沙→株洲→湘潭→岳阳→衡阳→郴州

自驾游：

探寻桃花源

　　长沙→常德→桃花源→凤凰→黄丝桥古城→吉首→德夯风景区→永顺→永顺老司城→张家界

去往绝美小城

　　岳阳→长沙→衡阳→邵阳→怀化→凤凰

长沙

长沙快速攻略

Day1 岳麓山→橘子洲→杜甫江阁→天心阁→太平街
（吃晚饭）

Day2 湖南省博物院→长沙海底世界、世界之窗

Day3 花明楼→韶山

感受长沙

湘妹子 三湘四水养育出来的女儿自然是顾盼生姿。湘妹子柔美的外表下往往有坚毅的性格，用"至刚至柔"来形容再适合不过。"湘妹子"不只是对湖南美女的称呼，也寄寓着对湖南女性成就和贡献的肯定。向警予、杨开慧、蔡畅……救国家于危亡，为革命抛洒热血；丁玲、琼瑶、残雪……亦在文坛闪耀光芒。

辣 俗话说，"四川人不怕辣，贵州人辣不怕，湖南人怕不辣"，一句话便将同样爱吃辣椒的川人和黔人比了下去，湖南人嗜食辣椒的劲头也就可想而知了。刺激舌尖的辣味配合长沙拥有的别具特色的街边小吃文化，常常能看俊男靓女不顾形象，大街上手拿着辣味的小吃，旁若无人地大嚼起来。

娱乐前沿 不得不说，长沙的名头与湖南电视台的宣传不无关系。湖南卫视的综艺节目可以说曾经引领了一种风潮，直到现在一提到长沙，大家脑子里可能都会闪过"超女""快男"等诸多代表娱乐的词语。

准备与咨询

语言

长沙话不是很好懂，尤其吵架或公车乘务员报站的时候，往往让你有云里雾里的感觉。不过当地人都能听懂普通话。

气候与游季

长沙是中国"四大火炉"城市之一。盛夏气温很高且湿气重，不适合旅游，其余季节均宜观光旅游。

春季始于2月中旬以后，春天气候多变，且多有当地人称的"透骨风"，意即能吹到骨头里去的寒风，此时外出应多穿点衣服，以防感冒。5月下旬，夏天来临，城里自然是火炉，但在山间即使三伏天也得盖被子睡觉。秋季始于9月中下旬，气温通常在15～20℃，这时秋高气爽，正是橘子洲头观红叶的好时间。11月下旬进入冬季，平均气温在5℃左右，有时会下雪。

行在长沙

进出

作为省会城市，长沙市交通十分发达。长沙与全国41座大中城市通航；长沙还处于京广线上，南来北往的列车都从此经过；长沙客运还连通了湖南省内及华东地区的部分城市。长沙的长途汽车客运也十分繁忙，是华东与华南地区的主要交通枢纽之一。

黄花国际机场售票处

机场大厅内

0731-96777

免费 Wi-Fi

在长沙市，黄花国际机场、武广长沙南站、火车站贵宾厅、岳麓山观光长廊、长沙市中心医院、长沙市第三医院、长沙市红星会展中心，都可以使用免费的 Wi-Fi。

彩瓷

在英国、日本及朝鲜等许多国家的博物馆内，陈列着烧有"天下第一""天下有名"的中国彩瓷，都出自唐代的长沙窑。

畅游全湘

武广高铁通车后，从长沙南可以通过高铁轻松抵达株洲、湘潭、岳阳、衡阳、郴州。

☀机场交通

1. 机场大巴时刻表：

机场—运达中央广场—高桥南大门—山水酒店（火车站附近）	8:00至航班结束（流水发班，发班间隔30～60分钟，旅客坐满会提前发班）
机场—高铁南站	9:00～20:30（流水发班，发班间隔10～15分钟，旅客坐满会提前发班）
机场—汽车南站	09:00、12:00
机场—星沙—广电—汽车西站	10:30

2. 114路、X123路、X301路、星通30公交车可达。

3. 出租车：机场至长沙市中心大约90元，至汽车西站大约120元，至汽车南站大约110元，价格均包含过路过桥费。

4. 7:00～22:00有从高铁站到机场磁悬浮快线，票价20元。

飞机

长沙黄花机场可直飞北京、上海、广州、深圳、香港、曼谷、首尔、东京等国内外40多个大中型城市。

铁路

京广铁路、沪昆铁路交会于长沙火车南站，另有石长铁路；重庆至厦门的铁路经过长沙西站。

长沙火车站

📍 位于中心区主干道武夷大道的东部起始端

🚌 1、12、104、107、114、118、127、旅1路等多路公交车均可到达

火车站问讯处 👁 火车站出口左侧

高铁

长沙南站距离长沙市中心约9.5千米，同地铁站、城际铁路、长途客运站、公交枢纽融为一体。乘坐高铁，从长沙南到广州南，二等座票价314元；从长沙南到深圳北，二等座票价388.5元。

长沙南站 📍 长沙市雨花区黎托乡

🚌 8、16、63、124、135、148、159、160、365、503路公交均可到达

公路

3条国道、14条省道和106条县道分布贯通。3条国道分别是106国道、107国道和319国道。国家高速公路有京港澳高速、沪昆高速公路。长沙市内有几个较大的长途汽车站，分别为南站、东站、西站。

汽车南站 📍 中意一路811号

🚌 17、52路公交可达

汽车西站 📍 岳麓区枫林3路53号

🚌 309、315、372路公交可达

汽车东站

📍 远大一路1021号

🚌 103、168路公交可达

长沙汽车客运发展公司售票中心

📍 火车站对面右侧

市内交通

长沙市内运营多路公共汽车、旅游专线车、千余辆中巴；约6000辆的士在市内各线穿行，外出乘车招手即停，十分方便。长沙现已开通了磁浮快线和多条地铁线路。

出租车

白天起步价为8元/2千米，2千米以上续程单价为2元。

游在长沙

湖南省博物院 ★★★★ 👁

到长沙便不可不来这座湖南最大的博物馆一睹2000多年前长沙的灿烂文明。

湖南省博物院位于烈士公园西侧，马王堆汉墓出土的多种珍贵文物皆陈列于此。

💰 免费（预约）

🚌 临近湖南博物院（公交站）

👁 2～5小时

☀ **1. 素纱单衣：**馆藏文物中有一件素纱单衣，薄如蝉翼，长1.6米，且有长袖，重量却仅49克，织造技巧之高超超乎现代人的想象。

2. 女尸：从马王堆一号汉墓出土的女尸，这具2100多年前的女尸出土时形体完整，全身润泽，部分关节可以活动，软组织尚有弹性，只能用奇迹来形容。

橘子洲景区 ★★★

毛泽东有一首《沁园春·长沙》——"独立寒秋，湘江北去，橘子洲头。看万山红遍，层林尽染"，这里所说的橘子洲就是长沙市区的湘江中心一个长约5千米的小岛，是长沙重要的风景名胜之一。橘子洲久负盛名，湘江水流平缓而过，洲上四季景致各异。

💰 免费

游在长沙

临近橘子洲景区（公交站）、橘子洲—青莲站（地铁站）。也可以乘公交到大椿桥（公交站），走到江边可摆渡到橘子洲公园

3～5小时

1. 江天暮雪: 著名的潇湘八景之一，"江天暮雪"是指冬天橘子洲的美景，若冬日在长沙，不妨前去观赏。

2. 镇洲之宝: 橘子洲头的古朴树为橘子洲唯一的一棵朴树，青年毛泽东和挚友"指点江山，激扬文字"就是在这棵树下。如今它是橘子洲的"镇洲之宝"。

天心阁 ★★★

天心阁是长沙仅存的古城标志。阁楼古色古香，造型别致，登阁远眺，遥想古城往事，别有一番趣味。

天心阁位于长沙市中心东南角，城南路与天心路交会之处的古城墙内。今日的天心阁已经成了一座公园，每天有很多人到此锻炼、读书、游览、品茗，正是感受长沙本地人生活的好地方。

大门免费，若进入城楼需购票30元

临近南门口站（地铁站）、西湖桥（公交站）

1～2小时

杜甫江阁 ★★★

杜甫江阁是为了纪念"诗圣"杜甫而建的仿古楼阁，楼内有著名书法家们书写的杜甫诗词展览。建议夏季晚上去，登楼而上，能够欣赏到橘子洲头的烟火表演。

11元

临近南门口（地铁站）、西湖桥（公交站）

岳麓山风景名胜区 ★★★★

山上有古老的岳麓书院，山下就是无大门无围墙完全开敞式的湖南大学和湖南师范大学。若论气势，岳麓山自然比不上其他名山，但它自有一份古老的墨香。毗邻湘江，环境清幽，文物古迹众多，有岳麓书院、爱晚亭、白鹤泉、飞来石、麓山寺、鸟语林等，是一个寻幽访古的好去处。岳麓山网红滑道同样可以体验一下。

进山免费；鸟语林30元；索道上山30元，下山25元，往返50元，索道站在山下北大门

3:00—23:00（7月13日—10月31日）
6:00—23:00（11月1日—次年7月12日）

临近湖南大学（公交站）、湖南大学（地铁站）

0.5～1天

1. 岳麓书院: 到岳麓山，岳麓书院是不能不去的。岳麓书院位于岳麓山东麓，创建于976年。"唯楚有材，于斯为盛"的说法便源自于此。

2. 爱晚亭: 爱晚亭得名于杜牧的诗句"停车坐爱枫林晚，霜叶红于二月花"。毛泽东求学时常与学友来此游憩，现该亭匾额"爱晚亭"便是出自他20世纪50年代初的亲笔手书。

马王堆汉墓遗址 ★★★

1972年、1973年马王堆汉墓曾先后发掘出西汉女尸、素纱单衣及一大批漆器、陶器、兵器、乐器、木俑、丝织品和帛画与帛书等，这些精美文物的发现一时引起世界轰动。如今这批文物现保存在湖南省博物院，对文物感兴趣的旅行者可以到现场看看。

免费（预约）

临近马王堆凌霄路口（公交站）、火炬村（地铁站）

0.5～1小时

长沙世界之窗和海底世界 ★★★★

经常看湖南卫视的人对世界之窗肯定不会陌生，许多节目都是在这里拍摄完成的。它将世界各国的历史遗迹、风景名胜、建筑民居、艺术杰作以及风土人情和歌舞表演汇集于一园，并定期举行各种主题活动。长沙海底世界是中南地区展示物种最多、节目内容最丰富、参与性最强、最具时尚感的海洋主题公园，可以欣赏到"人鲨共舞""美人鱼"等表演。

世界之窗200元；海底世界150元

世界之窗9:00—18:30
海底世界9:00—17:30

临近世界之窗（公交站）

世界之窗0.5～1天
海底世界3～4小时

太平老街 ★★★

太平街是长沙市目前仅存的4条麻石路之一，这条长375米的小街道上仍然保留着200多年前的长沙商街风貌，老式公馆还保留了不少原始的石库门、青砖墙、天井四合院等传统格局。目前，街面上开设了不少新铺子，很有特色。

🚌 临近太平街口（公交站）、贾谊故居（公交站）

👁 1～2 小时

一句话推荐景点

古开福寺 我国佛教禅宗临济宗杨岐派的著名寺院，由五代时期楚国创建，距今已有一千多年的历史。2023 年遭遇火灾，设施有一定损毁。

💰 10 元

📍 开福区新河开福寺路

👁 1～2 小时

沩山风景名胜区 拥有密印禅寺、青羊湖、西周古城遗址、千佛洞等景区；还可以玩漂流。值得一提的是其中的千佛洞，千佛洞洞深而幽，迂回曲折，洞内有数千尊天然形成的形象逼真的佛像，栩栩如生，是沩山最美的溶洞。

💰 沩山漂流 198 元

👁 0.5～1 天

开福寺

💡 **1. 沩山漂流七不漂**：景区规定有以下七种情况的请勿漂流：胆量不够大者；心脏病患者；高血压患者；酒后；1.2 米以下儿童；65 岁以上老人；身体过于虚弱者。

2. 救生：上船后务必穿好救生衣，戴好头盔。漂流过程中不要下水游泳，嬉戏打闹。

简牍博物馆 藏有 16 万枚长沙吴简，这是一大惊世考古发现。

📍 天心区白沙路 92 号

👁 1～3 小时

梅溪湖城市岛 坐落在梅溪湖湖畔的人工岛屿，岛上的标志性建筑物是世界上最大的旋涡形观景平台。岛上还设有亲水平台、室外喷泉广场，增加了亲水性和体验性，与龙王港河相互呼应。

💰 免费

🚌 临近城市岛公园（公交站）

👁 2～3 小时

IFS 国金中心 湖南第一高楼，是很多人在长沙的首选打卡地。出镜最多的就是 7 楼的空中雕塑花园，那两个巨大的雕塑艺术品 KAWS。

🚌 临近柑子园（公交站）

👁 1～2 小时

华谊兄弟电影小镇 小镇以电影为主题，将老长沙建筑和欧洲风情小镇结合起来。这里经常会举办各种电影展、戏曲节、美食节等活动，明星在这里开签售会也是常事。

🚌 临近华谊兄弟电影小镇（公交站）

👁 4～6 小时

谢子龙影像艺术馆、李自健美术馆 谢子龙影像艺术馆外部建筑采用白色清水混凝土一次性浇筑而成，内部收藏了诸多高品质影像；李自健美术馆是规模很大的公益性艺术家个人美术馆，建筑依水而建，藏品多以人物为主，惟妙惟肖。

🕐 谢子龙影像艺术馆 10:00—18:00（周一不开放）；李自健美术馆 9:30—17:30（周一不开放）

🚌 临近湘府路大桥西（公交站）、洋湖新城（地铁站）

👁 谢子龙影像艺术馆 1～2 小时；李自健美术馆 1～2 小时

吃喝长沙

湘菜是我国八大菜系之一，香鲜辣酸是湘菜的主要特点，力求保存原料的本味是湘菜的另一个特点。同属浓烈口味的湘菜，与川菜不同的是湘菜忌糖，而且采用鲜剁椒和豆豉。

东安子鸡、一鸭四吃、腊味合蒸、花菇无黄蛋，这些都是湘菜里的传统菜。另外，因毛泽东爱吃红烧肉，长沙的"毛氏红烧肉"也非常有名。现在正时兴到湘江边上的趸船上吃黄鸭叫和白鸭叫。

风味小吃

湖南的小吃也同样有名，而且以长沙

为盛，最出名的应该是油炸臭豆腐，这种闻起来臭吃起来香的小吃，几乎在长沙大街小巷随处可见，较正宗的是南门口一带五娭毑的。此外还有椒盐馓子、姊妹团子、糯米粽子、珍珠烧卖、皱皮馄饨、杨裕兴面点、德园包子、和记米粉等味道可口的小吃，本地有"杨裕兴的面，徐长兴的鸭，德园的包子真好呷"的说法。其实长沙的街头巷尾还隐藏着无数美食，有待"饕餮"去发现，如南门口一带的"口味虾""口味蟹""口味蛇"味道极佳，不容错过。

推荐食处

火宫殿五一店　到长沙，一定要到火宫殿。正餐小吃在这里都能一网打尽，就是价格比较贵，餐巾纸、茶水也是收费的。

　　🚶 五一东路 93 号

　　☎ 0731-84120580

杨裕兴（长岭店）　百年老字号，主打面食，面条筋道，有嚼头。

　　🚶 韶山北路 289-6 号

　　☎ 13142181488

夜游长沙

　　晚间除了四处转转寻找美味小吃之外，去听听湖南的地方戏曲也是不错的选择。另外，可到位于长沙市博物馆内的中华南方古乐宫里，听一段编钟古乐；橘子洲的周末焰火晚会也值得一看；而上茶楼品茶是古城长沙夜生活的另一面。

购物长沙

　　湘绣、湘茶、湘瓷是湖南的三大特产。

　　湘绣属中国四大名绣之一，以构图优美、绣艺精湛著称。湘茶则以味醇而扬名，属中外闻名的名优品种。湘瓷虽不能与景德镇瓷相媲美，但独具特色，美名远扬。除此之外，益阳的松花皮蛋、鸭绒制品、竹刻、白沙液酒、浏阳豆豉、湘式酥点、浏阳茴饼、各式瓶装剁椒、湘莲子都是当地的名特产，是适合赠送亲朋好友的礼品。

住在长沙

　　长沙住宿很方便，从高档的星级酒店到普通的招待所一应俱全，旅客可根据自己的经济状况选择适合的住处。通常各个高校会有自己的招待所，这种招待所各方面条件都还可以，价格也不会太高，自助旅行者可以考虑。

推荐住宿

长沙天鹅之旅国际青年旅舍　位于长沙商业中心五一广场，下楼即到坡子街、太平街、解放西路、湘江风光带。购物、小吃、休闲娱乐、健身一应俱全。

　　☎ 18673185600

长沙周边游

韶山 ★★★　🚶🍴🖼

　　韶山位于湘潭市境内，风景秀丽的韶山不仅有与毛泽东相关的多处旧址，还有不少其他风景点。

　　毛泽东故居位于韶山冲上屋场，附近建有毛泽东纪念馆。当地主要景点还有毛泽东铜像、毛泽东诗词碑林、毛泽东文物馆、韶山烈士陵园，以及 1966 年毛泽东返乡时曾经住过的乡间别墅滴水洞。

　　🎫 毛泽东纪念馆、故居、毛泽东诗词碑林门票免费；滴水洞 40 元

　　🚌 临近东方帝景（公交站）、新凤仪（公交站）

　　👁 0.5 ～ 1 天

　　💡 1. 当地居民开有"毛家菜馆"，红烧肉、腊肉等家常菜颇为不错。

　　2. 游客服务中心有环保车，20 元 / 人。

靖港古镇 ★★★★　🌲🖼

　　靖港古镇历史文化悠久，文化底蕴深厚。临河房屋均为吊脚楼，独具江南水乡特色。现古镇保留了大量的木结构古建筑。其中，"宏泰坊""育婴堂"等清代建筑保存完好。靖港古镇民间艺术丰富多样，木屐、纸伞、风筝盛行一时。

长沙周边游

韶山毛泽东铜像

🎫 80 元

🚌 临近靖港古镇（公交站）

👁 0.5～1 天

大围山国家森林公园
★★★★ 🈳

森林公园以秀著称，山中无数奇峰异石、流泉飞瀑。景区内的漂流非常刺激，是来大围山必玩的项目。

🎫 大围山国家森林公园旺季 90 元，淡季 68 元；大围山峡谷漂流 168 元；大围山滑雪 238 元 /90 分钟

🚌 从长沙市区乘坐开往浏阳市大围山镇的班车，转乘直达景区的班车即可

柳叶湖旅游度假区
★★★ 🈳🈺

柳叶湖是目前全国最大的城市湖泊，主要以水上游乐项目丰富吸引人。与柳叶湖相邻的太阳山、月亮山，是刘海砍樵的故事发生地。

📍 常德市武陵区柳叶大道 1 号

🚌 临近堤柳渔歌（公交站）

👁 1～2 小时

桃花源风景名胜区
★★★★ 🈳

陶渊明描绘的世外桃源真的存在吗？如果存在，在哪里？无法确证。中国有好几个地方在争这个头衔，但其中离传说最近的地方在常德市所辖的桃源县境内。每年 3 月 28 日起有为时一个月的桃花节，那时节一片艳丽桃源海，可谓赏心悦目，非常值得一看。

🎫 128 元

🚌 常德市火车站、汽车站都有公交车或旅游大巴直达景区

👁 3～4 小时

岳阳

岳阳快速攻略

Day1 汨罗江、屈子祠→汴河街（吃午饭）→岳阳楼→君山岛、洞庭湖

Day2 石牛寨

感受岳阳

古城 素有"洞庭天下水，岳阳天下楼"名号的古城，尽管城市发展的脚步稍迟缓，显得有些老旧，游人也不算太多，但光凭《岳阳楼记》和关于洞庭湖的美丽传说，也很值得去看一看。

行在岳阳

进出

飞机

岳阳三荷机场

🧭 岳阳县三荷乡群贤村和西塘镇真力村附近

铁路

岳阳火车站位于岳阳区站前路，5、22、37 路等公交都可抵达。

高铁

岳阳高铁站是岳阳东站。可以从岳阳东站坐高铁到长沙，行程约 34 分钟，二等票价 69.5 元，非常方便。

公路

目前岳阳市内有 4 个长途客运站，分别为巴陵中路与城东北路交界处的岳阳市汽车站，建设北路的汽车站，城东南路的巴陵汽车站，以及巴陵东路的汽车新站。

岳阳市汽车站 📞 0730-8227458

水运

岳阳城陵矶港是湖南最大的港口，但长途客运基本都停运了。岳阳楼后有一客运码头，可以在此乘船前往君山岛游玩。

市内交通

岳阳市内公交车线路较多，各旅游景点均有公交车到达。公交 1.5 元 / 次；出租车起步价 7 元 / 千米，每千米加价 2 元；夜间 10 点后，起步价 8 元 / 千米，每千米加价 2 元。

游在岳阳

岳阳楼 ★★★★ 🚻🏯

范仲淹那篇名满天下的《岳阳楼记》，着实为岳阳楼做足了广告。岳阳楼位于洞庭湖畔，北视长江东流，南望三湘四水，襟山带水，气象开阔，与武汉黄鹤楼、南昌滕王

阁并称为"江南三大名楼"。

💰 70 元

🚌 临近岳阳楼景区（公交站）

👁 2 ～ 3 小时

💡 **最佳游季：**游湖的游览船每年 3—11 月间开行，在岳阳楼码头上船。

洞庭湖和君山 ★★★★ 🚻🏯🚗✖

八百里洞庭蔚为壮观。喜爱观雨、静思的游人，可在 4 月中旬至 6 月初游岳阳楼，其间适逢雨季，静坐岳阳楼，闻风声雨声，看浊浪排空，细读楼内《岳阳楼记》，那种心境是无法用文字表达的。

岳阳楼下的洞庭湖，自古就有"八百里洞庭"之说，虽然现在的面积比以前已经小了一倍，但仍是全国的第二大湖泊，烟波浩渺、水天一色，可谓"衔远山、吞长江，浩浩荡荡，横无际涯"。

君山上最富传奇色彩的莫过于二妃墓和柳毅井了。传说，娥皇、女英就是洒泪于这里的竹子上，因此这里也以种类繁多的竹子而闻名。柳毅井就是民间传说中，柳毅通往洞庭龙宫寻找龙女的入口。

💰 君山岛 78 元

🚌 乘旅游专线到君山景区（公交站）下；也可从岳阳楼或南岳坡码头乘游船抵达，往返 60 元

👁 2 ～ 4 小时

💡 **1. 最佳游季：**洞庭湖每年 10 月至次年 4 月为枯水季节，每年 5 至 9 月为涨水季节，要看八百里洞庭的景致自然是涨水季节最合适。

2. 君山：下岳阳楼后直接乘船去君山。君山有宾馆可以住宿，也有可以吃到全鱼宴的饭店。

3. 三江口：游洞庭湖不能错过三江口，湘江、荆江和洞庭湖一起在那里汇入滚滚长江，看了令人心胸开阔。

屈子祠 ★★★ 🏯🚻

屈原被流放时，曾在汨罗江畔玉笥山上住过。屈原投汨罗江后，当地人为纪念他，建造了屈子祠。今存屈子祠经清代重修，已趋于清代建筑风格。分三进，前后、左右有天井，中有丹池，池中有大花台，植金桂，树龄 300 年以上。过道的墙壁上，嵌着许多石碑，镌刻着后人凭吊的诗词文赋。

💰 55 元

🚌 从岳阳乘火车或汽车到汨罗市下车，再从汨罗坐 20 分钟汽车可到

👁 1 ～ 2 小时

岳阳楼

☀️**赛龙舟：**端午节是到汨罗江游览的最佳时间，赛龙舟的场面之壮观â令人惊叹。

石牛寨　★★★★ 🚐🚻

　　因寨子西部有一巨石，形如黄牛，故名石牛寨。石牛寨地势险峻，群仞壁立，景色奇异。寨内景点以奇险著称，可以概括为"一牛二龟三关隘，四桥五寨六成天，七奇石八寺庙，百零八崖景无边"，尤为罕见的是保存完好的2000多米长的古城墙。石牛寨享有"天下第一寨"的美誉。

　🎫　不同套票在148～248元之间

　🚌　可在长沙或岳阳乘坐开往长寿或平江的长途车，中途在石牛寨下车

　👁　3～5小时

吃喝岳阳

　　岳阳有濒临洞庭湖的得天独厚的地理条件，当地人对鱼的烹饪手法颇具心得，其中以"巴陵全鱼席"最为著名，乌鱼片烹制而成的"蝴蝶飘海"因清脆嫩滑，为岳阳一绝。岳阳有名的餐馆有味腴酒家、云梦饭店。

汴河街　岳阳楼旁的一条仿古商业街，有虾饼、土豆粉、三大炮、刮凉粉等小吃。

地婆卤味

　↩️　梅溪桥旁

井水·巴陵全鱼席

　↩️　岳阳楼对面

住在岳阳

锦江之星（岳阳火车站店）　火车站旁，交通方便。

　↩️　岳阳火车站附近

　📞　0730-2910666

购物岳阳

　　传统名产有纸扇和羽毛扇。纸扇骨小纸薄而透明，一把纸扇要经过很多道工序才能制成；羽毛扇是用洞庭野雁等鸟类的羽毛制成的。现在，岳阳扇有250多个品种。

　　其他特产：平江山桂花蜜、湘莲、洞庭春、龟蛇酒、君山银针茶。

张家界

张家界快速攻略

Day1　袁家界→杨家界→天子山

Day2　十里画廊→金鞭溪→张家界大峡谷

Day3　天门山（索道、鬼谷栈道、玻璃栈道、天门洞）

☀️**武陵源**

　　湘西北部的武陵源景区，包括了张家界国家森林公园、天子山（桑植县）、索溪峪（慈利县）、杨家界四大景区。因这几个景区同属张家界市，故又以张家界统称。

☀️**张家界**

　🎫　门票：165元（3—11月），84元（12月—次年2月）；联票：224元（3—11月），144元（12月—次年2月）

　🕐　7:00—18:00（3—11月）；8:00—18:00（12月—次年2月）

　📞　0744-5718811

感受张家界

　　九寨沟看水，张家界看山。的确，在世界上其他任何地方，你都很难看到这样的奇特景观：三千奇峰拔地而起，八百溪流蜿蜒曲折。这里被誉为"扩大的盆景、缩小的仙境""世外桃源""中国山水画的原本"，一切美好的词语都被用来形容这里的美丽，但仍无法描述它带给人们视觉上的震撼。

准备与咨询

语言

　　当地方言说慢些容易听懂。用普通话与当地人交流通常没有问题。

气候与游季

　　游玩张家界的最佳时间是每年的4月和10月，此时张家界的

自然风光最美。雨天最好不要登山，一则路滑，再则山顶大雾，难见美景，雨后的一两小时内上山顶，此时的景观最美。

张家界

行在张家界
进出

飞机

张家界荷花机场位于张家界市永定区官黎坪办事处荷花村，目前已开通往返全国 20 多个城市的航班，机场距离张家界市区仅 5 千米。

机场大巴：一般停在机场出口，十几分钟路程，5 元到市区的机场大酒店。

公交车：4 路，票价 1～2 元，半小时左右路程。

出租车：白天到市区 15～20 元，晚上 30 元左右。如果想直接到景区，价格会比较贵，100 元左右。

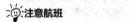 **注意航班**

除上海、北京、广州、天津、成都、长沙、西安、青岛、沈阳、厦门、杭州、南京之外，到其他城市并不是每天都有班机，旅客应注意查询航班时刻。

铁路

张家界火车站已与国内 20 多个大中城市开通了旅客列车。张家界火车站可直达北京、上海、广州等城市；张家界至广州、长沙、湛江的列车均为始发站，乘坐方便。

张家界火车站自 2007 年迁至南站后，从火车站进入市区的公交车有 5、6、13、101 路等。可以在汽车站乘坐去景区的中巴，至森林公园 12 元，至武陵源 12 元，10 分钟一班。

长沙到张家界有城际动车，每天十几趟，全程 2～3 小时，票价 130～166 元。

从火车南站出站后直接进入火车站广场，广场上有很多销售人员向你推荐几日游。建议出站后不说话直奔出站口左侧的大广场坐车，以减少不必要的麻烦。

公路

汽车站位于市区回龙路与人民路交叉口，有发往省内外一些大中城市的长途车，也有发往周边景区和附近县市的短途车。

0744-8305599

在这一带乘坐长途汽车通常不是好的选择，因该地区多处于山区，山路曲折难行，费时费钱。

区内交通

这里的区内交通主要指景区内的交通，张家界火车站与张家界景区相距 33 千米。

中巴

张家界市区火车站每日有中巴来往景区，车费 10 元，行程 1 小时。

索道

武陵源天子山索道单程 72 元，双程 144 元；黄石寨索道单

机场售票处

0744-8238465

航班问讯

0744-2233666

1. 减少购物冲动：遇见一些貌似奇珍异宝、珍稀药材、人形何首乌的东西不要冲动出手。

2. 购物讲价：购买时看准商品再还价，讲定价格再拿，记得要发票做凭证。

3. 别打私车：最好的交通方式为打的、乘坐公交车，不要坐私人的车，看似便宜，但往往得不偿失。

4. 自驾车不能入景区：自驾车不可以进入景区，需转乘坐景区环保车入内。自驾车辆一般停在张家界森林公园门票外面，或武陵源门票站外面。

5. 请个导游：如果担心张家界太大，自己不知道怎么玩，可以请一个信誉度好的当地导游。你到了那里自然有很多人问你要不要请，别轻易答应，先在网上调查清楚。

1. 滑竿

滑竿是山区特有的交通工具，平地上为 100～200 元，上山要 200～300 元，不过可以还价。

2. 观光车

天子山、杨家界环保车 15 元/人；十里画廊观光小火车单程 30 元/人，往返 40 元/人。

3. 漂流

茅岩河漂流，人力橡皮舟 114 元/人，3～4 小时到达终点；机动橡皮舟 124 元/人，约 2 小时到达终点。

程 65 元，双程 130 元。没有索道可乘的地方，可租用滑竿代步。百龙天梯单程 65 元，往返 130 元。

游在张家界

张家界国家森林公园
★★★★★

张家界国家森林公园又名青岩山，是与九寨沟齐名的风景点，是我国第一个国家森林公园。景区森林内有珙桐、银杏、鹅掌楸等众多珍贵树种，珍稀动物包括猕猴、大鲵等。这里的异峰巧石、山泉飞瀑、深林奇树及珍禽异兽共同组成了一幅世间罕见的自然景观。

张家界国家森林公园里包括黄石寨、金鞭溪、腰子寨、沙刀沟、琵琶溪等旅游景区，景点达 100 多个。

张家界景区采用指纹 IC 卡电子门票，国家森林公园实行一票制，四日通票，可持票游览杨家界、天子山、金鞭溪、黄石寨、袁家界。

金鞭溪 金鞭溪自老磨湾至水绕四门，全长 7.5 千米，游览 2.5 小时，必须步行。两岸石柱危峰摩肩接踵，水潭瀑布比比皆是，古木奇花、珍禽异兽共生共荣。主要景点有迎宾岩、金鞭岩、紫草潭、千里相会、水绕四门等。

黄石寨 黄石寨为张家界公园最大的观景台，四周可俯瞰公园全景。精华景点有天书宝匣、定海神针、南天一柱、前花园、金龟探海等。

登黄石寨可从公园前门上山，也可乘黄石寨索道直达最高峰。

袁家界 袁家界位于森林公园西北角，主要景点有天下第一桥、迷魂台、天悬白练、哈利路亚山、后花园、空中田园。从水绕四门乘观光电梯或从天子山、金鞭溪均可上袁家界。

张家界风景地貌

腰子寨 它是仅次于黄石寨的游线，山势很险，四周都是悬崖深谷，最受喜欢冒险的人青睐。腰子寨顶是一个开阔的平台，据说曾是民国年间村民躲避兵匪的地方，现在是绝妙的观景台。

百龙天梯 百龙天梯因其"世界上最高、运行速度最快、载重量最大"而被载入吉尼斯世界纪录。游客在乘坐电梯时，可以透过玻璃欣赏张家界一大绝景：神兵聚会。神兵聚会位于百龙天梯正对面，由几十座相对独立的石峰组成。

👁 1～4 天

张家界游览线路
从张家界坐车到天子山（车费 15 元），再从天子山门票站直接坐车到天子山顶（车费 5 元），车程 3 小时左右（自驾车的游客也只有这一条路到景区）。这样可以节省 70 多元的索道费用，还可以少爬 8000 多个台阶。最后走森林公园门票站出园。

天子山景区
★★★★★

天子山素有"峰林之王"的美称，景观奇特，惊险万分，以峰高、峰大、峰多著称。天子山因历史上有土家族领袖向大坤在此自称天子而得名。

🎫 张家界通票

🚌 从市区有很多到天子山门票站的班车，票价 20 元，但是一般班车是到武陵源区（12 元），然后再转 1 路公交车便可到门票站。天子山、张家界、索溪峪几大景区间有免费环保车。

👁 3～4 小时

1. 天子山云雾： 十分著名，尤以雨过初晴时分最为壮观，奔涌的云雾形成瀑、涛、浪、絮多种形态，连绵浩瀚，波澜壮阔。

2. 贺龙公园： 天子山索道处建有贺龙公园，公园内有全国最大的雕像——贺龙铜像，还有天子阁等建筑。

杨家界景区
★★★★

杨家界集张家界和天子山的特点于一身。它的名头虽然不及前两者，却同样值得前去。

杨家界景区为近年来新开发，位于张家界西北，北邻天子山，横贯武陵源区西端的中湖乡，由香芷溪、龙泉峡、百猴谷 3 个小景区组成。整个景区总面积约 3400 公顷，仅精华景点就有 200 多处。

天下第一奇瀑 杨家界景点以"天下第一奇

张家界景点示意图

百龙天梯

人们乘坐百龙天梯，更容易到达天下第一桥、迷魂台、乌龙寨及杨家界等景点。

瀑"龙泉瀑布最为著名，其他有意思的景点还有一步登天、空中走廊、绝壁藤王、白鹤聚会等。

土家山歌 景区内有很多听山歌的地方，10元钱一次。乌龙寨的"山歌亭"是听山歌最好的地方，好像这里的土家姑娘嗓音特别亮，而且有空谷回音，是原汁原味的土家山歌。

动植物园 杨家界动植物资源十分丰富，悬崖沟谷中上千只猕猴散布，白鹤坪中上万只白鹭会聚，崇山峻岭中奇异的五色花、夜合花随处可见。

杨氏遗宗 据说，居住在这里的杨氏家族就是北宋时著名的杨将将的后代，他们至今保存着《杨氏族谱》和杨祖坟多座。

索溪峪景区
★ ★ ★ ★ ★

索溪峪是土家语音译，是"雾大的山庄"之意。已开发小景区8个，包括西海、十里画廊、水绕四门、黄龙洞、百丈峡、宝峰湖等。

十里画廊 十里画廊，一步一风景，触目皆画面。主要景点有寿星迎宾、采药老人、仙女拜观音等，在长达十余里的山谷两侧，有着丰富的自然景观，人行其间如在画中。

黄龙洞、宝峰湖 黄龙洞是一定要游的，再也找不到这样一个地质如此奇特、结构如此复杂、规模如此宏大、蕴藏如此丰富的溶洞了。有"天上瑶池"之称的宝峰湖也是一定要到的景点。

西海 最大的看点在于西海白云。每当雨

后初晴，景区内的林海、峰海和云海三海合一，景色壮观。其中通天门、天台是观赏的最佳地点。

张家界大峡谷 ★ ★ ★ ★

张家界大峡谷景区位于张家界市慈利县，峡谷里植被茂盛，飞流瀑布、小溪泉水随处可见。景区还有目前世界最高、跨度最长的玻璃桥——张家界大峡谷玻璃桥，可将谷底风光尽收眼底。

💴 128 元

🚌 张家界市区和武陵源景区都有直达大峡谷的大巴车，20～30分钟可到

👁 3～4 小时

天门山 ★ ★ ★ ★ ★

天门山是张家界海拔最高的山，因自然奇观天门洞而得名，是张家界最早载入史册的名山，坐落在张家界市区以南10千米处。古称云梦山，又名玉屏山，分为天门洞开、天界佛国、碧野瑶台、觅仙奇境四大景区。公元263年，因山壁崩塌而使山体上部洞开一门，南北相通。三国时吴王孙休以为吉祥，赐名"天门山"。

天门洞 天门洞位于海拔1260多米的绝壁之上，南北对开于千寻素壁之上，气势磅礴，巍峨高绝，是罕见的高海拔穿山溶洞。

天门山索道 线路全长7455米，是世界上最长的高山客运索道。以张家界市中心的城市花园为起点，直达天门山顶的原始空中花园，犹如一道彩虹飞渡"人间天上"，乘坐它可以体验到凌空飞仙般的

张家界市区至各景

点距离

索溪峪	32 千米
黄龙洞	40 千米
张家界公园	32 千米
天子山	102 千米
茅岩河	35 千米
九天洞	80 千米

索道诱惑

在张家界乘坐索道游黄石寨的游客，不仅可以获得一张反映旅游区风景面貌的索道票（明信片），还可以通过天子山索道下行站或者黄石寨的索道邮筒寄给亲朋好友，或自己作为到此一游的纪念。

玻璃栈道

玻璃栈道位于天门山山顶，踏上栈道，脚下是万丈深渊、虚空浮云，让人腿软的刺激感油然而生。如果你有勇气，就来挑战一下天门山的"天空之路"吧。对了，上桥的游客记得戴好鞋套，保持玻璃桥的干净哦。

鬼谷栈道

鬼谷栈道全长 1600 米，平均海拔 1400 米。与其他栈道不同的是，鬼谷栈道全线既不在悬崖之巅，也不在悬崖之侧，而是立于万丈悬崖中间。

土家三过年

土家人每年要过三次年，腊月二十九或二十八过"赶年"，农历六月二十五过"六月年"，十月初一过"十月年"。

神奇感觉。

🎫 景区通票 278 元（包含天门洞与山顶区门票、天门山索道往返、环保汽车交通）；天门洞游览票 235 元（包含景区门票、环保汽车交通）；山顶游览票 225 元（包含景区门票、索道往返交通）

🚌 在张家界市中心的城市花园索道站购买门票后，乘坐天门山索道上山游是游天门山最便捷也是最特别的交通途径。另外，也可以在市内乘公交到天门山下，每隔 5 分钟一班，票价 1 元

👁 0.5～1 天

吃喝张家界

张家界市内的吃喝相对便宜些，满街都是大排档，以土家风味为主。但景区内的餐饮就要贵很多，一份蔬菜在 15 元以上，带肉的菜每份要 30 元以上。建议不要吃野味，为法律所禁止。

特色风味

土家风味有腊味、血豆腐、团年菜、社饭、油炸蜂卵蛹等。土家火锅以及土家小吃，价钱都不贵，味道却美得很。在张家界还可以吃到大城市难得吃到的香甜可口的玉米棒和野生猕猴桃。

在山民家中有机会能尝到味道纯正的腊肉，城里的腊肉无论如何也没有那种好味道。对于价钱也无须担心，山越高的地方，去的人越少，价钱也便宜。

土家菜中还有干货，如干豆角、干土豆等，味美可口，还可以买些带回家。

特色菜推荐

胡师傅三下锅（汽车站店） 三下锅是一种干锅，就是炖着不放汤的火锅。当地名菜，把干煸肠子和干煸核桃肉同时炖，分量足，三人吃两份足矣。再点一份酸萝卜，酸酸脆脆，非常美味！

🚏 官黎路汽车站后门口

📞 13317443333

夜游张家界

张家界土家毛古斯舞、土家摆手舞、土家武术硬气功、土家织锦、土家阳戏等，至今仍保留着鲜明的民族特点。当地剧院、文化馆中有不少精彩的民族表演，如旅游期间恰巧遇到节庆活动，可与当地的民族兄弟姐妹一起载歌载舞，不亦乐乎。

购物张家界

猕猴桃、青岩茗翠茶、龙虾酥、松菌都是当地特产，价廉物美。桑植盐豆腐干、葛根宝饮品、茅坪毛尖茶、土家风味的腊味等也不错。

购物须知

张家界的猕猴桃香甜多汁，如想带走，最好挑生的买，因为熟的猕猴桃容易烂掉。土家族工艺品在普光禅寺东侧的民俗馆内有售，如果运气好，可淘得一两件可心的土家族工艺品。

住在张家界

张家界住宿主要分布在以下三个区域：索溪峪、市区、森林公园。

索溪峪　位于天子山、黄龙洞、宝峰湖等众多景点的中心位置，前往各景点交通极为方便，各种档次的宾馆一应俱全。

市区　距离火车站及飞机场较近，但离景区远，既有高档的星级宾馆，又有经济的旅馆。

森林公园　景区内的大小宾馆已经拆迁，只剩下一些农家乐，而景区门票只在两天内有效，所以住在景区内对于打算玩两天以上的游客作用较大。但条件不如景区外好，另外黄金周期间客房比较紧张，须提前预订。农家乐主要集中在杨家界、袁家界及天子山三处地方。景区门口有许多宾馆，适合只游览森林公园的游客。

湘西

湘西快速攻略

Day1　凤凰古城

Day2　凤凰古城→奇梁洞→南方长城→老洞苗寨→山江苗寨→凤凰古城

Day3　凤凰古城→德夯风景区→芙蓉镇→坐龙峡→猛洞河

感受湘西

厌倦了都市的高楼和马路，很多人都是寻着湘西的吊脚楼、青石板小道去的，在这处处散发着古朴气息的湘西，浮躁的心绪便得到平复。凤凰的秀丽、王村的古朴、猛洞河激动人心的漂流以及那些古老的故事，是湘西令人徜徉其中而忘归的原因。特别是因沈从文而名扬四海的凤凰，更以古朴的民风、秀丽雅致的古城风貌让人顿生长居于此的念头。

准备与咨询

语言

湘西方言说慢些也能够听懂。用普通话与当地年轻人交流通常没有问题。

气候与游季

湘西年均气温 15.8 ～ 16.9℃，降雨集中在 4—6 月。夏季不算太热，冬季不算太冷，一年四季皆可游览。

行在湘西

进出

湘西境内以山区为主，整个湘西州的交通不算方便，州内通火车的县城很少。吉首作为湘西州的首府，交通算是最为便捷的。

凤凰古城很小，步行就可到达各个景点，不需要设计游览线路，随心而行，会遇到意料之外的美景。

祭祀活动

苗族有很多祭祀活动，目的多为向神灵祈福，主要仪式有"接龙""椎牛""跳香会"等。

乘船注意

在凤凰古城会有很多人问你坐不坐船游沱江，其实通票里已经包括了沱江泛舟，没必要多花钱。而且私人的游船只能走沱江下游，看不到吊脚楼等主要的景色。

茅谷斯

茅谷斯是土家族在小摆手歌舞活动中穿插进行的一种具有故事情节的原始戏剧，也叫毛猎舞，被中外来宾誉为"千年不老茅谷斯"。

铁路

目前，凤凰已经通高铁，凤凰古城站有来往于北京、上海、广州、深圳、长沙等城市的高铁。

公路

作为自治州首府，吉首与州内各县城间均有公路连接，是湘西各景点之间的主要驿站。但山区公路曲折难行，吉首附近的矮寨公路更是以九拐十八弯出名。

游在湘西

凤凰古城 ★★★★★

凤凰古城被很多人视为中国最美丽的小城，山不高而秀雅，水不深而清冽，楼阁掩映于群峰流水之间，玲珑秀丽，如一幅含蓄隽永的山水画。

凤凰古城分为古城景区、南华山景区、沙湾景区、奇梁洞景区、黄丝桥古城、南方长城六大景区。其中古城景区集中了凤凰大多数的古老建筑，是凤凰城的核心游览区，值得细品味道。

旧时有凤凰八景之说，分别是南华叠翠、兰径樵歌、山寺晨钟、东岭迎晖，龙潭渔火、梵阁回涛、溪桥夜月、奇峰挺秀，其中前三景在南华山，后五景在沙湾景区，有心的游者不妨一一看遍。

凤凰古城不收门票，南华山神凤景区门票 59 元

飞机

先飞抵张家界荷花机场，沿铁路到吉首，再到凤凰。或从距离凤凰30千米的贵州铜仁凤凰机场（航线少）打车到凤凰，约 100 元。也可从怀化的芝江机场前往。

凤凰古城全景

火车

可乘火车至吉首和怀化,再转乘高铁去凤凰。

公路

吉首→凤凰 从吉首火车站出站,一般站间广场就有去凤凰的空调旅游大巴,20元/人。吉首汽车南站6:30—17:30,每15～20分钟有一班到凤凰的车,20元/人,包车100元。

怀化→凤凰 出怀化火车站乘坐出租车(8元/辆)到怀化汽车西站,再乘班车去凤凰,40元/人。

铜仁→凤凰 可以在玉屏下火车,先到铜仁市区,再转车到凤凰,25元/人。

🌞 长沙到凤凰古城走高速,5个多小时可达。

城内交通

1. 凤凰古城很小,一般不用坐车,绿色的士起步价5元,晚上10点后6.5元。环保电瓶车1元/人。

2. 由凤凰到南方长城、山江、板吉、黄丝桥古城、都罗寨、舒家塘、亭子关等地,人多的话可以从长途汽车站前广场包车前往,根据距离远近,每车50～150元。

🍴 凤凰的特色菜有血粑鸭、蕨菜、回锅肉、酸汤鱼、罐罐菌、豆腐渣、酸菜汤,量多且味美价廉。下来虹桥右拐步行5分钟,有个黑仔餐馆,里面的酸鱼汤很值得一尝

🏨 凤凰古城内住宿非常方便。可住在沱江边的吊脚楼,那里能体会到真正的湘西风情

👁 1～2天

沈从文故居 ★★★ 🎒

提到凤凰古城就不得不提到一个人——沈从文,正是他的妙笔让这座荒僻而美丽的古城名闻天下,他本人也由此被誉为中国文坛的"乡土文学之父",更被说成是"湘西人民情绪的表达者"。沈从文故居是一座火砖封砌的四合院建筑,整座建筑古色古香,具有浓郁的湘西明清建筑特色,现陈列有沈老的遗墨、遗稿、遗物和遗像,是凤凰的人文景观之一。

👁 1小时

回龙阁 ★★★★ 🎒🏔

吊脚楼坐落于凤凰古城东南,前临古官道,后悬于沱江之上,是清朝和民国初

期保留下来的古建筑,具有浓郁的苗族建筑特色。

💰 免费

🚗 凤凰古城虹桥下游

🚌 凤凰古城出东门城楼往东步行100米即到

👁 1～2小时

老洞苗寨 ★★★★ 🎒🎋🏔

老洞苗寨位于湘西凤凰县,是湘西第一古苗寨,距今600多年的历史。老洞苗寨是一座石头城,呈九宫八卦格局,设计精巧,家家相通,户户相连。这里保留着苗族最原始的文化——亮彩,还有湘西最神秘、最可怕的巫文化"赶尸""放盅""降仙"。

💰 148元

🚌 去老洞苗寨交通还不是很方便,需要先坐车,再乘船,再坐车

👁 2～3小时

🌞 **1. 渡平湖:** 从凤凰古城乘老洞专车,至长潭岗水库改乘游船。山呈黛色,渔歌时隐,充满诗情画意。

2. 越峡谷: 弃舟登岸,峡谷幽曲。这里有象鼻山、乌龟岩,野趣横生。

3. 访苗寨: 穿越神工鬼斧的天然石洞,进入老洞苗寨,参观古老独特的石头格建筑。

南方长城 ★★★★ 🎒🏔

南方长城又称"苗疆边墙",是明代长城的一部分,全长约190千米。南方长城是明朝统治者为隔离南方少数民族、镇压反

凤凰古城的街道

沱江泛舟

抗、以求苗疆稳定而建筑的。沿途建有多座用于屯兵、防御的哨台、炮台、碉卡、关门。这里虽不如北方长城雄伟，但独具南国风光和湘西少数民族风情特色。

🎫 45 元

🚌 在凤凰县土桥垅汽车站（西站），乘坐开往阿拉营的中巴车，到南方长城景区下车即可

👁 1～2 小时

山江苗寨 ★★★★

又名总兵营，苗语称叭固，位于凤凰古城西北 20 千米处的一个峡谷之中，是一个具有浓郁苗族生活气息的小山寨。至今仍保留着古老的苗家习俗：鲜丽夺目的苗族服饰，情调别致的拦门酒，风格独特的卡鼓、拦路歌、边边场，还有传统节日"四月八"的跳月跳花，"六月六"的山歌对唱。

🎫 苗人谷 100 元

🚌 从凤凰县城二桥的堤溪路上，搭乘去山江的小面包车，人满发车，有时也会等很久

👁 3 小时

德夯风景区 ★★★★

德夯自然风光秀美，有流沙瀑布、盘古峰、矮寨公路奇观、玉泉门风光等；民族风情浓郁，有苗家做客、拦门对歌、跳歌会、苗族鼓舞等苗家、土家传统歌舞风俗。

🎫 80 元

🚌 吉首火车站有直达景区的中巴车，票价 10 元

👁 0.5～2 天

💡 **1. 矮寨：** 德夯矮寨非常有名，它是一个典型的苗族村寨，湘渝公路最险的一段就经过这里。不过一两千米的一

段路程，却绕了 13 个弯，上升高度五六百米还不止。2012 年通车的矮寨大桥就位于这里。雄伟壮观的矮寨大桥被誉为 10 个非去不可的世界新地标之一。

2. 流沙瀑布： 位于矮寨以西 10 千米，该瀑布的落差达 216 米，雄踞全国之冠。

3. 燕子峡瀑布群： 流沙瀑布附近有燕子峡瀑布群，它位于德夯溪的尽头，由 10 道落差在 200 米左右的瀑布组成，雨季时瀑布群连成一片，宽约 300 米，景象蔚为壮观。

4. 雷公洞： 德夯东北还有一个雷公洞，据说每当下大雨之前，洞口就会冒出缕缕白烟，神奇难以言说。

芙蓉镇 ★★★★

芙蓉镇原名王村，是一座典型的湘西古镇，土家吊脚楼、青石板路随处可见。细雨中徜徉于此，会有特别的感受。电影《芙蓉镇》便是在此拍摄，因为这个缘故，王村镇改名为芙蓉镇。

🎫 108 元

🚌 芙蓉镇是去猛洞河的必经之路，从张家界乘旅游列车到达猛洞河车站后，芙蓉镇就在附近

💡 1. 小镇口有一处壮观的瀑布，有太阳的日子，经常可以见到彩虹。镇上有几家旅店挨着瀑布，多冠以"观瀑楼"之类的名字，这些小店的住宿价格也就贵一些

2. 芙蓉镇上住宿较贵，最好住宿镇外，选择很多

👁 0.5～1 天

德夯流沙瀑布

1.古镇美食：古镇镇口有家米豆腐店，就是电影中的豆腐店，店主当然已经不是刘晓庆这个豆腐西施了，但店名却叫"刘晓庆米豆腐店"。

2.溪州铜柱：王村民俗风光馆内有一根中空铜柱，这便是有名的湘西溪州铜柱，是940年南楚王马希范与溪州刺史彭士愁划分疆界的标志，今天成了研究湘西少数民族历史的重要文物。

奇梁洞 ★★★★

奇梁洞以奇、秀、阔、幽的特色著称，有"天下奇景一属收"之美称。洞内有画廊、天堂、龙宫古战场和阴阳河五大景区。洞中有山，山中有洞，洞洞相连，千姿百态的石笋、石钟乳构成了无比瑰丽的画卷。

- 60 元
- 8:00—17:30
- 位于凤凰古城以北的奇梁桥乡
- 凤凰汽车站有到奇梁洞景区的中巴车
- 1 小时

猛洞河 ★★★★

猛洞河位于沅水上游酉水中段，是凤滩水电站建成后形成的高峡平湖。这里被人们赞美为"纳三峡之雄伟，集张家界之神奇，融漓江之旖旎，怀西湖之温馨"。未免溢美，但的确值得一游。

- 160 元
- 从张家界乘高铁到芙蓉镇站，全程23分钟，票价约40元。火车站就在芙蓉镇附近。从芙蓉镇有到猛洞河漂流的

芙蓉镇上的老街

班车，约 1 小时到达漂流处。另外，吉首汽车站有班车可直达

- 2～3 小时

坐龙峡风景区 ★★★★

坐龙峡由田亮溪、活龙潭、黑槽峡沟、南照峡沟等几段组成。峡谷全长约 6.5 千米，最高处 300 多米，多年来一直隐藏在武陵山脉中。峡谷两侧的山壁离得极近，山壁上能看到一层层岩石纹理，峡谷底下流水淙淙，不期而遇的瀑布总给游客带来惊喜。

- 78 元
- 可从芙蓉镇包车前往，价格在 50 元左右
- 2～4 小时

乾州古城 ★★★★

乾州古城旅游资源十分丰富，主要景观有乾城古街、观音阁、文庙、文昌阁、笔架山、小桥烟雨、仙镇山、美王湖、吴王故址、苗民起义古城场、黄石湖、背子岩、武山等。

乾州古城一年四季都适合旅游，以 3—11 月份为最佳。

- 70 元
- 8:00—21:00
- 湘西土家族苗族自治州吉首市人民南路
- 临近乾州古城（公交站）
- 2～4 小时

苗人谷 ★★★★★

苗人谷拥有鬼斧神工的自然景观和保存完好的古老苗寨，曾被国内外专家学者公认为中国"苗族活化石"。狭长的幽谷中，谷中藏洞，洞中藏谷，宛如迷宫，胜似仙境。四季山花烂漫，百鸟争鸣。

- 68 元
- 8:00—18:00
- 湘西土家族苗族自治州凤凰县凤凰苗人谷
- 1～2 小时

红石林国家地质公园
★★★★

中国唯一的红色碳酸盐石林，所有的石头都披着一层细密的纹格，珊瑚礁一般。整个景区融红、秀、峻、奇、绝、古于一身，俨然一座天然石景雕塑博物馆，因此被称为"武陵第一奇观"也就不足为奇了。

游在湘西

湘西美食

💰 120元

🕐 8:00—18:00

📍 古丈县兰花村

🚌 乘坐古丈到红石林的班车可直达，票价8元

👁 2~3小时

吃喝湘西

　　湘西菜是湘菜的一个重要分支。湘西菜长于制作各种山珍、烟熏腊肉和各种腌肉，口味侧重于咸香酸辣，常以柴炭作燃料；腌肉方法也十分特殊，大多腌后腊制。代表菜有红烧酸辣板栗烧菜心、湘西酸肉和炒血鸭等。

　　土家火锅别具风味，从餐具、座位、菜品无不如此，有机会一定要亲自品尝。乾州鸭子火锅、龙山茅坪辣子鸡火锅是当地出名的火锅，冠以此名号的店家数不胜数，可以向本地人打听一下谁家的味道最好，他们的意见是最值得参考的。

　　糯米粑粑、油粑粑、糖徽子是湘西土家、苗家最常见的街头小吃。

特色食处

　　吉首城内有一条街号称"好吃街"（当地意为贪吃），各种小吃摊点云集，味美可口，价格也便宜得惊人。此外，还有几家特色美食店值得一去，如熊家鸭子店、乡里人家、老钵头、特色羊肉馆等，找当地人一问便知。

　　晚间从县城邮电局到东门的街上有很多小摊，多为麻辣烫、烧烤等小吃，味道巾够辣。"大使饭店"在凤凰很有名气，酸白菜、地衣、腊肉、炒松油菌、罐罐菌炒肉等菜极具地方特色。此外，手工艺一条街上的"老街饭馆"也不能不去。

夜游湘西

　　湘西的夜生活不算发达，但电影院、台球厅、澡堂在各个县城都是能见到的。如果在吉首，则可到"好吃街"吃便宜又美味的小吃。

购物湘西

苗族的剪纸、银饰，土家的织锦，凤凰的蜡染、蓝印花布是湘西有名的工艺品，且为多手工制作，古色古香，可搁在家中作为装饰品。

选购手工艺品是凤凰旅游的精华之一。手工艺一条街值得一逛，其中吴花花的扎染，熊承早、刘大炮的蜡染，叶水云的织锦，皆是自产自销，值得留意。

湘西枞菌、湘西野生猕猴桃、古丈毛尖、古丈板栗、龙山大头菜等是湘西有名的土产，味美不说，价格也很便宜，不妨多买一些。

住在湘西

湘西住宿还算方便，各个县城都会有招待所或宾馆，条件通常都还不错。有的地方还有家庭旅馆，非常方便。

南岳衡山

南岳衡山快速攻略

Day1 南岳大庙→华严湖→忠烈祠→半山亭→玄都观→湘南寺→寿比南山石→南天门→祝融峰（赏日落、观云海）→高台寺→藏经殿

感受南岳衡山

香客 前来南岳烧香拜佛的香客之多难以想象，等到农历七月初一到十五，只能用人山人海来形容了。香客与普通游人的区别在于"红"，或身着红背心，或肩背红挎包，或手持红手帕，总之要红。庙会节日期间红色队伍之壮观为南岳一新景观。

准备与咨询

语言

使用普通话与当地人交流没有问题。

气候与游季

衡山地区因为海拔原因，山上与山下的温差较大，山下暑热，山巅寒冷，历来有衡山"三层天"的说法，"三层天"分别为：山麓至玉板桥、玉板桥至半山亭、半山亭至祝融峰，越往上气温越低。春天多雨，夏季不热，冬季不冷，山中一年有一大半时间处于云遮雾罩之中。

行在南岳衡山

进出

衡阳是南方铁路的一个重要中转站，而进出衡山必须从衡阳转车，所以，对于衡山旅游来说，衡阳也是一个重要的中转地。从交通方式来说，不论东南西北的游客，乘火车都是较为方便的。分别可至衡阳、衡山、株洲火车站下车，然后转汽车可达南岳区（原来的南岳镇），再转乘汽车到衡山。

出行切记

1. 在当地简称中，衡山一般用来代指衡山县，南岳才是指南岳衡山风景区。问路、买票、乘车时，切记讲清"南岳"，不要单说"衡山"。

2. 山上天气变化莫测，游人须带雨具。

3. 高山温度比山下低10℃，酌量带衣防寒。

4. 除生活必需品与贵重物品外，大件行李均可寄存在山下大庙附近的旅馆，不住宿也可以寄存。

佛道并存

南岳衡山佛教、道教同居一山，共存一庙，为中国名山一绝。

从大门进入

公交车从售票处到半山亭时，基本上都会在神州祖庙停留，白龙潭处没有公交车，建议从大门进入。

1. 票价

进山门票淡季80元，旺季110元。门票包括万寿广场、神州祖庙、桎木潭、忠烈祠、穿岩诗林、麻姑仙境、灵芝泉、磨镜台（神秘山洞）、福严寺、南台寺、藏经殿、阿迪力走钢丝旧址、高台寺（念庵古松）、上封寺、广济寺、祝融峰、朱陵宫、邺侯书院、方广寺。

2. 索道： 全程78元。

3. 旅游专线车： 在沿线各景点停靠，可以在各个旅游景点下车参观，参观后可换乘任意一辆相同行驶方向的旅游专线车继续参观其他景点。旅游专线车运营时间：康家垅站：4:00—16:00，南天门站：最晚18:00下山。

4. 衡山导游图： 凭进门票免费获取1张最新版的衡山导游图，标示比较详尽。深山内存在风险，地图上部分小路，在没有向导带领下，不要轻易尝试。

5. 可选索道： 在半山亭可以选择乘坐旅游专线车或索道，两条线路都是前往南天门站。索道8:00—18:30开放，专线车到康家垅门票处票价25元。

观日出

住在山下请注意上山的交通车，凌晨2点始发。住在山腰的可以乘坐半山亭至南天门的索道车（凌晨3点始发，5分钟可到）。

1. 南岳四绝

祝融峰之高、藏经阁之秀、方广寺之深、水帘洞之奇称为南岳四绝。

2. 南岳道观： 南岳庙内东侧有8个道观，西侧有8个佛寺，以示南岳佛道平等并存，很有意思。

铁路

京广线、浙赣线等几条南北方向的主要干线都在衡阳交会，所以，乘火车是到衡山旅游较方便的方式之一。

从长沙南也可乘坐高铁到衡山西站，二等座票价64.5元，行程29分钟。

公路

从长沙出发： 在火车站乘坐长沙至南岳的旅游巴士到达南岳衡山风景区，也可在火车站转乘公交车到达长沙汽车南站，再乘坐长沙至南岳的旅游巴士，票价46元，车程约150分钟。

从衡阳出发： 在火车站广场乘公交车至中心汽车站下车，在此乘坐旅游巴士到达南岳衡山风景区，票价15元，车程45～60分钟；包车100～150元。

区内交通

游客乘火车分别在衡阳、衡山、株洲火车站下车，然后转汽车可达南岳区，山上有公路，可在山下坐旅游班车或旅游出租车至半山亭、磨镜台。

衡山西高铁站有到南岳的旅游专线，票价18元。从火车站到南岳旅游专线票价10元；从南岳汽车站可以坐3路免费公交。

游在南岳衡山

南岳衡山有"寿岳"之称，所谓"寿比南山"就出自这里。衡山景区共有大小山峰72座，逶迤八百里，主峰祝融峰海拔1290米。景区内处处是茂林修竹，奇花异草，自然景观十分秀丽，因而又有"南岳独秀"的美称。

📍 衡阳市南岳区南岳镇

👁 1～2天

南岳大庙　★★★　🏛

始建于唐初的南岳庙是我国南方最大的宫殿式古建筑群，主体建筑共分九进。南岳大庙是一件兼具历史意义和艺术价值的珍品，其规模之宏大，建筑之精美，结构之完整，布局之周密，实属罕见。

衡山祝融峰

💰 40 元

📍 位于南岳镇北街

👁 2 ～ 3 小时

藏经殿 ★★★ 🏊🛕🗻🎣

有这样的说法："不到藏经阁，不知南岳秀。"绿野无垠的林海、红墙碧瓦、雕梁画栋的殿堂经阁，或许这就是"藏经阁之秀"的来历。"藏经阁之秀"被列为南岳四绝之一。

🚌 距离南岳区 10 千米，可步行前往，行程约 3 小时

👁 1 小时

💡 **1. 原始次森林：** 藏经殿附近是一片都郁郁葱葱的原始次森林，其中有高约两丈的玉兰树，有充满神话色彩的摇钱树、连理枝，还有湘粮、杜英、云锦杜鹃等珍稀树木。

2. 梳妆台： 附近一泓清泉据传是陈后主爱妃的梳妆处，梳妆台遗址犹在。距后约百步，有"古华居"楼房，铁瓦石墙变壁，坚固精雅，不妨转转。

方广寺 ★★★ 🗻🛕

以深邃幽雅著称的方广寺位于莲花峰下，这里古木森森，银泉淙淙，周围八座山峰如莲花瓣瓣，方广寺就是莲心。方广寺附近多珍稀树种，如红豆杉、银雀、香果树，其中有一株娑罗树，生长在岩上石缝中，已有数百年树龄。

🚌 从南岳区往方广寺有两条路：一条是至西岭后，越西岭至后山马迹桥，走公路到方广寺；另一条是由西岭沿山路直行，此路比较难走

👁 1 ～ 2 小时

💡 **水潭：** 距寺5千米处有黄沙潭、白沙潭、黑沙潭等诸多水潭。黑沙潭深不见底，水呈苍黑色，形成高达二丈、宽一丈余的瀑布，深潭石壁上宋徽宗亲笔题词的"海南龙湫"4个大字尚存。

祝融峰 ★★★★ 🏊🛕🎣

祝融峰顶有祝融殿，因山高风大，建筑是以花岗岩砌墙，铁瓦为顶，殿宇凌风傲雪，巍然屹立于顶峰巨石之上，颇为壮观。殿后有望月台，是一块高耸的山岩，上有古老石刻，字迹仍清晰可辨。

💡 **1. 香火盛：** 祝融殿比南岳大庙的香火更盛。

2. 购买香火要谨慎： 庙前卖香火的"缠人术"练得炉火纯青，想要上香不妨从山下购买带上去。

花果山景区 ★★★ 🏊🎣

这里既有南岳衡山的秀丽，又有丹霞地貌的瑰丽，景区里重现了定海神针（金箍棒）、盘丝洞、五行山、三打白骨精、女儿国等西游记神话情景。最值得观赏的是水帘洞，其水由紫盖峰分支而来，经山洞汇入石洞，石洞宽仅二三丈，却是深不可测，水满溢出，形成 20 余丈高的飞瀑奇观。

💰 100 元

🕐 8:00—17:30（周一至周五）
　 7:30—18:00（周六至周日）

🚌 衡阳中心站乘客车到望峰，每天13:10发车，票价29元，到达望峰后打车前往景区

👁 0.5 ～ 1 天

吃喝南岳衡山

作为佛教名山的南岳，菜肴自然以素食为主。南岳斋宴的主要原料有湘莲、菌类、竹笋、红白萝卜等，都是当地的山珍。衡山素餐就算不尝，光是听听菜名就让人称绝：一品香、二度梅、三鲜汤、四季清、五灯会、六子莲、七层楼、八大碗、九如意、十样景等；菜式更是别致有度：吉祥如意、冰心玉洁、四大皆空。

购物南岳衡山

云雾茶是衡山的特产。南岳雁菌是南岳另一项有名的特产，将新鲜雁菌用油炸熟，连同少许茶油入坛内储藏，作为菌油，用以入菜，能使菜肴芳香扑鼻。盖牌瓷器也是南岳特产中另一样值得考虑购买的特产。

住在南岳衡山

山下南岳区为集中食宿地。游人至此可进餐休息，购买观光地图等。山间也有多家宾馆、招待所可供游人食宿。磨镜台的南岳宾馆、山腰的南岳山庄等都是住宿的好场所。

推荐住宿
财火大酒店

🚕 金沙路金盆街46号

📞 0734-5674888

南岳衡山周边游

九嶷山 ★★★★ 😊✖

九嶷山又名苍梧山，得名于舜帝之南巡。山峰耸翠，巍峨壮丽，溶洞密布，自然风光秀美。这里还是瑶族聚居区，可看到瑶歌、长鼓舞及瑶家姑娘出嫁"坐歌堂"的婚俗。

　🎫 景区不收门票，景区内小项目收费。舜帝陵60元；紫霞岩60元；顺源峰30元

　🚩 宁远县九嶷瑶族乡

　👁 0.5～1天

上甘棠古村 ★★★★ 🏞✖🎋

至今已有1200多年的历史，是湖南省目前为止发现的年代最为久远的千年古村落，村中基本都是周氏族人。村中最具看点的是月陂亭，亭中有文天祥手迹"忠孝廉洁"；村外的步瀛桥是一座三孔石拱桥，是湖南省唯一一座宋代古桥。

　🚩 江永县夏层铺镇

　👁 1小时

崀山 ★★★★ 😊◉

集丹崖、碧岭、奇峰、幽谷、神洞、秀水于一地，是典型的丹霞峰林地貌。其中的"将军石""天生桥""天一巷""八角寨""骆驼峰""辣椒峰"被称为中国之绝，堪称世界自然奇观。

　🎫 门票136元；竹筏票120元；门票＋竹筏票186元

　🚌 长沙汽车南站有前往新宁的长途汽车，新宁县城湘运汽车站前有去崀山的巴士

　👁 1～2天

东江湖旅游区 ★★★★ 😊◉

位于郴州的东江湖，烟波浩渺，水天一色。最诱人的莫过于变化莫测的晨雾了，缥缈的晨雾，或浓或淡；摇曳的渔船，或隐或现。青山如黛，绿水如玉，在雾色的掩映下，似水墨丹青般唯美动人。"烟笼寒水月笼沙"，一派醉人的江南美景。

　🎫 55元（包含小龙江、龙景峡谷）；90元（包含小龙江、龙景峡谷、东江湖、兜率灵岩溶洞、游艇环游兜率岛）；东江漂流248元

　🚌 坐火车或高铁到郴州，在汽车南站有到东江大坝的班车，约1小时车程

　👁 0.5～2天

高椅岭放区 ★★★ 😊◉

是一块未开发的丹霞地貌处女地，在户外旅行者中小有名气。千姿百态、色彩瑰丽的丹霞孤峰、奇岩怪石，还有清澈的水洼散布，红山碧水，风景秀丽。被驴友们亲切地称为"美得一塌糊涂"的丹霞景观。

　🚩 距离东江湖约17千米

　👁 1～2小时

石鼓书院 ★★★ ⛪

宋初"天下四书院"之一，与应天府、白鹿洞、岳麓书院齐名。自古就是文人墨客喜爱之地，苏轼、周敦颐、朱熹、蔡汝南等历史名人曾在此执教，又有郦道元、曾国藩、彭玉麟等来此或讲学授徒，或赋诗记记，或题壁刻碑，或寻幽览胜，其状蔚为壮观。

　🕐 8:30—17:00

　🚩 衡阳市石鼓区青草桥旁

　🚌 临近石鼓书院（公交站）

　👁 3～4小时

怀化

怀化快速攻略

Day1 抗日受降纪念馆→龙津风雨桥→黔阳古城（住宿）
Day2 黔阳古城→洪江古商城→芋头古寨→皇都侗文化村→回龙桥

感受怀化

被称为西部"桥头堡"的怀化，是连接川渝黔滇与其他各城市的必经之地，也成为打工者聚集的城市之一。近年来，凭借着沈从文笔下所写的几处古老县城及洪江、通道旅游的日渐兴起，怀化已被越来越多的旅游爱好者所注意。

准备与咨询
语言

只要不是太偏僻的地区，当地的方言基本上能听懂，用普通话交流通常没有问题。

气候与游季

与湘西气候大致相似，四季皆可游览。

行在怀化
进出

怀化市素有"火车拖来的城市"之喻，是湖南西部重要的交通枢纽城市。

飞机

芷江机场位于怀化芷江侗族自治县，距怀化市区31千米。主要有到长沙、北京、广州等地的航班。

铁路

怀化是湘西南门户和交通枢纽，从云南、贵州、四川及广西、上海等地进出张家界的游客，大多从这里中转。

公路

怀化公路交通十分便利。209国道与320国道在城区呈十字交叉，另加上319国道及10条省道公路纵横全境，县乡公路通达城乡。

游在怀化
抗战胜利芷江受降旧址 ★★★ 🈚

当年侵华日军正是在这里接受投降命令，并与中方代表何应钦签署了备忘录。纪念馆包括受降纪念坊、受降大院展览馆。受降纪念坊为四柱三拱门式牌坊建筑，上嵌沅州石匾额。

🔅 天后宫、龙津桥

位于县城河西岸的天后宫青石浮雕门坊精雕细刻，镂空镌深；去天后宫必经龙津桥，这座创下吉尼斯世界纪录的风雨桥，其规模之大，结构之精美，气势之壮观，足以令观者动容。二者皆可与抗日受降纪念馆作一线游览。

🔅 一线游

芋头寨、皇都、回龙桥可作一线游览。通道县城有发往各地的客运车。

飞机：可坐飞机至桂林，转乘汽车过龙胜到通道，全程170余千米；或先飞到张家界，转乘张家界→湛江、襄阳→柳州、广州→达州等方向的火车，到通道站（县溪）下，再转乘汽车进县城。

火车：怀化市有直达通道的火车，每日4班。通道火车站随时有进城中巴汽车可乘。

汽车：怀化至通道县城有直达快巴。

洪江古商城小巷

🆓 免费

🕐 8:30～16:30

🚌 可先在怀化火车站乘公交车直达汽车西站，那里有直达芷江县城的巴士，1小时左右可达，累价15元

👁 2～3小时

黔阳古城　★★★　🏄🏛📷

你也许不知道黔城，但一定对"一片冰心在玉壶"不陌生，黔城即当年王昌龄左迁所至的"龙标"，如今"七绝圣手"早已远去，送别的古道却仍在脚下，镇内的芙蓉楼、南正街、赤峰塔、中正门、宝山书院碑和文庙遗迹亦值得前往观瞻。

🚌 怀化有直达黔城的火车；或在怀化汽车南站乘车直达

👁 2～3小时

洪江古商城　★★★　🏄🏛📷

这是一座拥有500多年历史，却因改成民居而久被忽略的古商城，旧称"小南京"。青石古巷在380多栋保存完好的明清时期古建筑中蜿蜒交错。众多的宫、殿、祠、庙，以及上百个作坊、近千家店铺，各显特色，恰似一幅直观反映明清时期社会市井全貌的"清明上河图"。

💰 成人90元；儿童45元

🕐 8:00～17:00

🚌 长沙汽车南站每天13:10、15:00有发往洪江的车，累价108元

👁 1天

芋头古侗寨　★★★　🏄🏛📷

寨前有建于1881年的塘坪桥和塘头桥，气势巍峨，古朴庄重。走在寨外一条已有数百年历史的青石古道上，仰头望去，可见50多栋吊脚楼依山耸立，鳞次栉比，气势磅礴。群屋之间，一座历时200多年、方形九檐尖顶的鼓楼高高矗立，鼓楼悬空贴岩而建，却不用一钉一铆，堪称一绝。

💰 35元

🚌 可在怀化汽车西站乘车直达通道，再包车前往古寨，或者从双江镇上乘的士10分钟可以到达

👁 0.5～1天

皇都侗文化村　★★★　🏛☯

位于"百里侗文化长廊"中心地带，由头寨、盘寨、尾寨、新寨共同组成。皇都侗寨是保留最完整的侗族村寨之一，现有吊脚楼500余座，形成了气势磅礴的侗族吊脚楼群。

皇都侗族文化村新寨

$ 45元
➜ 通道侗族自治县皇都侗文化村
👁 2～3小时

吃喝怀化

芷江鸭、洪江血粑鸭以及通道侗家腌肉是不可不尝的美食。如果正当时节，还可以吃到靖州木洞的杨梅，个大汁多核小。

特色食处

铁北烧烤 怀化烧烤最为集中的地方，一到晚上极为热闹红火。

中心市场大排档 集中了怀化所有的小吃，想吃遍怀化，来这里最合适不过了。这里有当地最出名的麻辣小龙虾、九子蟹、香辣蟹、小田螺，又麻又辣，还配有各种湘味的小菜。

扶凤酒楼 在怀化市湖天桥附近，是当地人中口碑极好的家常湘菜店，其中招牌菜扶凤鹅尤为美味。

夜游怀化

当地人休闲之处也无非是些灯红酒绿的舞榭歌台，中心市场及鹤洲路一带倒是有不少夜市小吃，好吃又便宜。

购物怀化

安江香柚、黔阳冰糖橙及境内的雪峰乌骨鸡、靖州血橙、木洞杨梅都是当地有名的特产。

住在怀化

怀化市区及各县城均有宾馆和各类招待所。在怀化市区建议住在火车站及鹤洲路一带的正规宾馆，以确保安全。洪江有洪江宾馆，芷江有芷园宾馆，条件都还可以。

怀荣宾馆

➜ 鹤城区迎丰西路148号
☎ 0745-7853666

怀化周边游

二酉山 ★★★★

二酉山因酉水和酉溪在此汇合而得名，山梁起伏，状如书页，所以又称万卷岩。相传当年秦始皇"焚书坑儒"时，朝廷博士官伏胜冒着生命危险，将书简藏于二酉洞中，使先秦文化典籍得以流传后世。

🚌 从怀化东站坐汽车至沅陵，从沅陵坐汽车直达二酉山
👁 1～5小时

万佛山 ★★★★

这里自然植被茂盛，空气清新，松涛阵阵，特别适合周末休闲游。可以在湖边垂钓，或在树林中搭个帐篷，享受大自然的悠闲清新。景区内有悬空栈道，其中玻璃栈道长度约40米，喜欢刺激的游客可以尝试体验一番。

$ 万佛山60元；独岩免门票；漂流138元
➜ 通道侗族自治县万佛山镇
🚌 从怀化坐火车至通道，再换乘汽车到万佛山；也可以直接从怀化汽车南站乘汽车到通道，再转车到万佛山
👁 1天

湖北省

自助游：

西北线：奇异之旅
武汉→十堰→神农架→武当山

西线：三峡之旅
武汉→宜昌→秭归

武广高铁之旅
武汉→咸宁→赤壁→岳阳→长沙→衡阳→韶关→广州

汉宜高铁之旅
武汉→天门→荆州→枝江→宜昌

自驾游：

探寻中国楚文化
长沙→常德→澧县→张公庙→刘家场→宜都→宜昌→兴山→神农架→房县→十堰市→武当山→襄阳→枣阳→安陆→云梦→孝感→武汉

感受大自然的神奇
武汉→孝感→云梦→安陆→随州→枣阳→襄阳→武当山→十堰→房县→神农架

武汉

武汉快速攻略

Day1 归元禅寺→古琴台→晴川阁→江汉路步行街（吃午饭）→黄鹤楼→辛亥革命武昌起义纪念馆→户部巷（吃晚饭）

Day2 湖北省博物馆→东湖风景区→武汉大学→光谷步行街（吃晚饭、购物）

周边游：

Day1 武汉→锦里沟→木兰山风景区→武汉

Day2 武汉→道观河风景区→武汉

Day3 武汉→赤壁古战场→武汉

感受武汉

大武汉 一直以来，中国只有两个城市敢称得上"大"字："大上海"和"大武汉"。一个"大武汉"承载了多少曾经的辉煌。如今，这个"大"字增添了更多的意义。汉江在这里流入长江，处于丁字口的武昌、汉口、汉阳三镇组成了武汉，面积可谓是大。南北的人流在这里集中、流散，南北文化也在这里碰撞、交融。这里没有独在异乡的孤独，有的是蓬门待客的温情，因此"大"又可以说是一种兼容并包的胸怀。

旧炉魁 说起我国"四大火炉"，武汉曾是当之无愧的"一代炉魁"。不过自从三峡工程修好，武汉夏天的温度就没有超过37℃，火炉的帽子是摘掉了。如今，广州、杭州、福州依然稳坐前三的交椅，这"第四大火炉"究竟花落谁家，还得拭目以待。

过早 在武汉话里"过早"就是吃早饭的意思，武汉人有在外面吃早饭的习惯。于是，大街小巷里一大早就有冒着热气腾腾的早点摊，四季美的汤包、老通城的豆皮、蔡林记的热干面……都是被老武汉人所津津乐道的，能把早点发展成一种饮食文化的也只有武汉了。

烦琐与简单 "天上九头鸟，地上湖北佬"，这句俗语并非贬义，而是从侧面反映出武汉人脑子灵活，心思缜密，聪明但不狡

楚剧

楚剧是湖北地区主要的地方剧种之一，剧目多反映民间故事和家庭生活，表演朴实、幽默，传统代表剧有《葛麻》《打豆腐》《百日缘》等。

汉剧

汉剧是湖北省武汉市地方传统戏剧，国家级非物质文化遗产。汉剧旧称楚调、汉调(楚腔、楚曲)，俗称"二黄"。汉剧传统剧目有660余个，唱腔优美，对白雅致，文本大气。

横渡长江活动

武汉地区大型横渡长江活动始于20世纪30年代。1956年，毛泽东在武汉畅游长江后写下著名诗词《水调歌头·游泳》，横渡长江因之闻名于世。

武汉长江夜景

诈，细腻而不失豪爽的特征。生活中有矛盾，也有无奈，但积极向上的思考还是占据了武汉人精神生活的重要部分。聪慧让武汉人能够游刃有余地处理生活琐事，洒脱让武汉人懂得在重压中寻求释放，在平静中得到解脱。

准备与咨询

语言

武汉地处中部，南北兼容，方言表达丰富，大多数外地人也能分辨一二。用普通话交流也不存在任何问题，基本上所有的武汉人都能听讲普通话，不过发音带有明显的汉味风格，因此当地人自嘲为"弯管子"普通话。

气候与游季

武汉四季分明，春长秋短，冬季阴冷，夏季是全国数一数二的"火炉子"。整个夏季气温较高，并且昼夜温差小，此时来武汉旅游，应做好充分的防晒准备。如果对自己耐热有信心，不妨来此感受一下，绝对不虚此行，因为武汉的夏季才最有特色。相对来说，春秋两季来武汉旅游较好，但春季应备好雨具，秋季应备些御寒衣物。

行在武汉

被誉为"九省通衢"的武汉，是国内少有的集铁路、公路、水路和航空于一体的交通枢纽大都市，南来北往，国内国际的水陆交通都非常方便快捷。

进出

飞机

武汉天河机场距武汉长江大桥直线距离 26 千米，到市区 25 分钟车程。

机场大巴线路	价格	时长
3 号航站楼（T3）—民航	20 元	25 分钟
3 号航站楼（T3）—航空路	25 元	45 分钟
3 号航站楼（T3）—汉阳古琴台	25 元	55 分钟
3 号航站楼（T3）—傅家坡	35 元	70 分钟
3 号航站楼（T3）—武昌火车站	35 元	75 分钟

机场大巴 ☎ 027-51230531

铁路

武汉市有汉口、武昌、武汉三个火车站。所有京广线特快、直快列车都会在武汉、汉口及武昌站停靠。三个火车站都有大型的售票处，市内也有一些售票点。

高铁

武汉站是武广高铁的起始站，经武广高铁到达广州约 4 小时，到长沙最短时间为 1 小时 18 分钟。

此外，汉宜高铁起始点为汉口站，从汉口到宜昌东站耗时不到 2 小时。

1. 问路： 在武汉问路，要记得微笑。有句俗话："伸手不打笑脸人。"因长江穿武汉而过，根据水流武汉人习惯说"往上走"或"往下走"。所以，到了武汉先看清长江水流方向也很有必要。

2. 嗓门大： 武汉人普遍嗓门较大，说话的速度也较快，外地人到武汉不必介意，听不懂或没听清完全可以要求对方再说一遍或说慢一点，武汉人很乐意这样助人为乐。

汉口南航售票处
🏠 汉口火车站 21 号，金家墩客运站附近
☎ 027-83622000
武昌南方航空公司
🏠 武珞路 586 号
☎ 027-87645047

市内一日游旅游专线
402 路的起点站是武昌火车站，终点是鲁山路磨山。沿途停靠红楼、黄鹤楼、龟山、琴台、武汉港、滨江公园、解放公园、徐东路、东湖梨园、省博物馆、梅岭、放鹰台、梅园、植物园等。发车间隔为 5～6 分钟，开收班时间是 6:00～20:00。

公路

武汉公路交通非常发达，为华中地区第一交通港站，京珠高速公路贯穿其中。每天从市内各长途客运站发往全省各市县及邻近省市县的各类大中型客巴数量众多。

武汉长途汽车站点

站名	地址	电话
武汉金家墩青年路站	江汉区青年路 208 号	027-85759879
武昌傅家坡车站	武昌区武珞路 358 号	027-87274817
武汉宏基长途汽车站	武昌区中山路 519 号	027-88074966

水路

武汉港客运总站，是我国内河最大的客运站。站前广场与武汉市内交通干道连接。

市内交通

武汉设计、建造的大桥很多，目前武汉共有 694 座城市桥梁，仅跨长江的大桥就有 11 座之多。这些桥梁将武汉三镇联系起来，使武汉三镇、长江两岸之间交通十分便利。

公共汽车

市内各景点基本都有公共汽车直达，非常方便。公共汽车均为无人售票车，前门上，后门下。乘坐空调车票价为 2 元，普线票价为 1 元，双层车票价为 1.5 元，部分郊区线路实行梯形票价。

旅游专线车

武汉有 4 字头的市内一日游专线车，实行两种票制：普票上车 2 元，一票到底；通票 5 元，当天内可在本线路任何一站上下车。冬夏冷暖空调开放，不再加价。长假期间车上还备有导游人员。

出租车

2.0 以下排量，起步价为 10 元 /3 千米，3 千米以上续程单价为 1.8 元 / 千米，10 千米以上每千米运价加收 50%。

晴川阁

武京大巴

武汉有往返北京的豪华大巴，行程比火车慢 1 小时，票价比火车硬卧便宜，但只有节假日才有。北京到武汉可直接走京珠高速公路。

双层巴士

乘新型双层观光巴士，无人售票，车票 2 元，限乘一次有效，刷江城通卡 1.5 元。车上还代售打折的景点门票。

武汉港客运站

武汉港客运站是武汉水路运输的第一码头。近年来因水路运输大幅度下降，许多到沿江城市的客运班次都取消了，乘船之前最好先查询一下。

📍 武汉市沿江大道 20—23 码头

🕐 8:00—17:30

渡口

武汉长江大桥、长江二桥实行单双号通行，一些车辆会选择乘汽渡过江。武汉市目前有两条汽渡航线，运营时间均在 7:30—20:00。

最便捷码头

最方便的轮渡码头在汉口的武汉关和武昌的中华路，它们分别连接武汉的两大购物场所——江汉路和司门口。

注意听报站

武汉的公交车报站格式一般是 "××站到了，×× 提醒你"，掺杂着广告语，很容易就听不清。

过路费

1. 除了天河机场乘车要交高速公路费外，市内无其他过桥过路费。

2. 火车站旁的出租车多宰客。

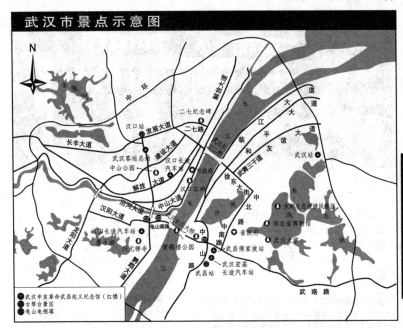

武汉市景点示意图

① 武汉辛亥革命武昌起义纪念馆（红楼）
② 古琴台景区
③ 龟山电视塔

轮渡

　　轮渡江轮可以说是武汉的一大特色。坐船往返长江两岸，是观赏武汉沿江风景的绝好机会。

轻轨和地铁

　　武汉现有 1、2、3、4、5、6、7、8、11、16 及阳逻线共 11 条地铁线通车运行。地铁按里程收费：4 千米以内 2 元；4～12 千米，1元 /4 千米；12～24 千米，1 元 /6 千米；24～40 千米，1 元 /8 千米；40～50 千米，1 元 /10千米；50 千米以上，1 元 /20 千米。每次乘车限时 4 小时。

游在武汉

黄鹤楼 ★★★★★

　　位于武昌蛇山上的黄鹤楼为"江南三大名楼"之一，该楼始建于 223 年，传说是为了军事目的而建。历代文人墨客到此游览，留下不少脍炙人口的诗篇，其中以崔颢"昔人已乘黄鹤去，此地空余黄鹤楼"成为千古绝唱。公园由南楼、白云阁、毛泽东词亭、搁笔亭、千禧吉祥钟、鹅碑亭、岳武穆遗像亭、胜像宝塔、石牌坊、诗碑郎、黄鹤归来铜雕及陈友谅墓等景点组成。不登此楼可以说不算真正到过武汉。

　　70 元

　　8:30—18:00

　　临近黄鹤楼（公交站）

　　027-88875096

　　1～3 小时

　　1. 登高望远：登黄鹤楼可观大江东去，看一桥飞架，南北天堑变通途的雄浑气势；还可以看到武汉长江两岸经济发展的蓬勃之势。

　　2. 从另一个角度看景：黄鹤楼几经焚毁，现在的楼是 1985 年新建成的，如果对这种人文古迹不感兴趣，可以不上楼。只需坐车从长江大桥路过的时候，行在武昌引桥一段时抬头往上看，就能看到山上的黄鹤楼。

东湖生态旅游风景区
★★★★★

　　来武汉旅游，东湖是必到之处。亲自体会一下，为什么这里是毛泽东在新中国成立后除中南海外居住时间最长的地方。

　　东湖绿道是国内首条城区 AAAAA 级景区绿道。东湖的磨山景区，是武汉又一个观赏樱花的好地方，还设有多个植物园，花木品种繁多。景区内还有全国最大的楚文化游览中心，主要景点有楚城、楚市、风标、楚天台、祝融观星、离骚碑、楚才园和南国哲思园等。

　　听涛景区免费；磨山景区 60 元；落雁

曾侯乙编钟

游在武汉

景区 13 元；马鞍山城市森林保护区 20 元

🕐　樱花园营业时间 7:00—21:00

🚌　听涛景区临近环湖路东湖站（公交站）；磨山景区临近武汉植物园（公交站）

👁　0.5 ～ 1 天

💡 **1. 东湖名吃：** 畅游东湖以后你可以在长天楼、人民餐厅、听涛酒家等餐饮名店享受美味佳肴，在这里你可以品尝到东湖的名吃名点，其中有茅台武昌鱼、橘颂饼、蝴蝶面等数十种美味佳肴。

2. 东湖樱花园： 在磨山景区里。这是与日本泓前、美国华盛顿齐名的世界三大赏樱胜地之一。来武汉看樱花最好的时间是 3 月下旬。

归元禅寺　★★★★　🐾🏯🎋

武汉佛教"四大丛林"之一，系禅宗寺院，至今已有 300 多年的历史。寺内现存殿堂楼阁 28 栋，整个平面布局呈袈裟形状，这是它在建筑布局上与其他佛寺的主要区别。归元寺铭牌为全国罕见直匾，堪称丛林一奇。

💰　10 元

🕐　8:00—17:00

🚌　临近国博大道冰糖角（公交站）

👁　1 ～ 2 小时

黄鹤楼

💡 **1. 罗汉：** 归元寺内有造型各异的罗汉 500 尊。按自己的岁数数罗汉，数到哪一个可记下号码，到堂外解签处花 3 元钱可请到罗汉图一幅。

2. 素餐： 归元寺的素餐相当有名，东坡饼、什锦包被称作归元寺素点"二美"。素火腿、珍珠口蘑、银耳甜羹、炸素鸡卷等素素都广受游客好评。

3. 凭票领佛香： 归元寺外有小贩兜售香烛，请不要购买，寺内不允许香客带香烛入寺，可凭门票领佛香 3 支。

古琴台景区　★★★　🐾

古琴台，又名伯牙台，位于汉阳龟山西麓，月湖东畔，是为纪念俞伯牙弹琴遇知音钟子期而修建的纪念性建筑。古琴台始建于北宋，历代毁建多次。现在的主体建筑为单檐歇山顶，前加抱厦式殿堂，堂前汉白玉方形石台，传为伯牙抚琴处。"琴台"二字传为北宋书法家米芾手迹，台壁上镶嵌有"伯牙摔琴谢知音"的故事浮雕，生动逼真。整个建筑群精巧雅致，保留了当年古建筑的风貌。

🕐　9:00—17:00

🚌　临近琴台站（地铁站），鹦鹉大道琴台公园（公交站）

👁　1 ～ 2 小时

武汉大学　★★★　🐾🌸

中国最美丽的大学之一，校区倚珞珈山而建，风景自然天成。最有名的莫过于 3 月间的赏樱花了。

💰　免费

🚌　临近八一路珞珈山（公交站），东湖南路武大工学部（公交站）

👁　1 ～ 3 小时

💡 若想进入校园赏樱，需要在武大指定的网络通道进行实名预约，这是社会公众入校赏樱的唯一途径。

楚河汉街 ★★★ 🏛🎨🎭

　　楚河汉街是具有较浓文化气息的商业步行街，有值得一去的网红打卡地，如世界演艺剧场、世界室内电影文化主题公园等。

🚌 临近白鹭街（公交站）
👁 2～4小时

知音号 ★★★★ 🎭

　　登上这座蒸汽游船，参与沉浸式演出《知音号》，仿佛回到风华绝代的老武汉。船上上演着老武汉人的家国情仇、相聚别离。这里没有观众席和舞台的概念，一旦登船，观众和演员就都是船客，一同完成这个特别的演出。

💰 平日228元；节假日298元
🕐 9:00～21:00（周一至周五）
　　9:00～22:30（周六至周日）
🚌 临近沿江大道三阳路（公交站）、沿江大道六合路（公交站）
👁 2～3小时

黎黄陂路 ★★★ 🎨🎭

　　黎黄陂路是文艺复古的街道，尽是民国时期保留下来的建筑，是武汉文艺青年必游之地，同时也是有名的网红街。

🚌 临近沿江大道兰陵路（公交站）
👁 20～60分钟

武汉大学

一句话推荐景点

武汉长江大桥　整座大桥异常雄伟，上层是公路，下层是铁路，两列火车可同时对开，万吨巨轮也能通行无阻。

🚌 乘公交在临江大道汉阳门站下车，步行至武昌桥头堡；或乘公交在晴川大道莲花湖站下，步行至汉阳桥头堡
👁 0.5～1小时

湖北省博物馆　湖北省博物馆的四大宝：出土于曾侯乙墓的曾侯乙编钟；冷兵器时代的精品之作越王勾践剑；距今100万年的郧阳区人头骨化石；元青花瓷中的极品——四爱图梅瓶。馆内的日常展览，还具有鲜明的古楚文化和古长江文明的特征。

🚌 临近省博湖北日报（地铁站）
👁 2～4小时

武汉长江大桥

武汉园博园 武汉园博园是第十届中国国际园林博览会（简称园博会）的举办地。国际园林艺术中心位于园博园的主入口，游客可享受穿廊、走台、观榭、望亭等游览体验。

60 元

临近园博园北站（地铁站）

2～6 小时

世界城光谷步行街 光谷步行街位于武汉市洪山区光谷广场，由现代风情街、西班牙风情街、德国风情街、意大利风情街和法国风情街组成，吃喝玩乐都有。

临近光谷广场站（公交站）

2～3 小时

吃喝武汉

武汉地处长江中下游平原地区，物产丰富，饮食文化受南北影响，使汉派饮食包容了各地的特性。无论是武汉的超大型餐饮酒楼还是烹饪小店乃至路边摊大排档，都能烧出叫座又叫好的美食，并且都好吃不贵。武汉菜肴以荆楚大地纵横交错的河港湖泊中的丰富水产，以及绵亘起伏的山地丘陵提供的种类繁多的山珍野味为原料，既迎合了追求返璞归真和天然绿色的现代食尚，又以亲民的价格而广受青睐并得以流传。除此之外，品种繁多的小吃也是楚文化不可或缺的部分。

特色食街

吉庆街 “户部巷过早，吉庆街消夜”，池莉的《生活秀》让所有人都知道了这个最能体现武汉市井文化的地方。白天的吉庆街就是一条普通安静的小街，冷清而沉寂，一到晚上就热闹起来了，一路的排档、餐馆，加上艺人街头助兴，每家的生意都红红火火。

吉庆街离江汉路步行街和江滩公园很近，吃过饭后去逛逛街、看看江景也不错。

户部巷 这里的早点够老，够味道。有石婆婆的热干面、徐嫂的鲜鱼糊汤粉、万氏夫妇的米酒等 30 多种特色小吃，是吃武汉小吃必去的地方。现在两边的老房子已经拆了，建了仿古新楼，路也拓宽了不少，但也有点找不到老武汉人们一大早挤在这里吃早点的感觉了。

1. 如果从有编钟的牌坊进去，右手边有个小吃街，别以为那里有什么老字号。要往前走 150 米左右，左手边有条小巷子进去，石婆婆和徐嫂的店都在那里。

2. 吃汤包的时候，要先轻轻咬破汤包的表皮，慢慢吸尽里面的汤汁，然后再吃汤包的面皮和肉馅。只有这样才能真正领略到小笼汤包的特有滋味。

特色小吃

武汉的小吃文化特别丰富，以早餐为例，就有热干面、糊汤粉、豆皮、面窝、烧梅、锅贴饺、油条等数十种类型，每一种都独具风味。而且由于长久形成的生活习惯，武汉人大多都在外面吃早点，他们称为“过早”，热热乎乎精神饱满地开始新的一天。

推荐食处

五芳斋 素有“汤圆大王”“粽子大王”“糕团大王”的美誉，它的汤圆皮薄心重，细腻可口，尤其适合喜好甜品的外地游客，来武汉不妨一试。

江汉区汉口中山大道 713 号数码港旁

027-82777128/13967306719

周黑鸭（江汉区解放大通世贸店） 湖北特产卤味小吃。

江汉区汉口解放大道 684 附 76

传统美食

武汉餐饮菜肴众多，最出名的菜式当属清蒸武昌鱼了，毛泽东诗词成就了它的声名，它也确实名副其实，肥美细嫩的鳊鱼，辅以火腿、冬菇、冬笋和鸡汤等清蒸以后，再在鱼上缀以红、黄、绿各色菜丝，看上去五彩缤纷，其汤质鲜香，回味长久。而最有武汉地方风味的就是排骨煨藕汤，作为一道家常菜，其丰富的营养和乡土气使其成为武汉人居家过日子的桌上常客。

推荐餐馆

三五醇欧洲花园酒店 武汉餐饮界的楷模，装潢华丽，环境非凡。到此吃饭可谓是一种享受，其名菜品种很多，如酥炸石丁鱼、卤水皮蛋烧财鱼、利香驴肉火锅、白烩银鳕鱼等。

汉口新华下路 245 号

027-85779835

艳阳天 在武汉三镇都有店面的艳阳天酒楼，可以说是武汉餐饮界的超级航母，能够容纳上千人同时就餐的经营面积，显示出一种霸气。其菜肴精而不贵，是江城普通老百姓打牙祭的首选，有“鮰鱼大王”的美称，特色菜肴有豆渣巴烧

江鲢、红烧鲴鱼、酱烧灯笼茄、金牌烧墨鱼、辣子鹌鹑、香煎武昌鱼、香式土匪鸡、蟹黄豆腐等。

宝丰路总店
- 汉口解放大道宝丰路 185 号
- 027-83779688

黄鹤楼金标店
- 彭刘杨路 235 号
- 027-88867979

特色食品

武汉的烧烤和炒菜是夜生活的主角。一句话来说，只要你能想到的它都能烤出来，并且是辣的，其中尤以烤鱼、烤臭豆腐、烤玉米最为美味。武汉烧烤业以首义园、武昌余家头、洪山虎泉和汉口车站路为甚。

精武路的鸭脖子已是汉货精品，晚上在武汉三镇的夜市到处可见，十分辣，外地游客要有心理准备。鸭脖子已经成为一种品牌，销售到北京、上海等全国各个城市。吉庆街的夜市是武汉最火的，但菜价较贵，外地人去谨防"挨宰"。

夜游武汉

武汉外滩的酒吧和咖啡厅很多，闹中取静。武汉有保成路、中华路等夜市摊位，它们是小商品零售市场，在此可购买心仪的小商品，价格便宜，适合喜欢逛街和擅长砍价的买家。

武汉的洪山广场、西北湖广场、红楼广场、武展广场都是晚上休闲娱乐、聊天纳凉的去处。江汉路步行街无论白天黑夜都是人头攒动，其间有很多时尚商铺、娱乐场所，来此购物休闲的人们都自得其乐。

- 汉口粤汉码头：临近三阳路（地铁站）、粤汉码头（公交站）。武昌红巷码头：临近积玉桥（地铁站）、临江大道大堤口（公交站）。汉江旅游码头：临近硚口站（地铁站）、沿河大道福茂巷（公交站）

购物武汉

武汉的商业区集中在汉口解放大道和中山大道，这里有武汉广场、世贸广场、SOGO以及王府井百货和新民众乐园等。

土特产

武汉传统的土特产有青山牌的麻烘糕、孝感麻糖之类的食品，口味比较独特，所以购买时一定要慎重。

推荐购物

武汉广场 武汉广场购物中心是中国中南部地区单体规模最大，集购物、娱乐、餐饮、商务、休闲于一体的豪华型购物中心。

新民众乐园 位于中山大道的新民众乐园是江城青年男女云集的地方，其集合了娱乐、美食、服饰、摄影、美容以及流行元素的一切，因此在武汉人气最旺。

汉正街 说起在武汉购物，外地人最先想到的恐怕就是汉正街了。作为全国有名的小商品集散地，汉正街通常都是卖些小商品，比如衣服、丝袜、手表、玩具等，而且以价格实惠著

夜游武汉

当地名吃

武汉的很多名小吃如四季美汤包等，现在都处于低迷的经营状态中，味道与过去不能同日而语，但仍能体会到武汉风味，因此外地游客可根据情况酌情品尝。很多街边小摊的手艺非常精湛，值得一试。

宜昌风味

武昌余家头邮局附近有家"宜昌风味小吃"店，主营宜昌风味小吃，在这里可以吃到武汉少见的酸辣面，酸辣口味地道，炸酱面配料独特，另有好吃的宜昌泡菜奉送。

鱼肴

武昌桥头武堡下面临江的望江鱼楼，专门经营长江鱼菜肴，它们做的白汁江鲴鱼、滑炒江鲇片、明炉江黄鳝等特别有名。白汁江鲴鱼的鱼肉外Б雪白、晶莹剔透，非常清爽，汤汁犹如牛奶般雪白、浓稠，许多外地游客尝完赞叹说"江水煮江鱼，美味无以比"。

民意三路的东海渔港酒家，招牌菜冲浪鱼，做法独特，鲜嫩可口，原料就是一条活草鱼。但是用来冲浪的石头就比较讲究，这石头比一般的鹅卵石要大一些，烧好以后放入乳白、明亮的高汤中，与腌制好的鱼片、青菜一起冲浪，锅内鱼片随着热油一起翻腾，煞是好看。

武昌鱼

武昌区的彭刘杨路（离黄鹤楼很近）上的武昌酒楼以烹制武昌鱼著称，可以去尝一尝。

武汉餐饮业

1. 武汉像上述同类型的餐饮酒店还有小蓝鲸美食广场、太子酒轩、醉江月酒楼等几家，规模有大有小，但菜式多样，很有韵味，而且都不算太贵。

2. 武汉餐饮业相当发达，而且武汉人特别爱下馆子，所以一到吃饭时间，这些酒楼基本爆满，要拿号排队等待，因此外地游客可提前一点多到达，以免等待太久。

称。不过，你也得会砍价。

光谷 这里有全长1350米的纯步行商业街，是购物休闲的好地方，衣服、零食、特产、饮料、小餐馆等店铺林立。欧洲风格的建筑，有着不一样的异国风情。

住在武汉

武汉市的住宿服务业较为发达，宾馆、酒店随处可见，香格里拉等知名酒店在武汉均有分店。可供广大自助旅游者住宿的经济型宾馆、招待所也不少。

推荐住宿

清江饭店

武昌区中华路57号

027-88855588/88726668

武汉纽宾凯新宜国际酒店

武昌区中山路438号

027-59220000

中山大道旁的老建筑

武汉周边游

木兰天池
★★★★

木兰天池有飞瀑、溪潭、怪石、奇木等构成的自然景观200多处，其中游人可通达的景观有40多处。在自然景观中，最为有名的是天池峡谷中的上八潭、下三潭、大瀑布、喋血溪等。这里的风光特点与九寨沟、庐山有诸多相似之处。

传说此地为木兰将军的外婆家，有关木兰的故事娓娓动人，丰富多彩。

70元

在武汉港，乘景区专线车可直达木兰天池，每天有7:00、15:00两班；或在汉口火车站，乘公交到黄陂客集散中心，再转乘专线巴士可到达木兰天池

0.5～1天

1. 农家饭： 如有兴趣，可到当地人家中品尝农家饭。

2. 租车游览： 从木兰天池没有巴士到木兰湖风景区，如安排2天自助游，可租车前往木兰湖。木兰湖边有酒店住宿，木兰湖上有太阳岛、八仙岛别墅区。

3. 免费游船： 木兰湖上有游船，若到景区内吃农家饭则可免费乘坐。

4. 黑商： 从于木兰大天池的脚下至天池商亭，沿途有一群商贩蛮缠地拉生意，请不要理睬。

木兰清凉寨
★★★

这里一年四季空气清新，即使在炎炎夏日，平均气温也仍旧维持在20℃，是绝佳的避暑胜地。春季，漫山遍野尽是樱花、杜鹃花；夏季，百米攀水大瀑布令人叹为观止；秋季，层林尽染，红叶飞扬；冬季，雾凇凝寒，玉树琼枝，每个季节都各具风情。

70元

黄陂区蔡店街道西北部

从汉口火车站乘公交到黄陂客运站，再转乘专线巴士可到；或从汉口新华路、竹叶山乘专线巴士可直达景区

从武黄高速→汉宜高速→京珠高速上武汉外环至景区

0.5～1天

武汉周边游

锦里沟 ★★★★ 🏞️ ✴️

　　深藏在武汉最北端的土家山寨，吊脚楼、风雨桥、土司寨等土家建筑交相辉映，形成了独具土家风情的诗画山水图。在此可观赏具有苗寨风情的建筑，品尝地道的农家菜肴，挑选精美的工艺作品，品味不尽，乐在其中。

💰　70 元

🕐　8:00—17:00

🧭　黄陂区北部蔡店街道境内

🚌　可在华中科技大学、光谷广场、螃蟹甲、湖北大学等地乘坐直通车直达景区

道观河风景区
★★★ ⛰️🏞️🌊⛪

　　风景区内有一湖、二洞、三寺、三潭、四泉、六岩、十溪、七十二峰等名胜古迹，包括报恩禅寺、紫霞寺、避暑山庄、曲廊亭等。将军山主峰海拔 675 米，是武汉山峦最高峰，现被列为国家级森林公园。道观河水库水面宽阔，乘船游览，湖光山色，美不胜收。

🚌　在武汉客运港长途汽车站乘坐市郊旅游专线 2 路，汽车直达新洲道观

河风景区，每日始发时间为 9:00，单程票价为 18 元 / 人

👁️　3～4 小时

💡　**1. 宝玉石博览馆：** 区内有世界宝玉石博览馆（票价 10 元）值得一观，如不感兴趣，也可以乘坐汽船在道观河上驰骋一番，十分好玩。

2. 汪集鸡汤： 新洲的汪集鸡汤在武汉非常出名，15 元一盅可以让你感受到浓浓的乡土情，旅友来此一定要试试。

三国赤壁古战场
★★★ 🏯🎭⚔️

　　读过《三国演义》的人都知道赤壁之战，而这一古代著名战役的战场，就在距赤壁市中心 40 千米的地方。旅游区由赤壁山、南屏山、金鸾山三山组成。主要景点有赤壁摩崖石刻、赤壁大战陈列馆、翼江亭、周瑜石雕像、拜风台、凤雏庵、赤壁碑廊。站在这里观望，眼前不由得浮现出当年波澜壮阔的战争场面，耳畔也激荡起震天动地的喊杀声。

💰　135 元

🚌　从武汉乘坐班车或火车到达赤壁市后，乘公交车到金三角（公交站），直走 200 米到西门停车场乘班车到达景区

👁️　2～3 小时

赤壁古战场

恩施

恩施快速攻略

　　主要景点多在恩施市、利川市境内，但一般以恩施土家族苗族自治州首府恩施市作为旅游中转站。景点之间多为山路，且相隔甚远，几乎游每处景点都需一天时间。游客可根据时间自行选择安排。

感受恩施

　　恩施土家族苗族自治州位于湖北省西南端的崇山峻岭之中。恩施有保存最为完好的土家山寨，至今仍居住着 500 多户土家山民，土家族的吊脚楼、侗乡的风雨桥、7 月的女儿会、耕耘时的薅草锣鼓、葬礼时跳的撒尔荷、庆典时跳的摆手舞，都是恩施独具一格的土家族等少数民族风情。恩施夏无酷暑，冬少严寒，雾多，雨量充沛。因此，前往恩施旅游最好避开雨季。

💡 避开雨季

　　由于恩施雨多、雾多，所以在此地旅游常会因为一连几天的坏天气而影响游览，所以前往恩施旅游最好避开雨季，并事先多了解一下当地的天气状况。

行在恩施

进出

飞机

　　恩施许家坪机场现有飞往武汉、宜昌、重庆、广州、北京等地的航班。从机场乘坐 18 路公交车可到市里，乘坐出租车需要 10 ～ 15 元。

铁路

　　恩施火车站是宜万铁路中的重要经停站，目前从北京、广州、上海、成都等地都能直达恩施。汉宜铁路通车后，从恩施乘坐动车到武汉仅需 3.5 小时。

公路

　　武汉至恩施每天有多班大巴，票价为 130 ～ 150 元。宜昌到恩施的大巴为 110 元。由于紧挨着重庆市和湖南省，也可以从重庆、湖南常德方向进入恩施。

区内交通

　　市内交通非常方便，有 38 条公交线路，无人售票，票价 1 元。恩施出租车起步价为 5 元 /2 千米，2 千米以上续程单价为 2 元。

游在恩施

恩施大峡谷景区

★★★★★ 📷 Ⓐ

　　位于长江三峡附近的恩施市屯堡乡和板桥镇境内，是清江大峡谷中的一段。与美国科罗拉多大峡谷难分伯仲，是世界上最美丽的大峡谷之一。峡谷中的百里绝壁、千丈瀑布、傲啸独峰、原始森林、远古村寨等景点均美不胜收。

　　🎫 七星寨 185 元；七星寨 + 索道 290 元；景区联票 265 元；景区联票 + 索道 370 元

　　🚌 在恩施清江宾馆客运站乘坐前往沐抚的班车，一天两班；也可在航空路客运站乘坐班车。车程 1.5 ～ 2 小时，票价 10 元左右。包车价格在 120 ～ 150 元

　　👁 1 ～ 2 天

梭布垭石林

★★★★ 📷 🏔

　　景区享有清凉王国之称，是避暑的好

地方。景区内独特的"溶纹""戴冠"景观是一大亮点，是全国最大的戴冠石林。景区内还能观赏到天然萤火虫奇观。

- 💰 108 元（含观光车）
- 🚌 在恩施硒都广场乘坐梭布垭景区的旅游专线车，票价 18 元
- 👁 2～4 小时

腾龙洞 ★★★ 🏊⚽🎐

中国目前最大的溶洞，世界特级洞穴之一。旱洞全长 52.6 千米，洞口高 74 米，宽 64 米，为亚洲第一大旱洞；水洞则吸尽了清江水，更形成了 23 米高的瀑布，清江水至此变成长 16.8 千米的地下暗流。神奇的是，水、旱两洞仅一壁之隔。

- 💰 150 元
- 🚶 位于利川市城郊 6 千米处
- 🚌 利川市东门、西门处均有车去腾龙洞；利川市火车站有专门的腾龙洞旅游接送车辆，出站即可看见
- 👁 2～3 小时

恩施土司城 ★★★★ 🎋🎐

这里建有恩施州土家族、苗族、侗族三个主要少数民族的传统建筑。位于民族文化区中心的土家族"九进堂"，是全国土家族吊脚楼中规模最大、风格最典型、外观最壮观的仿古建筑群。

- 💰 45 元
- 🚶 位于恩施市西北，距市中心 500 米
- 👁 2～4 小时

鹿院坪景区 ★★★ 🏊

在刘廖河与中间河之间的峡谷地缝中，有一处未被开发的美丽景色——鹿院坪。此处四周绝壁环绕，因为地势特殊，山水林田路及农舍都保持着原生态。

- 💰 128 元
- 🕐 8:00—17:30
- 🚌 在恩施汽车站搭乘到板桥镇的班车，在板桥镇搭乘蓝色的村村通小面包车到鹿院坪
- 👁 1～2 天

💡鹿院坪

鹿院坪隐在恩施大峡谷中，是一个与世隔绝的原始村落。想要去那儿，需要下行 1500 多级石阶，进入谷底。这里风景优美，民风淳朴，宁静安详，是一处真正的"世外桃源"。

神农溪 ★★★★ 🏊🎐🎐

"鄂西的明珠"，分为龙昌峡、鹦鹉峡、神农峡、锦竹峡四个自然峡段。最具特色的神农溪漂流，是使用一种形似豌豆角的扁舟。乘坐游船，畅游在溪流中，两岸满目苍翠，悬崖峭壁上还有古老神秘的悬棺。

- 💰 95 元
- 🕐 8:00—16:00
- 🚶 恩施土家族苗族自治州巴东县信陵镇沿江路 191 号
- 🚌 从宜昌客运站乘坐班车，约 4 小时可以到达巴东县城。游船码头位于巴东县信陵镇沿江路 191 号，县城不大，步行可以到达
- 👁 2～3 小时

吃喝恩施

恩施土家风情表演与吃关系密切，以土家四道菜（白鹤菜、泡儿菜、油菜汤和舔酒菜）为主线，其间穿插土家山歌与舞蹈，主要形式有山歌独唱、对唱和小合唱，以及有着浓郁的土家风情的耍嘎儿、莲响儿、摆手舞等。整场表演时间约 1 小时。

特色小吃

合渣 顾名思义，就是将豆渣、花生渣和肉渣（肉末）合起来炒或煮，有各种口味。

腊肉 同是腊肉，但做法与别的地方大不相同，一般由摊主把客人事先挑好的肉放到煤炉上去烧，等烧得冒油后再放进碱水里泡着，然后擦得皮色发黄为止，做的过程就已经让人垂涎三尺了。

土豆干 把土豆切成片并放在太阳底下暴晒成干，当地人用来炖腊肉吃，味道很是不错。

住在恩施

恩施一路同行酒店 位于沿江路美食一条街，有免费停车场。酒店内设施齐全，服务亲切。

- 🚶 东风大道 60 号
- ☎ 0718-8200006

恩施慕尚国际酒店 位置优越，驾车 5 分钟左右可到达恩施广场、百佳广场等购物娱乐中心，距离恩施土司城也只有 3 千米。

- 🚶 施州大道 168 号和润城 B1 栋
- ☎ 0718-8029999

神农架

神农架快速攻略

Day1 神农顶景区（小龙潭→金猴岭→神农营登顶→神农谷→板壁岩→太子垭）→大九湖坪阡古镇（住宿）

Day2 大九湖景区→香溪源景区→木鱼镇（住宿）

Day3 天生桥景区→天燕景区→玉泉河景区

这个攻略是神农架旅游的常规路线，如有发烧级别的游客可进一步深入，不过一定得找导游。

感受神农架

花海药国 相传上古的神农氏曾经在这里遍尝百草，为人们治病。神农架的植物花卉种类繁多，从石柱河到神农顶都被花香侵袭。据统计，全区共有中药材 2000 多种，是一座举世闻名的大药园。神农架丰富多彩的中药资源算得上当地一大独特的旅游资源优势。

世界自然遗产 2016 年 7 月 17 日，在联合国教科文组织世界遗产委员会第 40 届会议上，湖北神农架被列入《世界遗产名录》。

行在神农架

进出

机场

神农架红坪机场于 2013 年 10 月通航，目前有直飞武汉、重庆、上海的班机，其他地区需转机。机场有大巴发往木鱼镇和松柏镇，根据航班到港时间实时发车。

高铁

神农架高铁开通后，去神农架更加方便。北京、上海、成都、重庆、郑州、广州、贵阳、昆明等城市均有开往神农架的高铁列车。

"高峡平湖"观光游船

宜昌至神农架线，航行 2 小时 40 分钟抵达兴山旅游码头，下船再上车，只需 1.5 小时，便抵达神农架木鱼省级旅游度假区。

公路

林区内的主要干道有 209 国道、白果树和红花朵省道；酒壶坪和九湖县道相连。境内公路全长 1300 多千米，贯穿全区南北东西，并与襄阳、十堰、宜昌、兴山、巴东等市县公路连成网络。主要从十堰和宜昌两个方向进出，从十堰方向走，先到松柏镇；而从宜昌到神农架，则先到木鱼镇。

宜昌→神农架

可坐从宜昌开往兴山县的快巴，票价 25 元，每 30 分钟有 1 班，约 3.5 小时；然后从兴山转车到神农架木鱼，票价 25 元，只要 40 分钟。如直接从宜昌坐车去神农架，每天有 6 班车，票价 76 元。

📞 **宜昌中心站** 0717-6910888

十堰市→神农架

十堰市距离神农架 202 千米左右，车程约 7 小时，每天一班

最佳游季

每年 9 月底至次年 4 月为冰霜期，每年的 6 月至 10 月为神农架旅游的最佳季节。

旅游须知

1. 神农架原始森林很大，交通不发达，很多地方不对游人开放，为防止在森林中迷路，最好请一名导游，每天的费用约为 150 元。

2. 在林间徒步要戴好帽子，穿长袖衣和长裤并束紧袖口裤脚，穿长靴，这样可以防止被毒虫和毒蛇咬伤。

3. 若在山里遇上暴风雨，首先要认清方向，找一处较开阔的坪子，既不致迷途也可避开雷击。

4. 必须要带的东西：密封容器（装火柴和雨衣）、防紫外线眼镜、小刀、绳子、指南针。

车，早9:00发车，票价90元。

武汉→神农架

从武汉新华路长途汽车站乘长途车，每天20:00有一班发往兴山县的车，次日6:00到达。兴山有小巴车可到达神农架木鱼镇，每半小时一班车。也可以从武汉坐火车到十堰，在汽车站搭9:00的客车到神农架的松柏镇。

重庆→神农架

可坐船在巴东港下船，巴东每天5:30有开往神农架的班车。重庆至神农架的直通车也已经开通，往返+门票498元。

神农架客运站每天有客车开往下列城市：武汉（1班）、十堰（1班）、房县（2班）、宜昌（1班）、老河口（1班）、兴山（1班）、秭归（1班）、巴东（1班）等。也可乘车至兴山县后转乘小巴至木鱼，1.5小时车程，30元/人。

区内交通

早上7:30之前发出的各趟内部旅游班车均经过各景区。若包车前往，非空调7座面包车：200～300元/天；10座空调车：500元/天。

游在神农架

天燕原始生态旅游区

★★★★★ 🎿🏊⚓

这是最能体现神农架原始风貌的地方，可以满足你探秘猎奇的欲望。天燕景区的主要景点有燕子垭、燕子洞、天门垭、红坪三十六峰等。

旅游区内有一块绵亘15千米的峡谷盆地，漫步林中，可欣赏到清溪两旁如画的风景，而且四季的景色各有千秋，十分优美，所以被誉为"红坪画廊"。

🎫 45元；联票480元（包括神农顶、神农坛、天生桥、官门山、天燕、大九湖）

🕐 7:00—17:30（6月26日—10月31日）；8:30—17:30（11月1日—次年6月25日）

燕子垭、燕子洞 相传为炎帝神农氏与太上老君会面的地方。海拔2200米，与天门垭南北相望，下临紫竹河谷，有大片原始森林。

神农架景点示意图

在燕子垭口东北1000米处的半壁上有一个闻名遐迩的燕子洞，洞高14米，宽16米，主洞长约3700米，洞内栖息着大量短嘴金丝燕。神农架优厚的自然环境使它们失去了原先南飞北迁的候鸟特征。

从燕子垭西北面的石阶桥亭上回首观望洞口，可以看到燕群飞舞的壮观景象。

红坪画廊 红坪画廊也称神农天梯，是原始森林中的一个大峡谷。画廊中的山峰和溪流四季景色各有千秋。红坪画廊以北就是天门垭景区，时间充足的话，可以一并游玩。

🚕 从神农架林区的红坪镇前往，从镇上打车车费10～15元

香溪源景区

★★★★★ 🎿🏊🎋

景区在神农架东南部，海拔1200米，气候凉爽，水源充足，距三峡水利枢纽工程中堡岛仅100千米，距松柏镇112千米。

该景区以神农文化为内涵，集淳朴小镇与珍稀濒危古树于一体。主要景点有神农祭坛、小当阳、香溪源、杉树坪原始森林等。

🎫 30元

泉瀑争奇的神农架景区

🕐 8:00—18:00

👁 2～3 小时

香溪源 香溪是长江的一条小支流，因溪水飘香而得名。香溪源即为它的源头，位于神农架木鱼镇路口，相传王昭君就出生在香溪源头的一个小村子里。

每年 3 月，当香溪河畔桃花盛开的时候，就可以在香溪水中看到一种淡红色的鱼——桃花鱼。

神农祭坛 地处木鱼镇，是神农架旅游的南大门，香溪由此缓缓南流。整个景区青山环抱，美丽而幽静。

神农祭坛的特色旅游项目是当地的篝火烧烤晚会，晚会上有先民狩猎、娶亲、双花棍舞等表演节目，当地的青年男女还会对唱情歌并以鞋定情。还可以品尝到野味烧烤，席间当地山民会敬上神农黄酒，教唱山歌，其乐融融。

💰 篝火晚会 120 元

神农顶景区
★★★★★ 🏞🚠🧗🎿

神农顶风景区在神农架南部的自然保护区内，山峰均在海拔 3000 米以上，堪称"华中屋脊"，是以秀绿的亚高山自然风光、多样的动植物种、人与自然和谐共存为主题的森林生态旅游区。主要景点有神农顶、风景垭、板壁岩、瞭望塔、小龙潭、大龙潭、金猴岭等。

💰 130 元

👁 0.5～1 天

神农顶 面积约 2 平方千米，海拔 3105.4 米，故有"华中第一峰"之称。神农顶终年雾霭茫茫，岩石裸露，长有苔藓和蕨类植物，山腰上则分布着箭竹林带、冷杉林带和高山杜鹃林带。

板壁岩 板壁岩以怪石和"野人"闻名。这里怪石嶙峋、姿态万千，无论正面看还是侧面看，形象和姿态都不同，却都

神农祭坛

栩栩如生。据说板壁岩一带还经常发现"野人"的行迹。

💡 1. 在板壁岩游玩时，牢记一定要沿着景区内的游览步道进行游玩。景区位于原始森林的深处，有时会有蛇以及其他野兽出没。

2. 每年冬季下雪后，景区的交通车只到达瞭望塔，不到板壁岩。

金猴岭 由于金丝猴的栖息和出没而得名，是神农架原始森林保护较好的地方之一。

风景垭 又名巴东垭，在神农架主峰西侧，最高海拔 2950 米，有"神农第一顶"之誉。该处的景观特色就是峰奇谷秀，站在垭口极目四眺，只见山峦起伏，气象万千，景色十分壮丽。

神农溪漂流 神农溪是巴东和香溪之间的一条长江支流，与香溪一样都发源于神农架。神农溪总长 60 多千米，两岸风景如画。

💡 **漂流：** 漂流采用的是当地特有的两头尖尖的铁制扁舟，每船游客 18 人左右，船工 4～5 人。漂流后可在巴东县城乘快艇返回宜昌，票价 110 元 / 人，行程约 2 个半小时。

玉泉河景区 ★★★★ 🏞🚠

如果你勇于探险挑战，实在是应该来这里。在神农架东北部，原始森林保存最好，人迹罕至。有神农架自然博物馆、武山湖、六道峡等 30 多个景点。

六道峡 这里的山崖最为陡峭，还可以看到最富有神农架特色的乡土人情。

老君山 相传太上老君曾在此为玉皇大帝冶炼丹药，为炎帝神农打造家具。

神农架自然博物馆 看了这"缩小的神农架"，就能理解它为什么被誉为"野生动物园""物种基因库""天然药园"了。

大九湖国家湿地公园
★★★★ 🚠🎿

九湖坪四周高山环绕，东西有九个大山梁，梁上森林密布，气势雄伟。山梁间九条小溪犹如九条玉带从云雾中飘舞下来。在这高山平原上也恰好有九个粼光闪闪的湖泊，这就是大九湖。大九湖是不可多得的高山湿地。这里林木遍布山野，有金丝猴、华南虎等珍稀动物，还建有人工养鹿场。

💰 100 元

🚌 神农架景区内每天 7:30 之前有发往各个景区的班车，但是数量不多。若错过，可选择包车前往，300～500 元 / 天，旅游旺季价格会有所上涨

👁 3～5 小时

吃喝神农架

神农架地区有句顺口溜："吃的洋芋果，烤的疙瘩火，烧酒配着腊肉喝，除了神仙就是我。"里面说到的都是当地的日常食物。到了神农架，要尝尝当地的腊肉、土豆和嫩豆腐。

另外神农架野菜也是有名的菜肴，神农土家宴、神农架野菜都可令人大饱口福。

购物神农架

主要特产有神农茶叶、香菇、中草药、木菜板、绞股蓝、野生蜂蜜、红桦树汁、根雕、水晶石、野生核桃、板栗等，在木鱼镇和松柏镇的街上可以买到。

住在神农架

到神农架旅游一般都在木鱼镇住宿，镇上宾馆较为集中。当地二星级宾馆主要有神农山庄、天禄度假村，居住环境和条件较好；其他有河坪宾馆、神保宾馆、大森林山庄、神农度假村等。另外，木鱼旅游开发区还有民居式旅馆可居住。

武当山

武当山快速攻略

Day1 玉虚宫→磨针井→太子坡→逍遥谷→紫霄宫→乌鸦岭（住宿）

Day2 乌鸦岭→南天门→南岩宫→玄帝殿→两仪殿→百步梯→朝天宫→金顶

感受武当山

武当武术 没有人会对武当武术陌生，它早已融入传说故事、民俗当中。尤其是在金庸的笔下，将"北崇少林，南尊武当"之说发扬光大。谁都记得《倚天屠龙记》中，那个百岁高龄、仙风道骨，一出手便让各门各派臣服的武当派创始人张三丰。

道教仙山 武当山一直保持着全国道教中心的地位。人们誉之为"四大名山皆拱揖，五方仙岳共朝宇"，一时成为道教名山建设的范本，安徽的齐云山、甘肃的崆峒山等处的宫观建筑及其总体格局都有明显地模仿武当山的痕迹。

☀暴雨须暂避

在武当山如果遇上暴雨须暂避，因为暴雨和雷暴多连在一起，暴雨容易引发泥石流，雷暴亦常作滚地雷，容易伤人。

准备与咨询

气候和游季

武当山垂直气候明显，气温随海拔高度递减。全山分三层气候区：高层，即朝天宫至金顶，海拔 1200 ～ 1600 米，年平均气温 8.5℃；中层，即紫霄宫至朝天宫，海拔 730 ～ 1200 米，年平均气温 12℃；底层，在海拔 750 米以下的太子坡、武当山镇等地，年平均气温 15.9℃。春夏秋三季皆可旅游观光，夏季是避暑的好地方。

行在武当山

进出

飞机

十堰武当山机场，已于 2016 年通航。机场距十堰市区约 15 千米，离武当山景区约 25 千米。

铁路

从武汉出发乘火车到武当山站（六里坪）下车即可。此外，武当山站到北京、上海、广州、厦门、重庆、成都、西安、郑州等大中城市均有列车。

公路

一般是在十堰转车。从十堰到武当山镇有高速公路，约30千米，半小时即到。武当山至十堰班车每10分钟一班；武当山至襄阳班车每半小时一班。此外，武当山还有发往全国各大中城市的长途班线。

游在武当山

🎫 A票254元（金顶＋紫霄＋门票＋车票）；B票243元（金顶＋门票＋车票）；C票216元（门票＋车票）

玉虚宫　★★★★★　🏯🌲

玉虚宫全称"玄天玉虚宫"，是武当山建筑群中最大的宫殿之一。

玉虚宫建于1413年，现存建筑及遗址主要有砖结构的宫墙两道，宫门前对峙在亭台之上的两座碑亭，宫外现存的东天门、西天门、北天门遗址。虽然只是残存的建筑和遗址，但仍有很强的感染力，颇值得观赏。

🎫 免费

👁 1小时

💡 **游览武当山**

1. 要想玩好武当山，需要两天的时间。一次游玩后，可在游客中心办理二次进山的手续，只需买半价的车票即可。

2. 武当山的逍遥谷景区下午有武当武术表演，另外这里还是张纪中版的《倚天屠龙记》的外景地。

3. 景区内的观光车乘坐不限次数。

太和宫　★★★★　🏯🏯

与金殿一墙之隔的太和宫，位于武当山

武当山

最高峰——天柱峰的顶端，是武当山的最高胜境，这里也是去金殿的必经之路。到了太和宫，才算是真正意义上来过了武当山。太和宫历史上规模庞大，但现仅存正殿、朝拜殿、钟鼓楼、铜殿、转运殿等。

👁 1～2小时

💡 **游览转运殿：** 殿内供奉的龛与墙壁之间仅容一人侧身通过。据说走到这里的时候只能向前，不可倒退，否则将带来霉运，走过去就时来运转。

太子坡　★★★★　🏯

按《真武经》中真武太子修真的故事布局，1412年修建，是武当山上较大的建筑群。门额上刻有"太子坡"三字，进门后有长约500米的云墙依山而筑，沿着山势逶迤起伏。最高处为太子殿，内供真武童年塑像。殿前有观景廊，这里是眺望金顶的绝佳方位，在云雾中可感受一下"人从天上回"的意境。

👁 1～2小时

南岩宫　★★★★　🌳🏯

南岩峰岭奇峭，林木苍翠，上接碧霄，下临绝涧，可谓无限风光在险峰，当属武当山36岩中最美的一处了。

🚌 从紫霄宫行驶2.5千米至终点站乌鸦岭，经南天门，即达南岩胜境

👁 1～2小时

💡 **道观禁忌**

1. 进入道观后，不要用手指点神像或者背对着神像；进殿时不要踩在门槛上，更不要高声喧哗。

2. "僧不言名，道不言寿"，道人修炼是为长寿，所以最好不要问道人的年龄。入道门的原因很多，没有深交，最好别问其身世。

3. 进山朝贡步入武当神道后，就要静默清心，不说污秽不净的话。供品中不能有石榴、李子、红艳花及鸡、大等，不吃雁、鳗、龟、鳖、牛、犬、猪肉及生葱、韭、蒜、姜等荤腥刺激性食物，不饮酒，否则就会触犯武当主神真武大帝的忌讳。

4. 武当山上许多地段都没有人烟，如果你对地形不熟悉，或没有足够的准备，千万不要贸然进入，最好请个当地向导。

紫霄宫　★★★★　🏯🏯📿🌲

此宫建于1413年，是武当山上保存较完整的宫观之一。紫霄宫是武当山道协的办公地，每年三月三、九月九举行庆祝活动，就在此处做道教法事。

👁 1～2小时

武当的武术表演

金殿　★★★★　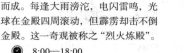

　　建于 1416 年，是我国现存最大的铜铸鎏金大殿。金殿俗称"金顶"，整个建筑全部用铜铸鎏金构件组装而成。每逢大雨滂沱，电闪雷鸣，光球在金殿四周滚动，但霹雳却击不倒金殿。这一奇观被称之"烈火炼殿"。

🕐　8:00—18:00

👁　1 小时

琼台观　★★★　

　　琼台三观分别指白玉龟台、紫岳琼台和玉乐霄台。三座道观之间修有 24 座道院，道院之间由亭桥相连，故有在三观之间走动"出门不见天，下雨不湿鞋"的说法。

↗　天柱峰东南麓大约 8000 米处

👁　1 小时

💡 **1. 登金殿：** 从朝天宫登金殿有两条路，右为明代路，左为清朝路。建议先登明代路，沿一、二、三天门至金顶，全程 10 千米。游览结束后，再从清朝路返回。

2. 金顶景观： 金顶晨观日出、晚看云海，体验道家羽化登仙、凌空出世之感。

☀ **武当八景**

武当静八景

天柱晓晴	陆海奔潮
平地惊雷	烈火炼殿
祖师映光	空中悬松
月敝山门	金殿倒影

武当动八景

金猴跳涧	海马吐雾
黑虎巡山	飞蚁来朝
乌鸦接食	梅鹿衔花
猕猴献桃	雀不漫顶

吃喝武当山

　　武当山所属地区以鄂菜为主，以野菜为专长，善做山禽；而斋菜则兼具佛道两家精髓，注重本色。

　　夏天武当山镇上有很多地摊，可以品尝到当地的特色美食，龙虾味道尤其不错，冷锅鱼也很有名，消费不高。

武当山的"道家斋饭"

¥　紫霄宫的斋饭：宴席，200 元 / 席；流水席 20 元 / 人。
太和宫以斋饭为宴，200 ～ 300 元 / 席

住在武当山

　　如果想住山上，可以直接上乌鸦岭，那里住宿的地方很多。但山下武当山镇上的旅馆会比山上便宜很多，条件也好很多。

推荐住宿

武当山宾馆

↗　武当山旅游经济特区永乐路 33 号

📞　0719-5665548

天禄度假村

↗　武当山紫霄宫东侧 100 米

📞　0719-5689999

武当山周边游

古隆中　★★★★

　　诸葛亮青年时期的隐居地，也是"三顾茅庐""隆中对"等故事的发生地，至今仍保存了 60 余处与诸葛亮有关的景点。

🎫　87 元；大巴车：20 元 / 人

🕐　8:30—17:30（3—10 月）
8:30—17:00（11 月—次年 2 月）

🚌　临近隆中风景（公交站）

⏱　1 ～ 3 小时

宜昌

宜昌快速攻略

Day1 三峡大坝→西陵峡、三峡人家

Day2 猇亭→车溪民宿风景区

Day3 柴埠溪

感受宜昌

漂流 如果不提及始于四五千年以前的新石器时代的历史，或者是宜昌的"漂流之都"名号，估计你对这里的认识永远停留在长江三峡上。

其实撇开长江三峡不说，这里的好山好水整套游下来也足够让人满足。山多、水多使得当地拥有丰富的漂流资源，不管是想玩全线急速还是缓急结合，不管是竹筏漂还是双子漂，总而言之，如果你想体验各种漂流，来宜昌，绝对没错。

准备与资讯

语言

用普通话交流没有什么问题。

气候与游季

宜昌虽属于亚热带季风性湿润气候，但境内由于长江西陵峡及清江、香溪流域的山岭屏障作用，夏季温度竟然比三大火炉之一的武汉还高出许多，所以去宜昌旅行一定要避开酷暑，最佳时间是春秋季。

行在宜昌

进出

飞机

宜昌三峡机场是湖北省的第二大机场，每日有往返上海、北京、深圳、成都、重庆的航班，也有定期往返广州、昆明的航班。

三峡机场问询 ☎ 0717-6532114

铁路

宜昌有两个火车站，分别是宜昌站和宜昌东站。宜昌东站是进出宜昌的主要交通枢纽，主要负责发往北京、广州、上海、无锡、西安、太原、武汉等方向的直达列车，另外它也是宜昌的高铁站。

高铁

乘坐高铁从武汉汉口站到宜昌东站，行程不到 2 小时。

宜昌东站 🚏 伍家岗区城东大道

🚌 乘坐 B1、B37、B68、B80s 路公交车在宜昌东站下车即可

🔆机场与市内往来

1. 机场大巴：往返于机场与市区清江大酒店之间，行程约 50 分钟，累价 20 元，沿途就近各大车站、码头停靠。

2. 公交：市内乘 618 路、67 路车到夷陵区小溪塔，再坐出租车前往。

🔆城市机场候车厅

武汉天河机场开通，从宜昌有直达武汉天河机场的班车，所以目前想到宜昌玩非常方便。

🔆1. 大公桥客运站

主要在此乘坐发往柴埠溪景区、远安鸣凤山景区、当阳市玉泉寺、秭归县九畹溪、宜都市古潮音洞、夷陵区晓峰景区、枝江市三峡奇石村等景点的直达班车。

☎ 0717-6222143

2. 长途汽车客运站

有发往北京、上海、广州、重庆等大城市的长途班车。

☎ 0717-6445314

3. 海通客运站

以短途班线为主。

☎ 0717-6444123

宜昌木雕继承了我国明清以来木雕工艺传统，并吸取了石刻、绘画、泥塑等民间艺术之长。

公路

宜昌和省内的交通主要依靠宜黄高速公路，市内主要有大公桥客运站、长途汽车客运站和海通客运站三大客运站。

水路

或许因为这里是江边城市，人们都习惯坐船出行，其次是汽车。宜昌至重庆段航线是长江航道上最重要的客运和旅游航线，葛洲坝水利枢纽工程和清江隔河岩水利枢纽工程的建成，大大改善了宜昌市内的航运条件，现已开通了至重庆、万县、奉节等地的客游轮。

宜昌港客问询处 📞 0717-6224354
长江高速客轮 📞 0717-6343588

乘坐出租车一定要认清正规公司，并索要票据。在宜昌可能会遇到出租车司机宰客的现象。

市内交通

宜昌市公交采用天然气作为燃料，绿色环保。普通车票价1元，空调车及观光车2元，旅游专线车实行多级票价。宜昌出租车起步价为8元/2千米；超过2千米的续程为每千米1.6元，每500米0.8元。

宜昌三峡游线请参见本书"重庆三峡"一节。

游在宜昌

三峡大坝 ★★★★★ 🏙️

位于宜昌市的三峡大坝，是一座规模宏大的水利枢纽工程、水电站。大坝旅游区目前对游客开放的有三个景点：坛子岭、185观景平台和截流纪念园；坝顶不对外开放。

🕐 8:00～17:00
🚌 临近宜昌汽车客运中心（公交站）
👁️ 0.5～1天

顺道游

保存着著名的西汉古尸的荆州博物馆与楚纪南故城也值得顺道一游。

猇亭 ★★★ 🚶

长江过三峡后的第一块冲积平原，是三国时刘备"火烧连营八百里"的地方，在历史上一直是兵家必争之地。现在到这里主要是看楚塞楼、擂鼓台、古战道、三国人物展等历史景观。

💰 30元
🕐 8:30～18:00

📍 宜昌市猇亭区，宜昌大桥边
🚌 临近大桥宾馆（公交站）；从宜昌火车站打车前往，约60元
👁️ 2～3小时

车溪民俗风景区
★★★ 🏊 🚶 🎋

这里山清水秀，既有自然清新的田园风光，又有古老浓厚的巴楚民风，是享受田园风情，体验另类民族风情的旅游胜地。在此可观看北宋造纸作坊、土陶作坊、印染作坊、酿酒作坊等各类场馆。

💰 90元
📍 宜昌市点军区土城乡

亭椽柱上的雕刻既像虎又像犬，名为"猇"，就是猇亭名称的来源。

柴埠溪，一条喀斯特大峡谷，奇峰林立。

在海通客运站乘宜昌至土城的专线车或在沿江大道乘晓溪塔至车溪的专线车直达

2～4小时

柴埠溪大峡谷
★★★★★

"南有张家界，北有柴埠溪。"柴埠溪是一条喀斯特大峡谷，这里同时也是土家人的生活聚居区。景区内的峡谷漂流充满了野趣和美景，属于漂流中的小清新级别，基本上谁都适合玩。景区内的千年古树黑壳栎和第四纪冰川期幸存的珙桐树也是亮点。这里的石林、峡谷、溪流、密林足够让你驻足。

100元

可以在宜昌长途汽车站坐车，大约每半小时有一班车发往五峰；也可以选择到九码头汽车站，乘坐到五峰的小轿车，可以直接到达柴埠溪景区

0.5～1天

三峡人家风景区
★★★★★

三峡人家位于奇幻壮丽的西陵峡境内，这里依山傍水，风景如画。巴风楚韵，峡江今昔，在这里一览无余。古典的吊脚楼点缀于山水之间，久违的乌篷船安静地泊在岸边，江面上悠然的渔家撒网捕鱼，还有溪边洗衣少女的情影⋯⋯古往今来，历代文人墨客游览此地，不知留下了多少优美诗文。走进三峡吊脚楼，三峡人家载歌载舞，为您捧上一杯峡州清茶，顿时感觉亲切怡然。主要景点有灯影洞、龙进溪、野坡岭、天下第四泉、石牌古镇、杨家溪漂流等。

210元（含往返渡船）

宜昌市夷陵区西陵峡内

0.5～1天

三峡人家盛产柑橘，有许多用橘子做的菜，如陈皮牛肉、陈皮鱼块、柚香陈皮翅、橘汁鱼片等。陈皮具有理气、助消化的作用，做出来的菜不仅爽口，还有利健康

西陵峡风景名胜区
★★★★★

西陵峡据三峡之门户，扼川鄂之咽喉，以其"险"著称，为三峡最险处。主要景点有嫘祖庙、桃花村、白马洞、西陵峡快乐谷等八大景区。其中桃花村内被称为"桃花五仙子"（五彩桃、日月桃、绯桃、碧桃和人面桃）的观赏桃傲立群桃，最为著名。西陵峡快乐谷以娱乐、探险为主，有蹦极、攀岩、滑索、漂流等活动。

三游洞60元；三峡猴区45元；世外桃源50元；联票260元（三个景点＋索道）

宜昌市夷陵区辖区

临近三游洞（公交站）

0.5～1天

吃喝宜昌

宜昌菜讲究原汁、咸鲜、偏辣，在宜昌最主要的就是吃河鲜与土菜。

当地的河鲜讲究的是现杀现做，量大味美，吃的时候最好能挑个临长江的地儿，一边看长江景，一边吃长江鱼，味道不是一般的好。品尝土菜最好能够尝尝"老九碗"，席上的菜由杂烩头子、炸相蝶子、炸春卷子、鱼糕丸子、鱿鱼笋子、锤碗莲子、白肉肚子、香菌鸡子、珍珠丸子这九道组成，用大碗盛着端上桌，每一样都带着浓厚的乡土气息。

《土里巴人》

宜昌是巴楚文化的发祥地，长阳巴山舞曾获得全国"群星奖"金奖，特别是《土里巴人》更是唱红了全国。

宜昌土特产

比较出名的有柑橘、猕猴桃、柿子、春眉茶、峡州翠绿茶、茉莉春尖茶、宜红工夫茶、仙人掌茶、乌红天萍等。位于夷陵的茶城批发市场，是选择宜昌茶的好地方。

特色食街

小面一条街　宜昌人爱小面，就像武汉人爱热干面、北京人爱卤煮、上海人爱生煎包，是一样的情结。一大早，宜昌人窝在小面店里，吃上一碗用黄豆大骨汤为底汤，配上肥肠、牛肉、肉丝、煎蛋等制成的热腾腾、鲜鲜的小面，既物美价廉又让他们腹中饱满。

📍 环城北路小面一条街，福绥路小面一条街

西坝江边　这里是一边把酒临风一边品美味佳肴最好的选择，江景美不胜收，长江鱼大条活鲜、现杀现做，味道很棒。值得推荐的是这里的"鲜"酒家，是能让你吃出渔家饭味道的地儿，经常客满，去前需要提前预订台位。

📍 宜昌市下西坝江边

长江肥鱼一条街　除了外地游客久闻其大名，趋之若鹜，它在宜昌当地的名号也不小。推荐品尝白刹肥鱼、乡球肥鱼、牡丹珍珠肥鱼。

🚍 乘10路旅游专线桃花村下

住在宜昌

推荐住宿

桃花岭饭店　桃花岭饭店地处宜昌市的中心——云集路，这座园林式酒店可谓豪华酒店的"老OG"，始建于1957年。周边配套设施齐全，出行便利，对面就是公园。

📍 云集路29号
📞 0717-6089999

宜昌周边游

荆州古城历史文化旅游区
★★★★

相传为三国时关羽所建。登临城楼，古城风貌一览无余。古城东门有"江陵碑林"，古碑文及书法爱好者可前往一观。

🎫 环城套票90元；博物馆免费
🚍 临近张居正故居（公交站）
👁 0.5～1天

清江画廊旅游度假区
★★★★

春季香满江，夏日雾连环，秋日红胜火，冬日烟笼江。清江美景多姿多彩，一年四季皆有独特风光。两岸峰峦叠翠，江上烟波浩渺，江水清澈见底，人称清江有长江三峡之雄壮、桂林漓江之清亮、杭州西湖之秀丽。

🎫 145元（含游船费）
🚍 从宜昌客运中心站坐班车到长阳，每天7:00—19:00发车，车费21元；再从长阳乘坐旅游大巴到达景区，车费5元
👁 2～5小时

屈原故里　★★★

这里的景点保留了当年屈原的生活遗迹，复制了屈原出生地的一些景点，如香炉坪、照面井、玉米三丘等。

🎫 80元
🚍 可乘三峡游船直达秭归县城；也可从宜昌长途汽车站坐车到茅坪镇凤凰山，下车步行即到
👁 2～3小时

河南省

自助游：

南北线：探寻古文化渊源之旅

    安阳→鹤壁→新乡→许昌→漯河→驻马店→信阳

东西线：华夏文明的摇篮——黄河之旅

    商丘→开封→郑州→洛阳→三门峡

郑西高铁之旅

    郑州→巩义→洛阳龙门→三门峡→华山→渭南→临潼→西安

自驾游：

探险神秘古都

    新乡→郑州→洛阳→三门峡

领略奇山秀水

    洛阳→北方千岛湖→济源→黄河小浪底→王屋山

郑州

郑州快速攻略

Day1 黄河风景名胜区→商城遗址→郑州城隍庙

Day2 河南博物院→嵩山（住宿）

Day3 少林寺→三皇寨

感受郑州

龙的故乡　郑州好像最有资格自诩为"龙的故乡"，一批在中国文化史、艺术史、冶金史上占有重要地位的遗址，肯定了郑州作为中华民族最早的聚居地和华夏文明的发祥地的地位。

古都　自上古五帝时代到春秋战国，盘踞中原的郑州一直处于都城所在地和王畿地区。一般认为，郑州曾是黄帝、夏、商、郑、韩五朝国都，也许历史已经模糊，逝去的辉煌还是给这座曾经的古都留下了诸多值得考究的斑驳遗址。

炎黄文化旅游节

　　农历三月三日，在黄帝故里——新郑市具茨山黄帝大宗桐举行朝拜大典，然后瞻仰轩辕庙、嫘祖洞，拜华盖童子处、风后城，观看民间文艺表演。

准备与咨询

语言

　　郑州话属北方方话，与普通话较接近，语言交流方面没有障碍。

气候与游季

　　郑州四季分明，气候温和，降雨大部分集中在 7—9 月。7 月份最热，月平均气温 27.3℃；1 月份最冷，月平均气温为 0.7℃。

行在郑州

进出

　　郑州是我国公路、铁路、航空兼具的综合性交通枢纽城市。

飞机

　　郑州新郑国际机场位于新郑市，简称新郑机场，距郑州市区 30 千米。新郑机场为 4F 级国际民用机场，已与全国 50 多个大中城市通航，开办有直飞中国香港、中国澳门、新加坡、马来西亚、菲律宾、泰国、俄罗斯等地的包机业务，是中国八大区域性枢纽机场之一。

公交车和出租车

　　郑州市内以"1"字开头的公交车是电车，"2"字开头的是中巴专线。无人售票，车价 1 元，空调车 2 元。

　　出租车：起步价 10 元，3 千米后每千米 2 元。

郑州机场售票处

📍 民航大酒店 1 楼

📞 0371-58518036

郑州机场问询处

📍 东郊机场

📞 0371-96666

往返于机场的班车

　　机场有开往市内民航酒店、郑州长途汽车站、火车站西广场、龙源大酒店的大巴，20 元 / 人。

📞 0371-68519508

郑州市区

铁路

郑州素有中国铁路"心脏"之称，京广、陇海两大干线在此交会，周围还有京九、焦柳、月石、平阜线通过，形成三纵三横干线框架。南来北往的600多趟车次均在此停靠，铁路交通非常方便，可直达许多城市。郑州拥有3个铁路特等站，郑州车站是全国最大的客运站之一，可直达25个省、区、市。

郑州火车站

📍 郑州市二七区二马路82号

🚌 乘坐50、176、210、981、B60、Y17、S165等多路公交或地铁1号线均可到达

高铁

郑西高铁起于郑州东站，向西经过洛阳、三门峡、渭南、西安。郑州东站、郑州站都有高铁经过，从郑州到西安全程最短只用1小时48分钟，而从郑州到北京最短只需2小时25分钟。

公路

郑州是全国7个公路主要枢纽城市之一，市内有国道107线、310线以及18条公路干线，辐射周围各省市。"八五"期间，先后建成了郑州至北京、开封、洛阳、漯河的高速公路以及西环路、北环路等一批重点工程。

长途汽车站点及发车方向

郑州长途汽车站
📍 火车站对面
🚌 发往河南省内外各次班车
📞 0371-66768364

郑州客运总站
📍 航海中路50号
🚌 发往省内外各方向班车，也承揽旅游包车
📞 0371-68728294/68731286

郑州汽车客运东站
📍 商都路与东风东路交叉口
📞 0371-65936629/5921705

长途客运南站
📍 郑州市京广路与南三环交叉口
🚌 发往河南省内外的各次班车
📞 0371-66322269

市内交通

郑州持续不断的建设改造，使市内交通越来越快捷。地铁1号线、2号线、3号线、4号线、5号线、6号线、城郊线、14号线运营中。公交车票价统一为1元。出租车不分车型，起步价10元/3千米，超过后每千米2元。

游在郑州

二七广场　★★★★　🚶🏔🎎📷

位于市中心，是郑州市最繁华的地方，汇集了各大购物中心和服装批发市场，可以说不游二七广场就等于没来过郑州。广场上的二七纪念塔是郑州市的标志性建筑之一，游客可进入参观。

🎫 二七广场是开放式的，二七纪念塔也是免费，不过游客须带上身份证件才能进入

🚌 郑州火车站附近，步行可达

👁 1小时

黄河文化公园
★★★★　🚶🎎

在此观览黄河别有一番情趣，游览区在黄河与炎黄的结合点上下了一番功夫。最抢眼的便是如小山似的炎黄二帝巨型雕像，据说光单眼就有3米多长。这里虽然风景不算绝好，但眼前的炎黄二帝广场也算得上十分开阔，配上侧边壮阔不足却柔美有余的山群，颇有些壮志豪迈之感，最

二七纪念塔

点睛的还是搭配在这平原与山峦附近的母亲河，山、水、广场一融汇，也算得上是颇有炎黄气势的好风光了。

🎫 进园48元；黄河大观往返缆车50元；气垫船75元

🕐 6:00—20:00

📍 惠济区江山路黄河南岸1号

🚌 从火车站乘坐游16路公交车可达，票价5元

☀️ **骑马：** 黄河边上会有人拉游客骑马，到黄河边10元。可以骑，但是到了黄河边上一定要下马，否则在200米长的所谓跑马场跑一圈就要收30元。

河南博物院 ★★★★ ♿

如果你对商周文化历程、黄河流域发展渊源了解得多一些，那你观览的兴致也会更浓厚些。有馆藏文物17万件（套），尤以史前文物、商周青铜器、历代陶瓷器、玉器及石刻最具特色。尤其是那些远古异宝，越是斑驳就越不可小觑，它可能"亲眼"见证了中原文化的起点。博物院内的"白菜"和"萝卜"由象牙雕刻而成，让人惊叹，据说其雕刻制作和上色工艺至今仍是一个谜。

🎫 免费

🚌 临近博物馆（公交站）、文化路丰产路（公交站）、农业路文博东路（公交站）

👁 2～4小时

世纪欢乐园 ★★★ ◉⛰

这里是一座以火车文化为主题的公园，园区内有一条长3000多米的环园铁路线，并建有工业伦敦站、南美雨林站、阿拉伯古堡站、荷兰风情站、西部牛仔站、世纪中心站六大站区。这里陈列了大量的火车头实物及模型，让人叹为观止。

🎫 160元；夜场40元

📍 郑州市管城回族区石化路1号

🚌 临近美景天城·世纪公园（公交站）

👁 3～5小时

一句话推荐景点

商城遗址 距今3500多年，为前商代城墙遗址。这里出土的商代瓷器为我国最早的瓷器，两件铜方鼎则是商代前期铜器中罕见的王室遗物。

🚌 临近商城遗址（公交站）

👁 1～2小时

郑州城隍庙 建筑结构紧凑，造型精致，雕

饰精美，在多块碑碣中以明代张大犹草书的"福赞""寿赞"两块石碑最为珍贵。

🚌 临近商城路紫荆山路（公交站）、东大街（地铁站）

👁 1～2小时

北宋皇陵 北宋七个皇帝及赵弘殷（赵匡胤之父）的陵寝，通称"七帝八陵"。皇陵中散落着众多的石刻像——石像生，雕刻得精美无比。

🎫 免费

🕐 8:00—18:00

📍 郑州市巩义市杜甫路84附1

🚌 临近烟草局（公交站）、网通公司（公交站）。在巩义汽车站坐中巴可前往西村陵区、蔡庄陵区和八陵陵区

👁 1天

☀️ 北宋皇陵比较分散，如果"七帝八陵"都去的话，建议包车。

吃喝郑州

作为河南省的省会，郑州的菜肴当然以豫菜为主。鲤鱼焙面、桶子鸡、套四宝等，都是具有当地特色的菜点，在郑州各大小餐馆一般都能吃到。

特色餐厅

阿五黄河大鲤鱼（陇海西路店） 主打改良的豫菜，生意非常好，环境和服务都配得上新式豫菜的派头，推荐鲤鱼焙面、阿武豆腐、牛奶炒饭。

📍 陇海西路与永庆路交叉口

📞 0371-68630555

☀️ **郑州十大土特产**

郑州莲藕、新郑大枣、荥阳柿子、河阴石榴、中牟西瓜、郑州樱桃、嵩山绵枣、黄河鲤鱼、中牟和超化大蒜、新密金银花。

☀️ **河南烩面**

面是最能吃出味道来的食物，经常吃面的人往往皮肤细腻。河南烩面不仅筋道、爽口，而且还有一定的滋补效果，非常符合现在的饮食标准。烩面如果做得好，一般一碗就是一根面。

烩面

购物郑州

　　郑州商业街主要有二七路、太康路、人民路、解放路等，这些路段都集中在火车站东北部。到郑州购物，正弘、金博大、丹尼斯是必去之地。此外，由于郑交会的影响力，郑州当地还有许多全国性的批发市场和交易市场，每日都会进行大规模的商品买卖活动，你可以花点时间在这里，采购一些有河南特色的名优特产，如郑州十大土特产之类。

住在郑州

　　作为河南省的省会城市，郑州拥有较多星级酒店、宾馆，住宿条件相当不错。在火车站附近有很多快捷酒店和招待所，价格都很适中。

推荐住宿

河南盛世民航大酒店　酒店独家拥有机票售票大厅，也是郑州唯一有定时班车发往机场的酒店。

　　🚇　金水路 3 号
　　📞　0371-65781111

郑州周边游

嵩山少林寺　★★★★　👣🏛️⛰️

　　寺院门口被踏得亮锃锃的"步步生莲"印证着这里的人气。虽然在普通人看来，这里不过是个小小的寺院，僧侣如云也只是想象中的盛景，但是伴着铁砂掌、易筋经给予的想象空间，来一探究竟也是值得的。如果有时间一定别忘了去立雪亭，并跟导游打听下发生在那儿的感人传说。

　　🎫　少林寺 80 元；嵩山（太室山）50 元；中岳庙 30 元；嵩阳书院 30 元；嵩岳寺塔 40 元
　　🕐　8:00—17:00
　　🚌　洛阳、郑州都有开往少林寺的旅游专线车，车费 20～35 元；登封老汽车站门口有 8 路车直达少林寺，票价 3 元
　　👁️　1～3 小时

　　💡**1. 一般游线**：坐嵩山索道（往返 60 元）上少室山，游二祖庵（门票 2 元），上忘我峰，下山的缆车上可观塔林和少林寺全景。

　　2. 三皇寨：如果时间够的话（大约三四个小时

来回），一定要去忘我峰下的三皇寨，那里可是嵩山自然景观的精华，可坐另一条索道往返（120 元）。

　　3. 看表演：距少林寺 7 千米的诗仙沟晚上有《禅宗少林音乐大典》，由谭盾、张艺谋等名家共同打造。

少林寺塔林　★★★★　🏛️⛰️

　　中国现存规模最大的墓塔群，为历代和尚的墓地，有砖、石和砖石混合结构的各类墓塔。坐落在塔林西北部的唐代法玩禅师塔是塔林中最古老的一座；位于塔林中部的裕公塔的主人是少林寺历史上唯一被封为国公的僧人福裕。

　　📍　登封市区西北角，少林寺西约 300 米
　　👁️　0.5 小时

三皇寨　★★★★　👣🏛️

　　徐霞客有诗云："不到三皇寨，不算少林客。"它是嵩山森林公园的组成部分，主峰海拔 1512 米，以自然美景著称。

　　🎫　包含在少林寺景区内
　　🚡　乘坐嵩阳索道可达主峰钵盂峰，俯瞰少林寺
　　👁️　3～4 小时

　　💡**1. 看风景**：嵩山上风景最好的当属少室山三皇寨，无体力者建议放弃登太室山，三皇寨美景不会让你失望。

　　2. 省钱：选择当地人带你进入是省钱的好办法。

嵩阳书院　★★★★　⛰️

　　我国创建最早、影响最大的书院之一，始建于北魏。名儒司马光、范仲淹、程颐、程颢等相继在此讲学。司马光的《资治通鉴》有一部分就是在这里完成的。

塔林

郑州周边游

嵩阳书院的将军柏，是中国最古老的柏树，人称"原始柏"。

- 🎫 30元
- 🕐 8:00—17:00
- 📍 郑州市近郊登封市嵩山南麓
- 🚌 临近嵩阳书院（公交站）
- 👁 1～2小时

康百万庄园 ★★★★★ ⛰ 🍃

"康百万"由慈禧太后册封，说的是康应魁家族。这座庄园是17、18世纪黄土高原封建堡垒式建筑的代表，庄园外观简朴厚重，内部装饰华丽兼有华北和黄土高原的住宅特点。其玉雕、木雕、砖雕非常出色，被誉为中原艺术的奇葩。

- 🎫 50元
- 🕐 8:30—18:00（夏季）
  8:00—17:30（冬季）
- 📍 巩义市康店镇庄园路59号
- 🚌 临近康百万庄园（公交站）
- 👁 2～4小时

少室山 ★★★★ 🍃

少室山的主峰连天峰，海拔1512米，

是嵩山最高峰。登少室山须沿着绝壁上一米多宽的石缝，攀铁环、拽钢丝，其险峻令人望而生畏。但登上山顶后环顾四周，看着碧绿的山，荡漾的林海，会觉得好像来到了仙境，一切艰险都值得了。

- 🎫 包含在少林寺景区内
- 🕐 8:00—17:00
- 🚌 临近耿庄（公交站）
- 👁 1天

杜甫故里 ★★★ 🍃

景区内宅院中陈列有杜甫诗集珍本，杜甫生平连环画等文物。千百年来，无数文人墨客怀着崇敬的心情前来拜谒诗圣，留下了大量题字赞歌。这里汇聚了国内外著名书画家的墨宝及书法作品，艺术精湛，堪称一绝。

- 🎫 65元
- 🕐 8:00—18:30（夏季）
  8:00—17:30（冬季）
- 📍 巩义市站街镇南瑶湾村
- 🚌 临近杜甫故里（公交站）
- 👁 2小时

感受洛阳

洛阳

洛阳快速攻略

Day1　白马寺→洛阳周王城天子驾六博物馆→隋唐洛阳城国家遗址公园→丽景门→洛阳老街

Day2　洛阳博物馆→关林庙→龙门石窟→白园

Day3　栾川（白云山、老君山等，可根据时间及喜好安排）

周边游：
洛阳→王屋山（或五龙口、三门峡等，安排1～2日游）

感受洛阳

牡丹　一代女皇的一念之间，成就了牡丹在洛阳的归属。2011年，第29届河南省洛阳牡丹花会升级为中国洛阳牡丹文化节，花会期间成千上万的人涌向洛阳，不知是牡丹装点了洛阳，还是洛阳赋予了牡丹传奇。

唐三彩　作为洛阳历史上鼎盛时期的产物，唐三彩直到今天依然是洛阳的标志。进入洛阳，触目所见即是这绚丽的物件。三彩马阵容浩荡，一排排、一片片地沿街走着。这些地摊上的马或

骆驼，仿佛从远古走来，无论是厚重的历史还是显得有些平淡的现在，唐三彩都贯穿了始终，用最直白的态度昭示着永恒。

十三朝古都　抑或是九朝古都过往的历史太过沉重，又太过辉煌，洛阳似乎是那么不情愿地走进现代化。"时尚"一词在这座城市完全派不上用场，街上的房屋和商店比起很多新兴城市落后了许多，曾经的繁华和美丽只能停留在偶尔显露一角的飞檐碧瓦之上。而洛阳人则以一种从容闲适的态度，因龙门石窟而自豪，养着牡丹，在缓慢节奏中安然度日。

准备与咨询
语言

洛阳话与普通话较接近，在当地旅游，不会有什么语言交流的障碍。

气候与游季

洛阳春季干旱，夏热多雨，秋季温和，冬季寒冷，年均气温 14.2℃。

行在洛阳

洛阳交通便利，是古代丝绸之路的起点之一，如今仍然是我国重要的交通枢纽。

进出
飞机

洛阳北郊机场位于市区西北 13 千米处的邙山，设施完备，空域条件优越，可供各种飞机全天候起降。现辟有洛阳至北京、上海、广州、成都、昆明等多条国内航线。

民航售票处 ☎ 0379-62314888

☀机场与市区间无往来班车，前往机场需乘出租车，也可在火车站乘 27、83、98 路汽车。

铁路

洛阳是陇海线上的一个大站，陇海、焦枝两条铁路在洛阳交会。与济南东、上海、西安间有直通列车；通往西北和西南地区的多次列车也多在洛阳停靠。

火车站问讯处
☎ 0379-62561222
洛阳客运总站问讯处
↗ 火车站斜对面
☎ 0379-63239453

洛阳天堂遗址

高铁

洛阳龙门站是洛阳的高铁站，目前从洛阳到西安车程 1.5 小时，到郑州仅需 40 分钟左右。高铁站位于龙门镇内，乘 71 路公交即可到达龙门石窟。

洛阳龙门站
🚌 乘公交 28、33、49、71、75、76 路在高铁龙门站下车

公路

310、207 两条国道在洛阳交会。洛阳的公路建设近年来获得了飞速发展，开洛高速公路（洛阳→郑州→开封）已建成通车，洛阳→三门峡→潼关的高速公路也已开通。

市内交通

近年来，新建和改建了九都路、道北路、定鼎路立交桥、牡丹大桥等一批城市重要交通设施，市内快速交通网正在形成。众多的市内交通工具及长途汽车能满足外地游客的旅游需要。

目前，洛阳地铁 1 号线、2 号线已开通运营。

游在洛阳
国家牡丹园 ★★★★ 🎫🌊◎

谁说"牡丹虽美花不香"，走在牡丹园内清新暗香定会扑面而来，称"国花"牡丹国色天香也绝对没有造作。到洛阳看牡丹，是许多人中原行的必备节目，每年四五月的洛阳牡丹节更是游人如织。站在牡丹花丛中，"洛阳红"红得发紫，"紫斑白"白得圣洁，"渡世白"则如一捧雪，还有那"增之一分则太红，减之一分则太白"的"赵粉"，温馨得让你无法想象。

💰 40 元
🚌 临近国花路公交停车场（公交站）

⏱ 2～3小时

💡 **1. 牡丹花会:** 每年4月10—25日的洛阳牡丹花会,是洛阳旅游的一大特色。一般20日后市内的花就谢了,可到邙山牡丹园看未败的花。

2. 物价上涨: 牡丹花会期间游客较多,各种物价会上浮,开始的几天酒店房价会翻2～3倍,且爆满,应提前预订。

3. 秋游: 对于不凑牡丹热闹的游客,洛阳旅游的最佳季节无疑是秋天,秋高气爽,宜登山赏菊。

白马寺 ★★★★★ 🌲🏛🏔

1900多年前,一匹白马驮载着佛经和释迦像来到这里,其中的艰辛无法想象。建寺时为纪念白马驮经之劳,故取名白马寺。这里是佛教传入中国后第一座由官府建造的寺院,历来被尊为中国佛教的"祖庭"和"释源"。

白马寺中保存着自唐以来的历代碑碣40余座,以元代书法家赵孟頫手书的《洛京白马寺祖庭记》最为珍贵。大雄殿是阖寺规模最为宏伟、景象最为富丽的大殿。在此可以看到元代的原作——三世佛、二天将和十八罗汉像。

在白马寺山门外东南约200米处,有一座齐云塔,是中原地区为数不多的金代古建筑之一,也是我国现存较早的古建筑。

💰 35元

🕐 7:40—18:40(3月8日—10月7日)
8:00—17:30(10月8日—次年3月7日)

🚗 位于洛阳东郊20千米处

🚌 临近白马寺(公交站)

⏱ 2～3小时

💡 **1. 白马寺:** 现在所见的白马寺为明清两代的建筑,基本上保留了东汉时的模式,寺前有一宋代的石雕白马。

2. 撞钟: 每年12月31日,都会在白马寺举办"马寺钟声"撞钟活动。夜里人们涌向白马寺,撞钟祈福,以求来年的平安吉祥。想听新年钟声的朋友不妨选这个时候游览。

白马寺

中国国家牡丹园

3. 敲钟: 白马寺的大钟平常是允许游人敲的。

4. 值得看: 在白马寺山门外西部的印度佛殿,2008年落成,由印度设计、出资所建,规模宏大,足具域外风格,值得一观。

龙门石窟 ★★★★★ 🌲🏛

龙门石窟是洛阳除了牡丹花之外的第二张城市名片。

也许你觉得佛像雕塑随处可见,但是10万余尊佛像集结成群就不多见了,何况这些是货真价实的古迹,雕刻时间从东魏绵延到北宋,更是举世珍稀之物。龙门石窟与敦煌莫高窟、大同云冈石窟并称为中国三大石窟,它的精华在奉先寺里的卢舍那大佛,相传是用武则天的脂粉钱修建而成,据说,大佛的丰腴面容也是仿武则天的容貌刻就。爬上长长的台阶,不经意间就能瞥见大佛雍容的震撼。

💰 龙门石窟、白园、香山寺三景点实行一票制,票价90元

🚌 临近白园车场(公交站)、龙门石窟(公交站)

⏱ 3～5小时

💡 **1. 游览顺序:** 北魏开凿的石窟全部集中在西山,唐代开凿的石窟则分散在西山和东山。参观龙门石窟时,最好从前门进,游西山后,从后门出,过便桥游东山,隔河遥看奉先寺及西山全景,然后到白园和香山寺。

2. 智能导游: 景区提供电子智能导游,花5元钱租上一个耳机和一张方位图,就可以在里面自由行走,到一个景点只要按图所示号码,一按耳机数字键就会播放一段详尽的解说录音。

3. 纪念品: 河畔有一个卖纪念品的市场,有大量的仿唐三彩出售。

4. 广化寺: 龙门石窟北500米处山崖建有广化寺,为北魏时的龙门八寺之一。

5. 用餐: 建议在关林或龙门商业街用午餐,晚餐则到老城夜市饮食一条街,品尝各种风味小吃。

6. 白园: 白园内卧碑上刻有白氏《醉吟先生传》,是中国最大的石书。

隋唐洛阳城国家遗址公园
★★★

"一部浩瀚隋唐史，诉尽千年不解缘"，这里见证了中国古代无比辉煌的一段历史，具有丰富的文化内涵，完美地重现了洛阳作为华夏帝都、世界之城的宏大盛景。

- 120 元
- 9:00—22:00
- 临近定鼎南路中州中路口（公交站）、应天门（地铁站）
- 2 ～ 3 小时

关林 ★★★★

又称关帝冢，相传三国名将关羽的首级埋葬在这里。

关林的古建筑群保存完整，其中最具特色的当属舞楼，前台的歇山式和后台的硬山式组合在一起，再加上歇山顶、重檐楼阁，构筑之妙全国罕见。从仪门到大殿间石板砌的狭长的甬道，两边的石柱上雕刻有大小石狮子 104 个，两旁是翠柏。

关林还是中原地区每年一次的规模最大的集市庙会的举办地。

- 40 元
- 8:30—17:30
- 临近关林庙（公交站）、八里堂（地铁站）
- 1 ～ 2 小时

洛邑古城 ★★★★

古今辉映的洛邑古城，是洛阳在网络上出镜率很高的景点，已成为洛阳网红地标，被誉为"中原渡口"。

- 免费（需带身份证）
- 临近新街九都东路（公交站）
- 0.5 ～ 1 天

关林

卢舍那大佛

龙潭大峡谷 ★★★★

龙潭大峡谷享有"中国嶂谷第一峡"美誉。景区内有六大自然谜团：水往高处流、佛光罗汉崖、仙人足迹、石上天书、巨人指纹、蝴蝶泉；七大幽潭瀑布：青龙潭、黑龙潭、卧龙潭、五龙潭、龙涎潭、阴阳潭、芦苇潭；八大自然奇观：绝世天碑、喜鹊迎宾、银链挂天、石上春秋、阴阳潭瓮谷、五代波纹石、天崩地裂、通灵巷谷，令人惊叹不已、流连忘返。

- 80 元
- 7:00—17:30（夏令时）
  9:00—17:00（冬令时）
- 洛阳汽车站有直达龙潭大峡谷的大巴，票价 20 元 / 人；新安县盛德美门前有直达龙潭大峡谷的大巴，票价 15 元 / 人
- 从洛阳谷水走 310 国道，至新安县北京路口右拐，行驶 47 千米到达景区
- 0.5 ～ 1 天

倒盏村 ★★★★

倒盏村是洛阳的网红村，南依万安，北眺伊水，是体验河洛古朴民俗民风、休闲养生游乐的胜地。

- 9:00—18:00
- 临近倒盏民俗文化村（公交站）
- 0.5 ～ 1 天

一句话推荐景点

洛阳博物馆 洛阳博物馆位于隋唐城遗址植物园北侧，其馆藏数量和质量绝对可以媲美很多省级大馆，你可以来这里充分感受洛阳古都的悠久历史文化。

🚌 临近洛阳博物馆（公交站）

👁 2～4 小时

周王城天子驾六博物馆 2006 年才发掘而出，位于闹市区，揭开了 2000 多年前为天子方可乘六驾马车的神秘面纱，国内独一处。

💰 30 元

👁 1 小时

白云山 白龙瀑布和九龙瀑布是景区里最引人注目的瀑布，云水相间，犹如仙境一般。到了五月，漫山的杜鹃花更是让游人流连忘返。

🚌 洛阳有直达白云山的旅游车，约 4 小时可达

👁 1～2 天

老君山风景名胜区 因是道教始祖李耳（老子）的隐修之地，所以成为中原著名的道教圣地。海拔 2192 米，是八百里伏牛山的主峰。

💰 100 元

📍 洛阳市栾川县七里坪村 21 组老君山风景名胜区

🚌 洛阳火车站对面乘坐洛阳到栾川的班车，到养子口下车，然后租用微型面包车或农用三轮车进入景区

👁 1～2 天

💡 **栾川美景**

栾川县境内有不少谷幽水秀的风景区，如重渡沟、龙峪湾、寨沟、鼎室山、养子沟，适合喜欢轻松徒步的游人。

周王城天子驾六博物馆

太上老君塑像

丽景门 重点不是城门，入城门之后的老街才是一绝！古老的店铺、青石铺就的道路，尚有古风遗韵。街上的浆面条、糊涂面、甜面片、不翻汤、水席等值得推荐。

💰 45 元

🚌 临近九龙鼎南站（公交站）、西关（公交站）

👁 1～2 小时

鸡冠洞风景名胜区、重渡沟风景区 洛阳市栾川县地处深山，这里山清水秀，飞瀑流泉，号称北国江南。夏天平均温度 25℃，富含负氧离子。天然氧吧，竹林茂密，流水潺潺，是度假消闲的好地方。

汉魏洛阳古城遗址 汉魏古城历经沧桑，几千年后仅依稀可辨几处残破的旧城墙，但不可磨灭的是，它是古代丝绸之路上一处重要的遗址。

吃喝洛阳

洛阳的凉菜多放醋，不放酱油，颜色很清淡，味道也很清新，基本就是菜本身的味道加点酸味。像青椒等都是切得很细的丝拌在菜里，调色的作用似乎多过调味的作用。

💡 **方言**

洛阳人是把"淡"叫"甜"的，要加点盐，别说加，要说长（zhǎng）。

洛阳水席

长寿鱼

具有药用价值的一道菜。其特点是味鲜、甜、咸、酸三味俱全，已有1900多年的历史。相传，东汉光武帝刘秀一年春天外出游猎，过邙山，来到黄河之滨。故地重游，神清气爽。突然一条赤色鲤鱼，跃出水面，在阳光下金光耀眼。刘秀大喜，遂命人捉回宫去，御厨别出心裁，与枸杞子同烧，名曰长寿鱼。刘秀食后，顿觉精神倍佳，疲倦消失，常食之，身体也健康起来。尔后，传入民间，成为洛阳的一道名菜。

特色餐饮

洛阳水席　洛阳的餐饮中最具特色的菜式。因主菜以汤菜为主，且酒席上菜吃一道换一道，如行云流水一般，得名水席，是洛阳特有的传统名吃。口味甜、咸、酸、辣，一菜一味，大碗大盘，荤素兼备。曾传入皇宫，后又传回民间，形成了独特的风味，在洛阳是红白喜事、宴请宾客的首选。

牡丹燕菜　用白萝卜切成细丝，配以各种佐料。相传"燕菜"一名为武则天所定，是古今洛阳水席中必不可缺的一道名菜。

洛阳早餐　洛阳早餐除去豆浆油条等传统早点外，最具特色的当属"泡馍"，与西安羊肉泡馍有所不同，洛阳"泡馍"均用大碗，喝饱为止，其状虽不雅，却可口至极。在汤类中，尤以驴肉汤、牛肉汤和豆腐汤为上乘，在外地很少见。

推荐餐馆

真不同　吃洛阳水席最有名的地方，从冷菜到热菜到主食，道道都是"汤汤水水"，有人喜欢也有人不习惯，不过"牡丹燕菜"一定要尝尝。虽然价格不那么实惠，但也绝对配得上"中华老字号"这个名头了。

🚩 洛阳市老城区中州东路393号
📞 0379-63995080/63952609

夜游洛阳

洛阳的夜市，比较热闹的大多是吃的摊子，都挂着"水席单做"的牌子，还有很多小炒摆满了桌。夜市的另一个部分什么都卖，有书、衣服以及小商品等，但无论款式还是质量都不会好到哪儿去。

城区老集附近有一些戏曲茶座，可以品茶听豫剧，价格实惠。

购物洛阳

推荐特产

仿古唐三彩　因造型及生产工艺酷似唐代三彩而得名，在洛阳已有上百年的历史。分为人物、动物、器皿和建筑装饰四类，其中以动物中的唐马和唐骆驼最受欢迎。知名品牌为美术陶瓷厂生产的"九都"，以位于七里河的洛阳市美术陶瓷工业公司所售的最为精美。

仿青铜器　古代青铜器的仿制品。洛阳本是中国最早制作青铜器的地区，近年来，继承和发扬的"马踏飞燕""犀牛"等品种，到了乱真的程度。

洛阳宫灯　起源于东汉的传统工艺品，品种繁多，有着浓郁的地方色彩，常见的有白帽方灯、红纱圆灯、六角龙头灯、走马灯、罗汉灯、二龙戏珠灯等，以红纱灯最为著名。

澄泥砚　四大名砚之一，具有泽若美玉、贮墨不耗、积墨不腐、冬不冻夏不枯、写字作画虫不蛀的特点。

梅花玉　又称汝玉，洛阳市汝阳县为其唯

一产地，特点是玉石本身带五彩斑斓的梅花图案。洛阳生产的梅花玉产品有茶具类、酒具类以及传统工艺品类。

住在洛阳

到洛阳旅游，不必担心找不到住宿的地方。洛阳拥有的众多星级宾馆以及适合自助旅游者住宿的招待所，能够满足不同消费层次游客的需要。

推荐住宿

洛隐酒店　整体氛围很有艺术气息的酒店，房间整洁宽敞，入住酒店还可以免费到隔壁的影院看电影。

- ¥　建设路 23 号东方文创园内
- ☎　0379-65197666

洛阳周边游

王屋山风景区　★★★★

王屋山以奇特的自然风光取胜，自古即为览胜之地，众所周知的愚公移山的故事便发生于此。

- 💰　50 元
- 🕐　8:00—18:00
- 🚌　可从洛阳乘汽车到济源市，再转乘到景区的专线车
- 👁　5～6 小时

函谷关遗址　★★★

函谷关是古代丝绸之路东起点的第一道门户，是我国历史上建置最早的雄关要塞之一。

- 💰　75 元
- 📍　洛阳市新安县城关镇
- 👁　0.5～1 天

太行大峡谷　★★★★

太行大峡谷，风光绮丽、气势磅礴，群峰拔地而起，险峻峥嵘；飞瀑流银高悬，千姿百态。险峰怪石、断壁高崖、飞瀑碧潭，北雄风光，尽现眼前。

- 💰　140 元（含观光车）
- 🚌　从林州乘开往桃花洞的中巴，在石板岩下车；从安阳客运西站，乘到石板岩的中巴
- 👁　1～2 天

三门峡　★★★

黄河之旅的最后一站。黄河在此穿过高山形成了三道峡谷，因其险峻被称为"人门""鬼门""神门"，三门峡由此得名。

- 🚌　从洛阳乘火车或汽车均可达
- 👁　3 小时

洛阳周边游

三门峡博物馆

云台山

云台山快速攻略

三日游方案

Day1 云台山→潭瀑峡→红石峡→万善寺
Day2 云台山→茱萸峰→叠彩洞
Day3 青天河→焦作影视城

感受云台山

震撼 提起大山大水大峡谷，脑子里蹦出来的是五岳、黄山、峨眉、长江、三峡、雅鲁藏布江……反正没有焦作什么事儿。但由于最近几年太行旅游大兴，国内几个一线城市的地铁站里都能看到云台山的摄影图片，"云台山"这几个字的吸引力开始大增。其实，云台山真算是"养在深闺人未识"。游客看到逶迤的太行山脉，脑子在经过短暂的空白之后，第一个感受是"震撼"，第二个感受是"比想象的要厉害"，第三反应"比黄山还黄山"。

准备与资讯

语言

在这里你将听到最像山西话的河南话，不过交流起来没什么问题。

气候与游季

春季山中奇冷，而冬季的云台山水量非常小，美景大打折扣，所以夏秋季节是最好的观赏季节。每年的5—10月云台天瀑水量丰富，落差高达314米的天瀑十分壮观。如果你是王维的粉丝，则建议你在农历九月初九上茱萸峰，体会一下当年诗人重阳节思乡的心情。

行在云台山

进出

到云台山旅游，郑州和焦作是重要的中转站。其中，焦作是到云台山的必经之地。

铁路

焦作有焦柳（焦作→柳州）、焦太（焦作→太原）、焦新（焦作→新乡）三大客运线。从北京、济南、太原、石家庄、长沙、重庆、上海、南京、深圳等主要城市可以乘坐火车直达焦作。其他地区的游客前往云台山需要取道郑州，再乘城际列车到达焦作。

公路

焦作的长途客运发达，从山西晋城、郑州、新乡、开封、安阳均有高速公路可直达焦作。游客到达焦作后，再从焦作市或修武县转乘旅游车可以到达云台山。

☀ 雨季也能玩

七八月是云台山雨季，建议穿防水的衣服和防滑的鞋，带好雨具。

☀ 乘坐飞机到云台山

坐飞机一定要先到郑州新郑机场，机场有到焦作的班车，票价60元。

☀ 坐火车

从郑州到焦作现有多次城际列车，车程约40分钟，非常便捷。

☀ 便利客运

1.从郑州： 郑州北站到云台山直达车，每日8:30出发。
郑州长途汽车中心站每天上午7:20有发往云台山直通车，返程时间为16:30。

2.从焦作： 焦作火车站乘公交3路旅游专线可到，6:20—16:45之间每40分钟发一辆车，行程约1.5小时，票价4元。

3.从新乡： 新乡长途汽车站每日7:30、13:20有发往云台山的车，返程时间为10:00、16:00。

4.从洛阳： 洛阳锦远汽车站每日9:20有一班车直达云台山，票价57元。

游在云台山

提起云台山，江南江北叫云台山的绝非此一座。说个具体的，这个云台山就是"遍插茱萸少一人"的地儿，就是那个著名的"云台地貌"的主产区。

🎫 120 元；观光车票 60 元

👁 1～3 天

🔅历史人文

魏晋"竹林七贤"在此隐居，唐代药王孙思邈也曾于此采药炼丹，使云台山齐聚了自然与人文的奇妙风光。

🔅门票提示

景区门票为通票，有效期两天，实行分景点验票制，凡验过票的景点不能重复游览。门票配合指纹使用，大门口录入指纹后，里面每一个小景区凭指纹进入。

🔅云台山特产

云台山的特产有海蟾宫松花蛋、四大怀药、武涉油茶、焦作柿饼、靳贤书烧饼。在云台山百家岩购物中心可以买到，景区周边也有专营云台山特产的超市。

茱萸峰　★★★　🏃🌲📷

说起茱萸峰，你该忆起诗人王维的那句"遍插茱萸少一人"吧？茱萸峰虽因此得名，但王维毕竟不是旅行家，这里也并非宣传所说"王维曾在此写下了《九月九日忆山东兄弟》"。踏着云梯栈道登上海拔1308 米的山峰，看到群山连绵的景象，这一览众山小的感觉不会让你失望。

潭瀑峡　★★★　🏃📷

潭瀑峡是没有"名人关系"的美景，

红石峡

子房湖

是云台山峡谷中的精华景点，"三步一泉、五步一瀑、十步一潭"是它的真实写照。

子房湖　★★★　🏃🌲

名字起的文绉绉，景色也带着点文艺范。湖一半阴一半阳，一边金光闪烁一边碧绿透明。中午湖面如同一面巨镜把直射的阳光反射出去，让人眼花缭乱。

🔅坐佛奇观：子房湖北的山峰酷似一尊坐佛。每当早晨和黄昏，霞光映照，大佛通体生辉，是云台山一大奇观。

叠彩洞　★★★　🌲

修武人民"战天斗地"的杰作，是一条连接豫晋两省的公路隧道。

万善寺　★★★　⛩️🗻

万善寺坐落在阎王鼻山峰脚下。寺内现放置一米高铜佛，系泰国华侨所赠。

红石峡　★★★　🏃📷

云台山最美、最震撼的地方在红石峡，红石遍布在幽深的峡谷中，用惊艳来形容一点也不为过，美景密集得让人喘不过气来。

🔅红石峡谷口南端的一线天，景色独特，非常值得一看。

吃喝云台山

云台山的餐饮口味以豫菜为主，兼有农家风味。当地最有名的土特产是怀庆府的驴肉、五里源的松花蛋、河南烩面和武涉油茶。

风味小吃

怀庆府闹汤驴肉　名气大的原因是选料精，制作讲究，煮肉火候考究，闹汤配置工艺独特。煮好的驴肉，口感鲜嫩，而且带着

潭瀑峡

一股中药味，口味独特，是别处吃不到的。

山韭菜炒鸡蛋 因为取料原生态，所以带着一般质朴自然的鲜香，去过云台山的人都很推荐。

🔆 岸上服务区旁有条美食街，街上的面食味道不错。羊肉烩面、牛肉烩面、三鲜烩面、五鲜烩面汤浓面筋，值得推荐。

住在云台山

由于景区门票两日有效，游客可以两次进入景区大门。便可选择在焦作市或修武县境内住宿，在景区内的服务区也有住宿点。此外，想要了解当地的风土人情，也可选择在农家宾馆住宿。

推荐住宿

云台山丽景精品酒店 酒店位置很好，就在岸上服务区，去景区很方便，环境优雅，干净整洁。

　🧭 云台山景区岸上服务区东 11 街 4 号
　📞 0391-7709668

🔆 **1. 住宿提示：** 云台山新修了山门，大部分游客进山都是通过新山门，而目前云台山居住的农家宾馆都是在老山门（岸上服务区）。

2. 住宿价格： 老山门对面的村子里都是农家，家家开宾馆，环境设施一般，有 24 小时热水，少数房间可以上网，到了节假日价格疯涨，涨幅比例在 100%～200%。

云台山周边游

青天河 ★★★★ 🏞🏔

大泉湖是青天河的精华，在这里不仅能够看到北方田园风光，还能感受到南方水乡风情，其中段酷似巫峡，所以被称北方三峡。景区内的靳家岭每到秋季满山红叶，堪称中原之最，而千年古刹月山寺内有乾隆皇帝的御赐匾额、对联，也颇有看头。

　💰 70 元；船票 90 元（全程）；索道 80 元（全程）
　🧭 焦作市博爱县寨豁乡青南路
　🚌 从焦作长途汽车站乘坐班车可到
　👁 0.5 ～ 1 天

神农山风景名胜区
★★★★ 👁🏞🏔👣

想要知道美人松究竟有多美，就一定

得到神农山。这里近 16000 株的白鹤松，生长于悬崖绝壁之巅，构成一片"龙脊长城"，遥遥望去颇为壮观。此外，这里曾经是炎帝神农辨百谷、尝百草的地方，所以山中的名贵中草药也不少，至今流传有"神农谷里走一遭，有病不治自己消"的说法。

　💰 65 元；索道全程 70 元
　🕐 8:00—18:00
　🧭 沁阳市西北 23 千米处的太行山南麓
　🚌 焦作市旅游汽车中心站和沁阳市区有班车直达
　👁 1 天

🔆 **登山要乘索道：** 有两条索道：神农登山观光索道（伏羲殿→天门）；一线天索道（白松岭景区）。乘坐索道上山能够有效解决因爬海拔 1028 米的高峰而没劲赏景的困难。

云台山周边游

陈家沟 ★★★

名震世界的太极拳就发祥于这个叫陈家沟的小村子，武打明星李连杰也曾专门来此观摩太极。这里有太极拳历代宗师纪念馆、陈家沟武术馆、杨露禅学拳处。此外还有陈家沟遗址，曾发掘西周时期墓葬群并出土多种文物。

- 30 元
- 温县赵堡镇陈家沟村清风岭中段
- 在焦作铜马汽车站乘坐到温县的汽车，到温县之后再打车前往陈家沟
- 2～3 小时

焦作影视城 ★★★

影视城风格以春秋战国、秦汉、三国时期为背景，《貂蝉》《屈原》《曹操与蔡文姬》《大秦帝国》等影视剧都是在此拍摄完成的。

- 35 元；船票 30 元；环保观光车单程 5 元；索道上行 30 元，下行 30 元，全程 60 元
- 8:30—18:00
- 在焦作长途汽车站乘 13 路公交可直达；或乘 10 路、17 路公交在师专北校区站下车
- 4～5 小时

焦作影视城

开封

开封快速攻略

Day1 山陕甘会馆→宋都御街→翰园碑林→清明上河园→龙亭→天波杨府→铁塔→鼓楼夜市
Day2 朱仙镇→包公祠→开封府→大相国寺→鼓楼夜市
Day3 开封→商丘

感受开封

说到开封，最容易让人联想的就是"东京汴梁"了。不管是七侠武义中的"五鼠闹东京"，还是开封府的包公，都说明了开封曾经是一个经常有传奇故事发生的地，聚集着全中国的英雄豪杰、风云人物。那仿佛是一个橙色的年代，不论白天或夜晚都如织锦般繁华的街市，达官显贵，如云仕女……而这一切在今天的开封已烟消云散，除了在以著名的《清明上河图》为摹本修建的清明上河园中追寻一下昔日的美好时光外，剩下的就只能靠想象了。

准备与咨询

语言

开封话属北方语系，较易懂，语言交流没有问题。

🔅最佳旅游季节

游玩开封的最佳时节莫过于 9、10 月间，天气温和，降水量适中，还能观赏盛开的菊花。

🔅出租车

起步价 5 元/2 千米，以后每千米收费为 1.3 元，超过 10 千米后 2 元。市内景点间出租车费用大致不超过 10 元。

气候与游季

开封四季分明，光照充足，气候温和，雨量适中，年平均气温14℃左右。

行在开封

进出

开封地处中原地带，交通便利。

飞机

开封本地无机场，郑州新郑国际机场距离开封70千米。

铁路

除横贯境内的陇海铁路外，开封还有地方铁路150千米。上海与成都间，青岛与成都间，青岛与西宁间，上海与西宁间，大同与杭州间的往返列车均在开封停靠。坐高铁从郑州到开封，20分钟就到，二等座票价24元，车次有G1964、G1896、G286等。

火车站问讯处 🚩 中山路南段353号
📞 0371-5951139

公路

有国道106线（北京→广州）在境内南北贯通，国道310线（天水→连云港）与220线（兰考→滨州）相通，开洛高速公路构筑了"开封→郑州→洛阳"这条中原黄金走廊，开封黄河公路大桥飞架南北。五县一郊93条乡间柏油路全面开通。开封与郑州间有城际公交车。

长途汽车站点

长途汽车东站 🚩 中山南路
📞 0371-22924756

长途汽车西站
🚩 迎宾路8号
📞 0371-23931487
🚌 发往郑州、武汉、济南、洛阳、安阳、鹤壁、许昌、平顶山、焦作等

开封府

市内交通

开封的公交车基本都是1元，无人售票，到那里游玩最好备好零钱，另外要小心扒手。

📞 投诉电话：0371-25995780

人力三轮车

由于开封旅游景点多集中在市区，景点相距较近，搭乘人力三轮车也十分便利，而且富有情趣。

游在开封

开封府 ★★★ ⚽

开封是北宋时的政治、经济、文化中心。现在所看到的开封府，则是以宋代开封府衙为原型重新修建的主题文化景区。在开封府内，可以看到大批珍贵史料和陈展，还能看到开衙仪式、包公断案等精彩表演。

💰 65元
🕐 7:30—19:00（春、夏、秋季）
　　7:30—17:30（冬季）
🚩 鼓楼区包公东湖北岸
🚌 临近延庆观（公交站）、大纸坊街口（公交站）
👁 1～3小时

清明上河图（局部）

大相国寺

清明上河园　★★★★　

以北宋画家张择端绘制的巨幅画卷《清明上河图》为蓝本,在开封城西北修建的一座再现图中风物景观的大型宋代文化主题公园。游人可换穿宋装,手持宋币,身临其境般感受宋人的生活习俗,领略北宋的盛世繁荣。

💰　120 元

🕐　9:00—22:00

🚌　临近龙亭西路·七盛角(公交站)

👁　0.5～1 天

💡**大宋东京梦华表演:** 700 多人的实景演出,用几首有名的古诗词连成整台演出,舞美、灯光和表演都很不错。根据座次不同,票价在 249～799 之间。

大相国寺　★★★★

中国著名的佛教寺院。北宋时期,相国寺曾是京城最大的寺院和全国佛教活动中心。目前尚存天王殿、大雄宝殿、八角琉璃殿、藏经楼、千手千眼佛等殿宇古迹。

💰　40 元

🕐　8:00—18:30

🚌　临近相国寺(公交站)

👁　1～2 小时

龙亭　★★★

龙亭大殿内建有中国首座大型宋代蜡像馆,御道两侧为杨家湖和潘家湖,两湖一清一浊分别代表了忠臣杨业和奸臣潘仁美。

💰　35 元

🕐　8:00—18:00

🚌　临近体育场(公交站)

👁　1～2 小时

💡龙亭公园西侧有中国翰园碑林,可顺路一游。

包公祠　★★★★

虽然现已没有七朝风云和金戈铁马,但朗朗乾坤下包公的英灵仍在此长存。来此你会看见生活中的包公面目清秀、白脸长须,并非脑海中油黑锃亮、铜锤花脸的戏剧脸谱形象。在这里还有一处令人心动的地方,便是刻有"包拯"二字的青石碑,由于游人总情不自禁地触摸、指点此处,已有一凹陷的深坑。

💰　30 元

🚌　临近公祠(公交站)

👁　30～60 分钟

天波杨府　★★★★

据载,天波杨府是抗辽名将杨业的府邸,为宋太宗所建。而这里的天波杨府是开封兴建的大型人造景观,以杨家将的传说为依据,大大演示了一番,其规模之大,相比之下,也许真正的府邸也相形见绌。

💰　40 元

🚌　临近天波杨府(公交站)、天波杨府·公交三公司站

👁　2～3 小时

朱仙镇　★★★★

中国四大名镇之一。镇西北有我国现存四大岳庙之一的岳飞庙,镇南的清真寺是河南省现存规模最大的伊斯兰教古建筑群之一。

💰　岳飞庙 30 元;启封故园 50 元

🚌　郑州汽车东站、开封中心站、开封西站均有开往朱仙镇的车

👁　1 天

💡朱仙镇年画很有名,到此可别错过。

一句话推荐景点

宋都御街 再现了宋代御街风貌。虽不及

龙亭

古御街之长，但其规模和气势在国内尚属少见。

山陕甘会馆

- 📍 开封市龙亭区中山路北段
- 🚌 临近新街口 · 兴盛德麻辣花生老店（公交站）、新街口（公交站）
- 👁 1 小时

山陕甘会馆 由居住在开封的山西、陕西、甘肃的富商巨贾在明徐达府遗址上建成，为同乡聚会场所，以各种雕饰著称。

- 💰 25 元
- 🕐 8:00—18:00（夏季）；8:30—17:30（冬季）
- 🚌 临近山陕甘会馆（公交站）、新街口（公交站）
- 👁 1 小时

中国翰园碑林 中国首家民办碑林，论其规模和典藏之丰均为国内现代碑林之最。

- 💰 40 元
- 🚌 临近天波杨府 · 公交三公司（公交站）
- 👁 1 ～ 2 小时

万岁山大宋武侠城 大宋武侠城推出"大宋武侠节""清明文化节""激情狂欢泼水节""地栽菊花文化节""万岁山春节大庙会"等活动，四季不断。《七侠五义》《猛龙过江》《精武门》等几十台精彩大宋武侠实景剧全天循环上演。

- 💰 60 元
- 🕐 8:00—22:00
- 🚌 临近农科所（公交站）
- 👁 2 ～ 3 小时

铁塔 开封铁塔约建于 1049 年，有"天下第一塔"的美称，因遍体通砌褐色琉璃砖，似铁铸，称铁塔。铁塔建成 900 多年来，历经战火、水患、地震，至今巍然屹立，令人叹为观止。

- 🚌 北门大街铁塔公园
- 👁 0.5 ～ 2 小时

吃喝开封

　　古都开封是中国十大菜系中"豫菜"的发祥地。开封的风味小吃遍布大街小巷，主要分为熟食类、油炸类、煮食类和汤食类。

推荐食处

又一新饭店 糖醋软熘、鲤鱼焙面、炖十景、扒三样、紫菜莲蓬鸡等。

- 📍 寺后街 23 号
- 🚌 临近鼓楼广场（公交站）
- 📞 0371-22282222/22282999

马豫兴（宋都御街店） 始创于 1886 年，传统产品桶子鸡，早在清末年间，即以其考究的选料和味道上乘而闻名中州。

- 📍 宋都御街与西门大街交叉口
- 📞 13693780358

💡 **汴京饭店**

　　位于开封繁华闹市区，毗邻宋都御街、铁塔、龙亭、相国寺等名胜景点，是开封市第一家客房全部使用地热矿泉水的饭店。附近的夜市摊点云集，汴梁小吃、特产应有尽有。

💡 **盘鼓**

　　过春节，逢节庆，打盘鼓，是开封传统的民间文化活动。开封盘鼓节奏性强、套路多变，气势恢宏。目前，开封有盘鼓队 30 余支，每逢元旦、春节、国庆和文化节、菊花花会、庙会都要举行盘鼓表演和比赛。开封盘鼓队曾赴日本、中国香港表演，广受赞誉。

💡 **商品集散地**

　　大相国寺市场是市中心商业区的核心，位于开封市中心的自由路西段，从北宋时期开始一直是开封的繁华地带、贸易中心，经过多年的改造和建设，目前的大相国寺市场是豫东地区最大的商品集散地。

💡 **鸟市**

　　养鸟是七朝古都开封的风俗，是其他古都所不及的特点。追溯汴京鸟市的历史，在《东京梦华录》中就有记载。从开封养鸟人家留下来的古董上，还可以看出在明代开封的养鸟、买鸟又有了新的发展。到了清代，开封的养鸟达到鼎盛时期，鸟市就在大相国寺。近年来在汴京公园西侧自发形成的汴京鸟市，是开封市一个独特的景观。

夜游开封

最主要的项目就是逛夜市，这一习惯可上溯至北宋年间，那时东京的夜市比比皆是。时至今日，每当夜幕降临，遍布大街小巷的夜市就开始忙碌起来，此起彼伏的叫卖声，熙熙攘攘的人群，开封夜市呈现出一派繁华景象。

推荐夜游

鼓楼街夜市 开封夜市中规模最大、品种最多的夜市街区。位于市中心交通要道，以鼓楼广场为中心，延及周围4条街。鼓楼夜市通宵达旦，风味小吃多不胜数，其中以"炒凉粉""杏仁茶""冰糖红梨""花生糕"为代表。

清明上河园 晚间有《东京梦华魂》大型专场晚会和灯会，可充分体验汴京古都夜晚的迷人风采，是开封夜游中独有的环节。

购物开封

除了一些经典的传统商品外，还有鲍乾元毛笔、西瓜豆豉、开封花生等名土特产。

推荐购物

汴绣 古称宋绣，为中国名绣之一。源于宋代，距今已有800多年的历史。汴绣的代表作有《清明上河图》和《百骏图》等。

开封汴绣厂

 穆家桥街88号

📞 0371-5951780

文绣院

 北土街10号

朱仙镇木版年画 流传至今的中国最古老的民间版画艺术品之一，有800余年历史。至今仍保留着传统的制作技艺和独特的绘制风格，人工雕版印制，内容多为历史神话故事和演义传说。

鼓楼街夜市

朱仙镇画社 🅟 宋都御街24号

官瓷 北宋末年宫廷官窑烧制的御用瓷器，中国五大名瓷之一，为皇室专用品。因其制作技艺要求颇高，且制作工艺曾经失传，故传世作品甚少。开封北宋官瓷研究所历时三载，终于烧制出几可乱真的仿制官瓷，相对便宜的价格和如出一炉的工艺使其成为古都之旅的最佳纪念品。

文物商店 🅟 中山路北段108号

💡 商业街

开封的主要商业街有位于市中心的书店街、寺后街和鼓楼街，主要商场有模范商场、大相国寺市场、人民百货大楼等。

住在开封

开封的住宿条件比较优越，能满足各种档次的住宿需求。

开封璞华天筑酒店（清明上河园店） 与清明上河园仅一墙之隔，所处位置交通便利但又不会很嘈杂。房间内设施齐全且优良，配备干湿分离的卫生间和高速网络。

🅟 法院街建业半亩园东园1号楼

📞 0371-22557269

开封周边游

商丘 ★★★ 🏔️ 🎫

主要有商丘八卦城和庄周故里。商丘八卦城按照八卦图设计城门，格局为全国仅有；庄周乃中国道家思想的创始人之一，现存庄子井、庄周胡同、庄周墓等古迹。此外还有燧人氏钻木取火遗址等。

🚌 从开封乘火车或汽车均可达

南北线

南北线快速攻略

由于这条旅游线路是沿京广铁路线从北至南而下，各个城市的景点游览时间一般都是 1～2 日，游客可按自身偏好选择、取舍，这里就不提供具体的游程攻略了。

感受南北线

从河南安阳开始，沿着京广铁路线一直到信阳，在这条贯穿全省南北的线路上，中华文明古老的文化足迹一路散落，每一个城市都有着自身特定的历史与故事。安阳的殷墟、甲骨文，保存了多处《三国演义》场景的许昌城，出产毛尖的信阳，鸡公山风景区优美的自然景观等，都令人对这条线路有新的认识。

行在南北线

进出

由于这一线路沿京广线南北上下，因此铁路交通成为这一线旅游的主要进出方式。

公路方面，沿着京广铁路线，有 107 国道以及安阳至驻马店市的高速公路，比铁路交通更为自由和便利。

游在南北线

安阳

殷墟 ★★★★ 🕐

3000 多年前这里曾是殷商的都城，这段辉煌历史为今天留下了大量出土文物。而在小屯村商代王室墓葬发现的甲骨文，更使得安阳赢得了"文字之都"的称号。

- 🎫 70 元
- 🧭 位于安阳市小屯村一带
- 🚌 临近殷墟博物苑南（公交站）、殷墟博物苑（公交站）
- ⏱ 2～4 小时

安阳风味小吃

炸血糕、三不粘、粉浆饭、抽丝火烧、驴肉烧饼、林州山楂饼等。

鹤壁风味小吃

绿豆粉皮、浚县铺肉、五香花生等。

新乡风味小吃

罗锅肉、长垣豆腐脑、牛中喜烧饼等。

殷墟

羑里城遗址 ★★★

传说中周文王被纣王囚禁的地方，也是我国有文字记载的最早的国家监狱。据"文王拘而演周易"的说法，这里是周易文化发祥地。

- 38 元
- 位于安阳市以南 15 千米的汤阴县内
- 在安阳汽车站乘坐前往汤阴的公交车，下车后步行 5 分钟左右可到景区
- 2～3 小时

红旗渠 ★★★

20 世纪 60 年代，在太行山悬崖峭壁上修建的饮水灌溉工程，全长 1500 千米，如今成为一道壮丽的景观。

- 80 元
- 位于安阳市西北
- 郑州、安阳、石家庄都可以乘坐大巴前往景区
- 0.5～1 天

太行大峡谷 ★★★★

分为桃花谷、王相岩和太极冰山三大区域。桃花谷处处都是溪水瀑布，是休闲放松的好去处。王相岩适合登山。景区内不仅有开凿在山崖中的栈道，还有建在山崖上高达 80 米的简梯，惊险有趣。太极冰山山洞内有常年不化的寒冰，令人叹为观止。

- 140 元（含景交车）
- 8:00—16:30
- 林州市石板岩乡林石线
- 6:30、8:00、14:00、15:00 有林州到石板岩镇的旅游公交，票价 7 元左右
- 1～2 天

中国文字博物馆 ★★★★

展示了中华民族一脉相承的文字，包括展示精华的文字样本、讲解古汉字的构形特征和演化历程。共入藏文物 4123 件，其中一级文物 305 件，涉及甲骨文、金文、简牍和帛书等。对于想了解汉字发展史、汉字书法史、少数民族文字的人来说是个好去处。

- 9:00—17:00（周一闭馆）
- 安阳市北关区人民大道东段 656 号
- 临近中华路人民大道路口（公交站）、中国文字博物馆（公交站）

云梦山

- 2～3 小时

鹤壁

大伾山景区 ★★★

我国最早见于记载的名山之一。最引人瞩目的是山上的各类道观佛寺。包括建于 10 世纪的 8 丈高石佛和明代重要建筑、道教名胜的碧霞宫等。

- 50 元（含浮丘山）
- 位于鹤壁市浚县境内
- 鹤壁火车站有专线车开往浚县，下车后打车到景区售票处，或者步行十几分钟到达景区
- 3～5 小时

云梦山景区 ★★★

我国古代颇具传奇色彩的军事教育家鬼谷子讲学和隐居的地方。孙膑、庞涓、张仪、苏秦等众多名留千古的军事家都曾师从鬼谷子。云梦山上至今仍保存有不少遗迹。

- 60 元
- 位于鹤壁市淇县西南部的太行山东麓
- 淇县社会汽车站有发往景区的班车，10 分钟一班
- 3～4 小时

游在南北线

新乡

万仙山景区 ★★★★

由郭亮村、南坪、罗姐寨、紫荆山四个景区组成。其中主要景观有郭亮洞、郭亮村、天池、红岩绝壁大峡谷、天池、莲花盆、白龙洞等。

$ 107元

👁 1～2天

喊泉 位于万仙山景区内，是一处非常奇妙的景观。泉水的大小受喊声的影响，喊声越大，泉水越大；喊声越小，泉水越小，因此得名“喊泉”。来到此处，尽情呐喊吧。

$ 含在万仙山景区门票内

➜ 新乡市辉县西北部太行山腹地

🚌 新乡有直达郭亮、南坪的大巴车；也可先从新乡乘坐到辉县的汽车，再转乘到郭亮、南坪的小巴车

👁 0.5～1天

郭亮村日出

顺道游

中原大佛是世界第一大佛，距离尧山40千米处，建议同云台山、石人山同时游览。

郭亮村 ★★★★

被称作“挂在绝壁上的村庄”，村庄浑然天成，保留着洪荒野气，因奇特壮观的悬崖峭壁和人工开凿的绝壁长廊而为人所知。这里有绝壁大峡谷、绝壁长廊、影视村等景观，其中绝壁长廊长1250多米，由人工开凿。《走出地平线》《举起手来》等40多部影视剧曾在此拍摄，因此郭亮村被誉为“中国第一影视村”。

$ 含在万仙山景区门票内

🚌 1. 离郭亮最近的火车站是开封站，可乘火车到达开封，再转乘巴士到达郭亮

2. 乘长途客车一般有两个路线：一是从新乡直达郭亮；二是从新乡到辉县再到达郭亮

👁 2～3小时

漯河风味小吃

繁城油酥火烧等。

许昌风味小吃

雪里滚、许都烧鲇、东坡谢民情、万民乐等。

八里沟景区 ★★★★

景区森林覆盖率达90%，植物有1100多种，景区内有七大险谷、三十六奇峰，处处皆有神秘奇异之感。这里荟萃了太行山水之精华，集奇、险、峻、秀、幽于一谷，自古即为旅游胜地。

$ 160元（门票＋往返大巴）

🕒 7:30—18:00

➜ 新乡市太行山南麓深山区八里沟风景区

👁 4～5小时

许昌

许昌地处中原，历史悠久，是华夏文化的重要发祥地。这里有多处三国时期的历史古迹，对热爱《三国演义》的游客来说不可错过。

神垕古镇 ★★★

神垕是中国钧瓷的发源地，是5000多年陶瓷文化积淀而成的具有典型区域特色的历史文化名镇。漫步神垕小镇，古老的街道，鳞次栉比的老房屋，仿佛让人回到了遥远的年代。

🚌 从许昌乘车至禹州，在禹州第一车站换乘到神垕镇的班车

👁 1～2小时

平顶山

石人山（尧山） ★★★

奇峰怪石、云海飞瀑、温泉是石人山的主要景观，加上各种传说和多处人文景观，吸引了大量旅游者。

特别在夏季，山上只有二十几度，气候湿润，适合度假旅游。

🎫 65元；大索道上行80元，下行60元，往返120元；石人索道、红枫索道上行40元，下行30元，往返60元；滑道4段30元

🕐 8:00—18:00（3—11月）
8:00—17:00（12月—次年2月）

🚍 从许昌乘火车或汽车到平顶山，平顶山汽车站去石人山风景区每天都有10辆班车

🏨 山上有宾馆酒店，游客不用担心吃住的问题

👁 5～6小时

信阳
鸡公山景区　★★★★　🎋🎣

信阳位于河南省南部，因为林木葱郁的鸡公山风景区而著称。

鸡公山因主峰酷似伸展两翼的公鸡而得名，景色秀美，夏季气温一般在23℃左右，是避暑的好地方，有"青分豫楚，襟扼三江"之美誉。散落其间的200余幢别墅由20世纪初各国传教士、商人建造，风格迥异，别具魅力。

🎫 60元

🚍 从郑州乘火车到信阳，然后乘公交车上山；可以乘汽车沿盘山公路上山，也可徒步由登山道上山

👁 0.5～1天

南湾湖　★★★　🎋🚤📷

这是不可错过的省级风景区，宽广的湖面烟波浩渺，水天相接。波平如镜时，可照见天空中的云朵；波浪涌荡时，颇有大海的姿态。如果能选在月夜乘小船在湖面航行，会更有漫游在仙境之中的感觉。

🎫 60元

🧭 位于信阳市南湾街188号

👁 3～4小时

南阳
七十二潭景区
★★★★　🎋🎣

山是水的骨髓，水是山的血脉，依山顺势，水流潺潺。七十二潭四季泉流不息，石潭近百，形态各异，堪为大自然的鬼斧神工。有"中华第一石川"之美誉。

🎫 55元

🕐 8:00—18:00

🚌 从郑州出发，走京珠高速→许平南高速→方城→鲁姚公路可达

👁 2～3小时

武侯祠　★★★　♿

武侯祠是诸葛亮"躬耕南阳"的故址和历代祭祀诸葛亮的地方。看着武侯祠的古香古色，诵起诸葛丞相"臣本布衣，躬耕于南阳"的《出师表》，定会有一般的感受。这里的三顾祠是依照"三顾茅庐"的典故而后建的。来武侯祠之前对诸葛亮生平作一番了解，游玩起来会更有兴致。

🎫 60元

🚍 临近武侯祠（公交站）

👁 3～4小时

内乡县衙博物馆　★★★　♿

内乡县衙是我国目前唯一保存完整的封建时代县级官署衙门，建筑群整体布局上严格按照清代地方官署规制，现存房屋117间。县内的内乡文庙则是国内现存历史最悠久、建筑最精美、体系最完整的一座文庙，文庙内的孔子画像碑上有唐代画家吴道子所作"宣圣遗像"四字和明代画家蒋子成所画的孔子像。

🧭 内乡县城关镇乡

👁 1～2小时

购物南北线

南北线各城市均有一些名土特产，游览之余不妨购买一二。

推荐购物

安阳　核桃、板栗、红枣、"大红袍"花椒等。

许昌　钧瓷，产于禹州，始于宋朝初年，御用品，钧窑遗址现尚存。其他土特产有腐竹、烟叶等。

漯河　郾战抽纱，一种历史悠久的工艺品，非常精美。

信阳　信阳毛尖，隋唐前即为我国八大名茶之一。其他特产还有妙高寺天葵子、淮南麻鸭、罗山皮箱、海滨席等。

住在南北线

南北线上的各个城市均有不同档次的宾馆、酒店，住宿没有问题。

东北地区

黑龙江—吉林—辽宁

黑龙江省

自助游：

冰灯游园之旅

中央大街→圣·索菲亚大教堂→冰灯游园会（兆麟公园）→雪雕国际比赛（太阳岛公园）→冰上活动

北极村之旅

漠河北极村→北红村

绿色生态之旅

镜泊湖→扎龙自然保护区→五大连池

自驾游：

行在冰天雪地中

沈阳→铁岭→四平→长春→扶余→哈尔滨→佳木斯→富锦→同江

奔驰在中国最北端

哈尔滨→兰西→明水→黑河→呼玛→白银钠→二十兵站→漠河→塔河→加格达奇→根河→额尔古纳→呼伦贝尔→牙克石→扎兰屯→齐齐哈尔→哈尔滨

哈尔滨

哈尔滨快速攻略

Day1 中央大街步行街→圣·索菲亚教堂→防洪纪念塔→斯大林公园→松花江（若是冬天，晚上可去冰雪大世界观看冰雕、冰灯）

Day2 老道外→果戈里大街→圣·阿列克谢耶夫教堂→龙塔

Day3 太阳岛风景区→东北虎林→哈尔滨极地馆

感受哈尔滨

热情的哈尔滨人 哈尔滨女孩看起来高挑、白皙，性格豪爽大气；哈尔滨男孩往往高大魁梧，给人一种"硬汉"的感觉，但其实非常友善。

洋气 这是一个在哈尔滨有着最高审美价值和评判标准的词儿。无论什么事物，只要是最好的，都用这个词予以肯定。

建筑 哈尔滨有众多雅号，"东方小巴黎"即是其一。漫步在哈尔滨街头，你会被不时跃入眼帘的精巧建筑所吸引，几乎世界上近代建筑的所有流派都可以在此地找到属于自己的风格，从洛可可到巴洛克，从文艺复兴到新艺术运动，从哥特式的尖顶到俄罗斯式的"洋葱头"，从中央大街有着80年历史的花岗石路面到保留完好的几个街坊的俄罗斯别墅式住宅……

准备与咨询

语言

哈尔滨人说话很好懂，口音与普通话比较接近，不会有太多交流上的问题。

气候与游季

哈尔滨夏季天气凉爽，气候宜人，最热的7月平均气温在22℃左右；冬季漫长而寒冷，最冷的1月平均气温在−20℃左右。哈尔滨四季可游，但以冬夏两季最佳，冬季12月至次年1月间，虽然寒冷，却可充分领略北国的冰天雪地、素裹银装；夏季7—9月，凉爽宜人，适合避暑。

行在哈尔滨

进出

哈尔滨地理位置优越，交通方便快捷，位居亚太经济开发区腹地，是沟通东北亚、欧洲和太平洋的交通枢纽。哈大、滨绥、滨洲、拉滨等5条铁路在此并轨，并与俄罗斯的西伯利亚大铁路相连。

飞机

哈尔滨太平国际机场是东北地区第二大

1. 购物： 冬季到哈尔滨，游客可在当地购买羽绒衣裤、羊毛衣裤，价格便宜不说，且厚实耐寒。最好选择质地轻柔的防寒服、防寒手套和防寒鞋，这样登山或游览时既保暖又灵活。另外切记带上太阳镜，以防雪地反射的光线刺伤眼睛。

2. 药品： 东北地区室内外温差很大，气候干燥，冷热交替，极易感冒，所以最好带上必备的药品和护肤品。

3. 保护相机： 在零下几十度的哈尔滨，一定要做好相机的保暖工作，否则不但快门会冻住，电池也会迅速失效；另外，还要注意从室外进屋后相机镜头受温差影响会结雾，条件允许可以先放进冰箱冷藏室。

4. 火炕用餐： 如有机会到当地农户家中做客，可以试着在温暖的火炕上用餐。

冬日松花江

国际航空港，位于哈尔滨市西郊，可供国内外各种大型客机昼夜起落。有班机飞往全国各大城市，并与日本新潟、韩国首尔、俄罗斯哈巴罗夫斯克、符拉迪沃斯托克（海参崴）和中国香港构建了空中通道。

民航售票处
- 香坊区中山路 101 号
- 0451-82651188

哈尔滨机场问询处
- 0451-82894220

中海直航空售票处
- 赣水路 32 号
- 0451-82320788

狗拉雪橇

哈尔滨港务局
- 海员街 1 号
- 0451-88911916

哈尔滨船务公司
- 江畔路 140 号
- 0451-88912609

哈尔滨市轮渡公司
- 道外东北新街 87 号
- 0451-88915707

观光索道

松花江观光索道南起道里区通江广场，横跨松花江，北至太阳岛风景区中心地界。毗邻斯大林公园、防洪纪念塔、中央大街，乘坐索道过江，松花江景一览无余，美景尽收眼底。

轮渡

哈尔滨市还有连接市区与太阳岛的轮渡线路 4 条，为中外游客提供了方便快捷的水上交通。

市内交通工具

市内出租车起步价 8 元，白天 1.9 元/千米，晚上 2.5 元/千米，再加 1 元燃油费。公交车 1 元，空调车 2 元。

出租车投诉
- 0451-96366

冰上运动

每年都在太阳岛举办群众性的雪雕比赛。江上则开展滑冰橇、乘冰帆、溜冰、打冰球等冰上运动，对冰上运动感兴趣的游客不妨就此一显身手。

往返机场的班车

民航大厦有往返机场的班车，票价 20 元。

铁路

哈尔滨是东北地区仅次于沈阳的第二大铁路枢纽，共有哈尔滨站、哈尔滨东站、哈尔滨北站和哈尔滨西站 4 个火车站。哈尔滨站是途经哈尔滨的各次列车的主要接发站；哈尔滨东站则是大部分由哈尔滨始发列车的起点站和终到哈尔滨列车的终点站。另哈尔滨西站为高铁站。

高铁

哈大高铁南起海滨城市大连，经营口、鞍山、辽阳、沈阳、铁岭、四平、长春、松原，终至北国冰城哈尔滨，全程仅需 4 小时。

公路

102（京哈高速公路）、202（黑河→大连）、221（哈尔滨→同江）、301（满洲里→绥芬河）四条国道呈辐射状通向全国各地。

省内有直达北京、大庆、齐齐哈尔、牡丹江、绥芬河、佳木斯、鹤岗等地的高速公路，还有数十条长途公交线路，通往省内各主要城镇和省外各邻近城市。

长途汽车站点及发车方向

道外公路客运站
- 道外区承德街 287 号
- 0451-88393271
- 发往克山农场、逊克、汤旺河、嘉阴、延寿、榆树、尚志、东宁、肇东、肇源、肇州等地

三棵树客运站
- 道外区桦树街 1 号
- 0451-57682646
- 哈尔滨地区除阿城和双城都有车发往

水路

　　哈尔滨港是我国八大内河港口之一，亦是东北部最大的内河港口，现有客运港（道外区北七道街）和货运港（太平区三棵树）两个港口。

　　客运港开通有哈尔滨至佳木斯、哈尔滨至北涝洲、哈尔滨至肇源、哈尔滨至清河等多条航线，每年4月中旬开航，11月上旬停航。

市内交通

　　哈尔滨市现有百余条公交线路，遍布市郊各地，并有数千辆出租车在街头日夜服务。哈尔滨现在开通了地铁1号线、2号线、3号线。

游在哈尔滨

太阳岛风景区
★★★★★ 🏔🎣📷

　　景区由太阳岛与附近诸岛和沙洲组成，是哈尔滨红极一时的旅游胜地。质朴、粗犷的北方原野风光特色，使其成为哈市人民郊游、野餐的首选。一年一度的雪博会是景区最大的亮点，惟妙惟肖的雪雕让人神往。

💰 58元；冰雪艺术馆160元

🚌 旅游巴士3号线及4号线可直达太阳岛；在通江街可乘坐龙珠索道直达太阳岛

👁 1天

冰雪大世界 ★★★★★ 🎿📷

　　哈尔滨众多冰雪项目的"压箱之作"，许多大型的冰灯、冰雕都出于此。每逢春节假期，都是冰雪大世界闪亮登场的时候，而且每次都能够给人们带来惊喜。

💰 180元

🕐 11:00—22:00（1—2月）

雪雕

中央大街

🚌 乘旅游专线车，从友谊路发车，途经友谊路、公路大桥至冰雪大世界终点，运营时间9:00—22:00；或乘公交车到冰雪大世界（公交站）

👁 4～5小时

🔆 **1. 票价：** 冰雪大世界的重头戏在春节假期，也是票价最贵的时候；随着天气一天一天变暖，大世界的票价也会随之下调，当然那时的冰雕品质也有所下降。

2. 最佳时间： 冰雪大世界通常每年都在12月20日左右试运行，1月5日正式开放，别来得太早，尽量选择1月后或者圣诞节后。且最佳观赏时间是晚上，白天看不到灯光效果，冰雕在灯光映衬下才最美。

中央大街 ★★★★ 🏛🚶

　　中央大街始建于1896年，是目前亚洲最大、最长的步行街之一，汇集了文艺复兴、巴洛克、折中主义及现代多种风格的市级保护建筑13栋，是一条国内罕见的建筑艺术长廊。

🚌 临近中央大街（公交站）、哈一百（公交站）

👁 1～3小时

松花江 ★★★★ 🚣📷

　　松花江流经哈尔滨市区的这一段，早已成为这座城市的重要景观。每到冬季，冰封的江面上便成了人们的游玩胜地，可以在江上体验坐马车、玩雪圈儿等活动，而夏季的松花江畔也是人们纳凉散步的好去处。

💰 松花江索道80元（往返）

🚌 乘坐公交车至防洪纪念塔站下，向北走至中央大街尽头即到江边

👁 1～2小时

兆麟公园 ★★★

　　冬季也有冰雕、冰灯展出，比冰雪大世界规模要小一些。最值得一提的是，这里是每年冰灯游园会的举办地，每年从1月5日开始，一直延续到2月末。

- 免费
- 10:00—21:30
- 道里区森林街39号
- 临近道里三道街（公交站）
- 0451-84692804
- 1～2小时

防洪纪念塔

果戈里大街 ★★★★

　　一条充满浓郁俄罗斯风情的街道，已有百余年历史。这里最具特色的建筑是巴洛克风格的圣·阿列克谢耶夫教堂，它是哈尔滨第二漂亮的教堂。果戈里大街既是一条文化名街，也是哈尔滨酒吧一条街，有许多美食，夜景非常漂亮。

- 临近秋林（公交站）
- 1～3小时

圣·索菲亚教堂 ★★★

　　远东地区最大的东正教堂，是拜占庭式建筑的典型代表。正门顶部为钟楼，安有7座铜铸乐钟，目前已经改成了省建筑艺术馆。

- 15元
- 8:30—17:00
- 临近兆麟街（公交站）
- 1～3小时

🔆 **1. 夜游：** 晚上在灯光的映照下，教堂有着日间没有的光辉，建议夜游。

　　2. 教堂内部： 内部虽然稍显破旧，但气势仍在。展览馆内部陈列的哈尔滨老照片能让你了解哈尔滨辉煌的过去。

老道外 ★★★

　　中国最大的"中华巴洛克"建筑街区。这里历经百年沧桑的西洋老房子里，却藏着中式的庭院，是哈尔滨人独创的一种建筑形式。老道外集中了许多民间美食，像张飞扒肉、范记永饺子馆、胡同老锅烙等都值得一尝。

- 临近景阳街（公交站）。
- 2～4小时

哈尔滨极地公园
★★★

　　这里最吸引人的要算世界独一无二的白鲸水下表演，白鲸和美女驯养师共同演绎的"海洋之心"最受关注。

- 海洋馆130元；极地馆198元
- 8:30—17:30
- 乘公交车在太阳岛道口下车，再换乘哈尔滨极地馆免费班车
- 2～4小时

防洪胜利纪念塔 ★★★

　　于1958年落成，是为纪念1957年哈尔滨人民战胜特大洪水而修建的。塔身为圆柱形，当年的抗洪画面以浮雕的形式展现出来，栩栩如生。

雪中的圣·索菲亚教堂

东北虎林园

龙塔

游在哈尔滨

🚌 临近防洪纪念塔（公交站）

👁 10～30分钟

东北虎林园 ★★★ 🎦❌

与著名的避暑胜地太阳岛风景区仅一水之隔，是出于挽救和保护世界濒危物种东北虎而建立的园林。在这里游人可与东北虎有安全的接触。

💰 110元（含观光车）

🚌 临近虎林园（公交站）、旅游观光巴士可直达

👁 2～3小时

哈尔滨龙塔 ★★★ 🌊🏢

龙塔高336米，是哈尔滨的标志性建筑。尤为壮观的是塔楼在181米至216米处向外展开呈飞碟状。

💰 观光票95元

🕐 观光营业时间9:00—20:00（19:30停票）
餐厅营业时间10:30—21:00（20:00停票）

🚌 临近龙塔（公交站）

👁 2～3小时

伏尔加庄园 ★★★★ 🌊🏢

一个充满异域风情的俄罗斯文化主题庄园。园内风景优美，树木葱郁，鸟语花香；一条弯弯的小河穿过庄园，清澈的河流、精巧的桥梁，一派安然和谐的田园风光。在旖旎的风光中，欣赏俄罗斯特色民族歌舞表演，让你不出国门就可以领略异国情调。

💰 218元

🚌 临近闽南国际商城（公交站）、（伏尔加庄园（公交站）；冬夏旅游旺季时景区提供直通车，9:30在龙塔正门口发车，15:30从庄园返回龙塔，需提前一天预订

👁 0.5～1天

波塞冬海底世界 ★★★★ 🏢❌

这是一个特殊的海洋馆，在建筑上，它以古希腊神话故事为基础，并融合海洋元素，打造了一个充满神秘感的海底世界。置身水下隧道，各色海洋生物仿佛触手可及，让人不由得想起《海底两万里》。

💰 208元

🕐 9:30—16:00（周一至周五）；9:00—16:30（周六至周日）

📍 呼兰区汇江路153号

🚌 临近黑冰雪图书馆（公交站）

👁 2～3小时

吃喝哈尔滨

哈尔滨的饮食以东北菜为主流，吸收的外来饮食也不少，带有俄式口味。

在每一个餐馆的入口处都高挂着灯笼，这在哈尔滨已经成了一种惯例。而且，灯笼越多，意味着价格和档次也越高。红

🔆建筑

去哈尔滨之前，一定要先了解一下建筑方面的小常识。在道里区、南岗区市中心，有很多精彩建筑让你惊喜，要是你有工夫问究一下那些建筑的历史来历，你一定会被哈尔滨迷住的。哈尔滨的老城区，建筑多为欧式、日式风格，至今还保持着一百多年前的样子，若想了解哈尔滨的历史，不妨在此走上一遭。况且这里还有很多美味的小吃。

🔆点菜

与南方饭馆的"精致"不同，这里的菜分量很足。在东北菜馆吃饭时别点太多菜，基本上3人点3个菜，按人头算为佳。

🔆异域风情街

素有"东方小巴黎"之称的哈尔滨总是洋溢着浪都的异域风情。目前，印度风情街、俄罗斯风情街等特色风情街，逐渐成为哈尔滨又一道风景线。

灯笼表示是普通中餐馆。

在哈尔滨能看到各式各样的香肠，商店的橱窗也挂满了长节的香肠，很受当地人和俄罗斯游客的欢迎。

漫步在中央大街，两边是应接不暇的饭店和餐馆，而且越往南走价格越便宜。还能发现很多面包店，供应现烤的面包和各种馅饼。

寒冷的自然条件极大地丰富了这里的冰冻食品。有冰水果，例如冻梨、冻柿子、冻苹果、冻海棠等；还有冰点如冻饺子、冻豆腐等。

特色餐厅

☀鱼鲜

在松花江对岸有一个渔村，整条街都开满了小饭店，生意火爆，以现做松花江上现打上来的鱼鲜为主要特色。

华梅西餐厅（中央大街店） 俄式餐馆，俄、英、法、意风味俱全，味道纯正。华梅西餐厅可谓哈尔滨的一个象征，推荐红菜汤、罐焖牛肉、软煎马哈鱼。

📍 道里区中央大街112号

📞 0451-84619818

马迭尔冷饮厅 中央大街上的"老字号"，排长队在这里买上一根冰棍，不管是炎夏还是寒冬，都不让人诧异。此处的酸奶和冰糕也挺受欢迎。

📞 0451-84884000

📍 道里区中央大街89号马迭尔宾馆

吴记酱骨炖菜馆 主打特色是大棒骨和脊骨，虽然是凉的，但是味道很带劲，经常满座，很是火爆的一家店。大直街也开了分店，环境还不错。

📍 南岗区西大直街208号

📞 0451-87516677

特色饮食

大列巴 俄式大面包的别称，具有传统的欧洲风味。秋林公司和华梅西餐厅烘制列巴的历史距今已有七八十年了。

红肠 哈尔滨最经典的食物就是红肠，现在在其他省市街边也能看到打着哈尔滨红肠招牌的店，但味道肯定不如当地的"秋林红肠"。最著名、最传统的风味是蒜味，可以夹在列巴里，咬起来满口肉香。

购物哈尔滨

哈尔滨当地土特产品很少，但品位极高，独具一格。

猴头菇是真正的"山珍"，在当地购买价格不贵；三花鱼（鳊花、鳌花、吉花）是人间美食，河中极品；风干香肠，是民间佐酒佳品；北国红豆、山野菜虽不贵重，但红豆是相思之物，山野菜则是真正的北

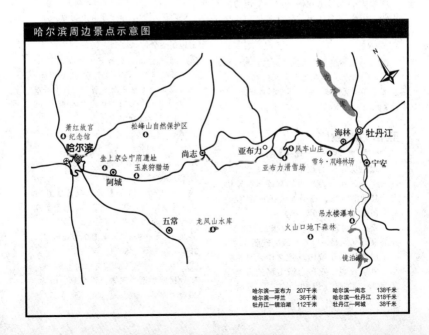

哈尔滨周边景点示意图

萧红故宫纪念馆　松峰山自然保护区

哈尔滨

金上京会宁府遗址
玉泉狩猎场

阿城

尚志　亚布力　风车山庄　海林　牡丹江

亚布力清雪场　雪乡·双峰林场　宁安

五常　龙凤山水库

吊水楼瀑布

火山口地下森林

镜泊湖

哈尔滨—亚布力 207千米	哈尔滨—尚志 138千米
哈尔滨—呼兰 36千米	哈尔滨—牡丹江 318千米
牡丹江—镜泊湖 112千米	牡丹江—阿城 38千米

方野味。

作为省会，哈尔滨荟萃了黑龙江各类商品的精华，名气最大的是名冠东北三宝之首的人参——长白山野山参。另外，玛瑙工艺品形象生动，晶莹剔透。

道里区圣·索菲亚教堂旁边的金太阳商场售卖的多是韩国商品，前卫的、时尚的，应有尽有，价格适中。还有南岗区松雷商厦旁边的中艺大世界，里面4层楼高，服装、装饰品、时尚首饰、化妆品、香水、韩国文具等小商品非常丰富，而且价格非常便宜。另外，购买俄国商品，也可以去防洪胜利纪念塔附近看看，但是要货比三家。买衣服可以去中艺下面的地下服装城。

推荐购物

到哈尔滨购物，印度风情街、俄罗斯风情街、女人街等特色风情街是一定不能错过的。

中央大街 哈尔滨著名的步行街，集吃喝、购物、娱乐于一体。

地下商场 由防空洞改建的地下商场，其

中著名的有秋林地下商场、红博广场地下商场等。

住在哈尔滨

哈尔滨的旅馆服务业非常发达，有数十家涉外酒店，上百家星级宾馆。市内招待所多而普遍。

丰俭由人

住宾馆可以选择果戈理大街，位于市中心，交通便利，价格也不贵。住旅店可以去马端街皇朝富豪附近，属于郊区价格更便宜。但是，冬季冰雪大世界和冰雪游园会、雪博展出时，价格至少上浮20%。

推荐住宿

黑龙江聚贤堂宾馆 地处繁盛商业圈，不仅设施先进，装修豪华，特色风味餐厅和洗浴中心也足够吸引人，在这里住宿绝对是一种享受。

香坊区民航路44号

0451-87094188

乌苏镇 ★★★

乌苏镇是中外闻名的渔村，这里有我国最大的大马哈鱼渔场。登上伊力嘎山头，可以观赏日出，看红日从两江交汇处涌出，四周洒满一片黄金，景色令人惊叹。

从哈尔滨坐火车到前进镇，再坐客车；或者从哈尔滨坐火车到佳木斯，再坐客车到抚远镇，再坐客车到乌苏镇

2小时

亚布力滑雪场 ★★★★★

无论从雪道的数量、长度还是落差方面来看，亚布力滑雪场都远远胜于国内的其他滑雪场，是中国最好的滑雪场，甚至在亚洲也屈指可数。

亚布力滑雪场最高处海拔1374.8米，极端最低气温是-44℃，最高气温34℃，整个滑雪场处于群山环抱之中，林密雪厚，风景壮观。亚布力滑雪场的设施非常完善，共有11道初、中、高级滑雪

道，它的高山滑雪道是亚洲最长的，另外还有一座灯光滑雪场。滑雪道平均坡度为22.6°；雪场内还有高山跳台滑雪场地、越野滑雪场地和花样滑雪场地。

除了冬季可以滑雪，夏、秋季的亚布力也很适合休闲度假。

亚布力新体委滑雪场初中级雪道：200元/2小时、300元/半天、500元/天；亚布力（雅佳斯）国际会展中心滑雪场初中级雪道：180元/2小时、300元/半天、480元/天

新濠阳光度假村滑雪场：平日260元/2小时、300元/半天、500元/天，周末280元/2小时、380元/半天、580元/天，节假日360元/2小时、500元/半天、700元/天。以上滑雪价格包含三项滑雪器材（滑雪板、滑雪鞋、滑雪杖）租用费及场地、缆车的使用费

其他雪场，初级雪道180元/2小时、300元/半天、480元/天

从哈尔滨火车站乘火车到亚布力镇，然后换乘小巴到亚布力滑雪场，10元，20分钟即到；或从哈尔滨龙运客运站、

哈尔滨周边游

亚布力滑雪旅游度假区

南岗汽车站乘坐大巴可到亚布力

Ⓐ　最好住在风车山庄，因为滑雪场就在它的门口，很方便。如果住在远处的宾馆里，步行到滑雪场至少也要15分钟，由于当地天气十分寒冷，这段距离走起来是非常艰难的

☀**1. 最佳滑雪期**：每年的11月中旬至次年3月下旬是这里的最佳滑雪期。

2. 游玩时间：如果与风车山庄连起来游，需3晚4天。

亚布力滑雪旅游度假区示意图

大锅盔1374.8m
二锅盔1262m　三锅盔1000.8m
高地 988m　青云缆车站

高山竞技滑雪区
90m级高山滑雪跳台　青云初级滑雪场
冬季两项射击场　双桥缆车站
花样跳台
南极缆车站
通信山庄　滑雪滑道 健儿票处
雪具出租
娱乐中心缆车站　乡村别墅区　双桥滑雪滑道
快餐店　儿童滑雪娱乐区　缆车站
亚布力旅游滑雪场大门　天印桥　月牙路
亚布力国际会展中心　山庄路
大型室内停车场
风车山庄大门　三丘桥缆车
风车网车传统滑雪场
N
风车贵宾楼 云鼎宾馆
大青山滑雪场

3. 东北菜：在亚布力可以吃到传统的东北菜，尤其值得推荐的是地三鲜，这是健康佳肴。风车山庄内设有餐厅。此外亚布力滑雪区内有一些农户开设的饭店，去农户家吃饭一定要坐火炕，在东北的热炕头上吃大盘的东北菜，感觉十分温暖。

4. 信号好：在亚布力，手机信号非常好。

5. 提前订火车票：从哈尔滨到亚布力的火车票不是很好买，保险的方法是提前订好车票，到时亚布力滑雪场会派专人在哈尔滨车站将游客送上列车。建议坐风车山庄直达哈尔滨火车站的大巴。

汤旺河林海奇石景区
★★★★　🌲🚶🏔

汤旺河林海奇石景区坐落于小兴安岭的一处高地，邻靠着汤旺河，以林海和奇石闻名。融奇石、森林、冰雪、峰涧、湖溪于一体，集奇、险、秀、幽于一身，可登山、漂流、垂钓、原始森林探险，也可参与采摘活动，是休闲度假、旅游观光的胜地。

💰　90元

🕐　8:00—17:00

🚌　哈西公路客运站有直达汤旺河的汽车，定点发车，票价27元

👁　1天

风车山庄　★★★★　🌲⛰🏔

风车山庄不仅包括了整个亚布力滑雪场、风车度假饭店、风车网阵和天印

风车山庄

湖（每年都有冬泳爱好者在这里进行冬泳），而且拥有世界最长的篷式滑道，坐在滑车上向下俯冲，充满刺激却又有惊无险。主要娱乐项目有滑雪、高尔夫球、钓鱼、网球、雪地摩托、森林骑马、热气球、滑翔伞等。这一切使得风车山庄除了每年的11月下旬至来年4月上旬的滑雪期之外，仍然是一个很好的旅游度假区。

🚌　亚布力火车站专门有中巴开往亚布力滑雪场，车程不到半小时，车票在8～10元

🏨　风车度假饭店系三星级涉外旅游饭店，包括假日1号楼、2号楼、风车别墅区、乡村别墅区，这里所有的房间内都有暖气。青年公寓则很便宜

萧红故居纪念馆
★★★★

是我国已故著名女作家萧红的故乡，现仍可寻觅到萧红当年成长的痕迹。

🚌　可从哈尔滨乘火车或汽车前往呼兰，再乘公交至萧红故居下

👁　1小时

扎龙国家级自然保护区
★★★★　🚫

国家级鹤类保护区，全世界有15种鹤，我国有9种，而扎龙自然保护区内就有6种，其中数量最多的是丹顶鹤。这儿除了是鹤的故乡，说它是野生珍禽的王国也不为过。

💰　65元（5—10月）
　　45元（11月—次年5月）

🚄　从哈尔滨乘动车或高铁到齐齐哈尔，二等座票价83～107元，再换乘专线旅游车可达

👁　0.5～1天

💡　5—7月是观鸟的最佳季节。

五大连池风景名胜区
★★★★★　🏞

以保存完整的世界罕见的火山地质景观及矿泉水资源蜚声中外。这片风景区并不适合冬日前往，黑白相间的苍凉让人感受不到春夏时节的多彩，5—9月是来此游览的最佳季节。立于老黑山火山口，熔岩地貌仿佛让人感受到千万年前的蛮荒。最妙的是，站在火山顶俯瞰湖水，色彩居然有黄、橙、绿、蓝之分，这是熔岩矿物质不同所表现的色彩斑斓。处处是惊艳，溶洞也让人神往，走到西焦德布山北侧，这里的水晶宫会让每一个游客叹为观止。风景看累了，你还可以去泡一下温泉。

💰　联票240元（含黑龙山、龙门石寨、南药泉、北药泉、温泊、冰洞、地下冰河等景点）

🚄　由哈尔滨、黑河、齐齐哈尔乘火车直达五大连池站，车站距五大连池风景区30千米，可乘出租车、汽车到达

🏨　大多数游客都住在药泉山风景区，中档旅馆价格便宜

👁　1～2天

💡　**1. 到五大连池：**不管买什么票，唯一需要明白目的地是到五大连池风景区还是五大连池市。

　2. 打车：想把五大连池所有景点玩遍，必须打车或包车。如果是两人以上，包车最合适。

　3. 矿泉鱼没必要吃：说是五大连池特有的矿泉鱼，价格超出正常卖价3倍，没有必要吃。

萧红故居

哈尔滨周边游

扎龙自然保护区

桃山国际狩猎场

★★★ 🍴🚶

　　我国第一个国际野生动物狩猎场，气温很低，积雪时间长，是滑雪的好地方。

🎫 200 元

🕐 8:30—17:30

🚌 从哈尔滨乘火车、长途汽车到铁力市，再换乘专线旅游车可到景区

💡 **1. 狩猎期：** 9 月下旬至翌年 2 月为最佳狩猎期。

💡 **2. 游览时间：** 最少需要 5 天 4 晚，因为属小兴安岭地区，交通、食宿都较困难，最好参加当地旅游团。

五常雪谷 ★★★★ 🍴🚶📷📸

　　宁静纯朴的摄影胜地，可体验从雪谷徒步翻越羊草山到雪乡。

　　雪谷别具深山老林的原始风韵，没有任何污染源。春季可爬山摄影；夏季避暑休闲；秋季观赏登山探险；冬季体验万米雪漂。

🎫 40 元；漂流 70 元

🕐 7:00—17:00（11 月—次年 3 月）

📍 哈尔滨市五常市山河屯五常山河林业局东

🚌 从哈尔滨道外客运站坐到五常的大巴，票价 30 元；在五常市汽车站坐车到山河口镇，票价 6.7 元；然后在检察院门口坐汽车到东升，票价 20 元，只有 14:40 一班车。也可以从五常汽车站坐车到沙河子镇，票价 14 元，然后坐汽车到雪谷，只有 12:00 一班车

📞 4006008182

👁 1～2 天

💡 **1.** 从雪谷翻越羊草山到雪乡，需要 4～6 小时，途中景色比较单调，这条穿越线路主要是体验雪地徒步，适合体力好的旅友。

　　2. 如果只是想去羊草山顶拍日出，建议一大早从雪乡出发上山顶，强度相对会低一些。

五营国家森林公园

★★★ 🍴⛰

　　亚洲规模最大、最完整、最有代表性的红松原始森林集散地。进入景区，就能看到"少奇号火车"；往深处走，脚下是木栈道，满眼都是松林。最值得一看的是天赐湖，湖面平静如水，远处是成片的松林，映衬在蓝天下，极美。

🎫 60 元；观光车 20 元

🕐 8:00—15:30

📍 伊春市五营区旅游公路

🚌 伊春汽车站有到五营的大巴，票价 45 元；也可以买到红星、汤旺河方向的车，途经五营，下车后就有载客的车，往返 70 元／车

👁 0.5～1 天

出境游 ★★★★ 🍴⛰📷📸

方案一：哈尔滨—海参崴

第 1 天： 晚上从哈尔滨乘坐 2727 次火车赴绥芬河

第 2 天： 上午可抵绥芬河，乘国际列车至戈城，出关经乌苏里斯克（双城子）晚上抵达俄罗斯远东地区最大的海滨城市——符拉迪沃斯托克（海参崴）；

第 3 天： 游览水族馆、二战潜水艇、二战烈士墓碑、世界上最大的不冻港之一的海参崴、海豚表演、远东最大的陆港火车站、列宁广场，宿海参崴；

第 4 天： 上午 8 点乘车出发，约 4 小时左右抵达俄边境城市——戈城，验关出境，中午可抵达绥芬河，乘火车返回哈尔滨。

方案二：哈尔滨—布市

第 1 天： 从哈尔滨乘火车赴黑河，宿火车上

第 2 天： 清早抵达黑河，吃完早餐后办理出境手续：从黑河口岸出境，抵俄罗斯阿穆尔州首府布拉戈维申斯克市（海兰泡），游列宁广场、胜利广场、地质博物馆

第 3 天： 俄罗斯农庄、布市新区、结雅大桥；

第 4 天： 从黑河返回哈尔滨。

牡丹江

牡丹江快速攻略

Day1　镜泊湖→吊水楼瀑布→火山口地下森林
Day2　雪乡（11月下旬至次年4月可安排行程）

准备与咨询

气候与游季

冬季严寒漫长，夏季凉爽短促，且地处江边，水网交错，素有"塞北小江南"之称，是盛夏避暑的好地方。

行在牡丹江

飞机

牡丹江现已与北京、广州、上海、青岛等地通航。

铁路

牡丹江与北京、图们、大连、济南间有直通列车。

公路

牡丹江客运总站客车开往方向：哈尔滨、大庆、佳木斯、鸡西、七台河等。

民航售票处

📍　爱民街东二条路民航大厦

📞　0453-6914444

牡丹江客运站

📍　西十一条路

📞　0453-5646577

游在牡丹江

镜泊湖世界地质公园

★★★★　🌐 📷

又一处火山喷发后留下的奇景，镜泊湖是中国最大的火山堰塞湖，在镜泊湖的八大景观中，尤以吊水楼瀑布最为著名，即使冬季枯水，瀑布冲刷下的熔岩地貌也仍是一大奇观。去过北京天坛的游客在这里还可以再次感受回音壁的奇妙，环潭的黑古壁便是这样一个天然的回音壁，低吼两声，是否感觉能与天坛回音壁相媲美呢？

💰　淡季70元，旺季100元；野生大峡谷60元；火山口55元

🚌　在牡丹江火车站前乘旅游专车前往，行程约2小时；也可从牡丹江长途客运站坐车至东京城镇，再从东京城客运站坐车至景区

📞　0458-6996680

👁　1～2天

💡**别乘快艇**：游湖时最好乘游轮而不要乘快艇，快艇不仅费用高而且游览速度过快，不宜仔细体会镜泊湖美景。

吊水楼瀑布　★★★★　🌐

是镜泊湖汇入牡丹江的出口，也是黑龙江省内最大的瀑布。瀑布巨大的冲击力在瀑底形成了直径近70米、深60余米的水潭。每到寒冬，瀑布便凝成冰帘挂于悬崖之上，很是壮观。

💰　包含在镜泊湖门票内

🚌　从镜泊湖乘中巴车可至

📞　0453-6270180

👁　2小时

💡**最佳游季**：每年6—9月，水位全年最高，吊水楼瀑布最为壮观，加上少风，此时湖中波平如镜，"镜泊"特色更为显著。

吊水楼瀑布

雪乡

雪乡·双峰林场
★★★★ 👥✕🔅

　　也许这个地方就是你追寻已久的那个至纯至美的世界，它还有一个更让人向往的名字——雪乡，以童话般的雪景而闻名。雪乡的 10 月就已瑞雪飘飘，至次年 4 月结束，低矮的小木屋下，家家户户都挂着大红灯笼，屋顶便是高过 1 米多的"雪蘑菇"，雪地上的马拉雪橇更添童话美好。来雪乡最不能错过的还有夜景，白雪映衬下大红灯笼通红透亮，不经意地便给雪乡的冰冷平添了居家气息。这里是摄影爱好者的天堂，木屋、灯笼、篱笆墙和完美雪景，不愁拍不出好片子。

🎫 120 元；套票 320～480 元 / 人 / 天（含滑雪、观光、住宿、餐饮），11 月下旬至 12 月初开始，次年 4 月结束

🚌 从哈尔滨南岗公路客运站乘坐到雪乡景区的直通车；从牡丹江客运站乘坐雪乡专线车，每日 14:00 发车；也可从牡丹江站乘坐火车至海林站，然后转乘海林至长汀的长途汽车，再拼车前往雪乡

👁 2～3 天

💡 **1. 住宿：**有临场开办的招待所。当地人家家都有家庭旅馆，建议住在当地人家中，住原木房、睡火炕、吃东北菜，惬意非常。

2. 通讯：在雪乡，手机信号差，但现在雪乡的家庭旅馆几乎家家都有 Wi-Fi，可以通过网络与外界联络。

3. 安全：在雪乡最好别去远离公路的森林或河谷，这些地方可能有被积雪覆盖的危险冰洞，是当地人捕鱼所凿。

4. 最佳时节：大年初二到初十人满为患，3 月的雪是最厚最好的。

5. 多带电池：雪乡是摄影的好地方，大多数相机都能承受低温的考验，不过相机的电池放电很快，相机的备用电池可得多带点。

6. 滑雪场：八一滑雪队训练用的滑雪场离雪乡大约两千米，不过一般不对游客开放。在雪乡里有一个私人承包的小型滑雪场。私人滑雪场的安全及医护很难保障，强烈提醒想去过瘾者三思而行。

大秃顶子山　★★★　👥⛰

　　雪乡是观日出的胜地之一，乘坐雪地摩托上山非常刺激。冬季的早晨天不亮时，登山非常挑战体力耐力，不过可以乘坐景区车辆进山，然后转乘雪地摩托上山，过程惊险刺激，但省时省力。

　　在旅游旺季时，上山看日出的游客非常多，如果上山晚了，可能就会错过观日时间。

🎫 280 元

🕐 8:30—16:30（15:00 停止入场）

📍 牡丹江市大海林林业局双峰林场

🚌 雪韵大街至大秃顶子山脚往返巴士可到达

👁 2～3 天

羊草山　★★★　📷👥

　　羊草山是雪乡一带最高的山，其山顶树少草多、视野广阔，因此成为观日出、赏日落的绝佳地点。徒步穿越者可先到雪谷，然后徒步上羊草山，穿越羊草山的沿途多为山林小道，风景很原生态。

🎫 40 元

🕐 9:00—18:00

👁 2～3 小时

火山口地下森林
★★★★ 👥

　　海拔 1000 多米的火山口森林，这里大大小小的火山口共有 10 个，其中 3 号火山口最大，深 200 米，直径 550 米，里面不仅有茂密翠绿的林木，还有名贵的药材和木材，资源极为丰富，是一处极具观赏价值的景点。

🎫 50 元

🚌 在镜泊湖有直达地下森林的车，车程约 1 小时，票价 20 元；或在牡丹江汽车站乘坐到景区的郊县车，车程约 1.5 小时

👁 0.5～1 天

横道河子　★★★　🎡👥

　　因早年有一条南北道路横穿河流，故名"横道河子"，小镇的名字也是来源于此。这个始建于 1897 年的古镇，经过 100 多年的风霜，依然保留着浓浓的俄式风情。中东铁路机车库建筑、俄罗斯老街、油画街、圣女教堂、威虎山，仿佛让人回到了 20 世纪初。

🎫 免费

🚌 从哈尔滨和牡丹江均可乘坐 D8511、

感受大兴安岭

D8515 次列车直达横道河子。

👁 0.5 ～ 1 天

💡横道河子附近还有东北虎林园、威虎山影视城，可一并游览。

吃喝牡丹江

牡丹江市的又一诱人之处在于，它是一个荟萃多种饮食文化的城市，这里的涮羊肉、烧烤、鱼宴、煎饼、筋饼、冷面等都各具特色，其中最著名的当属东北杀猪菜和朝鲜族狗肉全席了。在享受珍馐美味之余，再来一杯清爽可口的镜泊湖啤酒，确是人生一大乐事。

镜泊湖中盛产大白鱼、镜泊银鲫等几十种名贵鱼类，到此一游自然不可错过如此的美味湖鲜。在镜泊湖畔镜泊山庄的餐厅即能吃到。

住在牡丹江

在镜泊湖畔有很多旅馆。沿湖的森林中，也有许多可住宿的小木楼。

推荐住宿

牡丹江米兰精品酒店　在"中国雪城"牡丹江市中心的位置，紧邻朝鲜民族风情街。

🅿 牡丹江西牡丹街 189 号

📞 0453-8111110

大兴安岭

大兴安岭快速攻略

Day1　漠河九曲十八弯→胭脂沟→北极村（可就近游览白桦林）

Day2　北极村→黑龙江第一湾→北红村

感受大兴安岭

大兴安岭位于黑龙江的最北面，也是我国纬度最高的地区。大兴安岭的旅游景点线路以"北国林都"之称的加格达奇为中心，往西北辐射。从加格达奇以西可至嘎仙洞旅游，同时还可领略鄂伦春族的狩猎文化和民俗风情；以北可至北极村、漠河旅游，也可前往呼玛边境体验中俄边境游。

准备与咨询

语言

鄂伦春族语言属于阿尔泰语系满—通古斯语族通古斯语支，使用汉文，普通话可以交流。

气候与游季

大兴安岭地区为我国最北端，冬长夏短，尤其在漠河、洛古河地带，冬季长达 7 个月以上，而且日照时间非常短；夏季只有 2 个月左右，然而每年的 6—8 月，日照时间长达 17 个小时。

漠河地区的年平均气温为 -4℃，冬季温度低于 -40℃，但由于有森林挡风，气温虽然很低，也并非人们想象中那么可怕。

行在大兴安岭

进出

多以铁路交通为主。漠河与齐齐哈尔、哈尔滨之间有直达列车。

🌞多穿衣

漠河是全国最冷的地方，冬季去漠河建议穿保暖棉内衣、老棉裤，帽子要过耳，两层手套、三层袜子，鞋子要穿比原来大 2—3 码的，这样才有可能不挨冻。

🌞坐火车旅行

去大兴安岭，坐火车时最好不要睡觉，火车在山、林、河之间穿行时恰能观赏到最好的景观。

飞机

来大兴安岭可乘飞机。加格达奇通航，漠河机场已开始运营。

铁路

离漠河最近的车站是漠河火车站，原名西林吉站。

水路

等级公路已经全线贯通，游客可以自驾车来这里旅游。

游在大兴安岭
漠河北极村　★★★

每年都有四方游客在不同季节来到这里。这儿常年寒冷如冬，夏季也只有短短半月，冬天则长达 10 个月。夏至前后的极光节是游客、记者和摄影爱好者的"不夜城"，极昼则是每年必有的景观。哦，对了，来此别忘了游览中国科学院地球物理研究北极地磁台。

- 68 元
- 从哈尔滨站乘 K7039 次列车，从齐齐哈尔乘 K5171 次列车都可以到漠河站。在漠河市西林吉镇有班车直达北极村，也可包车前往北极村，100～250 元/天，单程 1.5 小时左右。
- 1 ～ 2 天

1.路途远　去漠河路途遥远，即使在中国最北面的大城市齐齐哈尔乘火车，最快也要约 15 小时才能抵达。

2.路线　可以先抵达哈尔滨，从哈尔滨乘火车至加格达奇（大兴安岭地区首府），最快约 9 小时，硬座和硬卧的价格分别为 98 元和 171 元；然后再从加格达奇转乘列车抵达漠河市，从漠河市有车前往漠河乡（北极村）和洛古河村。

3.有接待　漠河市西林吉镇有旅游局，可接待游客前往北极村参观。

4.明信片　到了北极村别忘了从北极村内的最北邮局给亲朋好友寄一张明信片，一般 15 天左右可以收到。

洛古河　★★★★

洛古河是北方最大的木材集散地，每年冬天都会从俄罗斯漂运来大批木材。洛古河又是黑龙江源头第一村的村名，现有农家 49 户，至今已有 100 多年的历史。

漠河以西 82 千米的地方，是黑龙江的源头洛古河江段，长 200 多千米，最深处 12 米，最浅处 1 米，沿江两岸风光宁静秀丽。还可沿着一条古代的"黄金之路"，追寻一下那些曾经的淘金者。

- 此地不通公交车，建议从漠河火车站下车，包一个小面包车，300 元一天。可先到北极村，第二天从北极村回，顺路去洛古河和胭脂沟游览。
- 1 ～ 2 小时

北红村　★★★★

我国真正的最北的村庄，目前已实现24 小时供电，喝水也主要采用压井取水。到这里的多是背包客，主要就是想见识一下最北地的风土人情。

- 3 ～ 6 小时

龙江第一湾景区　★★★★

黑龙江江面回流急转而形成的独特景观，一年四季各有不同景象，登上山顶可以俯瞰全景，浩浩荡荡，非常壮观。

- 110 元（门票＋车票）
- 大兴安岭地区漠河市图强林业局施业区红旗岭段
- 参团、旅行社包车或自驾前往
- 2 ～ 3 小时

漠河九曲十八弯　★★★

山上苍松茂密，黛绿如墨，峰峦跌宕如风起云涌，松涛阵阵似万马奔腾。俯瞰可欣赏九曲弯于在苍松翠柏映衬下的瑰丽美景。日出之时云烟缭绕，让人有脚踏祥云之感。

- 50 元
- 包车或者自驾前往
- 2 ～ 3 小时

胭脂沟　★★

胭脂沟位于漠河市漠河乡境内，是从西林吉镇前往北极村的必经之地，这里是前人采集金矿的场所。由于这儿的金子曾为慈禧换过胭脂，故称"胭脂沟"，也称"金沟"。

- 25 元
- 从漠河市坐专线大巴大约 50 分钟
- 3 小时

住在大兴安岭

首府加格达奇区，设有各种商办宾馆以及机关招待所，住宿比较方便，而且价格非常便宜。另外，北山宾馆、兴安宾馆、林田大酒店等旅游宾馆接待能力比较强，价钱自然也稍贵点。

游客到达北极村、洛河古村，可住在当地农民家中，他们的房屋都是用木头建成的，很有森林小屋的味道。

吉林省

自助游：

北国冰雪之旅

　　雾凇→松花湖滑雪场→天池

民族风情之旅

　　乌拉街满族镇→阿拉底朝鲜族村→高句丽王城、王陵及贵族墓葬

自驾游：

体验朝鲜族风情

　　吉林→蛟河→安图→延吉→珲春→五道沟→春化→东宁→绥芬河→牡丹江→哈尔滨

行在银装素裹中

　　北京→通化→二道白河→镜泊湖→火山口森林公园→吉林市→四平→北京

去往心中的天池

　　北京→沈阳→凤城→丹东→宽甸→通化→长白山

吉林

吉林快速攻略

Day1　松花湖（夏季可乘船游湖中五虎岛，冬季可去松花湖滑雪场或北大湖滑雪场）→吉林博物馆→北山公园

Day2　龙潭山公园→龙潭山鹿场→文庙

Day3　乌拉街满族镇 →阿拉底朝鲜族村

感受吉林

　　在全国所有的城市中，只有一个市与其所在省同名，这就是"吉林"。与东北其他城市相比，四面青山三面水的吉林无疑灵秀了许多。特别是与长江三峡、桂林山水、云南石林并称于中国四大奇观的吉林雾凇更是天下独有，让人慨叹造物之神奇。

准备与咨询

语言

　　吉林话属北方语系，与普通话接近，语言交流没有障碍。

气候与游季

　　四季分明是吉林的气候特征。年平均气温 3～5℃，春季干旱多风，夏季热且多雨，秋季凉爽多晴，冬季漫长寒冷，但总的来说是四季皆宜的旅游胜地。

节庆

雾凇冰雪节　每年1月在吉林市举办一次，以观赏中国四大自然奇观之一的吉林雾凇为主，节庆活动时间约一个月。其间会举办盛大的东北大秧歌会，松花江上放河灯、彩灯，五彩缤纷的彩船游江会、焰火晚会，国际及全国性的滑冰滑雪及冰球赛事。

　　吉林从 1991 年开始举办"吉林国际雾凇冰雪节"，至今已整整 28 届。每届的活动主题都不一样，有冰帆、溜冰、滑雪等娱乐活动，还有冰上舞蹈表演、冰灯游园会。最近几年又新增了冬季龙舟赛、中国雪地旅游高尔夫球大赛、室外冰壶大赛等具有特色的活动。

行在吉林

进出

　　吉林市是吉林省第二大城市，交通便利。

飞机

　　吉林航空港有飞往北京、上海、南京、深圳、青岛、大连等城市的航班，还有飞往西安、成都、昆明、杭州、厦门和其他外国城市如首尔、仙台等的航班。

铁路

　　长图、沈吉、吉舒 3 条铁路把吉林

感受吉林

💡**饮食**

　　吉林人对饮食的要求是丰盛、大方，以多为敬，以名为好。"一锅出"可谓最体现吉林人性格的招牌菜，一个超大的盘子，里面有排骨、大油豆角、土豆、南瓜、玉米，配玉米饼做主食，多得怎么吃也吃不完，这"吃不完"，便是热情的吉林人的待客之道。

💡**北山庙会**

　　东北最大的民俗旅游节会。

北山庙会

与长春、沈阳、哈尔滨这3个东北省会城市紧紧联系在一起。吉林还有直达列车前往北京、天津、上海、宁波、大连等城市。

高铁

　　2010年年底，东北地区第一条高速铁路——长吉城际铁路开通运行。铁路途经长春站、龙嘉机场、吉林站等5个车站，目前吉林市高铁站仍是旧火车站。从吉林市到长春，车程约42分钟。

公路

　　长吉高速公路与京哈高速公路相连，从吉林走高速公路可直达省会长春和首都北京。

　　主要发车方向：长春、通化、辽源、白山、宁江、双阳、牡丹江、沈阳、哈尔滨、佳木斯、泉阳、朝阳等。

市内交通

　　吉林的市内交通四通八达，市内公交线路、郊区公交线路都很多，各个景点游览区间均有公交车。吉林地铁也在建设中，预计2025年通车。

游在吉林

雾凇　★★★★★　🚻📷

　　俗称"树挂"，由雾、水汽冻结而成，严冬时节出现在吉林松花江畔的自然景观，**为中国四大奇观之一。吉林市的雾凇多属晶状，以持续时间长、壮观奇丽著称。**

雾凇长廊　吉林丰满县的南北两个郊县和市区的松江路一带素有"雾凇长廊"的美誉，是吉林市著名的赏凇胜地。

🚌　临近北大街（公交站）

雾凇岛　因雾凇多且美丽而得名，岛上的曾通屯是欣赏雾凇的最好去处。岛上还能看到东北大秧歌、二人转。来到韩屯、三合院、四合院的满族民居也别有情趣。

💰　80元

🕐　6:00—15:50

🚌　从客运站乘郊线汽车向北去乌拉街，到乌拉街后再乘出租车到韩屯

👁　1～2天

世纪广场　★★★　🏙

　　世纪广场位于吉林市博物馆和松花江南岸之间，由博物馆建筑群、旱喷泉、国旗平台、"世纪之舟"巨塔、音乐喷泉、望江平台等部分组成。"世纪之舟"巨塔高50米，顶端设有观礼平台，可鸟瞰"北国江城"秀色。

🚌　临近世纪广场（公交站）

👁　2～3小时

龙潭山公园　★★★　🚻📷

　　山上有一古池，为古人利用天然泉眼修建的贮水池，无论如何天干水位都不会下降。山上现存1500多年前的高句丽古城遗址。

民航售票处

🅿　重庆路2288号

📞　0432-66518888

火车站问询处

🅿　重庆路185号

📞　0432-95105105

💡 **1. 气温：** 到吉林看雾凇，需要特别注意天气预报。一般情况下，如有降中到大雪的天气，气温又在-20℃以下，雾凇出现的可能性就很大。

2. 三部曲： 吉林人赏雾凇的三部曲夜看雾，晨看挂，待到近午赏落花。"夜看雾"即欣赏雾凇形成前夜的雾景，届时会在松花路上形成一条雾流，行人好似在云中漫步。"晨看挂"即观赏雾凇，让人不禁产生"忽如一夜春风来，千树万树梨花开"的感觉。"待到近午赏落花"即近午时分，树挂开始随着微风纷纷飞落，在松花江畔形成一道靓丽的雪帘。

3. 最佳观赏时间： 每年春节前后。

吉林雾凇

- 免费
- 8:00—16:00
- 临近雾凇宾馆（公交站）
- 2 小时

朱雀山国家森林公园
★★★

　　山脚断壁上的阿什哈达明代摩崖石刻为省重点保护文物。因传说八仙在此停留过而"有仙则名"，在清乾隆年间就已经是吉林的名胜。夏季来此主要是享受爬山的乐趣，而冬季来到应尽享滑雪、坐马爬犁、雪橇之乐。

- 30 元；滑雪场 58 元
- 临近朱雀山公园（公交站）
- 4～5 小时

北山风景区 ★★★

　　北山风景区是吉林人踏春、消夏、赏荷、观雪的休闲胜地，也是香客朝山进香、拜庙祈神的福地。北山庙会远近闻名，自清代就有"千山庙会甲东北，吉林庙会胜千山"之誉。公园内的冰雪大世界是目前国内唯一的市内综合性户外冰雪娱乐场所，可满足不同层次滑雪爱好者的需求。

- 5 元
- 临近清真寺（公交站）
- 1～2 小时

北大湖滑雪度假区 ★★★

　　滑雪场有 6 条高山滑雪道，可以一边滑雪一边欣赏林中美景。作为滑雪项目的主要比赛地，这里有专为运动员准备的跳台，滑雪水平较高的人不妨来此好好挥洒一番。滑雪初学者可以到专门的初级滑道去。

- 周一至周五：全天索道票 460 元（不含雪具）；3 小时索道票 370 元（不含雪具）；初级滑雪票 238 元；夜场票 238 元（含缆车）
  周六、周日：全天索道票 580 元（不含雪具）；3 小时索道票 460 元（不含雪具）；初级滑雪票 298 元；夜场票 298 元（含缆车）
- 可在吉林市客运中心乘直达北大湖滑雪场的中巴，票价 30 元
- 1 天

☀ **1. 冬运会：**这里三面环山，风速很小，是优良的滑雪场所。第八届、第九届全国冬运会的雪上项目比赛都在这里举行。

松花湖

　　2. 环境好：人很少，雪道很好，不用在雪场排队等索道。

万科松花湖度假区
★★★

　　一个四季都能来寻求惬意的度假区，夏天可以进行水上项目，冬季也有滑雪等项目可参与。作为以家庭度假为核心的度假区，这里还有诸多儿童专属活动，在尽情玩耍的同时还能保证安全。度假区里有特产商店，可以买到松花石、黑木耳等东北好物。

- 免费，度假区内不同项目有不同收费标准
- 丰满区青山大街 888 号
- 临近青山（公交站）
- 3～5 小时

红叶谷景区 ★★★★

　　长白山余脉老爷岭的一处山谷，这里山势俊秀、草木茂盛，一年四季都有看头。春天有绿色的原野，夏天有轰鸣的飞瀑，秋天有红叶，冬天有冰雪。但最吸引人的还是色彩丰富、极具震撼力的秋色，曾被评为"中国十大秋色"第三名。

- 50 元
- 8:00—16:00
- 蛟河市庆铃解放村旁
- 乘坐蛟河市至红叶谷景区的专线车，或蛟河至松江镇的公共汽车；蛟河至吉林的公共汽车到解放路口下车即到
- 2 小时

一句话推荐景点

乌拉街满族镇　历史悠久的满族小镇，至今仍保留多处古迹和满族古老民俗。

龙潭山鹿场

🚌 乘长途客运汽车 1 小时可达

👁 2～3 小时

吉林天主教堂　典型的哥特式建筑，主体由教堂和钟楼组成，平面略呈"十"字形。全部建筑为砖石拱形建筑，无木梁或木柱。

💰 免费

🕐 8:00—18:00

📍 松江中路 3 号

🚌 临近江城广场（公交站）

👁 1～2 小时

保安睡佛　有如乐山睡佛那般清晰的五官，仰卧于天地间，绵延数千米。

💰 免费

🚌 可乘吉林至蛟河的长途汽车，至乌图公路 324 千米处下车即到

👁 2～3 小时

文庙　位于吉林市昌邑区文庙胡同，始建于 1907 年。虽然整体建筑面积较小，但在东北已算是最大的文庙。

💰 15 元

🕐 8:30—16:00

🚌 临近老大十字（公交站）、八小（东）（公交站）

👁 1～2 小时

玄天岭　玄天岭在吉林市区之北，山势蜿蜒，层峦叠翠。殿中有一梁悬空，一柱离地，人称"悬梁吊柱"，是吉林市八景之一。

🚌 临近北极街（公交站）

👁 2～3 小时

陨石雨陈列馆　馆内藏有 1976 年陨石雨收集到的较大陨石 138 块，其中最大的陨石质量达 1775 千克，是目前世界上收集到的最大的陨石。

💰 80 元

🚌 临近吉林博物馆（公交站）

👁 1～3 小时

吃喝吉林

吉林饮食极富东北特色，多为大补食品。

特色餐厅

福源馆（河南街店）　陪伴了几代吉林人的老字号，中西糕点、小吃快餐一应俱全。推荐麻辣烫、绿豆糕、麻花，尤其推荐这里的点心。

📍 吉林市船营区河南街 117 号

📞 0432-62075555

李连贵熏肉美食酒楼　来这家一定要吃东北的熏肉大饼，饼身分层，肉也分肥肉和瘦肉，看着就直流口水。这里的甜酱也很不错。

保安睡佛

当地美食

　　清香园的三套碗席最有名，拿手菜有满味排骨、叶赫鸡腿、雀巢海鲜窝、清香皮冻等。

　　吉林市内多家餐馆都能吃到砂锅老豆腐。

风味火勺

　　筷筷火勺，又称"叉子火勺"，选细嫩牛肉、大葱、鲜姜、香油和饴，用稍有颗粒的沙子面做皮，出锅的火勺外焦里嫩，香酥可口，闻则香味扑鼻，食之肥而不腻，是吉林传统的地方风味。

　　上海路 88 号国贸大厦对面

　　0432-62487888

解放大路　吉林人偏爱的饮食街，在这里不仅可以吃到多种风味的美味佳肴，而且价格不贵。

特色餐饮

鹿茸三珍汤　鹿茸三珍汤是以鹿茸、鹿筋、鹿鞭为主料，辅以高汤、佐料烹制而成。

清蒸白鱼　松花江尤其是松花湖盛产白鱼，所以吉林市的酒楼都可以为游客提供清蒸白鱼这道地方佳肴。

庆岭活鱼　因蛟河市庆岭镇活鱼饮食一条街而声誉鹊起，闻名各地。

三套碗席　三套碗席是最具代表性的满族传统名宴，举世闻名的满汉全席就是在三套碗席的基础上发展演变而来的。采用本地产上乘原料，用 15 种手法精心制作而成。白肉血肠、黄金肉片、关东蒸鱼、小窝头等满族名菜点均包括在此席中。

白肉血肠　经 5 道工序加工而成的白肉片，薄如纸帛，肉质细嫩，清血肠，脆嫩适口。

人参鸡　人参是东北三宝之一，与老母鸡煲成的人参鸡汤，据说可提神健脑，延缓衰老。

购物吉林

　　吉林市是东北三宝（人参、貂皮、鹿茸）的主要产地之一。除了三宝，著名的土特名产有红景天、林蛙、不老草、灵芝、蕨菜、薇菜、黑木耳等。

河南街、东市场　吉林市最著名的商业步行街，不论你想逛的是综合性的购物商厦，还是特色的精品小店，这里都可以满足你，因而这也成为旅游者购物的首选之地。

推荐购物

吉林剪纸　吉林剪纸起源于满族，富有关东特色。

松花江奇石　松花江奇石产于松花江，具有自然美、色彩美、形态美、神韵美的特征，有较高的收藏与观赏价值。

吉林手工彩绘木雕　吉林手工彩绘木雕是采用木质细腻的桦木，经手工雕刻而成。

树皮画　分为桦树皮画和银芝画两种。桦树皮画以中国山水画构图，精雕细刻，设色典雅。银芝画是以老牛干为主要制作原料，飞禽走兽等银芝圆雕作品，活灵活现，形象逼真。

松花湖浪木根雕　松花湖浪木经过大自然的雕琢，千姿百态，天然成趣，形成巧妙，古朴自然，显示了旺盛的生命力。吉林市还专门成立了松花湖浪木艺术研究会。

吉林彩绘雕刻葫芦　吉林彩绘雕刻葫芦利用本地特产的葫芦为雕刻原料，是吉林独特的旅游纪念品。

乌拉街

住在吉林

吉林市饭店的住宿条件不错，高中低档都能找到。如果觉得吉林住宿条件不尽如人意，可选择到长春住宿，两地间距离不远，交通十分方便。

推荐住宿

雾凇宾馆 吉林雾凇宾馆东倚风光秀丽的龙潭山，西临富饶清幽的松花江，冬可赏寒江雪柳，夏可观亘古青山，交通便捷。

📍 龙潭大街 29 号

📞 0432-63919666

吉林周边游

集安 ★★★★ 🚶📷

有"塞外小江南"之称的古城集安市坐落于吉林省最南端的鸭绿江畔。

公元 3 年，这里曾是高句丽的都城，时至今日，集安仍是世界上保留高句丽文物古迹最多的地方。如星罗棋布、种类繁多的 11280 座墓葬，堪称中国少数民族古墓群之冠，其中以造型颇似古埃及法老的陵墓而被誉为"东方金字塔"的将军坟最为突出。

另外，还有被誉为"东方第一碑"的好太王碑，古老的国内城——丸都山城，千秋墓和太王陵废墟，以及古墓中以青龙、白虎、朱雀、玄武为主题的高句丽壁画，禹山石刻等源远流长的洞沟古墓文化。

🚌 从吉林乘火车或汽车至通化，再从通化乘火车、汽车至集安，转专线车至景点

高句丽王城、王陵及贵族墓葬 ★★★ 🚶

高句丽王朝的遗迹，在吉林集安市周围的平原上，分布了一万多座高句丽时期的古墓，这就是闻名海内外的"洞沟古墓群"。史书中记作"高句骊"，简

称"句丽"或"句骊"，是公元前 1 世纪至 7 世纪时期生活在中国东北地区的一个古代民族。5 世纪后期改称高丽。

🕐 8:00－17:00（5 月 1 日－10 月 8 日）
8:40－16:00（10 月 9 日－次年 4 月 30 日）

👁 5 小时

☀ 去前最好先看看有关的资料，景区的面积不大但比较分散，建议包车游览。

官马溶洞 ★★★ 🚶📷

官马溶洞景物奇特，洞中有洞，敢与桂林七星岩媲美。洞内凉爽宜人，一年四季都可以作为人们旅游的选择之地。据传在"圣水仙河"里洗洗手、洗洗脸，会给游人带来好运气。

💰 60 元

👁 1～2 小时

拉法山国家森林公园 ★★★★ 🚶

一个以自然、生态、人文和谐为特色的森林公园。

拉法山国家森林公园不仅具有峰险、洞奇、石秀三大奇观，还有美丽的山谷——红叶谷。每到深秋霜降，这里漫山红遍，层林尽染，唯美的色彩效果及强烈的视觉冲击力，吸引了众多摄影家、画家、影视创作者来此创作、采风。

💰 60 元

🕐 8:30－16:30（周一至周五）
8:00－17:30（周六至周日）

📍 吉林省蛟河市

🚌 从吉林乘坐到蛟河的旅游专线车，蛟河市有到各个景区的专线车

👁 1 天

高句丽王城遗址

长春

长春快速攻略

Day1 净月潭→长影世纪城→文化广场

Day2 世界雕塑公园→般若寺→伪满皇宫博物馆→南湖公园

Day3 吊水壶

感受长春

电影 这座城市似乎与电影有着不解之缘，中国第一个电影制片厂就在这里，另外还有闻名的中国长春电影节。

汽车城 长春素有"汽车城"之称，长春一汽至今仍是中国汽车行业的龙头老大。

绿色 长春又称"春城"，有森林城市的美誉。

机场咨询电话

📞 0431-77783333

机场问询处

📞 0431-96665

行在长春

进出

作为吉林省会，长春无疑是东北地区重要的交通枢纽。

飞机

现已开辟北京、大连、广州、南京、上海、深圳、韩国首尔等20多条国内、国际航线。

铁路

京哈、长白、长图铁路呈大十字形在这里相交。长春站每天到发400多次旅客列车，是东北地区第三大客站。

高铁

长春西站是高铁站，哈大铁路通车后，从长春到北京最快需5小时，到大连需2.5小时，至哈尔滨、沈阳约需1小时。

公路

102国道（京哈高速公路）和302国道（乌兰浩特—图们）贯穿东西南北。长吉高速公路、长伊高速公路四通八达。

长春四面均有高速公路连接，交通便捷。到吉林、长白山游览可以长春为中转站。

市内交通

长春市区公交车网发达，共有270条公交线路。目前，长春已经开通了1、2、3、4、8号线五条地铁线路。

游在长春

长影世纪城 ★★★★★ 🚶🏛

一座电影主题公园，位于净月潭风景区西侧。城内主要有4D特效电影、立体水幕电影、激光悬浮电影、动感球幕电影、三维巨幕电影、鹰神山、宇宙森林、密林古堡、阴阳庐、世纪明珠、魔方星城、悬浮宫、飞龙宫、水晶山、英雄秀场、奇妙宫、银河宫、淘气堡、神秘古树、祝福泉、欢乐岛等。千万不要以为这些人工场景乏味，"东方好莱坞"可不是浪得虚名，这儿已成为当地人首推的旅游娱乐天堂。

💰 每周一、二、三、四60元；每周五、六、日120元；法定节假日及星期日（7、8月）180元

🕐 9:30—17:00（周一闭园）

🚌 临近长影世纪城（公交站）、长影世纪城（地铁站）

👁 3～4小时

☀ **合理安排时间：** 景区内有主题表演，应注意各个主题影院的时间安排，合理安排游玩顺序，避免长时间排队的状况发生。

长春世界雕塑公园

市最大的佛教寺庙，每逢农历四月初八、十八、二十八都有庙会举行。

- 🆓 免费
- 🕐 7:30—15:00（周一不开放）
- 🚌 临近般若寺（公交站）、人民广场（地铁站）
- 👁 1～2小时

净月潭 ★★★★ 🏞

长春标志性的旅游景点，被誉为台湾日月潭的姊妹潭。北国多以白色景观吸引人，而此处则胜在白色冰雪中的点点春意，因为这里有亚洲最大的人工林海，即便冬日的绿意有所消退，也绝不会令人失望，你一定会惊艳于大片林海银装素裹的视觉冲击力。

- 🎫 30 元
- 🚌 临近净月潭公园（地铁站）
- 👁 4～8小时

💡 **八大部：** 曾经是伪满洲国的八大统治机构，目前只有溥仪的"新皇宫"（今地质宫）开放，地址就在净月潭内。

文化广场 ★★★★ ⚽

全长 429 米，中心广场的中央有太阳鸟雕塑，北面则是露天音乐坛，广场鸽更是为整个广场增添了色彩。

- 🚌 临近文化广场（公交站）、文化广场（地铁站）
- 👁 1～2小时

南湖公园 ★★★ ⚽🏞

建于 1933 年，是长春市内面积最大的公园，并仅次于颐和园，位居全国第二大市内公园。就东北地区来讲，这是一座极有江南神韵的公园，岸柳垂青，花香鸟语，曲桥亭榭，一应俱全。只是公园内湖水的清洁程度让人不敢恭维。

- 🆓 免费；公园内有时会有冰灯、荷花的小展区，另行收费
- 🚌 临近南湖新村（公交站）、新民广场（公交站）、工农广场（地铁站）
- 👁 2～3小时

长春世界雕塑园
★★★★ 🏞🏞

长春世界雕塑公园建设于 2001 年，总占地面积 92 公顷，是一座以自然山水与人文景观相融为特色、以东西方文化艺术相融合为理念的大型现代雕塑艺术主题公园。这里每两年一届的长春国际雕塑展更为长春赢得了"雕塑城"的美誉。

- 🎫 30 元（含公园大门票、雕塑艺术馆、松山韩蓉非洲艺术收藏博物馆）
- 🚌 临近雕塑公园南门（公交站）、市政府（地铁站）
- 👁 2～3小时

伪满皇宫博物院
★★★★ 🏛

历史在这个城市留下了多处伪满洲国的遗迹，以伪满皇宫和八大部最具代表性，伪满皇宫是溥仪日常生活和从事政治活动的场所。

- 🎫 70 元（含伪满皇宫、跑马场、东北沦陷史陈列馆）
- 🕐 8:30—17:20（夏季）
  8:30—16:50（冬季）
- 🚌 临近光复路（公交站）、伪满皇宫（地铁站）
- 👁 2～3小时

💡 从火车站出发，乘 264 路公交可达伪满皇宫和长影世纪城，一般提议先游皇宫，因为离火车站较近。

般若寺 ★★★ 🏛🏛

东北四大佛教名寺之一，也是长春

关东文化园 ★★★ 🏛

吉林省首家在市区内集温泉度假、餐饮娱乐、文化博览、会议接待于一体的大型花园式文化乐园。这里还是电视剧《闯东关》的拍摄基地。

🚌 临近关东文化园（公交站）

👁 4～8小时

长影旧址博物馆 ★★★ 🏔

　　长春电影制片场是新中国第一家电影制片厂，新中国电影事业的摇篮，创造了新中国电影史上的七个第一。先后拍摄故事影片900多部，译制各国影片1000多部。博物馆内介绍了长影的历史、所拍摄的影片、用过的道具，长影走出去的明星等，内容十分丰富。

💰 90元

🕐 9:00—17:30（5月1日—10月7日）
　　9:00—16:30（10月8日—次年4月30日）

📍 长春市朝阳区红旗街与湖西路交会1118号

🚌 临近长影（公交站）、湖西桥（地铁站）

👁 2～3小时

吃喝长春

特色餐厅

向阳屯　店内一片旧式农村景象，包房以"屯"命名，墙上贴着老报纸、老宣传画，吃的是地道东北农家菜，推荐排骨炖豆角、一锅出、玉米面饼子、血肠。

🕐 11:00—22:00

📍 东盛大街2811号

🚌 临近经纬路（公交站）

📞 13384483612

东方肉馆　如果你是"食肉动物"，那算是来对了，因为这是个纯粹吃肉的饭馆，肉菜配上米饭，尤其在冬天的时候，除了满足还是满足。

📍 繁荣路与建民街交汇处

📞 0431-85874888

东方饺子王　位于风光秀丽的南湖之畔，店堂洁净，除了东北大水饺，这里的小菜尤为好吃。经常排长队，记得提前订位，或者在人少时去。

📍 总店在朝阳区工农大路3858号

📞 0431-85693868

社会主义新农村（岳阳店）　店内有年画、标语、老照片，纯正东北风味，推荐杀猪菜、排骨炖豆角、菜团子、小豆腐。

📍 南关区岳阳街1186号

🚌 临近动植物园西门（公交站）

📞 0431-85666606/85666600

风味小吃

李连贵熏肉大饼　独具东北地方特色的小吃，起源于长春附近的一座城市——四平，现在全国均有连锁店。

老韩头鸡汁豆腐串　特色风味小吃，强烈推荐老韩头卤鸡肠。据说永昌胡同的老韩头豆腐串是最正宗、最地道的一家。

💡美食

　　长春美食集川、鲁、京等各大菜的精华于一身，当地的东北特色菜有东北家常熬鱼、红烧丸子、满族八大碗、人参汽锅鸡、羊肉烧芸豆等，是去长春必尝的。长春美食多以长白山的人参、松茸蘑等原料烹调，药膳结合，对身体有益。

夜游长春

　　二人转是在东北民间流行最广的一种艺术形式，长春和平大戏院的二人转，说、唱、扮、舞、绝的新兴搞笑演出风格，已形成浓郁的关东文化特色品牌艺术，成为长春娱乐行业一道靓丽的风景线。现已有四个演出剧场。

　　而在市区中心的新民广场和友谊商店，每到傍晚常有市民自发表演东北传统的大秧歌，舞蹈欢快而朴素，是民间艺术的代表之一。

住在长春

推荐住宿

长春名人酒店　靠近南湖公园，环境很好，尤其是夜景。

📍 朝阳区湖滨路1号

📞 0431-81963333

💡住在大学城

　　可以在长春影视城附近的大学城住，都是比较安全的，不过都是些简易的小公寓。

长春周边游

查干湖 ★★★ 🌊

　　电视连续剧《圣水湖畔》的拍摄地。查干湖冬捕场面壮观，几十万千克鲜鱼破冰而出，堪称全国之最。夏天的查干湖如茵绿草水天一色，冬天的查干湖一片冰封，别有风味。

👁 冬季最佳

🚌 每天6:20—16:05松原客运站有到查干湖的旅游专车，票价14元

👁 1～3小时

长白山

长白山快速攻略

Day1 北坡：冰雪运动基地→地下森林→小天池→温泉群→长白瀑布→天池→天文峰→黑风口→二道河白镇

Day2 西坡：松江河→双梯子河→长白山大峡谷→高山花园→老虎背→天池

感受长白山

　　长白山是一座休眠火山，从 16 世纪以来曾有过 3 次喷发。由于长白山独特的地理构造，其景观绮丽迷人。受山地地形垂直变化的影响，长白山从山脚到山顶，随着高度的增加形成了由温带到寒带的 4 个景观带，这种自然多彩的垂直景观带在世界上是罕见的，可谓"一山有四季，十里不同天"。

　　长白山是一座天然的博物馆，稀有生物资源的储藏库，关东三宝——人参、貂皮、鹿茸的盛产地，为地球上很少遭到人类破坏的原始生态保留地，不仅被列入国家级重点保护区，而且被归入联合国教科文组织世界生物圈自然保护网。

　　长白山是关东各族人民世代繁衍生息的摇篮、东三省地区的生态屏障、满族的发祥地，清朝时期将其定为圣地。

准备与咨询

气候和游季

　　长白山气候潮湿，春、夏、冬季均多雨雪，冬季漫长而寒冷，积雪深厚，通常齐腰深，行走困难。

　　长白山的秋天是最美的，在高海拔地区可以看到美丽的高山苔原景观。由于海拔较高，紫外线辐射强烈，所以花朵色彩绚丽。

　　最佳游览季节（初夏）在每年 7 月 3—15 日，这时山花遍野，长白山进入它最短暂也最美丽的夏天。虽然 7—8 月都是夏季，但经常暴雨连绵。另一个最佳季节（初秋）在每年 8 月末至 9 月初，金秋时节的长白山也美极了。

行在长白山

进出

　　长白山交通四通八达，可以选择坐飞机、火车、汽车等方式到达。坐飞机前往可以直达长白山机场，而如果坐火车或汽车到长白山，就需要先到池北区（原二道白河镇）或松江河镇。

飞机

　　长白山机场坐落在长白山保护开发区池西区，有飞往北京、长春、沈阳、大连、延吉、上海、深圳、广州等地的航线。

铁路

　　离长白山景区最近的火车站是白河站，距离长白山下的池北区仅 15 分钟的车程，有发往通化、大连和沈阳的列车。

　　省外城市到长白山的最佳入口为长途铁路线上的安图站，距长白山约 4 小时车程。

看天气

　　游览长白山要一整天的时间，需提前了解最近三天长白山的天气情况，这会影响到你能否观看到天池。

选择徒步

　　最好是徒步，乘车省时省力，但会错过很多景点。

旅行烦恼

　　虽能饱览美景，却又不得不忍受交通不便和屡屡被宰的烦恼。

火车更快

　　尽量坐火车到北坡附近的白河或西坡附近的松江河，因为火车更快些。

包车

　　从安图火车站到汽车站，出租车 5 元；从安图火车站包奥拓车去池北区，时间 2.5 小时，费用 120 元。

☼旅游热线

1. 北线：全程约35千米，每日6班，从池北区美人松园发车，经北景区山门后返回。

2. 环线：全长128千米，每日3班对发，途径北景区山门→长白山虎林园（池北区）→长白山自然博物馆（池北区）→美人松园（池北区）→白溪小镇（池西区）→长白山机场（池西区）→西景区山门。

长白山天池

公路

安图至池北区的汽车分两条线：一条是安图→永庆→松江→二道；另一条是安图→永庆→两江→二道。

二道白河客运站　☎ 0433-5751533

☼ **1. 二道和白河：** 二道原来是一个独立的镇子，白河是林场，后来并称为二道白河，包括二道、白河和场区三个大的区域，家庭旅馆和小饭馆多在场内。此地火车站点叫白河，汽运站叫池北客运站，从二道发车，查询时要注意。

2. 路况： 走松江线的一直是公路，路况较好；走两江线的，从永庆开始是土路，路况不好。

3. 发车时间： 安图的长途车去二道白河，每天5:30—15:00有车，延吉出发的最后一班是14:30，由延吉客运北站开出。大客票价45元，电话：0433-2517024。

4. 池北区： 原来的二道白河镇现归长白山开发区池北区管辖。

☼注意安全

在长白山，很多景点都没有公交车，只能打车或是包车，路况、车况都比较差，坐车时一定要系好安全带。

☼环保车

长白山管委会将对长白山山门实行封闭管理，景区内运行环保车，禁止私家车进入。环保车票85元。

当地交通

池北区内的交通工具有"倒骑驴"（当地人将自行车改装后的产品）、摩托车和出租车。

游在长白山

长白山是关东第一峰，因其主峰白头山多白色浮石与积雪而得名。进入长白山，可以选择从东南西北四个坡出发，东坡在朝鲜境内，所以只有南坡、北坡、西坡可供选择。

北坡应从池北区出发，是多数第一次去长白山游客的首选，开发得最为成熟，景点也最多；西坡应从松江河出发，从此处上长白山也有独到的风景，有人说西坡看天池的角度更为广阔；南坡则从长白县出发，与朝鲜相邻，名气没有北坡、西坡响，但由于开发少，更原始、更自然。

🎫 北景区门票105元，北景区全价组合票225元（门票+环保车+旅游专线车往返）；西景区门票105元，西景区全价组合票214元（门票+环保车+旅游专线车往返）

🚌 **北坡** 从吉林乘火车在安图或延吉下车，转乘长途汽车或出租车经池北区上山，也可直接从吉林市乘汽车前往登山

西坡 从吉林或长春乘旅游专列在松江河下车，转乘汽车到长白山；也可直接从吉林乘汽车经松江河到长白山，在1200米处开始登山，行程1小时左右

👁 1～2天

☼ **1. 上山汽车：** 周六、日都有上山汽车，大约80元；周一至周五游人较少，没有专车上山，只能几个人包车，大约300元，旺季更贵。

2. 省钱： 如果幸运找到旅游团的专车，30～50元也可搞定。

3. 朝鲜族： 延边朝鲜族自治州就位于长白山脚下，为朝鲜族聚居地。朝鲜族素以能歌善舞、热情好客而著称，加上独特的民俗风情，不妨在游览长白山之余就近选择景点一游。

4. 倒站车： 由于多种车型受限不能上主峰，所以很多驾乘受限车的游客要换乘（租）当地的不受限车上主峰，

当地人称此为倒站。从事倒站活动的车称为倒站车，倒站车有个体和公家车之分。公家车价格为80元/人，时间限制比较强，个体车只在6月15日—9月15日能运营。

天池　★★★★★ 🍃📷

让世人心驰神往的一汪圣水，天池不仅壮丽，而且神秘。天池是火山喷发自然形成的我国最大的火山口湖，去长白山没有看到天池，怕是一辈子的遗憾。这里经常云雾弥漫，如临仙境，且湖水清澈平静，仿佛来自人间之外，尤显湖泊之神韵。由于长白山气候的瞬息万变，使天池若隐若现，更添仙境般的诱人神秘。即使冬天来到这里，也会让人欣喜若狂，冰冻洁白的湖面耸立在高山上，圣洁得让人心动。

天池作为长白山的标志性景观，最佳游览时间是9月，秋天最能表现它卓尔不群的美。

🎫 包含在西景区和北景区门票内

🚌 有两种方式登上天池主峰：从半山集散地乘坐雪地车登山；从黑风口徒步登山

👁 2～3小时

💡 **1.云雾**：这里经常是云雾弥漫，并常有暴雨冰雹，因此，并非任何时候都能看到天池的真容。

2.游览天池的最佳时间：11:00—13:00。

3.路滑：从天池山停车场，步行几十米即可登上白头山顶，步行就可到天池。也可以下到天池边摸天池水，来回约1.5小时。但下天池的路很滑，上来则更为艰难，三思而行！

4.北坡天池：天池一年中只有1/3的时间可见，对于从北坡上天文峰看天池的游客，不妨掌握一个小技巧：如果在山下能清楚看见天文峰上气象台的3个小房子，表示此时天池是可视的；反之则看不见。以免花80元坐车上了天文峰却看不到天池，那是很郁闷的。

5.西坡天池：我国境内观看天池的位置应该是在西坡，但无法下到天池岸边。景区巴士开到山前，俯瞰天池需要从此处爬1365级台阶，便可观看到天池最广阔的一面。西坡天池中有中朝界碑，最好不要越过边界。

6.水怪：天池一直传说藏有水怪，且各界争论不休，但近期科学家根据水怪目击照片和录像推论，所谓的水怪很可能是通过隧道进入天池的一种大型海洋鱼类——翻车鱼，因为翻车鱼的一些生活习性符合人们对水怪爱打转、跳水等描述，所以才被误认为是水怪。

长白瀑布　★★★★ 🍃📷

位于天池北侧，落差达68米。瀑布下有20多米深的水潭。冬天观瀑，飞溅的水珠顷刻间结为冰粒，喷射如焰火，煞是好看。

瀑布上游的乘槎河，因从天池流出又被称为"天河"，景致极为优美。

💡 从长白山庄入山的游客，在望瀑坡即可看瀑布，最佳观瀑处则是观瀑亭或"高燕吻瀑"处。

天文峰　★★★ 🍃

俗称鹰嘴峰，位于天池东北，因峰顶建有气象站得名。登此峰可观天池远景。

🚌 可乘上山的汽车直达峰脚

天女浴躬池　★★★ 🍃

长白山上的一颗明珠，被称作天池的姐妹湖。池中水清浅，池畔芳草萋萋，更有雨燕穿天，鱼翔浅底，犹如人间仙境。传说是满族人民祖先的出生地。

高山花园　★★★★ 🍃📷

长白山新近开发的景点，属于西坡景观。最佳游览时间是7—8月，其他时间景区巴士是不抵达此处的。夏季的时候百花竞相开放，加之长白山的夏季极为短暂，这盛夏一景就显得更加弥足珍贵了。每年7月5日，西坡景区会举行高山花卉节，届时人山人海。

温泉群　★★★★ 🍃

长白山是我国温泉分布较为集中的地区，在黑风口下面1000平方米的地面上有几十处大如碗口、小有指粗的温泉群。特别是在冬季，这里热气腾腾，烟雾袅袅，而周围却是一片冰天雪地。

长白山温泉多属高热温泉，水温多在60℃以上，最热泉眼可达82℃，可煮熟鸡

长白瀑布

蛋。其中比较著名的有长白温泉、梯云温泉和湖滨温泉等。

💡 **1. 温泉蛋：** 10元/3个。
　　2. 温泉浴： 山上的温泉是露天的，男女分浴。

一句话推荐景点

露水河长白山狩猎场　露水河国际狩猎场是1987年经国家批准的吉林省唯一的国际狩猎场，距离长白山主峰约60千米，距离西坡约70千米，建有狩猎区、繁殖区、水上娱乐区、原始森林观赏区等。冬季设有温泉游泳、温泉洗浴、温泉漂流等冰雪娱乐项目。

🎫　免费

中朝跨国游　中朝跨国游，赴朝鲜两江道游览惠山、三池渊、大纪念碑、白头山密营、正日峰、鲤明水瀑布、普天堡战迹地、普天堡战斗胜利纪念塔、两江道事迹馆等，既可观赏两江道艺术大学专场文艺演出，还可从朝鲜白头山东坡登临天池，乘缆车观赏天池水面。

吃喝长白山

　　长白山物产丰饶，又有大量的朝鲜族居民聚居于此，因而在这里不仅可以吃到口味上佳的美味，还可以尝到风味地道的朝鲜族佳肴。

推荐餐厅

亲亲烤肉店　老板很热情，会亲自教客人怎么烤，人气非常旺，想去的话最好提前预约。

📍　长白山池北区和平街新喜超市旁
📞　13844733213

风味小吃

二道镇的串街　一条专门经营烧烤的小吃街，浓郁的地方风味使得烤出的东西也与众不同。

二道镇饭店街　街如其名，街道两旁餐馆林立，店面是小了点儿，但是味道绝不输于大馆子。这里的特色美食即为狗肉。

购物长白山

　　长白山自然保护区素以盛产种类繁多的土特产而享誉中外，丰富的特产资源造就了一批"名乡"：抚松县有"中国人参之乡"之称，浑江区（原八道江区）为"中国林蛙之乡"，靖宇县为"中国西洋参之乡""中国长白山矿泉城"，临江市被评为"中国红景天之乡"。

　　特产主要有苹果梨、浮石、榆黄蘑、松口蘑、黑木耳、薇菜、灵芝和通化葡萄酒等，还有东北新三宝——红景天、林蛙、不老草，这是近年来科学研究的成果。

住在长白山

　　从白河镇到长白山和天池可一日游，除了宾馆、招待所外，还有一些家庭旅馆可供选择。

　　在长白山投宿也不是难事，宾馆、酒店、招待所齐全，价格也因档次的差别而有所不同。西坡松江河镇住宿点较少。

💡 **小心被宰**

　　一些饭店有两份价格表，一份是给游客的，另一份是给当地人的，因此在这里吃饭稍不留神就有被宰的危险。如果觉得价钱贵就赶快换一家。

💡 **辣白菜**

　　辣白菜是朝鲜族世代相传的一种佐餐食品，营养丰富，含有多种维生素。

💡 **东北菜**

　　东北菜源于鲁菜，以酱菜、腌菜等为主要特色，符合北方人的饮食习惯，口味重，偏咸口。东北菜很有几分东北人的特点，粗犷豪放，不拘一格，大盘的肉、大碟的菜、大杯的酒，颇有"大碗喝酒，大口吃肉"的架势。

💡 **朝鲜族小吃**

　　朝鲜族的饮食丰富多彩，多以当地特产为原料，民族色彩强，风味小吃有冷面、松饼、朝鲜族酱汤、打糕、沙参、米肠、狗肉火锅、朝鲜族烧烤、糯米酒、土豆饼等。

💡 **狗肉**

　　狗肉是朝鲜族喜欢吃的肉食之一。一般喜欢熬汤，以前多在三伏天吃，认为热天吃了能滋补身体。现在一年四季都吃，但婚丧及佳节忌食狗肉。

　　在长白山要想吃狗肉，一定要到朝鲜族人开的餐馆去品尝，只有在那里才可以吃到正宗的狗肉。

辽宁省

自助游：

北国海滨之旅

　　沈阳→本溪→千山→丹东→营口→大连→
旅顺

辽西走廊风光之旅

　　沈阳→医巫闾山→辽沈战役纪念馆→
笔架山→兴城海滨→九门口长城

自驾游：

体验豪爽东北情

　　北京→沈阳→凤城→丹东→大连→
旅顺

领略北国冰雪

　　沈阳→铁岭→四平→长春→扶余→
哈尔滨→佳木斯→富锦→同江

游览北方山水

　　沈阳→辽阳→海城→盖州→大连→
旅顺

沈阳

沈阳快速攻略

Day1　沈阳故宫→张氏帅府→九一八历史博物馆→清福陵

Day2　太清宫→辽宁博物馆

感受沈阳

　　沈阳早在辽金时期就建有城，那时是用土夯筑的城墙。1625年清太祖于沈阳建都，1634年清太宗将沈阳改名为盛京。至此，沈阳成为满族入关之前的政治文化中心，并修建了沈阳故宫，虽然比不上北京的故宫博物院，但其鲜明的满族八旗制建筑特色，使之闻名海内外。

准备与咨询

语言

　　沈阳话与普通话颇为接近，易懂，交流沟通没有障碍。

气候与游季

　　沈阳地区全年平均气温为6.7～8.4℃，7月平均气温24.7℃，为全年最高；1月气温最低，月平均气温约-8.5℃。夏季较热，多南风和西南风；冬季寒冷干燥，多北风和西北风；春、秋季时间短促，升温降温都很快，春季回暖快，日照充足，秋季短促，天高云淡，凉爽宜人。

行在沈阳

进出

　　沈阳是东北最大的交通枢纽，已建成由铁路、公路、民用航空交织的现代交通网络。

飞机

　　沈阳桃仙国际机场是东北地区最大的航空港，位于沈阳市东陵区桃仙乡，距沈阳市中心22千米。从沈阳始发的国内航线40多条，每天都有航班飞往全国各主要城市，还有飞往朝鲜、韩国、日本、俄罗斯等地的国际航线。

铁路

　　沈阳是东北地区最大的铁路枢纽，京哈、沈大、沈吉、沈丹和沈抚5条铁路干线交会于此。客运以沈阳北站为主，沈阳站为辅。从沈阳始发的列车主要由沈阳北站开出，京哈、沈吉线各次列车多经过北站而不到沈阳站。

沈阳北站问讯处　☎ 024-62041168

沈阳货客联运售票处

（预售5日内火车票，大连港至各港的联运船票）

🕐 8:00—11:30；13:00—15:00

💡 **沈阳陨石山奇观**

　　沈阳陨石山自然保护区位于沈阳市南郊，主要分布在东陵区李相、苏家屯区姚千户等6个乡镇境内。其地质景观奇特，举世无双，是珍贵遗迹。

💡 **最佳旅游季**

　　1. 春秋来沈阳旅行可着轻便衣装（夹衣、羊毛衫、套装），夏季较炎热，单衣即可。

　　2. 相对中国南方来说，沈阳冬季寒冷干燥，必须携带羽绒服或棉大衣，以备室外御寒之用。

　　3. 春季、夏季与夏秋之交最好带上雨具。

　　4. 每年4—10月是旅游的黄金季节。

沈阳长途客运总站

🚗 大东区滂江街22号龙之梦公交枢纽站

📞 024-31982345

辽宁省快速汽车客运站（虎跃）

🚗 沈河区惠工街120号

📞 024-62233333

沈阳SK汽车客运站

🚗 和平区胜利南街63号

📞 024-23290660

南塔客运站

🚗 省图书馆北侧

📞 024-24215511

感受沈阳

高铁

新开通的哈大铁路经过沈阳站、沈阳北站。游客可以乘坐高铁到达哈尔滨、大连。

公路

沈阳到北京、大连、长春、抚顺、本溪的高速路均已开通，沿线有高速客运班线。

长途汽车客运是连接东三省、京津冀和内蒙古各市、县、旗的纽带，占沈阳对外客运总量的1/3。

市内交通

多座立交桥的建立改变了过去铁路分割市区交通的情形。市区营运的电汽车线路已达300余条，并伴有夜间通宵运营的公交车。市区公交无人售票，多数统一票价1元；郊区公交无人售票，采用分段计费方式。

地铁

沈阳地铁1号线、2号线、9号线、10号线现已开通，其余线路正在建设中。地铁起步价2元。

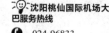
沈阳桃仙国际机场大巴服务热线

📞 024-96833

游在沈阳

沈阳故宫博物院
★★★★★ 🐾⛰

清太祖努尔哈赤、清太宗皇太极营建和使用过的宫殿。建筑具有鲜明的满族特色，在全国现存的宫殿建筑群中，其历史价值和艺术价值仅次于北京故宫。

出自八旗制度的建筑布局，是沈阳故宫独有的特色，专为贮存《四库全书》的文溯阁也在这里。

看过了北京故宫古香古色中无处不透露的开阔大气，可能对沈阳故宫颇有微词，它被包围在城市建筑的中心，规模上也不能与北京故宫同日而语。可这里看的便是大清入关前的模样，若非要与北京故宫在气场上一较高低，还真有点过于苛刻。

🎫 50元

🕐 9:00—16:30（10月11日—次年4月9日）
8:30—17:00（4月10日—10月10日）
每周一不开放

🚌 临近故宫东华门（公交站）、故宫西华门（公交站）

👁 2～4小时

太清宫 ★★★ ⛰⛰

太清宫初建于1663年，该寺是道教全真派在东北的一处宫观。寺院坐北朝南，前院有灵官殿，两侧有十方堂、云水堂。正北为关帝殿，殿内有关羽塑像。玉皇阁内供奉着道教最高神明玉皇大帝。

沈阳故宫

🎫 2元（不包含请香、求签费）

📍 沈河区西顺城街16号

👁 1～2小时

💡 初一和十五免票。

沈阳市植物园（沈阳世博园）
★★★★ 🐾⛰

以沈阳植物园作为基础扩建的。和昆明世博园比，大气有余，秀气不足。风之翼、百合塔、玫瑰园、百花馆为其四大主体建筑，其中玫瑰园最值得去。国内园里的南宁园、海南园、武汉园、济南园比较好，国际园里的美国园、意大利园、荷兰园相比较好看一些。

🎫 50元

🕐 9:00—16:00

🚌 乘168路北线，沈阳北站→世博园

👁 3～4小时

张氏帅府

2. 石碑：东陵内有一处刻着满汉文字的石碑，相传若投下一枚硬币粘在碑上，必将交上好运，寓意福禄绵长。

3. 了解历史：沈阳故宫、东陵、北陵和张氏帅府，都是历史景观，如能在游览前做一番功课，了解一下清朝和民国历史，会更加尽兴。

棋盘山风景区 ★★★

棋盘山属长白山系哈达岭余脉，处于辽东低山丘陵地带向西延伸地段。让这里闻名中外的，是这里曾举办国际女子世界象棋冠军争夺赛。

这里的风景独树一帜，有许多值得观赏的景点，如碧塘风荷、北岭春晓、芳草云天、秀湖烟雨、辉山晴雪、棋盘远眺、向阳红叶等。

- 免费
- 临近棋盘山风景区（公交站）
- 1～2天

辽宁省博物馆 ★★★

馆内珍藏的宝贝以晋唐宋元书画、历代丝绣、辽瓷、古地图、历代货币、甲骨、青铜器、碑志较为著名。馆内藏有原张学良将军购藏的宋、元、明、清各代缂丝刺绣精品，使辽博成为世界上珍藏中国古代丝绣作品最丰富的博物馆。

- 免费，每周一闭馆
- 临近智慧四街全运三路（公交站）
- 2～3小时

1. 东西太贵：去的时候建议多备些食物和水，因为里面的东西比较贵。

2. 游览路线：建议看导游图，先走老区，再到新区，一天也不算，不过要早点去。由于设计不合理，若想走遍也一定要走回头路的。

3. 夜景：在晚上7点后，夜景灯亮起，百合塔的夜景远远比白天漂亮。

张学良旧居 ★★★★

在沈阳故宫的南面，便是张作霖、张学良的府邸。这座府邸记录了历史上众多具有转折意义的大事件：张作霖在此成为东北王，皇姑屯事件后的张作霖身负重伤死在帅府，张学良在此宣布"东北易帜"。正可谓"游一座大帅府，观半部民国史"。

景区内建筑艺术精湛，大青楼恢宏大气，小青楼素雅和和，赵四小姐楼里还透露着淡淡的西洋情怀。熟悉历史的人更能体会得出这里每一栋建筑的别样气质。

- 50元
- 临近大南门西站（公交站）；由沈阳故宫步行可到

清福陵（东陵） ★★★

清福陵是清太祖努尔哈赤和孝慈高皇后叶赫那拉氏的陵墓，因地处沈阳东郊，故又称东陵。

利用地形修筑的"一百零八磴"（108级台阶），象征着三十六天罡和七十二地煞，是清福陵的重要标志。

- 30元
- 8:00—17:00（4月1日—10月31日）
  8:30—16:30（11月1日—次年3月31日）
- 临近东陵公园（公交站）
- 2～4小时

1. 游玩时间：景点可游玩的地方比较紧凑，大概不到一小时就可以玩遍。

沈阳怪坡风景区 ★★★

怪坡与附近的响山、嗡顶一起被人们称为"三谜"。怪坡风景区还有"六月飞雪"之称的松林槐谷，是一个集怪、幽、特、趣于一体的景区。乾隆帝赐文的"七眼透龙碑"也是不可错过的景观。

- 40元
- 8:30—17:00

清福陵

九一八事变历史博物馆

🔆 **热情的沈阳人**

沈阳人都非常热情，向他们咨询什么事都非常详细的解答。

🔆 **沈阳风味楼**

以经营风味小吃为主，并以老字号、老名牌而著称。有沈阳名品北洋饺子、李连贵熏肉大饼、天津包子、马家烧卖、北洋饺子宴、开封包子宴等。还有其他地方的名优风味食品：开封灌汤包、山东水煎包、四川龙抄手、芝麻煎包、酱肉包、小汤圆、珍珠圆子、上海生煎包、菜肉馄饨、陕西肉夹馍、盛京玉米菜团、煎饼盒子、韭菜盒子、朝鲜冷面、刀削面、多味面条、清真回头、春饼等。

🚌 临近怪坡风景区（公交站）

👁 1 天

关东影视城 ★★★ ✪

关东影视城是关东文化的缩影。城内有清末民初风格建筑 177 栋，是国内唯一一座展现关东风貌的影视城，再现了 20 世纪老沈阳中街、太原街等地的特色建筑。

💴 68 元

🕐 9:00—16:30

👁 2～3 小时

一句话推荐景点

"九一八"历史博物馆 想更深入了解这一重大历史事件，这里是最好的去处。

💴 免费

🕐 8:30—17:00（夏季）
9:00—16:30（冬季）

🚌 临近九一八历史博物馆(公交站)、通利汽车公司(公交站)

👁 2～3 小时

长安寺 "先有长安寺，后有沈阳城"，长安寺是沈阳最古老的建筑群。

🚌 临近大北门（公交站）

👁 1～2 小时

1905 创意文化园 类似北京的 798 艺术区，原是一个废旧的铸造工厂，现成为艺术家的聚集地。

🚌 临近重型文化广场（公交站）

👁 0.5～1 天

刘老根大舞台 东北人常说"宁舍一顿饭，不舍二人转"，而二人转领域最知名的人物当属本山大叔了，他开创的刘老根大舞台总是用幽默的语言和载歌载舞的表演给人们带来欢乐。

🚌 临近中街（公交站）、故宫西华门（公交站）

吃喝沈阳

沈阳美食历史悠久，以满族菜肴为基础，形成了自己的独特风格，最具代表性的就属满汉全席了。

历史上曾由少数民族和汉族轮流统治，因此各民族的风味小吃云集沈阳，比如清真小吃马家烧卖，满族小吃那家白肉血肠，朝鲜族的打糕、烤牛肉、西塔大冷面等。而老边饺子、老山记海城的馅饼这类传统小吃则具有汉族的特征了。

特色餐饮

奉天小馆（万象城店） 不同于平日粗犷的东北菜，这里的东北菜多了几分精致。老式锅包肉、雪绵豆沙和炖鱼头都非常值得推荐。

📍 青年大街万象城四层

📞 024-31255777

老边饺子馆（中街路店） 身在沈阳不可不尝老边饺子，这是当地的百年老店，饺子无论煎煮蒸，口味都很棒。推荐冰花煎饺、煸馅饺子、饺子宴。

📍 沈河区中街路 208 号

📞 024-24865369

夜游沈阳

位于和平区的西塔街，主要街道近 500 米长，街道两旁尽是朝鲜族风情的各类店铺，商家字号多是中文、朝鲜文并举，有的干脆只有朝鲜文。入夜更是灯光闪烁、人潮涌动，是人们休闲、购物、品味朝鲜族美食、了解朝鲜族文化的好去处。

各地来沈阳旅游的人，几乎没有不去位于中街的刘老根大舞台看二人转演出的。刘老根大舞台古色古香，内设豪华包房，可以看到东北特色二人转。

购物沈阳

推荐购物

中街 沈阳最繁华最热闹的商业步行街，既有大型的购物广场，又有充满个性的各种小店，更是沈阳小吃的集散地，是游客购物的必选之地。

太原街 沈阳主要的购物街，也是沈阳主要大型百货商店的集中街区，附带有专业商店，外围则是露天市场。在此能买到价格合理的东西。

五爱市场 全国五大集贸市场之一，以商品种类齐全、物美价廉著称。

古玩 在沈阳故宫西侧，沈阳路北胡同内有著名的沈阳盛京古玩城，附近还有几个古玩市场可以转转。在沈阳北站，往东 200 米处，有沈阳最大的古玩城和露天市场——沈阳北站古玩市场，里面以经营玉器和瓷器较多，二楼、三楼有多家钱币专柜，平时比较清静，但周末人就很多了。

住在沈阳

作为辽宁省省会城市，沈阳的住宿十分方便，各个档次的宾馆、酒店都有，但是秋冬季节最好还是提前预订房间，因为那时沈阳旅游的人比较多。建议住在沈阳北站或者中街附近。

推荐住宿

玫瑰亚朵酒店 酒店就坐落于步行街，邻近地铁站，交通非常便利。

🧭 沈河区中街路 201 号

📞 024-24898188/24898019

沈阳清文化主题酒店（原沈阳房地产大厦）

酒店装潢古色古香，墙上挂了很多旧照片，家居也都很考究，极有清末的感觉，文化氛围浓厚。

🧭 沈河区大西路 287 号

📞 024-82978888

沈阳周边游

本溪水洞风景区
★★★★ 🌐

以本溪水洞为主体，融山、水、洞、泉、湖、古人类文化遗址于一体。水洞是数百万年前形成的大型石灰岩充水溶洞，现开发游程近 3000 米，是世界上已发现的最长的充水溶洞。

💰 110 元（水洞＋旱洞）

🚌 由沈阳乘火车、汽车至本溪市，至本溪站后有专线车可到景点，大约每 10 分钟一班，车票 15 元

👁 3～4 小时

💡 **1. 可泛舟游洞**：洞内大厅正面有 1000 多平方米的水面，有码头可同时停泊游船 80 艘，泛舟则可畅游水洞。

2. 古生物馆：其中有 300 米长的旱洞，现已建成一座大型古生物馆。

千山景区
★★★★ 🌐⛩🏔

属长白山的一条支脉，因有 999 座山峰而得名千山。其中千山弥勒大佛可与乐山大佛相媲美；千山第一峰仙人台，因相传有仙人乘鹤飞来在台上对弈而得名；无量观是千山庙宇中最大、最精美的一个；新开设的千山索道直通小黄山景区，为旅友带来方便。

💰 正门门票 80 元。景区内电瓶车单程 10 元；索道：天上天索道单程 20 元，大佛索道单程 20 元，五佛顶索道往返 30 元

🚌 从鞍山火车站出来，在建国南路上有通往千山风景区的公交车，2 元/人，在千山（公交站）下车。公交车站就在鞍山火车站对面，肯德基门前

沈阳周边游

即是，40分钟左右即可到达景区

👁 0.5～1天

卧龙湖生态风景区
★★★ 🌊

　　风景如画、四季宜人的辽宁省第一大平原淡水湖，夏季可赏碧水苍天，春秋可看大雁、野鸭云集，冬季可以在冬捕节中感受到契丹辽代文化。

🚌 在沈阳长客总站乘大巴到康平，约38.5元，随后打车前往，约15元

关门山水库　★★★ ☺

　　有"小江南""赛黄山"的美誉。它有五美：峰奇、水秀、雾巧、树茂、花美。山峰奇峭，拔地而起，峰顶松姿绰约，怪石林立，宛若天造地设一般，似一簇簇巨型盆景。

💴 90元

🕐 8:30—16:00（夏季）

🚌 在沈阳南站乘坐通往本溪或小市方向的公共汽车，然后再转车可到

👁 1～2天

辽西线

辽西线快速攻略

Day1 九门口长城→东戴河（住宿）

Day2 东戴河→兴城海滨→觉华岛→兴城古城→葫芦岛市/锦州市

Day3 北普陀山→辽沈战役纪念馆

Day4 笔架山/医巫闾山（若时间充足，可安排两天行程分别游览）→盘锦

Day5 红海滩

感受辽西线

关外　山海关城是关内第一城，葫芦岛则是关外第一城。一墙之隔使得两个城市基本上有着完全不同的风貌，一边是沐浴华夏文明、农耕文化的关内小城，一边是游牧民族驰骋的关外重镇。葫芦岛上的宁远古城现如今仍然屹立不倒，多少前人在此金戈铁马、重创敌军，留下了重要的历史遗迹供后人瞻仰。

看得眩晕　盘锦的红海滩，既不是普通的红彤彤，也不是单纯的红艳艳，是一看惊艳，二看震撼，三看眩晕的红。

　　基本上每到中秋节前后，整个湿地火红一片，从码头一直燃到天际，大片的红、澄明的蓝，看上一眼让人眩晕。

准备与资讯
语言

　　辽西地区的东北话味道很重，特别是锦州话听起来声调高、精气神十足，还带着拐音。不过，在当地用普通话交流没有问题。

🌞 交通

　　1. 铁路：京哈铁路的直达列车都在兴城停靠。从锦州到兴城约需1小时，从北京、沈阳到兴城只需5个多小时。

　　2. 公路：北京、葫芦岛（锦西）、锦州、山海关方向都有汽车到兴城。北京每天有两班高速大巴，4.5小时可达，其他地方流水发车。

气候与游季

锦州属温带季风性气候，最佳旅游时间为 5 月至 9 月。

兴城的冬季漫长，一直到 4 月底才算结束，在这里旅游最佳时间是 5 月中旬至 6 月中旬，8 月下旬至 10 月中旬。

盘锦玩的就是红海滩。红海滩 4 月是嫩红；9 月至 10 月中旬则是鲜红，此时当地中华绒螯蟹又肥又大，是游玩的最佳季节。另外，3 月、10 月这里还能看到鸟儿群起群落的景象。

行在辽西线

辽西线的旅游景点主要集中在兴城、锦州和盘锦。这一带是进入东北的咽喉之地，交通十分方便。

游在辽西线

葫芦岛

兴城海滨　★★★★　🍃🌊

临近北戴河，被称为"第二北戴河"，风景同其他的滨海城市没什么区别，都是阳光、沙滩、大海，特殊之处在于每年 7 月的兴城海会，规模宏大。

- 🎫 免费
- 🅿 临近海滨浴场（公交站）
- 👁 2 ～ 3 小时

☀ **1. 坐船须知：** 沿京沈高速公路直达兴城，再到兴城陆岛交通码头乘船上岛。到觉华岛的游船共有 6 艘，每天 7:00—17:00 都有往返船只，只要购买了票，随便坐哪条船都可以。旺季时每小时就有一班船往返。码头有停车场，保证安全。

2. 最佳游知： 去兴城海滨游玩最好是 5—10 月，此时可以下海游泳，而且是海鲜产量最丰富的时候，在渔村购买海物要比市里的海鲜市场便宜六成以上。

兴城古城　★★★★　🏯⛩

这里是清太祖努尔哈赤宁远之役被红夷大炮击中的地方，是全国保存最完整的四座古城之一。城里最标准的玩法是登上城墙走一圈，远眺古城风貌。古城西门名永宁，在影视剧中经常出现，特色最鲜明。

- 🎫 通票 100 元（含钟鼓楼、城楼、周宅、兴城文庙、督师府、将军府等景点）
- 🕐 8:00—17:00
- 🚌 出兴城火车站沿西关街向东步行 10 分钟；临近古城南关（公交站）
- 👁 1 ～ 2 小时

龙回头　★★★　🌊🐚

龙回头依山傍海，景色秀美，是葫芦岛的重要旅游景点之一。举目远望，葫芦岛海滨浴场清晰可见，晴天时海天相映，还能看到菊花岛、灯塔山。

- 🎫 免费
- 🅿 葫芦岛市兴城市海滨大道
- 🚌 需打车，或包车前往
- 📞 0429-5769999
- 👁 1 ～ 2 小时

觉华岛　★★★★　🌊🏝

厌倦了北戴河海水，北京、河北的旅友开始青睐觉华岛纯净的海水。觉华岛俗称大海山、菊花岛，是渤海湾中最大的岛屿，因岛上盛开野菊花而得名。环岛还有许多漂亮的沙滩。

觉华岛距离北京不到 400 千米，驱车 5 小时便能到达，因此现在很多北京游客在周末时都选择去没有都市喧嚣的觉华岛。看着海，吹吹海风，吃着海鲜，徜徉在金黄色的沙滩上，在觉华岛上尽享着回归自然的快感。

- 🎫 通票 175 元（含船票）
- 🕐 8:00—17:00
- 🚌 兴城车站坐公交直达兴城海滨，然后坐到陆岛交通码头，打车去码头 15 元
- 🚗 北京→京沈高速→白鹿收费站→香河→山海关→兴城，大约 400 千米
- 👁 3 ～ 4 小时

九门口长城
★★★★　🌊🏯📷

享有"水上长城"美誉的九门口长城位于辽宁省绥中县境内，距山海关 15 千米，全长 1704 米，是明长城的重要关隘，因而又有"京东首关"之称。这里不仅有险峻的山川、逶迤的河水，更有独具特色的建筑，在百余米宽的九江河上，用条石铺就了 7000 平方米的河床，远远望去犹如一片石关，故此九门口又称为"一片石"。2002 年九门口长城又成为东北地区唯一一个获得"世界文化遗产"殊荣的文物遗址，使其成为长城游的新宠。景区内新建了珍禽观光园。

- 🎫 70 元
- 🚌 在山海关火车站下车后，乘出租车到九门口长城

九门口长城

✉ 从北京驾车到九门口长城可以由四惠桥上京通高速公路，然后沿 102 国道经秦皇岛、山海关直达九门口长城

👁 2 ～ 4 小时

东戴河 ★★★★ 🌊🎫

东戴河包括众多沿海村镇、海滩及古迹景点，坐拥一大片海滩和美丽的海景。东戴河由于开发较晚，依然保存着较为原生态的海滨风光。东戴河最有名的海滨是止锚湾，这里滩缓无礁，沙质也不错。附近农家乐的海鲜非常新鲜，也很便宜。

🚍 动车和高铁，目前有从北京、天津、沈阳、长春等地发车的列车到达东戴河

锦州

笔架山风景区 ★★★★ 🌊🏖🏛

在辽宁锦州港的海边上有一小岛名叫笔架山。笔架山耸立于滔滔大海之中，因形似笔架而得名。由于山体狭长，又经潮汐长年累月的冲击，形成了世间奇观——天国神路。

每天涨潮时海水从两侧向天桥夹击，使其渐渐变窄、变短，直到隐入一片汪洋之中，笔架山就成了汪洋中的一个小岛，需坐船上去；而当每天日落退潮时神路便浮出海面，岛上的人们便可走回大陆。

山上有亭、台、殿、阁，最著名的是最高点的三清阁，集佛、道、儒三教神圣及盘古氏供奉于一阁，信者如织。

💰 60 元

🚍 从沈阳乘火车或汽车到锦州，锦州火车西有到笔架山的小巴车，票价 20 元

辽沈战役纪念馆 ★★★ 🎫

位于辽宁西部锦州市凌河区北京路五段 1 号，是我国第一座全景画馆，馆内的全景画艺术成就斐然；高科技的声光技术给人以身临其境的感觉，仿佛又回到"大决战"的岁月。

🚍 从沈阳乘火车或汽车到锦州，再转乘汽车可达

👁 1.5 ～ 2 小时

游在辽西线

💡 一定要吃海鲜

当地的海鲜只要你发挥铁嘴功力还能打八折。需要注意的是，磨嘴的时候一定要对着实物砍。

💡 美食

1. 河蟹：盘锦河蟹非常出名，是当地特产。味道鲜美，蟹肉充盈细腻，唇齿留香。

2. 推荐餐厅：位于盘锦市兴隆台地区的仙子骨髓锅、蜀中居铁板炖、阿瓦山寨、串吧时光等店味道不错，物美价廉，适合聚餐。油田二院的聚龙居做的爆炒鳝鱼颇受推崇，也值得品尝。

💡 推荐住宿

1. 兴城可心农家院，干净卫生，交通方便。

💰 标间淡季10～20元/床；旺季20～30元/床。

📞 18342921166

2. 兴城钓鱼台阳光家庭客栈，可以吃平价海鲜，还可以随渔船出海打鱼。

💰 特色家庭房88元

📞 0429-3501202

💡 交通

1. 飞机：锦州湾机场现已开通往返上海浦东、武汉、成都、烟台、昆明、哈尔滨、深圳、杭州、广州多条航线。

2. 有锦州南站和锦州站两个火车站。京哈铁路的列车都在锦州南站停靠，锦州站有始发至北京、沈阳、丹东、阜新、大连等城市的车次。

3. 有发往省内沈阳、大连、丹东、抚顺等地的班次，也有发往北京等地的省外班次。

💡 小心涨潮

涨潮时可乘船去笔架山（大小游艇13元/人），一定要旬清当天的潮汐变化时间，潮水上涨速度很快，一不小心就会被困于海上的危险。

云十六州的石堂松雪、枫林旭日、苍山观海等景观而著称于世。

🎫 50元

🚌 临近北普陀山风景区（公交站），锦州客运站有旅游专线可直达

盘锦

红海滩　★★★　🏖🍴◎

如果不来盘锦，你根本意识不到什么叫作生机的红色。国家级自然保护区，面积达20多万亩的红海滩景色迷人，湿地芦苇丛中栖息着丹顶鹤、黑嘴鸥等200多种鸟类。

🎫 110元

🚌 从沈阳乘长途汽车至盘锦市，然后由盘锦市钻井体育馆乘坐兴隆台至赵圈河的中巴车，到红海滩接待中心下车

🏠 1. 住宿条件较好的推荐中兴路7号的盘锦国贸饭店、泰山路的盘锦武星宾馆，标准间价格150～300元
2. 大洼区和景区有住宿的地方，如果想清晨看红海滩建议在景区入住

👁 3～4小时

苇海观鹤景区　★★★　🍴◎

有湿地博物馆、鸟语林、苇海探险、跑马场、越野卡丁车场、水上浮桥等游玩项目。最重要的是能看到人工繁殖的丹顶鹤、鸳鸯、野鸭、大雁和天鹅等鸟类。

风景廊道　★★★　🏖🍴◎

风景廊道位于红海滩湿地旅游度假区内，是世界红色海岸线。廊道内非常适合自驾游或是骑单车，沿途风景优美浪漫，主要有苇海寻踪、油田景观、岁月小栈、廊桥爱梦等景点。

鼎翔生态旅游区　★★★★　🏖🍴

特殊的地质构造、大片的林地、芦苇、河流、滩涂、沼泽、坑塘、沟渠、稻田构成了具有特色的自然景观。优越的生态环境引来200多种鸟类到这里栖息繁衍。游客还可以与小鸟们亲密接触，在池旁的观鸟廊上漫步赏鸟。

🎫 130元

🕐 8:30—16:30

📍 盘锦市兴隆台区新生街

🚌 从盘锦市火车站乘6路小巴到鼎翔集团下车可达

👁 4～5小时

笔架山风光

医巫闾山风景区
★★★★　🏖🏔⛩

位于辽西的北镇市境内，居东北三大名山（闾山、千山、长白山）之首，以灵秀著称，历代皇帝皆封王赐号。

闾山脚下有一座北镇庙，是我国五大镇山庙中唯一保存完好的山神庙。庙内有一处历经元、明、清三朝留下的碑林，其中有乾隆皇帝御笔的记事碑文数方。

🎫 65元；索道往返50元

🕐 7:00—20:00

🚌 锦州火车站前有旅游专线车前往，车程约2小时

👁 3～4小时

青岩寺风景区　★★★　⛩🏖

青岩寺风景区自然风光优美，罗汉山峰峦叠嶂，恋人松丽影婆娑，双人石情影相依，龙饮涧雾索天泉，一线天劈石见日，丁字瀑飞云如烟。景区有专线电瓶车，免费Wi-Fi遍及全山。

🎫 46元

🕐 8:00—15:30

📍 锦州市北镇市717县道

👁 3～4小时

北普陀山　★★★　🏖🏔◎

被誉为"关外第一佛山"，还以名贯燕

丹东

丹东快速攻略

Day1　凤凰山→虎山长城→宽甸（住宿）

Day2　青山沟或天桥沟（游览整天）→丹东

Day3　鸭绿江→抗美援朝纪念馆

感受丹东

　　提起丹东，知道的人不多，但是说起鸭绿江，可谓是家喻户晓。丹东地处中朝边境，隔着鸭绿江眺望，可看到朝鲜的新义州。作为一座边境城市，它承载了很多历史记忆。"井"字形街道布局，以"经""纬"命名的街道，如一经街、十经街、六纬街，完全是当年日本出于军事目的所做的规划。鸭绿江断桥则更是抗美援朝的鲜活记忆。丹东气候宜人，城市井然，宛如东北的"小江南"，如今前去旅游休闲的人越来越多。

行在丹东

飞机

　　丹东现已与北京、成都、济南、威海、三亚、上海浦东、深圳通航。

铁路

　　丹东境内有铁路线 260 千米，主要有沈丹线和凤上线两条铁路，丹东站是沈丹铁路的终点站。丹东与北京、青岛、上海及省内各市间有直通列车。

公路

　　公路总里程达 3887 千米，二级以上公路达 619 千米，现有客运线路 527 条，沿途站点 1059 个。以丹东客运站为中心，下设凤城、宽甸、东港、灌水等 24 个客运站。与北京、沈阳、大连、通化间有公路连接。市内长途客运站有开往大孤山、凤凰山等旅游区的班车。沈丹高速公路已开通，往返两地只需 4 小时，票价 77 元。

水路

　　丹东港分为浪头港、大东港两个港区。有开往广州、上海、大连、天津、烟台、青岛、秦皇岛、连云港的轮船。

丹东港

🅟　兴五路 7 号

🅒　0415-8831111

游在丹东

鸭绿江　★★★★　🈂

　　鸭绿江水色墨绿，恰如鸭头，因此而得名。它发源于吉林长白山，流经长白、集安、宽甸、丹东等地，向南注入黄海，全长 795 千米，是中朝两国的界河。江上并立两座桥，一座是1950 年被美国人炸掉一半的鸭绿江断桥，另一座桥则建于 1940年，至今仍是中朝两国的交通要道。

🚍　从丹东市中心步行 10 分钟即到达

💡 **出租车价格**

　　出租车起步价 6 元 /2.5 千米，超 1 千米后，每千米 2 元。

民航售票处

🅟　锦山大街（蓝天宾馆财教中心）

🅒　0415-2217999

火车咨询电话

🅒　0415-2023392

汽车客运站

🅟　十纬 98 号

🅒　0415-2134571

鸭绿江断桥

虎山长城 ★★★★ 🐾🍂📷

位于丹东市东北鸭绿江畔，是明朝时期万里长城的最东端，与朝鲜隔江相望。登上城墙到达顶峰，可一览中朝两国风光。这里江河如带，平原沃野，村落棋布，有长城、睡佛、虎口崖等28个景点，是丹东城郊绝好的旅游胜地。

🎫 60元

🕐 8:30—16:30

🚌 在丹东市火车站乘坐前往虎山的小客车，票价约4元，车程40分钟；或乘坐丹东至宽甸的班车，在虎山处下车；打车前往，价格40元左右

👁 3～4小时

青山沟风景区 ★★★★ 🍂🐾

青山沟是一处著名旅游观光胜地，流泉飞瀑，青山隐隐，碧湖悠悠，古迹众多，是世界上少有的无污染区之一。驰名中外的"中国画家村"，"天下第一幽"的虎塘幽境，千年古刹青福寺的钟声，别具一格的满族风情，是青山沟独特的旅游资源。

🎫 青山湖门票40元，船票55元；虎塘沟门票40元；飞瀑涧门票40元；满族风情园30元；通票185元（含船票）

🕐 7:00—17:00

🚌 先从丹东汽车站乘车去宽甸县城，再转车去青山沟；从丹东包车往返约需400元车费，外加20元过路费

👁 1天

凤凰山 ★★★★★ 🍂🐾

去凤凰山主要体验的是"爬"的刺激，凤凰山的高度虽远逊于华山，但险极其相似。西路的老牛背上的岭脊便是最好的见证，路滑难行，却不凿台阶，只能凭手拉铁栏杆攀登。还有"天下一绝"的栈道，没有铁栏杆的保护，还开凿在悬崖腰，几乎成了绝路。但似乎只有这样，才能真正品味"绝处逢生"。10月前往凤凰山，还能看到漫山遍野的红枫，惊险之余至少还有美景聊以慰藉。

🎫 80元；索道50元

🚌 凤城市客车站、火车站都有直达车

👁 0.5～1天

💡 **最佳游季：** 凤凰山冬季干冷漫长，春秋干燥风沙大。最佳旅游季节在5—10月。

抗美援朝纪念馆 ★★★ 🐾

是再现抗美援朝历史的好去处。馆内的全景画馆用高科技手段，将绘画、塑形与灯光、音效结合，生动地展现了朝鲜战局清川江畔围歼战的历史场面。

🎫 免费

抗美援朝纪念馆

🕐 9:00—16:30

🚏 临近老鸹岭（公交站）、抗美援朝纪念馆（公交站）

👁 1～2 小时

绿江村 ★★★★ 🏞🏔📷

与朝鲜隔江相望。这里风光秀美、民风淳朴，四季景色不同，是人们亲近自然、回归自然的理想之地。登神仙顶，可以拍摄到特别壮观的日出和云海。

🎫 免费

📍 丹东市宽甸满族自治县振江镇

🚌 乘集安大客车到下露河换乘绿江小客车

👁 1～2 天

天桥沟 ★★★★ 🏞🏔📷

天桥沟素有"一山望三县"之美誉。景区内除有林海、奇峰和怪石等自然景观，还有抗联遗址等人文景观。这里四季景色鲜明，尤其是秋天，万山红叶，层林尽染，被誉为中国枫叶最红最艳的地方，也是避暑度假的理想之地。

🎫 120 元

🕐 8:00—16:00

👁 1 天

吃喝丹东

推荐食处

阿里郎海鲜酒店（银座店） 当地人气很旺

的朝鲜族风味连锁餐厅，味道比较正宗，价钱实惠。中午、晚上就餐时间想找到座位很难，可提前预订。推荐辣焖明太鱼、鱿贝双鲜等风味菜，饮料可喝鸭绿江啤酒，酸甜的米酒味道很可口，且喝多少都不会醉。

📍 滨江中路改造小区 2 号楼

📞 0415-3111333

乐烤 该店使用特殊的烤炉，肉不会粘到烤炉上，保持了味道的鲜美可口，人气很旺。

📍 锦山大街 233 号

📞 0415-3146688

💡 小吃一条街

新安、七经街区是丹东小吃一条街，每当入夜，香气四溢。在丹东你可品尝特色饮食中满族人的酸、黏、甜，回族的烧、烤、涮，以及朝鲜族的辣、酸、咸等不同风味。安东老街也是当地的一条特色景区，集怀旧观光、经典美食、旅游购物等于一体，再现丹东古老街景，包括百年老字号、品牌餐饮、东北特产、海产品、风味小吃，还有地方成表演、各种民间艺术。

购物丹东

丹东最繁华的商业街是元宝区的新安路步行街。此外，火车站前的十纬路和七经街商店也人流如织。柞蚕丝绸、玻璃水具、人参、板栗、鸭绿江面条鱼等都是丹东的特产。

住在丹东

丹东市有多家星级宾馆、酒店，更有饭店和招待所，住宿不成问题。

推荐住宿

江滨国际酒店

📍 沿江开发区房坝 5 号楼文化官旁

📞 0415-4136666

丹东中联大酒店

📍 滨江中路 62 号

📞 0415-2333333

吃喝丹东

大连

大连快速攻略

Day1　棒棰岛→老虎滩海洋公园→滨海路→星海广场
Day2　圣亚海洋世界→森林动物园→俄罗斯风情街
Day3　金石滩→发现王国主题公园

感受大连

广场　100年前一批对法国文化情有独钟的沙俄工程师揣着巴黎的城建图纸来到这里，开辟了以广场为中心，街道向四面八方辐射的大连城。全城有100多个广场，只要有四面辐射的街道，即使不大的一小块地方，都被称为广场，外地人到此难免容易晕头转向，搞不清东西南北。由此产生的广场文化同样让人目不暇接，绿地、白鸽、雕塑、喷泉自不用说，女骑警和圆舞曲可是全国少有的。

凭海临风　大连是一座颇有节奏感的城市，没有太大的起伏，只是恰到好处地沿着海岸层层递进，宛如凭海临风的美女。走在干净明媚的街上，或是坐在不怎么拥挤的车上，都能真切地感受到咸咸的海风，提醒你海洋的存在。

女骑警　这是大连最别样的城市名片（现内蒙古呼和浩特也有女骑警），马背上的女警均是高挑模特儿身材，加上集中的军事和礼仪训练，个个出落得英姿飒爽。她们在广场上整齐划一的马术礼仪表演，往往透露着贵族似的巾帼之势，并以此广博得各年龄层各阶层人士厚爱。大连女骑警承担礼仪与治安的职责，如果你赶上重大节庆日游览星海广场，人头攒动的中心也许就有她们的飒爽英姿。

足球　20世纪初，现代足球传入了大连。这里一年四季适宜开展足球运动，大连人民对足球运动的狂热与大连足球在中国足坛的地位，使这座城市当之无愧地拥有"足球城"的称号。

准备与咨询
语言

和其他东北地区的语言一样，大连话与普通话很接近，很容易交流，没什么语言上的障碍。

气候与游季

大连是东北地区最温暖的地方。四季分明且温和；夏季温暖无酷暑，冬季虽冷但少严寒。其中8月最热，平均气温24℃；1月最冷，平均气温 -9℃～-5℃。因受海洋调节，降雨多集中在夏季，夜雨多于日雨。最佳旅游季节为每年4—10月。

星海广场

节庆

大连赏槐会 每年5月
下旬举办。

大连国际服装节 每年9
月上旬隆重举行，届时
各界名人、名模、歌
星、影星云集，可购入
场券参加，一睹名人风
采或参与商贸。

冰峪沟冰灯会 每年1月
上旬举行，以各种大
型冰雕为主，同时推
出丰富多彩的冰上运
动，还有特色浓郁民
俗色彩的狗、羊拉爬
犁等。

中华烟花爆竹迎春会 正月初二至初六。

大连国际马拉松赛 每年10月最后一个星
期日举行，是全民可参与的国际赛事。
可在大连马拉松赛组委会报名参赛。

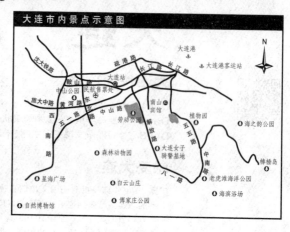

大连市内景点示意图

行在大连

进出
飞机

大连周水子国际机场距市中心10余千
米。民航大厦有民航班车前往机场。乘出
租车十多分钟即可抵达，并有532、710等
公交线路直达市内，票价1元。

机场总机 ☎ 0411-83886699

问讯处 ☎ 0411-96600

国际售票处
☎ 0411-83612222

国内售票处
☎ 0411-39079009

投诉 ☎ 0411-83887315

铁路

辽宁铁路十分发达，与东北、华北铁
路网连接，除每天由大连始发30列普通旅
客列车外，还专设了大连至沈阳、北京、
上海、长春、哈尔滨的全空调旅游专线高
速列车。

高铁

大连北站是哈大高铁的首发站，通过
高铁，从大连到哈尔滨的行程将缩短6小
时左右。

大连北站
📍 南关岭路和华北路之间，民悦广场
附近

公路

沈大高速公路纵贯辽东半岛，把沈阳、
辽阳、鞍山、营口、大连五大城市紧密相
连。黄海大道（大连—丹东）高速公路已
通到了庄河。东北沿边大通道（201国道到
鹤岗）和纵贯大通道（202国道到黑河）都
以大连为起点。

大连市建设街汽车站

从大连到沈大高速沿线、黄海大道
沿线各市的高速大巴流水发车，其中至
沈阳日发班车30余班，随到随走。

📍 火车站北建设街

☎ 0411-83763369

水路

与乘飞机或火车到大连相比，走水路
到大连最合适。

大连的海上客运航线可谓四通八达，
至烟台、威海、蓬莱、天津新港和长海县
各海岛天天有航运往来。此外，大连至烟
台和长海县还开通了高速旅游客船，大连
到韩国仁川也有定期客轮往来。

💡 **1. 乘船去大连：** 除了能够在甲板上享受清新

大连女骑警

的海风、荡漾的海浪和迷人的海上日出日落外，最大好处还在于大部分去大连的船都是夕发朝至的滚装船，你可以从天津、烟台、威海、蓬莱甚至上海直接把私家车开上轮船底舱，以天津至大连为例，小客车运价 300 元左右。这样你就可以轻而易举地在大连自驾旅行了。

2. 提前候船： 客运站站面积很大，因此开船前半小时抵达候船室是有必要的。

3. 提前订票： 五一期间的火车票、飞机票都很难买，所以最好提前预订返程的票；船票相对好买一些。

大连港客运站

🚩　中山区港湾街 1 号

📞　0411-82636061/82625612

市内交通

大连市内交通非常方便，而且城市不是很大，市内有公交线路百余条，还开通了专门的环城旅游观光巴士，并有两条轻轨线路，有一条直接通往旅游热地——金石滩。大连现已开通了 1 号线、2 号线、3 号线、5 号线、12 号线、13 号线地铁，其中 12 号线为到旅顺的快轨。

🌞自行车少

大连的道路起伏很大，这使得大连成为全国自行车最少的城市。

🌞旅游观光巴士

票价 20 元/人，巴士从每年 4 月底到 10 月底运营。必须从大连火车站上车，可凭当日车票在途经任意站点多次上下。乘坐这趟巴士，白天基本上滨海路可以一路游完，夜游线的大连夜景也可以尽收眼底。分为白天和夜晚两条线路。

白天路线：人民广场→会展中心→大连贝壳博物馆→森林动物园南门→傅家庄→小傅家庄→燕窝岭婚庆公园→北大桥→鸟语林→老虎滩海洋公园→渔人码头→石槽→棒棰岛前→棒棰岛→记者林→港湾广场→中山广场。

夜晚路线：大连火车站→青泥洼桥→希望广场→人民广场→奥林匹克广场→马兰河桥→和平广场→会展中心→星海广场→大连晚报社。

🌞有轨电车

大连至今还保留着 201 路和 202 路两条有轨电车公交线。电车外形古朴，慢悠悠地行驶于大连的中心城区，游客可以沿路感受大连的城市魅力。

游在大连

老虎滩海洋公园

★★★★　⛰❌

来大连不可不去老虎滩，这里是体验大连旅游氛围的标志性景点。园内的海洋极地馆是此行的重头戏，与其他极地馆、海洋馆并无二致，企鹅、北极熊也许你已经看过了，那就将你的重心放在节目表演上吧，与这些少见的极地动物和海洋动物亲密接触毕竟一辈子也不会有几次，这才是能真正体验到海洋欢乐的方式。

💴　旺季 220 元；淡季 190 元

🕗　8:30—16:30

🚌　临近解放路（公交站）、虎滩公园（地铁站）

👁　4 ～ 5 小时

🌞 **1. 只去极地馆：** 建议大家买 120 元的套票（包含基地行养动物馆＋欢乐剧场或海兽馆），公园中的珊瑚馆、鸟语林等景点，如没时间可以不去。

2. 表演变更： 园内各类表演时间会有变动，如有个别调整或增加表演场次，具体表演时间以各处公示牌为准。如遇大风、雾、雨天气，"孔雀东南飞"、滑水表演及露天的文艺表演将停演。

3. 六一儿童节期间： 公园会针对儿童和家长开展一些优惠活动，注意网站信息。

4. 门票当天有效： 公园规定门票当天有效，买票出票后 10 分钟内必须检票入园，否则门票无效。

棒棰岛　★★★★　🏊📷🎡

一个依海而建的大公园，海中嬉闹，石滩漫步，天气晴好时，能看到盛装的新人在此拍婚纱外景，绝对是个激发幸福的地方。很多国家领导人都喜欢来棒棰岛景区度假，这也更引起了游客对棒棰岛的瞩目。景区内散布着的各色别墅群，鼎鼎有名的棒

老虎滩海洋公园

发现王国主题公园

棒岛国宾馆，即是领导人来此的住处。

- 20 元
- 8:30—16:00
- 临近石槽前（公交站）
- 3～5 小时

💡 **沙滩上人很多**：景区什么都好，就是海滩不是那种细细的沙，而是鹅卵石，很适合打水漂。只有一小块沙，那里聚集了最多的人。可以进行水上运动。还有双人骑自行车出租，可培养默契，适合情侣组合。

金石滩 ★★★★

景区内地质博物馆是必看之处，这里被称为地球不能再生的"神力雕塑公园"。金石滩是首批国家级旅游度假区之一，尤以地质景观奇特著称，有"天然地质博物馆"的美誉。其中的龟裂石形成于 6 亿年前，是目前世界上体积最大的奇石。

金石滩的黄金海岸以金黄细软的沙滩闻名，拥有国内难得一见的碧蓝色海水，当地人都会推荐在此下海，体验阳光沙滩的妙趣。

- 联票 160 元（金石蜡像馆＋地球之光＋地质公园＋金石缘公园）
- 临近度假公园小区（公交站）、神秘东方（公交站）
- 1～2 天

💡 **园内环线巴士**：10 元／位，到达金石滩所有景点，并可随上随下，全天有效。建议购买，因为金石滩景区实在太大了。

发现王国主题公园 ★★★★

位于金石滩度假区内，是金石滩最热闹的景点。来到发现王国仿佛步入了国外的游乐园，你的感觉没有错，据说这座游乐园是由曾参与迪士尼公园设计的美国公司规划设计的。发现王国现在是大连的旅游热点，有人说到了发现王国，多半时间都会花在排队上，可见其精彩程度非同一般。

- 标准全天票 260 元
- 1 天

星海广场 ★★★★

不管去没去过星海广场，都知道它那个响当当的名号——亚洲第一大城市广场。这座广场仿北京天坛寰丘而建，考究地雕刻着天干地支、二十四节气和十二生肖，处处不忘展示中国文化的魅力。最惬意的是晚上，租一辆自行车，就可以不费气力地在璀璨夜景中把广场逛个遍。在经过古堡似的贝壳博物馆时不妨拍照留念，这种特色的外观可不是随处可见的。

- 临近星海广场（公交站）、星海广场（地铁站）
- 1～2 小时

💡 **啤酒节**：每年的 7 月底至 8 月初，星海广场都会举行中国国际啤酒节，届时热闹非凡，周围酒店餐厅都会涨价。

圣亚海洋世界 ★★★

圣亚海洋世界拥有长 118 米海底透明通道，在这里不仅可以享受全景式的海底体验，体会身临其境的感觉，还可以观赏精彩纷呈的海洋动物表演，与海豚近距离接触、拍照。这里常年有白鲸、海象、海狮表演，旺季有斑海豹小型表演，趣味十足。

- 四馆门票 240 元
- 9:30—16:30
- 临近医大二院（公交站）、大医二院（地铁站）
- 3～4 小时

海之韵公园

森林动物园里的老虎

狩猎俱乐部

金石国际狩猎俱乐部有狩猎区、射箭场等，目前在一个1万平方米的固定区域，你可以狩猎由人工饲养的包括珍珠鸡、大骨鸡、野兔、非洲雁等在内的猎物。

吃醋

大连的餐厅和小吃店一般供应的是白醋，吃惯陈醋的游客可向服务员索要陈醋。

海鲜炭烤正风靡

烤制的海鲜肉里鲜嫩、原汁原味，颇受食家的欢迎。每年9月，海水洁净、清凉，是食用海鲜的最佳季节。大连流行各种海鲜炭烤串类，土如炭烤海肠、炭烤鸟贝、炭烤多春鱼等，不仅稀奇，味道更是异常鲜美。

大商城

百年城是国际品牌的集中地，麦凯乐大连商场和伊都锦商场异抒时尚女性的天堂，经常有打折活动。

海之韵公园 ★★★ 🏖️⛰️

拥有长达1200多米的海岸线，风景极为秀美。公园内最有名的两个景点莫过于十八盘和怪坡。十八盘翻山过岭左右回旋，怪坡则颠倒了我们日常上坡与下坡的感受。

🚌 临近棒棰岛（公交站）、海之韵（地铁站）

👁️ 1～2小时

森林动物园 ★★★★ 🐾🔍

国家AAAA级景点，位于美丽的白云山风景区内。动物园分为圈养区和散养区，动物品种繁多，环境很不错。园内有索道贯穿，游客可从圈养区中部的游客服务中心乘索道到散养区。

💰 120元（旺季）；100元（淡季）

🚌 圈养区：临近南石道街（公交站）、森林动物园（公交站）
散养区：临近森林动物园南门（公交站）

👁️ 4～6小时

一句话推荐景点

大连东港商务区
大连的最国际范儿打卡地，必须是东港，气质摩登时尚，充满异域风情。

劳动公园 大连市中心最大的公园，集游览、游乐、休憩、文化活动于一体的现代化城市园林。

🚌 临近劳动公园（公交站）

👁️ 1～2小时

俄罗斯风情街 100年前，俄罗斯人在这里建立起了大连第一条街道。此处的俄罗斯风情街为市政府重新翻建。在这里的摊点商店消费需要再三斟酌，避免被宰。

🚌 临近胜利桥（公交站）

👁️ 1～2小时

滨海路 一条风光极佳的海景公路，是徒步与摄影的好地方。滨海路将山海相连为一体，象征着山盟海誓，又被称为"情人路"。

俄罗斯风情街

大连街景

- 🌐 免费
- 🕐 全天
- ↗ 大连市中山区
- 🚌 临近万科海上传奇（公交站）、万河北海（地铁站）
- 👁 1～4小时

吃喝大连

大连菜属于鲁菜系，以海鲜为主要原料。大连的餐馆主要经营海味名菜，大部分以本地沿海特产的海参、扇贝、鲍鱼、对虾、加吉鱼等海珍品为主料。做法与味道和广东相比各有特色，不过小黄鱼和情人鱼是广东没有的品种，可以一试。

红烧大对虾算是特色，鲍鱼、海参等海产品质特别好，可买回自己加工。大连的快餐业十分发达，市内有多家快餐连锁店（天天乐、亚惠等），套餐价格都很便宜，是解决午餐的好选择。海胆是一种生吃的海鲜，很多刺，圆圆的，看起来像刺猬；把壳切开，就是很美味、很有营养的好东西。还有一种可以活吃的大海螺，可能只有在大连才可以吃到，不妨一试。大连旅顺每年还会举行海鲜节，可以到盐场海鲜一条街、黄泥川海鲜街、小龙王塘海鲜街、区内各大酒店、饭店等地吃海鲜。

推荐食处

金石鲤鱼门 渔家风味一条街，包括一个海鲜批发市场和10家左右的渔家餐馆，其中以春妮渔家酱焖风味最佳，以至于有专门从沈阳而来的食客。

↗ 金石港

烧烤一条街 这里的铁板烤鱿鱼全国有名。烧烤店通常营业到半夜，是个聚会的好地方。

↗ 天津街

万宝海鲜舫 大连顶级的海鲜酒店，装修顶级、味道顶级、服务顶级，自然价格也很"顶级"，适合追求高享受的人士。推荐海胆、盐烤大虾、飞蟹、鲍鱼。

↗ 中山区解放路108号
📞 0411-39912888/82358888

大地春饼店 春饼薄如蝉翼，入口筋道，东北口味，生意很火爆，经常看到壮观的排队景象，价格也公道。推荐春饼、大地熏肉、京酱肉丝。

↗ 东北路105号
📞 0411-66666611

夜游大连

大连主要街道的路灯很多也很美。中山路上每隔20米有一个槐花路灯，据说点亮后像盛开的槐花，每个槐花灯都是由108个灯组成，夜游时别忘了观赏一番。

网吧也是大街小巷随处可见的，而且叫网吧的很少，都有一个好听的名字——网苑。

近几年，大连的酒吧、酒屋和俱乐部日益增加，但总体来说大连的夜生活不算丰富，没有特别值得"打卡"的酒吧或夜店。有几家比较高档的店可以去，但要做好"高消费"的心理准备。

在广场一带，如友好广场，有许多小酒吧和营业至深夜的咖啡店，在大连外国语学院附近也能发现类似的地方。21世纪网络咖啡吧，是一家当地的互联网吧，24小时营业，还供应好吃的快餐、啤酒和鸡尾酒，气氛热烈。

购物大连

在大连购物，应着眼于富有浓郁"大连味儿"的海鲜、工艺品及服装饰品。

天津街、青泥洼、人民路、西安路为大连市区的四大商业中心。

喜欢化石的游客，在金石高尔夫俱乐部通往龟裂石的途中，可向渔妇买到三叶虫化石，化石纹理清晰，都是在海边的岩石中挖出的，货真价实。小块的花 10 元就能买到，大块的或构造特别的则需 30 ～ 100 元，如果有机会自己可以在岩石上找一找，会有不俗的收获。

住在大连

在大连可以享受到国际大都市级的住宿，酒店质量和管理在国内均属一流，香格里拉、富丽华、希尔顿等世界知名酒店在大连都有连锁店。

有许多普通饭店、酒店以及旅馆、招待所，非淡季价格一般 40 ～ 150 元；周边村镇的农家、渔家价格自然更是便宜，赶海归来吃上一顿渔家风味，睡通铺大炕，每人每天仅 15 元左右。

推荐住宿

大连宾馆　我国最古老的宾馆之一。一座典型的巴洛克式建筑，外形具有浓郁的欧式建筑风格，内庭富有古罗马宫廷特色。

- 中山区中山广场 4 号
- 0411-82633111

大连周边游

旅顺口　★★★★

辽东半岛的最南端，我国的海上门户。这里气候宜人，春能赏花，夏能吃水果和生猛海鲜。这里的老铁山直临黄渤海分界线，是辽宁的天涯海角。老铁山西边角上有一个百年灯塔，是世界名塔之一，最有看头。而这里的蛇岛、鸟岛、白玉山等景区也颇有看点。

- 大连市旅顺口区
- 大连火车站有"旅顺一日游"的旅游车，20 分钟一班，可以选择跟车游览
- 4 ～ 8 小时

旅顺博物馆　★★★

旅顺博物馆的建筑既有近代欧式风格，又有东方艺术特色，过去被称为"关东都督府满蒙物产馆"。现馆藏文物 3 万余件，以历史文物为主，其中有出土于 1300 年前的木乃伊。

- 临近同鑫街（公交站）、文化街（公交站）
- 2 ～ 3 小时

白玉山景区　★★★★

白玉山景区内主要景点为白玉山、万忠墓、旅顺火车站、友谊公园、海岸公园等。

- 免费
- 从大连乘坐旅顺南路快客，到达旅顺汽车站，下车步行可达
- 3 ～ 4 小时

游览时可乘车沿盘山公路直达山峰，或乘空中索道游览车，也可沿登山小路的台阶步行上山。

冰峪　★★★★

为北方罕见的喀斯特地貌风景，有"北国桂林"之称。冰峪沟的山既有北方山岭粗犷豪放的气势，又有南国峰峦玲珑秀美的风姿。其中最著名的要数龙华山腰的仙人洞，洞内有道佛两家寺庙，日日香烟缭绕，故而得名。云水渡是冰峪沟风景区的精华所在，两岸峭壁秀绝，奇峰怪石林立。

- 120 元
- 从大连乘火车到庄河下车，转乘旅游专线车可达或从大连北岗桥乘坐到冰峪沟的直达汽车
- 1 ～ 2 天

旅顺博物馆

中南地区

华南部分

广东—广西—海南

广东省

自助游：

南线：特区魅力之旅

　　广州→深圳→中山→珠海

东线：潮汕民俗之旅

　　广州→惠州→汕头→潮州

西北线：自然风光与瑶乡风情之旅

　　广州→肇庆→云浮→连南→韶关→清远

高铁线

　　武广高铁：武汉→咸宁→赤壁→岳阳
→长沙→株洲→衡阳→韶关→清远→广州

　　广珠城轨：广州→中山→珠海

　　广深高铁：广州→东莞→深圳

自驾游：

游览两广精髓

　　深圳→广州→阳朔→桂林→南宁→
德天瀑布→南宁→北海

周末自驾游广东

　　广州→开平→恩平

广州

广州快速攻略

Day1　石室耶稣圣心堂→沙面→陈家祠→光孝寺→中山纪念堂→上下九步行街

Day2　白云山→黄花岗七十二烈士陵园→越秀公园→南越王博物院（王墓展区）→北京路步行街

Day3　宝墨园→中山大学→广东省博物馆→广州塔→花城广场

Day4　莲花山→岭南印象园→余荫山房

Day5　长隆旅游度假区

感受广州

粤语　步入广州市井街道，铺天盖地的粤语可能会使我们有些茫然。虽然外地人源源不断地涌入这片土地，但粤语仍在大街小巷流动着。古老的城市自有它固执的一面，让人感到亲切的则是它喧嚣中的庄重。

靓　众所周知南国多温婉女子，却极少听闻广州有倾城之色，只以热情奔放为名。而真实的广州人，早已不再是旧思维里的精瘦模样，"靓仔""靓女"比比皆是。

包容性　在老城传统文化气息的熏陶下，新时代的广州人，也和他们的老祖宗一样，热情宽容地接纳着城市的一切。面对外来人口的涌入，这个城市并没有让外来人民感觉被孤立，他们各自背负着生存的信念穿梭在这座兼具古老和现代特质的城市。

别致市井　此处所谓的"市井"绝非贬义，实乃对广州所透露的街巷百态、人物风情所做的客观描绘。广州的市井气息不同于成都的闲适安逸，它多了一份劳碌；也不同于北京街巷的孤傲，它多了一份淡定；更不同于上海弄堂里的浓厚底蕴，它多了一份亲和。

花城　广州号称花城，确实名不虚传。大街小巷都有极美丽的花出售。一年一度的花市更是南国一大盛事。

粥品靓汤　全国各地的粥品中，广州的粥品以其名目繁多、风味独特堪称一绝。除了营养丰富、味道鲜美外，有些还具有特殊的药疗价值。老火靓汤是广州人餐桌上的必备物。之所以称"老火"，是因为做汤时要把汤料放在砂煲里用文火慢慢熬制，少则3～4小时，多则一整天。俗话说：天天饮靓汤，日日好心情！

☀粤语

　　粤语中使用频率最高的可能就是"唔该"，意指"谢谢"，有时也作"劳驾""麻烦您"使用。在广州，请人帮忙或者让路之前，都要先道声"唔该"；"打扰晒"是请求他人帮忙代办某种事情时所用的口语，它包括了感谢和抱歉两层意思。"请俾下面"意为"请您给点面子"。"你俾面"即"是您给面子"。去之前不妨学几句广东话，被别人当作本地人是件很有意思的事情。

准备与咨询
语言

　　全市以粤语交流为主，中青年一辈能用流利的普通话交流，与老年人交流比较困难，可能连普通话听都听不懂。

气候与游季

　　地处亚热带，属亚热带海洋季风气候，年平均气温在

广州象征物：五羊雕像

22.5℃，最低 0℃，最高可达 39.1℃，全年雨水充沛。4－6 月为雨季，8－9 月多台风。春秋冬三季都适合去广州游玩，但注意避开雨季和台风期。

行在广州

进出

广州是广东省的省会，交通四通八达，省内的高速公路网纵横交错。从广州有到达各个地级市的班车。

全国各地直达广州的火车、飞机也很多，很方便。

飞机

广州白云机场位于广州市花都区，从市中心出发，走高速 40 分钟便可抵达机场。

机场服务热线

☎ 020-96158

南航订票网址

www.csair.com

铁路

广州火车站与省汽车站相邻，位于流花宾馆对面。广州东站位于天河区中信广场后面，是深圳、香港、长沙等地方向的

列车始发站。

高铁

广州南站是京港高铁、贵广高铁、南广高铁、广珠城轨、广深高铁、广佛肇城际轨道交通的交会点，并且是目前武广客运专线和广深港客运专线的三个始发站之一，也是广珠城际轨道交通的三个始发站之一。现主要停靠、到发客运专线及珠三角城际快速轨道交通列车。

🔆交通提示

1. 到深圳：广深高铁由广州南站到深圳北站，车程约 30 分钟。

2. 到东莞：广州东站和广州站有很多车次发往东莞。

3. 到香港：广州每天都有直达香港的列车，车程最短 44 分钟，票价 187～215 元。

公路

广东的高速公路很发达，以广州为中心通往全国各地及省内的各高速公路如蜘蛛网一样密集。从广州到珠江三角洲其他城市的时间一般为 1 小时左右。

水路

广州珠江水上的客运也非常发达。

市内交通

公交车

广州市内的公交车均为无人售票车，票价 1～5 元。

地铁

广州近年投入巨资进行地铁建设，目前运营成熟的线路有 1 号线、2 号线、3 号线、3 号线北延段、4 号线、5 号线、6 号线、7 号线、8 号线、9 号线、13 号线、14 号线、14 号线（知识城段）、18 号线、21 号线、22 号线、APM 线、广佛线。

1 号线 西塱→广州东站
2 号线 嘉禾望岗→广州南站
3 号线 天河客运站→番禺广场
3 号线北延段 机场北→体育西路
4 号线 黄村→南沙客运港
5 号线 滘口→文冲
6 号线 浔峰岗→香雪
7 号线 美的大道→大学城南
8 号线 滘心→万胜围
9 号线 飞鹅岭→高增
13 号线 鱼珠→新沙
14 号线 东风→嘉禾望岗
14 号线（知识城段） 新和→镇龙

广州市景点示意图

18 号线　冼村→万顷沙
21 号线　员村→增城广场
22 号线　陈头岗→番禺广场
APM 线　广州塔→林和西
广佛线　新城东→沥滘

出租车

起步价 12 元，起步里程为 3 千米，超过 3 千米部分，每千米为 2.6 元，已取消燃油费。

游在广州

白云山风景名胜区
★★★★　🚶🏛️❌

白云山自古就有"羊城第一秀"的美誉。行走于山林间，情不自禁地会萌发"我欲乘风归去"之感，这是一处绝妙的欲望隔离地。苏轼、韩愈……数不清的古人隐士在此留下足迹。

市民们喜好在节假日前往休闲健身，白云山已成为名副其实的"天然大氧吧"，被美誉为广州"市肺"。

🎫 进山次票 5 元，鸣春谷 10 元，摩星岭 5 元，桃花涧 5 元，云台花园 10 元，碑林 5 元；索道上山单程 25 元，下山单程 20 元

🚌 临近梅园路总站（公交站）

👁 3～5 小时

华南国家植物园　★★★　🦋

华南国家植物园是我国最大的亚热带植物园，目前引种的国内外植物约 5000 种。植物园内小桥流水、曲径通幽，在鸟鸣不断的林间漫步绝对是一种享受。这里的"龙洞琪林"曾经入选为羊城八大美景之一。

🎫 20 元；套票 50 元（含植物园、温室群）

⏰ 7:30—17:30

🚌 临近植物园正门（公交站）、植物园西门（公交站）、植物园（地铁站）

👁 2～4 小时

广州塔　★★★★　🏛️

广州塔是世界有名的电视观光高塔，其外形头尾相当，腰身玲珑细长，又有

"小蛮腰"之称，是广州重要的地标性建筑。广州塔观光景点有白云星空观光大厅、科普游览厅、488摄影观景平台等，娱乐项目有高空横向摩天轮、垂直速降极限项目"极速云霄"。

🎫 白云星空观光票150元；450米户外平台观光票228元；摩天轮游乐套票298元；一塔倾城游乐套票398元

🕐 9:30—22:30

👁 1～3小时

广东省博物馆　★★★★　✿

广东省博物馆中岭南画派书画藏品比较丰富，比较珍贵的展品有自然标本中的须鲸骨骼、巨型孔雀石和重逾五吨的信宜玉石等。

🕐 9:00—17:00

🚌 临近海心沙公园（公交站）、大剧院（地铁站）、珠江新城（地铁站）

👁 2～4小时

沙面　★★★　📷🎨🏙

0.3平方千米的沙面曾经是洋人聚居区，现在则是幽静安详的居住小区和旅游胜地。这里树木葱茏，街灯、雕塑、凉亭、花圃无不透露出西式气息。150多座建筑横陈于此，是广州最有异国情调的地方。

🚌 临近市中医院（公交站）、黄沙（公交、地铁站）、文化公园（地铁站）

👁 1～3小时

💡**夜景：**漫步沙面，不仅要从审美角度看欧洲建筑，更要从历史角度去发掘它的文化。这里曾在鸦片战争后被划为英、法两国的租界，一百多年的兴衰历程映射出沙面特有的历史感。

中山大学
★★★★　🏙🎋

由孙中山先生创办，同黄埔军校一文一武，是我国最美的校园之一。中大最漂亮的地方是南校区。中大北门外就是珠江，如果有时间可以坐船到对岸的天字码头，体验轮渡。

🚌 临近中山大学（公交站）、中大（地铁站）

👁 1～3小时

陈家祠　★★★★　🌲⚽

如果你钟情于民间工艺的异彩纷呈，或流连于岭南文化的博大精深，那么一定要前往陈家祠一睹"芳容"。你能在这里看到精美绝伦并巧藏寓意的石雕、陶塑、岭南灰塑等艺术品，亦能感受到岭南民间艺术的独有韵味。置身于古色古香的院落内，还颇有一番"偷得浮生半日闲"的意境。

🚌 临近陈家祠（公交站）、陈家祠（地铁站）

👁 1～3小时

广东科学中心　★★★　🏔

位于番禺广州大学城西端，占地面积45万平方米，建筑面积14.07万平方米。拥有吉尼斯世界纪录认证，被授予世界"最大的科技馆／科学中心"称号。建筑外

沙面堂

形独特，侧看像科技航母，俯瞰又像木棉花，正面看宛如灵动的科学发现之眼。一共设有13个常设主题展馆，建有4座科技影院，拥有数十个室外展项，是深受游客喜爱的科普旅游好去处。

🎫 60元

🚌 临近大学城科学中心总站（公交站）

👁 3～5小时

长隆旅游度假区

★★★★

长隆旅游度假区包含长隆欢乐世界、长隆野生动物世界、长隆水上乐园、长隆国际大马戏、长隆飞鸟乐园等景区。其中欢乐世界是个大型游乐场，里面有以儿童游乐为主的哈比王国；以水为主题的欢乐水世界；以惊险刺激项目为主的尖叫地带等。让游客在自然生态环境中体验刺激、享受愉悦、放松身心。

🎫 长隆欢乐世界250元；长隆野生动物世界350元；长隆水上乐园日间票280元，夜间票195元；长隆国际大马戏普通座450元；长隆飞鸟乐园100元

🚌 临近汉溪长隆（公交站）、汉溪长隆（地铁站）

👁 1~2天

南越王博物院（王墓展区）

★★★★

1983年6月南越王墓挖掘出土，该展区即以该墓地原址为基础建成，主要展示南越王墓原址及其出土文物。南越王墓可以称作是岭南地区汉墓中出土文物最多、陪葬物最丰富、考古收获最大的一座。墓主身穿的“金缕玉衣”，可谓稀世珍宝。现属于南越王博物院组成部分。

🎫 10元

🕐 9:00—17:30（周一闭馆）

🚌 临近解放北路（公交站）、越秀公园（公交站）、越秀公园（地铁站）

👁 1～3小时

莲花山采石场

夜游珠江

航线：从西堤码头开始，到鹤洞大桥结束，一路可欣赏"鹅潭夜月""珠海丹心"等美景。

普通游轮：38元、48元
豪华游轮：68元、98元

早茶

广州美食的确多，而且便宜。在上下九步行街有多家老店，要想到老店吃早茶，周末一定要早点占位。

花城广场

广州中轴线上一道独特的风景，夜景格外梦幻。灯火辉煌，流光溢彩，还可以就近去广东省博物馆和"小蛮腰"走走。

广东美食

广东美食当然是在中心城市广州最齐全了，无论何时何地，只要想吃，都能找到有广东美味的地方。

网红打卡

K11是年轻人喜欢来购物逛街的打卡地，被称为广州最奢华的商场。一楼的网红墙、三楼的艺术廊桥以及四楼的艺术小空间是很多网红打卡的地方。

园林式食府

广州不乏风景优美的园林式食府，越秀公园北门的雍雅山房，人民北路流花湖公园的流花粥城，黄沙大道如意坊附近的荔湾御唐荔园，云台花园边的海鲜酒家，白云山山顶的公园餐厅，雕塑公园里的绿岛西餐厅等，都是优雅清静的饮食之所。

一句话推荐景点

中山纪念堂　中山纪念堂是广州观众容量最大的会堂之一，是1925年孙中山逝世后为纪念他而设计建造的。

💴 10元
🕐 9:00—17:00

莲花山　这里古时是一个石矿场，经几百年的采矿，形成了天然与人工相结合的独特景观，堪称岭南一秀。此外，山上还有古莲花塔和莲花古城等古迹。每年8月还会举办盛大的荷花节。

💴 54元
🕐 7:00—17:00

宝墨园　宝墨园是一座颇具特色的岭南园林式的建筑，建于清嘉庆年间。园内水景、林艺和建筑搭配相得益彰，石雕彩画精致灵巧，是岭南少有的精致园林。

💴 54元
🚌 临近番禺宝墨园站（公交站）

光孝寺　民间传言"未有羊城，先有光孝"，可见此古刹历史之悠久，寺内的东西铁塔是我国现存最古老、最完整的铁塔。

🕐 8:30—16:30

越秀公园　越秀公园是全市知名的市民公园。入园内游览别忘了在五羊石雕前留影，这可是广州市的标志之一。

💴 免费
🕐 6:00—22:00
🚌 临近越秀公园（公交站）、越秀公园（地铁站）

黄花岗烈士陵园　中国近代史上一个十分重要的纪念地。

💴 免费
🕐 6:00—22:00

黄埔军校旧址纪念馆　被称为中国的"西点军校"，整个旧址建筑呈民国风格，景点主要有校本部、中山故居、东征烈士墓园、北伐纪念碑、大坡地炮台等。

💴 免费
🕐 9:00—17:00

南海神庙　南海神庙俗称"波罗庙"，是我国古代四大海神庙中唯一遗存下来的一座，距今已有1400多年的历史。历代皇帝曾派人来此举行祭典，因此这里石刻众多，留有不少珍贵的碑文。在神庙中的浴日亭上，很适合观赏海上日出。

💴 10元
📍 黄埔区穗东街庙头社区

石室耶稣圣心大教堂　教堂是哥特式建筑，正面的双尖石塔可与巴黎圣母院相媲美。周日弥撒时段可以免费参观。

🚌 临近一德中（公交站）、一德路（地铁站）

岭南印象园　古色古香的岭南建筑特别有味道，还有特色的歌舞表演、美味的当地小吃，是体验岭南乡土风情的好去处。

💴 60元，提前购买预售票48元
🕐 9:30—22:00
🚌 临近岭南印象园（公交站）、大学城南（地铁站）

吃喝广州

"民以食为天，食以味为先"，这是广州市民最流行的一句口头禅。粤菜的做工精细是全国出了名的，大厨师们可以把一条活生生的鱼的鱼皮完整地扒下来，用鱼骨头、鱼肉和别的美食拌在一起重新塞回鱼皮里，再做成一条完整的"鱼"。还有冬瓜盅，几小时炖下来又是一道具有卓越风味的美食。另外，广州人煲汤是一绝，一般的汤都得煲上几小时，当地人都习惯在饭前先喝上一小碗汤。

小吃

广州的美味小吃太多了，如虾饺、糯米鸡、云吞面、萝卜糕、马蹄糕、沙河粉、炒田螺、牛骨汤、咸煎饼、猪红粥、肠粉、牛腩粉等。北京路有很多著名的牛杂店、果汁铺，还有供应粥、粉、面、奶茶等小吃的茶餐厅。上下九路一带，有很多传统的广州风格的小吃，像西关人家的南信双皮奶，街边的牛杂；宝华路上有几家不起眼的面店，但那里做的猪手面、牛腩面可是广州面食中的佼佼者。还有西濠二马路、广大路、洪德路、广从路等出了名的"食街"同样让你回味无穷。

特色菜

八宝冬瓜盅、白云猪手、白切鸡、盐焗鸡、烧鹅、烤乳猪、文昌鸡。

粤菜近300个主要菜色，八成是以家禽为主料，其中尤以鸡为首，在粤菜中，有"无鸡不成宴"之说。

清远鸡 精选山区出产的清远鸡，泡在据说有几十种名贵香料的大瓦缸里，做出的鸡"皮爽、肉滑、骨都有味"。

湛江鸡 这种鸡肉质厚滑，肥而不腻，味道香浓，营养丰富。

烧鹅 粤菜中的传统名菜，以整鹅烧烤制成，具有皮脆、肉嫩、骨香、肥而不腻的特点。以酸梅酱蘸食，别具风味。最为有名的是长堤裕记烧鹅饭店的烧鹅和黄埔区长洲岛上的深井烧鹅。

艇仔粥 以新鲜的河虾或鱼片作配料，还会增加如海蜇、炒花生仁、浮皮、葱花、姜等辅料。无论在街头食肆，或如白天鹅宾馆那样的五星级酒楼，都可品尝到这种广州特有的粥品。

蒸肠粉 一种米制品，小食店、茶楼、酒家、宾馆均有供应。广州最负盛名的是银记肠粉，专营豉油皇牛肉肠粉，以薄韧香滑著称。

各地菜

在广州永远不会出现其他城市中常见的"一菜统天下"的局面，世界各国、全国各地的美食都能在广州找到，堪称百花齐放，但是谁也不能一枝独秀。

推荐食处

芙蓉楼 经常高朋满座的一家湘菜馆，可能需要排队，但是价格优势和菜品口味决定了它在众多食客中的良好口碑。这里的特色菜剁椒鱼头、芙蓉一品鸡实在令人叫绝。

🔗 体育西路191号佳兆业广场3层
📞 020-38036100

🌞 特别推荐

最理想的吃喝地方就是满大街的大排档，另外推荐几家各具特色的酒家以供参考。

"老字号"粤式体验

广州酒家 这里的装饰古香古色，洋溢着浓厚的怀旧气息，被誉为"食在广州第一家"，所见所闻所吃处处透着"老字号的范儿"。虾饺、叉烧包等好评如潮。

🔗 荔湾区文昌南路2号
📞 020-81380388

陶陶居酒家 光绪年间开业，康有为亲题的店名，招待过不少名人雅士。

🔗 天河路228号正佳广场6层C059铺
📞 020-38373301

莲香楼饼屋 光绪年间创立的，以莲蓉食品著称，喜欢小点心的游客不妨一试。

🔗 第十甫路67号（近世纪假日酒店）
📞 020-22926216

银记肠粉店 老字号，传说中的"肠粉之王"。

🔗 上九路79号（近光复路）
📞 13710309772

南信牛奶甜品专家 1934年开张，老字号店，广州最正宗的双皮奶店，服务很好，人气很旺。

🔗 第十甫路47号
📞 020-81389904

夜游广州

广州是一座不夜城，每当夜幕降临后城里便灯红酒绿，霓虹万千，处处挡不住

夜的魅力。在广州，许多小吃店和娱乐场所都通宵营业，泡吧、去KTV、打保龄球、打桌（台）球、玩游戏是广州人最普遍的娱乐生活。喜欢闹中求静的朋友可漫游珠江和沙面，那里的夜景非常迷人。

来广州一定要好好欣赏一下珠江的夜景，乘珠江上的游轮，从西堤码头到鹤洞大桥，可以一边品茶，一边赏景。

夜文化

对广州人，真正美妙的一天是从入夜开始的。广州人把"夜宵"说成"宵夜"，确实"北京人泡文化，上海人泡情调，广州人最直接，泡的就是消费"。这是一座充满欲望的城市，它的白天安静，夜晚却躁动而充满诱惑。

推荐夜游
泡吧

广州有近300间酒吧，主要集中在三个区域——环市东路及华侨新村一带一向是传统的广州酒吧区，这里四星、五星级酒店林立，酒吧的外籍顾客最多；白鹅潭风情酒吧街位于沙面的对岸，一排三层的楼房里密集了近40间酒吧，可坐轮渡去白鹅潭风情酒吧街；沿江路酒吧街以海珠广场为中心，广州空间最大的咆哮酒吧就在该区。

Amigo（亚米高） Amigo是西班牙语"朋友"的意思。老板是南美华侨，酒吧的装饰充满了阿根廷牛仔情调，墙壁上挂满了老板从阿根廷收集地带着潘帕斯草原气息的真皮饰品。

🅟 荔湾区白鹅潭风情酒吧街B03地铺

1920 PRIMEO 这里是1920年建成的德式建筑物。在窗边找一个座位，遥望窗外的珠江，也是个"偷得浮生半日闲"的好办法。

🅟 建设六马路1号4楼

喝茶

喝茶是广州人雷打不动的习惯，广州的茶楼因此遍地开花。茶分早茶、下午茶和晚茶，茶楼从早到晚也都人气很旺。"一盅两件"是最普通的早点，就是一盅排骨饭和两样小点心；下午茶往往是约了客户边喝茶边谈生意；晚茶就是夜宵了。广州茶点做得好的地方有白天鹅宾馆、广州酒家、裕记烧鹅饭店等处。

广州江景

珠江夜景

购物广州

到广州必逛街。广州是著名的时装集散地，必须从头"武装"到脚。

另外，广州的土特产主要有王老吉凉茶、汤料、广绣、广彩、广雕，以及各种岭南佳果，如荔枝、阳桃、龙眼等。

特色购物街

华林寺玉器一条街 专卖玉器、酸枝红木家具等。

服装批发市场 白马大厦、天马大厦、黑马大厦、流花服装批发市场、步步高服装批发市场等均是目前国内规模较大的服装批发市场，均位于广州火车站附近。

十三行 以服饰、鞋包批发为主，但也有很多档口零售。一般每年六七月，十三行会搞清仓零售，这个时候基本全部可以零售，而且价格便宜。

淘金路 淘金路名副其实，一些颇具特色的小店隐蔽在一片住宅区内，用心寻觅，你淘到的东西足够令你在某个夜晚惊艳全场。

北京路 在广州的市中心，是每个购物者必去的地方。除了广州百货大厦、新大新等大型百货公司外，最值得一逛的是每一间骑楼下开办的商店，陈年老旧与新潮时尚的商品同台共展，肯定能找到对你胃口的东西。

上下九商业步行街 上下九位于荔湾区，广州有"西关小姐，东山少爷"一说，上下九就是西关的中心。这里的中华老字号林立，三个购物广场——荔湾广场、名汇商城和十甫名都客如潮涌。逛累了还可以和别具岭南特色的街头雕像合个影。

状元坊 状元坊是人民南路一条长不过250米、路宽不过3米的小巷。这里被称为"学生街"，吸引无数年轻人的是摆放在一间间小店里的种类繁多、令人眼花缭乱的玩具、服饰等。

永庆坊 永庆坊位于老广州的核心地带，在晚清开埠时曾经是南方的经济核心区域，现在摇身一变成为年轻人都爱去的打卡地。传统和现代碰撞、历史与现实交织，是兼具"西关风味"与"现代时髦"的代表。

🔆太平馆

太平路上有家太平馆，那是中国第一家西餐厅，接待过不少名人。

大型综合购物广场

中华广场 中华广场位于中山三路与较场西路交界处，是集购物、饮食、娱乐于一体的大型综合购物广场。中华广场的观光电梯很有名，不少人来此拍照打卡。

天河城广场 天河城广场位于广州市天河区东西南北中轴线的交叉点，是集购物、美食、娱乐、休闲、商务于一体的大型购物中心，也是广州市民购物消闲的好去处。

正佳广场 正佳广场位于广州城市中轴核

心，交通便利、繁华至极。正佳广场主打"体验式购物"，是集零售、休闲、娱乐、餐饮、会展、康体、旅游及商务于一体的现代化购物中心。

住在广州

广州的住宿有极大的选择余地，从高档的星级酒店至中低档的各类招待所，都可以根据个人的要求灵活掌握。

广州周边游

南沙天后宫 ★★★

为纪念妈祖而建，集北京故宫的建筑风格与南京中山陵的建筑气势于一体，被誉为"天下天后第一宫"。

- 💰 20 元
- 🕐 8:30—17:00
- 🚌 在广州白马汽车站乘前往南沙的车，在总站下车后转乘去天后宫的车
- 👁 1 ～ 3 小时

百万葵园度假区
★★★ 🌸 ⚫

这里是花的世界，大片金黄的向日葵，花香满溢的薰衣草，随风摇摆的芦苇荡，漂亮极了。园内还新增了许多童趣活动，有一处拥有 1000 只可爱小松鼠的松鼠乐园，活泼可爱的动物给孩子们带来了无尽的快乐。

- 💰 80 元
- 🕐 9:00—17:30
- 🚌 临近百万葵园（公交站）
- 👁 1 ～ 3 小时

双月湾 ★★★★ ⚫

双月湾因从空中俯瞰仿佛两轮背对的新月而得名。最南部的海龟自然保护区，是亚洲唯一的海龟保护基地。摩托车、小汽车在沙滩上行驶犹如海上行车，除此之外还可进行游泳、沙滩足球、烧烤露营等活动，海鲜和海景是最大的特色。

- 🕐 全天
- 📍 惠州市惠东县双月湾海滨度假区
- 🚌 在惠东汽车客运总站乘惠东—港口专线到港口车站总站
- 👁 2 ～ 4 小时

小洲村 ★★★★ ⚫ ⚫

小洲村始建于元末明初，是非常有

岭南特色的水乡，民居沿河而建，小桥流水人家，随处可见的百年古榕浓荫蔽日，五六百年高龄的蚝壳屋见证着岁月变迁。村子里还有很多祠堂，仿佛走进了一座岭南民俗博物馆。村落的巷子里，咖啡馆、茶室和卖特色工艺品的小店铺林立，文艺青年最爱。

- 🚌 临近小洲村（公交站）
- 👁 1 ～ 3 小时

佛冈观音山旅游度假区
★★★★ ⚫ ⚫ ⚫

观音山动植物资源丰富，共有植物1073 种；有珍稀濒危动物16 种，国家一级重点保护动物有云豹和蟒蛇2 种，国家二级重点保护动物有穿山甲、水獭、小爪水獭、斑林狸、大灵猫等14 种。观音山脚的龙潭飞瀑是最主要的景观，远望如白练当空，近看似银蛇飞舞，那景象如"飞流直下三千尺，疑是银河落九天。"

- 🕐 8:30—17:00
- 📍 清远市佛冈县石角镇英佛公路
- 👁 2 ～ 4 小时

开平碉楼
★★★★★ ⚫ ⚫

开平碉楼位于江门市下辖的开平市境内，是中国乡土建筑的一个特殊类型，集防卫、居住于一体，中西合璧，有古希腊、古罗马及伊斯兰等多种风格，已被列入世界文化遗产。

根据考证，开平碉楼最早产生于16 世纪，现有自力村碉楼群、马降龙碉楼群、锦江里碉楼群等落落，立园园林景观、赤坎古镇等景点，各处碉楼的建筑风格和装饰艺术千姿百态，令人叹为观止。

- 💰 联票180 元（包含立园100 元；自力村碉楼群78 元；马降龙碉楼群

广州周边游

南沙天后宫

50 元)，门票两天有效

⊙ 8:30—17:30

🚌 开平经过各著名碉楼、民居景点的班车很多，可先从广州坐车到开平市区，再从开平市区前往，最好自驾车前往

👁 1 天

🌞 自力村碉楼群

　　自力村是开平碉楼景区中碉楼最集中的村落，共有"九楼六庐"15 座风格各异、造型精美的碉楼。碉楼群修建在水塘、竹林间，布局和谐，错落有致，很有岭南田园风情。

白水寨风景名胜区
★★★★　📷 📹

　　白水寨风景名胜区位于广州市增城区北部山区的派潭镇，它的登山步径横跨三座高山，连接两大天池，共有 9999 级石阶。自下而上的主要景点有奇趣水谷、海船木栈道以及多个观瀑平台，可以近距离感受瀑布奔流直下的气势。

💰 60 元

🚌 在广州多个客运站乘车至从化街口客运站，转乘直达白水寨的旅游专线车；芳村客运站新增了增城—派潭班

线，搭乘此班线可直达白水寨

👁 3 ～ 5 小时

粤晖园 ★★★★　🌐 📷

　　岭南园林的代表杰作，全国最大的私家园林，与北京的皇家园林颐和园、苏州的江南园林拙政园等并称为中国古典园林三大体系。粤晖园不仅是一座景色秀丽的岭南园林，还是一处集岭南民俗风情、古建筑艺术、园林艺术、雕刻艺术、戏曲艺术、珍藏艺术于一体的珍贵的文化宝地。

💰 60 元

⊙ 8:30—18:00（夏季）
　 8:30—17:30（冬季）

📍 东莞市道滘镇粤晖园 1 号

🚌 在东莞市区乘坐公交车到粤晖园（公交站）

👁 1 ～ 3 小时

可园博物馆 ★★★　🌐 📷

　　岭南四大名园之一，始建于清道光年间，平面呈不规则多边形，园内亭台楼阁，山水桥树，厅堂轩院，一应俱全，且多以"可"字命名，如可楼、可轩、可堂、可洲……其建筑虽是木石、青砖

广州周边游

结构，但十分讲究，窗雕、栏杆、美人靠，甚至地板亦各具风格，极富南方特色，是广东园林的珍品。

- 🎫 古建筑区 8 元，综合馆区免费
- 🕐 9:30—17:30（周二闭馆）
- 🚌 在东莞市区乘坐公交车到可园北路（公交站）
- 👁 1～3 小时

南社 ★★★

古村建于南宋初年，古村房屋大多采用红砂岩做基石，墙体用红砂岩条做墙基，门框亦用红砂岩包砌，墙体采用东莞明清时期有名的豆青色水磨青砖，红色与豆青色相映成趣，在阳光照射下更显艳丽活泼。

- 🚌 在东莞市区乘坐公交车前往
- 👁 1～3 小时

巽寮湾 ★★★★

巽寮湾是粤东数百千米海岸线中海水最为清澈的一处海湾。蜿蜒的海湾，海水清澈湛蓝，海沙洁白细腻，礁石形状各异。精彩多样的海上运动也足以令人欣喜：香蕉船、独木舟、摩托艇、豪华游艇……还可以参加潜水活动。

- 🎫 三角洲岛 100 元
- 🚌 从广州坐火车、汽车、高铁均可到达惠州，再从惠州市河南岸汽车站乘坐

班车直达景区，票价 30 元，约 2 小时车程

- 👁 1 天

罗浮山 ★★★★

罗浮山素有"岭南第一山"之称，道教称它为第七洞天，第三十二福地。地处惠州市博罗县，又称东樵山，东晋著名药物学家葛洪曾在这里炼丹修道。罗浮山水量充沛，瀑布近千处，数量之多为国内名山之冠，罗浮山泉水终年不竭，入口清凉甘甜，系优质水源地。

- 🎫 54 元；单程索道 70 元，往返 120 元
- 🕐 9:00—17:30
- 🚌 惠州汽车站有到景区的直达车

佛山

古称季华乡，传说唐朝时，乡人在此挖掘出三尊佛像，遂改此地名为"佛山"，至今有 1300 多年了。这座岭南小城中，最知名的是其武术文化，黄飞鸿、叶问等大师都来自佛山，洪拳、咏春拳都与这里有着不解之缘。

长鹿旅游休博园 长鹿旅游休博园是一个以岭南历史文化、顺德水乡风情、农家生活为特色，集吃、住、玩、赏、娱、购于一体的综合性景区，由十大园区组成，园区各有特色，适合一家老小休闲度假。

巽寮湾海滨

广州周边游

🎫 通票 370 元；游乐票 150 元

🚇 乘地铁从广州到佛山，再转乘公交前往长鹿农庄（公交站）

👁 1 天

佛山祖庙 祖庙建筑群占地 3500 平方米，由排列在南北中轴线上的万福台、灵应牌坊、锦香池、钟鼓楼、三门、前殿、正殿、庆真楼等组成。

作为佛山众庙之首，其建筑的精巧瑰丽也反映着古代佛山的繁华。瓦脊上的石湾陶瓷、墙壁上的砖雕、灰塑、嵌瓷和殿里的木雕、石刻以及锦香池中雄踞水面的龟蛇大石雕等所塑造的人物、鸟兽花卉，大都构思新奇，生动传神。到万福台参观的游客，还可观看精彩的粤曲表演。

🎫 20 元

🕐 8:30—16:00

🚇 临近祖庙站（公交站）、祖庙站（地铁站）

👁 1 ~ 3 小时

南风古灶 可体验传统南国陶瓷文化，其已有 500 多年制陶历史，有"陶瓷活化石"之称。占地面积辽阔，集旅游、观光、生产、习艺、购物于一体，是佛山市久负盛名的旅游休闲区。

🎫 25 元

🕐 8:30—17:00

📍 广东省佛山市禅城区高庙路 6 号

🚇 临近南风古灶（公交站）

👁 1 ~ 3 小时

梁园 位于佛山市松风路，是佛山梁氏宅园的总称，面积纵横千亩，包括松桂里"十二石斋"、西贤里"寒香馆"、

先锋古道"群星草堂"三组建筑，规模宏大，是极富岭南水乡特色的建筑群体。

🎫 10 元（周六免门票）

🕐 9:00—17:00

🚇 乘公交或地铁从广州到佛山，再转乘当地公交车前往

👁 2 ~ 4 小时

清晖园博物馆 位于顺德区大良镇华盖里，广东四大名园之一。其布局既吸取苏州园林艺术精华，又因地制宜，环境清幽自然、秀丽典雅。

🎫 15 元

🕐 9:00—17:00

🚇 临近清晖园（公交站）、佛山地铁大良钟楼（地铁站）

👁 1 ~ 3 小时

西樵山 西樵山是一座沉寂了亿万年的死火山，位于佛山市南海区西南部，是国家级风景名胜区，自然风光美不胜收，为岭南四大名山之一。山上有七十二奇峰和三十六奇洞及大大小小的湖泊、泉瀑和深潭。明清时期，有大批的文人学子隐居在这里，故有"南粤理学名山"的雅号，而且西樵山还是"南拳文化"的发源地，一代宗师黄飞鸿的出生地。

🎫 55 元

🕐 7:30—17:30

🚇 广州每天有开往西樵山的旅游巴士，只需 40 分钟就可以抵达西樵山风景区

👁 3 ~ 5 小时

中山

中山快速攻略

Day1　孙中山故居纪念馆→中山影视城→崖口村

Day2　五桂山→仙踪龙园→孙文纪念公园→岭南水乡

感受中山

伟人故居　作为一代伟人孙中山先生的故乡，在这座中国唯一以伟人名字命名的城市里，最多的自然是纪念中山先生的景观。此外，城市的绿化、净化也给每个慕名而来的游人留下了深刻的印象，穿着皮鞋在大街上走一天，依然能照出人影来。

以人为本　中山以人为本的建设在南国颇有知名度，几乎所有的市内公园都免费开放，众多人与自然相和谐的公众活动场所，以及超强的环保意识，使得中山以第一名的成绩名列"中国优秀旅游城市"榜首，更在 1997 年赢得了联合国"人居奖"的殊荣。

准备与咨询

语言

虽然岭南方言难懂，但中山市作为中国优秀旅游城市，普通话已经相当普及。

气候与游季

中山市地处低纬度，全境均在北回归线以南，属亚热带季风气候，主要气候特点是光照充足，雨量充沛。月平均气温以

🔆中山的节庆

从 1988 年开始，每年正月初七俗称"人日"的这一天，是中山市定为全市性的慈善万人行的日子。这个活动是为发扬孙中山先生的博爱精神，发展社会福利事业、造福社会而举行的，每年都有不同的主题，如敬老助残、建设博爱医院、发展教育事业等。近几年活动时间改为农历正月十五。

步行街

孙中山故居

1月最低13℃，7月最高29.6℃。夏季雨多，冬季偏凉，春秋两季是到中山旅游的最佳季节。

行在中山

进出

中山水陆交通发达，至广州和深圳车程2小时，至珠海和澳门车程只需1小时，中山港至香港机场约70分钟。到珠江三角洲其他城市车程约1.5小时。此外，市内有多处地方办理广州、深圳、珠海至全国各地的航空、铁路客货运票务。

高铁

中山北站是广珠城轨的中转站，在此可乘坐前往珠海、广州等地的列车，15～30分钟一班，到广州约30分钟，到珠海26分钟。另中山站也有部分列车经过。

公路

中山国际酒店前每日均有开往广东、深圳和香港九龙的班车，中山汽车总站有发往省内各地及其他省市的长途客车。

汽车总站 📍 西区富华道48号
📞 0760-88637423

水路

中山港有专门发往香港的客船。

中山港服务热线
📞 0760-85596350

市内交通

市内公交车一般1～2元，到乡镇的公交车稍贵。租车白天起步价为7元/2千米，超过2千米每千米加收2.48元，超过10千米每千米加收2.6元。夜间起步价会上涨到8.4元，超过2千米每千米加收3元，超过10千米每千米加收3.12元，有等时费。

游在中山

孙中山故居纪念馆
★★★★

中山以伟人故里闻名，孙中山故居所在地翠亨村，是孙中山当年呱呱落地的地方，他还在这里度过了童年和青少年的大部分时间。

💰 免费
🕐 9:00—17:00
🚌 临近孙中山故居（杨殷故居）（公交站）
👁 1～3小时

孙文纪念公园
★★★★

中山一日游必去的地方，这里矗立的孙中山铜像是最好的拍照背景，还有孙中山亲笔书写的"后来居上"也值得拍照留念。

💰 免费
🚌 临近沙岗村（公交站）
👁 1～3小时

中山詹园 ★★★

中山詹园是岭南地区最大的私家古典园林。整座詹园仿苏州园林而建，带有浓浓的古典韵味，风格古朴而洒脱。最早詹园主人的初衷，是为母亲建一处颐养天年的静心居所。

💰 60元
🕐 8:00—17:30
👁 1～3小时

中山影视城
★★★★

中山影视城分为中国、日本、美国、英国景区和展览馆区五大部分。城内有南京中山陵、广州起义指挥部、日本孙中山故居、纽约孙中山住处等18个再现孙中山革命历程的历史场景景点，还包含中山近代名人馆在内共62个景点。日本景区内可以欣赏到浓郁的日本风情歌舞和剑道表演。现已有多部影视剧，如《孙中山》《日出东

☀品尝菊餐

每年 11 月的小榄菊花会期间，可品尝别有风味的菊花宴，即用鲜菊花烹制的各种佳肴。著名的有菊花肉、菊花色球、菊花鱼片粥、菊花酒、菊花饼等。进餐时餐桌周围摆满了各种菊花，人们一边谈论菊花，一边品尝菊花宴，清香四溢，鲜嫩可口，甘而不腻，回味无穷。

☀文化遗产

中山市的咸水歌、小榄菊花会是我国第一批非物质文化遗产。中山咸水歌作为音乐类入选名录。咸水歌是民歌的一种表现形式，主要流传于广东中山、番禺、珠海、南海等沿海和河网地带的农民和渔民中，早在明末清初就已流行。而中山坦洲则是珠三角地区咸水歌的代表区域。小榄菊花会是作为民俗入选名录的。早在明代，小榄菊花栽培已很普遍。小榄最大型的菊花会为 60 年一次，即甲戌菊花大会，至今已举办过 4 次。

方《走向共和》《风雨十二年》等都曾在此地拍摄。

- 🎫 65 元
- 🕐 8:30—19:30
- 🚌 临近中山影视城（公交站）
- ⏱ 3 小时

幻彩摩天轮　★★★　☀

中山的标志性建筑，总高 108 米，有 36 个透明座舱，舱内均配备冷暖空调，最多同时容纳 188 位乘客。摩天轮旋转一周约 20 分钟，但中山的都市美景实在让人流连忘返，20 分钟也看不够。

- 🎫 68 元
- 🕐 15:30—22:30(周二至周五)；11:00—22:30(周六至周日)；17:00—22:30（周一）
- 🚌 临近兴中广场（公交站）、光明路西（公交站）

一句话推荐景点

五桂山　五桂山区有大花园和小花园的天然景物，无论是探寻奇岩怪石，还是徜徉飞流直下的瀑布美景，皆可赏心悦目。

- 🎫 门票免费；五桂山百万花草园 58 元；漂流 68 元，温泉门票 108 元
- 🕐 8:00—18:00
- 🚌 临近田心公园（公交站）
- ⏱ 4～5 小时

仙踪龙园　置身于仙踪龙园，如亲临墨西哥美洲风情大峡谷。园内最吸引眼球的是"量天尺"仙人掌，每年 6—10 月份开花，一朵花结一个果。

- 📍 五桂山区五桂山山麓
- ⏱ 1～2 小时

红博城　集岭南、江南、徽派等风格于一体的古典中式建筑群落，华丽而大气的建筑，各种各样的网红场景，这里都有。

- 🎫 180 元
- 🕐 8:45—18:00
- 🚌 临近马坑路口（公交站）、大涌红博城北（公交站）
- ⏱ 0.5～1 小时

金钟水库　水库岸线自然曲折、变化丰富，水质优良，良好的生态环境给多种多样的动植物提供了生长条件，造就了天然而原始的景观。

- 🚌 交警支队（公交站）、市特殊教育学校（公交站）
- ⏱ 3～4 小时

吃喝中山

石岐乳鸽、沙溪扣肉是中山家家会做

的美食；小榄镇则因擅种菊花而衍生出了远近驰名的菊花宴，如三蛇菊花羹、菊花炸鱼球、菊花蒸肉丸、菊花鱼榄等，如能适逢其节，赏菊品菊不失为难得的享受；三乡小炒是三乡人不可缺少的乡土特色菜馔，吃起来酸酸甜甜，味道极美。

石岐佬　适合朋友聚餐，推荐乳鸽、菠萝包、梅酒等美味菜肴。

- 📍 石岐区康华略 36 号
- 📞 0760-88707708

夜游中山

推荐夜游

孙文西路文化旅游步行街　位于岐江桥一侧，具有一百多年的历史。这里既有中山市最老字号的药材店福寿堂，又有我国 20 世纪初四大百货之一的旧永安公司分公司等。整条街建筑融民族传统风格

与南洋建筑特色于一体，集悠闲玩乐购物于一身，别具韵味。

🚌 临近泰安路（公交站）

💡 步行街值得看的只是那里的建筑，充满岭南风格，有很多窗户，多为圆顶。

岐江两岸 主要是以江滨公园为主体的大型开放型游览区，绿草如茵、古榕成排，商厦酒店林立，每当夜晚华灯初放，一片火树银花，岐江两岸的旖旎风光一览无遗。

购物中山

在中山的土特产中，以咀香园杏仁饼最为有名；此外，小榄菊花肉、长江脆肉

鲩、三乡濑粉、神湾菠萝、粉果金吒等也是各有特色。

住在中山

在这个以人为本的城市里，住宿是不用发愁的，各种宾馆、酒店的配套设施和相关服务的确能给人宾至如归的感觉。

推荐住宿

中山国际酒店 坐落在中山市中心，出行、购物极为便利，五星中性价比较高的一处。

📍 中山一路 142 号

📞 0760-88633388

深圳

深圳快速攻略

Day1 大梅沙 / 小梅沙→东部华侨城→玫瑰海岸→官湖村（住宿）

Day2 大鹏所城→南澳岛→东冲、西冲 / 杨梅坑→三门岛

Day3 中英街→仙湖植物园→大芬油画村→地王观光

Day4 锦绣中华民俗村→世界之窗→荷兰花卉小镇

感受深圳

移民城市 深圳是我国改革开放最早的经济特区。40 多年来，深圳由一个封闭落后的小渔村演变成今天这样的国际性都市，它的发展是震撼人心的。在深圳街头听得最多的也不是

俯瞰深圳

粤语，而是一些夹着五湖四海乡音的普通话，让人感觉这里俨然就是一个微缩的中国。如果是春节期间游深圳，游客会觉得特别痛苦，因为在大街上很难打到"的士"，司机师傅都纷纷回老家过年了。

深南大道 深南大道横贯深圳全市，全长近 40 千米，道路非常干净，都是一半路面一半绿荫，全市绿化带面积达 40%。街道两旁林立着一幢幢造型新颖气派的摩天大楼。在深圳旅游是一件很享受的事情，哪怕是随便在大街上走走，感受一下清风微拂也很惬意。

深圳速度 无论是身处高档写字楼的白领，还是一般的工薪阶层，城市各个角落的外来务工者都能感觉到深圳的快节奏。深圳高楼林立，人们行色匆匆地穿梭于此，似乎一切都要满足经济效益最大化，开车快、吃饭快、走路快，时间就是最大的财富，商业化气息浓厚。作为经济特区明星的深圳，快节奏是最大的特色，也是其飞速发展的重要原因，每一个置身于此的人都能切身体会。

准备与咨询
语言

交流以普通话为主。

气候与游季

深圳属于亚热带季风气候，常年平均气温 23.25℃。夏季长达 6 个月，从 10 月底至次年 4 月中旬秋春相连，没有真正的冬季。游深圳四季皆宜，尤以 8 月及 9 月为最佳。

行在深圳
进出

深圳是全国经济发展的焦点城市之一，海陆空构成了深圳全方位的交通网，因为与港澳紧邻的天然优势，深圳在与港澳合作中一直扮演着十分重要的角色。

飞机

深圳宝安国际机场位于宝安区，距离市区约 35 千米。有飞往北京、上海、杭州、乌鲁木齐、沈阳、大连等 60 多座城市的航线，并开通了飞往曼谷、新加坡、雅加达、卢森堡等国际城市的航线。

深圳机场售票处 📞 0755-83668292

铁路

大京九、京广暨广九两条铁路大干线交会深圳，连接香港，把内地与香港连为一体，铁路交通十分方便。

高铁

深圳现有广深港高铁（广深段）、武广高铁、武深高铁和厦深高铁 4 条高铁。从深圳乘坐高铁可以直达广州、长沙、武汉、厦门，也可到达衡阳、岳阳、赤壁、潮汕等地。

深圳北站

🔵 宝安区民治街道

🚌 深圳地铁龙华线、环中线深圳北站下，或搭乘 M299、M300、M341、M352、M354 等公交，大巴也可到达

公路

　　深圳有罗湖、银湖、福田、东湖、南头、沙头角等多个长途客运站，每天发出的班车可通往广东省各地市和海南、福建、江西、广西、四川、湖北、浙江等地。

罗湖汽车站

🚾　深圳市火车站旁

📞　0755-82321670

水路

　　共有盐田、蛇口、赤湾等6个水运口岸。蛇口客运港位于蛇口港湾大道与工业大道交接口，每天都有往来于珠海、广州、澳门、香港的定期航班。

　　🚇　乘2号蛇口线到蛇口港站，D1出口出站，乘公交B601可到；或乘M105、113、226路公交直达邮轮中心

市内交通

　　深圳市内有多路公共汽车，其中1、2路为双层旅游巴士，还有约8000辆的士在市内各线穿行，交通十分方便。

　　深圳地铁目前已开通1号线、2号线、3号线、4号线、5号线、6号线、6号线支线、7号线、8号线、9号线、10号线、11号线、12号线、14号线、16号线、20号线。采用分段计价制：每相邻两站间为1个区间，每4个区间为1个区段，起步价为2元，可乘坐3个区间，每进入下一区段加收1元。

地铁服务热线 📞 0755-88960600

公交车

　　目前深圳有1000多条公交线路，乘公交出行非常方便。深圳公交分为一票制和分段制，一票制公交票价1～2元；分段制公交按乘坐里程计费，票价1～10元。要注意，有些公交只需上车刷卡，而有些公交则是上下车都需刷卡，下车不刷卡会按最高里程扣费。一定要看车厢上的标语或者听语音播报。

城际公交

　　城际公交是深圳到香港、广州、东莞、惠州等城市的公交。目前深圳现有的城际公交有长18路、长19路、长58路、长68路、长328路、深惠1线、深惠2线、深莞1线、深莞2线、长5路、长7路、长9路、长10路、康11路、长16路、长21路、长28路。

出租车

　　深圳的出租车的起步价为10元/2千米，超过2千米部分，按2.7元/千米收费。

游在深圳

大梅沙海滨公园　★★★★　🎫🎭🏊

　　深圳人气最旺的海滩，也是深圳标志性景点之一。这里有细软的沙滩、湿润清新的海风，是一片名副其实的欢乐海洋。每年都有数以万计的游客慕名而来，当地居民也早已将此处作为夏日傍晚的绝佳休闲去处。

　　🌏　免费

🔆机场大巴

　　深圳机场到市区有专线大巴330路，每15～20分钟一班，行车时间40分钟，票价20元/人。

🔆深圳公交字母

　　1. 以M开头的公交路线，是干线段。

　　2. 以B开头的公交路线是支线段，票价统一为1元。

　　3. 以E开头的公交路线是快线段，这种车票价一般比较贵。

　　4. 以GF开头的公交路线是高峰路线，只在早晚高峰时段运营。

　　5. 以N开头的公交路线是夜间路线。

临近海滨浴场（公交站）、中兴通讯学院（公交站）

3 小时

小梅沙海滨公园
★★★★

　　素有"东方夏威夷"之美誉。沙滩犹如一弯新月镶嵌在蓝天碧波之间，更添精致、灵秀之气，慷慨的大自然把她造化成都市人理想的海滨旅游度假胜地。晚上有大型露天烧烤广场，还可以在此露营，享受清凉海风的同时，还能于次日在海边观看日出。

50 元；海洋世界 170 元

临近小梅沙（公交站）

1 ～ 2 天

东部华侨城　★★★

　　以"让都市人回归自然"为宗旨，集生态旅游、娱乐休闲、郊野度假、户外运动等多个主题于一体的综合性都市型山地主题休闲度假区。

大峡谷 200 元；茶溪谷 180 元；两谷联票两日游 230 元

9:00—17:30

临近东部华侨城（公交站）、茶溪谷入口（地铁站）

1 ～ 2 天

世界之窗　★★★

　　在中国的牌楼下，买上一本"护照"，就可以开始"环球之旅"了。从柬埔寨的吴哥窟、埃及金字塔、印度泰姬陵，到法国的埃菲尔铁塔、澳大利亚的悉尼歌剧院，亦幻亦真游世界，这也许就是世界之窗成功的秘密。

白天 220 元；夜场 100 元 19:30 后

9:00—21:30

临近世界之窗（公交站）、世界之窗（地铁站）

0.5 ～ 1 天

💡 **"金字塔"地铁口**：在世界之窗的门口有一座透明的金字塔建筑，爱好电影的人会对其分外亲切，因为它外形颇似《达·芬奇密码》中那座玄妙的卢浮宫玻璃金字塔，而不知情的人恐怕很难猜到这个其实是世界之窗的地铁口。

锦绣中华、中华民俗村
★★★

　　这里有万里长城、秦陵兵马俑、故宫，有黄山、泰山，天坛、孔庙，还有漓江山水、杭州西湖、苏州园林等江南胜景。你还能目睹皇帝祭天、孔庙祭典，聆听楚国编钟。民俗村的民族风情更是让人流连忘返，仿佛自己也融入了那些大型歌舞表演里，与他们一起翩翩起舞。

220 元

平日：锦绣中华 10:00—18:00，中华民俗村 10:00—21:00；周末提前半小时开园

临近锦绣中华（公交站）、华侨城（地铁站）

4 ～ 8 小时

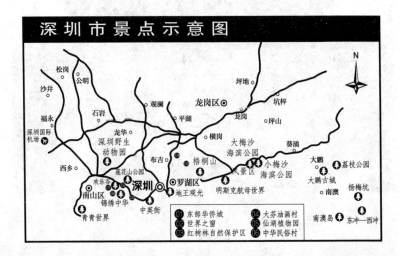

深圳市景点示意图

01 东部华侨城　04 大芬油画村
02 世界之窗　　05 仙湖植物园
03 红树林自然保护区　06 中华民俗村

深业上城 ★★★ 📷

建筑外墙色彩红白黄蓝相间，仿佛置身于欧美小镇，已成为热门网红拍照地，全球首家无印良品家开设的 MUJI 酒店坐落于此。

🕐 10:00—22:00

🚌 临近深业上城南（公交站）、莲花一村（公交站）

👁 2 小时

中英街 ★★★ 🎫 🏛

中英街街心以"界碑石"为界，两边有来自五大洲的商品，由于免税的优势，价格上还算划算。值得一看的是街尾的中英街博物馆，完整展现了中英街的历史沧桑变迁。

💰 无须门票，但需办理通行证，工本费 10 元

🕐 全天开放，办证中心办证时间
8:30—12:00，13:00—16:00

🚌 临近金融路口（公交站）、沙头角（地铁站）

👁 2 小时

☀ 距离大鹏所城 500 米处的较场尾海滩风景优美，沙滩狭长，是海边娱乐的好去处，近些年较场尾附近还开了很多民宿，住宿非常方便。

大鹏所城 ★★★★ 🏯 🖼 ♿

大鹏所城曾是明清两代中国南方的海防军事要塞，至今还保留有古香古色的城门、城楼、街道和民居。深圳现在被称为"鹏城"即源于此。明朝这里出过很多知名的将军，比如武略将军刘钟、赖氏"三代五将"等，所以这里也有"将军村"的美誉。在这里可以看到很多曾经的将军府，还有海防军事相关的文物。

💰 免费

大鹏所城

9:00—17:30

临近大鹏所城（公交站）

2～3小时

蛇口　★★★★

蛇口东临深圳湾，西依珠江口，与香港新界的元朗和流浮山隔海相望。几十年前，这里还是一个小小的渔村，如今这里有海上世界、望海路、灯塔，有数不尽的美食和看不厌的美景。时代高速发展，而蛇口就是那个"见证者"。

深圳市南山区蛇口工业区

临近海上世界地铁站（公交站）、海上世界（地铁站）

甘坑古镇　★★★★

甘坑，"深圳十大客家古村落"之一，曾是客家人聚居地，有着诸多古老的建筑。包括历经120余年沧桑的南香楼，建于雍正年间的状元府，还有炮楼、碉楼、骑楼、吊脚楼等。这些历史建筑与百年的客家排屋一同构成了一个了解古老客家文化的窗口。

凤凰谷黄志博物馆门票26元

临近中盛科技园（公交站）、甘坑客家小镇（公交站）

0.5～1天

南澳（大鹏半岛）
★★★★

也许你看过三亚的海景，甚至夏威夷的海景，但这丝毫不影响你去南澳体验海的原始和亲切。这里还有被旅友称为"最经典的海岸徒步路线"的东西冲海岸线，初级徒步者不妨一试，除了享受穿越海岸线的刺激，还能欣赏东西冲海滩美景。

这里没有形形色色的游乐设施，却更有海的原始本色，适合一家老小或情侣们享受。玩累了坐卜米点杯饮料，或约上好友打打海景牌是最美的享受。另外，在南澳最流行在海上渔排吃海鲜，渔排就像海上大排档，浮在海面上。

在莱芜渡口乘轮渡上岛

1～2天

东涌—西涌　★★★★

东涌和西涌均是位于南澳街道东南部的天然海滩，位于大鹏半岛的边缘。这里

最让人眼馋的是贝壳，大片沙滩上五颜六色的贝壳多得数不胜数。此外，东涌还是见到深圳第一缕阳光的好地方。

乘公交到水头村（公交站）或南澳街道办（公交站），然后打车前往，约50元

玫瑰海岸　★★★

玫瑰海岸是深圳东海岸上一颗璀璨动人的明珠，这里面朝大海，山景若隐若现，海水洁净，沙滩柔软。廊桥思梦、相思林、彩虹日出、同心锁、情之涯、海之角等景点，构成了一幅迷人的浪漫画卷。

40元

临近上洞村（公交站）

2～3小时

梧桐山风景区　★★★★

梧桐山的主要看点是大梧桐和小梧桐两座主峰。梧桐山最美的景色是从海上飘来的云雾。因为山顶常常云雾缭绕，因此又有"雾锁梧桐"的美称。景区内还有仙湖植物园和弘法寺。

免费

6:00—19:00

临近梧桐山南地铁站（公交站）、梧桐山南（地铁站）

乘坐公交211路可到梧桐山总站

0.5～1天

一句话推荐景点

荷兰花卉小镇　荷兰花卉小镇的建筑颇具荷兰风情，小镇里集中了很多花店，还有南山区花卉博物馆、前海公园、酱门会、荷兰酒吧、圣艺明堂等景点。

临近南头总站（公交站）、大新站（地铁站）

2~3小时

地王观光　地王大厦顶层是俯瞰深圳和窥探香港的最佳地点，并创造了世界超高层建筑最"扁"最"瘦"的纪录，是亚洲第一个高层主题观光景区。

80元

临近振业大厦（公交站）、大剧院（地铁站）

1小时

仙湖植物园　集科研、科普、旅游于一体的著名植物园与风景区。美丽的自然风光，别具一格的园林建筑，神秘的植物王国，

令人赞不绝口。

- 🈹 15 元
- 🕐 8:00—18:00
- 🚍 临近仙湖植物园总站（公交站）、仙湖路（地铁站）
- 👁 3～5 小时

深圳野生动物园　我国第一个放养式野生动物园，有来自世界各洲的 150 多个品种动物。在这里游人在"笼内"成了被观赏的对象，在猛兽区每天都有精彩的"百兽盛会"。

- 🈹 240 元（含海洋天地）
- 🚍 临近动物园总站（公交站）、西丽湖（地铁站）
- 👁 0.5～1 天

福田红树林自然保护区　红树林如今已是盛名远播，来深圳的海内外游客，都要去看看海岸上这片逶迤的红树林，还能感受海鸟翔集的壮观场面。

- 🈹 免费
- 🚍 临近红树林（公交站）、深圳湾公园（地铁站）
- 👁 2～3 小时

大芬油画村　位于龙岗区布吉街道的一个小村，由于油画产业的发展初具规模，"大芬油画村"已在国内外享有较高的知名度。2004 年 11 月，大芬油画村被国家文化部（现文化和旅游部）命名为"文化产业示范单位"。

- 🚍 临近大芬油画村（公交站）、大芬（地铁站）
- 👁 1 小时

杨梅坑　富有浪漫气息的滨海休闲带，被誉为深圳最美的溪谷。一面是山，一面是海，水质干净，景色优美，沿海骑自行车非常惬意。在这里露营或者烧烤非常不错。

- 🈹 免费
- 🕐 全天
- 📍 深圳市龙岗区东山社区
- 🚍 临近杨梅坑（公交站）
- 👁 2～4 小时

吃喝深圳

深圳是个地道的移民城市，深圳的美食自然也是集全国精华所在。潮州菜、粤菜、川菜、京菜、湘菜、东北菜、陕西菜等国内各大名菜系列应有尽有。这里的粤菜和川菜较为便宜，陕西菜和东北菜较贵；

湘菜的味道不错，只是没有长沙的那么辣。潮州菜是受到各界人士普遍欢迎的菜式。

深圳罗湖的东门一带餐厅比较集中，深南大道上的餐厅价格稍贵了点，福田的食城价格非常便宜。要是吃海鲜的话建议到"南澳渔岛"。

深圳不少小街、小店和大排档前，常常停有奔驰、宝马，在这样简陋的地方吃饭绝不是为了省钱，而是真的好吃。

华强北地区也是一个食客聚集的地方，自上步路口起，大小食肆林立，许多"饕餮"汇聚于此，能把八大菜系吃个遍。

推荐餐馆

华城渔港　到深圳不可不尝海鲜，而这里就是吃海鲜的首选，被网友称为"海鲜街最好的餐厅"，而且价格便宜得会让北方朋友大跌眼镜。推荐椒盐濑尿虾、清蒸元贝、粉丝扇贝。

- 📍 罗湖区乐园路 101 号
- 📞 0755-82181660

巴蜀风（总店）　环境非常富有巴蜀韵味，菜不是极辣，是那种好看又好吃的川菜，加上适中的价格，使这家店从开张起一直火爆，甚至每天晚上都要拿号排队。

- 📍 福田区振兴路桑达工业区 405 栋一、二楼
- 📞 0755-83246874/83254969

王品牛排（卓悦中心店）　著名的连锁品牌，环境幽雅舒适，气氛有点小浪漫。台塑牛排最有名，小点心精致得让人舍不得吃，尤其适合小情侣偶尔去浪漫一下。

- 📍 深南大道 2005 号
- 📞 0755-66611688

繁楼　人气非常高的粤菜馆，店内环境很有中式特色，味道不错，虾饺和蒸凤爪是招牌。需要注意的是得提前等位或预约。

- 📍 振华路 118 号
- 📞 0755-83206939

💡 **1. 食街：**较著名的食街有华强北振兴路食街、八卦一路食街、南园路食街等。

2. 特色小吃：要说具有特色的还是街头各色的糖水店及凉茶铺，广东凉茶与龟苓膏就是特色。

3. 广东茶点：不妨试试广东的早茶与晚茶，不仅可以品尝到精美可口的点心，更可在茶楼亲身体验悠闲的氛围与活力四射的和谐共处之妙。

疯狂酒吧

深圳酒吧大多比较纯粹，不掺杂其他成分，酒吧只提供酒，但是种类齐全，风味独特；夜店人气旺盛，激烈疯在……

夜游深圳

夜幕下的深圳是南海之滨一颗璀璨的明珠。大街小巷车水马龙，繁华闹市霓虹闪烁，一座座高层建筑物映衬出七彩的光芒，煞是好看。要是不想逛夜市的话就静静地观赏这一切吧！

推荐游处

兰桂坊酒吧街 蛇口有一条和香港那个世界闻名的酒吧街一样名字的"兰桂坊"，那里聚集了几乎所有来深圳的外国人。酒吧街其实并不长，门脸也都不大，但装修得都很有特色，而且集中了各国风情，整条街道弥漫出一种强烈的异国情调。

华侨城生态广场酒吧街 青春和个性的汇集地，那里的酒吧老板也大多很年轻，营造的酒吧气氛不论是热烈还是沉静，都能让人从中找到年轻的感觉。

海上世界酒吧街 这里是以外籍消费者云集为特色。除了酒吧，还有不少西餐、咖啡品牌店。店虽然小，但情调浓浓，酒水食物也各有特色，有巴西烤肉、布莱梅西餐等颇受白领欢迎的美食据点。

购物深圳

深圳是经济特区，又毗邻港澳，自然是购物天堂。这里的商品摩登潮流，款式新颖，价格便宜。电子、服装、电器、钟表、首饰、皮具、海味等产品，最受外地游客欢迎。

推荐购物

人民南路商业区 深圳最早的商业区之一，曾与东门、华强北并称为深圳三大商圈。这里云集了许多高档商场，如国贸、天安、友谊名店、嘉里中心、佳宁娜广场等。

海岸城 与其说是商场，不如说是一个商圈，海岸城购物中心与邻近的海岸城东西座、天利中央广场、保利文化广场、深圳湾大街，组成了一个超大的商圈。吃喝玩乐应有尽有，档次高、中、低都有。海岸城地处深圳南山区的后海中心区，铺租非常高，很多店铺开没多久就倒了，一段时间再去，你会发现又换了另一家店铺。

东门商业步行街 深圳历史最悠久的商业街，又叫老街，是一片旧城区，形成于清康熙年间。古老的牌坊、幽深的小巷、古典的骑楼魅力非常，吸引了无数热爱浪漫的购物女性。这里主要以经营服装为主，从低档到名牌都有。走进这里就会情不自禁地投入到疯狂的购物中。

华强北商业街 曾是深圳最繁华的商业街和电脑市场，以经营中高档商品为主。

罗湖商业城 既然是商业城，经营门类自然不少，大大小小的店铺满满当当地挤在五层楼内。这里的皮包是最不容女生错过的，紧跟欧美潮流。

南湖路 南湖路只是一条小街，却隐藏着一个个极具特色的服装店，一些从香港贩进的新潮服饰，往往是在大商场里买不到的。

南园路 栉比鳞次的小店让你领略最世俗的深圳，那家尽人皆知的金威啤酒屋就在这里；过了南园派出所，路南是深圳最齐全也最便宜的窗帘布艺店扎堆地段。

住在深圳

深圳的住宿地方高低档次比较分明。星级酒店宾馆，富丽堂皇，设施齐全，服务完备，尤其是位于市中心的酒店宾馆，房价十分昂贵。另有数百家招待所，大部分环境优雅，居室整洁，服务周到，一般还都设有游客专用食堂，住宿方便且安全，收费也较低廉，是自助旅行者住宿的理想之处。

推荐住宿

雅兰酒店 最大的特色是海景房，大梅沙海天一色，绵长的沙滩，美丽的南国热带海滨风景尽收眼底，但房价也不菲。

盐田区大梅沙盐梅路 92 号

0755-25062299

珠海

珠海快速攻略

Day1 唐家共乐园→梅溪牌坊→石景山公园→珠海渔女→滨海泳场

Day2、3 海岛游（珠海海岛众多，有淇澳岛、东澳岛、庙湾岛、外伶仃岛、荷包岛等，可根据自己的兴趣爱好安排行程）

感受珠海

宜居城市 早在 1991 年，珠海就被国家旅游局（现为文化和旅游部）评为旅游城市，如今又被联合国评为人类居住环境最佳范例。在市区逛逛，看着一尘不染的街道，碧空如洗的蓝天，还有车道两旁一片片绿油油的天鹅绒草地，你就会明白为什么说珠海是最适合居住的城市了。

赛车 珠海每年都会举办一次国际性赛车节，吸引着大量的游客。其风头大有盖过澳门的街道赛车之势。能与之媲美的是珠海每两年举办一次的中国国际航空航天博览会。

海岛风情 珠海有适合水上运动的东澳岛，极具人文历史气息的淇澳岛，水清石奇、风景独好的外伶仃岛，海水碧蓝相间、摄人心魂的庙湾岛……体验适合自己品味的海岛风情，才能更贴近珠海的神韵。

准备与咨询

语言

以广东话为主，一般都能用普通话交流。

气候与游季

珠海日照充足，但也是广东省多雨地区之一，降雨量大，且集中在 5—10 月。全年温暖湿润，冬暖夏凉。全市气温比邻近珠江三角洲各县市都高，年平均气温为 22.4℃。3—4 月与 10—12 月是珠海的最佳旅游季节。

行在珠海

进出

珠海距广州 137 千米，处于珠江三角洲，所以一般去珠海旅游都取道广州，经中山市到达珠海。

飞机

珠海金湾机场在三灶岛上，毗邻航天

双层观光巴士

目前珠海有 3 条观光巴士线路，几乎涵盖了珠海的大小景点，还可以近距离观赏港珠澳大桥。巴士况都很新，座位旁有桌子和 USB 充电口。

悠游山海环线： 途经北理工、北师大、长南迳古道北、普陀寺、香山湖公园、体育中心北、香山驿站、优特汇、日月贝等站点。

浪漫香洲环线： 途经圆明新园、富华里、玖洲道、白莲洞公园、九洲城、爱情邮局、珠海渔女、城市阳台、香炉湾、日月贝等站点。

情侣南路往返线： 途经拱北步行街、拱北湾、情侣牵手胜地、港珠澳大桥公路口岸、九洲湾、爱情邮局、珠海渔女、城市阳台、香炉湾、日月贝、海天公园等站点。

🕐 9:00—20:00

💰 20 元 / 日（无限次乘坐）

城，与全国 20 多个主要城市通航，每周有近 200 个航班飞往各地。

高铁

广州南站城轨发往珠海站，平均 12 分钟一辆，全程约 1 小时，票价 70 元，发车时间在 6:10—22:34。

公路

珠海有京珠高速、西部沿海高速、江珠高速等高速公路，与省内各市县都有直达高速车来往。

拱北长途汽车站

📍 珠海市水港路 17 号

📞 0756-8885218

游在珠海

市内交通

珠海市区公交车为无人售票，上车投币，不设找零。市内公交车售价为 1 元。

珠海的出租车分为一类和二类，一类车起步价 12 元 /2.5 千米，之后 3 元 / 千米；二类车起步价元 /2.5 千米，之后 2.6 元 / 千米。夜间加收 30%。如果出租车司机绕路多收费的话可以去珠海官方运输局的官方公众号"珠海交通"投诉举报。

水路

从深圳到珠海很方便，时间一个多小时。珠海九洲港的豪华快船可直达香港的中港码头和港澳码头。

游在珠海

情侣路、珠海渔女

★★★ 🎎🏖

情侣路是一条浪漫之路，它像一条飘逸的巨幅绸带，从珠海市东头的香洲蜿蜒逶迤而至与澳门接壤处的拱北口岸，依山傍海，景色秀丽，被官方作为珠海的名片向世人推介，入夜时分的情侣南路是这张名片上最靓丽的部分。

"珠海渔女"是珠海的标志。它是矗立在香炉湾畔的一尊石雕，石雕上海神的女儿俏丽地高举着一颗璀璨的珍珠，极为优雅。夕阳西下之时，更显风姿绰约。几乎

珠海渔女

每个到珠海游玩的人都会与她合影。

🚌 临近珠海渔女（公交站）、海滨公园（公交站）

石景山公园　★★★ 🎎🏖🏞

以千奇百怪的石景闻名，而最具特色的是山顶观景区可俯瞰到美丽宁静的香炉湾以及澳门和珠海市的大部分市容，是游人欣赏海景和城市景观的绝好去处。

🎫 免费

🚌 临近海滨公园（公交站）

👁 2 ~ 3 小时

💡集中游玩：情侣路、珠海渔女、石景山公园、海滨公园地理位置接近，如果时间宝贵，可选择集中游玩。

唐家古镇　★★★ 🏯

清幽意远的唐家古镇，东临伶仃洋，北倚着层峦耸翠的凤凰山，面向微波粼粼的南海。走进唐家湾绵长深幽的古巷中，你能嗅到混合着现代与淳朴的气息。

🎫 免费

🚌 临近唐家（公交站）

👁 2 ~ 4 小时

长隆海洋王国　★★★★ 🏖

这里拥有多项世界之最：全球首创大型游乐设施与珍贵动物展区相结合的设计；世界最大的海洋主题乐园；世界最庞大的海洋主题花车巡游阵容；亚洲第一台飞行过山车，其轨道为全球最长；亚洲第一台水上过山车等。同时荣获五大吉尼斯世界纪录，在馆内能看到很多不同品种的珍奇鱼类。

🎫 395 元

🕙 10:00—19:30

🚌 临近长隆（公交站）。5 条旅游专线首末站由横琴总站延伸至长隆，九洲港—长隆、香洲—长隆、城轨珠海站—长隆、横琴口岸—长隆等专线

👁 1 ~ 2 天

东澳岛　★★★★ 🎎🏖🏞🏄

珠海的海岛游是重头戏，人类自古有寻觅隐逸隔世之地的兴致，东澳岛就是一个不错的选择。船自香洲码头驶出，海水愈发碧蓝，让人神往。

享有"钻石沙滩"美誉的南沙湾就坐落于此，是万山群岛中最负盛名的沙滩浴场。另外，喜欢冲浪、潜水、风帆等水上

运动的朋友也可选择来此, 东澳岛的水上项目较其他海岛要多。

🚢 从珠海香洲码头坐东区一号、东区二号等豪华客船仅 50 多分钟就可到达东澳岛, 单程票价 85 元

🏨 在东澳岛上住宿有度假村、渔家旅社、招待所等选择, 也可以租个帐篷露营, 建议将地址选在岛上东北角的浮台

👁 1 ~ 2 天

庙湾岛 ★★★★★ 🎣🌊🐟

一个被旅友们称为"中国的马尔代夫"的小岛, 它拥有珠海最湛蓝最清澈的海水。庙湾岛胜在水, 也胜在沙滩, 岛上有一个珊瑚质沙滩环绕半个港湾, 沙粒洁白如雪, 纤细无尘。它还是万山群岛中距离大陆最远的岛屿, 被称为"东南亚最好的钓鱼胜地"。美中不足的是这样的人间仙境虽正在被人们熟知, 但相关旅游设施相对欠缺, 住宿和交通都不太方便。

💰 免费

🚢 坐交通艇或搭乘每日去收海鲜的渔船, 单程 120 元左右

👁 1 天

💡 **1. 水的禁忌:** 岛上的"山泉水", 含过量的重金属, 尽量不要喝。庙湾淡水稀少, 应珍惜渔民的淡水, 浪费淡水往往会招致渔民反感。

2. 住宿: 庙湾岛内只有一家旅店, 价格贵不推荐, 可选择露营或住在渔民家中。

澳门环岛游 ★★★ 🎣🌊🏙

澳门环岛游是珠海最有特色的旅游项目之一, 航行时间为 1.5 小时, 乘游轮在海面上兜风的同时, 经澳门的友谊大桥、氹仔大桥, 还可远眺葡京酒店、国际金融大厦等。因澳门回归, 内地可直接出境去澳门, 如今的环岛游已无往昔的风采和火热场面, 但仍不失为一条特色游线。

💰 110 元 (日游); 190 元 (晚上 6:30 有晚餐); 130 元 (晚上 8:30 无晚餐)

👁 1 ~ 2 小时

海滨泳场 ★★★★ 🎣🌊

一片环境还不错的沙滩, 对于没有时间出岛又想看海的人来说算是不错的选择。这里有浴场, 也有一些水上娱乐设施, 附近还有临海的几家咖啡店, 游玩、休闲都蛮舒适。海滨泳场面积很大, 长几百米, 每到夏天游客很多。这里分为单纯泳场和

水上游乐项目两个区域, 可以尽情玩耍。夜晚时分, 海滩上有各种各样的烧烤, 可以品尝一下。

💰 免费, 娱乐项目单独收费

👁 2 ~ 3 小时

淇澳岛 ★★★★ 🎣🌊🐟

与珠海其他几座闻名小岛不同的是, 淇澳岛除了拥有得天独厚的自然风光外, 还透露着悠久的历史人文气息。在这个面积不足 18 平方千米的岛上竟有 17 座庙宇, 岛上还有历史非常悠久的白石老街, 青砖灰瓦, 仿佛躲进了宁静的陈年过往。另外, 岛上"九湾十八峰"原始质朴的风景也煞是迷人!

🚌 临近淇澳北 (公交站); 可在珠海九洲港坐船前往, 约 30 分钟即可到达

🏨 如果去海岛, 建议最好回市区住宿, 因为多数海岛上酒店较少。当然, 也可选择充满野趣的露营, 但是岛屿上的蚊虫经常会让游客苦不堪言

👁 1 天

外伶仃岛 ★★★★ 🎣🌊🐟

以文天祥的《过零丁洋》而闻名, 是很多人都会推荐的海岛游目的地之一, 除了岛屿特有的自然美和神秘美, 外伶仃岛最大的亮点就是可在晴空万里时远眺香港。

🚢 普通舱 120 元; 头等舱 145 元, 由香洲北客运站乘船

👁 1 ~ 2 天

飞沙滩 ★★★★ 🎣🌊🎣🏙

飞沙滩位于珠海西部高栏岛的东南部, 为珠海十景之一。飞沙滩腹地宽广, 植物茂盛, 有椰树、浪鼓树等多种亚热带树种。除了观赏美妙沙滩风光, 还有众多好玩的娱乐项目, 如冲浪、戏水、野营、垂钓、沙滩排球等。

💰 40 元

🚌 临近飞沙滩 (公交站)

👁 1 ~ 4 小时

圆明新园 ★★★★ 🎣

圆明新园是以北京圆明园焚烧前的建筑为原稿, 按 1:1 比例精选圆明园四十景中的十八景修建而成的。共分为皇家建筑群、江南园林建筑群、西洋建筑群三大景区,

再现了清朝的盛世风华。另外还设有《梦回圆明园》等剧场演出，结合爆炸、跑马等元素，值得一看。

- 免费，演出 85 元
- 9:00—17:30
- 广东省珠海市香洲区兰埔路圆明新园
- 临近圆明新园（公交站）
- 2～3 小时

野狸岛　★★★

　　岛屿面积不大，环岛走一圈只要 40 分钟左右，很多游客沿着情侣路散步的时候都会顺道过来逛逛。岛上有四座小山峰，野狸山是岛上最高的山，景色宜人，适合在此沐浴海风，欣赏日出日落。

- 免费
- 珠海市香洲区情侣路
- 临近名亭公园（公交站）
- 2～3 小时

一句话推荐

横琴岛　是珠海市最大的岛屿，岛上盛产鲜蚝，肉肥鲜嫩，极其美味。每到假日，横琴岛游客络绎不绝，只为品尝海岛上的鲜蚝美味。

- 临近横琴湾酒店（公交站）；或从香洲乘坐班车也可到横琴岛
- 1～2 天

梅溪牌坊　景区主要有陈芳先生故居、陈家花园、梅溪石牌坊、陈芳家族墓园等。

- 50 元
- 9:00—17:30
- 临近梅界路口（公交站）
- 2 小时

海泉湾海洋温泉　珠海海泉湾海洋温泉是罕见的氯化钠泉，富含 30 多种对人体有益的微量元素，具有良好的纤体、美肤、活血等功效。

- 海洋温泉票 228 元
- 9:00—次日 1:30
- 广东省珠海市高栏港区海泉湾度假区
- 临近海泉湾（公交站）
- 1～2 天

白沙滩　几乎与菲律宾长滩岛的白沙滩一模一样，引来无数人来这里打卡。

- 临近半岛驿站公园（公交站）
- 2～4 小时

吃喝珠海

　　珠海的美食集九州佳肴，融四海美味，兼收并蓄，博采众长。生猛海鲜、风味小吃乃至海外餐饮的多种口味犹如群芳竞艳，使这里成为饮食文化的"百花园"。

夜游珠海

特色食品

虾 基围虾、海麻虾、赤米虾、竹节虾、春虾、濑尿虾、琵琶虾等。

南屏脆肉鲩 用特殊方法养出来的鲩鱼，肉质脆而爽口，因产于南屏而得名。

珠海膏蟹 产于珠海斗门，特点是肉肥膏厚，味腻香而不腥臭。

白藤粉藕 以肥硕、多粉、松化无渣驰名。

横山粉葛 上横粉葛特别多，以上横新埠一处所产最佳。松化、无渣，有清香味，其汤如奶水。

白藤水鸭 产于水草食料丰美的白藤湖。滋味清鲜，补而不燥。

白蕉禾虫 禾虫炒、炸、熏、蒸、生晒、腌制、煲汤均可，味道鲜美，富含蛋白质。

黄杨荔枝 果体特大，肉厚，呈翠玉色，透明、脆嫩爽口，清甜如蜜。

小托山橘 具有化痰止咳，利水通尿，开胃祛痧的功效。

黄金凤鳝 斗门区沿海江河皆有出产，尤以黄金附近河段产凤鳝历史最长。

推荐餐厅

金悦轩 若是订到大桌，在这里就可以对着海景吃点心了，港式点心、各种小菜款式非常多，而且颇有新意。需要提前订位子。

🕐 8:00—22:00

🚩 情侣南路 265 号日华商业广场 B 区 1—3 层

📞 0756-8133133

食神海鲜城（拱北店） 很有名气的粤菜馆，以海鲜为主，刺身和烹制都很鲜美，推荐芝士生蚝、榴梿酥、虾饺、烧鹅。

🕐 7:00—20:00

🚩 香洲区高沙中街 108 号南洋海景酒店 1 楼

📞 0756-8132108

夜游珠海

　　珠海的娱乐设施星罗棋布，种类繁多，堪称娱乐大全。最简单又最有意义的夜游消遣是双双对对到情侣路漫步散心，或者一帮朋友坐船去游澳门看夜景。

情侣路 情侣路从拱北粤华花园开始，途经九洲港、海滨泳场、珠海渔女、香炉湾等众多景点，每当傍晚夕阳西下、波光闪耀时，坐在路边的双人凳上最能体会这条路的气氛。

迎宾路 夜景不错，是珠海最繁华的地区之一，路边多为迪厅、酒吧和大小商场，喜好逛街搜店者可来此一游。

购物珠海

　　珠海的水产品极为丰富，主要特产有叠石蚝油、珠海肥蟹、黄金凤鳝、横山粉葛、白藤藕粉、水鸭、乾务软骨鲮、南屏脆肉鲩、白蕉禾虫、草织品、小托山橘、黄杨荔枝、湾仔鲜花等。

南海珍珠行 集北海和太湖两地的珍珠于此，款式新颖，设计精巧，质量有保证。

🚩 香洲吉大景山路 222 号珠海百货广场 2 层

湾仔海味市场 主要经营海味干货，如鱼翅、鲍鱼、海参、咸鱼、瑶柱、鱿鱼等。大部分干货是从外地进口，除了海味干货以外还有一些小饰物如珍珠项链、奇形贝壳、特色耳环等。

🕐 9:30—17:30

🚩 湾仔码头对面

至尊堡香港街 设有四十多家代表不同时代的店铺，是珠海居民、游客的必到之处。

🚩 香洲紫荆路 301 号

🚌 乘 3 路车可达。

珠海中珠收藏品广场 由百余间店铺组成的商场，内售的货物品种有字画、图章、玉石、古董等。

🚩 迎宾大道中珠大厦二楼

💡 **免税商场**

珠海两家主要的免税商场分别在拱北和九洲城。

住在珠海

　　珠海同等住宿条件的酒店、招待所要比广州、深圳的便宜一些，而且环境更好一些。市区的住宿最好安排在拱北、香洲等区域内，交通方便。值得一提的是珠海的酒店建筑风格多以园林别墅为主，环境幽雅别致，价钱相对来说还算合理。

推荐住宿

相思林度假山庄 被网友称为外伶仃岛上"最好的酒店"，背山面海，别墅式享受。

🚩 外担杆镇外伶仃岛天祥路 1 号

📞 0756-8855133/13326695368

潮汕

潮汕快速攻略

Day1 道韵楼→潮州古城→牌坊街

Day2 开元寺→广济桥→韩愈纪念馆→龙湖古寨→汕头

Day3 南澳岛

Day4 礐石风景区→老街区→汕头大学→揭阳

Day5 黄满寨瀑布→谯楼晓角

感受潮汕

工夫茶 工夫茶即潮汕人家的茶道，走进潮汕人家，客无亲疏，主人都会立刻冲泡起工夫茶，这是祖祖辈辈留下来的传统礼仪。品味工夫茶，才能深入体味潮汕文化，它是潮汕人生活中不可缺少的一部分，已融入潮汕家家户户。古香古色的茶罐、精致绝伦的茶杯，在一阵热气蒸腾之中，听着一声声热情的"请"，即使不喝，只是看着，也已陶醉。

古风古韵 潮州是一座经历了1600多年历史风霜的古城，穿梭在古老的村落、祠堂、街道中，斑驳的墙壁会向你倾诉这里浓厚的历史。这里遗留下来的古代建筑洋溢着神秘的美感，中外建筑学者都赞叹于这些建筑的精湛技艺。这是一座古风古韵的城市，伴着潮音，简单轻薄的心会变得更加凝重，赏玩之时会情不自禁地融入深深的历史之中。

潮汕美食 潮汕之行不可错过美食，潮汕美食是我国饮食文化的瑰宝，也是潮汕文化的一个标志，享誉海内外。慕名品尝了潮汕美食的食客总会说"潮菜制作精巧、清淡可口，真是让人流连忘返"。作为粤菜三大流派之一的潮菜，以其清、淡、雅、巧的特点而名扬天下，成为潮汕响当当的金字招牌。

自订游程

潮汕地区的景点比较分散，大致零星分布在潮州、汕头、揭阳等地方，游人可根据自己的时间定制游程。

潮汕民俗

潮汕有许多的民俗在全国都是罕见的，如赛猪、烧塔、英歌舞等，这些在古书中记载的东西，在潮汕仍可见到。

准备与咨询

语言

汕头、潮州以潮州话为主，潮州市北部饶平县山区、揭阳市揭西县大部分地区是客家话区域。一般人用普通话交流没有问题。

气候与游季

北回归线在境内南部通过，属亚热带季风气候。全年温暖湿润，四季都适合旅游。

行在潮汕

进出

潮汕地区的交通主要以汕头为中心铺成的一个公路网。

飞机

揭阳潮汕国际机场为潮汕地区的主要机场，位于汕头、潮州和揭阳三市之间，有发往广州、上海、北京、长沙、成都、

重庆、大连、广州、桂林、香港等地的国内航班以及发往曼谷、首尔、内比都、新加坡的国际航班。

空港快线

潮汕机场已开通汕头东线、汕头西线、汕头澄海线、汕头潮南线、潮州线、揭阳线几条空港快线，到汕头票价均为 28 元。

☎ 0663-3828788

高铁

2013 年年初开通的厦深高铁途径潮州、汕头、揭阳地区，旅客可通过高铁至此，也可从此乘坐高铁到厦门、深圳等地。

公路

以汕头为中心，高速公路网铺至潮汕地区的汕尾、陆丰等各个市县地区，交通非常方便。潮汕地区的国道有 206 和 324 两条，省道有 523、527、528、529、530 等 13 条。

潮州古城

游在潮汕

潮州

潮州古城 ★★★★ ◎🏛🐾

潮州古城位于韩江下游，自然风光得天独厚。古城历史悠久，旧城区有多处古建筑颇具唐宋风情。明末清初开始形成的潮州八景：湘桥春涨、韩祠橡木、金山古松、凤凰时雨、龙湫宝塔、鳄渡秋风、北阁佛灯、西湖渔筏，游人不可错过。

💰 A 套票 111 元，B 套票 128 元
🚌 从汕头各车站均有班车直达潮州古城，15 分钟一班
👁 3～5 小时

开元寺 ★★★★ 🏛🏛

为潮州最大的古建筑群，素有"粤东第一古刹"之称，是我国现存的四大开元古寺之一。

💰 免费
🚌 临近城南小学（公交站）
👁 1～2 小时

☀ **步行街：** 开元寺所在的开元路，是一条较为古老的街道，现在是潮州赫赫有名的夜间步行街。

广济桥 ★★★★ 🏛◎

俗称湘子桥，以其"十八梭船廿四洲"的独特风格与赵州桥、洛阳桥、卢沟桥并称中国四大古桥。始建于 1171 年，以后各代修葺，至 1513 年始形成"十八梭船廿四洲"。桥由东、西两段的 24 座桥墩和中间的 18 艘梭船连接而成，浮桥可开可合，结构奇特，同时还集梁桥、拱桥、浮桥于一体，这在我国桥梁史上是个孤例。

💰 20 元
🕐 10:00—17:30（2—10 月）
　　10:00—16:30（11 月—次年 1 月）
　　9:00—17:30（周六至周日）
🚌 临近韩山师范学院（西区）（公交站）、桥东医院（公交站）
👁 30 分钟

☀ **湘桥春涨：** 此桥有潮州八景之一的"湘桥春涨"景观。暮春三月，韩江水涨，河面增阔，湘子桥东西段中间十八梭船连成一线，真似长龙卧波。但"湘桥春涨"的美景只有每年的 3—4 月下雨的时节才有，其他月份很难看到。

道韵楼 ★★★★ 🎭◎🏛

目前我国发现的最大客家土楼，八卦图布局是其最大特色。道韵楼目前还有原住民居住于此，为古朴的土城增添了别样的民风生气。独特的古建筑吸引了众多海内外古建筑专家和参观者前来研究和观光。这里还是摄影爱好者的创作天堂。

🕐 8:00—18:00
🚌 乘坐潮州去茂芝的车，中途在三饶镇下车，行程约 1 小时 40 分钟，价格 40 元；从三饶到土楼有摩托车可搭乘

潮汕地区景点示意图

👁 1 小时

牌坊街 ★★★★ 🎭🏛

　　沿街保留有众多的骑楼建筑，街上立有 22 座牌坊，古韵悠悠，耐人寻味。除了探访古迹，沿街的美食也很诱人。

🚇 乘高铁 K1 线，到南桥市场下车走 100 米即到

👁 1～2 小时

龙湖古寨 ★★★★ 🎭🏛🍴

　　寨内至今仍保存着历代数以百计的祠堂府邸，名士贤达的题词墨迹、碑记文物。龙湖寨历史文化底蕴之深厚、规模之庞大、格局之独特，是潮汕乃至粤东各地所罕见的。

☯ 潮州市龙湖镇

🕐 8:30—17:30

🚇 可在潮州乘坐来往汕头的专车，每 30 分钟一趟，车费 25 元；在鹅巢下车，坐摩托车到达龙湖寨，车费约 3 元；从潮州乘公交车可直达

👁 2 小时

开元寺

韩文公祠 ★★★★ 🏛🍴

　　韩愈曾任潮州刺史，祛恶除弊，扶持农桑，赎放奴婢，兴办教育，为潮州的发展做出了杰出贡献，为了纪念和缅怀韩愈，修建了韩文公祠。韩公祠最值得看的是历代碑文，其内保存历代碑刻 40 幅，较著名的有明代的《增修韩祠之记》《功不在禹下》和清代篆刻《传道起文》、重刻的《潮州昌黎伯韩文公庙碑》等，还有多位现代名人书写的牌匾。

🎫 凭身份证免费入场

🕐 8:30—17:00（每周一闭馆）

🚇 临近韩文公祠（公交站）。

👁 1～2 小时

汕头

老街区 ★★★ 🏛

　　这里是归国华侨寻根的必访之地。老街上的西洋式骑楼大多建于 20 世纪 20—30 年代，风格多为仿古罗马式、仿哥特式、巴洛克式等。如今的老街，昔日风光虽已不再，但那些古老的建筑却依然屹立。

🚇 临近金港广场（公交站）、至平西堤路口（公交站）

👁 3～4 小时

南澳岛 ★★★★ 🎭🏛🐟

　　位于广东省和福建省交界的洋面上，由大小 23 个海岛组成，人称"潮汕屏障，闽粤咽喉"。岛上除了留有长山尾炮台、总兵府、雄镇关等古迹外，还建有黄花山国家森林公园、青澳湾旅游区等。

🎫 总兵府 10 元；青澳湾免费；金银岛 5 元；宋井 5 元

🚇 汕头火车站乘 161a 或 161k 路公交车直达南澳岛内游客中心；汕头澄海可在澄海汽车总站乘 203k 路直达南澳岛内的游客中心

👁 1～2 天

🛍 **购物**

　　1. 南澳岛上购物的计量单位为公斤（茶叶除外），在购物时特别注意问清楚是公斤还是斤，以免发生不必要的争执。

　　2. 在当地吃海鲜的时候，最好选择规模较大的餐厅，并且在点菜前先讲好价，这样价格会比较公道。

礐石风景名胜区
★★★★ ⚽🅰⛲

汕头八景之首，广东第一批省级风景名胜，位于汕头海湾南面，由沿海台地和43座山峰组成，具有海、山、石、洞和人文景观等综合特色，独具雄、奇、秀、幽于一体，历来是汕头旅游的首选之地，四处洋溢着浓郁的亚热带风光和独特的潮汕风情。

🎫 塔山景区10元；焰峰景区10元；两个景区联票15元；龙泉洞6元；索道50元

🚌 从汕头广场码头和西堤客运站都能乘轮渡摆渡到风景区，那里的海滨公园里有轮渡码头；也可以从西堤公园乘车经礐石大桥到达景区

👁 1天

自然之门 ★★★★ 🏙

自然之门位于青澳湾，是迄今我国建成的第11座北回归线标志塔。当太阳直射北回归线时，日影将穿过上方圆球中心圆管，投射地台中央，是南澳的新景点之一。

🎫 免费

👁 1～2小时

汕头大学 ★★★★ 🏙⛲

山水相依的汕头大学环境优美，建筑风格优雅，被誉为"高校建筑之花"。校园内建筑极富现代主义特点，图书馆、医学院等建筑造型都非常摩登、别致。校园内还有一条几里长的壁画墙，创意十足，艺术感满满。

🎫 免费

🚌 临近广东以色列理工学院（公交站）

👁 0.5～1天

揭阳

谯楼晓角 ★★★★ 🕐⛩

谯楼晓角是指位于揭阳榕城区的进贤门，城门始建于明朝，有着浓厚的传奇色彩。相传，唐宋时期有7位贤士将写有"进贤门"的石匾埋在地下，明朝被想要在此修建城门的7名贤士挖出。

🎫 免费

👁 15～30分钟

黄满寨瀑布 ★★★★ ⚽⛲

瀑布群主要由黄满祭瀑布、银河飞瀑和三叠瀑布组成。而瀑下潭水碧清，潭边

的海龟石、海龙石等景观栩栩如生。

🎫 120元

🚌 建议租车或包车前往

👁 0.5天

青岚怪臼谷国家地质公园
★★★★ ⛲

两亿年前的火山运动，造就了青岚怪臼谷怪而美的自然景观，河床中、岩洞下遍布着数千个各有特色的石臼壶穴。怪臼、怪石、怪洞汇聚在一起，漫步其中，不由得感叹其神奇。神秘的地河洞是经典的精华，洞中有臼、臼中有洞，地河千年不枯。这里还是电影《羞羞的铁拳》的外景地。

🎫 80元

🕐 8:00—18:00（5～9月）
8:00—17:30（10月—次年4月）

🚌 位置偏僻，公共交通较少，建议包车或自驾前往

👁 2小时

💡 **潮州音乐**：具有鲜明的潮汕地方特色，融合了昆腔、西秦等剧种的音乐，分为锣鼓乐、弦丝乐、细乐、笛套古乐和庙堂音乐，婉转多变，悦耳动听。潮剧为广东四大剧种之一，被称为"南国鲜花"，由宋元南戏演化而来。配曲细腻和谐，唱腔优美，在角色上以小生、小旦、小丑而知名。到汕头一定要抽空到茶馆坐坐，边欣赏潮州音乐和潮剧。

茶艺：衡山林茶艺位于汕头市龙湖区衡山路中段，是喝潮汕工夫茶的好去处。

吃喝潮汕

潮汕菜已有数千年的历史，其特点是清而不淡，鲜而不腥，嫩而不生，肥而不腻。再有，潮州的功夫茶也是闻名于世的，以冲泡功夫精细著称，在小小的杯盘间，有"关公巡城""韩信点兵"等各道程序，形制古雅，茶香袭人。

特色菜系

潮汕名菜 生炒龙虾、冻金钟鸡、棋子豆腐、潮汕卤味、炊莲花鸡、炊太极蟹、炒大明虾、铁拍乳鸽、炸糟降鸟、沙茶牛肉、清醉花菇、糯米酥鸡、烧酥皮鸡、红焖甜鸡、杏仁白肺等。

潮州小吃 豆沙海棠果、客家年糕、甜水晶包、水晶球、沙糕、虾米笋、五味姜、糯米糍粑、和平饼、蚝烙汁、牛肉丸等。

特色食街

潮州西马路、汕头福平路食街、汕头

龙兴海鲜大排档、潮汕美食街等。

潮汕美食

虽说"潮州佳肴甲天下"，但汕头美食更是体现了潮汕饮食文化的深厚底蕴。每年汕头市都会举办各种形式的美食节庆活动，其中粤东地区最大规模的潮汕美食节专门开辟了汕头美食特色旅游线路。

推荐餐馆

新梅园大酒楼　汕头很火爆的招牌店，潮汕口味菜系，以海鲜为主。价格丰俭随意，小吃类比较实惠。

🍴 人均 110 元

📍 汕头金平区华山北路高新科技开发区内

📞 0754-88364349

福合埕牛肉丸（福平路店）　汕头有名的老字号，适合大众消费。推荐牛肉丸、牛肉火锅。

📍 汕头市福平路福合综合大楼 93 号

📞 13670466666

胡荣泉　很著名的一家老店，基本上说起潮州美食，就会有人提到"胡荣泉"。据说有三样潮州名小吃是由这家创造出来的：鸭母捻、春饼和清油素饼。

📍 潮州市太平路 183—185 号

📞 13670776143

住在潮汕

潮汕的住宿条件不如珠江三角洲方便，但价钱相对来说也要便宜。各个地县级市及县城都有比较便宜的二、三星酒店或更便宜的招待所。

粤北

粤北快速攻略

Day1　黄腾峡漂流→湟川三峡→连州地下河→连州（住宿）

Day2　连州→英西峰林→宝晶宫→英德

Day3　英德→丹霞山→南华寺

Day4　云门寺→乳源大峡谷→南岭国家森林公园

感受粤北

地质奇观　粤北旅游，山水居多，以自然景致取胜，而自然景致中尤以山为最，山中则有因喀斯特地貌闻名的丹霞山。粤北的山虽然不比泰山的雄伟、华山的险峻、峨眉山的秀丽，却以独特的地质结构和鬼斧神工的自然造化，形成了形态各异的奇石险峰。

瑶寨风情　连州是粤北的瑶寨集中地，这些瑶寨多依山而筑，有的已逾千年。走在瑶寨中的石板路上，时常会与服饰色彩斑斓的瑶民相逢，他们或担柴或背篓或肩挎花包，不管他们在做什么，都会无一例外地对你笑脸相迎，有的甚至还会邀请你入屋畅饮一碗清香的瑶家米酒。

瑶族

主要分"过山瑶"和"排瑶"两个支系。瑶族的他称很多，因衣饰不同而称为白瑶、黑瑶；因居住方式不同称为东边瑶、西边瑶、高山瑶、平地瑶。瑶族还有自称，如过山瑶自称"勉"或"优勉"，排瑶自称为"敏"或"藻敏"等。在粤北、湘南一带的瑶山聚居着许多的瑶族同胞，他们分为十几个不同的部落，服饰各异，由于地处偏远山区，至今仍保留着淳朴而独特的民风和民俗。

行在粤北

在粤北旅行除韶关可以走京广铁路外，大多以公路为主，好在当地公路交通发达，从广州至各地均有快巴或直达巴士，短短数小时即可到达。

高铁

武广高铁途径粤北地区的清远站和韶关站，通过武广高铁可以从广州直达粤北地区。其中韶关站是武广高铁进入广东的第一站，位于韶关市武江区西联镇赤水村。

游在粤北
韶关
丹霞山 ★★★★

丹霞山被誉为"广东四大名山""中国最美的七大丹霞地貌之首"，以险峻奇美的喀斯特地貌闻名。这里的阳元石与阴元石更以其奇特的人体器官造型吸引了不少游客，让人不禁感叹自然的灵性。"云崖栈道""九九天梯"是这个景区最刺激的景点，喜欢探险的人士不可错过。

🎫 100 元；索道上行 45 元，往返平日70 元

🚌 从广州乘火车至韶关，韶关火车站出口左手边有中巴车开往丹霞山，车费 15 ～25 元，车程约 50 分钟

👁 1 ～ 2 天

南华寺 ★★★★

禅宗六祖慧能住持曹溪，发展禅宗南派，故佛教徒对南华寺有"祖庭"之称。据说六祖慧能的著名偈语"菩提本非树"说出后，五祖秘密将衣钵传于他，六祖便南下到此地修行，开创禅宗一派。

🎫 20 元

🕐 8:00—17:00

🚌 韶关火车站对面有中巴直达南华寺；火

车站总站（北江路）可乘坐南华寺旅游专线

👁 2 ～ 3 小时

帽子峰景区 ★★★★

著名的银杏之乡，这里很多地方保留了原始森林风貌，野果满山遍野，飞禽走兽在林间出没，树木花卉众多，四季飘香。特别是深秋季节，林场银杏金黄，层林尽染，受到了许多摄影发烧友的追捧。有"粤北九寨沟"之美誉。

🎫 50 元

🕐 8:30—17:00

📍 韶关市南雄市

🚌 南雄市区内包车前往

👁 1 天

云门寺 ★★★

云门寺为禅宗"一花五叶"之一的云门宗开宗道场，这座拥有 1100 年历史的岭南古寺供奉着江南最高大的观音佛像，高11.4 米，全身金装。

🎫 5 元

🕐 8:30—16:30

🚌 从韶关汽车站乘车直达乳源，乳源县城有班车直达云门寺

👁 2 ～ 3 小时

乳源大峡谷 ★★★★

大峡谷拥有黄山之奇，云雾弥漫，如同仙境；华山之险，千步云梯多达 1386级，坡度超过 50°；张家界之秀，峰峦叠翠，沟壑纵横，奇峰林立。而且在这里除了能欣赏到大自然鬼斧神工的奇妙杰作之外，同时也能对你的体能进行一次极致的测验，是一处猎奇探险的完美胜地。

🎫 65 元；高空表演 5 元

🕐 8:00—17:00

🚌 在韶关西河汽车站乘至乳源汽车站班车，18:30、19:00 发车，车程约 2 小时。到乳源汽车站后转乘前往大峡谷的班车

👁 0.5 天

丹霞山的阳元石

南岭国家森林公园 ★★★★

位于乳源县五指山，属南岭山脉中段，是珠江支流北江的发源地。这里有广东保存最好的原始森林，海拔千米以上的山峰30多座，其中石坑崆为广东最高峰，号称"广东第一峰"，历来为广东的登山爱好者所青睐。由于山地多雨，这里溪洞流量大，形成了不少险滩和瀑布，水利资源很是丰富。

- 80 元
- 8:00—18:00
- 韶关火车站（广场）、韶关西河汽车站、乳源县城汽车站均有班车发往南岭（五指山）
- 1 天

清远

英西峰林走廊 ★★★

奇峰、秘洞、怪石、云海、涧流、竹林、农舍……景区绵延20余里，被称为"南天第一峰林风光"。

- 峰林九重天68元；峰林68元；彭家祠40元；老虎谷暗河漂流138元；黄花溪竹筏漂流40元
- 从广州出发可在省汽车站乘前往清远的车，在清远新站乘公交车，在九龙镇下车即可
- 5 小时

宝晶宫 ★★★★

宝晶宫以雄、奇、壮为主要特点，更有"岭南第一洞天"之称。主要由碧落洞、碧绿湖和狮子山等景区组成。洞内雄伟壮观，石笋、石柱林立，石钟乳玲珑剔透，有的像花鸟虫鱼，有的像飞禽走兽。整个洞穴如宫殿般，故被称为"宝晶宫"。这里不仅有奇异的自然景观，还有极高的地质、考古价值。碧落洞内的洞壁上保存有120多则摩崖石刻。

- 76 元
- 8:30—18:00
- 2～3 小时

湟川三峡 ★★★

龙泉峡胜在瀑布；楞伽峡峭崖垂石，且有摩崖石刻；羊跳峡河道险窄，江空一线。其实，从这里一直到阳山县北部的石

英西峰林

螺镇河段，还有洞冠峡、大理峡等，都是山雄河曲、美景连绵的山水画廊。

- 50 元
- 9:00—17:00
- 广州的省汽车站有直达连州的巴士，可在连州乘公交车到景区，或者打车前往

广东第一峰 ★★★★

整个风景区主要分为石坑崆游览区、太平洞瑶寨、秤架大河谷、天泉瀑布、天泉高山温泉和第一峰漂流等，除了饱览自然美景，还能泡温泉、玩漂流，晚上则可围坐篝火四周，观赏瑶族风情舞蹈，或是与他们一起载歌载舞。

- 78 元
- 清远市阳山县秤架瑶族乡南岭自然保护区内
- 1 天

连州地下河 ★★★

位于连州市区北面25千米处的东陂镇，隐没在大口岩溶洞中。景区游览面积达5.3万平方米。可以欣赏到形态各异的钟乳石景，有"弥勒佛""关公""孟姜女"等。

- 108 元
- 8:30—17:00
- 从连州乘中巴先到东陂镇，半小时可以到达，再从东陂镇乘当地的摩的到地下河
- 1.5～2 小时

三排瑶寨 ★★★

连南瑶族风情是粤北地区最吸引游客的特色所在。聚居在连南的八排瑶族是中国独一无二的，他们保持着独特、古朴而又奇丽多彩的民族习俗。三排瑶寨村屋依

山势逐级而上，走廊过道将各家各户串联起来，形成瑶排格局，此地为瑶族民俗文化必游之处。

在三排瑶寨可以了解瑶族的婚俗、葬俗，参加瑶山篝火晚会，向瑶胞学酿酒、做豆腐，品尝瑶族特有的水酒，欣赏瑶族姑娘刺绣，感受瑶胞与世无争的质朴生活。

- 💰 50 元
- 🕐 9:00—18:00
- 🚌 可在广州市汽车站乘巴士直达连南县城，连南车站有车开往三排瑶寨
- 👁 0.5 ~ 1 天

黄腾峡漂流 ★★★★

黄腾峡漂流滑道设计合理，平缓和陡峭相间，漂流过程中时而惊险刺激，时而平缓悠哉，给游客带来好玩刺激的体验。

- 💰 全程勇猛漂 358 元；天然猛士漂 238 元；观景勇士漂 198 元
- 👁 1 ~ 2 小时

吃喝粤北

粤北菜肴虽不入粤菜主流，但各地仍有不少特色名吃，如清远的白切鸡、龙归冷水肚、韶关人爱吃的爆炒山坑螺等。连南大山里的瑶族多山珍野味，而始兴的竹筒酒则更是让人喝过之后满口留香。

购物粤北

丹霞白毛茶驰名广东，乳源县的瑶山冬菇、曲江的沙田柚以及南雄的白果都享有盛誉，另外曲江独特的蚕蛾公酒是保健佳品。

住在粤北

作为广东近年的旅游热点，粤北的几个县市住宿都不成问题，但要到偏远的瑶寨，则只能借宿当地瑶民家中，条件稍差。

诺庭连锁酒店

- ¥ 标准间 126 元
- 📍 韶关市浈江区解放路 25 号
- 📞 0751-8186668

粤西

粤西快速攻略

Day1 盘龙峡→七星岩→鼎湖山
Day2 肇庆→云浮（国恩寺）
Day3 云浮→凌霄岩→海陵岛（住宿）
Day4 海陵岛→茂名（放鸡岛）
Day5 茂名→湛江（湖光岩→特呈岛/东海岛）
Day6 雷州古城

感受粤西

粤西最得天独厚的，还是它那漫长而曲折的海岸线，拥有为数众多的优质海滩，成为海岸旅游的丰富资源。同时，内地的民族风情也很浓厚，文化古迹一点儿也不少。

💡 **贴心提示**

肇庆城东汽车站有大巴直达广州北站，可以在此乘坐高铁。

行在粤西

粤西发达方便的铁路、公路及航运能让你随心所欲地到达任何一个想去的地方，很多城镇早已实现了村村通公路。

💡 **免门票**

鼎湖山5:30之前和18:30以后是免门票的。

鼎湖山风景

游在粤西

肇庆

盘龙峡　★★★★　🚶📷

　　2005年盘龙峡景区被《中国国家地理》评为"广东最美丽的地方"。这里峡谷漫长，罕见的大小瀑布群有100多个，被誉为"亚洲罕见、广东第一"瀑布群。景区内古木葱郁，"植物活化石"黑桫椤遍布其间，是广东省摄影家协会拍摄基地。有"中国勇士第一漂"之称的盘龙峡漂流，是国内唯一可以开展四季漂流活动的景区，享有极高的知名度。山脚下有美丽的薰衣草田，宛如深紫色的波浪，非常美丽。

　　💴　60元
　　🕐　8:00—21:00
　　🚌　广州、深圳有开往德庆的客车，德庆汽运总站每天有4班开往盘龙峡的班

车，发车时间为8:30、10:30、13:30、15:30，票价10元
　　👁　1～2天

鼎湖山国家级自然保护区
★★★★　🚶📷

　　岭南五大名山之首，空气中所含负离子为全国之最，"天然大氧吧"绝非浪得虚名，步入山林溪涧，自有百般体会。鼎湖山有三个景区，鼎湖碧蓝得让人惊诧而陶醉，庆云寺香客云集、禅音缭绕，这两处深受游客喜爱，而宝鼎园除了巨鼎，就没有什么可观赏之处了。

　　💴　70元
　　🕐　8:00—18:00
　　🚌　肇庆市区牌坊广场有班车直达鼎湖山
　　👁　4～8小时

七星岩　★★★★　🚶

　　"借得西湖水一圈，更移阳朔七堆山；堤边添上丝丝柳，画幅长留天地间。"叶剑英元帅的诗句似乎已概括了七星岩风景全部的诗情画意。

　　💴　门票70元；游船到不同景点19～57元不等
　　🚌　乘公交19路可直达景区西门，或从肇庆火车站打车到景区北门
　　👁　3～6小时

茂名

放鸡岛　★★★★
🚶🍴🏊🏄

　　这里被称为"东方夏威夷"，岛上栖居着多种鸟类，生长着龙血树、山葡萄、野山蕉、山捻子等奇异植物。岛上有一棵百年榕树，吸引了大量游客前来许愿祈福。每天6:00，站在旭日阁可欣赏海上日出。

七星岩

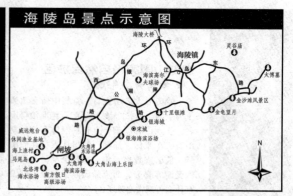

海陵岛景点示意图

☀️ **佛荔**

国恩寺内有一棵荔枝树，传为慧能大师亲手种植，称为"佛荔"，历经1300多年沧桑，依然郁郁葱葱，每到蝉鸣荔熟时节，便荔果满枝。

🚗 180元（门票＋往返船票）

🕐 进岛时间：10:00、14:00，出岛时间：13:00、17:00。景区可能会根据情况临时调整，请提前关注

🚌 茂名河西客运站，有直接到茂名至放鸡岛的车；从茂名火车站乘车到博贺镇，可在放鸡岛停车场乘船上岛

中国第一滩　★★★★ ⚽ 🏖️

漫步在绵长的沙滩之上，蓝天碧海，景色美不胜收。游泳区的海水又清又浅，并且周围配有专业的救生员。海滨也不乏沙滩椅、沙滩车、香蕉船、水上摩托等休闲娱乐项目。

🚌 广东省茂名市电白区海滨二路

🕐 2～4小时

浪漫海岸　★★★★ 🏖️

浪漫海岸依山傍海，风景优美。拥有峻山、奇石、椰林、银滩、海湾、礁岛、渔港得天独厚的自然及人文资源，是全国唯一以"爱"与"浪漫"为主题的海滩。

🚗 80元

🕐 9:00—18:00

📍 茂名市电白区博贺镇尖岗管理区

🕐 0.5～1天

云浮
国恩寺　★★★ ⛰️🏛️

佛教禅宗六祖慧能禅师开山和圆寂之所，依山而筑，规模宏大，古木参天，可观览古刹风韵。

🚗 免费

🚌 临近龙山（公交站）

阳江
凌霄岩风景区　★★★ 🏖️

号称"南国第一洞府"，洞内的"福星高照""一线天开""水底明月"被誉为"凌霄三绝"。

🚗 55元

🕐 8:30—17:00

🚌 由阳春汽车站乘凌霄岩专线空调中巴可至，车程1.5小时，车费12元左右

🕐 1～2小时

海陵岛　★★★ 🏖️⚽

海陵岛四面环海，气候宜人，享有"东方夏威夷""南方北戴河"之美称。大角湾是岛上必去景点，其旁的大角山为观日佳境，而马尾岛的"马尾夕照"为必赏之景。此外，还有十里银滩、太傅墓、灵谷庙等众多自然人文景观。值得一提的还有闸坡，每日清晨，这里都热闹非凡，游客可在此品尝海鲜美味。

🚗 大角湾27元（单次），48元（两天内不限次）

🚌 从阳江车站乘坐来闸坡镇的车，每15分钟一班；广东省汽车站也有到闸坡的班车

🕐 1～2天

广东海上丝绸之路博物馆　★★★

博物馆坐落于十里银滩，背山面海，是海陵岛的地标性建筑。博物馆以"南海

1 号"宋代古沉船为主要研究和展示主题，展现了水下考古历程与史前滨海文化。

- 🎫 70 元
- 🕐 9:00—17:30
- 👁 1～2 小时

沙扒湾　★★★★ 🏖

海滩水质清澈，沙子干净，有"中国马尔代夫"之称。

海湾不远处还有一座摩天轮。海湾有指定区域浮潜，有专业潜水教练在岸边讲解。

- 🎫 40 元
- 🕐 7:00—19:30
- 📍 阳江市阳西县沙扒镇海港路 26 号
- 🚍 在阳西车站坐汽车到沙扒，步行 10 分钟可到沙扒湾
- 👁 2～3 小时

湛江

湖光岩风景区　★★★★ 🏖📷

是中国唯一的火山玛珥湖，据说湖里有巨鱼和巨龟，湖水含有很高的锶，可以促进血液循环，具有美白功效；这里的火山泥有多种疗效。

- 🎫 50 元
- 🕐 7:30—18:00
- 🚍 临近湖光岩东门（公交站）、海洋大学路口（公交站）、湖光岩西门（公交站）
- 👁 2～4 小时
- 🍴 湛江的饮食独具浓郁的地方风味。"食海鲜，来湛江"，湛江菜最大的特点是选料鲜活，原汁原味。这里的海鲜以品种丰富而著名，有对虾、龙虾、海参、花蟹、海蜇等。另外，白切鸡、炸虾饼、沙螺汤、番薯丝粥等湛江家常菜也值得一尝。

东海岛　★★★★ 🏖📷

位于湛江东海岸，这里面向南太平洋，海滩可与意大利的"黄金海滩"媲美。岛上不仅有独具南国风情的椰林清吧园供游人休憩，更可在美丽的海滩上尽情享受海上摩托艇、沙滩跑车等各式游乐项目，若有兴趣，还可以与当地渔民一起拉大网，体验渔家生活。

- 🚍 临近龙海天客运站（公交站）
- 👁 4 小时

特呈岛　★★★★ 🐟🏖

"特呈"是古越语，是和谐、吉祥之地的意思。岛上村民，世代以捕鱼为生。特呈岛空气清新，气候四季如春，有 1000 多亩树龄近 500 年的国家重点保护红树林、400 多年历史的洗太庙、抗日革命旧址，还有白沙滩、红怪石等景点。

- 🚍 在海滨码头乘轮渡可到特呈岛，约 13 分钟可到
- 👁 3～4 小时

霞山观海长廊　★★★ ⛰

在长廊漫步，观看海景，登巨型海轮，吹着海风，聆听涛声，已经成为游人到湛江必做的事之一。

- 🎫 免费
- 🕐 全天
- 📍 湛江市霞山区观海路 9 号
- 🚍 临近观海路中站（公交站）、金地集团（公交站）
- 👁 1～2 小时

吃喝粤西

封开的杏花鸡和怀集的粟米鸡是一定不能错过的，据说粟米鸡是用粟米喂大的，没有吃任何人工加工过的食物，故皮黄、肉嫩、味鲜，连嘴最刁的老广们吃了都连连叫好。

购物粤西

用多种果实加工而成的八子酒可以带回去尝一下，还有白马茶等。怀集的燕窝酒是由当地盛产的金丝燕窝和龟胶、当归、肉桂、人参、杞子、北芪等 10 多种名贵药材配地藏陈年米酒酿成，都是很好的纪念品。

住在粤西

作为近年来广东旅游开发的重点地区，住宿接待能力绝对不成问题。

广西壮族自治区

自助游:

北线: 悠悠漓江水, 浓浓民族情

　　桂林→漓江→阳朔→资源→龙胜

南线: 美丽海滨城, 奇特边关景

　　南宁→北海→银滩→涠洲岛

自驾游:
体验少数民族风情

　　桂林→资源→龙胜→通道→靖州→
隆林→黎平→榕江→从江→三江→龙胜→
桂林

走入中国最美山水

　　柳州→三江→龙胜→临桂→桂林→
大圩→阳朔→源头→黄姚→贺州→清远→
广州

丰富多彩的踏春之旅

　　阳朔→桂林→龙胜(龙脊路口→双河
口→江叉→大寨)→柳州→阳朔

桂林

桂林快速攻略

Day1 象山公园→七星公园→叠彩山→日月双塔

Day2 独秀峰·王城景区→东西巷→芦笛岩→两江四湖

感受桂林

漓江 自古以来，所谓"桂林山水甲天下"夸的就是桂林的漓江山水。漓江两岸风景如画，当你泛着竹排漫游漓江时，肯定会感觉自己仿佛置身于360°的泼墨山水画中，好山好水目不暇接。如果正好遇上毛毛细雨，那就更好了，"漓江烟雨"的美景是人所共知的，但是最好别碰上倾盆大雨哦。

喀斯特地貌 广西各地都有着典型的喀斯特地貌，几乎每座山上都有或大或小的溶洞，其中以七星岩、冠岩和芦笛岩等最为出名。不过现在洞内的石钟乳大都是在自然景观的基础上经过精细的人工雕刻，再配上五光十色的彩灯而制成的。如果偶尔发现姿态万千的石钟乳有水泥补抹的痕迹，千万别因此而扫兴，能在幽深狭长的溶洞里划小船边看风景，还是挺不错的。

星级公厕 桂林在城市建设方面处处以如何更吸引游客为出发点。多在桂林逛荡几天，你会发现在桂林"公厕"不光有星级的享受，而且全部免费，因为这也是桂林市政府为方便游客而大力抓的工程之一。比如说象鼻山上的公厕就是建在大象的屁股处，高高在上，风景一绝。

准备与咨询

语言

桂林大多数人说桂柳话，各民族间基本上能用汉语相互沟通，部分旅游地区也有不少人懂英语和粤语。

气候与游季

桂林地处岭南山系的西南部，平均海拔150米，有着独特的喀斯特地形，属亚热带季风气候。气候温和多雨，最冷是1月，日均气温5℃，最热是8月，日均气温达32℃。冬无严寒，夏无酷暑，旅游时间四季皆宜。

桂林山水甲天下

行在桂林

进出

去桂林旅游可以坐飞机，也可以乘汽车、搭高铁。桂林已经开通到周边省、市的豪华直达客车，比如广东全省、长沙、武汉、海口、厦门等地，比较舒适。也可以选择高铁。

飞机

桂林两江国际机场拥有国际国内航线50多条，国内各大航空公司均有航线飞往桂林。与国内30多个大中城市及日本福冈、韩国首尔、泰国曼谷、马来西亚吉隆坡等地机场直航。

铁路

有黔桂、焦柳、南昆、黎湛线，湘桂铁路贯穿全境。桂林南站是桂林最主要的客运火车站，桂林北站目前有始发至北京和深圳等方向的线路。

高铁

衡柳高铁是广西第一条进行联调联试的高速铁路，东起湖南省衡阳市，南止广西壮族自治区柳州市。现已有多条高铁线路。

公路

拥有桂海高速公路（经柳州、南宁到北海）、桂黄一级公路（至湖南）、桂林至阳朔二级公路等一批公路网络。

市内交通

市内交通顺畅，几乎没有长时间拥堵现象。公交车可到达市区的每个角落，采用1元通票制。也有部分空调车、城区郊外及邻近县线路为2元。

市内8条免费公交车可到达市区的各大景点、景区及各主要街区。AAAA级景区免费专线车每15分钟从七星公园开出一趟，在每个景点停靠3分钟，可在景点门口的专线车站点乘车。

游在桂林

两江四湖（环城水系）　★★★★★

800多年前，两江四湖跟现在一样舟楫频繁，江岸两畔的居民同如今的你我一样，将此作为逍遥于山光水色的好去处。所不同的是现在这两岸的霓虹璀璨取代了宋时的大红灯笼。

这段环城水系包含了漓江、桃花江、榕湖、杉湖、桂湖和木龙湖，沿岸风光自不待言，而此段艳丽美景其实最妙是在夜里，绝对不用担心黑夜遮了你的双眼，蒙了沿岸的美景，正好相反，夜间才是它展现妖娆的伊始。荡波湖中，或者沿岸散步，都可以观赏迷人的夜景。

夜游两江四湖：成人210元，儿童105元；夜游四湖（往返）：成人175元，儿童88元

日游一江四湖：成人90元，儿童45元；"日月双塔"登塔门票35元

临近象山公园（公交站）

湖面下的水底桥梁。如今，这里已成为桂林旅游的一个绝美夜景观赏地。

- 🎫 35 元
- 🕐 8:00—22:00
- 🚌 临近文明路（公交站）、阳桥（公交站）
- 👁 1 小时

💡双塔对面的观景台可以看到两个塔全貌，不要忘记拍照哦。

叠彩山　★★★　🏊📷🚶

因山上石层横断间层层如绸缎相叠而得名。主峰是明月峰，在峰顶俯瞰群山，可见山中岩石层层相叠，山花竞相怒放，方明白此山何谓"叠彩"。叠彩楼是观赏风光的最佳地点，另一处为伏波山。

- 🎫 25 元
- 🕐 6:30—18:30（旺季）
  7:00—18:00（淡季）
- 🚌 临近东镇路（公交站）、叠彩山（公交站）
- 👁 1 ～ 3 小时

东西巷　★★★★　📷🚶

东西巷邻近靖江王府，是一片集文化、购物、餐饮、休闲、娱乐于一体的综合型商业街区。东西巷是桂林明清时代遗留下的唯一的一片历史街巷，是桂林古历史风貌的观景点，包含了正阳街东巷、江南巷、兰井巷等桂林传统街巷。这里将传统文化与特色建筑相融合，还原了老东西巷的明清古风貌建筑群，以"市井街巷、名人府邸"的特色，向游客展示了一个有着多元文化的复合型历史风貌区。

- 📍 广西壮族自治区桂林市秀峰区正阳路与解放东路交叉口东 100 米
- 👁 2 ～ 3 小时

💡白天游客较少适合拍照，晚上热闹适合寻找美食。

独秀峰·王城景区　★★★★

王府内的独秀峰，是鸟瞰桂林全城的好去处。这里住过 12 代 14 个藩王，是明太祖朱元璋的侄孙朱守谦被封为靖江王的王府，也是全国保存最完好的明代王府。"桂林山水甲天下"这一传扬四海的名句，就是出自王府内独秀峰的宋代石刻。

- 🎫 100 元
- 🕐 7:30—18:30

象鼻山

- 👁 1 ～ 2 小时

象山景区　★★★★　🏊📷🚶

租筏子泛舟湖上，便能最接近象山。陶醉于美景的同时，一定要记得拍照，不然枉到桂林一游。在多数桂林人眼中，象鼻山是桂林市区的标志。它由亿万年前海底沉积的石灰岩组成，是喀斯特地貌的代表。园内还有摩崖石刻古迹，比较珍贵的是陆游诗札，爱好古典文学的游客切不可错过。

- 🕐 7:00—18:00
- 🚌 临近象山公园（公交站）
- 👁 1 ～ 2 小时

七星景区　★★★　🏊🚶

桂林与人文历史相关的风景胜地实在太多，七星景区也在其列。不必赘述它的美景，如果你事先对它的历史做过一番了解，美景也将由单薄的视觉变得更加丰盈。这里最著名的七星岩景致极好。

- 🎫 门票 55 元；门票＋七星岩 95 元；桂林动物园 48 元
- 🚌 临近七星公园（公交站）
- 👁 2 ～ 3 小时

💡 1. 素食：月牙楼的素面，素宴极为有名。
2. 侧门：桂海碑林可从公园侧门（龙隐桥附近）进入。

日月双塔文化公园　★★★★　🏊📷

桂林日月双塔号称世界第一铜塔。该塔坐落于桂林城的中轴线上，与"象山水月"相邻。其中日塔为铜塔，高 41 米，共 9 层，可乘电梯登顶，俯瞰桂林城；月塔为琉璃塔，塔高 35 米，共 7 层，可以拜月老。日月塔还有别有洞天之处，就是双塔

🚇 临近解放桥（公交站）、乐群路口（公交站）

🏨 靖江王府内有宾馆住宿，如红楼宾馆，由于坐落在王府内，还可以免费参观王府

👁 3～4小时

芦笛岩 ★★★★ 🍴🚻

步入芦笛岩，就如拉开一幕幕帷帐，每穿过一段，脑海中便会出现一次别有洞天之感。成千上万的奇石各有风韵，或瑰丽或神圣或乖张，细细浏览定会喷喷称奇。水晶宫是芦笛岩内最壮观之处，其中的钟乳石极像孙悟空大闹东海龙宫的场景，充满浓厚的神话色彩。不过，芦笛岩人工痕迹颇重，且门票较高，不喜者可绕路。

💰 90元

📍 桂林市芦笛路

🕐 9:00—17:00

🚇 临近芦笛岩（公交站）

👁 1小时

吃喝桂林

桂林餐饮以粤菜、川菜和湘菜为主，偏辣。桂林荷叶鸭、马蹄炒鸡球、白果老鸭、荔浦芋扣肉、罗汉汽锅鸡等同属上等名菜，任何星级酒店都能吃到正宗的。

另外，米粉是桂林人的特色。桂林米粉品种多样，以"马肉米粉"最为出名。当地人还常吃一种用卤牛肉切成片调而成的卤肉粉。除此之外，月牙山景区的尼姑面，南新路美食文化街的粽粑、马蹄糕、炒田螺都十分有名，强烈推荐尝一尝桂林的糍粑，吃过一回你还会想吃第二回。

🔅饮食和治安

桂林的大小餐馆，哪怕是米粉店都明码实价。只要没进到黑店，放心敞开肚子享受就好了。桂林大多数饭店都不收碗筷的费用，通常茶水也免费，若收一般都事先言明。背包不要随意背在身后；正阳步行街、西城路步行街上有保安，治安会更好一些。

推荐食街

桂林主要的食街有五处，分别是滨江路食街（伏波山段至象鼻山）、解放西路食街、普陀路食街（朝阳路口）、美食城（汽车站左侧200米处）、雉山路食街（美食城对面）。而最有名的食街是在中心广场钟楼附近。

特色小吃

桂林米粉 把大米煮至半熟，搓团，放榨机中压成细条，圆的叫米粉，宽的叫切粉。吃的时候煮熟，加上香葱、卤肉片及肉汤即可。切粉的口感比米粉更好些。

🔅正宗米粉店

街边有不少米粉店味道都不错。推荐崇善米粉、胜利米粉、神卤米粉、担子米粉、日头火米粉等。

糍粑 是桂林人喜爱的冬季糯米食品，吃法多样，可用炭火烤熟蘸糖吃，亦可用油煎熟吃，或切块用糖水煮熟，甜咸皆宜。

马蹄糕 主料为大米粉，把米粉装入状如马蹄的木模，用马蹄粉或芝麻粉包心，猛火蒸熟，取出即可。

尼姑素面 精华是汤的部分，汤是用黄豆芽、新鲜草菇、香菇、冬笋等久熬而成。面条用清水煮熟装碗。放凉后再加上桂林腐竹、黄菜、素火腿等素菜和佐料，鲜香爽口，色香味俱佳。

恭城油茶 味道有些怪，但越吃会越上瘾，油茶吃的时候还有配套小吃。

特色名菜

荷叶蒸粉肉 家常名菜。用带皮五花肉、绿豆粉、荷叶、桂林腐乳和各式佐料，将肉煮熟，上酱油炸，粘上绿豆粉，用荷叶包好，放入碟中上笼旺火蒸烂。

荔浦芋扣肉 传统宴席食品。用正宗桂林荔浦芋、带皮五花肉、桂林腐乳和各式佐料，将带皮五花肉和切块的荔浦芋分别用油炸黄，然后将五花肉块皮朝下，与芋块相间排放碗中蒸熟，翻扣入另一盘中即成。

🔅油茶

中午漫步在桂林的大街小巷，会发现很多桂林当地人一人一碗油茶，再配以炒粉、水浸粑、船上糕、萝卜糕等主食，正惬闲地度过午餐时间。油茶受到桂林市民喜爱是近年的事，但环绕桂林四周的各县少数民族都盛行"打"油茶，据说桂北油茶曾被乾隆皇帝誉为"爽神汤"。油茶不说煮而称"打"，是各地的统一称法，而各地的油茶却各有其不同的风味。恭城油茶被誉为各地油茶之冠，享誉桂北和广西各地。制作油茶的茶叶一定要选择优质的绿茶，用开水泡20分钟左右，待茶叶柔软后，滤干水。再用铁锅放入适量猪板油、生姜、葱头、大蒜和花生末，用小火煮，并不停地用木头锤子将茶叶锤溶，最后加水煮开，一锅香喷喷的油茶就出锅了。

桂林夜景

☀️桂林粽子

有豆子粽、板栗粽、莲蓉粽、裹蒸粽、三角粽等。到处都可以买到，还有外酥里软的芋头糕，甜软可口的绿豆饼，桂林小吃真是多不胜举。

☀️桂林三宝：三花酒、豆腐乳、辣椒酱。

☀️正阳街

正阳街有上千年历史，东临漓江，北连古城墙，只有晚上去逛才能看清它的全貌。这里的酒吧相对高档，一般只供应外地啤酒或是洋酒，酒钱很贵。街边的露天小酒吧让人很惬意，叫上几瓶当地的啤酒，或细斟慢饮，或开怀畅饮，或只是看看街头来往的人流。

☀️购物注意

注意别跟团购物，建议到一些离旅游景点远一点的地方购物。比如：可到中山南路的桂林龙泉美术馆或西山公司的博物馆书画店买一些桂林山水的字画；到各大超级市场买一些三花酒、豆腐乳、月柿、芋头之类的桂林特产。

桂花炒肉松 传统滋补名菜。特点是肉松干香、蛋松色黄、桂花清香，属下酒佳肴。具有和胃平肝、益肾散寒功能。

桂林荷叶鸭 采用光鸭、干荷叶、瘦肉丁、熟冬笋丁、腊肉丁、炸香荔浦芋丁、香菇丁、嫩青豆、虾米和佐料，将光鸭油炸至金黄，将丁块和佐料翻炒片刻，放入鸭肚中，用荷叶包好上笼火蒸而成。

马蹄蒸肉饼 采用削皮马蹄、新鲜瘦肉和各式佐料精心加工烹蒸而成。特点是味道鲜美、质脆爽口、冬夏皆宜。还具有清热解渴、开胃下食、温和补气之功效。

爆炒漓江虾 典型的桂林风味菜。以漓江里的河虾为原料，加入少许桂林三花酒爆炒而成，从中可品尝出漓江水的清甜。

啤酒漓江鱼 在烹饪中把啤酒用于中国菜肴的大胆尝试，最终创造出了一个极具特色的地方菜而火爆于阳朔，继而扩展到整个桂林，不妨一尝。

夜游桂林

两江四湖的夜游 两江四湖上共有22座桥，在夜晚的灯光下都变成了水晶桥。榕湖里的几十米高的水上音乐喷泉也在夜色中伴随着或强劲或舒缓的节奏尽情舞蹈。

购物桂林

桂林特产主要有沙田柚、夏橙、罗汉果、白果、月柿、荔浦芋、腐竹及桂林三宝等。

手工艺品主要有桂绣、纸伞、手绘式屏风、针织物等，也很有桂林特色。

另外，桂林是国内的主要宝石加工地点，在磨盘山码头等地有价廉物美的饰品。桂林市旅游部门在珠宝发售处设有挂牌的国家鉴定处，如发现有卖假货的可以投诉索赔。

住在桂林

总的来说，桂林的宾馆、酒店档次参差不齐，星级宾馆价格较贵。对于自助旅游者来说，可优先考虑到普通宾馆或中小旅馆入住，大都经济实惠，服务质量也不错。

推荐住宿

桂林翻滚吧动漫主题青年旅舍国际会展中心店　有多个动漫主题间，萌萌哒Hello Kitty、宫崎骏的龙猫酱和ONE PIECE的海贼王。

桂林七星区穿山东路11号樱特莱庄园13栋

17777345552

花满旅行酒店　交通方便，环境也不错。

阳朔县蟠桃路151号

0773-8822538

桂林周边游

冠岩 ★★★★

　　位于漓江东岸的草坪乡，是一个巨型地下河溶洞，山形似一古老的紫金冠，又因山下有岩洞而得名冠岩。冠岩水洞长年封闭，景观保护良好，洞内千姿百态的石钟乳、石笋、石柱、石幔、大量的云盆、边石坝、鹅管、穴珠、掉岩、天锅等别具风采。

60元；观光滑车单程40元

8:30—16:00

在汽车总站乘桂林至冠岩专线车到冠岩，车费15元。桂林最早发车时间7:30，冠岩最迟返回时间18:30，每20分钟一趟；也可在游览漓江途中停靠冠岩码头后游览

1～2小时

游览方式： 冠岩洞内配备了有轨电车、游艇和观光电梯，游览方式之多，创吉尼斯世界纪录，为世界上游览方式最多的岩洞，同时电动观光滑道被评定为世界最长的旅游观光滑道。

古东瀑布 ★★★★

　　古东瀑布最大的亮点就是，你可以穿上雨衣，蹬上草鞋，沿着陡峭的山壁攀岩而上，逆流而行。这是一条可以攀爬的瀑布，在水中攀岩既惊险又刺激，既凉爽又有趣。景区内还有一座高达62米的吊桥，也是勇敢者的游戏哦。

55元

从桂林汽车站乘坐到冠岩的专车，在古东瀑布处下车即到

银子岩 ★★★★

　　银子岩溶洞内因不同地质年代发育生长的钟乳石，宛如夜空的银河倾泻而下，闪烁如银子，故称为"银子岩"。洞内奇特的自然景观堪称鬼斧神工，色彩缤纷且形象各异的钟乳石石柱、石幔、石瀑，构

成了世界岩溶艺术的万般奇景。大自然的鬼斧神工在这里被展示得淋漓尽致，故被誉为"世界溶洞奇观"。每年举行的荔浦村花节、荔芋美食节、自行车拉力赛、极限攀岩等活动更为其增色不少。

65元

8:30—17:30

1. 在桂林汽车站搭乘桂林至荔浦的班车，在银子岩下车；2. 在阳朔园林管理所门口搭乘至银子岩的旅游专线车：每天8:30、9:30、11:30、14:30、15:30，有往返于阳朔和银子岩的专线

桂林方向：上海路→环城西一路→环城南三路→进入G321→G65→G72→阳朔→终点；广州方向：桂林绕城高速公路→包茂高速公路→从阳朔→荔浦→G321出口离开→朝荔浦/高田方向→G321→终点

1～2小时

银子岩

桂林周边游

银子岩"三绝""三宝"

三绝：瑶池仙境、雪山飞瀑、音乐石屏。

三宝：佛祖论经、独柱擎天、混元珍珠伞。

大圩古镇 ★★★★ ⛰ 🎫

大圩老街并不宽，脚下是磨平的青石板路，两旁的老房子多为青砖、青瓦的两层明清建筑。不少古老的手工作坊，如竹编、草鞋作坊及草医诊室、老理发店等还保留着，历史沧桑随处可见。

傍晚时，寻一处落座，吹着江风，吃新鲜的河鱼，古朴又自然。

🎫 免费

🕐 全天

📍 桂林市灵川县临江路 250 号漓江景区

🚌 在桂林汽车站乘至冠岩的专线车到大圩古镇，车票 15 元。桂林最早发车 7:30，从冠岩返回最晚为 18:30

👁 3～4 小时

感受漓江

漓江

漓江快速攻略

Day1 漓江→九马画山→杨堤→兴坪

感受漓江

鹭鸶 鹭鸶捕鱼是漓江独有的美景。这种漓江上最常见的鸟类，总喜欢盘绕在渔船的船头，哪怕是 3 月寒冷的江水，这些鸟儿也会不停地扎到水里叼鱼。游客可选择在象山公园观看。

竹排 竹排是漓江山水中画龙点睛的一笔，也是漓江上独有的风光。三五人悠哉地乘坐竹排畅游漓江，那才叫真正的诗情画意，这比坐游船，甚至坐豪华轮游漓江要舒心多了。

兴坪 杨堤至兴坪一段是漓江最精华的部分。兴坪两岸翠竹垂柳、风光无限，船游其中，赏心悦目。有心人还会发现 20 元人民币的背面图案正是兴坪的风景。

漓江美食

如果是徒步旅游，可在杨堤、浪石、冷水、兴坪等地的家庭饭馆品尝农家菜饭，特色菜多是漓江虾、漓江鱼、漓江螃蟹、漓江田螺等风味小吃。

关于徒步

阳朔景区目前取消了"杨堤到兴坪"的徒步游，现在杨堤不卖徒步票，代之以竹筏游团体票。游客只有购买 118 元的"徒步游门票"，才能上船过渡口。

行在漓江

漓江作为桂林旅游中以山水风光著称的一段，"行在漓江"的全部意义不在于"行"，而在于"游"。"行在漓江"又因交通工具的不同分为水路和陆路两种。

进出
水路

从桂林至阳朔的水上行程约 4 小时，这是漓江旅游中最为经典的一条线路，水路游也是最为传统和常规的方式，这样才能够饱览漓江山水风光。如果时间较为紧张的旅行者，也可以选择从桂林乘车到杨堤，然后再乘船到阳朔。这样既节约了时间，又不会错过漓江风光中最经典的部分。

黄布倒影

☀️ **1.水期：** 漓江的丰水期为每年 4—10 月；枯水期为 11 月—次年 3 月。

2.提前买票： 如乘船游览需提前一晚买票，桂林市各大饭店及招待所都有票卖。

公路

桂林长途汽车站每天都有直达阳朔的班车，行程为 1 小时，车费 25 元左右。但这条线路不适合想要饱览漓江风光的旅行者。

徒步

热爱徒步的旅行者可以选择徒步漓江，从杨堤到兴坪，也是一种非常不错的旅行方式。

游在漓江

漓江 ★★★★★ 🖼️🛥️📷

整个漓江的风光只能用如诗如画来形容，当你真正走进这幅画卷的时候，你会发现，所有的词汇都显得苍白无力。

杨堤至兴坪镇是漓江风光中最经典的部分，"水帘洞府""鲤鱼挂壁""浪石奇景""九马画山"，景点一个紧接着一个。

💰 门票 54 元；磨盘山—阳朔游船 161 元（三星级游船）；竹江—阳朔游船 306 元（四星级游船）

🕐 8:40—22:40（旺季）；8:40—21:40（淡季）

👁️ 3～5 小时

黄布倒影

漓江的精华景点，新版 20 元人民币背景图案元宝山就取自黄布倒影。透过清澈的江水，可以看见江底有一块米黄色的大石板，鲜艳夺目，恰似一匹崭新的黄布铺在河床上。

九马画山

💡 **量力选择**

游漓江的游船上供应餐饭，服务员会极力推荐他的套餐，可依据情况选择。

💡 **漓江漂流须知**

1. 游漓江一般有两个选择，一是乘坐码头大船（即"官船"），二是联系竹筏师傅去漂流。乘坐码头大船容易走马观花，一般会选择后者。

2. 漂流价格：根据漂流里程而不同，精华游路段（杨堤—兴坪）价格一般 100～120 元。

3. 启程：可在桂林乘坐到杨堤码头的车，然后与竹筏师傅会合。好的竹筏师傅一般会帮人拍照，还会唱山歌，给游客讲解景点。

4. 避开当地人的赶集日、避开"官船"，尽量早点开始漂流。

5. 返程：可在兴坪的汽车站乘坐到阳朔的小巴，便于第二天游览阳朔。

漓江景点示意图

竹排风情

🆓 免费

👁 15～30分钟

九马画山

　　漓江著名的景观之一，是大自然的笔墨奇观。山峰临江而立，石壁如削，远望如一幅巨大的画屏，仔细端详画屏中似有一群骏马或昂首嘶鸣，或扬蹄奋飞，或回首云天，或悠然觅食。

🆓 免费

🕐 7:00—20:00

👁 1～2小时

草坪圩 ★★★★ 🎫🏞

　　在漓江的整个游程中，草坪算是观景高潮的序幕。这里群峰屏立，中有一平坞，沿着西岸如屏似障的削崖绕坞而行，形成一幅奇特的风景线。若逢阴雨天气，"烟云绕万峰"的奇景更有如淡墨浑挥，化入天际，沉入水中，景色十分壮观。

杨堤 ★★★★ 🏞

　　杨堤小镇后有两座并立的山峰酷似羊蹄，因此取其谐音叫"杨堤"。这里是欣赏"漓江烟雨"的最佳地点，周围风景变幻莫测，十分神奇。

兴坪 ★★★★ 📷🏞

　　兴坪镇不大，民风古朴，风景清幽。从兴坪到阳朔的路上，会经过一个小渔村，可以顺道去看看。农历五月初八前后有民间文艺、体育及祭祀活动。

游在漓江

💡**乘船须知：** 桂林的游船直接到阳朔（枯水的时候游杨堤－兴坪段），中间不能下船，也不停船；没有阳朔到桂林的返航船。遇到漓江的枯水季节（10月－次年3月）则在杨堤码头乘船。

阳 朔

阳朔快速攻略

Day1 西街→十里画廊→龙颈河漂流
Day2 燕莎航空营地→月亮山→世外桃源

感受阳朔

洋人街　阳朔可是一个魅力十足、洋味十足的旅游地点。在阳朔上至七八十岁的老人，下至七八岁的小孩或多或少都能说几句流利的英语。西街的氛围有点像北京的三里屯，那里的酒吧融合了中西两种文化的精华，在西街待着就算不喝酒只喝茶，也能体会到什么才叫享受。

No Bike, No YangShuo　游阳朔可坐汽车也可乘船，但最过瘾的莫过于骑单车。到了阳朔就算再没时间，也要租辆单车四处溜达，否则就玩得不爽了。阳朔的各个景点之间距离不过 10 千米左右，骑单车游览是最刺激、最过瘾、最经济的玩法，尤其适合年轻人。

准备与咨询

语言

本地以桂柳话为主，但大多数人能用普通话和广东话交流，也有很多人懂英语。

行在阳朔

进出

进出阳朔的交通可参看本书"广西—漓江"一节。

1. 桂林→阳朔： 进从桂林到阳朔乘坐高铁仅需 30 多分钟，票价为 22～29 元。桂林站、桂林北站、桂林西站均有发往阳朔的高铁列车，买票的时候注意看好是桂林的哪个火车站，不要走错站。阳朔火车站离阳朔县城较远，但离兴坪古镇、九马画山、莲花岩、天水寨等景区较近，乘坐阳朔高铁专 2 线可以从高铁站直达兴坪镇。桂林汽车总站也有直达阳朔的中巴车，车程约 80 分钟，票价 25 元左右。

阳朔西街

杨堤到兴坪

从杨堤到兴坪那段漓江精华游是可以徒步的。不过，目前杨堤不卖徒步票，而是代用竹筏游团体票收取费用。竹筏票 120 元。途中可看到九马画山和 20 元人民币背景，也能看到两岸如诗如画的漓江山水，但是否物有所值，不同的人可能有不同的看法。

竹筏游团体票 118 元/人（杨堤—九马画山，包含九马画山至兴坪的电瓶车费用）；218 元/人（杨堤—兴坪）。竹筏每个乘坐 4 人，满人才出发，否则要补空位费（50 元/位置）。

坐车技巧

最好到桂林汽车总站坐车，一路不停直接到阳朔。乘坐外面揽客的车则可能会一路兜客，拖沓很长时间，耽误行程。

购票

1. 客栈代购：《印象·刘三姐》的票可以让住宿的客栈帮忙购买，当地人代购的票价一般 120～140 元。

2. 便宜票慎买：千万不要轻信所谓的折扣票（30～60 元不等），他们会把你带到与正式舞台呈 20 度角的小山坡上或是其他视觉效果很差的地方观看。

2. 票价上涨: 长途汽车票价在节假日会普遍上涨20～30元。

3. 其他: 2016年阳朔高铁站正式通车,极大地缩短了游客进入阳朔的时间。目前,广州、深圳、贵州、成都、珠海等南部主要城市都有直达阳朔的高铁、动车,北方城市的游客进入阳朔需要先到桂林,再转乘到阳朔的列车。进入阳朔也可以选择长途大巴车,广州、深圳、梧州等地有到阳朔的长途卧铺客车。

阳朔汽车站　阳朔县城蟠北路
☎ 0773-8822188

游在阳朔

印象·刘三姐 ★★★★★ 🎫

大型桂林山水实景演出《印象·刘三姐》是阳朔"锦绣漓江·刘三姐"歌圩景区之核心工程,由我国著名导演张艺谋出任总导演,集漓江山水、广西少数民族文化及中国精英艺术家创作之大成,是我国第一部全新概念的山水实景演出。

💰 328～888元
🕐 夏季:第一场20:00,第二场21:35
　　冬季:第一场29:30,第二场21:05
👁 1～2小时

💡 **看演出须知**

1. 看《印象·刘三姐》实景演出,主要是看场面的宏大,所以最好坐得高一点,至少14排以上。黄金周一晚两场。

2. 由于屏幕发光,会有不少蚊虫,建议提前备好驱蚊水入场。

3. 购票前注意《印象·刘三姐》的官方通知,看有没有停演。2012年7月漓江上有降大雨,就有停演的情况出现。

西街 ★★★★ 🎫🚶🚲

西街不大,不过是200米的石板步行街,可是这弹丸之地却闻名世界。在西街,老外随处可见,有很多机会可以好好练一下英语听力。西街最出名的地方是酒吧,各种酒吧充满了异国情调。也有人觉得这里过于繁华喧闹,商业化发展得过于迅猛,这些都见仁见智了。

🚌 从汽车站步行至西街只需10分钟
👁 1～3小时

💡 **黄记玉米汁:** 西街有一家很有名的黄记玉米汁,分为冷饮和热饮,深受游客喜爱。醇香浓厚的玉米粒鲜汁,是逛街散步时候的理想伴侣。

十里画廊 ★★★★ 🚲📷

从阳朔县城沿桂荔公路南下,一直到

十里画廊

田家河边,一路风景优美,田园风光如诗似画,人称十里画廊。十里画廊一线分布景点众多,如大榕树、月亮山、蝴蝶泉等都在其中,是阳朔的必游之处,而且大多数游客都会选择租骑自行车前往,风景绝对不会让你失望的。

💰 免费,沿途各景点需购门票
🕐 9:00—18:00
🚲 在阳朔附近,一般人都选择骑车前往
👁 2小时

龙颈河漂流 ★★★★ 🌊⚠

比较适合年轻人的漂流,以惊险刺激广受好评,被称为"天下勇士第一漂"。这里的漂流大概有5个大落差,且都惊险异常,几乎呈垂直角度,橡皮艇和人会飞流而下,与其说是漂流,不如说是坠落,甚至偶尔还会有翻船之险。由于漂流过程会全身湿透,所以只适合夏天游玩。

💰 198元
🚌 阳朔汽车站乘坐龙颈河的专线车,30多分钟车程
👁 2～4小时

💡 **龙颈河漂流须知**

1. 漂流会湿透全身,带好备换的全身衣物,以供结束后换上。

2. 最好不要穿人字拖,如果出现翻船,拖鞋易被冲走,尽量穿扣带扣的凉拖鞋。

3. 防翻船技巧:尽量把重心放在上游方向。

遇龙河 ★★★★ 🌊⚠

遇龙河被称为"小漓江",来过这里的人体验最深的便是一个"静"字,好像自己的一举一动都惊扰了四周的美景。与漓江漂流不同的是,这里的竹筏没有马达,全部由人工撑筏,漂流的人也明显少于漓江,原汁原味的漂流,少了很多商业气息。同时,它也不同于龙颈河的刺激惊险,这里追求

的是静谧，没有纷扰。

🎫 漂流分段收费，65～370元不等

🚌 在阳朔乘到桂林的班车在白沙镇下车，再在镇上搭三轮车，2元钱就可以到遇龙桥；在阳朔汽车站乘至金宝的中巴车在金龙桥下车

👁 2～5小时

燕莎航空营地 ★★★ 🎈

　　阳朔燕莎航空飞行营地坐落于阳朔遇龙河畔，是目前国内规模较大的航空飞行营地（占地196亩）。热气球飞行观光游览：升空30～80米（视天气而定），可最多乘坐5名游客。以上帝的视角，俯瞰遇龙河美景；清新的空气、蔚蓝的天空，令人心旷神怡。温馨提示：热气球升空7～8分钟。

🎫 普通票：热气球99元；滑翔伞380元（具体请以实际消费为准）

🕐 8:30—12:00（热气球），14:30—18:00（热气球）

🚌 营地距离西街5千米，打车或租车都可抵达

👁 1～2小时

💡 去往营地之前最好先打电话确认当天能不能飞，可在网上或让旅行社人员帮忙买票，价格相对会优惠一些。

世外桃源景区 ★★★ 🎈📷🎫

　　光听名字就能想象到陶渊明《桃花源记》中的悠适生活，虽然这里景致诱人，但桂林最不缺的便是如画的山水美景。世外桃源的景致颇人工化了一些，与漓江、遇龙江等自然是无法同日而语，但也有人推荐在此水上游上岸后，到绣球楼对山歌、接抛绣球，也算别有一番风味。

🎫 世外桃源景区门票60元；山水园景区门票22元

🕐 8:00—17:30

🚌 从阳朔汽车站坐车到世外桃源，20分钟车程，2元左右

👁 1～2小时

月亮山 ★★★ 🅰📷

　　位于高田乡境内，风光古朴素雅、恬静安逸。山头上有一个天然的大石拱，两面贯通，远看酷似天上明月高挂。从不同的角度变换观看，此洞形状也不断变化。开着车赏月山，石拱的形状会从弯弯的上弦月，逐渐变成半月、圆月，继而又变成下弦月，十分奇妙。

🎫 大榕树、月亮山联票26元

🕐 8:00—17:30

🚌 可骑自行车前往，或者步行或包车

👁 1～2小时

大榕树 ★★★★ 📷

　　电影《刘三姐》的取景地。因一棵生长于此的千年古榕而闻名遐迩。大榕树高17米，距今已有1500年，盘根错节，独树成林，如一朵巨大的蘑菇云拔地而起。

🎫 大榕树、月亮山联票26元

💡 **遇龙河漂流须知**

1. 建议从金龙桥开始漂流全程，越早漂流越好。中途可去尝尝兴和农家饭庄的黄焖土鸡。

2. 提前找好一个口碑较好的筏工很重要，可参考网上信息。

3. 遇龙河的漂流下半程风景很棒，着重推荐，价格130元/筏。

💡 **阳朔美食**

1. 梧州老街上花1～2钱就能吃上一碗正宗的龟苓膏。

2. 板栗很好吃。

3. 米粉2～3元/碗，凉粉1元/碗，西餐里的Pizza 10元/个。

4. 西街上的感冒茶很出名，要是在西街上的酒吧泡吧品茶，花30～50元喝啤酒可以让你喝得酩酊大醉。最便宜的花茶不过3元，一般5～20元就可以喝得饱饱的。

5. 阳朔啤酒鱼以漓江新鲜鲤鱼、草鱼做原料，先腌后炸，啤酒加入番茄、葱、姜、蒜、青菜、香菇炒香，再加入炸好的鱼，至底锅盛放，小火慢煮，此菜鱼肉鲜美丰嫩，外皮焦酥，味重色艳，越吃越香。新西街的蒋记啤酒鱼最好吃。

6. 阳朔的黄皮果（2～3元/斤）和百香果（1～1.5元/个），是很多人喜欢的酸甜口味。

💡 **砍价**

　　在西街买东西，千万别不好意思砍价，可以货比三家后再砍，甚至砍到两折也不足为奇。在这方面功夫有所欠缺的游客，可选择只谈不买。

🕐 8:00—17:30

📍 阳朔县桂阳公路大榕树景区

🚌 沿着阳朔到荔浦的公路骑行 20 分钟，穿过工农桥即可到达

👁 1 ～ 2 小时

相公山 ★★★ 🌄📷

漓江两岸孕育着最典型的喀斯特地貌，相公山就是代表性的喀斯特山峰。这里的光影、云海、日出、彩霞吸引了众多摄影者，更有摄影家凭借在此拍摄的作品获得国际影展奖项。

实际上，登上相公山远眺，群山朦胧而连绵，蜿蜒的漓江一览无遗，犹如一幅水墨画，别说专业摄影师了，普通游客随手一拍就能拍出令人惊艳的照片。

💰 60 元

🕐 6:00—18:00

📍 阳朔县葡萄镇

🚌 兴坪码头乘轮渡穿漓江可到达相公山脚下；乘坐阳朔到桂林的班车，中途在葡萄镇下，票价 10 元，然后包车前往相公山

👁 2 ～ 3 小时

吃喝阳朔

在阳朔最惬意的就是在一些风味十足的大排档吃小吃，或者在西街的特色酒吧里泡吧了。

吃喝西街

山色西餐厅（十二年老店）

💴 人均 85 元

🕐 9:00—24:00

📍 西街城中路 2 号二楼观景大阳台

📞 13878389832

红星特快 游客推荐首选的西餐厅，Pizza 低价且薄脆料足分量大，据说餐厅内的游客留言本已经好几打了，可见人气之旺。推荐什锦 Pizza、黑椒牛排、金枪鱼 Pizza。

💴 人均 44 元

🕐 11:00—22:00

📍 阳朔县神山路 5 巷 2 号

📞 13788435455

夜游阳朔

阳朔的动人之处不仅仅在于白日的美景，还有入夜后的欢愉。

喜鹊酒馆 老式三层木楼建筑，外部古朴怀旧，内部装修以老黑胶碟布场。酒吧虽小，但很文艺。乐队很赞，改编过的歌唱得很有味道。

🕐 19:30—次日 2:00

📍 桂林阳朔县前街 39 号

📞 13077647496

购物阳朔

阳朔稀奇古怪的东西比较多，工艺品都很有艺术性，服饰最有壮苗民族特色。

阳朔西街有很多卖古玩、工艺品的小店，藏式的首饰、家居装饰最受欢迎，记得一定要还价。西街有 4 家 CD 店几乎珍藏了最全的外文唱片，喜欢的话不妨去淘宝。

住在阳朔

强烈推荐住阳朔西街，西街整条街都是私人旅馆，而且便宜。中山中路附近有很多宾馆，交通、购物、买书、上网、吃饭都很方便，而且离景点比较近。

微漾时光客栈 位置优越，周边既有阳朔公园、十里画廊等景点，也有很多餐厅和购物处。

📍 西街碧莲巷 64 号

📞 19151632271

阳朔周边游

黄姚古镇 ★★★★ ⛰🏞

《茶是故乡浓》的取景地。镇内有"六多"，山水岩洞多、亭台楼阁多、寺观庙祠多、祠堂多、古树多、楹联匾额多。街道全部用黑色石板镶嵌而成，镇内建筑按九宫八卦阵式布局。房屋多为两层的砖瓦结构，建筑精美，工艺高超。必游景点有古镇石板街、带龙桥、郭家大院、龙爪榕、仙人古井等。

💰 88 元

🕐 7:30—21:30

🚌 从贺州高铁站搭乘旅游专线巴士约 1 小时可到，每小时一趟，票价 30 元

👁 0.5 ～ 1 天

桂北

桂北快速攻略

Day1　龙脊梯田→银水侗寨→大寨金坑壮寨
Day2　资江漂流→宝鼎瀑布→八角寨→猫儿山→兴安灵渠

景点集中地

　　桂北地区的景点主要集中在龙胜、三江、资源、兴安四地。时间充裕可沿上述路线安排行程，全程至少需 4 天时间。如果时间紧张则可由桂林出发任选一地作一日游，均可从不同侧面感受桂北地区的奇异风光和民族风情。

感受桂北

奇异　桂北的奇在于她有着不同于桂林地区的崇山峻岭、江河急流、原始森林；她的异则在于迥异于汉族地区的少数民族风情及建筑。在桂北的土地上，聚集着壮、瑶、苗、侗、水、仡佬、仫佬、毛南等少数民族，他们各自的文化传统和民族习俗，使得桂北的奇异不仅停留在眼睛里，而且能触发心灵的感受。

行在桂北

　　在桂北旅行，交通以公路为主，从桂林去龙胜，快班车 2 小时左右。从龙胜可直接坐车到资源或三江。具体交通请看各县第一节。

驾车游

　　龙胜尽可能驾车去，一路上的收获会令你不枉此行。要看梯田一定要选好季节，否则去了也白去。

游在桂北

龙胜

　　龙胜县城距桂林约 100 千米，县城本身无甚可游，最知名的景观是壮丽的龙脊梯田，另外可领略壮、瑶、苗、侗等少数民族风情。

　　🚌 阳朔有直达专线车到龙脊金坑大寨

龙脊梯田　★★★★★

　　650 年的农耕现在看来虽不过是一个小缩影，但足以壮观得让你心颤。龙脊开山造田的祖先们当初肯定不曾想到，他们

龙胜壮寨

用血汗和生命开辟的梯田，竟变成了如此妩媚潇洒的曲线世界。壮观之美再搭上一丝人文风情，才是上上景。龙脊梯田不会让你失望，一路上的瑶族姑娘和壮族小伙子，绝对是你拍摄画面中的好素材。劳作的少数民族与梯田，夕阳西下，光靠想象就能勾出一幅别样景致来。最妙的是，你可以住在他们的农家，品着农家鸡，远眺着梯田，也做一次梯田农耕的传人。

要想领略到梯田最精髓的美，就要选好季节。每年的四五月份是梯田灌水插秧的时候，波光粼粼，是摄影和游览的最佳季节。当然你也可以选在九月里，一片金黄，那是梯田硕果的美。

- 🈯 80 元
- 🚍 **1. 平安村：**从桂林坐快车到龙胜，再转乘龙胜到平安停车场（龙脊）的班车，然后步行 20 分钟可达平安寨。
  2. 大寨：从桂林乘坐快车到龙胜，再转乘到大虎山的班车，然后在大虎山坐小面包或摩托车可达
  3. 龙脊村：从平安的七星伴月观景点附近走过去，或从平安停车场公路边爬梯田上去；龙胜与平安之间往返的车 16:30 最后一班，90 ～ 120 分钟发一趟车
- 👁 1 ～ 2 天

💡 1.龙脊梯田是一个景区的统称，包括若干村寨，其中旅游最热的有三个：平安村、大寨、龙脊村。大寨梯田是最壮观和原始的，适合旅友的口味；平安村去的人最多，适合大众；龙脊村也不错，路途没有前两者艰辛。

2. 大寨梯田一共有 3 个景点，分别是：1 号西山韶乐；2 号大寨千层梯田；3 号金佛顶。其中 3 号是最高最远最美的，强烈推荐。守旧路线一般是经 2 号景点到 1 号景点，而后在 1 号景点住一晚，隔天经 3 号景点下山。

3. 大寨梯田住宿可以选择全景楼，很多人推荐，因为可俯瞰梯田风光，而且离 1 号景点、2 号景点很近。全景楼有专车去车站接送。

黄洛瑶寨　★★★★ 🏞

获得"吉尼斯群体长发之最"，号称"天下第一长发村"。长发红瑶族姑娘聚在河畔洗头之景仿若民俗画。

黄洛瑶寨的村民人人能歌善舞，热情好客。在这里可欣赏到的歌舞节目有长发表演、红棍舞、伞舞等。

- 🈯 包含于龙脊梯田门票内
- 🕐 包含于龙脊梯田景区，全天
- 📍 桂林市龙胜各族自治县和平乡平安村龙脊梯田景区内

- 🚍 可以在桂林琴潭汽车站乘坐到龙胜县的班车，每天 6:15—18:10，每 20 分钟发一趟班车至龙胜，沿途停靠龙脊梯田的三个入口：龙脊古壮寨、平安壮寨、大寨红瑶梯田。票价 37 元。桂林市琴潭汽车客运站电话 0773-3832703
- 👁 1 ～ 2 小时

大寨金坑壮寨　★★★ 🏞🌸💧

我国典型的壮族村寨，特别是层层依山而建的木楼，组成蔚为壮观的"梯屋"，最具壮族风情。在这里能看到被誉为"中国的桑巴舞"的壮族扁担舞，能听到优美的壮族山歌，享受原汁原味的壮族风情。

- 📍 龙胜县和平乡金江村，距县城东南方 16 千米
- 👁 2 ～ 3 小时

银水侗寨　★★★★ 🏞🌸💧

住在这里的侗家人能歌善舞，在生活习俗、饮食习惯上都保持着本民族的独特风格。村中不用钉铆搭建的木结构楼房、村口的风雨桥、四方层檐飞角瓦顶塔形鼓楼都是标志性建筑。

- 🈯 50 元
- 🕐 8:30—16:30
- 🚍 龙胜县城乘公交车到勒黄桥（公交站）
- 👁 1 ～ 2 小时

柳州

如今，柳州这座三线小城凭借独具魅力的自然景观、特色又深厚的文化底蕴、极具性价比的物价，吸引了无数年轻人。他们远离大城市的喧嚣，只为来这里"充充电"。

- 🚍 桂林有动车直达柳州，票价 24.5 ～ 50.5 元，全程约 1.5 小时

💡 靠"螺蛳粉"出圈的柳州，还有许多宝藏美食值得挖掘，如木薯羹、酸辣牛杂等小吃，别具特色。

💡 **逛侗寨有技巧：**这里的平寨、岩寨、程阳大寨可以一起逛，大约要 1 小时；平寨需从岩寨往西北方向走；其他的寨子可以按照环游线路游览，需 2 ～ 3 小时。

程阳风雨桥　★★★★
🌊🌸🕐⛰

风雨桥又叫永济桥、盘龙桥，在三江县城古宜镇的北面 20 千米处，这座横跨林溪河的木桥结构牢固，建于 1916 年，是全

国重点保护文物。中国邮政还印制了程阳桥的纪念邮票。

💰 50 元

🚌 乘高铁抵达三江，换乘公交至河西汽车站，再转乘开往林溪方向的公交车到程阳八寨；或从三江高铁站包车前往，80 元左右

👁 30 分钟

侗寨、马胖鼓楼 ★★★★

侗寨的结构别具一格，一般散布在依山傍水之处，寨里的屋舍均由杉木搭建，一家挨着一家，不少村寨的房子连成一片，走进寨内便可不受日晒雨淋。寨子远远望去，高低错落，极其壮观。

几乎每个侗寨都有鼓楼，大多建于寨子的中心，是寨民们聚众议事之处。三江县城以北 25 千米处的马胖寨的鼓楼是侗乡最大和最有代表性的一座，是一名侗族巧匠于 1939 年建成的，有极高的观赏价值，现为全国重点保护文物。

🚌 三江县城周边有很多侗族寨子，随便招呼一个摩的就能把你送去。马胖鼓楼最好包车前往

🍴 在侗寨别忘了尝尝侗族食品。侗族的饮食特点，一是不离酸，酸鱼酸肉是一大特色；二是吃糯米，糯米饭是侗族人的主食。打油茶是侗族人民喜爱的饮料，有提神醒脑、祛寒暖胃等功效

程阳八寨 ★★★★

程阳八寨分别是指马鞍（安）寨、平寨、岩寨、东（董）寨、大寨、平坦寨、平埔寨、吉昌寨。游客来此可以观看侗族风情的民俗表演等，活动丰富，是观光摄影、了解侗族风情的绝佳去处。程阳桥是非常珍贵的文物，可以重点参观一下。

💰 95 元（含观光车）

📍 柳州市三江侗族自治县古宜镇北 20 千米处平岩村

🚌 三江侗族自治县河西客运站每天上午 9:00—11:00 有发往程阳桥的班车，票价约 10 元

👁 0.5 ～ 2 天

龙潭国家森林公园
★★★★

在这座国家 AAAA 级景区中，既能欣赏到典型的喀斯特地貌山水景观，也能感受到南方少数民族风情。卧龙山、美女峰、孔雀山等二十四个形态各异的山峰，耸立于一湖（镜湖）二潭（龙潭、雷潭）四谷地之间，构成一幅绝美的山水画卷。

🚌 临近龙潭医院（公交站）、龙潭小区（公交站）

👁 2 ～ 3 小时

资源

有"湘桂走廊"之称，是南北交通的主要通道。资源县城本身乏善可陈，主要景点有资江、五排河、八角寨、宝鼎瀑布等。主要游乐项目为漂流。

🚌 汽车总站每天有桂林至资源的直达车，票价 45 元。游完龙胜后可从龙胜直接乘车到资源

资江漂流 ★★★★

资江发源于海拔 2141.5 米的猫儿山，长 40 多千米，天然落差 1000 余米。滩多湾险，共 58 个滩，拐 56 道湾。沿江风光奇峻，分布着不少景点。资江沿途有不少码头可下河漂流，其中三号码头一段最浅处几十厘米，最深处达三十几米，整个漂流途中将遇到 33 道湾和 45 个滩。而最富挑战性的漂流河段是五排河，那里河水的落差竟为 300 米。

侗族鼓楼

🚤 木船 90 元 / 人，橡皮艇 500 元 / 艇（限坐 6 人），350 元 / 艇（限坐 3 人）

🕐 7:00—16:00

🚌 如果不跟团，去三号码头漂流需在资源县汽车站坐去瓜里的车，途中经过二号码头时下车，票价 1 元。打摩的到三号码头 2.5 元 / 人，大约 15 分钟。五排河漂流可坐公车或包车前往

👁 1 ～ 3 小时

💡 **团漂**：跟团漂流也许更加方便，在资源城区的漂流接待处买漂流的船票，可以在那里跟团，木船 90 元 / 人，橡皮艇 500 元 / 船（6 人）。有些旅馆可以帮忙订票，还有折扣。

八角寨 ★★★★ ⚽🌐

位于湘桂边界。赤红色的山体如横空出世，耸立插天，寨顶飞出八个犄角，形似八条峥嵘的巨龙远翘，整个山势雄伟险峻，堪称一绝。山上的龙头香远可望丹霞美景，近可观深渊绝壁，景观独特。

💰 138 元（包括崀山门票）

🚌 资江、天门山、八角寨在同一条线上，资江漂流终点是天门山景区，游完天门山再乘车到八角寨，最后再回到县城

👁 2 ～ 3 小时

天门山 ★★★★ ⚽🌐

天门山山形俊秀，岩壑争奇，有典型丹霞地貌的石梁的天脊、石寨的神仙寨、石巷的一线天绝景；有药皇神农、医圣张仲景、神医华佗等雕像；有天门寺、观音庙、药师佛、土地庙等佛道寺观建筑；有书法名家赵朴初的"林壑幽美"、林之源的"天下第一药谷"、秦宇生的"知者乐水"等题刻，构成一幅世外桃源图景。

💰 28 元

🕐 8:30—17:00

📍 桂林市资源县中峰乡车田湾村

🚌 桂林出发可乘资源旅游专线车

👁 2 ～ 3 小时

兴安

兴安县位于桂林东北部，是湘漓二水之源，也是世界上最古老的运河——灵渠的所在地，自古以来即是楚越文化交汇之处。县城距桂林市区 57 千米，交通相对发达很多。

🚌 兴安汽车站每天有多趟发往桂林、柳州、南宁、钦州的直达快班，并有去往广州、深圳、惠州等地的省外班车。

除了汽车外，还可以选择火车，桂林到兴安每天有多个火车车次

兴安灵渠 ★★★ ⛰🌐🚶

灵渠建成于公元前 214 年，古称秦凿渠，世界上最古老的运河之一，与都江堰、郑国渠并称为秦代三大水利工程。

💰 门票 45 元；门票＋游船 95 元；仿古游 60 元；寻秦之旅 140 元

🚌 从桂林汽车站乘桂林至兴安的快巴到兴安县城，票价 33 元，然后乘三轮车前往

猫儿山 ★★★ 🌐🔺

华南第一高峰，位于兴安、资源两县交界处，主峰海拔约 2141 米。是广西三大河漓江、资江、浔江的发源地。

💰 160 元（含门票、观光车、保险费）

🕐 8:00—17:30

🚌 从桂林汽车总站可以坐车直达，票价 11 元，包车前往 200 ～ 300 元

👁 4 ～ 5 小时

吃喝桂北

桂北一线的饮食以当地少数民族特色为主，口味一般偏咸，特色食品谈不上特别好吃，但一般人都能接受。

游桂北最不能错过的是这里的酒，不但有独具风味的龙胜壮族糯米水酒，还有资源瑶族的番薯酒，也叫火酒，和水酒相比又是另一番风味。

侗族的酸肉值得品尝，瑶家的"鸟鲜"更是非吃不可，后者是当地一种著名的风味小吃，做法是将深山里捕来的鸟去毛除脏，用炒米粉和盐拌匀再密封于罐中一段时间。好的"鸟鲜"肉香骨脆，极其鲜美。

购物桂北

在桂北的瑶、苗、侗族寨子里，有不少妇女卖绣包、银镯子、银耳环，价钱很便宜，有些并不是真的银制品，要注意分辨。

住在桂北

桂北的几个县城（除兴安外），城区都没有什么特色，住在城中实在没有意义。建议最好到景点附近的村寨中住宿，不但可早晚守候观景，一路下来，也可住遍瑶、苗、侗寨，近水楼台，体味原汁原味的民间风情，遍察不同民族的奇特风俗。

南宁

南宁快速攻略

Day1 青秀山风景区→民族文物苑→南湖公园→云顶观
光→民歌湖景区

感受南宁

绿城 南宁的独特在于一个"绿"字，名副其实的"绿城"，"半
城绿树半城楼"这句话可不是浪得虚名，每一条街边都有郁葱
大树，楼与楼之间也有绿意盎然的绿化带，最难能可贵的是，
市民也响应"绿城"号召，家家户户阳台上都种植了绿色植物。
走在南宁最气派最漂亮的民族大道，即使被烈日炙烤，也会有
绿荫庇护，而且这里的绿色植物充满了浪漫的亚热带风情。

摩托车 南宁曾被封为"摩托之城"，城市拥有的摩托车居全国
第二，这同时也给交通带来了一定困扰，这个城市还很少见
地给摩托车辟了专用通道。不过早些年南宁就开始了限制摩
托入户，如今街上的摩托车也少了些。

准备与咨询

语言

南宁市的语言交流以广西白话为主，但大多数人懂普通
话和广东话。

气候与游季

地处北回归线以南的南宁盆地，雨量充足，呈典型亚热带季
风气候，年均气温在21℃。这里终年常绿，一年四季适合旅游，
但是七八月炎热潮湿、降雨量大，需备好防晒用品、雨具等。

行在南宁

进出

进出南宁，多是通过公路、铁路和航空，水路多数情况是到
广州、香港、澳门。

飞机

吴圩国际机场距市区32千米，可起降波音737等大型客
机。目前开辟的民用航线有国内及国际航线，直达国内主要城
市及河内、曼谷等地。

鬼节

在南宁人的心目中，对鬼
节的重视也许仅次于春节，整
个农历七月都会弥漫高香的味
道，民众必定要隆重祭祖，给
先人"捎去"诸多"财物"。在
鬼节里，还有吃鸭子的传统。

机场专线

机场每天都有专线巴士
往来于市区与机场之间运送旅
客，在火车站附近的民航售票
处可直接搭乘。此外，各大宾
馆、酒店也有专车接送，票价
20元。如果不愿意坐机场专
线，还可以去朝阳广场旁边乘
坐301路公交车（3元），不
过人很多。

南宁街景

🔅南宁十大精品景观

1. 扬美古风（扬美古镇风景区）
2. 青山塔影（青秀山风景名胜旅游区）
3. 南湖情韵（南湖休闲观光带）
4. 邕江春泛（邕江景观带）
5. 望仙怀古（人民公园）
6. 明山锦绣（大明山国家自然风景区）
7. 伊岭神宫（武鸣区伊岭岩风景区）
8. 龙虎猴趣（隆安龙虎山风景区）
9. 凤江绿野（良凤江国家森林公园）
10. 九龙戏珠（横县九龙瀑布群风景区）

🔅东南亚旅游美食节

　　每年的 10 月中下旬，南宁都会举行声势浩大的东南亚旅游美食节，全国各地小吃和东南亚风味都有，喜欢美食的游客不可错过。

🔅广西民歌

　　在南宁，欣赏广西民歌最好的去处莫过于南宁民族广场和附近的南宁国际会展中心，这里定期举办大型的民歌表演，同时也是南宁国际民歌艺术节的主会场。地址在民族大道与竹溪路交会处，乘坐 8、32、205 和 704 路公交车均可到达。

🔅南宁年轻人

　　南宁本地年轻人每天晚上都非常忙，通常要赶四五个场子，第一场先打羽毛球，第二场吃晚饭，吃完要去第三场咖啡店与另外一些朋友聚一下，然后再赶第四场夜店、酒吧，精力特别旺盛的人还会赶第五场到南湖边或者金茶花公园附近的茶庄喝点茶，喝完茶，再赶第六场到中山路吃点小吃，能喝酒的还要再来上几瓶啤酒，凌晨三四点回家，第二天还准时上班。

🔅观水幕电影须知

　　水幕电影只有周末和节假日晚上才开放，20:30 开始。观看时注意安全，由于人特别拥挤，也会有不法分子趁乱扒窃，游客要看好随身物品。

航班查询电话

📞 0771-2881111
机场 📞 0771-96365

铁路

　　有湘桂、黔桂、黎桂、南昆等铁路干线；宁铁线向北与全国各干线相连接，向东可达湛江、广州，向南可达钦州、防城港、北海，西南可至越南河内。新建的南昆铁路已开通南宁至昆明的运输业务。

高铁

　　柳南城际高速铁路，又称柳南客运专线，是广西第一条城际高速铁路，线路起自广西柳州市，经来宾市、宾阳县，止于南宁市，线路全长 224 千米，设计时速 250 千米 / 时，2013 年 12 月 30 日柳南客运专线建成通车，南宁东至柳州用时 1 小时 16 分，南宁东至桂林用时 2 小时 21 分。

公路

　　每日有班车发往广西各市县，市区现有 5 个客运服务站，开辟了内外 7 个地区，57 个县市的客运路线近 400 条。

江南客运站

📍 江南区星光大道 236 号
📞 0771-4519999

水路

　　顺邕江而下到达广州、香港、澳门等地。

市内交通

　　南宁市内主要有公交车、中巴、市郊公车、空调专线大巴（当地人叫冷巴）等交通工具。

　　南宁目前有 5 条运营的地铁：1 号线、2 号线、3 号线、4 号线、5 号线。地铁票价为 3 ～ 6 元。

　　南宁出租车起步价 9 元 /2 千米，之后每千米 2 元；晚上起步价为 11 元 / 2 千米。

游在南宁

广西壮族自治区博物馆　★★★★ 🚻

　　经过四年的精心筹备，改建后的广西博物馆重新开放了。如果想了解广西的历史文化，不妨把这里当作窗口，出土于广西的金属器、陶瓷、玉石器以及名人书画等都可以在这里看到。博物馆南侧的民族文物苑不可错过，这里展示有侗族风雨桥、瑶族谷物仓库等复制品以及大量民族服饰、工艺品。

🕐 9:00—17:00（周一不开放）
📍 南宁青秀区民族大道 34 号
🚌 临近民族古城路口（公交站）、民族广场（地铁站）
👁 2 ～ 3 小时
🔅 博物馆每天 10:00、14:30 各有一次免费讲解，十分细致。

青秀山风景区　★★★★ 🚻⛲

　　有"南宁市的巨肺"之称，空气的清新可想而知。满山青翠的树木，映衬着半山上天池和瑶池两个巨大的人工湖，加上别具

一格的泰国园，是到南宁不能错过的景点。

- 🎫 20 元
- 🕐 6:00—24:00
- 🚌 临近青秀山北门（公交站）、青秀山南门（公交站）
- 👁 0.5～1 天

南湖公园 ★★★★ 🏞🎡

南湖公园内种植有南国特色的棕榈、蒲葵、槟榔等热带树林。除此以外，还有三个"园中园"，即种有 200 多种名贵中草药的中草药园圃；种有夏蕙、剑兰、墨兰及火焰兰等名贵兰花的兰花圃和一个盆景园。

- 🎫 免费
- 🚌 临近双拥青山路口（公交站）、医科大学（公交站）
- 👁 2～3 小时

亭子码头 ★★★ 🏞🎡

浪漫欧式教堂、游艇码头，构成了一个满满童话风的亭子码头。在假日，约上三两好友，到亭子码头走一走，不仅能欣赏邕江美景，还能拍出欧洲风情大片。

- 🚌 临近江南福建路口（公交站）、亭洪亭江路口（公交站）、亭洪路（地铁站）
- 👁 1 小时

民歌湖景区 ★★★★ 🏞🎡

民歌湖的游览项目包括悬浮壁画、酒吧街、叠翠谷、沁香苑、淘金滩、咏竹园、棕榈岛等，是南宁城中风景极美的景观水域，晚上可坐游船欣赏美丽的城市夜景。

- 🎫 日游 100 元；夜游 150 元
- 🕐 全天开放，游船开放时间为 9:00—23:00
- 🚌 临近民族金浦路口（公交站）、金湖广场、金湖广场（地铁站）
- 👁 1～2 小时

吃喝南宁

广西佳肴属粤菜系列，但风味自成体系，桂菜以烹制鸡、鱼、蛇、鸽等最为擅长，最出名的有花雕醉鸡、纸包鸡、五世起昌鱼、核桃香鸽等。

对于一般的旅行者来说，地方风味小吃远比地方大菜更有吸引力，也更经济实惠。在广西各地都能吃到各式的米粉、粽子等，老友粉可能是最能代表南宁特色的一种小吃。

再就是大小餐馆里都能吃到的柠檬鸭，也是别有风味。当然，最不能错过的是南宁的水果，各种热带水果种类多且便宜。除了一些特色的餐馆外，中山路也是一条热闹的食街。

推荐食处

中山路 中山路是南宁的小吃一条街，从 19:00 开始，一直持续到次日清晨四五点钟，路上很热闹，卖烧烤、粉面、小馄饨、甜品、凉茶的应有尽有。从街头吃到街尾，花费很少，却能吃到很多美味的小吃。

舒记粉店（七星路店） 来南宁别忘了尝一下老友粉，舒记无疑是人气最火爆的一家店之一，用料足、汤汁浓。

- 📍 七星路 46 号
- ☎ 18070942595

夜游南宁

南宁的夜生活可与广州一拼。到南宁旅游不用为夜晚的空闲时间发愁，可选择到众多广场中体验丰富的夜间广场文化，也可去 KTV、休闲小酒吧、特色餐厅、健身中心等场所密集的东葛路、桃源路。

购物南宁

朝阳路、新民路和七星路一带专营店密集，店铺一般规模不大，多为名牌专卖店、精品店，还有众多商场，如万达广场、梦之岛百货、王府井百货、金湖广场等。

特色购物街

西关路 最热闹的露天夜市，每天从 18:00 开始，售卖各种中低档服装、装饰品、化妆品、玩具的小摊一字排开，热闹无比。

住在南宁

南宁的住宿可选择的较多，中高低档都有。

推荐住宿

城市便捷酒店（南宁朝阳路店） 在朝阳广场，紧邻万达和百盛，购物、逛街方便，环境一般。

- 📍 南宁市兴宁区朝阳路 9 号
- ☎ 0771-3485888

凤凰宾馆 四星级酒店，走路 10 分钟便到火车站，斜对面有机场大巴站。早餐丰

富，还有可乐等饮料赠送。

📍 朝阳路 63 号

📞 0771-2119839

💡 罗平振兴街上旅店非常多，靠近客车站而且较便宜。

扬美古镇 ★★★

🖼🏊🚗🍴

　　扬美镇是一个古色古香的小镇。有著名的魁星楼、清代一条街、明清古建筑群、辛亥革命党人梁列亚故居等。

💰 10 元

🚌 平日可乘南宁→扬美专线旅游车停靠点乘车，票价 10 元。周末可乘观光船明日号、星岛号抵达，顺道观赏邕江、左江景致

👁 1 天

扬美古镇的民居

🕐 8:30～17:30

🚌 南宁市区琅东汽车站有到景区的大巴车

👁 3～4 小时

大明山 ★★★★

🏊⛰📷

　　大明山具有独特的气候环境，山高林密，是典型的山地森林景观。其春岚、夏瀑、秋云、冬雪各具特色，尤以夏季天气凉爽，是炎热的桂南地区消夏避暑的首选之地；而冬雪，则是我国最南的赏雪胜地。主脉群峰之顶还有六片天然大草坪，草坪四周古木环绕，中间长草不长树，人称天坪山圩。

💰 128 元

🕐 8:00～17:00

🚌 南宁小金山广场每天 9:30、12:00、14:00、18:30 有汽车直达大明山，票价 35 元，车程 1.5 小时。还可到安吉客运中心乘马山、大化、都安方向的大巴在大明山路口下车即可，如果从市区包车前往约 200 元

👁 4～6 小时

龙虎山 ★★★★

🏊🐒📷

　　景区绝大部分为原始森林所覆盖，生存着千余种植物和上百种动物，其中有不少属于国家珍稀植物及国家一类、二类保护动物。观野生猕猴是龙虎山最惊险的旅游项目。

💰 60 元

大新明仕旅游度假区
★★★★　🏊📷

　　明仕田园风光秀丽，青山绿水，翠竹环绕。稻田绿意盎然，村舍古朴整齐。老农辛苦锄田，牧童戏水放羊，一派悠然安详的田园风光。这里还有威武的将军山，清秀的通天洞，神奇的万乳崖壁画等景观。

🚌 可从德天瀑布门口租车前往，往返 55 元左右

👁 0.5 天

三里洋渡风景区 ★★★
🏊🚣📷

　　三里洋渡风光不亚于桂林漓江，游客可坐船游览，若时间充足，最好徒步，能细细欣赏令人目酣神醉的动人景象。群山中溶岩洞穴众多，极具特色的有明镜岩、琴水岩、独山岩等。另外，还能寻迹到一些唐代的碑刻古迹。

🕐 8:30～18:00

南宁周边游

🚌 可从南宁市金桥客运站坐班车至上林县澄泰乡漫桥客运站下车，然后转三轮车或面包车前往景区；也可先坐车到上林县城，然后再转车前往

👁 3～4 小时

百色

　　纪录片《人生一串》中，猎奇但又实在美味的烤猪眼让人印象深刻，配以紫苏叶食用的吃法引发味蕾惊叹。随后百色烧烤引发人们关注。百色这座小众的旅游城市有独特秀丽的自然风光、纯正的民族风情、也有近代革命的历史遗迹。

鹅泉 靖西八景之一，绿水青山、亭台楼阁、乡村田园在这里有机地融合在一起。鹅泉像一面镜子，倒映着两岸的山峰和农田。有时能看到划着竹筏、水边洗衣服的村民，他们也是景色的一部分。湖上一座 15 孔拱桥从清代建成就静静守卫着悠悠美景。

💰 48 元

🕐 8:00～18:00

📍 百色市新靖镇鹅泉村

🚌 在靖西火车站乘坐至靖远客运南站的车，然后转公交到弄怀村路口（公交站）。公交站距鹅泉约 4 千米，可打车或徒步前往

👁 2～3 小时

通灵大峡谷 大峡谷主要有三大看点：品种繁多的植物，中国落差最大的瀑布——通灵瀑布，以及通灵大峡谷的奇特景观之一——古悬洞葬。

💰 115 元

🕐 8:00～17:30

👁 2～4 小时

德天跨园瀑布
★★★★

　　世界第四大跨国瀑布，虽然不能与尼亚加拉大瀑布相提并论，但德天瀑布仍然是南宁周边引人注意的风景，被评为中国最美的六大瀑布之一。

💰 115 元（含观光车）

🚌 在南宁琅东站有旅游快巴发往德天瀑布，8:30 发车，票价 75 元

🏠 德天瀑布源头处有客舍，景观美丽

👁 3～5 小时

💡 **1. 避免下午去:** 避免下午去德天瀑布，逆光拍不出好照片就白跑一趟了，早上去可 2 小时游完（包括中越 53 号界碑），还可以买越南特产，晚上住到大新县城。

2. 游览最佳时期: 每年的 7—11 月是游览德天瀑布的最佳时期，此间由于进入降雨季节故水量大且水质清，是欣赏瀑布万马奔腾般咆哮的最好时节。

3. 竹筏游: 可以下到河边，然后到瀑布附近乘坐竹筏近距离看瀑布，竹筏 20 元 / 人，约坐 10 个人。

北海

北海快速攻略

Day1 银滩→海洋之窗→海底世界→金海湾红树林

Day2 涠洲岛→鳄鱼山火山公园

感受北海

免费氧吧 北海市空气清新，空气中的负离子含量高出国内其他内陆城市 50～100 倍，是天然的氧吧。

轻松出国游 在北海只需花 100 多元钱办好旅游通行证，组团，

坐上游轮就可走出国门，或者到邻近的东兴市踏上横跨北仑河的友谊大桥，走过去就是越南芒街了。然后到河内，还可到越南的谅山、河内、下龙湾、海防市、胡志明市。从北海出发去感受一下异国风情就是这么容易。

准备与咨询

语言

广西以白话为主，但基本能用普通话交流。

气候与游季

年平均气温 22℃，夏季较为炎热，12 月—次年 3 月是旅游淡季，4—11 月是北海旅游的最好时间。

行在北海

进出

北海南北西三面环海，进出的主要交通方式是航空，省内以汽车为主要交通工具。

飞机

北海机场离市区 24 千米，开通了到北京、上海、长沙等城市直通航班，到机场打车一般 60 元左右。

民航大巴

民航大巴的起始站及终点站就在各酒店门口。对于乘飞机出行的客人非常方便，只要 10 元 / 人的车费就可以直达北海机场或酒店了。

铁路

北海火车站位于市中心北京路与站前路交会处。目前，北京、广州、重庆、武汉、成都、贵阳、昆明有直达北海的高铁和动车，其他城市的游客需要先乘车到南宁或桂林，再转车到北海。

公路

北海南珠汽车站是北海最大的长途客运站，位于北部湾东路。每天有往返南宁的豪华直达快班车。此外，还有开往桂林、梧州、广州、湛江、深圳、柳州、玉林、钦州、东兴、合浦等地的客车。

水路

水路也是进出北海的主要交通方式之一，与海口、广州、涠洲岛、东京、新加坡等地通航。

北海的海上航线：北海至越南下龙湾、海防、河内航线，是我国第一条海上跨国旅游航线，首创出国旅游无须办理护照的先例。从北海起航 10 小时即可到达越南的下龙湾。

国际客运港： 发往海口、涠洲岛

📍 银滩旅游区 18 号

📞 0779-3880711

市内交通

市区的公车均为无人售票。其中北部湾广场西侧靠四川南

购票

北海可订购全国各地车票，提前 12 天可预定。

北海机场

📞 0779-8512770

寄存

客运中心的小件寄存处，每天保管时间只到 17:30。

3 路公交车

北海 3 路公交车途经很多旅游景点，包括北部湾广场、国际客运码头、海滩公园、银滩等，是旅游人士常坐的车。

坐船须知

1. 坐船要注意避风。
2. 节假日需预订船票。
3. 备好晕船药。

渔民

疍家渔民以前大多居住在小舟中，以舟楫为家，舟小如叶，故称疍民。北海沿海大体有三类疍民：一是以采蚝捕鱼为生的蚝疍，二是以采珠为主、兼浅海捕捞的珠疍，三是以捕鱼为生的渔疍。

行在北海

北海街景

路宝宜大厦的公车站是个重要站点，可直达侨港镇和银滩等地。

游在北海

银滩　★★★★★　🏖🏄🏊

银滩长24千米，号称"中国第一滩"，面积超过北戴河、青岛、大连、烟台、厦门海滨浴场沙滩面积的总和。

早上和夜晚是银滩最美的时候，游泳、看日出日落，或是在细而柔软的沙滩上漫步本身就是一种享受。银滩还是广西的"足球城"。银滩游客比较多，如果想要静谧的氛围，可能不是优选。

🎫 免费
🚌 临近银滩（公交站）
👁 2～4 小时

🌞 **银滩玩法**

1. 沙滩上有遮阳伞和双人帐篷的出租点。
2. 银滩上的摩托艇最好在游玩之前谈定价格。
3. 这里的网吧3～5元/小时。
4. 银滩很大，如果要走完，建议从银滩西门站下车，从西边玩到东边，最后直接从终点站返回，这样就可以避免绕远路。
5. 银滩附近的海鲜建议不要吃，长青路一条街的烧烤夜宵不错，北部湾西路的几家价格很平价。

星岛湖景区　★★★★　🏞🏖

星岛湖气候宜人，湖面宽阔，水绕青山，有中央电视台拍摄《水浒传》的外景基地——水浒城。

🎫 138 元（含游船）

⏰ 8:30—16:30
🚌 可到北海汽车总站乘北海到合浦快班车，车票 5 元

北海海洋之窗　★★★　🏖

这是一座融海洋、养生、文化、高科技、艺术以及科普教育于一体的大型综合性海洋博物馆。多项项目为国内首创，独具特色，如巨型深海圆缸、四面通透缸体隧道等，而且还有惊险刺激的表演和动感4D 影院。

🎫 138 元；4D 影院 25 元
⏰ 9:00—17:30（5—10 月）
9:30—17:30（11 月—次年 4 月）
🚌 从北部湾广场往北海银滩方向直行即可到达
👁 2～3 小时

北海海底世界　★★★　🏖🐠

海底世界分为 A 区、B 区，在海滨公园内，是中国西南地区最大的海底观光景点。在这里有花样潜水等表演，还有仿坎贝湾黄金城以及来自太平洋和印度洋的300多种鱼类。

🎫 成人票 168 元；儿童票 108 元
⏰ 9:00—18:00
🚌 临近海滨公园（海底世界）（公交站）、北部湾路深圳路口（公交站）
👁 2～3 小时

金海湾红树林生态旅游区
★★★★　🏖

景区内有七种红树，每当退潮时，可以看到茂密的红树林，水鸟从林中成群而起，景象非常壮观。走在通向湿地深处的木栈桥上，可以欣赏海边大片的沙地红树林，或者去沙滩上玩耍，拾贝捉蟹。

🎫 90 元（含观光车）
⏰ 7:30—19:00
🚌 在市中心乘坐公交车到达北海中学，然后步行或乘坐出租车到达景区
👁 2～4 小时

北海百年老街　★★★★　🌃🏖

一条有着近 200 年历史的老街，这里的建筑备受关注。老街建筑大多为二至三层，在岭南建筑的基础上吸收了 19 世纪末英、法、德等西方建筑的元素，临街两边墙面的窗顶多为卷拱结构，雕饰线流畅而

海滩公园

人力三轮

其实市内出行不赶时间的话最好是坐人力三轮，享受阳光空气绿树蓝天。

沙滩乐趣

银滩的沙滩排球、足球、沙滩卡丁车都很好玩，海边的水上蹦极和小型帆船别有趣味，尤其是海底潜水，可以观赏美丽的珊瑚和奇妙的海底世界，不可错过，一般都是150元/人，有专门的教练负责带领，比较安全。最好不要坐自驾的海上摩托，不安全；在下海游泳时不要离岸边太远，没有救生员不要下海。

优美，工艺十分讲究。建筑临街的骑楼部分延伸向道路，为行人遮风挡雨、躲避烈日。沿街的老字号、酒肆、民俗商店、小吃店能让人依稀想起老街曾经车水马龙的繁华景象。

🚌 临近人民剧场（人民医院）公交站、北海一中（公交站）
👁 2～3小时

吃喝北海

北部湾是中国四大渔场之一。北海的美食以海鲜为主，北部湾的海鲜有蟹、海参、带子、鲍鱼、鱼翅、沙虫、石斑、石鲛、鱿鱼、墨鱼、对虾，以及各种贝类等，不吃海鲜等于没到过北海。

北海的口味以粤式为主，不过也有不少主营川菜的酒家。

推荐食街及食处

九叔鸡饭 北海有一种本地特色叫"鸡饭"，是选用北海土鸡精制而成的，这种鸡皮黄肉白骨红，味道非常棒，建议到文明路的九叔鸡饭尝尝，那里鸡血煮的芥菜汤也是一流。

海鲜大排档

此前曾以海鲜大排档餐饮著称的北海市外沙岛已修建成外沙海鲜岛，但价格较贵，建议去银滩对面的大排档或餐馆，海鲜既新鲜又便宜。

购物北海

珍珠和海产品可能是每个到北海旅游的人都会为之掏钱的特产，品种之多，价格差异之大，都是国内仅见。不过受骗的可能性很大，但身处其中，很多人还是挡不住它们的诱惑。

💡 最好别在景区内购物，买珍珠的时候要注意货比三家。

住在北海

在北海住宿一定要住海边。对自助旅游者来说，在北海找一个既近海价格又便宜的好旅馆并不难。

银滩附近有很多设施齐全的度假村、酒店等。

北海周边游

润洲岛　★★★★　🌊🏖️⛵

去北海不去润洲岛是一种遗憾，虽然这里并非天堂。如果你妄想它有着绝对清澈湛蓝的海水，将三亚甚至马尔代夫拿来比较，那你一定会败兴而归。其实游客对这座中国最大最年轻的火山岛也是褒贬参半，褒的是它原始质朴的海岛生活气息，然而原始质朴必会有荒蛮之处，也许这就是润洲岛被贬的根本。

虽细沙碧水，但游泳潜水比不了在三亚来得惬意，来此体验渔民风情是绝佳的选择。住在渔民旅馆，吃一顿家庭海鲜大餐，闲暇时一睹芝麻滩和滴水丹屏的美。或者去看看岛上的教堂、火山口公园，要游泳就去石螺口，这些都是游客们大多会选择的游览方式。另外，这里还是观赏太阳斜照在斜阳岛全景的最佳地点。

🎫　上岛费 130 元；国家地质公园 98 元

🚌　北海国际客运码头有船直达，150 元

👁　1～2 天

☀️ **吃住行**

1. 海鲜不可少，最好让所住旅馆代买代做，味道会更鲜美。另外，岛上还盛产香蕉和芭蕉。

2. 岛上旅馆和酒店很多，不用担心住宿问题，推荐红珊瑚南湾海景酒店（13317799383）、润洲岛青醍酒店（15678831105）、方品酒店（17777907213）。还有一家青年旅舍，润洲岛猪仔吧青年旅舍（0799-6013610）。还可以选择渔民旅馆，但设施简陋，优点是价格便宜。

3. 可包当地的三轮车游览岛上海景，价格 40～60 元。

鳄鱼山火山公园　★★★★　🌊📷

在这里可看到最完整的火山活动遗迹。景区内有鳄鱼山灯塔、火山口遗址、龙宫探奇、百兽闹海、珊瑚沉积岩、海枯石烂等景点。还有火山弹冲击坑、古树化石、水帘洞等一些奇特的地质奇观。

岛上的标志性建筑——灯塔，是渔民们的守护灯。登上塔顶的瞭望台，可眺望蔚蓝无垠的海岸，天气晴朗时还能隐约看到远处的北海城市。

🎫　包含在润洲岛通票内；观光车 20 元／人

🕐　8:00—18:00（5—10 月）；8:00—17:30（11 月—次年 4 月）

🚌　从润洲岛内步行或者骑行前往

👁　3～4 小时

英罗红树林　★★★★　🏖️📷

名副其实的海底森林。只有退潮后才可见连片红海榄树原始森林盘根连冠的、纵横交错的壮观景象。这里也是国家一级保护动物儒艮（俗称"美人鱼"）的栖息地。

🎫　15 元

🕐　9:00—17:00

🚌　从北海汽车总站乘北海至合浦汽车总站的快班车，到合浦后坐开往山口镇的客车，再打摩的到红树林

👁　3 小时

防城港　★★★★　⛰️

防城港市是一座独具特色的港口城市、边关城市、海湾城市。

到防城港必游万尾金滩，是看夕阳的好地方；东兴口岸，这是我国唯一与越南海陆相连的国家一类口岸；白浪滩，旧称"大平坡"，拥有宽阔而广大的平坦沙滩，是玩海戏浪的佳处；怪石滩，又称海上赤壁；中越友谊大桥，连接中越两国人民友谊的纽带，记载着中越两国的历史沧桑；仙人山公园，登上山顶极目远眺，防城港的美景尽收眼底。

海南省

自助游：

顶级海滨畅游线
（海口）假日海滩→（三亚）大东海→（三亚）亚龙湾→蜈支洲岛

去往华侨之乡
文昌（东郊椰林、铜鼓岭）→琼海（万泉河、博鳌）→万宁（兴隆温泉、东山岭）

热带雨林深度游
五指山→黎母山→霸王岭→尖峰岭

东环高铁之旅
海口→文昌→琼海→万宁→陵水→三亚

自驾游：

驾驶在东部海岸
海口→文昌→琼海→万宁→陵水→三亚

踏入神秘黎族
三亚→陵水→五指山→琼中→昌江→乐东

环岛游
海口→文昌→万宁→三亚

海口→琼海→万宁→陵水→三亚

海南攻略

中国最清澈的海、最美的湾、最干净的空气、最原生态的热带雨林、丰富和独特的民族文化——海南神秘和浪漫的热带风情让人怦然心动。

万宁市与陵水黎族自治县之间的一座叫牛岭的山岭,是一道明显的气候与地理的分界线,其北部处于亚热带,其南部则是热带地区。因此经常出现这样独特的气候现象:夏季时,岭北大雨滂沱,仅几百米之隔的岭南却是阳光灿烂;冬季时,岭北阴郁一片,而岭南却是阳光明媚。海南有整个中国少有的热带地区(冬天可以下海戏水的地方),你可以想象她在你的旅游和欲望版图上的分量。

海边的椰树

从已经被彻底开发的三亚海岸线由东一路北上,亚龙湾过了,是又一个新打造的国家级湾区——海棠湾,接着是有着10多千米海岸线的清水湾,再接着是富力湾、香水湾之类有着美丽名字的海湾。越过热带分界线后,一路北上,还有石梅湾、神州半岛、博鳌等以“旅游+地产”的模式打造的新海滨,它们无一例外都拥有或规划拥有数个豪华度假饭店加一大片海滨公寓和别墅的组合。这些地产正在彻底改变着海南的沿海景象,试图以10年时间,将穷乡僻壤一举变成中国最绮丽奢侈的地方。

海南旅游资源丰富,交通也十分方便。目前东西海岸均有高速公路连接,且沿途没有过路费关卡(海南的燃油附加费包含在油价之中),从海口到三亚坐大客车一般也只需3个多小时。在旅游资源集中的东海岸,海南东环高速铁路已于2010年12月开通。按照沿线的资源分布、地貌特征、植被情况、风俗文化、城镇布局分成了6大功能区:1.海口市区到海口美兰国际机场是城市景观段;2.海口美兰国际机场到文昌是湿地农田景观段;3.文昌到琼海是椰林农田景观段;4.琼海至万宁是国际形象展示段;5.万宁至陵水是自然保护区及度假区段;6.陵水至三亚是民俗文化及热带滨海度假区段。

海口

海口快速攻略

Day1 骑楼老街→万绿园→五公祠→东寨港红树林自然保护区

感受海口

椰子风情 "椰城"是海口的另外一个名字，曾经的海口是一座安静的小城，有着一条条干净得能光着脚走的街道和随风摇曳的椰树。这是人们对海口的记忆，虽然经济的发展给海口带来了满眼的高楼和喧闹的旅游人群，但椰树仍然是海口不变的主题，也依然是"浪漫"的代名词。

老爸茶馆 在海口茶馆随处可见，特别是那种大排档式的茶馆。这种没有多少装饰，看上去还有几分简陋的茶馆，被当地人称为"老爸茶馆"，是当地人日常生活中最常去的休闲场所。

长寿 据统计，海南人的平均寿命为全国之冠。充足的阳光、纯净的空气、一流的水质……这些让人生活得更美好的自然条件并不是哪里都具备的，但海南具备了，所以海南成为一个长寿省也就不足为奇了。

准备与咨询

语言

海南话属闽南方言，一般人都带有文昌口音。用普通话与当地人交流问题不大，只是很多人的地方口音特别重，听起来相当费劲。

气候与游季

海口年平均气温是 23.8℃。6—9 月是台风季节，最好别去海南旅游，特别是文昌和琼海两地有"台风走廊"之称。最佳的旅游时间是每年的 11 月—次年的 3 月。

行在海口

进出

海南是一个与大陆遥遥相对的海岛，所以飞机和轮船是进出海南的主要交通工具。

飞机

海口美兰国际机场距市中心仅 25 千米，有 60 余条航线通达国内各大城市，也与中国香港、曼谷、吉隆坡、新加坡等地通航。

铁路

粤海铁路是我国第一条横跨海峡的铁路，自 2003 年 1 月开通以来一直承担着繁忙的货运任务，2004 年 12 月 5 日首列跨海旅客列车 K408 次正式开通，从此天堑变通途。

高铁

海南东环高速铁路从海口出发，经文昌、琼海、万宁、陵

水直达三亚，全程仅需 90 分钟。三亚—海口东对开，每日 6:10—21:35，海南东线又重新成为热门旅游地。

公路

海口是整个海南岛公路网的总枢纽，海口总站、东站、南站、西站等汽车站有班车发往岛内的三亚、文昌、万宁、陵水、通什等地。从海口赴三亚，乘坐汽车需到汽车东站，每半小时一班，其中座席高二级豪华快车票价为 69 元，座席中级空调车票价为 50 元。儋州是海南西部的交通枢纽，海榆西线公路横贯全市境内，每天都有固定班次前往广州及海南省各市。可在海南的县城包中巴前往海南各景点，高速公路上不设收费站，费用被摊在燃油费里，因此汽油价格比其他省份要高。

长途汽车站点

车站	地址	电话
汽车东站	海府路 148 号	0898-65230337
汽车南站	南海大道 32 号	0898-66803800
汽车西站	海秀路 156 号	0898-68658128

水路

海口的秀英港有往返于广州、深圳、北海等地的客轮；而且每天都有往返于湛江海安的客轮，24 小时内每小时一班船或客满发船。

发船时间

广州：周一、三、五 15:30 开航

深圳：周一、三、五 16:30 开航

北海：每天 20:00 开航

海安（湛江）：每天 6:00—23:00 每小时一班船或客满发船

市内交通

公交车

有 40 多条公交线路，票价 1～2 元，无人售票。有一种"公汽冷巴"，价格 1 元，比普通公交好很多。运营时间一般是 6:00—23:00。

旅游车

海口各主要旅游景点间有专线观光巴士。开通了 6 条旅游专线，连接起野生动物园、火山群地质公园、白沙门公园、万绿园等多个景点，票价 14～17 元。还有游 1 路、游 2 路连接部分景点（发车点是五公祠，全程票价 4 元）。

旅游公交专线"新美兰号"：分 A 线和 B 线，可直达琼台书院、五公祠、海瑞故居、万绿园、秀英古炮台、海瑞墓等市内 6 大景点，票价 5 元。

游在海口

假日海滩 ★★★

到海口最渴望体验的还是海吧，这里便是市内感受亚热带海洋气息的首选，也是人气较旺的地方。此处有阳光沙滩、椰林树影，西侧奢华的贵族游艇还能满足享受派人士的需求。海滩内的"水世界"值得一看，水陆空交叉结合的水景表演很精彩。要

海口火车站售票处

☎ 0898-31686222

行在海口

☀入乡随俗

"小妹""大姐"：在海南不能把服务员叫"小姐"，本地人认为这样不尊重。通常管年轻的叫"小妹"，年长的就叫"大姐"。

☀《印象·海南岛》

与桂林《印象·刘三姐》同一个系列，同为张艺谋作品，演出地点就在假日海滩东侧的印象剧场，但是总体口碑不如《印象·刘三姐》。

🎫 普通票 238 元

☎ 0898-60898888

海口假日海滩

注意的是，这里的海水可能与社交平台上的碧水有些差距，期望值不要过高。

- 🚌 临近假日海滩（公交站）、欢乐美食城（公交站）；也可乘旅游专线或出租车前往，打车约 20～25 元
- 👁 4 小时

老城区、骑楼老街 ★★★★ 🏔 📷 🎫

老城区主要是傍着骑楼群的街道和古建筑，你可能会觉得破旧得有些不入眼，可这里主打的就是斑驳古拙的韵味。这片老城区包括得胜沙路、新华路、中山路、博爱路周围一带，街上经营着一些平民服装鞋店、茶楼、小食店等，甚至还有传统的裁缝店，是否感觉浓浓的生活气息扑面而来呢？欣赏之余，在老街买点海南特产是不错的选择，然后再找寻一下当地最本土的小吃吧，一定不会让你失望。

- 🚌 临近钟楼（公交站）
- 👁 2 小时

五公祠 ★★★★ 🏔 👣 🚣

海滨城市同样也可以拥有浓厚的历史人文气息，来五公祠便能深刻体会到了。这座闻名遐迩的古祠是明清风格建筑，为纪念唐宋时期被贬到海南岛的五位著名历史人物而建。如果在凤凰花开的五月前往，景色更迷人。"五公"之列不包含苏轼，可是建在五公祠旁的苏公祠却是这里的另一大游览重点。

- 💰 19 元
- 🕐 日场：8:00—18:00；夜场：18:00—23:00
- 🚌 临近五公祠（公交站）
- 👁 2 小时

万绿园 ★★★★ 🚣 🚲 🏔

来自北方的游客也许更喜欢这里，热带植物可不是任何地方都有的，何况这是座拥有近万棵椰树的风景区。也许你可以尝试租辆自行车前往。在园中还能远眺世纪大桥，那可是海南的标志性建筑。当地人最喜欢来此晨练、散步，你也可以选择早晚时候前往。

- 🚌 临近龙华区税务局（公交站）、人大会堂（公交站）；乘旅游公交专线可直达
- 👁 2～3 小时

💡**观光巴士：** 从海口市中心可乘坐"六龙"观光巴士和"共速达"巴士，从五公祠始发，沿海府路和滨海大道途经万绿园入口处，终点为热带海洋公园。车费 1～3 元，分段收费，中巴所经过道路椰树成行，风景优美。

观澜湖华谊冯小刚电影公社
★★★★★ 📷 🖼

"乌托邦"式的电影主题旅游胜地，展现了 20 世纪中外城市街区的变迁之景。含有 1942 风情街、老北京风情街、南洋风情街、教堂广场区，以及全球最大的摄影棚等配套服务区。风格各异的中外建筑使人仿佛穿越回民国时期，沿街有许多商铺和餐厅，还可以乘坐黄包车、马车穿行其中。

- 🎫 联票 141 元，可在美团等网络平台购票，相对来说比较优惠

💡**买水果注意**

1. 旅游团导游带你去的所谓水果农庄一般要贵几倍，不要在此购买。最好到当地人买菜的农贸市场去买。

2. 乘坐飞机如果要带水果最好请老板装箱打包。否则到机场要收高价打包费。

3. 千万别买老板推荐的自己不认识的水果，比如外表和哈密瓜一样的所谓"奇蜜果"，说是海南水果之王，是海水浇灌的，等等，其实就是"圆哈密瓜"，口感不是很好，尝尝当然无妨，多买就没必要了。

4. 海南本地人做生意相对还是比较本分的。

💡**游五公祠**

1. 五公——李德裕（唐）、李纲（宋）、李光（宋）、赵鼎（宋）、胡铨（宋）。

2. 五公祠对面是海口博物馆，可将五公祠、苏公祠、海口博物馆串着游览。

💡**石山羊火锅**

品尝石山羊火锅可以到火山群地质公园附近，那里有很多露天的大排档餐厅。

游在海口

⏰ 9:00—22:00：为最佳观园时间，园区内保持各商铺正常营业及节目演出正常安排，主要接待人群：散客、团队

22:00—次日9:00：为景区客栈营业时间，园区内保持路灯开放照明，主要接待人群：客栈住店客人、社员卡客人

🚌 临近观澜湖电影公社（公交站）；乘旅游专线可直达；也可乘电影公社免费穿梭巴士

👁 3～6小时

💡 如果不是住在景区内，去之前一定要了解天气变化，注意防晒和防中暑，万一有雷雨大风天气，部分场景设施可能会关闭。

海瑞墓

一句话推荐景点

几度植物迷宫 位于海口市秀英区椰海大道与火山口大道交汇处，是一个大型户外游乐场所，是海口亲子郊游新晋打卡景点。

💰 35元

⏰ 9:00—18:00

🚌 临近誉城农庄（公交站）

👁 2～3小时

海瑞墓 海瑞墓位于龙华区丘海大道39号，始建于1589年，建筑风格庄重古朴。

💰 10元

🚌 临近海瑞桥（公交站）

👁 1小时

海口世纪大桥 大桥处于"海口外滩"、万绿园和美丽沙的交会处。世纪大桥每逢入夜，灯火通明，是海口又一地标式的雄伟建筑。

海口钟楼 海口钟楼是海口八景之一，历史悠久，是海口最重要的标志性和象征性的建筑物之一。钟楼下有绿色的草地和椰树，呈现出古老而浩气的南国风情。

🚌 临近钟楼（公交站）

白沙门公园 免费开放的市民休闲公园，有摩天轮和过山车，还有海岸线和沙滩，是周末亲子娱乐的休闲公园。

💰 免费

📍 海口市美兰区海甸六东路与人民大道交汇处

🚌 临近白沙门公园（公交站）

👁 2～3小时

吃喝海口

海南菜是颇具自身风味的地方菜系。海南的餐馆主要有三种，一种是海鲜馆，一种是鸡鸭店，再有就是路边的大排档。酒店都有鱼缸，各种海鲜随吃随捞，方便得很。海南的文昌鸡颇负盛名，海南常见的鸡饭店很多都是以文昌鸡为主兼卖一些简单小炒的餐馆。另外，海南的风味小吃便宜实惠。

特色食街

在海口吃海鲜的话建议到新埠桥、文明东路上的板桥路，或者到东寨港保护站码头上吃"曲口海鲜"，青蟹、膏蟹、血

吃喝海口

💡**出行须知**

1. 晚上逛街时，有人向你发放旅游及机票信息卡片，千万不要搭理，更不要向其购买机票或参加旅游团，以免上当受骗。

2. 上街时最好不要带有明显旅游标志的物品（在其他地方旅游也要注意这点）。

3. 牢记所住宿酒店的名字，迷路了可以打车，用普通话说明酒店名字，并事先讲好车费10元钱，因为在海口市内，大部分酒店10元钱就可以到了。

💡**府城鼓楼**

府城鼓楼在文庄路南端的古城垣上，又叫"谯楼"和"文明楼"。

💡**椰子保质期**

椰子一般保存时间为12天左右，时间长了就会烂。开口的椰子久放会产生毒素，不要食用。

💡**买特产**

海南大中型超市里都设有海南特产专区，可以买到诸如椰子制品之类的特产。卖得比较好的就是"春光"和"南国"两大厂家产的各种特色小吃。

蚶、蚝、对虾等最棒。这些地方有很多代加工海鲜的大排档，老板会帮你挑选海鲜，甚至帮你讲价，当然，他们主要是想赚点海鲜加工费，这个也不贵，一般按海鲜烹调方法以单价和重量相乘来计算。

国贸金龙路美食一条街、海甸岛沿江二路等是海口餐饮最集中的地区，全国大部分地区的风味饮食都可以在这里找到。

特色名菜

石山羊火锅 一种黑色的山羊，当地人用羊羔骨肉烹制火锅，味道奇特鲜美，不可错过。

加积鸭 俗称"番鸭"，清爽脆滑。

椰子鸡蛇 汤清味醇，香气四溢，且营养丰富，也可当补品食用。

海南椰奶鸡 鸡肉嫩滑，椰香浓郁，营养价值高。

四宝琼山豆腐 其实并不是真正的豆腐，而是用鸡蛋及其他作料烹制而成的一道特色菜肴。

海南墨鱼丸 墨鱼丸色泽洁白，富有弹性，入口爽脆，味道鲜美。

姜盐琵琶虾 因其形似琵琶而得名，鲜美自不必说。

特色小吃

海南粉 海南最具特色的风味小吃。海南粉有粗细两种。粗粉的配料比较简单；细粉则比较讲究，要用多种配料、味料和芡汁加以搅拌施着吃，叫作"腌粉"。海南粉通常指的就是这类"腌粉"。

海南煎饼 跟做千层饼的原理差不多，片薄层多，外酥内软，咸淡皆宜，香味浓郁。

椰丝糯米粑 是海南常见的风味小吃。主料是用糯米粉做成，填以新鲜椰肉丝、芝麻、碾碎的炒花生、白糖等配成的馅，以野菠萝叶包成5厘米左右大小的圆粑，糍而不腻，美味可口。

海南萝卜糕 海南传统小吃，以黏米浆、白萝卜丝为主料，其他辅料可随意变换。糕面有红绿点缀，口感不错。

椰汁板兰糕 椰香夹着芬芳的板兰香，入口清爽，甜滑润喉，且有清热、健脾、养胃的功效。

夜游海口

新尼西路商业夜市，位于老城区，街头摊位卖各种烧卤制品和下酒小菜，风味地道，极其便宜。夜间可以到"饮食夜市"溜达，那里是饱尝海南美食的好地方。夜市主要集中在新港码头、德胜沙路、海南大学对面等处，一般都营业至凌晨两点。

当地戏曲

琼剧又名海南戏，是海南省的地方剧种，与粤剧、潮剧和汉剧同称为岭南四大剧种。因它源自海南琼州（今琼山县），故称琼剧。主要有《红叶诗题》《张文秀》《搜书院》《狗衔金钗》等优秀剧目。琼剧曾经流行于东南亚的新加坡、马来西亚、印度尼西亚等，还被称作"南海的红珊瑚"。

购物海口

着重推荐椰雕、珊瑚盆景、天然水晶。椰雕是颇具观赏性的摆件，在街头巷尾都可以买到，花式多样且价格便宜。还有一种贝雕，有椰林风光、天涯海角等题材，因精雕细刻而很受大众欢迎，一般以白、红、绿色为主。值得一提的是海南的天然水晶，海南产的水晶晶莹剔透，加工成的手链、项链、耳坠、胸饰等很漂亮。

推荐特产

手工艺品主要有椰雕、木画、木雕、蝶翅画、海水珍珠、天然水晶、海南红豆、佛珠、藤器等。热带水果主要有椰子、芭蕉、波罗蜜、柚子、榴莲、香蕉、柠檬、酸豆、橄榄等；土特产有椰子食品、海产干果、咖啡、胡椒、热带果脯、腰果仁等。另外，海南的特产还有酸粉、鸡腿螺、石斑鱼、鱿鱼、沙虫、琵琶蟹、珍珠、槟榔、灯笼辣椒等。

住在海口

海口酒店较多，而且分布比较集中，不夸张地说十步一家，一般可以打7—8折。其中四五星级的高级宾馆主要有寰岛泰得大酒店、金海岸罗顿大酒店、宝华海景大酒店等。

推荐住宿

海口美京海景大酒店
- 滨海大道16号
- 0898-66206888

海南民航宾馆 住宿条件一般，但交通非常方便。
- 海秀路9号
- 0898-31289888

海口周边游

海南热带野生动植物园
★★★　🐾🐘🦜🍽️

　　海南热带野生动植物园坐落在距海口27千米的东山湖畔，是一座集保护、繁育、科研、观赏于一体的热带野生动物园。仅动物观赏区就有87公顷，园内散养有珍禽猛兽200余种。

🎫　158元

🕐　9:30—17:30（周一至周五）
　　9:00—17:30（周末）

🚌　海口红城湖或南站乘坐"府城→东山"的中巴车至野生动植物园站下车；乘旅游公交2路可达

👁　2～3小时

火山口地质公园
★★★★　🐾🐘🦜

　　海口这座火山群地质公园内有距今100万年火山爆发所形成的死火山口群。许多人是奔着这座公园的马鞍岭火山口去的，岭上的"观海亭"是火山口的最佳观测点，15分钟就能徒步登顶，一眼望去还能尽览琼州海峡风光。另外，那里还有两类特产——火山岩矿泉水和石山羊。

🎫　54元

🕐　8:00—18:00

🚌　旅游1线可达或乘坐公交车到秀英小街站，换乘秀英至石山、秀英至永兴中巴即到

👁　2～3小时

📋　1.公园附近有很多露天的花园餐厅，提供晚餐的居多。餐厅大都建立在丛林中，石桌石凳古朴大方

2.推荐荔湾酒乡等著名餐馆，可以品尝风味独特的石山羊火锅，还有火山岩矿泉水

东寨港红树林自然保护区
★★★★　🐾🐘🦜⛵

　　东寨港红树林自然保护区位于海口市东南岸，离海口约25千米，面积达4000多公顷，是我国建立的第一个红树林保护区。红树林是热带、亚热带滨海泥滩上特有的常绿灌木或乔木植物群落，大部分树种属于红树科，生态学上叫"红树林"。涨潮时分，红树林的树干被潮水淹没，只露出翠绿的树冠随波荡漾，如海上森林，颇为壮观，游人可以乘小船穿梭其中。

🎫　免费

🕐　9:00—17:30

🚌　从海口五公祠乘至演丰的中巴车，到演丰后，再乘三轮车至东寨港

👁　2～3小时

💡红树林旅游须知

　　1.东寨港红树林风景区有两个码头，红树林游船码头为私人码头，保护站码头为公家码头，两者相距1000米，船行进红树林景区后必须告诉司机指明去的是哪个码头。

　　2.红树林游船码头船价较贵，一条快艇最多可坐8个人，全程大概40分钟。

　　3.在景区内游览，必须包租快艇，如果人数少不划算，可以与其他游客商量一起包租。

　　4.景区内有个野菠萝岛，环境很优美，内有观光小道，也可乘游船登岛游览。

　　5.保护站码头上有两处酒家：红树林海鲜酒家和红林洋海鲜酒家，全天经营"曲口海鲜"。

东寨港红树林

文昌

文昌快速攻略

Day1 文昌孔庙→铜鼓岭→月亮湾→石头公园→东郊椰林

感受文昌

华侨之乡 文昌人多地少，土地稍显贫瘠，却有绵长的海岸线和优良的渔港，但也不足以自养，于是，文昌先人就远赴南洋开始了艰难的谋生之路。50多年前许多来自马来西亚和印度尼西亚的华侨归国扎根，他们也给文昌带来了些许新意，据说文昌的奶茶文化便是华侨从南洋传来的。在语言方面华侨也留下了痕迹，排球运动中所说的"界外"，在文昌话一直都叫"outside"，便是一证。

椰子之乡 说文昌是椰乡，是因为椰子多，"文昌椰子半海南"，这是谁都争不过的。所以在文昌，椰树摇曳、椰香四溢，你所吃的、所喝的、所玩的，也许都能跟椰树、椰子扯上点联系，甚至最后走时所带的纪念品也都是椰壳所制。

准备与咨询

语言

文昌话曾被作为海南话的标准，当地人还是以讲文昌话为主，年龄稍大的人说的普通话也许很难听懂，交流起来会有些困扰，但是和年轻一代交流是没问题的。

气候与游季

气候温和，常年平均气温为23.9℃，每年5—6月及8—10月为雨季，8—10月为热带风暴及台风盛行季节，避开台风季节即可畅游文昌。

☀竹篾花灯

文昌的"竹篾花灯"在全省是出了名的。它的奇特在于图案，能从灯身上看到72个大小红"喜"字和36个"寿"字。送灯时，花灯的下部吊着一只长圆形灯笼，在笼底点上一支小蜡烛，透过烛光照射，花灯上的山水、花卉、人物活灵活现，盏盏花灯色彩艳丽，灯影曼妙。

☀"绑戏"

文昌一些村庄每逢喜事，当地农民都要"绑戏"来庆贺；每逢华侨回乡，也要"绑戏"来答谢乡亲；若春节时候不"绑戏"，元宵节时就要补回来。琼剧成为当地农民情感的寄托，他们大多对剧目的内容并不在乎，在乎的只是琼剧的这种表现形式。

行在文昌

进出

文昌水陆交通便利，现有主要公路近200条，海上交通可直达全国各港口及东南亚。市区到海口仅73千米，有海口到文昌的省汽直快（大约19元），也有东环铁路动车直达。

飞机

距海口美兰国际机场仅36千米。

高铁

海南东环铁路动车线路设有文昌站，从海口到文昌，最快只需22分钟。

公路

公路四通八达。海文高速公路全长56千米，向西、向南均可接通海榆东线和东线高速公路。全市各镇已实现全部公路通车。"两桥一路"，即清澜跨海大桥、铺前跨海大桥和滨海旅游快速干道，大大拉近文昌与海口的距离。

文昌汽车站

🔗 文昌市新风街275号

📞 0898-63221392

水路

水上运输主要有清澜港和铺前港两大港口，是海南东部的水上门户。

市内交通

市内交通工具以三轮车为主，公交车其次，因为公交车线路较少，车次也少。

市内有出租车，起步价为8元。

游在文昌

铜鼓岭 ★★★★

铜鼓岭位于文昌龙楼镇，是海南的最东角。三面环海，地貌奇特，景区有神庙、和尚屋、尼姑庵等古迹，有仙殿、仙洞、风动石、银蛇石、海龟石等奇岩异石。在西南岭脚，绿草坡上有一片岩石造型千姿百态，极为奇特，这里被形象地称为"石头公园"。岭下的月亮湾海滨沙滩宽阔，沙质松软细白。

🚌 从文昌客运站乘去龙楼镇的中巴，再转乘三轮车可达

👁 3～4小时

铜鼓岭石头公园

石头公园 ★★★★

石头公园位于文昌铜鼓岭山脚，这里是一片原生态的海域，沙平水清，岸边与海水中分布着的大小石头更是极具特色。漫步在石头公园内，让人不禁感受到"乱石穿空，惊涛拍岸"的壮美。据说这里的岩石都是因数万年前的造山运动而隆出地表，经过潮汐的拍打与岁月洗礼，形成了如今这样的奇特景色。

🕐 全天开放

🚌 从文昌汽车总站坐到龙城的汽车，全程约1小时，累计9.5元

💡 石头较滑，不要踩踏，注意安全。

东郊椰林 ★★★★

东郊椰林位于文昌市东郊镇海滨，椰树的数量几乎占整个文昌的一半，有红椰、青椰、良种矮椰、高椰、水椰等。椰林小道下绿荫婆娑，凉风习习，最适合情侣漫步。椰林里椰风海韵，不管是碧空如洗还是烟雨蒙蒙，旭日东升还是夕阳西下，都是能拍出好片子的地方。景区内的娱乐活动还包括玩摩托艇、快艇、水上脚踏车、海上拖曳伞等，刺激无比。

🚌 从文昌客运站乘坐到清澜的车，在清澜港口下车，然后乘坐渡轮到对岸码头，再转乘"摩的"可达。坐轮渡过海是到东郊最省时间的路线

👁 0.5～1天

💡 **1. 椰子的种类：** 椰子有青椰、黄椰、红椰等种类，红椰最好，其次是黄椰，以正午摘得最甜。

2. 骑车游： 景区内的百莱玛度假村里有自行车出租，能还价。可以骑车在椰林转转，当地的民居也很有特色。

高隆湾 ★★★

高隆湾被誉为"天然泳场"，这里四季如春，水温适中。清晨可观海上日出，水面波光粼粼，时有鸥群掠过。傍晚椰林倒映水中，凉风拂过，清爽宜人。

🚌 临近晋唐海湾（公交站）

👁 1～2小时

文昌孔庙 ★★★

文昌人爱读书是出了名的，而与读书人命运相关的孔庙出现在文昌，也就是理所当然的事情了。历经九百多年的风雨，如今的孔庙已几经拆迁再建造。

💰 15元

🕐 8:00—17:30

👁 1小时

东郊椰林的一角

一句话推荐景点

宋氏祖居 宋氏祖居是一座庭院式古建筑，陈列着宋庆龄青少年时代、革命战争年代以及从事世界和平事业的史料、照片、绘画、仿制实物等。

海上木质栈道 中国目前最长的进海栈桥，已经成为海南的标志性旅游建筑。

🚌 从文昌金石国际大酒店步行就可以到达

月亮湾 如果说海南环境很好，那月亮湾就是人间仙境了。看到月亮湾的浪花你将会被震撼，踩上月亮湾的沙滩你会感受到让人放松的酥软，吃到月亮湾的龙虾你才知道什么叫作海"鲜"。

环球码头 又叫清澜码头，是文昌市渔船集中的码头，码头上是文昌规模很大的海鲜市场，游客可以在这里购买到各类刚从海里捕捞上来的海鲜。

文南老街 文南老街建筑均由回国的南洋华侨修建，带有过去的历史印记。这里没有海口骑楼老街的嘈杂繁华。

木兰灯塔

吃喝文昌

特色餐饮

文昌鸡 文昌鸡系海南传统四大名菜之一，素以皮薄而酥、肉嫩骨软，"色、味、形"俱佳而驰名中外。在海南尤其在文昌，主人宴请宾客，席上必备一盘白嫩嫩、香喷喷的文昌鸡，以表款待之盛情。

文昌市盛产文昌鸡，在文昌城乡各地均可品尝到白切文昌鸡。由于文昌鸡饮誉海内外，不少游客到海南旅游、观光、度假，都以品尝一顿文昌鸡为快。

抱罗粉 该粉选优质大米精心制作，粉条白皙细滑。干拌吃，配上牛肉干、花生米、芝麻仁、竹笋、酸菜、豆芽及芝麻油或花生油，加入少许辣椒或胡椒粉，鲜美滑嫩，香喷可口。汤吃，配以瘦猪肉、猪肝、猪粉肠、猪肾、猪脾、竹笋、酸荤等，味道鲜美，吃多不腻。

糟粕醋 又称女人醋、三八醋。是用酿酒后剩余的酒糟，加以少许辣椒、蒜头、油等煮开制成，以文昌铺前的最为有名，海口也有好几家。在糟粕醋中加海带丝、海菜、荞头、牛杂、猪杂或海鲜等，酸辣开胃，很受欢迎。

锦山牛肉干 锦山牛肉干讲究配制技术，精选肥壮牛肉制成。用调料腌肉一定时间后，放料锅里熬煮，煮好后晒干，晒后重放锅里用火烘烤。经此法制作的锦山牛肉干味道特别香美，吃时蘸醋和辣椒配成的作料，又有不同的风味。

文昌鸡饭 其制作工艺讲究，先将优质大米洗净、滤干，猛火热锅，用鸡油加蒜蓉爆香，再倒进大米翻炒到适度，然后加鸡汤煮熟。这种鸡饭油润软滑，喷香可口，饱吃不腻，食后齿颊留香。

购物文昌

文昌市有十多家旅游工艺和旅游纪念品加工厂。主要产品是椰雕、贝雕等，共有80多个品种。产品远销美国、加拿大等十多个国家与地区。

另外，椰子是文昌市最为驰名的特产。在文昌，不仅可以品尝到清甜可口的椰青，还可以购头当地生产的椰蓉、椰丝、椰块、椰子糖、椰奶饼干和各类椰子风味的食品。

住在文昌

文昌整个城市不是很大，但是住宿的宾馆酒店却很多，而且都集中在市中心，交通十分便利，另外，分布于市区大大小小的家庭旅馆，生意红火，也成为文昌重要的住宿点。

吃喝文昌

琼海

琼海快速攻略
Day1 万泉河→博鳌东方文化苑→博鳌亚洲论坛永久会
址景区→白石岭

感受琼海
红色娘子军 红色娘子军让琼海多了些传奇色彩，这个城市的
地标便是红色娘子军雕塑。遥想当年这些雄姿英发的巾帼红
颜，会对琼海多出一份敬仰。

宜居 海南本地人有个说法叫"吃在海口，玩在三亚，住在琼
海"，可见琼海的宜居程度了。琼海有天赐的生态美景，以万
泉河为灵魂，加上博鳌亚洲会议带来的发展契机，环境、经
济齐头并进。据说有很多东北老人选择在琼海颐养天年。

准备与咨询
语言
与海南省其他地方一样，普通话交流不成问题，只是当地
人的普通话带着海南口音。

气候与游季
年平均气温为24℃，终年无霜雪。每年的7月是琼海的最
热月，1月为最冷月，而夏季（7—10月）的琼海多有台风袭击。
到琼海游玩应避开台风高发季节。

行在琼海
进出
海榆东线（223国道）和东线高速公路南北向从琼海市境
内通过，两条省道横贯本市，高速公路在境内有4个入口，市
内公路纵横交错，四通八达。海南东环高速铁路在琼海和博鳌
都设有车站。

飞机
博鳌机场位于琼海市中原镇，距琼海市区12
千米，距博鳌亚洲论坛会址15千米。

高铁
海南东环高速铁路在琼海和博鳌都设有车站，从
海口到琼海，只需40多分钟，十分方便。

公路
东线高速公路穿行琼海而过，与琼海市各镇公
路组成了可到达周边各市县的公路网络。位于琼海
市嘉积镇东风路的琼海汽车站，是琼海市长途客运
的主力，从这里每天都有开往文昌市等省内城市的
固定班线，从琼海开往文昌的班线，每半小时一班。

琼海汽车站 ☎ 0898-62822327

琼海六
海南人称琼海人为"琼
海六（音）"。因为琼海人有一
个走到哪带到哪的口音"……
六"。比如他跟你打招呼就会
说：去那六，吃饭了没六……

嘉积
琼海市下辖嘉积镇、博鳌
镇、万泉镇等，著名的海南嘉
积鸭就是产自嘉积镇。

琼海"鬼节"
"鬼节"也叫"七月半"。
侨乡人都摆设酒菜和焚烧五色
纸祭把祖先，还将糯米、灿米
或番薯干片磨成浆泥做按耙。
吃耙时扒掉包按耙的树叶，俗
称"剥鬼皮"，其寓意是祈求
平安和吉祥。

琼海红色娘子军雕像

水路

有龙湾、潭门、博鳌、青葛四个港口。龙湾港是海南岛东部唯一的天然深水良港，与博鳌亚洲论坛会址相毗邻，距欧亚国际海运主航道仅55海里。潭门中心渔港被列为国家重点渔港。

市内交通

琼海市内交通工具主要有公交车、出租车、中巴车等。琼海市的公交线路基本贯穿整个市区以及周边。出租车的起步价为5元，等候费、夜间行驶费等另计。蹦蹦车（又名采风车）也是琼海市的一种重要的交通工具，费用较之公交车和出租车便宜很多，但是需要注意安全问题。

游在琼海

博鳌亚洲论坛永久会址景区 ★★★★★

毫无疑问，让博鳌一夜成名的是博鳌亚洲论坛会议。但是如果你认为博鳌只与政治经济有关，那你就未免寡闻了。这里是世界河流出海口自然景观最美的地方，并以"水城"著称，万泉河就在这里入海。此外，博鳌的玉带滩也是必游之处，它的地貌在亚洲可谓独有，在这里你也许能看到海的一边波涛汹涌，而河的那边却波澜不惊。

- 门票49元；通票139元（所有景区＋观光车＋游艇）
- 8:00—17:30
- 从海口汽车东站到琼海行程约1小时，然后坐中巴、三轮车或摩托车去博鳌
- 2～3小时

万泉河 ★★★★

你大概听过《万泉河水清又清》这首经典革命歌曲吧！万泉河最美的地方是出海口，万泉河大坝也非常壮观。沿途两岸风景秀丽、椰林片片，河里生活着鲤鱼、鲫鱼、河蟹、河龟。万泉河漂流从上游烟园水电站大坝下水，到会山乡结束，河面最窄处8米，最宽处100米，一路特别刺激。

- 激情漂流158元；峡谷探险238元

博鳌亚洲论坛成立会址

赛龙舟

琼海万泉河、九曲江沿岸群众有一项民间传统体育活动，历史悠久，参与者众多，那就是农历五月初五端午节赛龙舟。尤其以嘉积、博鳌两镇的端阳赛龙舟活动最为热闹。

海口—琼海

在海口东站坐火车，6:40—21:35，每天都有30多次列车，二等座票价48元。

博鳌交通

博鳌是万泉河的出海口处，距琼海市有一段距离，从琼海市到博鳌出海口，可在琼海汽车站坐车，每10分钟一班，有普通车与专线旅游车，票价3.5元/人。城际列车7分钟，票价9元。

高速出口

博鳌与东线高速公路的3个出口相连接，分别为：环海出口（太阳城）、中原出口（东屿岛）、龙滚出口（玉带滩）。

1.不收门票： 在万泉河码头，游人自己参观万泉河一般不收门票。

2.拍照游船： 在码头上到处是供游人拍照的游船，拍一次照片收费2～3元。

出了海口沿着东线高速公路向东南方向行车约 90 千米，就可见蜿蜒流淌的万泉河

👁 1～2 小时

长影环球 100 乐园
★★★★

乐园有四大主题分区，分别是：丝路探险、光影奇境、魔幻谷、梦幻童世界。

🕘 11:00—17:00（周三至周五）；11:00—18:00（周末及节假日）；周一、周二不开放

📍 海南省海口市秀英区椰海大道 100 号

🚌 临近长影中路口（公交站）

👁 0.5～1 天

博鳌东方文化苑　★★★

最为神奇的是，这里有四季怒放的荷花。步入其间，能将博鳌的江、河、湖、海、山、岭、泉、岛八大地貌一览无余，还能了解一下关于佛教历史与观音传说的文化。

🚌 琼海到博鳌东方文化苑有公交专线车，每隔 8 分钟左右一班。专线的终点站设在博鳌东方文化苑风光游览区

👁 3～4 小时

玉带滩　★★★★

地形地貌酷似澳大利亚的黄金海岸和墨西哥的坎昆。狭长的玉带滩把河水、海水分开，一边是烟波浩瀚的南海，一边是平静如镜的万泉河，融江河、海、山、麓、岛屿于一体，景色非常奇特。

💰 景区免费，往返船票 70 元

🕘 9:00—16:00

📍 海南省琼海市博鳌镇万泉河入海口

👁 1 小时

吃喝琼海

琼海侨乡物产丰富，最佳特产是鹅、鸭、鱼。琼海的四大名菜也是以鹅鸭鱼为主要原料，白斩嘉积鸭、白斩温泉鹅、清烹万泉鲤、潭门鱼等都是知名的美食佳肴。

琼海还有药膳食疗的土方验方。鸡藤粑仔是琼海独特的风味小吃，胡椒猪肚煲是很受青睐的琼海地方风味美食。后者是用琼海土特产的胡椒粒和猪肚烹饪而成的美味佳肴。

嘉积鸭　琼海嘉积鸭有 150 年以上的饲养历史，一直以其传统的笼养及人工填喂的方式养殖。养出的鸭皮薄肉嫩，骨头脆，肉味香，深受百姓喜爱，并成为海南四大名菜之一。

温泉鹅　温泉鹅是万泉河沿岸农户饲养的本地杂交鹅，以食百草为生，育肥阶段入笼填养，以糠等粗饲料填食，具有营养丰富、肥而不腻、醇香可口的特点。鹅血含丰富的蛋白质及铁、钙、铜等微量元素。食法大多以白切为主。

万泉鲤　万泉鲤营养丰富，一般重 1～2 千克，大者达 10～15 千克。秋天，万泉鲤蓄脂肪过冬，此时最肥美。万泉鲤

博鳌东方文化苑

吃法很多，通常吃法有甜酸鲤鱼、清蒸鲤鱼、姜炖鲤鱼。万泉河畔的琼海市嘉积镇人的吃法通常是用鱼片"打边炉"。

鸡屎藤仔汤 是富有地方特色的民间滋补品，以鸡屎藤叶和大米为原料精制而成。鸡屎藤具有滋阴壮阳、补气补血之功效，并且气味香醇，所以鸡屎藤仔汤一直是人们喜欢的食物。特别是农历七月初一，琼海市家家户户都要吃鸡屎藤仔汤。

推荐食处

海的故事 人气非常旺的餐厅，装修以渔民生活为主题，有原生态的感觉，菜品以海鲜为主。

- 🔗 海滨街博鳌玉带大酒店后侧
- 📞 0898-62708909

潭门港海鲜大排档 非常实惠的一家海鲜店。环境略差些，但海鲜十分新鲜，都是活蹦乱跳的。

- 🔗 嘉积镇爱华东路
- 📞 0898-62928678

🔆 **AA 制**

"做公道"与"邀狗份"是琼海侨乡人首创的餐饮"东方 AA 制"，是食物匮乏时代的产物。百姓一人或一家买不起一只"三鸟"或是一只狗，便多人相邀合伙一起凑钱买来，分份共同尝荤解馋。

购物琼海

琼海物产丰富，肉肥皮薄的嘉积鸭、肉鲜味美的万泉鲤、肥而不腻的温泉鹅、口感颇佳的琼脂等都是其中的名优土特产。心灵手巧的琼海人所制作的手工艺品更令人瞠目结舌，美观大方的参古竹器、舒适耐用的南汉草席、工艺精巧的八仙桌等手工艺品，尽显当地人的淳朴与精细。

琼海市的旅游购物场所主要集中在银海路及各旅游景点附近，如博鳌亚洲论坛国际会议中心等景点附近的博鳌商业中心广场、博鳌景区购物中心，都是可以放心购物的好地方。

🔆 **嘉积老街**

嘉积的老街旧市分为南北门。自南朝北而上，你会发现南门多为卖服饰的店面，再走就是卖吃的了。那是一条斜坡，一路而下都是卖小吃的，许多特色小吃都能在这里找到踪迹。

推荐特产

南汉草席 乃琼海市泮水镇一个乡村的传统手工艺品，以美观大方、凉爽舒适、结实耐用而闻名。

参古竹器 参古是琼海市温泉镇的一个乡村，以手工编织竹器工艺精细、美观耐用而著名，有多种用途的竹器，如筛谷子、筛米粒、淘洗大米的器具等。

礼都陶瓷 所烧制的陶瓷用品包括农村各种生产用具与生活用品，如盛放各种物品的"脚盆"、煮饭煮汤用的陶器、盘碟碗勺等。

九曲、文市胡椒籽 比起其他地方，九曲、文市附近乡镇的土质更适合种植胡椒，所以历史上，种植胡椒便成为这些乡镇的主要副业收入。

🔆 **"咖啡祖"**

琼海侨乡人是我国喝咖啡的先驱。受南洋文化的影响，琼海在20世纪初便涌现了一大批"咖啡祖"（喝咖啡成瘾的人）。

🔆 **咖啡粉**

琼海盛产咖啡，特别的是琼海人卖咖啡就像卖大米一样，咖啡粉堆着一斤一斤地卖，购买特产的游客，不妨带些咖啡粉回去。

住在琼海

在琼海旅游一般会住在博鳌一带，亚洲论坛会议的举办让博鳌从海南众多美丽而不为人知的小镇中脱颖而出，住宿条件也自然与时俱进。家庭旅馆很多，价钱也不高。享受派人士也可以去住酒店，这里四五星级的酒店也不在少数，毕竟这里曾是亚洲论坛会议举办地。总之，在博鳌，无论你住什么类型的旅馆、宾馆或酒店，你都会有超值的感受。

推荐住宿

博鳌亚洲论坛大酒店 酒店有20多个温泉，据说是离海最近的望海泉，比起其他温泉，景色好了许多，还有矿砂浴，在国内属于罕见，适合度假，但价格不菲。

- 🔗 博鳌东屿岛远洋大道1号
- 📞 0898-62966888

万宁

万宁快速攻略

Day1 东山岭→神州半岛→兴隆热带植物园
Day2 石梅湾→南燕湾→日月湾

准备与咨询

气候与游季

万宁地处海南省东南部，濒临南海，这里气候湿润、光照充足、雨水充沛、四季如春。年平均气温在24℃左右，降水一般集中在每年的5—10月。来万宁旅游，四季皆宜，但春、夏、秋三季（即每年的3—11月）游客较多。

行在万宁

进出

万宁市是海南省的一个县级市，位于海南省东南部，东临南海，海南东环高速铁路设有万宁站，但出行主要靠公路交通，海南东线高速和海榆东线公路自东北向西南贯穿全境。

高铁

海南东环高速铁路设有万宁站，从海口到万宁只需1小时左右。

公路

万宁汽车站位于万州大道，这里有发往海口、三亚、五指山、文昌等地的班车，车型分为普通型和快车两种。

万宁汽车站

- 万宁市万州大道
- 0898-62222256

水路

有大小港口8个，较大的有万州港和乌场港，与我国东南沿海港口航线相连。

市内交通

万宁当地的内部交通工具主要有："三脚猫""风采车""摩的"和中巴车等。"三脚猫"主要来往于各个村镇之间，票价按路程的长短计算，为0.5～3元；"风采车"也叫"蹦蹦车"，一般在万宁各城区之内营运，票价为1～3元，稍远的也就十几元左右；"摩的"票价一般为2～4元，路途遥远时可以和司机议价。万宁当地也有许多私人营运的中巴车，乘坐方便，招手就停，票价随路程的长短不同。

游在万宁

兴隆热带植物园 ★★★

走进植物园，便如同打开一本关于热带植物的百科全书。

放文灯

在万宁，放文灯是盛行已久的民间习俗，以祈求家庭事业安康平顺、吉祥幸福等。文灯又称孔明灯、天灯，相传是三国时期的诸葛孔明发明。近两年来，万宁市借助拓展文灯民俗文化内涵，举办国际文灯节，以灯会友，以灯招商。

港北龙舟

万宁市港北港一年一度的龙舟竞渡定于"端阳节"举行。港北沿海的渔家儿女于农历五月初四破晓前便宰鸡杀鹅、包粽子，酒足饭饱后，身着节日盛装组队赛龙舟。港北赛龙舟自宋朝开始，至今已有千年的历史了。

重要线路票价

海口→万宁
半小时一班，36～50元。

三亚→万宁
半小时一班，票价32元。

万宁→兴隆
海汽快车35元，中巴票价6元，车程40分钟，然后坐三轮车（票价3元）可达。

海口汽车南站→兴隆
可直达度假区，票价40～55元，车程2.5小时。

葱葱的绿海、幽幽的果香，漫步其间很舒服。园区内还可免费品尝这里自研自产的兴隆咖啡、可可系列饮品及各式名茶。

- 旺季 50 元；淡季 42 元
- 8:30—17:00
- 从海口长途汽车南站乘至兴隆的车，再打车前往
- 2～3 小时

东山岭文化旅游区　★★★★

在 1987 版电视剧《红楼梦》片头出现的那块神姿仙态的"飞来石"，据称就取景于这座被称为"海南第一山"的东山岭上。海拔只有 184 米的东山岭上遍布奇石，岭上的潮音寺是香火鼎盛之地。

- 旺季 43 元；淡季 36 元
- 万宁有中巴车直达东山岭；乘公交到港尾村（公交站）
- 3～5 小时

警惕被"宰"：在潮音寺游览的时候如有人要你去烧香、解签，或者买寺庙里的护身物品，都要提高警惕，不要以为你损失的只是百十来元钱，实际上游客在此"挨宰"地从几百元到几万元的都有。

石梅湾　★★★★

你可以毫不顾忌地将脑海中最漂亮的海景翻腾出来，与眼下的石梅湾比照，绝对不会让你失望。石梅湾由两个新月形的海湾组成，这片海湾也正如新月般秀美和浪漫。在石梅湾，最好的娱乐都在海上，喜欢闹腾刺激的游客可以潜水冲浪，偏爱宁静的游客可以捡捡贝壳，或喝着咖啡看海上落日。

- 在海口汽车东站或三亚汽车总站乘坐直达万宁的省直快车，在兴隆路口下车，再乘当地中巴车或风采车可达
- 2 小时

清水湾　★★★★

清水湾的沙子细腻，沙粒质量高，人走在沙滩上脚下发出唧唧声，因而这里被誉为"会唱歌的沙滩"，是世界顶级的天然海滨浴场。

- 免费
- 全天
- 海南省陵水黎族自治县英州镇府前一路
- 0.5～1 天

加井岛　★★★

加井岛位于石梅湾内，岛的南岸地势险峻，森林繁茂，怪石嶙峋；而岛的北岸和西岸地势平缓，海面平静，细软的沙滩柔软舒适。由于加井岛拥有众多的原生态地貌，景观多样，人们多在此开展野外生存训练，因此它又被叫作"生存岛"。

- 3～5 小时

游在万宁

石梅湾

一句话推荐景点

山钦湾　这里海天一色，让人忍不住想跳起来拥抱这自然。

　🚩 龙滚镇中信大道

大洲岛　有两岛三峰，是海南沿海最大的岛屿。唐宋以来一直是航海标志，也是我国唯一的金丝燕栖息地，大洲燕窝就产于此。

　🚌 在万宁汽车总站坐到乌场镇的中巴，票价 2 元，然后在镇上租船到岛上，快艇来回 300 元，普通船 250 元

　👁 0.5～1 天

日月湾　同样有让人心驰神往的海景，河流在日月湾出海，河海水相掺。海边筑有防潮堤坝，堤边还建有淡水游泳池。

　💰 免费

　🚌 万宁有中巴可达

　👁 1.5～2 小时

巴厘村　以归侨文化为主题的景区，颇有东南亚风格，可以欣赏舞蹈表演，还可以租东南亚传统服装穿着拍照。

　💰 25 元

　🚌 万宁旅游专线三号到兴隆植物园下，步行约 900 米可到达

　👁 1～3 小时

吃喝万宁

　　说到美食，万宁可谓海南美食之城，小吃风味独特，冠绝海南。这从"海南四大名菜"万宁就占了其中两样就可以看出眉目来了。

特色餐饮

东山羊　东山羊产于万宁东山岭，毛色乌黑、肉肥汤美、鲜而不膻。其美味据传是因羊食东山岭特产鹧鸪茶等稀有草木所致，是海南四大名菜之一。东山羊的食法多样，各具特色，蘸以独特的作料，是难得的美味。

🔅吃东山羊去东山岭

> 万宁所有的羊肉店都打着"东山羊"的招牌，但没一家卖的是真正的东山羊。相比之下，在万宁吃羊肉最好的去处是东山岭下吴村子村茶763379379379379379。
> 万宁所有的羊肉店都打着"东山羊"的招牌，但没一家卖的是真正的东山羊。相比之下，在万宁吃羊肉最好的去处是东山岭下吴村子村茶藤祿开的那一家，虽然也不是正宗东山羊，但那里的全羊不错，有煎羊肝、炒羊肚、羊肉串、羊扣肉等。

和乐蟹　是海南四大名菜之一。产于万宁和乐镇一带海中，膏满肉肥为其他蟹种罕见，特别是其脂膏，金黄油亮，犹如咸鸭蛋黄，香味扑鼻。最常见的食法是清

蒸，蘸以姜蒜醋配成的调料，原汁原味，美在其中。

港北对虾与后安鲻鱼　万宁的港北小海位于万宁东部，海域面积约 38 平方千米，是一大天然渔港，驰名中外的和乐蟹、港北对虾、后安鲻鱼盛产于此。港北对虾与后安鲻鱼，连同东山羊与和乐蟹并称"万宁四大名菜"。

万宁酸粉　都说好的海南酸粉在陵水，但是千万别小看万宁的酸粉，它不同于陵水酸粉的甜味，在配料上下了功夫，加入了醋，让酸粉十分可口。酸粉也是万宁人消夜必选美食之一。

波罗蜜　波罗蜜是一种热带桑科常绿乔木，果实 6—7 月成熟，体积巨大，最重可达 40 千克，被称为"水果之王"；果实结于树干，内藏无数金黄色肉包，肥厚柔软，清甜可口，香味浓郁。肉包里的籽，也就是波罗蜜的种子，也可以拿来煮着吃。

夜游万宁

　　万宁的夜生活，和海南省其他城市也相差无几，如果兴致好，也可去兴隆看表演。当然，如果不喜欢热闹喧哗，也可去人民广场漫步，那里的夜景还不错。看椰树在夜空中摇曳，伴着耀眼霓虹，也是极佳的享受。

购物万宁

推荐特产

　　大洲燕窝、兴隆咖啡、后安鲻鱼、港北对虾以及东山羊、和乐蟹等。万宁的东山羊肉细嫩无膻味，与和乐镇出产的和乐蟹均被列入海南四大名菜。大洲岛的燕窝和兴隆的咖啡也都是闻名国内外的珍品。

住在万宁

　　追求舒适的游客可以选择星级酒店或温泉度假村，大多依景点而建，环境非常优美，如兴隆海南康乐园海航度假酒店（位于海口至三亚必经之路中段），住宿的同时也可以美美地享受温泉沐浴。

　　追求经济实惠的背包客最好住在景点密集的兴隆中心，有许多物美价廉的普通旅馆，且住宿人少，住宿地距各市区客运站也不远，乘车到相关景点交通便利。

推荐住宿

海航度假酒店（康乐园店） 房间很有东南亚格调，最吸引人的是酒店有高尔夫球场、游泳池、温泉池、露天BBQ，入住

后有些项目是可以免费享用的。

🏠 石梅湾兴隆旅游度假区康乐园

📞 0898-62568888

万宁周边游

南湾猴岛 ★★★★

🏖️🎫⛵🍽️

　　南湾猴岛是我国唯一的岛屿型猕猴自然保护区，共有1800多只猕猴。对岸就是海陵珍珠养殖场，到那里可以过一下开贝取珍珠的瘾。山脚下的"水上餐馆"也值得一去，馆内有名副其实的"天下第一粥"。

💰 147元（5—9月）
　　154元（10月—次年4月）

🕐 8:00—17:00

🚌 在陵水高铁站可乘坐免费接送车至岛外的景区站点，然后选择坐索道或者坐船上岛

🚗 东线高速公路三亚—海口方向，至陵水英州镇出口下高速，走省道约8千米到陵水曲港路口，右转3千米就到猴岛索道了

👁️ 0.5～1天

💡**美食和特产**

1. 来这里一定要尝尝鲍鱼、螃蟹、贻贝、龙虾、海胆等海鲜。

2. 椰雕工艺品、白蝶贝产的珍珠等很不错。

呆呆岛 ★★★★★ 🏖️🎫

　　海南十大浪漫景区之一，是一片原始、静谧、有情怀的绝美沙滩。作家冯唐称赞道："这里是中国最美的无人沙滩。"1.1千米长的海岸线、纵深达280米的美丽沙滩、绵延的椰林让这里成为"海南最纯粹的海滩"。坐在洁白的沙滩上惬意地望着湛蓝的海水发呆，才能明白"呆呆岛"名字的真正含义。

💰 96元（10月—次年4月）；80元（5—9月）

🕐 8:00—17:20

🚌 在陵水高铁站，乘坐免费接送车到猴岛外的景区站点，坐索道或乘船上猴岛，呆呆岛就在猴岛售票处附近

👁️ 0.5～1天

分界洲岛旅游区
★★★★ 🎫⛵

　　是海南岛重要的分水岭，也是潜水者的乐园。在这里还能沿着由凿有国内外古币图案的花岗石铺成的"钱路"拾级而上，见识岛屿风情。

💰 132元（门票＋往返船票）

🕐 8:00—22:40；8:30—18:00（若无夜场）

🚌 从海口或三亚出发，乘动车至陵水动车站下车，然后乘分界洲岛旅游区专线巴士；乘三亚到兴隆、万宁的中巴车在景区高速路口下车即可

👁️ 3～6小时

💡**重要分水岭**

1. 分界洲岛不仅是海南岛重要的分水岭，也是牛岭的重要分水岭。

2. 牛岭是海南地理、民族、气候的分界点，北部是万宁市日月海、北热带，居住者多是汉族；南部是陵水黎族自治县香水湾、中热带，多黎、苗、回等少数民族聚居。

吊罗山 ★★★★ 🏖️🎫⛵⛰️

　　是欣赏热带雨林的好地方，吊罗山的栈道直插入雨林的心脏，可以借助这条栈道轻松地在雨林中漫步。这里既适合观光，又适合探险，全看个人喜好了。许多户外运动爱好者都喜欢去那里，徒步游或者骑车游。壮观的枫果山瀑布不可不睹。

💰 35元

🚌 1. 在陵水黎族自治县富陵路乘中巴车至本号镇，8元/人，转乘"三脚猫"车，2元即到

　　2. 在陵水车站乘坐吊罗山林业局的工作车，一般每天的8:00、11:00和16:00左右有车，到达林业局票价4元。到达林业局后可分两条游线，一是吊罗山—枫果山瀑布，另一条是小妹湖—大里瀑布。第一条线路来回需50元，至度假村需40元，至小妹湖需10元

万宁周边游

🏨　住宿可在山顶的度假村解决；山下有吊罗山宾馆，三星级标准

👁　0.5～1天

☀ **吊罗山森林公园的观光参考路线：**枫果山瀑布→蝴蝶泉→吊罗山度假村→吊罗山原始森林→石晴瀑布→观景台→吊罗河谷听泉→小妹水库。

三亚

三亚快速攻略

Day1　大东海→鹿回头风景区→第一市场

Day2　大小洞天→南山寺→天涯海角→三亚湾和椰梦长廊

Day3　亚龙湾热带森林公园→槟榔谷黎苗文化旅游区

Day4　蜈支洲岛

感受三亚

顶级　毋庸置疑，三亚现在是，将来肯定也是中国顶级的旅游度假胜地。几乎所有的旅游指南都认为，三亚是个被大自然宠坏的地方。几乎有全中国最宜人的气候、最清新的空气、最和煦的阳光、最湛蓝的海水、最柔和的沙滩、最风情万种的少数民族、最美味的海鲜……

　　按国际度假城市标准来说，三亚应该是中国绝无仅有的一处能成为顶级度假地的城市。但是，如果不是极其热爱"蓝天、白云、沙滩、大海"，去三亚还得悠着点。可以说，作为一个需要长期开发的旅游城市，直到目前三亚的黑车、宰客、黑导游之类的问题一直存在，近年来从三亚归来的旅行者也抱怨连连；此外，三亚一年四季的热带气候，使得这里特别是在冬季人海如潮。这种人多、物价贵、服务质量一般的情况，肯定会影响你的度假心情。如果你真想去三亚度假，建议夏天去，气温完全可忍受，物价便宜，游人少。但最好注意7、8月的台风预告，别赶着台风天去。

钱多钱少都可以　三亚的住宿价格是离海远或者看不见海的地方每晚一间房不到100元，而亚龙湾和大小东海的豪华海景房每夜花费上万元。因此，三亚是一个包容性很强的地方，它可以让东北的退休老人在这里买房过冬，也可以让顶级富豪都有地方可去。

准备与咨询

语言

　　三亚的少数民族主要是黎族和回族。你如果要去菜市场之类的地方主要会和回族人打交道（做生意的回族人主要是女人，她们一律戴着头巾）。打车能遇到不少东北司机，饭馆老板大多

☀ **海上运动天堂**

　　三亚海域终年温暖，风平浪静，适合进行帆板、游泳、滑水等水上运动；海底珊瑚地貌保护良好，潜水是再好不过的了。即使是不会游泳的旅友也不需要担心，因为每项水上运动都有专业教练加以指导。

☀ **防晒最要紧**

　　到三亚，可以穿夏装、沙滩鞋，但特别要注意带防晒指数高（SPF30—50）、防水性好的防晒霜，UV太阳镜、宽边的太阳帽，一把雨伞也是必不可少的，既可挡雨又能遮阳。讲究点的女士最好再带上夜间修复霜和补水面膜。三亚空气质量据说世界第二，但比较干燥。

是东北人和四川人。晚上的路边烧烤摊基本是湖北、湖南人的天下。有时候能遇到海南本地的出租车司机，他们会抱怨都是岛外的生意人把三亚的风气带坏了。所有这些人都会说普通话。和东南亚别的海滨城市英语当道的情形不同，三亚的主要外语是俄语，特别是海滩附近的商店、酒吧基本都有俄中双语招牌。冬天，韩国的高球团蜂拥而至，所以做生意的还会一点韩语。

气候与游季

　　三亚地处热带，属热带季风气候区，终年气温高，寒暑变化不大，年平均气温25.5℃。三亚最热的月份是6月，平均气温为28.5℃，极端最高气温为35.7℃。三亚没有明显的冬季，是全年全天候避寒、消暑、度假、旅游的地方。不过，三亚最旺的旅游时间是从9月到农历春节，这个时候的游人特别多，房间也不好订，建议最好避开高峰期。其实冬季（11月—次年2月）的三亚天气虽然好，但下海游泳水比较凉，气候比较干燥，植被看上去有些枯黄，这个季节其实更适合过冬的老人和打高尔夫球的人。冬季三亚晚上温度也较低（15℃左右），最好带上长袖外套。夏天温度虽高，但一般只要不直晒就比较阴凉。7、8月偶尔的台风或热带风暴，能为三亚带来难得的降雨，但风暴来的时候海上项目都会终止，甚至渔船也不能下海打鱼，所以，喜爱海上运动和海鲜的人最好关注天气预报，避开台风天气。

行在三亚
进出
飞机

　　三亚凤凰国际机场距市区20千米，机场有巴士直接到三亚湾、大东海，票价15元。乘出租车到市区约50元，到大东海约70元，到亚龙湾约100元。

随处可见的美景

由于直飞三亚的机票折扣都不太大，特别是旅游旺季常一票难求，也有游客会选择先飞海口（一般可以拿到更优惠的折扣），再乘出租、大巴或乘坐东环高铁列车到三亚。公路行程约3小时，高铁行程约90分钟。不过如果能提前一个月左右订票，旺季也可以拿到7折左右的机票，淡季则可以拿到5折以下的机票。

从机场出来50米左右，也可坐8路公交车去市区和海边。去大东海在"鹿岭路口"下，去三亚湾可上车之间下你要去的地方在哪个站下。8路车一般15分钟一班，三亚湾4元/人，大东海5元/人，末班车在23点左右。

铁路

三亚的新火车站位于市郊荔枝沟，市区乘坐4路车可到，票价1元。也可乘坐出租车前往，市区到达火车站车费一般在20～30元。目前已开通三亚至北京西、上海南、广州等地的直达班次。

高铁

2010年海南东线的高铁开通，目前从海口往返三亚每天发车多达数十趟，整个行程1.5小时。三亚到海口车次不同，票价也有所不同，一等座车票136～173元，二等座车票100～128元，可以提前30天订票。

公路

三亚每天有发往广东、广西、湖南、江西等省份的长途客车近20个班次。另外，三亚至海口的专线快车白天每隔20分钟就发1班，东线经陵水、万宁、琼海、屯昌、文昌、琼山、海口7市县，车程只需3个半小时，票价80元左右。

从海口到三亚，海口南站的省汽快车（航空座椅、空调）每半小时一班。

三亚长途汽车总站  解放路425号 📞 0898-88252656

市内交通

公交车

三亚目前有20多条公交路线。运营时间基本在6:00—23:00，票价实行分段收费，1～4元不等。其中，8路公交为机场至香港百货广场专线，27路公交为机场至亚龙湾专线，28路公交是市内至蜈支洲岛专线，还有大小洞天至亚龙湾专线的25路公交，交通非常便捷。

出租车

三亚的出租车很多，也很方便，不打表8元就可以到达中心城区的多数地方，去机场需40元，但到景点的价格有些是要和司机商量的。

观光专线车

三亚凯莱度假酒店、寰岛海底世界酒店、南海旅行社等星级宾馆酒店和旅行社及各景区有定时、定点的专线观光大巴。南山文化旅游区、天涯海角风景区还设有电驱动观光游览车，25元/人，不限上下次数，但只能来回一次。

行在三亚

💡 三轮及二轮"摩的"

三亚还有许多私人非法经营的三轮和二轮"摩的"，如果遇到交通局或者交通警察检查，就会出现不顾乘客的安全乱跑，甚至丢下乘客的现象，建议不要乘坐。现在三亚市区不允许三轮"摩的"行驶，进市区千万不要打"摩的"，如果仅在大东海、三亚湾一带活动，坐着三轮"摩的"吹吹海风还是可以的。

💡 黄金周出租车涨价

黄金旅游周期间打车的价格是不管远近，在打表价格的基础上加5元，这不是司机私自提价，是交通部门的规定。

💡 租车要多比较

一般的酒店都提供租车服务，交通旅游地图和当地的报纸上都有很多租车公司的广告，可以多联系几家比较价格。通常情况下，以日产轩逸为例平时约220元/天，黄金周期间有50%～100%的价格上浮。

租车公司"三亚任我行"
📞 0898-88284700
　　88284600

💡 当地租车

预订：400-678-3003
（海亮租车）

租车需本人身份证原件、驾驶证复印件，押金5000元，还车时退4000元，剩余1000元在45天后退还，租金可通过信用卡授权。

游在三亚

🔆包车注意事项

包车往返海口和三亚最好不要自己找饭店，很贵，直接找司机联系，价钱会便宜一些。从海口至三亚之间包车的话，最便宜的办法是在海口市海文宾馆附近找三亚的返程车（琼B），在三亚则找海口（琼A）或琼山（琼C）的返程车，在三亚长途汽车站常有一些司机主动跟你联系。注意讲价，租一辆捷达就算在春节也不过200元左右。

🔆买票提醒

如果从三亚去海口机场，一定要买到美兰站。

租车

在三亚如果想玩得比较舒服，可以租一部车。三亚的路相对简单，买张交通图就可以上路。从三亚到海南所有著名的旅游地的驾车时间一般都不会超过3小时。三亚的酒店一般都提供租车服务，大堂里都有租车的价目表，可供参考。另外还有许多提供租车服务的公司，可以在了解这些公司资质的情况下比较价格，再作决定。

三亚恐怕是中国最适合开敞篷车的城市了。租辆车，到三亚有名的滨海大道椰梦长廊去兜风。沿着大道自南向北行驶，一路上听海浪拍打岸边的声音，呼吸清新的空气，移步换景地欣赏海景，好不惬意。大道一直通到三亚湾，从头到尾大约需要30分钟，沿途还有些海鲜大排档、度假村，累了可以吃点东西，尽情享受。

游在三亚

亚龙湾旅游度假区　★★★★★　🚾🍴👤

位于三亚市区东20千米处，是海南最南端的一个半月形海湾，三面青山环绕，山形如同巨鲸出海，十分壮观。沙滩平缓，沙粒洁白细腻，是真正的贝壳沙，海水能见度达7～9米，是三亚最优质的海滩。目前，亚龙湾集中了三亚最多的国际级大型度假酒店，酒店内的水上设施和园林设计几乎达到国际顶级水准，是豪华型休闲度假的不二选择。

🚌 市区及大东海有多路公共汽车和旅游专线车可达。从市区西站或东站乘坐泰和公交车前往亚龙湾，车费5元。打车25～30元

👁 3～4天

🔆 1. 消费昂贵。亚龙湾以酒店消费为主，基本没有平价餐饮、超市（2元/听的啤酒在亚龙湾的超市里卖到8元）、公共交通等基本生活设施。从酒店直接打车去市区一般要70元左右，去机场要120元左右。自己到路上打车可便宜约1/3。

2. 至少住一夜。最好装成住店客人的样子混进天域以西的任何一家国际级大酒店，去它们的沙滩走走才能体验真正的亚龙湾。当然，如果能够花每晚上千元的价格在亚龙湾住上至少一天，那就最好不过了。

3. 孩子们喜欢的玩法：带个手电，晚上在亚龙湾的海滩上捉螃蟹，非常有趣。

中国最美的海湾——亚龙湾

位于仙人掌酒店对面的蝴蝶谷，游人稀少，环境清幽，清晨能看到群蝶纷飞，值得一去。

4. 潜水的类型

a. 浮潜：只戴潜水镜、呼吸管、脚蹼和救生衣，由专人陪同在 1～3 米的浅水区中观光。

b. 水肺潜水：穿专业的潜水衣，先由教练培训半小时，再携带潜水瓶在教练的带领下潜入 4～15 米深的海底。每位收费 300 元，但在淡季时砍价到 200 元是没有问题的。

c. 海底漫步：佩戴供氧的防压头罩，顺着水梯从游船走到 4～5 米深的海底珊瑚礁，穿梭在异彩鲜艳的珊瑚中，与五彩缤纷的热带鱼为伴，整个行程约半小时。

5. 探险佳地：亚龙湾的锦母角、亚龙角是攀岩探险的好地方，感兴趣的朋友可一试身手。

6. 潜水价格：要想玩潜水的话，一般价位在 380～480 元，不含教练费。

亚龙湾热带天堂森林公园
★★★★ 🚶🏔️

记得《非诚勿扰 2》里葛优背舒淇的那一段吗？没错！它的真实发生地就在公园里的江龙索道。那么，对他们居住的那套山顶小别墅的印象深吗？那就是公园里的鸟巢度假村。

🎫　旺季 108 元，淡季 90 元
🕐　7:30—18:00
🚌　临近上竹落村（公交站）；申亚山庄（公交站）
👁️　0.5～1 天

天涯海角　★★★★ 🌊📷

三亚的标志性旅游景区，第一次到三亚或喜欢传统观光旅行的人一定要来。沿

南天一柱

南山寺

海岸有很多其他海滩上难得一见的大岩石。景区很大，在旅游旺季时游人很多。海边暴晒，记着带伞。

🎫　免费
🕐　8:00—18:00
🚌　临近天涯海角（公交站）
👁️　3～5 小时

🌞 **天涯婚礼**：天涯海角从 1997 年开始于每年的 11 月 18 日至 21 日在此举办婚礼节。国内外新婚夫妇及金婚、银婚等婚庆夫妇可在此参加婚礼活动，以留下终生美好难忘的幸福回忆。

南山寺　★★★★★ 🚶📷🏖️⛪

海南最为有名的寺庙，是三亚两个国家 AAAAA 级景区中的南山文化旅游区的一部分（另一个国家 5A 级是大小洞天），位于三亚市以西 40 千米的南山南麓。南山寺的地理位置非常好，左右有山丘环抱，面向南海万顷碧波，山上终年云雾缭绕。据说 748 年，鉴真大师第五次东渡日本遭遇台风后船漂到南山湾，最早在此修建佛殿。目前的南山寺当然是新建的，旁边的海上还修了一个巨大的观音像，也算得上三亚的标志性建筑。

🎫　129 元
🚌　可乘坐亚龙湾→大小洞天的新旅游巴士，最晚回程时间为 19 点；也可在汽车西站乘坐去南山的中巴车，票价 4 元；解放二路也有很多去南山的小巴士；乘 16、30 路在南山景区站下车
👁️　1～2 小时

🌞 **1. 金玉观世音**：在这里一定要亲眼看看南山上的金玉观世音，收费 20 元。这尊观音不同寻常，高 3.8 米，共耗用了 100 多千克黄金，120 多克拉南非钻石，100 千克翠玉等塑成。

2. 南山的海滨：水流急，礁石多，不能游泳。

3. 素餐较贵：南山寺为游客提供接近一百种自助素斋，一般用深山野生菌类、魔芋、豆制品等制成，味道还不错，每人 68 元，必须买门票进入南山寺后才能享用。

4. 不用再买香进寺了：现在南山寺已经开启文明进香活动，不再允许燃烧大香，凡进去的旅客全部赠送线香。

大小洞天旅游区
★★★★ 🏖️🍴🛏️📷

大小洞天位于南山西南隅，毗邻南山寺，为崖州古城的南面屏障，被推崇为崖州八景之首。旅游区内植被茂盛，风景秀丽，近 30000 株龙血树（南山不老松）郁郁葱葱。山中有清澈泉水和各种野生动物，山下 7 千米海岸线蜿蜒曲折，遍布神工鬼斧、肖形状物的石景，有南海龙王、小洞天、千年不老松、南海神鳌等景观，自古以来就被称为"海山奇观"。

🕐 8:30—17:30

🚌 可在市内乘坐新国线亚龙湾→大小洞天旅游公交，终点站即为景区。另外景区还提供免费专线巴士，时间地点分别为：启程、夏日百货（9:00）→明珠广场（9:30）→大小洞天景区（10:40）；返程，大小洞天景区（16:00）→明珠广场（16:50）

👁️ 3～4 小时

大东海旅游区
★★★★ 🏖️🍴🛏️📷

三亚最早开发的滨海度假区，餐饮和居住环境成熟，交通方便，海滨浴场全免费开放，海上游乐项目繁多，各种消费价格基本是亚龙湾的一半。大东海开发早，规划比较差，建了不少高层居民楼，还有一些刺眼的烂尾楼，自然景观不及亚龙湾纯净，但游人也比较多，酒店比较大众化，从五星级到青年旅社都有。晚上海滩的狂欢氛围比任何地方都浓，沿海岸都是放着音乐的沙滩吧，还可以放烟花。可以吃到酒店露天经营的沙滩烧烤，也可以找到人气旺盛的路边烧烤摊。

🚌 临近夏日百货（公交站）

👁️ 0.5～1 天

☀️ **1. 落日晚餐**：至少得有一个傍晚在大东海的沙滩边选一家餐厅坐下来用晚餐，可以看到非常美的落日景象。亚龙湾的落日晚餐也很美，但贵一倍以上，三亚湾的则显得比较荒凉。

2. 不要错过海角：沿沙滩向西走过最后一座酒店（山海天大酒店），再一路走下去可以到礁石林立的大东海角，因为有海有山有礁石，是全三亚拍婚纱照最热门的地方，自然也可以拍出最好看的旅游纪念照。海角一带还有一个很专业的潜水学校，潜水可以砍价。下面是红珊瑚保护区，水质也比大东海中间的好。

3. 租沙滩伞要避免西晒：一把伞两张躺椅的通行价格是 50 元一天。注意下午不要租太靠西边的沙滩椅，太阳快落山时会有强烈的西晒。

4. 不要选择半潜艇：大小东海的半潜艇 180 元/人。说是到海上欣赏珊瑚，其实这两个海域透明度都不高，只能看一些小鱼。不建议晕船的人玩这个项目。

蜈支洲岛 **★★★★★**
🏖️🍴👤🏊🐠✖️

如果你想潜水，那最好前往蜈支洲岛。该岛号称是中国第一个开发的热带旅游袖

南山景区观音像

蜈支洲岛

珍小岛，岛周围海水清澈透明，能见度算得上是三亚之最，最适合包括潜水在内的各种海上运动。蜈支洲岛盛产夜光螺、海参、马鲛鱼、海胆及五颜六色的热带鱼。该岛周围海底珊瑚保存完整，是海南沿岸自然资源保存最完美的地区之一。

🌐 136元（门票＋往返船票）

🚌 1.班车：前提是已在网上预订中心或营销部直接预订蜈支洲岛客房并预付全额房款。每日9:00、13:00从大东海南中国大酒店、亚龙湾地区酒店、三亚凤凰机场有到蜈支洲岛码头的免费接送服务

2.临近蜈支洲岛（公交站）、海棠湾广场（公交站）

3.渡船：去往岛上早上8:00开船，末班船时间为16:00。出岛：17:00最后一班，每20分钟一班船

👁 1～2天

💡 **1.包车：** 包车去蜈支洲岛是不错的选择，包车服务里一般包含上岛门票，折算下来很便宜。岛上各种活动通过包车司机可以要到比较大的折扣价格。

2.潜水： 三亚有多家正规俱乐部可体验潜水、考OW（开放水域潜水员）及AOW（进阶开放水域潜水员）等，如果报名考证或者体验潜水，请务必关注具体在哪个潜点，因为成本和体验很不同。潜水之前一定要注意分辨气瓶是否满，充满的气瓶在瓶口会用胶布封口。潜水的最好时间是接近正午的时候。

3.最好船潜： 船潜大约能潜入水下16米，不习惯的人耳膜会有些痛，不过按教练说的方法稍加处理后会好很多。岸潜一般潜水5米左右，看到的海底景物相对不如船潜的丰富。

4.看日出： 岛的后山有一块"观日岩"，是观看日出的最佳地点，距离有些远，最好坐电瓶车去，在"观日岩"上看海视角也特别好。

三亚湾和椰梦长廊　★★★
🌊📷

三亚湾是三亚最大的湾，绵延10多千米，所以看不出湾区应有的弧形海岸线，清一色的蓝天大海比起亚龙湾和大东海的

景观层次要逊色一些。椰梦长廊是沿三亚湾修建的一条著名的海滨风景大道，有"亚洲第一大道"之称，长20千米，沿途清一色海浪、沙滩、椰子树。团游一般不来三亚湾，如果是淡季且非周末，这里的游人也很少，整个海滩似乎都是自己的。

💡 **1.落日夕阳很美：** 三亚湾夕阳很美，对年轻情侣来说，傍晚在椰梦长廊骑车或驾车兜风很浪漫。

2.户外俱乐部： 在海月广场附近有好几家户外俱乐部，可以租自行车、租橡皮艇和参加他们一日两日的户外活动。租自行车最好的时间是17:00，然后晚上还车，这个时间不热，海风也会很舒服。租情侣单车40元／2小时。

西岛海洋文化旅游区
★★★★★ 🌊📷

在三亚的西南海岸有两个相对而立的小岛，因附近盛产海龟，所以人们把它们称为东玳瑁洲和西玳瑁洲。西岛即西玳瑁洲，这里的海水透明度达10米以上，地处三亚国家级珊瑚礁保护区，是潜水胜地。岛上拥有西岛游乐世界、牛王岛生态公园、西瑁渔村等景区。其中西岛游乐世界会开展各种水上项目，比如海钓和潜水等，深受游客欢迎。

🌐 旺季98元；淡季95元

🚌 1.如果从西岛官方旗舰店购买门票，可以乘坐景区免费巴士。每日8:30从大东海夏日百货始发，约9:00抵达海月广场金凤酒店；9:00～9:20经过三亚湾酒店区域；约9:30抵达西岛肖旗港；16:30免费班车从肖旗港码头原路返程

2.临近西岛（公交站）

3.从三亚市区出发，出租车单程约50元

4.码头上岛轮渡时间：上岛最早一班船8:00；下岛最晚一班船17:30

👁 3～5小时

槟榔谷　★★★★ 🌊🎭🎪📷

因其景区两边山地峻峭，中间是一条连绵数千米的槟榔谷地，故称"槟榔谷"。景区内分为原甘什黎村、原生态苗寨、神秘雨林等多个景点。在这里可以了解到黎族的发展历史、苗家人的"蚩尤文化"。

🌐 门票旺季96元，淡季80元；《槟榔·古韵》表演普通座100元，VIP座120元

📍 位于三亚市与保亭黎族苗族自治县交界处甘什岭自然保护区境内

🚌 从三亚汽车总站乘坐开往保亭、五指山方向的客车，购票段为三亚至保亭槟榔谷，上车后跟售票员说在槟榔谷景区新大门下车即可，票价在11元左右，全程历时约45分钟

👁 3～4小时

鹿回头风景区 ★★★★ 🌊 ✖

三亚之所以又叫"鹿城"，就是因为"鹿回头"的传说，这是一个猎人与神鹿女子的爱情故事。因此鹿回头景区的主题也关于爱情，主要景观有"一见钟情"石、"紫气东来"石、"神话姻缘"石、"海枯不烂"石、"爱字摩崖"院等景点。

💰 免费

🕐 8:00—22:00

🚌 临近悦榕庄（公交站）、鹿回头景区（公交站）

👁 2～4小时

一句话推荐景点

三亚千古情景区 三亚千古情景区掩映在茂密的原始森林和鲜花丛中，有大型歌舞《三亚千古情》、南海女神广场、图腾大道、崖州古街、爱情谷、科技游乐馆、黎村、苗寨、清明上河图、宋城六间房广场、鬼蜮惊魂等数十个主题区。

💰 观众席300元，贵宾席320元

🕐 12:00—21:30

🚌 临近海旅免税城（公交站）

👁 1～2小时

吃喝三亚

到三亚主要吃的当然是海鲜了，价格其实不比别的地方便宜很多，味道和做法也远比不上广东，但三亚的海鲜胜在十分新鲜，吃的时候也有一种乡野风情。春园海鲜广场最早是当地政府为解决下岗职工再就业而设立的大排档，现已成了三亚著名的"饕餮"去处，以至于到处都有冒名或近名的海鲜广场或排档。除了海鲜，文昌鸡、东山羊、嘉积鸭、和乐蟹这四大海南名菜在三亚都能吃到，但一般得到好的餐厅点这几样菜。

推荐食处

春园海鲜广场 经营海鲜的摊位有40多个，规模相当大，每个摊点上都挂着几排几号的大字，因为已经是三亚著名的吃喝象征了，所以几乎是游客的必到之处，一到晚上热闹极了。如果刚好有客人点歌的话，被音箱放大的吉他弹唱几乎震耳欲聋，十分嘈杂吵闹。排档只开晚餐，餐桌是火锅桌式的，是当地人"打边炉"用的桌子，椅子是最常见的塑料休闲椅，坐着还算舒服。进去后会有不同的摊点女主人争着拉客，网上也常有游人介绍哪排哪号的好吃，其实做法和味道都差不多，如果口

🌞**吃海鲜、水果**

买海鲜一样要注意砍价。吃海鲜时，适量喝点白酒和米醋，但不宜喝啤酒，且吃后一小时内不要食用冷饮、西瓜等，不要马上游泳。

想大量购买便宜的水果，可以去吉阳区鸿港农贸市场，那里比零售店便宜数倍，注意砍价。吃热带水果不宜贪多，否则容易上火。空腹不要吃菠萝、阳桃。

🌞**1. 只能在春园里买食材**

春园里买食材的价格比第一市场贵不少（特别是旺季），但各加工点都拒绝加工非春园某摊上买的东西！

2. 加工费的学问

最好不要点"论只"卖的东西（比如带子、牡蛎等），这些东西的加工费也是"论只"收的，所以，一只2～3元的牡蛎加工费就要收4元，加起来比大酒楼里都贵，而且做工也很一般。

3. 不要买太贵的食材

石斑鱼、和乐蟹之类的贵重食材最好还是到高级餐厅去享用，在春园最好用每斤20元以下的食材"打边炉"或爆炒。

4. 通行的加工价格

炒、蒸加工费5元/斤或4元/只，"打边炉"10元锅底，加工费2元/斤。

5. 好吃的鱼

鱼里面苏眉、石斑、青衣都不错，建议去大餐厅吃，春园海鲜广场做这些鱼味道一般。

6. 大排档都差不多

如果你不是特别在意要去正宗的春园，附近的大排档做出来的味道都差不多，何况，现在的春园也不便宜了。

吃喝三亚

味上有特别嗜好，可以向厨师说明。落座后摊点会派人带你到位于春园后方的一个海鲜选购点挑选购买海鲜，也会帮着你砍砍价。价格比大酒楼的便宜一些，但比第一市场的贵约1/3。这里摊点所挣的钱就是加工费，加工费一般在2元／斤，可以选择"打边炉"或蒸、炒，一般食客以"打边炉"为主，这样吃到的海鲜较能保留原汁原味。

推荐：红口蟹、大海虾、芒果螺。椰子汁、杧果汁15元／扎，味道很不错，可以要半扎，流动贩卖的凉菜（泡菜中的辣白菜很好吃，各种凉菜都是10元3份）、印度饼（鸡蛋的很香，都是10元／张）也值得尝尝。

🔜 新风路创业大厦沿三亚河向北800米
🚌 临近春园广场（公交站）；明珠广场（公交站）
📞 0898-88881833

川味明润海鲜排档　春园对面的河西路和三亚湾都有店，现在名气比春园好。做法和春园一样"比较单一"，但价格相对公道些，加工费所有店都一样，6元／斤。

🔜 河西路305号
📞 0898-88588558

小吃一条街　想要吃各地口味的饭菜可以去商品街的小吃一条街，除了海南菜，其他的菜系也有，比如东北菜馆、重庆菜馆、安徽菜馆等，不过对味道的期望不要太高。

滨海路大排档　沿三亚湾滨海路有很多大排档，非常热闹，而且紧邻着海边，可以一边吃饭一边看风景，价格和春园差不多，但环境惬意得多。海南本地人大多在这里吃海鲜，晚上还可以吃到路边烧烤。如果愿意多花一点钱，也可以在大东海海边的各种规格大排档里享受海景晚餐，做工比一般大排档好。

爱晚亭（大东海广场店）　位于大东海广场林达海景酒店2楼，主打粤菜和湘菜，在三亚做工算是很不错的了，就餐环境也有档次，服务员都是个子娇小的海南小妹，服务周到。最重要的是正规，价格中等。文昌鸡做得很好，可白切和手撕。鱼和湖南小菜打理得也有水准。

大东海一带是享受海景晚餐的最佳去处

☀无敌海景餐厅

要享受无敌海景的餐厅，也可到亚龙湾的天域、红树林、万豪酒店的餐厅，价格比较贵，做出来的东西口感一般，贵在环境。因为每家酒店的餐厅不止一个，建议先都转一遍，再选出最美的地方就餐。后两家酒店的大堂咖啡厅也值得一坐，景色很让人震撼。

☀买水晶和珍珠

买水晶一定要砍价，砍至五六折吧。海水珠比淡水珠要贵20%，但比淡水珠更有珍藏价值。

☀三亚免税店购物

位于鹿回头广场。只要你满18周岁即可在此购买到便宜的国际顶级品牌的衣物、香水、名表等。值得注意的是，海南特产不在免税范围之内。

三亚美丽之冠

📍 三亚市大东海广场林达海景酒店2楼
📞 0898-88213555

早苗咖啡店　文艺青年最爱这里，是看三亚湾日落的最好地方。店铺老板是台湾同胞，主要经营饮品。点上一杯香草奶昔，坐在天台上看日落，感觉非常不错。

📍 三亚市吉祥路盛世新第大厦11层
📞 0898-88260979

夜游三亚

夜幕降临后最佳的去处是到各大排档吃海鲜。如新风街中华城、友谊路、榆亚大道、解放二路、建设路、滨海路、西河西路等街头大排档，各种生猛海鲜让你吃完舍不得擦嘴。或者随便在街上逛逛夜市。

三亚的夜生活算得上丰富，大众化的主要有：街边茶摊、烧烤摊、海鲜店、彩票讲解摊、老年歌舞团、麻将馆、酒吧、按摩院、乘船夜游三亚湾等。街边茶摊主要是当地人聊天会友的场所，有兴趣可体验一下。市区和大东海、三亚湾的马路上晚上都有烧烤摊可以吃到海鲜烧烤，附近还有其他大量的辅助小吃，如清补凉、炒冰、时令水果等。但目前三亚正在大力整顿路边烧烤，城管抓得很严，如果还是想品尝，最好到一些正规的烧烤大排档去。

酒吧集中在人东海附近和时代海岸酒吧一条街。按摩院是在奔波了一天之后放松一下的好去处。还可以在19:45乘船观赏三亚湾夜景，船上有歌舞表演和海鲜烧烤。或者继续潜水，只是晚上收费要贵些。要想清静的话就夜登鹿回头的山顶，可以俯瞰三亚城的霓虹万千。

购物三亚

在三亚购物最好是买一些比较有价值的海洋纪念品。如海水珠、天然水晶、贝壳工艺品等，不要购买珊瑚类和整只玳瑁制的纪念品，那是国家禁止售卖的，不能带上飞机。

发了芽的椰子

推荐购物

水果　可以去红港市场、第一市场，红港市场的水果好像更便宜些，是批发的。在路边买水果经常会缺斤短两，一定要注意。海南夏天的芒果、冬天的桂圆都十分好吃，但多吃会上火。

文昌鸡和海产干货　可以在第一市场买杀的文昌鸡，也可以到鸿岗农贸市场（位于胜利路南端、港务局对面），有蔬菜、水果、海鲜、干货等，以批发为主，价格比第一市场略低。

海南特产　大超市比小摊点便宜，可以去万福隆超市或旺豪超市，价格都不贵。主要特产有椰子粉、咖啡、非常辣的灯笼黄辣椒。

贝壳工艺品　可以到跃进街，这里是贝壳一条街，很多小贩都是在这里批发的。

珍珠　如果你是从大城市去的，最好不买，因为你所在的城市肯定会有比三亚商业街之类地方卖的珍珠更便宜的。如果非要买，可以多砍一些价。

钓具　如果想尝试海钓，除了花几百元参加船钓，还可以自己买副钓具到有海角的地方去钓。建港路中段有几家五金商行卖钓具，一套几十元、几百元不等。自己用小海虾当饵就可以了，钓具店还卖皮划艇之类的海上用品。

住在三亚

三亚是旅游的黄金落脚点，聚集了海南岛 1/4 的酒店，但要是碰上十一、元旦、春节等出游高峰期，三亚的旅馆一样会很紧张，有条件的话还是提前预订为好。

只想要大海、沙滩、高尔夫，从容、奢侈地过几天的话，建议直接选择携程网或各大旅行社提供的"机票＋酒店"的自由行套票，且可以直接选择亚龙湾的度假酒店。

如果不愿花太多钱，或者还想到各个景区逛逛，甚至想更多地体验当地的生活，建议选择大东海、三亚湾的酒店。对于还想自己去三亚的菜市场（真的值得一逛，有超多新鲜的水果、蔬菜和海鲜）买菜做饭的家庭型游客，特别推荐公寓式家庭旅馆。如果家里有老人，冬天想在海边住上一两个月，建议也在

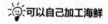

可以自己加工海鲜

红屋顶的餐厅提供海鲜加工，住客可以买来海鲜加工，每个菜收加工费。如果你喜欢做菜，也可以自己动手！

到路上去打车

三亚的酒店都吃出租车的回扣，所以最好不要让门童之类的酒店工作人员帮你打车。如果想省点就自己到路上去截出租车，可以便宜 1/3。

红树林大堂外的海景

住在三亚

大东海和三亚湾租房，可以看海的两居室公寓大约 5000 元一个月，在网上直接可以找到大量出租信息。

　　三亚湾一带有大量的家庭旅馆出租，大部分都是东北人在经营。价格不算太贵，卫生条件也还可以，重要的是能有自己的空间，不像住酒店那么拘束。一般套房厨房可以使用。

蔚蓝休闲屋　位于大东海中心银泰酒店对面的蓝海豪苑小区。远景房不到 200 元一晚，走 50 米就可到海滩。旁边有小超市，走几步路就是大东海的中心商业区，水果等都比海滩上便宜一大半，吃喝也非常方便。附近有金陵海景花园，再往东是风景更优美的山海天公寓，有临时房出租。

兰海花园　位于三亚湾的海景公寓，有价格合适的无敌海景房。小区自带淡水游泳池，沿着兰海花园所在的金鸡岭路走 200 米左右就是三亚的第三市场，市场旁边购物、吃饭都非常便宜。再往前走就是三亚最繁华的解放路了，晚上有很热闹的夜市。

亚龙湾度假酒店区　亚龙湾中心广场以西的酒店基本都够得上国际级的度假酒店。因为是度假型，所以比同级别的市区酒店会大很多，也舒服很多。许多酒店的大堂都拥有极壮观的风景，会让住惯城市酒店的人感觉震撼。其中家化万豪、

亚龙湾三亚别墅

红树林、天域 2 期比较适宜休闲度假。家化万豪的花园很美，红树林的巴厘岛式大堂值得一看，这几家酒店都比较适合家庭出游。喜来登很气派，更适合商务。如果不是非要住海景房看海，可以选择亚龙湾 5 号别墅，建筑是比较纯粹的巴厘岛风格，十分通透，每栋别墅都有独立的小泳池，特别适合全家出游。

推荐住宿

三亚蓝天国际青年旅舍　位于大东海旅游度假区的中心位置——大东海广场西侧的蓝海巷里，交通最为便利。而且不临马路，晚上非常安静。大东海沙滩洁白，海水清澈，是三亚适宜游泳玩沙的两个海滩（亚龙湾和大东海）之一。

☎ 0898-88211770

三亚周边游

西沙群岛　★★★★

　　西沙群岛是一个充满神秘感的地方。离海南岛 180 多海里的东南海面上，从东北向西南伸展，由 45 座岛、洲、礁、沙滩组成。东面为宜德群岛，由北岛、石岛和永兴岛等 7 个岛屿组成。西面是永乐群岛，由金银、中建、珊瑚等 8 个岛屿组成。

　　西沙群岛地处北回归线以南，雨量充沛，水温年变化不大，越靠岛中心地带植株越高，越靠近海岸，植株越矮。岛上栖息着的鸟类有 40 多种，海鸟成千上万、终日盘旋飞翔，可谓是"鸟的天堂"。

　　从东岸的文昌清澜港上船，一般

17:00 开船。航程只能到达西沙群岛上的永兴岛，行程 16 小时。每月 28 号有 1 班候补船可以到七连屿，31 号返回。包当地渔民的渔船去西沙，也是不错的选择

　💡 **1. 物资匮乏：** 岛上的食品、日用品匮乏，最好事先有所准备。

　2. 必备物品： 晕船药、抗水抗汗型防晒霜、太阳帽、太阳镜、宽松的长袖衣长裤、驱蚊水和蚊香，还有相机和胶卷。想记录自己的潜海所见，可备一次性的水下相机。

　3. 钓鱼准备： 在西沙钓鱼，要准备最大的鱼钩和粗壮的尼龙绳（直径至少 3 毫米）。

　4. 潜水设备： 可以在西沙工委招待所租到。也可以先在海口市广场路体育用品一条街买一套简单的浮潜用设备（包括潜水镜和呼吸管）。

三亚周边游

5. 最佳游季：西沙群岛最佳旅游季节是每年11月—次年3月。

西沙永兴岛是2012年6月21日新成立的三沙市政府所在地，有北礁沉船遗址、甘泉岛遗址等，不过由于当地旅游设施不够完备，暂时还不能全面对游人开放，让我们一起期待吧。

呀诺达 ★★★★ 📷 🚠

　　这里的热带雨林奇观令人叹为观止，瑰丽的峡谷奇观使人目不暇接，还有精致漂亮的黎锦工艺、甘甜可口的热带瓜果，堪称海南岛的"香格里拉"，游人无不流连忘返。

🎫 168元（旺季）；150元（淡季）

🕗 8:00—17:30

🚌 在三亚总站乘坐三亚至保亭的大巴，在景区新大门下车即可

👁 1～2天

🧗登山注意事项

　　1. 上山要带足够的干粮、水，随时在路上补充能量。

　　2. 可以找街道中心请个向导，保证上山的安全和避免走弯路。

　　3. 11月至次年5月是最好的旅游时间，遇到6—10月的雨季，一定要先了解好当地的天气预报，否则大雨路滑，而且山中蚂蟥特别多。

想玩心跳吗？那就来呀诺达悬崖观海秋千！这是海南第一个也是唯一一个"悬崖观海秋千"项目。

中西线

中西线快速攻略

Day1　儋州千年古盐田→东坡书院→中和古镇→石花水洞→植物园

Day2　棋子湾→霸王岭→五指山→黎母山国家森林公园

感受中西线

热带雨林　中西线毗邻北部湾，与越南隔海相望，大多数地方都是一些人迹罕至的热带雨林。放眼望去林海茫茫，与东海岸的热闹繁华相比显得既神秘又诡异。也许正是因为西部的自然条件较为恶劣，自古以来汉人极少涉足，只有黎、苗族的同胞以其特有的方式生活在这里，使这里充满了民族风情。

准备与咨询

气候与游季

　　中西线一带主要旅游景点集中在临高、儋州、昌江、乐东、五指山、琼中、保亭等市县。这一带的气候与海南别处的气候不同，比较干燥，是典型的热带季风气候，干湿季分明，降水主要集中在6—11月的台风季节。冬季由于受海洋寒流的影响较大，因而气温相对要低一些。

行在中西线

　　中西线一带人烟稀少，交通不便。现已建成的西线高速公路，

只将沿海各地区与海口和三亚这两个大城市连通了起来。儋州是海南西部的交通枢纽，每天有多班汽车发往广州和海南各地。

游在中西线

儋州

东坡书院 ★★★★ 🌾🌾

东坡书院为儋州历代最高学府，为纪念北宋苏轼而建，书院内的载酒堂、载酒亭、奥堂龛等建筑古色古香，其中载酒堂是苏东坡父子起居和读书的场所。景点附近出售的东坡斗笠是当地比较有名的工艺品，可以买一顶做留念。

- 🎫 旺季 25 元；淡季 21 元
- 🚌 从三亚乘动车到儋州的白马井站，然后打车前往；或从儋州汽车站打车到军屯汽车站，再从军屯汽车站乘坐到中和的大巴，再坐当地的三轮车前往
- 👁 1 小时

中和古镇 ★★★★ 🌾🏛

古时是儋州的州治所在地，宋代大文豪苏东坡曾在此谪居三年。由于苏东坡对本地文化的影响，几百年来这里的人们都喜爱吟诗作对，因此中和镇享誉"诗对之乡"。古城至今尚保存有西、北两个宋代建筑的城门，逛逛古镇的主要街道，也可感受古朴气息。

- 🚌 从海口西站乘坐到洋浦的中巴车，在高速路洋浦路口下车后，转乘当地的风采三轮车，七八分钟就可到达
- 👁 1 小时

龙门激浪 ★★★ 🌾📷

龙门位于儋州市龙门山。山的东面有一个瓮门，一有北风吹过即卷起巨浪撞击在石门上，声音可响至十余里远。

- 🚌 乘海口至儋州的省直快车，再乘当地的中巴车至目的地
- 👁 1 小时

松涛水库 ★★★★ 🌾📷

松涛水库是一个跨儋州、白沙两市县的高山天池，把南渡江上游的雨水截流在南洋和番加洋河谷里作灌溉之用，四周遍布着苍苍莽莽的原始森林。

- 🎫 120 元
- 🕘 9:00—16:00
- 🚌 乘海口至那大省汽快车，再乘中巴至目的地
- 🍴 景区内可品尝松涛水库特产松涛"大头鱼"（鳙鱼），美味而便宜
- 👁 1 小时

千年古盐田 ★★★ 📷

儋州千年古盐田距今已有 1200 多年的历史，是我国最早的一个传统海盐晒制盐场，至今仍保持着最完整、最原始、最独特的日晒制盐方式，也是保存最完好的古老盐场，被列为国家级非物质文化遗产。

- 🚌 建议打车前往
- 👁 1 小时

石花水洞 ★★★★ 🌾📷

石花水洞是儋州罕见的天然溶洞，距今已有 140 万年，洞内有着形态各异的钟乳

东坡书院

石，以及石笋、石柱、石瀑等景观。洞内还有一条蜿蜒的地下暗河，可以乘船游览。

- 旺季 70 元；淡季 58 元
- 从那大镇乘坐公交车至八一总场，再乘坐当地三轮车前往
- 1～2 小时

热作两院植物园 ★★★★

热作两院植物园可以说是世界热带植物的一个缩影，园内有分布在 40 多个国家的 1000 多种珍稀热带植物，几乎可以媲美西双版纳的热带植物园。园中有棵需两三人手拉手才能合抱的见血封喉参天大树，据说是世界上最毒的植物。

- 26 元
- 7:30—17:00（周一至周五）
  7:30—18:00（周六至周日）
- 在海口汽车东站乘到那大镇的大巴，然后在那大镇坐三轮车到达景点；坐海口—儋州的车，在儋州汽车站后西面的建设路口，有直达景点的中巴
- 2～3 小时

临高
临高角 ★★★

临高角是海南岛突出于琼州海峡的岬角，离临高县城有 10 千米。三面濒海，岬角顶端有长 250 米的天然礁石直插海里，如仙人指路。岸上有千米海滩，环顾四周 270 度都贴着海。而且这里还是解放海南时最早登陆的地方。

- 免费
- 临高县城去临高角有专线中巴车。在临高文明西路西门市场后门是发车站，20 分钟一趟车
- 4～5 小时

☀ **适合摄影**：这个地方的景色很美，特别适合摄影，尤其是黄昏时分取景更佳。

昌江
昌江黎族自治县汽车总站
☎ 0898-26622821

霸王岭 ★★★★

方圆数十千米全是热带原始森林，有珍贵树木 1400 多种。北京天安门城楼上用的木材有些就是来自这里。这里还盛产热带的兰花，如五唇兰、象牙兰、冬风兰等。

- 50 元
- 从昌江黎族自治县到霸王岭 28 千米，可包车前往
- 0.5～3 天

☀ **自然保护区**：霸王岭附近还有一个斧头山自然保护区，同样是漫山林海，举目皆景。这里还生存着一种濒危的海南黑冠长臂猿。

棋子湾 ★★★

既有海景又有石景的地方，岸边礁石间有片几百平方米布满彩色卵石的卵石滩，白色、宝石绿色、土红色、淡黄色间杂着。棋子湾的徒步行程约需 3 小时，沿途大部分为海水冲蚀风化而成的地貌，与大海相傍绵延开去。关于棋子湾有这样的说法：

棋子湾

临高角

大角看日出，小角看日落，来棋子湾不论早晚都应该去目睹一下太阳的轮回之乐。

🌐 20 元

🚌 从海口长途汽车东站乘至昌江黎族自治县城石碌镇的大巴，票价 80 元，在昌江车站下车，再租风采车去棋子湾，车费 5 元

🏠 带帐篷是最佳选择，也可以选择回到昌化镇，住镇上的小旅馆，很便宜

👁 1 天

五指山

五指山 ★★★★ 🌊🐚🏠

五指山是海南岛的象征，也是海南的第一高山。与其他山的庄严气质不同，五指山给人更多的是一种神秘感。山上也留下了很多文人墨客的手迹，一部分还成为研究海南历史的重要资料。

🌐 50 元

🚌 1. 从三亚到五指山市目前只有普通客车，票价 32 元，到达后在汽车站乘坐中巴前往水满乡，最早 9:30 发车，票价 10 元。到达水满乡后可乘镇上的"摩的"前往漂流点，和司机谈价一般可谈到 6 元

2. 从海口出发到水满乡约 4 小时，票价 60 元，到景点费用同上。从三亚往

东路的高速公路走，约 80 千米处，可看到"五指山市"的路标，下高速，顺着路标行驶即可，从亚龙湾到五指山需 2 小时左右

🏠 1. 水满乡邮政招待所

2. 五指山国际度假寨，位于五指山半山腰

3. 水满园，位于山脚下，可以看到五指山全景

👁 2～3 小时

☀登山须知

1. 登山的最佳时间是 7:00，有时 16:00 山上就开始起雾了，较危险。

2. 风衣、耐磨的长裤、雨衣、登山鞋都是必备的，防雨的同时也可防一些山蚂蟥。

3. 进五指山山寨要买票，不进山寨就不用买，其实一样可以上山。

4. 山上缺水，登山前一定要准备足够的水，登山来回需要时间较长，最好带点干粮补充体力。

红峡谷漂流 ★★★★ 🏠

属于五指山第二大游览项目，分大漂和小漂，大漂长约 6 千米，河道复杂，全程有 8 处跌水、3 大险滩，整个过程惊险刺激；小漂的河段长 4 千米，水流相对平缓，很浪漫、很休闲。

🌐 200 元

👁 2～4 小时

保亭

七仙岭景区 ★★★★

　　七仙岭景区距保亭黎族苗族自治县城 10 千米，主要由七仙岭山岭和七仙岭温泉组成。七仙岭又名七指岭，以七个状似手指的山峰而得名，属海南岛的名山之一。山岭七峰似人的掌指竖立，直指苍穹。此外，七仙岭七峰险峻，是天然绝壁，还是攀岩的好去处。

　　旺季 50 元，淡季 30 元；温泉 108～308 元（住宿及泡温泉是在度假区里，离森林公园还有 2 千米，不登山则不需买门票）

　　8:00—17:30

　　保亭车站到七仙岭温泉度假区车票 2 元；也可乘采风车或"摩的"到达温泉区，单程 5 元

　　1. 登山最佳时间段是每年 11 月至次年 4 月，最好是避开 5—10 月的雨季。

　　2. 温泉度假村餐厅提供的野菜十分有特色，品种很多，而且这里喝的黎族山兰米酒也比较正宗。

琼中

百花岭风景区 ★★★

　　百花岭的主峰高达 1100 多米，百花瀑布落差高达 300 米，分三级跌宕而泻，甚为壮观。

　　在琼中黎族苗族自治县城包车或乘"摩的"前往

黎母山 ★★★★

　　黎母山自古以来就被誉为黎族的圣地，是海南三大山脉之一，也是黎族人民的始祖山，以瀑布多而著称。景区分五大片区，每个片区基本都是原始森林。每天清晨，在海拔 1000 多米的高处有无数条溪涧从山间跃落，有的似玉珠散落，有的似银河直下，声如擂鼓，景象极为壮观。

　　20 元

　　8:00—17:00

　　1. 从海口西站乘坐开往那大的普通班车到森林公园门口

　　2. 乘坐海口至琼中黎族苗族自治县的班车，到乌石镇下车，票价 60 元，大约行驶 2 小时。到乌石镇后转乘开往那大的中巴可到黎母山森林公园大门，行程约 19 千米

　　3. 从森林公园大门到管理处还有 16

千米，这段路只能乘坐"摩的"

　　黎母山森林公园里可供住宿的有梦仙阁宾馆，很干净，房间不多，只有十几间，房价很便宜。天气好的话，自备帐篷的背包族也可以选择露营

　　4 小时

　　黎母庙： 黎母山上建有黎母庙，庙里供奉着黎母娘娘的神像，每年"三月三"节期间，海南各处的黎胞便纷纷上黎母山祭拜黎母，这一年一度的深山聚会使黎母山显得与众不同。

屯昌

木色旅游度假风景区 ★★★

　　景区内有成群的野猪、野兔、狐狸等，但不用害怕。

　　从海口、三亚或文昌等地方坐车到屯昌县，再换乘中巴或当地摩托车前往

　　0.5～1 天

　　黎族风情： 在西海岸，你可以充分领略到黎族的风情。那里是黎族居民的聚集地，一定不要错过他们的传统舞蹈"跳竹竿"和特色竹筒饭。另外，在中西部较难找宾馆，你可以试试黎家船形屋，别有一番滋味。但是需要注意黎族人的禁忌，别戴草帽进屋，别在屋里吹口哨、扛锄头。

黎母山吊灯岭瀑布

香港特别行政区

迪士尼梦幻体验： 香港太空馆→香港科学馆→海洋公园→香港迪士尼乐园
走向维多利亚港： 星光大道→浅水湾→宋城→维多利亚公园
享受宁静： 香港岛→桥咀洲→洪圣古庙
追寻野趣： 香港岛→梅窝→大屿山南郊野公园

香港

香港快速攻略

Day1 香港迪士尼乐园→宝莲寺和天坛大佛

Day2 彩虹邨→黄大仙祠→旺角→庙街→尖沙咀→星光大道→维多利亚港

Day3 海洋公园→浅水湾→跑马地→南丫岛

Day4 香港科学馆→香港太空馆→香港文化中心→铜锣湾

Day5 太平山顶→杜莎夫人蜡像馆→凌霄阁→香港仔避风塘

感受香港

花花世界 香港维多利亚港的霓虹夜景早已闻名世界，而香港的夜生活也同样让人兴奋不已。蓬勃发展的经济催生了人们对休闲娱乐的需求，所以香港的娱乐业也特别发达。尤其是中环、湾仔、尖沙咀等地方的大排档、夜总会、迪厅、酒吧、卡拉OK，甚至油麻地、旺角等地的娱乐场所一般都24小时营业，各种稀奇古怪、新潮怪异的娱乐方式更是层出不穷，让这个不夜香港岛没有一刻能安静下来。每年9月至次年6月，还可以在每周三晚跑几趟赛马场。香港的魅力全在于"夜"，只有真正融入了香港的夜生活才能体会到什么叫花花世界。

电影产业 香港电影业始于1913年的首部香港电影《庄子试妻》，而后经大批投资者的介入，异常繁荣，令香港享有"东方好莱坞"之称。1949年开创的《黄飞鸿》系列电影，多达60多部，成为世界上最长寿的系列电影。李小龙、王家卫、吴宇森、周润发、李连杰、成龙、张曼玉、张国荣、刘德华、梁朝伟、梁家辉、周星驰在国际上均享负盛名，每年3—4月举行的香港国际电影节及香港电影金像奖，是香港电影界每

地名来源

"香港"一名的由来，有三种说法：

1. 与香料有关。宋元时期，香港隶属广东东莞，其南部的一个小港湾，是转运南粤香料的集散港，这些香料品质超凡，被称为"海南珍奇"，于是，这里便得名"香港"。

2. 据说原来香港的港湾有条溪水甘香可口，海上往来的水手，经常到这里来取水饮用，这条小溪也就被称为"香江"，香江入海冲积形成的小港湾，被称为"香港"。

3. 因"香姑"而得名。传说一位海盗的妻子香姑，坚强自立，在海盗死后，占据了这个小岛。后来，人们就以她的名字称呼这个小岛为"香港"了。

香港赛马会

年一度的盛事。

广告牌　香港街头大大小小、五花八门、参差不齐的广告招牌多得让人眼晕，有时连地铁口都被淹没在广告牌里。马路边的摩登大楼或高层住楼旁通常有一串串老旧的私人小店铺，但就是这些杂乱的小店铺，顺顺当当地经营着很多世界各地的名牌，许多还是通宵营业。

煲汤　在香港居住的大部分都是广东人，自然继承了广东人煲汤的优良传统。香港人煲汤甚至比广东人更讲究，煲一锅上等靓汤就能让餐桌上的家人其乐融融，老妈跟儿子通电话也是唠叨让儿子一定要早早回家喝汤。

秩序井然　香港给人的印象是很有秩序：在香港地铁里绝对不会看到有人吃东西或喝饮料，因为香港明文规定地铁里禁止饮食，否则罚款，最高可达 1500 港元；在香港一定别忘记随身携带护照或港澳通行证，否则也是违法的；乘电梯时千万不要奇怪大家为什么都喜欢靠右站，那是因为左边是专门留给有急事的人通过的。总之，香港是一个很有秩序的社会，所以不管做什么，一定得按秩序排队，否则会受到鄙视的。

　　初到香港的游客，站在繁华的大街上肯定多少有些不适应，因为这里的汽车全部都靠马路左侧行驶。所以过马路时，千万记得要先看右再看左，遵守信号灯，红灯停，绿灯行，走人行横道。

赛马　目前香港有两个马场，一个是曾在 2008 年北京奥运会作为马术比赛场地的沙田马场；另一个则是拥有百年历史的跑马地马场。到香港游玩如果不进入马场亲身体验一下那种策马扬鞭、热血沸腾的感觉，那真是非常遗憾了。

准备与咨询

语言
　　以粤语为主，大多数人的英语不错，也流行普通话。

气候与游季
　　香港属于亚热带季风气候，年平均气温较高，达 22.8℃，夏天白昼长，冬天白昼短。天气易受季风影响，四季差别明显。春季温度和湿度上升，平均气温 23℃，湿度 82%，宜穿薄外套或毛衣。夏季炎热潮湿，平均气温 28℃，有时高达 33℃，宜穿短袖衬衣及棉质衣裙，出门要备雨具。秋季温度及湿度下降，天气晴朗，平均温度 23℃，湿度 72%，宜穿衬衣、毛衣及轻便外套。冬季干燥稍冷，湿度低，平均温度 17℃，宜穿套装及薄毛衣，偶尔需穿大衣。

行在香港
进出
　　香港位于我国东南海岸的珠江口，全境包括香港岛、九龙半岛、新界和离岛四大部分。通过京九线可以从北京快速直达香港九龙，也可以从深圳入境。香港机场更是昼夜不停地接待飞往世界各地的航班。香港拥有全球最便捷完善的公共运输系统，以铁路、小轮、巴士等组成的运输网，时刻以

☀**香港人特征**

　　有媒体总结香港人的性格特征如下：热爱生活，除了本地，香港人对世界也同样充满热情；尊敬，香港人向来尊敬英雄，无论是电影里还是现实生活里；传统，香港人对家乡充满依恋……

☀**1. 八达通卡**：在香港手持一张八达通卡就可以畅通无阻了。车票分一天和两天两种：一天车票 85 港元，两天车票 120 港元。此后就可以随便搭乘地铁、巴士、九铁、小轮，还可以在此卡指定的超市购物打折，离港时再清卡并取回押金。

　　2. 各色的士收费：香港岛及九龙（红色的士）起步价 22 港元，2 千米后每 0.2 千米 1.6 港元；新界（绿色的士）起步价 18.5 港元，大屿山（蓝色的士）起步价 17 港元，2 千米后分别为 0.2 千米 1.4 港元和 1.2 港元。

最快的速度伸展到香港的每个角落。

飞机

香港赤腊角国际机场距离市中心 40 千米，由地铁交通和机场巴士相连，平均一分钟就有一架飞机起降。

- 离岛区畅航路 1 号
- 00852-21818888

铁路

主要有京九线、广九线两条铁路干线。

红磡火车站　京九线终点站，每天有火车往来于香港和内地，直达广州的列车车程约 2 小时。

- 九龙城区红磡西南

西九龙高铁站　西九龙高铁站于 2018 年 9 月投入使用，现在北京、上海、天津、重庆、广州、深圳等主要城市都有直达西九龙站的高铁。广州到香港车程约 1 小时，深圳到香港车程约 20 分钟。

- 九龙半岛油尖旺区

公路

在广州、深圳、珠海等广东省内各地级市都有空调大巴直达。

区内交通

香港交通发达，有地铁、小巴、电车、的士、渡轮等各种交通方式，非常方便。

香港巴士有多家公司经营：新巴，行走部分港岛路线；九巴，行走全九龙及新界；城巴，行走部分港岛路线（以上三家公司均有过海隧道或机场路线）；大屿山巴士，只行走该岛仅有的十多条路线以及往来深圳湾口岸的两条线路；龙运，为九巴下属公司，经营新界与机场之间的巴士服务。市区票价每程 2 港元多起。

地铁

香港地铁系统目前有 11 条线路，其中 9 条是地铁线路，包括港岛线、南港岛线、观塘线、荃湾线、屯香线、东涌线、迪士尼线、马鞍山线和西铁线；2 条是经轨线路，包括机场快线和东涌线。时间从早 6 点左右到次日凌晨 1 点结束，每隔 1 分多钟有一趟车。按路程收费，车费 4～51 港元不等。

渡轮

除了天星小轮外，油麻地小轮、港九小轮、信德轮船、愉景湾航运服务公司也提供固定的渡轮、飞翔船服务，往返尖沙咀、中环、湾仔、红磡、长洲、坪洲、大屿山、屯门、南丫岛及其他码头。

游在香港

海洋公园　★★★★　🏭 ◎

拥有全东南亚最大的海洋水族馆及主题游乐园。在这里不仅可以看到有趣的海豚表演、千奇百怪的海洋生物，还可以体验惊险刺激的极速之旅，是游客到香港最爱光顾的地方

🔆机场交通

1. 机场快线：每 10 分钟一班，全程约 24 分钟。时间从 5:50 至次日凌晨 1:15，八达通卡可用，12 岁以上票价 60～180 港元不等。

2. 机场穿梭巴士：每日 6:00～23:00，分为 A、E、N、S 等系统，对旅客来说，A 系统最为快捷方便。

A11：终点北角码头，途经中环、金钟、湾仔、铜锣湾；车费 40 港元。

A12：终点小西湾，途经中环、金钟、湾仔、铜锣湾、天后、北角、太古；车费 45 港元。

A21：终点红磡，途经太子、旺角、油麻地、佐敦、尖沙咀东部及西部；车费 33 港元。车上报站采用三种语言：普通话、粤语和英语。

🔆服务好

香港城市很狭窄和拥挤，却很少有垃圾杂物，大多数人的公共道德非常好，服务人员礼貌而热情。

🔆香港八景

香港的旧八景为：旗山星火、仙桥雾锁、赤柱朝曦、鸭洲帆影、宋台怀古、扶林曲径、浪湾水软、鲤鱼夜月。随着时代的变迁，现在的香港八景是："旗山星火"，指从太平山顶观看港岛万家灯火之瑰丽景色；"赤柱晨曝"，指赤柱半岛的晨曦美景；"浅水丹花"，指碧水盈盈的浅水湾春景；"虎塔朗晖"，指虎豹别墅院内旭日东升的壮丽景观；"快活蹄声"，指快活谷的赛马盛况；"鲤门月夜"，指鲤鱼门夜景；"残堞斜阳"，指九龙城寨的残垣断堞在余晖中的景色；"宋台怀古"，指香港启德国际机场旧址附近的宋王台公园的怀古之思。

之一。2006 年被福布斯网站评选为"全球十大最受欢迎的主题公园之一"。

🚌 498 港元（12 岁以上）
249 港元（3～11 岁）

🕐 10:00—18:00

🚇 从金钟站搭乘港铁南港岛线，一站抵达海洋公园站；或搭乘由港铁金钟站或中环天星码头开出的城巴 629 专线

👁 0.5～1 天

浅水湾　★★★★ 🏊🎯🏄🏛

全香港最受欢迎、交通最方便、最具代表性的海滩，也是最适合恋人拍拖的地方，附近还有深水湾、中湾和南湾，都是海浴胜地。

🚇 1. 乘坐地铁东涌线或机场快线至香港站 D 出口，步行至中环交易广场巴士总站，转乘巴士在浅水湾站下车
2. 机场快线至香港站 A1 出口步行至中环交易广场巴士总站换巴士

👁 2～3 小时

西环码头　★★★ 🎯

是电影《春娇与志明》的取景地，从香港大学地铁站出来，一直到坚尼地城，沿海都属于西环码头的范畴。

🚇 港岛线坚尼地城地铁站 C 出口

👁 2～3 小时

西环泳棚　★★★★ 🎯

香港人打卡和拍婚纱照的热门地，人气很旺，建议错开周末及节假日前往。

🚇 西环、坚尼地城地铁站周边

👁 2～3 小时

怪兽大厦　★★★ 🎯

由福昌楼、益昌楼、益发楼、海山楼及海景楼组合而成的形状为"E"形的建筑物。

🚇 从鲗鱼涌地铁 A 出口步行即可

👁 1～2 小时

杜莎夫人蜡像馆　★★★★★ 🏊

汇聚巨星名人的蜡像馆，里面的"名人"个个栩栩如生。还可以听到刘德华的心跳（亚洲第一个硅胶心跳蜡像）和杨千嬅爽朗的笑声（史上第一个发笑蜡像）。

🚌 成人 290 港元

🕐 10:00—20:00

📍 香港山顶道 128 号凌霄阁 P101 号铺

👁 3～4 小时

凌霄阁摩天台 428　★★★★ 🏊

在凌霄阁观景台上，游客可 360 度饱览香港景色，东面可尽览维多利亚港两岸景色；西面则可远眺大屿山以及周边的离岛及中国南海。

黄大仙祠

🈺 75 港元

◉ 10:00—22:00（周一至周五）；8:00—22:00（周末）

🚌 从中环天星码头巴士总站乘 15C 专线巴士到花园道的登山缆车站；或乘 15 路巴士沿山路登太平山山顶

👁 1～3 小时

黄大仙祠 ★★★★ 🛕

黄大仙祠是香港最著名、香火最旺的庙宇之一。在香港信奉黄大仙的人不计其数，人们都确信祠内所供奉的黄大仙是"有求必应"的，签文也极其灵验。

🈺 免费

◉ 从心苑 8:00—17:30；其他供善信参拜的地方：7:00—17:00

🚇 地铁黄大仙站 B2 出口，步行约 3 分钟即到

👁 1～2 小时

彩虹邨 ★★★ 👁

为香港最早期兴建的公共屋邨之一，位于九龙黄大仙区。邻近港铁彩虹站，邨如其名，建筑的外墙色彩斑斓，整齐有序，犹如彩虹一般。因为设计独特，彩虹邨荣获了香港建筑奖项——1965 年香港建筑师学会银牌奖。加上充满活力的球场和居民的生活氛围，相映成趣。近年来，彩虹邨已成为众多年轻人的拍照打卡地。

🚇 地铁彩虹邨站 C4 出口

👁 1～2 小时

💡 切勿因为拍照打卡、过分喧闹，扰乱了当地居民的正常生活。

星光大道 ★★★★ 🌊🎬

星光大道首批装嵌了 73 名杰出电影人的牌匾，当中包括35 位已故的杰出电影人，如张国荣、梅艳芳、李小龙等。在星光大道漫步，可以从容地欣赏香港著名的维多利亚港景色、香港岛沿岸特色建筑物以及多媒体音乐会演"幻彩咏香江"。

💡 **求签提醒**

来这里求来的签看，都只是解当年的运势。因此在农历过年前后，是黄大仙祠香火最鼎盛的时候，信奉者可以前来求问一整年的运势。

💡 **宗教节日活动**

香港并存各种不同的宗教，主要包括：佛教、道教、孔教、罗马天主教、基督教、回教、印度教、锡克教、犹太教。香港所有寺院和庙宇均开放给公众人士进内膜拜，每逢农历初一、十五，善男信女如潮涌至。据了解，不少重要的宗教节日，包括耶稣受难节、复活节、佛诞和圣诞节等均已被列为公众假期，每逢这些节日，信众都会举行多种纪念或庆祝活动。

💡 **看维多利亚港**

1. 坐什么船都一样：看维多利亚港坐什么船都一样，推荐天星小轮，价格是洋紫荆的 1/100，看到的风景却是不打折扣的。

2. 俯瞰最好在天际 100 观景台：位于环球贸易广场 100 楼，是香港最高的室内观景台，能 360 度鸟瞰整个维港。成人票价 150 港元。

维多利亚港

天坛大佛

- 免费
- 从港铁尖东站 J 出口步行约 3 分钟
- 2～3 小时

南丫岛 ★★★★

南丫岛除了因为是周润发的出生地而闻名外，岛上洋溢的恬静闲适的欧陆风情，曲折多变的海岸线，大大小小的海滩、岬地、山岭等，也是吸引人们前来观光的重要因素。榕树湾是南丫岛北部一个繁华的村落，窄窄的街道两旁布满了风格各异的美食店和酒吧。索罟湾是香港最大的海鲜养殖场之一，沿海湾有一长串海鲜酒家。

- 免费
- 需搭乘轮渡前往，从中环出发，4 号码头或者 9 号码头，船程约 40 分钟；从香港仔出发，逸港居海滨公园旁之公众码头，船程约 20 分钟
- 4～6 小时

维多利亚港 ★★★★

每年春节最大的花市也在这里举办。晚风习习，凭海临风，香港像一位风姿绰约的贵妇。著名的国际会展中心就在这里。维港的灯光音乐汇演也值得一看。

- 1. 如果住在九龙的话可以坐渡轮或打车前往，也有公交车直达。
- 2. 如果住在香港本岛就可以步行前往或乘坐地铁在尖沙咀站下车
- 1～2 小时

宝莲禅寺和天坛大佛 ★★★★

宝莲寺有"南天佛国"之称，为香港四大禅林之首。禅寺牌坊正对的海拔 482 米的木鱼峰上的天坛大佛是世界上最大的露天青铜佛像。大佛底座三层，设有展览厅等，内有一口大钟，上雕有佛像和经文等。该钟由电脑控制，每隔 7 分钟敲打一次，共敲打 108 次，以供人"解除 108 种烦恼"。

- 免费
- 宝莲寺8:00—18:00；
  天坛大佛10:00—17:30
- 东涌地铁站 B 出口外的巴士总站乘坐 23 号新大屿山巴士即到；从中环 6 号码头乘渡轮前往梅窝，在码头巴士总站转乘 2 号巴士至昂坪市集下车即到
- 1～4 小时

规划好时间： 由于往来宝莲寺需要一定时间，建议旅客早上前往。从东涌或梅窝乘巴士前往宝莲寺车程要 50 分钟，需规划好游玩时间。

香港迪士尼乐园 ★★★★

香港迪士尼乐园是目前世界上最小的"童话王国"。乐园中西合璧，卡通故事里中国卡通角色和西方卡通角色俱有。此外，还有香港迪士尼乐园酒店、迪士尼好莱坞酒店，身在其中可以尽情地体验童话世界和电影世界的奇趣，各种迪士尼人物会随时出现在游客身边，惊喜无处不在。

- 1 日门票: 639 港元
  2 日门票: 904 港元
- 10:30—20:30
- 从地铁欣澳站转迪士尼线，24 分钟可达；从香港国际机场乘地铁，23 分钟可达；迪士尼乐园酒店和迪士尼好莱坞酒店都有至园区的免费巴士接送
- 1～2 天

1. 进园后取迪士尼乐园指南和乐园时间表，方便游玩。

2. 早上相对人少，下午人多，最好在上午把一些热门项目（飞越太空、米奇幻想曲、巴斯光年星际历险）

香港迪士尼乐园

玩完，下午再玩一些不热门景点，晚上离园前再购物。

3. 迪士尼乐园可能要比很多人想象中小得多，但是玩足一天是没有问题的。

香港科学馆　★★★★　🏛️🔊

香港科学馆的科技领域涵盖计算机、机器人、能源、通信、运输等各个方面，资料极为丰富，可助参观者拓宽科学知识，同时馆中百分之七十是互动展品，可把玩触摸，互动性极强，可增加参观者对科学的兴趣，特别适合亲子同游。

🎫　常设展览厅入场费：标准票 20 港元；星期三免费

🚇　1. 港铁荃湾线尖沙咀站 B2 出口沿金马伦道向尖沙咀东部方向步行约 10 分钟

2. 港铁荃湾线佐敦站 D 出口沿柯士甸道向尖沙咀东部方向步行约 20 分钟

3. 港铁东铁线尖东站 P2 出口沿漆咸道南方向步行约 10 分钟

👁️　1 ～ 2 小时

💡 **香港科学馆开放时间**

1. 周六、周日及公众假日：10:00—21:00，其余时间 13:00—21:00，周四闭馆。

2. 逢周三免费入场，逢星期四（公众假期除外）、农历新年初一及初二休馆。

3. 圣诞前夕及年除夕开放至 17:00。

4. 票务处于休馆前一小时停止售票。

香港太空馆　★★★　🏛️🔊

是香港以推广天文及太空科学知识为主的天文博物馆，也是世界上设备最先进的太空科学馆之一，带你探索神秘宇宙。蛋形的太空馆堪称香港的人文地标场馆。

🎫　成人 10 港元；逢周三免费入场

🕐　星期一、三、四、五：13:00—21:00；星期六、星期日及公众假期：10:00—21:00；逢周二（公众假期除外）、农历新年年初一及初二休馆

🚇　1. 从港铁尖东站 J 出口，沿梳士巴利道步行约 10 分钟；2. 由中环或湾仔乘天星小轮至尖沙咀，步行约 10 分钟

👁️　2 ～ 3 小时

香港文化中心　★★★　🏛️

香港文化中心是一个现代化的表演艺术中心。该建筑外观现代艺术感十足，中心内设备先进，有音乐厅、大剧院、展览馆、礼品店等，可以在此观看大型歌剧、音乐剧、戏剧等演出。

🎫　免费，除有表演外

🕐　9:00—23:00

🚇　地铁尖沙咀站 L6 出口、E 出口，步行即可

👁️　1 ～ 3 小时

旺角一瞥

香港会议展览中心

跑马地马场　★★★　🏛️

第一场赛马早在 1846 年举行，之后便一直持续举办到今日。骏马奔腾的英姿、万人喝彩的场面，对第一次观看的游客来说，一定是一次非同寻常的全新体验。

🎫 公众席 10 港元

🕐 12:00—23:00

🚇 1. 港铁铜锣湾站 A 出口出站，沿黄泥甬道步行约 20 分钟到达

　　2. 从香港岛北面可搭乘前往跑马地的"叮叮"专线电车

　　3. 临近跑马地马场（公交站）、跑马地（上）（公交站）、跑马地（下）（公交站）

👁️ 1～2 小时

💡 每年 9 月至次年 6 月是赛马季，周三及周六、日下午会举行赛马活动。

青马大桥　★★★　🏛️🌊

青马大桥是香港一座连接大屿山国际机场及市区干线公路的世界级建筑。它横跨青衣岛及马湾，早已成为香港的一个重要城市标志性建筑。整座桥长 2.2 千米，主跨长度 1377 米，距离海面 60 余米，采用的吊缆钢线总长度达 16 万千米，是全世界最长的行车、铁路两用吊桥。

🚇 地铁青衣站 A1 出口乘 308M 专线小巴；或乘计程车前往访客中心；由港九新界前往东涌或香港国际机场的巴士也都会经过青马大桥

👁️ 0.5～1 小时

💡 **金紫荆雕像**

香港会议展览中心新翼海旁的博览海滨花园内屹立着一座香港回归祖国纪念碑。纪念碑顶部白环象征香港的主权归还中国，而上面的 50 个环代表香港特别行政区的生活方式保持 50 年不变。

💡 **观看升旗仪式**

每天 7:50，金紫荆广场都举行庄严隆重的升旗仪式。游客此时可以在国歌的伴奏下，看到中国国旗及香港特别行政区区旗缓缓上升，整个仪式大约 15 分钟。

此外，逢每月的 1、11 及 21 日 7:45，金紫荆广场都举行特别升旗仪式，警察风笛乐队于升旗仪式完毕后还会进行表演。

香港会议展览中心　★★★★　🏛️🌊🎡

1997 年香港回归大典就是在这里举办的，会展中心周边建

青马大桥

尖沙咀钟楼

筑向外延伸出维多利亚港，从而开辟了一座博览海滨花园。可观赏整个香港岛和九龙半岛的夜景，适合散步。

- 🚌 临近湾仔（地铁站）、会议道（公交站）、金紫荆广场（公交站）
- 👁 0.5～3小时

旺角 ★★★★ 🏙

位于九龙半岛中部的旺角，是香港人流最旺的地区，也是全球人口密度最高的地区。踏足其间，可感受到昼夜不息的城市脉搏，这里是任何一个来港游客绝对不能错过的人气旺地。

🔆 旺角特色街道

女人街——因售卖服装、化妆品、摆设等女士用品而得名。
波鞋街——花园街其中一段，因卖运动鞋的店铺林立而得名。
金鱼街——通菜街的一段，因卖饲养鱼的店铺林立而得名。
花墟道——因批发及零售花卉的店铺林立而得名。
西洋菜街南——与女人街并排而立，售卖潮流服饰、电子产品及小吃的商铺林立。
登打士街——与女人街及西洋菜街南接壤，满街都是售卖小吃的商铺。

香港仔避风塘 ★★★ 🍴🚤

不想看香港城内的灯红酒绿可以前往避风塘，这里仍然过着传统的水上人生活，能让人迅速进入安静的状态。另外，避风塘的珍宝王国是世界最大的海上餐厅，新鲜海鲜美食令人大快朵颐。

- 🆓 免费
- 🚌 港铁香港站从 D 出口步行至中环交易广场巴士总站，转乘 70 线巴士，在香港仔海滨公园附近下车可到
- 👁 1～2小时

尖沙咀 ★★★★ 🎭🍴

位于香港九龙地区，是这里旅游业和商业最兴旺发达的地方，特别是尖沙咀的东部（尖东商业区），更是商场和店铺林立的宝地。除了豪华的购物商场外，个性十足的小店也深得年轻人的追捧。尖沙咀的餐饮业和酒吧行业也热闹非凡，深受香港年轻人和外地游客的喜爱。

游在香港

💡 茶餐厅

茶餐厅是香港生活的重要一环，要感受地道的港式市民文化，一定要去试一试。

💡 烟民注意

香港严格禁烟，全港所有工作地点、公众地点、饭店、街道以及公众游乐场所内的大部分地区实施禁烟。请游客特别注意！

💡 美食街

铜锣湾的渣甸坊、利舞台广场、时代广场、百德新街等地方集中了地道香港风味的茶餐厅、排档，还有些小吃店、寿司店、咖啡厅，逛街累了，吃吃小点，喝喝下午茶，很是惬意。沾仔记面食店都是香港人比较喜欢去的地方。

💡 海景餐厅

香港岛南区赤柱的海景餐厅别具一格，有中式、法式、越式餐馆，临海酒廊、露天茶座等，游客可以在海浪的伴奏中感受美食带来的乐趣。

💡 参观法庭审讯

香港非常有秩序，无论是坐车、过马路或者其他活动，都很自觉遵守秩序。香港值得看的东西应该包括参观法庭审讯（戴假发、穿袍子的），但要注意关手机啊！

乘地铁荃湾线在尖沙咀站下车

庙街 ★★★★

庙街位于香港九龙油麻地，是香港一条富有特色的街道。相比铜锣湾的现代繁华，庙街更像是香港的平民夜总会。电影《庙街皇后》就用独特的电影视角刻画了庙街的人情冷暖。若你想了解香港人生活的红尘氤氲，庙街是绝对不可错过的地方。

20:00—次日 6:00

1 天

庙街有许多特色小食，如海鲜、煲仔饭等，价钱不贵，味道还相当不错

铜锣湾 ★★★★

香港最主要的商业区之一，位于香港岛的北部，是世贸中心、利舞台广场以及时代广场等大型购物中心的聚集地。铜锣湾还是著名的美食胜地，各色美食应有尽有。此外，这里还集中了很多日资百货，别具一番风味。

地铁可直达，也有多条巴士和小巴途经，交通十分方便

1～3 天

中环中银大厦

大澳 ★★★★

渔村远离烦嚣的市区，较少受到都市化的影响，所以仍旧保留了早期香港的渔村风貌。纵横的水道和水上棚屋构成了独特的水乡情怀和渔村风光，故有"香港威尼斯"之称。大澳各饭馆均选用地道新鲜食材，炮制出一道道精美小菜，滋味无穷。

免费

全天

1. 从地铁东涌线在东涌站下车，再乘坐 11 号新大屿山巴士往大澳巴士总站

2. 从中环 5 号码头乘渡轮往梅窝，再转乘 1 号大屿山巴士往大澳巴士总站

0.5 天

赤柱 ★★★

赤柱半岛上海风徐徐，还有历史悠久的古建寺庙、自由热闹的市集和酒吧街，中西文化在这里和谐交融，构成了一个斑斓美丽的海滨小镇。

地标建筑美利楼保留着古典维多利亚建筑风格，老式吊灯、风扇等装潢，让人感觉恍如隔世。在这里拍摄复古大片，或者找间餐厅品味旧时光，都是不错的选择。

全天

2～4 小时

一句话推荐景点

天际 100 香港观景台 这里是全港最高的室内观景台。白天俯瞰维多利亚港，远望太平山，开阔壮观；夜晚看霓虹灯闪烁，极其浪漫。

成人 198 港元；儿童和长者 128 港元

半山扶梯 世界上最长的户外有盖电动扶梯，长 800 米，曾在王家卫的电影《重庆森林》里出现。在扶梯上，香港人的市井生活一览无余。

电梯单向行驶，下行时间: 6:00—10:00；上行时间: 10:15—24:00

乘坐港铁至中环站，C 出口，沿德辅道直走，至租庇利街左转，步行约 10 分钟

0.5 小时

中银大厦 香港标志性建筑之一。外形像节节高升的竹子，寓意着生长、进取和向上的力量；基座采用的是麻石，看起来像愈坚固的长城，代表着中国。

临近中银大厦（公交站）

0.5～1 小时

吃喝香港

香港居住人口以广东人为主，粤菜自然占主导地位。粤菜以清淡鲜香为主要特色，厨师一般运用煎、炸、炒、炖、煮等方法炮制菜式。近些年来，潮州菜在香港也非常受欢迎。香港的外国菜自然也不会少。

中国菜

主要集中于中区、尖沙咀一带，金岛燕窝潮州酒楼比较有名气，价格比较便宜的餐馆多数位于新市镇。香港人和广东人一样也特别热衷于煲汤，香港人还特别爱吃甜品，认为甜品的大多数食材如牛奶、木瓜、莲子、杏仁等都有润肺及润肤效果，更有助于保持体内水分。

推荐饭馆

许留山甜品店 香港特色甜品、冰品，有"热辣杂锦"和"冰爽冻饮"。咖喱杂锦里有鱼丸、鱿鱼、猪皮、千层叶、白萝卜等，非常入味。有多家连锁分店，推荐以下几处：

- 尖沙咀梳士巴利道3号星光行地下6号铺
- 00852-23779766
- 铜锣湾波斯富街24-30号宝汉大厦26号地铺
- 00852-25746866

喜记避风塘炒蟹 据说许多歌手、演员经常光顾，炒蟹味道超赞，并提供真空包装的炒蟹以便外带。

- 湾仔谢斐道379号1-4号铺地下
- 00852-28937565

莲香楼 老香港人喜欢的茶楼，很古朴。点心做得非常出色，而且好的点心要自己去厨房端，慢了恐怕就被人"抢"走了。

- 中区威灵顿街160-164号地下及1楼
- 00852-25444556

九记牛腩 专门做牛腩面的店，汤鲜味美，据说张国荣曾到此店光顾过。

- 歌赋街21号地下
- 00852-28505967

外国菜

可以到 Onion Bistro 大嚼法国菜，到 Mistral 海风餐厅猛吃意大利菜肴，到 Rico's 体会西班牙菜，到金宝泰国菜馆品味泰国佳肴，到加太贺细尝日本料理。

推荐食处

Mistral 海风餐厅 意大利餐，煎鸭肉肝意粉、焗洋芝士配烤杂菜是这家餐厅的特色，最超值的是 Spring Menu（春日菜谱），最后不要错过配咖啡的甜点 Petitsfours，味道超好。

- 00852-27312870

阿甘虾餐厅 一个以《阿甘正传》为主题的餐厅，主营虾类餐点。

- 香港岛山顶凌霄阁3楼304-305号铺
- 00852-28492867

半岛酒店大堂茶座 下午茶的好去处，在香港久负盛名，推荐里面的英式茶点。

- 九龙尖沙咀梳士巴利道22号半岛酒店 G 楼
- 00852-29202888/26966772

小吃

其实香港已经没有真正的"街头小吃"，小食街一般在商业大厦的地铺，操作很规范，卫生尽可放心。九龙区的旺角，餐饮较为大众化，集中了很多小吃店。

推荐小吃

云吞、面点 香港的鲜虾云吞做得出色，是各方游客一定要尝的美食；云吞馅全部是用完整的鲜虾制作，汤底也很重要，一碗好的汤底，要用大地鱼熬十多小时才成。建议选择吃净云吞。

- 中环威灵顿街沾仔记

庙街牛什 人气很旺的正宗港式牛杂，软烂入味，汤底浓厚，而且没有招人厌的腥味，有好几种酱料可供选择。

- 鸦打街18号
- 地铁油麻地站 C 口出步行约2分钟

香港美食区

亚洲美食九龙城 以泰国菜馆和中菜馆最兴旺，走大众化路线。

西贡、南丫岛、鲤鱼门 西贡昔日是个渔港，鲤鱼门是九龙半岛的小渔村，南丫岛主要海湾索罟湾和榕树湾已经成了海鲜餐饮的天地。

尖沙咀 尖沙咀是游客高度密集区，日本菜馆、意大利菜馆、火锅店和酒吧一应俱全，最热闹的地方是诺士佛台。

铜锣湾 铜锣湾是有名的购物区，大量的人流也为餐饮奠定了基础，最大的美食

焦点是时代广场的"食通天"。

推荐食处

太平馆 是香港最有气氛、历史最悠久的一家怀旧餐厅。这里的瑞士鸡翅非常正宗，乳鸽和烟鲳鱼也是招牌菜。

   油麻地茂林街 19—21 号

   00852-23843385

夜游香港

香港的娱乐魅力全在"夜"里，舞厅等娱乐场所的营业时间一般从 22:00—次日 4:00，周末、休息日较拥挤，收费也略高。大多数酒吧从中午营业到次日凌晨 1:00 或更晚，要是英式及澳式酒吧或日式卡拉 OK 酒廊都会全日供应小吃。兰桂坊、湾仔、尖沙咀、中环等地方一到晚间，所有酒吧都人山人海，外国人也很多，就算你不会喝酒、不会跳舞，也会禁不住跟随着那些震撼的音乐、发泄的人群一起狂欢。当然，要想安静也可以到维多利亚港或太平山顶上观赏香港的夜景。

推荐游处

兰桂坊 兰桂坊是香港时尚夜生活的据点，在这里可以把香港人的吃喝玩乐一网打尽。兰桂坊街上比较有名的酒吧有 1 号

的"罗莎"，2 号的奥斯卡，9 号的 La Dolce Vita 和 16 号的 Tokio Joe。在奥斯卡和 La Dolce Vita，游人们能看到许多香港知名人士出入。Tokio Joe 的寿司十分出名。除了酒吧外，兰桂坊还有许多时尚专卖店、餐厅和迪斯科舞厅。

   中环地铁站 D2 出口往半山方向步行

维港咖啡阁 自助式就餐，气氛轻松，从开胃菜到甜点，从西菜到中菜一应俱全。就餐的时候，透过宽大的玻璃窗可以坐拥美丽的维多利亚港夜景。

   湾仔博览道 1 号香港会议展览中心新翼 3 楼

逸兰铜锣湾酒店 Lanson Place 是一家新开张的酒店，体现着 18 世纪欧洲风情，外墙麻石铺砌，店内有英国摄影师在世界各地拍摄的都市照片，宴会厅还有 Murano Room 从欧洲买来的 Murano 水晶摆设和油画，喜爱艺术的朋友一定要去观赏。

   铜锣湾礼顿道 133 号

   00852-34776888

棉登径 位于尖沙咀的一条小街，很多高档餐厅和酒吧都在这里，有九龙的"小兰桂坊"之称。其中的"见城日本料理"是很受歌手、演员喜爱的餐厅。

   地铁尖沙咀站 G 出口，沿么地道走入缅甸台右转，再于棉登径左转

夜游香港

香港特色购物区一览表

城区或海岛	热门区域	街道或商场	适合人群
九龙	旺角	波鞋街、女人街、金鱼街，花墟及雀鸟花园等新潮店铺	女性消费者
九龙	油麻地	庙街	庙街除有各种廉价商品外，还有大排档餐饮、粤曲表演等。所以很适合想一边购物一边享受娱乐的消费者
九龙	油麻地	玉器市场	古玩收藏人士
九龙	九龙塘	又一城	适合追求自由购物环境的消费者
港岛	赤柱	赤柱市集	售各类香港旅游纪念品及风情服饰，适合所有来香港旅游的游客
港岛	金钟	太古广场	适合青少年购物
新界	青衣	青衣城	是市区与机场路交通线路上的大型商场，极适合旅行购物

顶级香港购物区及大型购物商场一览表

城区或海岛	热门区域	街道或商场	适合人群
港岛	铜锣湾	时代广场、崇光百货、利园	中高档购物及饮食最集中地区，适合各阶层购物人士
九龙	旺角	西洋菜南街、弥敦道上	潮流青年购物
九龙	尖沙咀	海港城商场、广东道、北京道、加连威老道	高档消费人士
港岛	中环	置地广场、太子大厦	高档消费人士

购物香港

湾仔店铺推荐

　　将前卫、摩登、复古风等多元混杂，呈现出来一个有个性的湾仔。

Popcorn 被公认为香港最强的美式潮流买手店之一，买Supreme等美国牌子必去的潮店。Popcorn由数年前一楼的小店摇身一变成为美式复古味极浓的地下商店，其装修都是老板亲自操刀的。专注品牌Supreme、Undefeated、Stussy、Dope、Dickies等。

　　☎ 油麻地弥敦道546-548号旺角大楼地下F&G铺

铜锣湾店铺推荐

　　从时代广场到SOGO百货，到处风靡着血拼族的身影，各色金店、化妆品店、服装百货塞满了街头巷尾。稍留心一

名店风向标

　　尖沙咀是香港名店最集中的地区，从国际顶尖品牌汇聚的广东道及北京道一带，到香港本地品牌与欧洲名牌如橱窗式排列的柏丽购物大道及弥敦道两旁，再到潮流及出口货集中地加连威老道，好像由西向东渐次变奏的风向标。

注意安全

　　庙街的价格一般人都能够承受，也是了解香港市井生活的好地方，但要注意安全。

铜锣湾指路牌

通行证

在香港，不随身携带身份证是违法行为，任何时候都必须携带附有相片的身份证明文件（如通行证）。

老店铺

荷李活道以及其周边的小街，聚集有众多饱经岁月沧桑的老字号店铺，有旧式茶楼风情的"莲香楼"，差不多80年历史的"九记牛腩"食店等。

干货街分类

永乐街与文咸西街为人参燕窝街，德辅道西是海味街，高升街是药材街。

银行多过米铺

在"银行多过米铺"的香港，众多银行都使出了浑身解数尽力服务好消费者。香港银行业提出"不能让一个正常客户因为银行的原因流失掉"的口号。为认真善处理顾客投诉，不少银行开通了24小时服务投诉热线。有机会到香港银行感受一下"上帝"的感觉，还是不错的。

下，你就会从那些貌不惊人的二楼小店里，找到让你尖叫不已的宝贝。

MUJI 无印良品 既然来香港，就去看看时代广场后的这家MUJI店吧，不仅有很多的服装选择，更主要的是价格超便宜。

📍 铜锣湾波斯富街99号利舞台广场3楼

HMV 铜锣湾旗舰店 二楼是音乐迷的最爱，特别是黑胶迷！三楼主打耳机、音响等音响产品，还有玩具、时装服饰以及各类生活单品！四楼就是Bar&Restaurant，餐厅会全天候供应中西美食、特色啤酒等饮品。

📍 香港铜锣湾百德新街22—36号名珠城2至4楼

诚品书店 目前香港最大、种类最全的书店非诚品铜锣湾店莫属。占据了希慎广场整整3层楼，总面积超过3700平方米，约有10万种、共23万册书籍的诚品书店，深受年轻人欢迎。

📍 香港铜锣湾希慎广场8至10楼

📞 00852-34196789

铜锣湾米兰站、巴黎站 米兰站是香港二手皮件知名店家，贩卖LV、Gucci、Dior等奢华品牌，高知名度甚至引发银行发行了"米兰站联名卡"。除二手皮件外，店中还贩卖部分全新商品，每日人潮络绎不绝。巴黎站是香港为一新兴的二手皮件贩卖店，店面虽小，但品牌多样，以LV为主，其中LV SPEEDY最受欢迎，经常被一抢而空。

📍 米兰站：铜锣湾波斯富街78-83号；巴黎站：铜锣湾罗素街59-61号丽园大厦地下B6铺

新海怡广场 这里有仿古家具、儿童家具和户外家具，种类超多，特别推荐1718号商铺出售的原木设计风格的Tree、1楼东南亚风情的Tequila Kola、6楼和18楼的Indigo，以及703铺的德意品牌MOD。

📍 鸭利洲利荣街2号

尖沙咀海港城名店林立，是内地游客的至爱

港岛东区店铺推荐

Fort Street Studio 专营地毯的名店，全部产品都是由两位老板亲手设计、采用纯丝手工编织的，很多国际著名演艺人员都光顾他们的店。

🎯 鲗鱼涌华兰路 20 号华兰中心 305 室

推荐购物

时代广场 是铜锣湾商业区规模最大的购物中心，每年元旦来临之际，这里总要举行迎新年倒计时仪式，数十万市民在此欢庆新年，将时代广场围得水泄不通。

🎯 香港铜锣湾地铁站 A 口

尖沙咀（九龙） 广东道上有海港城、中港城、太阳广场；沿着弥敦道有柏丽购物大道和 Joyce Boutique；梳士巴利道上有名店城、新世界中心等消费场所。

柏丽大道 这里有多间各具特色的店铺，集中了不少香港本地及欧洲的名牌时装店。

🎯 九龙弥敦道 181 号

旺角及油麻地 旺角和油麻地是香港人气旺盛的地区，巷道里保留了香港热力十足的生活情态，庙街、女人街的夜市愈夜愈精彩，金鱼街、雀鸟花园与花墟总有熙来攘往的购物人潮。

旺角女人街 闹市中的女性衣物淘货街。位于旺角的中心地带后方，全长约1000米。因早年以销售女性用品为主，同时也聚集了大批女性顾客而得名。是到香港旅游的必选热点地段。

🚇 乘地铁至旺角站，从 D3 出直走便是

太古广场 如果想要一网打尽香港人吃喝玩乐和生活的消费模式，那么，去太古广场就对了！西武百货位于1、2楼，精品云集的连卡佛也在其中，地下楼的美食广场独具闲情雅致。从这里，还可以通过购物特区金钟廊。

🎯 金钟道 88 号

露天市集（平价市场） 在香港有很多露天市场，不但货品便宜，还可以讨价还价。赤柱市场最出名的是服装、皮具、首饰等有趣的精品；女人街主要是女性衣物类及杂货为中心的露天商店；庙街是香港的平民夜总会，弥漫生活色彩。

化妆品 要买物超所值的化妆、护发及护肤用品，不妨逛逛铜锣湾的 SaSa、卓悦、Rainbow 等几家化妆品超级市场。即使是最新最流行的货品，也是以批发价发售，让你一次买个够。此外，香港的化妆品是免税的，还是旅游的最佳手信。

HMV 音乐专卖店 全港最大的音乐专卖店，不论是流行的国语、粤语、日语专辑，还是轻柔的古典音乐、澎湃的重金属摇滚、前卫的另类音乐，在此都找得到。价格比内地贵很多，但可以找到很

多难得的商品，而且常有折扣。

🔹 九龙北京道新声大厦

荷李活道 是香港著名的古董商店集中地，无论是中式酸枝家具、挂墙卷轴、陶瓷还是各类小古玩，都应有尽有，价钱则随货品种类不同差异很大。

男人街 350家的店铺之中，有150多家是专卖男士服装用品的，称得上是"男人街"了。

🔹 九龙油麻地的庙街

玉器街 玉器市场有400多个玉器商在这里注册登记，从小玉石到大型玉摆饰一应俱全，几乎包括你能想到的所有款式。

🔹 西贡码头和广东道交会处

🚇 地铁荃湾线油麻地站C出口，沿文明里步行，左转过上海街，右转过甘肃街，再左转广东道即达

🔸买小型玉器就好

如果你对鉴赏玉器不是很内行，就买些小的玉石或连连就好，以免受骗或闹纷争，招来不必要的麻烦。

玩具街 太原街的玩具批发零售店以金辉、鸿星与永安三家规模较大。鸿星以玩具车称霸市场，永安最畅销的要数圣诞节的饰品和玩具了。爱玩的旅客快去淘宝吧！

🔹 湾仔太原街

🚇 地铁港岛线湾仔A3出口，步行10分钟就到

干货街 干货店几乎覆盖了连接中环、上环到西营盘大约3千米长的街段，除了干鲍、干贝及各种中药材外，燕窝等也能在这里淘到最上等的廉价货。有些店家还专门配了汤底料，所以不用担心烹煮问题。

🔹 文咸西街、德辅道西一带

购物须知

1. 兑换货币 购物之前，最好先行兑换港元，可以在银行、兑换店和宾馆、酒店兑换。汇率经常浮动，可参阅当日报纸所列汇价。

2. 付款方法 可用人民币付款，也可用信用卡付款或者移动支付。但有些商号不接受信用卡。持卡人签署收据时，应在款额前加上港元符号（HK$），并取回持卡人副本做记录。

3. 收据 购买贵重物品，旅客必须索要收据。收据应注明有关商品的资料。若以信用卡付款，应取回并保留收据副本。

4. 保修证明 购买摄影器材、电子器材、电器用品、手表等物时，通常应有以下三种形式的保修证明。

① **全球/国际保修证明书**

保修证明书上必须清楚列明产品的香港总代理名称或公司标志以及海外服务站地址。顾客必须查询所居地是否设有该产品的服务中心。

② **本地保修证明**

只在香港生效，有效期通常是购买日起的一年内。代理商负责维修，但不承担邮费。

③ **本地零售商保修证明**

部分零售商自行发出保修证明，但一般来说，零售商不负责维修事宜。

保修证明书上必须列明商品详情，包括型号、机件编号、出

🔸购买贵重物品

1. 在香港出售的黄金和白金首饰都必须铸上准确的成色，如999和24K，表示饰件有99.9%重量是黄金。购买珠宝金饰时，谨记取回收据，并留意上面列明黄金重量、黄金合金的颜色、成色，采用的宝石、颗数、重量及切割方式。

2. 在香港出售的珍珠分淡水养殖和海水养殖两种，选购时要留意珍珠的颜色、大小、形状及光泽，并在光线充足的环境下观看。

3. 购买贵重玉器最好与懂得鉴别玉石的朋友同往。

💡免费地图

住酒店，外出时别忘了向酒店要一份免费的香港地图，非常实用。

😊购物打折

香港购物的打折时间一般在每年的7—9月和圣诞节到第二年的2月期间。冬夏打折期间，香港旅游局通常会对各商铺进行评定，游客购物时最好选择挂上"优"字招牌的店铺，比较有保障。

💡硬性小费

餐厅一般都需要支付10%的小费。而计程车司机、旅馆服务员的小费则没有规定，可酌情给。

😊发生纠纷

在香港购物，一般国际性信用卡以及中国银行的长城卡都能使用。如果发生纠纷，请勿在店内争执，可取回单据，致电消费者委员会投诉。消协亦接受各类商品的价格查询。

☎ 00852-29292222

芬名酒店

售日期、商店名称和地址以及商店的印鉴。同一品牌不同产品的型号，保修方法或许各有不同，这一点必须留意。

5. 货物托运　大部分商店可以代顾客包装及寄运商品。保险方面，通常商店只为商品购买遗失保险；如果邮寄贵重或易碎的商品，顾客宜自行购买全险保险。也可让商店代为安排。

6. 邮寄费用及保险　除了商店，部分宾馆也提供包装及代寄邮包服务。如要投保邮包，必须遵照有关包装及封存包裹的规定，并详列地址。

住在香港

香港的旅游业十分发达，豪华舒适的大型酒店、旅馆比比皆是，很多都是 24 小时服务。香港旅馆的住宿收费价格显得相当昂贵，且所有价目另收 10% 服务费，所以，去香港旅游所花的费用，住宿费一般占去大部分。香港的高档宾馆大多集中在尖沙咀、中环、铜锣湾一带，如半岛和丽晶等每人每晚得消费几千港元以上；中档宾馆如美丽华（Miramar）、粤海（Guangdong Hotel）、丽东（Newton Hongkong）、九龙丽东（Newton Hotel Kowloon）等每晚 1000 港元以上；九龙油麻地和旺角一带比较多廉价宾馆，每晚消费为 500 ～ 800 港元不等。

推荐酒店

芬名酒店　个性化地把 12 楼设为女性专用楼层，精心打造出高品位的独处空间，绝对是到香港血拼、商务旅行的单身女性的最佳首选。

📍 香港湾仔菲林明道 41 号
📞 00852-36072288

香港帝景酒店　简约型酒店，设施完善。位置比较偏远，但有免费往返巴士接送。酒店毗邻丽都湾海滩，可去观光。离迪士尼也很近。

📍 香港荃湾汀九青山公路 353 号
📞 00852-37162888

澳门特别行政区

澳门

澳门快速攻略

Day1 大三巴牌坊→卢家大屋→澳门博物馆→玫瑰堂→
议事亭前地→妈阁庙→渔人码头

Day2 澳凼大桥→澳门赛马会→龙环葡韵住宅式博物
馆→威尼斯人度假村→黑沙海滩→路环岛

感受澳门

赌博 博彩业是澳门最重要的经济支柱，澳门的赌场规模不见
得有美国的拉斯维加斯那样大，但到澳门赌博的人下赌注和
输赢却是非常大的。澳门的大型赌场如葡京、皇宫等都是令
人大喜大悲的地方，不知是几人的财富发源地，也不知道是
多少人的坟墓归宿。

街道赛车 环顾世界，目前仍在城市街道赛车的地方只有两个，
一个是摩纳哥，另一个就是澳门。澳门的路况一般，但交通
管理不错，许多地方实行单行车道。与珠海的场地赛车不同，
澳门的街道赛车比赛时只在街道的几个拐弯处和几家饭店的
阳台上搭建几个观看台，沿途用各式招牌遮挡着，收取票价
100～300澳门元不等。比赛时街道两旁人山人海，一辆辆
贴满广告、色彩斑斓的赛车风驰电掣地沿着街道竞相呼啸而
过，那种震撼实在难以用语言来描述。

无须参团

去澳门最好是自由行，完
全没有必要参团。

大三巴牌坊

感受澳门

准备与咨询

语言

以粤语为主，大多数人懂葡萄牙语和英语。

气候与游季

澳门全年气候温和，平均气温约20℃，全年温差变化在16～25℃。所以，10—12月是来澳门旅游的理想季节，气候温和，湿度低。

行在澳门

进出

澳门位于珠江口西岸，由澳门半岛、路环及氹仔两个离岛组成。从香港或珠海进出澳门比较方便快捷。

飞机

澳门飞机分客机和直升机两种，客机主要来往于祖国内地、菲律宾及泰国等地；直升机飞往香港和深圳，班次较多，一般半小时内就能到，但票价较高。

机场税

澳门国际机场的机场税为110澳门元。前往祖国内地的乘客需要支付乘客服务费80澳门元，2～12岁儿童的乘客服务费为50澳门元。但直接出境游客和因突发事件折返游客可以免缴机场税和乘客服务费。

水路

从香港到澳门有24小时营运的喷射船，深圳蛇口码头到澳门也有客船，普通座位220元，豪华座位390元，儿童票110元，都是1小时就到。

澳门有到广东的直达客车，每天7:15至21:30之间，从内港万事发酒店附近的岐关车站开出，来往于澳门与广东省各大城市之间。

历史城区

澳门历史城区保存了澳门400多年中西文化交流的历史精髓，已被列入《世界文化遗产名录》。它以昔日华洋共处的旧城区为核心，通过相邻的广场和街道连为一体，包括澳门妈阁庙前地、大堂前地、耶稣会纪念广场、白鸽巢前地等多个广场空间以及妈阁庙、郑家大屋、大三巴牌坊、东望洋炮台等20多处中西式历史建筑。

游趣

澳门是个很有意思的小岛，感觉满街都是步行的游客，大家手上拿着导游图，也堪称一大风景。

葡萄牙人酷爱中国的瓷器，尤其是青瓷，建于18世纪的民政大楼的墙壁都是用青瓷贴成的，而澳门所有的路标更是以统一的青瓷牌做成，标有葡语和中文。

澳门新葡京的美丽夜景

澳门岐关总站

- 澳门火船头街 12 号码头
- 00853-28933888

市内交通

澳门市内交通比较发达，出租车、公交车、自行车与汽车租赁都很方便。人力三轮车是澳门最具特色的交通工具，费用没有统一的标准，需要和车夫议价，通常每小时为 150 澳门元。市区乘坐公共汽车每位 3.2 澳门元，往氹仔 4.2 澳门元；往路环 5 澳门元；往黑沙海滩 6.4 澳门元；往澳门国际机场 4.2 澳门元。车上不设零钱找换。

澳门的出租车有两种，黑色车和黄色车（电召的士），起步价 19 澳门元 /1.6 千米，之后每 240 米加收 2 澳门元，如有大件行李，每件另收 3 澳门元。

澳门有电话叫车服务"电召的士"，由乘客致电总台召车，说出其所在位置，总台立即派车接送。其收费计算方法与出租车相同。

- 00853-8893-9999

游在澳门

妈阁庙　★★★★

妈阁庙俗称天后庙，是澳门妈祖文化的象征，也是澳门三大禅院中最古老的一座。每年春节和农历三月二十三是妈阁庙香火最为鼎盛之时。除夕夜从午夜开始，就有不少善男信女来拜神祈福。

- 8:00—18:00
- 临近妈阁庙（公交站）
- 1 小时

离妈阁庙的左边不远是澳门海事博物馆，可以去看看。

澳门博物馆　★★★

博物馆展示了澳门的历史、社会变迁，通过丰富展品记录了东西方文化在澳门交汇、和谐共处，并形成独特的民俗文化的历程。参观完博物馆，出来便是大炮台，可以俯瞰澳门城景。

- 成人 15 澳门元；儿童 8 澳门元
- 临近新马路（公交站）、白鸽巢总站（公交站）
- 1 ～ 3 小时

龙环葡韵住宅式博物馆

龙环葡韵为澳门八景之一，展示了葡国的建筑特色。距离威尼斯人度假村很近，沿着坡道一路下行，五座薄荷绿色的葡萄牙风格建筑很显眼，这便是龙环葡韵的博物馆。

- 临近嘉模泳池（公交站）
- 1 ～ 2 小时

黑沙海滩　★★★

海湾呈半月形，沙滩宽约 1 千米，为黑色，是澳门最大的天然海浴场。每逢假日、周末及盛夏时节，黑沙海滩游人如潮，热闹非凡。海滩入口附近是黑沙公园，不妨去转一转。

- 免费
- 临近黑沙海滩（公交站）
- 1 ～ 2 小时

路环岛　★★★★

路环岛是组成澳门的四大区域之一。岛上有丰富的自然风光，如树林、山丘、海滩和天然的海水浴场，风景宜人且美丽，其中以黑沙海滩和竹湾很是出名。路环岛有很多葡式建筑、舒适放松的海滩和美丽的海滨酒店，来到这可以感受澳门的慢生活。

- 乘坐公共汽车或者打车都可以到达，非常方便
- 2 ～ 5 小时

大三巴牌坊　★★★★

大三巴是圣保罗教堂正面前壁的遗迹，是澳门最为大众熟悉的标志，距今已有 400 多年历史。2005 年 7 月大三巴牌坊被列入《世界遗产名录》。游览此地，除欣赏巍峨壮观的前壁之外，更要留意牌坊上精致的浮雕。参观完牌坊，可以到广场内侧的天主教艺术博物馆参观，馆内收藏了澳门教堂和修院具代表性的画作、雕塑等。

- 临近新马路（公交站）、白鸽巢前地（公交站）
- 0.5 ～ 1 小时

议事亭前地　★★★★

议事亭前地坐落在民政总署总部对面，整个广场用碎石子铺成波浪状。在广场的中央矗立着一座喷泉，水池上摆放着象征

葡萄牙航海远征的天球仪。这里是澳门繁盛的商业区，因设有不少手信店而吸引旅客到此购物。

🚌 临近新马路，永亨（公交站）

👁 1 小时

澳凼大桥 ★★★★ 🏙

澳凼大桥是连接澳门半岛与凼仔岛之间的第一座大桥，横跨澳凼海面，是澳门八景之一。大桥有如长虹卧波，设计独特，予人既雄伟又玲珑的印象，给古老的澳门平添现代气息。

🚌 从澳门半岛乘公交车前往凼仔岛可以途径澳凼大桥

👁 1 小时

澳门赛马会 ★★★★ 🏙

赛马是澳门人的娱乐活动之一，赛马会也成为到澳门旅游的必去地。夏季赛事设在 6 月下旬至 9 月上旬之间，通常在夜间举行。

🕐 周五晚，周六、日白天

🚌 临近赛马会（公交站）

澳门热线 📞 00853-28820868
香港热线 📞 00852-800967822

🔆 **赛马券：** 每人须购 40 元赛马券，即最低消费为 40 元。可询问当地人行情，对导游推荐内容要谨慎。

玫瑰堂 ★★★★ 🏛

玫瑰堂属于旧圣道明会院。教堂为供奉玫瑰圣母而建，属于葡萄牙 17、18 世纪在东方流行并采用的建筑风格。在玫瑰堂旁边有座 4 层楼高的圣物宝库——天主教圣物博物馆，收藏了很多弥撒用品和拥有 300 多年历史的《圣奥斯汀》油画等珍品，不去就可惜了。

🎫 免费

🕐 10:00—18:00

🚌 临近新马路，永亨（公交站）、镜湖医院（公交站）

👁 1 小时

澳门渔人码头 ★★★★ 🏙

澳门渔人码头是澳门首个以主题设计的综合娱乐旅游新景点，坐落于外港新填海区海岸，主要有唐城、东西汇聚和励骏码头三部分。包括顶级的购物街、儿童乐园、真人表演、葡国大餐、酒吧等，游艇码头专为私人服务，而在"水世界"中则上演水上快艇特技表演，很有看头！

🕐 11:00—19:00

🚌 每天都有专线巴士来往于澳门渔人码头

1. 澳门路线和凼仔路线每小时发一班，每天 10:00—22:00

澳门旅游塔

2. 港澳码头循环线每 30 分钟一班，每天 10:00—22:00

3. 临近渔人码头会展中心（公交站）、友谊马路、行车天桥（公交站）

👁 0.5 天

💡**购物**：除餐饮娱乐设施外，澳门渔人码头还是个购物的好地方，世界著名品牌应有尽有。从运动服装、高尔夫球用品，到葡萄牙纪念品、珠宝、画廊艺术品、玩具等，一应俱全。

卢家大屋 ★★★ 🏛

又名"金玉堂"，澳门卢九家族的大宅之一，约落成于 1889 年，反映澳门特有的中西合璧建筑风格。喜欢建筑的游客不能错过。

🕐 10:00—18:00（周一闭馆）

🚌 临近南湾大马路，时代（公交站）、营地大街（公交站）

👁 1 ～ 3 小时

澳门旅游塔
★★★★ 🚠🏔⚠🎯

澳门旅游塔会展娱乐中心，是集观光、美食、商务和冒险于一体的澳门新景点。塔楼高 338 米，是全球排行第十高的独立塔楼。这里建设了中国 AJ Hackett 首个冒险乐园，有"百步登天""空中漫步""攀爬墙""冲天弹网"等极具刺激感的高科技现代冒险娱乐项目，是喜欢挑战自己的旅客的首选地。

💰 成人 195 澳门元

🚌 临近澳门旅游塔（公交站）

🕐 平时 10:00—19:00
节假日 11:00—20:00

👁 2 ～ 3 小时

💡**往返巴士**：在新港澳码头、葡京酒店有免费巴士往返澳门旅游塔。

恋爱巷 ★★★★ 📷

因其独特的名字而闻名，少女心爆棚的色彩、浓浓的文艺气息，让很多情侣在这里流连忘返。

🚌 临近白鸽巢总站（公交站）

👁 0.5 ～ 1 小时

威尼斯人度假村
★★★★★ 🏔

以水城威尼斯为主题的特色度假村综合建筑，也是亚洲最大、全球第二大的赌场度假村，度假村内集购物、休闲、娱乐、博彩、会展于一体，充满了意大利异域风情，堪称世界一流。

🚌 有免费穿梭巴士直达

👁 3 ～ 6 小时

东望洋山 ★★★★ 🚠🏔👁

又称松山，是澳门半岛的最高山岗。因其形状似一张横卧的瑶琴，故古名为琴山。在清同治之前，松山还是一片荒芜的山岗，同治年间开始大面积绿化，种上了漫山的青松，松涛翻动，景色宜人，后来被人们称为万松岭。松山山顶有灯塔，是夜行者的导航灯，在灯塔处还可观澳门全景。

🚌 在内港码头搭公交车，在得胜斜巷下，下车后往回走到东望洋酒店，在路口有去往松山灯塔方向的指示牌，经左手边的斜路上去

👁 2 ～ 3 小时

普济禅院 ★★★ 🏛🕉

普济禅院也名观音堂，是澳门最大的禅院，于明朝末年修建，有鲜明的明清南方寺庙特点。院内供奉着三尊丈八金身的三宝佛像，还收藏了不同年代高僧和艺术家的书画作品及文物。普济禅院已被评为澳门八景之一。

🚌 临近新马路，永亨（公交站）、澳门科学馆（公交站）

👁 1 ～ 2 小时

大炮台 ★★★ 🚠📷🕉

澳门大炮台位于澳门半岛中央柿山之巅、大三巴牌坊侧，又名圣保罗炮台、中央炮台山或大三巴炮台。炮台呈不规则四边形，四个墙角外突成为棱堡，可架设多达 32 门大炮，是中国最古老的西式炮台之一，在 1622 年抵御荷兰人入侵时，发挥了重要作用。如今大炮台是 360 度俯瞰澳门景色的绝佳观景地。

📍 澳门花王堂区澳门博物馆前地 112 号

🚌 临近新马路（公交站）、白鸽巢总站（公交站）

👁 1 ～ 3 小时

吃喝澳门

澳门的中式菜有烧鸡、蒸鱼、烧乳猪

等，风味很棒，还有酒楼供应的点心，如虾饺、烧卖之类也深受大众欢迎。

澳门的西式菜有葡国青菜汤、红豆猪手、马介休（即鳕鱼，葡萄牙人很喜欢吃的一种鱼）、葡国鸡、非洲鸡和咖喱鸡等。

甜点系列

安德鲁饼店　老字号，"葡挞"比一般的挞厚很多，挞皮酥脆，一口咬下去，噼里啪啦地掉了一身的渣，挞馅入口即化，无蛋腥味。葡挞、蛋挞、芝士蛋糕是该店力荐的。

🚶　路环市中心挞沙街 1 号地下

📞　00853-28882534

钜记饼家（大三巴五店）　老字号手信店，居澳门手信销量第一，品种繁多。人缘旺盛，最棒的是可以试吃。肉脯、杏仁饼、凤凰卷、牛肉干、花生糖是必买的!

🚶　半岛大三巴街 23A–23B 号兴华大厦地下

📞　00853-28357609

大利来记咖啡室（氹仔总店）　"全澳门最出名的猪扒包"，每日限量 300 个，需提前排队。奶茶和咖喱鱼蛋也是该店的招牌。

🚶　告利雅施利华街 18 号

📞　00853-28827150

中式饭店

永利轩　店内迎门墙上挂着一只由 9 万多颗水晶组成的水晶龙，而且主厨有 50 年的粤厨经验，这里坚持不用味精、猪油和冷冻品。"野参猪脹炖乌鸡"是强烈推荐的。

🚶　仙德丽街永利澳门酒店内

📞　00853-89863688

葡式餐厅

法兰度餐厅　烤乳猪、炒蚬、菜沙律、烧马介休、啤酒牛肉、蟹煲、蒜蓉蟹、烧沙甸鱼是店里的招牌菜。

🚶　环黑沙海滩 9 号

📞　00853-28882264

阿曼诺葡国餐厅　地道的葡萄牙餐厅，老板定居澳门多年，能讲一口流利的粤语。对菜品研究很深，因此店内每天都是高朋满座。

🚶　氹仔飞能便度街 90 号地下

📞　00853-28827571

番茄屋葡国美食（到会老店）　番茄屋号称是澳门最便宜的正宗葡国餐厅，量足、味好，平民的价格，地道的葡国味，比官也街的那些葡国餐厅便宜很多，可谓价廉味美!

🚶　连安后巷富安大厦 4 号及 6 号地下

📞　00853-28355627/28362171

夜游澳门

不仅是博彩，澳门众多桑拿浴、夜店也是夜生活的重要组成部分。葡京酒店每晚的两场演出为澳门的夜生活增添了不少神秘色彩。

购物澳门

澳门是一个自由港，奉行低税率政策，因而也是一个购物的理想之处。澳币、港元通用，香港等外地游客还可限量携带烟酒离澳，所以香烟洋酒是畅销的物品。

澳门主要的购物区集中在殷皇子大马路、新马路、水坑尾街和白马行一带。位于殷皇子大马路的中央广场集合了数个世界顶级名牌：Emporio、Armani、Escada 和圣罗兰等；如游客想购买名牌服饰和皮具，则可去新丽华购物商场一看；在新口岸区落成的置地广场，亦是购物的好去处。在卖香地街，则可买到价格便宜的运动服和休闲服饰，在附近的营地街市和大堂前地则有小贩区，专营平价的出口衣服或制衣厂超产的服装；售卖古董及纪念品之类物品的商店，则集中在大三巴牌坊附近的堆街和大三巴街；澳门的珠宝店主要集中在中区新马路一带。

安德鲁蛋挞

乘车须知

　　澳门地方不大，内部街道小巷较多，车辆通行困难。澳门公交车数量较多，由于街道狭窄等原因，路线弯弯绕绕，乘坐时花费时间较多，适合观光游览。如果赶时间，还是不要乘公交车。

手信店

　　澳门的手信店相当于内地的土特产店。

通行证

　　首次赴港澳的中国公民需持身份证、户口本及复印件，以及一张两寸照片，到户口所在地出入境管理机构填表，办理港澳通行证，并同时申请澳门旅游签注（G类），费用20元，可以在澳门停留7天。

最佳游季

　　澳门的酒店价格依地点、新旧、星级、时间而不同，差别极大。其中时间又是最为重要的因素。黄金周、春节、元旦、圣诞节价格会上涨1倍以上，周末和暑假（7—8月）也会上涨0.5倍。澳门的最佳旅游时间是11月中旬到12月下旬，此时天气最好，酒店价格最低，同时由于临近圣诞假期，正是商场大减价的时候。

赌场巴士

　　在澳门坐什么车都没有坐赌场的免费巴士方便。

澳门商街

购物须知

　　购买珠宝金饰、名牌手表、古董、工艺品和海味药材时，应该选择一些比较有信誉的店铺，而且购买时要取回保证书及收据，还要看看收据上是否列明所购物品。

新八佰伴百货　澳门最大型的百货公司，曾是全世界最大的一家八佰伴，集合了购物中心、商场、儿童游乐场、超市、饮食中心等，可满足各种层次的消费者。

　　🡒 南湾商业大马路

议事亭前地、板障堂街　这里是澳门最热闹的大街，店家相当多，澳门的品牌服装比内地便宜两到三成，遇到换季打折更划算。这里有Baleno、佐丹奴、bossini板障分店，价位比内地低些，款式更多更新，遇到打折、特价，真是超实惠了，值得前来逛逛！综合卖场价格也低得诱人。

白马行　整条街的店铺里集纳了各式新颖商品，其中，"信达城"2楼"By Pass"是间贩卖东南亚创意商品的流行店，各色灯饰格外炫目。3楼的货源主要以港、韩、日货为主，是让你迅速变靓的好地方。

免税店及精品店

　　友谊大马路的置地广场有多家高级时装店。在南湾花园附近、殷皇子大马路以及新马路上，还有精品酒店的商场，例如葡京酒店、新丽华酒店。

露天市场　澳门最受欢迎的露天市场位于大三巴牌坊附近，有小贩安置的地摊，有各种陶器、小雕像、历史纪念品和其他古旧物品。另一个露天市场在康公庙附近，在十月初五街和海边新街之间，这一带是旧市集的中心。

博物馆内的商店　纪念品可去博物馆内的售卖处购买。澳门大赛车博物馆出售有关坛盛事的纪念品，比如世界三级方程式大赛的书籍、录影带等。海事博物馆出售图文书籍和独特的纪念品，如帆船模型。此外，还有精致的航海方面的纪念品。

新丽华购物广场　新丽华商场汇集了名牌服饰和皮具，在这里可以淘到外国的名牌服饰、皮革产品等。

新葡京酒店

约翰四世大马路新丽华酒店

澳门梳打埠怀旧店　这家店专卖怀旧货品，店面不是很大，货种却很齐全，像玩具、杂志、漫画、古董、汽水樽、古钞等收藏品一应俱全。

金湾区菅地大街澳门市政厅 58 号

休闲澳门

澳门高尔夫球场乡村俱乐部
路环黑沙马路 1918 号威斯汀度假酒店
00853-28871188

美高梅金殿娱乐场
半岛澳门外港新填海区 B 区 B2 街区 A 地段
00853-88028888

住在澳门

　　澳门的旅馆酒店有的年代已久，有的外形古朴，典雅别致。逢周末、假期、节日如农历新年、复活节、圣诞节、大赛车期间和 7、8 月的旅游旺季，澳门的酒店经常客满，因此到澳门游览之前，最好先预订房间。如果是在旅游淡季，房价可以优惠。

推荐酒店

新葡京酒店　酒店位于市中心，著名的葡

京赌场就在酒店内，是澳门奢华的地标，更是澳门游客留影必到之处。酒店房间设计豪华，设施齐备，凭窗可远眺澳门全景。

葡京路 2-4 号
00853-28283838

澳门镇兴宾馆（Towns Well Hotel）　位于澳门市中心的板樟堂，即澳门著名的历史古城区。出门便是澳门大三巴。毗邻议事亭前地、手信 / 礼品街、新马路、葡京酒店、英皇娱乐场，等等。

澳门大三巴哪吒庙斜巷 6-6A
00853-28356868

金龙酒店　拥有时尚新潮的"柏斯餐厅""利斯酒廊"，步行几分钟可达港澳码头，临近金沙娱乐场和渔人码头，酒店有室外泳池，环境宁静，可尽情享受日光浴。

马六甲街
00853-28361999

鹭环海天度假酒店　澳门著名的国际豪华度假酒店，俯瞰黑沙海滩及中国南海的迷人景色，远离烦嚣。

路环黑沙马路 1918 号
00853-28871111

台湾地区

宝岛风光环岛七日游

Day1 台北 台北故宫博物院→士林官邸→士林夜市
Day2 台北 阳明山公园→台北中山纪念馆→信义商圈→台北 101 大楼
Day3 南投 中台禅寺→日月潭风景区
Day4 嘉义 阿里山风景区
Day5 台南、高雄 赤崁楼→西子湾→前清打狗领事馆→爱河→六合夜市
Day6 屏东、花莲 垦丁公园→太鲁阁公园
Day7 花莲、台北 东部海岸风景区→野柳风景区

台北

台北快速攻略

Day1 台湾大学→中正纪念堂→台北"总统府"→西门町红楼→龙山寺

Day2 擎天岗→阳明山公园→诚品书店→士林官邸→士林夜市

Day3 动物园→袖珍博物馆→行天宫→忠孝东路

感受台北

台湾电影 可以说，我们还是通过音乐、文字、影像来认识和了解台湾的。《牯岭街少年杀人事件》中那种似曾相识的温馨而苦闷的少年生活，《悲情城市》中好像永远化不开的浓浓海雾，抹着眼泪看完的《妈妈，别哭》，很多人心中都有个解不开的台湾情结。

流行歌曲 就在费翔以《冬天里的一把火》和《故乡的云》两首歌上春晚的当年，台湾方面宣布开放原国民党老兵赴大陆探亲，从此台湾流行歌曲以迅猛之势席卷大陆歌坛。其实此前，邓丽君婉转甜美的歌声及诉说爱情、亲情、思乡情的歌曲，已经唤起了人们深藏心中的情感。随后，一批批宝岛台湾的歌手带来了人们从来没有听过的歌曲，如掀起校园民谣风的罗大佑、蔡琴的《绿岛小夜曲》、潘安邦的《外婆的澎湖湾》，一首首都是那个年代的记忆。直到现在，台湾流行曲仍以强大的生命力触动着人们的心灵。

夜市 & 小吃 如果不到台北，你永远都无法意识到人对于吃有种什么情结。根据相关记载，每至华灯初上时分，浓厚道地的乡土味就会弥漫在整个台北的空气中，夜市里人潮涌动，蚵仔煎、大肠包小肠、青蛙下蛋等各式琳琅满目的特色小吃让人眼花缭乱。多少"吃货"打着"游"的名号，到台北行"吃"之实。不可否认，如果在世界上进行一个列数当地吃食的比赛，台北一定名列前茅。

准备与咨询

语言

台北大多数居民祖籍都是福建和广东两地，其中闽南语是台湾民间的主要方言，但台湾通用语言仍以台湾腔普通话为主。

气候与游季

孟庭苇的一首《冬季到台北来看雨》在20世纪90年代红遍大江南北，而这也恰恰点出了台北气候特征：冬季多雨。此外，每年6—10月是台北的台风季节，所以到台北的最佳季节是春秋两季，值得注意的是每一年的4、5月是旅游高峰，若想了解更加清净本质的台湾，则首推10、11月。

☀**宝岛**

台湾气候宜人，土地肥沃，资源丰富，是我国最大、最富饶的宝岛。人们赋予台湾的美誉数不胜数，如"米仓""鱼仓""糖库""盐库""森林之海""水果之乡""珊瑚王国"……加上历史遗留的种种，更为这座美丽富饶的宝岛平添了几分神秘的色彩。

☀**1."环岛之星"：**"环岛之星"是台湾顶级环岛观光列车，有超大的观景车窗。每日从台北出发，顺时针、逆时针方向各一列车环岛。途经台北、桃园、台中、彰化等19个大中城市。

2. 乘坐注意事项：进入检票口，要注意哪边是南下、哪边是北上的月台。例如在台北乘火车，如果要到基隆、松山、瑞芳、宜兰、花莲、台东去，要搭"北上"的列车；如果要到桃园、新竹、苗栗、台中、彰化、云林、台南、嘉义、高雄、屏东去，就要搭乘"南下"的火车。

☀**乘车建议**

台北市区停车很不方便，停车费价格稍贵，建议游客尽量搭乘大众交通工具，省时省钱。

🔆 游台须知

入台证办理条件：非在校学生需要提供"三选一"证明材料——年收入必须在13万元人民币以上的年收入证明；5万人民币银行定期存款证明；本人所持大陆银行或金融机构开立核发（白）金卡或（白）金卡证明。在校生需提供本人现就读学校的学生证或在校证明；如果申请人年龄在18～20岁（含20岁），需要父母或直系亲属同意书。

两岸实行双保证制度，大陆游客去台湾必须提供在大陆的没有出行的联系人，还需要提供紧急联系人的身份证和户口本。如游客届期不归，担保亲属须协助找人，办理自由行的旅行社也须负担保责任，大陆游客失去联系7天内须找到人。如果超过，游客会被台方记入档案，3年内不得再以任何方式赴台，且自行负担收容及遣送费用。

🔆 坐飞机

1. 台北松山机场主要是岛内航班航空站，也有来自岛外的航班，从上海虹桥、上海浦东、成都、重庆、南京、广州、南宁均有航线通至。

2. 坐飞机到台北桃园国际机场建议先从台中玩起，到台北松山机场则建议先从台北玩起。

🔆 找厕所和垃圾桶，不如先找便利店

台北的便利店是真的"便利"店，从大街小巷甚至到山腰山顶都有。无论是歇脚、上厕所、扔垃圾、问路，甚至连购买高铁票，只要找到便利店就OK。

行在台北

进出

飞机

台北有两座机场，一是台湾桃园国际机场，二是台北国际机场。航班在两座机场都有可能停靠，所以要提前咨询清楚。

台湾桃园国际机场，又称中正国际机场，经营国际航线。它位于台湾桃园市大园区，与台北市相距约40千米，约40分钟到台北市区。台北国际机场，又称台北松山机场，主要经营岛内各城市之间的航线。它位于台北市松山区敦化北路末端。

高铁

台湾高铁从台北到高雄，连接板桥、桃园、新竹、台中、嘉义、台南等县市。基本上可以乘坐高铁到达西部各景区的中转市县，非常方便。

高铁桃园站

🚩 桃园县中坜市高铁北路1段6号

🕐 7:00—23:45

📞 00886-2-40660000

高铁台北站

🚩 台北市北平西路3号

🕐 6:00—24:00

公路

台北的公路十分发达，若是在岛内旅游，可以通过台北"国道"客运台北转运站乘坐客车。

市内交通

捷运（地铁）

台湾同胞口头说的、歌里唱的捷运，就是我们常说的地铁。它不仅是台北市内重要的交通工具，还是传播文化、艺术、影视最新资讯的窗口。

公交车

台北市公交车路线畅通，班次也很多，只要查清楚交通路线、公交车车号与目的地的站名，就可以畅游台北市。

计程车

台湾出租车，俗称小黄，全按表读数收费，起跳为70元新台币/1.25千米，续跳每0.2千米加5元新台币。23:00至次日6:00加收20元。电话叫车和开启后备箱加收10元。

游在台北

台北故宫博物院　★★★★★　🚗

整座建筑仿北京故宫博物院的形式，采用中国宫廷式设计，

台北故宫博物院

虽然外观雄伟壮丽，但无法和北京故宫那种浩浩荡荡的帝王之气相比。台北故宫博物院收藏之丰富却是举世公认的，典藏品数量近 70 万件，其中以陶瓷、书画、青铜器最为完整，最吸引人的莫过于著名的翡翠白菜和肉形石了。

🎫 故宫展览馆：350 元新台币（周六、周日夜间免费）；团体票 320 元新台币

🚇 搭乘捷运淡水线至士林站下，转乘公交在台北故宫博物院下车即可

👁 3～5 小时

台北中山纪念馆
★★★★★ 🌐

为纪念孙中山先生而建，纪念馆采用中国宫殿式建筑，巍峨宏伟。内部包括大会堂、孙逸仙博士图书馆以及中山画廊、演讲室等。

中山画廊固定举办各式美术展览。每周末的文化讲座则根据时事民情，邀请各方专家学者演讲。很多全岛性的音乐、舞蹈、戏剧等活动都在这里举行，包括一年一度的金马影展也以此为台北颁奖典礼的场地。

🕘 9:00—18:00

🚇 搭乘捷运板南线至台北中山纪念馆站，4 号出口，即可到达纪念馆

👁 2～3 小时

台北 101 大楼
★★★★★ 🏢

位于信义的全球著名高楼——台北 101 大楼，是台北市的新地标。总高度达 508 米，融合东方古典文化及台湾特色，夜景非常漂亮。每年 12 月 31 日晚间，台北市民会聚集在这里狂欢，在倒数计时时，大楼还会逐层射出烟火，热闹而壮观。附近还有台北最大的书店——诚品书店，值得一看。

🎫 个人票 600 元新台币；团体（20 人以上）和优惠票 450 元新台币

🚇 搭乘捷运板南线至市政府站，2 号出口往信义路方向步行 10 分钟即抵；或搭乘至市政府站、世贸站、信义行政中心、君悦饭店路线的公交车均可达

台北中山纪念馆

游在台北

台北 101 大楼

👁 2～4 小时

🔆 **1. 看天花板：**搭电梯时，记得抬头看看天花板，上面的星辰图会随着电梯上升而扩散开，感觉自己像是在夜晚一飞冲天。

2. 顺道游：邻近台北 101 大楼的信义商圈和威秀影城，可顺道一起游览。

3. 明信片：台北 101 大楼上可以给家人、情人或是朋友寄送明信片，依照对象不同有不同的投递信箱，还有三款相对应的印章供使用。

中正纪念堂 ★★★★

位于台北市中心，0.25 平方千米人的园区里，坐落着中正纪念堂、中正公园、牌楼、瞻仰大道、剧院、音乐厅，是台北市最重要的大型活动广场、文艺表演中心。每天 10:00 到 16:00 整点的仪队交接，很引人注目。

🕐 9:00—18:00

🚇 乘坐捷运淡水信义线、松山新店线至中正纪念堂站，4 号出口出站后步行可达；淡水信义线、中和新芦线至东门站，3 号出口出站后步行可达

🔆 **机车党**

台湾处处都是机车党，尤以台北最盛。每到上下班高峰时刻，那黑压压的机车阵营混在商务车、私家车、计程车、公交巴士的队伍中，蔚为壮观。

🔆 **贴心提示**

1. 看士兵交接：台北中山纪念馆最大的看点之一是整点的士兵交接仪式。

2. 拍台北 101 大楼：纪念馆门前面向台北 101 大楼的台阶是台北市内拍摄它的最佳点位。

阳明山公园 ★★★★★

有"台北的后花园"之称。阳明山公园范围包括阳明山以及以大屯山、七星火山为中心的火山群。这里是台湾岛上最主要的火山分布区，有许多的温泉、喷气孔、爆裂火口。山上还有许多名人故居，如林语堂故居等，是自然和人文景观荟萃之地。

蝴蝶是阳明山公园数量及种类最多的动物资源，约有 133 种，阳明山因而成为台湾北部主要的赏蝶去处。

🕐 9:00—16:30

🧭 台北市的东北，距离市区 16 千米

🚇 搭乘淡水线至剑潭站，转乘公交车至阳明山站即到

👁 2～4 小时

🔆 **1. 泡温泉：**到阳明山一定得泡泡温泉才不虚此行，山上有很多餐厅，不仅可以泡温泉又可以品尝美食。

2. 山野料理：提到美食莫过于当地的山野料理了，比如炒山菜、地瓜汤、山药小馒头等都很美味。

擎天岗 ★★★

擎天岗又名太阳谷，俗名大岭峙。擎天岗主要植被为类地毯草和假柃木，在草原上有悠闲吃草的野牛。澄澈的天空，广阔的草原，让你仿佛置身于世外桃源。擎天岗最佳游玩时节为春秋两季，夏天则要避开艳阳高照时刻，清晨或黄昏别有一番意境。

🚇 冷水坑→士林区公所：台北市小型公交车 15 可抵达本站，由士林区公所发车。乘公交至阳明山（公交站），转乘游园公交车即可到达擎天岗

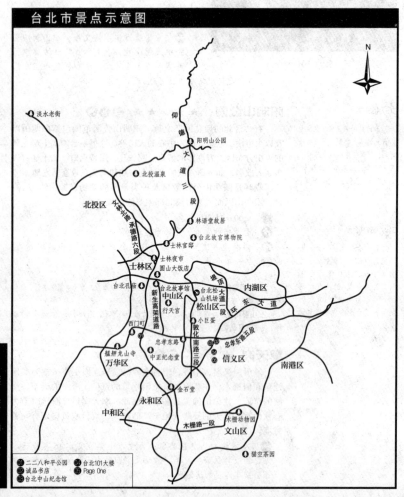

👁 2～3 小时

☀ 草原上的牛是野生牛，具有攻击性，游玩时要注意自身安全。

台湾大学 ★★★★ 🌳🏛

这里是台湾最好的大学，是台湾人文旅游必到的景点之一。宁静古朴的校园，树木葱郁，洋溢着朝气蓬勃的青春气息。沿着椰林大道而行，不得不赞美台大"十年树木，百年树人"的壮志雄心。

🚍 乘坐捷运在公馆站下车即到

👁 1～2 小时

士林官邸 ★★★★ 🌳

蒋介石生前居住和办公之地。1950 年

5 月蒋介石正式迁入，一住就是 26 年。经过 40 多年的严密护卫，于 1996 年正式开放。官邸由外而内分为外花园、内花园、正房。最好在玫瑰花开的季节去，据说宋美龄最爱紫色玫瑰花，这里的玫瑰园是她的最爱。

💰 外花园免费；正房 100 元新台币

📍 台北市士林区中山北路五段兴福林路口东南侧

🚍 乘坐捷运淡水线、信义线至士林站，2 号出口，左转过中山北路即可到达

👁 2～3 小时

艋舺龙山寺 ★★★★ 🛕

被誉为"台北第一名刹"，是台北民众集会、信仰和活动的中心，也是外地游

台北市景点示意图

- ⓪ 二二八和平公园
- ⓫ 诚品书店
- ⓬ 台北中山纪念馆
- ⓭ 台北101大楼
- ⓮ Page One

客到台北必游的一处景点。位于台北市万华区（艋舺），坐北朝南，为中国传统宫殿式建筑，从山门到后殿，无不尽显其雕琢之精美，其韵味之古朴。若是于农历正月十五到二月十九期间来龙山寺，游客还可欣赏到平安灯及花灯展览等传统活动。

🕐 6:00—22:00

📍 台北市广州街 211 号

🚇 临近龙山寺（公交站）；乘捷运板南线可直达

👁 1～2 小时

行天宫　★★★★　🏯

又名恩主公庙，是主祀关公的民间信仰寺庙，建于 1967 年，位于台北市中山区，为本宫。另外在北投和三峡有两座分宫，与台北的本宫并称为"行天三宫"。正殿门匾书有"行天宫"三个大字，下有五座正门，建筑风格庄严古朴，平日里十分清静，只有到了迎神会时，各地香客都前来拜祀，更有许多做小生意的商贩和算命先生前来"扎寨"，好不热闹。

🕐 4:00—22:00

📍 台北市中山区民权东路二段 109 号

🚇 临近民权松江路口（公交站）

👁 1～2 小时

圆山大饭店　★★★★　🏨🍴🚇

一家中国古风建筑的酒店，精致奢华，古色古香，于 1952 年落成，当时是蒋介石招待贵宾的地方，现已成为台北市的地标之一，也是必到之地。

📍 中山北路四段 1 号

🕐 11:30—14:30；17:30—21:30

🚇 搭乘捷运淡水线在圆山站 1 号口出，再转乘穿梭巴士，10 分钟即到

台北动物园　★★★★　🚇

台北动物园，位于文山区，旧园园址是在圆山。目前动物园分为室内展示馆和户外展示区两大部分，户外展示区有本地乡土动物区、儿童动物园区、澳洲动物区、非洲动物区等展区，室内展示馆有昆虫馆、夜行动物馆、无尾熊馆、企鹅馆等。台北动物园是亚洲数一数二的大型动物园，非常值得参观。

💰 成人 60 元新台币，儿童 30 元新台币

🕐 9:00—17:00

📍 台北市文山区新光路二段 30 号

🚇 临近动物园（公交站）；乘捷运木栅线可直达

👁 2～3 小时

圆山大饭店

北投温泉 ★★★★

　　北投号称"温泉之乡"。在这里你可以暂且放下旅途中的疲惫，沉浸在露天温泉池，融入蒸气腾腾的氤氲中，享受悠闲的泡汤之乐。

　　🚩 台北市北投区中山路 2 号

　　💡 **1. 特殊捷运：**从北投去新北投站的捷运外壳满满都是涂鸦，车厢内还有木质浴盆的液晶触屏，连 TV 循环播放的都是北投温泉乡的纪录片，帮助你迅速投入泡温泉的状态。

　　2. 清静：北投没有旅行团，所以非常清静，最适合两个人慢慢散步，走走停停。

　　3. 租单车：出来沿着淡水站到关渡捷运站，出站后有专门租单车的小店。可以骑单车从关渡沿着淡水河一直骑到淡水老街。

　　4. 不起眼的喷水池：位于北投公园里，它是《向左走向右走》电影里男女主角相识之处。

　　5. 地热谷：北投温泉的源头，二者离得很近，温泉蛋很有名。

士林夜市 ★★★★★

　　台北哪里好吃的最多？当然是夜市！号称"台湾第一夜市"的士林绝对不是浪得虚名的，非常大，里边卖什么的都有。最让人着迷的是应有尽有的大江南北小吃，著名的有猪肝汤、蚵仔煎、高雄肉丸、大饼包小饼、士林大香肠、番茄沾姜汁、东山鸭头、炒花枝、红油抄手、青蛙下蛋等。

　　🚩 台北市文林路、大东路及安平路之间

　　💡 逛士林夜市强烈建议靠右行，一条条逛，这样才不会错过好吃的。

猫空茶园 ★★★

　　在云雾缥缈的猫空山区沏茶、品茶，是许多台北人心中的浪漫之事。夜晚的时候，可以沿着指南路三段 34 巷，往山上走到猫空最高处，在享用茗茶的同时，悠闲地俯瞰台北夜景。

　　🚌 乘木栅线捷运至动物园站下，再转乘猫空缆车至猫空站下

淡水老街 ★★★★

　　台湾最具特色的老街之一。当地小吃融合了多种特色，每家老字号美食店都用心经营着独特的味道。阿婆铁蛋、温州馄饨汤、鱼丸鱼酥、海风餐厅螃蟹炒蛋都是值得品尝的。

　　🚩 台北县淡水镇中正路、公明街、河滨道路

　　🚌 搭乘捷运淡水线在淡水站下车即到

西门红楼 ★★★★

　　西门町的红楼，是许多老台北人重要的记忆。红楼见证了西门町的发展，从早期发展时期、影剧荟萃时期，再到现在的多元风格时期，红楼走过了整个西门商圈的繁华及兴衰。如今这里已成为新的文创

游在台北

💡 电压及插座

　　台湾电压为 110 伏特，部分旅馆有 220 伏特设备，如果用自带的需要插插座的电器用品时，要先看看这些电器是否可以调节电压，若不能就得另外带上变压器或足够的电池。

　　台湾插座是扁头二脚式，圆柱形插头和三平脚插座插头是无法使用的。最好也事先买好转换插头。

💡 其他推荐

　　西门町：鸭片粉圆、挫冰、肉羹、卤味。

　　圆环夜市：蚵仔煎、鹅肉、木瓜牛奶、炒米粉、炒生螺、龙山寺小吃、麻辣鸭血、麻辣臭豆腐、爱玉冰。

　　万华夜市：蚵仔煎、郑家碗粿、胡椒饼。

　　公馆夜市：水果摊、越南菜、泰国菜、红心粉圆、东山鸭头。

　　饶河街夜市：担仔面、沙威马、日本料理、肉粽、药炖排骨。

　　永康街小吃：生煎包子、牛肉面、江浙小菜、小笼包、芒果冰。

　　复兴南路：清粥小菜。

猫空缆车

淡水老街

中心，除有演出外，这里还有许多文化创意店、红河岸留言展演馆、月光电影院及各种咖啡小馆，堪称"文青圣地"。

💰 免费；一楼参观无须门票，二楼剧场需根据当天演出购票

🕐 周一休馆；周二至周五 11:00—20:00；周六、周日延长至 22:00

🚇 临近西门（公交站）、西门（地铁站）

👁 1～3 小时

诚品书店（信义店）
★★★★

一家 24 小时不打烊的书店，如今是台北的文化标志之一。店内除了有琳琅满目的书籍外，还有很多个性化的明信片和纪念品可供游人选择。诚品书店目前在台北有多家，资格最老的位于忠孝东路，就是《五月之恋》中哈尔滨女孩同台北男孩相遇的地方。此外，最新晋的当属信义区的诚品，蔡康永在微博里说："陪客人逛书店很悠哉……"里的"书店"指的就是这家。

📍 信义区松高路 11 号

👁 2～3 小时

忠孝东路 ★★★

无论你是从陈绮贞的《九份的咖啡店》，还是从动力火车的《忠孝东路走九遍》里得知的这里，都无法否认忠孝东路对于台湾同胞的影响。这里是台北最贵的

地段，拥有台北一半以上的百货公司。

📍 忠孝东路 3、4 段及敦化南、北路

🚌 1. 临近顶好市场（公交站）、忠孝敦化（公交站）

2. 搭乘捷运板南线在忠孝复兴站或忠孝敦化站下车

袖珍博物馆 ★★★

亚洲第一座专门收集袖珍艺术品的博物馆，是世界第二大规模的袖珍博物馆，共有 200 多件来自海内外的袖珍艺术品。展品不仅精致，而且逼真，在缩小版迷你建筑中，小到每一件配件，比如灯泡、电视机，都是可以真实使用的。

"玫瑰豪宅 Rose Mansion"是博物馆的镇馆之宝，是第一件从西方带过来的大型娃娃屋作品。特别值得看的展品还有"白金汉宫"，这件作品选择白金汉宫中部分极具代表性的厅室，以袖珍艺术的技术来表现室内豪华富丽的装潢。

博物馆内最迷你的作品是"树上矿坑"，比例为 1:120。除了可看到坑口处拖着一台台采矿车的小火车，还可以看到办公厅、工程部、探勘部，乃至正在作业的工程师，细节之处毫不含糊。

💰 250 元新台币

🕐 10:00—18:00，周一休馆

📍 台北市中山区建国北路

👁 1～3 小时

台北诚品书店旗舰店

一句话推荐景点

台北故事馆　窄长的巷子、矮小的房子、小小的杂货店售卖着王
子面、口哨糖……这就是台北故事馆。

　　🚇 50 元新台币

　　🚇 捷运台北车站 4 号、5 号出口，捷运地下街 6 号出口步行约 2 分钟

台北孔庙　孔庙位于大龙峒、哈密街一带，采用中国古代宫殿
式建筑，绚丽的瓷砖为全台寺庙建筑一大特色，是仿泉州孔
庙建成的"正统南中国式孔庙"。每年 9 月 28 日孔子诞辰，
台北孔庙都会举行隆重的祭孔大典，令人叹为观止。

　　🚌 临近大龙峒保安宫（公交站）、库伦街北口（公交站）

乌来温泉　比起北投温泉，乌来温泉更显清澈，也是台湾本
地人泡温泉的首选之地。另外，乌来当地也有泰雅人原住
民的特色小吃，如野菜、山猪肉和温泉蛋等。

　　🚌 台北车站搭乘新店客运

十分瀑布、十分老街　台湾铁路支线平溪线的著名景点，瀑布
落差高度约 20 米，宽 40 米，气势磅礴，是台湾最大的帘幕
式瀑布。十分老街最著名的则是火车从街中穿过，在各家门
前开过。

　　🚌 该景点位于大华车站和十分车站之间，乘台湾铁路平溪
线，可选择其中一站下车再步行前往

小巨蛋　台湾第一座国际性大型综合体育馆，很多重要的体育
竞技赛事和演唱会都在这里举行，是文体娱乐活动的聚集地。
这里的休闲场所也非常繁多，可供游客尽情地观赏和游玩。

　　🧭 台北市南京东路四段 2 号

林语堂故居　一代幽默大师，著名的文学家、哲学家——林语
堂先生生前住过的地方，是由王大闳先生设计，集中西建筑
风格于一体的雅致宅院。

　　🚇 30 元新台币，优惠票 25 元新台币

　　🧭 台北市士林区仰德大道二段 141 号

松山文创园区　园区内提供"创意实验室""创意合作社""创
意学院"和"创意橱窗"等四大创意策略，园区内常举办影
视拍摄、长短期展览活动、研讨会、讲座等活动。

　　🚇 乘捷运到台北中山纪念馆站，5 号出口出站

💡 **人民币兑换新台币**

　　台湾的流通货币为新台
币，新台币的纸钞面值分为
2000 元、1000 元、500 元、
200 元及 100 元，其中 2000
元较少流通。硬币则分成 50
元、20 元、10 元、5 元及 1 元。
台湾的各大银行及饭店皆可以
直接兑换新台币。有些旅游商
店为招揽观光客，也私下兑
换。凡持有 2 万以下人民币
者，皆可在台湾向银行兑换成
新台币，兑换时取得的收据须
妥善留存，离境前若要将未用
完的新台币换回时，必须出示
此收据。

　　出境时如有剩余的新台
币，再持收据向银行换回人
民币。

　　因为无论兑换金额多少，
每次收取手续费 30 元新台
币，所以，几个人凑够人民币若干
千元一起兑换比较合算。并
且，兑换点只提供 100 元面额
的人民币，也就是说不足 500
元新台币的"零钱"就根本无
法兑换回人民币，因此不要兑
换太多的新台币而花不完。

　　在台湾消费使用双币种
信用卡比用人民币换新台币
更合算，这种卡不是只有"银
联"标志的信用卡或借记卡。
每人只需要兑换二三百元人民
币用于开支，在商店购物时可
尽量刷卡支付。

💡 **温馨提示**

　　注意，要蚵仔煎的时候
一定要发"鹅啊煎"的音。台
北人都这么念，不然人家不知
道你要什么。

吃喝台北

西门町、圆环夜市、万华夜市、公馆夜市、饶河街夜市、永康街小吃、复兴南路几乎汇集了所有台北名吃，如鸭片粉圆、蚵仔煎、郑家碗粿、炒花枝、花枝羹、越南菜、生煎包子、担仔面、沙威玛、日本料理、肉粽、药炖排骨等。

台北夜市

夜市里没有VIP，也拒绝炫富。面对蚵仔煎、大肠包小肠、铁板烧、鸭片粉圆、花枝羹，人人平等。

士林夜市

着重再说一次士林夜市的原因，就是这里真的是最适合"吃货"胃口的地儿。像脸一样大的豪大大鸡排，咬上一口非常有弹性的青蛙下蛋，口感独特的大肠包小肠、大饼包小饼，新鲜美味、入口滑嫩的蚵仔煎，还有好喝的白玉苦瓜、青草茶……基本上无人能够抵挡。

基隆庙口夜市

基隆是台湾北部最适合吃海鲜的地方，而庙口就是体验海鲜美食的最佳地点。庙口的天妇罗、邢记鼎边锉味道不错。另外，传统的糕饼点心也很有名，其中李鹄饼店、连珍糕饼历史最为悠久。

华西街夜市

就是《艋舺》里曾多次出现的那个夜市，至今已有50多年的历史，这里的生炒牛肉、北海道烫鱿鱼、当归猪脚、大鼎肉羹、烧酒虾、台南蚵仔面、北港甜茶，绝对是台湾地道的古早味。

华西街观光夜市

推荐小吃

蚵仔煎　老字号小吃，《转角遇到爱》电视剧热播以后，蚵仔煎更是名声大噪。

　🚻 士林夜市观光市场

林东芳牛肉面　店门口每天的长龙队伍足以证明这家店牛肉面的好吃程度，游客不妨也去试一试。

　🕐 11:00—次日 3:00

　🚻 台北市八德路 2 段 274 号

　📞 00886-2-27522556

好记担仔面　以海鲜为主打的一家店，不过这里的担仔面和蟹肉丝瓜才是招牌，颇受当地人的喜欢。

　🚻 吉林路 79 号

阿辉炒鳝鱼　喜欢吃鳝鱼的朋友万万不可错过的饭店，这里还有非常正宗的台南菜品。

　🚻 中山区长春路 89 号

豪大大鸡排　鸡排数十年坚持一刀不切，所以个头非常大，口感外酥里嫩。它是士林夜市最火的店之一，每天很多人排队。

　🚻 士林区文林路 113 号

臭豆腐　一点都不臭的豆腐，最棒的是用泡菜汁做的酱汁，鲜香口感好，特

别下饭。

 士林夜市观光市场

大肠包小肠 只有士林夜市能吃到，糯米肠夹着黑猪肉香肠，味道令人赞不绝口。

辛发亭冰店 雪花冰创始店，最好吃的当属蜜豆冰、雪花冰、刀削冰。

 士林区安平街1号

💡**渴了怎么办**

夜市里除了吃的最不缺的就是喝的，处处都是卖蜂蜜瓜茶、苦茶、青草茶的铺子，还可以选择珍珠奶茶、青蛙下蛋等冰饮。

推荐食处

出一张嘴（市民店） 与自助烧烤不同，这家烧酒屋由专门的师傅负责烧烤美食，客人只管吃喝。除了烧烤，还有一些特色小菜，店内播放着音乐，洋溢着大口吃肉、大口喝酒的热闹氛围。

 松山区市民大道175号1-3楼

📞 00886-2-25787248

松竹园 真正是店如其名，园内遍植松与竹，还借地利之便，栽有山蔬野菜。其招牌菜色以中式料理为主，包括放山鸡、客家小炒、客家大肠、无锡排骨、山鲈鱼和凤梨虾球等。

 士林区阳明山永公路546号

📞 00886-2-28616261

山园野菜餐厅 在台湾这是一个吃野味家常菜和传统台湾菜的好地方。沿山势高低安排餐桌位置，座位旁就围绕着溪流，感受着清凉的山风、奇妙的花香，好不惬意。推荐白斩鸡、炒蛤蜊、地瓜汤等美味佳肴。另外这里备受顾客欢迎的竹丝鸡汤，鲜香扑鼻，还很养颜。

 北投区竹子湖路55之12号旁

天空之城 一家位于日式洋楼里的咖啡店，伫立在九份的轻便路上，屋子所营造的是20世纪30年代的怀旧感，充满了复古风情。据说创始人偶然看见这栋浓雾包围的旧房子，因而联想起宫崎骏名作《天空之城》，便开了这家店。店内除了咖啡，还有陶艺和油画出售。

 新北市瑞芳镇轻便路308号

📞 00886-2-24967767

购物台北

时尚购物场所

信义区 台北最时尚的高级购物及休闲街区。新光三越位于松寿路9号；台北101高508米，共101层，在市府路45号；纽约物中心带有浓厚的美国风情，位于松寿路12号；京华城不仅是超大型百货公司，也是美食、娱乐汇集之地，在八德路四段138号。

东区 以敦化南路忠孝东路口为中心点，SOGO、明曜、微风广场这几间百货公司是台北白领丽人的逛街首选，沿街的地摊上也时常可以搜到别致而又价廉物美的衣饰。而位于敦化南路的诚品书店总店则无疑大大提升了东区的文化品位。

西门町 毫无疑问，西门町是属于年轻人的，这里是台北的"时尚橱窗"。红楼、刺青街、电影街、KTV、万年大楼、万国百货、诚品书店和各式各样的精品小店都可以看到。西门町还是"哈日族"的天堂，到处都是与日本有关的杂志、唱片、服饰、玩具。在西门町，几乎每个周末都有小型演唱会、唱片首卖会、电影宣传、街头表演等活动。

特色购物街

永康街 就像北京的南锣鼓巷一样，别具特色的时尚小商品店和沿街各色的咖啡店已经成了永康街的标志，在这里不仅能品尝到台湾风味的菜肴和小吃，还能够买到让自己满意的精美工艺品。

💡**台北特产**

如果想要带些食品回家，建议购买一些具有台湾特色的糕点、食物，比如台北新东阳肉松、淡水阿婆铁蛋，台北"包种茶"，台北凤梨酥。新东阳各店除了提供招牌的肉松、肉干系列，还提供各地精美伴手礼，如乌鱼子、凤梨酥等，并新增了"打包邮寄"的业务。

💡**小费**

在台湾并没有另付小费的习惯，但在旅馆住宿、餐厅消费时，10%的服务费是正常的。当大型行李由服务生代送到房间时，一般都会给小费，大约50元新台币或2美元。

台北街景

天母区　因这里最早是外国人和华侨的住宅区，所以整条街充满了异域情调，很多外国学校也都曾驻扎此地。如今的天母已经成为年轻人购物和吃东西的时尚街区，可谓是帅哥美女的云集地。

书店街　位于重庆南路，云集各大书店和出版社，本地图书和外国图书应有尽有，是爱书一族迷恋的街区。

河洛坊　这是一家买卖布袋戏玩偶的商店，以制作原创的布袋戏木偶而闻名。布袋戏在台湾非常流行，是一种用布制木偶来表演的地方戏剧，布袋戏迷到台湾旅游时一定要到这家店买些布袋戏玩偶作为纪念。

玩在台北

东方林口高尔夫俱乐部
🅰 林口乡湖北村后湖 50 之 1 号

红楼剧场　一座拥有百年历史的老剧场，是光绪年间用红砖砌起来的西洋建筑，非常惹人注目。红楼剧场于 2002 年重新对外开放，在这里除了能够了解关于这座红楼的历史之外，还可以看到各种表演。
🅰 台北市万华区成都路 10 号

台北灯节　每年元宵节期间都会举办，至今已举办 20 余年，如果时间碰巧，一定要来感受一下喜庆而热闹的氛围。
🅰 仁爱路四段 505 号

住在台北

台湾旅馆的住宿等级用梅花表示，一般分为观光饭店、商务宾馆、休闲宾馆（经济）、青年旅舍、汽车旅馆、民宿、温泉 SPA 等。商务宾馆的住宿环境较内地的快捷酒店好。一般跟随旅行团所提供的住宿相当于内地四星级的酒店。

推荐住宿

☀️ 住宿

1. 台湾的私人旅店、六星级汽车旅馆和当地人家等都值得一住，会有和住大饭店不一样的感觉。另外，在台湾本地网站预订酒店会比较便宜。

2. 在台湾住宿要说"饭店"，而不说"酒店"。原因就是，台湾的酒店多带有花色性质，不小心住进去，没个 2 万新台币恐怕出不来。

香格里拉远东国际大饭店　香格里拉 43 层高，在饭店内可俯视全台北景色。附近大型购物中心有国际品牌专卖店，各种服饰琳琅满目。
🅰 敦化南路二段 201 号
📞 00886-2-23788888

途中·台北国际青年旅舍（On My Way Taipei Hostel）　由一群热爱旅行的背包客所建立，房间干净、明亮、舒适，旅舍的 3 楼为女生专属楼层。
🅰 北投区光明路 82 号
📞 00886-228910230

台北周边游

基隆港 ★★★★★ 🚢📷

基隆是台湾北部最重要的港口城市。基隆港三面环山，一面临东海，港湾直接插入市中心，一出基隆火车站，就能看见。在此最赏心悦目的事情莫过于观看海港风情和品尝庙口小吃。白天可以游览附近的景点，比如仙洞岩、狮球岭炮台、十八罗汉洞、白米瓮炮台、海门天险等。到了夜晚可以前往基隆庙口夜市品尝天妇罗、面线羹、奶油螃蟹、蚵仔煎、红烧鳗羹、八宝冬粉、旗鱼羹等地道美味。

🚍 搭火车或客运至基隆火车站下车即到
👁 1 小时

💡 **和平岛滨海公园：** 位于基隆港港口东侧，由于终年受到东北季风吹袭以及海浪拍打、侵蚀，岛上形成了奇特的海蚀地形景观。但这里的藻生植物以及海产资源都相当丰富，遂成为民众垂钓的好去处。

九份 ★★★★ 🏮🍜📷🎬

位于新北市瑞芳区，这里有美丽的山海景，是台湾当地人非常喜欢游玩的地方。主要景观聚集在基山街，以旧式建筑为主。当然，让九份闻名的除了自然美景之外，还有在这里取景的电影《悲情城市》和《恋恋风尘》。另外，琳琅满目的小吃店铺也是九份的一大特色，想要吃正宗的台湾传统小吃就一定不能错过此地。

🚍 由捷运站孝复兴站或基隆火车站，搭乘基隆客运往金瓜石方向的班车，至旧道站即达；或在瑞芳火车站前搭乘公交至旧道站即可到达
👁 1～2 天
🍜 来到九份一定不要忘记品尝这里的红豆芋圆汤，是一种用芋头做成的纯手工传统小吃。另外，还有鱼羹、鸡卷、芋仔番薯等可口的美食

九份老街 ★★★★ 📷🍜

绝不能错过的景点，是《千与千寻》的取景地，它讲述了少女千寻意外来到神灵异界世界后发生的故事。

🚍 临近九份老街（公交站）
👁 2～4 小时

阴阳海 ★★★★ 📷

因海湾中的海水颜色呈黄褐色，与外海方向正常海水的蓝颜色形成鲜明对比，因而得名。

📍 新北市瑞芳区水楠洞附近
👁 1～3 小时

野柳风景区 ★★★★ 📷🚌

是大屯山系延伸到海中的一个岬角，砂岩地质，怪石密布，各种形象惟妙惟肖。最著名的是女王头，高达 2 米，形态庄严优雅，犹如神来之笔。景区内还有台湾第一座海洋世界，各种表演应有尽有。

💰 80 元新台币；优惠票 40 元新台币
📍 新北市万里区 207 野柳村东路 167-1 号
🚍 在淡水捷运站前上车，乘开往基隆的客车，在野柳站下车；在基隆客运站、国光客运站，乘开往金山的客车，在野柳站下车
👁 1～2 小时

猴硐 ★★★★ 📷

原汁原味的山间小城，爱猫人士的"天堂"，可以来这里看猫、逗猫，欣赏山村民宅古街的风貌。

猴硐有四只明星猫独具特色，被封为"四大天王"，分别是"流鼻涕、黑鼻、麒麟尾、大头"，够幸运就会遇见它们。

💰 免费
👁 全天
📍 新北市瑞芳区侯硐车站周边
🚍 搭乘台铁平溪线，从瑞芳站出发，第一站就是猴硐

八斗子火车站 ★★★★ 📷

无人管理的车站，搭乘的游客需自行操作一旁的交通卡设施。有背山面海的美丽景致，因此被评为北台湾最美车站。

🚍 在瑞芳火车站买到八斗子的票，十余分钟就能到

台中

台中快速攻略

Day1　台中火车站→宫原眼科→台湾美术馆→彩虹眷村→东海大学→高美湿地→逢甲夜市

感受台中

文化城　台湾全岛，一城一个风格，一县一个气场。台中主打的就是"文化"，它是仅次于台北的公私立高等院校重要分布区，中兴大学、东海大学、逢甲大学、中山医学院等高校已成为台中的文化坐标。

珍珠奶茶＆泡沫红茶　在台中市游逛，最炫人眼目的当属缤纷林立的餐饮店家，风靡全台的许多消费性餐饮风潮都源于这里，最出名的当属珍珠奶茶、泡沫红茶。估计任何一种食物脱离了原产地，就算再经过改良味道也不足一尝，所以为了一杯原味的奶茶也得停留在台中一阵子。

情结　它取自于你心中对日月潭和阿里山念叨的程度。无论是因为小学课本里的《日月潭》的描述多么秀美，还是因为《阿里山的姑娘》歌曲的演绎多么传神，总之让你对这里的感情根深蒂固；这两个代表着大台中的地标景点在全台旅游景点中始终领先。

准备与咨询

语言

在台中用普通话交流没有什么问题。

气候与游季

台中一年四季如春，每天都是旅游的好时候。

节庆

每逢农历三月妈祖诞辰，大甲镇澜宫会举行祭祀、进香、绕境等活动。绕境的整个队伍包括神偶、戏班、车队、绣旗、香客等，经过彰化员林、云林西螺和虎尾，到嘉义新港，历时8天7夜。

📍 台中市大甲镇顺天路 158 号

行在台中

进出

去台中可以选择火车、自驾车，或其他大众运输工具，南北两大都会区还可搭乘飞机前往，交通十分便利。

飞机

台中清泉岗机场是台湾第三座国际机场，原有的台中水湳机场已经停用。目前有前往日本、韩国、普吉岛、帕劳、胡志明市等国家和地区的国际航班，以及飞往杭州、宁波、武汉、福州、上海、厦门、深圳、济南、成都、天津、长春、南京、香港的国内航班。

铁路

台中是西部纵贯线山线铁路上的中部最大站，车站有各级列车停靠，班次密集便利。

高铁

可以先搭乘高铁到达台中乌日站，再转乘其他的交通工具到台中各地。

公路

台湾西部各大城镇皆有台汽客运开往台中市，另外台北、台南新营、高雄亦有统联客运开往台中。

台中火车站前有开往丰原、东势一带的丰原客运，建国路有开往清水、大甲方

向的巨业客运，后火车站则有开往彰化的彰化客运。

台中市内的大众运输以台中和仁友两家客运为主，分别由台中火车站前及绿川东街发车驶出，路线规划完整便利。

市内交通

台中市内有多条公交车营运线路。市内的计程车一般以 5 人座为主，起步价 85 元新台币 /1.5 千米，每 250 米续费 5 元新台币。

游在台中

东海大学 ★★★

东海大学被誉为"台湾最美的大学"。约农路边种植着凤凰树，文理大道旁是覆盖如伞的古榕，两旁错落有致的建筑都是仿古式样，深具古典韵味。校内的路思义教堂，由该校最负盛名的建筑师贝聿铭设计，是该校的精神象征。

- 西屯区台湾大道四度 1727 号
- 临近台中荣总（东海大学）（公交站）；乘车走中港路可直抵校门口
- 1 ～ 2 小时

高美湿地风景区 ★★★★

这里过去是大甲溪的河床地，在先民的努力开垦之下，才有现今的模样。高美最引人注目的是这里的落日美景和丰富的生物资源，目前是钟爱摄影和喜好赏鸟人士的新兴赏线。

- 清水区大甲溪出海口
- 1 ～ 2 小时

1. 去高美选择晴天：高美日落是台中胜景，天气晴朗时最美，还能看到不少水鸟。

2. 灯塔：高美的灯塔是全台唯一不是全白的灯塔，红白相间适合拍照留念。

3. 风车：这里的风车真的不是以"看"为名的，它是高美的象征，一架造价 1 亿元新台币。

台湾美术馆 ★★★

台湾美术馆可满足美术爱好者的需求，展览包括绘画、雕刻、印刷等多种形式。展馆外有碑林区，也值得一看。

- 9:00—17:00（周二至周五）；9:00—18:00（周六至周日）；周一不开放
- 临近美术馆（公交站）

- 1 ～ 2 小时

逢甲夜市 ★★★★

来逢甲夜市主要就做两件事：吃和排队。这里是很多台湾小吃的发源地，现在风靡我国的章鱼小丸子、可丽饼、胡椒饼、懒人虾等都是发源于此。来逢甲最推荐的是位于逢甲路 20 巷巷口的"官芝霖大肠包小肠"，是逢甲夜市人气第一名，一份新台币 40 元，适合边走边吃。

- 西屯区逢甲路
- 临近逢甲大学（公交站）
- 1 ～ 3 小时

1. 小吃推荐：大肠包小肠、无骨炸鸡、成龙鸡排、黄金蟹、酸辣鱼蛋、鸡蛋糕、胡椒饼不可不尝。

2. 解腻推荐："官芝霖"旁边果汁吧里的白玉苦瓜柠檬，口感清淡甘甜，一点也不苦。另还可买些水果，店主会将你挑好的水果切好放进保鲜袋中，非常方便。

彩虹眷村 ★★★

一位 87 岁的退役老兵，将眷村内的所有巷弄街道都画上了充满想象力的各种涂鸦。明亮的彩虹色线条、可爱灵动的小动物让整个村子充满童趣和朝气。许多年轻人慕名而来，在这里合影留念。

- 临近彩虹眷村（公交站）
- 1 ～ 2 小时

台中火车站 ★★★

它是台湾地区二级古迹，为 1895—1945 年修建的一座仿西方文艺复兴时期驿站的巴洛克风格建筑，中央屋顶为山墙式，并有华丽的勋章装饰，是一个极具观赏性的火车站。

- 免费
- 临近台中车站（A 月台）（公交站）、台中车站（B 月台）（公交站）
- 1 ～ 2 小时

宫原眼科 ★★★★

宫原眼科曾是日本人宫原武熊医生开的眼科医院，现在已经成为台中必去的观光景点之一。建筑整体保留了日式建筑风格，原汁原味地还原了老洋房的复古风情。作为日出集团的旗舰店，宫原眼科已成为甜品爱好者的天堂，无论是糕点、巧克力、奶茶，甚至是台湾传统料理，都有与众不同的味道。是很多甜品爱好者的必去之地。

🕐 10:00—22:00

🚌 临近台中车站（中正路）（公交站）。

👁 1～2小时

💡由于甜品都是纯手工制作，没有添加防腐剂，所以保质较短，如果想买伴手礼最好离开台湾前再购买。

吃喝台中

推荐食处

台中是泡沫红茶和珍珠奶茶的发源地，特别是台湾中山公署一带，汇集了众多的泡沫红茶坊。

春水堂 台中泡沫红茶的原创地，创意来源于老板的一次日本旅行。经过改良，将粉圆加入调味红茶，创制出珍珠奶茶。现已经有40余种风味特殊的各式清凉调味茶，还自行开发了韧粉圆、茶面包、茶冻、简餐等，非常实惠，最便宜的只需60元新台币。

📍 台中市四维街30号

📞 00886-4-22297991

💡**其他夜市**

1.一中夜市：麻叶羹、丰仁冰、一中奇鸡、小僵尸棺材板、大轮红豆饼、刀削面。

2.中华路夜市：潭子臭豆腐、麻薯。

3.忠孝路夜市：正老牌面线糊、排骨大王、甘蔗牛奶大王、三姐妹海鲜摊、黄记豆花店。

购物台中

台中市有十大商圈，各个商圈里均有主推产品，比如想买衣服强烈推荐天津路服饰商圈；继光街商圈里有道地小吃；而电子街商圈电子产品较多，而且这里几乎都是老板在顾店，服务周到，议价空间大。台中的太阳堂太阳饼、俊美饼店的松子酥、万益食品的特色豆干，还有牛轧糖都是不错的伴手礼。

此外，南投有奇拉鱼、埔里绍兴酒、鹿谷冻顶乌龙茶、名间松柏常青茶、鱼池阿萨姆红茶、埔里红甘蔗、竹山红蕃薯、集集香蕉、信义丰丘葡萄等土特产。

太阳堂

📍 台中市自由路二段25号

📞 00886-4-22200012

住在台中

推荐住宿

台中丰原流星花园民宿

台中市民宿协会所推荐的优良民宿，位于台中丰原市东郊，台中丰原高尔夫球场附近，是观赏台中夜景最佳的地点，整个西海岸景致尽收眼底。

📍 台中市丰原市南岗里水源路坪顶巷8号

📞 00886-4-25151456

台中周边游

日月潭　★★★★　🎡🎭🎿

日月潭的名声自不必说，差不多已经成了台湾的代名词了。暂且不论这里的风景怎么样，反正去了台湾，如果你说没去日月潭，旁人都会替你觉得可惜。日月潭是台湾最大的天然湖泊，水域面积达9平方千米，又称为"台湾天池"。

🚌 在台北北站乘坐旅游巴士直达日月潭

日月潭

💡**住在日月潭**：日月潭最美的是清晨和黄昏，因此去日月潭一定要住一晚。旁边的酒店虽然价钱贵点，但临湖可以悠闲地享受日月潭的景色。

溪头妖怪村　★★★　🎿

溪头妖怪村位于南投溪头森林游乐区入口处。整个妖怪村沿袭"松林町"的建筑风格，妖怪村内，随处可见各式各样奇特造型的妖怪塑像，以及穿戴日式装扮的村民；夜晚红灯笼亮起，仿佛在幽绿的森林月夜中抹上一道红，让来此夜宿的旅人在大红灯笼下寻觅山林中日式的神秘。

这里各种妖里妖气的创意商品店、伴手礼店、小吃店等，让人目不暇接，产品虽然妖气横流，但是又有点萌。逛累了可以到著名的青山食堂觅食，或者随便找一家小吃店，都可能发现意想不到的"妖气"美食。

台中周边游

📍 南投县鹿谷乡内湖村兴产路 2-3 号

🚌 台中、南投、日月潭都有直达溪头的班车

👁 2～4 小时

八仙山森林游乐区 ★★★ 🌲⊙

这里四周群山环绕，是登山、森林浴、赏鸟、度假的好地方。景区内设有专门的森林浴步道，沿途可观赏静海寺等景点。另有循溪而行的亲水步道，尤其适合夏季游玩。

💰 100 元新台币

📍 台中市和平区与南投县仁爱乡的交界处

🚌 在丰原火车站搭乘前往谷关方向的班车，在笃铭桥下车步行前往

👁 3～4 小时

清境农场 ★★★★ 🌲⊙

位于南投县仁爱乡大同村，依山而建。青青草原雾气略大，景色优美，像幅泼墨油画；羊咩咩们可爱友好，绵羊秀精彩有趣。小瑞士花园门票略贵，没有新意，不推荐游玩。

💰 青青草原平日全票 160 元新台币，假日全票 200 元新台币

🚌 从台中乘国光客运到埔里下车，再转乘南投客运前往清境农场，约 5 小时车程

👁 1～2 天

阿里山 ★★★★★ 🌲⊙🚠

"阿里山的姑娘美如水呀，阿里山的少年壮如山……"哼着这首歌游阿里山感觉最棒了。阿里山山高林密，主峰海拔 2663 米，山巅上云海林涛壮丽无比，是台湾最具代表性的风景区。

💰 300 元新台币

🚌 游阿里山最简单的方法是从嘉义市乘火车直上阿里山主峰；或者包车到草岭经塔山直上阿里山

👁 1～2 天

☀️ **注意台风：**夏季时，阿里山地区容易受到台风影响，出现封路等情况，前去时建议提前查询天气。

阿里山森林游乐区 ★★★★ 🌲⊙

位于嘉义县阿里山乡，属于玉山山脉的支脉，日出、云海、铁路、森林与晚霞合称为"阿里山五奇"，是台湾最具代表性的风景，阿里山的小火车也是值得去体验一下的，那是早期科技的展现。山里的风景堪称一绝，值得一看！

🚌 台北、台中和高雄都有开往阿里山的旅游巴士，非常方便

👁 4～8 小时

☀️ **森林火车：**阿里山火车从海拔 30 米的嘉义北门火车站，经过 47 个隧道和 72 座桥梁，翻越独立山，登上 2216 米的阿里山沼平车站，这是一段刺激的登山之旅。火车票很难买，一定要提前预订。

鹿港小镇 ★★★★ 🏯✪

三十年前，罗大佑的一首《鹿港小镇》风靡各地，让这座位于台湾中部西海岸的古镇成为人们的向往所在。传说，鹿港是彰化县龙脉的龙头。有"小泉州"的美誉。鹿港保留了原始风貌，让游客可以在古巷、老店和百年庙宇中追寻古老文化。

🚌 从台北搭往鹿港的中兴号班车，约半小时一班。从台中、彰化搭往鹿港的彰化客运，5～10 分钟一班。由彰化开出的班车 10～15 分钟一班

🛣 自彰化交流道下高速公路，循 142 县道南行，接彰鹿路转中山路可达

🍴 鹿港小镇的小吃也透出浓浓的古意。长兴里的兴安宫外有已卖了 70 多年的泰兴梅饼。幽深的九曲巷里，有阿善师家传秘方的十二味青草茶。埔头街和瑶林街两边，乌鱼子、凤眼糕、青蛙下蛋，都是地地道道的传统美味

👁 0.5～1 天

鹿港龙山寺 ★★★★ 🛕

鹿港龙山寺是台湾地区一级古迹，它代表着城市佛寺建筑的一个高峰。龙山寺共有 99 个门，整个庙宇分为前、中、后三殿。整个寺庙历经 200 多年仍保存古貌，对台湾历史文化有很大的影响。

📍 彰化县鹿港镇金门巷 81 号

👁 1 小时

台南

台南快速攻略

Day1 妈祖庙→赤崁楼→台南孔庙→台湾文学馆

Day2 延平郡王祠→安平古堡→顶头额沙洲

感受台南

　　台南的古早味儿弥漫在整个空气里。在这里你会深深体会到：悠久的华夏文明，不只是放置在故宫博物院里，还融化在大排档小铺的吃食之中。

准备与咨询

语言

　　台南当地人多是明朝中后期的内地沿海移民的后裔，多为闽南人，所以在这里用普通话交流完全没有问题。

气候与游季

　　台南年平均气温为24℃，季节不明显，草木常青。四季均适合旅游，特别是台南的夏季气温比台湾北部还要略低，此时前往最棒。

行在台南

进出

飞机

　　台南机场是台南最大的机场，台北每日有复兴、中华、远东等航空公司的班机直达台南机场，机票为1300～1500元新台币。此外，台南还有新营的水上机场。

铁路

　　台南火车站有自强号、莒光号、复兴号等列车，非常便利。从台北到台南需要420～630元新台币，从高雄到台南需要60～90元新台币。

台南火车站问询 📞 00886-6-2261314

高铁

　　台南高铁站位于台南市归仁区沙仑地区，是台湾高铁的重要经停站。基本上可以乘坐高铁到达西部各景区的中转站，非常方便。

公路

　　高雄、台北有台汽"国光号"及统联客运，每隔30～60分钟有固定班次直达台南。台北到台南约需450元新台币，高雄到台南约需150元新台币。

市内交通

　　台南的公交车以台南火车站为基点，有台南市公车、兴南客运及台南客运，每段票价为15～18元新台币。计程车85元新台币起跳。乘坐计程车从机场到台南市区约需200元新台币，需提前议价。

游在台南

妈祖庙 ★★★★ 🚗⛩

　　在台湾，妈祖信仰非常普及，以台南的大天后宫历史最悠久，规模最宏大，香火也最旺盛。

　　大天后宫在台湾将近400座妈祖庙中，具有贵族般的尊贵地位，是台湾第一座官建妈祖庙，也是唯一列入官方春秋祭典的妈祖庙。庙中塑像、雕塑皆出自名匠之手。古匾、古联之珍贵丰富更是全台庙宇少见。

　　🚌 妈祖庙地处台南闹市区，交通很方便，各处都有公交车往来

　　👁 1～2小时

安平古堡 ★★★★ 🚗⛩

　　安平古堡可以说是台湾历史最悠久、经历最坎坷的古堡了。它从荷兰人易主郑成功，后沦为民宅、废墟，直到光复后，重修旧址改名"安平古堡"。今天的安平古堡，虽不复当年碉堡的宏伟壮丽，但是因其所保存的丰富史料，所代表的文化意义，

仍是非常值得一览的胜地。

- 🎫 50 元新台币
- 🕐 8:30—17:30
- 📍 安平区国胜路 82 号
- 🚌 临近安平古堡（安北路）公交站
- 👁 1 ~ 2 小时

延平郡王祠 ★★★ ♿

位于台南市开山路的延平郡王祠，俗称郑成功庙，建于清同治年间，堪称台湾唯一一座福州式庙宇建筑，分为照壁、供奉郑成功的正殿、崇祀太妃与宁靖王的后殿，以及东西庑。庭园修筑也十分典雅精美，庭中郑成功亲手所植的两棵古梅，已有 300 多年的历史。祠前右侧保留着两座铜制古炮及七座铁制古炮。

- 🎫 免费
- 🕐 8:00—17:30
- 📍 台南市中区开山路 152 号
- 🚌 临近延平郡王祠（公交站）
- 👁 1 ~ 2 小时

赤崁楼 ★★★ ♿🏛

赤崁楼原为荷兰人修建的一座具有防卫功能的城楼，后几经毁坏、改造，中国式传统亭台楼阁慢慢取代了荷式城堡建筑。后经几次重修，又补建了文昌阁、海神关及蓬壶书院、台南市历史博物馆等，更使赤崁楼成为台南代表性名胜。

- 🎫 50 元新台币
- 📍 台南市中区民族路 212 号
- 🚌 临近赤崁楼（公交站）
- 🍴 景区对面就有卖大湾花生糖和烟熏卤味的店铺，可以进去尝尝。如果是夏天来赤崁楼旅游，还可以去附近店铺喝点冬瓜茶，解暑又养颜
- 👁 1 ~ 2 小时

台南孔庙 ★★★ ♿🏛

孔庙在过去象征着中国传统文化的中心，在今天则表明此地深植的中华文化。台南孔庙是全台最早的文庙，号称"全台首学"。每年 9 月 28 日孔子诞辰之日，此地会举行盛大的祭孔大典，是台湾每年的文化盛事之一。目前，台南孔庙是一个开放的公园，公园内除了可以参观孔庙，还能欣赏凤凰花。

- 🎫 25 元新台币
- 🕐 8:30—17:30
- 📍 中西区南门路 2 号

- 🚌 临近也庙（公交站）
- 👁 1 ~ 2 小时

"台湾"文学馆 ★★★ 🏛📷

台湾文学馆是台南政府旧址，建筑大气美观。馆内很大，有多个展厅，充分介绍了台湾的历史及文学，是文学爱好者必去的地方。

- 🎫 免费
- 🕐 9:00—18:00（周二—周日，周一休馆）
- 🚌 临近民生绿园（公交站）、孔庙站（公交站）
- 👁 2 ~ 3 小时

奇美博物馆 ★★★★ ♿

奇美博物馆是台湾馆藏最丰富的私人博物馆、美术馆。馆中典藏着许多珍贵的国际级艺术品，以典藏西洋艺术品为主，由西洋绘画雕塑、乐器、古兵器、自然史、古文物等五个部门组成。游客可欣赏到公元前 8 世纪的埃及文物、世界顶级的珍贵名琴，数百年前的日本武士刀、文艺复兴与巴比松等画派的经典之作。建筑最高点的荣耀天使雕塑，由法国雕塑家路易·巴里亚斯作品临摹而成。

- 🎫 200 元新台币
- 🕐 9:30—17:30
- 🚌 从台南火车站搭往长乐管理学院的台南客运，在奇美公司下车
- 👁 1 ~ 2 小时

顶头额沙洲 ★★★ 📷🏖

台南有一处"顶头额沙洲"，被称作"台版撒哈拉"。该沙洲面积广大、视野辽阔，给人一种身在沙漠的错觉。广阔的沙洲连接着大海，每当夕阳西下，沙洲变化万千的线条让许多摄影师流连忘返。静静地沿着沙丘制高点行走，一边欣赏拍岸而来的浪花，宛如来到世界尽头。

- 📍 台南市七股区盐埕里 68 号（GPS 定位国圣灯塔即可找到），可选择包车前往
- 👁 2 ~ 3 小时

💡 该地沙子很细，经阳光曝晒会有些烫脚，光脚时需注意。

安平树屋 ★★★★ 📷

安平树屋原本是英商德记洋行的办公室和仓库，随着仓库的废弃，周围繁茂的

老榕树开始盘踞，房屋的原本结构逐渐被树根撕裂，树干也逐渐成为砖墙的主干。进入安平树屋，人们无不惊奇于"树中有墙，墙中有树"的独特景观。

- 🎫 全票 70 元新台币（德记洋行＋开拓史料蜡像馆＋树屋）
- 🕐 8:30—17:30
- 📍 台湾台南市安平区古堡街 108 号
- 🚌 临近安平古堡（公交站）
- 👁 1 ～ 3 小时

花园夜市　★★★★

花园夜市，面积大、人流多、人气丝毫不输台北士林夜市。

花园夜市共分美食小吃、流行服饰、精品百货、休闲娱乐等四大区域，出名的美食有阿美芭乐、春卷冰激凌、统大碳烤鸡排、陈记港式鱼蛋、四草蚵仔煎、杰旗鱼黑轮等。人均 200 元新台币左右就能吃饱。

- 🕐 17:00—24:00（周四、周六、周日）
- 📍 台湾台南市北区海安路三段 533 号
- 👁 2 ～ 4 小时

吃喝台南

从台南回来的人很容易患上"恋食症候群"，一看到美食便眼睛瞪圆，唇齿骚动。这里真的是解决你食欲不振问题的好地方。

周氏虾卷　堪称台南美食龙头，招牌菜是台南传统小吃，如虾卷、担仔面、鱼丸、虾丸汤、鱼羹等。而"台南小吃国宴风味餐"则将台南小吃一网打尽，让游客一次过足瘾。

- 📍 台南市安平路 408 号

台南蔡虱目鱼　虱目鱼是台南的传统美食，相传郑成功当时到台湾吃了这种鱼后连声称赞，问这是什么鱼，台湾原住民就以"什么鱼"的谐音命名这种鱼为"虱目鱼"。这是台南第一家 24 小时营业的虱目鱼专卖店，自养自卖，开放式厨房让你满足口腹之余，还能看到虱目鱼加工的全过程。

- 📍 老店：西门路四段 236 号
　　　中正南路 626 号、628 号
　　海安店：海安路二段 509 号

赤崁棺材板　棺材板为台南名小吃，用面包、鸡肉、墨鱼等食材制成，因形似棺材板而得名。

- 📍 台南市中西区中正路康乐市场第 180 号

福记肉圆　特制的甜辣酱和口味浓厚的猪肉馅是这一家肉圆的特色。

- 📍 台南市中西区府前路一段 215 号

度小月担仔面　度小月担仔面在台湾无人不知，而且只此一家，别无分号。门市中仍有着一贯的矮炉、小竹凳、红灯笼、烧得发黑的肉臊陶瓮。度小月担仔面最独门的配方就是肉臊，配上面和各式食材，小小一碗，但风味独特，回味无穷。

- 📍 台南市中正路 16 号
- 📞 00886-6-2231744

高雄

高雄快速攻略

Day1　打狗英国领事馆→西子湾→驳二艺术区→美丽岛捷运站

Day2　月世界地景公园→爱河→六合夜市

感爱高雄

"另一个台北"　但凡演艺人员在台湾进行宣传时，登过台北小巨蛋，第二站一定就是高雄。台北有 101 大楼，高雄有 85 大楼，商业繁茂，与台北平分台湾岛南北两端的经济。如此看来，台北像大哥，高雄像二弟，仰望着大哥的光环，也许略带些艳羡，或者说它更像是"另一个台北"。但是，在侯孝贤

眼中，高雄又是另一番光景。《风柜来的人》中澎湖少年与伙伴在一座烂尾高楼里所看到的高雄，是年轻的、安静的、秀气的，鳞次栉比的高楼如新鲜的竹笋，远处的田园开阔而又广袤，高雄港上还响着游轮的声音，它比台北更多一份生机勃勃的劲头。

准备与咨询

语言

在高雄旅行用普通话交流没有任何问题。

气候与游季

高雄面临台湾海峡南口，全年长夏无冬，一派热带风光，一年四季都适宜旅游。

行在高雄

进出

高雄市是台湾地区第二大城市，交通非常便利。

飞机

高雄国际机场（小港机场）运量仅次于桃园中正国际机场，目前有飞往东京、名古屋、首尔、中国香港、中国澳门、曼谷、普吉岛、吉隆坡、胡志明市、新加坡、关岛等地的定期航线。

高雄国际机场
- 高雄市小港区中山四路 2 号
- 00886-7-8011111

铁路

高雄车站连接纵贯铁路、屏东线、高雄临港线和高雄捷运红线。
- 高雄市三民区建国二路 318 号
- 00886-7-2371507

高铁

高雄是台湾高铁最南站，乘坐高铁从台北来高雄仅需 2 小时。
- 高雄市高铁路 105 号

公路

台湾西部各主要乡镇都有台汽客运通达高雄，其中台北、台中、云林及台南另有统联客运可到，从高雄县境各乡镇则有高雄客运联络市区。

水运

联结高雄港区周围沿岸的渡轮有四条航线，分别为：旗津→鼓山、前镇→中州、小港→红毛港和中州→红毛港。其中，旗津→鼓山航线班次最为频繁，且是十分著名的观光航线。此外，每逢假日亦于下午

与晚上各开行一班游港渡轮。

市内交通

捷运（地铁）

高雄是台湾地区第二个建有捷运系统的城市。高雄捷运有高架、地下、平面等模式。目前运营中的有：红线、橘线，营运时间为 6:00—24:00，旅客可借由高雄国际机场站搭乘高雄捷运直通高雄市区。

计程车

高雄市内计程车起步价为 85 元新台币 /1.5 千米，超过后每 0.3 千米 5 元新台币。从高雄市区到小港机场出租车车资约 300 元新台币。

游在高雄

爱河 ★★★

无论这个景点是多么的人工化，但景点的主题"爱"却是任何人都难以抗拒的。爱河最美的地方要算高雄大桥到七贤桥之间的两岸河滨公园，入夜后两岸的街灯雅致迷人，情侣们漫步其间很有情趣。在爱河上可以坐以爱神"丘比特"及七对国际知名情侣命名的观光船，沿线设有许多停靠站供人们上下船，可游览河岸美景和享受咖啡美食。

- 高雄市三民区博爱一路和同盟一路、二路
- 临近府北路（公交站）、河东路口

（公交站）

👁 2～3小时

💡 **1. 看夜景：**爱河最漂亮的是夜景，入夜后爱河河岸街灯雅致迷人，还可观赏市民广场的激光灯光音乐水舞秀。

2."爱之船"：畅游爱河最棒的方式当属乘坐"爱之船"。航线为音乐馆码头—高雄桥—建国桥；"爱之船"航班每船可坐20人，坐满即开，沿途有多个停靠点，单程票120元新台币。

高雄之眼 ★★★★ 🏙

　　高雄之眼是台湾巨型海景摩天轮，位于高雄梦时代购物中心顶层。高雄之眼的摩天轮内均有彩绘作品，坐在其中可尽览高雄市区、西子湾和高雄港的风光。到了夜晚，摩天轮亮起霓虹灯光，就像是高雄的一颗璀璨明珠。

💰 150元新台币

🕐 10:30—22:30

🚌 临近统一阪急（公交站）

👁 1小时

西子湾 ★★★★ 🏖📷

　　西子湾的夕阳是高雄八景之一，再加上中山大学就坐落于西子湾内，黄昏时分，常可见一对对情侣在此互道情愫，浪漫非常。其实，这里还是有名的海水浴场，在夏日总是有成群结队的人到此游泳狂欢。由中山大学左侧的旅客服务中心即可进入西子湾海水浴场。

💰 西子湾免费；海水浴场全票70元新台币

🕐 10:00—16:00

📍 高雄市鼓山区莲海路

🚌 临近西子湾（公交站）、中山大学（公交站）

👁 1～3小时

莲池潭 ★★★ 🏖🏛📷🌲

　　莲池潭，原名莲花潭，位于高雄市左营区的东侧，这里建有20多座寺庙，其中以高雄孔庙、春秋阁、龙虎塔、北极玄天上帝等最为著名。一年一度的"莲池潭万年祭"，约在10月份举行，让莲池潭成为充满传统文化和宗教气息的高雄旅游热门地。

💰 免费

📍 高雄市左营区翠华路1435号

🚌 临近左营农会（公交站）；搭乘捷运红线至左营站（R16）即可到达莲池潭

👁 2～3小时

旗津岛 ★★★★ 🏖📷

　　位于高雄西南端，为西北—东南走向的状沙洲岛屿。岛上最著名的莫过于旗津渡轮、灯塔、天后宫及海岸公园。

💰 轮渡25元新台币

📍 旗津区庙前路1号（高雄港西侧）

👁 2～3小时

💡 **1. 眺望高雄港：**位于旗津山顶的旗津灯塔，建于1883年，是高雄本岛上的第二座灯塔。灯塔的塔身为八角形，有阳台可供远眺高雄港全景。

2. 岛上冰品：旗津岛上的冰品非常有名，强烈推荐渡船头海之冰和斗六枝仔冰城。特别是斗六枝仔冰，招牌红茶冰激凌每份35元新台币，价格超低、味道超道地，绝对是你解暑的不二之选。

打狗英国领事馆 ★★★ 🏛

　　建筑为后文艺复兴时期的巴洛克式风格，英国风情十分浓厚，也是台湾目前尚存的西方近代建筑中年代最久远的一栋。

💰 50元新台币

📍 高雄市鼓山区莲海路20号

👁 2～3小时

美丽岛捷运站 ★★★ 📷

　　美丽岛捷运站是全世界最美丽的地铁站之一。车站的顶部完全由彩绘玻璃拼接镶嵌而成，五彩斑斓、美轮美奂的"光之穹顶"一定会惊艳到你。此外，许多电影也都取景于此。

🚌 乘捷运红线或橘线在美丽岛站下车

👁 1小时

驳二艺术特区 ★★★★ 🏙

　　这里原是一个破旧的港口仓库，后来被开发为类似北京798的艺术区。这里充满了有趣创意的涂鸦、雕塑，个性张扬的艺术作品吸引了大量的游客前来参观，是文艺青年不可错过的景点。

🚌 临近高雄港（公交站）

👁 2～3小时

高雄85大楼 ★★★★ 🏙🏖📷

　　又称东帝士85国际广场，大楼外观如同"高"字。在74楼设有观景台，可360度环楼欣赏高雄港景及市景；在85楼观景台，可以看到最美的港都风景。

🎡 观景台门票180元新台币

⏰ 11:00—23:00（大楼）
12:00—22:00（观景台）

📍 苓雅区自强三路 1、3、5、7 号

🚌 临近 85 大楼（公交站）；或搭乘捷运红线至三多商圈站，出 2 号出口往新光路方向步行可达

👁 1 ～ 3 小时

月世界地景公园 ★★★ 🏞

月世界位于高雄市田寮区月球路，"月世界"这名字是指一种地表上地形崎岖的地貌景观，地表呈现灰白色，一片荒漠景象，原始风貌保留完整。由于其地表有一种能发光的矿物质，在月光照射下，隐约发出点点荧光，故得"月世界"之名。这里是很多本地人婚纱摄影和拍照的地方。

📍 台湾高雄市田寮区崇德里月球路 34 号（由于位置偏僻，建议包车前往）

👁 2 ～ 3 小时

💡 此地没有遮挡物，去之前要做好防晒措施。

吃喝高雄

高雄是国际性港口，自然聚集了世界各种佳肴，从意大利面、印度咖喱，到日本料理，应有尽有。但高雄本地的小吃还是主要以夜市为主，例如六合夜市、青年夜市、新兴夜市等。本地特色小吃以木瓜牛奶、盐蒸虾、高雄牛乳大王、米糕等最为著名。

六合夜市 高雄风味小吃集纳大江南北，其中以六合夜市为最。推荐几家六合名土产小吃摊：六合大饭店前的简仔米糕、烤肉之家，42 号前的正老牌度小月，66 号前的黄老牌担子面，82 号的过鱼汤，85 号前的鳝鱼面，87 号前的花生粽，110 号前的咸圆子汤、海产粥等。

🚌 六合夜市距高雄火车站约十几分钟路程，沿中山路直行后右转至六合路即可到达

瑞丰夜市 瑞丰是不属于旅行团行程内的，在这里吃的玩的多数是高雄当地人。不过，这里好吃的东西一点也不少，推荐品尝臭豆腐、油煎鹌鹑蛋、铁板牛扒、意大利面等。

📍 左营区裕成路和南屏路段，三民家商附近

💡 金钻夜市

这里拥有上百家摊位，美食品种繁多，"吃货"们一定能在这里找到你的专属美食。推荐蚵仔煎。

购物高雄

推荐一些主题街，如青年路的家具街、七贤路的电信通信街、建国路的计算机街、兴中路的花市等，或去十全路的古董跳蚤市场、新堀江的哈日商品、三多路的二手货店搜刮，都能满足不同层次的寻宝者，这些都是逛高雄必去的寻宝地。

住在高雄

高雄的民俗和背包客栈都很经济，适合自由行旅行者。

推荐住宿

背包 41 青年旅馆 日系杂货风格的独栋建筑，位于高雄市中心，交通便利。

📍 苓雅区四维三路 261 巷 41 号

📞 00886-9-52612212

85 大楼彩色窝主题套房 180 度市景海景房，房间空间很大，装饰有很多卡通玩偶和贴纸。

📍 苓雅区自强路三路 3 号

高雄国宾大饭店 位于爱河河畔，饭店周围景色很棒。

📍 民生二路 202 号

📞 00886-7-2115211

高雄周边游

澄清湖 ★★★ 🏞📷

高雄第一大湖，其美景可与杭州西湖媲美。著名的景点有"三桥、六胜、八景"。在湖中有一中兴塔，登上塔内回旋梯直上塔顶，可看澄清湖全景。

🎫 100 元新台币

📍 高雄县与高雄市交界的鸟松乡

👁 1 ～ 2 小时

💡 **三桥、六胜、八景：** 三桥是九曲桥、鹤桥和吊桥；六胜为自由亭、更上台、丰源阁、百花冈、富国岛和千树林；八景为梅陇春晓、曲桥钓月、柳岸观莲、高丘望海、深树鸣禽、湖山佳气、三亭览胜和蓬岛涌金。

高雄周边游

美浓客家小镇 ★★★★

自1736年，客家垦民在此建立“弥浓庄”，至今一直保留着客家文化的传统和精髓，是台湾目前客家文化保存最完整的一个乡镇。美浓曾经有“烟草王国”的美名，现如今虽然烟草业逐渐没落，但是小镇仍然以它独特的客家风情吸引着游客来此。

高雄市内搭乘高雄客运；或从屏东搭乘屏东客运至美浓镇

1～2天

美浓油纸伞：美浓的油纸伞继承了广东潮州伞的特点，工艺考究，伞面花纹美观古朴。目前美浓有多家油纸伞厂，以中正湖畔的光荣兴伞厂最为著名，是挑选工艺品送亲友的最好选择。

美浓镇中山路一段170号

中正湖旅游服务中心

美浓镇中圳里民权路46号

垦丁公园 ★★★★

因纪念来此垦荒的壮丁而得名。

垦丁公园内有众多精致而多变的美景，如南仁湖、龙銮潭、大尖石山等。公园海底的珊瑚景观更是缤纷绚丽，非常值得游客观赏。

公园内还有梅花鹿、台湾猕猴、灰面鹫等大量野生动物和1000多种热带树种，使垦丁公园成为台湾第一座大型森林公园，同时是台湾第一座热带植物林，世界八大实验林场之一。

8:00—17:00

屏东县恒春镇垦丁路596号

1～3天

铁路信息

1. 西部纵贯铁路，于高雄站下车，在火车站转车（国光客运、高雄客运、屏东客运、中南客运）至垦丁，车次一天多班。

2. 南回铁路（自东部往高雄方向），于枋寮站下车，再转车（国光客运、高雄客运、屏东客运、中南客运）至垦丁，车次一天多班。

客运信息

1. 台北→恒春、垦丁（中南客运直达车，一天2班）。

2. 高雄→恒春、垦丁（国光客运、高雄客运、屏东客运、中南客运）。

3. 屏东→恒春、垦丁（屏东客运）。

4. 台东→枫港（国光客运），枫港—恒春、垦丁（国光客运、高雄客运、屏东客运、中南客运）。

垦丁机车2日线路

Day1 垦丁南湾→后壁湖→猫鼻头公园→垦丁白沙湾海滩→关山→恒春古城→伙计鸭肉冬粉→出火特别景观区

Day2 船帆石→砂岛生态保护区→鹅銮鼻公园→台湾最南点→龙坑生态保护区→龙磐公园→风吹沙→垦丁大街/垦丁大街夜市

垦丁包车2日线路

Day1 台湾海洋生物博物馆→恒春古城→阿嘉的家→社顶自然公园→垦丁大街/垦丁大街夜市

Day2 船帆石→砂岛生态保护区→鹅銮鼻公园→台湾最南点→龙磐公园→猫鼻头公园→垦丁白沙湾海滩→关山→后壁湖

住宿情况

垦丁风景区有很多不同风格的中高档饭店、度假村和青年旅馆。位于垦丁路上的有大尖山饭店、福华度假饭店等，房价按淡旺季、寒暑假而有所浮动，最便宜的为11—12月，最贵的为连续假日期间及6—9月的周六。双人房的房价旺季在800～3500元新台币。

戏水娱乐

垦丁风景区中著名的戏水沙滩有南湾、小湾、白沙、石牛溪口、满洲等。景点处都可以租到游泳或冲浪的装备。

恒春古城 ★★★★

恒春古城因电影《海角七号》而被人们所熟知。

因为当地气候温暖、四季如春，便以“恒春”命名。恒春古城始建于1875年，是全台保存较完整的古城之一，至今仍保存有东、南、西、北4个城门。

屏东县恒春镇

从高雄、屏东、台东搭乘开往恒春的台汽客运班车即可抵达

1～2小时

民宿：还记得电影中阿嘉的家吗？如今这幢老宅已被改为“阿嘉家”民宿，房间内仍保留了电影中的所有场景。在这里可以买张热烫木制明信片，盖上三五个特制印章，投入日式的绿邮筒，寄给远方的人。

台东线

台东线快速攻略

这条旅游线路基本是沿着台铁花东线排列的，沿着铁路往车窗外望，可以全面地欣赏到太平洋的海岸奇景。这条线上的各个县的景点游览时间一般都是一至两日，其中重点景区有东部海岸风景区、太鲁阁公园、绿岛，游客可按自己偏好选择、取舍，在这里就不提供具体的路线游程攻略了。

感受台东线

台湾岛的东部海岸同台北、台南、台中等地不同，它更加突出的是一种原始姿态。在这条长长的游线上，很容易就看到不同于城市钢筋水泥森林的峡谷、森林、海岸景观，沿途还能泡温泉、逛夜市，如果有时间还能玩户外——爬玉山。当然，如果你只是想好好地享受，东海岸线上的阳光、沙滩、大海已经足够，也能到声名显赫的绿岛转转，哼唱着《绿岛小夜曲》到台东线，你将会体会到不一样的感受。

准备与咨询

语言

花莲县是台湾少数民族最多的区域，境内以阿美人分布最广。不过，通用语言仍以台湾腔普通话为主，语言交流应该不成问题。

气候与游季

整条线路冬暖夏凉、四季如春，四季均适合旅行。

行在台东线

台东线贯穿整个台东地区，除宜兰外其他的地区都可以乘坐台铁到达。以花莲站为中心，以北有北回线经宜兰、台北通往西部；以南则为花东线铁路，直抵台东，与南回铁路接轨。凤林、光复、瑞穗、玉里、富里为境内主要车站。

游在台东线

宜兰

台湾传统艺术中心 ★★★★

台湾传统艺术中心由多位建筑师合作，把台湾传统建筑展现得十分精美，从戏剧馆、曲艺馆、图书馆、工艺传习所、目仔窑、民俗街坊、住宿中心到文昌祠、戏台、黄举人宅等，都很有特色。

从罗东后火车站搭乘国光客运往传统艺术中心，即可到达

1～3小时

兰阳博物馆 ★★★

博物馆是一座三角锥状的惊艳建筑物，展现出不对称的美

航空信息

1. 台北—花莲及台北—台东，有立荣及复兴航空。

2. 台中—台东及台中—花莲，有华信航空。

3. 台东—高雄，有华信、立荣航空。

4. 台东—绿岛及台东—兰屿等岛，有华信、立荣航空。

铁路信息

1. 北回铁路每日有自强号3个班次，往返台北、台东间（途经花莲），行车时间约6小时；莒光号则有6个班次，行车时间约7小时。另外还有往返台北、花莲间自强号3个班次，行车时间约3小时；莒光号则有4个班次，行车时间约3小时45分。

2. 南回铁路每日有自强号3个班次，往返高雄、台东间，行车时间约3个半小时；莒光号也有3个班次，行车时间约3小时40分。

感；在四周湿地围绕下，远看像一座水中建筑物。该建筑获得第七届"远东建筑奖"台湾地区杰出奖、"2010 台湾建筑奖"首奖等奖项。

🚌 搭乘葛玛兰客运于礁溪站下车，换乘国光客运头城→南方澳路线于头城总站下车，往北步行约 10 分钟，即可到达

👁 1～2 小时

几米公园 ★★★★ ⚽

几米公园以记忆片刻风景为主题，置入根据知名绘本作家几米笔下的场景所制成的装置艺术。打破一般死板的转运站印象，让等车也可以变得很有趣，并特意保留历史建筑与老树绿荫，将原本废弃不用的空地，变成了缤纷的艺术公园，令人就像走入绘本中，探索几米的绘本世界。

💰 免费
🕐 全天
📍 宜兰县宜兰市宜兴路一段 188 巷 5 号
🚌 搭乘台湾铁路至宜兰站，然后步行到达
👁 1～2 小时

苏澳冷泉 ★★★★ ♨

和礁溪温泉并称为兰阳平原深藏地下的两个天然瑰宝。苏澳冷泉为低于 22 摄氏度的"低温矿泉"，水质清澈透明，是可浴可饮的碳酸泉。泡冷泉时，刚下池感觉比较冷，浸泡不到 5 分钟，便觉浑身发热，由于池底不断冒出气泡，人仿佛浸泡在汽水里，十分特别。据说经常浸泡苏澳冷泉对皮肤病有改善作用，长期饮用对胃病、肝病等皆有疗效。

💰 冷泉 200 新台币；冷泉＋温泉 300 新台币
🕐 9:30—19:30（6—9 月）
9:30—15:30（10 月—次年 5 月，周五至周二）
📍 台湾宜兰县冷泉路 6-4 号
🚌 搭火车到"苏澳新站"后，在站内转搭"区间车"前往"苏澳站"
👁 1～2 小时

花莲

太鲁阁公园 ★★★★ ♨

太鲁阁公园横跨花莲、南投及台中，建于 1986 年，是台湾面积第二大的公园。

让人不得不惊叹大自然的鬼斧神工，居然会有如此神奇的地方，山路崎岖，景色也是一绝。

🕐 8:30—17:00
🚌 铁路：台北→花莲或台东→花莲，花莲新城站下，搭出租车至游客中心；也可花莲站下，搭公交车至太鲁阁
客运：花莲客运→沿线各景点，丰原客运→花莲
👁 0.5～1 天

七星潭风景区 ★★★★
🏖🅿⚽📷

位于花莲的东北方向，以优美的弧形海湾著称，自然风光宜人。自行车道为主要交通道路，沿途有很多景点，包括石雕园区、赏星广场、观日楼等。晚上还可以欣赏到美丽的新城和灯火。

🚌 搭乘台铁在北埔站下车，步行即到
👁 1～2 小时

玉山 ★★★★ 🏖⛰📷

玉山是亚洲最热门的登山据点之一，主峰海拔 3952 米，站在玉山山顶可眺望全台。由于山内的气候、海拔等原因，也使得这里成为欣赏高山野花的最佳地点。

👁 2～3 天

💡登顶：顺利登上玉山山顶，一定不要忘记向玉管处申请一张玉山登顶说明书，为自己的旅程留下一份回忆。

清水断崖 ★★★★ 🏖📷

位于花莲县城北部，是台湾八大奇景之一。连接宜兰与花莲的苏花公路就是沿断层海岸修建的。沿公路行驶，仰望悬崖立壁、险峻高山，俯观惊涛拍岸、波澜大海，大自然的壮阔之美令人流连忘返。

🚌 从花莲火车站搭乘到崇德的花莲客运可抵清水断崖南端，或乘北回线铁路在和仁、崇德下车，可达清水断崖的北、南端
👁 0.5～1 小时

瑞穗牧场 ★★★★ 🍴📷

瑞穗牧场位于舞鹤风景区内，这里风光明媚，水源洁净，空气新鲜，是亲子旅游最佳的场所。

在奶牛养殖场可以摸摸奶牛的头，给奶牛喂点草料，现场就有牧草出售，1 把

20元新台币。

在贩卖部，除了可以品尝每天现挤、现煮的鲜奶外，还可吃到香喷喷、热乎乎的鲜奶馒头，还有充满奶香的原味牛轧糖。

- 免费
- 8:00—18:00
- 台湾花莲县瑞穗乡舞鹤村6邻157号
- 搭乘台铁在瑞穗站下车，出站后搭乘出租车，车资约150元新台币
- 1～3小时

台东

知本温泉 ★★★

全台湾最著名的温泉乡，有"东台第一景"的美誉。知本温泉水质极优，据说对皮肤病、关节炎、神经痛、血液循环、松弛肌肉关节皆有改善促进的效用。知本温泉乡目前有不少民间投资兴办的观光大饭店，在温泉区内不论是住宿、泡汤或SPA都非常方便。

- 台东市西南郊17千米
- 2～3小时

东部海岸风景区 ★★★

位于花莲、台东县的滨海部分，海岸线长达170余千米，以富于变化的地形而著名，其中石梯坪、三仙台和小野柳三处景观最具特色。这里也是阿美人原住民的主要聚居地。

- 花莲市和台东市车站附近均有汽车出租店，费用以天数计算，依车型不同而有价差。花莲客运和鼎东客运两家公司另有大型游览车出租。
- 2～4天

绿岛 ★★★★★

绿岛在全台如此出名，原因不仅仅是《绿岛小夜曲》的传唱，重点是岛内拥有世界三大海底温泉之一的朝日温泉、绿岛灯塔、哈巴狗岩、睡美人岩等风景。另岛上有潜水服务站，可以提供潜水器具，在这里可以玩潜水。

- 台东县绿岛乡
- 1～2天

伯朗大道 ★★★

伯朗大道有"翠绿天堂路"的美誉。广阔的稻田，稻穗随风摇曳，就像海浪扑面，令人难忘。可以租一辆单车在这里放松地骑行，让你远离尘世的喧嚣扰攘。

- 免费
- 台东县池上乡
- 搭台铁至台东站下，转搭鼎东客运到池上站下
- 2小时

台湾附属岛屿

台湾附属岛屿快速攻略

想要全方位游览台湾附属岛屿，各个岛特色不一，所需花费时间和行程不同，整个行程需3～7天。

游线1 金门风光游
游线2 澎湖风景区→双心石沪→兰屿岛

感受台湾附属岛屿

对于台湾附属岛屿的认识，很多人都停留在《外婆家的澎湖湾》上。如今台湾附属岛屿最出名的当属金门的风光，当然花上一个小长假将台湾附属岛屿全方位地游玩一遍也不错，你将体会到的不仅仅是阳光、沙滩、海浪、仙人掌。

准备与咨询
语言

用普通话交流问题不大。

气候与游季

赴金马澎旅游的最佳季节是每年的4—9月。每年10月下半旬开始，东北季风渐强，最不适宜旅行。

行在台湾附属岛屿

航空和海运是出入台湾附属岛屿的主要交通方式。

金马澎地区目前已开放福建、江西、浙江、广东4个省20个城市的个人游，前往金马澎一般从福州、厦门、泉州出发。

1. 交通：赴马祖从福州马尾港出发，可以委托旅行社代购往返客票，也可以自行到码头窗口购买。

2. 美食：马祖当地人自己制酒时经常会出现酒糟，他们用酒糟创造出了酒糟鳗鱼、酒糟鸡、红糟手工蛋卷等美味食物。

游在台湾附属岛屿
金门 ★★★★ 🚻🎦🚻

金门曾是防倭寇的战场，去金门主要看的是这里的战地景观。比较著名的景观有马山观测所、莒光楼、古宁头战史馆等。金门距离厦门、泉州较近，近几年备受游客欢迎。

进出金门：1. 可以坐飞机到金门，目前金门尚义机场有飞往台北、台中、嘉义、台南、高雄等地的航线，航程一般需要40～50分钟。

2. 金门水头商港与厦门和平码头间有定期航线，每隔1小时对开一航班。"泉金"航线目前每天有4个航班。

海蚵面线：在金门必吃的美食，是用海蚵、大肠做成的。在金门有许多售卖海蚵面线的店家，均是大味美，可以选择品尝。

莒光楼 ★★★ 🚻🎦

莒光楼是到访金门的第一站，因为曾被采用于邮票上而扬名国际。现楼内有多媒体设备介绍金门现状，金门建设成果。附近的电话亭因为采用了"金门"两字造型，也成了游客竞相留影纪念的场所。

🎟 免费

🕐 8:00—22:00

🚩 金门县金城镇贤成路1号

🚌 自尚义机场搭往金城镇车站，搭乘

往山外或往旧金城方向的公交车前往，在莒光楼站下车；在山外车站，搭乘往金城方向的公交车前往，在莒光楼站下车即可

👁 1～2小时

澎湖风景区 ★★★★ 🚻🎦

因一首《外婆的澎湖湾》而让更多的人知晓。澎湖风景区的跨海大桥为澎湖最具代表性的景点，此外还有天后宫、西屿灯塔以及渔翁岛灯塔等著名景点。这里也是各类候鸟的聚集地，加上丰富的海洋生物，更增加了澎湖的生态之美，是难得的海上休闲胜地。

🚌 从台湾本岛到澎湖旅游，可搭乘飞机与客轮，澎湖各附属岛屿间的交通则可搭乘游艇及交通船，交通便利，澎湖本岛及附属岛屿上的交通则有汽车、机车可供租赁用于环岛旅游

👁 2～3天

双心石沪 ★★★★ 🚻🎦

石沪本身为捕鱼所用，由于其独特的双心造型，在四周湛蓝海水的簇拥下，显得甜美浪漫之极，成为台湾最富浪漫气息的游览地，有"世界上最美的石沪"之称。双心石沪每年吸引着无数热恋中的情侣到访，此外这里也是观赏日出的最佳地点。

📍 澎湖县七美乡东北角

🚌 马公港第三渔港搭七美、桓安和光正轮或私人游艇前往

👁 1小时

兰屿岛 ★★★★ 🚻🎦

兰屿是台湾东部的一个火山岛。岛的四周沿海，海滩是由千姿百态的珊瑚礁岩构成，风景秀美，悠闲舒适，适合海钓和潜水。每年3—7月，当地的达悟人会举办关于飞鱼的各种庆典仪式，统称"飞鱼祭"，值得一看。

🚌 从台东富冈码头或垦丁后壁湖码头，乘船前往兰屿岛

👁 1小时

生猛海鲜：澎湖特产之一就是生猛海鲜，三民路底的码头小吃区属平价经济型，三民路渔会超市一带则是较高档的海鲜酒楼，味道都是一样好。

旅行忠告

忠告1：

衣：量天气而穿
食：量身体而食
住：量财力而定
行：量时间而行
游：依兴趣而游
购：非独特不买

忠告2：出游七忌

一忌走马观花

出门旅行，目的是愉悦身心，增长见识，如果每到一地不去细心观察鉴赏当地的风土人情，则失去了旅行的意义。

二忌行李过多

旅行时带过多的物品会成为旅行的累赘。带在身边，行动不方便；放在旅馆，又不安全。所以最好只带一个大背包及一个随身的小包即可。

三忌惹是生非

旅行的地点始终不是自己熟悉的地方，蛮劲、霸气还是收敛点好。

四忌分散活动

如果是一群人去旅游，最好保持行动的一致性，至少保持两三个人一起活动。切忌单独外出！

五忌钱人分离

最好将现金或信用卡随身携带，小心为好，否则人生地不熟，又身无分文，会很狼狈。

六忌不明地理

每到一地一定要先买份当地地图，一可作走失时应急之用；二可留作纪念。

七忌礼仪不当

到少数民族地区和寺院，要注意尊重当地民族生活习俗和寺院规矩。

忠告3：省钱

时间差

打时间差是自助旅中能节省开支的办法之一。打时间差主要包括：避开旺季游淡季、提前订票。景点大多都有淡旺季之分，淡季出游在吃住行方面都十分方便，特别是淡季的宾馆酒店都有打折，而且一些景点的门票也会打折，可节省一笔不小的开支。

在出行上省钱

自助旅行遇到的最大开支之一就是交通费用。除了进出目的地的费用外，在当地也会产生一笔不小的交通开支。到一个地方之后，可先买一张当地地图。地图能帮助你了解当地的交通情况，这样，可以做到出行时心中有数。

巧选旅馆

通常情况下，企事业单位的招待所和驻当地办事处住宿条件都比较好，而且便宜，同时也很安全。再者，当地大专院校的招待所也是不错的选择。另一个就是选择没有处于繁华地段的旅馆，这类旅馆要比火车站、汽车站附近的旅馆便宜，运气好还能遇到打折等优惠活动。

旅游淡季出行，所有旅游设施的折扣都相当大，有时用旺季住招待所的钱，就可以住到三星级的酒店。

在游玩上省开支

出行前要有一个完备的计划，对要去的地方做到心中有数。不去那种重复建造的景观，没有当地特色的地方也可考虑放弃，结果会发现，这样能省下不小的一笔钱。

不在景区内购物

旅游者总会喜欢买些当地的土特产，或者是旅游纪念品，用以纪念或是送给亲朋好友。针对游客的这种心理，一些人流较大的景区内都出售此类商品，但这些地方的商品价格一般都比市区的高，而且容易买到假冒伪劣商品。

只吃好的，不吃贵的

到一个没有到过的地区，当地的风味是一定不能错过的。"只吃好的，不吃贵的"便是一个重要的原则。最好到当地的特色美食街去品尝当地风味，味道和价格就都有保障。

牢记警示1：

少数民族地区的禁忌

旅行就是到一个与自己日常生活完全不同的环境里走走看看，所以，对于我们不熟悉的人和事，作为旅行者一定要尊重当地人的生活习俗、信仰和民族习惯。

这里对一些少数民族的生活习惯进行了总结，希望对你有帮助。

云南篇

傣族 到傣族家中做客，若碰到小和尚，千万不要因小和尚模样好玩，就伸手摸他的光头，那样会影响他修行。忌穿鞋进傣族的佛寺，忌踩僧侣的影子。

彝族 进彝族家门忌脚踏门槛，客人进门后不能坐到火塘的左侧，那是主人的位子。说话时，忌用手指人，那是不礼貌行为。

基诺族 若是女性到基诺族家中做客，主人请你吃鸡蛋，不能整个咬着吃，必须竖直切成两半后再吃。

白族 若是看到白族家门口挂着柏树枝，说明此家中有病人，生人切勿去打扰。

西藏篇

藏族几乎全民信教，受宗教影响极为深刻，生活中的禁忌较多。

1. 藏族的禁忌中，最大的禁忌是杀生，尤其禁忌杀蛇和青蛙。藏族人认为蛇和青蛙是龙的化身和象征。

2. 在西藏不尊重寺庙、不尊重喇嘛是要受到指责的。遇到寺院、佛塔、玛尼堆、宝塔、经幡杆等宗教设施，必须从左往右按顺时针转行。

3. 到佛教寺院旅游，在佛殿内不准用手乱抚摸经书、佛像、壁画、法器等，更不能从上面跨过，不能随地吐痰、吸烟和大声喊叫，同时，未经管理人员同意不能随便拍照。在僧众集合念经时，不能在他们面前走来走去。

4. 凡是印有经文或藏文的纸张不能乱扔，更不能当手纸用，应放在无人踩踏的清洁的地方。

5. 严禁弄脏民间祭祀之地，山头路口的五彩串幡、玛尼堆不能大小便。

6. 翻越山顶时禁止发声，否则会招致风雪冰雹。

7. 不能围观天葬台，严禁拍照。被视为天葬神鸟的鹫鹰更是不能射杀的。

新疆篇

新疆的许多禁忌是伴随着历代宗教信仰及长期的生活习惯沿袭下来的，这些禁忌对于新疆人来说可谓根深蒂固。

1. 不要穿背心和短裤上街，女性服饰切忌过分性感暴露。

2. 千万不能凝视维吾尔族人或他们的东西，或是在市场上看了好久的东西而不买，由此导致的各种恶性事件屡见不鲜。

3. 尽量不要在公众场合放屁。

4. 在饮食上，新疆穆斯林禁食某些动物的肉，忌食自死的动物的肉，也禁食所有动物的血。因此切不可将上述食物带入穆斯林家庭或餐厅，或在这些场合谈论这类物品。

5. 如有机会到当地的新疆人家做客，一定要多加注意自己的言行举止，最好在去之前向当地人做一些咨询。

宁夏篇

回族是一个十分讲究卫生的民族，尤其讲究饮食卫生，处处突出"洁净"二字。

回族禁食之列与上述"新疆篇"第4点内容相同。穆斯林不禁食的动物，也得在请阿訇念经代宰后才能吃。

因此，到宁夏旅游，切不可将上述食物带入当地餐厅，或者在公共场所谈论这些话题。

内蒙古篇

1. 到蒙古族人家做客，进蒙古包要从火炉左侧走，坐在蒙古包的西侧和北侧，东侧是主人起居处，尽量不坐。入座时别挡住北面哈那上挂着的佛像。进包后可席地而坐，不必脱鞋，不要坐在门槛上。冬天，不要到蒙古包的北侧和西侧乱踩，那里的雪是化水食用的。

2. 主人首先会给宾客敬上一碗奶茶，这时得微欠起身用双手或右手去接，千万别用左手，会被认为不懂礼节。若不想要茶，用碗边轻碰勺或壶嘴，主人就明白了。

3. 斟酒敬客，是蒙古族待客的传统方式，表达对客人的敬重和爱戴。主人敬酒时客人不可推让、拉扯，更不可拒绝喝酒，而应立即接住酒碗或酒杯，用无名指蘸酒向天、地、火炉方向分别点一下，以示敬天、地、火神。不会喝也不用勉强，可沾唇示意已接受主人的盛情。

4. 献哈达是蒙古族牧民迎送客人和日常

交往中使用的礼节。宾客要站起身面向献哈达者，集中精力听祝词或赞词并接受敬酒。接受哈达时，宾客应微躬身向前，让献哈达者将哈达挂于自己颈上，然后双手合十于胸前，向献哈达者表示谢意。

牢记警示 2：寺庙的禁忌

一忌称呼不当

对寺庙的僧人、道人应尊称为"师"或"法师"，对主持僧人称其为"长老""方丈""禅师"。喇嘛庙中的僧人称其"喇嘛"，忌直称为"和尚""出家人"，甚至其他侮辱性称呼。

二忌礼节不当

常见的行礼方式为双手合十，微微颔首。或单手竖掌于胸前、头略低，忌握手、拥抱、摸僧人头部等不当之礼节。

三忌谈吐不当

与僧人、道人交谈，不应提及杀戮之辞、婚配之事，以及提起食用荤腥之言，以免引起反感。

四忌行为举止不当

游历寺庙时不可大声喧哗或妄加评论，也不可随便乱走，特别忌讳乱摸乱刻神像，如遇佛事活动应保持安静或离开。

牢记警示 3： 遇险

外出旅行，旅行者有可能遇到各种各样的险情或事故，在所有的险情之中，交通事故发生的可能性是最大的。遇险时，保持头脑清醒和镇定是十分必要的。

飞机

相对于其他的交通工具，飞机遇险的可能性并不大，但一旦发生，又是伤害程度最高的。对于旅客自身来说，在决定乘飞机之前，先确定身体状况是否能适应空中飞行，以避免在飞行中出现突发急病或其他意外。另外，如遇到险情发生，除保持情绪的镇定之外，立即解下身上的硬物，如手表、钢笔或者鞋等，以确保将对身体的伤害减到最低。

火车 / 高铁

火车意外的发生多是因信号系统引发的。如遇到这类情况的发生，迅速下蹲，将双手抱住头部，这样能将伤害减到最轻程度。

汽车

在所有的交通工具中，汽车事故的发生率是最高的，特别是一些山区的长途汽车。乘坐长途汽车时，特别需要保持高度警觉的有几个时段：节假日出行高峰期，这时乘车的人较多，人们的情绪大多较为兴奋；雨季，这是汽车事故发生的高峰时期；夜间行驶的班车，夜班车既省钱又省时，但乘坐时应保持较高的警觉性。

轮船

轮船的安全性居所有交通工具之首，就算有险情发生，逃生的机会相对也会大一些。如果想给自己更多一些的安全感，乘船前做好以下一些准备：首先是学会游泳，这是自救的最好方式；其次，上船后先弄清在何处能取到救生工具；最后，多穿衣服，这样能保持体温。

牢记警示 4：失窃、遗失

贵重物品（比如现金、信用卡、身份证、照相机、手机）的失窃和遗失是旅行者最不愿意发生的事，一旦发生，也不要惊慌失措，应及时采取相应对策，而且最好在此之前就妥善保管好这些重要物品。

现金

出行前，现金应放置于不易让人察觉的地方，注意保管，如果量过大，住宿时尽量放在宾馆的保险柜。

信用卡

信用卡的使用会让旅途更轻松，可一旦遗失会是一件十分棘手的事，所以妥善保管很重要。

身份证

出门在外，身份证是唯一能证明你身份的证件，作用非常广泛，所以要注意随身放好。

照相机、手机

出游时，随时记得将照相机放置在安全的地方，而且不要离开自己太远，以免更换地方的时候遗忘。

IYHF 自助旅行者的快乐大本营

一、IYHF 就是国际青年旅舍联盟

国际青年旅舍联盟的英文是 International Youth Hostels Federation，简称 IYHF。成立于 1932 年，是联合国教育、科学及文化组织成员，总部目前设在英国，并注册为一家非牟利机构。目前为止，IYHF 是世界上最大的连锁青年旅馆组织，实行会员制。

青年旅馆的蓝三角标志是一枚世界性的注册商标，三角内的冷杉和小屋是 1961 年联合国欧洲经济公署道路安全工作组制定的青年旅馆专用路标，并允许其进入国际公共交通标志系统。

二、在中国的国际青年旅舍

中国国际青年旅舍总部（YHA China）经 IYHF 授权设在广州，负责中国内地青年旅舍的发展和事务协调，并代表 IYHF 实施在本区域内有关国际青年旅舍方面的知识产权保护。

三、什么人可以入住青年旅馆

IYHF 遍布全球 60 多个国家的国际订房网络（IBN）可为会员提供预订房服务，会员可提前 6 个月预订全世界主要城市的青年旅馆，并可用所在国货币支付房费。除此之外，HI 会员还可在世界各地享有食、住、行、游、购、娱等逾 2000 项优惠。

拥有青年旅馆会员卡（简称 HI 卡）既是国际青年旅舍联盟（IYHF）会员身份的证明，也是旅游时入住青年旅馆的凭证，没有 HI 卡，青年旅馆有权拒绝入住。

HI 个人卡的发行对象主要面向在校学生和在职青年人，14 岁以下学生申请入会须出示家长签署的同意书。办理会员卡时学生须持身份证和学生证，没有身份证的凭户口簿办理；在职人员需持身份证和工作证（单位证明亦可）。广州总部和各家青年旅馆前台处均可申请办理，也可以在国际青年旅舍中国总部官网上申请办理。

四、中国地区 IYHF 成员（部分）

地区	名称	地址	电话
北京	北京炮局工厂青年旅舍	北京市东城区炮局头条 29 号	010-64027218
	北平国际青年旅舍	北京市东城区南锣鼓巷 113-2 号	010-84039098
天津	天津社会山青年旅舍	天津市西青区南站知景道 198 号	022-58038666
内蒙古	呼伦贝尔中俄临彼国际青年旅舍	呼伦贝尔市室韦卡官街 021 号	13624704988
	满洲里伏尔加河畔国际青年旅舍	满洲里市义乌商贸城一期西面大门 C-16 号	0470-2815588
吉林	吉林雾凇岛嘎拉哈国际青年旅舍	吉林市乌拉街镇韩屯村雾凇中路	0432-68537923
	长白山望松国际青年旅舍	延边朝鲜族自治州安图县长白山池北区白河新城 5 号楼	13654338444
黑龙江	雪谷穿山甲国际青年旅舍	哈尔滨市五常市东升雪谷主街中段（小街对面）	15046114392
	漠河北红村北国国际青年旅舍	黑龙江漠河县北红村	13904571903
上海	上海蓝山外滩国际青年旅舍	上海市黄浦区山西南路 350 号 6 楼	021-33661561

（续上）

地区	名称	地址	电话
江苏	南京夫子庙国际青年旅舍	秦淮区夫子庙平江府路 68 号	025-86624133
	无锡徐霞客国际青年旅舍	滨湖区梁清路 512 滨湖区党校大院内	18961515770
	苏州明堂青年旅舍	苏州市平江路 28 号	0512-65816869
浙江	杭州吴山驿青年旅舍	浙江省杭州市上城区打铜巷 17	0571-87018790
	杭州千岛湖蓝山国际青年旅舍	淳安县千岛湖镇排岭南路 43 号	0571-64882588
	舟山东极国际青年旅舍	舟山市普陀区东极岛庙子湖村元宝坑一弄 21 号	0580-6048808
安徽	合肥万能国际青年旅舍	合肥市包河区曙光北路中隐于市街区内街 3 号	0551-63822066
	黄山景区昆仑国际青年旅舍	黄山市黄山区汤口镇汤口印象 8 幢 1 号	0559-2190998
	宏村清和月国际青年旅舍	黄山市黟县宏村后街 28-29 号	0559-5541019
福建	平潭咔溜岚岛国际青年旅舍	平潭综合实验区环岛东路海坛古城 C16 栋	0591-88770999
江西	景德镇陶溪川陶公寓国际青年旅舍	景德镇市珠山区陶溪川东侧为字路西侧	0798-8732555
	江西景德镇国际青年旅舍	景德镇市新厂东路 139 号（雕塑瓷厂正门口）	0798-8448886
山东	山东曲阜国际青年旅舍	济宁市曲阜市鼓楼北街 8-8	0537-4418989
	威海远足国际青年旅舍	威海经济技术开发区海滨南路 30-1-105	13346319721
河南	林州红旗渠国际青年旅舍	林州市红旗渠大道西段路南航空运动公园 3 楼	0372-6785858
湖北	武汉暖途国际青年旅舍	武汉市洪山区鲁磨路茅屋岭 264 号	027-87886151
湖南	南岳衡山 OP 国际青年旅舍	衡阳市南岳区金沙路金盆小区 47 号	0734-5678567
	张家界国际青年旅舍	张家界市三角坪西部国旅旁一古庸路 825 号	0744-2115051
广东	广州东山家家青年旅舍	广州市越秀区共和路 12 号 -5	020-87654343
	深圳侨城旅友国际青年旅舍	深圳市华侨城香山东街 7 号	0755-86095773
广西	阳朔田园牧歌国际青年旅舍	桂林市阳朔县朝隆村 8 号	0773-8829818
	龙胜龙脊国际青年旅舍	龙脊梯田平安壮族观景区	15977378889
	金坑大寨国际青年旅舍	桂林市龙胜县和平乡大寨村田头寨组	13457315769
海南	海口骑楼老街 Wander 国际青年旅舍	海口市龙华区中山路骑楼老街 100 号	18976985346
	三亚蓝天国际青年旅舍	三亚市大东海海韵路蓝海巷 1 号	0898-88211770
四川	成都梦之旅国际青年旅舍	成都市武侯祠大街 242 号	028-85570315
	理塘的夏天国际青年旅舍	甘孜州理塘县平安路 47 号	18015791574
	稻城日瓦国际青年旅舍	稻城县香格里拉镇洛克小道 10 号	0836-5721323

地区	名称	地址	电话
贵州	西江床吧国际青年旅舍	雷山县西江镇管理局后巷 100 米处	18085566180
云南	昆明大脚氏国际青年旅舍	昆明市篆塘路 23 号	0871- 64103777
	丽江老谢车马店国际青年旅舍	丽江市古城区民主路 885 号	0888-5100310
	大理慢吧国际青年旅舍	大理古城银苍路 17 号	0872-2675777
西藏	拉萨东措国际青年旅舍	拉萨市北京东路 10 号	0891-6273388
	林芝悠游道国际青年旅舍	林芝市八一镇新区迎宾大道 46 号	0894-5822868
陕西	西安七贤国际青年旅舍	西安市北新街七贤庄北院 2 号	029-87444087
	西安七贤钟楼国际青年旅舍	西安市东大街菊花园 87 号	029-87519115
甘肃	嘉峪关丝路雄关国际青年旅舍	嘉峪关市镜铁西路 1116-17 号	0937-6309922
	甘肃拉卜楞红石国际青年旅舍	甘南藏族自治州夏河拉卜楞镇雅鸽塘 253 号	0941-7123698
青海省	青海桑珠国际青年旅舍	西宁市互助中路 94 号	18997040278
宁夏	银川浮游国际青年旅舍	银川市兴庆区鼓楼南街意志巷 52 号	17709504177
新疆	新疆那拉提国际青年旅舍	伊犁州新源县那拉提镇那拉提旅游风景区	18299281166
	新疆喀纳斯 AHA 国际青年旅舍	阿勒泰地区喀纳斯景区白哈巴村	18001817917
	新疆布尔津小白羊国际青年旅舍	布尔津县神仙湾路红顶别墅区	15160911206

推荐旅游网站

综合类

1. 携程旅行网 www.ctrip.com
目前国内知名度最高的旅游网站，信息量很大，只是所推荐的金牌景点和酒店有的含金量不够。
2. 艺龙旅行网 www.elong.com
为会员提供旅游资讯及预订等一站式服务。
3. 同程旅游网 www.ly.com
跟携程网不相上下的旅游网站，有最新的旅游资讯。
4. 春秋航空旅游网 www.ch.com
提供航空票务旅游度假和酒店等在线预订服务。
5. 穷游网 www.qyer.com
6. 欣欣网 www.cncn.com
7. 大众点评 www.dianping.com
8. 途牛旅游网 www.tuniu.com
9. 飞猪网 www.fliggy.com

论坛类

1. 马蜂窝 https://www.mafengwo.cn/
2. 色影无忌 https://www.xitek.com
3. 新摄影 https://www.nphoto.net
4. 户外运动综合平台 https://bbs.8264.com
5. 磨房手机 App

中国各民族主要传统节日一览

节名	时间	流行民族与地区	主要活动内容
春节	农历正月初一	旧时节期一般从过小年（腊月二十三）开始，延至正月十五的元宵节。汉族地区及蒙古、壮、布依、朝鲜、满、侗、瑶、白、黎、畲、纳西、仡佬、裕固、京等民族地区	内容因民族不同而异，最常见的有拜年、祀祖、放爆竹、贴春联、吃元宝汤、吃年糕、吃饺子、吃春酒和滚龙舞狮、扭秧歌、踩高跷、玩花灯等活动
元宵节	农历正月十五	汉族地区及藏、布依、朝鲜、满、黎、畲、达斡尔、仡佬、鄂温克、鄂伦春等少数民族地区	有挂灯、赏灯、玩灯和吃元宵、猜灯谜、走百病以及扭秧歌、舞狮、舞龙等娱乐活动。福建西部罗坊、北团、隔川等地有走古事活动
立春节（催春节）	农历正月间（阳历2月4日前后），亦有在正月之前的	汉族地区及侗、白等少数民族地区	古代官方有迎春、祭芒种、鞭春年和耕籍田等仪式活动。民间有浴蚕种、煇春以及吃春茶、舞春年等习俗
二月二（挑菜节、龙抬头）	农历二月初二	汉族地区及苗、壮、布依、满、侗、黎、畲、鄂温克、赫哲等少数民族地区	有挑菜、踏青和穿龙尾、撒灰围屋、引龙或布灰作围，占年以及做煎饼、炒蝎豆、吃龙须等风俗
上巳节（上巳、三巳、重巳、重三、元巳、三月三）	农历三月初三	汉族地区及朝鲜族居住地区	有踏青、探春、流杯作诗（或乞子），以及吃青精饭、举行歌会等习俗
花朝节（挑菜节、百花仙子节、扑蝶会）	农历三月初三或二月初二，也有在二月十二或十五的	汉族地区及壮、白等少数民族地区	有赏花、种花、踏青、植树、吃青团等风俗以及射柳、拔河、放风筝、荡秋千等娱乐活动
浴佛节（谷佛会、乌饭节）	农历四月初八	汉族地区及部分少数民族地区	有浴佛、放生、吃乌饭等风俗
端午节（端午、重午、端阳、天中节、天长节、沐兰节、解粽节、娃娃节、五月节、龙船节、粽包节、蒲节、女儿节、女娲节）	农历五月初五	汉族地区和蒙古、回、藏、苗、彝、壮、布依、朝鲜、侗、瑶、白、土家、哈尼、畲、拉祜、水、纳西、达斡尔、仫佬、羌、毛南、仡佬、锡伯、普米、鄂温克、裕固、鄂伦春等少数民族地区	有赛龙舟、挂香袋、戴香包、插菖蒲、斗百草、采药以及吃粽子、吃粑粑、饮雄黄酒等风俗
六月六[天贶节、晒虫节、过小年（布依）]	农历六月初六	汉族地区及苗、壮、布依、侗、瑶、土家、水、仡佬等少数民族地区	有晒书、曝衣物、翻晒经卷以及浣发、猫狗浴等风俗

（续上）

节名	时间	流行民族与地区	主要活动内容
七夕 （乞巧节、女儿节、少女节、双七节、香桥会、七节会、鹊桥会、香日）	农历七月初七	汉族地区及朝鲜、白等少数民族地区	有乞巧、曝衣、种谷板、乞双七水、七娘会、香桥会、听私语、接牛女泪、放河灯（白族）等风俗
中元节 （盂兰盆节、鬼节、目连节、半年节、七月半）	农历七月十五	汉族地区及蒙古、苗、彝、壮、布依、侗、瑶、白、土家、畲、水、达斡尔、仫佬、布朗、毛南、仡佬等少数民族地区	旧时有盂兰盆会、祭鬼、演出《目连救母》等习俗，现民间有放河灯、祭祖等活动
中秋节 （团圆节、八月节、女儿节）	农历八月十五	汉族地区及蒙古、苗、彝、壮、布依、侗、瑶、白、土家、哈尼、黎、傈僳、畲、拉祜、纳西、达斡尔、羌、仡佬、锡伯、鄂温克、裕固、京、鄂伦春、赫哲等少数民族地区	有玩月、拜月、步月、吃月饼、守月华、烧斗香、舞火龙、点塔灯、放天灯、放河灯以及搭望月架望月亮（朝鲜族），以牛心祭祖（仡佬族），放花灯（壮族）等风俗
重阳节 （重姨节、九月九、登高节、女儿节、茱萸节、菊花节）	农历九月初九	汉族地区及蒙古、彝、布依、白、土家、侗、畲、仫佬等少数民族地区	有登高、赏菊、吃重阳糕、饮菊花酒、食蟹、放风筝，以及打围、骑射等习俗
立冬节	农历十月间（公历11月7日前后）	汉族地区	古代官方有迎冬、祭神仪式。民间有扫疥、占晴雨等风俗
除夕 （除夜、年三十、大年夜）	农历腊月最后一天晚上	汉族地区及蒙古、壮、布依、朝鲜、满、土家、哈尼、畲、拉祜、达斡尔、鄂温克、鄂伦春、赫哲等少数民族地区	有接灶、贴春联、挂年画以及祀年、祭祖、辞岁、团拜、吃分岁酒、留宿岁饭、守岁、给压岁钱等活动
马奶节	农历八月末，节期1天	内蒙古锡林郭勒草原蒙古族	骑马乘车、带马奶酒聚会；杀羊宰牛，备奶食，煮手扒肉宴饮；有赛马、歌舞、献诗等活动
那达慕大会 （那达慕、那雅尔）	多在夏、秋季节祭敖包时举行，一般一年一次	内蒙古、新疆、辽宁、吉林、黑龙江、甘肃、青海等地蒙古族	有祭敖包和摔跤、赛马、射箭、棋艺、歌舞以及贸易等活动
圣纪节 （圣节、圣纪、办圣会、圣忌节、冒路德节）	伊斯兰教历三月十二日	回、维吾尔、哈萨克、东乡、柯尔克孜、撒拉、塔吉克、乌孜别克、塔塔尔、保安等少数民族居住地区	清真寺举行诵经、赞圣和讲述穆罕默德生平轶事的活动，宰羊，炸油香、馓子招待客人，亲友拜节祝贺
开斋节	伊斯兰教历十月一日	回、维吾尔、哈萨克、东乡、柯尔克孜、撒拉、塔吉克、乌孜别克、塔塔尔、保安等少数民族居住地区	节前打扫院落、粉刷房屋、准备食品。其间人们沐浴更衣，聚集在清真寺或出荒郊举行会礼。有拜节、赠送节日食品、游坟扫墓、唱歌跳舞等活动。有的民族还举行叼羊、赛马、射箭、摔跤等娱乐活动

（续上）

节名	时间	流行民族与地区	主要活动内容
古尔邦节（宰牲节、献牲节、忠孝节）	伊斯兰教历十二月初十	回、维吾尔、哈萨克、东乡、柯尔克孜、撒拉、塔吉克、乌孜别克、塔塔尔、保安等少数民族居住地区	人们沐浴熏香，到清真寺举行会礼、观看宰牧仪式，并互相拜节，举行歌舞集会、叼羊、赛马、摔跤和姑娘追等娱乐活动
藏历年（洛萨尔）	一般藏历正月初一（拉萨）或十一月初一（昌都），或十二月初一（年楚河以南地区）	西藏及青海、四川、甘肃、云南等地藏族及珞巴、门巴等族居住区	过年前夕有吃团圆饭、食土粑、喝青稞酒、吃煎炸果子和手抓羊肉等风俗，初一晨有背吉祥水、相互拜年、互献哈达、逛"林卡"（园林、公园）和跳锅庄舞、赛马、角力、射箭、赛牦牛、拔河、唱山歌等活动
传召	藏历正月上半月	西藏地区	喇嘛云集拉萨，团体诵经，人们到寺庙去"放布施"
萨噶达瓦节[沙岗达娃（门巴族）]（为纪念释迦牟尼诞生、圆寂、成佛以及文成公主进藏的日子）	藏历四月十五	西藏地区藏族及门巴族	拉萨地区，在布达拉宫背后的龙王潭畔搭起帐篷，有歌舞、乘坐牛皮船等活动。云南地区则举行盛大法会，朝拜达摩山，有绕山仪式。错那县门巴族，各户出酥油、糌粑、请喇嘛念经，晚上屋前屋后点灯庆祝
雪顿节（藏戏节）	藏历七月初一，连续四五天	西藏地区	各地藏剧团齐聚拉萨的罗布林卡，举行盛大演出会，民间有吃酸奶子的习俗
沐浴节（沐浴周、嘎玛日吉）	藏历七月上旬，一周时间	西藏地区	有到江湖下水游戏、游泳、沐浴和到野外进餐等活动
乞脱乞迪尔节	农历三月间	新疆塔什库尔干地区塔吉克族	举行大扫除、迎福、亲友拜节，以及叼羊、跳舞、摔跤、打马球等活动
三月三[仙歌圩（壮）、地蚕会(侗)]	农历三月初三	壮、苗、布依、侗、瑶、畲、仫佬、仡佬等少数民族地区	有对歌、赶街（壮族）、迎客、挑葱、讨篮(侗族)以及扫寨、祭神（布依）、祭祖、吃团结酒、跳竹竿等风俗
爬坡节（爬山节）	节期各地不一。有农历二月十六、三月下旬、四月初八、六月十九等	贵州施秉、雷山、麻江、凯里等地苗族	举行爬山活动，同时开展赛马、踩芦笙、斗雀和歌唱活动
龙船节（龙舟节）	农历五月初五，或五月十六、二十四、二十七(3天)	贵州东南部和湖南西部等地苗族	有赛龙舟、跑马、斗牛、踩鼓和游方等活动
芦笙节（九月芦笙会）	春播之后，春耕之前，也有在农历九月二十七至二十九	贵州东南部苗族	有跳芦笙、对歌、拔河、赛马以及文艺表演等活动

节名	时间	流行民族与地区	主要活动内容
苗年 （冷酿寥）	农历九、十月或十一月的卯日或丑日举行，时间3天，也有10～15天	贵州黔东南苗族侗族自治州和广西壮族自治区大苗山等地区苗族	祭祖、开财门、敬年神、走村串寨、访亲问友，还有斗牛、赛马、跳芦笙舞、跳月、踩花山等活动
彝年	时间因地而异，由毕摩占卜而定，一般在彝历十月上旬择一吉日举行。节期3～5天	四川凉山地区彝族	人们走亲访友，相互拜年，并有歌舞、转磨秋（压板）、蹲斗（斗鸡）、赛马、射箭、角力等活动
跳公节 （跳弓节）	农历四月初三。节期3天，各村轮流过节	广西那坡县彝族	有跳金竹舞、祭祖等活动。长者走亲访友，交流生产经验；男女青年对歌
火把节	一般从农历六月二十四起，1～3天。也有在六月初六、二月或八月二十四	彝、白、哈尼、傈僳、佤、拉祜、纳西、布朗、普米等族居住地区	入夜燃点火把，绕山坡田间漫游；举行泼火、斗牛、摔跤及歌舞、宴饮，并有吃坨坨肉等饮食风俗
老人节	无统一日期，延边地区在公历8月15日	吉林、黑龙江、辽宁等地朝鲜族	向老人祝寿，青年表演文艺节目
秋夕节 （嘉俳）	农历八月十五	吉林、黑龙江、辽宁等地朝鲜族	有祭祖、扫墓、喂牛戏、龟戏、索战、狮子戏、踏地神（农乐）及跳舞等活动
赶花街	一年两次。一次在农历六月二十三、二十四；第二次在七月十四、十五	云南峨山、新平、双柏一带彝族	有交流物资、跳舞、唱歌、谈情说爱等活动
吃立节	农历正月三十	广西凭祥、龙州一带壮族	有歌舞、舞狮、耍龙灯等活动
歌圩 （欢龙洞、行墩、圩蓬、欢窝敢、浪花歌、跳月圩）	多在春秋两季举行。春季多在春节，以农历三月初三最为隆重，秋季多选在中秋节前后，为期数天	广西壮族	传说为纪念歌仙刘三姐，有煮五色糯米饭、招待亲友并举行对歌、赛歌、抛绣球、放花炮、碰蛋、放球、还球以及舞龙、舞狮、拳术、演壮戏等活动
土王节	农历谷雨前两三天	广西三江程阳一带侗族	有赛歌、斗鸟、赛臂力、比鸟枪等活动。男女青年对歌，谈情说爱
冬节 （扬节、吃扬、侗年）	农历十一月初一	贵州、湖南、广西毗连地区侗族	有吃糯米糍粑，宰鸡杀鸭，吃荷花酸鱼，以及拜年、斗牛等活动
斗牛节	农历二月或八月逢亥日举行	贵州从江、黎平等地侗族	有斗牛活动

（续上）

节名	时间	流行民族与地区	主要活动内容
赶坪节	农历八月十五、十六两天	贵州黎平、古邦一带侗族	有芦笙会、对歌、演侗戏等活动
赶鸟节	农历二月初一	湖南江华一带瑶族	有对歌、品尝"鸟仔粑"等风俗
三月街	农历三月十五至二十	云南大理一带白族	进行物资交流，并举行赛马、射箭、歌舞等活动
绕三灵（绕山林、绕桑林）	农历四月二十三至二十五	云南大理一带白族	举行祈祝丰收仪式，集体赴本主庙拜神，并有歌舞活动
过赶年(赶年)	农历十二月二十九或二十八（汉族春节的前一天）	湖南西部和湖北西部地区土家族	有祭祖、问树、守田埂以及吃蒸坨坨肉和合菜等风俗，还举行跳摆手舞、演小戏和竞技、贸易、集会等活动
转山会（绕岩洞）	农历五月初五	云南宁蒗普米族	有到泸沽湖畔的狮子山下唱歌、跳舞、骑马、打枪和燃树枝熏山洞，到大瀑布处洗澡等活动
那吾鲁孜节	3月22日前后	新疆北部哈萨克族	人们相互拜年，食用由7种食物做成的"库吉"，并举行叼羊、赛马、摔跤等活动
卯节（借卯、歌节）	水历九、十月（农历五、六月）择一卯日举行	贵州三都、荔波等地水族	有祭祖、唱歌、跳舞以及击铜鼓和皮鼓等活动
端节（借端、过端）	水历十二月下旬至次年二月上旬（即农历八月下旬至十月上旬），逢亥日或午、未日，各地各村轮流过端	贵州水族	有吹芦笙、敲铜鼓、唱民歌、跳舞、赛马、斗牛、拔河、演出花灯剧等娱乐活动和吃鱼包韭菜、吃年酒等饮食风俗
海坡会	农历七月	云南永宁泸沽湖一带纳西族	男女青年载歌载舞以结交阿注等活动
花儿会	农历四月或五六月间举行，节期1～3天	甘肃、宁夏、青海等地土、回、东乡、撒拉、保安、裕固等族	有拦路问歌，山歌对唱比赛和演唱歌曲，放映电影以及物资交流等活动
羌年	农历十月初一	四川茂汶（阿坝一带）羌族	有敬神、祭祖、拜年和喝咂酒、唱酒歌、跳锅庄舞和皮鼓舞等活动
泼水节[京比迈、浴佛节、傣历年、过新年(阿昌族)]	傣历新年。节期3～5天	云南傣、布朗、阿昌、德昂等族	互相泼水祝福，并有拜佛、浴佛、物资交流、吃蒸糯米饭等风俗，有赛龙舟、丢花包、放火花、放高升、放孔明灯及歌舞等活动
大年（大过年）	农历十二月二十三开始，直到翌年正月，节期3～15天	云南宁蒗、兰坪、丽江、维西、永胜和四川木里、盐源等地普米族	除夕有祭祖、守岁等习俗，正月初一有背净水，举行成年礼，以及露营、篝火晚会、射弩、赛马、摔跤、跳高、踢毽子等活动

中国AAAAA级旅游景区

（截止时间2023年9月）

北京市： 故宫博物院、天坛公园、颐和园、八达岭—慕田峪长城旅游区、明十三陵景区、恭王府景区、北京奥林匹克公园、圆明园

天津市： 天津古文化街旅游区（津门故里）、天津盘山风景名胜区

河北省： 承德市承德避暑山庄及周围寺庙景区、保定市白洋淀景区、保定市野三坡景区、石家庄西柏坡景区、唐山市清东陵景区、邯郸市娲皇宫景区、邯郸市广府古城景区、保定市白石山景区、秦皇岛市山海关景区、保定市清西陵景区、承德市金山岭长城景区

山西省： 大同云冈石窟、忻州五台山风景名胜区、晋城阳城县皇城相府生态文化旅游区、晋中市介休绵山景区、晋中市平遥县平遥古城景区、忻州市代县雁门关景区、临汾市洪洞大槐树寻根祭祖园景区、长治市壶关太行山大峡谷八泉峡景区、临汾市云丘山景区、黄河壶口瀑布景区

内蒙古自治区： 鄂尔多斯达拉特旗响沙湾旅游景区、鄂尔多斯伊金霍洛旗成吉思汗陵旅游区、呼伦贝尔市满洲里市中俄边境旅游区、兴安盟阿尔山市阿尔山—柴河旅游景区、赤峰市阿斯哈图石阵旅游区、阿拉善盟胡杨林旅游区

辽宁省： 沈阳植物园、大连老虎滩海洋公园—老虎滩极地馆、大连金石滩景区、本溪市本溪水洞景区、鞍山市千山景区、盘锦市红海滩风景廊道景区

吉林省： 长白山景区、长春伪满皇宫博物院、长春净月潭景区、长春市长影世纪城景区、六鼎山文化旅游区、长春市南关区世界雕塑公园景区、通化市高句丽文物古迹旅游景区

黑龙江省： 哈尔滨太阳岛景区、黑河五大连池景区、牡丹江市镜泊湖景区、汤旺河林海奇石景区、大兴安岭地区漠河北极村旅游景区、虎林市虎头旅游景区

上海市： 东方明珠广播电视塔、上海野生动物园、上海科技馆、上海中共一大·二大·四大纪念馆景区

江苏省： 苏州园林（拙政园、留园、虎丘）、苏州昆山周庄古镇景区、南京钟山—中山陵风景名胜区、中央电视台无锡影视基地三国水浒景区、无锡灵山景区、无锡鼋头渚景区、苏州吴江同里古镇景区、南京夫子庙—秦淮河风光带、常州环球恐龙城景区、扬州瘦西湖风景区、南通市濠河风景区、泰州姜堰溱湖旅游景区、苏州市金鸡湖景区、镇江三山风景名胜区（金山、北固山、焦山）、苏州吴中太湖旅游区（旺山、穹窿山、东山）、苏州常熟沙家浜·虞山尚湖旅游区、天

目湖景区、镇江句容茅山景区、淮安市周恩来故里景区、盐城市大丰中华麋鹿园景区、徐州市泉山区云龙湖景区、连云港市海州区花果山景区、常州市武进区春秋淹城旅游区、无锡市惠山古镇景区、宿迁市洪泽湖湿地景区

浙江省： 杭州西湖风景区、温州乐清市雁荡山风景区、舟山普陀山风景区、杭州淳安千岛湖风景区、嘉兴桐乡乌镇古镇、宁波奉化溪口—滕头旅游区、金华东阳横店影视城景区、嘉兴南湖旅游区、杭州西溪湿地旅游区、绍兴市鲁迅故里·沈园景区、开化根宫佛国文化旅游景区、湖州市南浔区南浔古镇景区、台州市天台山景区、台州市神仙居景区、嘉兴市嘉善县西塘古镇旅游区、衢州市江山市江郎山·廿八都旅游区、宁波市天一阁·月湖景区、丽水市缙云仙都景区、温州市刘伯温故里景区、台州市台州府城文化旅游区

安徽省： 黄山市黄山风景区、池州青阳县九华山风景区、安庆潜山县天柱山风景区、黄山市黟县皖南古村落—西递宏村、六安市金寨县天堂寨风景区、宣城市绩溪县龙川景区、颍上八里河景区、黄山市古徽州文化旅游区、合肥市肥西县三河古镇景区、芜湖市鸠江区方特旅游区、六安市舒城县万佛湖风景区、马鞍山市长江采石矶文化生态旅游区

福建省： 厦门鼓浪屿风景名胜区、南平武夷山风景名胜区、三明泰宁风景旅游区、福建土楼（永定·南靖）旅游景区、宁德白水洋·鸳鸯溪旅游景区、泉州市清源山风景名胜区、福鼎太姥山景区、福州市三坊七巷景区、龙岩市上杭县古田旅游区、莆田市湄洲岛妈祖文化旅游区

江西省： 九江庐山风景名胜区、吉安井冈山风景旅游区、上饶三清山旅游景区、鹰潭市贵溪龙虎山风景名胜区、上饶婺源县江湾景区、景德镇古窑民俗博览区、赣州市瑞金市共和国摇篮景区、明月山旅游区、抚州市资溪县大觉山景区、上饶市弋阳县龟峰景区、南昌市滕王阁旅游区、萍乡市武功山景区、九江市庐山西海景区、赣州市三百山景区

山东省： 泰安泰山景区、烟台蓬莱阁（三仙山—八仙过海）旅游区、济宁曲阜明故城（三孔）旅游区、青岛崂山旅游风景区、威海刘公岛景区、烟台龙口南山景区、枣庄台儿庄古城景区、天下第一泉景区（趵突泉—大明湖—五龙潭—黑虎泉—环城公园）、沂蒙山旅游区、潍坊市青州市青州古城景区、威海市环翠区威海华夏城景区、东营市黄河口生态旅游区、临沂市萤火虫水洞·地下大峡谷旅游区、济宁市微山湖旅游区

河南省: 郑州登封嵩山少林景区、洛阳龙门石窟景区、焦作(云台山—神农山—青天河)风景区、安阳殷墟景区、洛阳嵩县白云山景区、开封清明上河园景区、平顶山鲁山县尧山—中原大佛景区、洛阳栾川县老君山·鸡冠洞旅游区、洛阳新安县龙潭大峡谷景区、南阳西峡伏牛山老界岭·恐龙遗址园旅游景区、驻马店市遂平县嵖岈山旅游景区、安阳市林州市红旗渠—太行大峡谷旅游景区、商丘市永城市芒砀山汉文化旅游景区、新乡市八里沟景区、信阳市鸡公山景区

湖北省: 武汉黄鹤楼公园、宜昌三峡大坝—屈原故里旅游区、宜昌三峡人家风景区、十堰丹江口市武当山风景区、恩施州巴东神龙溪纤夫文化旅游区、神农架生态旅游区、宜昌长阳县清江画廊景区、东湖景区、武汉市黄陂木兰文化生态旅游区、恩施土家族苗族自治州恩施大峡谷景区、咸宁市三国赤壁古战场景区、襄阳市古隆中景区、恩施利川腾龙洞景区、宜昌市三峡大瀑布景区

湖南省: 张家界武陵源—天门山旅游区、衡阳南岳衡山旅游区、湘潭韶山旅游区、岳阳岳阳楼—君山岛景区、长沙岳麓山—橘子洲景区、长沙花明楼景区、郴州市东江湖旅游区、邵阳市新宁县崀山景区、株洲市炎帝陵景区、常德市桃花源旅游区、矮寨·十八洞·德夯峡谷景区

广东省: 广州长隆旅游度假区、深圳华侨城旅游度假区、广州白云山风景区、梅州梅县雁南飞茶田景区、深圳观澜湖休闲旅游区、清远连州地下河旅游景区、韶关仁化丹霞山景区、佛山西樵山景区、罗浮山景区、佛山市顺德区长鹿旅游休博园、阳江市海陵岛大角湾海上丝路旅游区、中山市孙中山故里旅游区、惠州市惠州西湖旅游景区、肇庆市星湖旅游景区、江门市开平碉楼文化旅游区

广西壮族自治区: 桂林漓江风景区、桂林兴安县乐满地度假世界、桂林独秀峰·靖江王城景区、南宁市青秀山旅游区、桂林市两江四湖·象山景区、崇左市德天跨国瀑布景区、百色市百色起义纪念园景区、北海市涠洲岛南湾鳄鱼山景区、贺州市黄姚古镇景区

海南省: 三亚南山文化旅游区、三亚南山大小洞天旅游区、保亭县呀诺达雨林文化旅游区、陵水县分界洲岛旅游区、保亭县海南槟榔谷黎苗文化旅游区、三亚市海棠区蜈支洲岛旅游区

重庆市: 大足石刻景区、巫山小三峡—小小三峡、武隆喀斯特旅游区(天生三桥—仙女山—芙蓉洞)、酉阳桃花源景区、黑山谷景区、南川金佛山、江津区四面山景区、云阳县龙缸景区、彭水县阿依河景区、黔江区濯水景区、奉节县白帝城·瞿塘峡景区

四川省: 成都青城山—都江堰旅游景区、绵阳北川羌城旅游区、乐山峨眉山景区、乐山大佛景区、阿坝藏族羌族自治州九寨沟景区、阿坝藏族羌族自治州松潘县黄龙风景名胜区、汶川特别旅游区、邓小平故里景区、阆中古城旅游区、广元剑门蜀道剑门关旅游区、南充市仪陇县朱德故里景区、甘孜藏族自治州泸定县海螺沟景区、雅安市碧峰峡旅游区、巴中市光雾山旅游景区、甘孜州稻城亚丁旅游景区、成都市安仁古镇景区

贵州省: 安顺黄果树瀑布景区、安顺龙宫景区、百里杜鹃景区、黔南布依族苗族自治州荔波樟江景区、贵阳市花溪区青岩古镇景区、铜仁市梵净山旅游区、黔东南州镇远古城旅游景区、遵义市赤水丹霞旅游区、毕节市织金洞景区

云南省: 昆明石林风景区、丽江玉龙雪山景区、丽江古城景区、大理崇圣寺三塔文化旅游区、中国科学院西双版纳热带植物园、迪庆藏族自治州香格里拉普达措景区、昆明市盘龙区昆明世博园景区、保山市腾冲市火山热海旅游区、文山州普者黑旅游景区

西藏自治区: 拉萨布达拉宫景区、大昭寺、林芝市工布江达县巴松措景区、日喀则市桑珠孜区扎什伦布寺景区、林芝市雅鲁藏布大峡谷旅游景区

陕西省: 西安秦始皇兵马俑博物馆、西安华清池景区、延安黄陵县黄帝陵景区、西安大雁塔·大唐芙蓉园景区、渭南华阴市华山景区、宝鸡扶风县法门寺佛文化景区、商洛市金丝峡景区、宝鸡市眉县太白山旅游景区、西安市城墙·碑林历史文化景区、延安市延安革命纪念地景区、西安市大明宫旅游景区、黄河壶口瀑布景区

甘肃省: 嘉峪关文物景区、平凉崆峒山风景名胜区、天水麦积山景区、酒泉市敦煌鸣沙山月牙泉景区、张掖市七彩丹霞景区、临夏州炳灵寺世界文化遗产旅游区、陇南市官鹅沟景区

宁夏回族自治区: 石嘴山平罗县沙湖旅游景区、中卫沙坡头旅游景区、银川镇北堡西部影视城、银川市灵武水洞沟旅游区

青海省: 青海湖景区、西宁市湟中区塔尔寺景区、海东市互助土族自治县互助土族故土园旅游区、海北州阿咪东索景区

新疆维吾尔自治区: 昌吉州阜康市天山天池风景名胜区、吐鲁番葡萄沟风景区、阿勒泰地区布尔津县喀纳斯景区、伊犁地区新源县那拉提旅游风景区、阿勒泰地区富蕴县可可托海景区、泽普金湖杨景区、天山大峡谷景区、博斯腾湖景区、喀什地区喀什噶尔老城景区、伊犁哈萨克自治州特克斯县喀拉峻景区、巴音郭楞蒙古自治州和静县巴音布鲁克景区、新疆生产建设兵团第十师白沙湖景区、喀什地区帕米尔旅游区、克拉玛依市世界魔鬼城景区、赛里木湖景区、塔克拉玛干·三五九旅文化旅游区、昌吉回族自治州江布拉克景区

中国当代旅游节庆一览

日期	名称	地点	内容
1月5日—2月5日	冰雪节	黑龙江哈尔滨	冰雕比赛、冰灯展、冰上运动、文艺节目
1月6日—20日	雾凇节	吉林	观看霜树、冰灯、冰雕、烟花、冰上运动
1月15日	冰灯节	北京延庆	冰灯、冰雕、雪雕展
2月4日—7日（除夕前3～5天）	春节花市	广东广州	可购花、金鱼、风景画、工艺品等
春节	国际年画节	天津	交换、购买中国的传统年画
2月13日—21日	佛教仪式	青海同仁	观看藏族歌舞、社火、文艺演出
2月18日	金陵灯会	江苏南京	看灯、吃汤圆
2月18日	灯节	江苏常州	观灯
2月18日—21日	地戏	贵州安顺	观看仡佬民间舞蹈。表演者以青布遮脸，额部戴一木质面具，多演历史故事
2月19日	芦笙节	贵州凯里、融水	苗族传统农事节日，年轻人通过跳芦笙舞表达爱情，中、老年人交流生产经验
2月初至3月初	自贡国际恐龙灯会	四川自贡	各种彩灯展，贸易洽谈
2月18日 5月16日 10月17日	佛教仪式	青海塔尔寺	藏族、土族、蒙古族群众举行宗教仪式，观看酥油花雕塑
3月1日 3月3日—7日（土族农历二月初二）	目脑纵歌 高台集市	云南芒市、畹町 青海互助	景颇族的祭祀节日，"目脑纵歌"意为"大伙跳舞" 土族、回族、藏族群众举行高台"花儿"比赛、社火等活动
3月22日（农历二月初八）	刀梯节	云南腾冲	傈僳族传统节日。小伙子表演赤足过火海、爬刀梯
3月23日—25日	南通国际风筝节	江苏南通	观看各种南国风筝放飞
3月24日	船上庙会	江苏扬州	水上贸易
4月20日	潍坊国际风筝节	山东潍坊	国内外风筝放飞
4月5日（农历三月初三）	歌圩节	广西南宁、柳州、桂林	对歌、抛绣球
4月5日	花炮节	广西三江	侗族民间节日，主要活动有斗鸡、放花炮等
4月5日—15日	樱花节	江苏无锡	栽樱花树，观赏樱花
4月7日	绍酒节	浙江绍兴	品尝绍兴酒
4月8日—15日	苏州古园林艺术节	江苏苏州	研讨园林艺术，观看园林和园林灯展
4月10日	桃花节	北京	欣赏各种桃花
4月10日—12日	宜兴陶瓷节	江苏宜兴	参观仿古陶瓷作坊
4月13日—15日	傣族泼水节	云南西双版纳	泼水、跳孔雀舞、赛龙舟
4月25日、10月4日	妈祖节	福建湄洲岛	祭拜妈祖
4月底	菏泽牡丹花展	山东菏泽	观赏中国草本牡丹
4月17日（农历三月十五）	三月街	云南大理白族自治州	白族传统节日和集市。举行物资交流会、对歌、跳舞、赛马等活动

（续上）

日期	名称	地点	内容
4 月 15—25 日	洛阳牡丹节	河南洛阳	赏花、参观博物馆
5 月 16—20 日	国际草药节	河北保定	参观中国北部最大的草药市场、药王庙
端午节	龙舟节	湖北宜昌 四川乐山 福建厦门 广州、深圳	赛龙舟、吃粽子
6 月 23—30 日	国际啤酒节	山东青岛	品尝啤酒，贸易洽谈
6 月至 7 月	荔枝节	广东深圳	品尝荔枝，贸易洽谈，水中拔河比赛
6 月 3 日	国际钓鱼节	浙江椒江	钓海鱼，参观海味标本展，文艺演出
7 月 3—9 日 （农历六月）	西宁艺术周	青海	以土族为主，包括回、藏、汉等民族的传统节日，主要活动为喝澄花泉水，唱"花儿"
端午节至农历五月尾	龙舟节	贵州台江	赛龙舟，男女青年放信鸽传情
7 月 23—25 日	火把节	云南、四川	彝语支各民族传统节日。主要活动有斗牛、赛马、射箭、打秋千、歌舞等
7 月	国际滑翔节	甘肃嘉峪关	滑翔机展、滑翔、热气球表演
7—8 月	五台山国际旅游月	山西五台山	避暑。游览寺庙，观看宗教活动
藏历六月底至七月初	雪顿节	西藏拉萨	藏族传统节日，吃酸奶子，演藏戏
8 月 15 日	延边老人日	吉林延边	跳朝鲜族舞，为老人祝寿
8 月 20—26 日	葡萄节	新疆吐鲁番	品尝葡萄，游览甜瓜集市、水果街
8 月 25 日─9 月 25 日	锣鼓节	山西临汾	观看盛大的威风锣鼓表演
9 月 1—14 日	石榴节	陕西临潼	种石榴、赏花、参观秦王朝文化展
9 月 5—7 日	长白山人参节	吉林抚松	人参贸易集市，吃人参宴、洗人参浴、放焰火
9 月 8—12 日	中国丝绸观光节	江苏苏州	参观丝绸博物馆，贸易洽谈
9 月 9—15 日	古代文化艺术节	陕西西安	放焰火，文物展
9 月 9—15 日 （农历八月十八前后）	观潮节	浙江海宁	观看钱塘江大潮
9 月 11 日 （农历八月十五）	中秋民歌节	广东梅县	民歌比赛，贸易洽谈
9 月中、下旬	大连国际服装节	辽宁大连	展示中西方服装
9 月 12—22 日	宁夏国际黄河文化节	宁夏银川	乘船游黄河，举办大型民间文化活动
9 月 26 日─ 10 月 10 日	国际孔子文化节	山东曲阜	祭孔，参观孔庙，举办学术研讨会
9 月	国际烟花节	湖南浏阳	观赏烟花，贸易洽谈
9 月	泰山国际登山节	山东泰安	登泰山，举行古代帝王登山献祭仪式表演
10 月 3—9 日	龙虎山文化周	江西鹰潭	贸易洽谈，研讨道教文化
10 月 4 日	马鞍山国际诗歌朗诵节	安徽马鞍山	登山、赋诗、参观李白纪念馆
10 月 9—11 日	沧州军事艺术节	河北沧州	军事艺术表演
10 月 10—14 日	景德镇国际陶瓷节	江西景德镇	贸易洽谈，瓷器精品展览
10 月 14 日	普陀山宗教仪式	浙江舟山	登山、祈祷、参加宗教仪式
11 月 10 日	民歌节	广东连南	瑶族节日，青年男女对歌求爱
11 月中旬	候鸟周	江西九江	观看鄱阳湖候鸟
12 月底	潮汕美食节	广东汕头	品尝潮州菜、风味小吃

中国列入联合国《世界遗产名录》景点名单

名称	类型
长城	文化遗产
北京故宫、沈阳故宫	文化遗产
陕西秦始皇陵及兵马俑	文化遗产
甘肃敦煌莫高窟	文化遗产
北京周口店北京猿人遗址	文化遗产
山东泰山	文化、自然双重遗产
安徽黄山	文化、自然双重遗产
湖南武陵源国家级风景名胜区	自然遗产
四川九寨沟国家级风景名胜区	自然遗产
四川黄龙风景名胜区	自然遗产
西藏布达拉宫历史群建筑	文化遗产
河北承德避暑山庄及周围寺庙	文化遗产
山东曲阜孔庙、孔府及孔林	文化遗产
湖北武当山古建筑群	文化遗产
江西庐山风景名胜区	文化景观
四川峨眉山—乐山风景名胜区	文化、自然双重遗产
云南丽江古城	文化遗产
山西平遥古城	文化遗产
山西大同云冈石窟	文化遗产
江苏苏州古典园林	文化遗产
北京颐和园、天坛	文化遗产
重庆大足石刻	文化遗产
福建武夷山	文化、自然双重遗产
四川青城山—都江堰	文化遗产
河南洛阳龙门石窟	文化遗产
明清皇家陵寝（明显陵、清东陵、清西陵、明孝陵、明十三陵、盛京三陵）	文化遗产
安徽古村落（黟县宏村、西递）	文化遗产
云南三江并流（怒江、澜沧江、金沙江）	自然遗产
高句丽王城、王陵及贵族墓葬	文化遗产
澳门历史城区	文化遗产
四川大熊猫栖息地	自然遗产
安阳殷墟	文化遗产
中国南方喀斯特	自然遗产
开平碉楼与村落	文化遗产
江西三清山	自然遗产
福建土楼	文化遗产
五台山	文化景观
"中国丹霞"	自然遗产
河南登封"天地之中"历史建筑群	文化遗产
杭州西湖文化景观	文化景观
元上都遗址	文化遗产
中国澄江化石地	自然遗产
新疆天山景区	自然遗产
云南哈尼梯田	自然遗产
丝绸之路起始地段：长安—天山廊道的路网	文化遗产
大运河	文化遗产
土司遗址	文化遗产
湖北神农架	自然遗产
左江花山岩画	文化景观
青海可可西里	自然遗产
厦门鼓浪屿	文化遗产
贵州梵净山	自然遗产
江苏盐城黄（渤）海候鸟栖息地（第一期）	自然遗产
良渚古城遗址	文化遗产
泉州：宋元中国的世界海洋商贸中心	文化遗产

　　自中华人民共和国在 1985 年 12 月 12 日加入《保护世界文化与自然遗产公约》的缔约国行列以来，截至 2023 年 4 月，中国已有 56 处文化遗址和自然景观列入《世界遗产名录》。国务院决定从 2006 年起，每年 6 月第二个星期六为中国的"文化遗产日"。

中国世界级非物质文化遗产名单

名称	批准时间
昆曲	2001 年
古琴艺术	2003 年
新疆维吾尔木卡姆艺术、蒙古族长调民歌	2005 年
羌年、木拱桥传统营造技艺、黎族传统纺染织绣技艺、中国篆刻、雕版印刷技艺、书法、中国剪纸、传统木结构建筑营造技艺、南京云锦织造技艺、端午节、中国朝鲜族农乐舞、《格萨（斯）尔》史诗、侗族大歌、花儿、新疆玛纳斯、妈祖信俗、蒙古族呼麦歌唱艺术、福建南音、青海热贡艺术、中国蚕桑丝织技艺、藏戏、龙泉青瓷传统烧制技艺、宣纸传统制作技艺、西安鼓乐、粤剧	2009 年
新疆麦西热甫、中国水密隔舱福船制造技艺、活字印刷术、中医针灸、京剧	2010 年
皮影戏	2011 年
珠算	2013 年
二十四节气	2016 年
藏医药浴法	2018 年
太极拳、送王船	2020 年
传统制茶技艺及其相关习俗	2020 年

中国世界级地质公园

世界地质公园是以地质科学意义、珍奇秀丽和独特的地质景观为主，融合自然景观与人文景观的自然公园。由联合国教科文组织选出，是展示国家形象的名片、促进国际合作的引擎。

北京市	房山、延庆
陕西省	终南山
内蒙古自治区	阿尔山、阿拉善沙漠、克什克腾
山东省	泰山、沂蒙山
浙江省	雁荡山
福建省	泰宁、宁德
江西省	三清山、庐山、龙虎山·龟峰
安徽省	黄山、天柱山、九华山
河南省	嵩山、王屋山—黛眉山、伏牛山、云台山
湖北省	神农架、大别山
湖南省	张家界、湘西
广西壮族自治区	乐业—凤山
广东省	丹霞山
海南省—广东省	雷琼
云南省	石林、苍山
贵州省	织金洞
四川省	自贡、兴文、光雾山—诺水河
甘肃省	敦煌、张掖
新疆维吾尔自治区	可可托海
青海省	昆仑山
黑龙江省	五大连池、镜泊湖
香港	中国香港世界地质公园

中国国家级地质公园

　　地质公园，是指以具有特殊科学意义、稀有自然属性、优雅美学观赏价值，具有一定规模和分布范围的地质遗址景观为主体；融合自然景观与人文景观，并具有考古、生态、历史和文化价值；以地质遗迹景观保护、支持当地经济、文化和环境可持续发展为宗旨；为人们提供具有较高科学品位的观光游览、度假休闲、保健疗养、科学教育、文化娱乐的场所。地质公园同时也是地质遗迹和生态环境的重点保护区，是地质科学研究与普及的基地。联合国教科文组织第29次大会决定"建立具有特殊地质特色的全球地质景区网络"，随后提出了在21世纪初的25年内建立500个世界地质公园的计划。我国被选为首批试点国家之一。

　　我国目前的地质公园包括丹霞地貌、火山地貌、重要古生物化石产地、地层构造、冰川、地质灾害遗迹等，种类较为齐全。

北京　云蒙山、黄松峪、十渡、石花洞、延庆硅化木

天津　蓟州区

河北　承德丹霞、阜平天生桥、野三坡、涞源白石山、临城、迁安-迁西、柳江、任丘华北油田国家矿山、武安、邢台峡谷群地质公园、兴隆、赞皇嶂石岩

山西　大同火山群、壶关太行山大峡谷、王莽岭、宁武万年冰洞、天脊山、永和黄河蛇曲、右玉火山颈群、榆社古生物化石、五台山

山西—陕西　黄河壶口瀑布

内蒙古　阿尔山、阿拉善沙漠、巴林左旗七锅山、巴彦淖尔、鄂尔多斯、鄂伦春、二连浩特、宁城、清水河老牛湾、四子王、锡林浩特草原火山、克什克腾、乌兰察布

上海　崇明长江三角洲国家地质公园

江苏　汤山方山、花果山、六合、太湖西山

浙江　常山、缙云仙都、临海、神仙居、新昌硅化木、雁荡山、巷南矾山

安徽　池州九华山、大别山（六安）、马仁山、凤阳韭山、浮山、广德太极洞、八公山、黄山、磐云山、齐云山、牯牛降、天柱山、丫山、石台溶洞群

福建　德化石牛山、白云山、大金湖、大姥山、深沪湾、冠豸山、宁德三都澳、宁化天鹅洞群、灵通山、平潭、屏南白水洋、清流温泉、三明郊野地质公园、永安、漳州、佛子山、泰宁、寿宁官台山古银硐

江西　龙虎山、庐山、三清山、石城、武功山

山东　昌乐火山、东营黄河三角洲、莱阳白垩纪地质公园、青州、山旺、五莲山—九仙山、沂蒙山、沂源鲁山、枣庄熊耳山—抱犊崓、长山列岛、诸城恐龙国家地质公园、峄山、荣成

河南　嵖岈山、关山、红旗渠·林虑山、黄河、云台山、神灵寨、黛眉山、宝天曼、汝阳恐龙地质公园、嵩山、王屋山、西峡伏牛山、小秦岭、信阳金刚台、尧山

湖北　大别山（黄冈）、腾龙洞大峡谷、木兰山、神农架、五峰、武当山、咸宁九宫山—温泉、远安化石群地质公园、郧阳区恐龙蛋化石群、长阳清江

湖北—重庆市　长江三峡

湖南　安化雪峰湖、郴州飞天山、凤凰、古丈红石林、崀山、浏阳大围山、湄江、石牛寨、万佛山、乌龙、新邵白水洞、莽山、酒埠江、张家界砂岩峰林

广东　丹霞山、恩平地热、封开、西樵山、饶平青岚、阳春凌霄岩、阳山、湛江湖光岩、深圳大鹏半岛

广西　大石围天坑群、涠洲岛及斜阳、七百弄、东兰、都安地下河、凤山、桂平、鹿寨香桥喀斯特、罗城、浦北五皇山、水上石林、资源

海南　白沙陨石坑、海口石山火山群

重庆　綦江木化石—恐龙国家地质公园、黔江小南海、石柱七曜山、万盛、武隆岩溶、酉阳、云阳龙缸、云阳恐龙国家地质公园

四川　安县、达古冰山、大巴山、大渡河峡谷、光雾山—诺水河、海螺沟、华蓥山、黄龙、江油、九寨沟、龙门山、绵竹清平—汉旺、青川地震遗迹、射洪硅化木、四姑娘山、兴文石海、盐边格萨拉、自贡、屏山环崖丹霞

贵州　赤水丹霞、关岭化石群、乌蒙山、平塘、黔东南苗岭、思南乌江、双河洞、兴义、织金洞、紫云格凸河

云南　石林、澄江动物群、大理苍山、东川泥石流、九乡峡谷洞穴、玉龙雪山、泸西阿庐、禄丰恐龙国家地质公园、罗平生物群、腾冲、巍山红河源、玉龙黎明—老君山

西藏　羊八井、易贡、札达土林

陕西　翠华山、汉中黎华、华山、岚皋南宫山、洛川黄土、金丝峡、耀州照金丹霞、柞水溶洞、延川黄河蛇曲

甘肃　炳灵丹霞、官鹅沟、敦煌雅丹、迭部扎尕那、和政古生物化石国家地质公园、景泰黄河石林、冶力关、刘家峡恐龙国家地质公园、崆峒山、麦积山、张掖丹霞、平山湖

宁夏　武武、火石寨

青海　贵德、互助嘉定、尖扎坎布拉、年宝玉则、昆仑山、玛沁阿尼玛卿山、青海湖、同德石藏丹霞

新疆　可可托海、布尔津喀纳斯湖、吉木乃草原石城、库车大峡谷、奇台硅化木—恐龙国家地质公园、天山天池、吐鲁番火焰山、温宿盐丘、哈密翼龙—雅丹、布尔津

黑龙江　凤凰山、鸡冠山、嘉荫恐龙国家地质公园、镜泊湖、漠河、青冈猛犸象地质公园、五大连池、兴凯湖、伊春花岗岩石林、小兴安岭、山口湖

吉林　抚松、龙湾火山、靖宇火山矿泉群、乾安泥林、四平、长白山火山

辽宁　大连冰峪、本溪、朝阳古生物化石国家地质公园、龙潭大峡谷、锦州古生物化石和花岗岩、大连国家地质公园

中国国家重点风景名胜区

北京	石花洞、八达岭—十三陵
天津	盘山
河北	承德避暑山庄外八庙、北戴河、野三坡、苍岩山、嶂石岩、西柏坡—天桂山、崆山白云洞、太行大峡谷、响堂山、娲皇宫
山西	碛口、五台山、恒山、黄河壶口瀑布、北武当山、五老峰
内蒙古	扎兰屯、额尔古纳
辽宁	青山沟、千山、鸭绿江、金石滩、兴城海滨、大连海滨—旅顺口、凤凰山、本溪水洞、医巫闾山
吉林	防川、松花湖、八大部—净月潭、仙景台
黑龙江	镜泊湖、五大连池、太阳岛、大沽河
江苏	南京钟山、太湖、云台山、蜀冈瘦西湖、镇江三山
浙江	西湖、富春江—新安江、雁荡山、普陀山、天台山、嵊泗列岛、楠溪江、莫干山、雪窦山、双龙、缙云仙都、江郎山、浣江—五泄、方岩、神仙居、百丈漈—飞云湖、方山—长屿硐天、天姥山、大红岩、大盘山、桃渚、仙华山
安徽	黄山、九华山、天柱山、琅琊山、齐云山、采石、巢湖、花山谜窟—渐江、太极洞、花亭湖、龙川、齐山—平天湖
福建	武夷山、清源山、鼓浪屿—万石山、太姥山、桃源洞—鳞隐石林、金湖、白水洋·鸳鸯溪、海坛、冠豸山、鼓山、玉华洞、十八重溪、青云山、佛子山、宝山、福安白云山、灵通山、湄洲岛、九龙漈
江西	庐山、井冈山、神农源、三清山、龙虎山、仙女湖、三百山、梅岭—滕王阁、龟峰、高岭—瑶里、武功山、云居山—柘林湖、灵山、大茅山、瑞金、小武当、杨岐山、汉仙岩
山东	青岛崂山、泰山、胶东半岛海滨、博山、青州、千佛山
河南	桐柏山淮源、鸡公山、洛阳龙门、嵩山、王屋山—云台山、尧山、林虑山、青天河、神农山、桐柏山—淮源、郑州黄河
湖北	东湖、神农架、武当山、大洪山、隆中、九宫山、陆水湖、丹江口
湖南	衡山、武陵源(张家界)、岳阳楼—洞庭湖、韶山、岳麓山、崀山、猛洞河、桃花源、紫鹊界梯田—梅山龙宫、德夯、苏仙岭—万华岩、南山、万佛山—侗寨、虎形山—花瑶、东江湖、凤凰、沩山、炎帝陵、白水洞、九嶷山—舜帝陵、里耶—乌龙山
广东	梧桐山、肇庆星湖、西樵山、丹霞山、白云山、惠州西湖、罗浮山、湖光岩
广西	桂林漓江、桂平西山风、花山
海南	三亚热带海滨
四川	峨眉山、九寨沟—黄龙寺、青城山—都江堰、剑门蜀道、贡嘎山、蜀南竹海、西岭雪山、四姑娘山、石海洞乡、邛海—螺髻山、白龙湖、光雾山—诺水河、天台山、龙门山、米仓山大峡谷
贵州	黄果树、织金洞、潕阳河、红枫湖、龙宫、荔波樟江、赤水、马岭河、都匀斗篷山—剑江、九洞天、九龙洞、黎平侗乡、紫云格凸河穿洞、平塘、榕江苗山侗水、石阡温泉群、沿河乌江山峡、瓮安县江界河
云南	石林、大理、西双版纳、三江并流、滇池、玉龙雪山、腾冲地热火山、瑞丽江—大盈江、九乡、建水、阿庐、普者黑
重庆	潭獐峡、长江三峡、缙云山、金佛山、四面山、芙蓉江、天坑地缝
陕西	华山、骊山—秦兵马俑、黄河壶口瀑布、天台山、黄帝陵、合阳洽川
甘肃	麦积山、崆峒山、鸣沙山—月牙泉、莲花台
宁夏	西夏王陵、须弥山石窟
青海	青海湖风景名胜区
新疆	天山天池、库木塔格沙漠、博斯腾湖、赛里木湖、罗布人村寨、托木尔大峡谷
西藏	雅砻河、纳木错—念青唐古拉山、唐古拉山—怒江源、土林—古格

中国国家级自然保护区

自然保护区是否达到国家级标准，要考虑以下两方面：

1. 保护对象的珍贵性、稀有性、典型性（在地区、全国或全球有典型意义）；

2. 保护区的管理要达到一定的水平：要有固定机构、固定经费、固定人员（科研人员要占一定比例），还要有规划、综合考察报告、完整的图像资料及与高校或科研部门的合作项目或成果。

北京市（2）

松山、百花山

天津市（3）

古海岸与湿地、蓟州区中上元古界地层剖面、八仙山

重庆市（7）

缙云山、大巴山、长江上游珍稀特有鱼类、金佛山、雪宝山、阴条岭、五里坡

黑龙江省（49）

扎龙、兴凯湖、宝清七星河、饶河东北黑蜂、丰林、凉水、三江、洪河、八岔岛、挠力河、牡丹峰、五大连池、呼中、南瓮河、凤凰山、乌伊岭、胜山、双河源、红星湿地、珍宝岛湿地、穆棱东北红豆杉自然保护区、东方红湿地、大沾河湿地、新青自然白头鹤自然保护区、友好、多布库尔、绰纳河、小北湖、三环泡、乌裕尔河、中央站黑嘴松鸡自然保护区、茅兰沟、明水、太平沟、老爷岭东北虎自然保护区、大峡谷、北极村、公别拉河、碧水中华秋沙鸭自然保护区、翠北湿地、盘中、平顶山、乌马河紫貂自然保护区、岭峰、黑瞎子岛、七星砬子东北虎自然保护区、仙洞山梅花鹿自然保护区、朗乡、细鳞河

吉林省（24）

伊通火山群、龙湾、鸭绿江上游、莫莫格、向海、天佛指山、长白山、大布苏、珲春东北虎、查干湖、雁鸣湖、哈泥、松花江三湖、吉林汪清国家级自然保护区、白山原麝、四平山门中生代火山、集安、波罗湖、黄泥河、靖宇、通化石湖、园池湿地、头道松花江上游、甑峰岭

辽宁省（19）

大连斑海豹国家级自然保护区、成山头、蛇岛—老铁山、仙人洞、桓仁老秃顶子、白石砬子、丹东鸭绿江口滨海湿地、医巫闾山、双台河口、北票鸟化石、努鲁儿虎山、海棠山、大黑山、葫芦岛虹螺山、青龙河、楼子山、白狼山、章古台、五花顶

内蒙古自治区（29）

赛罕乌拉、达里诺尔、白音熬包、黑里河、大黑山、人兴女岭井冲、红花尔基樟子松林、辉河、科尔沁、图牧吉、大青沟、锡林郭勒草原、鄂尔多斯遗鸥自然保护区、西鄂尔多斯、乌拉特梭梭林—内蒙古自治区野驴自然保护区、贺兰山、额济纳胡杨林、阿鲁科尔沁草原、哈腾套海、额尔古纳、鄂托克恐龙遗迹化石、大青山、蒙格罕山、毕拉河、乌兰坝、呼伦湖、青山、高格斯台罕乌拉、古日格斯台

山西省（8）

阳城蟒河猕猴自然保护区、芦芽山、庞泉沟、历山、五鹿山、黑茶山、灵空山、太宽河

河北省（13）

昌黎黄金海岸、小五台山、泥河湾、大海坨、雾灵山、围场红松洼、衡水湖、柳江盆地地质遗迹、塞罕坝、茅荆坝、滦河上游、驼梁、青崖寨

河南省（13）

黄河湿地、豫北黄河故道湿地、焦作太行山猕猴自然保护区、南阳恐龙蛋化石群、伏牛山、宝天曼、鸡公山、董寨、连康山、小秦岭、丹江湿地、大别山、高乐山

湖北省（22）

青龙山恐龙蛋化石群、神农架、五峰后河、石首麋鹿自然保护区、长江天鹅洲白鳍豚自然保护区、长江新螺段白鳍豚自然保护区、星斗山、九宫山、七姊妹山、洪湖湿地、龙感湖、赛武当、木林子、堵河源、十八里长峡、洪湖、南河、大别山、湖北巴东金丝猴国家级自然保护区、长阳崩尖子、大老岭、五道峡

湖南省（23）

炎陵桃源洞、东洞庭湖、壶瓶山、张家界大鲵国家级自然保护区、八大公山、莽山、永州都庞岭、小溪、黄桑、乌云界、鹰嘴界、南岳衡山、借母溪、阳明山、八面山、六步溪、舜皇山、高望界、东安舜皇山、白云山、西洞庭湖、九嶷山、金童山

四川省（32）

龙溪—虹口、白水河、攀枝花苏铁、画稿溪、王朗、唐家河、马边大风顶、长宁竹海、蜂桶寨、卧龙、九寨沟、小金四姑娘山、若尔盖湿地、贡嘎山、察青松多白唇鹿自然保护区、亚丁、美姑大风顶、长江上游珍稀特有鱼类自然保护区、米仓山、雪宝顶、花萼山、海子山、工沙贡玛、老君山、白河、南莫且湿地、诺水河、黑竹沟、格西沟、小寨子沟、栗子坪、千佛山

贵州省（11）

习水中亚热带常绿阔叶林、赤水桫椤、梵净山、麻阳河、长江上游珍稀特有鱼类自然保护区、草海、雷公山、茂兰、宽阔水、佛顶山、大沙河

云南省（21）

哀牢山、高黎贡山、大山包黑颈鹤自然保护区、大围山、金平分水岭、黄连山、文山、无量山、西双版纳、西双版纳纳板河流域、苍山洱海、白马雪山、南滚河、长江上游珍稀特有鱼类自然保护区、药山、会泽黑颈鹤自然保护区、永德大雪山、乌蒙山、轿子山、元江、云龙天池

西藏自治区（11）

雅鲁藏布江中游河谷黑颈鹤自然保护区、芒

康滇金丝猴自然保护区、珠穆朗玛峰、色林错、羌塘、雅鲁藏布大峡谷、察隅慈巴沟、拉鲁湿地、类乌齐马鹿自然保护区、麦地卡湿、玛旁雍错湿地

江苏省（3）

盐城沿海滩涂珍禽自然保护区、大丰麋鹿自然保护区、泗洪洪泽湖湿地

上海市（2）

九段沙湿地、崇明滩鸟类国家级自然保护区

安徽省（8）

鹞落坪、牯牛降、扬子鳄自然保护区、金寨天马、升金湖、铜陵淡水豚自然保护区

福建省（17）

厦门珍稀海洋物种、将乐龙栖山、天宝岩、深沪湾海底古森林遗迹、漳江口红树林、虎伯寮、武夷山、梁野山、梅花山、戴云山、闽江源、君子峰、茫荡山、闽江河口湿地、汀江源、雄江黄楮林、峨嵋峰

江西省（14）

鄱阳湖南矶湿地、桃红岭梅花鹿自然保护区、九连山、江西武夷山、井冈山、官山、马头山、鄱阳湖、赣江源、庐山、九岭山、齐云山、阳际峰、铜钹山、南风面、婺源森林鸟类保护区

浙江省（11）

清凉峰、天目山、南麂列岛海洋、乌岩岭、大盘山、古田山、凤阳山—百山祖、九龙山、长兴地质遗迹、象山韭山列岛海洋生态、安吉小鲵自然保护区

山东省（7）

马山、黄河三角洲、长岛、山旺古生物化石、滨州贝壳堤岛与湿地、荣成大天鹅自然保护区、昆嵛山

广东省（15）

南岭、车八岭、丹霞山、内伶仃岛—福田、珠江口中华白海豚自然保护区、湛江红树林、鼎湖山、象头山、惠东港口海龟、徐闻珊瑚礁、雷州珍稀水生动物国、罗坑鳄蜥国家级自然保护区、云开山、石门台、南澎列岛

广西壮族自治区（23）

大明山、花坪、猫儿山、山口红树林生态、合浦营盘港—英罗港儒艮、北仑河口、防城金花茶、十万大山、弄岗、大瑶山、木论、千家峒、岑王老山、九万山、金钟山黑颈长尾雉自然保护区、大桂山鳄蜥国家级自然保护区、邦亮长臂猿国家级自然保护区、恩城、元宝山、七冲、清凉峰、古井园

海南省（10）

三亚珊瑚礁、东寨港、铜鼓岭、大洲岛、大田、尖峰岭、五指山、坝王岭、吊罗山、鹦哥岭

陕西省（26）

周至、太白山、长青、佛坪、牛背、汉中朱鹮保护区、予午岭、化龙山、天华山、青木川、桑园、米仓山、陇县秦岭细鳞鲑自然保护区、韩城褐马鸡自然保护区、太白湑水河珍稀水生生物自然保护区、韩城黄龙山褐马鸡自然保护区、紫柏山、略阳珍稀水生动物自然保护区、黄柏塬、平河梁、周至老县城、观音山、丹凤武关河珍稀水生动物自然保护区、黑河珍稀水生野生动物自然保护区、摩天岭、红碱淖

甘肃省（21）

兴隆山、祁连山、敦煌西湖、安西极旱荒漠、民勤连古城、白水江、莲花山、尕海—则岔、太统—崆峒山、连城、小陇山、盐池湾、安南坝野骆驼自然保护区、漳县珍稀水生动物国家级自然保护区、黄河首曲、秦州珍稀水生野生动物、多儿、太子山、张掖黑河湿地、敦煌阳关、洮河

青海省（7）

循化孟达、青海湖、可可西里、隆宝、三江源、柴达木梭梭林、大通北山河源区

宁夏回族自治区（9）

贺兰山、沙坡头、罗山、灵武白芨滩、六盘山、哈巴湖、云雾山、火石寨、南华山

新疆维吾尔自治区（？）

阿尔金山、罗布泊野骆驼自然保护区、巴音布鲁克、托木尔峰、西天山、甘家湖梭梭林、哈纳斯、塔里木胡杨自然保护区、艾比湖湿地、布尔根河狸国家级自然保护区、巴尔鲁克山、霍城四爪陆龟自然保护区、伊犁小叶白蜡自然保护区、阿勒泰科克苏湿地、温泉新疆北鲵自然保护区

　　吉林省长白山、四川省卧龙、广东省鼎湖山、贵州省梵净山、福建省武夷山、内蒙古自治区锡林郭勒草原、湖北省神农架、新疆维吾尔自治区博格达峰、江苏省盐城、云南省西双版纳、浙江省天目山、贵州省茂兰、四川省九寨沟、黑龙江省丰林、浙江省南麂列岛、广西壮族自治区山口、甘肃省白水江、四川省黄龙、云南省高黎贡山、河南省宝天曼、内蒙古自治区赛罕乌拉、内蒙古自治区达赉湖、黑龙江省五大连池、四川省亚丁、西藏自治区珠峰、陕西省佛坪等26个自然保护区被联合国教科文组织先后列入"国际人与生物圈保护区网"；黑龙江扎龙、吉林向海、海南东寨港、青海湖鸟岛、江西鄱阳湖、湖南东洞庭湖、香港米埔和后海湾、黑龙江洪河、黑龙江兴凯湖、黑龙江三江、内蒙古达赉湖、内蒙古鄂尔多斯遗鸥、辽宁大连、江苏大丰麋鹿、江苏盐城、湖南汉寿西洞庭湖、湖南南洞庭湖湿地和水禽、上海市崇明东滩、广东惠东港口海龟、广东湛江红树林、广西山口国家级红树林、辽宁双台河口、云南大山包、云南碧塔海、云南纳帕海、云南拉什海、青海鄂陵湖、青海扎凌湖、西藏麦地卡、西藏玛旁雍错、上海长江口中华鲟、广西北仑河口、福建漳江口红树林、湖北洪湖、广东海丰公平大湖泊、四川若尔盖、浙江杭州西溪、黑龙江省七星河、黑龙江省南翁河、黑龙江省珍宝岛、甘肃省尕海则岔等41个自然保护区先后被列入《国际重要湿地名录》。

中国国家级历史文化名城

国务院规定的国家历史文化名城必须符合以下条件：

1. 建城历史悠久，有中国历史上很大知名度的重大历史事件发生地，保存着较为丰富、完好的文物古迹，具有较高的历史、科学、艺术价值。

2. 城市的现状格局和风貌保留着历史特色，并具有一定数量的代表城市传统风貌的街区。

3. 市区内有较多的各级文保单位，并且保护和合理使用这些历史文化遗产，对城市的性质、布局和建设方针起着重要的影响。

华北地区

北京市

天津市

河北省 承德、保定、正定县（石家庄）、邯郸、山海关区（秦皇岛）、蔚县

山西省 大同、平遥、新绛、代县、祁县、太原

内蒙古自治区 呼和浩特

华东地区

上海市

江苏省 南京、苏州、扬州、徐州、镇江、淮安、无锡、南通、泰州、常州、常熟、宜兴、高邮

山东省 曲阜、济南、聊城、邹城、临淄①、青岛、泰安、蓬莱、青州、烟台

浙江省 杭州、绍兴、宁波、衢州、临海、金华、嘉兴、湖州、温州、龙泉

福建省 泉州、福州、漳州、长汀

江西省 景德镇、赣州、南昌、瑞金、抚州、九江

安徽省 歙县、寿县、亳州、安庆、绩溪、黟县、桐城

华中地区

河南省 洛阳、开封、郑州、浚县、安阳、南阳、商丘②、濮阳

湖北省 武汉、襄阳、随州、钟祥、荆州

湖南省 岳阳、长沙、凤凰、永州

华南地区

广西壮族自治区 桂林、柳州、北海

广东省 广州、潮州、肇庆、佛山、梅州、雷州、中山、惠州

海南省 海口、琼山

西南地区

重庆市

云南省 昆明、大理、建水、巍山、丽江、会泽、通海、剑川

贵州省 遵义、镇远

西藏自治区 拉萨、江孜、日喀则

四川省 成都、阆中、宜宾、自贡、乐山、都江堰、泸州、会理

西北地区

陕西省 西安、延安、咸阳、汉中、韩城、榆林

甘肃省 武威、天水、张掖、敦煌

宁夏回族自治区 银川

新疆维吾尔自治区 喀什、吐鲁番、特克斯、库车、伊宁

青海省 同仁

东北地区

辽宁省 沈阳、辽阳

吉林省 吉林、集安、长春

黑龙江省 哈尔滨、齐齐哈尔

注：①临淄指淄博市临淄区。②商丘指现商丘市睢阳区。

中国境内需办理边防证进入的地区

边防证全称为"中华人民共和国边境管理区通行证"。最好出发前在当地公安机关办理，须持单位证明和本人照片，填入的时间应该与计划逗留的时间一致。到边境地也可以再办理，但控制较严、费用也更高。

广西壮族自治区

那坡县、靖西市、大新县、龙州县、宁明县、防城区、凭祥市、东兴市

云南省

文山州：富宁县、麻栗坡县、马关县

红河州：河口县、金平县、绿春县

西双版纳自治州：勐腊县、景洪市、勐海县

德宏州：瑞丽市、陇川县、盈江县、梁河县

怒江州：泸水市、福贡县、贡山县

普洱市：孟连县、江城县、澜沧县、西盟县

临沧市：沧源县、耿马县、镇康县

保山市：龙陵县、腾冲市

西藏自治区

日喀则市：仲巴县、萨嘎县、聂拉木县、定日县、康马县、亚东县、岗巴县、定结县、吉隆县

山南市：错那县、隆子县、洛扎县、浪卡子县

林芝市：米林县、朗县、察隅县、墨脱县

阿里地区：普兰县、札达县、日土县、噶尔县

新疆维吾尔自治区

哈密市：哈密市、伊吾县、巴里坤县

昌吉州：木垒县、奇台县

阿勒泰地区：青河县、富蕴县、福海县、阿勒泰市、布尔津县、哈巴河县、吉木乃县

塔城地区：和布克赛尔县、额敏县、塔城市、裕民县、托里县

博尔塔拉蒙古自治州：阿拉山口行政区、博乐市、温泉县

阿克苏地区：温宿县、乌什县

克孜勒苏柯尔克孜自治州：阿图什市、乌恰县、阿合奇县、阿克陶县

喀什地区：塔什库尔干县、叶城县

甘肃省

酒泉市：肃北县

内蒙古自治区

阿拉善盟：额济纳旗、阿拉善右旗、阿拉善左旗

巴彦淖尔市：乌拉特后旗、乌拉特中旗

包头市：达尔罕茂明安联合旗

乌兰察布市：四子王旗

锡林郭勒盟：苏尼特右旗、二连浩特、苏尼特左旗、阿巴嘎旗、东乌珠穆沁旗

兴安盟：科尔沁右翼前旗、阿尔山市

呼伦贝尔市：新巴尔虎左旗、新巴尔虎右旗、满洲里市、陈巴尔虎旗、额尔古纳市、鄂伦春旗

黑龙江省

大兴安岭地区：呼玛县、漠河县、塔河县

黑河市：孙吴县、爱辉区、逊克县

伊春市：乌伊岭区、汤旺河区、新青区、上甘岭区、友好区、嘉荫县

鹤岗市：萝北县、绥滨县

佳木斯市：同江市、抚远市

双鸭山市：饶河县

鸡西市：鸡东县、密山市、虎林市

牡丹江市：穆棱市、东宁市、绥芬河市

重要旅游城市投诉电话

如果你在旅途中遇到欺诈、假冒伪劣商品、不公正待遇等非常情况时，请立即拨打以下旅游投诉受理机构电话：

（以下电话最后核实时间为：2023 年 4 月 2 日）

国家旅游服务热线：12301
文化和旅游部投诉：010-65275315

直辖市
北京旅游投诉：010-65157490
天津旅游投诉：022-28359093
上海旅游投诉：021-64390630
重庆旅游投诉：023-63890134

河北省
承德旅游投诉：0314-2024548
秦皇岛旅游投诉：0335-3691110

内蒙古自治区
呼和浩特旅游投诉：0471-6282653
呼伦贝尔旅游投诉：0470-8217011

辽宁省
沈阳旅游投诉：024-22821999
大连旅游投诉：0411-83769989

吉林省
吉林旅游投诉：0432-85653030

黑龙江省
哈尔滨旅游投诉：0451-3630431

江苏省
南京旅游投诉：025-52260123
苏州旅游投诉：0512-65223377
无锡旅游投诉：0510-85052599
扬州旅游投诉：0514-87325601
镇江旅游投诉：0511-85237555

浙江省
杭州旅游投诉：0571-85171292
绍兴旅游投诉：0575-85223031
天台山旅游投诉：0576-88535755

安徽省
黄山旅游投诉：0559-2517464

江西省
九江旅游投诉：0792-8982279
庐山旅游投诉：0792-8287906

福建省
福州旅游投诉：0591-83300119
泉州旅游投诉：0595-22162068
厦门旅游投诉：0592-5318985
龙岩旅游投诉：0597-2336649
武夷山旅游投诉：0599-5250580

山东省
曲阜旅游投诉：0537-4490799
济南旅游投诉：0531-87937762
泰安旅游投诉：0538-8264469
烟台旅游投诉：0535-6270842
威海旅游投诉：0631-5315555
青岛旅游投诉：0532-85912000

山西省
太原旅游投诉：0351-4047544
平遥旅游投诉：0354-5868113

大同旅游投诉：0352-5107215

河南省
郑州旅游投诉：0371-67188061
洛阳旅游投诉：0379-64310882
开封旅游投诉：0371-23972220

湖北省
武汉旅游投诉：027-87124701

湖南省
长沙旅游投诉：0731-85810110
张家界旅游投诉：0744-8380193
湘西旅游投诉：0743-8223683
衡山旅游投诉：0734-5671111

广东省
广州旅游投诉：020-86666666
中山旅游投诉：0760-88811825
深圳旅游投诉：0755-82003220
珠海旅游投诉：0756-3336061

海南省
海口旅游投诉：0898-66212301
三亚旅游投诉：0898-88392211

广西壮族自治区
南宁旅游投诉：0771-5516551
桂林旅游投诉：0773-2800315
北海旅游投诉：0779-3060140

四川省
成都旅游投诉：028-96927

贵州省
贵阳旅游投诉：0851-6515376

云南省
昆明旅游投诉：0871-63164961
大理州旅游投诉：0872-2121246
丽江旅游投诉：0888-5121802
迪庆旅游投诉：0887-96927
西双版纳旅游投诉：0691-2122323

陕西省
西安旅游投诉：029-87630166

甘肃省
兰州旅游投诉：0931-8419863
武威旅游投诉：0935-2220257
张掖旅游投诉：0936-8222595
酒泉旅游投诉：0937-2614224
嘉峪关旅游投诉：0937-6396110

宁夏回族自治区
银川旅游投诉：0951-6889280

青海省
西宁旅游投诉：0971-6117282

西藏自治区
拉萨旅游投诉：0891-6650808

新疆维吾尔自治区
吐鲁番旅游投诉：0995-8520171
哈密旅游投诉：0902-2251984
阿勒泰旅游投诉：0906-2125150

旅行通讯录

姓名	☎ / 📱	电子邮箱	✉ / 地址

图书在版编目（CIP）数据

2023—2024中国自助游 /《中国自助游》编辑部编著
. —广州：广东人民出版社，2023.9
　　ISBN 978-7-218-16943-9

Ⅰ.①2⋯　Ⅱ.①中⋯　Ⅲ.①旅游指南—中国　Ⅳ.①K928.9

中国国家版本馆CIP数据核字（2023）第173594号

2023—2024 ZHONGGUO ZIZHUYOU
2023—2024中国自助游

《中国自助游》编辑部　编著

版权所有　翻印必究

出 版 人：肖风华

责任编辑：严耀峰
产品经理：周　秦
责任技编：吴彦斌　周星奎
监　　制：黄　利　万　夏
特约编辑：路思维　杨　森　张　宇
营销支持：曹莉丽
装帧设计：紫图装帧

出版发行：广东人民出版社
地　　址：广东省广州市越秀区大沙头四马路10号（邮政编码：510199）
电　　话：（020）85716809（总编室）
传　　真：（020）83289585
网　　址：http://www.gdpph.com
印　　刷：艺堂印刷（天津）有限公司
开　　本：880mm ×1110mm　1/32
印　　张：31.25　字　数：1200千
版　　次：2023年9月第1版
印　　次：2023年9月第1次印刷
定　　价：99.00元

如发现印装质量问题，影响阅读，请与出版社（020-85716849）联系调换。
售书热线：（020）87716172

鸣 谢

在本书采编过程中，以下个人和单位为《2023—2024 中国自助游》全新升级第 22 版改成全新升级第 23 版编辑部提供过所在地的资料、图片或资讯，我们在此深表谢意。

以下排名不分先后

北京旅友 郭杨杨 黄钰涵 李一 施平　　　　云南旅友 吴春梅 圈圈 李竞楠 张志涛

深圳旅友 张伶俐 沈远鹏　　　　　　　　　青海旅友 王舰艇

海南旅友 郑玮　　　　　　　　　　　　　天津旅友 蔡建莹

上海旅友 朱宏义 王燕 吴旭博　　　　　　福建旅友 陈一平 雷生

西藏旅友 钟宁　　　　　　　　　　　　　内蒙古自治区旅友 白显林 哲里木

广东旅友 杨晶 胡弧 肥晶　　　　　　　　重庆旅友 张建图

黑龙江旅友 刘晓燕 冀冰 夏雷鸣　　　　　河南旅友 杨敏 陈涛 蔡茂松

甘肃旅友 角角　　　　　　　　　　　　　山东旅友 房国伟 由丽娟

贵州旅友 宁华 韩涵　　　　　　　　　　　辽宁旅友 郑健伟 曲世宇

湖北旅友 潇潇 胡元元 刘晋 王兴艳　　　　安徽旅友 肖彭送

山西旅友 雷建蕊 吴斐　　　　　　　　　　新疆维吾尔自治区旅友 张耀东 任艳丽 于仲涛

四川旅友 徐艳琳 杨雅锐 张铸林　　　　　　广西壮族自治区旅友 秦炜章 陈丽君 李国钦

江苏旅友 朱傲然 Betty Lang　　　　　　　河北旅友 李晓东 王红梅 杨历波 杨琳娟 张丽春 王书怡

浙江旅友 叶娟 章志图 颜庆　　　　　　　　湖南旅友 陈琰 任贞 曹志荣 曾静 黄建波

陕西旅友 李琼 乔静　　　　　　　　　　　吉林旅友 张宇

网上旅友 小新 李仁杰　　　　　　　　　　浙江省舟山市普陀山游人中心 李如君

浙江省温州市永嘉县统计局 陈小薇　　　　　青海孟达乡循化县旅游局 蓝天

湖北民族学院汉语言专业 田桂华　　　　　　香港科技大学 高欣

宁夏中国旅行社　　　　　　　　　　　　　海南中国旅行社

甘肃康辉国际旅行社　　　　　　　　　　　福建厦门康辉旅行社 南方

福建武夷山中国国际旅行社 余勇兴　　　　　内蒙古自治区绿野旅游有限责任公司 刘强

绍兴亚都旅游有限公司 旅游百事通　　　　　黑龙江旅游公司 于天翔

大连清源旅行社 董学卫　　　　　　　　　　江西省文化旅行社有限公司

英西峰林旅游公司　　　　　　　　　　　　重庆万盛旅业（集团）有限公司

清远市连州爱地旅游发展有限公司　　　　　内蒙古自治区扎兰屯市旅游局

卧龙自然保护区 王伦　　　　　　　　　　　携程旅行网 www.ctrip.com

芒果旅游网 www.mangocity.com　　　　　大众点评网 www.dianping.com

同程网 www.ly.com　　　　　　　　　　　昆明青年旅行社 宋雪丽